로제 마르탱 뒤 가르(1881~1958)

◀마르탱 뒤 가르가 어린 시절을 보낸 매종 라피트의 집 작품 속에 티보 집안의 여름별장으로 그려진다.

▼파리고문서학교 이 학교에서 고문서학 학위를 취득한 마르탱 뒤 가르는 면밀한 자료 조사에 따른 역사기술 방법을 익힌 뒤 본격적으로 소설 집필에 몰두한다.

▲테르트르 집
1925년 장인으로부터 물려받은 이 집에서 정착하여 《티보네 사람들》 집필에 전념한다.

▶프랑스 남부 해안도시 니스 전경
1934년 이곳에 머물며 이듬해 〈1914년 여름〉을 완성한다. 그 뒤 여름은 테르트르에서, 겨울은 니스에서 보낸다.

톨스토이(1828~1910) 일리야 레핀. 1887. 트레차코프 국립미술관
뒤 가르는 어린시절 톨스토이의 《전쟁과 평화》에 심취하여 크게 영향을 받았다.

앙드레 지드(1869~1951) 폴 알버트 로렌스. 1924. 지드가 창간한 월간지 〈누벨 르뷔 프랑세즈, NRF〉에는 롤랑, 발레리 라르보, 뒤 가르 등 많은 작가들이 참여했다. 1951년 뒤 가르는 죽음에 임박한 지드를 만난 뒤 회상록 《앙드레 지드에 대한 수기》를 출간했다.

발레리 라르보(1881~1957) 마르탱 뒤 가르와 함께 NRF 일원. 뒤 가르의 〈1914년 여름〉의 에피소드는 발레리 라르보가 말한 '의식의 흐름'에서 힌트를 얻었다.

알베르 카뮈(1913~1960) 카뮈는《마르탱 뒤 가르론》에서 '뒤 가르는 부적절한 성생활을 통해 성생활의 중요성을 보여주는 쪽을 택했다'고 말했다. 마르탱 뒤 가르는 특히 성적인 첫 체험의 형태를 중시하는 작가다.

Roger Martin du Gard
Les Thibault I
Le cahier gris - Le pénitencier
La belle saison

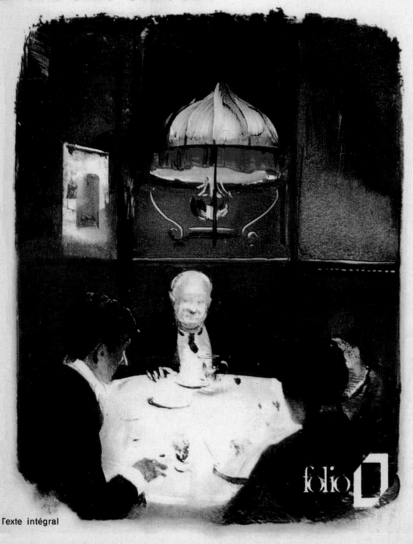

Texte intégral

folio

《티보네 사람들》 제1권(〈회색노트〉 〈소년원〉 〈아름다운 계절〉) 표지 폴리오출판사. 1922~23.

World Book 119
Roger Martin du Gard
LES THIBAULTS

티보네 사람들 I

로제 마르탱 뒤 가르/민희식 옮김

동서문화사

디자인 : 동서랑 미술팀

〈티보네 사람들〉을 친애하는 피엘 마르가리티스의 영혼에 바친다.
1918년 10월 30일 위수(衛戍) 병원에서, 그대의 죽음은 순수하고 괴
로움에 찬 그대 마음속에 무르익어간 힘찬 작품을 남기고 떠났다.

R.M.G.

티보네 사람들 I Ⅱ
총차례

티보네 사람들 I

회색노트

소년원

아버지의 죽음

티보네 사람들 Ⅱ

1914년 여름

Le Cahier Gris
회색노트

1. 티보 씨와 앙투안이 자크를 찾아 나서다—비노 신부 이야기

보지라르 거리 모퉁이 학교 건물을 따라 둘이 걸으면서 내내 아들에게 한 마디도 하지 않던 티보 씨가 갑자기 걸음을 멈추며 입을 열었다.

"앙투안, 이번에는 정말 못 참겠구나!"

젊은이는 대답하지 않았다.

학교문은 이미 닫혀 있었다. 일요일 밤인 데다 9시였다. 문지기가 쪽문을 빼꼼히 열었다.

"내 동생은 어디 있소?"

앙투안이 소리치자 상대는 눈을 크게 떴다.

티보 씨는 발을 동동거렸다.

"비노 신부를 불러 주게."

문지기는 앞장서서 응접실까지 가더니 주머니에서 조그만 양초를 꺼내 촛대에 꽂고 불을 켰다.

몇 분이 흘렀다. 티보 씨는 숨이 차서 의자에 축 늘어져 앉았다. 그는 이를 악물면서 다시 중얼거렸다.

"이번에는, 그래, 이번만큼은 절대로!"

"실례합니다."

소리도 없이 들어온 비노 신부가 말했다. 키가 매우 작아서 앙투안의 어깨에 손을 얹으려면 발돋움을 해야 할 정도였다.

"젊은 의사 선생, 이 시간에 무슨 일입니까?"

"제 동생은 어디 있습니까?"

"자크 말입니까?"

"아침에 나가서 이제껏 돌아오지 않고 있다고요!"

의자에서 일어서 있던 티보 씨가 소리쳤다.

"글쎄, 어디로 갔을까요?"

신부는 그다지 놀라는 기색 없이 말했다.

"그래요! 남아서 벌을 받고 있겠지요!"

신부는 두 손을 허리띠 속으로 집어넣었다.

"자크는 벌을 서고 있지 않습니다."

"무슨 말입니까?"

"자크는 오늘 학교에 오지 않았습니다."

일이 어렵게 되었다. 앙투안은 신부에게서 눈을 떼지 않았다. 티보 씨는 어깨를 흔들었다. 그리고 신부를 향해 벌겋게 달아오른 얼굴을 돌렸다. 그 무거운 눈꺼풀은 지금까지 올라간 적이 거의 없었다.

"어제 자크는 4시간의 벌을 받게 되었다고 말했었지요. 오늘 아침에는 늘 나가던 시간에 나갔습니다. 그 뒤 11시쯤, 우리 모두 미사에 가 있느라 집에 없는 동안 돌아온 것 같습니다. 집에는 요리하는 하녀밖에 없었습니다. 그런데 자크는 4시간이 아니라 8시간 벌을 받기로 돼서 점심식사 때는 돌아오지 않을 거라고 말하며 나갔답니다."

"완전히 지어낸 얘깁니다."

신부는 힘주어 말했다.

"나는 저녁 무렵 잠깐 밖에 나갈 일이 있었습니다." 티보 씨가 말을 이었다. "〈르뷔 데 되 몽드〉사에 보고서 원고를 갖다 주러 갔지요. 편집장을 만나고 집으로 돌아온 게 거의 저녁식사 때였습니다. 그런데 자크는 돌아오지 않았더군요. 8시 반이 되어도 돌아오지 않았어요. 그래 걱정이 돼서 병원에 당직을 서고 있던 앙투안을 불렀습니다. 그래서 이렇게 둘이서 찾아온 겁니다."

신부는 무언가 생각에 잠긴 듯이 입술을 손가락으로 만지작거리고 있었다. 티보 씨는 가만히 눈을 들어 신부 쪽에서 아들 쪽으로 찌르는 듯한 시선을 던졌다.

"그렇다면, 앙투안?"

"아버지." 젊은이는 말했다. "만일 계획적인 가출이라면, 사고가 있었던 게 아닌가 하는 추정만으로는 해결되지 않습니다."

앙투안의 태도에는 사람을 진정시키는 데가 있었다. 티보 씨는 의자를 끌어당겨 앉았다. 회전이 빠른 그의 머리는 아들이 갈 만한 곳을 이리저리 생각하고 있었다. 그러나 살이 쪄서 밋밋해진 그의 얼굴에서는 아무런 표정도 읽을 수 없었다. 그는 되풀이해서 말했다. "그렇다면 어떻게 된 일이지?"

생각에 잠긴 앙투안이 대답했다.

"오늘밤에는 그냥 기다리기로 하지요."

분명히 그 방법밖에 없었다. 그러나 일을 확실하게 당장 처리할 수 없다는 것과 모레 브뤼셀에서 열리는 정신과학협회 회의 때 프랑스 부회의 사회를 봐달라는 요청을 받은 것을 떠올린 티보 씨의 얼굴에는 갑자기 노기가 서렸다. 그는 의자에서 벌떡 일어나 소리쳤다.

"경찰에 의뢰해서 샅샅이 뒤져 보게 하겠어! 프랑스에는 엄연히 경찰제도가 있어. 나쁜 짓을 한 놈은 몽땅 잡아들여야 해!"

그의 모닝코트는 배 양쪽으로 늘어져 있었다. 턱주름이 늘 옷깃 양쪽 끝에 끼어 있어서, 마치 고삐를 잡아당기는 말처럼 앞으로 내민 턱이 흔들렸다. 그는 생각했다.

'이런 놈은 차라리 기차에라도 받혀 버리는 게 낫겠다!'

그 순간 만사가 순조롭게 정리되는 것처럼 느껴졌다. 회의에서의 연설, 부의장에 선출될 일 등……그러나 들것에 실린 아들의 모습이 생생하게 떠올랐다. 이어서 촛불이 불그스름하게 켜져 있는 빈소 안에서 불쌍한 아버지가 되어 있는 자신의 모습, 그리고 사람들의 동정들. 그는 부끄러워졌다.

"이런 걱정으로 하룻밤을 새우다니!" 그는 목소리를 다시 높여 말을 이었다. "힘들군요, 신부님. 아버지로서 이렇게 아무런 대책 없이 일 분 일 초라도 보내는 건 정말 힘든 일입니다."

그는 문 쪽으로 가려고 했다. 신부가 허리띠 속에서 손을 빼냈다. 그리고 눈을 아래로 깔면서 말했다.

"죄송하지만……."

늘어진 검은 머리카락에 반쯤 가려진 이마와 턱 언저리까지 세모나게 좁아지는 음험해 보이는 그 얼굴을 촛불이 비추고 있었다. 희미한 붉은 그림자 두 개가 그의 뺨 위에 떠올라 있었다.

"실은 오늘밤, 아드님에 대한 약간의 문제를 당장 알려 드려야 할지 망설이고 있었습니다. 아주 최근의 일이고 매우 유감스러운 일입니다만……. 그래도 혹시 단서가 되지 않을까 해서……만일 바쁘지 않으시다면……."

그의 피카르디 사투리가 그 망설임을 더 참기 어렵게 하고 있었다. 티보 씨는 아무 대답도 하지 않고 앉았던 의자로 돌아가서 눈을 감고 털썩 앉았다.

신부가 말을 이었다.

"실은 최근에 아드님의 어딘가 기이한 종류의 잘못…… 매우 중대한 잘못을 발견했습니다……. 퇴학시키겠다고 겁을 주기도 했습니다. 물론 그냥 위협에 지나지 않습니다만. 뭔가 얘기 들으신 것 없습니까?"

"아시다시피 그 아이는 매우 위선적인 데가 있어서요. 평소와 마찬가지로 아무 눈치도 보이지 않았습니다!"

"아드님에게는 확실히 중대한 결점이 있기는 합니다. 하지만 근본부터 나쁜 애는 아니지요." 신부는 얼른 고쳐 말했다. "게다가 이번 경우는 전적으로 마음이 약해서 다른 아이에게 이끌려 억지로 저지른 일이라고 생각합니다. 유감이지만 국립중학교에서 자주 볼 수 있는 위험한 친구들에게 물들어서……."

티보 씨는 불안한 눈길로 그를 쳐다보았다.

"차례대로 말씀드리면, 실은 이렇게 된 일입니다. 지난 목요일의 일이었습니다……." 신부는 잠시 생각에 잠겼다. 그리고 기쁜 듯이 말을 이었다. "아니, 제가 착각했군요. 그저께, 바로 금요일이었습니다, 예, 맞아요. 금요일 오전, 틀림없이 자습시간이었습니다. 정오가 되기 조금 전에 저는 언제나처럼 교실에 갑자기 들어갔습니다……." 그는 앙투안 쪽을 향해 눈을 깜박였다. "문이 움직이지 않도록 주의하면서 빠르게 손잡이를 비틉니다. 그리고 단숨에 그것을 활짝 여는 거지요. 들어가자마자 자크 쪽을 보았습니다. 입구 정면에 앉혀 두었거든요. 저는 빠른 걸음으로 그 앞으로 가서 거기 있던 사전을 치웠습니다. 그리고 재빨리 집어 들었습니다! 매우 수상한 책이었어요. 이탈리아 어를 번역한 소설인데, 저자의 이름은 잊었지만 《바위의 처녀》(단눈치오의 소설)라는 제목이었지요."

"이런 괘씸한!"

티보 씨가 소리쳤다.

"자크의 겁먹은 모습에서 뭔가 더 있다고 생각했습니다. 그런 일에는 익숙해져 있으니까요. 식사시간이 다가왔습니다. 종이 울리자, 저는 자습실 감독에게 학생들을 식당으로 데려가게 하고 뒤에 남아 자크의 책상을 열어 보았습니다. 책이 두 권 나왔습니다. 장 자크 루소의 《참회록》, 그리고 더 말도 안 되는 것은, 아니, 죄송합니다. 졸라의 추잡한 소설 《무레 신부의 과오》였습니다."

"으윽, 이 덜돼 먹은 놈 같으니!"

"그대로 책상을 덮으려다가 문득 교과서 뒤에 손을 넣어 보고 싶어졌습니다. 그리고 거기서 회색 천 표지의 노트를 한 권 꺼냈습니다. 얼핏 보기에 아무것도 이상한 점은 없어 보였습니다. 하지만 어쨌든 한번 펼쳐 보았지요. 그리고 처음 몇 페이지를 대충 읽어 보았습니다……."

신부는 부드러움이라곤 전혀 없는 날카로운 시선으로 두 사람을 엄격하게 바라보았다. 그리고 말을 이었다.

"모든 것을 알고 말았습니다. 저는 그 압수품들을 안전한 곳에 보관해 두었다가 점심시간에 천천히 살펴 보았습니다. 그 노트는 정성스럽게 제본되어 있었고, 노트 뒷면 아랫부분에는 F라는 머리글자가 씌어 있었습니다. 반대편인 회색노트, 즉 주요 물건이라고 할 수 있는 그 증거물은 통신기록부 같은 것이더군요. 글씨체는 완전히 다른 두 가지였습니다. 하나는 자크의 것으로 J라는 서명이 있었고, 또 하나는 누구의 것인지 모르지만 머리글자 D라고 서명되어 있었습니다."

그는 잠시 사이를 둔 뒤 목소리를 낮췄다.

"편지의 문체도 그렇고, 글씨체도 그렇고, 유감이지만 이 우정의 성질에 대해서는 조금도 의심할 여지가 없었습니다. 사실 기다랗고 단정한 글씨체로 보아 저희들은 잠시 어떤 소녀, 그보다 오히려 어떤 여성이 쓴 것으로 생각했습니다……. 그런데, 본문을 조사하면서 마침내 그 낯선 글씨가 자크의 친구 것임을 알 수 있었습니다. 다행히 이 학교 학생이 아니라, 자크가 중학교 때 사귄 친구인 것 같습니다. 저는 확실한 증거를 잡기 위해 그날 곧장 학생주임을 찾아갔습니다. 키야르 씨에게요."

그는 앙투안 쪽을 돌아보면서 말했다.

"강직한 인물일 뿐만 아니라 기숙사에서의 골치 아픈 일도 많이 경험한 분이지요. 그가 누군지 금세 알아내더군요. D라고 서명한 괘씸한 소년은 4학년 학생, 자크의 친구 퐁타냉—다니엘 드 퐁타냉이라는 소년이었습니다.”

“퐁타냉! 그 아이야!”

앙투안이 소리쳤다.

“아버지, 여름에 메종 라피트의 숲 옆으로 찾아오는 가족이에요. 맞아요. 지난겨울에도 저녁에 집에 돌아갔을 때, 자크가 그 퐁타냉이라는 아이에게 빌린 시집을 읽고 있는 것을 여러 번 봤어요.”

“뭐라고? 책을 빌렸다고? 왜 나에게 말하지 않았니?”

“그다지 나쁜 일로 생각하지 않았거든요.”

앙투안은 마치 신부에게 대들기라도 하듯이 그를 바라보면서 말했다. 그 순간 스쳐 지나간 발랄한 미소의 그림자가 사려 깊은 그의 얼굴을 잠시 빛냈다. “빅토르 위고였어요.” 그가 설명했다. “어떤 때는 라마르틴이었죠. 저는 억지로 재우려고 늘 램프를 빼앗곤 했어요.”

신부는 입술을 오므려 주름을 모으고 있었다. 그리고 반격에 이내 나섰다.

“그런데 그보다 더 중요한 것은 그 퐁타냉이라는 소년은 프로테스탄트라서……”

“알고 있습니다!”

티보 씨는 당황한 기색으로 소리쳤다.

“하긴 꽤 온순한 학생이기는 했습니다.”

신부는 공정함을 보이기 위해 곧 이렇게 덧붙였다.

“키야르 씨는 이렇게 말하더군요. ‘착실한 상급반 학생이었습니다. 모두를 속이고 있었던 거지요. 그 어머니도 몸가짐이 매우 훌륭한 사람이었는데.’”

“아, 어머니…….” 티보 씨가 끼어들었다. “겉으로는 멀쩡해 보이던데 도저히 그냥 둬선 안 될 사람들이군!”

“본디 프로테스탄트 패거리들의 점잖아 보이는 태도는 빛 좋은 개살구 같은 것이지요!” 넌지시 암시하듯이 신부가 말했다. “그보다도 그 아버지라는 사람은 사기꾼입니다……. 메종에서는 그 집안과 교제하는 사람이 아무도 없습니다. 기껏해야 인사나 한다고 할까요. 거 참, 네 동생도 참 대단한 친구를 두었구나! 어쨌든 중학교에서 모든 것을 낱낱이 알아 왔습니다. 그래서 규칙에 따라 조사위원회를 열 단계가 되었죠. 그런데, 어제, 그러니까 토요일 아침 자습시간이 시작되자마자 자크가 갑자기 제 방에 뛰어들어왔습니다, 글자 그대로 뛰어들었습니다! 새파랗게 질린 얼굴로 이를 악물고 있더 군요. 문에 들어서자마자 인사도 없이 이렇게 소리쳤습니다. '책을 누가 훔 쳐 갔습니다! 제 노트도 훔쳐 갔어요!' 저는 우선 그런 식으로 들어와서는 안 된다고 주의를 주었습니다. 그러나 들은 척도 하지 않더군요. 평소에는 그렇게도 맑던 눈이 분노로 타올라 어둡게 충혈되어 있었습니다. '그 노트를 선생님이 가져가셨어요, 선생님이!' 외쳐댔습니다. 게다가."

신부는 어리석고 고지식한 미소를 지으면서 덧붙였다.

"'만일 그것을 읽으셨다면 저는 자살해 버릴 거예요!' 이런 말까지 하더군 요. 저희들은 먼저 어떻게든 달래려고 했습니다. 그런데 아무 소리도 들으려 하지 않았습니다. '노트는 어디에 있어요? 돌려주세요! 돌려주실 때까지 무 엇이든 닥치는 대로 다 부숴 버릴 테니까!' 그리고 말릴 새도 없이 곧 저희 들 책상 위에 있던 네모뿔 모양의 문진을 집어 들었습니다. 앙투안 씨, 알고 계시지요? 졸업생들이 퓨이 드 돔에서 기념으로 가져온 것 말입니다. 그걸 벽난로의 대리석을 향해 힘껏 던지더군요. 뭐, 그리 대단한 일은 아닙니다 만."

신부는 티보 씨가 미안해하는 듯한 기색을 보이자 서둘러 이렇게 덧붙였 다. "이런 사소한 일까지 일일이 말씀드리는 것은 아드님이 얼마나 흥분했 었는지 아셨으면 합니다. 그런데 그 뒤에 격렬한 신경성 발작을 일으켜서 마 룻바닥 위를 뒹굴기 시작하더군요. 저희들은 간신히 자크를 붙들어 옆에 있 는 작은 암송실에 넣고 문을 잠갔습니다."

"오오!" 티보 씨는 주먹을 높이 쳐들면서 말했다. "어떤 때에는 꼭 정신 이 나간 것처럼 될 때가 있습니다! 앙투안에게 물어보십시오. 조금만 마음 에 들지 않는 일이 있으면 미친 듯이 화를 내서, 어떻게든 원하는 대로 해 주지 않으면 안 될 때가 있지 않았니? 얼굴이 새파랗게 질려 목덜미 언저리 에는 핏대를 세우고는 분노에 사로잡혀서 마치 상대를 죽일 듯이 난리치는 일 말이다."

"그런 점에선 티보 집안 사람들은 누구나 다 난폭하지요."

앙투안도 인정했다. 그러나 그것을 유감이라고 생각하는 것 같지는 않았 다. 그래서 신부는 여기에는 사교적인 웃음으로 맞서야 한다고 생각했다.

"한 시간쯤 지나 암송실에서 꺼내 주기 위해 가 보니 테이블 앞에 앉아서 두 손으로 머리를 감싸 쥐고 있었습니다. 그리고 저희 쪽을 무서운 눈길로 보더군요. 차가운 눈이었습니다. 용서를 빌라고 권해 보았지만 아무 대답도 없었습니다. 하지만 얌전히 제 방까지 따라왔습니다. 머리는 헝클어지고 바닥만 말없이 내려다보는 고집스런 모습이긴 했지만요. 저는 깨진 문진 조각을 줍게 했습니다. 그러나 입은 결코 열지 않더군요. 그래서 이번에는 성당으로 데리고 갔습니다. 그곳에서 한 시간 동안 혼자 주님과 마주 있게 하는 것이 좋겠다고 생각했습니다. 한 시간이 끝날 무렵 저는 그 옆에 가서 무릎을 꿇었습니다. 그때 그는 아마 울고 있었던 것 같습니다. 하지만 성당 안은 어두컴컴해서 확실하게 장담할 수는 없습니다. 저는 낮은 목소리로 기도문을 열 번 정도 외었습니다. 그런 다음 그를 타일렀습니다. 나쁜 친구 때문에 자네의 고귀한 순수함이 위험에 처해 있다는 것을 아시면 아버님이 얼마나 실망하시겠느냐, 그런 얘기였지요. 아드님은 팔짱을 낀 채 얼굴을 쳐들고 제단 쪽을 물끄러미 바라보았는데, 제 말이 귀에 들어오지 않는 듯한 눈치였습니다. 끝까지 고집을 부리기에 저는 자습실로 돌아가라고 말했습니다. 그런데 저녁때까지 그곳의 자기 자리에서 여전히 팔짱을 낀 채 책도 펼치지 않고 가만히 앉아 있더군요. 저는 일부러 모른 척했습니다. 7시가 되자 여느 때처럼 돌아갔지만 끝까지 인사를 하러 오지는 않았습니다. 이것이 전부입니다."

신부는 눈에 흥분의 빛을 띠면서 이렇게 말을 맺었다.

"실은 중학교 학생주임이 그 퐁타냉이라는 아이에 대해 어떤 처벌을 내릴지 확인한 뒤에 알려 드릴 생각이었습니다. 틀림없이 퇴학처분을 내릴 겁니다. 하지만 오늘밤 이렇게 걱정하시는 모습을 뵈니……"

"신부님!" 티보 씨는 마치 방금 달려온 사람처럼 숨을 헐떡이면서 말했다. "끔찍하군요! 말할 필요도 없는 일이지만, 그 성질에 앞으로 어떤 짓을 저지르게 될지 생각하니 소름이 끼칩니다! ……정말 끔찍한 일이에요."

그는 생각에 잠긴 듯이 낮은 목소리로 이렇게 되풀이했다. 그리고 고개를 앞으로 쑥 내민 채 양손을 무릎 위에 올려놓고 미동도 없이 앉아 있었다. 반백의 콧수염 아래로 아랫입술과 희고 성긴 턱수염이 눈에 띄지 않을 만큼 가늘게 떨리는 것이 보이지 않았다면, 눈을 감고 있어서 잠이 든 것처럼 보였을 것이다.

"못된 놈!"

그는 갑자기 턱을 앞으로 내밀면서 소리쳤다. 바로 그때 눈썹 사이로 번득인 날카로운 눈초리는, 보는 이로 하여금 무기력해 보이는 외모를 그대로 받아들이는 것이 완전한 착각임을 깨닫게 하는 데 충분했다. 그는 다시 눈을 감았다. 그리고 앙투안 쪽으로 몸을 돌렸다. 청년은 곧바로 대답하지는 않았다. 그는 턱수염을 손으로 쥐고 눈살을 찌푸린 채 가만히 발밑을 내려다보고 있다가 이윽고 입을 열었다.

"병원에 들러 내일은 쉬겠다고 말해 놓겠습니다. 그리고 아침에 일어나는 대로 퐁타냉이라는 아이의 집에 가서 물어봐야겠습니다."

"일어나는 대로?" 티보 씨는 기계적으로 되풀이한 뒤 일어섰다. "어쨌든 오늘은 밤을 새야겠군."

그는 한숨을 내쉬었다. 그리고 문 쪽으로 걸어갔다.

신부도 그 뒤를 따라갔다. 풍채 좋은 티보 씨는 문턱에서 보드라운 손을 신부에게 내밀었다.

"정말 난감한 일입니다."

그는 눈을 감은 채 한숨을 내쉬었다.

"우리 모두를 구원해 주시도록 주님께 의지합시다."

비노 신부가 정중하게 말했다.

아버지와 아들은 말없이 몇 걸음을 걸어갔다. 길에는 사람 하나 보이지 않았다. 어느새 바람도 잦아들어 포근한 5월 초순 밤이었다.

티보 씨는 집을 나간 아들을 생각하고 있었다.

'밖에 있다고 해도 그렇게 춥지는 않겠지.'

치미는 울화 때문에 그의 두 다리는 휘청거리고 있었다. 그는 걸음을 멈추고 큰아들을 돌아보았다. 앙투안의 태도가 그를 어느 정도 안심시켜 주었다. 그는 큰아들을 사랑했고, 자랑스럽게 여기고 있었다. 그리고 특히 오늘밤엔 자크에 대한 미움이 깊어져서 더욱더 사랑스러운 마음이 들었다. 그렇다고 자크를 사랑하지 않는 것은 아니었다. 자크도 그의 자부심을 만족시켜 줄 만한 일을 해 준다면 그의 사랑이 다시 살아날 것이 틀림없었다. 그러나 자크의 어처구니없는 소행과 무모한 방식은 늘 티보 씨 자존심의 가장 아픈 곳을 찔렀다.

"제발 별일 아니었으면 좋겠는데!"

그는 불안한 마음을 드러내면서 중얼거렸다. 그는 앙투안에게 다가가 목소리를 가다듬고 말했다.

"오늘밤 당직을 취소해 줘서 고맙다."

그는 자신이 아들에게 표현하려는 감정에 망설여졌다. 한편 청년 쪽도 아버지보다 더 어색한 기분이어서 아무 대답도 하지 않았다.

"앙투안……오늘밤 옆에 있어 줘서 고맙구나."

티보 씨는 아마 난생처음으로 아들의 팔 밑에 자신의 팔을 살짝 끼워 넣으면서 중얼거렸다.

2. 앙투안의 퐁타냉 부인 방문─제니에게 질문

일요일 정오쯤, 집으로 돌아온 퐁타냉 부인은 현관 앞에 놓여 있는 아들의 편지를 발견하였다.

"다니엘이 베르티에 씨 댁에 점심 초대를 받았다는구나." 그녀가 제니에게 말했다. "오빠가 집에 들렀을 때 보지 못했니?"

"다니엘 오빠요?"

제니는 안락의자 밑에 웅크리고 있는 강아지를 잡으려고 엎드려 있는 참이었다. 소녀는 좀처럼 일어나지 않았다.

"아니요, 못 봤어요." 제니가 마침내 대답했다. 그러고는 강아지 퓌스를 잡아서 품에 안은 채 연방 입을 맞추며 제 방으로 뛰어 들어갔다.

제니는 점심때가 되어서야 다시 모습을 드러냈다.

"머리가 아파요. 식사는 하고 싶지 않아요. 방 안을 어둡게 하고 좀 누워 있고 싶어요."

퐁타냉 부인은 제니를 침대에 눕힌 뒤 커튼을 쳐 주었다. 제니는 이불 속으로 들어갔지만 바로 잠이 오지는 않았다. 그렇게 몇 시간이 흘러갔다. 퐁타냉 부인은 그날 오후 몇 번이나 제니의 방에 들러 싸늘한 손으로 이마를 짚어 보았다.

저녁때가 되자 제니는 불안감을 감추지 못했다. 퐁타냉 부인의 손을 잡고 하염없이 눈물을 흘리다가 천천히 입을 맞추었다.

"신경이 예민해져 있구나…… 열도 좀 있는 것 같고."

시계가 7시를 치고, 이어 8시를 알렸다. 퐁타냉 부인은 저녁식사를 차려

놓고 아들이 돌아오기만을 기다렸다. 다니엘이 미리 이야기하지 않고 식사 시간에 빠진 적은 단 한 번도 없었다. 더구나 일요일 저녁에 엄마와 누이동생 둘이서 식사를 하게 하리라고는 상상조차 해 본 적이 없었다.

퐁타냉 부인은 발코니로 나가서 난간에 팔꿈치를 얹었다. 평화롭고 한적한 저녁시간이었다. 가끔씩 옵세르바투아르 거리를 따라 산책하는 사람들의 모습이 눈에 띄었다. 울창한 나무들 사이로 그림자가 짙어졌다. 그녀는 몇 번인가 가로등 불빛 아래서 다니엘의 모습을 본 듯하였다. 이윽고 뤽상부르 공원에서 북소리가 났다. 공원의 문이 닫혔다. 바야흐로 밤이 깊었다.

그녀는 모자를 쓰고 베르티에 씨 집으로 달려갔다. 베르티에 씨 가족은 그저께 시골에 내려갔으므로 이틀째 집이 비어 있었다. 다니엘이 거짓말을 한 것이다!

퐁타냉 부인도 그런 거짓말을 한 경험이 있긴 했다. 하지만 다니엘이, 자기 아들 다니엘이 거짓말을 한 것은 처음이었다! 열네 살짜리가 벌써?

제니는 아직 자지 않고 있었다. 그녀는 밖에서 나는 모든 소리에 귀를 기울이고 있었다. 제니가 엄마를 불렀다.

"다니엘 오빠는요?"

"오빠는 방금 잠들었단다. 네가 자는 줄 알고 일부러 깨우지 않았어."

그녀의 목소리는 무척 자연스러웠다.

'공연히 어린아이까지 걱정시킬 필요 없잖아.'

밤이 깊었다. 퐁타냉 부인은 아들이 들어오는 소리를 들을 수 있도록 복도로 난 문을 반쯤 열어 둔 채 안락의자에 앉았다.

어느새 한밤이 지나가고 해가 떠올랐다.

7시쯤, 강아지가 짖어대며 자리에서 일어섰다. 누군가가 초인종을 눌렀던 것이다. 퐁타냉 부인은 현관으로 달려갔다. 자기가 직접 문을 열려고 했다. 그런데 거기에는 수염을 기른 낯선 청년 한 사람이 서 있었다……. 사고라도 난 것일까?

앙투안은 퐁타냉 부인에게 자신의 이름을 말했다. 그리고 다니엘이 학교에 가기 전에 만날 수 있도록 해 달라고 정중하게 부탁했다.

"실은…… 오늘은 그 아일 만나실 수 없어요."

앙투안의 표정에 당황한 빛이 역력했다.

"제가 억지를 쓰고 있다면 용서하십시오, 부인……. 실은 평소 아드님과 친하게 지내던 제 동생이 어제 갑자기 행방불명이 되었습니다. 그래서 저희 가족 모두 몹시 걱정을 하고 있습니다."

"행방불명이라고요?"

그녀는 머리에 쓰고 있던 흰색 스카프를 손으로 꽉 움켜쥐었다. 그리고 응접실 문을 열었다. 앙투안은 그녀의 뒤를 따라 안으로 들어갔다.

"실은 다니엘도 어젯밤에 들어오지 않았어요. 그래서 저 역시 걱정을 하고 있던 참입니다."

그녀는 고개를 숙였다가 이내 쳐들고 말을 덧붙였다.

"게다가 지금 애 아빠도 파리에 없거든요."

그녀의 얼굴에선 지금까지 앙투안이 어느 누구에게서도 본 적이 없는 진실함과 솔직함이 묻어나고 있었다. 불안한 마음으로 밤을 지샌 뒤, 낯선 청년과 갑자기 마주하게 되자 꾸밈없는 얼굴을 고스란히 내보이게 된 것이다. 그 얼굴에는 여러 가지 감정들이 순수한 색깔처럼 연달아 스쳤다. 그들은 얼마간 서로를 말없이 바라보았다. 그러나 서로 상대방을 파악했다고는 할 수 없었다. 두 사람은 이내 각자의 생각 속으로 빠져 들었다.

그날 아침, 앙투안은 탐정이라도 된 듯이 신이 나서 침대에서 일어났다. 그는 자크의 가출을 그리 비관적으로 여기지 않았다. 그를 움직인 것은 순전히 호기심이었다. 그래서 어린 공모자에게서 자초지종을 알아내기 위해 찾아온 것이었다.

그런데 막상 사건과 정면으로 맞닥뜨리고 나자 일이 다소 복잡하게 얽혔다는 생각이 들었다. 한편으로는 이 사건이 한층 더 흥미롭게 느껴지기도 했다. 깜짝 놀람과 동시에 그의 눈이 날카로워졌다. 그리고 앙투안의 수염 밑에 감춰진 각진 턱, 티보 집안 특유의 그 억센 턱이 단단하게 움츠러들었다.

"아드님은 어제 아침에 몇 시쯤 나갔습니까?"

그가 물었다.

"일찍 나갔어요. 하지만 조금 뒤에 다시 돌아온 것 같아요……."

"아! 10시 반에서 11시 사이에?"

"맞아요, 그 무렵인 듯해요."

"자크하고 똑같군요! 둘이 함께 나간 것 같습니다."

그는 단호하면서도 기쁘다는 투로 결론을 내렸다.

그때 반쯤 열려 있던 방문이 활짝 열렸다. 속옷 바람의 여자아이가 거실로 나오는가 싶더니 양탄자 위에 풀썩 쓰러졌다. 퐁타냉 부인은 외마디 비명을 지르며 그 앞으로 달려갔다. 어느새 앙투안이 기절한 아이를 품에 안아 두 팔로 들어 올리고 있었다. 그는 퐁타냉 부인의 안내를 받고 방으로 가서 제니를 침대에 눕혔다.

"부인, 제게 맡겨 주세요. 저는 의사입니다. 우선 찬물부터 주시고요. 그리고 집 안에 에테르(에틸알코올에 진한 황산을 넣고 증류하여 만든 액체. 실온에서는 상쾌한 냄새가 난다.)가 좀 있나요?"

제니는 곧 정신이 들었다. 퐁타냉 부인은 딸에게 미소를 지어 보였다. 하지만 소녀의 눈빛은 여전히 멍해 보였다.

"이제 걱정하지 않으셔도 됩니다. 다만 잠을 좀더 자는 게 좋을 것 같군요."

앙투안이 말했다.

"자. 선생님 말씀 들었지?"

퐁타냉 부인이 속삭였다. 그러고는 딸의 젖은 이마에 손을 얹은 뒤 천천히 아래로 쓸어내려 눈을 감겨 주었다.

두 사람은 침대를 가운데 두고 말없이 한참동안 서 있었다. 증발한 에테르 냄새가 방 안을 가득 채웠다. 앙투안의 시선은 자기도 모르게 퐁타냉 부인의 아름다운 손과 팔을 따라 흐르며 그녀의 자태를 더듬었다. 머리에 쓰고 있던 흰색 스카프는 어느새 벗겨져 있었다. 금발 사이로 언뜻언뜻 흰머리가 보였다. 몸가짐이라든가 말하는 태도로 보아 사십대는 되어 보였다.

제니는 아무래도 잠이 든 것 같았다. 퐁타냉 부인은 딸의 두 눈 위에 얹고 있던 손을 날개처럼 가볍게 거두었다. 그들은 문을 조금 열어둔 채 발뒤꿈치를 들고 살그머니 방을 나왔다. 앞서 걷던 퐁타냉 부인이 뒤로 돌아서며 손을 내밀었다.

"감사합니다."

앙투안은 너무나 자연스럽고 대담한 그녀의 몸짓에 자기도 모르게 손을 잡았다. 하지만 감히 입술을 가져다 대지는 못했다.

"아이가 신경이 아주 예민해요."

그녀가 말했다.

"아마 퓌스가 짖는 걸 듣고는 오빠가 온 줄 알고 달려 나온 모양이에요. 어제 아침부터 줄곧 몸이 좋지 않았어요. 밤새 열도 났고요."

그들은 의자에 앉았다. 퐁타냉 부인은 블라우스에서 아들이 전날 아침에 남겨 놓은 편지를 꺼내어 앙투안에게 건넸다. 그리고는 앙투안이 편지를 읽는 모습을 물끄러미 바라보았다. 그녀는 사람을 대할 때 언제나 자신의 본능이 이끄는 대로 행동했는데, 앙투안은 처음 보는 순간부터 믿음직하다는 생각이 들었다.

'이런 이마를 가진 사람은 비겁한 짓을 절대로 저지르지 않을 거야.'

올려 빗은 머리칼과 수염으로 뒤덮인 뺨, 갈색에 가까운 붉은 수염 사이의 움푹 들어간 두 눈, 그 위로 하얗게 빛나는 네모진 이마가 그것을 증명이라도 해 주는 듯했다.

앙투안은 편지를 접어서 그녀에게 돌려주었다. 그는 방금 읽은 내용을 곱씹고 있는 듯했다. 그러나 사실 그는 어떻게 말문을 열어야 할지 고민하고 있었다.

"제가 보기에는……." 그가 천천히 입을 열었다. "두 사람의 가출이…… 그 둘의 우정, 그러니까 둘 사이의 관계가 선생들에게 발각된 일과 연관이 있는 듯합니다."

"발각이라뇨?"

"비밀노트에 쓴 그들의 편지 왕래가 발각되었습니다."

"편지 왕래라고요?"

"수업시간에 편지를 주고받은 모양입니다. 게다가 편지에 담긴 내용은 평범하지 않았던 것 같고요."

그는 짐짓 부인에게서 눈을 돌렸다.

"학교에서 잘못을 저지른 두 아이를 퇴학시키겠다고 겁을 줄 정도였으니까요."

"잘못을 저지르다니요? 저는 잘 이해가 되지 않는군요…… 무슨 잘못을 저질렀나요? 편지를 주고받았다는 것이요?"

"아마도 편지의 내용이 너무……."

"편지의 내용이라니요?"

그녀는 도무지 이해가 되지 않았다. 하지만 성격이 워낙 섬세한 탓에, 어느 순간부턴가 앙투안이 몹시 난처해하고 있다는 것을 알아차렸다. 그녀는 갑자기 고개를 저었다.

"그런 것은 지금 문제가 되지 않아요, 선생님."

그녀는 부자연스러우면서도 약간 떨리는 목소리로 말했다. 별안간 두 사람 사이에 엄청난 거리가 생긴 듯했다. 퐁타냉 부인은 자리에서 일어섰다.

"물론 선생님 동생과 제 아들이 어떤 이유로든 함께 가출을 모의했을 수는 있겠죠. 비록 다니엘이 제 앞에서 그 이름을 한 번도 말한 적이 없긴 하지만…… 뭐라고 하셨죠, 성함이?"

"티보입니다."

"티보?"

그녀는 놀라서 말을 채 맺지도 않고 반복해서 되뇌었다.

"정말 이상하군요. 제 딸이 어젯밤에 헛소리를 하면서 분명히 그 이름을 말했어요."

"오빠한테 친구 얘기를 들었나 보죠."

"아녜요, 다니엘은 한 번도……."

"그렇다면 따님이 어떻게 알았을까요?"

"사실 그런 신비한 현상은 흔히 있을 수 있는 일이지요!"

그녀가 대답했다.

"신비한 현상이라뇨?"

그녀는 심각한 표정을 지은 채 한참동안 서 있었다. 그녀의 얼굴은 진지하면서도 넋을 놓은 것 같았다.

"생각이 통한다고 해야 하나? 이심전심 같은 것 말예요."

앙투안은 너무 뜻밖의 말이라 호기심 가득한 눈길로 그녀를 바라보았다. 퐁타냉 부인의 얼굴은 근엄하면서도 무슨 계시라도 받은 것처럼 환하게 빛이 났다. 그리고 이런 일에 타인의 회의주의 따위 그리 대수롭지 않다는 듯한, 자기만의 신앙심을 가진 사람의 은은한 미소가 감돌았다.

얼마간 침묵이 흘렀다. 순간 앙투안의 머릿속에 한 가지 생각이 떠올랐다. 탐정의 기질이 다시금 살아난 것이었다.

"부인, 댁의 따님이 제 동생 이름을 말했다고 하셨죠? 그리고 어제는 온종일 열에 시달렸고요? 혹시 따님이 아드님에게서 비밀이야기를 들은 건 아닐까요?"

"그런 의심은 금세 풀어드릴 수 있어요, 선생님."

퐁타냉 부인은 너그러운 표정을 지으며 말을 이었다.

"저희 아이들이 저를 어떻게 대하는지, 저희 가족이 어떻게 생활하는지 아신다면 저절로 없어질 거예요. 저희 애들은 지금까지 저에게 그 어떤 것도 숨긴 적이 없어요, 단 한 번도……."

그녀는 갑자기 말을 끊었다. 다니엘의 행동이 자신의 말을 반증하고 있다는 사실을 깨달으면서 마음이 쓰라리게 아팠던 것이다. 그녀는 문 쪽으로 걸어가면서 말을 이었다.

"제니가 잠들지 않았다면 한번 물어보시죠."

제니는 눈을 뜨고 있었다. 가냘픈 얼굴의 윤곽이 베개 위에 도드라져 있었는데, 두 뺨은 열 때문인지 발갛게 상기돼 있었다. 소녀는 강아지를 두 팔로 꼭 껴안고 있었다. 그런데 강아지의 검은 콧등이 이불 밖으로 삐죽 나와 있어서 그 모습이 약간 우스꽝스러워 보였다.

"제니, 티보 선생님이시란다. 너도 알지? 다니엘 오빠 친구의 형이셔."

제니는 자기 앞에 서 있는 낯선 사람을 흘낏 보고는 이내 경계의 빛을 띠었다. 앙투안은 침대 옆으로 다가가 소녀의 손목을 잡은 뒤 시계를 꺼냈다.

"아직 맥박이 좀 빨라요."

그는 말하며 가슴에 귀를 대고 진찰을 하였다. 그는 그러한 직업적인 동작을 그럴듯하게 해치웠다.

"몇 살이죠?"

"곧 열세 살이 돼요."

"정말인가요? 그렇게 안 보이는데요. 어쨌든 열이 오르내릴 때는 옆에서 지켜보며 주의를 기울여야 합니다. 그렇다고 걱정할 정도는 아니고요."

그는 소녀를 보며 말하고 나서 미소를 지어 보였다. 그리고 침대에서 조금 떨어진 채 어조를 달리하여 이렇게 덧붙였다. "혹시 내 동생을 아니? 자크 티보 말이야."

소녀는 눈살을 찌푸린 채 모른다는 듯한 표정을 지었다.

"정말로 몰라? 오빠가 제일 친한 친구 얘기를 너에게 한 번도 한 적이 없단 말이지?"

"한 번도 안 했어요."

소녀가 말했다.

"그래도 잘 생각해 봐. 어젯밤에 말이야."

퐁타냉 부인이 채근했다.

"엄마가 널 깨웠을 때, 다니엘과 친구 티보라는 애가 길에서 쫓기고 있는 꿈을 꾸었다고 했잖아. 넌 그때 분명히 티보라고 했는걸."

소녀는 기억을 더듬는 듯했다. 그러더니 이렇게 대꾸했다.

"난 그런 이름 몰라."

앙투안은 잠시 침묵을 지키다가 다시 말했다.

"한 가지 물어봐도 될까? 나는 어머니께 여쭤 볼 게 있어서 찾아왔는데, 어머니는 정확하게 기억을 하지 못하시는구나. 오빠를 찾기 위해서는 꼭 알아야 하는데……. 어제 오빠가 어떤 옷을 입고 있었지?"

"몰라요."

"그럼 어제 아침에 오빠를 보지 못한 거니?"

"봤어요, 아침밥 먹을 때……. 그런데 그땐 잠옷을 입고 있었어요."

소녀는 엄마를 바라보았다.

"옷장에 가서 어떤 옷이 없어졌는지 보면 되잖아요!"

"그래, 또 한 가지 궁금한 게 있어. 이것도 정말 중요한 건데, 오빠가 편지를 갖다 놓으러 돌아온 시각이 아홉 시였니, 열 시였니? 아니면 열한 시? 어머니께서는 그때 집에 계시지 않아서 정확히 모르시겠다는구나."

"저도 몰라요."

제니의 목소리에서 짜증이 배어 났다. 그는 실망한 몸짓으로 다시 말을 했다.

"이래 가지고선 오빠를 찾기 힘들겠어!"

"잠깐만요."

제니는 팔을 쳐들면서 말했다.

"열한 시 십 분 전이었어요."

"정말? 확실해?"

"네."

"오빠가 왔을 때 시계를 봤니?"

"아니요, 그때 전 그림을 그리려고 빵 조각을 가지러 부엌에 가 있었어요. 만일 오빠가 그 전이나 그 뒤에 왔다면 문소리가 들렸을 테고, 그렇다면 제가 오빠 얼굴도 봤겠죠."

"아, 그렇겠군."

앙투안은 잠시 생각에 잠겼다. 이 아이를 더 피곤하게 해 봤자 무슨 소용이 있을까? 아무래도 자신이 잘못 판단한 듯싶었다. 제니는 아무것도 모르고 있는 것 같았다.

그는 다시 의사의 입장에 서서 말했다.

"자, 눈을 감고 한숨 더 자도록 하렴. 이럴 땐 몸을 따뜻하게 하는 것이 좋아." 그는 이불 밖으로 나와 있는 자그마한 팔을 이불 속으로 넣어 준 다음 미소를 지었다. "푹 자도록 해. 자고 일어나면, 아픈 것도 낫고 오빠도 돌아와 있을 테니까!"

제니는 그를 물끄러미 바라보았다. 앙투안은 그 순간에 본 제니의 눈빛을 평생 잊지 못할 것 같았다. 어떤 격려도 통하지 않는, 강렬하기 그지없는 내면의 고독과 그 고독에 어린 커다란 슬픔이 맑은 눈에 고스란히 어려 있었다.

앙투안은 마음이 혼란스러운 나머지 자기도 모르게 시선을 아래로 떨구었다.

"부인 말씀이 옳았습니다." 그는 응접실로 나오자마자 이렇게 말했다. "따님은 순진함 그 자체로군요. 몹시 걱정스러워 하고 있기는 하지만, 아무것도 모르고 있는 게 틀림없습니다."

"맞아요, 순진함 그 자체죠." 퐁타냉 부인은 꿈을 꾸듯 앙투안의 말을 반복했다. "하지만 그 애는 다 알고 있어요."

"알고 있다뇨?"

"알고 있어요."

"어떻게 아시죠? 따님의 대답은 그 반대였는데……."

"그래요, 대답은……." 그녀는 느리게 다시 말을 이었다. "저는 그 애와 지금껏 쭉 함께 해 왔잖아요. 저는 느낄 수 있어요. 하지만 어떻게 설명해야 할지는 모르겠군요." 퐁타냉 부인은 의자에 앉았다가 금세 다시 일어났다. 그녀의 얼굴엔 깊은 고뇌가 스쳐 지나가고 있었다. "그 애는 알고 있어요. 다 알고 있다고요. 확실해요!"

갑자기 그녀가 소리를 질렀다.

"아마도 그 애는 죽을 때까지 비밀을 입 밖에 내느니 차라리 죽어 버리는 쪽을 택할 걸요. 저는 그것도 알고 있어요."

앙투안이 돌아간 뒤에, 퐁타냉 부인은 그의 충고에 따라 중학교 학생주임 인 키야르 선생을 찾아가 보기로 마음먹었다. 그리고 그 전에 순전한 호기심 으로 《파리 명사록》을 펼쳐 보았다.

티보(오스카르 마리)—슈발리에 드 라 레종 도뇌르 수훈자—위르 (^{프랑스 북쪽 노르망디}
^{지역에 있는 도시}) 현 출신 전 국회의원—청소년연맹 부회장—사회기강 정립협 회 창립자 및 회장—파리교구 가톨릭 자선사업 연합회 재무위원—(제7 구) 위니베르시테 거리 4번지 B호

3. 퐁타냉 부인, 티보 씨를 방문

두 시간 뒤, 퐁타냉 부인은 키야르 학생주임을 찾아가기는 했지만 아무런 대답도 하지 못하고 얼굴만 붉힌 채 도망치듯 뛰쳐나왔다. 그 순간 마땅히 의논할 사람도 없었다. 퐁타냉 부인은 티보 씨를 찾아가 봐야겠다는 생각을 했다. 가슴속에서 그러지 말라는 어렴풋한 본능이 일어났으나, 그녀는 그것 을 무시하고 밀어붙였다. 위험을 무릅쓰고 일을 추진하는 과단성을, 그녀는 가끔 용기와 혼동하곤 했다.

마침 티보 씨 집에서는 가족회의가 열리고 있었다. 비노 신부는 일찌감치 위니베르시테 거리로 와 있었다. 조금 뒤에 파리 대주교의 특별비서이자 티 보 씨의 정신적 지주이며, 이 집안과 아주 각별한 사이인 베카르 신부가 도 착했다. 그는 방금 티보 씨의 전화를 받고 사건의 전말을 들은 터였다.

티보 씨는 책상 앞에 앉아서 재판을 주재하는 듯한 인상을 풍겼다. 그는 간밤에 한숨도 자지 못했다. 얼굴은 평소보다 더 해쓱했다. 회색 머리칼에 키가 작달막한 그의 비서 샬르 씨는 안경을 코에 걸치고 티보 씨의 왼편에 자리를 잡았다. 앙투안은 생각에 잠긴 채 책장에 기대어 서 있었다.

유모 역시 집안일을 해야 할 시각임에도 불구하고 불려 와 있었다. 어깨에 검은색 메리노(^{면양의 한 품종. 털은 짧지만 가늘}
^{고 고와서 고급 직물에 사용한다})를 걸친 그녀는 말없이 의자 끝에 앉아 있

었다. 그녀의 회색 머리카락은 노란 이마에 달라붙어 있었으며, 암사슴 같은 눈동자는 신부들 사이를 자주 오갔다. 신부들은 벽난로 양쪽에 놓인 등판이 높은 안락의자에 나란히 앉아 있었다.

티보 씨는 앙투안이 조사한 내용을 듣고 난 뒤 벌어진 일에 대해 크게 당황했음을 밝혔다. 그는 사람들이 자신의 의견이나 감정에 동조해 주는 것이 기뻤다. 그리고 침통한 마음을 충분히 담아 낸 자신의 연설에 스스로 감동하고 있었다. 하지만 이 자리에 자신의 고해신부가 함께 있다는 사실 때문에 자신의 양심에 거리낌이 없는지 다시 한 번 돌아보지 않을 수 없었다. 과연 나는 잘못을 저지른 아들에게 아버지로서의 본분을 다했다고 할 수 있는가? 그는 어떻게 대답해야 할지 몰랐다. 그 순간 생각이 다른 데 미쳤다. 그 프로테스탄트 녀석만 아니었으면 아무 일도 일어나지 않았을 것을!

"그 퐁타냉 같은 깡패들 말이에요." 그는 자리에서 일어나 큰 소리로 말했다. "그런 녀석들은 특별한 시설에 가두어야 하지 않겠습니까? 우리 아이들이 그렇게 나쁜 물이 들도록 두 눈을 빤히 뜨고서 그냥 내버려 둘 순 없지 않습니까?"

그러고는 뒷짐을 진 채 눈을 감고 책상 뒤에서 왔다 갔다 했다. 비록 말은 하지 않았지만 이 일 때문에 정신과학협회 회의에 참석하지 못한 일이 생각할수록 분하고 화가 치밀었다.

"저는 스무 해 이상이나 청소년 범죄문제를 개선하기 위해 헌신해 왔습니다! 스무 해 동안이나 저는 범죄방지연맹 회원으로 활동하면서, 팸플릿도 만들고 각종 보고서도 제출하면서 물심양면으로 애를 써 왔단 말입니다. 어디 그뿐인가요?"

그는 신부들 쪽으로 홱 돌아서며 말을 이었다.

"그 크루이 소년원에다 별관까지 지어가며 우리 아이들과 다른 사회계급에 속하는 불량소년들에게 특별히 세심한 교정을 하도록 하지 않았습니까? 그런데 믿을 수 없게도 그 별관이 텅텅 비어 있으니, 제가 부모들을 일일이 찾아다니며 자식을 그곳에 처넣으라고 강요라도 해야 한단 말입니까? 그 외에도 저는 온갖 방법을 다 동원하여 교육부가 우리 사업에 관심을 갖도록 하기 위해 노력해 왔습니다."

그는 어깨를 으쓱해 보인 뒤 의자에 털썩 주저앉으면서 결론을 내렸다.

"그런데 그 무종교 학교 당국자들은 사회의 위생이란 걸 염두에 두고 있기나 한 겁니까?"

바로 그때 하녀가 들어와 그에게 명함 한 장을 내밀었다.

"그 여자가 여기에?" 그는 아들을 돌아보며 말했다. "그 여자가 무엇 때문에 여길 온 거지?" 그는 하녀에게 질문을 해 놓고는 대답을 기다리지도 않고 앙투안에게 말했다. "앙투안, 네가 나가 봐라."

앙투안은 명함을 흘깃 보고는 이렇게 말했다.

"아버지가 직접 맞으셔야 합니다."

티보 씨는 화가 치밀어 올라 하마터면 버럭 소리를 지를 뻔하였다. 하지만 곧 마음을 가다듬고 두 신부에게 말했다.

"퐁타냉 부인이 왔다고 합니다! 어떻게 해야 할까요, 신부님들? 그 여자가 어떤 신분이든, 여성에 대한 격식은 차려 줘야겠죠? 게다가 그 여자도 '어머니'가 아닙니까?"

"뭐, 어머니라고요?"

샬르 씨가 이렇게 중얼거렸으나, 목소리가 하도 작아서 결국 혼잣말이 되고 말았다.

티보 씨가 다시 말했다.

"부인께 들어오시라고 해."

하녀가 방문객을 안으로 들여보내자, 티보 씨는 자리에서 일어나 격식을 차려서 고개 숙여 인사를 했다.

퐁타냉 부인은 이렇게 여러 사람이 모여 있을 줄은 꿈에도 생각지 못했다. 그녀는 문 앞에서 어쩔 줄 모르고 약간 망설이다가 유모 쪽으로 몇 걸음 떼어놓았다. 유모는 의자에서 벌떡 일어나더니 놀란 눈빛으로 이 프로테스탄트 여인을 뚫어지게 바라보았다. 어느새 사슴 같은 눈빛은 사라지고 표독스런 암탉을 떠올리게 했다.

"부인까지 와 계시는군요?"

퐁타냉 부인이 나직이 물었다.

"아닙니다, 부인." 앙투안이 서둘러 말했다. "베즈 양입니다. 저희 어머니가 돌아가신 뒤로 15년째 저희와 함께 살고 있습니다. 저와 제 동생을 키워 주신 분입니다."

티보 씨는 남자들을 소개했다.

"방해를 해서 죄송합니다, 선생님." 퐁타냉 부인은 자기에게 쏠리고 있는 시선들을 어색하게 여기면서도 평소와 다름없이 자연스럽게 행동했다. "그 뒤에 혹시 무슨 소식이라도……. 선생님, 저 역시 오늘 아침부터 같은 문제로 근심하고 있습니다. 제 생각엔 양쪽 집안이 일단 힘을 합치는 것이 좋을 듯한데 어떻게 생각하시는지요?"

그녀는 정중하면서도 쓸쓸한 듯 살짝 미소를 띠며 덧붙였다. 하지만 티보 씨에게서 같은 눈빛을 기대하던 그녀의 진지한 시선은 눈을 내리뜨고 있는 티보 씨의 가면에 부딪힌 뒤 공중에서 허무하게 부서져 버렸다.

그녀는 눈으로 앙투안을 찾았다. 오늘 아침 대화의 종말이 비록 두 사람 사이에 미묘한 거리감을 만들었음에도 불구하고 그녀는 지금의 마음이 충돌질하는 대로 이 침울하고도 성실한 얼굴 쪽으로 향한 것이다.

앙투안 또한 퐁타냉 부인이 이 방에 들어온 뒤로 두 사람만의 유대감이 존재하고 있음을 느꼈다. 그는 퐁타냉 부인 쪽으로 다가섰다.

"부인, 따님의 건강은 좀 어떻습니까?"

그 순간 티보 씨가 앙투안의 말을 가로막았다. 턱을 내민 채 머리를 심하게 흔드는 것만 봐도 그가 얼마나 흥분했는지 알 만했다. 티보 씨는 상반신을 퐁타냉 부인 쪽으로 돌리고 한껏 격식을 차린 목소리로 말하기 시작했다.

"부인, 새삼스레 말씀드릴 필요도 없습니다만 부인께서 지금 얼마나 걱정하고 계신지 누구보다 제가 잘 알고 있습니다. 조금전에 여기 계신 분들께도 말씀드렸다시피 그 가엾은 아이들을 생각하면 가슴이 미어집니다. 그렇다 할지라도 기탄없이 말씀을 드리는 것이 좋을 듯합니다. 양가가 힘을 합치는 것이 과연 최선의 방법일까요? 물론 어떻게 해서든 아이들을 빨리 찾아야겠죠. 그러나 수색은 따로 하는 것이 더 좋지 않을까요? 제 말은, 그러니까 방약무인한 신문기자들이 쓸데없는 말을 떠벌이지 않도록 경계할 필요가 있지 않나 해서요. 그렇다고 저를 신문이나 여론의 반응에만 연연해 하는 사람으로 생각지는 마세요. 그게 저를 위해 그러는 줄 아십니까? 천만에요! 저는 다른 당의 비난공격쯤은 이미 초월한 사람입니다. 하지만 저 개인의 일로, 제가 대표를 맡고 있는 사업이 공격을 받아선 안 되잖아요. 그리고 무엇보다 제 아들을 생각해서입니다. 제가 어떤 대가를 치르더라도, 나중에 이 일이 해결되고 난 뒤 사람들의 입방아에 오르내릴 때, 제 아들 이름 옆에 다른 아이 이름이 들먹여지는 일은 막아야 하지 않겠습니까? 제가 해야 하는 일 중에서 가장 중요한 것은 제 아이의 장래……. 물론 우발적으로 일어난 일인 줄은 저도 잘 알고 있습니다만, 두 아이의 전혀 이롭지 않은 친분관계가 제 아들의 장래에 걸림돌이 되는 일이 없도록 처리해야 한다는 것입니다. 그렇지 않습니까?"

그는 베카르 신부를 향해 두 눈을 반쯤 치켜뜨면서 말을 끝맺었다.

"신부님들도 저와 같은 생각이실 테지요?"

순간 퐁타냉 부인의 얼굴이 새하얗게 질렸다. 그녀는 신부들과 유모, 앙투안의 얼굴을 차례로 돌아보았다. 그러나 표정 없는 얼굴들과 맞닥뜨릴 뿐이었다. 잠시 후 그녀가 용기를 내어 말했다.

"아, 알겠습니다, 선생님." 그녀는 목이 메는지 잠시 말을 멈췄다가 다시 용기를 내어 말을 이었다. "제가 보기에 키야르 선생의 비난은……." 그녀는 입을 다물었다가 씁쓸한 미소를 지으며 외쳤다. "키야르 선생은 비열한……. 그래요, 정말이지 비열하기 짝이 없는 사람이에요!"

그러나 티보 씨의 얼굴에선 어떠한 감정도 읽을 수가 없었다. 그는 비노 신부를 향해 마치 그에게 입회인으로서의 발언권을 부여하기라도 하는 듯이 맥없이 한 손을 들었다. 비노 신부는 발바리 잡종견처럼 기꺼이 싸움판에 끼어들며 입을 열었다.

"실례지만 한 말씀 드려야겠습니다, 부인. 부인께서는 지금 키야르 선생의 난처한 증언을 부인하려 하십니다. 자제분에게 얼마나 큰 책임이 있는지 모르고 계시는 것 같군요."

퐁타냉 부인은 비노 신부를 위아래로 훑어본 뒤 본능적으로 베카르 신부 쪽으로 몸을 돌렸다. 그녀에게 쏟아지고 있는 그의 시선이 한없이 부드러웠기 때문이다. 그의 얼굴은 잠을 자는 것처럼 평온했다. 마치 브러시처럼 머리카락이 몇 올 남아 있지 않은 것으로 보아 적어도 오십 줄은 되어 보였다. 이단자인 여자의 말없는 호소를 느낀 비노 신부는 서둘러 말참견을 했다.

"부인, 여기 있는 사람들이 지금 하는 이야기가 부인께 얼마나 큰 고통을 주는지 잘 알고 있습니다. 아드님에 대한 부인의 신뢰는 참으로 감동적입니다. 더없이 존경할 만한 일입니다."

그는 평소의 버릇대로 둘째손가락을 입술에 가져다 대고 말을 이어 갔다.

"하지만 부인, 유감스럽게도 사실이란 것이 엄연히 존재합니다……."

비노 신부는 모인 사람들에게 모범을 보였다고 느꼈는지, 한결 목소리에 힘이 들어갔다.

"그 사실이라고 하는 것이 어쩔 수 없는 것으로……."

"그만두세요, 신부님."

퐁타냉 부인은 휙 돌아서면서 중얼거리듯이 말했다. 하지만 비노 신부는 물러설 수 없다는 듯 다시 말했다.

"부인. 여기 증거물이 있습니다."

그는 손에 든 모자를 떨어뜨리면서까지 허리춤에서 빨간 테두리가 둘러진 회색노트를 꺼냈다.

"잠깐이면 됩니다, 부인. 이걸 보십시오. 부인의 환상을 깨뜨리는 것은 여간 잔인한 일이 아닌 줄 압니다만, 이것을 직접 읽어 보시면 저희도 어쩔 수 없었다는 것을 납득하실 겁니다."

그는 부인에게 노트를 건네기 위해 두어 걸음 앞으로 나아갔다. 하지만 퐁타냉 부인은 자리에서 일어섰다.

"저는 단 한 줄도 절대로 읽지 않겠습니다, 여러분. 그 애도 모르는 사이에 그 애의 비밀을 여러 사람들 앞에서 폭로하고 게다가 변명의 여지도 주지 않다니요! 저는 제 아이가 그런 대접을 받도록 기르지 않았습니다."

비노 신부는 팔을 앞으로 내민 채 얇은 입술 위로 당혹스런 미소를 지으며 일어섰다.

"굳이 강요하려는 것은 아니었습니다."

그는 빈정거리는 투로 간신히 그 말만 했다. 그러고는 노트를 책상 위에 내려놓은 다음 바닥에 떨어진 모자를 주우려고 다시 앉았다. 앙투안은 그의 멱살을 쥐고 밖으로 끌어내고 싶은 심정이었다. 그때 반감 어린 그의 시선과 베카르 신부의 시선이 허공에서 잠깐 마주쳐 서로 공감한 듯했다.

한편, 퐁타냉 부인은 태도를 완전히 바꾸었다. 바짝 치켜든 이마에는 도전의 기색이 역력했다. 그녀는 팔걸이의자에 파묻혀 있는 티보 씨 앞으로 나아갔다.

"그런 건 문제가 되지 않습니다, 선생님. 저는 다만 댁에서 앞으로 어떻게 하실 생각인지 그걸 알고 싶었을 뿐입니다. 남편은 지금 파리에 없습니다. 저 혼자서 모든 일을 결정하고 처리해야 합니다. 저는 경찰에 도움을 청하는 것은 좋지 않다는 이야기를 하고 싶었을 뿐입니다."

"경찰이라고요?"

티보 씨는 격한 어조로 반문한 뒤, 분노가 치민 나머지 자리에서 벌떡 일어났다.

"그럼 부인께서는 지금 경찰이 총력을 기울여 이미 활동을 개시한 것을 모르십니까? 오늘 아침에 제가 직접 경찰청장 집무실에 전화를 했어요. 모든 방안을 강구하되 최대한 신중을 기해 달라고 말이죠. 메종 라피트 시청에도 전화를 걸게 했고요. 혹시라도 두 아이가 잘 아는 지역에 숨어 있는 게 아닌가 싶어서요. 철도역, 국경 경비소, 부두…… 모든 곳에 연락을 해 두었습니다. 부인, 제가 지금 어떻게든 소문이 퍼지는 것을 막고 싶어서 그러는 것이지, 그렇지 않다면야 그 몹쓸 놈들의 손목에 수갑을 채워서 끌고 와 본때를 보여 주는 게 가장 옳겠지요. 그렇게 하면 적어도 그 녀석들에게 아직은 이 프랑스에도 부모의 위신을 지키기 위한 정의 비슷한 게 아직 존재한다는 것을 일깨워 줄 수 있을 테니까요."

퐁타냉 부인은 아무런 대꾸도 하지 않은 채 고개를 숙이고는 문 쪽으로 걸어갔다. 티보 씨는 정신을 가다듬었다.

"부인, 안심하세요. 무엇이든 소식이 들리면 부인께 앙투안을 보내어 전하도록 하겠습니다."

그녀는 가볍게 고개를 끄덕인 다음 밖으로 나갔다. 앙투안과 티보 씨가 배웅을 하기 위해 일어섰다.

"위그노(이단자)!"

그녀가 방에서 나가자마자 비노 신부가 빈정거렸다. 순간 베카르 신부는 못마땅한 표정을 감추지 못했다.

"위그노?"

샬르 씨는 마치 성 바르톨로메오 축일에 일어난 대학살 (1572년 8월 성 바르톨로미 축일을 기하여 프랑스, 특히 파리에서 일어난 신교도 학살)의 피바다에 발을 들여놓기라도 한 것처럼 뒷걸음질 치면서 이렇게 중얼거렸다.

4. 퐁타냉 부인의 하루, 노에미를 방문

퐁타냉 부인이 집으로 돌아왔을 때, 제니는 침대에 누운 채 반쯤 잠이 들어 있었다. 소녀는 열에 들뜬 얼굴을 들어 어머니에게 눈인사를 하고는 다시 눈을 감았다.

"퓌스 좀 저리 데려가요. 시끄러워 못견디겠어."

잠시 뒤 퐁타냉 부인은 자기 방으로 돌아왔다. 현기증이 나서 장갑도 벗지 않은 채 의자에 털썩 앉았다. 나까지 열이 나려나? 마음을 진정시키자, 강해지자, 나 스스로를 믿자……. 그녀는 기도를 하려고 고개를 숙였다. 다시 머리를 들었을 때는 한 가지 목적이 분명하게 드러나 있었다. 남편을 찾아내 다시 집으로 불러들이는 것이었다.

그녀는 복도를 지나 꽤 오랫동안 닫혀 있던 서재 앞에 멈춰 서서 한참을 망설이다가 조심스레 문을 열었다. 아무도 없는 방은 썰렁하기 그지없었다. 방 안에는 마편초(꿀풀목 마편초 과에 딸린 여러해살이 풀. 감기나 피부병에 효능이 있어서 한방재료로 쓰기도 한다)의 쌉쌀한 향과 레몬의 새큼한 향, 그리고 반쯤 날아간 향수 냄새 같은 것이 감돌고 있었다. 그녀는 커튼을 열어젖혔다. 방 한가운데에는 책상이 있었는데, 그 위에 놓인 책갈피에는 먼지가 뿌옇게 쌓여 있었다.

하지만 종이 한 장 떨어져 있지 않았다. 번지 수도 단서도 없었다. 가구에는 열쇠가 그대로 꽂혀 있었다. 이 방의 주인은 경계심이 전혀 없었던 모양이다. 그녀는 책상 서랍을 열어 보았다. 편지 더미, 사진 몇 장, 부채, 그리고 한쪽 구석에 검정색 싸구려 비단장갑이 한 켤레 처박혀 있었다. 그녀의 손이 경련이라도 일으킨 듯 책상 모서리를 짚은 채로 갑작스럽게 굳어 버렸다. 한 가지 기억이 머릿속에 떠오르면서 마음을 어지럽게 만들었다. 그녀의 시선은 초점을 잃은 채 멍하니 먼 곳을 향했다.

2년 전의 일이었다. 어느 여름날 해질녘, 그녀가 전차를 타고 강변을 지나가고 있을 때였다. 어느 순간 남편 제롬이 여자와 함께 있는 것을 본 것 같았다. 제롬은 벤치에 앉아 울고 있는 젊은 여자에게로 몸을 구부리고 있었다. 그때 그녀는 자리에서 벌떡 일어나 남편임을 확인했던 것이다.

그 뒤 그녀의 잔인한 상상력은 그 순간의 환영을 둘러싸고 활발하게 움직여 수백 번도 더, 세세한 일까지 다시 그려내곤 했다. 모자를 비스듬히 쓴 채 치마 주머니에서 손수건을 꺼내어 눈가로 가져가던 그 여자의 통속적 슬품의 장면……. 무엇보다도 그녀의 감정을 크게 흔든 건 제롬의 태도였다! 아, 그날 밤 그 여자를 대하는 남편의 태도로 미루어, 그녀는 그의 마음을 사로잡고 있는 여러 가지 감정을 얼마나 낱낱이 읽어 냈던가!

물론 얼마간 동정이 가지 않는 것도 아니었다. 그녀는 남편이 얼마나 여린 사람인지, 얼마나 정에 약한 사람인지 잘 알고 있었다. 그와 동시에 대로변에서 그런 추태를 보이고 있는 것에 대한 짜증과 잔인한 마음……. 그렇다! 완전히 빠진 것도 아니고 엉거주춤하게 서 있는 제롬의 자세에서 그녀는 슬슬 싫증이 나기 시작하여 다른 여자에게 마음이 가 있는 남자의 뒷모습을 보았다. 여자의 눈물에 동정심과 양심의 가책을 느끼면서도 어서 끝냈으면 하는 이기적인 계산을 확실하게 읽을 수 있었다. 그런 상황은 때때로 거듭되었다. 그녀는 그 잊을 수 없는 기억이 떠오를 때마다 현기증이 나면서 가슴이 무너져 내리는 것을 느꼈다.

퐁타냉 부인은 그 방에서 서둘러 나온 다음 문을 단단히 잠갔다. 하나의 뚜렷한 계획이 머릿속에 떠올랐다. 반 년 전에 자신이 직접 내보낼 수밖에 없었던 하녀 마리에트. 퐁타냉 부인은 마리에트가 새로 일하게 된 집의 주소를 알고 있었다. 그녀는 내키지 않는 마음을 억누르고 더 이상 망설이지 않고 거기로 갔다.

쪽문으로 난 계단을 올라가자 5층에 부엌이 있었다. 역겨운 설거지 냄새가 공중에 떠다니는 시간이었다. 마리에트가 문을 열어 주었다. 그녀는 무표정한 얼굴로 설거지를 하고 있던 참이었다. 금발의 처녀로 헝클어진 머리카락과 유순해 보이는 눈동자는 여전했다. 그녀는 혼자 있었다. 얼굴을 살짝 붉히긴 했으나 두 눈은 맑게 빛났다.

"다시 뵙게 되어서 반가워요! 제니가 많이 컸겠군요?"

퐁타냉 부인은 망설였다. 그녀는 고통스러운 듯한 미소를 지어 보였다.

"마리에트, 제니 아빠가 계신 곳을 좀 알려 줄래?"

순간 마리에트의 얼굴이 홍당무처럼 붉어졌다. 눈에는 눈물이 글썽였지만 여전히 크게 뜬 채였다.

"주소요?" 그녀는 고개를 저었다. 모른다는 것이었다. 다시 말하면 그녀는 이제 그에 대해 아는 것이 아무것도 없었다. 실제로 남편은 그곳에 살고 있지 않았다. 그녀에게서 오래전에 떠나갔다는 것이었다.

"그럼 아주머니도 모르세요?" 그녀는 물었다.

퐁타냉 부인은 눈을 내리깔고 문 쪽으로 물러섰다. 더 이상 아무 말도 듣고 싶지 않았다. 짧은 침묵이 흘렀다. 그때 난로 위에 올려 둔 냄비의 물이 요란한 소리를 내면서 넘쳐흐르는 것을 보고 퐁타냉 부인은 기계적으로 몸을 돌리며 속삭이듯 말했다.

"물이 끓는구나." 그리고 한 발짝 더 뒤로 물러서면서 덧붙였다. "넌 여기선 행복하니?"

마리에트는 대답하지 않았다. 하지만 퐁타냉 부인과 눈이 마주치는 순간, 그녀의 시선 속에 동물적인 무언가가 꿈틀거리는 것 같았다. 반쯤 열린 입술 사이로 이가 드러나 보였다. 마리에트는 한참을 망설이던 끝에 더듬거리며 입을 열었다.

"어쩌면 프티 뒤트레이유 부인께 가셨을지도……."

퐁타냉 부인은 마리에트가 울음을 터뜨리는 것도 듣지 않고 뛰쳐나갔다. 그녀는 마치 불이 나서 대피라도 하듯 서둘러 계단을 뛰어 내려왔다. 그 이름을 듣는 순간, 지금까지 대수롭지 않게 여겨 거의 잊고 있었던 수많은 우연적 상황들이 단번에 연결되며 명백한 사실로 이어졌다.

마침 빈 마차가 한 대 지나가고 있었다. 그녀는 한시라도 빨리 집으로 돌아가고 싶은 마음에 무턱대고 마차에 올라탔다. 하지만 행선지를 말하려는 순간, 저항할 수 없는 욕망이 속에서 일었다. 그는 성령의 부름에 복종하는 것이라는 듯이 이렇게 외쳤다.

"몽소 거리로 가 주세요."

15분 뒤, 그녀는 사촌동생인 노에미 프티 뒤트레이유의 집 앞에서 초인종을 누르고 있었다.

문을 열어 준 사람은 15살 정도 되어 보이는, 금발에 해맑은 표정의 생기 발랄한 소녀였다.

"니콜, 잘 있었니? 엄마는 집에 계시지?"

그녀는 아이의 놀란 시선이 자기를 무겁게 누르는 것을 느꼈다.

"엄마 불러 올게요, 테레즈 아줌마!"

퐁타냉 부인은 현관에 홀로 남아 있었다. 가슴이 너무나 두근거려서 그곳에 대고 있는 손을 뗄 생각이 들지 않을 정도였다. 그녀는 마음을 가라앉히고 주위를 찬찬히 돌아보았다. 응접실 문이 반쯤 열려 있었다. 응접실 안의 벽지와 양탄자가 햇빛을 받아 영롱하게 빛났다. 방 안은 독신자의 방답게 지저분했지만 묘한 매력을 띠고 있었다.

'이혼한 뒤로 돈 한 푼 없는 신세가 되었다고 들었는데……'

퐁타냉 부인은 속으로 중얼거렸다. 그러고 보니 남편이 지난 두 달 동안 돈을 한 푼도 가져다주지 않았다. 그래서 생활비를 마련하느라 얼마나 곤란을 겪었던가. 생각이 거기에 미치자, 노에미의 이런 사치스런 생활이 어쩌면 남편과 연관돼 있으리란 느낌이 뇌리를 스쳤다.

니콜은 좀처럼 돌아오지 않았다. 집 안은 쥐 죽은 듯 고요했다. 퐁타냉 부인은 가슴이 점점 더 답답해져서 응접실에라도 앉아 있을 셈으로 안으로 들어갔다. 피아노 뚜껑이 열린 채로 있었다. 소파 위에는 읽다 만 신문이 펼쳐져 있었고, 낮은 탁자 위에는 담배가 어수선하게 널려 있었다. 수반에는 빨간 카네이션 다발이 가득 꽂혀 있었다. 응접실 안을 대충 둘러보기만 하고도 정체 모를 불쾌감이 한층 높아졌다.

왜 그런 걸까? 아! 그것은 제롬의 흔적이 곳곳에 배어 있기 때문이었다. 집에서 늘 그랬듯이 피아노를 창 앞으로 비스듬히 밀어놓은 것도, 피아노 뚜껑을 열어 둔 것도 분명 그일 터였다. 설령 그가 하지 않았더라도 악보가 이렇게 사방으로 흩어져 있는 것은 그를 위한 배려가 틀림없었다! 이 낮고 넓은 소파, 손이 닿는 곳에 놓여 있는 담배……. 모두가 제롬의 취향이었다! 방 안 곳곳에 그를 위해 신경 쓴 흔적이 있었다. 그녀는 손가락 사이에 담배 한 개비를 끼우고 한쪽 팔을 늘어뜨린 채 소파 위에 즐거운 표정으로 누워 있는 그가 보이는 듯했다!

그때 양탄자 위로 가벼운 발소리가 났다. 퐁타냉 부인은 진저리를 치며 소리 나는 쪽으로 고개를 돌렸다. 노에미가 레이스로 된 하늘하늘한 가운을 걸친 채 딸아이의 어깨를 잡고 나타났다. 노에미는 올해 서른다섯 살로, 짙은 갈색 머리에 키가 크고 살이 좀 찐 편이었다.

"안녕, 테레즈 언니? 미안해요. 아침부터 두통이 나서 서 있지도 못하겠지 뭐야. 니콜, 블라인드 좀 내려 주렴."

그러나 노에미의 말과 달리, 그녀의 두 눈은 생기 있게 빛나고 있을 뿐더러 혈색도 좋아 보였다. 다만 가벼운 말투로 보아, 퐁타냉 부인의 방문에 무척 당황한 모양이었다. 퐁타냉 부인이 니콜에게로 몸을 돌리며 엄마랑 할 얘기가 있으니 자리 좀 피해 달라고 말했을 때는 그 거북함이 불안감으로 바뀌었다.

"네 방에 가서 공부해. 어서!"

노에미는 버럭 소리를 질렀다. 그러고는 딸에게 위엄 있는 웃음을 지어 보이며 이렇게 말했다.

"정말 걱정이에요. 저 나이에 벌써 응접실에 나와 아양이나 떨고 싶어하니 말이에요! 제니도 그래요? 하긴 나도 그랬지. 기억나요? 그러고 보니 우리 엄마도 그것 때문에 걱정을 하셨던 것 같기도 하네."

퐁타냉 부인은 남편이 어디 있는지 물어보러 찾아온 것이었다. 그런데 막상 오고 보니 이곳에 제롬이 있는 것이 너무나 확실해 보였다. 자신이 모욕을 당하고 있는 것 같고 바보 취급을 당하는 것 같았다. 노에미의 활짝 피어난 얼굴과 저급한 멋부림을 보고 있노라니 괘씸한 생각이 들어서 또다시 충동에 휩쓸려 엉뚱한 결심을 하고 말았다.

"앉아요, 테레즈 언니."

노에미가 말했다. 퐁타냉 부인은 의자에 앉는 대신 사촌동생에게 다가가서 손을 덥석 잡았다. 그녀의 몸짓은 꾸며 낸 데라곤 전혀 없었다. 오히려 자연스럽다 못해 어떤 위엄마저 풍기고 있었다.

"노에미……." 그녀가 단숨에 말했다. "제롬을 돌려줘." 노에미의 입가에 어렸던 미소가 금세 굳어 버렸다. 퐁타냉 부인은 여전히 그녀의 손을 잡고 있었다. "대답하지 않아도 돼. 난 비난하려는 게 아니야. 누가 뭐래도 그 사람이 문제지. 나는 그가 어떤 사람인지 잘 알아."

그녀는 잠시 말을 멈췄다. 숨이 가빴던 것이다. 노에미는 굳이 변명을 하려 들지는 않았다. 오히려 퐁타냉 부인에게는 그 침묵이 고마울 뿐이었다. 그녀의 말을 사실로 인정해서가 아니라, 이렇듯 불시에 질문을 받고 둘러대기 위해 즉석에서 거짓말을 꾸며 낼 만큼 노에미가 교활하지는 않았기 때문이었다.

"내 말 좀 들어 봐, 노에미. 아이들이 나날이 커 가고 있어. 너의 니콜, 그리고 다니엘은 벌써 열네 살이야. 그 애들에게 나쁜 영향을 끼치는 게 가장 두려워. 나쁜 일일수록 정말 쉽게 전염되잖니? 이런 식으로 계속 살아선 안 되는 거잖아? 안 그래? 이렇게 나가다간 고통받는 사람이 나 하나로 끝나지 않게 될 거야."

숨이 가쁜 나머지 그녀의 목소리는 애원하듯이 들렸다.

"이제 그만 그이를 돌려줘, 노에미."

"지금 무슨 소릴 하는 거예요? 아무래도 언닌 미친 것 같아!" 젊은 여자는 냉정을 되찾고 있었다. 두 눈은 분노로 불타오르고 입술은 앙다물어졌다. "언니, 머리가 어떻게 된 거 아니에요? 난 또 무슨 말인가 하고 끝까지 다 듣고 있었네. 아이고, 기가 막혀서! 언니, 꿈을 꾸고 있군요! 아니면 어디서 헛소문을 들었거나. 대체 뭐가 어쨌다는 거냐고요!"

퐁타냉 부인은 아무런 말도 하지 않은 채 온화한 눈길로 사촌동생을 바라보았다. 그 눈빛은 마치 이렇게 말하는 듯했다.

'축복하리만큼 가엾은 영혼이여! 그래도 너의 집 형편은 나보다 낫구나.'

그때 퐁타냉 부인의 시선이 노에미의 볼록하게 드러난 어깨 언저리에 머물렀다. 맑고 통통한 살결은 성긴 레이스 아래에서 마치 그물에 걸린 물고기처럼 팔딱거리며 요동치고 있었다. 순간 상상하고 싶지 않은 장면이 머릿속에 너무나 또렷하게 스쳐 지나가 자기도 모르게 두 눈을 질끈 감았다. 이윽고 증오의 표정이, 곧이어 고통의 표정이 그녀의 얼굴을 스쳐 지나갔다.

퐁타냉 부인은 지금까지의 용기가 모두 사라져 버린 것처럼, 이쯤에서 끝을 내 버리겠다는 듯이 단호한 목소리로 말했다.

"아마도 내가 잘못 생각한 모양이야. 그 사람 주소나 가르쳐 주렴. 그것도 안 된다면……. 아니야. 그 사람이 어디 있는지 알려 줄 필요 없어, 그 사람에게 이 말만 전해 줘. 꼭 만나야 할 일이 있다고……. 그 말만 꼭 전해 주면 좋겠구나."

노에미가 윗몸을 일으켰다. "뭘 전하라고요? 그 사람이 어디 있는지 내가 어떻게 알아요?" 노에미의 얼굴이 새파래졌다. "이제 할 말 다 했어요? 그래요, 제롬이 가끔 우리집에 오기는 해요! 그게 어쨌다는 거죠? 이제 와서 숨길 게 뭐가 있어요! 우리 사이에……. 참 우습군요!" 노에미는 퐁타냉 부인의 가슴 밑바닥을 할퀴기 위해 끝내 이런 말을 내뱉었다. "그이에게 언니가 찾아와 한바탕 소란을 피우고 갔다고 전하면 참 좋아하겠군요!"

퐁타냉 부인은 뒤로 한 걸음 물러섰다.

"너 마치 몸을 파는 여자처럼 말하는구나?"

"뭐라고요? 그럼 좋아요. 한 마디 더 할까요?"

노에미가 응수했다.

"남편에게 버림을 받은 건 순전히 여자 잘못이에요! 만일 제롬이 다른 데서 애타게 구하는 걸 언니한테서 찾을 수 있었다면, 이렇게 언니가 그이를 찾아 헤맬 필요도 없지 않겠어요?"

'정말로 그럴까?'

퐁타냉 부인은 다리에 힘이 쭉 빠졌다. 도망가고 싶다는 유혹에 휩싸였지만 한편으로는 제롬이 있는 곳도 알지 못한 채, 그를 돌아오게 할 아무런 방법도 찾지 못한 채 다시 외롭게 남겨진다는 사실이 두려웠다. 그녀의 눈길이 다시 부드러워졌다.

"노에미, 내가 한 말 다 잊어버려. 그리고 내 얘기 좀 들어 주지 않을래? 제니가 아파. 이틀째 열이 심해. 집엔 나 혼자뿐이고……. 너도 엄마잖아. 앓고 있는 아이 곁을 혼자서 지키는 어미의 심정이 어떤지 잘 알 거야. 제롬이 집에 들어오지 않은 지 3주일이나 되었는데 그 사이 단 한 번도 집에 들어오지 않았단 말야. 그는 어디에 있을까? 도대체 뭘 하고 있을까? 그래도 자기 딸이 아프다는 것 정도는 알아야 하지 않겠니? 이제 그만 집으로 돌아와 주었으면 해! 그에게 말 좀 전해 줘!"

노에미는 완강하게 고개를 저었다.

"아니, 노에미! 어쩌다 그렇게 모질어졌니? 제발 내 말 좀 들어 봐. 제니가 정말로 많이 아파. 정말이야. 너무나 걱정이 돼. 그런데 그보다 더 심각한 문제가 있어."

그녀의 목소리는 한풀 더 꺾여 있었다.

"다니엘이 집을 나갔어. 행방불명이 되었단다."

"행방불명이라고?"

"찾으러 다니기라도 해야 하는데, 이런 때…… 아픈 아이를 두고 나 혼자서 뭘 할 수 있겠니? 노에미, 그냥 꼭 돌아와 달라고만 전해 줘!"

퐁타냉 부인은 이쯤이면 노에미의 기가 꺾일 줄 알았다. 그녀의 시선에 언뜻 동정심이 어렸기 때문이다. 하지만 노에미는 곧 몸을 반쯤 돌리고는 팔을 들어 올리며 소리쳤다.

"그래서 나더러 어쩌라는 거예요? 내가 언니를 위해 무엇을 할 수 있다는 거죠!" 퐁타냉 부인이 입을 굳게 다물고 있자, 노에미는 분노에 차서 그녀 쪽으로 몸을 홱 돌렸다. "테레즈 언니, 내 말이 믿기지 않는 모양이죠? 그런 거예요? 그렇다면 어쩔 수 없죠. 솔직히 말할게요. 제롬은 이번엔 날 속였어요. 알아요? 그러곤 내가 찾을 수 없는 곳으로 도망가 버렸어요. 딴 여자하고 달아났다고요! 어디로 갔는지 알 게 뭐예요? 자, 이만하면 날 믿겠어요?"

순간 퐁타냉 부인의 얼굴이 새파랗게 질렸다. 그녀는 똑같은 말을 기계적으로 반복했다.

"달아났다고?"

노에미는 소파에 털썩 주저앉더니 쿠션에 얼굴을 묻고 흐느끼기 시작했다.

"아! 그가 날 얼마나 고통스럽게 했는지 몰라요! 내가 잠자코 있으니까 그래도 되는 줄 알았던 모양이지. 하지만 이번엔 절대로 용서할 수 없어. 제롬은 나에게 말할 수 없는 모욕을 주었어요! 내가 보는 앞에서, 내 집에서, 집안일을 돕던 계집아이를, 아직 스물도 안 된 어린 여자애를 건드렸다고요! 그 계집아이는 보름 전에 보따리를 싸가지고 온다간다 말 한 마디 없이 도망쳤어요! 그때 그이는 마차 안에서 그 계집애를 기다리고 있었다고요!"

노에미는 다시 일어서서 소리를 질렀다.

"우리집 골목에서, 우리집 대문 앞에서 훤한 대낮에, 사람들이 다 보는 앞에서 그것도 내 하녀를 마차에 태우고……. 믿어져요?"

퐁타냉 부인은 비틀거리는 몸을 지탱하기 위해 피아노에 기댔다. 시선은 노에미를 향하고 있었지만 정작 그녀를 보고 있지는 않았다. 퐁타냉 부인의 눈앞에 몇 가지 환영이 스치고 지나갔다. 그녀는 다시 마리에트를 떠올렸다.

여러 달 전부터 몇 가지 기미가 보였다. 별일 아니란 듯이 주고받는 신호, 복도를 지나는 발소리, 칠층으로 살금살금 올라가는 발걸음 소리……. 마침내 현장이 발각되었을 때 절망적인 목소리로 용서해 달라고 애원하던 계집아이를 내보낼 수밖에 없었던 일이 떠올랐다. 뒤이어 강변의 벤치에 앉아서 눈물을 훔치고 있던 그 여자, 검은색 정장을 입고 있던 그 직장여성의 모습이 스쳤다. 그리고 지금 자기 눈 앞에 서 있는 노에미…….

퐁타냉 부인은 몸을 돌렸다. 그러면서도 시선은 자기도 모르게 소파 위에 비스듬히 쓰러져 있는 아름다운 여자의 육체로, 흐느낌 때문에 레이스 아래에서 살며시 떨리고 있는 어깨 위로 다시 돌아왔다. 견딜 수 없는 또 하나의 영상이 그녀의 눈앞으로 강렬하게 다가왔다.

그때 노에미의 목소리가 봇물처럼 거세게 터져 나왔다.

"아아! 이제 끝이야, 끝! 그가 다시 돌아와서 무릎을 꿇고 매달려도 절대로 돌아보지 않을 거야! 그가 미워요. 경멸한다고. 나는 그가 아무 이유도 없이 그저 장난으로, 그냥 재미로, 그저 본능적으로 거짓말하는 걸 수도 없이 참아 냈어요! 그는 입만 열면 거짓말이야! 지독한 거짓말쟁이라고!"

"그렇지 않아, 노에미!"

노에미가 벌떡 일어섰다.

"언니가 지금 그 사람을 두둔하는 거예요? 언니가?"

퐁타냉 부인은 곧 냉정을 찾았다. 그녀는 목소리를 낮추어 다시 물었다.

"너, 정말 어디인지 모르니?"

노에미는 잠시 생각에 잠기는 듯하더니 다정하게 몸을 기울였다.

"몰라요, 하지만 수위라면 가끔……."

퐁타냉 부인은 손짓으로 그녀의 말을 끊고 문 쪽으로 급히 돌아섰다. 노에미는 위기를 모면하기 위해 태연한 표정으로 다시 쿠션에 얼굴을 묻으며 그녀가 나가는 것을 보지 못한 척했다.

퐁타냉 부인이 현관문을 막 열려고 할 때, 니콜이 달려나와 두 팔로 부인의 허리를 끌어안았다. 니콜의 얼굴은 눈물로 젖어 있었다. 하지만 퐁타냉 부인은 그 아이에게 말 한 마디 건넬 만큼의 여유가 없었다. 니콜은 그녀에게 미친 듯이 입을 맞춘 뒤 안쪽으로 뛰어갔다.

수위는 기다렸다는 듯이 이야기를 하기 시작하였다. 그러다 손때 묻은 장부를 펼쳐 보이며 이렇게 말했다.

"그 여자 앞으로 오는 편지는 모조리 부르타뉴의 페로 기렉으로 돌려보냅니다. 아마 거기서 부모가 다시 본인이 있는 곳으로 보내겠죠. 자세히 알아보시려거든……."

퐁타냉 부인은 집으로 들어가기 전에 우체국에 들러 전보용지에 다음과 같이 썼다.

빅토린느 르 가드 귀하.
에글리즈 광장, 페로 기렉(코트 뒤 노르)
다니엘, 일요일부터 행방불명. 퐁타냉 씨에게 전해 주기 바람.

그리고 봉합엽서 한 장을 사서 다른 주소를 썼다.

그레고리 목사 귀하
크리스천 사이언티스트 소사이어티, 뇌이쉬르셴 시, 비노 로 2번지 B호

친애하는 제임스 씨,
이틀 전에 다니엘이 아무 말도 없이 집을 나갔습니다. 행선지도 알리지
않고는 여태 소식이 없어요. 저는 지금 불안해서 견딜 수가 없습니다. 게다
가 제니까지 앓고 있답니다. 열이 계속 나고 있는데, 원인을 모르겠습니다.
이런 사실을 제롬에게 알려야 하는데, 그가 어디에 있는지도 모른답니다.
저는 지금 아주 외롭습니다. 제발 와 주세요.

테레즈 드 퐁타냉

5. 빈사 상태의 제니를 방문한 그레고리 목사

그로부터 이틀 뒤인 수요일 저녁 여섯 시에 키가 매우 크고 호리호리한,
깡마른 데다 나이는 짐작하기 어려운 한 남자가 옵세르바투아르(천문대) 거
리에 나타났다.
"부인을 만나 뵙기는 어려울걸요." 수위가 대답했다. "지금 의사선생님들
이 와 계십니다. 따님은 이제 가망이 없는 것 같아요."
목사는 계단을 올라갔다. 현관문은 활짝 열려 있었다. 현관에는 남자 외투
몇 벌이 아무렇게나 걸려 있었다. 그때 간호사가 나와서 종종걸음으로 뛰어
갔다.
"저는 그레고리 목사입니다. 좀 어떤가요. 제니 양이 많이 아픈가요?"
간호사가 그를 쳐다보았다.
"가망이 없어요." 그녀는 낮게 중얼거리듯이 말하고는 급히 자리를 떴다.
목사는 둔기로 머리를 얻어맞기라도 한 듯이 소스라치게 놀랐다. 갑자기

주위의 공기가 모두 사라지기라도 한 것처럼 숨이 꽉 막혔다. 그는 얼른 응접실로 들어가 창문을 활짝 열어젖혔다.

십여 분이 지났다. 사람들이 복도에서 정신없이 왔다 갔다 하고 있었다. 문이 쉴새없이 여닫히면서 간간이 사람들의 목소리가 들려왔다. 이윽고 퐁타냉 부인이 모습을 드러냈고, 그 뒤로 검은 옷을 입은 나이 든 사람 둘이 따라나오고 있었다. 그녀는 그레고리를 알아보고 곧장 달려왔다.

"제임스, 와 주었군요! 아! 저를 버리지 말아 주세요."

그레고리는 빠르게 말했다.

"오늘에야 런던에서 돌아왔습니다."

그녀는 왕진을 온 의사 두 명이 무슨 이야기를 나누는 모습을 보고는 목사를 응접실 안쪽으로 이끌었다. 현관에서는 앙투안이 셔츠 바람으로 간호사가 들고 있는 대야에 대고 솔로 손톱을 닦고 있었다. 퐁타냉 부인은 목사의 두 손을 움켜잡았다. 그녀는 몰라볼 만큼 야위어 있었다. 두 뺨은 몹시 창백한 데다 살이 쏙 빠져 있었다. 게다가 입가가 자꾸 떨리고 있었다.

"아! 저와 함께 있어 주세요, 제임스. 제발 절 혼자 두지 마세요! 제니가 ……."

방 안에서 신음소리가 새어 나왔다. 그녀는 말을 마치지 못하고 방으로 뛰어 들어갔다.

그레고리는 앙투안에게 다가갔다. 그는 아무 말도 하지 않았지만, 불안한 시선으로 무엇인가를 묻고 있었다. 앙투안은 고개를 저었다.

"희망이 없어요."

"아, 어떻게 그런 일이!"

그레고리는 따지듯이 물었다.

"뇌—막—염이오." 앙투안은 이마를 가리키면서 한 글자씩 또박또박 말했다. 그러고는 옆을 보며 혼잣말을 했다. "기이하게도 생겼군."

그레고리의 생김새는 누렇고 각이 져 있었다. 백발처럼 윤기 없는 검정 머리칼은 깎은 듯이 이마 주위를 덮고 있었다. 길게 엎드린 듯 충혈된 코의 양옆으로 두 눈이 눈썹 그늘 아래로 파묻혀 있었고, 두 눈은 마치 인광처럼 빛났다. 흰자위가 별로 없어서 새까맣고 촉촉한 눈동자는 놀라울만큼 민첩하게 움직여서 마치 원숭이의 눈을 연상케 했다. 원숭이 눈만큼 나른하고 냉혹해 보였다. 얼굴 아래쪽은 더 기이했다. 묵묵한 웃음을 띠고 어떤 감정도 담겨 있지 않은 채 벌어진 입술은, 수염 하나 없이 쭈글쭈글한 채 뼈만 앙상한 턱을 사방으로 잡아당기고 있었다.

"갑자기 그렇게 됐나요?"

그레고리가 물었다.

"열은 일요일부터 나기 시작했는데 확실한 증상을 보인 것은 어제, 그러니까 화요일 아침부터였습니다. 다른 의사선생님에게도 보여서 할 수 있는 치료는 다 해 보았습니다." 그의 시선은 잠시 생각에 잠긴 듯했다. "다른 의사선생님들의 소견이 어떠한지는 들어봐야 알겠지만, 저로서는……."

그가 결론을 내렸다. 그리고 금세 얼굴이 일그러졌다.

"안 됐지만 저 아이에게는 가망이……."

"오, don't(그만)!"

그레고리는 거센 목소리로 앙투안의 말을 가로막았다. 그의 두 눈은 앙투안을 뚫어지게 바라보고 있었다. 분노가 어린 두 눈은 기이한 웃음을 띠고 있는 입과는 도무지 어울리지 않았다. 그는 숨 쉬기가 힘이 드는지 뼈만 앙상한 손을 목으로 가져가 턱 밑을 움켜쥐었다. 그 모습은 마치 가위에 눌린 거미 같았다.

앙투안은 직업적인 시선으로 그레고리를 훑어보고 있었다. '확실히 균형이 맞지 않아.' 그는 혼잣말로 중얼거렸다. "미치광이 같은 내면의 웃음, 무표정하게 찌푸린 얼굴이라니……."

"다니엘은 돌아왔나요?" 그레고리가 정중하게 물었다.

"아직 아무런 소식도 없습니다."

"안됐군요, 부인도 참!"

그는 다정한 어조로 중얼거렸다.

그 순간 두 명의 의사가 응접실에서 나왔다. 앙투안이 그들에게로 다가갔다.

"가망이 없어요." 가장 나이 많은 의사가 앙투안의 어깨에 손을 올리며 콧소리로 말했다. 앙투안은 그레고리를 돌아보았다. 지나가던 간호사가 다가서서 낮은 목소리로 덧붙였다.

"정말로요, 선생님. 선생님도 그렇게 생각하시죠?"

더 이상 그런 말을 듣고 싶지 않았던 그레고리는 몸을 휙 돌렸다. 그는 가습이 답답해서 참을 수가 없었다. 반쯤 열려 있는 문 너머로 계단이 보였다. 그는 계단을 성큼성큼 뛰어 내려가 큰길을 가로질렀다. 그리고 거미발 같은 손으로 가슴을 움켜쥐고 저녁 바람을 한껏 들이마시면서 머리칼을 흩날리며 가로수 사이를 곧장 달리기 시작했다.

'빌어먹을 의사놈들!'

그가 중얼거렸다.

그는 퐁타냉 일가와 가족처럼 지냈다. 16년 전 완전한 무일푼으로 파리로 왔을 때, 그를 친절하게 맞이하여 의지가 되어 주었던 사람이 바로 테레즈의 아버지 페리에 목사였다. 그레고리는 그를 잊은 적이 단 한 번도 없었다. 훗날 그의 은인이 임종을 맞을 때는 그 머리맡을 지키려고 만사를 제쳐두고 달려왔다. 늙은 목사는 한 손으로는 딸의 손을, 다른 한 손으로는 자신이 아들이라 불렀던 그레고리의 손을 잡은 채 세상을 떠났다. 그 기억은 지금도 그의 폐부를 찌르는 가슴 아픈 일이었다. 그레고리는 휙 돌아서서 집으로 걸어갔다. 의사들이 타고 왔던 마차는 이미 사라지고 없었다. 그는 급히 집 안으로 들어갔다.

사방의 방문은 열려 있었다. 그는 신음소리를 따라 제니의 방으로 들어섰다. 커튼이 드리워져 있었다. 어두컴컴한 방 안에는 신음소리만이 가득했다. 퐁타냉 부인과 간호사, 그리고 가정부가 침대 위에 몸을 숙인 채 풀밭 위에 올라온 물고기처럼 몸을 파닥이고 있는 작은 육체를 힘겹게 붙들고 있었다.

그레고리는 손으로 턱을 받친 채 조급한 표정을 짓고는 한참을 말없이 서 있었다. 마침내 그는 퐁타냉 부인 쪽으로 다가갔다.

"이러다 놈들이 제니를 죽여 버리겠소!"

"뭐라고요? 애를 죽인다고요? 어째서요?"

그녀는 쉴새없이 버둥거리는 제니의 팔을 억지로 붙잡으며 우물거렸다.

그가 다시 힘주어 말했다.

"놈들을 쫓아내지 않으면 제니를 죽이고 말거라고요."

"쫓아내라니 대체 누굴 쫓아내라는 거예요?"

"한 명도 남김없이 다요."

그녀는 어리둥절한 표정으로 그를 쳐다보았다. 그가 도대체 무슨 말을 하는 것인지 알 길이 없었다. 그저 그레고리의 음침한 얼굴이 무겁게 느껴질 뿐이었다.

그는 별안간 몸을 굽혀 제니의 한쪽 손을 덥석 움켜잡고는 노래하듯 부드러운 목소리로 이름을 불렀다.

"제니, 제니! Dearest(아가야)! 날 알아보겠니? 날 알아보겠어?"

지금까지 줄곧 천장을 향하고 있던 초점 잃은 눈동자가 천천히 그레고리 쪽으로 옮겨갔다. 그는 몸을 더 깊숙이 숙여서 제니의 눈을 내려다보았다. 그 시선이 어찌나 집요하던지 그 순간 제니의 신음이 뚝 멈춰 버렸다.

"손을 놓으세요. 제게 맡겨 주세요!"

그레고리가 세 여자에게 말했다. 아무도 그의 말에 따르려 하지 않자, 그는 다시 한 번 강한 어조로 되풀이해 말했다. "그쪽 손도 제게 주세요. 자, 됐습니다. 이제부터는 저에게 맡겨 주세요."

여자들이 한 걸음 뒤로 물러섰다. 그는 침대 위로 몸을 굽혀 꺼져 가는 생명의 두 눈 속에 자기(磁氣 : 쇠붙이를 끌어당기는 성질) 같은 의지력을 불어넣었다. 그가 붙들고 있던 두 팔은 한동안 허공을 내젓다가 곧 수그러들었다. 버둥거리던 다리도 늘어져 버렸다. 마침내 두 눈도 진정되어 천천히 감겼다. 그레고리는 여전히 몸을 굽힌 채 퐁타넹 부인에게 가까이 오라고 손짓을 했다.

"보세요." 그가 중얼거렸다. "제니가 가만히 있잖아요. 아까보다 더 안정이 되었어요. 저들을 다 내보내라고요. '벨리알의 자손들(히브리어로 악한 자, 해로운 자를 뜻하는 말로 《구약성서》에도 이 의미로 용례가 있다)'을 다 내보내세요! 놈들 안에 날뛰고 있는 '죄악'이 제니를 죽일지도 몰라요!"

그는 웃고 있었다. 그것은 자기만이 영원한 진리를 알고 있고, 그 밖의 세계는 온통 미치광이들로 가득하다고 생각하는 예언자들의 웃음이었다. 제니의 눈동자에 시선을 고정시킨 채 그는 목소리를 낮추어 말했다.

"여인이여, 여인이여, 재앙은 존재하지 않느니라! 그것을 만드는 것은 바로 그대 자신이나니. 그대가 그것이 있다고 믿기 때문이오. 보시오, 여기 있는 사람들 중에 희망을 갖고 있는 이는 단 한 명도 없소. 모두 이렇게 말할 뿐이라오. '가망이……' 그대조차도 그렇게 생각하고 있소이다. 그리고 조금 전에도 그렇게 말하려 했나니. '가망이……'라고. 주여, 저의 입술에 지혜를 주옵소서, 저의 입술에 지혜를 주옵소서! 오오! 이 가여운 아이……. 제가 왔을 때 이 아이 주위에는 허무와 부정만이 감돌았나이다. 하지만 저는 말합니다. '이 아이는 병들지 않았다'고!" 그레고리가 확신에 찬 표정으로 소리를 질렀다. 그 기가 그대로 전해져 세 명의 여자들은 마치 감전이라도 당한 듯했다. "이 아이는 건강합니다! 이제 제게 맡겨 주세요!"

그는 마술사처럼 조심스럽게 천천히 손가락을 편 다음, 침대 위에 얌전하게 누워 있던 소녀의 팔다리를 놓아주고 뒤로 몇 걸음 물러섰다.

"생명은 좋은 것이니라!" 그는 노래를 부르듯이 말했다. "모든 생명은 좋은 것이니라! 지혜는 좋은 것이니라! 사랑은 좋은 것이니라! 모든 건강은 그리스도 안에 있으며 그리스도는 우리 안에 계시니라!" 그는 한쪽 구석으로 물러나 있던 가정부와 간호사 쪽으로 몸을 돌렸다. "부탁입니다. 제발 나가주세요. 제게 맡겨 주세요."

퐁타냉 부인도 덩달아 소리쳤다.

"어서 나가주세요!"

그레고리는 꼿꼿이 서서 두 팔을 뻗어 링거 병과 붕대, 잘게 부순 얼음이 들어 있는 통, 그리고 그것들이 놓여 있는 탁자에 대고 저주를 퍼부었다.

"이것들도 다 가지고 나가시오!" 그가 명령하자 여자들은 곧 그의 말을 따랐다. 그레고리는 퐁타냉 부인과 둘이 남게 되자 쾌활한 목소리로 외쳤다. "자, Open the window(창문을 열어요)!"

거리의 나뭇가지를 살랑살랑 흔들고 있던 신선한 바람이 방 안으로 몰려와 소용돌이치며 탁한 공기를 밖으로 몰아내었다. 그 바람이 열에 달구어진 얼굴을 스치자 제니가 깜짝 놀라 움찔하였다.

"감기 걸리겠어요."

퐁타냉 부인이 속삭였다. 하지만 그레고리는 즐거운 듯이 코웃음을 치고 있을 뿐이었다. 마침내 그가 말했다.

"Shut(닫아요)! 문을 닫아요. 그래요, 아주 좋아요! 불을 전부 켜세요. 퐁타냉 부인, 주변을 밝혀야 합니다. 기쁨이 필요해요! 우리 마음속에도 불을 밝히고 한껏 기뻐해야 합니다! '주는 우리의 등불이시며, 우리의 기쁨이시니, 내가 무엇을 두려워하리까?' 주여, 당신은 제가 저주받을 시간이 오기 전에 도착하는 것을 허락하셨습니다!"

그는 두 손을 높이 들어올리면서 덧붙였다. 그리고 침대 머리맡에다 의자를 당겨 놓았다.

"앉으세요. 진정하세요, 진정해요. 자제력을 잃지 마십시오. 오직 그리스도의 말씀만 들으십시오. 그리스도는 제니가 건강하기를 바라십니다! 그리스도와 함께 기도합시다! 위대한 선의 힘에 간청합시다. 물질은 정신의 노예일 뿐입니다. 벌써 이틀 동안이나 이 가여운 아이가 부정한 세력의 침입으로부터 보호받지 못하고 있었습니다. 오! 그 남자들, 그 여자들, 저는 그들이 끔찍스럽습니다. 그들은 최악의 상황만을 생각하며, 가장 해로운 것만 초래하려 하고 있습니다! 그리고 자신들의 보잘것없는 확신이 사라져 버리면 모든 것이 끝났다고 믿습니다!"

울음소리 같은 가냘픈 신음소리가 다시 들려왔다. 제니는 다시 몸을 버둥거리기 시작했다. 갑자기 고개를 뒤로 젖히고 입이 벌어지며 금세라도 숨이 넘어갈 것 같았다. 퐁타냉 부인은 침대 위에 엎드려 제니를 끌어안으며 얼굴에 대고 소리쳤다.

"안 된다! 안 돼!"

그레고리는 마치 제니의 발작이 퐁타냉 부인의 책임이기라도 한 듯이 그녀 쪽으로 몸을 홱 돌렸다.

"두려운가요? 믿음이 없으신 건 아닌가요? 주님 앞에서 두려움이란 없습니다. 두려움은 단지 육체적인 것입니다. 육체적인 존재를 잊으십시오. 그것은 진정한 그대가 아닙니다. 〈마가복음〉은 '너희가 기도하며 바라는 것은 하느님이 이미 주셨다고 믿으라. 그리하면 너희는 완전히 이룰 수 있으리라'라고 말했습니다. 그러니 맡겨야 합니다. 기도합시다!"

퐁타냉 부인은 무릎을 꿇었다.

"기도하십시오!" 그가 엄격한 목소리로 거듭 말했다. "우선 너무나도 나약한 영혼, 당신을 위해서 기도하세요! 신은 당신에게 우선 신뢰와 평화를 세워 주실 것입니다! 아이가 축복받을 수 있는 것은 바로 당신의 '완전한' 믿음 안에서입니다. 성령을 간구하세요! 저도 당신의 마음과 하나가 되겠습니다. 기도합시다!"

그는 잠시 마음을 가다듬은 다음 기도를 하기 시작했다. 처음에는 나지막한 중얼거림에 지나지 않았다. 그는 두 발을 모으고 두 손을 맞잡고 하늘을 향해 머리를 쳐든 채 눈을 감고 섰다. 이마 주위에 달라붙은 머리카락이 검은 불꽃이 되어 그를 후광처럼 에워싸고 있었다. 그의 말을 조금씩 알아들을 수 있게 되면서, 아이의 거친 숨결이 오르간 반주처럼 리듬을 타며 그의 기도와 어우러졌다.

"전능하신 하느님! 생명을 주신 주여! 당신은 당신이 창조하신 그 어떤 작은 것에도 계시지 않은 곳이 없습니다. 그러므로 지금 이 사람은 마음 깊은 곳에서 당신을 부르나이다. 시험에 든 이 가정에 당신의 평화를 내려주시옵소서. 어린아이가 누운 자리에서 생명의 사상이 아닌 것은 모두 물러나게 하여 주소서! 재앙은 그저 저희의 약한 마음속에만 있나이다. 아! 주여, 저희 안에서 '부정한 것들'을 몰아내 주소서! 오직 당신만이 무한한 지혜이시오니, 당신께서 저희에게 하시는 것은 율법에 따라 행해지는 것이옵니다. 그러므로 이제 이 여인은 죽음의 문턱에 가 있는 어린아이를 당신께 맡기려 합니다. 이 여인은 어린아이를 당신의 뜻에 맡기고, 어린아이를 떠나며, 어린아이를 바치나이다! 주께서 이 여인에게서 어린아이를 데려가신다 해도 이 여인은 당신의 뜻에 순종하겠나이다, 순종하겠나이다!"

"오! 그만해요! 안 돼요, 안 돼, 제임스!"

퐁타냉 부인이 울먹이며 말했다. 그레고리는 한 발자국도 움직이지 않고 무쇠처럼 육중한 손을 그녀의 어깨 위에 올려놓았다.

"믿음이 약한 여인이여, 정녕 그대는 그렇게 말하였습니까? 주님께서 그대에게 수도 없이 성령을 불어넣어 주신 일을 잊었단 말입니까?"

"아아! 제임스, 지난 사흘 동안 저는 너무나 고통스러웠어요. 제임스, 더 이상 견딜 수가 없군요!"

"이곳에 있는 그녀는." 그는 뒤로 물러서며 말했다. "이 여인은 이미 예전의 그녀가 아닙니다. 나에게 이런 당신의 기억은 없습니다. 그녀가 어찌 이럴 수 있단 말인가? 이 여인은 자신의 마음속에, 주님이 계신 곳, 그 마음속에까지 죄악을 불어넣어 버렸구나! 기도하십시오. 가련한 여인이여, 기도하십시오!"

신경발작을 일으킨 어린아이의 몸뚱이가 침대 위에서 공중으로 펄쩍 뛰어올랐다. 눈이 다시 떠졌다. 오랫동안 앓아서 맥이 빠진 시선은 방 안의 불빛을 차례로 쫓고 있었다. 그레고리는 아랑곳하지 않았다. 퐁타냉 부인은 두 팔로 딸을 껴안고 경련을 진정시키려고 애를 썼다.

"전지전능한 능력의 소유자시여!" 그레고리가 다시 외쳤다. "진리인 분이

시여! 당신은 말씀하셨습니다. '나를 따르는 자, 자신을 버릴지니라'라고. 그러므로 이 여인에게서 아이를 데려가려 하신다면, 이 어미는 기꺼이 따르겠나이다! 어미는 순종하겠나이다!"

"안 돼요, 제임스. 안 돼!"

그레고리는 몸을 굽혔다. "자신의 뜻을 버리십시오! 내 뜻을 버린다는 것은 누룩과 같습니다. 누룩이 밀가루를 발효시키는 것처럼, 내 뜻을 버리면 나쁜 생각을 삭혀서 '선(善)'을 부풀어 오르게 합니다!" 그는 다시 몸을 일으켰다. "만약 주께서 원하신다면 이 여인의 딸을 데려가소서, 취하소서. 이 여인은 기꺼이 주의 뜻에 따를 것이옵니다. 바치나이다. 이 여인은 당신께 모든 것을 맡기나이다. 또한 주께서 그녀의 아들도 원하신다면⋯⋯."

"안 돼요, 안 돼요!"

"주께서 이 여인의 아들 또한 원하신다면 그 아이 역시 데려가십시오! 그로 하여금 어미 앞에 다시는 나타나지 않도록 하옵소서!"

"다니엘까지⋯⋯ 안 돼요!"

"주여, 이 여인은 자기 아들을 당신의 지혜에 맡깁니다. 기쁨으로 순종하나이다! 이 여인의 남편도 역시 데려가고자 하신다면 부디 그렇게 하옵소서!"

"제롬을? 안 돼요!"

그녀는 무릎으로 간신히 움직이며 신음하였다.

"그도 마찬가지로 그리하소서!" 목사의 흥분은 점점 고조되었다. 그는 다시 말했다. "조금도 거역하지 않으오리니 당신의 뜻대로 그리하옵소서. 빛의 근원이시여! 선의 근원이시여! 성령이시여." 그는 잠깐 말을 멈추었다. 그러고는 그녀를 바라보지도 않은 채 말했다. "그대는 희생할 각오가 되어 있습니까?"

"은총을 내려 주세요, 제임스. 저는 도저히 못하겠어요."

"기도하십시오!" 몇 분이 지났다. "그대는 희생할 각오가 되어 있습니까? '완전한' 희생을 할 각오가?"

그녀는 아무런 대답도 하지 않고 침대 발치에 쓰러져 버렸다.

그리고 한 시간이 흘렀다. 아픈 아이는 꼼짝도 하지 않았다. 다만 빨갛게 달아오른 얼굴을 좌우로 흔들어 대고 있을 뿐이었다. 숨소리가 매우 거칠었다. 두 눈은 뜨고 있었지만 이미 초점을 잃은 지 오래였다.

퐁타냉 부인 역시 전혀 움직이지 않고 있건만 그레고리는 마치 그녀가 자기 이름을 부르기라도 한 것처럼 갑자기 소스라치게 떨며 그 옆으로 가서 무릎을 꿇었다. 퐁타냉 부인은 몸을 일으켰다. 그녀의 얼굴은 전처럼 긴장하고 있지 않았다. 그녀는 침대 위에 누워 있는 작은 얼굴을 바라보다가 두 팔을 벌리면서 말했다.

"주여, 제 뜻대로 하지 마시고 주님의 뜻대로 하소서."

그레고리는 꼼짝하지 않았다. 그는 때가 되면 이 한 마디 말이 그녀의 입에서 저절로 흘러 나오리라고 굳게 믿고 있었다. 그는 두 눈을 꼭 감았다. 그리고 온 힘을 다해 신의 은총을 구했다.

시간이 자꾸만 흘러갔다. 때때로 소녀는 마지막 남은 기력마저 잃어버리는 듯했다. 소녀에게 남아 있던 생명의 힘이 그 눈길과 함께 스러지는 것만 같았다. 어떤 때는 그 자그마한 육체가 경련으로 요동쳤다. 그때마다 그레고리는 제니의 손을 꼭 잡고 겸허한 목소리로 말했다.

"저희는 곡식을 거둘 것입니다! 저희는 곡식을 거둘 것입니다. 그러기 위해선 기도를 해야합니다. 기도합시다."

5시쯤에 그는 자리에서 일어나 바닥에 떨어져 있는 이불을 제니에게 덮어준 뒤 창문을 열었다. 차가운 새벽 바람이 방 안으로 몰려왔다. 퐁타냉 부인은 여전히 무릎을 꿇고 앉아 있을 뿐, 그레고리가 하는 것을 막으려 하지 않았다.

그는 발코니로 올라갔다. 아직 여명이 찾아오지 않은 하늘은 금속성의 빛깔을 띠고 있었다. 거리는 어둠의 골짜기인 양 움푹 패어 있었다. 하지만 뤽상부르 공원 쪽에는 어슴푸레하게 지평선이 보이기 시작하고 있었다. 안개가 큰길 가를 휘돌면서 검은 나뭇가지 사이를 하얀 솜처럼 감싸고 있었다.

그레고리는 떨지 않으려고 양팔에 힘을 주어 난간을 움켜잡았다. 신선한 새벽 공기가 가벼운 바람에 나부끼며 그의 축축한 이마와 밤새워 기도하느라 수척해진 얼굴을 적셨다. 어느새 집집의 지붕들은 푸른빛을 띠고, 그을린 듯이 시커먼 담장에는 덧창들이 하나 둘 모습을 드러냈다.

그레고리는 동쪽을 바라보고 섰다. 어두운 밤의 구덩이에서 가녀린 햇살이 그에게로 비쳐 들었다. 이윽고 장밋빛 광채가 하늘을 가득 채웠다. 온 자연이 함께 깨어나고 있었다. 무수히 많은 분자들이 아침 공기 속에서 즐겁게 반짝였다. 그러더니 새로운 한 줄기 바람이 갑자기 그의 가슴을 부풀렸다. 초인적인 힘이 그레고리에게로 스며들어 그를 위로 들어 올리며 무한히 커지게 했다.

순간 그는 무한한 능력을 의식하였다. 그의 생각이 우주 전체에 명령을 내리는 것이었다. 그는 무엇이든 할 수 있다는 생각이 들었다. 나무에게 '흔들려라!' 하면 나무가 흔들릴 것이요, 아이에게 '일어나라!'라고 외치면 틀림없이 아이가 일어날 것이었다. 그는 팔을 뻗었다. 그러자 그의 몸짓을 그대로 옮겨 받은 듯이 큰길 가의 나뭇가지들이 일제히 흔들리기 시작했다. 그의 발 아래 있는 나무에서 새들이 떼를 지어 환희의 지저귐 소리를 내며 날아갔다.

이윽고 그는 침대 옆으로 다가가서 무릎을 꿇고 있는 퐁타냉 부인의 머리 위에 손을 얹고 소리쳤다.

"할렐루야, 사랑하는 자여! 완전히 깨끗해졌습니다!" 그는 제니에게 다가갔다. "어둠은 깨끗이 물러갔다! 사랑하는 제니, 네 손을 이리 다오."

지난 이틀 동안 아무 말도 알아듣지 못하던 제니가 천천히 손을 내밀었다.

"나를 보거라!"

다시는 아무것도 보지 못할 것 같았던 풀린 두 눈동자가 그에게 고정되었다.

"'그분이 죽음의 늪에서 널 건져 내시리라. 그리고 땅 위의 짐승은 그분과 함께 평안하리라.' 제니, 너는 이제 건강하다. 어둠은 완전히 물러갔단다! 주님께 영광 있을지니! 기도하여라!"

제니의 시선에 의식이 돌아온 듯한 빛이 어렸다. 소녀는 입술을 움직였다. 정말로 기도를 하려는 것 같았다.

"My darling(사랑하는 아가야), 눈을 감으렴. 천천히······. 더 이상 아무 것도 방해하는 것은 없단다! 기쁜 마음으로 자도록 하거라."

그로부터 몇 분 뒤, 제니는 이틀 만에 비로소 깊은 잠에 빠졌다. 움직이지 않던 머리는 베개 위에 포근히 파묻혔다. 속눈썹의 그림자가 뺨 위에 드리워지고 입술 사이로 고른 숨이 새어나오고 있었다. 제니가 살아난 것이었다.

6. 회색노트

선생님 몰래 자크와 다니엘이 주고받기 위해 선택한 것은 회색 헝겊으로 표지를 감싼 학습용 노트였다. 처음 몇 페이지는 다음과 같은 글이 아무렇게나 적혀 있었다.

'로베르 르 피유(970~1031. 프랑스의 왕 로베르 2세)의 생몰연대가 언제니?'
'rapsodie냐, rhapsodie냐?'
'eripuit'('그는 뽑았다'는 뜻의 라틴어)를 우리말로는 뭐라고 하냐?'

그 다음 페이지에는 자크가 쓴 시에 대한 것인 듯한 주석과 수정이 가득 차 있었다. 몇 페이지 더 넘기자, 두 학생이 주고받은 편지글이 본격적으로 시작되었다.

조금 긴 첫 번째 편지는 자크가 쓴 것이었다.

파리 아미요 중학교 3학년 A반, 통칭 돼지털이란 별명을 가진 모씨의 감시를 받으며, 3월 17일 월요일 3시 30분 15초.

네 정신상태는 무관심이냐 관능적 쾌락이냐 사랑이냐 그 어느 것이냐? 내 생각엔 세 번째 상태가 아닌가 싶다. 다른 것들보다 훨씬 너다우니까.

내 마음을 들여다보면 볼수록 나는 인간은

그저 짐승에 불과하며,

사랑만이 사람을 승화시킬 수 있으리라는 생각이 든다. 이것이 바로 상처받은 내 마음의 외침이다. 이 부르짖음은 나를 속이지 않지! 오, 사랑하는 벗이여, 만일 네가 없었다면 나는 한낱 게으른 바보에 지나지 않았을 것이다. 내가 이상(理想)을 떠올릴 때마다 몸이 떨리는 건 모두 네 덕분이야!

나는 이 순간들을 영원히 잊지 않을 거야. 불행히도 우리가 완전히 서로의 것이 될 수 있는 시간이 너무나 짧고 또 기회가 적지만 나는 결코 잊을 수가 없다. 너는 나의 단 하나의 사랑! 나는 절대 다른 사람을 사랑하지 않을 거야. 너와의 수많은 추억들이 이내 나의 눈앞을 막아설 테니까.

안녕. 나는 지금 열이 나서 관자놀이가 쿵쿵 울리는 데다 눈까지 흐려 온다. 그 어떤 것도 우리를 갈라놓지 못할 거야. 그렇지?

아! 언제나 우리는 자유를 누릴 수 있게 될까? 언제가 되어야 우리는 함께 살며 여행할 수 있을까? 나는 외국에 나가 보고 싶어! 그러면 얼마나 즐거울까! 둘이서 함께 이곳저곳에 영원불멸의 인상을 거두며 돌아다니고, 그것이 가슴속에 생생하게 살아 있을 때 시로 옮겨 읊을 수 있다면!

나는 기다리지 못할 것 같아. 되도록 빨리 답장해 줘. 내가 널 사랑하는 만큼 너도 날 사랑한다면 4시까지는 꼭 답장해 주길 바라!

지금 내 마음은 네 마음을 꼭 껴안고 있어. 페트로니우스(20~66. 고대 로마 작가)가 천사 같은 유니스를 껴안듯이!

Vale et me ama! (잘 있어. 그리고 날 사랑해 줘!)

다니엘이 다음 페이지에서 이렇게 답장을 했다.

내가 비록 다른 하늘 아래에 혼자 살고 있다 할지라도, 우리 두 사람의 마음을 잇는 진실하고도 유일한 끈이 앞으로 너에게 일어날 일들을 모두 알게 하리라는 생각이 든다. 우리 둘의 깊은 우정 앞에서는 시간도 흐르지 않는 것 같구나.

네 편지가 내게 준 기쁨은 이루 말로 표현할 수 없다. 너는 내 진정한 친구가 아니던가? 아니, 너는 지금 그 이상의 것, 나의 진정한 반쪽이 되어 있잖니? 네가 내 정신세계를 형성하는 데 도움을 주었던 것처럼 나 또한 네 정신세계를 형성하는 데 도움을 주었던 게 아닌가?

아, 너에게 편지를 쓰면서 이 모든 것이 더욱 진실하고 강렬하게 느껴진다! 나는 살아 있음을 느낀다! 그리고 내 안에 있는 모든 것이, 육체가, 정신이, 마음이, 상상력이 내가 영원히 믿어 의심치 않는 너의 사랑으로 인하여 살아서 꿈틀거린다. 오, 나의 진실한 단 하나의 친구여! 나는 너의 사랑을 결코 의심하지 않으리!

P.S. 나는 엄마께 자전거를 팔아 달라고 했어. 너무 낡았거든.

Tibi(가장 사랑하는 친구여)   D

다음은 자크의 다른 편지이다.

　오, dilectissime! (나의 그리운 벗이여!)

　어떻게 너는 금세 유쾌해졌다가 금세 슬퍼졌다가 할 수 있니? 나는 미칠 듯이 즐겁다가도 쓰디쓴 기억에 휩싸이곤 해. 그래, 난 알고 있어. 앞으로는 결코 가볍게 그저 즐거워할 수만은 없다는 것을! 내 앞에는 언제나 결코 다가갈 수 없는 '이상'이라는 유령이 서 있으니까.

　아, 나는 가끔 이 세상의 외진 곳에서 삶을 보내는, 핏기 없이 창백한 얼굴의 수녀들이 느끼는 황홀감을 이해할 수 있을 것 같아! 날개를 가지고 있으면서도, 아, 감옥의 철창에 부딪혀 무참히 날개가 꺾여 버려야 하다니! 나는 잔뜩 적의를 품은 세상에 혼자 서 있어. 사랑하는 아버지도 나를 도저히 이해하지 못해. 아직 나이도 어리건만, 이미 내 뒤에는 줄기를 잘린 풀과 비로 변한 이슬방울, 채워지지 않는 욕망과 갖가지 쓰디쓴 절망이 있지!

　내 사랑아, 나의 이런 처량한 심정을 용서해 다오. 나는 아마도 성장통을 앓고 있는 모양이야. 머리가 이글이글 끓어오른다. 그리고 마음도……. (할 수만 있다면 더욱 맹렬히 끓었으면 좋겠어) 우리 단단히 맺어져 있자. 우리 함께 암초를, 그리고 쾌락이라 부르는 그 소용돌이를 피해 가자.

　내 손 안에서 모든 것이 사라졌다. 그러나 오오, 진정한 벗이여! 나에게 남아 있는 단 한 가지—우리의 비밀—너에게 모든 것을 털어놓을 수 있다는 무한한 기쁨이 있다!

                                                            J

　P.S. 기도문을 암송해야 해서 서둘러 편지를 끝맺는다. 그런데 아직 한 줄도 외우지 않았어. 제길! 오, 사랑하는 벗이여, 만일 네가 없었다면 난 진작에 자살하고 말았을 거야!

                                                            J

다니엘이 곧 답장을 썼다.

친구여, 너는 왜 그렇게 고통스러워하는 거니?

앞길이 구만리 같은 네가 왜……? 오, 사랑하는 친구여, 이리도 젊은 네가 왜 삶을 저주한단 말이니? 그건 옳지 않아! 너는 말했지. 네 영혼이 지상에 묶여 있다고……. 공부하라! 책을 읽으라!

어떻게 하면 네 마음을 짓누르는 고통에서 널 벗어나게 해 줄 수 있을까? 너의 그 절망의 외침에 어떤 약이 들을까? 아니다, 친구여. '이상'(어떻게 설명해야 좋을지 모르겠다)이란 인간의 본성과 상반되는 것이 아니다. 친구여, 그것은 그저 시인들이 만들어 낸 환상에 불과한 것이 아니야!

내 생각에 '이상'은 세상에서 가장 하찮은 것에 위대함을 부여하는 것이 아닐까 싶다. 말하자면 우리가 만드는 모든 것을 위대한 존재로 만드는 것이지. 그것은 창조주가 신성한 능력을 가지라고 우리 안에 숨결을 불어넣은 모든 것을 완전하게 발전시키는 것이지. 내 말 뜻을 이해하겠니? 바로 이것이 내가 생각하는 '이상'이야.

너에게 절대적으로 충실한 단 하나의 친구, 많이 꿈꾸고 많이 고민했으므로 인생의 경험이 많은 친구를 믿는다면, 언제나 네 행복만을 바라는 이 친구를 믿는다면 나는 너에게 이렇게 거듭 말하지 않을 수 없다. 너는 너를 이해하지 못하는 사람들과 너를 경멸하는 바깥세상에서 살고 있는 것이 아니라, 언제나 너만을 생각하며 모든 일에 있어서 너처럼, 너와 똑같이 느끼는 어떤 사람(그건 나다)을 위해 살고 있다는 사실을 잊지 말기를.

아! 우리의 견줄 데 없는 이 따뜻한 우정이 네 상처를 달래는 성스러운 기름이 되기를. 오, 내 친구여!

D

자크는 지체 없이 여백에 이렇게 휘갈겨 썼다.

용서해 주기를, 사랑하는 친구여! 이것은 순전히 과격하고 허황되며 경박한 내 성격 탓이다! 나는 암담한 절망에 빠져 있다가도 뜬구름을 잡는 듯한 희망을 품곤 한다. 배의 밑바닥에 있다가도 순식간에 구름 위까지 날아오르곤 하지! 정녕 나는 맥락을 지닌 것을 영원히 사랑할 수 없는 것일까? (너 빼놓고! 그리고 내가 꿈꾸는 예술도! ! !) 이것이 내 운명이다! 이 고백을 받아주기를!

나는 너를 존경한다. 너의 너그러움은 도저히 숭배하지 않을 수가 없으며, 너의 섬세한 감수성 역시 그러하다. 또한 네 모든 생각과 네 모든 행동, 네 모든 사랑의 기쁨에까지 깃들어 있는 진지함을 숭배한다. 나는 네 모든 사랑과 감동을 너와 함께 느낀다! 우리가 서로 사랑할 수 있게 한 섭리에, 고독으로 황폐해져 있는 두 사람의 마음을 다시 떨어질 수 없을 만큼 이렇게 굳건히 하나 되어 있음을 주게 감사하자!

날 버리지 말아 다오!

그리고 우리는 서로 안에

사랑의 열정적인 대상을

가지고 있음을 영원히 기억하자!   J

그 다음에는 늘씬하고 힘찬 다니엘의 글씨가 장장 두 페이지에 걸쳐 씌어 있었다.

4월 7일 월요일

친구여,

내일이면 나는 14살이 된다. 작년 이 무렵엔 '14살이라……' 하고 마음속으로 중얼거렸지. 마치 꿈을 꾸는 듯한 기분으로.

시간은 흐른다. 그리고 그것은 우리를 시들게 한다. 그러나 변한 것은 아무것도 없다. 우리는 언제나 우리인 것이다. 나 역시 기운이 빠지고 나이를 먹었다는 느낌 말고는 어느 한 가지도 변하지 않았다.

어젯밤에 나는 잠자리에 들면서 뮈세의 책을 손에 들었어. 요전에 처음 몇 줄을 읽었을 때부터 전율했지. 때때로 나도 모르게 눈물이 흘러내리더군. 어제는 흥분에 휩싸여 오랫동안 잠을 이루지 못하고 있었다. 그러나 아무런 감격도 오지 않을 것 같았어. 단지 문장 하나하나가 무척 매끄럽게 다듬어져 있다는 생각이 들었을 뿐. 오, 이 무슨 모독인가! 마침내 시적인 감정이 마음에서 우러나와 감미로운 눈물이 쏟아지면서 비로소 감동을 받았단다.

아, 내 마음이 메마르지 않기를! 생활이 나의 마음과 감각을 무디게 만드는 것이 두렵다. 나는 나이를 먹어 간다. 어느덧 신과 성령, 사랑, 이런 고매한 관념들이 더 이상 예전처럼 내 가슴속에서 벅찬 감동으로 다가오지 않는다. 그리고 모든 것을 좀먹는 '회의(懷疑)'가 나의 마음을 아프게 하곤 한다. 슬프다. 어째서 이론을 들먹이는 대신 혼신의 힘을 다하여 살아갈 수 없는 것인가?

우리는 지나치게 이치를 따진다! 나는 아무것도 돌아보지 않고, 다시 생각하거나 하지 않고 위험 속으로 몸을 던질 수 있는 젊음의 용기가 부럽다! 나는 내 세계 안에 웅크리고 있지만 말고, 두 눈을 꼭 감은 채 숭고한 '사상'과, 순결한 이상을 가진 '여인'에게 내 몸을 바치고 싶다! 아, 막다른 길에 다다른 갈망의 두려움이란!

너는 나의 진지함을 높게 평가하고 있지만, 그거야말로 나의 빈곤이자 저주받은 운명이다! 나는 꿀을 빨기 위해 이 꽃에서 저 꽃으로 날아다니는 꿀벌은 아니다. 오히려 장미꽃 속에 틀어박혀 있는 풍뎅이와 같은 신세지. 그 속에 살다가 꽃이 꽃잎을 오므려 버리면 내가 선택한 꽃에 안긴 채로 질식하여 숨이 끊어지고 마는…….

오, 사랑하는 친구여! 너에 대한 나의 애착도 그토록 충실하다. 너는 나를 위해 이 거칠고 메마른 땅 위에 피어오른 다정한 장미꽃. 네 마음 가장 깊은 곳에 내 암담한 슬픔을 묻어 다오.

D

P.S. 부활절 방학 동안 아무 걱정 말고 편지를 써도 돼. 우리 엄마는 나한테 온 편지를 함부로 뜯어보거나 하지 않으셔. 하지만 너무 이상한 이야기는 안 돼!

나는 졸라의 《괴멸》을 다 읽었어. 빌려 줄게. 지금도 몸이 떨릴 만큼 감동적이었어. 힘과 깊이가 아름다워. 이제부터 《젊은 베르테르의 슬픔》을 읽을까 해. 아! 친구여. 이거야말로 책 중의 책이다! 쥐프(1849~1932. 프랑스의 여류 작가)의 《그 남자와 그 여자들》도 구했는데, 《젊은 베르테르의 슬픔》을 먼저 읽을 생각이야.

D

자크는 그에게 다음과 같이 엄숙한 내용의 글을 써 보냈다.

내 친구가 맞이한 열네 번째 생일에 즈음하여.
세상에는 낮이면 말할 수 없는 고통에 괴로워하고, 밤이면 잠을 이루지 못해 뒤척이고, 관능의 만족감으로도 채우지 못하는 마음속 허전함을 느끼며, 유쾌한 사람들 가운데서도 외로워 하는 사람들이 있다. 세상에는 그 어떤 것도 바라지 않고, 그 어떤 것도 두려워하지 않으며, 삶을 증오하면서도 그것을 버릴 용기가 없는 사람이 있다. 이런 사람이야말로 '신을 믿지 않는 자'이다!

P.S. 이 편지를 잘 간직해 두렴. 네 마음이 한없이 처량해져서 어둠 속에 대고 소리치고 싶어질 때, 이 글을 다시 읽도록 해.

J

"방학 동안 공부 좀 했어?" 하고 다니엘이 어느 페이지의 위쪽에서 물었다. 그러자 자크가 다음과 같이 대답했다.

나는 나의 〈아르모디오스와 아리스토지통〉과 같은 종류의 시를 한 편 완성했어. 첫머리가 꽤 근사하게 시작되었어.

가련한 카이사르여! 여기 푸른 눈의 갈리아 여인이 있다.
당신을 위해 바치나니, 잃어버린 조국의 정든 춤!
마치 백조의 무리, 눈발이 휘날리는 물가의 한 송이 연꽃처럼
허리는 가볍게 떨면서 휘어지고
황제여! 무거운 칼은 번쩍이나니
보아라, 이것이 바로 무희의 그 떨림과 손짓이다!

등등……. 마지막은 이렇게 끝난다.

어이하여 너의 얼굴빛은 창백한가, 카이사르여!

슬프도다! 슬프고도 슬프도다!
날카로운 칼끝이 무희의 목을 찔렀더이다!
술잔은 떨어지고…… 두 눈은 감기어……
피투성이가 된 몸뚱이
달빛 고요한 밤에 벌거숭이의 춤!

호숫가에 깜박이는 밝은 등불 앞에
그대가 잔치에 부른
금발 여전사의 춤은 끝났도다!

나는 이 시에 〈붉은 제물〉이라는 제목을 붙였어. 그리고 이 시에 어울리는 춤도 있어. 그 춤을 올랭피아 극장에서 출 수 있도록 로이풀러(미국의 여류 무용가)에게 바치고 싶다. 그런데 그 무용수가 받아 줄까?

며칠 전부터는 정형시, 특히 위대한 고전적 시인들처럼 각운을 맞춘 시를 짓기로 결심했어. 너무 어려워서 그동안 내가 경멸했던 것 같아 지난번에 네게 말했던 순교자를 소재로 절마다 운을 맞춘 시를 한 편 썼어. 이것은 그 시의 첫 부분이야.

나자로 회. 고 페르부아르 신부에게 바침
1839년 11월 20일, 중국에서 순교
1889년 1월, 시복식(諡福式, 죽은 뒤 복자품에 올릴 때 행하는 의식) 거행

경배하노라, 성스러운 선교자여, 그대의 숭고한 순교는
두려움에 빠진 온 누리를 공포로 떨게 하도다!
허락하시라, 나의 노래가 수금에 맞추어 그대를 노래함을.
그대, 우리들 하느님 백성의 영웅을

그런데 어젯밤부터 내가 진정한 소질은 시를 쓰는 게 아니라, 내게 끈기가 좀 있다면 장편소설을 쓰는 것이라는 생각이 들었어. 나는 지금 엄청난 주제를 구상하고 있는데……. 들어 봐.

한 처녀가 있는데, 천재 예술가의 딸로 아틀리에의 한쪽 구석에서 태어나 그녀도 예술가야. (약간 가벼운 장르라고 해야 할까. 하여간 나의 이상을 가정생활에 두지 않고 미를 표현하는 데 두고 있거든) 그녀는 감상적이지만 부르주아적 근성을 가진 청년의 사랑을 받고 있지. 그 여자의 야성미에 매혹되었다고나 할까. 하지만 곧 그들은 서로를 몹시 증오하면서 헤어지게 돼. 청년은 정숙한 시골처녀와 가정을 꾸리고, 그녀는 사랑의 상처를 안은 채 방탕한 생활에 빠져. (아니면 그녀의 천재성을 하느님께 바친다고 할까. 어떻게 할지 고민 중이야)

줄거리는 대강 이런데 어떻게 생각해?

아아, 어떠한 기교도 부리지 않고 자연 그대로 가져간다……. 그리고 자신이 창조하기 위해 태어났다는 사실을 깨닫는다면 자신이 얼마나 중대하고 훌륭한 사명을 띠고 있는지 느낄뿐더러, 그 위대한 임무를 수행하기 위해 최선을 다할 수밖에 없지. 그래, 성실해야 해! 모든 일에 언제 어느 때나 성실할 것!

아, 이런 생각이 얼마나 집요하게 나를 쫓아다니는지! 나는 내 안에서, 모파상이 《물 위에서》란 기행문에서 말한 가짜 예술가와 가짜 천재들의 속임수를 얼마나 많이 발견했는지 몰라. 그럴 때마다 혐오감으로 구역질이 치밀어 오르곤 해.

오! 내 사랑하는 친구여, 너를 내게 주신 것을 하느님께 내가 얼마나 감사하고 있는지 넌 모르겠지? 우리는 우리 자신을 제대로 알기 위해서, 그리고 우리가 가진 진정한 재능에 대해 결코 환상을 갖지 않기 위해서 서로를 얼마나 필요로 하는지!

나는 네가 좋아. 그리고 오늘 아침처럼 열정적으로 네 손을 잡는다. 너도 알고 있지? 무한한 기쁨 속에 완전하게, 그리고 전적으로 네 것인 나의 온몸을 다 바쳐서!

조심해. QQ'란 녀석이 우리를 아니꼬운 눈초리로 바라보았어. 그가 살루스티우스(기원전 로마의 역사가)를 읽고 있는 한 우리가 얼마나 고귀한 사상을 가지고 있는지, 그 고귀한 사상을 친구와 나누는 일이 얼마나 기쁘고 행복한 일인지 전혀 이해하지 못할 거야!

J

다시 자크의 편지. 이 편지는 단숨에 썼는지 글씨를 몹시 휘갈겨 써서 거의 알아볼 수가 없었다.

Amicus amico! (벗으로부터 벗에게!)

가슴이 터질 것만 같아! 세차게 몰아치는 이 파도를 되도록 이 종이 위에 모두 쏟아 놓을까 해.

괴로워하고 사랑하고 희망하기 위해 태어난 나는, 희망하고 사랑하고 고민한다! 내 삶은 딱 두 줄로 요약할 수 있다. 나에게 살아갈 힘을 부여하는 것은 사랑…… . 나는 단 하나의 사랑을 가졌을 뿐. 그건 바로 너다!

어렸을 때부터 나는 내 마음을 지배해 온 이런 것들을, 나를 온전히 이해해 주는 누군가에게 털어놓고 싶었지. 예전에는 너와 닮은 상상의 인물에게 얼마나 많은 편지를 썼는지 몰라! 하지만 슬프다! 그건 단지 나 자신에게 한 말이었어…… . 아니, 그냥 쓴 것에 지나지 않아…… .

그러다 갑자기 하느님은 내 마음속에 존재하던 상상의 인물에게 육신을 주셨단다. 오, 내 사랑이여! 그게 바로 너다! 언제부터 그렇게 되었을까? 아무리 생각해도 알 수 없는 일이야. 하나하나 더듬어 봐도 빠져나갈 수 없는 관념의 미로 속에서 헤맬 뿐 그 실마리를 찾을 수가 없다.

하지만 우리의 사랑만큼 숭고하고 열정적인 것이 또 있을까? 뭔가와 비교한다는 것은 헛수고일 뿐이지. 우리의 커다란 비밀 앞에서는 그 어떤 존재도 빛을 잃는다! 이야말로 우리 두 사람의 삶을 따뜻하게 하고 찬란히 빛나게 하는 태양이다! 그러나 이 모든 것을 글로 다 나타낼 수는 없어! 써 놓고 보면, 사진 속의 한 송이 꽃과 다를 바 없거든!

이제 그만 쓸 테야!

너는 도움과 위안과 희망을 필요로 할 텐데, 나는 정다운 말은커녕 나밖에 모르는 이기적인 마음만 적어 보내는구나. 사랑하는 친구여, 용서해 주기를! 나는 너에게 도저히 다른 식으로는 쓸 수가 없구나. 나는 지금 위기를 겪고 있어. 내 마음은 산골짜기 작은 개울의 자갈 바닥보다 더 메말라 있다. 모든 것에 대한, 아니 나 자신에 대한 불안과 불확실성보다 더 잔인한 괴로움이 또 있을까?

차라리 나를 경멸해 다오! 더 이상 내게 편지를 쓰지 마! 다른 사람을 사랑하는 편이 나아! 나는 '너'라는 고귀한 선물을 받을 자격이 없어!

오! 운명의 장난이여, 너는 나를 어디로 몰아내려 하는가? 어디로? 허무로!!!

내게 편지해 줘! 네가 없다면 나는 어쩌면 죽어 버릴지도 몰라!

Tibi eximo, carissime! (그대에게, 마음으로부터 사랑하는 벗이여!)

J

비노 신부는 노트의 마지막 장에다, 자크가 가출하기 전날 교사가 압수했다는 쪽지를 끼워 두었다. 필체는 자크의 것이었다. 연필로 알아볼 수 없을 만큼 휘갈겨 썼다.

비열하게 아무 증거도 없이 비난하는 이들에게 치욕 있을지니. 치욕과 재앙이 닥치기를!

이 모든 음모는 파렴치한 호기심에서 비롯되었다! 그들은 우리의 우정을 방해하려 했으며, 그 방법은 말할 수 없이 추악하고 누추하다!

비겁한 타협은 없다! 폭풍을 무릅쓰고 돌진하자! 그렇게 못할 바엔 차라리 죽음을 택하리라!

우리의 우정은 중상과 위협을 초월한 것이다!

둘이서 그것을 증명하자!

죽을 때까지, 너의 것인 J

7. 도망—마르세유에서의 자크와 다니엘—승선 계획—다니엘과의 하룻밤 —툴롱으로

그들은 일요일 밤 자정이 지난 시각에 마르세유에 도착했다. 흥분은 이미 가라앉은 뒤였다. 어두침침한 열차의 나무의자 위에 누워 잠을 잤다. 열차가 역에 다다른 뒤, 전차대(기관차·객차·운반차·승합자동차 따위의 차량이 방향을 바꿔 한 선에서 다른 선으로 옮기기 위한 회전식 설비)에서 나는 요란한 소리에 놀라 잠이 깼다. 그러고는 불안을 감추지 못한 채 두 눈을 꿈벅이며 몽롱한 기분으로 플랫폼에 내려섰다.

잘 곳을 찾아야 했다. 역 맞은편에는 '호텔'이라는 글자가 적힌 하얀 전등 아래에서 주인이 손님을 끌려고 주위를 두리번거리고 있었다. 두 사람 중에서 좀더 침착한 다니엘이 주인에게 다가가 하룻밤 자겠노라며 침대 두 개짜리 방을 청했다. 그는 의심스런 눈초리로 몇 가지 질문을 던졌다. 그들은 그런 질문에 일찌감치 대비를 해 두었다.

(아버지가 파리 역에서 잃어버린 짐을 찾으러 가는 바람에 기차를 놓쳐 버렸다. 아버지는 다음날 첫차로 도착할 것이다……)

주인은 휘파람을 불면서 험상궂은 눈초리로 그들을 뜯어보았다. 그러다 마침내 숙박부를 펼쳤다.

"여기다 이름을 써라."

그는 다니엘에게 말했다. 왜냐하면 다니엘이 형처럼 보이기도 했겠지만 적어도 열여섯 살은 되어 보이기 때문이다. 아니, 그보다는 얼굴 모양을 비롯해 몸 전체에서 풍기는 분위기가 반듯하여 왠지 자크보다 더 대접해 줘야 할 것 같은 생각이 들었다.

다니엘은 호텔 안으로 들어가면서 모자를 벗었는데 그것은 수줍어서가 아니었다. 그가 모자를 집어 팔을 내리는 동작에는 독특한 분위기가 있었는데, 그것은 "내가 모자를 벗는 것은 특별히 당신을 위해서가 아니라 단지 예의를 갖추기 위해서일 뿐입니다"라고 말하는 것처럼 보였다.

검은 머리카락은 좌우로 갈라 단정히 빗겨 넘겼으며, 새하얀 이마 한가운데에는 모자에 눌린 줄이 생겨나 있었다.

조용하면서도 의지가 강해 보이는 얼굴에서는 거칠고 폭력적인 데라곤 조금도 찾아볼 수 없었다. 그의 시선에는 주저하거나 허세를 부리는 기색이 전혀 없었다. 그는 조금도 머뭇거리지 않고 호텔 주인이 시키는 대로 숙박부에 '조르주 르그랑, 모리스 르그랑'이라고 적었다.

"방값은 7프랑이다. 선불이고……. 첫차는 5시 30분에 도착한다. 그때 깨우도록 하마."

두 사람은 배가 고파 죽을 지경이었으나, 차마 그런 내색을 하지는 못했다.

방 안의 가구라고는 침대 둘, 의자 하나, 대야 하나가 전부였다. 방 안으로 들어서자마자 그들은 똑같이 당혹스러움을 느꼈다. 서로가 보는 앞에서 옷을 벗어야 했기 때문이다. 졸음이 싹 달아나 버렸다. 어색한 시간이 오는 것을 조금이라도 늦추기 위해서 침대에 걸터앉아 가진 돈을 세어 보았다. 모두 188프랑이었다. 그것을 둘로 똑같이 나누었다.

자크는 주머니에서 작은 코르시카식 단도, 오카리나, 25상팀 (프랑스의 화폐 단위. 1상) (팀은 1프랑의 100분의 1) 짜리 단테의 번역판, 반쯤 녹은 초콜릿 하나를 꺼냈다. 자크는 그 초콜릿을 잘라 다니엘에게 절반을 주었다. 그러나 그 다음에는 무엇을 해야 할지 몰라 한참동안 멍하니 앉아 있었다.

다니엘은 어색함을 모면하기 위해 구두끈을 풀기 시작했다. 자크도 따라 했다. 둘은 지금 종잡을 수 없는 불안에 휩싸여 있었다. 마침내 다니엘이 결심을 하였다. 그리고 촛불을 입으로 불어 끄며 말했다.

"자, 불 끈다. 잘 자."

그들은 아무 말 없이 그리고 재빨리 침대 속으로 기어 들어갔다.

다음 날 아침, 다섯 시가 채 되지 않았을 때 방문을 두드리는 소리가 났다. 그들은 어슴푸레한 새벽빛에 의지하여 유령처럼 옷을 입었다. 뭔가 말을 하는 것이 두려워서 그들은 주인이 가져온 커피마저 거절한 채 덜덜 떨면서 고픈 배를 움켜쥐고 차디찬 기차역의 간이식당으로 발걸음을 옮겼다.

정오쯤 되었을 때, 그들은 마르세유를 이리저리 돌아다니고 있었다. 날이 밝은 데다 자유의 몸이 되었다는 생각이 그들을 한결 대담하게 만들어 주었다. 자크는 지금 자신의 눈에 비치는 거리의 인상을 놓치지 않기 위해 수첩을 하나 샀다. 그리고 영감이 떠오르는 대로 가끔씩 멈춰 서서 기록을 했다. 그들은 빵과 소시지를 사서 부둣가로 갔다. 그리고 둘둘 말아 놓은 밧줄 위에 걸터앉은 채, 정박해 있는 커다란 기선과 끊임없이 흔들거리는 작은 돛배들을 바라보았다.

그때 선원이 밧줄을 풀려고 다가왔으므로 그들은 자리에서 일어나야 했다.

"이 배들은 모두 어디로 가는 거예요?" 자크가 용기를 내어 물었다.

"배마다 다르단다. 어느 배 말이니?"

"저쪽에 있는 큰 배요."

"마다가스카르로 간단다."

"그래요? 그럼 이제 곧 배가 떠나는 걸 볼 수 있겠네요?"

"아니. 저건 목요일이 되어야 떠나는걸. 배가 떠나는 것을 보고 싶으면 오늘 저녁 다섯 시에 와 봐. 저기 있는 라파예트 호가 튀니스로 출항을 할 테니까."

그만하면 필요한 정보는 모두 다 얻은 셈이었다.

"튀니스." 다니엘이 지적했다. "거긴 알제리가 아니잖아."

"그래도 아프리카임엔 틀림이 없잖아."

자크가 빵을 한입 베어 물며 말했다. 갈색 머리카락이 아무렇게나 난 풀줄기처럼 좁은 이마 위에 흐트러져 있는 데다 머리 양옆으로 삐죽 튀어나와 있는 귀, 가느다란 목, 늘 주름이 져 있고 못생긴 작은 코, 게다가 쌓아 놓은 상자 옆에 몸을 기대고 쪼그려 앉아 있는 꼴이 천생 알밤을 갉아먹고 있는 다람쥐였다.

다니엘이 빵을 씹기를 잠깐 멈추고 이렇게 말했다.

"저 말이야. 자크, 이쯤에서 그들에게 편지를 쓰면 어떨까?"

자크의 눈초리가 그의 말을 잘랐다. "미쳤어?" 자크는 입 안에 빵을 한가득 베어 문 채로 버럭 소리를 질렀다. "도착하자마자 붙잡히고 싶어?"

그는 잔뜩 분노 어린 눈빛으로 다니엘을 바라보았다. 워낙 못생긴 데다 주근깨까지 다닥다닥 박혀 있어서 더욱 밉상인 얼굴 위에 짙푸른 빛깔의 작은 눈이 다그치는 듯이 반짝이고 있었다. 그의 눈빛은 어찌나 변화무쌍하던지 단번에 읽어 내기가 쉽지 않았다. 때로는 진지하고 때로는 장난기가 넘쳤다. 가끔씩은 부드러움을 넘어 다정하기까지 하다가 갑자기 심술이 올라 한없이 잔인해지기도 하며, 또 가끔씩은 사소한 일에도 눈물을 글썽이다가 어느 순간 감정이 메말라 그 어떤 일에도 감동을 느끼지 않는 듯이 보였다.

다니엘은 뭐라고 대꾸를 하려다가 곧 입을 다물었다. 격노한 자크에게 아무런 저항도 없이 화해의 표정을 짓는 것이었다. 그는 무안하다는 듯 짐짓 미소를 지어 보였다. 그의 미소는 독특한 데가 있었다. 자그맣고 도톰한 입술의 가장자리가 왼쪽으로 살짝 올라가면서 하얀 이가 드러났다. 그럴 때면 신중해 보이는 그의 생김새에 뜻밖의 쾌활한 빛이 떠올라 그만의 매력을 드러내 주었다.

그런데 이 사려 깊고 나이도 위인 그가 왜 저 개구쟁이 소년의 기세를 꺾으려 하지 않는 것일까? 그가 지닌 교양과 그가 누렸던 자유로운 가정생활로 보면, 마땅히 자크에게 연장자로서의 부정할 수 없는 여러 권리를 행사할 만 하지 않은가.

그뿐만이 아니다. 그들이 함께 다녔던 중학교에서도 다니엘은 그 누구보다 모범생이었고 자크는 열등생이 아니었던가. 다니엘의 명석한 두뇌는 항상 교사의 기대를 앞질러 갔다. 반대로 자크는 공부를 못했다기보다는 공부를 잘해 보려고 노력을 기울여 본 적이 아예 없었다.

머리가 나빠서였을까? 그렇지 않다. 불행히도 그의 머리는 공부와는 전혀 다른 방향으로 뻗어 나가고 있었다. 자크의 마음속에 악마가 도사리고 있어서, 틈만 나면 그를 꾀어 온갖 엉뚱한 짓을 시켰다. 그는 지금껏 악마의 유혹을 이겨 본 적이 없었다. 더욱이 그 자신이 아무런 양심의 가책도 느끼지 않았을 뿐더러 오히려 악마의 그런 변덕을 채워 주는 일에 만족을 느끼는 듯했다.

그런데 매우 기막힌 사실이 있었다. 자크는 모든 면에서 학급의 꼴찌를 달리고 있었지만, 같은 반 친구들은 물론 교사들조차 그에게서 눈길을 떼지 못했다. 습관과 규율 속에서 개성을 잃어 가는 학생들 속에서, 틀에 박힌 생활 때문에 자기도 모르게 타성에 빠져 있던 교사들 옆에서, 이 열등생은 비록 볼품없는 외모이긴 했지만 자기 나름의 방식으로 담백함과 의지를 강렬하게 표출했던 것이다. 그는 자기가 만든, 오로지 자기만을 위해서 만든 허구의 세계에서 살아가는 것만 같았다. 그 어떤 위험이나 모험도 두려워하거나 주저하지 않았다. 그래서 이 작은 악동은 두려움을 불러일으키는 한편, 무의식적인 존경심마저 자아내게 하는 것이었다.

다니엘은 자기보다 못생기고 볼품은 없지만 감정이 훨씬 풍부할 뿐 아니라 자신을 끊임없이 놀라게 하면서 깨달음을 주는 그에게 누구보다 큰 매력을 최초로 느낀 사람이었다. 그 역시 뭐라 꼬집어 말하기는 어렵지만 충동적인 기질이 있는 데다 자유와 반항을 열망하는 마음이 컸기 때문이다. 반면에 자크는 가톨릭계 학교의 반기숙생(방과 후에 저녁 때까지 학교에 남아서 자습을 하는 학생)인 데다가 종교생활을 매우 중시하는 가정에서 태어났기에, 자신을 둘러싸고 있는 장벽을 어떻게든 뛰어넘는 쾌감을 맛보려고 일부러 이 프로테스탄트 소년의 주의를 끌려고 노력했다.

자크는 그를 통해서 자신의 세상과는 다른 세계를 엿보고 싶어 했다. 그러나 불과 몇 주 만에 그들의 우정은 맹렬하게 타오르는 불길과도 같이 열렬한 애정으로 변했다. 그들은 미처 깨닫지 못했지만 그들을 괴롭히고 있던 정신적 고독에 대한 위로를 거기에서 찾아냈다.

순결한 사랑, 신비로운 사랑, 그 속에서 그들의 청춘은 미래를 향해 똑같은 설렘으로 타오르고 있었다. 열네 살짜리 소년들의 마음을 할퀴고 있던 격렬하고도 모순되는 감정을 공통적으로 지니고 있었던 것이다. 누에 기르기와 글자 맞추기 놀이 따위에 대한 열정에서부터 그들 내부의 은근한 비밀들, 그리고 하루하루를 살아가면서 그들의 마음속에 샘솟던 삶에 대한 열광적인 호기심에 이르는 모든 감정이 그러했다.

다니엘의 말없는 미소에 자크의 마음은 이내 누그러졌다. 자크는 다시 빵을 먹기 시작했다. 그의 얼굴 아랫부분은 티보 집안 특유의 상스러움을 띠고 있었다. 그리고 지나치게 큰 입에 여기저기 갈라지고 터진 입술은 볼썽사납기는 했지만 표정이 풍부한 데다 의지적이며 육감적이기까지 했다. 그는 턱을 치켜들었다.

"두고 봐. 난 알고 있어." 그가 단언했다. "튀니스에 가면 살기는 아주 쉬워! 원하기만 하면 누구나 일할 수 있대. 베텔^(빈랑나무의 열매로, 껌이나 씹는 제품에 주로 사용됨)이란 걸 껌처럼 씹는데 그게 아주 맛있다는 거야. 품삯도 그날그날 바로 처리 주고……. 대추야자나 밀감 같은 것도 실컷 먹을 수 있다나 봐."

"거기 가면 집에다 편지를 쓸 거지?"

다니엘이 용기를 내어 말했다.

"글쎄." 자크는 다갈색 이마를 흔들며 고쳐 말했다. "단, 우리가 정착을 잘 해서 그들의 도움 없이도 잘 살아갈 수 있다는 것을 보여 줄 수 있을 때라야지."

두 사람 다 입을 다물었다. 다니엘은 먹기를 멈추고, 눈 앞에 있는 커다란 배들과 햇빛이 가득한 보도블록 위에서 북적거리는 사람들, 그리고 복잡하게 얽혀 있는 돛대들 너머 수평선을 바라보았다.

그는 그런 풍경을 바라보며 엄마를 생각하지 않으려고 힘겹게 싸우고 있다.

지금 중요한 것은 그날 저녁에 라파예트호에 승선하는 일이었다.

카페의 종업원이 해운회사가 어디 있는지 가르쳐 주었다. 뱃삯을 적어 놓은 표가 밖에 걸려 있었다. 다니엘은 매표구를 기웃거렸다.

"저, 아버지가 튀니스로 가는 삼등칸 표 두 장을 사 오라고 해서 왔는데요."

"너희 아버지라고?"

늙은 매표원은 하던 일을 계속하면서 말했다. 높게 쌓아 올린 서류 더미 너머로 그의 회색빛 머리칼만 간신히 보였다. 그는 뭔가를 부지런히 적고 있었다. 두 소년은 정신이 아득해지는 것 같았다.

"그러면 말이다." 매표원은 얼굴을 들지도 않은 채 말했다. "아버지가 직접 오셔야 한다고 전해라. 신분증을 꼭 지참하시고……. 알았니?"

그들은 사무실에 있는 사람들이 자기들을 유심히 바라보고 있다는 것을 느꼈다. 두 소년은 대답도 않고 서둘러 그곳을 뛰쳐나왔다. 자크는 화가 나서 두 손을 호주머니 깊숙이 찔러 넣었다. 그의 상상력은 어느새 여러 가지 방책을 강구하고 있었다. 견습선원으로 써 달라고 하면 어떨까? 아니면 먹을 것을 챙겨서 못을 박은 궤짝 안에 숨어서 여행을 하는 건 어떨까? 차라리 작은 배를 한 척 빌려서 낮에는 노를 저어 해안을 따라가고, 밤에는 선창에다 닻을 내리고 여관의 테라스 앞에서 오카리나를 연주하며 구걸하면 지브롤터를 거쳐 모로코까지 갈 수 있지 않을까?

다니엘은 생각에 잠겨 있었다. 그는 또다시 비밀스런 경고를 받고 있었다. 그런데 이번에는 도저히 빠져나갈 수가 없었다. 그의 내부에서 불만의 목소리가 자꾸만 반대 의견을 말하고 있었다.

"우리, 그냥 마르세유에 꼭꼭 숨어 있으면 어떨까?"

다니엘은 어렵게 말을 꺼냈다.

"이틀도 못 가서 잡히고 말겠지." 자크는 어깨를 으쓱해 보이며 반대했다. "오늘쯤이면 벌써 사방에서 우리를 찾고 있을 거야. 틀림없어."

다니엘은 걱정에 휩싸인 채 제니에게 질문을 퍼부으며 채근하고 있을 엄마의 모습이 눈에 선했다. 그리고 아들에게 무슨 일이 생겼는지 알아보기 위해 엄마가 학생주임을 만나러 가는 장면이 떠올랐다. 그러자 미칠 것만 같았다.

"들어 봐." 다니엘은 벤치를 발견하고 걸터앉으며 말했다. "지금 우린 잘 생각해야 해." 그는 용기를 내어 말을 이었다. "어쨌든 이삼 일 동안 우리를 찾아다니게 했으니까…… 그걸로 충분히 벌을 받는 셈이 아닐까?"

자크가 두 주먹을 불끈 쥐었다. "안 돼, 그건 절대로 안 돼!" 그가 소리쳤다. "넌 벌써 다 잊어 버렸어?"

잔뜩 긴장한 나머지 벤치에 그가 아니라 딱딱한 나무토막이 기대어 있는 것만 같았다. 자크의 눈은 학교, 비노 신부, 중학교, 학생주임, 아버지, 사회, 아니 인간 세상 전체가 지니고 있는 불의에 대해 원망의 불길을 내뿜고 있었다.

"그들이 우리 말을 믿어 줄 것 같아?" 그의 목소리가 거칠어졌다. "그들은 우리의 회색노트를 훔쳐 갔어! 우리를 절대로 이해하지 못해. 이해라곤 도무지 할 줄 모르는 인간들이야! 그 신부란 녀석이 자백시키려고 용을 쓰던 꼴을 네가 봤다면! 그 위선적인 태도라니! 그들은 단지 네가 프로테스탄트라는 이유로 너한테는 무슨 짓을 해도 무방하다고 생각한다니까."

그는 쑥스러움을 감추기 위해 시선을 다른 데로 돌렸다. 다니엘도 눈을 내리깔았다. 그들이 엄마를 의심할지도 모른다는 생각이 들자, 가슴을 에는 듯한 통증이 몰려왔다. 그는 나직이 중얼거렸다.

"그들이 엄마에게 모두 말했을까?"

그러나 자크는 다니엘의 말을 듣고 있지 않았다.

"안 돼, 절대로 안 돼!" 그는 거듭 소리쳤다. "너, 약속을 잊어버린 건 아니겠지? 변한 건 아무것도 없어! 그런 강요와 박해는 이제 진절머리가 나! 끝이야! 우리가 그들 없이도 잘 살아갈 수 있다는 것을 행동으로 보여 주면 돼. 그러면 우리를 존경하지 않고는 못 배길 걸? 해결책은 하나밖에 없어. 도망가는 거야. 이 나라를 떠나서 그들 없이도 잘 벌어먹고 살면 돼! 그게 다야. 그때가 되면, 그래, 편지를 써서 우리가 어디에 있는지 알려 주자. 그리고 우리는 앞으로도 쭉 친구로 지내겠다는 것과 자유롭게 지내겠다는 것, 그리고 일생을 함께 할 사이란 것을 강력하게 선언하는 거야!"

그는 입을 다물었다. 그리고 흥분을 가라앉히고 침통한 목소리로 덧붙였다. "그렇지 않으면, 조금전에도 네게 말했지만 난 죽어 버릴 거야."

다니엘은 놀란 눈으로 그를 바라보았다. 창백하고 누런, 주근깨 투성이의 작은 얼굴은 무척 단호한 결심을 나타내고 있었다. 허풍이라곤 조금도 느껴지지 않았다.

"너에게 맹세할게. 나는 무슨 일이 있어도 그들의 손아귀에 다시 잡히지 않을 거야! 그 전에 내가 어떤 아이인지 확실하게 보여 주겠어. 도망을 치거나, 아니면 이거지."

자크는 조끼 밑에서 코르시카 단도 한 자루를 꺼내어 보여 주었다. 일요일 아침에 형의 방에서 가져 온 것이었다.

"아니면 이거……."

그는 종이로 싸서 실로 동여맨 작은 약병을 주머니에서 꺼내면서 말했다.

"이제 와서 네가 나하고 배를 같이 타기 싫다고 한다면, 뭐 힘들일 것 없어. 꿀꺽!" 그는 약병 안에 든 내용물을 삼키는 시늉을 했다. "그러면 즉사야."

"그, 그게 뭐, 뭔데?" 다니엘이 더듬거리며 물었다.

"아이오딘팅크 (피부의 항감염제로 사용되는 아이오딘과 아이오딘화칼륨을 에탄올에 녹인 제제)."

자크가 눈을 똑바로 뜨고 정확하게 발음했다. 다니엘이 애원했다.

"그거 이리 줘. 티보, 제발……."

그러나 자크는 이미 약병을 주머니 속에 집어 넣은 뒤였다.

다니엘은 겁이 나긴 했지만 애정과 감탄으로 가슴이 벅차올랐다. 그는 자크의 범상치 않은 매력에 다시 사로잡혔다. 그러자 모험에 대한 호기심이 새삼 고개를 쳐들었다.

"걷자." 자크가 어두운 눈빛으로 말했다. "앉아 있으면 좋은 생각이 떠오르질 않아."

4시쯤 그들은 부두로 돌아왔다. 라파예트호 주위는 몹시 혼잡했다. 어깨에 나무상자를 짊어진 노동자들의 행렬이 마치 알을 나르는 개미 떼처럼 배에 걸쳐 놓은 판자다리를 건너가고 있었다.

두 소년도 그 행렬에 섞여 들었다. 자크가 앞장을 서서 다리를 건너갔다. 반들반들하게 닦아 놓은 갑판 위에서는 선원들이 권양기 (밧줄이나 쇠사슬로 무거운 물건을 들어 올리거나 내리는 기계)로 짐짝들을 선창 바닥에다 내려놓고 있었다. 매부리코에 말발굽 모양의 수염을 기르고 있으며, 불그스름한 피부에 털이 검고 기름기 도는 몸집 큰 사내가 소매에 금줄을 두른 윗도리를 입고 작업을 지휘하고 있었다. 막상 나서야 할 때가 되자 자크는 자신이 없는지 몇 발짝 뒤로 물러섰다.

"저어……." 다니엘이 천천히 모자를 벗으며 말했다. "아저씨가 이 배의 선장이신가요?"

그가 웃었다.

"왜 그러는데?"

"저는 동생하고 함께 왔는데 부탁이 있습니다……." 다니엘은 말을 미처 끝맺기도 전에 다 틀렸다는 생각이 들었다. "튀니스로…… 가려고 하는데요."

"이렇게? 단둘이서?"

사내는 눈을 끔벅이며 말했다. 충혈된 눈이 날카롭게 빛나서 그런지, 그의 목소리가 무척 단호하면서도 의미심장하게 들렸다. 다니엘은 미리 준비한 거짓말을 계속해 나갈 수밖에 없었다.

"저희는 아버지를 찾으러 마르세유로 왔는데요. 아버지가 튀니스에 일자리를 급히 구하시는 바람에 곧장 가 버리셨어요. 저희더러 거기로 오라는 내용의 편지를 보내 놓으시고……. 물론 뱃삯을 치를 돈은 있어요."

그가 즉흥적으로 덧붙였다. 그러나 생각나는 대로 내뱉고 나자, 그 말 역시 앞서 했던 말과 마찬가지로 서툴기 짝이 없다는 생각이 들었다.

"그래, 이곳에선 누구네 집에 머무르고 있지? 어디서 지내고 있느냐고……."

"저희는…… 아무데서도 안 살아요. 역에서 이리로 곧장 왔거든요."

"마르세유에 아는 사람이 하나도 없다는 게냐?"

"어, 없어요."

"그래, 오늘 저녁에 배를 타겠단 말이니?"

다니엘은 하마터면 '아니요'라고 대답하고 달아나 버릴 뻔했다. 그는 더듬거리며 대답했다.

"네, 아저씨."

"좋다. 요 애송이들아." 사내가 빈정거리는 웃음을 지었다. "늬들 우리 대장에게 걸리지 않은 것을 천만다행으로 생각해라. 우리 대장은 그 따위 수작은 질색이니까. 단박에 너희 놈들을 꽁꽁 묶어서 경찰서로 넘겨 모조리 실토시킬걸. 하기야 너희 같은 망할 놈들에겐 그렇게 하는 수밖에 없지."

그는 버럭 소리를 지르며 다니엘의 소매를 움켜잡았다.

"이봐, 샤를! 요 꼬마 녀석들을 꼭 붙들어. 나는……."

낌새를 재빨리 알아차린 자크는 사내가 내민 팔을 잽싸게 뿌리치고 짐짝들을 뛰어넘어 판자 다리 쪽으로 달아났다. 그리고 원숭이처럼 짐꾼들 사이를 헤치고 부두까지 온 뒤 왼쪽으로 무작정 달려갔다. 그런데 다니엘은? 자크는 뒤를 돌아보았다. 다니엘도 도망치고 있었다! 다니엘은 개미 떼 같은 짐꾼들의 행렬을 밀치며 구르듯이 사다리를 내려와 부둣가에 이르자 오른쪽으로 꺾어져 냅다 달리기 시작했다.

한편 선장인 줄 알았던 그 사내는 뒷갑판에 비스듬히 기대어 서서 그들이 도망치는 꼴을 웃으면서 바라보고 있었다. 자크는 다시 달리기 시작했다. 나중에 만날 수 있겠지. 지금은 사람들 틈에 끼어 부두에서 가능한 한 멀리 달아나는 게 상책이다.

그로부터 15분 뒤, 자크는 숨을 헐떡이며 변두리의 인적 없는 길에 혼자 멈춰 서 있었다. 그는 어쩌면 다니엘이 잡혔을지도 모른다고 생각하면서 심술궂은 쾌감을 느꼈다. 차라리 그게 나을지도 모른다. 어차피 일이 이렇게 엉망이 된 것도 모두 다 다니엘 때문이 아닌가. 지금 그는 다니엘이 미워서 견딜 수가 없었다. 차라리 다니엘을 버리고 이참에 혼자서 시골로 도망쳐 버릴까 하는 생각도 들었다.

그는 담배를 사서 한 대 피워 물었다. 하지만 큰길을 지나서 멀리 한 바퀴 돌다보니, 자기도 모르게 부두 쪽으로 되돌아와 있었다. 라파예트호는 아직 그대로 있었다. 그는 멀리서 3층으로 된 갑판과 빽빽하게 들어찬 사람들을 보았다. 배는 출항준비를 하고 있었다. 자크는 이를 악물었다. 그리고 힘없이 발길을 돌렸다.

당장 누구에게라도 화풀이를 해야 할 것 같아서 그는 다니엘을 급히 찾기 시작했다. 이 골목 저 골목을 헤매다가 번화한 카느비에르 거리로 접어들었다. 그는 잠시 군중 속으로 끼어들어갔다가 다시 되돌아 나왔다. 습기를 잔뜩 머금은 더위가 도시 위를 무겁게 짓누르고 있었다. 자크는 땀으로 흠뻑 젖었다. 이렇게 많은 사람들 속에서 어떻게 다니엘을 찾는단 말인가? 친구를 찾을 가망이 없다고 생각하자, 오히려 찾고자 하는 욕망이 더욱 강렬해졌다. 담배와 열기로 바짝 마른 입술이 타는 듯이 뜨거웠다. 이제 사람들의 눈에 띄는 것도 두렵지 않고, 멀리서 들려오는 천둥소리도 두렵지 않았다. 그는 이리저리 마구 달리기 시작했다. 다니엘을 찾아 헤매다 지치자 눈이 아파 오기 시작했다.

갑자기 도시의 모습이 변했다. 햇빛이 보도블록에서 올라오는 것 같더니, 주변 건물의 벽이 보랏빛을 띤 하늘에서 오려 낸 것처럼 도드라져 보였다. 소나기가 쏟아졌다. 굵은 빗방울이 보도블록 위로 쏟아져 내렸다.

그때 아주 가까이서 천둥소리가 울려 퍼지자, 자크는 소스라치게 놀라며 몸을 움츠렸다. 둥근 기둥이 늘어서 있는 건물 앞 층계 밑을 지나가던 중이었는데, 문득 성당의 활짝 열린 문이 눈앞에 펼쳐져 있었다. 그는 그 안으로 들어갔다.

그의 발자국 소리가 돔 천장 아래에서 크게 울렸다. 낯익은 향기가 콧속으로 스며들자 곧 안도와 편안함이 느껴졌다. 이제 그는 혼자가 아니었다. 이 세상의 존재가 아닌 하느님이 그의 곁에서 보호를 해 주고 있었다. 집을 떠나온 이후로 한 번도 하느님을 생각해 본 적이 없었다. 그런데 지금 갑자기 가슴속 깊은 곳에 있는 그 어떤 비밀까지 낱낱이 꿰뚫어보는 보이지 않는 '시선'이 그의 머리 위에 날개를 펼친 채 떠돌고 있는 것만 같았다! 자기 같은 큰 죄인이 여기에 있음으로 해서 성스러운 자리를 더럽히는 듯싶었다. 또한 하느님이 저 높은 하늘에서 자기에게 벼락을 내릴 수도 있다는 생각이 들었다.

비가 지붕 위로 폭포처럼 쏟아지고 있었다. 갑자기 번개가 번쩍하고 제단 뒤의 색유리창을 비추었다. 우레는 연거푸 굉음을 내며 마치 죄인을 찾는 것처럼 둥근 천장 아래로 소년의 주위를 굴러다녔다. 자크는 황급히 제단 앞에 무릎을 꿇고 앉아 고개를 숙인 채 '주기도문'과 '성모송'을 반복해서 읊조렸다.

이윽고 요란한 천둥소리가 뜸해지고, 곱디고운 햇살이 색유리창 사이로 흘러들어오더니 소나기가 그쳤다. 눈앞의 위험은 지나갔다. 그는 자기가 마치 어떤 속임수를 써서 용케 잡히지 않았다는 느낌이 들었다. 의자에 걸터앉았다. 마음속에 한가닥 죄의식이 남아 있었다. 그러면서도 정의의 심판을 피할 수 있었다는 영악한 자부심은, 비록 겁에 질려 떨고 있었던 상황임에도 불구하고 달콤한 쾌감을 불러왔다.

주위가 어둑어둑해졌다. 거기서 무엇을 기다리고 있었던 것일까? 마음이 진정되면서 여유를 찾은 그는 마치 그곳이 이제는 교회가 아니기라도 한 듯 어렴풋한 불만과 권태가 느껴졌다. 그는 제단 위에서 흔들거리는 촛불을 물끄러미 바라보았다. 잠시 후 성당의 문지기가 문을 닫으러 왔다. 자크는 기도도 하지 않고 무릎도 꿇지 않은 채 도둑처럼 서둘러 그곳을 빠져나왔다. 그는 자신이 하느님의 용서를 받지 못한 채 그 자리를 떠난다는 사실을 잘 알고 있었다.

시원한 바람이 젖은 보도블록을 말리고 있었다. 지나다니는 사람들은 많지 않았다. 다니엘은 어디에 있을까? 사고가 난 건 아니겠지. 눈물이 앞을 가려 길이 제대로 보이지 않았다. 만일 그때 다니엘이 나타나 차도를 건너 이쪽으로 오고 있었다면, 자크는 주체하기 힘든 애정으로 틀림없이 졸도했을 것이다.

아쿨르 성당에서 8시를 알리는 종이 울렸다. 집집의 창문에는 불이 들어오기 시작했다. 그는 배가 고파서 빵을 샀다. 그리고 절망에 빠진 나머지 지나가는 사람들을 살펴볼 생각도 하지 않고, 무작정 앞으로만 걸어갔다.

피곤한 몸을 이끌고 두 시간 정도 헤매다가, 어느 한적한 길목에서 호리호리한 가로수 사이로 나무 그늘에 놓인 벤치를 발견하였다. 그는 지칠 대로 지쳐 그 위에 털썩 주저앉았다. 벤치 위에 가지를 늘어뜨리고 있는 플라타너스에서 물방울이 뚝뚝 떨어져 내렸다.

얼마 후, 어떤 손이 그의 어깨를 거칠게 흔들었다. 잠이 들었던 것일까? 경찰이었다. 이젠 죽는구나 하는 생각이 들었다. 그러자 두 다리가 후들거렸다.

"집으로 돌아가라, 빨리!"

자크는 도망치듯 그 자리를 벗어났다. 더 이상 다니엘 생각도 나지 않았다. 다리가 아팠다. 경찰이 없는 곳을 골라서 걷다가, 다시 부두 쪽으로 돌아갔다. 거리의 시계가 12시를 가리키고 있었다.

바람은 멎었다. 색색의 등불이 둘씩 짝을 지어 물 위에서 흔들리고 있었다. 부두에는 사람의 그림자도 없었다. 그는 짐짝 사이에서 코를 골며 자고 있는 거지의 다리에 걸려 하마터면 넘어질 뻔했다.

그러자 두렵다는 생각보다는 당장 아무데나 누워 자고 싶은 욕망이 일었다. 몇 발자국 더 걸어가서는 커다란 방수용 천막의 한쪽을 들치고 젖은 나무 냄새가 풍기는 짐짝들 사이로 비집고 들어가 쓰러져 잠이 들었다.

한편 다니엘도 자크를 찾아 다니고 있었다.

역 주변과 그들이 하룻밤을 묵었던 호텔 부근, 그리고 해운회사 근처를 헤맸으나 아무런 소득이 없었다. 그는 다시 부두로 내려갔다. 라파예트호가 있었던 자리는 이제 비어 있었다. 부두는 쥐 죽은 듯 고요했다. 소나기 때문에 산책하던 사람들이 귀가를 서두르고 있었다.

다니엘은 고개를 푹 숙인 채 시내로 돌아왔다. 소나기가 그의 어깨를 사정없이 후려쳤다. 자크와 함께 먹기 위해 먹을거리를 좀 산 그는 둘이서 아침에 들어갔던 카페로 가 자리를 잡고 앉았다. 거리에는 소나기가 세차게 쏟아지고 있었다. 집집마다 창문의 블라인드를 걷어 올렸다. 카페의 종업원도 머리에 수건을 쓰고 테라스로 나가 널따란 천막을 감아올렸다. 트롤리 전차가 경적도 울리지 않은 채 납빛 하늘에 안테나의 불꽃을 튀기며 지나갔다. 빗물이 쟁기로 훑듯이 레일의 양쪽으로 흘러내리고 있었다.

다니엘은 발이 흠뻑 젖은 데다 관자놀이께가 몹시 무거웠다. 자크는 어떻게 됐을까? 그는 자기 곁에 자크가 없다는 사실보다 혼자서 절망과 불안에 휩싸인 채 거리를 헤매고 있을 걸 생각하자 가슴이 아파서 견딜 수가 없었다. 그는 자크가 틀림없이 그 빵집 모퉁이로 나타날 것 같아서 길목을 지켰다. 흠뻑 젖은 자크가 진창길에 구두를 끌면서 핏기 없는 얼굴로 주위를 두리번거리는 모습이 눈에 선했다. 그는 몇 번이나 소리쳐 부를 뻔했지만 그때마다 모르는 아이들이었다. 그들은 빵집으로 뛰어 들어갔다가 빵이 가득 든 봉투를 품에 안고 다시 나왔다.

두 시간이 지나자 비가 그쳤다. 날이 저물어 가고 있었지만 다니엘은 차마 그곳을 떠날 수가 없었다. 자기가 자리를 뜨자마자 금세 자크가 나타나서 엇갈릴 것만 같았기 때문이다. 망설이고 망설이다, 그는 역 쪽으로 힘겹게 발걸음을 옮겼다. 그들이 묵었던 호텔 현관에는 여전히 하얀색 전등이 켜져 있었다. 거리는 어두웠다. 이렇게 컴컴한데…… 이 어둠 속에서 마주쳤다가 서로를 알아보지 못한 채 그냥 스쳐 지나가는 것은 아닐까?

그때 "엄마!" 하고 외치는 소리가 들렸다. 다니엘은 자기 또래의 소년이 길을 건너와 어떤 부인에게 달려가 안기는 것을 보았다. 부인은 소년의 볼에 키스를 했다. 그들은 그의 곁을 지나갔다. 부인이 지붕에서 떨어지는 빗물에 젖지 않도록 우산을 폈다. 아들은 엄마의 팔을 꼭 붙들고 있었다. 그들은 이야기를 나누며 어둠 속으로 사라졌다. 기관차의 기적 소리가 들려왔다. 다니엘은 북받쳐 오르는 슬픔을 주체할 수가 없었다.

아아, 자크를 따라온 것이 잘못이었다! 그는 그것을 잘 알고 있었다. 처음부터, 그러니까 그날 아침 뤽상부르 공원에서 만나 이 어처구니없는 일을 저지르기로 결정한 그때부터 줄곧 그 생각이 머리를 떠나지 않았다. 그렇다.

도망이 아니라 잠깐이라도 엄마에게 달려가 모든 것을 털어놓았더라면, 엄마는 야단을 치기는커녕 모두에게서 자신을 보호해 주었을 것이라는 확신을 떨쳐 버릴 수가 없었다. 왜 유혹에 지고 말았을까? 마치 자신이 수수께끼 속에 휘말려 들어가 있는 것만 같았다.

그는 일요일 아침, 현관에 서 있던 자신의 모습을 다시 떠올려 보았다. 그가 들어오는 소리를 듣고 제니가 달려나왔다. 탁자 위에 학교 소인이 찍힌 노란 봉투가 놓여 있었다. 퇴학 통보가 틀림없었다. 그는 그 봉투를 탁자 아래 양탄자 밑에다 감추었다. 제니는 아무 말 없이 날카로운 눈길로 그의 행동을 예의 주시하고 있었다. 뭔가 좋지 않은 일이 벌어졌다는 것을 알아차린 듯했다. 나중에는 다니엘의 방까지 따라 들어와 그가 늘 용돈을 모아 두는 지갑을 꺼내는 것을 보았다. 소녀는 뛰어와서 오빠를 숨도 쉬지 못할 정도로 두 팔로 꼭 끌어안은 채 물었다.

"왜 그래? 뭘 하려는 거야?"

결국 그는 자신이 집을 나가기로 한 것, 학교에서 있었던 일, 자기가 괜한 오해를 받고 있으며 교사들이 모두 한통속이 되어 자기를 억울하게 처벌하려 한다는 것, 그래서 며칠 동안 몸을 피해야 한다는 것 따위를 털어놓았다. 제니는 냅다 소리를 질렀다.

"혼자서?"

"아냐, 친구랑 같이."

"누군데?"

"티보."

"나도 데리고 가!"

그는 늘 그렇듯이 제니를 끌어당겨서 무릎 위에 앉힌 다음 나지막한 목소리로 말했다.

"그럼 엄마는 어떻게 해?"

제니는 울음을 터뜨렸다. 그가 말을 이었다.

"걱정하지 않아도 돼. 다른 사람 얘기는 아무것도 곧이듣지 말고……. 며칠 있다가 편지할게. 그리고 꼭 돌아올게. 하지만 나한테 한 가지만 약속해 줘. 내가 돌아왔다는 것, 네가 날 보았다는 것, 내가 집을 나가기로 했다는 것, 그건 어떤 일이 있어도 말하면 안 돼. 다른 사람은 물론이고 엄마한테도……."

소녀는 아무 말 없이 고개를 한 차례 끄덕였다. 그러나 그가 입을 맞춰 주려고 하자, 울음을 터뜨리며 자기 방으로 달아나 버렸다.

그 비통한 절망의 울부짖음이 아직도 귀에 생생했다. 다니엘은 발걸음을 재촉했다.

어디로 가고 있는지도 모른 채 무작정 앞으로 걸어갔다. 그러다 한참 만에 고개를 들었을 때는 마르세유에서 꽤 떨어진 변두리에 와 있었다. 길은 질척이는 데다 가로등도 거의 없었다. 길 양쪽의 어둠 속에서는 컴컴한 웅덩이와 뜰로 들어가는 통로, 악취를 풍기는 복도 같은 것들이 보였다. 집 안에서는 어린아이들이 시끄럽게 떠들고 울어대는 소리가 들려왔다. 야릇한 불빛을 뿜어내는 술집에서는 음악 소리가 요란하게 흘러나왔다.

다니엘은 옆으로 꺾어져 다른 방향으로 한참을 걸었다. 멀리 신호등 불빛이 보였다. 마침내 역 가까이로 온 것이었다. 몸은 녹초가 되어 당장에라도 쓰러질 것만 같았다. 야광 시계가 한 시를 가리키고 있었다. 밤은 앞으로도 한참 동안 더 이어질 것이었다. 대체 어떻게 하면 좋을까? 그는 숨을 돌릴 만한 곳을 찾아보았다. 아무도 없는 막다른 골목 어귀에서 가스등 불빛이 직직거리는 소리를 내고 있었다. 그는 불빛이 비치는 곳을 지나 그늘진 곳으로 가서 웅크리고 앉았다. 왼쪽에는 공장의 커다란 담벽이 우뚝 솟아 있었다. 그는 거기에 등을 기대고 눈을 감았다.

깜박 잠이 들었던 것일까? 다니엘은 여자 목소리에 화들짝 놀라 눈을 번쩍 떴다.

"너, 어디 사니? 설마 거기서 자려던 건 아니겠지?" 그녀는 그를 밝은 곳으로 데리고 나왔다. 다니엘은 뭐라고 대답해야 좋을지 몰라 망설였다. "너, 아버지한테 꾸중 들었구나, 그렇지? 그래서 집에 못 들어 가는 거지?"

목소리는 부드러웠다. 다니엘은 그 거짓말을 받아들여 모자를 벗고 공손히 대답했다. "그렇습니다, 아주머니."

그녀가 웃음을 터뜨렸다.

"'그렇습니다, 아주머니'라고! 그래도 어쨌든 집엔 들어가야지. 나도 그런 경험이 있단다. 하지만 어차피 오늘 내일 항복하고 말 것을. 그러고 있으면 뭘 하냔 말이지. 시간을 끌수록 일이 더 복잡해지기만 하잖아."

다니엘이 여전히 입을 다물고 있자, 그녀는 목소리를 낮추면서 마치 자기 일처럼 친밀감을 담아 동기간 같은 다정한 목소리로 물었다.

"매 맞을까봐 무서워서 그래?"

그는 아무런 대꾸도 하지 않았다.

"괴짜로구나!" 그녀가 말했다. "고집이 이렇게 센 걸 보니 아무래도 여기서 밤을 새우기라도 할 태세로구나! 자, 우리집에 가자. 아무도 없어. 방에다 요를 깔아줄게. 이렇게 어린애를 길에 버려둘 수도 없고 말야."

그녀는 도둑 같아 보이지는 않았다. 이로써 자신이 더 이상 혼자가 아니라는 사실이 위로가 되었다. 그는 고맙다는 말을 하고 싶었다. 하지만 묵묵히 여자의 뒤를 따라 갔다.

잠시 후 여자가 야트막한 문 앞에 멈춰 서서 초인종을 눌렀다. 문은 한참만에야 열렸다. 복도에는 빨래 냄새가 풍기고 있었다. 그는 좁은 층계에 여기저기 몸을 부딪혔다.

"난 습관이 되어서 괜찮아." 그녀가 말했다. "자, 내 손을 잡아."

장갑을 끼고 있어서인지 여자의 손은 따뜻했다. 그는 잡아 끄는 대로 따라 갔다. 층계도 그럭저럭 따뜻했다. 한데에 있지 않아도 되는 것만으로도 다행스러웠다. 좋았다. 3층이나 4층 정도 오른 것 같았다. 여자가 열쇠를 꺼내어 문을 열고 등잔을 켰다. 불빛에 드러난 방은 몹시 지저분했고, 침대 위에는 이불과 옷가지가 한데 엉켜 있었다.

다니엘은 불빛 때문에 눈을 끔벅이며 우두커니 서 있었다. 지칠 대로 지쳐서 거의 잠이 든 상태나 마찬가지였다. 여자는 모자도 벗지 않은 채 침대 위에서 요를 내려 옆방으로 끌고 갔다. 그녀는 뒤를 돌아보며 생긋 웃었다.

"졸려 죽겠지? 그래도 신발은 벗고 자야지!"

그는 굼뜬 손놀림으로 신발을 벗었다. 자크도 어쩌면 이러고 있겠거니 하는 희망을 품고 새벽 5시엔 꼭 기차역 식당에 가보리라고 다짐했다. 그는 더듬거리며 말했다.

"내일 아침에 일찍 깨워 주세요."

"알았다, 알았어."

그녀가 웃으며 대답했다.

여자가 다니엘의 넥타이를 풀고 옷을 벗는 것을 도와주는 것을 느낄 수 있었다. 그는 요 위에 풀썩 쓰러지자마자 어느새 깊은 잠에 빠져들었다.

다니엘이 눈을 떴을 때는 이미 날이 밝아 있었다. 그는 파리의 자기 방에
있는 줄로 알았다. 그러다 커튼 사이로 비쳐드는 햇빛을 보고 깜짝 놀랐다.
노래를 부르는 젊은 여자의 목소리가 들렸다. 그제야 모든 것이 생각났다.

옆방은 문이 열려 있었다. 젊은 여자가 세면대 위에 몸을 숙인 채 물을 튀
기며 세수를 하고 있었다. 그녀는 고개를 돌리더니, 다니엘이 팔꿈치로 바닥
을 짚고 일어나는 것을 보고 미소를 지었다.

"아! 이제 일어났구나."

저 여자가 어젯밤에 본 그 아주머니인가? 속옷 차림에 짧은 속치마를 입
은, 팔다리를 훤히 드러내 놓은 그녀의 모습은 생각보다 어려 보였다. 어젯
밤에는 모자를 쓰고 있었으므로 머슴애처럼 짧게 자른 검정 머리칼을 뒤로
쓸어 넘기고 있다는 걸 알아차리지 못했다.

순간 다니엘은 자크가 떠올라 화들짝 놀랐다. 가슴이 덜컹 내려앉았다.

"아! 어쩌지?" 그가 소리쳤다. "아침 일찍 역에 갔어야 하는데……."

그러나 자는 동안 그녀가 덮어 준 이불이 너무나 따뜻해서 이불 속에서 몸
을 일으킬 마음이 전혀 내키질 않았다. 게다가 방문까지 훤히 열려 있어서
도무지 일어날 용기가 나지 않았다. 그때 여자가 김이 모락모락 나는 찻잔과
버터를 바른 두툼한 빵을 들고 방으로 들어왔다.

"자, 먹어. 아무리 바빠도 요기는 하고 가야지. 난 말이야, 네 아버지와
말썽나는 게 싫거든!"

다니엘은 셔츠 바람에 가슴의 단추를 풀어헤치고 있는 자신의 차림새를
보여야 한다는 것이 거북해서 견딜 수가 없었다. 게다가 여자가 목과 어깨를
훤히 드러낸 채 가까이 오는 것도 여간 당황스럽지 않았다. 여자는 몸을 굽
혔다. 다니엘은 눈을 내려뜬 채 어색함을 모면하기 위해 서둘러 빵을 먹기
시작했다. 그녀는 슬리퍼를 질질 끌고 콧노래를 부르며 이 방에서 저 방으로
왔다 갔다 했다.

그는 찻잔에서 눈을 떼지 못했다. 하지만 그녀가 옆을 지날 때면 굳이 보
려고 하지 않아도 핏줄이 비치는 날씬한 종아리와 슬리퍼 밖으로 나온 발그
레한 발뒤꿈치가 누런 마룻바닥 위를 미끄러져 가는 것이 눈에 들어왔다. 빵

에 목이 메었다.

갖가지 뜻밖의 일들이 펼쳐질 것만 같은 이 하루의 시작을 맞이할 용기가 나지 않았다. 순간 자기 집 아침 식탁에 자기 자리가 비어 있으리라는 데 생각이 미쳤다.

갑자기 햇살이 방을 가득 채웠다. 여자가 덧문을 열어젖혔던 것이다. 그녀의 생기발랄한 목소리가 새의 지저귐처럼 햇살 속으로 울려 퍼졌다.

아! 사랑이란 나무에 뿌리가 있다면
정원에 한 그루 심으련만!

이것은 너무나 가혹한 일이었다. 이 햇살, 이 쾌활한 태평함이라니! 자신은 절망과 싸우고 있는데……. 순간 그의 눈에서 눈물이 솟기 시작했다.

"자. 서둘러!"

여자가 빈 찻잔을 들어 올리며 쾌활한 목소리로 외쳤다. 그러다 그가 울고 있다는 것을 알아차리고 이렇게 물었다. "슬프니?"

여자의 목소리는 큰 누나처럼 자애로웠다. 그는 울음을 멈출 수가 없었다. 그녀는 이불 끄트머리에 앉아 그의 목에 팔을 둘렀다. 그러고는 마치 엄마처럼 따뜻하게 위로를 해 주려고—이야말로 모든 여자들의 마지막 설득 수단이지만—그의 머리를 자기 가슴에 갖다댔다. 다니엘은 더 이상 꼼짝할 수가 없었다. 여자의 속옷 속에서 오르락내리락하는 젖가슴, 따뜻한 젖가슴이 얼굴을 통해 고스란히 전해지고 있었다. 숨이 막혀 왔다.

"이런 바보!" 여자는 몸을 뒤로 빼며 맨살이 드러난 팔로 가슴을 가리며 말했다. "이걸 보니까 딴 생각이 나는 게로구나? 그 나이에 참 깜찍도 하지! 너, 몇 살이나 됐니?"

그는 이틀 전부터 해 오던 대로 무심코 거짓말을 했다.

"열여섯이요."

"어머, 벌써 열여섯 살이나 됐어?"

그녀는 다니엘의 손을 잡고 물끄러미 들여다보았다. 그러고는 그의 셔츠 소매를 걷어올려 팔뚝이 드러나게 했다.

"애도 참! 꼭 여자애처럼 피부가 곱네."

여자는 미소를 지으며 중얼거리더니 다니엘의 손목을 살며시 들어 올려 자기 뺨에다 대고 쓰다듬었다. 그리고 미소를 거두고 숨을 크게 내쉰 다음 그의 손을 다시 내려놓았다.

다니엘이 그게 무슨 의미인지 알아차리기도 전에 여자는 벌써 치마의 단추를 풀고 있었다.

"나, 몸 좀 녹여 줄래?"

여자가 이불 속으로 미끄러져 들어오면서 속삭이듯이 말했다.

자크는 비에 젖어 잔뜩 뻣뻣해진 방수용 천막 아래서 잠을 제대로 잘 수가 없었다. 그래서 동이 트기도 훨씬 전에 숨어 있던 곳에서 뛰어나와 이제 막 밝아오기 시작하는 여명 속을 걷기 시작했다.

'틀림없어.' 그는 생각했다. '다니엘이 붙잡히지 않았다면 어제처럼 기차역의 식당에 올 거야.'

자크는 5시가 되기 전에 그리로 가 보았다. 그리고 6시가 지났는데도 다른 곳으로 떠날 결심을 하지 못하고 있었다.

어떻게 된 걸까? 무엇을 해야 하지? 그는 사람들에게 교도소가 어디 있는지 물어본 다음 그곳으로 향했다. 가슴을 졸이며 굳게 닫혀 있는 문 위를 올려다보았다.

교도소

설마 다니엘이 여기에? 그는 끝없이 긴 담장 주위를 한 바퀴 돌고 나서, 쇠창살이 달린 창문 안쪽을 보려고 약간 멀찍이 물러나 보기도 했다. 그러다 겁이 나서 쏜살같이 달아나 버렸다.

아침 내내 그는 거리를 쏘다녔다. 햇살이 따갑게 내리쬐어 창문마다 널어 놓은 색색의 옷가지들이 비좁은 골목에 만국기처럼 보였다. 집집의 문간에서는 아낙네들이 싸우듯이 목청을 돋운 채 수다를 떨기도 하고 요란한 웃음을 터뜨리기도 했다. 어떤 때는 거리의 풍경, 자유, 모험, 그런 것들이 마음속에 순간적으로 도취감을 일으켰다. 하지만 이내 다니엘이 생각났다. 그는 주머니 속에 있는 요오드팅크 병을 손으로 꼭 움켜쥐었다. 만일 오늘 저녁까지 다니엘을 찾지 못한다면 이걸 먹어 버려야지. 어떤 강한 힘에 의지하고 싶었던 그는 목소리를 약간 높여서 맹세하였다. 그러나 마음속으로는 자신의 용기를 조금 의심하고 있었다.

11시쯤 되었을 때, 어제 그들이 해운회사 사무실을 물었던 카페 앞을 수십 번도 더 지나다니다가……. 아, 다니엘이 거기에 있었다!

자크는 탁자와 의자 사이를 마구 헤치며 그 앞으로 달려갔다. 다니엘은 자크보다 훨씬 침착한 태도로 자리에서 일어섰다.

"쉿."

사람들이 그들을 바라보고 있었다. 두 소년은 손을 맞잡았다. 다니엘이 찻값을 치렀다. 그들은 밖으로 나와서 맨 처음 보이는 골목에서 꺾어져 들어갔다. 자크는 다니엘의 팔에 매달려서는 이마를 그의 어깨에 대고 갑자기 흐느끼기 시작했다. 하지만 다니엘은 울지 않았다. 다만 얼굴이 새파랗게 질린 채 날카로운 눈빛으로 앞을 바라보며 자크의 작은 손을 옆구리에 끼고 앞으로 천천히 걸어갔다. 앙다문 이 위로 비스듬히 올라간 그의 입술이 떨리고 있었다.

자크가 말문을 열었다.

"나는 도둑처럼 부두의 화물 천막 밑에서 잤어! 너는?"

다니엘은 어떻게 말해야 좋을지 몰라 당황했다. 그는 지금까지 자크는 물론 그와의 우정을 무척 존중하고 있었다. 하지만 처음으로, 그것도 아주 중대한 무엇인가를 자크에게 숨기지 않을 수 없었다. 둘 사이에 놓인 비밀의 크기가 그를 숨막히게 하고 있었다. 차라리 자크에게 모조리 다 털어놓을까 하는 생각이 잠깐 스쳤다. 안 되지 안 되고말고. 차마 그렇게 할 수는 없었다. 자신에게 일어난 지우려야 지울 수 없는 기억을 털어내지 못한 그는 얼빠진 표정을 지을 뿐, 끝내 아무 말도 하지 못했다.

"너는 어젯밤에 어디서 잤어?"

자크가 반복해서 물었다.

다니엘은 우물쭈물했다.

"저기, 벤치에서……. 그리고 거의 대부분 돌아다녔어."

점심을 먹고 난 뒤 그들은 앞으로의 일을 의논하였다. 마르세유에 계속해서 남아 있는 것은 안전하지가 않았다. 그들의 행동은 얼마 안 가서 사람들의 의심을 살 것이 뻔했다.

"그러면?"

집으로 돌아갈 생각을 하고 있던 다니엘이 조심스레 물었다.

"그래서." 자크가 얼른 말을 가로챘다. "곰곰이 생각해 봤는데, 아무래도 툴롱까지 가는 수밖에 없겠어. 저기 왼쪽으로 해변을 따라가면 여기서 2, 30킬로미터쯤 되거든. 산책하는 아이들처럼 천천히 걸어가지, 뭐. 거기에 가면 배가 얼마든지 있으니까, 배를 탈 수 있는 방법도 분명 있을 거야."

그가 말하는 동안, 다니엘은 다시 만난 친구의 얼굴을 물끄러미 바라보고 있었다. 주근깨가 잔뜩 박힌 살갗, 투명한 두 귀, 푸른 눈……. 그 눈에는 그가 말하고 있는 툴롱과 배, 그리고 먼 바다의 수평선 따위의 환영이 스쳐 지나고 있었다.

한편으론 자크의 어기찬 고집을 인정하면서도 이성은 다니엘을 어쩔 수 없이 회의적이게 했다. 그는 배를 타지 못하리라는 것을 잘 알고 있었다. 그럼에도 불구하고 확신할 수도 없었다. 때로는 자기 생각이 기우에 지나지 않아서, 환상이 상식을 뛰어넘어 산뜻하게 물리쳐 주기를 바라기도 했다.

그들은 먹을 것을 사서 길을 떠났다. 두 소녀가 미소를 지으며 그들을 바라보았다. 다니엘의 얼굴이 붉어졌다. 그에게 그녀들의 치마는 더 이상 육체의 신비를 감추는 것이 못 되었다. 자크는 휘파람을 불었다. 그는 아무것도 눈치채지 못했다. 그 순간 다니엘은 그의 피를 용솟음치게 했던 그 경험 때문에 이제부터 자신이 외톨이가 되리라는 것을 직감했다. 자크는 그저 어린애에 불과하기 때문이었다.

변두리의 마을들을 지나서 마침내 목적하던 길로 들어섰다. 그 길은 분홍빛 파스텔의 가는 선처럼 구불구불한 해안선을 따라 이어지고 있었다. 가벼운 바람이 시원하게 불어와서는 소금기 어린 뒷맛을 남기고 사라졌다. 그들은 내리쬐는 뙤약볕을 어깨로 받으며 황금빛 먼지 속을 나란히 걸어갔다. 바다가 가까이 있다는 사실이 마음을 들뜨게 했다. 그들은 길에서 벗어나, 푸른 바다에 두 손을 담글 생각에 미리부터 팔을 높이 쳐들고 바다 쪽으로 달려갔다.

"Thalassa! Thalassa! (탈라싸! 탈라싸!) (바다다! 바다다!'라 뜻의 그리스어)"

그러나 바다는 좀처럼 만질 수가 없었다. 막상 다다른 곳의 해변은 그들이 갈망하고 상상했던 것과는 딴판이었다. 부드러운 모래밭이 경사를 이루며 바다와 만나고 있지 않았다. 아래 쪽은 어디를 둘러보나 깊은 물굽이 위에 가파른 비탈이 져 있어서, 깎아지른 듯한 바위들 사이로 바닷물이 휩쓸려 들어가는 모양새였다. 발밑에는 울퉁불퉁한 바위가 마치 키클롭스(그리스 신화에 나오 는 외눈박이 거인) 들이 쌓아 놓은 방파제처럼 앞으로 비죽 튀어나와 있었다. 파도는 화강암 끝에 부딪혀 부서진 뒤 거품을 내뿜으며 미끄러운 바위의 허리를 음험하게 감싸고 돌았다.

두 소년은 손을 잡고 나란히 몸을 숙인 채, 푸른 하늘 아래에서 넘실거리고 있는 거친 파도를 넋을 잃은 듯 바라보았다. 그들의 말없는 흥분에는 약간의 두려움도 섞여 있었다.

"저것 봐."

다니엘이 말했다.

5, 6백 미터쯤 떨어진 곳에 하얀 배 한 척이 햇살을 받아 더 할 수 없이 반짝거리며 짙푸른 바다 위를 미끄러져 가고 있었다. 수면 위로 드러난 선체의 일부가 새싹의 싱그러운 푸르름을 그대로 옮겨 놓은 듯이 진한 초록빛이었다. 노를 저을 때마다 배는 흔들거리면서도 빠르게 앞으로 나아갔다. 뱃머리가 파도 위로 드러날 때마다 물에 젖은 초록빛 선체의 아름다움이 불꽃처럼 보이는 것이었다.

"아아, 이걸 모두 글로 쓸 수 있다면!" 자크는 주머니 속에서 수첩을 만지작거리면서 중얼거렸다. "하지만 두고 봐!" 그가 어깨를 들썩이면서 큰 소리로 외쳤다. "아프리카는 이보다 훨씬 더 아름다울 거야! 자, 가자!"

자크는 바위들을 뛰어넘어서 길 쪽으로 달려갔다. 다니엘도 뒤를 따라 뛰어갔다. 그러자 자크는 불현듯 마음의 짐을 벗어 던지고 모든 후회도 떨쳐 버린 채, 미친 듯이 모험에 빠져들고 싶은 욕망에 휩싸였다.

오르막길 위에서 마을을 향해 직각으로 휘어지는 언덕에 이르렀다. 그들이 막 길모퉁이에 다다른 순간 어디선가 요란한 소리가 들려와서 그들은 그 자리에 우뚝 멈춰 섰다. 말, 수레바퀴, 술통, 그 밖의 것들이 마구 뒤섞인 채 길 양옆으로 왔다 갔다 하면서 맹렬한 속도로 달려오고 있었다. 피할 겨를도 없이, 그 거대한 더미는 오십 미터쯤 떨어진 곳에 있던 철책에 부딪혀

산산조각이 나고 말았다. 언덕은 경사가 매우 심해서 짐을 잔뜩 싣고 내리막 길을 달리던 커다란 마차가 미처 멈추지 못했던 것이다.

네 마리의 말이 짐의 무게와 속도를 이기지 못하고 앞발을 드는 바람에 서로 뒤엉켜 범벅이 된 채 길이 휘어지는 지점에 다다르자 산더미같이 쌓인 술통에서는 포도주가 콸콸 쏟아져 내렸다. 사람들은 반미치광이가 되어 처참한 몰골로 피투성이가 되어 한데 엉겨 있는 말들 뒤에서 소리를 지르며 법석을 떨었다.

말들의 울음소리, 딸랑거리는 방울 소리, 철책을 내려 치는 말발굽 소리, 철컥거리는 쇠사슬 소리, 말꾼들의 아우성에 섞여 다른 소리를 압도하는 비명 소리가 있었다. 그것은 맨 앞에 섰던 회색 말이 다른 놈들에게 짓밟혀 제 몸뚱이 밑에 다리를 깔고 넘어진 채, 마구(말을 타거나 부리는 데 쓰는 기구)에 목이 졸려 헐떡이는 소리였다.

한 사내가 도끼를 휘두르며 그 아수라장 속으로 뛰어들었다. 그는 비틀거리다 넘어지더니 다시 일어났다. 그리고 회색 말의 귀를 잡고 도끼를 휘둘러 굴레(말이나 소 따위를 부리기 위하여 머리와 목에서 고삐에 걸쳐 얽어매는 줄)를 내리쳤다. 하지만 굴레는 쇠로 되어 있었으므로 공연히 도끼날만 빠지고 말았다. 사내는 미치광이 같은 얼굴로 몸을 일으키더니 도끼를 벽에다 휙 내던졌다. 그러는 동안 말의 헐떡임은 점점 더 가빠지고 날카로워지다가 찢어지는 듯한 휘파람으로 변하다가 이내 콧구멍에서 피가 터져 나왔다.

그때 자크에게는 온 세상이 요동을 치는 듯이 느껴졌다. 그는 다니엘의 소맷자락을 붙들려고 했지만 손가락이 굳고 다리에 힘이 빠져서 비틀거리다가 그만 땅에 쓰러지고 말았다. 사람들이 순식간에 그를 에워쌌다. 사람들은 자크를 작은 정원으로 데려가서 꽃밭 한가운데 펌프가 있는 우물 옆에 앉히고는 찬물로 관자놀이를 적셔 주었다. 다니엘 역시 자크 못지않게 파랗게 질려 있었다.

그들이 다시 길로 나왔을 때는 동네 사람들이 나와 술통을 정리하고 있었다. 말들은 일어나 있었다. 네 마리 가운데 세 마리가 다쳤고, 그 중 둘은 앞다리가 부러져 무릎을 꿇고 있었다. 네 번째 말은 죽어 있었다. 그 말은 포도주가 흐르는 도랑에 자빠져서, 회색 머리를 땅바닥에 처박고 혀를 쑥 내민 채 청록색 눈을 반쯤 감고 있었다. 죽어 가면서도 백정이 운반하기 편리하게 하려고 애쓴 듯이 두 다리를 몸 밑으로 구부리고 있었다. 모래와 피와 술로 뒤범벅이 된 털에 감싸인 몸뚱이가, 길 한가운데 꼼짝도 않고 덩그러니 누워 있어 헐떡이고 있는 다른 세 마리의 말과 묘한 대조를 이뤘다.

그때 마부 한 명이 죽은 말 가까이로 다가가는 것이 보였다. 땀에 젖은 머리카락이 이마에 아무렇게나 달라붙어 있는 그을린 얼굴에서 분노가 한결 누그러진 것으로 보아 마부는 이 참극을 진심으로 애통해하는 것이 틀림없었다. 자크는 그 사내에게서 눈을 떼지 못했다. 그는 손에 쥐고 있던 담배꽁초를 입에 비스듬히 물고는, 파리가 새까맣게 꾀어들고 터질 듯 부풀어 오른 말의 혀를 손으로 치우고 누르스름한 이빨을 들춰냈다. 그리고 허리를 굽힌 채 보랏빛으로 변한 말의 잇몸을 한동안 어루만졌다. 얼마 후 그는 몸을 일으키며 자신의 마음을 헤아려 줄 시선을 찾다가 두 소년과 눈이 마주쳤다. 그러자 피거품이 묻어 파리가 달라붙는 손가락을 씻지도 않고, 입술에 물고 있던 담배꽁초를 빼내어 다른 손으로 옮겨 쥐었다.

"일곱 살도 안 됐는데!"

그는 어깨를 으쓱해 보이면서 자크를 향해 말했다.

"넷 중에서 가장 나은 말이었단다. 일도 제일 잘했고! 저놈을 다시 살릴 수 있다면 내 손가락 두 개쯤은 기꺼이 잘라 줄 수도 있어. 자, 이것하고 이것 두 개 말이다."

그는 고개를 돌리고 씁쓸한 미소를 지은 뒤 침을 뱉었다.

소년들은 가슴을 세게 옭죄는 듯한 기분으로 다시 걷기 시작했다.

"죽은 사람, 진짜로 죽은 사람, 너 본 적 있어?"

자크가 다니엘에게 물었다.

"아니."

"아, 진짜 이상했어! 난 오래전부터 그 기억이 머리에서 떠나질 않아……. 어느 일요일날 교리문답 시간에 가본 적이 있거든."

"어딜?"

"모르그 (신원불명자의 시체안치소)."

"너 혼자서?"

"물론이지. 죽은 사람은 진짜로 푸르스름하더라. 넌 상상도 하지 못할걸. 마치 밀랍이나 찰흙으로 만든 사람 같았어. 두 구가 있었는데, 하나는 얼굴이 완전 상처투성이였어. 다른 하나는 꼭 살아 있는 사람 같았고……. 눈을 뜬 채로 있었거든. 정말 살아 있는 사람 같더라니까."

그가 되풀이해 말했다.

"그렇지만 죽은 것이 틀림없어. 의심할 여지가 하나도 없었거든. 처음 봤을 때부터 그렇게 보였어. 너도 아까 봤잖아. 말도 마찬가지야. 아, 우리가 자유롭게 돌아다닐 수 있게 되면 일요일에 너를 꼭 그 시체안치소에 데려가야지." 그는 다시 한 번 되풀이하며 말을 끝맺었다. "어느 일요일에 꼭 너를 그 시체안치소에 데려갈 거야."

다니엘은 그의 말을 듣고 있지 않았다. 그들은 어느 집 발코니 밑을 지나가고 있었는데, 안에서 어린이가 치는 피아노 소리가 들려왔다. 제니……. 순간 다니엘은 뭘 하려는 거냐고 물으며 커다랗게 뜬 눈에 눈물이 솟아오르던 제니 얼굴이 떠올랐다.

"넌 누이가 없어서 좀 그렇겠다."

자크가 잠시 뜸을 들이다 대답했다.

"그야 그렇지! 누나가 한 명 있으면 참 좋을 텐데……. 누이동생 비슷한 건 한 명 있으니까."

다니엘은 깜짝 놀라서 그를 바라보았다. 자크가 설명했다.

"응, 유모가 조카를 데리고 와서 키우고 있거든. 열 살인데, 부모가 없어. 지즈라고……. 원래는 지젤인데, 모두들 지즈라고 불러. 내겐 그 애가 누이동생이나 다름없어."

갑자기 자크의 두 눈이 눈물로 뿌옇게 흐려졌다. 그는 느닷없이 이렇게 불렀다.

"넌 나하고는 다르게 자랐어. 우선 넌 기숙사에서 지내지 않고 통학을 하잖아. 앙투안 형처럼 이미 독립적으로 살고 있어. 뭐든지 자유롭지. 하긴 너는 분별이 있는 아이니까."

그가 쓸쓸한 어조로 말했다.

"그럼 넌 그렇지가 않은 거야?"

다니엘이 정색을 하며 물었다.

"나야 뭐." 자크는 눈살을 찌푸리며 말을 받았다. "난 어쩔 수 없는 놈이라는 걸 나도 알아. 아무리 애써 봐야 별다른 수가 없는 거지. 그래서 때때로 화가 나면 이성을 잃게 돼. 뭐든지 부수고 때리고 욕을 해 대지. 창문 밖으로 뛰어내릴 수도 있고, 누굴 패 죽일 수도 있을 것 같아! 내가 이런 말을 하는 건, 너에겐 뭐든 다 털어놓고 싶어서야."

자크는 자신의 결점을 이야기하면서 어떤 쓸쓸한 쾌감 같은 것을 느꼈다. 그리고 이렇게 덧붙였다.

"나는 그게 정말로 내 잘못인지를 모르겠어. 너랑 같이 살면 어쩌면 이 정도는 아닐지도 모른단 생각이 들거든. 저녁에 집에 들어가면 다들 나를 어떻게 대하는지 아니?"

그는 잠시 말을 멈추었다가 먼 곳을 바라보며 말을 이었다.

"아빠는 한 번도 나를 진심으로 대해 준 적이 결코 없어. 학교에서는 신부들이 아빠에게 아첨하느라 나를 괴물 취급하지. 파리 교구에 영향력이 지대한 티보 씨의 아들을 맡아 가르치느라 고생이 이만저만이 아니라는 인상을 주고 싶어서야. 이해가 돼? 아빠는 대단한 사람이지. 너도 알잖아."

그는 갑자기 흥분을 하면서 단정지었다.

"지나치게 훌륭하지, 정말로. 그렇지만 뭐랄까. 어떻게 말해야 할지 모르겠는데, 항상 사업이 어떻고 위원회가 어떻고 연설이 어떻고 그러고만 있어. 그러니까 해가 뜨나 지나 종교하고만 얽혀 있다는 거지. 유모도 마찬가지야. 내게 나쁜 일이 생기면 그건 모두 하느님한테 벌을 받았기 때문이래. 이해가 돼? 저녁을 먹고 나면 아빠는 서재로 들어가고 유모는 지즈의 방에서 지즈를 재우면서 나더러 학교에서 배운 걸 입으로 외우라고 해. 물론 제대로 외운 건 하나도 없지만. 유모는 내가 방에 혼자 있는 걸 싫어해! 그들은 내 방에서 전기 스위치까지 떼어 버렸어. 믿을 수 있어? 전기를 만지지 못하게 하려고 내게 그런 짓까지 했다는 게……."

"네 형은?"

다니엘이 물었다.

"응, 앙투안 형은 참 좋아. 하지만 집에 있는 적이 거의 없어. 그리고 형이 그렇게 말한 건 아니지만, 내 생각에 형 역시 집을 그리 좋아하는 것 같진 않아. 엄마가 돌아가셨을 때 형은 벌써 다 자라 있었지. 나보다 아홉 살이나 위니까. 그래서 그런지 유모도 형에게는 별로 간섭을 안 해. 그렇지만 난 유모가 키웠거든. 이해가 되니?"

다니엘은 잠자코 있었다.

"하지만 넌 그렇지 않잖아." 자크가 반복해서 말했다. "너는 애지중지 귀한 대접을 받고 있잖아. 너는 나하고 다르게 자랐어. 책만 해도 그래. 너는 무슨 책이든 네가 원하는 대로 읽을 수 있잖아. 사람들이 다 읽게 놔두지. 너희 집 서재는 항상 열려 있잖아. 그런데 우리집에서 나한테 읽으라고 주는 책이라곤 그저 붉은색이나 금박 표지의 커다란 그림책 아니면 쥘 베른^(프랑스의 과학소설가 《80일간의 세계일주》 저자) 부류의 시시하기 짝이 없는 것들뿐이야. 집에서는 내가 시를 쓴다는 것조차 몰라. 알면 난리를 칠걸. 그들은 이해하지 못하니까. 아마도 나를 더 철저하게 감시하라고 학교에다 몰래 연락이나 하겠지."

꽤 긴 침묵이 흘렀다. 길은 바다에서 멀어지면서 떡갈나무 숲으로 이어지고 있었다.

갑자기 다니엘이 자크에게 다가와서 팔을 잡았다. "있잖아."

그가 말했다. 변성기에 접어든 그의 목소리는 낮고 장중한 울림을 지니고 있었다.

"나는 앞으로의 일을 자주 생각해 보곤 해. 어떻게 될지 누가 알겠어? 우리는 떨어져 살 수도 있어. 그래서 전부터 너에게 꼭 부탁하고 싶은 게 있었는데 우리 우정을 보증하는 증표 같은 거라고 생각하면 될 거야. 네 첫 번째 시집을 내게 바치겠다고 약속해 줘. 그래, 이름 같은 것은 쓰지 말고 그냥 '내 친구에게'라고만 해서. 그래 줄 수 있어?"

"약속할게."

자크가 다시 일어서면서 말했다. 그는 자신의 존재가 커지는 듯한 느낌을 받았다.

숲에 이르자 그들은 나무 그늘에 앉아 휴식을 취했다. 마르세유 시가지 위에는 석양이 붉게 물들고 있었다. 자크는 발목이 부어오른 것을 느끼고 신발을 벗은 다음 아예 풀밭에 드러누웠다. 다니엘은 아무 생각 없이 자크를 바라보았다. 그러다가 발뒤꿈치가 붉게 부어오른 그의 작은 발에서 재빨리 눈길을 돌렸다.

"저기, 등대 좀 봐."

자크가 팔을 뻗으며 말했다. 넋을 놓고 있던 다니엘은 소스라치게 놀랐다.

멀리 바닷가에서 켜졌다 꺼졌다 하는 섬광이 유황빛 하늘을 찌르고 있었다. 다니엘은 아무런 대답도 하지 않았다. 그들이 다시 걷기 시작했을 때는 바람이 제법 차가워져 있었다. 그들은 길가 수풀 속에서라도 잘 생각이었다. 하지만 밤이 되면 꽤 추울 터였다.

그들은 아무 말 없이 삼십 분쯤을 더 걸어서 마침내 하얗게 페인트칠을 한 여인숙 앞에 이르렀다. 그곳에는 바다 쪽으로 계단이 나 있는 작은 방갈로가 여럿 있었다. 홀에는 환하게 불이 켜져 있었으나 사람은 없었다. 그들은 어떻게 할지 의논을 했다. 그들이 문간에서 주저하고 있는 것을 발견한 주인여자가 문을 열어 주었다. 그녀는 그들에게로 유리등을 높이 쳐들어 올렸다. 램프의 기름이 토파즈처럼 빛나고 있었다. 몸집이 작은 노파였다. 금귀고리가 그녀의 귀에서 주름진 목 위로 늘어져 있었다.

"아주머니." 다니엘이 말했다. "침대가 둘 있는 방이 있습니까?"

그리고 그녀가 채 대답하기도 전에 이렇게 덧붙였다.

"저희는 형제인데, 툴롱에 있는 아버지를 만나러 가는 중이에요. 마르세유에서 늦게 출발하는 바람에 아무래도 오늘밤 안으로는 툴롱에 도착할 수 없을 것 같아서……."

"그럼, 어림도 없지!"

주인여자는 웃으면서 말했다. 눈빛이 젊고 쾌활한 그녀는 말을 하면서 연신 손을 내저었다.

"걸어서 툴롱까지 간다고? 대체 무슨 당치도 않은 소릴 하는 겐지, 원. 어쨌든 그건 내 알 바가 아니고. 방은 있단다. 2프랑이야. 선불로……."

다니엘이 지갑을 꺼내려고 하자 대뜸 이렇게 물었다.

"따뜻한 수프가 있는데 두 그릇 가져다줄까?"

그들은 그러라고 했다.

지붕 밑에 있는 다락방이었다. 침대는 하나뿐이었고 앞 사람이 자고 난 이불이 정리되지 않은 채로 있었다. 두 소년은 약속이나 한 듯이 아무 말도 하지 않고 재빨리 신을 벗은 다음 옷을 입은 채 등을 마주대고 이불 속으로 들어갔다. 그들은 오랫동안 잠들지 못했다. 달빛이 창 너머로 쏟아져 들어왔다. 옆에 있는 헛간에서 쥐들이 부스럭거리며 뛰어다녔다.

자크는 희끄무레한 벽 위로 위협적으로 생긴 거미가 지나가는 것을 보았다. 캄캄한 어둠 속에서 정신이 아득히 멀어지는 것 같았다. 그는 밤새도록 자지 않겠다고 다짐했다. 다니엘은 머릿속으로 자신의 육체가 저지른 죄를 다시 떠올려 보았다. 상상력이 작용하여 그 기억들은 더욱 풍성해지고 있었다. 그는 땀에 흠뻑 젖은 채 호기심과 혐오와 쾌감이 뒤범벅이 되어 숨을 헐떡이며 꼼짝하지 못했다.

이튿날 아침 자크는 아직 쿨쿨 자고 있었다. 다니엘은 그 깊은 망상에서 벗어나기 위해 몸을 일으켰다. 그때 떠들썩한 소리가 들렸다. 그는 밤새도록 자기가 겪은 일의 회상에 시달렸던 까닭에, 처음에는 자기가 저지른 방탕한 짓 때문에 고소를 당해 재판소로 끌려갈지도 모른다고 생각했다. 아니나 다를까, 고리가 떨어져 나간 방문이 벌컥 열렸다. 주인여자가 헌병을 데려온 것이었다. 헌병은 방 안으로 들어서면서 문틀에 이마를 부딪혀 모자를 떨어뜨렸다.

"해질녘에 먼지를 잔뜩 뒤집어쓰고 들어왔지 뭐유."

주인여자가 웃음 띤 얼굴로 귀고리를 흔들면서 설명했다.

"글쎄, 저 구두 좀 보시우! 걸어서 툴롱까지 가겠다는 둥, 말도 안 되는 소리를 하는 게 아니겠수. 그리고 저기 키 큰 녀석이……."

그녀는 팔찌가 쩔렁거리는 팔로 다니엘을 가리켰다.

"방값과 수프 값 4프랑 50상팀을 내려고, 아 글쎄 100프랑짜리 지폐를 내놓더라니까."

헌병은 흥미 없다는 표정으로 모자에 묻은 먼지를 툭툭 털어 내고 있었다.

"자, 일어서!"

그가 퉁명스럽게 말했다.

"그리고 이름을 대라. 너희 이름하고 그밖에 모든 걸 다 털어놔!"

다니엘은 망설였다. 그러나 자크는 짧은 바지에 양말 차림으로 침대에서 뛰어나와 마치 싸움닭 같은 기세로 우뚝 서 있는 그 키다리를 때려눕히기라도 할 듯이 헌병 얼굴에 대고 소리쳤다.

"나는 모리스 르그랑이고 저쪽은 조르주예요. 내 형이에요! 우리 아버지가 툴롱에 계세요. 아버지를 만나러 가는 길인데 왜 그러시는 거예요?"

그로부터 몇 시간 뒤 그들은 헌병 둘과 수갑이 채워진 불량배 사이에 끼어 앉아 빠른 속도로 달리는 마차에 타고 마르세유에 들어왔다. 유치장의 높은 문이 열렸다가 다시 무겁게 닫혔다.

"들어가."

헌병이 유치장 문을 열면서 말했다.

"너희 주머니에 있는 것들을 모두 꺼내 봐. 안에 있는 것 다. 그리고 저녁 때까지만 같이 있게 해 주는 거야. 그동안 너희 놈들이 한 말이 사실인지 조사를 할 테니까."

그러나 저녁때가 되기도 전에 헌병대장이 들어와서 그들을 중위의 방으로 데려갔다.

"아무리 발뺌해도 소용없어. 너희가 누군지 다 알고 있으니까. 일요일부터 너희를 찾고 있었지. 늬들 파리에서 왔지? 너, 큰 녀석, 네 이름은 퐁타냉, 그리고 너는 티보. 점잖은 집 아이들이 불량소년들처럼 거리에서 헤매고 다닌다면 되겠어!"

다니엘은 매우 화가 난 듯한 태도를 보이고 있었지만, 속으로는 깊은 안도감을 느꼈다. 이제 다 끝났다! 엄마는 지금쯤 내가 아직 살아 있다는 걸 알고 나를 기다리고 있겠지. 용서를 빌자. 엄마의 용서는 모든 것을 깨끗하게 만들어 줄 거야. 그가 두려운 마음으로 떨쳐 내지 못하고 있는 그 일, 아무에게도 고백할 수 없는 그 일까지도 깨끗이 씻어 줄 것이다.

자크는 이를 악물고 있었다. 그는 아이오딘팅크 병과 코르시카 단도가 없음을 아쉬워하며 텅 빈 주머니 속에서 두 주먹을 불끈 쥐었다. 복수와 탈출에 대한 수십 가지 계략이 그의 머릿속에 세워지고 있었다. 그때 중위가 이렇게 덧붙였다.

"너희 부모님은 너희가 죽은 줄로 아신다."

자크는 그에게 잔뜩 적대감을 품은 시선을 던졌다. 그러고는 얼굴을 일그러뜨리더니 와락 울음을 터뜨렸다. 눈앞에 아빠와 유모, 어린 지즈가 떠올랐던 것이다. 그의 마음은 지금 가족에 대한 그리움과 후회로 넘쳐흐르고 있었다.

"가서들 자거라." 중위가 다시 말했다. "내일 필요한 조치를 취해 줄 거야. 어떤 식으로든 명령이 오기를 기다리고 있어라."

8. 앙투안, 다니엘을 그의 어머니에게로 데려감―퐁타냉 씨 집으로 돌아가다
이틀 동안 제니는 가수면 상태에 있었다. 몸이 많이 쇠약해지긴 했지만 다행히 열은 없었다. 퐁타냉 부인은 창가에 기대서서 큰길 가에서 나는 기척에 귀를 기울이고 있었다. 앙투안이 두 소년을 데려오기 위해 마르세유에 갔다. 오늘밤에 그들을 데려올 것이다. 방금 시계가 9시를 알리는 종을 쳤다. 그들이 이미 도착했을 시각이었다.

퐁타냉 부인은 별안간 소스라치게 놀라며 몸을 곧추세웠다. 마차가 집 앞에 멈춰 섰던 것이다.

그녀는 어느새 층계참으로 내려가 두 손으로 난간을 꽉 잡고 있었다. 강아지가 달려 나가 다니엘을 반가이 맞이하느라 짖어대고 있었다. 퐁타냉 부인은 허리를 굽혔다. 그러자 아들의 모습이 보였다! 아니, 모자가 보였다. 얼굴은 챙에 가려져 있었다. 이윽고 다니엘의 어깨가 움직였다. 다니엘이 앞서 올라오고, 이어 앙투안이 자기 동생의 손을 잡고 그 뒤를 따랐다.

다니엘은 고개를 들어 엄마를 바라보았다. 층계참에 매달린 등의 불빛이 엄마의 머리카락을 새하얗게 비추고 있었다. 대신 얼굴은 어둠 속에 무겁게 잠겨 있었다. 엄마가 자신에게로 달려 내려오고 있는 것을 직감하자 고개를 들 수가 없었다. 더 이상 발걸음을 옮길 수가 없었다. 고개를 들지도 못하겠고, 숨도 쉴 수가 없었다. 모자를 벗어 들었을 때는 이미 엄마의 가슴에 이마를 묻고 있는 자신을 발견하였다. 그의 마음은 몹시 고통스러웠다. 거의 아무런 기쁨도 느껴지지 않았다. 이 순간을 그토록 기다렸건만, 막상 닥치고 보니 아무런 느낌이 없었다. 엄마가 그를 품에서 떼어 놓았을 때, 미안한 마음의 그의 얼굴에서는 눈물 한 방울 흐르지 않았다. 도리어 계단 벽에 기대어 흑흑 흐느끼기 시작한 것은 놀랍게도 자크였다.

퐁타냉 부인은 두 손으로 아들의 얼굴을 어루만지며 입을 맞추었다. 꾸지람 한 마디 하지 않고 그녀는 길고 긴 키스를 해 주었다. 그녀가 한참 만에 앙투안을 향해 입을 열었을 때, 끔찍했던 지난 일주일의 불안이 한꺼번에 몰려와서 목소리가 떨리고 있었다.

"이 애들, 저녁은 먹었나요?"

그때 다니엘이 중얼거리듯 물었다.

"제니는요?"

"이제 괜찮아. 침대에 누워 있단다. 어서 가보렴. 널 기다리고 있어."

다니엘은 얼른 방으로 뛰어 들어갔다.

"애야, 살며시 들어가라! 조심하렴. 그동안 제니가 많이 아팠단다."

자크는 재빨리 눈물을 거두고 호기심 어린 눈으로 주위를 둘러보았다. 여기가 다니엘의 집이구나. 날마다 학교에서 돌아온 다니엘이 올라갔을 계단과 현관인가……. 그렇다면 여기 있는 이 부인이 바로 다니엘이 아까 그토록 정다운 목소리로 '엄마'라고 부른 그 사람인가?

"자크는?" 그녀가 물었다. "아줌마한테 키스해 주지 않겠니?"

앙투안이 빙그레 웃으면서 말했다. "대답하렴!"

그는 동생을 앞으로 떠밀었다. 퐁타냉 부인은 두 팔을 반쯤 벌리고 있었다. 자크는 그녀에게 다가가 다니엘이 이마를 오랫동안 대고 있었던 바로 그 자리에 똑같이 머리를 갖다 대었다. 퐁타냉 부인은 깊은 생각에 잠긴 얼굴로 손가락으로 그의 갈색 머리를 쓰다듬어 주었다. 그리고 앙투안을 바라보며 미소를 지었다. 문간에 혼자 서 있던 앙투안은 떠나야 한다는 사실을 문득 깨달은 듯한 기색을 비쳤다. 퐁타냉 부인은 감사함을 전하기 위해 자신에게 매달려 떨어지지 않는 자크의 머리 너머로 그에게 한없는 고마움의 뜻을 담아 두 손을 내밀었다.

"자, 어서 가 보세요. 자크 아버님께서도 얼마나 애타게 기다리고 계시겠어요."

제니의 방문은 열려 있었다.

다니엘은 한쪽 무릎을 꿇고 두 손으로 누이동생의 손을 잡은 채 입을 맞추었다. 제니는 울고 있었다. 두 팔을 내밀고 있어서 그런지 상반신이 베개 밖으로 나와 있었다. 잔뜩 긴장했음이 얼굴에 드러나 있었다. 야윈 탓인지 두 눈이 몹시 퀭해 보였다. 하지만 눈빛은 단호하면서도 강인했다. 아직 몸이 완전히 회복되지 않아서 그런지, 몽롱해 보이기도 하고 발랄함과 평온함이 영원히 사라진 듯한 눈빛이었다.

퐁타냉 부인이 두 사람 곁으로 다가왔다. 그녀는 두 아이를 한꺼번에 안으려는 듯 몸을 숙이고 두 팔을 벌렸다. 하지만 곧 제니를 피곤하게 해서는 안 된다는 생각이 들어서, 다니엘을 재촉하여 일으켜 세운 다음 응접실로 데려갔다.

응접실은 불이 환하게 밝혀져 있었다. 퐁타냉 부인은 벽난로 앞의 탁자에

먹을거리를 준비해 놓고 있었다. 구운 빵과 버터, 꿀, 그리고 다니엘이 좋아하는 군밤이 냅킨에 싸여 있었다. 주전자에서 물 끓는 소리가 났다. 방 안은 따뜻하고 아늑했다. 다니엘은 갑자기 현기증이 느껴졌다. 그는 손으로 엄마가 내미는 접시를 물렸다. 그때 엄마의 실망스런 표정이란!

"왜 그러니, 다니엘? 오늘밤 엄마하고 차 한 잔 마셔 줄 거지?"

다니엘은 엄마를 물끄러미 바라보았다. 전과 달라진 것이 무엇일까? 엄마는 평소와 똑같았다. 등불을 뒤로 한 채 미소 띤 얼굴로 따뜻한 차를 마시고 있는 모습이 조금 피곤해 보이기는 해도 늘 보아 온 얼굴 그대로였다! 아아, 저 미소, 저 따뜻한 눈길……. 그는 이토록 깊은 애정을 감당할 자신이 없었다.

다니엘은 자신의 감정을 숨기려고 짐짓 구운 빵을 집어 들어 태연한 척 빵을 한 입 베어 먹었다. 엄마는 환하게 미소를 지었다. 그녀는 행복한 나머지 아무것도 물으려 하지 않았다. 다만 그 넘치는 애정을 치맛자락 끝에 웅크리고 있는 강아지의 이마를 쓰다듬어 주는 데 쏟고 있었다.

다니엘은 빵을 다시 내려놓았다. 눈은 여전히 바닥을 향한 채 그는 안색을 약간 바꾸어 말했다.

"학교에선 엄마한테 뭐라고 했어요?"

"난 그 모든 게 사실이 아니라고 말했단다!"

다니엘의 긴장된 얼굴근육이 다소 풀어졌다. 고개를 들다가 엄마의 시선과 마주쳤다. 그 눈길에는 신뢰가 가득 차 있었는데, 그것은 뭔가 궁금한 것이 있으며, 자신의 믿음이 틀리지 않았다고 확인하고픈 간절함이 담겨 있었다. 다니엘의 눈빛은 그러한 무언의 질문에 의심의 여지가 없는 대답을 해 주었다. 그녀는 흡족한 얼굴로 그의 곁으로 다가와 낮은 목소리로 속삭였다.

"왜 그동안 엄마에게 아무 얘기도 하지 않았니? 그렇게……."

그녀는 말을 채 마치지 못하고 자리에서 일어섰다. 현관 쪽에서 쩔그덕거리는 열쇠 소리가 났던 것이다. 그녀는 반쯤 열려 있는 현관문 쪽으로 몸을 돌리고 가만히 서 있었다. 강아지가 꼬리를 흔들며 반가운 손님이라도 맞으려는 듯 짖지도 않은 채 달려나갔다.

제롬이었다.

그는 미소를 짓고 있었다. 외투도 모자도 없었다. 그의 태도가 어찌나 자연스러운지, 마치 집에서 쭉 지내다가 자기 방에서 지금 막 나온 것만 같았다. 그는 다니엘을 흘깃 보고는 이내 아내에게로 다가갔다. 그리고 아내의 손에 입을 맞추었다. 퐁타냉 부인은 그가 하는 대로 내버려 두었다. 그에게서 마편초와 레몬 향이 풍겼다.

"여보, 내가 왔소! 그동안 집에 일이 있었다고? 미안해, 사실은……."

다니엘은 반가운 표정으로 아빠에게 다가갔다. 그는 지금까지 줄곧 아빠를 좋아했었다. 다만 어렸을 때는 아빠를 시샘하며 엄마에게만 애정을 쏟았지만 이제는 아빠를 진심으로 사랑할 수 있게 되었다. 하지만 지금도 여전히 아빠가 엄마와 자기의 긴밀한 관계 속으로 끼어들지 않는 것을 의식하지 않고 만족스럽게 여기고 있었다.

"뭐야 너, 집에 있었구나! 그런데 그게 다 무슨 소리였지?"

제롬이 물었다. 그는 아들의 턱을 손으로 받치고는 눈살을 찌푸리며 아들의 얼굴을 물끄러미 바라보다가 입을 맞추었다.

퐁타냉 부인은 줄곧 그대로 서 있었다.

'이번에 돌아오면 당장 쫓아내 버리겠어.'

그녀는 그렇게 다짐하고 있었다. 그녀의 원한이나 결심이 전혀 약해진 것은 아니었다. 그러나 그가 느닷없이 찾아온 데다 너무나 경쾌하고 자연스럽게 행동해서 어찌할 바를 모르고 있는 중이었다. 그녀는 남편에게서 눈을 뗄 수가 없었다. 그가 이렇게 갑자기 나타나는 바람에 얼마나 혼란스러운지, 자신이 그의 눈길, 그의 미소, 그의 몸짓들이 지니는 달콤한 매력에 아직도 얼마나 끌리고 있는지 몰랐다. 그는 그녀가 마음을 주었던 유일한 남자였던 것이다.

문득 생활비 문제가 떠올랐다. 그녀는 자기의 수동적인 태도에 대한 구실로 그 문제에 매달렸다. 그날 아침, 그녀는 수중에 남아 있던 마지막 생활비를 마저 꺼내지 않을 수 없었다. 더 이상 머뭇거릴 수가 없었다. 제롬은 그것을 알고 돈을 들고 온 참이었을 것이다.

다니엘은 뭐라고 대답해야 할지 몰라서 엄마 쪽으로 몸을 돌렸다. 그때 그는 엄마의 해맑은 얼굴에서, 뭐라고 표현해야 좋을지는 모르지만 아주 특별하고 내밀한 것을 발견하고는 부끄러워져서 얼른 고개를 돌렸다. 그는 마르세유에서 눈길의 순수함을 잃어버리고 말았던 것이다.

"혼을 좀 내 줄까?"

제롬이 슬며시 미소를 짓자 입술 사이로 이가 하얗게 반짝거렸다.

퐁타냉 부인은 짐짓 뜸을 들이며 곧장 대답하지 않았다. 그녀의 목소리에 복수하려는 듯한 기색으로 남편에게 말했다.

"하마터면 제니가 죽을 뻔했어요."

제롬은 아들을 놓아주고 아내에게로 한 걸음 다가섰다. 그 얼굴에 걱정하는 빛이 어찌나 역력하던지, 퐁타냉 부인은 애초 남편에게 주려 했던 고통을 말끔히 해소시켜 주기 위해 당장에라도 모든 것을 용서해 주고 싶은 심정이었다.

"하지만 이젠 괜찮아요. 걱정 마세요."

퐁타냉 부인이 소리쳤다. 그녀는 남편을 안심시키려고 애서 미소까지 지어 보였다. 그 미소야말로 사실상 일시적인 항복이나 마찬가지였다. 그것은 그녀도 알고 있었다. 결국 자신의 위엄을 깎아내리는 셈이 되고 말았다.

"제니한테 가 보세요." 그녀가 덧붙였다. 제롬의 두 손이 살며시 떨리는 것을 보고 덧붙였다. "하지만 깨우진 마세요."

몇 분이 흘렀다. 퐁타냉 부인은 의자에 앉아 있었다. 제롬은 까치발을 하고 살며시 돌아와 방문을 닫았다. 어느새 불안은 사라지고 그의 얼굴은 애정으로 밝게 빛나고 있었다. 그는 다시금 웃음을 지으며 두 눈을 깜박였다.

"그 애가 자는 모습을 당신도 좀 봤으면! 비스듬히 누운 채 손으로 얼굴을 받치고……." 그는 손으로 잠든 소녀의 아름다운 모습을 허공에 그리고 있었다. "전보다 좀 야위기는 했지만 더 나아 보이는데? 더 예뻐진 것 같은데 안 그러오?" 그녀는 아무 대답도 하지 않았다. 그는 아내를 바라보며 약간 망설이다가 이렇게 외쳤다. "아니, 테레즈. 당신 머리가 어쩌다 이리 하얗게 세었어?"

그녀는 벌떡 일어나 뛰다시피 벽난로 앞으로 갔다. 사실이었다. 은발이 약간 섞여 있기는 했지만, 그래도 금발이 대부분이었던 머리카락이 불과 이틀 사이에 관자놀이며 이마 둘레까지 하얗게 세어 버렸다. 다니엘은 집으로 돌아와서 엄마를 보는 순간 뭔가 달라졌다고 느꼈으면서도 정확히 알 수 없었던 것을 그제야 깨달았다.

퐁타냉 부인은 어이가 없다는 듯 멍한 표정으로 자신의 모습을 들여다보았다. 그리고 거울 너머로 자기 뒤에 서 있는 남편을 바라보았다. 제롬은 미소를 지어 보였다. 그녀는 자기도 모르게 그의 미소에서 위안을 얻었다. 제롬은 장난치는 듯한 표정으로 불빛 속에서 나부끼는 빛깔 잃은 머리카락을 손가락 끝으로 매만졌다.

"당신에겐 흰머리도 잘 어울리는군. 뭐라고 할까? 당신의 맑은 눈빛을 기가 막히게 잘 드러내 준단 말이야."

그녀는 마음속 기쁨을 감추기 위해서 변명하듯이 말했다.

"아! 제롬, 나는 몇 날 며칠을 상상할 수 없을 만큼 끔찍하게 보냈어요. 지난 수요일에는 제니를 위해 모든 처치를 다해 봤지만 한때는 다들 희망이 없다고 했어요. 아, 혼자서 어찌나 무서웠던지……."

"가여운 당신." 그가 열정적으로 소리를 질렀다. "미안하오. 그런 줄 알았으면 서둘러 돌아오는 건데! 당신도 알지만 그 건으로 하필 사업차 리옹에 가 있었지 뭐야."

그가 어찌나 확신에 찬 목소리로 말을 하던지, 그녀는 잠시 자신의 기억을 더듬기까지 하였다.

"당신에게 내 행선지를 알려 주지 않았다는 걸 깜박한 거야. 게다가 당일에 돌아올 예정으로 떠났기도 했고……. 그 바람에 왕복기차표도 못쓰게 되고 말았다니까."

그때서야 그는 오랫동안 아내에게 생활비를 주지 않았다는 사실이 생각났다. 그러나 앞으로 3주 동안은 한 푼도 들어올 데가 없었다. 그는 주머니 속에 있는 돈을 얼른 세어 보았다. 그리고 겸연쩍은 미소를 짓지 않을 수가 없었다. 그는 곧 그 부분에 대해 설명하기 시작했다.

"게다가 일도 잘 풀리지 않았어. 거래가 하나도 이뤄지지 않았거든. 혹시나 했는데 결국 빈손으로 돌아오고 말았어. 리옹의 큰 은행가라는 작자들이 어찌나 쩨쩨하고 형편없던지!" 이어 그는 여행 이야기를 하기 시작했다. 그는 조금도 막힘이 없이 마치 이야기꾼처럼 재미있고 구수하게 술술 꾸며 내었다.

다니엘은 아빠의 이야기를 가만히 듣고 있었다. 난생처음으로 그는 아빠 앞에서 수치심을 느꼈다. 그리고 어떤 이유나 연관성도 없이 마르세유의 그 여자가 말했던 남자를 떠올렸다. 그녀는 그 남자를 '그이'라고 불렀다. 유부

남이며 무슨 사업인가를 한다던 남자……. 밤에 외출할 때는 '진짜 아내'가 함께하기 때문에 항상 오후에만 찾아온다던 그 남자.

아빠의 말을 듣고 있는 엄마의 얼굴 또한 이해가 안 되기는 마찬가지였다. 다니엘은 엄마와 눈이 마주쳤다. 엄마는 아들의 눈 속에서 무엇을 읽었을까? 어쩌면 다니엘 스스로도 정리하지 못하고 있는 여러 가지 생각들을 한눈에 꿰뚫어 보았을까?

퐁타냉 부인은 조금 못마땅한 듯 말을 서둘렀다.

"고단하겠구나. 네 방에 가서 자거라."

다니엘은 엄마의 말을 순순히 따랐다. 하지만 엄마에게 입을 맞추기 위해 몸을 숙이는 순간, 제니가 사경을 헤맬 때 모든 이에게서 버림받았던 가여운 여인의 모습을 떠올렸다. 더구나 그 원인은 모두 자신에게 있지 않은가! 자기가 엄마에게 주었던 고통을 생각하자 사랑하는 마음이 급격히 커졌다. 다니엘은 엄마를 꼭 껴안으며 귀에 대고 속삭였다.

"죄송해요."

퐁타냉 부인은 아들이 돌아왔을 때부터 그 말 한 마디를 기다리고 있었다. 하지만 그녀는 아들이 그 말을 좀더 일찍 해 줬더라면 느낄 수 있었을 행복을 이제는 느낄 수 없었다. 다니엘도 그것을 알고 있었다. 그는 그것을 아빠의 탓으로 돌리고 원망하고 있었다. 퐁타냉 부인 역시 그것을 의식하고 있었다. 자신과 단둘이 있을 때 그 말을 해 주었더라면 좋았을걸 하고 그녀는 아들을 원망했다.

제롬은 반은 응석으로, 반은 구미가 당겨서 탁자 앞으로 다가간 뒤 입을 장난스럽게 삐죽거리면서 접시 위에 놓인 음식을 훑어 보았다.

"이 과자는 누구를 위해 준비한 거지?"

제롬은 어색하게 웃었다. 고개를 뒤로 젖히는 바람에 눈동자가 한쪽으로 몰렸다. 그는 다소 과장된 목소리로 '아아!'를 세 번 외치고는 '아아! 하! 하!' 하고 부자연스럽게 연이어 소리를 질렀다.

그러고는 의자를 탁자 옆으로 당겨놓고 홍차 주전자를 집어 들었다.

"다 식었어요. 마시지 말아요."

퐁타냉 부인은 주전자를 불 위에 다시 올려놓으면서 말했다. 남편이 괜찮다고 하자 웃지도 않고 쌀쌀맞게 놔두라고 말했다.

응접실에는 두 사람뿐이었다. 주전자를 살펴보기 위해서 다가갔다가 그녀는 남편에게서 라벤더와 마편초의 새큼한 향을 또다시 맡았다. 그는 미소 띤 얼굴로 아내를 올려다보았다. 그의 얼굴에는 정다우면서도 후회하는 듯한 기색이 어려 있었다. 그는 초등학생처럼 한 손에 버터를 바른 빵 조각을 들고, 다른 한쪽 팔은 아무 거리낌 없이 아내의 허리에 둘렀다. 오랫동안 바람을 피운 흔적을 너무나도 자연스럽게 보여 주고 있었다.

퐁타냉 부인은 남편의 팔에서 거칠게 몸을 빼냈다. 약해진 자신의 결의에 겁이 났던 것이다. 남편이 팔을 거두어들이자 그녀는 차를 따라 주고는 다시 물러섰다.

그녀는 위엄을 지키고 있었으나 어딘가 모르게 슬퍼 보였다. 남편의 그런 자신만만한 태도에 한껏 사무쳤던 원한마저도 꺾이고 말았다. 그녀는 몰래 거울 속으로 남편의 얼굴을 보았다. 호박(琥珀)빛 얼굴, 가늘고 긴 눈, 호리호리한 몸매, 다소 이국적인 옷차림에 이르기까지 편안하고 느슨한 느낌을 주는 모습이 왠지 동양적으로 느껴졌다.

그녀는 약혼시절 일기장에 '내가 사랑하는 사람은 인도의 왕자처럼 아름답다'라고 적었던 것을 떠올렸다. 그녀는 물끄러미 남편을 바라보았다. 그것은 예전의 그 눈길이었다. 그는 나지막한 의자에 비스듬히 앉아서 두 다리를 벽난로의 불 쪽으로 길게 뻗고 있었다. 손톱이 매끄럽게 다듬어져 있는 손으로 구운 빵에 버터와 꿀을 차례로 바르고는 상체를 접시 위로 굽히고 우적우적 먹어 댔다.

빵을 다 먹고 나서는 차를 한 모금 마신 뒤 무용수처럼 유연하게 일어나 다시 팔걸이의자로 가서 앉았다. 누가 보면 그동안 아무 일도 일어나지 않았으며, 그는 예전부터 이곳에서 쭉 살고 있었던 것으로 생각할 터였다. 그는 무릎 위로 뛰어오른 퓌스를 쓰다듬어 주고 있었다.

그의 왼손 검지손가락에는 어머니가 물려준 적갈색 마노 반지가 끼워져 있었다. 짙은 검은색 바탕에 가니메데(그리스 신화에 나오는 미소년)의 우윳빛 반신상이 새겨져 있는 반지였다. 그것은 오랫동안 끼었기에 고리가 가늘어져서 손을 움직일 때마다 손가락 마디 사이를 미끄러져 왔다 갔다 하였다. 퐁타냉 부인은 남편의 일거수일투족을 살펴보고 있었다.

"담배 피워도 되지, 여보?"

그는 정말로 어찌할 수가 없는 매력적인 사람이었다. '여보'라고 부를 때도 그만의 독특한 투가 있어서 마지막 발음을 마치 키스라도 하듯이 입술 언저리에 남겨 두는 것이었다. 은으로 만든 담배 케이스가 그의 손가락 사이에서 빛났다. 그녀는 귀에 익은 그 '찰칵' 하는 소리를 알고 있었다. 또 그가 담배를 콧수염 아래의 입 안으로 살며시 들이밀기 전에 손등 위에다 톡톡 치는 버릇도 너무나 낯익은 광경이었다. 그리고 성냥을 그을 때 불꽃처럼 정맥이 불거지는 그의 긴 손은 그녀에게 얼마나 익숙한가! 그 손으로 성냥을 그을 때면 불꽃이 투명한 조개껍데기로 변하는 것만 같았다.

퐁타냉 부인은 애써 마음을 진정시키고 차분하게 탁자를 정돈하려 했다. 지난 일주일 내내 그녀는 몹시 힘들었다. 용기가 필요한 순간마다 그녀는 그 사실을 절실히 느꼈다.

그녀는 의자에 앉았다. 더 이상 아무것도 생각나지 않았다. 성령의 가르침조차 제대로 들리지 않았다. 하느님은 남편이 언젠가 '선'의 길로 들어서도록 도와주기 위해서, 흐트러진 생활 속에서도 착한 마음을 가질 수 있도록 하기 위해서 자기를 이 죄인 곁에 둔 것이 아닐까? 아니다. 지금 내가 할 일은 가정과 아이들을 지키는 것뿐이다. 그녀의 생각이 조금씩 되살아나고 있었다. 그녀는 자신이 생각했던 것 이상으로 강하다는 것을 확인했다. 그것은 분명 하나의 위로가 되었다. 제롬이 집을 비운 동안 기도를 통해 얻은 판단은 결코 틀리지 않았던 것이다.

제롬은 조금 전부터 생각에 잠긴 듯이 그녀를 물끄러미 바라보고 있었다. 그의 시선은 매우 진지한 표정을 담고 있었다. 그녀는 이 애매한 미소를, 이 용의주도한 눈길을 잘 알고 있었다. 두려웠다. 왜냐하면 무의식 중에도 이 변덕스러운 얼굴의 뒷모습을 제대로 알아차릴 수는 있지만, 그녀의 직감은 항상 한계에 부딪혀 버리고, 그 한계를 넘어서면 그녀의 통찰력은 한순간에 모래 속에 파묻혀 버리기 때문이었다. 그래서 그녀는 종종 '저이의 마음 깊은 곳엔 대체 어떤 것이 자리하고 있을까?' 하고 자문하지 않을 수 없었다.

"그래, 나도 잘 알고 있어." 제롬은 우수 어린 목소리로 말을 하기 시작했다. "테레즈, 당신은 날 혹독하게 비판하고 있군. 그건 나도 이해해. 당신의 마음을 알고도 남는단 말이오. 만일 이게 남이었다면 나도 당신처럼 비난을 했을 거요. 나쁜 놈이라고 했겠지. 지지리도 못난 놈이라고……. 적어도 말은 올바로 해야지. 아! 이 모든 걸 당신에게 어떻게 설명해야 할까?"

"그런 게 다 무슨 소용이에요?"

가련한 부인은 남편의 말을 가로막았다. 꾸밀 줄 모르는 그녀의 얼굴은 간절히 애원하고 있었다.

제롬은 안락의자에 깊이 파묻힌 채 담배를 피웠다. 다리를 꼬고 있어서 나른하게 흔들리는 한쪽 다리 아래로 발목이 드러나 있었다.

"안심해요. 난 토론을 하려는 게 아냐. 엄연히 사실이라는 게 있고, 그것들이 나를 옥죄고 있으니까. 하지만 테레즈, 겉으로 보이는 것 말고도 다른 이유가 있을 수 있지 않을까?"

그는 쓸쓸히 미소를 지었다. 그는 자신의 잘못에 대해 궤변을 늘어놓고 도덕적 이치에 따라 논거를 세우는 것을 좋아했다. 아마도 그것이 그에게 그나마 남아 있는 프로테스탄티즘을 만족시켜 주는 모양이었다.

"가끔 나쁜 행동에는 나쁜 동기 이외에 다른 동기가 있을 수 있지. 언뜻 인간은 난폭한 본능에서 만족을 찾는 것 같기도 하지만, 가끔은 그 자체로 선량한 감정, 그러니까 동정심 같은 것에 끌리는 수가 있거든. 그러다 사랑하는 사람을 고통스럽게 하기도 하지. 불행하고 신분도 낮은 사람에게는 동정심이 생기니까. 조금만 돌봐 주면 구해 줄 수도 있을 텐데 말이야."

순간 퐁타냉 부인은 강가에서 흐느끼던 직장여성이 떠올랐다. 다른 기억들도 떠올랐다. 마리에트, 노에미……. 그녀는 흔들리고 있는 에나멜 구두 위로 시선을 고정하고 있었다. 구두 위에는 램프에서 반사된 불빛이 꺼졌다 켜졌다 하고 있었다. 신혼시절 남편이 급작스럽게 업무상의 모임이 있다며 나갔다가 새벽녘에 돌아와서는 자기 방으로 들어가 저녁때까지 잠을 자곤 하던 일을 떠올렸다.

또 발신인을 알 수 없는 편지들, 그녀는 그것들을 읽자마자 찢고 태우고 발로 짓밟았으나, 그 독이 뿜어내는 힘은 조금도 줄어들지 않았다! 그녀는 제롬이 집안의 하녀들을 연달아 건드리고 그녀의 친구들을 하나씩 꾀어 내는 것을 보았다. 그 바람에 그녀 주위에는 아무도 남지 않게 되었다.

처음에는 용기를 내어 비난하기도 하고 예의를 갖추어 너그럽게 조언하기도 하면서 조심스럽게 말싸움을 하던 때가 생각났다. 그러나 그녀는 언제나 눈앞의 욕망에 이끌려 진실하지 못한 채 뻔한 사실을 부인하려 들고, 말을 바꾸고, 금세 어린아이처럼 다시는 그러지 않겠노라고 미소를 지으며 맹세하는 남편밖에는 기억나지 않았다.

"그래서 말이야." 그는 계속했다. "나는 당신한테 잘못하고 있어. 난…… 그래, 그렇고말고! 모두 터놓고 얘기하지. 하지만 난 당신을 사랑해. 테레즈, 진심이야. 그리고 당신을 존경해. 당신이 가엾기도 하고……. 다른 것은 아무것도 없어, 절대로. 맹세해도 좋아. 내 마음 깊은 곳에 뿌리내린 이 사랑에 비길 만한 것은 단 한 순간도, 어떤 것도 가진 적이 없었어! 아아, 내 생활은 깨끗하지 못했어. 변명하고 싶진 않아. 내 인생이 부끄러워. 하지만 여보, 날 믿어 줘. 당신처럼 공평무사한 사람이 내 행동만 가지고 나를 판단한다면 그거야말로 잘못하는 거지. 난…… 난 잘못을 많이 저질렀지만 그렇게 나쁜 사람은 아니란 말이야. 설명하기가 힘들군……. 당신이 이해해 줄 것 같지도 않고 말야. 이런 일은 말로 다할 수 없을 만큼 복잡하고 또 복잡하니까. 그리고 나로서도 그건 잘 알 수가 없는 노릇이라서……."

그는 입을 다물고 고개를 숙이더니 멍하게 앞을 바라보면서 마치 한순간이나마 자기 삶의 은밀한 진실에 이르기 위해 갖은 노력을 다 기울이다가 지치기라도 한 것 같았다. 얼마 후 그는 다시 고개를 들었다. 퐁타냉 부인은 자신의 얼굴 위로 제롬의 눈길이 쏟아지고 있음을 느꼈다. 아주 가벼운 눈길이었지만 다른 사람을 옭아매고 모든 걸 앗아가는 것으로 완전히 사라질 때까지 끈끈하게 잡아끄는 힘을 가지고 있었다. 그것은 자석이 아주 무거운 쇠를 끌어당겨 들어올리다가 떨어뜨려 버리는 것과 비슷했다. 두 사람의 눈길이 서로 얽혔다가 다시 떨어졌다.

'당신이 살아온 인생보다야 낫지 않겠어요?'

그녀는 생각했다. 그러고는 어깨를 으쓱해 보였다.

"당신, 내 말을 믿지 않는구려."

그가 중얼거렸다. 그녀는 아무 일도 없었던 듯한 투로 말하려고 애쓰며 입을 열었다.

"아뇨, 나는 당신을 믿고 싶어요. 지금까지 수없이 믿어 왔어요. 하지만 그런 건 전혀 중요하지 않아요. 당신에게 잘못이 있든 없든, 책임이 있든 없든 그것과는 상관없이 해서는 안 될 일이 여태까지 계속되어 왔고, 지금도 매일같이 일어나고 있으며, 앞으로도 그럴 테니까요. 그것은 이제 더 이상 반복되어선 안 될 것 같아요. 차라리 헤어져요. 아주 갈라서자고요."

그녀는 지난 나흘 동안 이런 생각을 어찌나 많이 했던지 그 말들을 냉담한 투로 또박또박 할 수가 있었다. 제롬은 그게 무엇을 뜻하는지 모르지 않았다. 남편의 놀라움과 고통을 느낀 그녀는 서둘러 말을 이었다.

"이제는 아이들이 있어요. 애들이 어렸을 때는 아무것도 몰랐으니까 나 혼자서만……."

그녀는 '고통받았다'는 말을 하려다가 창피한 생각이 들어서 얼른 지워 버렸다.

"당신이 내게 준 고통은 이제 나의 애정에만 손상을 입히는 것이 아니라, 당신과 함께 이 집 안으로 들어와 아이들이 호흡하는 공기 속에 섞여 들고 있어요. 나는 더 이상 견딜 수 없어요. 다니엘이 이번 주에 무슨 짓을 했는지 보세요. 내가 그 애를 용서한 것과 같이, 그 아이가 나에게 준 고통을 주님도 용서해 주시기를! 그 애는 지금 올바른 마음으로 모든 것을 후회하고 있어요."

그녀의 눈길에는 도전에 가까운 자부심이 빛나고 있었다.

"하지만 나는 그렇게 믿고 있어요. 당신이 나쁜 본보기를 보여서 그 애가 그릇된 길로 빠진 게 틀림없어요. 당신이 그동안 일을 핑계로 끊임없이 집을 비우는 것을 보지 않았다면, 내가 걱정할 것을 뻔히 알면서 어떻게 그토록 쉽게 집을 나갈 생각을 할 수 있었겠어요?"

그녀는 일어나서 잠깐 망설이다가 벽난로 쪽으로 천천히 발걸음을 옮겨 자기의 흰 머리카락을 들여다보았다. 남편이 있는 쪽으로 몸을 약간 숙였지만 그를 바라보지 않고 말을 이었다.

"제롬, 깊이 생각해 봤어요. 이번 주에 나는 정말 힘들었어요. 기도도 많이 했고, 생각도 했어요. 당신을 책망하려는 게 아니에요. 더구나 오늘 저녁엔 그럴 기운도 없고요. 이미 녹초가 되어 버렸거든요. 다만 나는 당신에게 현실을 직시해 달라고 부탁하는 거예요. 당신은 결국 내 말이 옳으며 다른 해결책이 없다는 것을 알게 될 거예요." 그녀가 계속했다. "앞으로 둘이 함께 사는 생활……, 우리에게 조금이라도 남아 있는 시간, 제롬, 그것조차 난 견딜 수 없어요."

부인은 두 손을 대리석 선반 위에 얹고는 상체와 손을 움직이며 한 마디 한 마디 끊어서 말했다.

"난—이제—정말—싫어요."

제롬은 대답하지 않았다. 그러나 그녀가 물러설 겨를도 없이, 아내의 발치로 미끄러지듯 다가가 억지로 용서를 구하려는 어린아이처럼 그녀의 허리에 뺨을 갖다 댔다. 그는 더듬거리며 말했다.

"내가 당신과 떨어져서 살 수 있을 것 같아? 내가 아이들 없이 살 수 있을 것 같냐고? 차라리 머리에 총을 쏘고 말지!"

제롬이 관자놀이에 총을 쏘는 시늉을 하자 그녀는 너무 유치한 나머지 웃음을 터뜨릴 뻔했다. 그는 치맛자락을 따라 늘어져 있는 그녀의 손목을 잡고 키스를 마구 퍼부었다. 그녀는 손을 재빨리 빼낸 다음 손가락 끝으로 그의 이마를 건성으로, 어머니처럼 느긋한 손놀림으로, 그러나 헤어질 수밖에 없다는 돌이키지 못할 결심을 고스란히 담아서 쓰다듬었다.

제롬은 그녀의 뜻을 잘못 이해하고 고개를 들었다. 하지만 아내의 얼굴을 보는 순간 자신이 얼마나 헛된 희망을 품었는지 알아차렸다.

그녀는 이미 물러서고 있었다. 그리고 나이트 테이블 위에 놓여 있는 여행용 시계 쪽으로 손을 뻗었다.

"벌써 두 시네!" 그녀가 말했다. "너무 늦었어요. 이제 그만 가 주세요. 그럼…… 내일 봐요."

제롬은 시계 쪽으로 눈을 돌렸다. 그리고 베개가 하나만 놓여 있는, 잘 정돈된 커다란 침대를 바라보았다.

그때 그녀가 덧붙였다.

"서두르지 않으면 마차를 잡기 힘들 거예요."

제롬은 놀란 나머지 엉거주춤한 몸짓을 했다. 그는 오늘밤에 집을 다시 나갈 생각을 한 적이 없었다. 이곳은 그의 집이 아니던가? 그의 방은 언제나 준비된 채로 그가 돌아오기를 기다리고 있었다. 그는 복도를 지나 가기만 하면 되었다. 지금까지 수도 없이 한밤중에, 나흘, 닷새, 엿새 동안 집을 비웠다가 돌아온 적도 있지 않았던가? 그리고 난 다음날이면 그는 으레 잠옷차림으로 말끔하게 면도를 한 뒤 아침 식탁에 앉아, 아이들에게서 엿보이는 어떤 암묵적인 불신을 없애기 위해 큰 소리로 농담을 하고 소리 높여 웃으며 익살을 부리곤 했다.

퐁타냉 부인도 그 모든 것을 알고 있었다. 그녀는 제롬의 얼굴을 바라보면서 그가 그리는 생각의 궤적을 따라가 읽었던 것이다. 하지만 그녀는 결코 물러서지 않았다. 현관문을 열었다. 그는 내심 몹시 당황했지만, 마치 친구 집을 들렀다가 돌아가듯이 태연한 걸음걸이로 문을 나섰다.

외투를 걸치면서 그는 아내에게 돈이 없다는 사실을 떠올렸다. 비록 달리 돈 들어올 데가 없어도 예전 같았으면 주저하지 않고 주머니에서 지폐 몇 장쯤은 빼서 던져 주었을 것이다. 하지만 그런 행동이 지금 그가 집을 떠나는 데 조금이나마 변화를 불러오지 않을까 하는 생각이 들어서 굳이 하지 않았다.

말하자면 그 돈을 받은 다음에 그녀가 자신을 단호히 되돌려 보낼 자유를 잃어버리게 되지는 않을까 하는 생각을 하자 자기 행동의 품위가 염려되었다. 한편으로는 아내에게 계산속이 있었던 게 아닐까 하는 두려움도 있었다. 그래서 그냥 이 말만 했다.

"여보, 나는 당신에게 아직 할 말이 많은데……."

퐁타냉 부인은 그 말을 들으면서 헤어지려는 자신의 결심과 생활비를 받아야 하는 자신의 처지를 동시에 생각하며 서둘러 대답했다.

"제롬, 내일 오시면 그때 만날게요. 그때 얘기를 더 나눠요."

제롬은 차라리 신사답게 나가기로 마음먹고는 아내의 손가락 끝을 잡고 입술을 갖다 댔다. 두 사람 사이에 잠깐 망설임 같은 감정이 흘렀다. 그러나 그녀는 얼른 손을 빼내고 문을 열었다.

"그래, 잘 있어요. 내일 봅시다."

그녀는 그가 계단을 내려가면서 마지막으로 다시 한 번 모자를 들어올리고 미소를 지으며 고개를 갸웃하는 것을 보았다.

문이 닫혔다. 퐁타냉 부인은 홀로 남았다. 그녀는 이마를 문틈에 기댔다. 대문이 닫히는 둔중한 소리가 집 안을 흔들고 그녀의 뺨까지 전해 왔다. 화려한 빛깔의 장갑 하나가 양탄자 위에 떨어져 있는 것이 눈에 띄었다. 그녀는 자기도 모르게 그것을 집어서 코로 가져가, 가죽 냄새와 담배 냄새 속에서 자신이 잘 아는 더 미묘한 어떤 냄새를 찾고 있었다.

그녀는 거울 속에서 자기의 몸짓을 보고는 얼굴을 붉히며 황급히 장갑을 내려놓고 전기 스위치를 내렸다. 그리고 어둠에 의해 해방되자 벽을 더듬어 아이들의 방으로 들어가 그들의 고른 숨소리에 오래도록 귀를 기울였다.

9. 자크, 아버지가 계신 집으로 돌아가다—징계

앙투안과 자크는 대기해 놓았던 마차에 다시 올라탔다. 자갈을 깐 길 위를 천천히 걷는 말발굽 소리가 마치 캐스터네츠를 치는 소리처럼 들렸다. 거리는 어두웠다. 기다란 사륜마차의 의자 시트에서 곰팡내가 풍겨 나왔다.

자크는 울고 있었다. 피곤하기도 했지만, 엄마 같은 온화한 미소를 띠고 있던 퐁타냉 부인의 품에 안겼던 일이 무엇보다 그의 마음을 후회로 가득 차게 만들었다. 아빠에게 뭐라고 얘기하면 좋을까? 그는 머릿속이 하얘지는 것 같았다. 그래서 그 감정을 숨김없이 드러내며, 그를 팔로 감싸고 있는 형의 어깨에 슬픈 마음을 기대어 보았다. 형은 그를 팔로 안아 주고 있었다. 두 사람 사이에서 서먹서먹함이 사라지기는 그날이 처음이었다.

앙투안은 뭔가 말을 하고 싶었지만, 체면이란 것을 깡그리 벗어던지지는 못했다. 억지로 지어낸 듯한, 어딘지 어색한 친근감이 있었다.

"자, 이제 다 끝났어. 다 지난 일을 가지고 뭘 그래? 괜찮아."

그는 입을 다물었다. 동생이 그에게 몸을 기대 준 것에 만족하고 있었다. 그러나 가슴 밑바닥에서 호기심이 충동질을 했다.

"그런데 무슨 일이야. 응?" 그가 더욱 부드러운 목소리로 물었다. "왜 그랬던 거야? 그 애가 널 부추겼니?"

"응? 아니야. 그 애는 싫다고 그랬어. 나 혼자 그랬어."

"왜?" 대답이 없었다. 앙투안은 서툰 질문을 계속 해댔다. "중학교에서 너희 둘이 친했다는 건 나도 알아. 내겐 다 말해도 괜찮아. 너희만 한 때의 우정이 어떤 건지 나도 잘 알고 있으니까. 유혹에 넘어가는 일이 많을 때니까."

"그 앤 내 친구야. 그게 다야. 그것 외엔 아무것도 없어."

자크는 형의 어깨에 그대로 기댄 채 소곤거렸다.

"둘이 있을 땐 주로 뭘 하니?"

형이 용기를 내어 다시 물었다.

"얘기하지. 그 앤 날 위로해 줘."

앙투안은 더 이상 깊이 물어보고 싶지 않았다.

'그 앤 날 위로해 줘'라고 할 때의 자크의 나지막한 목소리가 그의 마음을 슬프게 했던 것이다. '그러니까 넌 그만큼 외로웠던 거니?'

이렇게 물으려는 순간 자크가 씩씩하게 덧붙였다.

"다 얘기하자면 그 앤 내 시를 고쳐 줘."

앙투안이 대답했다.

"아! 그것 참 좋은 일이구나. 나도 찬성이야. 네가 시를 쓴다는 거 말이야."

"정말?"

자크가 다시 물었다.

"그럼, 정말이고말고. 진심으로 기쁜걸. 사실은 진작에 알고 있었어. 네가 쓴 시도 몇 편인가 읽기도 했지, 네게 말은 하지 않았지만 방 안에 굴러다니는 걸 몇 편 봤어. 게다가 왜 그랬는지는 모르지만 우리는 함께 얘기를 나눌 기회가 별로 없었잖아. 그 중에서 몇 편은 참 좋더라. 확실히 넌 재능이 있어. 그걸 잘 살려 보렴."

자크가 몸을 더욱 기대 왔다.

"난 시가 참 좋아." 그가 중얼거렸다. "난 내가 좋아하는 아름다운 시를 위해서라면 아무것도 아깝지 않아. 퐁타냉은 책도 빌려 줘. 형, 그런 얘긴 아빠한테 하지 않을 거지? 대답해, 어서. 아무한테도 말 안 할 거지? 라프라드, 쉴리 프뤼돔, 라마르틴, 빅토르 위고, 뮈세…… 이런 책들을 그 애가 읽게 해 줬어. 아, 뮈세! 형도 뮈세의 이 시를 알아?

　　석양의 베일을 제치고
　　찬란한 그 이마 반짝이며
　　먼 곳에서 오는 사자(使者),
　　창백한 저녁별이여.

그리고 이것도.

　　나와 함께 잠들던 그녀가
　　오, 주여, 나를 떠나 당신에게 간 지 오래거늘

우리는 아직도 서로에게 묶여 있네
그녀는 절반 살고 나는 절반 죽어서……

형, 라마르틴의 〈십자가〉라는 시 알아?

생명이 잦아드는 입술 위에
마지막 숨결 마지막 이별을 함께
남기고 간 십자가……

멋있지, 응? 진짜 아름다워! 음률이 흐르는 것이……. 난 이런 시를 읽을 때마다 가슴이 찡해." 지금 그의 가슴은 벅차오르고 있었다. 그는 계속해서 말을 이었다. "집에서는 아무도 날 이해해 주지 않아. 내가 시를 쓴다는 걸 알면 가만두지 않을 게 뻔해. 하지만 형은 달라."

그는 앙투안의 팔을 가슴에 대고 꼭 껴안았다.

"사실은 형이 내 시를 보았다는 걸 전부터 알았어. 그렇지만 형이 아무 말도 하지 않고, 또 집에 없을 때가 많기도 했고……. 아아. 형이 알아 줘서 정말 기뻐. 그동안 하나밖에 없던 친구가 둘로 늘어난 것 같은 느낌이야!"

"가련한 카이사르! 여기 푸른 눈의 갈리아 여인이 있다……."

앙투안이 웃으면서 읊조렸다. 자크는 깜짝 놀라 떨어져 앉았다.

"형, 그 노트를 읽었구나!"

"그게 어떻게 된 거냐면……."

"아빠도 읽었어?"

자크가 너무나 슬프고 안타까운 목소리로 절규하는 바람에 앙투안은 더듬거리며 대답했다.

"글쎄, 잘 모르겠는데……. 어쩌면 조금……."

그는 말을 끝맺지 못했다. 자크가 마차 구석에 몸을 던지고는 두 팔로 머리를 감싼 채 시트 위에서 마구 뒹굴었기 때문이다.

"비겁해! 그 신부는 위선자야! 야비한 신부 같으니! 수업시간에 다 말하겠어. 얼굴에다 침을 뱉어 줄 거야! 날 퇴학시키고 싶으면 그렇게 하라지. 조금도 겁나지 않아. 또 도망쳐 버리면 그만이지! 그것도 안 되면 차라리 죽어 버릴 거야!"

그는 발버둥을 쳤다. 앙투안은 어떤 말을 해야 좋을지 갈피를 잡을 수가 없었다. 그런데 어느 순간 자크가 잠잠해지더니 눈을 두 손으로 가린 채 한쪽 구석에 웅크리고 있었다. 이를 딱딱 부딪쳐가며 덜덜 떨고 있었다. 화가 나서 소리를 지르는 것보다 불안하게 느껴졌다. 마침 마차는 생페르 가를 내려가고 있었다. 마침내 그들의 집에 돌아온 것이다.

자크가 먼저 마차에서 내렸다. 앙투안은 마차 삯을 치르면서도, 혹시라도 동생이 어둠 속으로 다시 달아나지 않을까 걱정이 되어 돈을 지불하면서도 그에게서 눈을 떼지 않았다. 하지만 자크는 몹시 지친 것 같았다. 여행으로 피곤에 지친 데다 슬픔이 뒤섞여서 마치 거리의 불량소년처럼 해쓱한 얼굴로 눈을 내리깔고 있었다.

"초인종을 눌러야지." 앙투안이 말했다.

자크는 대답도 않고 몸을 움직이지도 않았다. 앙투안은 그를 집 안으로 들여보냈다. 자크는 순순히 따랐다. 문지기인 프뤼링크 아주머니가 호기심 가득한 눈길로 바라보았지만 그는 전혀 신경 쓰지 않았다. 자신의 존재가 무력하기 짝이 없다는 사실에 짓눌려 있을 뿐이었다. 엘리베이터는 그를 마치 짚더미처럼 번쩍 들어 올려 아빠의 감시 범위 속으로 던져 버렸다. 이제는 어디를 둘러보나 그 어떤 저항도 할 수 없는 가정과 사회조직 속에 갇혀 버린 것이었다.

그러나 자기 집 층계참에 서서 아빠가 저녁식사에 손님을 초대하여 만찬을 여는 날처럼 현관에 불을 훤히 켜 놓은 것을 보았을 때는 주변의 익숙한 분위기에 일종의 따뜻한 정을 느꼈다. 그리고 응접실 저쪽에서 평소보다 한층 더 늙어버린 유모가 종종걸음으로 달려오는 모습을 보고는 원망의 마음을 깡그리 잊은 채 유모의 조그만 두 팔 속으로 뛰어들고 싶어졌다. 유모는 자크를 꼭 껴안고 키스를 퍼부었다. 그러고는 째지듯 날카로운 목소리로 염불이라도 하듯이 더듬거리며 말했다.

"이게 무슨 짓이에요? 너무하십니다요! 우리를 슬프게 하여 죽이실 심산이었나요? 이게 무슨 짓이에요? 어쩌면 그렇게 인정머리가 없으세요?"

암사슴 같은 그녀의 두 눈에 눈물이 차올랐다.

그때 서재의 문이 양쪽으로 열리면서 아빠가 문 한가운데에 나타났다.

그는 자크를 보자 가슴이 메어 오는 것을 억제할 수가 없었다. 하지만 그 자리에 멈춰 서서 두 눈을 감았다. 응접실에 걸려 있는 그뢰즈의 그림(18세기 프랑스 화가로, 그의 그림 〈벌받는 아들〉을 뜻함)에서처럼 죄 지은 아들이 발 앞에 무릎을 꿇고 기다리는 것 같았다.

하지만 아들은 그렇게 할 수가 없었다. 서재 역시 무슨 잔칫날처럼 불이 환히 밝혀져 있는 데다, 두 하녀가 부엌에서 막 나와 문 앞에 서 있었을 뿐더러, 아빠는 편한 옷차림이어야 할 늦은 밤인데도 프록코트 차림이었기 때문이다. 이렇듯 예사롭지 않은 일들이 자크의 머릿속을 마비시켜 버렸다.

그는 유모의 품에서 빠져나와 뒤로 물러섰다. 그리고 머리를 숙인 채 뭔지 모를 어떤 것을 기다리는 심정, 울고 싶은 동시에 웃고 싶은 심정을 느끼면서 우두커니 서 있었다. 그만큼 그의 가슴은 종잡을 수 없는 감정으로 들끓고 있었다.

그런데 티보 씨의 첫마디는 마치 그를 가족의 일원에서 제외시키기라도 하겠다는 듯이 들렸다. 사람들 앞에서 자크가 보인 태도는 한순간 관대해지려던 마음을 몽땅 사라지게 만들었다. 끝내 고분고분하지 않는 아들을 꺾기 위해서 그는 짐짓 근심 어린 척하지 않을 수 없었다.

"아! 이제야 왔구나." 그가 앙투안에게만 말을 건넸다. "그렇지 않아도 궁금해 하고 있었다. 그쪽 일은 잘 처리했니? 다 잘 끝났지?"

아버지가 내민 토실토실한 손을 잡은 앙투안이 그렇다고 대답하자 그는 곧 대꾸했다.

"고맙다, 얘야. 골치 아픈 일을 이렇듯 잘 처리해 주어서……. 참 부끄러운 일이지!"

티보 씨는 잠시 망설였다. 지금이라도 죄를 지은 아들이 달려와 품에 안겨 주기를 기다리고 있었다. 그는 하녀들 쪽을 힐끗 보았다가 이내 아들에게로 옮겼다. 자크는 어두운 표정을 지은 채 양탄자만 바라보고 있었다. 마침내 티보 씨는 화를 누르지 못하고 이렇게 말했다.

"이런 망신스런 일이 두 번 다시 되풀이되지 않도록 하기 위해 내일 당장 조치를 취하도록 하겠다!"

유모가 자크를 아버지의 품속으로 떠밀려고 한 걸음 앞으로 나섰다. 자크
는 고개를 숙이고 있었지만 그 뜻을 알아차렸다. 그리고 마지막 구원의 기회
로 제발 그래 주기를 기다리고 있었던 것이다. 그런데 티보 씨가 팔을 뻗어
서 유모의 행동을 제지했다.

"내버려 둬! 내버려 두라고! 망나니 같은 놈이야. 버르장머리 없는 놈
같으니! 저런 녀석 때문에 그토록 걱정을 하고 있었다니. 그럴 가치도 없는
놈이야." 그리고 뭔가 말을 꺼내려고 기회를 엿보고 있던 앙투안에게 말했
다. "앙투안, 수고스럽겠지만 하룻밤만 이 녀석을 더 맡아 다오. 내일이면
짐을 벗게 해 줄 테니까. 약속하마."

잠깐 망설이는 분위기가 이어졌다. 앙투안이 아버지에게 다가섰다. 자크
는 조마조마한 마음으로 고개를 다시 들었다. 하지만 티보 씨는 대꾸할 여지
도 주지 않은 채 단호하게 말했다.

"내 말 알아들었지, 앙투안? 자크를 방으로 데려가거라. 이런 소란은 이
제 지긋지긋하구나."

앙투안이 자크를 앞세우고 마치 사형수를 사형집행장으로 끌고 가는 것처
럼 하녀들이 줄지어 있는 벽을 지나 복도 저쪽으로 사라지자, 티보 씨는 눈
을 내리깐 채 서재로 들어가 문을 쾅 닫았다.

그는 서재를 그냥 지나쳐 침실로 들어갔다. 예전에 그의 부모가 쓰던 방이
었다. 어렸을 때 루앙 근처 아버지가 운영하던 공장의 사무실에서 보았던 그
대로, 그리고 그가 상속을 받아 파리로 법률 공부를 하러 가면서 옮겨 온 가
구들 그대로였다. 마호가니 옷장, 볼테르 양식의 안락의자, 파란색 모직 커
튼, 아버지와 어머니가 차례로 돌아가셨던 침대, 그리고 아내가 손수 수놓은
깔개가 깔려 있는 기도대……. 그 앞에는 그리스도상이 걸려 있었다. 몇 달
간격으로 그가 직접 아버지와 어머니의 손에 쥐어 드렸던 것이다.

혼자가 된 그는 그곳에서 자기 자신으로 돌아가 어깨를 움츠렸다. 얼굴에
서 피로의 가면이 벗겨져 내리고 있었다. 얼굴 윤곽이 소박하게 변하면서 어
렸을 때의 모습과 비슷해졌다.

그는 기도대로 다가가 몸을 던지듯이 무릎을 꿇고 두툼한 두 손을 신속하
고도 익숙하게 맞잡았다. 이곳에서의 그의 일거수일투족은 편안하고 비밀스
런, 오로지 그 혼자만의 것이었다. 그는 무심한 얼굴을 쳐들었다. 시선이 눈

썹 밑에서 새어 나와 십자가 쪽으로 향했다. 그는 하느님께 자신의 실망과 새로운 시련을 전했다. 모든 원한을 풀어 버리고 그의 마음 깊숙한 곳에서 아비로서 길 잃은 자식을 위해 기도했다.

기도대 밑의 종교서적들 사이에서 묵주를 꺼내 들었다. 그것은 그가 처음으로 영성체(가톨릭 교회에서 성체를 받아 모신 다는 뜻으로, 주의 만찬이라고도 함)를 행할 때 받은 것으로 사십 년이나 매만져서, 지금은 그의 손가락 사이를 저절로 굴러다녔다.

그는 눈을 다시 감았다. 하지만 얼굴은 여전히 그리스도 쪽을 향하고 있었다. 그의 일상생활에서 이 내면의 미소와 꾸밈없이 행복한 얼굴을 본 사람은 아무도 없었다. 두 입술로 기도문을 외느라 아래쪽 볼이 약간 떨리고 있었다. 깃에서 목을 빼려고 일정한 간격을 두고 고개를 끄덕거리는 모습은 마치 하늘의 성단 앞에서 향로를 흔드는 것만 같았다.

다음날 자크는 흐트러진 침대 위에 우두커니 앉아 있었다. 방학도 아닌데 자기 방에서 맞은 이 토요일 아침을 어떻게 보내야 할지 알 수가 없었다. 그는 학교와 역사 수업시간, 다니엘 등을 떠올려 보았다. 익숙하지 않은, 언제나 적의를 품고 있는 것처럼 느껴졌던 아침나절의 소리들…… 바닥을 빗자루로 쓰는 소리, 바람이 불어 삐걱거리는 문소리들이 들렸다.

그는 기가 죽었다기보다 오히려 흥분된 상태였다. 하지만 딱히 할 일이 없는 데다 집 안에 감도는, 뭔지 알 수 없는 위압감이 견딜 수 없도록 못마땅했다. 그는 어떤 식으로든 모든 걸 바칠 수 있는, 이런 숨막히는 애정 과잉을 한꺼번에 쏟아 버릴 수 있는 영웅적인 희생의 기회가 왔으면 좋겠다고 생각했다. 그러다가도 때때로 자기 연민에 빠져서 고개를 바짝 쳐들고는 제 마음을 알아주지 않는 사랑, 증오와 자부심이 한데 뭉친 비뚤어진 쾌감의 순간을 맛보기도 했다.

누군가가 방문의 손잡이를 움직였다. 지젤이었다. 머리를 방금 감았는지, 검정 곱슬머리가 젖은 채로 어깨 위에 늘어져 있었다. 셔츠에 반바지 차림이었다. 목과 팔과 종아리가 갈색인 데다 헐렁한 반바지를 입어선지, 강아지 같은 예쁜 눈, 윤기 나는 입술, 헝클어진 머리가 알제리 소년 같은 모습이었다.

"뭐 하러 왔어?" 자크가 퉁명스럽게 말했다.

"오빠 보러 왔어." 소녀는 자크를 빤히 쳐다보며 대답했다.

올해 열 살이 된 지젤은 요사이 일어난 일들을 모두 알아차리고 있었다. 결국 자크는 돌아왔다. 하지만 모든 일이 제자리로 돌아온 것은 아니었다. 왜냐하면 그녀의 머리를 손질해 주고 있던 이모가 지금 막 티보 씨에게 불려 갔기 때문이다. 그녀는 지젤에게 얌전히 있으라고 한 뒤, 젖은 머리를 그냥 놓아둔 채 밖으로 나가 버렸다.

"방금 온 게 누구야?" 자크가 물었다.

"신부님." 자크는 눈살을 찌푸렸다. 소녀는 침대 위에 앉아 있는 자크 곁으로 올라와 앉았다. "불쌍한 자크 오빠." 소녀가 중얼거렸다.

자크는 이런 애정표현이 너무나 반갑고 고마워서 얼어붙었던 마음이 순식간에 봄눈 녹듯이 녹아내렸다. 그는 소녀를 무릎 위에 앉히고 키스를 했다. 그러면서도 귀는 밖을 향해 쫑긋하고 있었다.

"저리 가! 누가 온다!"

자크는 소녀를 복도 쪽으로 밀면서 나지막이 말했다. 그리고 침대에서 뛰어내려 문법책을 급하게 펼쳐 들었다. 어느새 문 밖에서 베카르 신부의 목소리가 들려오고 있었다.

"잘 있었니, 지젤? 자크는 방에 있니?"

그는 들어오다가 문턱에서 잠시 멈추었다. 자크는 눈을 내리 깔고 있었다. 신부가 다가와 그의 귀를 잡아당겼다.

"이 녀석, 굉장한 짓을 했더구나."

그가 말했다. 그러나 자크의 시무룩한 표정을 보고는 곧 태도를 바꾸었다. 자크를 대할 때마다 그는 항상 신중하게 행동했다. 자주 길을 잃어버리는 이 어린 양에 대해 그는 남다른 호기심과 존중이 뒤섞인, 특별한 애정을 느끼고 있었다. 그는 그것에 어떠한 위력이 가로놓여 있는지를 훤히 꿰뚫고 있었다.

베카르 신부는 의자에 앉아서 자크를 자기 앞으로 오도록 하였다.

"그래, 아버지께 죄송하다는 말씀은 드렸겠지?"

그는 뻔히 알면서도 슬쩍 물었다. 자크는 신부가 다 알면서도 모른 척하고 묻는 모습이 못마땅했다. 그는 신부를 힐끗 쳐다보고는 고개를 저었다. 잠깐 침묵이 흘렀다.

"애, 자크야!"

신부는 약간 걱정스러운 듯한 목소리로 머뭇거리며 말을 꺼냈다.

"사실 나는 이 모든 일이 몹시 걱정이 되는구나. 나는 그동안 네가 어떤 잘못을 저지르든 네 아버지께 항상 너를 변호해 왔단다. 나는 이렇게 말씀드리곤 했지. '자크는 마음씨가 착합니다. 마음속에 훌륭한 자질을 품고 있으니까 조금만 더 기다려 보도록 합시다.' 하지만 오늘은 네 아버지께 뭐라고 말씀을 드려야 할지 모르겠구나. 그보다 더 심각한 것은 내가 너를 어떤 식으로 생각하고 대해야 할지 모르겠다는 거야. 너에 대해서 나로선 감히 상상할 수도 없는 많은 얘기들을 들었단다. 그래, 그 얘기는 차차 하도록 하자. 하지만 나는 이런 생각을 했단다. '자크도 많은 생각을 하고 있을 거야. 그러다 보면 언젠가는 회개하고 다시 돌아오겠지. 이 세상에 진실한 회개를 통해 속죄 받지 못할 잘못은 없으니까.' 그런데 넌 후회는커녕 눈물 한 방울 흘리지 않은 채 오만상을 찌푸리고 있구나. 이번 일로 네 가엾은 아버지는 정말 마음을 크게 다치셨다. 곁에서 보기가 애처로울 지경이야. 네가 얼마나 타락을 한 것인지, 이번 일로 네 마음이 완전히 메말라 버린 것은 아닌지 걱정이 이만저만이 아니시란다."

자크는 주머니 속에서 주먹을 불끈 쥔 채 턱을 가슴에 바짝 붙였다. 목에서 흐느낌이 터져 나오거나 얼굴에 감정이 나타나지 않도록 하기 위해서였다. 용서를 구하지 않고 있는 것이 얼마나 괴로운 일인지, 다니엘 엄마처럼 그를 안아 주었더라면 자기가 얼마나 감미로운 눈물을 흘렸을 것인지, 그 말고는 아무도 알지 못했다. 이렇게 된 이상, 아빠에게 느꼈던 감정을 그 누구도 알게 하지 않으리라! 원한이 섞인 동물적 애정, 서로 주고받을 수 있다는 희망을 더 이상 가질 수 없게 된 후 더욱 강렬해진 이 동물적 애정을 그 누구에게도 눈치채게 하지 않기로 다짐했다.

신부는 입을 다물었다. 평온하고 조용한 인상을 품기는 그의 얼굴이 침묵을 더욱 무겁게 하고 있었다. 그는 먼 곳을 바라보며 읊조리듯 느긋한 목소리로 입을 열었다.

"어떤 이한테 아들이 둘 있었단다. 그런데 어느 날 둘째아들이 재산을 몽땅 챙겨 가지고 다른 나라로 떠나 버렸지. 그런데 그곳에서 방탕하게 생활하다가 가진 것을 몽땅 날렸지 뭐냐. 돈을 다 잃은 다음에야 그는 스스로 돌이켜보고 이렇게 말했어. '어서 아버지에게 가야겠다. 그리고 아버지에게 저는 죄를 지었습니다. 더 이상 아들 될 자격이 없습니다. 이렇게 말하리라.' 그는 곧 일어나 정말로 아버지에게로 갔단다. 그가 아직 멀리 있는데도 아버지는 그를 알아보고 측은히 여겨서 달려가 두 팔로 안고 입을 맞추어 주었지. 그러자 아들이 아버지에게 말했어. '아버지, 저는 하느님과 아버지께 죄를 지었습니다. 아버지의 아들 될 자격이 없습니다.'…… (신약성경 누가복음 15장)"

순간 자크의 슬픔이 자신의 의지를 넘어섰다. 그는 훌쩍훌쩍 흐느끼기 시작했다.

신부는 어조를 바꾸었다.

"나는 네가 마음속 깊은 곳까지 나쁘지는 않다는 것을 잘 안다. 오늘 아침에 너를 위해 미사를 드렸지. 자, 너도 그 돌아온 둘째아들처럼 하렴. 더 늦기 전에 아버지에게 가거라. 네 아버지도 널 측은히 여기실 거야. 그리고 이렇게 말씀하시겠지. '기뻐하라, 내가 아들을 잃었다가 다시 찾았노라!'라고."

순간 자크는 집에 돌아왔을 때 현관의 촛대에 등이 환하게 켜져 있었던 것과 아빠가 프록코트를 입고 있었음을 떠올렸다. 미리 준비해 놓은 환영 축하가 어쩌면 자기 때문에 엉망이 되었을지도 모른다는 데 생각이 미치자 마음이 한결 누그러졌다.

"또 한 가지, 네게 말할 것이 있다."

신부는 작은 갈색 머리를 쓰다듬어 주면서 말했다.

"아버지는 너를 위해 중대한 결심을 하셨단다. 그런데 그 결정에……."

그는 주저하며 말을 멈췄다. 우물우물 입 속에서 말을 고르다 볼록 튀어나온 자크의 귀를 손으로 어루만졌다. 귀는 뺨 쪽으로 접혔다가 용수철처럼 통기곤 하였다. 귀가 몹시 화끈거렸지만 그는 꼼짝없이 앉아 있었다.

"……그 결정에 나도 찬성했단다."

신부는 둘째손가락을 입술에 갖다 대고 소년의 눈길을 집요하게 따라가며 힘주어 말했다.

"널 얼마 동안 다른 곳으로 보내려고 하신단다."

"어디로요?"

자크는 쉰 듯한 목소리로 소리쳤다.

"그건 아버지가 말씀해 주실 거야. 다 네가 잘되기를 바라는 마음에서 시작된 거니까, 회개하는 마음으로 받아들이도록 하거라. 아마도 처음 얼마 동안은 고립된 생활이 몹시 힘들게 느껴질 거야. 그럴 때마다 생각하거라. 홀

룽한 가톨릭 신자에게 고독이란 없단다. 주님께서는 믿는 자를 결코 저버리시지 않는다는 걸. 자, 내게 키스해 다오. 그리고 지금 당장 아버지께 가서 용서를 빌어라."

몇 분 후, 자크는 울어서 잔뜩 부어오른 얼굴에 타는 듯한 눈빛으로 자기 방으로 돌아왔다. 그는 거울 앞으로 가서 꿰뚫을 듯이 자기 얼굴을 뚫어지게 바라보았다. 마치 증오와 원한을 퍼부을 대상을 찾기라도 하는 것 같았다.

그때 복도 쪽에서 발소리가 들렸다. 이미 방문에는 자물쇠가 제거되어 있었다. 그는 의자로 문 앞에 바리케이드를 쌓았다. 그러고는 책상 앞으로 뛰어가서 연필로 몇 줄을 갈겨쓴 다음 봉투에 종이를 쑤셔 넣었다. 봉투에 주소를 쓰고 우표를 붙인 뒤 자리에서 일어섰다. 마치 정신이 나간 사람 같았다. 이 편지를 누구에게 맡겨야 하나? 주위에는 온통 적들뿐이다!

그는 창문을 반쯤 열었다. 하늘은 몹시 흐려 있었다. 거리에는 아무도 없었다. 그때 저쪽에서 할머니와 아이가 느린 걸음으로 다가오는 모습이 보였다. 자크는 편지를 아래로 떨어뜨렸다. 편지는 빙빙 돌다가 인도 위에 내려앉았다. 그는 재빨리 뒤로 물러섰다. 용기를 내어 밖을 내다보니 편지는 이미 사라지고 없었다. 할머니와 아이가 저만치 멀어지고 있었다.

온몸에 기운이 다 빠져버린 그는 덫에 걸린 짐승처럼 처절하게 울부짖으며 침대 위에 와락 엎드렸다. 그리고 무기력한 분노로 온몸을 떨면서 소리를 내지 않으려고 베갯잇을 물어뜯었다. 그에게는 자신의 절망을 다른 사람들에게 들키지 않겠다는 의식만이 겨우 남아 있었다.

그날 저녁, 다니엘은 다음과 같은 편지를 받았다.

친구여,
내 유일한 사랑이자 내 삶의 사랑이고 또한 나의 아름다움인 그대여!
나는 너에게 유언으로 이 글을 쓴다.
그들은 나를 너에게서 떼어 놓고, 나를 모든 것으로부터 떼어 놓으려 한다. 그들은 나를 어딘가로 보내려 한다. 거기가 어딘지, 어떤 곳인지 너에게 말하고 싶지가 않다. 그저 아빠가 부끄러울 뿐이다!

나는 너를 다시는 만나지 못하게 될 것 같다. 나의 유일한 친구, 나를 선한 자이게 할 수 있었던 단 하나의 친구여, 너…….

안녕, 친구여! 영원히 안녕!

그들이 끝내 나를 고통에 빠뜨리고 괴롭힌다면 차라리 자살해 버리겠어. 그때 그들에게, 내가 그들 때문에 스스로 목숨을 끊었다는 사실을 말해 다오! 그러나 나는 그들을 사랑했다!

하지만 저 세상으로 가는 문턱에 서서 내가 마지막으로 생각하는 사람은 유일한 나의 친구 너임을 생각해 주기를.

친구여, 영원히 안녕!

(1920년 7월~1921년 3월)

소년원

1. 자크의 운명을 걱정하는 앙투안—그의 다니엘 방문

지난해 집을 나간 두 소년을 데리고 왔던 그날 뒤로 앙투안이 퐁타냉 부인네 집에 온 적은 한 번도 없었다. 그러나 가정부는 그를 곧 알아보고는 밤 9시가 되었는데도 스스럼없이 집 안으로 안내했다.

퐁타냉 부인은 자기 방에 있었다. 두 아이들도 그녀와 함께 있었다. 그녀는 벽난로 앞 램프 밑에서 윗몸을 꼿꼿이 세우고 앉아 소리 내어 책을 읽고 있었다. 제니는 안락의자에 웅크리고 앉아, 땋아 늘인 머리카락을 만지작거리고 있었다. 물끄러미 벽난로의 불길을 바라보면서 엄마가 읽어 주는 것을 듣고 있었다. 다니엘은 조금 떨어진 곳에 다리를 꼬고 앉아 무릎 위에 화판을 올려놓고 목탄으로 어머니의 스케치를 마무리하고 있었다. 방 문턱의 어둡게 그늘진 곳에 잠시 멈추어 선 앙투안은 좋지 않은 시간에 찾아왔다고 생각했다. 그렇다고 이제 와서 되돌아설 수도 없었다.

퐁타냉 부인은 약간 쌀쌀하게 그를 맞았다. 무엇보다도 그녀는 무척 놀란 모양이었다. 그녀는 아이들을 그곳에 남겨둔 채 앙투안을 응접실로 안내했다. 그리고 그의 방문 목적을 알게 되자 아들을 부르러 갔다.

다니엘의 나이는 열다섯이었으나 열일곱 살은 되어 보였다. 옅은 수염이 나서 그것이 입의 선을 나타내고 있었다. 앙투안은 약간 거북해하며 '내가 단도직입적으로 말하는 사람이라는 걸 너도 알지'라는 뜻을 풍기는 듯한 약간 도전적인 태도로 다니엘을 정면으로 바라보았다. 그리고 전에도 그랬듯이, 퐁타냉 부인 앞에서는 숨겨진 어떤 본능의 힘이 그의 담백한 태도를 약간 과장되게 만드는 것이었다. 앙투안이 말을 꺼냈다.

"내가 여기 온 이유는 너를 만나기 위해서야. 어제 우리가 만나고 나서 여러 가지 생각을 하게 되었단다."

다니엘은 놀란 것 같았다.

"그래" 하며 앙투안이 말을 계속했다.

"어제는 너나 나나 바빠서 몇 마디 나누지 못했지만 내 생각으로는……
어떻게 말해야 할까……. 너는 자크 소식을 묻지 않더구나. 그래서 나는 자
크가 너에게 편지를 쓰고 있구나 하고 생각한 거야. 그렇지 않니? 자크가
너에게는 내가 모르는 여러 가지를, 내가 알아야 할 여러 가지를 편지에 쓰
는구나 짐작했어. 미안한데 잠깐, 내 말 좀 들어봐. 자크는 작년 6월에 파리
를 떠났어. 이제 곧 4월이 되지. 즉 그 애가 그곳에 간 지 아홉 달이 되는데
난 그동안 자크를 한 번도 못 만났고, 또 편지 한 장 받아보지 못했어. 하지
만 아버지는 그 애를 자주 만나셔. 아버지는 자크가 건강하게 공부 잘하고
있다고 말씀하셨어. 그리고 멀리 떨어져 있는 데다가 엄격한 규율 덕분에 벌
써 좋은 결과를 내고 있다고 하셨어. 아버지가 잘못 보신 걸까? 아니면 아
버지는 속고 계시는 걸까? 어제 너를 만난 뒤로 난 갑자기 걱정스러워졌어.
어쩌면 그곳에서 불행할지도 모른다는 생각이 들었지. 그러면서도 아무것도
모르니 도와줄 수도 없다는 생각이 든 거야. 이 생각 때문에 난 서둘러서 너
를 만나야겠다고 생각했어. 그 애에 대한 너의 우정에 호소하는 거야. 그렇
다고 비밀 이야기를 다 털어놓으라는 건 아니야. 하지만 그 애는 너에게 그
곳에서 일어나는 일을 편지로 알려줄 것 같아서야. 나를 안심시켜 줄 수 있
는 사람은 오직 너뿐이고, 또 내가 일에 뛰어들 기회를 줄 열쇠를 쥔 사람도
너야."

다니엘은 냉정한 태도로 듣고 있었다. 그의 첫 반응은 이 부탁을 거절하겠
다는 것이었다. 그는 고개를 꼿꼿하게 든 채 착잡한 눈길로 앙투안을 바라보
다가 당황한 듯 어머니 쪽으로 몸을 돌렸다. 그의 어머니는 아들이 대체 어
쩌려는 셈인지 호기심에 차서 바라보고 있었다. 한참을 기다렸으나 별 반응
이 없었다. 이윽고 부인이 미소를 지었다.

"애야, 솔직히 말해 보렴." 그녀는 모든 것을 맡기는 듯한 제스처를 보이
며 말했다. "진실을 말하고 나서 후회하는 법은 없으니까."

그러자 다니엘도 같은 몸짓을 하며 이야기할 결심을 보였다. 그는 이따금
자크의 편지를 받고 있었다. 그러나 글은 갈수록 짧아졌고, 오는 횟수도 점
점 줄어들고 있었다. 다니엘은 친구가 어느 훌륭한 시골 선생 댁에 맡겨져

있다는 것은 알고 있었다. 그러나 그곳이 어딜까? 지금까지 온 편지의 겉봉에는 북부 철도선의 우편열차 소인이 찍혀 있을 뿐이었다. 혹시 예비학교_(프랑스 대학입학 자격 시험을 위한 예비학교) 같은 곳일까?

앙투안은 자신의 놀라움을 드러내지 않으려고 애썼다. 자크는 무엇이 두려워서 가장 친한 친구에게까지 진실을 감추려고 했을까! 왜? 부끄러워서일까? 어쩌면 티보 씨로 하여금 모든 사람들에게 자기 아들을 보낸 곳이 크루이 감화원이란 말 대신에 '우아즈 강변의 종교시설'이라고 속인 것처럼 창피해서일까? 혹시 그 편지들도 남이 불러주는 대로 받아 적은 것은 아닐까 하는 의심이 갑자기 들었다. 그렇다면 어쩌면 동생은 공포에 떨고 있지나 않을까? 그는 보베에서 발행되는 어느 혁신계 신문이 기획했던 캠페인과 '사회보존단체'에 대한 격렬한 비난들을 떠올렸다. 그 엉터리 사건들에 대해서는 티보 씨가 명예훼손으로 고소해서 승소함으로써 결국 허위임이 밝혀졌었다. 그렇지만?

앙투안은 자기 자신의 판단만 믿는 도리밖에 없었다.

"그 편지들 가운데 하나를 내게 보여 주겠니?"

그는 물었다. 다니엘이 얼굴을 붉히는 것을 보자 그는 미안한 마음에 뒤늦게 미소를 머금으며 말했다.

"한 통이면 돼. 아무거나 괜찮아⋯⋯."

다니엘은 아무런 대답도 않고 눈으로 어머니에게 상의도 하지 않고 일어서서 방을 나갔다.

퐁타냉 부인과 단둘이 남게 되자 앙투안은 전에 느꼈던 여러 가지 감정, 곧 낯선 곳에 와서 느끼는 어색함과 동시에 호기심과 사람의 마음을 끄는 힘 같은 것을 다시 느꼈다. 부인은 조용히 앞을 바라보고 있었다. 그녀는 아무 생각도 하고 있지 않는 것 같았다. 그러나 그녀가 자기 앞에 있다는 사실만으로 앙투안의 내적인 생활과 예민한 통찰력을 활기 있게 해 주기에 충분했다. 이 부인의 주위를 감도는 공기는 뭔가 특수한 전도력을 풍기고 있었다. 바로 그 순간 앙투안은 분명히 무슨 비난의 느낌 같은 것이 감도는 것을 느꼈다. 앙투안의 느낌은 틀리지 않았다. 자크가 어떻게 되었는지 모르는 부인은 앙투안이나 티보 씨를 드러내 놓고 비난할 마음은 없었다. 하지만 단 한 번 위니베르시테 가를 방문했던 기억을 되살리고는 그곳에서 일상적으로 벌어지고 있는 일들이 그다지 바람직한 것이 못 된다고 생각했다. 앙투안은 그녀의 그런 생각을 느꼈고, 스스로도 그것을 인정하고 있었다. 만일 누군가가 아버지의 행동을 비난했다면 분명히 그는 항의했을 것이다. 그러나 지금 그는 속으로는 퐁타냉 부인 편이었으며, 티보 씨에 반대하고 있었다. 작년에도 ―그는 그 일을 잊지 않았다―처음으로 퐁타냉 가족 사이에 감도는 이 분위기를 접하고 집에 돌아가자 며칠동안 자기 집 분위기가 숨막히게 느껴졌었다.

다니엘이 돌아왔다. 그는 앙투안에게 헌 봉투 하나를 내밀었다.

"이게 첫 번째 편지예요, 제일 긴 거고요" 하면서 그는 의자에 가서 앉았다.

사랑하는 퐁타냉에게

나의 새 거처에서 이 편지를 쓴다. 넌 나에게 편지하려고 하지 마. 그건 여기선 절대 금지야. 그것 빼곤 다 좋아. 선생님은 훌륭하시고 친절하셔. 난 공부를 많이 하고 있어. 친절한 친구들이 많이 있어. 게다가 일요일마다 아버지와 형이 나를 보러 와. 그러니까 내가 잘 있다는 걸 알겠지. 사랑하는 다니엘, 부탁이야. 우리의 우정을 걸고 간청하는데, 우리 아버지를 너무 비난하지 말아줘. 너는 모든 걸 다 이해할 수 없어. 나는 아버지가 아주 훌륭하신 분이라는 걸 알고 있고, 학교에서 시간만 낭비하던 나를 파리에서 떠나게 하신 건 잘하신 일이라고 생각해. 이젠 나도 아버지의 판단이 옳다고 생각하게 되었어. 그리고 만족하고 있기도 해. 네게 주소를 알리지 않는 것은 네가 내게 편지를 쓰지 않도록 확실히 하기 위해서야. 만일 네 편지가 왔다간 난 끔찍한 벌을 받을 거야.

사랑하는 다니엘, 기회가 되면 다시 편지할게.

자크

앙투안은 편지를 두 번 연거푸 읽었다. 몇 가지 특징을 통해 동생의 필체를 알아보지 못했다면 이 편지가 동생이 쓴 것이라고 믿지 않았을 것이다. 겉봉에 쓴 주소는 다른 사람의 글씨였다. 망설임이 배어 있고 서투르며 단정치 않은 농부의 필체였다. 편지의 형식이나 내용도 앙투안을 실망시켰다. 왜 이런 거짓말을 썼을까? 친구들이라니! 자크는 티보 씨가 좋은 집안의 아이들을 위해 크루이 소년원 안에 지어 놓았으나 항상 비어 있던 그 '특별실'에서 일종의 감방살이를 하고 있었다. 그의 말 상대라고는 식사를 날라다 주거나 산책을 데리고 가는 하인 아니면 공부를 시키러 일주일에 두세 번 콩피에뉴에서 오는 선생뿐이었다. 아버지와 형이 나를 보러 온다니! 티보 씨는 매달 첫째 주 월요일에 위원회의 사회를 보기 위해 크루이를 공식적으로 방문했고, 그날 파리로 돌아오기 전에 자기 아들을 몇 분 동안 응접실에 불러내는 것은 사실이었다. 앙투안이 여름휴가 때 동생을 만나러 가고 싶다고 했었지만 아버지는 반대했었다. '네 동생을 교도하는 데 있어서 중요한 것은 격리 규율을 엄격하게 지키는 것이다'라고 말했던 것이다.

그는 두 무릎 위에 팔꿈치를 괸 채 손가락 사이로 편지를 빙빙 돌리고 있었다. 그는 조금 전부터 평정심을 잃고 있었다. 갑자기 너무나 막막해지고 외롭게 느껴졌으므로 우연히 알게 된 이 총명한 부인에게 모든 것을 다 털어놓을 뻔했다. 그는 부인을 향해 얼굴을 들었다. 치마 위에 두 손을 놓고 생각에 잠긴 그녀는 뭔가를 기다리는 것 같았다. 그녀의 눈빛은 날카로웠다.

"우리가 도움이 되어 드릴 수 있을지요?"

그녀는 살며시 미소를 지으며 낮은 목소리로 말했다. 은발이 그녀의 미소와 얼굴을 훨씬 젊어보이게 했다.

그러나 앙투안은 모든 것을 다 털어놓으려고 하다가 주저했다. 다니엘은 그럴 줄 알았다는 듯이 그를 바라보고 있었다. 앙투안은 자기가 우유부단해 보이지나 않을까 두려웠다. 게다가 전에 퐁타냉 부인에게 심어 주었던 활기찬 사나이의 인상을 그르칠까 봐 더욱 그러했다. 거기에 그는 더 그럴 듯한 이유를 찾아냈다. 즉 자크가 그토록 애써 감추려 하는 비밀을 폭로해선 안 된다는 것이었다. 마음이 초조해지고 뭔가 꺼림칙해진 앙투안은 손을 내밀며 즐겨 짓는 천성적인 표정과 함께 자리를 뜨기 위해 망설임 없이 일어났다. 그런 그의 태도는 상대편에게 '내게 물어보지 마시오. 당신들은 내 마음을 짐작하고 있습니다. 우리는 서로 이해하고 있습니다. 안녕히'라고 말하는 것 같았다.

밖으로 나온 앙투안은 성큼성큼 걷기 시작했다. 그는 되뇌었다. '냉정할 것. 결단력이 있을 것.' 5, 6년 동안 과학을 공부한 앙투안으로서는 피상적으로나마 논리적인 추론을 하지 않을 수 없었다. '자크는 불평하고 있지 않다. 그러니까 자크는 불행하지 않다.' 그런데 그는 완전히 정반대의 생각을 하고 있었다. 전에 이 소년원에 대해 벌어졌던 혁신계 신문의 공격이 뇌리를 떠나지 않았다. 특히 '아이들의 감옥'이란 제목의 그 기사에서 영양실조, 형편없는 숙박시설, 체벌, 간수들의 가혹행위 등 그곳 아이들의 물질적, 정신적인 참상을 자세하게 다루었던 것이 생각났다. 그는 문득 화가 치밀어 몸서리를 쳤다. 무슨 일이 있어도 가련한 동생을 그곳에서 빼내고야 말겠다! 반드시 해야 할 일이다! 그러나 어떻게? 아버지에게 알리고, 의견을 나누는 것이 문제는 아니었다. 사실 앙투안이 항의한다는 것은 아버지의 뜻에 맞선다는 것이며, 아버지가 설립해서 운영하는 '사업'에 정면으로 도전하는 것이나 다름없었던 것이다. 자식으로서의 이렇게 맞서는 행위가 그에게는 꿈에도 생각지 않던 일이어서 처음에는 거부감 같은 것을 느꼈으나 곧 자부심을 갖게 되었다.

그는 작년에 자크가 집으로 돌아온 다음날 있었던 일을 떠올렸다. 새벽부터 티보 씨는 앙투안을 서재로 불러들였다. 베카르 신부가 막 도착한 직후였다. 티보 씨는 버럭 고함을 쳤다. "그 몹쓸 녀석! 그 녀석의 의지를 꺾어야 해!" 그는 털이 북슬북슬한 큰 손을 활짝 폈다가 천천히 손마디를 꺾으며 다시 오므렸다. 그러고 나서 만족스러운 미소를 띠며 말했다. "해결책이 있을 것 같아." 잠시 뒤에 두 눈을 치켜뜨며 말했다.

"크루이로 보내겠어."

"자크를 소년원에요?"

앙투안이 외쳤다. 열띤 토론이 전개되었다.

"문제는 그 애의 의지를 꺾는 일이야."

티보 씨는 손마디를 딱딱 꺾으며 되풀이했다. 신부는 머뭇거리고 있었다. 그때 티보 씨는 자크가 받게 될 특수교육에 관해 설명했는데, 얼핏 듣기에는 그럴싸하고 온정이 넘치는 처사 같았다. 그는 육중한 목소리로 이렇게 결론 내렸다.

"이로써 악의 유혹으로부터 보호받게 되고, 혼자 있으니까 사악한 충동도 안 생길 테니 공부에 취미를 붙이게 될 거야. 그러노라면 열여섯 살이 되겠지. 바라건대 그때는 위험 없이 우리 곁에서 다시 생활할 수 있게 될 거다."

"고립시켜 두는 방법이 훌륭한 치료가 될 수 있겠네요."

신부가 동의하며 넌지시 말했다. 티보 씨의 논리와 신부의 동의로 마음이 움직인 앙투안은 마침내는 그들의 생각이 옳다고 여기게 되었던 것이다. 오늘 그는 그랬던 자기 자신은 말할 것도 없고 아버지도 원망하지 않을 수 없었다.

그는 자신이 어디 가고 있는지 살피지도 않고 빠른 걸음으로 걸었다. 벨포르의 사자 (파리의 당페르 로슈로 광장에 세워져 있는 기념상. 보불전쟁에서 벨포르를 사수한 기념으로 건립됨) 앞에서 그는 돌아섰다. 그러고는 줄담배를 피워 석양 속에 연기를 내뱉으면서 다시 성큼성큼 걷기 시작했다. 일대 모험을 감행해야 했다. 크루이로 달려가서 정의의 재판관의 태도로 일해야 하는 것이다⋯⋯.

어떤 여자가 그에게 다가와서 아양 떠는 목소리로 몇 마디 속삭였다. 그는 아무 대답도 않고 생미셸 거리를 계속 걸어 내려갔다. '재판관의 태도로!' 하고 그는 되뇌었다. '이사진들의 거짓을 폭로할 것, 감독관들의 잔인성을 폭로할 것, 한바탕 소란을 피우고 동생을 데려올 것!'

그러나 그의 용기는 이내 가라앉았다. 머리는 두 가지 방향을 좇고 있었다. 커다란 계획 이외에 변덕스러운 생각이 갑자기 떠올랐다. 그는 센 강을 건너갔다. 기분전환을 하고자 하는 마음이 자신을 어디로 이끌고 가는지 잘 알고 있었다. 안 될 게 뭐가 있는가? 지금 이대로 집에 돌아가서 잠을 청하기에는 너무 흥분되어 있지 않은가? 그는 숨을 깊이 들이마시며 가슴을 쭉 펴고 미소 지었다. 그리고 '강해져야 한다, 사나이가 되어야 한다'고 생각했다. 가벼운 발걸음으로 어둡고 좁은 골목길로 접어들었을 때 어떤 애정어린 충동이 그를 다시 고무시켰다. 곧 그의 다짐은 이미 분명한 결실을 본 듯했다. 15분 전부터 그의 마음을 사로잡고 있던 두 가지 계획 중 하나를 실천에 옮기려는 순간, 다른 하나의 계획도 거의 실현된 것처럼 여겨졌다. 그는 익숙한 몸짓으로 색유리문을 밀고 들어가면서 이렇게 결심했다.

'내일 토요일에는 병원을 비울 수 없어. 그러니 일요일. 그래, 아침에 소년원으로 가야겠다!'

2. 소년원에서의 조사

아침 급행열차가 크루이 역에는 서지 않으므로 앙투안은 콩피에뉴 역 바로 한 정거장 앞인 브네트 역에서 내려야 했다. 그는 기세 좋게 열차에서 뛰어내렸다. 다음주에 시험이 있음에도 불구하고 기차 안에서는 가지고 온 의학서적에 정신을 집중할 수 없었다. 결정의 순간이 다가오고 있었다. 이틀 전부터 그의 상상력은 이 십자군의 임무수행을 아주 면밀하게 구상하고 있었던 것이다. 따라서 자크의 감금에 종말을 고할 수 있으리라고 믿고 그는 동생의 마음을 달래 주는 것만을 걱정했다.

화사한 햇빛 아래 평평하고 아름다운 길을 그는 2킬로미터는 걸어야 했다. 올해 들어서는 처음으로 몇 주 동안 비가 내렸으므로 마침내 3월 아침의 신선한 향기 속에 봄이 태어나는 것 같았다. 벌써 푸릇푸릇한 길 양편의 갈아놓은 밭들을 앙투안은 황홀한 눈으로 바라보았다. 가벼운 아지랑이가 기지개를 켜고 있는 지평선의 밝은 하늘 아래 우아즈의 언덕들이 햇빛에 반짝이고 있었다. 한순간 자기가 잘못 판단했던 것이 아닌가 생각했다. 주위는 그만큼 조용했고 그만큼 깨끗했다! 과연 이것이 아이들 감옥의 배경이란 말인가?

소년원으로 가려면 크루이 읍내 한복판을 가로질러야 했다. 그런데 마지막 집들에서 꺾어지자마자 그는 몹시 충격을 받았다. 풀 한 포기 없는 석회질의 평원 한가운데 거칠게 애벌 바른 담으로 둘러싸여, 새로 만든 무덤처럼 외따로 떨어져 있는 기와지붕의 커다란 건물, 그리고 그 건물에 나란히 창살이 쳐진 창문들과 태양에 빛나는 시계의 문자판이 시야에 들어왔다. 앙투안은 이제까지 한번도 본 적이 없지만 대번에 저곳이라는 것을 멀리서도 알 수 있었다. 이층의 윗쪽 돌에 새겨진 자선단체의 박애의 뜻을 가진 글자가 금색으로 두드러져 보이지 않았다면 영락없는 감옥이었다.

오스카르 티보 소년원

그는 소년원으로 향하는, 나무 한 그루 서 있지 않은 좁은 길로 들어섰다. 작은 창문들은 방문객이 오는 것을 멀리서 바라보고 있는 것 같았다. 그는 정문으로 다가가서 종의 줄을 잡아당겼다. 종은 일요일의 침묵을 뒤흔들었다. 문이 열렸다. 우리에 묶여 있는 야수같이 큰 갈색 개가 무섭게 짖어 댔다. 앙투안은 안마당으로 들어갔다. 차라리 작은 정원이라고 해야 할, 자갈

길로 둘러싸인 잔디밭이 본관 앞에 둥글게 원을 그리고 있었다. 그는 자기가 감시당하고 있음을 느꼈으나, 줄이 끊어져라 팽팽히 당기며 계속 짖어대는 개 말고는 아무도 보지 못했다. 입구 왼쪽으로 돌로 된 십자가가 높이 세워져 있는 작은 기도실이 있었다. 오른쪽으로 낮은 건물 한 채가 있는데, 사무실이라는 팻말이 붙어 있었다. 앙투안은 그쪽으로 향했다. 그 건물 앞에 이르는 순간 닫혀 있던 문이 열렸다. 개는 여전히 사납게 짖어 댔고 그는 안으로 들어갔다. 바닥에는 타일이 깔렸고, 황토색으로 칠한 현관에는 수도원의 응접실처럼 새 의자들이 놓여 있었다. 난방이 지나치게 잘 되어 있었다. 티보 씨의 실물 크기 석고 흉상이 오른쪽 벽을 장식하고 있었는데, 벽이 낮은 이 방에서는 거대한 느낌을 주었다. 회양목 가지로 장식된 검은 나무로 만든 초라한 십자가가 반대쪽 벽 위에서 티보 씨의 흉상과 조화를 이루려고 애쓰는 것처럼 보였다. 앙투안은 방어태세로 서 있었다. 아, 그래, 잘못 생각했던 것이 아니었어! 어디를 보나 감옥 냄새가 난다!

마침내 구석의 한쪽 벽에 난 접수창구의 문이 열렸다. 감시인 하나가 고개를 쑥 내밀었다. 앙투안은 그에게 아버지의 명함과 함께 자신의 명함을 내밀었다. 그러고는 퉁명스런 말투로 원장을 만나고 싶다고 했다.

약 5분 정도가 흘렀다.

짜증이 난 앙투안이 막 건물 안으로 들어가려고 하는 순간에 복도에서 가벼운 발소리가 들렸다. 금발의 통통한 젊은이가 만면에 두 팔을 앞으로 내밀면서 앙투안을 향해 뛰어 왔다. 그는 안경을 쓰고 옅은 밤색의 플란넬 옷을 입었으며 슬리퍼를 신고 있었다.

"아이고, 이게 누구십니까, 의사 선생님! 뜻밖의 일이군요! 동생분께서 얼마나 기뻐할까요! 말씀 많이 들었습니다. 이사장님께서 의사이신 큰아드님 이야기를 자주 하시거든요! 그러지 않았더라도 얼굴만 뵈어도 대번에 알수 있겠는데……. 정말 빼다 박으셨습니다!" 그는 웃으며 말했다. "정말 그래요! 아무튼 제 사무실로 좀 들어가시지요. 아, 용서하십시오. 제가 원장인 펨므입니다."

발을 질질 끌며 원장실로 앙투안을 안내하기 위해 뒤를 바짝 쫓아가고 있는 그의 모습은 앙투안이 발을 헛디뎌 넘어지지 않을까 걱정이라도 하듯, 그리고 혹시 넘어질 경우 그를 붙들어 주기라도 하려는 것처럼 보였다.

그는 강제하다시피 앙투안을 의자에 앉게 하고 자신은 책상 앞에 가서 앉았다.

"이사장님께서는 건강하시겠지요?" 그는 피리를 부는 듯한 목소리로 물었다. "이사장님은 늙지를 않으세요. 정력이 넘치시지요! 선생님과 함께 오시지 않은 게 참으로 유감입니다!"

앙투안은 잔뜩 의심스런 눈초리로 주위를 살펴보았다. 그리고 금발에 중국 사람처럼 생긴 얼굴과 금빛 안경테 뒤에서 작고 주름진 두 눈을 생글거리며 끊임없이 깜박이고 있는 원장의 모습을 못마땅하게 바라보았다. 설마 이런 수다스러운 환대를 받으리란 예상은 꿈에도 하지 않았기 때문이었다. 게다가 사복 형사의 무서운 얼굴 아니면 하다 못해 중학교 교장 정도의 근엄한 얼굴을 보리라 상상했던 이 유배지의 원장이 파자마 바람의 미소 띤 청년의 모습으로 나타나자 너무도 당황한 나머지 냉정을 되찾으려 무진 애를 써야만 했다.

"이를 어쩌나!" 하고 펨므 씨가 갑자기 외쳤다. "공교롭게도 대미사 시간에 오셨으니 말입니다! 아이들은 모두 성당에 있습니다. 동생분도 마찬가지지요. 어쩌면 좋지요?"

그는 자기 시계를 꺼내어 보았다.

"아직 한 이십 분은, 아니 영성체를 받는 인원이 많거나 하면 한 삼십 분은 더 있어야겠는데요. 길어지기가 쉽지요. 이사장님께서도 선생님께 벌써 이야기하셨으리라고 믿습니다만 우리에게는 훌륭한 부속 사제가 계십니다. 젊고 활동적이고 누구와도 비교할 수 없을 정도로 능숙한 신부입니다! 그분이 이곳에 오신 이래로 재단 안의 신앙심이 확 바뀌었습니다. 그나저나 이를 어쩌지요, 어쩌면 좋을까요?"

앙투안은 떨떠름하게 자리에서 일어났다. 조사하고 말겠다는 목적이 그의 뇌리를 떠나지 않고 있었다.

"지금 방에 아무도 없다고 하셨는데" 하고 앙투안이 몸집이 작은 사나이를 바라보며 말했다.

"소년들의 방을 한번 둘러본다면 실례가 될까요? 직접 보고 싶군요. 어렸을 때부터 이곳 이야기를 하도 자주 들어와서……."

"정말입니까?" 원장이 놀라서 물었다. "그야 어렵지 않지요."

그는 덧붙여 말했지만 자기 의자에서 일어설 생각을 하지 않았다. 미소를 짓고 또 계속 미소 지으면서 잠시 생각에 잠기는 것 같았다.

"오, 알다시피 건물엔 흥미로운 게 아무것도 없답니다. 그냥 작은 병영과 다를 게 조금도 없어요. 선생님도 보면 곧 아시겠지만."

앙투안은 그대로 서 있었다.

"아닙니다, 내겐 아주 흥미로울 것 같은데요."

앙투안은 잘라 말했다. 그리고 원장이 놀라는 것 같으면서도 의아해 하는 표정을 지으며 주름진 작은 두 눈으로 그를 살펴보자 앙투안은 "정말입니다" 하고 완강하게 말했다.

"그러시다면, 선생님, 좋습니다. 잠깐 외투를 걸치고 신발을 신고 나서 모시겠습니다."

원장이 물러갔다. 벨 소리가 들렸다. 그런 뒤에 마당에서 종이 다섯 번 울렸다. '옳지' 하고 앙투안은 생각했다. '비상경보를 울리는 거로군. 적이 침입했다고!' 그는 가만히 앉아 있을 수 없었다. 창가로 다가갔다. 그러나 유리가 너무 더러웠다. '냉정할 것' 그는 속으로 말했다. '눈을 크게 뜨고 확실한 것을 잡아내야 한다. 그리고 행동하자. 이게 내가 할 일이다.'

마침내 펨므 씨가 다시 나타났다.

그들은 밖으로 나갔다.

"우리의 안뜰이랍니다!"

원장이 거드름을 피우며 소개하더니 점잖게 너털웃음을 웃어보였다. 그러고는 다시 짖어대기 시작한 개한테로 뛰어가서 옆구리를 난폭하게 걷어찼다. 개는 겁에 질려서 제 집으로 들어갔다.

"원예에 대해서 좀 아시겠지요? 그야 당연하겠지요. 의사분들은 식물에 대해서도 조예가 깊으실 텐데, 내, 참!" 그는 작은 뜰의 한가운데로 가서 만족스러운 듯 멈추어 섰다.

"선생님의 의견을 좀 말씀해 주십시오. 이쪽 벽면을 무엇으로 가리면 좋겠습니까? 담쟁이넝쿨이 좋을까요? 그런데 담쟁이로 덮자면 몇 년이 걸릴 것 같고……."

앙투안은 그 말에 아무런 대꾸도 하지 않고 그를 본관 건물 쪽으로 끌다시피 해서 갔다. 두 사람은 아래층을 둘러보았다. 앙투안은 눈을 부릅뜨고 아무리 작은 문이라도 닫혀 있는 문은 모조리 위엄 있게 열어보면서 앞장서서 걸어갔다. 그는 모든 것을 샅샅이 살펴보았다. 벽의 윗부분은 모두 흰색으로 칠해져 있었고, 바닥에서 2미터까지는 검은 콜타르로 칠해져 있었다. 창문이란 창문은 모두 원장실의 창문처럼 불투명 유리였고, 쇠창살이 쳐져 **있었**다. 앙투안은 창문 하나를 열어보고 싶었지만 특수한 열쇠가 필요했다. **원장**이 조끼 주머니에서 열쇠를 꺼냈다. 앙투안은 원장의 노랗고 통통한 작은 **손**의 놀림이 매우 능숙한 것을 놓치지 않았다. 그는 경찰이 수색하는 듯한 **눈**초리로 안뜰을 내려다보았다. 뜰에는 아무도 없었다. 사각형의 커다란 뜰은 진흙을 밟아 말려서 만들어졌으며, 나무 한 그루 없이 유리조각을 꽂아놓은 높은 담으로 둘러싸여 있었다.

펨므 씨는 방의 용도에 대해 열심히 설명했다. 자습실, 목공 작업실, 열쇠공 작업실, 전기공 작업실 등등. 방들은 작았으나 잘 정돈되어 있었다. 식당에서는 당번 소년들이 흰 나무로 된 식탁들을 훔치고 있었다. 구석에 있는 수챗구멍에서는 퀴퀴한 냄새가 풍겼다.

"소년들은 식사가 끝나면 각자 이곳에 와서 자기 식기와 컵과 숟가락을 씻는답니다. 물론 칼은 절대로 안 쓰지요. 포크는 말할 것도 없고⋯⋯."

앙투안은 무슨 영문인지 몰라 그를 빤히 쳐다보았다. 그는 두 눈을 껌벅이며 덧붙였다. "뾰족한 것은 어떤 것도⋯⋯."

2층에는 다른 자습실과 작업실들이 연이어 있었고, 샤워 설비도 있었다. 샤워실은 자주 쓰이는 것 같지는 않았으나 원장은 그 시설이 특히 자랑스러운 모양이었다. 그는 두 팔을 벌리고 양손을 앞으로 내밀면서 이 방 저 방으로 신이 나서 왔다 갔다 했다. 설명을 계속하면서 기계적인 동작으로 작업대를 벽 쪽으로 밀어붙이기도 하고, 바닥에 떨어진 못을 줍기도 하고, 수도꼭지를 단단히 잠그기도 하고, 제자리에 놓여 있지 않은 모든 것을 정돈했다.

3층은 기숙사였다. 기숙사는 두 종류였다. 대부분의 방에는 십여 개의 회색 이불이 덮인 침대가 한 줄로 나란히 놓여 있었다. 방 한가운데 촘촘한 철망으로 둘러쳐진 쇠로 된 새장 같은 것만 없었다면, 침대마다 정리용 나무상자가 달려 있는 모습이 군대의 내무반과 비슷했다.

"저기다 아이들을 가둡니까?" 하고 앙투안이 물어보았다.

펨므 씨는 놀랍기도 하고 어처구니가 없다는 듯이 두 팔을 들고는 웃음을 터뜨렸다.

"천만에요! 저기에서는 감시원이 잔답니다. 보세요. 어느 침대나 사방 거리가 똑같은 지점에 있지요. 그러면 모든 걸 다 볼 수 있고 들을 수 있지만 위험은 없거든요. 게다가 비상벨이 있답니다. 그 선은 마룻바닥 밑으로 설치되어 있지요."

다른 침실들은 입구가 마치 동물원의 우리처럼 철봉이 박혀 있는 작은 방으로 나란히 나뉘어져 있었다. 펨므 씨는 입구에서 멈추어 섰다. 그의 미소는 때때로 자기 잘못을 깨달은 사람이 생각에 잠겨 있는 듯한 표정을 띠었는데, 그럴 때면 순간적으로 혈색 좋은 그의 얼굴에 어떤 불상 같은 슬픔이 어리곤 했다.

"아, 선생님" 하며 그가 설명했다. "여기가 사고뭉치들이 있는 방입니다! 즉 선도되기에는 너무 늦게 온 아이들을 위한 곳이지요. 몹쓸 아이들이지요 ……. 좀 품행이 불량한 아이들이 있으니까요, 안 그렇습니까? 밤에는 그런 아이들을 따로 격리시키지 않을 수 없답니다."

앙투안은 철책 가운데 한곳으로 가서 얼굴을 가까이 대고 들여다보았다. 어둠 속에서 흐트러진 침상과 외설적인 그림들과 글씨들로 가득 찬 벽이 보였다. 그는 자기도 모르게 주춤하며 뒤로 물러섰다.

"보지 마시지요. 너무나 한심한 일입니다."

원장이 앙투안의 소맷자락을 잡아당기며 한숨지었다.

"여기가 중앙통로입니다. 밤새도록 감시원이 왔다 갔다 하지요. 이 방에서는 감시원은 잠을 자지 않습니다. 또 전깃불도 밤새 켜둡니다. 방마다 단단히 잠가놓지만 이 어린 망나니들은 충분히 나쁜 짓을 할 수 있으니까……. 사실입니다!"

그는 고개를 가로저었다. 그러더니 두 눈을 가늘게 뜨고 웃음을 터뜨렸다. 그러자 슬픈 표정은 싹 가시고 없었다.

"여기엔 별별 아이들이 다 있어요!"

그는 어깨를 으쓱하며 솔직하게 결론을 내렸다.

앙투안은 보는 것마다 너무나 관심이 쏠려서 준비해 온 질문들을 잊고 말았다. 그러나 이 말은 빼놓지 않았다.

"이 아이들에게 처벌은 어떻게 합니까? 이곳의 감방도 가보았으면 하는데요."

펨므 씨는 한 발 뒤로 물러서며 두 눈이 휘둥그레졌다. 그러더니 두 손을 가볍게 마주쳤다.

"아니, 감방이라니요! 의사 선생님, 당치도 않습니다. 여기가 라 로케트(과거 파리에 있었던 감옥) 같은 곳인 줄 아셨군요! 아니에요, 아니에요. 이곳에는 감방이 없어요, 다행이지요! 우리 소년원 규칙상 금지되어 있습니다. 그리고 이사장님께서도 절대로 그런 걸 허용하지 않으실 겁니다!"

앙투안은 어리둥절해하면서 안경 너머로 눈을 깜박이고 있는 그의 주름진 작은 두 눈이 나타내는 아이러니를 참을 수밖에 없었다. 그의 두 눈은 안경 너머로 깜박이고 있었다. 그는 자기가 이곳에서 의혹을 품은 사람의 역할을 한다는 것이 몹시 거북스럽게 느껴지기 시작했다. 그가 보아온 어떤 것도 이런 역할을 하도록 자극할만한 것은 없었다. 앙투안은 자신이 크루이에 대해 뭔가 의혹을 품고 찾아왔다는 사실을 원장이 눈치챈 것은 아닌지 좀 꺼림칙한 생각이 들었다. 이따금 펨므 씨의 두 눈썹 언저리에 번득이는 간교한 빛이 엿보이기는 해도, 그의 천진함이 너무나 천연덕스러워 그가 앙투안의 의혹을 알아차렸는지 어쨌는지는 알아보기 어려웠다.

원장은 웃음을 그치고 앙투안에게 다가와서 그의 팔을 잡았다.

"선생님께서는 농담을 하셨던 거죠, 그렇죠? 극단적인 엄격함이 어떤 결과를 낳는지는 저보다 선생님께서 더 잘 아실 것입니다. 반항이라든가 그보다 더욱 나쁜 위선…… 이사장님께서는 세계박람회가 있던 해에 파리 총회에서 이 문제에 관해 아주 훌륭한 연설을 하셨지요……."

그는 목소리를 낮췄다. 그리고 특별한 친밀감을 가지고 앙투안을 바라보았다. 그것은 마치 엘리트에 속하는 앙투안이나 자신처럼 선택된 사람들만이 이런 교육문제를 토론할 수 있으며, 대다수의 사람들은 잘못 생각하기 쉽다는 태도였다. 앙투안은 으쓱해졌다. 그리고 그에 대해 품고 있는 호의적인 인상이 더욱 깊어졌다.

"하긴 병영에서처럼 우리에게도 마당 안에 건축가가 도면상으로 징계소라고 이름 붙인 작은 건물이 하나 있기는 합니다……."

"?"

"하지만 우리는 그곳에 석탄이나 감자 같은 것들을 넣어둔답니다. 감방들이 무슨 필요가 있겠습니까?" 그는 이야기를 계속했다. "우리는 설득으로 훨씬 더 큰 성과를 보고 있는걸요!"

"정말인가요?" 앙투안이 물었다.

원장은 미묘한 미소를 지었다. 그리고 다시 앙투안의 팔에 손을 얹었다.

"이해해 주시기 바랍니다" 하며 그는 속내를 털어놓았다. "이걸 먼저 선생님께 알려드리는 편이 좋겠습니다만, 제가 설득이라고 말하는 것은, 몇 가지 음식을 주지 않는 것을 뜻합니다. 우리 아이들은 뭐든 잘 먹지요. 나이가 그럴 때잖아요. 아무것도 바르지 않은 마른 빵만 준다는 것은, 선생님, 이것은 상상도 하지 못할 정도의 설득력을 가지고 있답니다……. 그래서 그걸 이용하는 것이지요. 설득하고자 하는 아이를 다른 아이들로부터 고립시키지 않는 것이 우리의 기본 방침입니다. 그러니까 우리가 감방의 고립과 얼마나 거리가 먼 방법을 쓰고 있는지 이제 아시겠지요! 그래요! 가장 풍성한 식사 시간인 점심 때, 맛있는 고기스튜 냄새가 풍기고, 다른 아이들이 맛있게 먹는 게 보이는 식당의 한구석에서 그 아이에게 딱딱하게 굳은 빵 한 조각을 먹게 하는 겁니다. 그거예요, 그게 얼마나 참기 어렵겠어요! 안 그렇습니까? 그 나이에는 며칠이 못 가서 눈에 띄게 야위어 갑니다! 이삼 주일쯤, 절대로 더 길게 잡지는 않습니다. 아무리 말 안 듣는 고집 센 아이들도 이 방법을 통해 언제나 효과를 보았습니다. 설득하는 겁니다!" 그는 눈을 희번덕거리며 결론을 내렸다. "저는 절대로 다른 벌을 세운 적이 없습니다. 제가 맡은 이 어린것들에게 단 한번도 손찌검한 적이 없답니다!"

그의 얼굴은 자부심과 애정으로 빛났다. 그는 이 철부지들을, 더구나 그를 애먹이는 아이들까지도 정말 사랑하고 있는 것 같아 보였다.

두 사람은 다시 아래층으로 내려왔다. 펨므 씨는 시계를 꺼냈다.

"끝으로 아주 감동적인 광경 하나를 선생님께 보여드리고 싶군요. 이 모습은 이사장님께도 말씀드려 주십시오. 분명히 만족하실 것입니다."

두 사람은 정원을 가로질러 성당 안으로 들어갔다. 펨므 씨가 성수로 십자를 그었다. 앙투안은 60여 명의 아이들이 거친 삼베 작업복 차림으로 꼼짝도 않고 질서정연하게 줄지어 돌단 위에 무릎 꿇고 있는 모습을 뒤에서 보았다. 수염을 기른 네 명의 감시원이 붉은 천으로 가장자리를 장식한 푸른 옷을 입고 아이들에게서 눈을 떼지 않고 왔다 갔다 하는 모습도 보였다.

제단 위에서 두 소년의 시중을 받으며 신부가 미사를 끝내려던 참이었다.

"자크는 어디 있나요?"

앙투안이 작은 목소리로 물었다.

원장은 그들이 서 있는 머리 위를 가리켰다. 그리고 발끝으로 걸어서 문 쪽으로 물러났다.

"동생분께서는 언제나 저 위에 자리를 잡습니다." 둘이서 함께 밖으로 나오자마자 펨므 씨가 말했다. "동생분은 거기서 혼자 있지요. 시중을 드는 소년과 함께 말입니다. 지금 생각났는데, 우리가 전에 말씀드렸던 대로 자크에게 새 하인을 고용했다는 말씀을 부디 아버님께 전해 주십시오. 한 일주일쯤 전부터입니다. 전에 있던 레옹 영감은 나이가 너무 들어서 작업실의 감독관일이 더 적당하다고 생각합니다. 새로 온 사람은 로렌 출신의 젊은이랍니다. 그래요, 보기 드물게 아주 훌륭한 젊은이지요. 군에서 막 전역한 청년입니다. 군에서는 연대장의 당번병이었지요. 우리는 그 청년의 신원에 대해선 빈틈없이 조사해 두었습니다. 동생분이 산책할 때 싫증을 덜 느낄 겁니다. 안 그렇습니까? 아이구 제가 너무 수다를 떨었군요. 아이들이 밖으로 나오는군요."

개가 다시 무섭게 짖기 시작했다. 펨므 씨는 개가 짖지 못하게 한 다음 안경을 고쳐 쓰고 앞뜰 한가운데로 가서 우뚝 섰다.

성당의 문이 활짝 열렸다. 그리고 아이들은 좌우의 감시를 받으며 세 명씩 짝지어 마치 군인들이 행진하듯이 발을 맞추어 밖으로 나왔다. 아이들은 모자를 쓰고 있지 않았다. 그리고 운동화를 신고 있어서, 걸을 때마다 체조학교에서처럼 소리없이 걷고 있었다. 작업복은 깨끗했으며, 허리쯤에 가죽 혁대를 차고 있었는데, 버클이 햇빛에 반사되어 반짝거렸다. 나이가 가장 많은 아이들이 열일곱 아니면 열여덟 살쯤 되어 보였고, 제일 어린 축은 열 살이나 열한 살쯤으로 보였다. 대부분의 아이들은 얼굴에 윤기라곤 없이 창백했고 두 눈은 내리깔고 있었으며, 젊은이다운 데가 없이 무기력하게 보였다. 앙투안은 바짝 정신을 집중해서 이 아이들을 관찰하고 있었는데, 슬쩍 곁눈질을 하거나, 미소를 띤다거나 음흉한 표정을 짓는 아이들은 단한 명도 없었다. 이 아이들은 말썽꾸러기처럼 보이지는 않았다. 이제 앙투안은 이 아이들이 학대를 받고 있는 것 같지 않다는 것을 인정할 수밖에 없었다.

그 짧은 행렬이 나무계단 위로 오랫동안 삐걱거리는 소리를 내면서 기숙사 안으로 사라지자, 앙투안은 어떠냐고 묻는 듯한 펨므 씨 쪽으로 몸을 돌렸다.

"훌륭하군요." 그가 말했다.

원장은 아무런 대답도 하지 않았다. 그러나 포동포동한 그의 한쪽 손을 천천히 다른 쪽 손 속에 넣고는 마치 비누질하듯 비볐다. 안경 너머 자부심으로 빛나는 그의 두 눈은 감사의 뜻을 나타내고 있었다.

정원에 완전히 인적이 끊어진 뒤 햇빛을 받고 있는 성당 계단 위로 비로소 자크가 나타났다.

저 애가 정말 자크인가? 몹시 변한 데다 키가 훌쩍 커버려서 앙투안은 자크를 알아보지 못할 정도였다. 자크는 작업복을 입고 있지 않았다. 그는 아래위 나사로 짠 옷을 입고 중절모를 썼으며, 어깨 위에는 외투를 걸치고 있었다. 자크 뒤에는 한 스무 살쯤 되어 보이는 금발에 땅딸막한, 감시원의 복장을 하지 않은 청년이 따라 나오고 있었다. 둘은 계단을 내려왔다. 둘 다 앙투안과 원장이 서 있는 것을 보지 못한 것 같았다. 자크는 두 눈을 내리깔고 얌전히 걷고 있었다. 그러다가 펨므 씨로부터 몇 미터 떨어진 곳에 이르러서야 비로소 고개를 들고 놀란 표정을 지으며 걸음을 멈췄다. 그리고 얼른 모자를 벗었다. 그의 태도에는 부자연스러운 데가 전혀 없었다. 그러나 앙투안은 자크가 일부러 놀란 체하고 있을지도 모른다는 의심이 들었다. 하지만 자크의 표정에는 아무런 동요도 없었다. 미소를 짓기는 했으나 진정으로 기뻐하는 기색은 보이지 않았다. 앙투안은 손을 내밀면서 다가갔다. 자크도 반가운 체했다.

"자크, 뜻밖이지. 안 그러니?" 하고 원장이 말했다.

"하지만 잔소리 좀 해야겠구나. 성당에 갈 때는 외투를 입고 단추를 잘 채워야지. 2층의 특별석은 추워서 감기 걸릴 수도 있거든!"

자크는 펨므 씨가 말을 시작하자마자 형에게서 얼굴을 돌렸다. 존경스럽다기보다는 불안에 가득 찬 표정으로 원장의 얼굴을 바라보았다. 그 표정은 마치 원장의 말 한 마디 한 마디가 지니고 있을지도 모르는 모든 뜻을 다 이해하려고 애쓰는 것 같았다. 그는 잔뜩 긴장한 표정으로 아무런 대답도 않고 지체 없이 외투를 입었다.

"너, 정말로 많이 컸구나……." 앙투안은 중얼거렸다. 그는 놀라움을 금치 못하고 동생을 관찰하면서 자신을 어리둥절하게 만드는 동생의 모습, 태도, 표정의 이 완전한 변모를 분석해 보려고 애를 썼다.

"두 분이 밖에 좀 계시겠습니까, 날씨도 좋은데?" 하고 원장이 제안했다. "함께 마당을 몇 바퀴 돌아보고 난 뒤에 자크에게 방으로 안내하도록 하면 어떻겠습니까?"

앙투안은 주저했다. 그는 눈으로 동생에게 물었다. '어떠니?'

자크는 형의 뜻을 알아 듣지 못한 것 같았다. 앙투안은 자크가 이렇게 소년원 창문 아래에 그대로 있는 것을 탐탁지 않게 여기는 것으로 생각했다.

"아니" 하고 그가 말했다.

"너의…… 방에 가 있는 게 더 낫겠지, 안 그래?"

"좋으실 대로 하십시오" 하고 원장이 큰 목소리로 말했다. "하지만 그 전에 선생님께 보여드리고 싶은 것이 한 가지 있습니다. 선생님은 우리 식구 모두를 다 보셨으면 해요. 자크 너도 따라오려무나."

자크는 펨므 씨 뒤를 따랐다. 펨므 씨는 입구의 벽에 붙여 지은 부속건물 쪽으로 두 팔을 벌리고, 장난꾸러기 초등학생처럼 웃으며 앙투안을 이끌고 갔다. 그곳에는 열두어 마리쯤 되는 토끼장이 있었다. 펨므 씨는 가축 기르기에 여념이 없었다.

"저놈들은 월요일에 새로 낳은 거랍니다." 그가 신이 나서 설명했다. "그런데 어느새 저것 좀 보세요, 눈을 떴어요. 얼마나 사랑스럽습니까! 자, 이쪽으로. 요놈이 수컷이지요. 저놈 좀 보세요, 선생님."

그가 토끼장 안으로 팔을 뻗어서 샹파뉴 종의 커다란 은색 토끼 한 마리의 두 귀를 잡아 집어올리자 토끼는 버둥거렸다. "이것 보세요. 이놈은 성질이 사나운 종류입니다!"

거기에는 조금의 악의도 비치지 않았다. 그리고 그는 천진한 웃음을 짓고 있었다. 앙투안은 토끼장처럼 철책이 쳐진 위층의 공동침실들을 떠올렸다.

펨므 씨가 돌아보았다. 그는 어정쩡한 미소를 지었다.

"아이구, 내가 너무 수다를 떨었군요. 두 분께선 순전히 예의상 제 말을 듣고 계시다는 걸 잘 압니다. 안 그렇습니까? 제가 자크의 방까지 안내해

드리지요. 그리고 물러가겠습니다. 그럼 자크, 앞장서서 길을 안내하렴."

자크가 앞장서서 걷기 시작했다. 앙투안이 자크의 뒤를 따라가서 그의 어깨에 손을 얹었다. 지난해에 마르세유에서 데리고 올 때의 허약하고 신경질적이며 키가 작았던 동생의 모습은 상상하기도 힘들었다.

"너도 이제 나만큼 자랐구나."

어깨에 얹은 그의 손이 동생의 새의 목처럼 가늘어진 목덜미로 올라갔다. 팔다리는 힘껏 잡아당겨져 늘어난 것처럼 보였다. 길게 늘어난 손목이 소매 밖으로 비죽 나와 있었고, 바지는 발목까지 드러나 보일 정도로 짧았다. 그의 걸음걸이에는 꿋꿋함과 어딘지 모를 어색함과 함께 탄력과 젊음이 뒤섞여 있었는데, 완전히 새로운 모습이었다.

특별원생들을 위한 건물은 본관에 딸려 있었다. 그곳으로 가려면 사무실을 지나야만 했다. 똑같은 방 다섯 개가 황토색으로 칠해진 복도를 향해 나란히 있었다. 자크가 유일한 특별원생이어서 다른 방들은 비어 있으며 자크의 시중을 드는 청년이 그 방 중의 하나를 쓰고, 나머지 방들은 창고로 쓰고 있다고 펨므 씨는 설명했다.

"여기가 우리 죄수의 감방이랍니다" 하고 원장이 통통한 손가락으로 자크를 쿡 찌르며 말했다. 자크는 어리둥절한 표정으로 원장을 바라보다가 원장이 방 안으로 들어가도록 뒤로 비켜섰다.

앙투안은 방 안을 샅샅이 살펴보았다. 겉으로 보기에는 수수하나 갖출 것은 다 갖춘 호텔 방 같았다. 꽃무늬 벽지로 도배를 했고, 천장이 높았으나 철망과 쇠창살이 달린 불투명유리로 된 두 개의 채광창이 있어서 꽤 밝았다. 그 채광창은 천장 바로 아래에 나 있었는데, 방 자체가 높아서 바닥에서 3미터 이상 되는 곳에 있었다. 햇빛은 들어오지 않았으나 중앙난방으로 너무 더울 정도였다. 가구라고는 소나무 옷장 하나, 등나무 의자 두 개, 검은 책상 하나가 고작이었는데, 책상 위에는 책들과 사전 따위가 마구 뒤섞여 꽂혀 있었다. 당구대처럼 편편하고 네모난 작은 침대 위에는 아직까지 사용한 흔적이 없는 새 시트가 깔려 있었다. 세면기 아래에는 깨끗한 헝겊이 깔려 있었고, 수건걸이에는 깨끗한 수건이 여러 장 걸려 있었다.

이렇듯 세밀하게 살핀 앙투안의 심경에 마침내 혼란이 생겼다. 한 시간 전부터 그가 보아온 것들은 자신이 예상했던 것과 정반대였기 때문이었다. 즉 자크는 다른 원생들과 격리되어 혼자 살고 있었다. 모두가 자크를 존중과 애정을 담은 마음으로 대해 주고 있었다. 원장은 선량해 보였으며 혹독한 감독 같은 인상은 별로 풍기지 않았다. 티보 씨가 얘기하던 그대로였다. 상황이 이렇다면 기세가 등등하던 앙투안도 지금까지 품고 있던 의심을 하나하나 떨쳐 버리지 않을 수 없었던 것이다.

그는 자기에게 쏟아지고 있는 원장의 시선을 느꼈다.

"넌 정말 쾌적한 곳에서 편안하게 지내고 있구나."

앙투안은 자크 쪽으로 몸을 돌리며 말했다. 자크는 아무 대답도 하지 않았다. 그가 외투와 모자를 벗자 하인이 그의 손에서 받아 외투걸이에 걸었다.

"형님께서 네가 편안히 지내는 것 같다고 말씀하시지 않니."

원장이 앙투안의 말을 되풀이했다.

자크는 재빨리 몸을 홱 돌렸다. 그는 공손하고 예의바른 태도를 취했는데 앙투안은 지금까지 동생의 그런 몸가짐을 본 적이 없었다.

"예, 원장님, 아주 편안합니다."

"과장은 않겠습니다." 원장이 웃으며 말을 이었다. "간단한 일이지요. 우리는 오로지 청결에 신경을 쓰고 있습니다. 특히 이건 아르튀르를 칭찬해야 할 겁니다."

원장이 하인을 향해서 말을 덧붙였다.

"이 침대만 해도 마치 검열이라도 받기 위한 것처럼 정돈되어 있습니다……."

아르튀르의 얼굴이 빛났다. 그를 바라보고 있던 앙투안은 자신도 모르게 다정한 몸짓을 보이지 않을 수 없었다. 둥근 머리, 살갗이 늘어진 얼굴, 옅푸른 두 눈, 미소와 시선에는 어딘가 성실성과 친절이 깃들어 있었다. 그는 문간에 선 채 수염을 비비 꼬고 있었는데, 그의 얼굴색은 수염과 구별되지 않을 만큼 검게 그을어 있었다.

'희미한 등잔과 열쇠꾸러미를 들고 어두운 지하실 속에 있으리라고 상상했던 감시자가 이 사람이라니' 하고 앙투안은 생각했다. 그리고 자신도 모르게 피식 웃으면서 책이 있는 곳으로 가까이 가서 즐거운 마음으로 책들을 살펴보았다.

"살루스티우스(로마의 역사가)? 너 라틴어는 많이 늘었니?" 물어보는 그의 입가에

얕잡아보는 듯한 여운이 남아 있었다. 대답은 펨므 씨가 했다.

"실은 자크 앞에서 이런 말을 하는 게 어떨지 모르겠습니다만."

그는 머뭇거리는 척하면서 자크에게 눈을 껌벅거리며 말했다.

"자크를 가르치는 선생님이 자크의 열성에 대해 만족하고 계시다는 것을 아울러 말씀드려야겠습니다. 여기선 하루에 여덟 시간씩 공부하고 있답니다."

그는 더욱 진지하게 말하면서 벽에 걸린 칠판 쪽으로 가서 그것을 바로 세워 놓았다.

"그렇다고 해서 날씨가 좋든 나쁘든 간에 아르튀르와 함께 매일 두 시간씩 산책하는 것을—아버님께서는 그것을 몹시 중요하게 여기십니다—등한히 하지는 않습니다. 둘 다 다리가 튼튼하지요. 저는 둘이서 자유롭게 산책길을 바꾸도록 내버려 두고 있습니다. 늙은 레옹과 함께 산책을 하던 시기에는 달랐지요. 제 생각에 그때는 별로 멀리 다니지는 못했던 것 같습니다. 대신 그때는 울타리를 따라 걸으며 약초를 캐곤 했었지요. 안 그러니? 선생님께 말씀드립니다만, 레옹 영감은 젊은 시절 약국에서 일한 적이 있어서 많은 식물들의 라틴어 학명을 알고 있답니다. 덕분에 많은 공부가 되었지요. 하지만 저는 이 두 사람이 멀리 시골길을 산책하는 편이 더 낫다고 생각했지요. 그게 건강에 더 좋으니까요."

펨므 씨가 이야기하는 도중에 앙투안은 몇 번인가 동생 쪽으로 몸을 돌렸다. 마치 자크는 꿈속에서 이야기를 듣고 있는 듯한 모습이었다. 그리고 이따금 마지못해 듣는 척하는 것 같았다. 그럴 때면 자크는 막연한 고뇌의 표정으로 인해 입이 약간 벌어졌고, 그의 눈썹은 떨리곤 했다.

"아이구, 나 좀 봐. 수다를 떨었네요. 자크가 이렇게 오랜만에 형님을 만났건만!" 하고 외치고 나서 펨므 씨는 친밀함을 드러내는 작은 몸짓을 하며 문 쪽으로 뒷걸음질쳤다. "11시 기차를 타시겠어요?" 하고 그가 물었다.

앙투안은 그것에 대해선 전혀 생각하지 않고 있었다. 그러나 펨므 씨의 말투는 그 사실이 너무도 당연하다는 것을 전제하고 있었다. 그리고 앙투안으로서도 돌아가 주었으면 하는 이 제의에 반대할 이유가 없었다. 무엇보다도 이곳의 쓸쓸한 분위기와 자크의 무관심이 불쾌했다. 궁금해 하던 것을 다 알고 난 이상 이곳에 더 있을 필요도 없었다.

"그러지요" 하고 앙투안이 대답했다. "유감스럽습니다만 일찍 돌아가야겠습니다. 왕진 약속이 있어서……."

"너무 섭섭하게 생각하지 마세요. 11시 기차 뒤에는 저녁에나 기차가 있으니까요. 그럼 또 뵙겠습니다!"

두 형제만 방 안에 남았다. 잠시 어색한 순간이 흘렀다.

"형이 의자에 앉아" 하고 자크가 침대 위에 앉을 채비를 하며 말했다. 그러다가 또 다른 의자 하나가 방에 있는 것을 보고 생각을 바꾸어 그것을 앙투안에게 내주면서 자연스러운 말투로 반복했다. "형이 의자에 앉아" 하고 말하는 그의 어투는 "앉아" 하고 명령하는 것과 다를 바가 없었다. 그리고 자신도 의자에 앉았다.

앙투안은 어느 것 하나 놓치지 않고 샅샅이 훑어보고 있었다. 즉시 수상하게 여긴 그는 이렇게 물었다.

"보통 때는 네 방에 의자가 한 개뿐이니?"

"응, 그런데 아르튀르가 자기 의자를 빌려 줬어. 공부하는 날에도 그래."

앙투안은 그 문제에 대해 더 이상 캐묻지는 않았다.

"숙소가 이만하면 훌륭한 편이구나."

그는 자기 주위를 다시 한 번 둘러보며 말했다. 그리고 나서 깨끗한 시트와 수건들을 가리키며 이렇게 물었다. "이런 것들은 자주 갈아 주니?"

"일요일마다."

앙투안은 평소 하던 대로 짧고 유쾌한 투로 말했다. 그러나 그 목소리는 방의 울림과 자크의 수동적인 태도 때문에 쏘아붙이듯 하여 거의 공격적으로 들렸다. "실은" 하고 그는 말했다. "난 걱정하고 있었어. 왠지는 모르겠지만, 네가 여기서 소홀한 대우를 받고 있지나 않나 해서……."

자크는 놀란 듯이 형을 바라보고 나서 미소지었다. 앙투안은 동생에게서 눈을 떼지 않았다.

"그래, 우리끼리 얘긴데, 너 정말 아무런 불만이 없니?"

"아무것도 없어."

"내가 여기에 온 김에 원장에게 부탁해 주길 바라는 거 없어?"

"뭘 말이야?"

"그걸 내가 어떻게 아니. 네가 생각해 보렴."

자크는 무슨 생각을 하는 것 같다가 다시 미소를 띠면서 고개를 흔들었다.

"정말 없어. 형도 보다시피 모든 게 다 갖춰져 있어."

그렇게 말하는 목소리마저도 다른 모든 것과 마찬가지로 변해 있었다. 낮고 묵직한 것이 소년의 몸에서 나오는 것 같지 않은 목소리였다.

앙투안은 동생을 물끄러미 바라보았다.

"네가 이렇거나 변하다니…… 아니, 변했다는 표현도 부적절해. 넌 이젠 예전의 네가 아니야, 전혀 아니야……."

앙투안은 자크의 변해 버린 용모에서 예전의 모습을 찾아보려고 그에게서 눈을 떼지 않았다. 머리카락은 예전과 같은 갈색이었으며 약간 더 짙어져 진한 갈색으로 보였으나 뻣뻣하고 머리 밑까지 털이 난 것은 여전했다. 예전처럼 가늘고 잘생기지 못한 코, 이제는 만져지지 않을 정도의 황금빛 솜털이 주위에 솟은 여전히 튼 입술, 여전히 강직하지만 좀더 넓어진 턱, 여전히 앞쪽으로 입을 향해 길게 뻗은 두 귀, 그러나 이 모든 것이 예전의 어린 시절의 모습과 조금도 닮은 데가 없었다. '성격까지 변한 것 같군' 하고 그는 생각했다. '전엔 그렇게 예민하고 걸핏하면 짜증을 내던 애가 이제는 평온한, 잠자는 듯한 얼굴이라니……. 전엔 그렇게 신경질적이던 자크가 이제는 이토록 얌전하다니…….'

"좀 일어서 봐!"

자크는 형이 자기를 살펴보도록 살가운 미소를 지으며 자신을 내맡기고 있었다. 미소를 짓는 그의 시선에는 아무런 광채도 없었다. 눈에는 이슬 같은 것이 맺혀 있었다. 앙투안은 그의 두 팔과 두 다리를 손으로 만져 보았다.

"정말 많이 컸구나! 이렇게 빨리 크느라 몸이 무거운 느낌이 들지는 않니?"

자크는 고개를 저었다. 앙투안은 그의 두 손목을 잡고 자기 앞에 세웠다. 적갈색 주근깨가 짙게 박힌 창백한 피부, 그리고 눈 아래쪽이 움푹 꺼져 거무스름했다.

"안색이 좋지 않구나" 하고 그는 심각한 투로 말했다. 그는 눈살을 찌푸리고는 무슨 말을 하려다가 입을 다물었다. 갑자기 자크의 온순하고 무표정한 모습을 본 앙투안은 자크가 마당에 나타났을 때 문득 자신의 뇌리를 스쳤던 의구심이 되살아났다. 그는 불쑥 물었다.

"미사가 끝난 뒤에 내가 널 기다리고 있다는 걸 누군가가 네게 알려 줬지?"

자크는 무슨 말인지 못 알아들은 듯이 형을 물끄러미 바라보았다.

"네가 성당에서 나올 때" 하며 앙투안이 다그쳤다. "내가 온 걸 넌 알고 있었지?"

"아니야, 어떻게 알았겠어?"

자크는 솔직하게 놀라움을 표시하며 미소를 지었다. 앙투안은 더 이상 캐묻지 않았다. 그리고 중얼거렸다.

"그냥 그런 느낌이 들어서……. 담배 피워도 될까?"

그는 화제를 바꾸려고 말을 이었다. 자크는 걱정스레 형을 지켜보고 있었다. 앙투안이 그에게 담뱃갑을 내밀었다.

"아니, 난 안 피워."

대답하는 자크의 얼굴이 침울해졌다. 앙투안은 더 이상 무슨 말을 해야 할지 몰랐다. 도무지 대답다운 대답을 하지 않는 사람과 이야기를 계속할 때 항상 그렇듯이 그는 질문하는 데 지쳐버렸다.

"그래, 정말로" 하고 그가 다시 이야기를 시작했다.

"아무것도 필요한 게 없단 말이지? 필요한 건 다 있어?"

"응."

"잠자리는 편해? 이불은 부족하지 않고?"

"응. 너무 더울 정도로."

"네 선생은 어때? 친절하니?"

"응, 매우."

"이렇게 늘 혼자서만 공부하는 게 지겹지는 않니?"

"아니."

"저녁엔?"

"저녁 먹은 다음에 자. 8시에."

"그리고 일어나기는?"

"6시 30분 종에."

"부속 사제는 자주 널 보러 오시니?"

"응."

"좋은 사람이야?"

자크는 앙투안을 향해 어두운 시선을 들었다. 그는 질문의 뜻을 이해하지 못했으므로 대답하지 않았다.

"그리고 원장도 와 봐?"

"응, 자주."

"성격이 좋은 사람 같더라. 원생들이 좋아하니?"

"모르겠어. 아마 그렇겠지."

"너는 전혀…… 딴 원생들하고는 만나지 않니?"

"전혀."

질문을 할 때마다 자크는 두 눈을 내리깐 채 몸을 약간 떨었다. 그런 그의 모습은 한 주제에서 다른 주제로 옮아가는 데 뭔가 무척 힘들어 하는 눈치였다.

"그리고 시는? 아직도 시를 쓰니?"

앙투안이 쾌활한 어조로 물었다.

"아니, 안 써."

"왜?"

자크는 고개를 저었다. 그러고 나서 온화한 미소를 띠었는데, 그 미소는 한동안 그의 입가에 머물러 있었다. 만약 앙투안이 '너 아직도 굴렁쇠 놀이를 하고 노니?' 하고 물었더라도 같은 미소를 지었을 것이 분명했다.

이어 앙투안은 다른 말이 생각나지 않아 다니엘 이야기를 해 보아야겠다고 마음먹었다. 자크로서는 전혀 예기치 않았던 화제였다. 그는 두 뺨이 살짝 붉어졌다.

"어떻게 그 애 소식을 들을 수 있겠어?" 하고 자크가 대답했다.

"여기에선 어떤 편지도 받을 수 없어."

"하지만 네가" 하고 앙투안은 다그쳤다.

"그 애한테 편지를 쓰지는 않니?"

그는 동생에게서 눈길을 떼지 않았다. 자크는 앙투안이 시 이야기를 꺼냈을 때와 같은 그런 미소를 띠었다. 그리고 가볍게 어깨를 으쓱했다.

"다 옛날 이야기야…… 그런 얘긴 그만 해."

그것은 무슨 뜻에서 한 말이었을까? 만일 자크가 '아니, 난 한 번도 편지 쓴 적 없어'라고 대답했더라면 앙투안은 동생을 윽박질러 당황케 했을지도 모른다. 그것도 속으로 은밀한 쾌감을 느끼면서 그랬을지 모른다. 왜냐하면 동생의 수동적인 태도가 그의 신경을 건드리기 시작했기 때문이다. 그러나 자크가 단호하면서도 침울한 투로 그 질문을 회피하자 앙투안은 더 이상 어쩔 도리가 없었다. 바로 그 순간에 자크의 눈길이 갑자기 자기 뒤의 문 쪽으로 향하는 것을 느꼈다. 그렇지 않아도 반사적인 적의를 품고 있던 앙투안에게는 다시 모든 의혹이 되살아난 것이다. 그 문은 유리가 끼워져 있었다. 그것은 아마 방 안에서 일어나는 일을 밖에서 감시하려고 그렇게 한 것 같았다. 그리고 문 위에는 유리 없이 철책만 쳐진, 창구멍이 있었다. 그것도 틀림없이 방 안에서 하는 이야기들을 들을 수 있도록 하기 위한 것인 모양이었다.

"복도에 누가 있지?"

앙투안이 불쑥 물었다. 그러나 목소리는 낮추었다.

자크는 형이 정신이 나간 게 아닌가 하는 태도로 앙투안을 바라보고 있었다.

"뭐라고, 복도에? 응, 때로는…… 그런데 왜? 지금 막 레옹 영감이 지나가는 걸 보긴 했어."

바로 그때 노크 소리가 났다. 레옹 영감이 앙투안에게 인사를 하러 온 것이다. 레옹 영감은 친근한 태도로 책상 모서리에 걸터앉았다.

"아무렴, 동생이 건강한 걸 보셨지요? 지난 가을 이래로 키가 홀쩍 컸지요?"

영감은 웃고 있었다. 그는 아래로 길게 수염을 기른, 고집스러워 보이는 얼굴을 하고 있었다. 그의 호걸스러운 웃음은 두 볼을 붉게 물들이고 그것을 감싼 붉은 혈관이 눈의 흰자위까지 올라가 시선을 흐려 놓고 있었으며, 그 시선은 인자해 보이면서도 심술기가 서려 있었다.

"날 작업장으로 다시 보냈어요." 그는 양 어깨를 흔들면서 설명했다. "자크 도련님과는 퍽이나 정이 들었었는데! 그랬는데." 그는 방을 나가며 말했다. "자기의 인생을 불평해서는 안 되지요…… 이사장님께 안부나 전해 주세요. 레옹 영감이 안부 묻더라고요. 이사장님께서도 잘 알고 계십니다요, 그럼!"

"충직한 노인이구나" 하고 앙투안은 영감이 나가자 말했다. 그는 하던 이야기를 계속하고자 했다. "네가 원한다면 내가 그 애에게 편지를 전해 줄 수 있어."

그는 말했다. 그러나 자크가 무슨 말인지 알아듣지 못하자 그는 이렇게 되물었다.

"넌 다니엘에게 몇 자 쓰고 싶지 않니?"

그는 자크의 침착한 표정에서 감동의 표시, 과거를 회상하는 모습을 찾아보려고 집요하게 매달렸다. 그러나 헛수고였다. 자크는 이번에는 미소조차 띠지 않고 고개를 저었다.

"아니, 됐어. 그 애한테 아무것도 할 말이 없어. 모두 옛날 일이야."

앙투안은 그 정도로 그쳤다. 그는 지쳐 버렸다. 게다가 시간이 꽤 흘러 있었다. 시계를 꺼내 보았다.

"10시 반이구나. 5분 뒤에는 떠나야겠다."

자크는 갑자기 당황해 하며 무엇인가 할 말이 있는 것 같아 보였다. 그는 형에게 건강이 어떤지, 기차 시간이 어떻게 되는지, 시험 치르는 일은 어떤지 등을 물었다. 앙투안은 자리에서 일어났다. 그때 그는 한숨지으며 말하는 자크의 어조에 깜짝 놀랐다.

"벌써? 조금만 더 있어……."

앙투안은 자기의 냉담한 태도에 자크가 실망하고 있으며, 자신의 방문이 자크가 겉보기와는 달리 기쁨을 가져다주었는지도 모른다고 생각했다.

"내가 와서 반가웠니?"

앙투안이 쑥스러워하면서 물었다. 자크는 멍하니 무슨 생각에 사로잡혀 있는 것처럼 보였다. 앙투안의 말에 그는 소스라쳐 놀라더니 다소곳한 미소를 띠며 대답했다.

"응, 아주 반가웠어. 고마워, 형."

"그렇다면 다시 올게. 잘 있어."

앙투안은 일이 뜻대로 되지 않아 안타까워하며 말했다. 그는 다시 한 번 정면으로 동생을 바라보았다. 그는 혼신의 주의를 집중하고 있었다. 동생을 생각하는 애정 또한 그의 마음을 뭉클하게 했다.

"애, 나는 자주 네 생각을 한다." 그가 용기를 내어 말했다. "난 네가 여기서 불행하지나 않을까 늘 걱정했었어……."

형제는 문 가까이에 서 있었다. 앙투안이 동생의 손을 잡았다.

"나한테는 사실을 말해 줘야 한다. 알겠지?"

자크는 뭔가 당혹스런 태도를 취했다. 그는 마치 무슨 비밀이야기라도 하려는 듯 몸을 형 쪽으로 수그렸다. 그리고 마침내 결심한 듯 재빨리 말했다.

"형, 아르튀르에게, 내 시중드는 그 애에게 뭘 좀 줬으면 좋겠어…… 아주 친절하거든……."

앙투안이 어리둥절해하며 머뭇거리자 자크는 이렇게 말했다.

"그래 줄래?"

"하지만" 하고 앙투안이 말했다. "그랬다가 시끄러워지진 않을까?"

"괜찮아. 가면서 친절하게 잘 있으라고 인사하고 팁을 조금만 줘……. 그래 줄래?"

그의 태도는 거의 애원하듯 했다.

"물론 그러지. 그런데 솔직히 대답해 봐, 너는 뭐 필요한 것 없어? 대답해 봐…… 너 정말 괜찮아?"

"조금도!" 하고 자크는 대답했다. 그런 그의 말투에는 뭔가 알 수 없는 짜증이 어려 있었다. 그는 더욱 목소리를 낮추어 이렇게 물었다. "얼마나 줄래?"

"모르겠다. 얼마나 줄까? 10프랑? 20프랑?"

"오, 그래, 20프랑!"

자크는 미안해 하면서도 기뻐서 어쩔 줄 모르며 말했다. "고마워, 형." 그는 형이 내미는 손을 꼭 잡았다.

앙투안이 방을 나서려 할 때 아르튀르가 복도를 지나갔다. 그는 사양하지 않고 팁을 받았다. 아직 어린애 같은 솔직한 그의 얼굴이 기쁜 나머지 붉게 물들었다. 그는 앙투안을 원장실까지 안내했다.

"11시 15분 전이군요" 하고 펨므 씨가 말했다.

"시간은 아직 충분합니다만 지금 출발하시는 것이 좋겠습니다."

두 사람은 티보 씨의 동상이 눈을 부릅뜨고 내려다보고 있는 현관을 지났다. 이제 앙투안은 그 동상을 아무런 저항감 없이 쳐다보았다. 아버지가 오로지 혼자 힘으로 이루어 놓은 이 '사업'에 대해 자부심을 가질 만하다고 생각했다. 그리고 자기가 그런 아버지의 아들이라는 것에 긍지를 느꼈다.

펨므 씨는 정문까지 나와서 앙투안을 배웅하고 이사장님께 안부를 전해 달라고 거듭 말했다. 그는 말하는 동안 금테안경을 쓴 두 눈에 주름을 지으면서 줄곧 웃고 있었다. 그러면서 두 손으로 친숙하게 앙투안의 손을 잡았다. 그의 손은 여자 손처럼 통통하고 부드러웠다. 이윽고 앙투안이 손을 뺐다. 키 작은 그 호인은 모자도 쓰지 않은 맨머리에 햇빛을 받으며 두 손을 높이 들고 여전히 웃음을 띤 채, 우정의 표시로 고개를 가볍게 숙이면서 길에 서서 배웅을 했다.

'내가 괜히 계집애처럼 흥분했었구나' 하고 앙투안은 걸으면서 생각했다. '이곳은 관리가 잘되어 있고, 무엇보다도 자크는 불행하지 않아.'

'가장 어리석었던 것은' 하고 그는 문득 생각했다. '자크와 친구처럼 이야기하지 않고, 예심판사 같은 태도로 시간을 허비한 거야.' 그는 자기가 떠나는 것을 보고 동생이 그다지 아쉬워하는 것 같지 않다고 생각했다. '그 애 잘못도 있어' 하면서 그는 언짢게 생각했다. '매사에 그렇게 데면데면하게 대하다니!' 그럼에도 불구하고 그는 자신이 먼저 동생에게 좀더 다정하게 대하지 않았던 것을 후회했다.

앙투안에게는 애인이 없었다. 그는 그저 그때그때의 쾌락에 만족하고 있었다. 그러나 24살의 가슴속에 고뇌가 없는 것은 아니었다. 약자를 동정하고, 자기가 누군가에게 힘이 되어 줄 수 있기를 바랐던 것이다. 동생이 있는 곳으로부터 멀어질수록 동생에 대한 애정이 더욱 커졌다. 이제 언제나 다시 볼 수 있을까? 무슨 구실만 있었다면 그는 곧바로 되돌아갔을지도 모른다.

햇빛이 따가웠으므로 고개를 숙이고 걸었다. 고개를 든 그는 자신이 길을 잘못 들었음을 알았다. 길가의 아이들이 밭을 가로질러가는 지름길을 가르쳐 주었다. 그는 걸음을 재촉했다. '만약 기차를 놓친다면' 하고 그는 장난삼아 생각했다.

'그때는 어떻게 하지?' 소년원으로 되돌아가는 상상을 해 보았다. 그러면 자크와 함께 하루를 보내야지. 자크에게 자신의 여러 가지 공상적인 걱정거리며, 아버지 몰래 여기 온 일 따위를 이야기해 주리라. 동생을 믿는 친구로서의 자신을 보여 주어야지. 동생에게 마르세유에서 돌아오던 길에 마차 속에서 있었던 일이며, 그날 저녁에 둘이 진정한 친구가 될 수 있을 것이라고 믿었던 그때 일도 돌이키게 해 주어야지. 기차를 놓치기를 바라는 마음이 어찌나 강했던지 그는 어디로 가는지도 알지 못한 채 발걸음만 늦추었다. 갑자기 기관차의 기적소리가 들려왔다. 그의 왼편 작은 나무숲 위로 기관차의 연기가 솟아오르고 있었다. 그는 아무 생각 없이 뛰기 시작했다. 기차역이 보였다. 기차표는 주머니 속에 있었으므로 플랫폼 반대쪽에서라도 아무 칸에나 뛰어오르기만 하면 되었다. 두 팔꿈치를 몸에 붙이고 고개는 한껏 뒤로 젖힌 채 수염을 바람에 날리며 숨을 깊이 들이마셨다. 그는 자신의 근력을 자랑스럽게 여기고 있었다. 그래서 제때 도착할 수 있으리라고 자신했다.

그러나 그는 도로가 오르막이라는 것을 계산에 넣지 않고 있었다. 정거장까지 도로가 급커브를 이루면서 작은 다리 밑으로 나 있었다. 걸음걸이를 빨리하여 있는 힘을 다해 뛰었으나 헛일이었다. 그가 다리에 이르렀을 때 역에 멈추었던 기차는 이미 출발하기 시작했다. 그는 겨우 백 미터쯤 남겨 두고 기차를 놓친 것이었다.

자존심 강한 그는 자신의 패배를 인정하고 싶지 않았다. 일부러 놓쳤다고 생각하고 싶었다. '탈 마음만 있었으면 화물칸에라도 뛰어오를 수 있었어.' 그는 잠시 뒤에 생각했다. '그랬다면 내겐 선택의 여지가 없었을 거야. 자크를 다시 보지 못하고 떠났을 테지.' 그는 스스로에게 만족하며 걸음을 멈췄다.

조금 전에 마음속으로 그리던 일이 마침내 구체화된 것이다. 여관에서 점심을 먹은 다음, 소년원으로 되돌아가서 오늘 하루를 동생과 함께 보내겠다는 계획이.

3. 자크를 데리고 콩피에뉴에—소년의 고백

앙투안이 티보 소년원의 문 앞에 다시 섰을 때는 1시가 조금 못 되었었다. 마침 펨므 씨가 외출하려고 나오던 참이었다. 그는 깜짝 놀라 안경 너머로 보이는 두 눈을 희번덕거리며 얼마동안 넋이 나간 사람처럼 꼼짝 않고 있었다. 앙투안이 낭패스러운 일의 모든 과정을 이야기했다. 그제서야 펨므 씨는 껄껄대고 웃더니 아까처럼 수다를 떨기 시작했다.

앙투안은 오후 내내 자크를 데리고 산책하고 싶다고 했다.

"원 참……" 하고 원장이 난처해 하며 말했다. "이곳의 규칙상……."

그러나 앙투안은 집요하게 간청하다시피 해서 마침내 허락을 받아냈다.

"이 일을 이사장님께는 선생님께서 설명드려 주십시오……. 제가 자크를 데려오겠습니다."

"저도 함께 가겠습니다" 하고 앙투안이 말했다.

앙투안은 펨므 씨를 따라온 것을 곧 후회했다. 너무나 좋지 않은 때에 들이닥쳤기 때문이다. 앙투안이 복도에 발을 들여놓자마자 소년원에서 변소라고 부르는 구석진 곳에 훤히 보이도록 쭈그리고 앉아 있는 동생이 눈에 띄었던 것이다. 그리고 아르튀르는 문을 활짝 열어놓은 채 등을 기대고 서서 파이프 담배를 피우고 있었다.

앙투안은 급히 방으로 들어갔다. 원장은 두 손을 비비며 기뻐하는 것 같아 보였다.

"보셨습니까?" 하고 원장이 큰 소리로 말했다. "우리가 맡은 아이들을 저런 데까지도 감독하고 있답니다."

자크가 돌아왔다. 앙투안은 자크가 거북해 할 줄 알았다. 그런데 태연히 단추를 채우는 그의 표정은 아무런 감정도 드러내지 않았을 뿐더러 앙투안을 다시 보게 된 놀라움조차도 나타내지 않았다. 펨므 씨가 자크에게 6시까지 형님과 외출하는 것을 허락한다고 설명했다. 자크는 무슨 말인지 잘 모르겠다는 듯 원장의 얼굴을 빤히 쳐다보았다. 그러나 아무 말도 입 밖에 내지는 않았다.

"그럼 저는 이제 가 봐야겠습니다. 실례합니다."

펨므 씨가 피리를 부는 듯한 목소리로 말을 이었다.

"지역의회 의원들의 회의가 있습니다. 제가 이래 봬도 읍장이거든요!" 그는 문간에서 외치며 마치 그 말이 무슨 희극이기나 한 것처럼 웃음을 터뜨렸다. 앙투안도 미소지어 보였다.

자크는 천천히 옷을 입었다. 앙투안이 보기에도 아르튀르는 자크에게 매우 공손하게 옷을 건네 주었다. 그는 자크의 구두를 닦아 주려고까지 했다. 자크는 그가 하는 대로 내버려 두었다.

아침에 앙투안에게 유쾌한 놀라움을 줄 정도로 깔끔하게 정돈되어 있던 방안은 그 모습이 아니었다. 그는 왜 그런지 생각해 보았다. 점심 먹은 쟁반이 책상 위에 그대로 남아 있었다. 더러운 접시 하나, 빈 컵 하나, 빵 부스러기들. 그 깨끗했던 시트와 수건은 온데간데 없었다. 그 대신 거칠고 더러워진 걸레 같은 헝겊이 수건걸이에 걸려 있었다. 세면기 밑에는 낡고 더러운 방수천이 깔려 있었다. 새하얀 시트가 있던 자리에는 뻣뻣하고 구겨진 시트가 덮여 있었다. 갑자기 의혹이 되살아났다. 그러나 그는 아무것도 묻지 않았다.

단둘이 길을 나섰다.

"어디로 갈까?" 하고 앙투안이 쾌활한 목소리로 물었다. "너 콩피에뉴 모르지? 우아즈 강을 따라서 3킬로미터쯤 가면 있어. 거기 가 볼까?"

자크도 찬성했다. 그는 형의 의견에 거슬리지 않으려고 애쓰는 것 같았다. 앙투안은 한 팔을 동생의 팔에 끼고 나란히 걸었다.

"그 수건은 어떻게 된 거야?"

앙투안이 물었다. 그는 웃으면서 자크를 바라보았다.

"수건이라니?"

무슨 말인지 이해하지 못한 자크가 형의 말을 되받아 물었다.

"그래. 오늘 아침 나를 데리고 다니며 건물을 구경시켜 주는 동안에는 네 방에 희고 깨끗한 시트와 예쁜 새 수건들을 넣어 둘 만한 시간적 여유가 있었던 거야. 그런데 뜻밖에도 내가 불쑥 다시 나타났단 말이야. 그래서……."

자크는 어색한 미소를 지으며 걸음을 멈추었다.

"형은 마치 이곳에서 일어나는 일을 어떻게든지 나쁘게만 생각하려고 드는 것 같아."

마침내 자크는 약간의 떨림이 섞인 낮은 목소리로 말했다. 그는 그 말만 하고 다시 걷기 시작했다. 그러나 마치 이런 하찮은 일을 화젯거리로 삼는 것이 몹시 짜증스럽다는 듯 곧이어 애써 이야기를 계속했다. "그건 형이 상상하는 것보다 훨씬 간단한 일이야. 시트며 수건은 매달 첫째와 셋째 일요일만 바꾸게 되어 있어. 내 시중을 들기 시작한 지 이제 겨우 열흘밖에 안 된 아르튀르가 지난 일요일에 시트와 수건을 바꿔 놓았거든. 그런데 오늘이 일요일이므로 오늘 아침에 또 바꾸는 줄 알았던 거야. 그런데 세탁물관리소에서 아르튀르에게 실수를 지적해 주고 새 시트와 수건을 도로 갖다놓으라고

한 거야. 난 다음 일요일이 되기까진 새것을 받을 권리가 없어."

그는 다시 입을 다물었다. 그리고 시골 풍경을 바라보았다.

산책은 출발부터 실패였다. 앙투안은 어떻게든 화제를 바꿔 보려고 했다. 그러나 자신이 서툴렀다는 아쉬움이 뇌리를 떠나지 않았다. 그 때문에 의도했던 솔직하고 유쾌한 어조를 띨 수가 없었다. 앙투안이 질문할 때마다 자크는 "응" 또는 "아니야"로만 일관하면서 전혀 관심을 나타내지 않았던 것이다. 그러다가 느닷없이 이렇게 말했다.

"형, 제발 그 시트나 타월 이야기는 원장에게 하지 마. 그랬다간 별것도 아닌 일에 아르튀르가 야단맞게 될 거야."

"알겠다."

"아버지한테도?" 하고 자크가 덧붙여 말했다.

"아무에게도 말하지 않을 테니까 염려 마! 벌써 다 잊어버린걸." 앙투안은 말을 이었다. "솔직하게 말하지. 실은 말야. 왜인지는 모르지만, 여기에서 모든 게 다 잘못되어 있고, 그래서 너는 행복하지 않을 거란 생각을 했었어……."

자크는 몸을 약간 돌렸다. 그리고 진지한 표정으로 형의 얼굴을 살펴보았다.

"그래서 난 오전 내내 구석구석을 살펴보는 데 열중했지." 앙투안은 계속말을 이었다. "그런데 결국 그런 내가 잘못 생각한 것임을 알게 되었어. 그래서 기차를 놓친 척했지. 너와 제대로 이야기를 나누지도 못하고 떠나고 싶지 않았던 거야, 알겠니?"

자크는 아무 대답도 하지 않았다. 이런 한가한 이야기를 계속하는 것이 그의 마음에 들었을까? 앙투안은 확신할 수 없었다. 그는 실수를 하지 않으려고 경계하면서 입을 다물었다.

길이 둑으로 내려가는 내리막이었으므로 그들의 발걸음은 한결 가벼워졌다. 두 사람은 운하를 개설한 강 지류에 이르렀다. 수분 위로 작은 철교가 가로질러 놓여 있었다. 잔잔한 수면 위에 세 척의 커다랗고 빈 거룻배가 갈색 선체를 그대로 드러낸 채 떠 있었다.

"너 배 타고 여행하고 싶지 않니?" 하고 앙투안이 쾌활하게 물었다. "포플러 사이로 운하 위를 미끄러지듯이 흘러가다가 수문이 있는 곳에서 멎고, 또 아침의 안개 속을, 저녁에는 뱃머리에서 석양빛을 받으며 아무것도 생각하지 않고, 두 다리는 물 위로 내려뜨리고 담배를 피우고…… 너 요즘도 그림을 그리니?"

이번에는 자크가 눈에 띄게 진저리를 쳤다. 그리고 앙투안은 자크의 얼굴이 붉어지는 것을 똑똑히 보았다.

"왜?" 자크가 어정쩡한 목소리로 물었다.

"그냥" 하고 앙투안은 멋쩍은 듯 대답했다.

"왜냐하면 이런 것들이 모두 스케치에 재미있는 소재가 될 것 같아서. 저 세 척의 배하고 수문이며 다리며……."

예선도(曳船道)가 점점 넓어져서 도로가 되어 있었다. 두 사람은 우아즈 강의 큰 지류로 나왔다. 불어난 강물이 그들을 향해서 물결쳐 왔다.

"저 봐, 콩피에뉴야" 하고 앙투안이 말했다.

그는 걸음을 멈추었다. 햇빛을 막으려고 이마에 한 손을 얹었다. 저 멀리 푸른 나뭇잎들 위로 다발을 이룬 종각의 뾰족탑들과 교회의 작고 둥근 종루가 보였다. 그는 종각의 이름들을 말하려고 동생 쪽을 바라보았다. 그의 옆에서 자크도 손으로 햇볕을 가리고 지평선의 경치를 바라보는 척했지만 실은 자기 발치의 땅만 보고 있다는 것을 앙투안은 알아차렸다. 그는 앙투안이 다시 걷기를 기다리는 것 같았다. 그래서 앙투안은 묵묵히 다시 걷기 시작했다.

일요일인 그날은 콩피에뉴 시의 모든 사람들이 다 밖으로 나온 것 같았다. 앙투안과 자크는 인파 속에 파묻혔다. 징병검사가 있는지 나들이 옷차림을 한 젊은이들이 떼를 지어 행상인들에게서 삼색 리본들을 사는가 하면, 서로서로 팔짱을 끼고 보도를 가득 메우고 군가를 부르며 비틀거리고 있었기 때문이다. '산책로'에서는 화사한 옷차림의 소녀들과 병영에서 빠져나온 용기병(龍騎兵)들 사이에 끼여 가족들이 서로 인사를 나누고 있었다.

갈피를 못 잡고 어리둥절해진 자크는 점점 커져가는 불안감을 느끼면서 이 모든 사람들을 물끄러미 바라보고 있었다.

"딴 데로 가, 형……."

그가 애원하다시피 했다.

두 사람은 '산책로' 한가운데로 나 있는 어둡고 한적하며 가파른 언덕길로 접어들었다. 팔레 광장에 이르자 눈이 부셨다. 자크는 두 눈을 깜박거렸다. 두 사람은 걸음을 멈추었다. 그리고 아직 그늘을 만들 정도로는 자라지 못한 나무 아래에 앉았다.

"형."

자크가 손을 앙투안의 무릎 위에 올려놓으며 말했다. 생 자크 성당에서 저녁미사를 위한 종이 울렸다. 종소리의 메아리가 햇빛과 섞여 하나가 되고 있는 것 같았다.

앙투안은 동생이 스스로도 알지 못한 채 올 봄의 첫 일요일을 만끽하는 것으로 생각했다. 그는 무심코 이렇게 물었다.

"무슨 생각을 하고 있니?"

그러나 자크는 대답 대신 자리에서 일어났다. 두 사람은 아무 말 없이 공원 쪽으로 발길을 옮겼다.

자크는 화려한 경치에 전혀 주의를 기울이지 않았다. 그는 사람이 많은 곳으로부터 오로지 도망갈 생각만 하는 것 같았다. 난간이 있는 테라스라든가, 성 주변의 침묵에 마음을 빼앗기고 있었다. 앙투안은 초록색 잔디 위에 깎아 다듬어 놓은 회양목이며 동상들의 어깨 위에까지 늘어진 나뭇가지들이며 눈에 띄는 것들에 대해 줄곧 이야기하면서 자크의 뒤를 따라갔다. 그러나 자크에게선 건성으로 하는 대답을 얻어 냈을 뿐이었다.

자크가 느닷없이 물어 왔다.

"형은 그 애하고 이야기했어?"

"그 애라니?"

"다니엘 말이야."

"그럼. 카르티에 라틴 구(區)에서 그 애를 만났지. 그 애가 지금은 루이르 그랑 중학교에 다니고 있다는 거 알어?"

"그래?" 하고 자크는 반문하더니 떨리는 목소리로 다시 물었다. 그 목소리는 자크가 전에 그렇게도 자주 보이곤 하던 위협적인 말투를 언뜻 생각나게 했다.

"형, 그 애한테 내가 어디 있는지 말하지 않았겠지?"

"그 애는 아무것도 묻지 않더라. 그런데 왜 그래? 넌 그 애가 아는 게 싫으니?"

"싫어."

"왜?"

"그냥."

"그래, 그것도 훌륭한 이유지. 하지만 그것 말고 또 다른 이유가 있니?"

자크는 멍하니 형을 바라보았다. 그는 앙투안이 농담을 하고 있다는 것을 알아차리지 못했기 때문이었다. 그는 수심에 싸여 다시 걷기 시작했다. 그러다가 갑자기 이렇게 덧붙였다.

"그런데 지즈는? 그 애는 알고 있어?"

"네가 어디 있는지 말이야? 아니, 모를걸. 하지만 아이들 속이란 모르지......"

앙투안은 자크가 꺼낸 이 화제를 기회로 이야기를 계속했다.

"그 애는 어떤 때는 다 큰 소녀 같아. 이쁜 눈을 크게 뜨고 다른 사람 이야기를 다 들어. 그러다가도 또 어떤 때는 그저 어린애야. 어제 저녁에는 유모가 그 애를 찾아 온 집 안을 뒤지고 다녔는데, 글쎄 현관에 있는 테이블 아래에서 인형을 가지고 놀고 있지 않겠니? 이제 곧 열한 살이 되는 애가!"

형제는 등나무 정자 쪽으로 내려가고 있었다.

자크는 층계 밑의 얼룩무늬가 진 장밋빛 스핑크스 대리석상 옆에 멈추어 섰다. 그는 햇빛에 반짝이는 그 대리석상의 반들반들한 이마를 쓰다듬었다. 자크는 지즈 생각을 하고 있는 걸까? 아니면 유모 생각을? 가장자리에 술이 달린 양탄자가 깔린 현관에 있는 오래된 테이블과 명함들이 놓여 있는 책상 위의 은쟁반이 문득 생각난 것일까? 앙투안은 틀림없이 그러리라고 믿었다. 그는 쾌활한 투로 이야기를 계속했다.

"그 애는 어떻게 그 많은 것들을 알고 있는지 난 도무지 모르겠어! 본디 우리집이 어린아이에겐 즐거운 곳이 못 되지! 유모는 그 아이를 몹시 사랑하지만, 너도 유모가 어떤지는 잘 알지? 유모는 모든 게 다 걱정스럽기 때문에 그 애에게는 아무것도 못하게 금지하면서, 그 애한테서 한시도 눈을 떼지 않지......"

앙투안은 웃음을 터뜨리면서 자크가 즐거운 말상대이기나 한 것처럼 동생을 바라보았다. 그만큼 가족생활의 이런 자질구레한 일들이 그들 형제에게는 소중한 보물과도 같았으며, 그들에게만 의미 있고, 앞으로도 계속 다른 어떤 것과도 바꿀 수 없는 무엇인가 유일한 것을 만들어 주리라는 것, 곧 어린 시절의 추억으로 영원히 남으리라는 것을 앙투안은 알고 있었다. 그러나 자크는 마지못해 미소만 살짝 지어보였을 뿐이다.

자크의 태도를 개의치 않고 앙투안은 이야기를 계속했다.

"식사시간만 해도 아무 재미가 없잖아. 아버지는 아무 말씀도 안 하시거나, 아니면 유모에게 회의에서 했던 연설을 되풀이하거나, 그날 있었던 일에 대해 속속들이 이야기를 하시지. 참, 학사원 회원에 입후보하시는 일은 잘 되어 가고 있어!"

"그래?" 미세한 애정의 표시가 자크의 표정을 부드럽게 했다. 그는 잠시 생각에 잠기는 것 같더니 미소지었다. "잘됐군!"

"친구분들 모두가 이리 뛰고 저리 뛰고 하셔." 앙투안이 이야기를 계속했다. "신부님은 대단하셔. 네 군데의 아카데미에 아는 사람들이 있거든……. 선거는 3주일 뒤에 있을 거야."

앙투안은 웃음을 거두고 작은 목소리로 진지하게 말했다.

"학사원 회원이 된다는 게 뭐 대단한 일은 아니겠지만 그래도 보통 일은 아니지. 그리고 아버지는 회원이 될 자격이 충분히 있으셔. 넌 그렇게 생각하지 않니?"

"그렇게 생각하고말고!" 자크는 대답하더니 무의식적으로 덧붙였다. "아버지는 훌륭한 분이셔, 사실……."

그는 말을 멈추고는 얼굴을 붉혔다. 무슨 말인가 덧붙이려다가 끝내 하지 않았다.

"나는 아버지가 학사원에서 굳건하게 자리잡으시는 것을 기다렸다가 쿠데타를 한번 일으킬까 해" 하고 앙투안이 힘차게 말을 이었다. "정말이지 내 구석방은 너무 좁아. 이젠 내 책들을 어디에 두어야 할지 모르겠어. 네가 쓰던 방은 지즈에게 준 거 알고 있겠지? 난 아버지가, 아래 작은 집 있잖니, 그 잘난 체하던 사람이 살던 곳 말야. 그 집을 내게 빌려주었으면 해. 그 사람이 이 달 15일에 이사한대. 방이 세 개야. 그렇게 되면 난 환자를 받을 수 있는 그럴듯한 사무실을 가질 수 있게 될 거야. 부엌에는 실험실 같은 걸 설치해 놓을 수도 있을 테고……."

그는 갇혀 사는 동생 앞에서 자신의 자유로운 생활 이야기며, 쾌적한 생활의 욕망을 늘어놓은 것에 대해 돌연 부끄러운 생각이 들었다. 그리고 자크가 다시는 집으로 돌아오지 못할 사람인 것처럼 그의 방에 관해 떠들어 댔다는 것을 깨달았다. 자크는 다시 무표정으로 돌아가 있었다.

"자, 그럼" 하고 앙투안이 기분을 바꾸려고 말했다. "가서 뭘 좀 먹지 않겠니? 너 배고프지?"

그는 자기와 자크 사이에 애틋한 관계를 다시 회복시킬 수 있는 모든 희망을 이제 다 잃고 있었다.

두 사람은 다시 시내로 돌아왔다. 사람들로 붐비는 거리는 꿀벌통처럼 소란스러웠다. 제과점마다 사람들로 붐볐다. 자크는 보도에 멈추어서서, 사탕으로 씌워져 있고 크림이 흘러넘치는, 5단으로 진열해 놓은 과자들 앞에 서서 꼼짝하지 않았다. 그것을 보는 것만으로도 숨이 꽉 막히는 것 같았다.

"자, 들어가!" 하고 앙투안이 미소를 띠며 말했다.

앙투안이 내민 접시를 받는 자크의 두 손이 떨렸다. 두 사람은 제과점 맨 구석에 특별히 고른 과자들을 피라미드처럼 쌓아놓은 접시 앞에 앉았다. 조금 열린 주방 문으로부터 바닐라 냄새와 따뜻한 빵 냄새가 흘러나왔다. 자크는 한 마디도 않고 의자에 쪼그리고 앉아서, 금방 울음이라도 터뜨릴 듯이 충혈된 눈으로 정신없이 먹고 있었다. 하나를 먹고 나면 잠시 쉬고, 이어 앙투안이 집어 주기를 기다렸다가 곧 다시 먹기 시작하곤 했다.

앙투안이 포트와인(포르투갈 산
포도주의 일종) 두 잔을 시켰다. 자크는 여전히 떨리는 손으로 잔을 잡았다. 잔에 입술을 갖다 대자 와인의 알코올 때문에 숨이 막히는 모양이었다. 그는 기침을 했다. 앙투안은 못 본 척하면서 자신도 홀짝거리며 와인을 마셨다. 자크가 용기를 내어 한 모금 들이켰다. 그러고는 마치 불덩이라고 삼키듯이 다시 한 모금 마셨다. 그러고 나서 단번에 잔을 비웠다. 앙투안이 다시 그의 잔에 와인을 따르자 못 본 척하다가 다 따르고 나자 뒤늦게 따르지 말라는 시늉을 했다.

두 사람이 제과점 밖으로 나왔을 때는 해가 이미 기울기 시작하여 기온이 내려가 있었다. 그러나 자크는 밖의 찬 기운을 느끼지 못했다. 그의 두 볼은 화끈거렸으며, 온몸은 거의 고통스러울 정도로 인위적인 행복감에 취해 있었다.

"앞으로 3킬로미터를 걸어야겠구나." 앙투안이 말했다. "돌아가야지."

자크는 금세 울음을 터뜨릴 것 같았다. 그는 호주머니 깊숙이에서 두 주먹을 꽉 쥐며 이를 악물었다. 그리고 고개를 숙였다. 그 모습을 몰래 살펴보던 앙투안은 갑작스레 변한 자크의 얼굴을 보면서 움찔했다.

"너무 많이 걸어서 피곤하지?" 하고 앙투안이 물었다.

형의 그런 목소리가 자크에게는 새로운 애정의 표시로 느껴졌다. 아무 말도 못한 채 굳어진 얼굴을 형에게로 돌렸다. 그의 두 눈에는 눈물이 가득 고여 있었다.

어리둥절해진 앙투안은 어찌할 바를 모르고 자크의 뒤를 따라갔다. 그러나 둘이 도시를 다시 가로질러 다리를 건넌 다음 예선도 쪽으로 들어섰을 때, 앙투안은 자크에게로 가까이 가서 그의 팔을 붙잡았다.

"늘 하던 산책이 더 나은 모양이지?" 하고 앙투안은 미소지으며 물었다.

자크는 아무 대답도 하지 않았다. 그런데 갑작스런 이런저런 관심, 애정에 찬 목소리, 몇 시간 전부터 자기가 도취해 있는 자유의 만끽, 와인…… 감미로우면서도 서글픈 저녁 노을……. 자크는 복받쳐오르는 감정을 억누를 수가 없어 왈칵 울음을 터뜨렸다. 앙투안은 한 팔로 자크를 감싸안아 부축하여 경사진 둑 위 자기 옆에 앉혔다. 그는 이제 더 이상 자크의 생활 속에서 어두운 비밀을 캐낼 생각은 없었다. 그러나 아침부터 줄곧 겪은 동생의 냉담한 태도가 마침내 누그러지는 것을 본 그는 한결 마음이 편안했다.

인적 없는 강가에는 두 사람뿐이었다. 형제는 땅거미가 지고 안개가 낀 하늘 아래로 흘러가는 강물을 물끄러미 바라보고 있었다. 흐르는 물살에 가볍게 흔들리는 철사줄에 매인 작은 배가 그들 앞에서 마른 갈대에 부딪치며 사각사각 소리를 내고 있었다.

돌아갈 길이 멀었으므로 언제까지나 그곳에 그대로 앉아 있을 수는 없었다. 앙투안은 풀이 죽은 자크의 고개를 억지로 들게 했다.

"무슨 생각을 하고 있니? 무엇 때문에 울었어?"

자크는 형에게 더욱 바싹 기대왔다.

앙투안은 무엇이 동생으로 하여금 이토록 울음을 터뜨리게 했는지 기억해 내려고 안간힘을 썼다.

"네가 매일 하는 산보 생각 때문에 울었어?"

"응."

자크는 무엇인가 대답을 해야할 것 같아서 이렇게 말했다.

"왜?" 하고 형이 다그쳤다. "일요일마다 도대체 어디로 산책을 하는데?"

아무 대답도 없었다.

"아르튀르와 나가는 게 싫어?"

"싫어."

"그럼 왜 그렇다고 말하지 않니? 만일 네가 전에 하던 레옹 영감이 편하다면 그거야 별로……."

"아냐, 그건 안 돼!"

자크는 뜻밖의 격렬한 투로 형의 말을 가로막으며 펄쩍 뛰었다. 그의 얼굴에 어찌나 강렬하고도 예상 밖의 원망 어린 표정이 떠올랐던지 앙투안은 어찌할 바를 몰랐다.

자크는 그 자리에 가만히 있을 수 없다는 듯이 일어서더니 형을 이끌고 성큼성큼 걸어갔다. 그는 아무 말도 하지 않았다. 잠시 머뭇거리고 있던 앙투안은 서투르게나마 우선 동생이 입은 마음의 상처를 낫게 해 주고 싶은 생각이 들어서 말했다.

"그럼, 레옹 영감과 외출하는 것도 싫단 말이지?"

자크는 두 눈을 크게 뜬 채 이를 악물고 아무 말 없이 계속 걷기만 했다.

"그래도 레옹 영감은 꽤 친절해 뵈던데, 그래?"

앙투안은 생각나는 대로 말을 건네 보았다.

아무 대답도 없었다. 그는 자크가 또다시 자기 생각에 빠지는 것이나 아닌가 해서 걱정스러웠다. 그는 동생의 팔을 다시 잡으려 했으나 자크는 뿌리치며 걸음을 재촉했다. 몹시 당황한 앙투안은 어떻게 하면 동생의 신뢰를 다시 얻을 수 있을까 이리저리 궁리하면서 그의 뒤를 따랐다. 그런데 갑자기 자크가 훌쩍훌쩍 흐느끼더니 걸음을 늦추면서 외면한 채 울기 시작하는 것이었다.

"형, 말하지 마. 절대로 아무한테도 말하면 안 돼……. 레옹 영감하고는 산책한 적이 없어. 거의 없어……."

그는 입을 다물었다. 앙투안은 무엇인가 물어보려고 하다가 차라리 아무 말도 않는 것이 낫겠다는 생각이 들었다. 자크가 약간 머뭇거리면서 쉰 목소리로 말을 계속했다.

"맞아, 처음에는 산책을 했어……. 그런데 바로 산책을 하면서 레옹 영감이…… 내게 이런저런 말을 했어. 그리고 나한테 책들을 빌려주었어. 나는 그런 게 있는지 상상조차 할 수도 없었던 책들을! 그런 다음 내가 원한다면 편지를 보내 주겠노라고 말했어……. 바로 그때 다니엘한테 편지를 썼던 거야. 형한테는 거짓말을 했지만 편지를 썼어……. 그런데 내겐 우표값이 없었어. 형은 몰라…… 그런데 그 자가 내가 그림을 조금 그린다는 걸 알게 된 거야. 형도 짐작하겠지…… 어떻게 해야 할지 내게 말해 준 게 그 영감이야. 그 대가로 다니엘에게 보내는 우표값을 내주었어. 그런데 그 자가 저녁에 그 그림을 다른 감시원들에게 보여 주었어. 그랬더니 그들 모두 그림을 가지고 싶어 했어. 더구나 점점 복잡한 그림을 요구하더군……. 그 무렵부터 레옹 영감은 나와 산책하는 일을 거리낌 없이 그만 두었어. 들판으로 나가는 대신 나를 소년원 건물 뒤를 돌아서 마을을 가로질러 가게 했어……. 마을의 꼬마들에게 쫓겨가면서……. 우린 샛길로 해서 여인숙의 뒤뜰로 들어갔어. 그 자는 술을 마시고 노름을 하며 뭔지 모를 것들을 하기 위해 간 거야. 그리고 그 자가 거기 있는 동안 나는 내내 갇혀 있었어…… 세탁장 속에…… 낡은 담요 한 장과 함께…….”

“갇혀 있었다고?”

“응…… 텅 빈 세탁장 속에…… 자물쇠로 문을 잠그고…… 두 시간 동안.”

“아니, 왜 그렇게 철저하게?”

“모르겠어. 아마 여인숙 사람들은 겁이 났나 봐. 언젠가는 세탁장에 빨래 말릴 게 있는지 나를 복도에 있게 하더군. 주인 여자의 말로는…… 말로는…….”

자크는 흐느끼고 있었다.

“그 여자가 뭐라고 했는데?”

“그 여자의 말로는 ‘이런 악당들은 무슨 일을 저지를지 모른다……’는 거야.”

자크는 어찌나 심히 흐느꼈던지 말을 계속하지 못했다.

“……악당들이라니?”

앙투안이 바짝 다가서며 되물었다.

“……악당들 ……사기꾼 악당들…….”

자크는 겨우 말을 마치고는 더욱 심하게 흐느끼기 시작했다.

앙투안은 동생의 말을 듣고 있었다. 그 순간에는 동정심보다는 이야기를 더 알고 싶은 호기심이 더욱 강했다.

"그래서?" 앙투안이 되물었다. "어서 말해 봐."

자크는 돌연 발걸음을 멈추더니 앙투안의 팔에 매달리다시피 했다.

"형, 형" 하고 그가 소리쳤다. "아무 말도 않겠다고 맹세해 줘. 응? 맹세해야 해! 만약에 아버지가 눈치채게 된다면…… 아버지…… 아버지는 좋은 분이셔. 만약 아버지가 알게 되면 슬퍼하실 거야. 아버지가 우리처럼 이런 사실을 이해하지 못한다 해도 그건 아버지 잘못이 아니야……." 그는 갑자기 부르짖었다. "아, 형, 형…… 가지 마! 형, 가면 안 돼!"

"알았어, 떠나지 않을게. 절대로 안 떠나. 날 믿어. 여기 있을게……. 아무 말도 안 할게. 네가 원하는 대로 다 해줄게. 하지만 진실을 말해 줘야 해."

자크가 말할 결심을 못하고 우물쭈물하자 앙투안은 대뜸 이렇게 물었다.

"그자가 널 때리더냐?"

"누가?"

"레옹 영감 말이야."

"아니, 아니야!"

자크는 어찌나 놀랐던지 눈물을 머금은 채 미소를 지었다.

"아무도 널 때리지 않았니?"

"오, 아니야."

"정말? 아무도?"

"아니, 아무도 날 안 때렸어!"

"그렇다면?"

침묵.

"그러면 새로 온 녀석은 어때, 아르튀르는? 그 녀석도 못됐어?" 자크는 고개를 가로저었다. "아니 뭐라고? 그 애도 술집에 가는 거야?"

"아니야."

"좋아! 그 애하고는 산책을 하니?"

"응."

"그럼, 그 애의 어디가 나쁘다는 거야? 너를 괴롭히니?"

"아니."

"그럼 뭐야? 네 맘에 안 들어?"

"응."

"무엇 때문에?"

"그야 뭐." 앙투안은 망설였다. "그럼 도대체 왜 너는 그 애길 안하는 거야?" 마침내 그가 다그쳐 물었다. "왜 너는 원장에게 이 모든 이야기를 하지 않지?"

자크는 몹시 흥분해서 뜨거워진 몸으로 앙투안의 몸을 떠밀면서 애원했다. 그러고 나서 간절히 말했다.

"아니야, 아니야……. 형, 형은 내게 맹세했어. 알지! 아무 말 않겠다고 맹세했어! 아무것도, 아무것도, 아무에게도!"

"물론이야. 난 네가 원하는 대로 해 줄게. 난 다만 이것만은 묻고 싶구나. 왜 원장한테 레옹 영감 이야기를 하지 않았어?" 자크는 이를 악문 채로 고개만 가로저었다. "너는 그럼 원장이 다 알면서 모른 척한다고 생각하니?" 앙투안이 넌지시 물었다.

"아니야."

"넌 원장에 대해선 어떻게 생각하고 있니?"

"뭐 별로."

"넌 다른 아이들도 여기서 불행하게 지내고 있다고 생각하니?"

"아니야. 왜?"

"그 사람 친절해 보이더라. 하지만 그것만 갖고는 잘 모르겠어. 레옹 영감도 겉보기엔 좋은 사람 같더만! 넌 원장을 헐뜯는 말을 들은 적 없어?"

"없어."

"감시원들은 원장을 겁내고 있니? 레옹 영감이나 아르튀르도 그를 무서워하니?"

"응, 조금은."

"왜?"

"몰라. 아마 원장이니까 그러겠지."

"그런데 넌? 무엇인가 느낀 것 없어?"

"어떤 거?"

"원장이 널 보러 올 때면 너한테 어떻게 대하니?"

"모르겠어."

"넌 원장한테 자유롭게 이야기할 수 없니?"

"없어."

"그러나 만일 레옹 영감이 너와 산책을 하지 않고 술집에 가거나 너를 세탁장에 감금했다는 사실을 네가 원장에게 이야기했다면 원장은 어떻게 했을 것 같니?"

"그랬다면 레옹 영감을 당장 쫓아냈을 거야!" 자크는 겁에 질려서 대답했다.

"그런데 너는 왜 말을 못하지?"

"아니, 그건, 형!"

앙투안은 동생이 단단히 얽혀 헤어나지 못하고 있는 것으로 보이는 공모 관계의 실타래를 풀어나가는 데 그만 지쳐 버렸다. "네가 털어놓지 못하는 이유를 말해 봐. 아니면 너 자신도 정말 뭐가 뭔지 모르고 있는 거 아니니?" 하고 앙투안이 물었다.

"실은…… 그림에다…… 나에게 억지로…… 사인하게 했어."

자크는 고개를 떨어뜨리며 낮은 소리로 말했다. 그는 머뭇거리다가 입을 다물었다. 그러다가 갑자기 다시 덧붙여 말했다. "하지만 그 때문만은 아니야……. 펨므 씨에겐 아무 말도 할 수가 없어. 그 사람이 원장이니까, 알겠어?"

힘은 없으나 진지한 어조였다. 앙투안은 그 문제에 대해 더 이상 묻지 않았다. 그는 자신을 경계했다. 자신이 항상 너무 성급하게 추측하고 단정짓는 버릇이 있다는 것을 그는 알고 있었다.

"그럼" 하며 앙투안이 말을 이었다. "그래도 공부만큼은 잘하고 있겠지?"

형제는 수문이 보이는, 거룻배 3척이 있는 곳에 이르렀다. 거룻배들의 작은 창에는 벌써 등불이 켜져 있었다. 자크는 땅을 내려다보며 계속 걸었다.

앙투안이 되풀이했다. "그럼 공부도 제대로 못하고 있다는 거야?"

자크는 고개를 숙인 채 그렇다는 시늉을 했다.

"하지만 원장 말로는 선생님이 네게 만족하고 있다고 하던데?"

"그야 선생님이 원장한테 그렇게 말했으니까."

"하지만 그게 사실이 아니라면 선생은 왜 그런 말을 하지?"

자크는 형의 질문에 대답하기가 힘이 드는 모양이었다.

"저 말이야" 하며 자크는 힘없이 말했다. "그 선생님은 늙었어. 내게 공부시킬 생각을 안 해. 여기에서 오라고 하니까 그냥 오는 거야. 그뿐이야. 선생님은 공부를 시키는지 안 시키는지 점검하는 사람이 아무도 없다는 걸 잘 알고 있어. 선생님도 숙제를 내주거나 고쳐주는 일 같은 것은 안 하는 편이 더 낫다고 생각해. 그 분은 한 시간쯤 내게 와 있어. 우린 이야길 나눠. 내게 아주 친구같이 대해 줘. 콩피에뉴 얘기며 자기 제자들 이야기며, 그 밖의 온갖 이야기를 해 줘……. 그 사람도 행복한 편이 못 돼……. 자기 딸 이야기도 해 주는데 늘 배를 앓는 그 딸은 선생님 부인과는 늘 싸운대……. 왜냐하면 지금 부인이 계모거든. 또 아들이 하나 있는데, 특무상사였다가 여자 문제로 빚을 졌다는 이유로 강등당했대…… 우린 공책들을 펴놓고 공부하는 척하지만 그냥 시늉만 할 뿐 사실 아무것도 안 해……."

자크는 입을 다물었다. 앙투안은 무슨 말을 해야 할지 몰랐다. 그는 어느새 이러한 인생경험까지 겪은 동생 앞에서 거의 두려움을 느낄 정도였다……. 게다가 구태여 물어볼 필요도 없었다. 자크는 단조롭고 낮은 목소리로 혼자 다시 중얼거리기 시작했다. 그런 혼란 속에서 어떻게 자신의 사고를 구체화할 수 있는지, 그리고 그토록 집요하게 침묵하던 자크가 무엇 때문에 갑자기 속마음을 다 털어놓게 되었는지 이해할 수 없었다.

"…… 와인을 약간 섞은 물이라고 하지만, 형, 그것은 와인에 물을 탄 것이나 다름없어……. 난 그자들을 위해 그것을 남겨두지, 알겠어? 처음에 레옹 영감이 그것을 달라고 했어. 나는 그런 것에 그다지 연연하지 않아. 물병의 물도 좋아하니까……. 그런데 짜증스러운 것은 그자들이 끊임없이 복도를 서성거리는 거야. 실내화를 신고 있어서 그들의 발걸음 소리가 들리지를 않아. 어떤 때는 오싹하고 겁이 날 때도 있어. 아니야, 내가 겁이 나는 게 문제가 아니야. 무엇보다도 내가 조금만 움직여도 그자들은 나를 보고 있고, 내 소리를 듣고 있다는 거야……. 항상 혼자이면서도 사실은 단 한순간도 혼자 있지 못한다는 거 말이야, 이해하겠어? 산책할 때도, 어디에 가도 마찬가지야! 그게 뭐 별일이 아니라는 건 나도 잘 알아. 하지만 결국 그게 어떤 결과를 초래하는지 형은 생각도 못 할 거야. 그건 마치 숨이 막혀서 금방이라도 병이 날 것 같은 그런 기분이야……. 어떤 날은 침대 밑에 숨어서 울고 싶을 때도 있어……. 아냐, 우는 게 중요한 것이 아니고, 아무도 안 보는 데서 우는 것 말이야, 알겠어? …… 오늘 아침에 형이 왔을 때도 마찬가지야. 성당에 있을 때 내게 미리 알려 주었어. 원장이 비서를 보내서 내 차림새를 점검했고 내 외투와 모자를 가지고 오도록 시켰어. 난 모자를 안 쓰고 있었거든……. 오, 그들이 형을 속이려고 그랬던 건 아니야. 형…… 아니야, 그건 결코 아니야. 그건 관행이 됐어. 월요일에, 매달 첫째 주 월요일에 아버지가 이사회 때문에 오실 때도 그자들은 항상 그렇게 하고 있어. 별건 아니지, 아버지를 기쁘게 하기 위해서야……. 시트나 타월도 마찬가지야. 형이 오늘 아침에 본 것은 아무 때고 누가 올 때를 대비해서 내 방에 내놓으려고 장 속에 언제나 놓아 두는 흰 시트였어……. 뭐, 그렇다고 내 시트가 더럽다는 건 아니야. 시트를 꽤 자주 갈아 주거든. 내가 깨끗한 수건을 달라고 하면 줘. 그냥 관행인 거야. 알다시피. 누가 오면 좀더 깨끗하게 보이려고……. 형한테 이런 이야기를 죄다 하는 건 내 잘못이야. 형은 또 있지도 않은 사실까지 믿게 할 우려가 있으니까. 분명히 말하지만, 난 아무 불만도 없어. 여기에서의 생활은 아주 편안해. 내 기분을 상하게 하는 일도 전혀 없고 오히려 그와는 정반대야. 그런데 바로 그토록 편안하게 해 주는 게 문제야. 알겠어? 그리고 또, 할일이 아무것도 없거든! 온종일 이곳에 갇혀서 아무것도 할 일이 없다고! 처음에는 시간이 얼마나 길게 느껴지던지, 형은 짐작도 못할 거야. 그래서 난 내 시계의 태엽 감는 나사를 부숴 버렸어. 그날 이래로 좀 나아졌고 차츰 이곳 생활에 익숙해졌어. 그런데 어떻게 설명해야 좋을지 모르겠네. 이건 마치 내 마음속 깊은 곳, 저 밑바닥에서 잠드는 것 같아……. 그러니까 진정으로 고통스러운 것은 아니야. 왜냐하면 잠든 것 같으니까 말이야……. 그래도 괴롭기는 해. 무슨 뜻인지 이해할 수 있겠어?"

그는 한동안 입을 다물었다가 주뼛주뼛하며 다급한 목소리로 말을 이었다. "그리고 형, 난 형한테 하나에서 열까지 모든 걸 다 말할 수 없어……. 형도 알겠지……. 이렇게 혼자 있으니까 말이야, 생각해선 안 될 여러 가지 생각들을 하게 돼. 무엇보다도…… 그래서 레옹 영감 이야기도…… 그리고 그림들도……. 하지만 사실 약간의 심심풀이는 되거든, 알겠어? 난 미리 착상을 해······. 그리고 밤에 그것을 다시 생각하지······ 그래서는 안 된다는 것을 알면서······ 언제나 혼자뿐이니까······. 오, 이런 걸 다 말하면 안 되는데······. 곧 후회하게 될 거야······. 하지만 오늘 저녁은 난 너무나 피곤해······나 자신을 억제할 수가 없어······."

그는 갑자기 더욱 서글프게 울기 시작했다. 자크는 이상한 불안감을 느꼈다. 마음에도 없는 거짓말을 하는 것 같았다. 그리고 진실을 이야기하려고 애쓰면 애쓸수록 점점 더 진실과 멀어지는 것 같았다. 자신이 한 이야기에는 조금도 거짓은 없었다. 그렇지만 말투라든가 자신의 고민을 부풀려서 말한다든가 요령껏 마음을 털어놓는다거나 해서 자신의 생활을 약간 왜곡시키고 있다는 생각이—그러나 달리 어쩔 도리가 없다는 생각도 들었다.

소년원까지의 거리는 좀처럼 좁혀지지 않았다. 아직 절반이나 남아 있었다. 5시 반이었다. 주위는 아직 밝았다. 강으로부터 수증기가 피어올라 들판을 가득 채우더니 마침내 그들을 뒤덮어 버렸다.

앙투안은 비틀거리는 동생을 부축하며 혼신의 힘을 다해 생각해 보았다. 그가 해야 할 일에 관한 생각은 아니었다. 이미 굳은 결심이 서 있었던 것이다. 동생을 곧 이곳에서 빼내야겠다는 생각! 그는 아버지의 동의를 어떻게 얻을까 그 방법을 모색하고 있었다. 쉬운 일은 아니었다. 자크는 울면서, 형이 다른 사람에게 절대 말하지 않고 아무 일도 않기로 맹세한 사실을 첫마디부터 상기시키며 형의 팔에 매달렸다.

"알았어, 그건 맹세한 대로야. 난 네 의사를 거스르는 일은 하지 않아. 다만, 내 말 좀 들어봐. 정신적인 이 고독, 이런 무기력, 엉망진창인 이 생활! 오늘 아침만 해도 난 네가 행복한 줄로만 알았는데!"

"하지만 난 행복해!"

이제까지 하소연했던 것들이 한순간에 사라져 버렸다. 자크는 자기가 갇혀서 살아가고 있는 곳의 좋은 면, 곧 한가로움이라든가 아무에게도 구속받지 않는 것, 가족으로부터 멀리 떨어져 산다는 것만을 염두에 두었던 것이다.

"행복하다고? 만일 네가 참으로 행복하다면 그건 부끄러운 일이야! 네가! 아니야, 얘, 아니야. 난 네가 그 속에 갇혀 사는 걸 좋아한다고는 믿을 수 없어. 그건 타락이야. 너 스스로를 바보로 만들고 있는 거야. 이 일은 지금까지로 충분해. 난 너의 허락을 받고 나서만 행동하겠다고 약속했어. 난 약속을 지킬 거야. 걱정하지 마. 그러나 생각 좀 해 봐. 너와 나, 둘이서, 친구처럼 이 일을 정면에서 냉정히 생각해 보자……. 이제 우리는 친구잖아?"

"응."

"넌 날 믿지?"

"믿어."

"그런데? 그런데 넌 뭘 겁내고 있지?"

"난 파리로 돌아가고 싶지 않아!"

"하지만 자크, 지금까지 들은 여기에서의 네 생활보다 가족과의 생활이 더 나쁘지는 않을 것 같은데!"

"아냐, 더 나빠!"

그 외마디 소리를 듣고 앙투안은 어처구니가 없어서 입을 다물었다.

그는 점점 더 혼란에 빠졌다. 도무지 생각할 기력을 잃은 그는 '제기랄' 하고 속으로 되풀이했다. 시간이 없었다. 마치 암흑 속을 걷는 느낌이었다. 갑자기 검은 구름이 벗겨졌다. 해결책이 생각난 것이다! 순간적으로 그럴듯한 계획이 그의 머릿속에 떠올랐다. 그는 싱긋 웃었다.

"자크!" 하고 그가 외쳤다. "내 말 좀 들어봐. 내 말을 가로막지 말고 끝까지 들어! 아니 그냥 대답만 해. 만약 갑자기 무슨 일이 생겨서 이 세상에 너와 나 둘만 남게 된다면 넌 내 곁에 와서 살지 않겠니?"

자크는 무슨 말인지 바로 이해하지 못했다.

"하지만 형" 하고 자크가 말했다. "어떻게 그럴 수가 있어? 아버지가 계시잖아……."

아버지가 앞길을 가로막고 우뚝 서 있었다. 똑같은 생각이 두 형제의 머리를 스쳤다. '모든 일이 다 잘될 텐데, 만약에 갑자기……' 동생의 눈길 속에서 같은 생각임을 알아차리자 앙투안은 자신의 생각이 부끄러워졌다. 그는 눈을 돌렸다.

"그야, 물론" 하며 자크가 말했다. "만일 내가 형하고 함께 있을 수 있었다면, 오직 형하고만 있을 수 있었다면, 난 전혀 딴 사람이 되었을 거야! 난 공부했을 거야……. 분명 공부했겠지. 어쩌면 난 시인이…… 진짜 시인이 되었을 거야."

앙투안이 몸짓으로 자크의 말을 가로막았다.

"글쎄 들어봐. 만일 나 이외의 어느 누구도 너에게 간섭하지 못하도록 약속한다면 여기를 나오겠니?"

"응, 좋……아……." 그것은 애정을 표시할 필요에서, 그리고 형을 곤란하게 만들지 않기 위한 승낙이었다.

"그럼 너 약속할 수 있겠어? 내 아들처럼 내가 네 생활과 네 공부의 계획을 짜고 모든 면에서 널 감독할 수 있게 말이야?"

"그럴게."

"좋아."

앙투안은 말했다. 그리고 입을 다물었다. 그는 생각에 잠겼다. 그의 욕망은 항상 절대적인 것이어서 그는 그것의 실천에 대해 한 번도 의심한 적이 없었다. 그리고 실상 그는 이제까지 자신이 집요하게 원했던 어떤 것도 성공적으로 이루지 못한 적이 없었다. 그는 동생을 돌아보며 미소를 지어 보였다.

"나는 꿈을 꾸고 있는 게 아니야."

그는 여전히 미소를 띤 채 말했지만 그 목소리는 단호했다.

"나는 이 일에 대해 모든 책임을 지겠어. 보름 안에, 두고 봐, 보름 안에…… 날 믿어! 넌 이제 아무 일도 없었던 것처럼 당당하게 그리로 돌아가 있어. 보름 안에, 맹세코 말한다. 너는 자유의 몸이 될 거야!"

무슨 말인지 제대로 알아듣지도 못한 자크는 갑자기 애정이 솟구침을 느끼며 앙투안에게 몸을 바짝 붙였다. 그는 할 수만 있었다면 형을 꼭 껴안고 오랫동안 꼼짝 않고 형의 따뜻한 체온과 애정 속에 그대로 머물러 있고 싶었다.

"날 믿어!" 하고 앙투안이 되풀이했다.

그는 속이 후련해짐을 느끼며 으쓱한 기분이 들었다. 이제는 한결 마음이 놓이며 또 자신이 대단하다고 생각하면서 흐뭇해했다. 그는 자신의 생활과 자크의 생활을 비교해 보았다. '가엾은 녀석, 아무도 겪어보지 못한 일을 항상 혼자 도맡아 당한단 말이야!' 그는 또 이렇게 말하고 싶었다. '내겐 한번도 안 일어났던 일인데,' 그는 동생이 불쌍하게 여겨졌다.

그러나 그는 자기가 앙투안이라는 것, 이렇게 균형이 잘 잡힌 앙투안이라는 것, 행복하기 위해, 또 큰 인물이자 명의가 되기 위해서 잘 갖춰진 앙투안이라는 사실에 대단한 자부심을 느꼈다! 그는 걸음을 재촉하면서, 유쾌하게 휘파람을 불고 싶었다. 그러나 발을 질질 끌며 걷고 있는 자크는 몹시 지친 것 같았다. 그럭저럭 크루이마을에 다다랐다.

"믿어야 해!" 하고 앙투안은 끼고 있는 자크의 팔을 꽉 쥐며 다시 한 번 속삭였다.

펨프 씨는 정문앞에서 시가를 피우고 있었다. 멀리 두 사람이 보이자 그는 그들을 향해서 껑충껑충 뛰어왔다.

"자, 어땠어요! 산책은 즐거웠겠지요! 콩피에뉴에 구경을 가셨겠지요!"

그는 만족스러운 웃음을 띠며 두 팔을 높이 쳐들었다.

"강가로 해서였지요? 아, 아름다운 길이랍니다! 우리 지방은 참으로 아름다운 곳입니다, 안 그렇습니까?" 그는 자기 시계를 꺼내 보았다. "의사선생님, 독촉하는 것 같습니다만, 또다시 기차를 놓치지 않으시려면……."

"가보겠습니다" 하고 앙투안이 말했다. 그는 다시 동생을 향해 몸을 돌렸다. 그의 목소리는 떨리고 있었다. "자크, 잘 있어."

땅거미가 지고 있었다. 역광 속에서 동생의 차분한 얼굴, 내리깐 두 눈, 멀리 지평선을 멍하니 바라보고 있는 자크의 눈길이 그의 눈에 들어왔다. 앙투안은 다시 한 번 말했다.

"잘 있어!"

아르튀르는 마당에서 기다리고 있었다. 자크는 원장에게 인사를 하려고 했으나 그는 뒤로 돌아서 있었다. 매일 저녁 그러하듯 손수 정문을 잠그기 위해서였다. 개가 사납게 짖어대는 가운데 자크는 아르튀르의 목소리를 들었다.

"자, 갈까요?"

자크는 아르튀르의 뒤를 따랐다.

그는 다시 자기 방에 돌아온 것에 대해 어떤 안도감을 느꼈다. 앙투안이 앉았던 의자가 책상 옆에 그대로 놓여 있었다. 형의 애정이 지금도 자신을 감싸고 있는 듯했다. 그는 작업복으로 갈아입었다. 몸은 피곤했지만 정신은 말짱했다. 그의 내부에는 평소의 자크와는 다른, 오늘 태어난 무형의 또 다른 존재가 자크의 일상적인 행동을 지켜보고 있었고, 그를 지배하고 있었다.

가만히 앉아 있지 못하고 방 안을 서성거리기 시작했다. 뭔가 새롭고도 힘찬 감정으로 인해 서 있지 않을 수가 없었다. 힘이 솟구치는 것을 의식했던 것이다. 그는 문 쪽으로 다가갔다. 이마를 철창에 대고 아무도 없는 복도에 켜놓은 램프를 물끄러미 바라보며 그대로 서 있었다. 난방을 한 탓에 숨 막힐 듯한 공기가 그의 피로를 더욱 겹치게 했다. 그는 꾸벅꾸벅 졸기 시작했다. 갑자기 유리문 반대편에서 시커먼 그림자가 나타났다. 이중 자물쇠로 잠겨 있던 문이 열렸다. 아르튀르가 저녁을 들고 왔다.

"자, 어서 먹어. 꼬맹아!"

자크는 콩요리를 먹기 전에 쟁반에서 그뤼에르 치즈 조각과 물 탄 포도주 잔을 치워 냈다.

"날 주는 거야?" 하고 아르튀르가 말했다. 그는 히죽 웃고는 치즈 조각을 들고 문에서 보이지 않도록 옷장 옆으로 가서 먹었다. 마침 저녁 먹기 전에 펨므 씨가 슬리퍼를 신고 한바퀴 돌아보는 시간이었다. 대체로 그가 지나간 뒤에야 격자무늬 채광창 틈으로 스며들어오는 구역질나는 시가 냄새로 그가 지나갔음을 알아채곤 했던 것이다.

자크는 빵을 큰 조각으로 떼어 내 검은 콩죽 국물에 적셔 먹었다. 그가 식사를 마치자마자 아르튀르가 말했다.

"자, 이젠 어서 침대로 가."

"하지만 아직 8시도 안 됐는데."

"꾸물거리지 말고 빨랑 가! 오늘은 일요일이야. 친구들이 목이 빠지게 기다리고 있단 말이야."

자크는 아무 대답도 않고 옷을 벗기 시작했다. 아르튀르는 두 손을 주머니에 찌른 채 자크를 멀뚱하니 바라보았다. 약간 야수 같은 얼굴에 금발의 이삿짐 운송업자 같은 땅딸막한 체구의 아르튀르에겐 어딘가 부드러운 면이 있었다.

"너의 형은" 하고 그는 안타깝다는 투로 말했다. "인생을 아는 좋은 사람이더군."

그는 조끼 주머니에 지폐 한 장을 넣는 흉내를 내더니 싱긋 웃고는 빈 쟁반을 들고 나갔다.

아르튀르가 다시 돌아왔을 때 자크는 침대에 누워 있었다.

"벌써 자냐?" 아르튀르는 구두 발끝으로 책상 아래쪽을 툭툭 찼다. "이 봐, 자기 전에 네 물건 좀 정리할 수 없어?" 그는 침대로 다가왔다. "알겠냐? 꼬맹아……."

그는 두 손을 자크의 양 어깨에 얹고 기묘한 목소리로 껄껄 웃었다. 자크의 얼굴은 괴로운 미소로 점점 더 일그러졌다.

"베개 밑에 뭘 감추진 않았겠지? 양초라든가 책 말이야?"

그는 시트 밑으로 한 손을 집어넣었다. 그런데 자크는 그의 손에서 잽싸게 빠져나와 벽에 등을 기댔다. 아르튀르로선 생각지도 않던, 도저히 그냥 넘어갈 수 없는 일이었다. 자크의 두 눈은 증오로 이글거렸다.

"호오" 하고 아르튀르가 말했다. "오늘 저녁엔 신경이 잔뜩 날카로워져 있군!" 그는 이렇게 덧붙였다. "이것 봐, 난 말하려고만 들면 뭐든 일러바칠 수 있어……."

그는 낮은 소리로 말하면서 눈으로는 복도 쪽의 문을 살폈다. 그리고 더 이상 자크를 거들떠보지 않고 감시용으로 밤새 밝혀 놓는 켕케 램프에 불을 켠 다음 마스터 키를 꺼내 전기 스위치를 닫고 나서 휘파람을 불며 나갔다.

자크는 자기 방문의 열쇠가 열쇠구멍 속에서 두 번 돌아가는 소리를 들었다. 그리고 슬리퍼를 타일 위로 질질 끌며 멀어지는 소리를 들었다. 그제서야 자크는 침대 한가운데로 와서 두 다리를 뻗고 반듯이 누웠다. 이가 딱딱 부딪치며 소리를 냈다. 이제 아무것도 믿을 수 없게 되었다. 오늘 하루의 일, 자기가 한 이런저런 말들을 떠올리자 격렬한 분노가 끓어올랐고, 뒤이어 가슴을 갈가리 찢는 듯한 절망감이 그를 엄습했다.

문득 파리, 앙투안, 집, 말다툼, 공부, 가정적 평화 따위가 그의 뇌리를 스쳤다……. 아, 돌이킬 수 없는 잘못을 저질렀다. 제 발로 적에게 자신의 몸을 내맡긴 것이나 다름없었다! '그런데 그들은 대체 나를 어떻게 하려는 걸까? 모두들 나를 어떻게 하려는 걸까?' 눈물이 흘러내렸다. 앙투안의 그런 얼토당토 않은 계획은 도저히 실현이 불가능하며, 아버지가 틀림없이 그 일에 반대할 것이라는 생각이 그를 사로잡았다. 아버지가 자신을 구해 줄 것 같았다. 그래, 모든 것은 실패할 것이다. 그러면 마침내 그들은 나를 가만히 내버려두겠지. 지금 이대로 내버려둘 거야. 여기, 이곳에는 고독과 무위와 평온 속의 행복이 있다.

천장에서는 작은 램프의 그림자가 그의 머리 위로 빙빙 돌고 있었다.

여기에 편안함이 있고 행복이 있다.

4. 티보 씨, 자크의 집에 돌아옴을 반대하다

어두침침한 층계에서 앙투안은 아버지의 비서인 샬르 씨와 마주쳤다. 샬르 씨는 쥐처럼 벽을 따라 미끄러져 내려가다가 앙투안을 보자 놀란 눈으로 멈추어 섰다.

"아, 당신이었군요?"

그는 자기의 주인에게서 이런 감탄조의 말투를 배웠다. "나쁜 소식이에요!" 하며 그가 속삭이듯이 말했다.

"대학에 있는 패들이 인문대 학장을 후보로 밀고 있습니다. 적어도 열다섯 표는 잃은 거지요. 법조계 표까지 합하면 스물다섯 표의 손실입니다. 원재수가 없으려니까. 아버님께서 말씀하실 겁니다."

그는 소심증 때문에 끊임없이 잔기침을 했다. 그러면서 스스로는 만성 감기환자라고 생각하면서 온종일 고무 드롭스를 빨고 있었다.

"실례합니다. 어머니가 걱정하셔서요" 하고 샬르 씨는 앙투안이 아무 대답도 하지 않자 말했다. 그는 시계를 꺼내어 시간을 보기 전에 귀에 대고 초침 소리를 듣더니 외투의 깃을 세웠다. 그리고 사라졌다.

7년 전부터 안경을 낀 키 작은 이 사나이가 매일 티보 씨의 일을 거들어 왔다. 그러나 앙투안은 첫날 보았을 때와 마찬가지로 지금도 이 사람에 관해 아는 바가 없었다. 그는 말수가 적은 편이며, 말할 때는 작은 목소리로 말하곤 했다. 그런가 하면, 동의어를 늘어놓으면서 진부한 생각만을 나타낼 뿐이었다. 시간관념이 철저하고 사소한 일에 몰두하는 그런 유형의 사람이었다. 자기 어머니와 함께 살고 있었는데, 어머니에 대한 효성이 매우 지극한 것 같았다. 그의 구두는 항상 삐걱거리는 소리를 냈다. 그의 이름은 쥘르였다. 그러나 티보 씨는 자기 자신을 좀 더 잘나 보이게 하기 위해 이 비서를 '샬르 씨'라고 불렀다. 앙투안과 자크는 그에게 '고무공' 또는 '따분한 자'라는 별명을 붙였었다.

앙투안은 성큼성큼 아버지의 서재로 들어갔다. 티보 씨는 마침 잠자리에 들려고 책상을 정리하고 있었다.

"아, 너냐! 나쁜 소식이다!"

"알고 있습니다" 하고 앙투안이 그의 말을 가로막았다. "샬르 씨한테서 들었습니다."

티보 씨는 못마땅한지 깃 위로 턱을 쑥 내밀었다. 그는 자기가 말하고자 하는 것을 남이 미리 알아버리는 것을 좋아하지 않았다. 앙투안은 이번만은 그런 일에 전혀 개의치 않았다. 자기의 용건만을 생각하고 있었으며 벌써 조금씩 기가 죽고 있음을 느꼈다. 그는 그것을 의식하자마자 단도직입적으로 말을 꺼냈다.

"저 역시 아버지께 아주 나쁜 소식을 가지고 왔습니다. 자크를 더 이상 크루이에 둘 수는 없습니다."

그는 숨을 가다듬고 나서 단숨에 이야기를 계속했다.

"거기에서 오는 길입니다. 자크를 만났습니다. 자크가 모든 걸 털어놓더군요. 여러 가지 비참한 사실을 알게 되었습니다. 아버지께 그곳 상황을 말씀드리러 온 겁니다. 그 애를 지금 당장 그곳에서 꺼내 와야 합니다."

티보 씨는 잠시 돌덩어리처럼 꼼짝도 하지 않았다. 그의 놀라움은 목소리만으로도 짐작할 수 있었다.

"네가……? 크루이에? 네가? 언제? 무엇하러 갔지? 나와 미리 상의도 없이? 정신 나간 거 아니냐? 말해 봐."

앙투안은 장애물을 하나 뛰어넘었다는 사실에 안도감을 느끼기는 했으나 어쩌나 말을 꺼내기가 힘들던지 아무 말도 할 수가 없었다. 숨 막힐 것 같은 침묵이 흘렀다. 티보 씨는 두 눈을 크게 떴다가 천천히 감았다. 그는 의자에 앉더니 두 주먹을 책상 위에 올려놓았다.

"이야기해 봐, 애야" 하며 그는 말을 계속했다. 그는 엄숙하게 말 한 마디 한 마디에 힘을 주었다. "네가 크루이에 갔었단 말이지? 그게 언제냐?"

"오늘요."

"뭐라고? 누구하고?"

"혼자서요."

"그래…… 그들이 널 들여보내 주더냐?"

"물론입니다."

"그래…… 네 동생도 만났어?"

"온종일 자크와 함께 보냈습니다. 단둘이서요."

앙투안은 마지막 말을 울리게 하는 도전적인 버릇이 있었는데, 그것이 티보 씨의 노여움을 부채질했다. 그러나 티보 씨는 신중할 필요가 있다고 생각했다.

"이제 넌 어린아이가 아니야."

마치 앙투안의 목소리로 그의 나이를 알아볼 수 있다는 듯이 티보 씨가 말했다.

"내 허락 없이 그런 행동을 하는 것은 무례한 행동임을 알아야 해. 내게 말 한 마디 없이 크루이로 가야 했던 무슨 특별한 이유라도 있었느냐? 네 동생이 네게 편지를 써서 너더러 와 달라고 하더냐?"

"아닙니다. 제가 갑자기 이상하다는 생각이 들었기 때문입니다."

"이상해? 뭐가?"

"모든 것이요……. 그곳의 교도 방법에 대해서……아홉 달 전부터 자크가 처해 있는 그곳에서의 교도 결과에 대해서 말입니다."

"애야, 넌…… 넌 나를 몹시 놀라게 하는구나!" 티보 씨는 적절한 표현을 찾느라고 머뭇거렸다. 그러나 꽉 쥔 커다란 두 주먹과 앞으로 내밀곤 하는 고갯짓이 그의 말과 대조를 이루고 있었다. "어떻게……아비에 대해 그런 의심을……."

"사람이란 누구나 실수할 수 있습니다. 이게 바로 훌륭한 증거입니다!"

"증거라고?"

"아버지, 제 말 좀 들어 보세요. 화를 내실 것 없습니다. 아버지나 저나 똑같이 자크의 행복을 원한다고 생각합니다. 자크가 어떤 상태에 있었는지 제가 목격한 것들을 아버지께서 아시게 되면 그 누구보다 제일 먼저 자크를 그 소년원에서 서둘러 데리고 나오기로 결정하실 겁니다."

"그건 안 된다!"

앙투안은 애써 티보 씨의 비웃음을 못 들은 척하려고 했다.

"나와야 합니다, 아버지."

"안 된다고 했잖아!"

"아버지, 아버지께서 그걸 아신다면……"

"너 혹시 나를 바보로 취급하는 거 아니냐? 10년 전부터 매달 크루이에 가서 전반적인 검열을 한 다음 꼬박꼬박 보고서를 받는 나인데 그곳에서 무슨 일이 일어나고 있는지 알려고 네 보고를 기다리고 있었던 줄 아느냐? 그리고 내가 이사장인 이사회에서 토의되지 않은 어떤 사항도 그곳에서는 시행되지 않는다는 사실을 아느냐?"

"아버지, 제가 그곳에서 본 것은……."

"됐다, 그 이야긴 그만해라. 네 동생은 입에서 나오는 대로 마구 지껄였겠지. 상대가 너인 만큼 얼마든지 그럴듯하게 꾸며댔을 거야! 하지만 나에게는 통하지 않는 수작이야."

"자크는 아무 불평도 하지 않았습니다."

티보 씨는 당황한 것 같았다. "그런데 왜?" 하고 그가 물었다.

"그 반대였습니다. 그런데 바로 그 점이 더 심각한 것입니다. 그 애 말로는 그곳 생활이 편안하답니다. 자기는 행복하고, 그곳 생활이 마음에 든다고까지 하더군요!"

티보 씨가 슬며시 만족스러운 웃음을 짓는 것을 본 앙투안은 신랄하게 쏘아붙였다.

"그 가엾은 아이는 가족과의 생활에 대해서 어찌나 좋지 않은 추억을 가지고 있던지 차라리 감방을 택한 겁니다!"

그 공격은 과녁을 빗나갔다.

"그래 잘됐구나. 우린 모두 의견이 일치하는군. 그런데 넌 뭘 더 원하는 거냐?"

앙투안은 자크의 자유를 얻어낼 수 있으리라는 확신이 점점 줄어들자 동생이 고백한 모든 사실을 티보 씨에게 털어놓을 엄두가 나지 않았다. 그는 일반적인 불만거리 정도로 그치고 나머지는 덮어 두기로 결심했다.

"아버지, 제가 진실을 말씀드리겠습니다" 하고 그는 티보 씨에게 주의 깊은 시선을 쏟으며 말을 시작했다. "저는 처음에 그곳 생활이 궁핍과 학대와 감금과 같은 것이 아닐까 하고 의심했었습니다. 네, 알았습니다. 다행히 그 모든 것이 근거 없는 추측이었습니다. 그러나 저는 자크의 생활에서 그보다 백 배나 더 해로운 정신적인 참혹상을 보았습니다. 그들이 자크를 혼자 있도록 격리시키는 게 그 애에게 좋은 결과를 가져온다고 말하는 것은 아버지를 속이려는 겁니다. 그런 치료는 병 그 자체보다도 훨씬 더 위험합니다. 그 애는 하루하루를 아무런 의미 없는 무위 속에서 보내고 있습니다. 그 애의 선생에 대해서는 이야기하지 않겠습니다. 실은 자크는 아무것도 하지 않고 있어요. 그리고 그 애의 지능은 분명히 이제 조그마한 노력도 할 수 없게 되어 있습니다. 더 이상 그 고통을 계속하게 하는 것은, 제 말을 믿어 주세요, 그것은 그 애의 장래를 영원히 위태롭게 만드는 일입니다. 이미 극심한 무기력 상태에 빠져 있어요. 약해질 대로 약해져 있고요. 만일 그 애를 앞으로 몇 달 더 그런 마비 상태 속에 내버려 둔다면 영원히 건강을 회복하지 못할 지도 모릅니다."

앙투안은 아버지에게서 눈을 떼지 않았다. 그는 죽은 듯이 꼼짝도 않는 그 얼굴 위에 자신의 온 시선을 집중하여 조금이나마 동의하는 빛을 읽으려고 애쓰는 것 같았다. 다시 평정을 되찾은 티보 씨는 꼼짝도 않고 있었다. 그의 모습은 편안히 쉬고 있는 동안에 자기 힘을 드러내지 않는 후피동물을 떠올리게 했다. 그 가운데서도 크고 편편한 두 귀며, 번쩍이는 교활한 눈은 코끼리를 떠올리게 했다.

앙투안의 보고를 듣자 그는 안심했다. 소년원에서는 지금까지 추문의 소지가 될 몇 가지 사건들이 있었고, 파면의 이유를 밝히지 않으면서 몇몇 감시원들을 파면시켜야 했으므로 티보 씨는 한순간 앙투안이 보고 온 것이 그런 종류의 문제가 아닐까 걱정스러웠던 것이다. 그러나 이제 그는 안도의 한숨을 내쉴 수 있었다.

"네가 나에게 무엇인가를 알려주고 있다고 생각하니?" 그는 무골호인 같은 태도로 말했다. "애야, 지금 네가 그렇게 말하고 있는 것은 모두 네가 의협심을 타고났기 때문이다. 그러나 진심을 이야기 하마. 교도하는 문제란 대단히 복잡하단다. 그리고 그건 하루 이틀에 되지도 않아. 나의 경험, 그리고 전문가들의 경험을 믿어다오. 너는 그 애가 약해지고, 무기력한 마비 상태에 있다고 말했다. 그래 좋다! 너는 네 동생이 어떤 인간이었는지 알고 있어. 그렇게 나쁜 짓을 하려는 의지를 꺾으려면 우선 그 의지부터 없애야 하지 않겠니? 나쁜 버릇이 든 아이를 점차 순화한다는 것은 악한 본능을 약화시키는 것이고, 그래야만 목적을 달성할 수 있는 거야. 그건 실제의 경험이 가르쳐 주는 일이다. 그리고 봐라. 네 동생이 변하지 않았더냐? 이제 다시는 화를 내는 일이 없을 게다. 그 애는 가까이 있는 모든 사람 앞에서 규율이 반듯하고 공손해졌다. 그 애가 이미 질서를 좋아하고 새로운 생활의 규칙성을 좋아하게 되었다고 네 입으로 말했지. 그래, 1년도 채 안 되어 그런 결과를 얻게 되었다니 흐뭇하지 않니?"

그는 뭉툭한 손가락으로 턱수염 끝을 가지런히 하고 있었다. 그리고 이야기를 마치자 아들을 힐끗 쳐다보았다. 낭랑하게 울리는 목소리며 위엄있는 말솜씨가 그가 하는 하찮은 말 한 마디 한 마디에 힘을 실어 주고 있었다.

그리고 앙투안은 항상 아버지의 말에 복종하는 데 너무나 익숙해져 있었으므로 그는 이미 기가 죽어 있었다. 그런데 티보 씨는 그만 자만심에서 오는 실수를 범하고 말았다.

"그건 그렇고, 현재 조금도 문제가 되지 않고, 또 앞으로도 문제가 되지 않을 징계의 타당성에 대해서 내가 어째서 해명할 필요가 있는지 모르겠구나. 나는 해야 한다고 믿는 일을 성심성의껏 하고 있을 뿐이다. 누구의 참견도 들을 이유가 없어. 나는 더 이상 말하지 않을 테니 이 점 명심하도록 해라."

앙투안은 몹시 화를 냈다.

"아버지, 그런 방법으로 저를 말리지는 못합니다! 다시 말씀 드리지만 자크를 크루이에 그대로 둘 수는 없습니다."

티보 씨는 다시 비꼬는 듯한 웃음을 슬쩍 지었다. 앙투안은 자제력을 잃지 않으려고 기를 썼다.

"그래요, 아버지. 자크를 그곳에 그대로 두는 건 죄악입니다. 결코 소홀히 할 수 없는 그 아이의 가치를 잃게 해서는 안 됩니다. 아버지께 이런 말씀을 드리는 것을 용서해 주십시오. 아버지께서는 자크의 기질에 대해 오해하실 때가 많았습니다. 그 애는 아버지의 역정을 돋구었고 그래서 아버지께서는 ……."

"내가 뭘 어쨌단 말이냐? 그 애가 떠나고 난 뒤에 비로소 이 집 안이 조용해졌다. 안 그러냐? 그러니까 그 애가 완전히 교정이 이루어진 후에야 집으로 돌아오게 할 건지 어떨지를 결정할 거다. 그때까지는……."

그는 마치 온 힘을 다해서 내려칠 듯이 한쪽 주먹을 들어올렸다. 그러나 주먹을 펴고는 천천히 책상 위에 내려놓았다. 그는 노여움을 속으로 삭였다. 그러나 앙투안의 분노가 폭발했다.

"아버지, 자크를 크루이에 놔 두어선 안 됩니다. 분명히 말씀드립니다!"

"허어……" 하고 티보 씨가 빈정거리는 투로 말했다. "네게 전권이 없다는 걸 혹시 잊고 있는 거 아니냐?"

"아닙니다. 잊지 않았습니다. 그래서 아버지께 묻는 겁니다. 아버지께서는 어쩌실 생각이십니까?"

"나 말이냐?"

티보 씨가 낮은 목소리로 느리게 중얼거렸다. 그는 쓴 미소를 띠고는 잠시 눈꺼풀을 얇게 밀어올렸다.

"당연한 일이다. 내 허가 없이 너를 들여보낸 데 대해 펨므 씨를 단단히 견책하겠다. 그리고 다시는 네가 그곳에 드나들지 못하게 하겠다."

앙투안은 팔짱을 끼었다.

"그러시다면 아버지의 팸플릿이며 연설은 어떻게 됩니까! 그 미사여구들은요! 하기야 회의석상에서는 무슨 말씀이나 하시겠지요! 그런데 하나의 지적능력이 침몰해 가는데, 비록 그것이 아들의 경우일지라도 개의치 않으신단 말씀이군요. 복잡한 일은 질색이다, 조용히 사는 것이 좋다, 그리고 될 대로 되라, 이 말씀이십니까?"

"건방진 놈!" 하고 티보 씨가 소리쳤다. 그는 벌떡 일어섰다. "내 이런 일이 있을 줄 알았다! 오래전부터 예상하고 있었다. 식탁에서 불쑥 꺼내던 말과 네 책들, 네가 보는 신문들…… 네 의무를 수행할 때의 냉담함이며…… 모든 게 다 서로 상관 있는 것들이었어. 종교심을 팽개치고 곧 도덕적 허무주의자가 되겠지. 그리고 끝내는 혁명……."

앙투안은 어깨를 흔들었다.

"이 문제에 다른 이야기를 개입시키지 마세요. 문제는 자크입니다. 화급을 다투는 일이예요. 아버지, 약속해 주십시오. 자크를……."

"앞으로 내게 그 애 이야기하는 걸 금한다! 똑똑히 알아들었느냐?"

아버지와 아들은 서로 노려보았다.

"그게 마지막 말씀입니까?"

"나가!"

"아, 아버지, 아버지는 저를 모르십니다." 앙투안이 도전적인 웃음을 지으며 중얼거렸다. "맹세코 자크를 그 감옥에서 꺼내 오겠습니다! 그리고 아무도 저를 막지 못할 겁니다!"

티보 씨는 분노가 끓어올라 이를 악물고 아들 쪽으로 걸어왔다.

"나가!"

앙투안은 이미 문을 열어놓고 있었다. 그는 문지방에서 몸을 돌리더니 고함치듯이 말했다.

"아무도 막지 못합니다! 저 자신이 저의 신문을 통해 공격적인 글로 캠페인을 벌이는 한이 있더라도요!"

5. 베카르 신부의 조언

밤새 한숨도 못잔 앙투안은 이튿날 아침 일찍 신부 사제관의 성기실(聖器室)에서 베카르 신부가 미사를 끝내기를 기다리고 있었다. 신부에게 모든 사실을 알리고, 이 일을 거들어 주기를 부탁하기 위해서였다. 자크를 그곳에서 꺼내 오는 길은 이 방법밖에 없었다.

두 사람의 이야기는 오래도록 이어졌다. 신부는 마치 고해라도 받듯 젊은 청년을 자기 가까이 앉히고 나서, 윗몸을 뒤로 하고 습관대로 고개를 왼쪽 어깨 쪽으로 기울이고는 깊은 생각에 잠긴 채 그의 이야기를 듣고 있었다. 신부는 단 한번도 그의 이야기를 가로막지 않았다. 코가 오똑하고 혈색 없는 신부의 얼굴에는 거의 표정이 없었다. 그러나 때때로 앙투안의 말 뒤에 숨은 뜻을 찾아 내려는 듯이 온화하고 진지한 눈길을 쏟곤 했다. 티보 가족 가운데에서 앙투안과는 다른 사람만큼 친밀하지는 않았지만 신부는 앙투안에게 늘 특별한 존경심을 품고 있었다. 이 점에서 신부는 우습게도 티보 씨의 영향을 받았다. 티보 씨는 자신의 허영심 때문에 앙투안의 성공에 대해 매우 민감했으며, 남에게 아들은 그의 자랑거리였다.

앙투안은 교묘한 논리로 신부를 설득시키려 애쓰지는 않았다. 그는 신부에게 크루이에서 시작하여 아버지와의 논쟁으로 막을 내린 자신의 하루 동안의 일을 자세하게 들려주었다. 그 점에 대해서 신부는 아무 말 없이, 거의 언제나 가슴 높이만큼 들고 있는 두 손으로 그래서는 안 된다는 의미를 나타내보였다. 둥근 손목으로부터 길게 늘어져 있는 신부다운 두 손, 그런가 하면 똑같은 위치에 있으면서 돌연 생기를 띠곤 하는 그 손은 마치 자연이 얼굴에 부여하지 않은 표정을 손에다 부여해 준 듯했다.

"신부님, 이제 자크의 운명은 신부님에게 달려 있습니다."

앙투안은 결론부터 내렸다.

"신부님만이 아버지를 설득하실 수 있습니다."

신부는 아무 대답도 하지 않았다. 그가 어찌나 침울하고 멍한 시선을 돌렸던지 앙투안은 그것을 어떻게 해석해야 할지를 몰랐다. 이어 앙투안은 자신의 무력함과 자신이 시도하고 있는 일에 있어서 극복할 수 없는 난관이 있음을 느꼈다.

"그리고 나서는?" 하고 신부가 슬며시 물었다.

"그리고 나서라니요?"

"이를테면 아버님께서 자크를 파리로 데려오신다고 합시다. 그리고 나서는 그 애를 어떻게 하실 작정이지요?"

앙투안은 당황했다. 계획이 있기는 하지만 그것을 어떻게 설명해야 할지 몰랐다. 그만큼 그의 계획을 신부에게 이해시키는 일이 너무나 어렵게 느껴졌다. 즉 그것은 집을 나와서 자크와 자기가 사는 집에서 생활하며, 자크를 아버지의 영향력으로부터 벗어나게 한다는 계획이었다. 그리고 자신이 자크의 교육방침을 세우고 공부를 점검하고 그 애 행동을 감독한다는 것이었다. 그 이야기를 들은 신부는 미소를 금치 못했다. 그러나 그의 미소에 비웃음이라고는 조금도 없었다.

"힘든 일을 떠맡으려 하시는군요."

"글쎄요" 하며 앙투안은 열띤 어조로 응수했다. "저는 그 애에게 참으로 커다란 자유가 필요하다는 확신을 가지고 있습니다! 그런 구속 아래서는 그 애가 절대로 발전할 수 없다는 확신도 함께! 신부님, 저를 비웃으셔도 좋습니다. 하지만 분명한 것은 자크를 돌볼 사람이 진정으로 저밖에 없다면……"

그는 신부로부터 다시 한 번 고개를 가로젓는 것을 얻어 냈을 뿐이다. 그다음에는 저 멀리서 오는 것 같으면서도 마음속까지 꿰뚫어 보는 듯한 날카롭게 응시하는 신부의 눈길만을 보았다. 그는 절망에 차서 그곳을 떠났다. 아버지의 강력한 거부, 게다가 신부의 가망 없어 뵈는 무심한 태도는 그의 모든 희망을 앗아가 버린 것이다. 신부가 그 즉시 티보 씨를 만나러 갈 결심을 한 것을 앙투안이 알았더라면 깜짝 놀랐을 것이다.

신부는 구태여 그 집까지 발걸음을 할 필요가 없었다.
그는 매일 아침 미사가 끝난 뒤면 사제관 바로 옆에 있는 누이와 함께 거주하고 있는 자기 집으로 찬 우유를 마시러 가곤 했다. 그날도 여느 때와 마찬가지로 집에 들어서자, 티보 씨가 자기 집 식당에서 자기를 기다리고 있는 것이었다. 거구의 티보 씨는 두 손을 무릎 위에 놓고 의자에 푹 파묻힌 채 아직도 노여움을 삭이지 못하고 있었다. 신부가 들어오자 그는 일어섰다.
"아, 오셨군요" 하고 티보 씨가 중얼거렸다.
"갑작스런 방문에 놀라셨지요?"
"생각하시는 만큼 놀라지는 않았습니다." 신부가 대답했다. 이따금 짓는 은근한 미소 내지는 빈정거리는 듯한 눈빛이 신부의 차분한 얼굴을 밝게 해 주었다.
"제 정보망은 잘 짜여져 있답니다. 저는 모든 걸 다 알고 있습니다. 실례해도 될까요?" 하면서 신부는 식탁 위에서 자신을 기다리고 있는 우유잔으로 다가갔다.
"알고 계신다고요? 아니 그럼 신부님께서는 벌써……?"
신부는 우유를 홀짝거리며 마셨다.
"저는 어제 아침에 후작부인을 통해서 아스티에의 병세를 알았습니다. 그러나 선생님과의 경쟁을 단념했다는 소식은 어제 저녁에야 들었습니다."
"아스티에의 병세라니요? 아니, 그렇다면…… 뭐가 뭔지 알 수 없군요. 난 아무것도 모르고 있어요, 나는."
"그럴 리가?" 하며 신부는 말했다. "당신께 좋은 소식을 알려드리는 것이 제가 처음인 모양이군요."
그는 잠시 말을 멈추었다.
"그럼 좋습니다. 그 늙은 아스티에 영감이 네 번째 발작을 일으켰다는군요. 이번에는 그 가련한 노인이 가망이 없나 봅니다. 그러자 학장도 바보가 아니니까 후보에서 물러났어요. 그래서 정신과학 협회 선거의 무대는 당신 혼자만의 것이 되었습니다."

"학장이…… 사퇴를?" 하고 티보 씨는 더듬거리며 말했다. "아니, 왜요?"

"왜냐하면 그는 인문대학 학장으로서는 문학협회 자리가 더 낫다고 생각한 것이지요. 그리고 당신과 맞붙어서 위험을 무릅쓰느니 차라리 4, 5주일 기다려서 말썽이 없을 자리를 차지하자는 속셈인 것이지요!"

"그거 확실한 이야깁니까?"

"이건 공식적인 이야깁니다. 제가 어제 저녁 가톨릭대학의 회합에서 협회 상임비서를 만났습니다. 학장이 직접 사퇴서를 들고 왔더랍니다. 결국 24시간도 채 안 되는 입후보였지요!"

"그렇게 되면……!"

티보 씨가 알아듣기 어려울 만큼 빠르게 중얼거렸다. 놀라움과 기쁨으로 그는 숨이 콱 막힐 것 같았다. 뒷짐을 진 채로 몇 발자국 서성거리다가 신부 옆으로 다가갔다. 그는 신부의 두 어깨를 잡으려다가 두 손만 잡았다.

"아, 신부님, 전 결코 잊지 않을 겁니다. 고맙습니다, 고맙습니다."

너무나 커다란 행복감 때문에 다른 모든 것은 뒤로 밀려나 버렸다. 그의 노여움도 어디론가 사라지고 없었다. 신부가 스스럼없이 티보 씨를 서재로 안내한 다음 아주 자연스러운 어조로 그에게 다음과 같이 물었을 때 티보 씨는 거기에 대답하기 위해 기억을 되살려야 할 정도였다.

"그런데 이처럼 이른 시각에 어쩐 일로 오셨는지요?"

그제서야 그는 앙투안이 생각났다. 그러자 단번에 노기와 흥분이 되살아났다. 최근 들어 많이 변한 앙투안, 의구심과 반항정신으로 팽배해 있는 맏아들에 대해 어떻게 처신해야 할지를 상의하러 왔다고 했다. 하다못해 종교적인 의무만이라도 계속하고 있는지? 주일 미사에는 참여하고 있는지? 환자를 핑계로 가족 식사 자리에도 나타나지 않는 횟수가 점점 많아지고, 식탁에 나타나더라도 그의 태도는 예전과 전혀 다르다는 것. 늘 아버지에게 대항하며, 엉뚱한 생각을 서슴지 않고 피력하곤 한다는 것. 최근의 시의원 선거 때도 논쟁이 여러 차례 너무 신랄한 양상을 띠어 하는 수 없이 어린아이에게 하듯이 입을 다물라고 할 수밖에 없었다는 것. 요컨대 앙투안을 올바른 길로 인도하기 위해서는 조속히 새로운 조치를 강구할 필요가 있으며, 그러기 위해서는 베카르 신부의 도움과 설득이 필요하다는 것이었다.

티보 씨는 그 예로 앙투안이 규칙을 무시하고 크루이에 감으로써 저지른

버릇없는 행동과 또 그가 늘어놓은 어처구니없는 여러 가지 억측, 그리고 그
뒤에 있었던 차마 말로 다 할 수 없는 일들을 이야기했다. 그러나 앙투안의
독자적인 행동을 비난하고 있었지만 자신도 모르게 아들에 대한 존경심은
오히려 더 커지고 있음이 그의 말에 여실히 드러나 있었다. 신부는 그 점을
놓치지 않았다.

책상 앞에 편한 자세로 앉아 있는 신부는 두 손을 신부복의 가슴 장식 양
쪽으로 들어올려 간간이 동의의 표시를 해보일 뿐이었다. 그러다가 자크 이
야기가 나오자 신부는 번쩍 고개를 들었다. 그의 주의력이 배로 증가하는 것
같았다.

신부는 서로 연관성 없어 보이는 일련의 교묘한 질문을 통해 큰아들에게
서 들은 모든 정보를 아버지로 하여금 확인하게 했다.

"하지만…… 하지만…… 하지만!" 하고 신부는 마치 혼잣말처럼 되뇌었
다. 그는 잠시 마음속으로 기도를 드렸다. 티보 씨는 어리둥절하여 기다리고
있었다. 마침내 결심한 듯 신부가 이야기를 꺼냈다.

"앙투안의 태도에 관해서는 나는 당신만큼 걱정하지는 않습니다, 그것은
당연히 예상했어야 할 일이지요. 호기심 많고 열정적인 두뇌의 소유자에게
과학의 연구가 끼치는 최초의 결과는 자만심을 북돋우고 신앙심을 흔드는
것입니다. 약간의 지식은 사람들로 하여금 하느님으로부터 멀어지게 만듭니
다. 그러나 학문이 깊어지면 다시 하느님께 돌아오게 마련입니다. 걱정하지
마십시오. 앙투안은 지금 극단에서 극단으로 치닫는 그런 나이입니다. 제게
그 사실을 미리 알려 주신 일은 잘하신 것입니다. 이제부터 더 자주 만나서
이야기해 보도록 노력하지요. 이런 건 그다지 심각한 문제가 아닙니다. 조금
만 참고 기다리십시오. 그는 돌아올 겁니다. 그러나 자크의 생활에 대해 당
신이 하신 말씀이 더욱 걱정스럽습니다. 저는 격리된 생활이라 해도 그렇게
까지 가혹하리라고는 생각하지 못했습니다! 그곳에서의 자크의 생활은 감옥
생활입니다! 그런 생활이 위험하지 않다고는 볼 수 없습니다. 솔직히 말씀
드리건대 저는 이 일이 몹시 걱정스럽습니다. 그 문제에 대해 깊이 생각해
보셨나요?"

티보 씨는 미소를 지었다.

"신부님, 분명히 말합니다만, 어제 앙투안에게 대답한 대로 말씀드리겠습

니다. 그런 일에는 우리가 어느 누구보다 경험이 많다고 믿지 않으십니까?"

"그건 저도 인정하는 바입니다" 하고 신부는 전혀 싫은 기색 없이 말했다. "그런데 당신들이 그곳에서 다루고 있는 아이들은 댁의 아드님처럼 유별난 성격의 소년이 필요로 하는 것과 같은 배려를 필요로 하지 않습니다. 그리고 제가 잘못 이해한 것이 아니라면, 그 아이들의 생활은 자크의 그것과는 다르지요. 왜냐하면 그 아이들은 여럿이 함께 생활하며, 운동시간도 주어지고 작업시간도 있으니까요. 기억하시겠지만, 전에는 저도 자크에게 엄한 벌을 내리자는 데 찬성했었습니다. 또한 격리 따위의 조치가 그 아이에게 생각할 시간도 주고, 그를 교정할 수 있는 좋은 계기가 되리라고 생각했었습니다. 그런데 원, 그 방법이 사실상 투옥과도 같으리라고는 미처 생각하지 못했었고, 또 그렇게 오랫동안 그런 생활을 시킬 줄은 꿈에도 생각하지 못했습니다. 생각해 보십시오! 8개월 동안이나, 이제 겨우 열다섯밖에 안 된 아이가 혼자 감방에서 교육도 못 받은 간수의 감시 아래 있습니다. 또 그 간수의 성품에 대해서는 매우 피상적인 보고밖에는 받고 있지 않으신다지요? 그 애가 몇 시간 수업을 받는다고 칩시다. 그러나 그 콩피에뉴에서 온다는 선생이 일주일에 겨우 서너 시간 가르치는 것이 무슨 도움이 되겠습니까? 당신은 아무것도 모르십니다. 당신은 경험을 내세우십니다. 실례지만 저도 많은 중학생들과 12년을 함께 생활한 적이 있어요. 저도 열다섯 살 된 소년이 어떤지 모르지 않는다는 것을 상기시켜 드려야겠습니다. 당신의 눈에는 보이지 않는다 해도 그 가련한 아이가 처한 육체적, 그리고 그 무엇보다도 정신적인 학대는 소름 끼칠 일입니다!"

"신부님마저도?" 하고 티보 씨가 응수했다. "난 신부님을 올바르고 굳은 정신을 지닌 분으로 알고 있었습니다." 싸늘한 웃음과 함께 티보 씨가 덧붙였다. "하여간 바로 눈앞에 닥친 문제는 자크가 아닙니다……."

"제게는 다른 것이 문제가 될 수 없습니다." 신부가 억양을 높이지 않고 티보 씨의 말을 가로막았다. "제가 아는 바로는 지금 그 아이의 육체적, 정신적 건강은 실로 막대한 위험에 처해 있다고 생각됩니다." 신부는 생각에 잠긴 듯했다. 그러더니 천천히 한 마디 한 마디 힘주어 말했다. "그리고 그 애가 단 하루라도 더 크루이에 머물러서는 안 된다고 생각합니다."

"무슨 소립니까?"

티보 씨가 말했다.

침묵이 이어졌다. 12시간도 채 지나지 않아 티보 씨는 또다시 아픈 데를 찔렸다. 그는 울화가 치밀어 오르는 것을 억지로 가라앉혔다.

"그 이야기는 나중에 다시 합시다" 하고 티보 씨가 물러서면서 일어났다.

"그럼, 실례합니다." 신부가 뜻밖의 활기 찬 투로 말했다. "굳이 말씀드리자면, 경솔한…… 그것도 매우 온당치 못하게 경솔한 행동을 하셨습니다."

신부는 전혀 얼굴빛을 바꾸지 않고, 어떤 말에서는 단호하면서 유연한 태도로 목소리를 길게 늘어뜨리는 버릇이 있었다. 그와 동시에 둘째손가락을 입술 앞으로 들어올리는 것이었다. 그런 그의 태도는 마치 '조심하시오!'라고 말하는 것 같았다. 이번에도 "온당치 못한……" 하고 되풀이하면서 집게 손가락을 올렸다. 그리고 잠깐 사이를 두었다가 말했다.

"잘못은 한 시라도 빨리 바로잡아야 합니다."

"뭐라고요? 어떻게 하라는 겁니까?" 티보 씨는 이번에는 자제하지 못하고 소리쳤다. 그는 도전적인 심기를 노골적으로 드러냈다. "이미 훌륭한 효과를 내고 있는 치료방법을 멈추란 말입니까? 녀석을 집으로 다시 데려오란 겁니까? 다시 그 아이의 망나니 같은 짓에 놀아나라는 건가요? 무척이나 고맙군요!" 그는 관절에서 우두둑 하는 소리가 날 정도로 두 주먹을 꽉 쥐었다. 그리고 이를 악물고 있었으므로 목소리가 갈라져 있었다. "솔직히 말씀드려서 그건 안 됩니다. 그렇게는 절대로 못합니다!"

신부는 두 손으로 온화한 몸짓을 해보이면서 이렇게 말하려는 것 같았다. '좋으실 대로.' 티보 씨는 벌떡 일어섰다. 자크의 운명이 다시 한 번 결정되는 순간이었다.

"신부님" 하고 그가 말했다. "오늘 아침엔 아무래도 진지하게 이야기를 할 수 없을 것 같으니 그만 가보겠습니다. 그러나 신부님은 앙투안과 조금도 다르지 않게 터무니없는 공상을 하고 계십니다. 제가 자식을 버린 비정한 아비로 보입니까? 지금까지 그 아이를 좋은 길로 이끌기 위해 제가 애정과 관용, 모범적인 생활과 가정교육을 통해 온갖 노력을 다하지 않았던가요? 오랫동안 아비로서 자식 때문에 참을 수 있는 데까지 참지 않았다는 건가요? 그리고 제가 기울인 모든 선의가 헛일이었다고 신부님은 말씀하시는 겁니까? 저는 다행히도 적절한 때 나의 의무가 다른 곳에 있음을 알게 되었고,

무척 고통스러웠지만 엄한 아비가 되기를 주저하지 않았습니다. 신부님도 그 당시 제 의견에 찬성하셨습니다. 하느님께서는 제게 얼마간의 경험을 쌓게 해 주셨습니다. 크루이에 특별동을 지을 영감을 불러일으켜 주심으로써 한 인간의 악덕에 대한 치유법을 준비하도록 허락해 주셨다고 늘 생각해 왔습니다. 저는 그런 시련을 용감하게 받아들이지 않기라도 했다는 건가요? 자식을 가진 세상의 많은 아비들이 나처럼 행동할 수 있었을까요? 내가 비난받을 만한 일이라도 있습니까? 하느님의 은혜로 내 양심엔 추호의 흔들림도 없습니다." 그러나 그런 막연한 항변을 하는 그의 목소리에는 어딘지 모르게 힘이 없었다. "나는 모든 아비들이 나와 같은 평정심을 갖게 되기를 바라고 있습니다! 이만 돌아가겠습니다."

그는 방문을 열었다. 그의 얼굴에 흡족해 하는 미소가 떠올랐다. 그의 말투에는 쌀쌀맞은 구석이 있었지만 노르망디 지방 특유의 사투리가 여운을 남기고 있었다.

"다행히도 나는 당신네들 모두보다 훨씬 강한 정신력을 지녔습니다." 그가 말하며 현관을 가로질러 갔다. 그 뒤를 신부가 말없이 따라갔다. "자, 다시 뵙지요. 안녕히 계십시오."

그는 층계참에 이르자 쾌활한 투로 말했다. 그가 악수를 하려고 몸을 돌렸을 때 갑자기 신부가 두서없이 꿈을 꾸는 듯한 투로 읊조렸다.

"두 사람이 기도하러 성전에 올라왔는데, 하나는 바리사이파 사람이었고 다른 하나는 세리(稅吏)였다. 바리사이파 사람은 보란 듯이 서서 '오, 하느님, 감사합니다. 저는 다른 사람들과는 달리 욕심이 많거나 부정직하거나 음탕하지 않을 뿐더러 세리와 같은 사람이 아닙니다. 저는 일주일에 두 번이나 단식하고 모든 수입의 십분의 일을 바칩니다' 하고 기도하였다. 한편 세리는 멀찍이 서서 감히 하늘을 우러러보지도 못하고 가슴을 치며 '오, 하느님, 죄 많은 저에게 자비를 베풀어 주십시오' 하고 기도하였다."

티보 씨가 눈을 반쯤 떴다. 그는 현관의 어두운 그늘 속에 서 있는 자신의 고해신부를 보았다. 신부는 집게손가락을 입술에 대고 있었다.

"잘 들어라. 하느님께 올바른 사람으로 인정받고 집으로 돌아간 사람은 바리사이파 사람이 아니라 바로 그 세리였다. 누구든지 자기를 높이면 낮아지고 자기를 낮추면 높아질 것이다."(누가복음 제18장)

티보 씨는 눈 하나 깜짝하지 않았으나 충격을 받았다. 그는 두 눈을 가늘게 뜬 채 꼼짝 않고 서 있었다. 침묵이 길어지자 그는 용기를 내어 다시 눈을 떴다. 신부는 소리 없이 문을 닫았다. 닫힌 문 앞에 티보 씨는 홀로 서 있었다. 그는 어깨를 한번 으쓱하고는 몸을 돌려 나갔다. 그러나 층계를 반쯤 내려왔을 때 멈추어 섰다. 그는 난간을 꽉 쥐고 있었다. 숨이 가빠오고 있었다. 그는 코뚜레 때문에 초조해진 말처럼 턱을 앞으로 쑥 내밀었다.

"절대로 안 돼."

그는 중얼거리고는 더 이상 주저하지 않고 집으로 돌아갔다.

온종일 그는 아침에 있었던 일을 잊으려고 노력했다. 그러나 오후가 되어 필요한 서류를 샬르 씨가 꾸물거리며 전해 주자 참지 못하고 버럭 화를 냈다가 가라앉히느라 안간힘을 써야 했다. 앙투안은 당직이어서 병원에 가 있었다. 저녁식사는 침묵 속에서 흘러갔다. 지젤이 후식을 다 먹기도 전에 티보 씨는 냅킨을 접어 놓고 자기 서재로 돌아갔다.

시계가 마침 8시를 알렸다. '오늘 저녁에 신부를 다시 방문하지 못할 것도 없어.' 그는 의자에 앉으면서 생각했다. 그러나 그 문제는 입 밖에도 내지 않기로 굳게 결심했다. '신부는 자크 이야기를 다시 하겠지. 내가 안 된다고 말한 이상 그건 안 될 일이야. 그런데 그 바리사이파 사람 이야기를 한 건 무슨 뜻에서였을까?' 하고 그는 백 번도 더 자신있게 물어 보았다. 갑자기 아랫입술이 떨리기 시작했다. 티보 씨는 항상 죽음을 두려워했다. 그는 벌떡 일어섰다. 그리고 벽난로 위에 어지럽게 놓여 있는 여러 개의 동상들 너머로 거울 속에 비친 자기 얼굴을 살펴보았다.

세월이 흐름에 따라 그의 형상을 만들어 주었고 홀로 있을 때나 기도할 때나 잃는 법이 없던 그 만족스러운 자신감이 그의 표정에서 자취를 감추고 말았다. 그는 심한 오한으로 몸서리치며 양 어깨를 축 늘어뜨린 채 의자에 털썩 주저앉았다. 자신이 죽음의 침상에 누워 있는 모습을 상상해 보았다. 그리고 빈손으로 죽음에 임하게 되지나 않을까 불안한 마음으로 자신에게 물어 보았다. 그는 자신에 대한 세상 사람들의 평판에 필사적으로 집착했다. '하지만 난 선한 인간이 아닌가?' 그는 속으로 되풀이했다. 그러나 그 말은 여전히 의문형으로 끝나 있었다. 이제 더 이상 말로는 위안을 받을 수가 없었다. 그는 자기의 성찰로는 아직껏 밝혀보지 못한 숨겨진 밑바닥까지 내려가는 매우 드문 순간에 있었다. 안락의자 팔걸이를 두 주먹으로 꽉 쥔 채 자신의 생활을 돌이켜 보았다.

그러나 거기에서 순수하다고 할 만한 행위는 조금도 발견할 수 없었다. 가슴을 찌르는 듯한 갖가지 추억들이 망각 속에서 불쑥불쑥 튀어나오곤 했다. 그 추억 중의 한 가지, 다른 모든 추억보다도 더 괴로운 추억 한 가지가 어찌나 적나라하게 그 모습을 드러내며 엄습했던지 그는 두 손으로 머리를 감싸 쥐었다. 티보 씨가 수치심을 느끼는 것은 평생 처음 있는 일인지도 모른다. 마침내 그는 극도의 자기혐오에 빠졌다. 그 혐오감은 도저히 참을 수가 없었다. 그것을 벗어날 수만 있다면, 하느님의 용서를 구할 수만 있다면, 비탄에 잠긴 이 영혼이 평화를, 영원한 구원의 희망을 돌려받을 수만 있다면 어떠한 희생을 치르더라도 달게 받을 수 있을 것 같았다. 아, 하느님을 다시 찾을 수만 있다면……. 그러나 우선 하느님의 수탁자인 신부의 신임을 되찾아야 한다……. 그렇다…… 단 1분 1초라도 이 저주받은 고독 속에서, 이 형벌 속에서 살아선 안 된다…….

밖의 찬 공기가 티보 씨를 진정시켰다. 그는 한시라도 빨리 가려고 마차를 탔다. 베카르 신부가 문을 열어 주었다. 방문객이 누군지 알아보려고 높이 쳐든 등불에 비친 신부의 얼굴은 태연자약하여 눈썹하나 까딱하지 않았다.

"접니다" 하고 티보 씨가 말했다. 그는 기계적으로 손을 내밀고 나서는 입을 다물고 서재 쪽으로 걸어갔다. "자크 이야기를 다시 하려고 온 것은 아닙니다."

그는 앉자마자 단숨에 선언을 했다. 신부가 두 손으로 화해의 제스처를 보이자 티보 씨가 말을 이었다. "제발, 그 이야기는 더 이상 하지 맙시다. 신부님이 잘못 생각하고 계신 겁니다. 그리고 만일 원하신다면 직접 크루이에 가서 알아보십시오. 내 말이 옳다는 걸 아시게 될 겁니다."

그러고 나서 퉁명스러우면서도 꾸밈없는 말투를 섞어서 이렇게 말했다.

"오늘 아침 제가 화낸 것을 용서해 주십시오. 알다시피 저는 성미가 급합니다. 저는…… 그러나 속으로는…… 그런데 신부님도 그 바리새파 사람 이야기는 너무 심했습니다. 잘 아시지요, 너무하셨어요. 내게는 항의할 권리가 있습니다! 내가 가톨릭 사업을 위해서 모든 시간과 노력을 바쳐 온 지도 어언 삼십 년이 흘렀습니다. 더욱이 내 수입의 가장 많은 부분을 바쳐 왔습니다. 그런데 한 신부가, 한 친구가 말하기를 저더러……죄 많은 몸…… 아닙니다. 솔직히 말씀해 주십시오. 그건 옳지 못합니다!"

신부는 자기의 고해자를 물끄러미 바라보았다. 그는 마치 '당신이 하는 말 한 마디 한 마디에서도 알지 못하는 사이에 교만함이 튀어나오고 있소……' 라고 말하는 것 같았다.

오랜 침묵이 흘렀다.

"신부님" 하며 티보 씨가 자신 없는 목소리로 계속했다. "내가 완전치 못하다는 것은 인정합니다……. 네, 그래요 나도 알고 있습니다. 나는 자주……. 그러나 그건 내 천성입니다. 다시 말하면…… 당신은 나라는 사람을 모르시는 건 아니겠지요?" 그는 신부에게 얼마간의 관용을 바라고 있었다. "아, 구원의 길은 거칠고 험난하군요……. 저를 다시 일으켜 세워 이끌어 주실 수 있는 분은 오직 당신 뿐입니다……." 그는 갑자기 떠듬거리며 말했다. "나도 점점 늙어갑니다. 두려워요……."

신부는 이 목소리의 변화에 감동되었다. 그는 더 이상 침묵을 지켜서는 안 되겠다고 생각하고 앉았던 의자를 티보 씨 가까이 끌어당겼다.

"이제는 내가 주저하게 되는군요……" 하며 신부가 입을 열었다. "무엇보다 하느님의 말씀이 그토록 깊이 당신의 마음을 울린 이상 이제 와서 내가 무슨 할 말이 더 있겠습니까?"

신부는 잠시 명상에 잠겼다.

"하느님께서 당신에게 어려운 직무를 주셨다는 것을 나는 잘 알고 있습니다. 하느님을 위함으로써 당신은 사람들에게서 권위와 명예를 얻습니다. 그래야만 합니다. 그 결과, 당신은 하느님의 영광과 당신 자신의 영광을 어떻게 하면 혼동하고 있는 것은 아닙니까? 그리고 점차로 하느님의 영광보다 당신 자신의 영광을 더 바라는 유혹에 빠져 있지는 않은지요? 저는 알고 있습니다……."

티보 씨는 줄곧 두 눈을 뜨고 있었다. 다시는 눈을 감지 않았다. 창백한 그의 눈길은 겁먹은 듯하면서 동시에 어린애처럼 순진한 빛을 띠고 있었다.

"그렇지만!" 하며 신부가 이야기를 계속했다. "Ad majorem Dei gloriam

^{(하느님의 더 큰} 영광을 위하여). 그것만이 중요합니다. 나머지 모든 것은 아무런 가치도 없습니다. 형제여, 당신은 강자, 즉 오만한 자의 부류에 속합니다. 이 오만의 힘을 올바른 방향으로 가도록 누른다는 것이 얼마나 힘든 일인지 저도 잘 알고 있습니다. 심지어 하느님을 위해 봉사하는 일에 깊이 몰두해 있을 때도 자신을 위해 살지 않는다는 것이, 하느님을 잊지 않는다는 것이 얼마나 어려운 일인지 잘 압니다! 주님께서 어느 날, '이 백성이 입술로는 나를 존경하되 그 마음은 내게서 멀도다!'^(마태복음 제15장) 라고 서글프게 말씀하셨던 그런 사람들의 무리에 끼지 않는다는 것은 얼마나 어려운 일일까요!"

"아!" 하고 티보 씨가 흥분해서 고개를 든 채 말했다. "그건 무서운 일입니다……. 그것이 얼마나 무서운 일인지는 오직 저만 압니다!"

그는 자신을 비하시킴으로써 말로 표현하지 못할 마음의 평온을 느꼈다. 소년원의 문제에 대해서는 아무것도 양보하지 않으면서 신부의 마음을 다시 사로잡을 수 있을 것 같았다. 또한 자신을 더 비하시킴으로써, 그리고 자신의 깊은 신앙심과 뜻밖의 관용을 보임으로써 신부의 마음을 움직이고 싶은 충동을 느꼈다. 어떤 희생을 치르더라도 신부의 신임을 얻어 내야 했다.

"신부님!" 하고 그가 갑자기 말했다. 한순간 그의 눈길은 앙투안의 눈길에서 자주 볼 수 있었던 천성적인 빛을 띠었다. "만약 내가 지금까지 가련하고 교만한 자에 불과했는지도 모릅니다. 그러나 하느님께서는 바로 오늘 내게……속죄할 기회를 주신 것이 아닐까요?"

그는 어찌할 바를 모르면서 자신과 싸우는 것 같아 보였다. 확실히 그는 싸우고 있었다. 신부는 그가 통통한 엄지손가락으로 조끼 위로 정확히 심장이 있는 곳에 재빨리 성호를 긋는 모습을 보았다.

"실은 그 후보 말씀입니다만. 그 일에는 진정 희생이, 자만심의 희생이 있을 수 있습니다. 왜냐하면 오늘 아침 신부님은 그 선거의 결과는 자명하다고 말해 주셨으니까요. 자, 그럼, 나는…… 보십시오. 여기에도 또 허영심이 있군요. 나는 아무 말도 없이, 당신에게조차 아무 말 안 하고 행동으로 옮겨야 했을까요? 하지만 일이 이렇게 된 바에는 하는 수 없지요. 자, 신부님, 나는 내일 영원히 학사원 후보를 사퇴할 것을 맹세합니다."

신부가 어떤 손짓을 했으나 티보 씨에겐 보이지 않았다. 왜냐하면 티보 씨는 벽에 걸려 있는 십자가 쪽으로 몸을 돌리고 있었기 때문이다.

"하느님" 하고 티보 씨가 속삭였다. "저를 불쌍히 여겨 주시옵기를. 저는 일개 죄인에 불과하옵니다."

그는 한 가닥의 자만심을 스스로도 알아채지 못한 채 그런 행동 속에 곁들이고 있었다. 그의 자만심은 하도 깊이 뿌리를 내리고 있어서 가장 엄숙한 회개의 순간에도 놀라울 정도로 그것을 만끽하고 또 충족시킴으로써 자신의 겸허함을 즐기는 것이었다. 신부가 꿰뚫어 보는 듯한 시선으로 티보 씨를 바라보았다. 대체 이 사나이는 어느 정도까지 진실할 수 있는 것일까? 그러나 그 순간 티보 씨의 얼굴은 체념과 독실한 신앙심으로 환하게 빛나고 있었다. 그 결과, 얼굴의 부기도 주름살도 보이지 않았고, 노인의 얼굴이 순진한 어린애의 얼굴처럼 보였다. 신부는 그런 그의 모습을 보고 놀랐다. 그는 그날 아침 이 뚱뚱한 사업가를 몰아부치면서 변변치 못한 쾌감을 느꼈던 자신이 부끄럽게 생각되었다. 두 사람의 입장은 바뀌어 있었다. 그는 자신의 생활을 되새겨보았다. 지난날 학생들의 곁을 홀연히 떠난 일이며, 대주교의 교구에서 이와 같은 영광스런 자리를 탐냈던 것도 오로지 하느님의 영광을 위해서였던가? 그리고 매일 교회에 봉사한다는 구실 아래 그러한 외교적 수완을 행사함으로써 개인적으로 책망받을 만한 쾌락을 얻고 있는 것은 아닌가?

"솔직히 말해서, 당신은 하느님께서 저를 용서해 주리라고 믿으십니까?"

근심에 찬 티보 씨의 목소리가 베카르 신부로 하여금 정신적 지도자라는 본디의 직분으로 되돌아오게 했다. 그는 턱밑으로 두 손을 모으고 고개를 약간 숙인 다음 애써 미소를 지어보였다.

"나는 당신이 극한의 순간까지 가도록 내버려 두었습니다" 하며 신부가 말했다. "나는 당신이 고난의 잔을 마시도록 내버려 두었습니다. 그리고 하늘의 자비가 이 시간에 당신의 마음을 굽어 살피리라고 나는 확신하고 있습니다. 그러나……." 신부는 집게손가락을 들며 덧붙였다. "당신의 뜻만으로도 충분합니다. 그리고 당신의 진정한 의무는 희생의 마지막까지 가는 데 있지 않습니다. 내 말에 반대하지 마십시오. 당신의 고해신부인 내가 당신의 맹세로부터 당신을 해방시켜 드리겠습니다. 사실 당신이 선거에 이기는 것이 포기하는 것보다 하느님의 영광에 더 필요합니다. 당신의 가족 상황, 재산 상태에도 당신이 간과해서는 안 되는 요구사항이 있는 것입니다. 학사원 회원이라는 자격은 당신을 위대한 극우파 공화당원으로 만들 것입니다. 극우파 공화당이야말로 우리 조국의 수호자이며, 새로운 권위로서 부각되고 있습니다. 그리고 우리는 훌륭한 대의명분을 수행하기 위해서 극우파 공화당원이 필요하다고 생각하고 있습니다. 당신은 지금까지 교회의 보호 아래 당신의 생활을 해 나갈 줄을 아셨습니다. 그리고 이제 한번 더 나에게 당신의 갈 길을 인도하도록 맡겨 주십시오. 친애하는 형제여, 하느님께서는 당신의 희생을 거절하고 계십니다. 그 일이 아무리 힘들다 하더라도 내 말을 따라야 합니다. 저 높은 곳에 계신 분에게 영광 있을지니! 저 높은 곳에 계신 하느님에게 영광을 그리고 지상에 있는 선한 사람들에게 평화가 있기를!"

신부는 자신이 말을 하는 동안 티보 씨의 표정이 다시 제 모습으로 돌아오면서 차츰 이전의 균형을 되찾는 것을 보았다. 신부가 말을 마쳤을 때 티보 씨는 다시 눈을 감고 있었다. 신부는 그의 내부에서 무슨 일이 일어나고 있는지 알 수 없었다. 20년 전부터의 숙원이었던 그 학사원의 회원 자리를 그에게 되돌려줌으로써 신부는 그의 생명을 되찾아준 것이나 다름없었다.

그러나 그는 스스로에게 가한 엄청난 채찍질 때문에 아직도 기진맥진해 있으면서도 지고한 감사의 마음으로 가득 차 있었다. 두 사람은 지금 똑같은 생각을 하고 있었다. 곧 신부는 고개를 숙이고 낮은 목소리로 감사의 기도를 드렸다. 신부가 고개를 들었을 때 티보 씨는 무릎을 꿇고 있었다. 하늘을 우러르는 소경 같은 그의 얼굴은 기쁨으로 환히 빛났고 젖은 입술은 더듬거리며 하는 기도 때문에 움직이고 있었다.

그리고 책상 위에 놓인 털투성이의 두 손은 마치 말벌에 쏘인 것처럼 퉁퉁 부어 있었으며, 손가락은 감동적인 열정으로 깍지를 끼고 있었다. 이 근엄한 광경이 왜 갑자기 신부의 눈에 끔찍하게 보였을까? 신부는 참지 못하고 팔을 내밀어 티보 씨를 한 대 칠 뻔했다. 그는 곧 자세를 바꾸어 한 손을 티보 씨의 어깨 위에 다정스레 올려놓았다. 티보 씨는 무거운 몸을 간신히 일으켰다.

"아직 이야기가 다 끝난 건 아닙니다." 신부가 특유의 강직하면서도 온화한 태도로 이야기했다. "당신은 자크의 문제에 관해서도 결정을 내리셔야 합니다."

티보 씨는 자기도 모르게 온몸이 꼿꼿해졌다.

신부는 의자에 앉았다.

"어려운 의무를 해냈다고 해서 할 일을 다 했다고 생각하는 그런 사람이 되지 마십시오. 그런 사람들은 아주 가까이에 있는 절박한 의무를 소홀히 합니다. 당신이 그 아이에게 준 시련이 내가 걱정한 만큼 해롭지 않았다 하더라도 그 시련을 더 이상 연장시키지 마십시오. 제 주인이 가르쳐 준 재능을 썩히는 하인을 생각해 보십시오. 자, 형제여, 당신의 모든 책임에 대하여 확고한 답변을 내놓기 전엔 이곳을 떠나지 마십시오."

티보 씨는 선 채로 고개를 가로저었다. 그러나 그의 표정에서는 지금까지 보이던 아집은 찾아볼 수 없었다. 신부가 일어섰다.

"가장 중요한 것은" 하고 신부가 중얼거렸다. "앙투안에게 졌다는 인상을 주지 않는 것입니다."

신부는 자신이 정곡을 찔렀음을 알아차리고 몇 걸음 걷다가 돌연 허심탄회한 투로 말했다.

"제가 당신이라면 어떻게 했을지 아십니까? 저는 앙투안에게 이렇게 말했을 겁니다. '너는 네 동생이 소년원에서 나오기를 원한다고 했지? 그렇지? 아직도 그러기를 원하느냐? 좋다, 그렇다면 난 네 말을 그대로 믿겠다. 가서 그 애를 데려오너라. 그러나 네가 그 애를 맡아라. 그 애가 돌아오길 원한 건 너였다. 그러니까 네가 책임지고 전적으로 그 애를 돌보아라!'라고요." 티보 씨는 꼼짝도 하지 않았다. 신부는 이야기를 계속했다. "저라면 아예 한 걸음 더 나아가겠습니다! 이렇게 말하겠어요. '난 자크가 집에 있는 걸 바라지 않는다. 너 좋을 대로 처리해라. 넌 항상 내가 그 애를 다룰 줄 모른다고 생각했었지. 그렇다면 네가 직접 해봐라!' 저라면 동생을 앙투안에게 맡겨 버리겠습니다. 그 두 아이에게 다른 집을, 물론 식사는 함께 할 수 있도록 댁 근처에 마련해 주겠습니다. 앙투안에게 자크에 대한 전반적인 지도를 맡겨 버릴 겁니다. 반대하지 마십시오, 형제여."

신부는 티보 씨가 아무런 몸짓도 하지 않았는데도 이렇게 덧붙였다.

"잠깐, 부디 제 말을 끝내게 해 주십시오. 제 생각은 당신의 생각처럼 환상적인 것은 아닙니다……." 신부는 자기 책상으로 돌아가서 책상 위에 두 팔꿈치를 괴고 앉았다. 그가 말했다. "제 이야기를 잘 들어 보십시오. 첫째로, 자크가 당신의 명령보다는 형의 명령을 더 잘 견뎌 내리라는 것은 거의 확실합니다. 그리고 지금까지보다 훨씬 더 많은 자유를 누리게 된다면 자크도 지난날의 반항이나 버릇없는 생각이 고쳐지리라는 것도 쉽게 생각할 수 있습니다. 둘째로, 앙투안에 관해서 말하자면, 그의 성실성은 누구보다 당신이 보장할 수 있으실 겁니다. 그의 말을 진심으로 받아들인다면 앙투안도 이런 방법으로 자기 동생을 자유롭게 하는 것에 대해 결코 반대하지 않으리라고 굳게 믿습니다. 그리고 오늘 아침 우리들이 걱정했던 앙투안의 유감스러운 경향에 대해서 말하자면 저는 작은 동기로도 커다란 효과를 낼 수 있다고 생각합니다. 곧 이런 방식으로 앙투안에게 정신적인 의무를 부과함으로 해서 당신은 가장 바람직한 견제를 하게 되는 것이며, 그 결과 그가 사회와 도덕과 종교에 대해 좀 덜…… 반항적인 생각을 갖도록 반드시 인도하리라고 생각합니다. 셋째로, 매일의 충돌로 말미암아 손상되게 마련인 아버지로서의 당신의 권위는 그것으로 지킬 수 있고, 전폭적인 위엄을 가지고 두 아들에 대한 총괄적인 지도를 수행하게 될 겁니다. 그리고 그런 것이 곧 아버지의 본분이며, 뭐랄까? 가장 중요한 역할이기도 할 것입니다."

신부의 어조가 비밀얘기라도 하는 듯이 변했다. "끝으로 저는 학사원 선거 때까지는 자크가 크루이에서 나와 그 일이 어떤 문젯거리가 안 되도록 하는 것이 바람직하다고 솔직히 말씀드립니다. 명사가 되면 별의별 종류의 인터뷰와 조회를 받게 됩니다. 자칫 잘못하다가는 언론의 경솔한 언동의 표적이 되실 수 있고요……. 물론 이런 것들은 전적으로 부수적인 문제이기는 합니다만……."

티보 씨는 불안한 시선으로 신부를 흘끗 보았다. 자신은 의식하지 못했지만, 이 석방령이 그의 마음의 짐을 한결 덜어 준 것이었다. 말하자면 신부의 책략을 아전인수 격으로 해석했던 것이다. 신부의 말대로라면 앙투안에 대해 자신의 체면도 서고, 또한 자신이 자크를 돌보지 않고도 그 애를 정상적인 생활로 되돌릴 수 있게 되는 것이다.

"만일 그 녀석이" 하고 마침내 티보 씨가 말했다. "그 망나니가 일단 자유로워진 뒤에 또다시 말썽을 일으키지만 않는다면……."

이것으로 신부는 승리를 거두었다.

신부는 적어도 처음 몇 달 동안은 두 아이의 생활에 대해 티를 내지 않으면서 감독하기로 약속했다. 그리고 그 다음날 위니베르시테 가로 와서 저녁 식사를 하며 티보 씨가 맏아들에게 이야기할 때 입회하고 한몫 거드는 것도 받아들였다.

티보 씨는 떠나려고 일어섰다. 그는 다시 태어나기라도 한 듯 가벼운 마음으로 그곳을 떠날 수 있었다. 그러나 감사의 마음을 담아서 고해신부와 악수하는 순간 어떤 의구심이 다시 그의 뇌리를 스쳤다.

"하느님께서 이러한 나를 용서해 주시기를" 하고 쓸쓸한 목소리로 티보 씨가 말했다. 신부는 만족스러운 시선으로 티보 씨를 바라보았다.

"너희 가운데" 하며 그는 낮은 소리로 말했다. "누가 양 백 마리를 가지고 있었는데, 그 중에서 한 마리를 잃었다면 어떻게 하겠느냐? 아흔아홉 마리는 들판에 그대로 둔 채 잃은 양을 찾아헤매지 않겠느냐.^(누가복음 제12장 제4절)" 그리고 얼핏 미소를 지으며 손가락 하나를 들고는 말을 계속했다. "잘 들어두어라. 죄인 한 사람이 회개하는 것을 하늘에서는 더 기뻐할 것이다……. ^(누가복음 제15장 제7절)"

6. 니콜, 퐁타냉 부인의 집으로 도주

어느 날 아침 9시가 되었을까 말까 한 시각에 옵세르바투아르 가의 집 여자 수위가 퐁타냉 부인을 찾아왔다. 밑에서 '어떤 사람'이 부인을 만나고 싶어 하는데, 집까지 올라오는 것도 싫고, 자기 이름을 대기도 마다한다는 것이다.

"어떤 사람이라니요? 부인인가요?"

"처녀입니다."

퐁타냉 부인은 흠칫 뒤로 물러섰다. 남편이 또다시 무슨 일을 저지른 것이 분명했다. 협박하러 왔을까?

"무척 어려요!" 하며 여자 수위가 덧붙였다.

"아주 어린애예요!"

"내려갈게요."

과연 어린애였다. 아이가 수위실의 어두운 그늘 속에 숨어 있다가 마침내 고개를 들었다.

"니콜 아니냐?"

퐁타냉 부인은 노에미 프티 뒤트레이유의 딸임을 알아보고 소리쳤다. 니콜은 아주머니의 품속에 뛰어들려다가 멈칫했다. 니콜은 어두운 얼굴에 머리칼은 헝클어져 있었지만 울고 있지는 않았다. 두 눈은 크게 뜬 채 눈썹을 잔뜩 위로 치켜세우고 있었다. 그녀는 극도로 흥분해 있었으며, 뭔가 단단히 각오한 듯하면서 상당한 자제력을 보이고 있었다.

"아주머니, 아주머니한테 할 말이 있어요."

"들어가자꾸나."

"들어가는 건 싫어요."

"왜?"

"그냥요. 들어가진 않겠어요."

"왜 그러니? 집엔 나 혼자뿐이란다."

부인은 니콜이 주저하고 있음을 눈치챘다.

"다니엘은 학교에 갔고, 제니는 피아노 레슨 받으러 갔어. 점심때까지는 나 혼자뿐이야. 자, 어서 들어가자."

니콜은 묵묵히 부인을 따라갔다. 퐁타냉 부인은 소녀를 자기 방으로 데리고 갔다.

"무슨 일이냐?" 부인은 궁금한 마음을 감추지 않았다. "누가 널 보냈니? 어디서 오는 길이니?"

니콜이 말끄러미 부인을 바라보았다. 니콜은 속눈썹을 깜박였다.

"난 도망 나왔어요."

"저런……." 퐁타냉 부인은 고통스러운 표정으로 말했다. 그러나 한편으로는 안심했다. "그래서 여기로 온 거니?"

눈썹을 살짝 움직이는 니콜의 태도는 이렇게 말하는 것 같았다. '그럼 어디로 가겠어요? 아는 사람도 없는데.'

"애야, 앉거라. 그런데 너…… 몹시 지친 것 같구나. 배고프지 않니?"

"조금요."

니콜은 멋쩍은 듯이 미소를 지었다.

"아니, 왜 진작 그렇다고 말하지 않니?"

퐁타냉 부인은 니콜을 식당으로 데리고 갔다. 니콜이 버터 바른 빵을 허겁지겁 먹는 것을 본 부인은 찬장에서 남은 콜드치킨과 잼을 꺼냈다. 니콜은 아무 말 않고 정신없이 먹었다. 게걸스럽게 먹는 자신이 부끄럽기는 했지만 도저히 감출 수가 없었다. 두 뺨이 발그레하게 물들었다. 니콜은 홍차 두 잔을 연거푸 마셨다.

"언제부터 굶었니?" 하고 묻는 퐁타냉 부인의 얼굴은 니콜보다 더 흥분해 있었다. "춥니?"

"아니오."

"뭘 그래, 떨고 있는데."

니콜은 안절부절못했다. 자신의 허약함을 감출 수 없는 것에 화가 났다.

"난 밤새 여행을 했어요. 그래서 약간 추운 거예요……."

"여행을? 그럼 어디서 오는 거니?"

"브뤼셀에서요."

"브뤼셀이라니, 어머나! 아니 너 혼자서?"

"네" 하고 소녀는 또렷하게 말했다. 말투만으로도 그녀의 결심이 얼마나 단호한지 알 수 있었다. 퐁타냉 부인은 소녀의 손을 잡았다.

"꽁꽁 얼었구나. 내 방으로 가자. 누워서 좀 자야겠구나. 이야긴 나중에 하려무나."

"아녜요, 아녜요, 전 지금 당장 하겠어요. 아주머니만 있을 때요. 그리고 지금은 졸리지 않아요. 정말이에요. 괜찮아요."

아직은 4월 초였다. 퐁타냉 부인은 벽난로에 불을 지피고·나서 도망 나온 소녀를 숄로 감싸 주었다. 그리고 소녀를 벽난로 곁에 억지로 앉혔다. 니콜은 처음에는 마다하더니 얼마 안 있어 마침내 부인이 시키는 대로 따랐다. 소녀는 마음의 동요를 보이고 싶지 않은 듯 총총한 두 눈으로 부인을 뚫어지게 바라보았다. 그리고 벽시계를 쳐다보았다. 빨리 이야기를 해 버리고 싶었던 것이다. 그러나 막상 자리를 잡고 앉자 말을 꺼낼 결심을 하지 못했다. 부인은 혹시 니콜을 더 불편하게 만들까봐 눈길을 피했다. 몇 분이 흘렀다. 니콜은 이야기를 꺼내지 않았다.

"애야, 네가 무슨 일을 했던 간에" 하며 퐁타냉 부인이 입을 열었다. "여기에서는 아무도 네게 물어볼 사람이 없단다. 말하기 싫으면 하지 않아도 돼. 네가 우리집으로 올 생각을 한 것만도 고맙다. 넌 우리집 아이나 마찬가지야."

니콜은 몸을 일으켰다. 뭔가 털어놓기 힘든 잘못이라도 저지른 것으로 의심받을 것 같아서 그러는 걸까? 몸을 일으키자 어깨에서 숄이 미끄러져 내렸다. 그러자 건강미 넘치는 가슴이 드러났다. 그것은 마르고 지나치게 어려

보이는 그녀의 얼굴과 묘한 대조를 이루었다.

"그게 아니고" 하며 니콜은 타는 듯한 눈길로 말했다. "난 모든 걸 다 얘기하고 싶어요." 그리고 소녀는 차갑고 도전적인 투로 이야기를 시작했다. "아주머니…… 아주머니가 몽소 거리의 우리집에 오셨던 날……."

"그래" 하고 퐁타냉 부인이 말했다. 부인의 얼굴에 또다시 괴로운 표정이 깃들었다.

"……난 모든 얘길 다 들었어요."

니콜은 눈을 깜박이며 재빨리 말을 마쳤다.

잠시 침묵이 흘렀다.

"나도 그런 줄 알았어."

소녀는 복받치는 오열을 억눌렀다. 그리고 마치 울음을 터뜨리려는 듯 두 손으로 얼굴을 감쌌다. 그러나 이내 얼굴을 다시 들었다. 두 눈은 메말라 있었으며, 입술을 꼭 다물고 있어서 보통 때의 그녀의 표정과는 전혀 달랐고, 목소리조차 변해 있었다.

"엄마를 원망하지 마세요, 테레즈 아주머니! 엄마는 매우 불쌍해요……. 그렇게 생각하지 않으세요?"

"불쌍하고말고." 퐁타냉 부인이 대답했다. 한 가지 물어보고 싶은 말이 부인의 입 안에서 맴돌았다. 부인은 차분하게 소녀를 바라보았다. "그런데 거기에…… 제롬 아저씨도 있었니?"

"네." 소녀는 잠깐 사이를 두었다가 눈썹을 치켜세우며 덧붙였다. "바로 아저씨가 내게 도망치라고…… 이곳으로 가라고…… 가르쳐 주었어요……."

"아저씨가?"

"아니에요, 그러니까…… 지난 일주일 동안 아저씨는 매일 아침마다 집에 오셨어요. 내가 살아갈 수 있도록 아저씨가 돈을 조금씩 주셨어요. 저는 그곳에 혼자 있었거든요. 그런데 아저씨가 그저께 이런 말을 했어요. '만일에 어느 인정 많은 사람이 너를 받아 준다면 넌 여기 있는 것보다 훨씬 나을 텐데.' 아저씨가 '인정 많은 사람'이라고 하셨어요. 그런데 난 곧장 테레즈 아주머니를 생각했어요. 그리고 아저씨도 아주머니 생각을 하셨던 게 분명해요. 그렇게 생각하지 않으세요?"

"글쎄……" 하고 퐁타냉 부인이 중얼거렸다. 그녀는 너무나 기쁜 나머지 하마터면 미소를 지을 뻔했다. 부인은 서둘러 말했다. "그런데 넌 어쩌다 혼자 있게 되었니? 도대체 어디에 있었어?"

"우리집에요."

"브뤼셀에?"

"네."

"네 엄마가 브뤼셀로 이사한 줄은 몰랐구나."

"11월 말에 그렇게 하지 않으면 안 되었어요. 몽소 거리의 집이 몽땅 차압당했거든요. 엄마는 운이 없어요. 언제나 나쁜 일만 생겼고, 집행관들한테서는 빚 독촉을 받았어요. 하지만 이젠 그분이 빚을 다 갚아 주었으니까 엄마는 돌아오실 수도 있을 거예요."

퐁타넹 부인은 두 눈을 치켜떴다. 누가 빚을 갚아 주었는지 묻고 싶었다. 그녀의 눈빛은 분명 그 질문을 하고 있었다. 그녀는 그 대답을 아이의 입술에서 읽을 수 있었다. 부인은 참지 못하고 또다시 물었다.

"그리고…… 아저씨가 11월에 엄마랑 함께 떠났니?"

니콜은 대답하지 않았다. 아주머니의 목소리가 너무나 고통스러워서 듣기에 민망할 정도로 떨리고 있었기 때문이다.

"아주머니" 하고 소녀는 간신히 이렇게 말했다. "화내시면 안 돼요. 아주머니한테는 아무것도 감추고 싶지 않아요. 하지만 하나에서 열까지 한꺼번에 다 설명하기는 어려워요. 아주머니, 아르벨드 씨를 아세요?"

"모른다. 어떤 사람이니?"

"내가 레슨을 받던 파리의 유명한 바이올리니스트예요. 오, 훌륭한, 아주 훌륭한 예술가예요. 많은 음악회에서 연주를 하지요."

"그런데?"

"그분은 파리에 살고 있었지만 벨기에 사람이에요. 그래서 우리가 도망가야 했을 때 그분이 벨기에로 데려가 준 거예요. 브뤼셀에 그분 집이 있어서 우린 거기에서 살았어요."

"그분하고 함께?"

"네."

니콜은 부인이 하는 질문의 뜻을 알았으므로 숨김없이 대답했다. 소녀는 모든 것을 숨김없이 이야기하는 데서 야성적인 쾌감마저 느끼는 것 같았다.

그러나 소녀는 거기서부터는 아무 말도 하려 하지 않고 입을 다물었다.

꽤 오랜 침묵 뒤에 퐁타냉 부인이 말했다.

"그런데 네가 혼자 있는 동안, 그리고 제롬 아저씨가 널 보러 찾아오던 지난 며칠동안 넌 대체 어디에 있었니?"

"거기에요."

"그 선생의 집에?"

"네."

"그런데…… 아저씨도 그 집에 오곤 했어?"

"그럼요."

"그런데 어쩌다 넌 혼자 있게 되었니?"

퐁타냉 부인은 다정함을 잃지 않고 계속 물었다.

"그건 라울 씨가 지금 브뤼셀과 제네바로 연주여행을 하기 때문이에요."

"라울이 누군데?"

"아르벨드 씨요."

"그런데 네 엄마는 널 혼자 브뤼셀에 남겨 두고 그 사람하고 스위스로 간 거야?"

니콜의 몸짓이 어찌나 절망이었던지 퐁타냉 부인은 얼굴이 화끈거렸다.

"아, 용서하렴" 하고 부인은 떠듬거리며 말을 이었다. "그런 이야기 이제 그만 해라. 넌 여기 오기를 잘했다. 우리와 함께 살자꾸나."

그러나 니콜은 고개를 세게 내저었다.

"아니에요, 아니에요. 얘기는 아직 다 끝나지 않았어요." 니콜은 숨을 길게 내쉬더니 단숨에 말했다. "아주머니, 내 말을 들어보세요. 아르벨드 씨는 지금 스위스에 있어요. 엄마랑 함께가 아니라 혼자서요. 왜냐하면 그분이 엄마한테 브뤼셀에 있는 극장에서 오페레타에 출연하도록 계약을 성사시켜 주었기 때문이에요. 엄마 목소리가 좋아서 일을 하도록 해 주었던 거예요. 엄마는 여러 신문에서 평판이 대단했어요. 그 기사를 오린 걸 내 주머니에 가지고 있어요. 보여 드릴까요?"

니콜은 어디까지 말을 했는지 잊어버렸으므로 말을 멈추었다.

"그래요" 하고 소녀는 이해하기 어려운 눈빛으로 이야기를 계속했다. "라울 씨가 스위스로 떠났으므로 제롬 아저씨가 온 거예요. 하지만 너무 늦게 오셨어요. 아저씨가 도착했을 때 엄마는 이미 떠나 버린 뒤였어요. 어느 날 저녁에 엄마는 나를 껴안고는 키스해 주었어요…… 아니에요."

니콜은 목소리를 낮추더니 눈살을 찌푸리며 말했다.

"엄마는 날 어떻게 해야 좋을지 몰라서 때리기까지 했어요." 소녀는 고개를 들더니 억지로 미소를 지어보이려 했다. "오, 엄마가 정말로 날 미워했던 건 아니었어요, 그 반대였어요." 그녀의 미소가 목에서 막혀 버렸다. "테레즈 아줌마, 엄마는 정말 불행했어요. 아줌마는 모르세요. 엄마는 떠나야 했어요. 밑에서 누가 기다리고 있었으니까요. 그런데 엄마는 제롬 아저씨가 오리라는 걸 알고 있었어요. 아저씨는 그때까지 벌써 여러 번 우리를 보러 왔었고 라울 씨와 함께 음악연주도 했었거든요. 그런데 마지막으로 왔을 때 아저씨는 아르벨드 씨가 있는 한 다시는 오지 않겠다고 했어요. 그래서 떠나기 전에 엄마는 나더러 엄마는 돌아오지 않는다고, 나를 남겨두니 날 돌봐 달라는 말을 제롬 아저씨에게 하라고 했어요. 아저씨가 날 돌봐 주리라는 것은 알지만, 막상 아저씨가 오시자 나는 감히 그 이야기를 할 수 없었어요. 아저씨는 화를 냈어요. 나는 아저씨가 그 두 사람 뒤를 쫓아갈까 봐 겁이 났어요. 그래서 나는 일부러 거짓말을 했어요. 나는 아저씨에게 엄마는 내일 올 거라고 말했어요. 그리고 매일 난 엄마를 기다리고 있다고 말했어요. 아저씨는 백방으로 엄마를 찾아다녔어요. 아직도 엄마가 브뤼셀에 있는 줄 알고요. 하지만 저로선 그 모든 게 너무 견디기 힘들었고 더 이상 거기에 있고 싶지 않았어요. 우선 라울 씨의 하인이, 나는 그 사람을 증오해요!" 하며 소녀는 몸을 떨었다. "테레즈 아줌마, 그 남자의 눈초리란! ……나는 그 사람을 증오해요! 그래서 제롬 아저씨가 인정 많은 사람 이야기를 해 주시던 날 나는 곧바로 결심했어요. 그래서 어제 아침, 아저씨가 내게 약간의 돈을 주시자마자 나는 하인이 뺏을까 봐 집에서 나와 저녁때까지 여기저기 교회에 숨어 있었어요. 그리고 야간 완행열차를 타고 온 거예요."

니콜은 고개를 떨어뜨리며 재빨리 말했다. 그녀가 다시 고개를 들었을 때 그렇게도 다정했던 퐁타냉 부인의 얼굴에서 세찬 분노와 준엄한 빛이 엿보였으므로 니콜은 자기도 모르게 두 손을 모으고 이렇게 말했다.

"테레즈 아줌마, 엄마를 나쁘게 여기지 마세요. 엄마 잘못이 아니에요. 나도 항상 착한 아이도 아니었어요. 그리고 나는 엄마에게 정말 귀찮은 존재예요. 그야 그럴 테지요! 하지만 이젠 나도 컸어요. 더 이상 그렇게 살 수는 없어요. 정말, 더 이상 그렇게는 못해요."

니콜은 입술을 깨물며 말을 이었다.

"나는 일하고 싶어요. 내 생활비를 벌고 싶어요. 더 이상 남의 짐이 되고 싶지 않아요. 테레즈 아줌마, 그래서 온 거예요. 의지할 사람이 아줌마밖에 는 없어요. 어떻게 했으면 좋겠어요? 테레즈 아줌마, 5, 6일 동안만 있게 해 주세요. 아줌마만이 날 도와줄 수 있어요."

퐁타냉 부인은 감정이 너무나 격해져서 아무런 대답을 못하고 있었다. 이 아이가 이토록 사랑스럽게 보이리라고 생각해 본 적이 있었던가? 부인은 다 정스런 눈길로 소녀를 바라보았다. 그리고 자신의 그러한 마음가짐을 흐뭇 하게 여기며 스스로의 고통을 달랬다. 지난번보다는 덜 예쁜 것 같았다. 열 때문에 입술이 부르터 있었다. 하지만 저 아이의 두 눈! 짙은 푸른색이 감 도는 회색 눈은 무척 크고 무척 동그랗다……. 저 투명함 속에 깃들어 있는 진솔함과 용기!

부인은 마침내 미소지을 수 있는 여유를 되찾았다.

"애야" 하고 부인이 몸을 숙이며 말했다. "나는 너를 이해한다. 네 결정 을 존중해. 널 도와줄 것을 약속할게. 하지만 당장은 우리와 함께 여기서 살 자꾸나. 네겐 휴식이 필요해."

부인은 '휴식'이라고 말했지만 눈길은 '사랑'을 뜻하고 있었다. 니콜도 그 말의 뜻을 충분히 알아들었다. 그러나 소녀는 여전히 마음이 약해지지 않으 려 기를 쓰고 있었다.

"나는 일하고 싶어요. 남의 짐이 되고 싶지 않아요."

"만일 네 엄마가 널 찾으러 온다면?"

차분히 가라앉았던 소녀의 눈이 순간 어두워지더니 갑자기 믿을 수 없을 정도로 차가운 빛을 띠었다. "그런 일은 절대로 없어요!" 하고 소녀는 쉰 목소리로 말했다.

퐁타냉 부인은 그 말이 들리지 않는지 다만 이렇게 말했다.

"나는 네가 우리와 함께 살도록 기꺼이 받아들이겠다…… 영원히."

소녀는 일어섰다. 비틀거리는 것 같더니 갑자기 부인의 두 무릎 위에 힘없 이 와서 머리를 얹었다. 퐁타냉 부인은 아이의 뺨을 쓰다듬어 주면서 물어보아야 할 몇 가지 질문을 생각했다.

"애야, 너는 네 나이에 겪지 않아도 될 일들을 너무 많이 겪어 왔구나……." 부인이 용기를 내어 말했다.

니콜이 몸을 일으키려 했으나 부인이 막았다. 자기가 얼굴을 붉히는 모습을 니콜에게 보이고 싶지 않았던 것이다. 부인은 자기 무릎 위에 소녀의 이마를 기대게 하고, 할 말을 찾으며 금발의 머리카락 한 움큼을 손가락으로 무심히 감고 있었다.

"넌 너무나 많은 것들을 보았어……. 비밀로…… 해 두어야 할 너무나 많은 것들을…… 내 말을 이해하겠니?"

부인은 이번에는 니콜의 두 눈을 들여다보았다. 소녀의 눈에 갑자기 빛이 감돌았다.

"오, 테레즈 아줌마, 괜찮아요……. 그리고 아무도…… 아무도! 사람들은 이해할 수 없을 거예요. 모두 엄마를 욕할 거예요."

퐁타냉 부인이 남편의 행동을 아이들에게 숨기려고 애쓰듯이 니콜도 자기 어머니의 행동을 감추고 싶어 했다. 니콜이 한참 생각한 끝에 생기 있는 얼굴로 몸을 일으켰을 때 별안간 두 사람 사이에는 뜻하지 않은 공감대가 이루어졌다.

"저, 테레즈 아줌마. 사람들한테는 이렇게 말하면 될 거예요. 엄마가 생활비를 벌어야 해서 외국에서 직장을 구했다고요. 예를 들면 영국 같은 데서요……. 나를 데려갈 수 없는 직장이라고……. 어때요, 가정교사 자리라면요, 괜찮겠어요?" 소녀는 어린애 같은 미소를 띠며 덧붙였다. "그리고 엄마가 떠났으니까 내가 슬퍼하는 게 조금도 이상한 일이 아니겠지요, 안 그래요?"

7. 앙투안의 독신생활

1층의 멋쟁이 늙은이가 4월 15일에 이사를 나갔다. 베즈 유모는 16일 아침에 하녀 두 명과 수위실의 프뢸링 부인, 그리고 인부 한 명을 앞세워 그 멋쟁이의 방을 인수하러 갔다. 그 건물 내에서 멋쟁이 늙은이의 평판은 그리 좋은 편은 아니었다. 유모는 검은 메리노 케이프 앞섶을 꽉 쥐고 모든 창문이 다 열릴 때까지 문간에서 기다렸다. 마침내 현관으로 들어선 그녀는 종종걸음으로 방마다 둘러보았다. 그러고 나서 벽에 아무것도 걸려 있는 것이 없다는 사실에 적이 안심하고 푸닥거리라도 하려는 듯이 청소계획을 짰다.

앙투안이 의외라고 생각한 것은 형제를 아버지의 집이 아닌 다른 곳에서 살게 한다는 생각을 유모가 아무런 반대 없이 받아들였다는 점이다. 더구나 이런 계획은 집안의 전통이라든가, 가정이나 교육에 관한 그녀의 관념을 뒤흔든 것만은 틀림없다. 그래서 앙투안은 이런 유모의 태도를 자크가 집으로 돌아온다는 기쁨과 아울러 티보 씨의 결정에 대한 존중, 특히 이 결정이 베카르 신부의 승인을 얻었다는 사실 따위에 기인하는 것으로 해석했다. 그러나 유모의 열성에는 다른 이유가 있었다. 그녀는 앙투안이 집을 떠난다는 것에 깊은 안도감을 느끼고 있었다. 지즈를 그 집에 데려와 살게 된 뒤로 유모는 병균이 퍼지지나 않을까 하는 공포 속에서 살아왔던 것이었다. 어느 해 봄 아파트 여자 수위의 어린 조카딸인 리스벳 프륄링이 백일해에 걸렸을 때, 집 밖으로 나가려면 수위실 앞을 지나야 한다는 이유로 유모는 지즈를 6주일 동안이나 방 안에서 꼼짝 못하게 하고 맑은 공기는 발코니에 나가서만 쐬게 하며 온 집안 식구가 여름 별장이 있는 메종 라피트로 떠나는 것조차 늦추었던 일이 있지 않았던가? 그러니까 병원 냄새를 풍기는 데다, 의료기구 가방이며, 책 따위를 끼고 있는 앙투안이 유모에게 영원한 위험물로 보였음은 두말할 필요도 없었다. 유모는 앙투안에게 지즈를 무릎 위에 앉히는 일을 절대로 삼가 달라고 간청했었다. 유모는 앙투안이 환자를 돌볼 때는 외투를 입지 않고, 병원을 나오기 전에 항상 손을 씻는다는 것을 알고 있었다.

그러나 어쩌다 앙투안이 집에 돌아와서 깜박 잊고 외투를 자기 방으로 가지고 올라가지 않고 현관 의자 위에 던져 놓는다든가, 또는 늦게 귀가하여 손을 씻지 않고 식탁에 앉는다든가 할 때면 걱정스러운 나머지 식사를 하는 둥 마는 둥 후식이 끝나자마자 지즈를 방으로 데리고 가서 목과 코를 소독해 주곤 했던 것이다. 앙투안이 1층으로 이사를 한다는 것은 지젤과 앙투안 사이에 두 층의 보호지대를 만들어 놓은 것이며, 매일매일의 전염의 위험을 그만큼 줄어들게 하는 것이나 다름없었다. 그래서 유모는 이 페스트 검역소를 정비하는 일에 각별히 몰두하고 있었던 것이다. 사흘 만에 집안은 때가 말끔히 벗겨지고, 양탄자가 깔리고 커튼이 쳐졌으며 가구가 들어섰다.

이제 자크를 맞이할 준비가 된 것이다.

유모는 자크 생각이 나면 하던 일을 더 서둘렀다. 또는 잠시 일손을 멈추고 힘없는 시선으로 물끄러미 사랑스런 얼굴을 떠올리곤 했다. 지젤에게 쏟고 있는 애정이 각별하다고 해서 자크에 대한 사랑이 소홀한 적은 추호도 없었다. 유모는 자크가 태어났을 때부터 그를 사랑했다. 아니 그 사랑은 그보다 훨씬 이전으로 거슬러 올라간다. 왜냐하면 그녀는 자크보다 먼저 자크의 엄마를 키웠고 사랑했기 때문이다. 자크는 엄마를 알지 못했다. 자크가 태어난 순간부터 유모는 엄마 대신 자크를 키웠다. 어느 날 저녁 복도에 깔린 양탄자 위에서 자크가 첫 걸음마를 떼던 날, 목표는 유모의 두 팔이었다. 그 이후 14년 동안 유모는 지금 지젤 때문에 조바심하듯이 자크를 위해 조바심하며 보냈다. 하지만 그토록 사랑했으나 그 애를 너무도 이해하지 못했다. 그녀가 늘 눈을 떼지 않고 지켜 보아 온 이 아이가 그녀에게는 수수께끼일 뿐이었다. 어느 날 그녀는 악동을 키우고 있다는 생각 때문에 절망에 빠져서는 예수처럼 온화했던 티보 부인의 어린 시절을 떠올리며 눈물을 흘린 일도 있었다. 그녀는 그렇게 난폭한 자크의 성질이 대체 누구를 닮은 것일까 하는 생각은 하지 않았다. 오로지 악마 탓만 했다.

그러다가도 어느 날 자크가 갑자기 마음을 활짝 열고 뜻밖의 정감이 넘치는 몸짓을 해보일 때면 그녀는 감정이 누그러져 기쁨의 눈물을 흘리곤 하는 것이었다. 유모는 지금까지 자크가 없는 집을 생각해 본 적이 한 번도 없었다. 그녀는 자크가 떠나게 된 사건에 대해 아무것도 이해하지 못했다. 그러나 자크의 귀가를 거창한 환영의 분위기 속에서 맞고 싶었고, 이 새 방에 자크가 좋아하던 모든 것을 다 마련해 주고자 했다. 그녀가 미리 장식장을 자크의 옛날 장난감으로 가득 채워 놓으려 하는 바람에 앙투안은 극구 말려야만 했다. 자크가 마음이 언짢을 때면 언제나 와서 즐겨 앉곤 하던 안락의자도 그녀 방에서 가지고 오도록 했다. 그리고 앙투안의 충고에 따라 자크의 예전 침대 대신에 새로운 침대 겸용 소파로 바꾸어 놓았다. 낮에는 접어서 소파가 되므로 그 방을 서재다운 장중한 분위기로 만들어 줄 수 있었다.

이틀 전부터 돌보아 주는 사람 없이 해야 할 숙제 때문에 방에 틀어박혀 있었던 지젤은 공부에 주의를 집중할 수가 없었다. 그녀는 아래층에서 무슨 일이 일어나는지 궁금해서 못 견딜 지경이었다. 자크가 돌아온다는 것, 이토록 어수선한 것이 모두 자크 때문임을 알고 있었다. 그녀는 초조함을 가라앉히기 위해 자기 방 안에서 서성거렸다.

사흘째 되던 날 아침, 그녀는 더 이상 참을 수 없었다. 게다가 유혹이 어찌나 강했던지 정오에 이모가 다시 위로 올라오지 않는 시간을 틈타 앞뒤 가리지 않고 자기 방을 뛰쳐나왔다. 그리고 층계를 날아가듯이 뛰어내려 갔다. 마침 앙투안이 들어오는 길이었다. 소녀는 깔깔대며 웃음을 터뜨렸다. 앙투안이 짐짓 냉엄하고 무서운 표정으로 지젤을 바라볼 때면 그녀는 참지 못하고 폭소를 터뜨리곤 하는 버릇이 있었다. 그가 심각한 얼굴을 오랫동안 하고 있으면 그때마다 그녀의 웃음이 그치지 않아 끝내는 유모에게 둘 다 야단맞곤 했었다. 그러나 이번엔 단둘이만 있었기에 둘은 이 기회를 이용해 실컷 웃었다.

"너 왜 웃니?" 하고 마침내 앙투안이 소녀의 두 손목을 붙들고 물었다. 소녀는 손을 빼려고 애쓰며 더욱 웃어댔다. 그러다가 갑자기 웃음을 그쳤다.

"나는 이렇게 웃는 버릇을 고쳐야 할 거예요. 안 그랬다간 시집도 못갈 테니까."

"아니, 넌 결혼하고 싶니?"

"네."

지젤은 앙투안 쪽으로 강아지 같은 착한 눈을 치켜뜨며 대답했다. 그는 야생식물처럼 자란 그녀의 통통한 작은 몸을 바라보면서 처음으로 이 열두 살의 말괄량이도 어엿한 여자가 될 것이며, 결혼을 하리라는 생각을 해 보았다. 그는 소녀의 손목을 놓았다.

"모자도 안 쓰고 숄도 안 두른 채로 혼자서 어딜 그렇게 뛰어가고 있었니? 곧 점심을 먹을 시간인데."

"이모를 찾고 있어요. 모르는 문제가 있어서……."

제법 아양을 떨며 소녀가 말했다. 소녀는 얼굴을 붉히고는 계단의 어둠 속에서 햇빛이 새어나오는 노총각이 살던 집의 신비로운 문을 손가락으로 가리켰다. 그녀의 두 눈이 빛났다.

"저기 들어가고 싶어?"

지젤은 붉은 입술을 움직이며 소리는 내지 않고 "그래요" 라고 했다.

"야단맞을라!"

소녀는 망설이더니 앙투안이 농담을 하고 있는 것인지를 알려고 대담한 눈길로 빤히 쳐다봤다. 마침내 소녀가 말했다.

"괜찮아요! 더구나 이건 잘못도 아닌걸요."

앙투안은 미소를 지었다. 유모는 바로 이런 식으로 선과 악을 구별했다. 그는 유모가 이 어린아이에게 끼치는 영향에 대해서 자문해 보았다. 그러나 지젤을 바라보고는 안심했다. 이 아이는 무한히 자기 발전을 해 나갈 수 있으며, 어떠한 후견인도 필요로 하지 않는 건강한 나무 같았다.

지젤은 빠끔히 열려 있는 문에서 눈을 떼지 않았다.

"그렇다면, 들어가렴" 하고 앙투안이 말했다.

그녀는 기쁨의 함성을 억누르고는 생쥐처럼 집 안으로 살며시 들어갔다.

유모는 혼자 있었다. 그녀는 침대 겸용 소파 위에 발끝으로 서서 자크에게 세례 때 주었던 십자가상, 그리고 이제 앞으로 자크의 잠자리를 보호해 줄 십자가상을 막 벽에 걸고 있던 참이었다. 즐겁고 행복하며 활기에 차 있는 그녀는 일을 하며 콧노래를 부르고 있었다. 빈 방에서 나는 앙투안의 발소리를 듣고서야 자기가 시간가는 줄 모르고 있었다는 사실을 깨달았다. 그동안 다른 방들을 한 바퀴 다 돌아본 지젤은 기쁨을 감추지 못하고 손뼉을 치며 춤을 추기 시작했다.

"하느님 맙소사!" 유모가 바닥으로 뛰어내리며 중얼거렸다. 열린 창문으로 들어오는 바람결에 머리카락을 날리며 목청껏 소리지르며 새끼 양처럼 팔딱팔딱 뛰어다니는 조카딸의 모습이 거울에 비쳤던 것이다.

바—람—이 시원하여라!
바—람—이 시원하여라!

그녀는 이해할 수도 없었고 이해하려고 노력하지도 않았다. 지젤이 자기 명령을 거역하고 이곳에 올 수 있으리라고는 생각조차 못했다. 그녀는 66년 전부터 그저 타고난 운명에 따르는 것이 몸에 배어 있었다. 그러나 걸치고 있던 케이프의 단추를 단숨에 끄르고는 아이에게 달려가서 그것으로 아이를 감쌌다. 그러고는 한 마디 야단칠 사이도 없이 끌다시피 해서 그 아이가 내려올 때보다 더 빠르게 두 층을 훌쩍 올라갔다. 그녀는 지젤을 이불 속에 눕히고 나서 끓을 듯 뜨거운 약을 한 잔 마시게 한 뒤에야 비로소 안도의 숨을 내쉬었다.

그녀의 두려움이 전적으로 근거 없는 것은 아니다. 베즈 사령관이 주둔하고 있던 타마타브(^{마다가스카르 동부
해안의 항구도시})에서 그와 결혼했던 지젤의 어머니는 마다가스카르 여인으로, 지젤을 낳은 지 1년도 못 되어 폐결핵으로 죽었다. 그런 지 2년 뒤에 사령관도 이름을 알 수 없는 병에 걸려 긴 투병 끝에 죽었다. 사람들은 그가 아내에게서 옮은 병으로 죽었다고 생각했다. 그래서 이 고아의 유일한 친척인 유모가 지젤을 마다가스카르에서 데려다 키우게 되었는데 그 이후로 단 한번도 걱정할 만한 감기조차 걸린 적이 없고, 정기적으로 검진을 받아 모든 의사와 전문의에 의해 건강한 체질임이 인정되고 확인됐음에도 불구하고 유전의 위협은 늘 떠나지 않는 걱정거리였다.

학사원의 임원선거가 2주일 뒤에 다가온 지금 티보 씨는 자크가 집으로 돌아오기를 초조하게 기다리는 것 같았다. 오는 일요일에 펨므 씨가 책임지고 자크를 파리로 데려오기로 되어 있었다.

그 전날, 토요일 저녁에 앙투안은 7시에 병원을 나와서 저녁식사를 가족과 함께 하지 않으려고 병원 근처의 식당에서 먹었다. 그리고 8시에는 혼자 유쾌한 기분으로 그의 새집에 들어왔다. 그는 그날 처음으로 그 집에서 잘 예정이었다. 그는 열쇳구멍에 열쇠를 넣고 돌리는 일이며, 자기가 들어온 뒤에 문을 닫는 일 따위를 설레는 마음으로 해보았다. 온 집 안에 전기를 다 켜놓고는 종종걸음으로 그의 왕국을 거닐기도 했다. 길가 쪽으로 난 방을 자기 방으로 잡았다. 커다란 방 하나와 작은 방 하나였다.

첫 번째 방에는 가구가 별로 없었다. 조그마한 원탁 하나와 그 둘레에 짝이 안 맞는 안락의자 몇 개가 놓여 있었다. 이 방은 앙투안이 환자를 받을 때 대기실로 쓸 예정이었다. 두 번째 방은 가장 큰 방으로, 앙투안은 아버지 집에서 자기가 쓰던 가구들을 이곳으로 가져왔다. 그의 넓은 사무용 책상, 책장, 두 개의 가죽 안락의자, 그 밖에 그의 부지런한 생활을 말해 주는 여러 가지 물건들이 있었다. 화장실과 빨래 건조실이 딸려 있는 작은 방에 침대를 들여놓았다.

그의 책들은 현관 바닥의 아직 열지 않은 트렁크 옆에 그대로 쌓여 있었다. 따뜻한 열기가 난방장치에서 새어 나왔고 새로 끼운 전구들은 강렬한 빛으로 모든 것을 환하게 비추어 주고 있었다. 앙투안의 앞에는 새 살림들을 정리해야 할 기나긴 저녁시간이 있었다. 몇 시간 동안 모든 것을 풀고 정리해 놓고는 앞으로의 생활을 시작할 준비를 해야 했다. 지금쯤 위층에서는 아마 저녁식사가 끝나가고 있겠지. 지젤은 자기 접시 앞에서 졸고 있을 테고, 티보 씨는 장광설을 늘어놓고 있겠지. 앙투안은 마음의 안정을 만끽하고 있었다. 그의 고독은 얼마나 감미로운 것인가! 벽난로 위에 있는 거울에 그의 상반신이 비쳤다. 그는 흡족한 기분으로 거울 앞으로 다가갔다. 그는 어깨를 떡 벌리고, 입을 꼭 다물고, 항상 정면으로, 날카로운 눈길로 거울 앞에서 자기를 들여다보는 습관이 있었다.

자신의 너무 긴 상체 하며, 짧은 다리, 마른 두 팔과 왜소한 몸집에 비해 너무 큰, 더구나 수염 때문에 더 크게 보이는 얼굴의 부조화를 잊고 싶었다. 하지만 잔뜩 인상을 썼을 때의 긴장된 표정은 좋아했다. 왜냐하면 자기 삶의 매순간에 모든 주의를 집중시킬 필요가 있다는 듯이 이마를 힘껏 찌푸리면, 눈썹을 따라 부풀어 오른 근육이 형성되고 그늘 속에 감춰져 있는 그의 시선이 강한 정신력의 표시처럼 집요한 광채를 발하는 것 같았기 때문이다.

"우선 책 정리부터 시작할까?"

그는 겉옷을 벗어 던지고 빈 책장의 양쪽 문을 힘차게 열면서 혼자 중얼거렸다. "자…… 강의 노트는 아랫칸에…… 사전들은 눈에 쉽게 뜨이는 곳에 …… 치료학이라…… 좋아…… 트라랄라! 어쨌든 이로써 나는 해냈어. 아래층은 내 집이 됐고 자크는 돌아온다…… 3주일 전만 해도 누가 상상이나 할 수 있었을까? ……이 몸은 불─요 불─굴의 정신력을 가지고 있다."

그는 마치 다른 사람의 목소리를 흉내내듯이, 피리를 부는 듯이 혼잣말을 계속했다.

"인내심도 강하고, 절대로 굽히거나 꺾이지 않아!"

그는 거울 쪽으로 즐거운 눈길을 흘끗 보냈다. 그리고 몸을 한 바퀴 빙 돌리다가 하마터면 턱밑에 받치고 있던 팸플릿 뭉치를 떨어뜨릴 뻔했다.

'아니, 천천히! 좋아! 자 이제 책장의 선반들이 다시 생명력을 띠게 되었구나. 이번엔 서류들이다. 오늘 저녁에는 이것들을 전처럼 서류정리상자 안에 그대로 놓아두자……. 하지만 이제 곧 이 모든 서류들과 관찰기록들을 재검토해서 정리해야만 한다. 나는 이제 꽤 많은 서류들을 갖게 되었어. 논리적이고 명확한 분류방법을 적용해서 단번에 찾아볼 수 있도록 해야지. 필립의 집에서 보았던 것처럼…… 카드식으로 만든 색인을 붙여서…… 훌륭한 의사들은 다 그렇게 하고 있으니까……'

앙투안은 춤을 추는 듯한 가벼운 걸음으로 현관과 서류정리함 사이를 왔다 갔다 했다. 갑자기 그는 전혀 뜻밖의 어린아이 같은 웃음을 터뜨렸다. "앙투안 티보 박사님이십니다" 하고 그는 잠시 발을 멈추고 고개를 들면서 불러 보았다. "티보 박사…… 티보 박사라고, 그 소아과 전문의이신, 당신도 잘 아시지요……." 그는 한 발 살짝 옆으로 빠져서는 짧은 인사를 했다. 그리고 전처럼 하던 일을 계속했다.

'이젠 버드나무 트렁크의 차례다. 2년 뒤에는 금메달을 손에 넣겠다. 이제 곧 병원장이다…… 그리고 병원들 사이의 경쟁…… 그러니까 앞으로 길어야 3, 4년 동안 이 집에 살 거다. 그때는 이보다 더 크고 쾌적한 집이 필요하게 될 테니까. 원장선생의 집 같은 거 말씀이야.'

그는 조금 전처럼 다시 맑고 부드러운 목소리로 말했다.

"우리 병원에서 가장 실력이 뛰어난 티보…… 필립의 오른팔…… 내가 곧 바로 소아과를 전공으로 택한 것은 선견지명이 있는 일이었어. 루이제나 툴롱 따위를 생각하면…… 바보 같은 녀석들."

'바―보―같은 녀석들……' 하고 되풀이하는 그의 태도는 자기가 무슨 말을 하는지 생각지도 않는 것 같았다. 그의 두 팔에는 다양한 종류의 물건들이 잔뜩 안겨 있었는데, 그는 당황한 눈길로 그 물건들 하나 하나에 적당한 자리를 찾고 있었다. '만일 자크가 의사가 되고 싶다고 하면 그 애를 도와주어야지. 그 애의 갈 길을 가르치고 이끌어 주겠어. 티보 집안의 두 의사. 안될 게 뭐람? 의사란 티보 집안 사람들에게 걸맞은 직업이지! 힘든 길이긴 하지만, 경쟁을 즐기고 자부심이 강한 사람에게는 얼마나 커다란 만족감을 주는가! 주의력과 기억력과 의지력에 의해 얼마나 노력해야 하는가! 그리고 끝이 없는 일이다! 그러나 일단 의사가 되고 난 뒤에는! 훌륭한 의사…… 예를 들어 필립 같은 의사…… 언젠가는 그 부드럽고도 자신 있는 표정을 띠게 된다는 것…… 매우 예의바르지만, 항상 거리감을 두고 있는…… 교수님…… 아, 무시 못할 인물이 된다는 것. 가장 질시의 눈길로 바라보는 동료 의사들로부터 진료 의뢰를 받게 될 때의 기분이란!

그런데 나는 전문분야 중에서 가장 어려운 소아과를 택했다. 아기들은 말을 할 줄 모른다. 설령 말을 한다 해도 그 말을 믿다가는 오진하기가 일쑤다. 이것은 진정 밝혀내야 할 질병과 일 대 일로 마주치는 고독한 일이다. 다행히도 엑스선 진찰이 있지. 오늘날 완벽한 의사가 되려면 엑스선에 능통해야 해. 그리고 직접 다루어야만 하니까 나중에는 내 작은 방 옆에다 엑스선 촬영실을 만들어야지. 간호사를 두고…… 아니 그보다는 작업복을 입은 조수가 낫겠지…… 환자를 받는 날에는, 좀 심각한 증상과 마주칠 때마다 자, 어서, 사진을 한 장…….

'내가 티보 박사를 믿는 것은요, 그분이 항상 엑스선 촬영 진찰로 시작하기 때문이지요…….'

그는 자신의 목소리를 듣고 미소지으며 거울 속의 자기 모습을 향해 윙크를 보냈다. '그래, 나는 자부심이란 게 무엇인지 잘 알아' 하고 그는 비웃는 듯한 웃음을 지으며 생각했다. '베카르 신부는 티보 가문의 자부심이라고도 했어. 예를 들면 아버지처럼…… 그렇다. 하지만 나는 물론 자부심의 주인공이다. 안 될 게 뭐 있나? 자부심, 그것은 내 저력이다. 나의 모든 저력이 나오는 힘이다. 난 그걸 쓴다. 내겐 그럴 권리가 있다. 무엇보다도 먼저 자기의 힘을 다 이용한다는 게 중요하지 않을까? 그렇다면 내 힘이란 어떤 걸까?' 그는 이를 드러내 보이며 미소를 지었다. '난 내 능력을 잘 알고 있다. 우선, 난 이해력이 빠르고, 이해한 걸 금방 기억한다. 기억한 건 머리에 남는다. 다음은 연구 능력이다. 티보는 소처럼 공부한다! 다행스런 일이야. 얼마든지 떠들라지! 그들 모두 나만큼 열심히 공부할 수 있기를 바란다. 그리고 또 뭐가 있지? 에너지. 그래, 그거다. 엄―청―난 에너지.'

그는 다시 거울 속에서 자기 모습을 바라보며 천천히 혼잣말을 했다. "하지만 그것은 일종의 잠재력 같은 것이다……. 완벽하게 충전된 축전지, 항상 준비 완료된 축전지, 나에게 어떠한 노력도 가능하게 해 주는 축전지다! 그러나 이 모든 잠재력을 움직일 수 있는 수단이 없다면 무슨 소용이 있을까요, 신부님?"

그는 천장 불빛을 받아 번쩍이는 니켈로 만들어진 납작한 왕진가방을 들고는 어디에 둘까 망설였다. 그러다가 책장 위에 올려놓기로 했다. "아주 좋아!" 하고 그는 때때로 아버지에게서 들을 수 있는 애매하고 빈정거리는 투의 큰 소리로 외쳤다. "트라랄라, 자부심 만세, 신부님!"

트렁크는 거의 다 비었다. 그는 맨 밑에서 우단으로 된 작은 사진틀 두 개를 꺼내서 무심하게 바라보았다. 그것은 외할아버지와 어머니의 사진이었다. 외할아버지는 연미복을 입고 책이 잔뜩 놓인 조그마한 원탁에 한 손을 얹고 서 있는 당당한 노인의 모습이었다. 어머니는 섬세한 용모의 젊은 부인의 모습으로, 무표정한 듯 하면서도 부드러운 시선이었고, 앞가슴이 네모지게 패인 옷을 입고 풍성하게 굽이치는 머리칼이 어깨까지 드리워져 있었다. 앙투안은 이런 머리모양을 한 어머니를 한 번도 본 적이 없지만 무척 오래전부터 늘 이 사진을 보아 왔으므로 앙투안의 머리에 떠오르는 어머니의 모습은 항상 이 모습이었다. 자크가 태어나던 해에 어머니가 돌아가셨는데, 그때 그는 아홉 살이었다. 앙투안은 어머니보다는 쿠튀리에 외할아버지를 더 잘 기억했다. 경제학자였고 마크 마옹^(프랑스의 원수. 1808~1893.
제3공화국 때 2대 대통령을 지냄)의 친구였던 외할아버지는 티에르^(프랑스의 정치가로 1871년의
보불전쟁 뒤에 대통령이 됨) 씨가 실각했을 때 센 지방의 도지사가 될 뻔했고, 몇 년 동안 학사원의 원장직을 맡았었다. 앙투안은 외할아버지의 온화한 얼굴이며 하얀 모슬린 넥타이들, 상어가죽으로 된 갑에 들어 있던 나전 손잡이가 달린 일곱 개의 예비 면도날을 넣은 면도기 상자를 또렷하게 기억하고 있었다.

그는 두 개의 사진틀을 벽난로 위의 돌과 화석 표본들 사이에 놓았다. 이제는 여러 가지 잡다한 물건과 종이들이 뒤죽박죽 쌓여 있는 책상을 정돈하는 일만 남았다. 그는 유쾌하게 그 일을 시작했다. 방은 눈에 띄게 달라져가고 있었다. 정리가 모두 끝나자 만족한 눈길로 주위를 둘러보았다. '시트며 옷가지들은 프뤼링 부인이 할 일이지' 하고 그는 느긋하게 생각했다(유모의 감독에서 완전히 빠져나오기 위해 그는 수위 아주머니 혼자 아래층의 집안일을 거들어 준다는 허락을 받았다). 그는 담배 한 개비를 꺼내고는 가죽 안락의자 위에 길게 몸을 뻗고 앉았다. 이렇게 특별히 할일도 없이 저녁 내내 긴 시간이 주어지는 일이란 드물었다. 그래서 이런 시각에 뭘 어떻게 해야 할지 몰라 고민스럽기까지 했다. 시간은 얼마 되지 않았다. 이제부터 뭘 한담? 여기 이대로 앉아서 담배를 피우며 공상에 잠길 건가? 물론 편지 쓸 데가 몇 군데 있기는 했지만 그는 될 대로 되라는 생각이었다.

'참' 하고 그는 갑자기 몸을 일으키며 생각했다. '에몽의 책에 어린이 당뇨

병에 대해 뭐라고 기술했나 보려고 했었지……' 그는 가죽 장정의 커다란 책을 꺼내서 무릎 위에 놓고 뒤적였다. '그래…… 내가 이걸 알았어야 하는 건데. 명백한 일이군' 하고 그는 눈살을 찌푸리며 생각했다. '내가 정말 틀렸었어……. 필립이 아니었다면 그 가련한 꼬마는 끝장날 뻔했었군. 내 잘못 때문에…… 아니, 내 잘못 때문이란 건 정확하지 않아. 하지만……' 그는 책을 덮었다. 그리고 그것을 책상 위에 던졌다. '그럴 때 그 지도교수는 어쩌면 그렇게도 냉담한 말을 할까! 그는 너무 자만심이 강하고 자기 지위에 집착한다니까! '티보 군, 안됐네만 자네가 처방한 치료법으로는 환자의 상태가 악화될 수밖에 없네!' 그것도 당직의사에 간호사까지 잔뜩 있는 앞에서 그런 심술궂은 말을 하다니!

그는 두 손을 호주머니에 찔러넣고 몇 발짝 걸었다. '내가 교수에게 몇 마디 했어야 하는 건데. 이렇게 말할 것을……. '교수님 일이나 잘 하시죠! …….' 옳은 얘기지. 그랬다면 이렇게 대답했겠지. '티보 군, 내 생각에 그 점에서는 그 누구도…….' 그때 내가 이렇게 대꾸 못하게 그의 입을 틀어막는 거지. '죄송합니다! 만약 교수님께서 아침에 제시간에 출근하셨다면, 그리고 11시 30분만 되면 진료비를 두둑이 내는 특진환자에게 달려가지 않고 회진이 끝나도록 기다리셨더라면 교수님이 하실 일을 제가 할 필요도 없었을 테고, 오진을 할 위험도 없었겠지요!' 얼마나 후련했을까! 그것도 모든 사람들 앞에서 말이다! 그랬더라면 2주일 동안 핏대를 세워 가며 화를 냈겠지만 난 상관하지 않았을 거야. 까짓것!'

그의 얼굴은 갑자기 악의에 찬 표정으로 돌변했다. 어깨를 으쓱하고는 건성으로 시계의 태엽을 감았다. 그러나 갑자기 오한이 나서 겉옷을 다시 걸치고 금방 앉았던 자리에 다시 가서 앉았다. 조금 전의 기뻐하는 모습은 사라지고 없었다. 그의 가슴에는 약간의 냉랭함만이 남아 있었다. "바보" 하고 그는 원한에 찬 미소를 띠며 작은 소리로 말했다. 두 다리를 신경질적으로 꼬고는 담배를 다시 피워 물었다. 그러나 '바보' 라고 말하면서도 필립 박사의 눈의 정확성, 경험, 놀랄 만한 직관력을 줄곧 생각하고 있었다. 그 순간 지도교수의 천재성이 압도적인 한 덩이의 힘으로 여겨졌다.

'그런데 난, 어떤가? 난?' 하고 그는 숨이 막힐 듯한 느낌으로 자신에게 물었다. '난 언제나 교수님처럼 훤히 볼 수 있게 될까? 거의 틀림없는 그 통찰력, 훌륭한 의사라면 모두 갖추고 있는 그 통찰력이 내게도 있는 걸까? …… 그래, 기억력, 적응력, 인내력은……. 하지만 이런 부차적인 능력 외에 내게 무엇이 있을까? 내가 이런…… 더구나 별 것도 아닌 진단을 하며 벽에 부딪친 게 이번이 처음은 아니다. 그래, 그건 아주 쉬운 진단이었어. 한 마디로 흔한 경우이고 분명히 특성이 드러나는 경우였어……. 아' 하고 그는 갑자기 한 팔을 앞으로 쑥 내밀면서 생각했다. '그런 게 쉽사리 갖춰질 수는 없는 거야. 공부하고, 경험을 쌓아야지, 경험을!' 그는 창백해졌다. '그런데 내일은, 자크가 돌아온다!' 하고 그는 생각했다. 내일 저녁이면, 저기 저 방으로 자크가 올 거다. 그리고 나는…… 나는…….'

그는 벌떡 일어섰다. 동생과 함께 살겠다고 한 그의 계획이 갑자기 현실의 조명을 받아 마치 돌이킬 수 없는 미친 짓 중에도 가장 미친 짓으로 생각되었다. 그는 자신이 떠맡은 책임 따윈 더 이상 생각하지 않았다. 다만 이제부터는 자크가 무슨 짓을 하든 그의 행동을 제지할 구속만을 생각하고 있었다. 자기가 어떤 판단의 착오로 이 인명구조작업을 책임지기로 했는지 도저히 이해할 수가 없었다. 허비할 한가한 시간이 있단 말인가? 일주일에 단 한 시간이나마 자기 목적에서 딴 데로 돌릴 여유가 있다는 말인가? 바보 같은 짓이다! 목에 이 돌덩이를 매단 게 바로 나 자신이었다니! 더구나 이제는 뒤로 물러설 방법도 없지 않은가!

그는 기계적으로 현관을 가로질러 가서 자크를 위해 준비된 방의 문을 열었다. 어두운 방 안을 들여다보면서 어처구니없다는 듯 문턱에 화석이나 된 듯이 서 있었다. 절망이 그를 엄습해 왔다. '제기랄, 이제부터 조용히 있으려면 어디로 도망쳐야 하지? 공부하고 내 생각만 하려면! 어딜 가나 양보만 해야 하다니! 가족, 친구들, 자크! 모든 사람들이, 내가 공부하지 못하도록, 내 인생을 망치도록 공모하고 있다!' 머리끝까지 화가 치밀어 얼굴이 화끈거렸으며, 입이 바싹 타들어 가는 것 같았다. 그는 부엌으로 가서 차가운 물 두 컵을 마신 다음 서재로 돌아왔다.

그는 맥빠진 모습으로 옷을 벗기 시작했다. 아직 익숙해지지 않은 이 방, 늘 접하던 물건들인데도 낯선 느낌을 주는 이 방 안에서 어찌할 바를 모르고 있는 그에게 모든 것이 갑자기 적의를 품고 있는 것만 같았다.

잠자리에 들기까지 한 시간이나 허비했으며, 잠이 드는 데에는 그보다 더 오랜 시간이 걸렸다. 그는 지금껏 이렇게 가까이에서 나는 길거리의 소음에 익숙하지 않았던 것이다. 보도에서 행인의 발소리가 들려올 때마다 소스라치게 놀라곤 했다. 그래서 그는 사소한 일들을 생각하기로 했다. 자명종 시계를 고치러 보낸 일이며, 며칠 전 밤에 필립 교수 댁에서의 파티에서 돌아오는 길에 택시를 잡느라고 애먹었던 일이며…… 자크가 귀가한다는 생각이 이따금씩 찌르는 듯한 예리함으로 마음을 파고들었다. 그는 좁은 침대에서 절망을 느끼며 몸을 뒤척였다.

 '뭐니뭐니해도' 하고 그는 분연히 생각했다. '내겐 살아야 할 내 인생이 있어! 자기가 스스로 알아서 해 주면 좋으련만! 이미 결정난 일이니 그 애를 저 방에 두긴 하겠어. 그 애의 공부계획은 내가 짜 주겠어. 좋아, 그런 다음에는 자기 마음대로 하라지! 그래, 난 그 애를 돌보겠다고 승낙했어. 하지만 그뿐이야! 그 일로 내 출세를 막아선 안 돼! 난 살아야 할 내 인생이 있단 말이야! 그 나머지 일이란……' 동생에 대한 그의 사랑은 그날 저녁엔 비늘만큼도 찾아볼 수 없었다. 그는 크루이에 갔던 일을 떠올려 보았다. 잔뜩 야위고 고독에 짓눌린 동생의 모습이 떠올랐다. '혹시 폐결핵은 아닐지 누가 알아? 만약 폐병이라면 아버지에게 자크를 좋은 요양소로 보내자고 설득해야지. 스위스보다는 오히려 오베르뉴 지방이나 피레네 쪽으로. 그러면 나는 혼자서 자유롭게 나만의 시간을 보내고, 맘껏 공부할 수 있게 되겠지……' 그는 이렇게 생각하는 자신에 대해 깜짝 놀랐다. '그러면 자크의 방을 내가 쓰고, 그곳을 침실로 써야지……'

8. 자크, 파리로 돌아오다

 이튿날 눈을 떴을 때 앙투안의 기분은 전날 밤과는 정반대였다. 병원에서 아침나절 내내 들뜨고 기쁜 마음으로 몇 번이나 시계를 바라보았다. 펨므 씨에게서 동생을 넘겨받으러 가는 시간까지 기다리기가 너무나 지루했다. 그는 약속시간보다 훨씬 일찍 역으로 나갔다. 그리고 서성이면서 펨므 씨에게 소년원에 대해 묻고자 결심했던 말들을 몇 번이고 되뇌이곤 했다. 그러나 막상 기차가 플랫폼에 도착하고, 줄지어 내려오는 여행객들 사이로 자크의 모습과 원장의 안경이 보이자 그는 마음속으로 단단히 준비했던 말들을 까맣게 잊고는 두 사람을 맞으러 달려갔다.

펨므 씨의 얼굴에는 기쁨이 넘쳐흘렀다. 그리고 앙투안을 대하는 그의 태도는 마치 가장 친한 친구를 다시 만나기라도 한 것 같았다. 그는 꽤 신경을 써서 옷을 입고 있었으며, 화려한 장갑도 끼고 있었다. 그러나 말끔하게 면도한 그의 얼굴은 면도 뒤의 얼얼함을 막기 위해 분을 바른 것이 틀림없었다. 그는 두 형제를 집까지 수행할 작정인 모양이었다. 근처 카페의 테라스에서 무얼 좀 들자고 형제에게 강요하다시피 했다. 앙투안은 소리쳐 택시를 부름으로써 펨므 씨와의 이별을 앞당길 수 있었다. 펨므 씨는 자크의 짐을 손수 택시에 실어 주었다. 차가 움직이기 시작하자 하마터면 에나멜 구두의 끝을 바퀴에 치일 뻔하면서도 그는 다시 한 번 두 형제와 뜨거운 악수를 하려고 차 안으로 몸을 들이밀었다. 그러면서 앙투안에게 부디 이사장님께 안부 전해 달라고 신신당부했다.

자크는 울고 있었다.

그는 형의 친절한 마중에 부응하는 한 마디의 말이나 어떠한 제스처도 아직 하지 않았다. 그러나 이처럼 동생이 낙담하고 있는 모습이 앙투안으로 하여금 한층 더 동정심을 자아냈으며, 가슴을 벅차게 하는 새로운 감회를 갖게 했다. 만일 누군가가 그에게 전날 밤의 증오를 돌이키게 해 주었다면 앙투안은 부인했을 것이다. 그리고 이제까지 말할 수 없이 공허하고 삭막하던 자신의 생활이 동생의 귀가로 인해서 마침내 어떤 목적을 갖게 되리라는 생각을 줄곧 해 왔노라고 잘라 말했을지도 모른다.

동생을 그들만의 거주지로 들여보내고 나서 문을 닫았을 때, 그는 마치 첫 연인에게 그녀만을 위해 준비된 집을 선물하는 정부(情夫)처럼 흐뭇함을 느꼈다. 그런 생각을 하는 자신이 가소롭기도 했다. 그러나 자신이 우스꽝스러워지는 것은 조금도 대수롭지 않았다. 그는 자신이 행복하고 친절한 사람이라고 느꼈다. 그래서 동생의 얼굴에서도 약간의 만족해 하는 표정이라도 볼 수 있지 않을까 살펴보았으나 헛일이었다. 그러나 그는 자기가 시작한 이 계획이 성공하리라는 것을 전혀 의심치 않았다.

유모는 자크가 도착하기 직전에 그의 방을 한번 둘러보고 갔다. 그녀는 방의 분위기를 좀더 아늑하게 만들기 위해 난로에 불을 피우고 전에 자크가 특히 좋아했던 그 동네 제과점의 특제품인 바닐라와 설탕을 뿌린 아몬드가 든 과자 한 접시를 눈에 띄는 곳에 놓아두었다. 침대 옆의 탁자 위에 있는 유리

컵에는 물망초 한 다발이 꽂혀 있었는데, 그 꽃다발에 장식된 종이 테이프에는 지젤이 색색의 연필로 이렇게 써 놓았다.

자크 오빠를 위해.

그러나 자크는 이 모든 환영 준비에 전혀 주목하지 않았다. 앙투안이 외투를 벗는 동안 자크는 들어서자마자 모자를 두 손에 든 채 문 가까이에 있는 의자에 앉았다.

"자, 집을 한 바퀴 돌아보자꾸나!" 하고 앙투안이 말했다.

자크는 특별히 서두르지도 않고 형의 뒤를 따라다니며 아무 생각 없이 이 방 저 방을 둘러보고 나서 아까 앉았던 의자에 다시 와 앉았다. 그는 무엇인가 기다리며 불안에 떠는 사람 같아 보였다.

"식구들을 보러 올라가지 않을래?" 하고 앙투안이 제안했다. 그리고 자크가 흠칫 몸을 떠는 것을 보자 그는 동생이 집에 도착한 이래 줄곧 그 생각만 하고 있었다는 것을 알아차렸다. 자크의 안색이 창백해지며 시선을 떨구었다. 그러나 마치 이 숙명의 순간이 다가온 것에 겁을 내면서도 한시라도 빨리 그 일을 끝마치고 싶다는 듯이 곧 일어섰다.

"자, 가자. 잠깐 얼굴만 비치고 곧 나오자" 하고 앙투안은 동생에게 용기를 북돋아 주려고 말했다.

티보 씨는 서재에서 두 아들을 기다리고 있었다. 그는 흐뭇한 기분에 파묻혀 있었다. 하늘은 맑게 개어 있었고 어느새 봄이 다가오고 있었다. 아침에도 교구 대미사에 참석했을 때 특별석에 앉아서 다음 일요일 그 자리에는 학사원의 새 회원이 된 사람이 앉아 있게 될 것이라고 되뇌면서 내심 기뻐하고 있었던 것이다. 그는 두 아들을 앞으로 나가 맞으며 자크를 껴안고 키스해 주었다. 자크는 훌쩍거리고 있었다. 티보 씨는 그 눈물에서 회한과 굳은 결심을 보았다. 그 역시 겉으로 나타난 것보다는 자크로 인해 훨씬 감동되어 있었다.

그는 자크를 벽난로를 중심으로 양쪽으로 줄지은 등이 높은 안락의자에 앉히고 자신은 선 채 뒷짐지고 왔다 갔다 했다. 그리고 평소의 버릇대로 숨을 거칠게 내쉬면서 정다우면서도 동시에 단호한 어조로 짤막한 훈계를 했다. 그리고 자크가 아버지의 집으로 되돌아오게 된 여러 가지 주위 상황을 떠올리면서, 아울러 아비인 자신을 대할 때와 마찬가지로 형에게도 존경과 순종으로 대할 것을 권고했다.

훈계는 뜻밖의 방문객으로 인해 단축되었다. 손님은 앞으로 함께 일할 사람으로서 거실에서 마냥 기다리게 할 수는 없었으므로 티보 씨는 두 아들을 내보냈다. 그래도 그는 두 아들을 서재의 문까지 배웅했다. 그리고 한 손으로 문의 커튼을 쳐들고 다른 한 손은 회개한 아들의 머리에 얹었다. 자크는 아버지의 손이 자기 머리를 쓰다듬고 목덜미를 다정하게 어루만지는 것을 느끼자 난생처음으로 느끼는 새로운 태도에 감정을 억누를 수가 없었다. 그는 몸을 돌려서 크고 통통한 아버지의 손을 잡고 입술을 갖다 대려고 했다. 깜짝 놀란 티보 씨는 못마땅한 듯이 눈을 떴다. 그리고 당황해 하며 손을 뺐다.

"자, 자……" 하고 아버지는 연신 목을 옷깃 밖으로 내밀면서 중얼거렸다. 자크의 이런 감상적인 태도가 그에게는 바람직한 징조로 보이지 않았다.

유모는 저녁 미사에 가기 위해 지젤에게 옷을 갈아입히고 있었다. 번잡스러운 개구쟁이를 보게 되리라고 예상했던 유모는 기대와는 달리, 안색이 창백하고 울어서 눈이 벌겋게 충혈된 키가 홀쭉한 소년이 들어오는 것을 보자 놀란 나머지 자기 손을 맞잡았다. 그 바람에 지젤의 머리를 매던 리본을 떨어뜨렸다. 그녀의 충격이 어찌나 컸던지 처음엔 자크에게 키스할 생각조차 못했다.

"맙소사! 정말 너냐?"

유모는 간신히 그 말만 하고는 그에게 달려갔다. 그녀는 자크를 자기 케이프 위로 세게 껴안았다. 그리고 자크를 좀 더 자세히 보려고 뒤로 물러섰다. 반짝이는 두 눈으로 자크를 뚫어지게 바라보았지만 과거 자신이 사랑했던 자크의 모습은 찾아볼 수가 없었다.

유모보다 더 실망한 데다가 몹시 어색해진 지젤은 웃음이 터져나오지 않도록 두 입술을 깨물면서 양탄자만 내려다보고 있었다. 자크의 최초의 미소를 얻어낸 것은 지젤이었다.

"너, 날 몰라보겠니?" 자크가 지젤 쪽으로 다가가며 말했다. 그 말 한 마디에 서먹서먹했던 분위기가 가셨다. 지젤은 자크의 품으로 뛰어들어 그의 손을 꼭 잡고는 새끼 양처럼 깡충깡충 뛰기 시작했다. 그러나 그날 지젤은 자크에게 감히 한 마디 말도 하지 못했다. 자기가 꽂아 놓은 꽃을 보았는지 조차도 묻지 못했다.

모두 함께 아래층으로 내려갔다. 지젤은 자크의 손을 잡고 줄곧 놓지 않은 채 아이다운 본능을 나타내며 말없이 자크에게 몸을 기댔다. 두 사람은 계단 아래에서 헤어졌다. 그러나 둥근 천장 아래에서 지젤은 몸을 돌려 유리창 너머로 그를 향해 두 손을 활짝 펴서 키스를 보냈다. 그러나 자크는 보지 못했다.

자신들의 집으로 돌아와 단둘이 남게 되었을 때 자크를 힐끗 본 앙투안은 동생이 가족들을 만나보고 나서 무척 안도하고 있으며 그의 상태가 훨씬 좋아졌다는 것을 알았다.

"그래, 우리 여기서 단둘이 유쾌하게 지낼 수 있을 것 같지 않니? 대답해 봐!"

"으응."

"앉아, 앉으렴. 저 큰 안락의자가 좋겠구나. 아주 편안한 의자란다. 내가 차를 끓일게. 배 고프지 않니? 가서 과자를 가지고 오렴."

"아냐, 됐어."

"내가 먹고 싶어서 그래!"

지금 앙투안의 기분을 언짢게 할 만한 것은 아무것도 없었다. 이제야 이 고독한 공부벌레는 남을 사랑하고 아껴 주고 함께 나누는 즐거움이 무엇인지 알게 된 것이다. 그는 별 이유도 없이 웃고 있었다. 행복한 도취감 때문이었다. 그는 생전 처음으로 마음이 크게 열려 있는 느낌이었다.

"담배 줄까? 싫어? 날 보고 있구나…… 담배 안 피워? 넌 마치…… 마치 내가 함정이라도 파지 않았나 해서 날 계속 살피는구나! 애야, 마음을 놓아. 제발 좀 믿어 봐라. 넌 이젠 소년원에 있는 게 아니야! 아직도 날 못 믿겠니? 그래?"

"아, 아니야."

"그럼 뭐야? 내가 너를 속였을까 봐 걱정하는 거니? 내가 널 데려오긴 했다만 생각 만큼 자유롭지 못할까 봐 그걸 걱정하는 거야?"

"아…… 아니야."

"그럼, 뭘 두려워하는 거니? 무슨 섭섭한 거라도 있어?"

"없어."

"그럼? 시무룩한 표정을 짓고 있는데, 도대체 뭘 생각하는 거니? 응?"

그는 동생에게로 다가가서 몸을 숙이고 키스를 하려다가 그만 두었다. 자크는 앙투안 쪽으로 쓸쓸한 눈길을 보냈다. 그는 형이 대답을 기다리고 있다는 것을 깨닫고 물었다.

"왜 그런 걸 물어?" 자크는 약간 몸을 떨더니 아주 낮은 목소리로 덧붙였다. "그게 무슨 소용이 있어?"

짧은 침묵이 흘렀다. 앙투안이 동정이 담긴 눈길로 지그시 바라보자 자크는 또다시 울먹였다.

"애야, 너 어디 아픈 것 같구나" 하고 앙투안이 서글픈 투로 말했다. "하지만 곧 나아질 거야. 날 믿어. 나한테 모든 걸 맡겨……. 사랑을 받기만 하면 돼." 그는 동생을 바라보지 않고 멋쩍어하며 덧붙였다. "우린 아직 서로를 잘 모르고 있어. 생각해 봐. 우리는 아홉 살이나 차이가 나. 네가 어렸을 때는 9년이란 나이 차이는 우리 사이에 커다란 간격이었지. 네가 열한 살 때 난 스무 살이었으니까. 우린 어느 것 한 가지도 함께 할 수 있는 게 없었어. 그러나 이제는 달라. 예전에 내가 널 사랑했었는지조차 모르겠어. 안 그랬던 것 같아. 어때, 나 솔직하게 얘기하고 있지? 이제는 사정이 달라졌다는 것을 잘 알고 있어…… 나는 매우, 매우 만족스럽단다…… 네가 여기에, 내 곁에 있다는 게…… 가슴이 벅찰 정도야. 둘이 살면 생활도 훨씬 즐거워질 테고, 더 나아질 거다. 넌 그렇게 생각하지 않니? 그렇지, 나는 병원 일이 끝나는 대로 빨리 돌아오려고 서두를 게 틀림없어. 그러면 열심히 공부하고 있는 네가 책상 앞에 앉아 있는 걸 볼 수 있겠지. 안 그래? 그리고 저녁에는 일찌감치 이 아파트로 다시 내려와서 스탠드 등불 밑에 자리잡고 앉는 거야. 그리고 서로가 보이도록, 바로 옆에 있다는 걸 느낄 수 있도록 문을 열어놓은 채로…… 밤에는 우린 이야길 나누자꾸나. 친구처럼 떠들어대는 거야. 자러 갈 생각도 않고 말이다……. 왜 그러니? 너 울고 있구나?"

그는 자크에게로 다가가서 안락의자의 팔걸이에 걸터앉았다. 그러고는 잠깐 망설이다가 자크의 손을 잡았다. 자크는 눈물로 뒤범벅이 된 얼굴을 옆으로 돌리고 있었다. 그러나 두 손으로는 앙투안의 손을 꽉 쥐고 있었다. 오랫동안 자크는 격앙되어 형의 손이 으스러질 정도로 꽉 쥐고 있었다.

"형! 형!" 하고 마침내 자크가 심하게 흐느끼며 외쳤다. "아, 지난 1년 동안 내게는 정말로 많은 일들이 있었어……."

자크가 어찌나 심하게 흐느꼈던지 앙투안은 감히 물어볼 생각도 하지 못했다. 단지 자크의 어깨를 팔로 감싸 다정하게 껴안았다. 그들이 어두컴컴한 마차 안에서 처음으로 마음을 터놓고 이야기를 나누었을 때도 앙투안은 취한 듯한 이런 이해의 순간을, 둘에게 힘과 의지가 돌연 넘쳐흐르는 것을 체험한 적이 있었다. 그 뒤에도 자주 뭔가 문득문득 가슴을 두드리는 것이 있기는 했으나, 오늘 저녁에는 갑자기 신기하게도 그런 느낌이 부각되었던 것이다. 그는 일어서서 방 안을 이리저리 서성거리기 시작했다.

"이봐" 하고 앙투안이 특별한 흥분과 함께 이야기를 시작했다. "내가 왜 오늘 이런 이야기를 꺼냈는지 모르겠구나. 하긴 이 일에 대해서는 앞으로 다시 말할 기회가 있을 거야. 난 이런 생각을 했어. 우리가 형제라는 것 말이다. 아무것도 아닌 얘기 같지만 내게는 아주 새로운 느낌이야. 아주 중요한 느낌이기도 하고. 형제! 같은 피를 나누었을 뿐만 아니라 태어날 때부터 같은 줄기에서 나서 똑같은 수액을, 똑같은 열정을 나누고 있단 말이다! 우리는 단순히 앙투안과 자크라는 두 개인이 아니야. 우리 두 사람은 티보 가문에서 태어났단 말이다. 내 말 알아듣겠니? 놀라운 일은 우리 속에 열정, 같은 열정, 티보 가문의 열정을 가지고 있다는 바로 이 점이야. 알겠니? 우리 티보 집안 사람들은 다른 사람들하고는 달라. 우리가 티보 가문에 태어났다는 사실만으로도 남들한테 없는 걸 가졌다고 나는 믿고 있단다. 난 말이다, 내가 머물렀던 어느 곳에서나, 중학교든, 대학이든, 병원이든, 어느 곳에서나 나는 티보 가문의 일원임을, 다른 사람들과는 다른 특별한 사람임을 느껴왔단다. 뭐, 남보다 우월하다는 건 아니야. 하지만, 말하지 못할 것도 없지. 그래, 우월하다고, 남들한테 없는 저력으로 무장되어 있다고 느껴왔단다. 너도 이 점에 대해서 생각해 보렴. 네가 학교 다닐 때 말이다. 네가 성적이 나쁘긴 했어도 다른 모든 아이들을 어떤 힘으로 넘어설 수 있다는 그 내적인 열정을 느끼지 못했니?"

"느꼈어." 자크가 분명하게 대답했다. 그는 이제 울고 있지 않았다. 자크는 대단한 흥미를 느끼면서 형을 뚫어지게 바라보았다. 그런 자크의 얼굴은 불현듯 뛰어난 지적 능력과 성숙한 표정을 띠었는데 그것이 그로 하여금 나

이보다 열 살은 더 들어 보이게 했다.

"난 오래전부터 이런 것을 인정해 왔어." 앙투안이 이야기를 계속했다. "우리에겐 자부심과 격렬함과 집념 같은 보기 드문 복합적 기질이 있다는 것 말이야. 예를 들면 아버지가 그렇지……. 한데 말이다, 넌 아버지를 잘 모르고 있어. 하긴 아버진 우리와는 또 다르셔."

앙투안은 잠시 말을 멈추었다가 다시 계속했다. 그리고 그는 자크에게로 다가와서 자크의 맞은편에 와서 앉으면서 티보 씨가 하듯이 윗몸을 앞으로 굽히고, 두 손을 무릎 위에 올려놓았다.

"내가 오늘 네게 단 한 마디 꼭 해 두고 싶은 말은 이런 신비스런 힘이 내 생애를 통해서 끊임없이 나타났다는 거야. 어떻게 말하면 좋을까, 어떤 파도 같은 것, 갑자기 이는 거대한 파도와 같은 것이어서 우리가 헤엄칠 때 우리를 들어올려 주고, 우리의 몸을 실어 가면서 공간 전체를 단숨에 뛰어넘게 하는 것이었어! 너도 이제 곧 알게 될 거다! 참 멋진 일이지. 한데 그 힘을 이용하는 방법을 알아야 해. 그런 힘을 지니고 있는 한 불가능한 일이란 아무것도 없고, 어떤 어려운 일도 없어. 그런데 너도 나와 마찬가지로 그런 힘을 지니고 있어. 알겠니? 우선 네 이야기부터 하자꾸나. 이제 네 속에 잠재해 있는 이 힘을 측정해 보고, 느끼고 슬기롭게 이용할 순간이 되었어. 마음만 먹으면 잃어버린 시간을 대번에 따라잡을 수 있을 거야. 희망을 가져야 한다! 세상의 누구나 희망을 가질 수 있는 것은 아니야(내가 이걸 알게 된 건 그리 오래되지 않았어). 나는 희망을 가질 수 있어. 그리고 너도 마찬가지. 티보 집안 사람들은 누구나 꿈을 가질 수 있지. 그래서 티보 가의 사람들은 무슨 계획이든 세울 수 있단 말이다. 남들을 앞지를 것! 남에게 인정받을 것! 이것이 중요하단다. 하나의 혈통 속에 숨겨져 있는 이런 힘, 이것을 최대한으로 발휘해야 해! 티보라는 나무를 우리가 활짝 꽃피워야 해. 무슨 말인지 알겠니?"

자크는 침통한 주의를 기울이며 앙투안의 두 눈에서 눈길을 떼지 않고 있었다.

"자크, 알겠니?"

"물론 알고 있어!" 하고 자크는 거의 소리치다시피 했다. 그의 맑은 두 눈이 빛났다. 그의 목소리는 어떤 흥분으로 떨리고 있었다. 입술 양쪽 가에

묘한 주름이 잡혔다. 예기치 못한 이러한 귀띔을 해 줌으로써 자신의 마음속까지 뒤흔들어 놓은 형을 원망하고 있는 것처럼 보였다. 자크의 몸이 부르르 경련을 일으켰다. 얼굴의 긴장감이 사라지더니 극도로 피곤한 표정이 떠올랐다.

"아, 날 가만 내버려둬 줘!" 하면서 자크는 느닷없이 고개를 푹 숙이더니 두 손으로 머리를 감싸 쥐었다.

앙투안은 아무 대답도 하지 않고 동생을 주의 깊게 살펴보았다.

2주일 전보다 더 야위고 안색은 더 창백해졌다. 짧게 깎은 갈색 머리카락 때문에 비정상적으로 큰 머리통이 유난히 커 보였고, 뾰족하게 날이 선 양쪽 귀의 귓바퀴와 부러질 듯 가냘픈 목이 더 눈에 띄었다. 앙투안은 관자놀이께의 핏줄이 드러나 보이는 피부며, 창백한 얼굴색이며, 눈 언저리의 거무스름한 부분을 눈여겨보았다.

"나쁜 건 그만 두었겠지?" 앙투안이 불쑥 물었다.

"뭘?" 하고 자크가 중얼거렸다. 투명했던 그의 눈길이 흐려졌다. 그는 얼굴을 붉히면서도 들킨 자신을 보이지 않으려고 짐짓 놀란 표정을 지었다.

앙투안은 아무 대답도 안했다.

시간이 꽤 지났다. 그는 시계를 꺼내어 확인한 다음 일어났다. 5시쯤에 왕진을 가야 할 곳이 있었다. 동생에게 이제부터 저녁식사 때까지 혼자 남겨 두고 나가야 한다는 말을 하기가 망설여졌으나, 막상 일러 주자 예상과는 달리 자크는 형이 외출한다는 데 만족스러워하는 것 같았다.

혼자 남게 되자 자크는 해방감을 느꼈다. 집 안을 한 바퀴 둘러보고 싶은 생각이 들었다. 그러나 거실의 닫힌 문 앞에 서자 그는 야릇한 불안에 사로잡혔다. 그래서 자기 방으로 되돌아와 그곳에 틀어박혔다. 자크는 처음에는 자기 방을 눈여겨보지 않았다. 이제서야 앉은뱅이 꽃다발과 늘어뜨린 리본이 눈에 들어온 것이다. 오늘 하루 일어났던 모든 일, 곧 아버지가 맞아 주시던 일이며 앙투안과의 대화가 그의 머릿속에 뒤엉켜 떠올랐다. 자크는 소파에 길게 드러누웠다. 그리고 다시 울기 시작했다. 그러나 절망 때문에 우는 것은 아니었다. 무엇보다도 몹시 기진맥진해 있었으므로 울었고, 이 방 때문에, 앉은뱅이 꽃다발 때문에, 자기 머리를 쓰다듬어 주신 아버지의 손길 때문에, 앙투안의 세심한 배려 때문에, 이 새로운 미지의 생활 때문에 울었던 것이다. 사람들이 사방에서 자신에게 애정을 베풀고자 하는 것 때문에 울었다. 이젠 사람들이 자신을 보살펴 주려 하고, 이야기를 하려 하고, 미소를 보내려 하는 것 같아서 울었다. 또한 이제는 모두들에게 대답을 해야 할 것 같아서, 결국 이젠 조용한 생활이 끝나 버렸으므로 울었던 것이다.

9. 리스벳

앙투안은 급격한 변화를 피하게 하기 위해 자크의 복학을 10월로 미루었다. 대학교수를 지망하는 몇몇 동창들과 함께 동생의 지적 능력을 점차적으로 재교육시켜 나가는 것을 목적으로 한 집중적인 학업계획도 세웠다. 세 사람의 다른 선생이 이 일을 나누어 맡았다. 셋 모두가 젊었고, 앙투안과는 친구였다. 자크는 이 계획에 열의를 가지고 정해진 시간에 집중력을 쏟아 열심히 공부했다. 얼마 안 있어 앙투안은 소년원에서의 고독한 생활이 동생의 지능에 걱정했던 만큼의 손상을 입히지는 않았음을 확인하고는 기뻐했다. 어떤 면으로는 그의 정신이 고독 속에 있었으므로 비정상적일 정도로 성숙해져 있는 것 같았다. 그래서 처음 출발은 더뎠지만 진행속도는 앙투안이 기대했던 것보다 훨씬 빨랐다.

자크는 자기에게 부여된 자유를 남용하지 않는 선에서 나름대로 이용했다. 한편 앙투안은 아버지 앞에서는 아무 말도 안했지만, 베카르 신부의 묵계 아래 자크에게 주어진 자유가 초래할 폐해를 그다지 염려하지 않았다. 그는 자크의 천성이 풍부하다는 것을 알고 있었다. 그래서 스스로 발전시켜 나가도록 내버려두는 편이 훨씬 유익하리라고 믿었다.

처음 얼마동안 자크는 집 밖으로 나가는 일을 몹시 싫어했다. 밖의 거리를 보면 머릿속이 아득해지는 것이었다. 앙투안은 자크에게 바람을 쐬게 하려고 이것저것 심부름시킬 일들을 생각해 내느라 머리를 쥐어짜야만 했다. 그렇게 해서 자크는 자기가 살던 동네와 다시 친숙해지기 시작했다. 드디어 자크는 동네를 산책하는 일에 취미를 붙이게까지 되었다.

아름다운 계절이었다. 그는 센 강변을 따라 노트르담 대성당까지 걷거나 아니면 튈르리 공원에서 산책하기를 즐겼다. 어느 날엔가는 용기를 내어 루브르 박물관 안으로 들어가기도 했다. 그러나 박물관 안은 공기가 탁해서 숨이 막힐 것 같았다. 게다가 한 줄로 나란히 걸어놓은 그림들이 어찌나 단조로워 보였던지 그는 그곳을 뛰쳐나와서는 다시는 거기에 가지 않았다.

식사 때에도 자크는 말이 없었다. 아버지의 말을 잠자코 듣고만 있었다. 아무튼 아버지는 매우 권위적인 데다 위압적이었으므로 그 집에서 살고 있는 식구들 모두가 가면으로 가리고 조용히 숨어 지내는 형편이었다. 아버지를 전적으로 존경하는 유모조차도 항상 자신의 진정한 모습을 아버지 앞에서는 감추었다. 티보 씨는 그런 겸허한 침묵을 은근히 즐겼다. 그것은 자기의 판단을 받아들이도록 강요할 수 있기 때문이었는데 순진하게도 모든 사람들이 자기의 의견에 전적으로 동의하는 줄로 믿고 있었다. 그러나 그는 자크에 대해서 만큼은 아주 신중했으며, 앙투안과의 약속을 굳게 지켜 자크의 생활시간표에 대해 한 번도 묻지 않았다.

그러나 티보 씨가 끝내 고집하고 있는 문제가 한 가지 있었다. 그는 퐁타냉 집안과의 모든 교제를 엄격히 금지했다. 그것을 더욱 확고하게 하기 위해서 그는 자크가 올해는 메종 라피트에 가서는 안 된다는 엄명을 내렸다. 티보 씨는 해마다 봄이면 유모와 함께 메종 라피트에서 휴가를 보내곤 했다. 그런데 퐁타냉 집안도 그곳 숲 가장자리에 작은 집을 가지고 있었다. 그해 여름은 앙투안도 자크와 함께 파리에 머물기로 했다.

퐁타냉 식구들을 다시 만나지 못하게 금지한다는 것이 앙투안과 동생 사이에 진지한 토론거리가 되었다. 자크가 내놓은 최초의 절규는 반항이었다. 자크는 자기 친구에 대한 이 의혹이 오래 이어지는 한 지난날의 부당한 처사가 결코 해소될 수 없다고 생각했다. 거센 반발이었으나 앙투안은 기분이 좋았다. 그 반발은 자크가 진정으로 다시 태어났다는 증거로 여겨졌기 때문이다. 그러나 최초의 분노가 가시고 난 뒤에 앙투안은 동생을 이성적으로 설득시키고자 했다. 그런데 자크에게서 다시 다니엘을 만나지 않겠다는 약속을 얻어내는 일은 그다지 어렵지 않았다. 사실 자크는 남들이 생각했던 것만큼 다니엘을 다시 보고 싶어하지는 않았다. 고독한 생활에서 채 벗어나지 못한 자크는 다른 사람들을 별로 만나고 싶어 하지 않았다. 형과의 친밀한 관계만으로도 족했던 것이다. 그래서 앙투안은 나이 차이는 물론이고 자신에게 부여된 권한을 의식하지 않으면서 단순한 친구처럼 지내려 애썼다.

6월 첫무렵 어느 날, 외출했다 돌아오던 자크는 집의 문 앞에 사람들이 모여 있는 것을 보았다. 프륄링 부인이 발작을 일으켜서 수위실 바닥에 가로누워 있었던 것이다. 그날 저녁 의식은 돌아왔으나 오른쪽이 마비되어 팔다리를 못 쓰게 되었다.

그로부터 며칠이 지난 어느 날 아침, 앙투안이 막 집을 나서려는 순간 초인종이 울렸다. 분홍색 반팔 블라우스에 검정 앞치마를 두른 처녀가 문지방에 나타났다. 그녀는 얼굴을 붉히며 환히 미소짓고 있었다.

"집안일을 거들어 드리려고 왔어요……. 앙투안 씨, 저를 못 알아보시겠어요? 리스벳 프륄링이에요……."

그녀는 알자스 지방 사투리를 쓰고 있었다. 게다가 어린애처럼 입술로 길게 끄는 투로 말했다. 앙투안은 예전에 마당에서 깡충깡충 뛰놀던 '프륄링 아주머니의 고아'를 기억하고 있었다. 그녀는 아주머니를 간호하면서 아주머니가 하던 일을 대신하기 위해서 스트라스부르에서 왔노라고 설명했다. 그러고는 잠시도 시간을 헛되이 보내지 않으려는 듯 곧 일을 시작했다.

이렇게 해서 그녀는 날마다 찾아왔다. 그녀는 쟁반을 들고 와서 두 형제의 아침식사를 거들었다. 앙투안은 그녀가 갑작스레 얼굴을 붉힐 때면 놀리기도 하고, 또 독일 생활에 대해 이것저것 묻기도 했다. 그녀는 올해 열아홉 살이었다. 6년 전 이곳을 떠난 뒤로 그녀는 스트라스부르의 역 근처에서 레스토라시옹(역판 겸 식당)을 경영하고 있는 아저씨 집에서 살았다. 앙투안이 함께 있을 때면 자크도 잠깐씩 대화에 어울리곤 했다. 그러나 막상 리스벳과 단둘이 있게 되면 그녀를 피했다.

그러나 앙투안이 숙직하는 날이면 그녀는 아침을 자크의 방으로 가지고 왔다. 그럴 때면 자크는 아주머니의 병세에 대해 묻곤 했다. 그러면 리스벳은 빠짐없이 보고를 했다. 프륄링 부인은 아주 서서히 회복되는 중이며, 매일 식욕이 조금씩 되돌아온다는 것이었다. 리스벳은 조리한 음식을 매우 중요하게 생각하고 있었다. 그녀는 키가 작고 통통했으며, 유연한 몸은 춤과 놀이와 노래에 대한 그녀의 열정을 여실히 드러냈다. 웃을 때면 스스럼없이 자크를 빤히 쳐다보곤 했다. 쾌활하고 귀여운 얼굴, 짧은 머리칼, 약간 도톰하고 선명한 두 입술, 회청색 두 눈, 그리고 금발이 아니라 담황색의 머리카락이 이마를 에워싸고 있었다.

날이 갈수록 리스벳의 수다는 조금씩 더 길어졌다. 자크의 소심함에도 차츰 익숙해져 갔다. 그는 진지하게 주의를 집중하여 그녀의 이야기를 듣곤 했다. 자크는 남의 이야기에 귀를 기울이는 독특한 재주가 있어 항상 남들이 그에게 비밀이야기를 털어놓곤 했다.

하인들이나 친구들, 때로는 선생들까지도 비밀이야기를 할 때가 있었다. 리스벳은 앙투안보다 자크에게 더 편하게 이야기할 수 있었다. 그녀는 앙투안을 대할 때는 몹시 어린애처럼 행동했다.

어느 날 아침, 자크가 독일어 사전을 뒤적이는 것을 본 그녀는 그나마 남아 있던 조심성을 팽개쳐 버렸다. 자크가 번역하는 것이 무엇인지 보고 싶었던 것이다. 그리고 그것이 자기가 외우는 데다 즐겨 노래하는 괴테의 시임을 알고 감격해 마지않았다.

　　Fliesse, fliesse, lieber Fluss! (흘러라, 흘러라, 사랑스런 강물이여!)
　　Nimmer werd' ich froh……(난 결코 기쁘지 않으리니……)

이 독일 시는 그녀를 심취하게 하는 데가 있었다. 그녀는 몇 곡의 연가를 흥얼거리며 그 노래의 첫 줄을 설명해 주었다. 그녀가 가장 아름답다고 강조하는 시구는 항상 유치하고 애절한 구절들이었다.

　　만일 내가 작은 제비라면
　　아, 너에게 날아가련만!

그녀는 쉴러(18세기 독일의 시인·극작가·역사가)의 시들을 특히 좋아했다. 잠시 정신을 집중하더니 그녀가 가장 좋아하는 《마리 스튜어트》의 한 구절을 단숨에 읊었다. 그 장면은 갇혀 있는 젊은 여왕이 자기 감옥의 마당을 몇 발짝 걸어도 된다는 허락을 받고 나서, 햇빛에 현혹되고 젊음에 도취되어 잔디밭 위에서 춤을 추는 장면이었다. 자크는 시구 모두를 알아들을 수는 없었다. 그녀가 순서대로 해석해 주었다. 그리고 자유를 향한 동경을 표현하기 위해 그녀가 어찌나 천연덕스런 소리로 읊조렸던지 듣고 있던 자크는 크루이 시절을 떠올리면서 마음이 애잔해짐을 느꼈다. 자크는 한참동안 침묵을 지키고 있다가 자신의 불행에 대해 띄엄띄엄 이야기하기 시작했다. 아직도 외따로 살고 있어서 남과 이야기할 기회가 별로 없었던 그는 자기 목소리에 곧 도취되어 버렸다. 그는 흥분한 나머지 멋대로 사실을 왜곡시켰으며, 자기 이야기에 소설에서 읽었던 온갖 일화들을 끼워 넣어 가며 늘어놓았다. 그도 그럴 것이 두 달 전부터 그가 하는 공부 중에서 가장 큰 비중을 차지하는 것이 앙투안의 서재에 꽂힌 소설들을 탐독하는 일이었기 때문이다. 그는 이처럼 소설적으로 꾸밈으로써 이야기가 자신이 겪은 보잘것없는 현실보다 훨씬 강하게 리스벳의 감성을 자극하리라는 것을 잘 알고 있었다. 아름다운 처녀가 조국을 그리워하며 미뇽
(괴테의 《빌헬름 마이스터》
에 나오는 소녀의 이름) 처럼 눈물을 훔치는 것을 보았을 때 그는 지금껏 경험하지 못했던 작가적 쾌락을 맛보았으며, 그 상황에 대해 커다란 감사를 느낀 나머지 희망에 떨며 혹시 이것이 사랑이 아닐까 스스로에게 물어보았다.

그런 일이 있은 다음날 자크는 리스벳이 오기를 초조하게 기다렸다. 어쩌면 그녀 역시 그걸 알아차렸는지도 모른다. 그녀는 자크에게 그림엽서들이며, 사인들이며, 마른 꽃잎들이 가득 들어 있는 앨범 하나를 가져와서 보여 주었다. 그것은 지난 3년 동안 그녀의 생활과 삶 전체였다. 자크는 그녀에게 이것저것 물었다. 그는 놀라움을 느끼는 데서 즐거움을 느꼈다. 그러면서도 자기가 경험하지 못한 그 모든 것에 대해 놀라움을 금치 못했다.
리스벳의 이야기는 의심의 여지가 없는 사실 위에 단단히 고정되어 있었으므로 그녀의 성실함에 대해 의구심을 품을 수가 없었다. 그렇지만 두 뺨에 붉은 빛을 띠며 말을 더욱 느리게 할 때면, 사람들이 자기 꿈을 이야기하려고 할 때 볼 수 있는, 무엇인가 지어낸 이야기나 거짓말이 있는 것 같기도 했다. 마을의 젊은 남녀들이 만나게 되는 무용학교에서의 겨울 밤의 파티에 관해 이야기를 하면서 그녀는 즐거워 발을 구르기까지 했다. 댄스 교사가, 아주 작은 바이올린을 켜며 박자에 맞추어 춤을 추는 쌍쌍의 젊은이들 뒤를 따라다니는 동안, 교사 부인은 자동 피아노로 최신의 비엔나 왈츠를 쳐 주었다고 했다. 또 자정이 되면 밤참을 먹는다는 것이다. 그러고 나서 떼를 지어 밤의 어둠 속을 미친 듯이 활개치며 쏘다녔으며, 헤어지기가 싫어 이 집 저 집 돌아다닐 때 발에 밟히는 눈은 그토록 부드러웠고, 밤공기는 아주 맑았으며, 두 뺨에 불어오는 바람은 청량했다는 것이었다. 때때로 하사관들이 단골

춤꾼들 사이에 끼여들곤 했다고도 했다. 그 가운데 한 사람의 이름은 프레디였고, 다른 한 사람은 빌이었다.

리스벳은 한참 망설이다가 군복을 입은 한 무리의 군인들이 찍혀 있는 사진 속에서 빌이란 이름의 키가 크고 장난감 나무병정 같은 사나이를 가리켰다. "아이구" 하고 그녀는 소맷부리로 사진의 먼지를 닦으며 혼자 중얼거렸다. "얼마나 품위가 있었고, 얼마나 사랑에 번민했던가!" 그녀가 빌의 집에 갔었던 것이 틀림없다. 왜냐하면 치타(남부 독일과 오스
트리아의 민속악기)라든가, 딸기라든가, 치즈 따위에 관해 이야기를 했기 때문이다. 그러나 이야기 도중에 그녀는 갑자기 짧은 웃음을 터뜨리면서 이야기를 멈추곤 했다. 어떤 때는 빌이 자기 약혼자라고 말했다가 또 어떤 때는 그와의 관계가 영원히 끝났다고 하기도 했다. 마침내 자크는 빌이라는 자가 불분명하고 우스꽝스러운 사건 때문에 프러시아의 부대로 이송되어 갔다는 사실을 이해할 수 있게 되었다. 그녀는 그 사건을 떠올리며 때로는 겁에 질려 떨기도 했고, 또 때로는 킥킥 웃음을 터뜨리기도 했다. 방은 마루가 삐걱거리는 복도 끝에 있었다는 것이다. 그런데 그 다음부터는 잘 생각나지 않는다고 말했다. 그 방이란 아마도 프륄링 씨의 호텔에 있는 방인 모양이었다. 그렇지 않으면 한밤중에 늙은 아저씨가 셔츠와 양말 바람의 하사관을 마당으로 뒤쫓아가 그를 길바닥으로 내던질 수 없었기 때문이었다. 리스벳은 핑계 대듯이 아저씨는 호텔 경영을 맡기려고 자기를 그 사람과 결혼시킬 생각을 했다고도 했다. 그녀는 또한 아저씨가 언청이며 아침부터 저녁까지 시가를 피워서 담배 냄새가 났다는 이야기도 했다. 그러더니 갑자기 웃음을 멈추고 울기 시작했다.

자크는 자기 책상 앞에 앉아 있었다. 그의 앞에는 앨범이 펼쳐져 있었다. 리스벳은 안락의자 팔걸이에 앉아 있었다. 그녀가 몸을 숙일 때면 자크는 그녀의 숨결을 느꼈다. 그녀의 곱슬머리가 그의 귀를 가볍게 스쳐 갔다. 그는 성적인 욕망을 전혀 느끼지 않았다. 이미 타락 행위를 체험한 바 있었기 때문이지만 최근에 읽은 영국 소설에서 알게 된 또 다른 세계가 그를 자극하고 있었다. 그것은 처음으로 발견한 세계였다. 즉 순결한 사랑, 행복한 충족감과 순수한 감정이었다.

하루종일 그의 상상력은 다음날 그녀와 만났을 때의 아주 상세한 일들을 준비하기에 여념이 없었다. 집 안에는 둘뿐이고, 오전 중에는 분명히 둘을 방해할 것이라곤 아무것도 없었다. 리스벳을 소파의 오른쪽에 앉힐 것이다. 그녀는 고개를 앞으로 숙이고 있을 것이고 자신은 선 채로 옷깃 사이로 흘어져 내린 곱슬머리 사이로 그녀의 목덜미를 바라본다. 그녀는 눈을 뜨지 못하겠지. 자신은 몸을 숙여 이렇게 말한다.

'당신이 언제까지나 떠나지 않았으면 해요…….' 그때 비로소 그녀는 의문에 찬 눈길로 고개를 들 것이다. 자신은 대답 대신 이마에 키스를, 약혼 키스를 할 것이다. '5년 뒤엔 스무 살이 됩니다. 아버지께 이렇게 말씀 드리겠습니다. '나는 이젠 어린애가 아닙니다.' 만일 식구들이 내게 '그 여잔 수위 아주머니의 딸이다'라고 말하면 나는……' 그럼 나는 위협적인 몸짓을 한다. '약혼자! 약혼자! …… 당신은 내 약혼자입니다!' 그렇게나 큰 기쁨을 누리기에는 자기 방이 너무 좁게 느껴졌다. 그는 밖으로 나왔다. 더운 날씨였다. 그는 뙤약볕 아래에서 쾌락을 느끼며 서성이기 시작했다.

"약혼자! 약혼자! 리스벳은 내 약혼자다!"

이튿날 자크는 어찌나 곤히 잠에 빠졌던지 초인종 소리도 못 들었다. 그는 앙투안의 방에서 나는 리스벳의 웃음소리를 듣고 자리에서 벌떡 일어났다. 자크가 두 사람이 있는 방에 나타났을 때 앙투안은 이미 아침을 끝내고 출근하려던 참이었다. 그는 리스벳의 두 어깨를 꽉 쥐고 있었다.

"알겠니?" 하고 앙투안이 위협적으로 말했다. "만일 또다시 아주머니께 커피를 마시게 했다간 야단맞을 줄 알아!"

리스벳은 그녀 특유의 웃음을 짓고 있었다. 그녀는 달고 뜨거운 독일식 카페오레가 프뢸링 숙모에게 해롭다는 것을 믿으려 하지 않았다.

둘만이 남았다. 리스벳은 전날 자크를 위해 손수 구운 아니스 열매가 박힌 꽈배기 과자를 쟁반에 놓아두었다. 그녀는 자크가 아침 먹는 모습을 유심히 지켜보았다. 자크는 게걸스럽게 먹는 자신에게 화가 났다. 이런 것은 상상조차 못했던 일이다. 그는 자기가 그렇게도 조심스럽게 준비했던 상상 속의 장면들과 지금의 현실을 어떻게 연결시켜야 할지 알 수 없었다.

설상가상으로 초인종 소리가 났다. 그것은 전혀 예상 밖의 일이었다. 놀랍게도 프뢸링 아줌마가 쩔뚝거리며 들어왔다. 그녀는 아직 건강을 회복하지는 못했지만 전보다는 훨씬 나아져서 자크 도련님께 인사하러 온 것이었다. 리스벳이 아주머니를 부축해서 수위실의 의자에까지 데리고 가야만 했다. 시간이 지나고 있었지만 리스벳은 돌아오지 않았다. 자크는 이러고 있는 것을 견딜 수가 없었다. 그는 예전의 분노와 비슷한 그런 울화에 사로잡혀 방 안을 서성거렸다. 그것은 예전의 그의 분노를 떠올리게 했다. 이를 악물고 주머니에 두 주먹을 찔러 넣었다.

마침내 그녀가 돌아왔을 때 자크의 입은 바짝 말라 있었고, 눈은 분노로 이글거렸다. 기다리는 동안에 신경이 너무 날카로워져서 손이 바들바들 떨리기까지 했다. 그는 해야 할 공부가 있는 척했다. 그녀는 집 안을 치우고는 그에게 작별인사를 했다. 그는 책에 고개를 파묻고 마음속으로는 죽을 만큼 슬퍼하며 그녀를 떠나보냈다. 그러나 혼자가 되자마자 곧 몸을 뒤로 젖혔다. 얼굴에 몹시도 씁쓸한 미소를 지으며 자신의 모습을 객관적으로 관찰하려고 거울 앞으로 다가갔다. 그는 여전히 상상 속의 장면을 떠올리고 있었다. 리스벳은 앉아 있고, 자신은 서서 그녀의 목덜미를 바라보며…… 그는 그 장면에 메스꺼움을 느껴 두 손으로 눈을 가렸다. 울려고 소파 위로 몸을 던졌으나 눈물이 나오지 않았다. 신경질과 원망만이 엄습할 따름이었다.

다음날 리스벳이 왔을 때 그녀는 슬픈 표정을 짓고 있었다. 자크는 자신을 원망하는 것으로 여기고 지금까지 품고 있던 섭섭한 마음을 말끔히 씻어 버렸다. 그러나 사실은 스트라스부르에서 나쁜 소식이 왔기 때문이었다. 아저씨가 그녀를 돌아오라고 한 것이었다. 호텔에 손님이 꽉 찼다는 것이다. 프뢸링 씨는 한 주일은 더 참겠지만 그 이상은 안 된다고 했다. 리스벳은 그 편지를 자크에게 보여 줄 생각이었다. 그러나 자크가 어찌나 수줍고 다정한 눈길을 보내며 그녀에게 다가왔던지 그녀는 슬픈 이야기는 하지 않기로 했다. 그녀는 자크가 바라던 바로 그 소파에 앉았다. 자크는 자기가 상상했던 바로 그 자리에 서 있었다. 그녀가 고개를 숙였다. 그러자 옷깃 사이 곱슬머리 틈새로 그녀의 목덜미가 자크의 눈에 들어왔다. 마치 자동인형처럼 그가 몸을 숙이자 그녀는 몸을 세웠다. 상상했던 것보다는 좀 빨랐다. 그녀는 놀라서 자크를 바라보더니 미소를 띠면서 자기 옆으로 자크를 이끌었다. 그리고 주저하지 않고 자기 얼굴을 자크의 얼굴에, 자기의 관자놀이를 그의 관자놀이에, 달아오른 자기의 뺨을 그의 뺨에 밀착시켰다.

"Chéri…… Liebling…… (프랑스어와 독일어로). "
연인을 부르는 말

야릇한 쾌감에 사로잡힌 자크는 기절할 것만 같았다. 그래서 두 눈을 감았다. 바늘에 찔린 자국이 선명한 리스벳의 손가락이 자크의 다른 쪽 뺨을 어루만지다가 목덜미께로 미끄러져 들어오는 것을 느꼈다. 단추가 풀렸다. 그는 감미로움에 몸을 떨었다. 자기를 띤 것 같은 작은 손이 셔츠와 피부 사이로 미끄러져 내려와 그의 상체에 밀착되었다. 그러자 자크 또한 용기를 내어 두 손가락으로 브로치를 만졌다. 그녀가 그를 도와서 스스로 앞섶을 열었다. 그는 숨을 죽이고 있었다. 그의 손이 미지의 육체를 스쳤다. 그녀가 간지럽다는 듯이 흠칫 몸을 움직였다. 그러자 갑자기 그의 손바닥에 한쪽 가슴의 뜨거운 덩어리가 잡히는 것을 느꼈다. 그는 얼굴을 붉히면서 서투르게 입을 맞추었다. 곧 그녀가 그에게 입안 가득히 격렬한 키스를 되돌려 주었다. 그는 열렬한 키스 뒤에 타인의 침이 남겨놓는 서늘한 맛에 약간의 불쾌감마저 느끼면서 한동안 어쩔 줄 모르고 있었다. 그녀는 다시 자기 얼굴에 자크의 얼굴을 바짝 대고는 가만히 있었다. 자크는 자신의 관자놀이께에서 그녀의 속눈썹이 깜박이는 것을 느꼈다.

그날 이후 날마다 똑같은 일이 반복되었다. 그녀는 현관에 들어서면서부터 브로치를 떼어서는 방에 들어서자마자 그것을 문간에 있는 커튼에 꽂아놓았다. 둘은 서로 뺨을 맞대고 뜨거운 두 손을 꼭 쥔 채 소파에 앉아 아무 말 없이 그대로 있곤 했다. 혹은 그녀가 어떤 독일 연가를 시작하면 둘 다 눈물을 글썽거렸다. 그리고 오랫동안 둘은 껴안은 상체를 박자에 맞추어 흔들며, 더 이상 다른 어떤 기쁨도 바라지 않으면서 두 사람의 숨결을 맞추곤 했다. 어쩌다가 자크의 손가락이 그녀의 속옷 속에서 약간이라도 움직이거나, 입술을 리스벳의 뺨에 대기 위해 머리가 약간 움직이기만 해도 그녀는 얌전히 있으라고 요구하는 듯한 시선으로 그를 말끄러미 바라보며 탄식하듯이 말하곤 했다.

"사랑의 고뇌에 빠져보아요……."

일단 자리를 잡고 나면 그들의 두 손은 얌전히 있었다. 리스벳과 자크는 말없는 동의로 쓸데없는 몸짓들을 삼갔다. 그들의 포옹은 인내심을 가지고 계속되어 서로의 얼굴을 맞대고 있는 것, 그리고 숨을 쉴 때마다 두 가슴의 따뜻한 고동이 손가락 끝에 느끼게 해 주는 기분 좋은 촉감에 머물렀다. 리스벳의 경우, 이따금 지친 것 같아 보이면서도 그녀는 모든 육체적인 유혹을 떨쳐 버렸다. 자크와 함께 있을 때면 그녀는 순수함과 시에 흠뻑 빠지곤 했다. 자크는 좀더 구체적인 욕망을 떨쳐 버리고자 애쓸 필요조차 느끼지 않았다. 이런 순결한 애무는 그 자체에 목적을 포함하고 있었다. 이러한 애무가 더 뜨거운 열정의 서곡일 수 있다는 따위는 염두에 두지도 않았다. 어쩌다가 리스벳의 육체의 따뜻함이 그에게 육체적인 충동을 일으켜도 그는 그것을 거의 의식하지 못했다. 리스벳이 그런 사실을 눈치채지나 않았을까 하는 생각만 해도 혐오감과 수치심 때문에 죽을 만큼 괴로웠을 것이다. 그녀 곁에서는 한 번도 어떤 불순한 욕정에 사로잡혀 본 적이 없었다. 그의 정신과 육체는 완전히 나누어져 있었다. 정신은 사랑하는 여인에게 속해 있었다. 그러나 육체는 별개의 세계, 리스벳이 들어와 있지 않은 어두운 세계에서 고독한 삶을 영위하고 있었다. 몇 날 며칠 밤을 잠을 이룰 수 없어서 이불 밖으로 나와 거울 앞에서 속옷을 벗고 자신의 양팔에 입을 맞추거나, 욕구불만으로 몸부림치며 자기 육체를 애무하는 일이 있어도 그런 일은 항상 혼자 있을 때, 그녀에게서 멀리 떨어져 있을 때의 일이었다. 자크가 일상적으로 떠올리는 일련의 상상 속에는 리스벳은 결코 들어 있지 않았다.

그럭저럭 하는 동안 리스벳이 떠나야 할 날짜가 가까워졌다. 그녀는 오는 일요일에 밤차로 파리를 떠나기로 되어 있었지만 그 사실을 자크에게 말할 용기가 없었다.

그 일요일 저녁식사 시간에 동생이 위층에 올라가 있다는 것을 안 앙투안은 자기 방으로 돌아왔다. 리스벳이 기다리고 있었다. 그녀는 울면서 앙투안의 어깨에 몸을 던졌다.

"어떻게 했어?" 하고 앙투안은 야릇한 미소를 띠며 물었다. 그녀는 알리지 못했노라고 고갯짓으로 대답했다. "그럼 이제 곧 출발하는 거니?"

"그래요."

앙투안은 안절부절못했다.

"이건 그의 잘못이기도 해요!" 하고 그녀가 말했다. "그는 내가 떠나리라고는 전혀 눈치를 못채고 있어요."

"네가 그 일은 알아서 처리하겠다고 약속했었지?"

리스벳은 앙투안을 빤히 쳐다보았다. 그녀는 그를 약간 경멸하고 있었다. 그녀에게 자크는 '전혀 다른 사람'이라는 사실을 앙투안은 이해하지 못했다. 그러나 앙투안은 미남인 데다가 그녀는 앙투안의 자신만만함을 좋아했다. 그가 세상의 다른 남자들과 똑같다 하더라도 너그럽게 보아주었다.

그녀는 커튼에 브로치를 꽂아놓고 어느새 출발을 생각하며 건성으로 옷을 벗었다. 앙투안이 그녀를 안았을 때 그녀는 깔깔대며 웃었는데 그 소리는 이윽고 목구멍 안으로 사라졌다.

"Liebling…… 우리의 마지막 밤을 위해서. 사랑의 고뇌에 빠져보아요……."

그날 저녁 내내 앙투안은 집에 없었다. 밤 11시께 자크는 형이 소리 없이 들어와서 자기 방으로 들어가는 소리를 들었다. 자크는 막 잠자리에 들려던 참이라 형을 부르지 않았다.

이불 속으로 파고들려는 순간 무엇인가 딱딱한 것이 무릎에 부딪혔다. 이상한 일도 다 있었다! 상자가 하나 있었다. 초 먹인 종이상자 속에서 캐러멜을 씌운 아니스 꽈배기 몇 개가 나왔다. 그리고 자크의 머리글자를 수놓은 비단손수건에 싸인 붉은 보라색의 편지 한 장이 있었다.

나의 사랑하는 분에게!

그녀는 아직까지 한번도 자크에게 편지를 쓴 적이 없었다. 이건 마치 오늘 밤 그녀가 자크의 머리맡에 와서 고개를 숙이고 그를 보아 주는 것 같았다. 그는 봉투를 뜯으며 너무나 기쁜 나머지 미소를 지었다.

자크 도련님, 당신이 이 편지를 보실 때는 저는 이미 멀리……

편지의 글줄이 희미해졌다. 자크의 이마에 땀방울이 맺혔다.

……저는 이미 멀리 있을 겁니다. 왜냐하면 저는 오늘 저녁 동부 역에

서 스트라스부르 행 22시 12분 열차를 타니까요……

"형!"

찢어지는 듯한 비명소리를 들은 앙투안은 동생이 다친 줄 알고 허겁지겁 뛰어왔다.

자크는 두 팔을 벌린 채 입을 반쯤 벌리고, 애원하는 눈빛으로 침대에 앉아 있었다. 마치 당장에라도 죽을 것 같고, 그런 그를 구해 줄 수 있는 사람은 앙투안 뿐인 것 같았다. 편지는 시트 위에 내동댕이쳐져 있었다. 앙투안은 별로 놀란 빛도 없이 편지를 읽었다. 그는 지금 리스벳을 역에 데려다주고 돌아오는 길이었다. 동생 쪽으로 몸을 숙였다. 그러나 자크는 그를 뿌리쳤다.

"아무 말도 하지 마, 아무 말도……. 형은 몰라, 형은 결코 이해하지 못해……."

그것은 리스벳이 한 말과 똑같았다. 그의 얼굴은 고집스런 표정을 띠었다. 눈을 똑바로 뜨고 멍하니 바라보는 모습이 예전의 자크의 눈 그대로였다. 갑자기 가슴이 터질 듯 부풀어오르고, 입술이 떨리기 시작했다. 마치 누군가 의지할 사람을 찾는 듯이 얼굴을 돌리더니 베개 위에 몸을 내던지며 울음을 터뜨렸다. 한쪽 팔이 몸 뒤로 나와 있었다. 앙투안이 주먹을 꽉 쥐고 있는 그의 손을 만졌다. 그 손은 곧 앙투안의 손을 잡았다. 앙투안은 그 손을 다정스럽게 꽉 쥐었다. 그는 무슨 말을 해야 할지 몰랐다. 흐느낌으로 들썩이고 있는 동생의 굽은 등만 내려다보고 있었다. 언제나 타오를 태세를 갖추고 있는 불꽃, 잿더미 속에 파묻혀 있는 그 불꽃을 앙투안은 다시 한 번 보는 듯했다. 그러면서 교육적인 면에서 자신의 자부심이 얼마나 무모한 것인지를 새삼 느끼고 있었다.

30분쯤 지났을 때였다. 꽉 쥐어졌던 자크의 손은 느슨해져 있었다. 이제는 울음을 그치고 가쁜 숨을 내쉬고 있었다. 점차 호흡이 고르게 되었다. 잠이 들었다. 앙투안은 방에서 나갈 결심도 못하고 꼼짝 않고 있었다. 그는 이 어린것의 앞날을 불안스럽게 생각하고 있었다. 한 30분을 더 기다리고 나서야 문을 반쯤 열어놓은 채 발끝으로 살금살금 걸어서 방으로 돌아갔다.

다음날 앙투안이 집을 나올 때까지도 자크는 자고 있었다. 아니 자는 척했다.

형제는 위층의 가족 식탁에서 다시 만났다. 자크는 피곤해 보였다. 그리고 두 입술 가장자리에는 경멸하는 듯한 주름을 띠고 있었으며, 남이 자기를 이해하지 못하는 것을 오히려 자랑스러워하는 어린아이 같은 태도를 취하고 있었다. 식사하는 동안 내내 자크는 형의 시선을 피했다. 그는 남이 자기를 동정해 주는 것조차 싫었다. 앙투안은 자크의 심정을 이해했다. 게다가 그 역시 리스벳에 관한 이야기는 전혀 꺼내고 싶지 않았다.

형제는 마치 아무 일도 없었다는 듯이 예전의 생활로 되돌아갔다.

10. 자크, 다니엘에게 편지를 받음

어느 날 저녁식사 전에 앙투안은 그날 온 우편물 가운데 자기 앞으로 온 봉투 속에서 자크 앞으로 온 편지 한 통을 발견하고 놀랐다. 그는 그 글씨가 누구의 것인지 알아보지 못했다. 그리고 마침 자크가 옆에 있었기 때문에 주저하는 듯한 인상을 주고 싶지 않았다.

"네게 온 거다" 하고 앙투안이 말했다.

자크는 재빨리 다가왔다. 그리고 얼굴을 붉혔다. 도서목록을 들추던 앙투안은 동생을 보지도 않고 편지를 내주었다. 앙투안이 고개를 들었을 때 자크는 이미 그 편지를 호주머니 속에 집어넣은 뒤였다. 둘의 시선이 마주쳤다. 자크의 눈에는 적의가 담겨 있었다.

"왜 그런 식으로 날 쳐다보는 거야?" 하고 자크가 말했다. "나한텐 편지 한 장 받아 볼 권리도 없어?"

앙투안은 아무 말 없이 동생을 바라보다가 그에게서 등을 돌렸다. 그리고 방을 나갔다.

저녁식사를 하는 동안 앙투안은 자크에게는 아무 말도 건네지 않고 아버지하고만 이야기를 나누었다. 여느 때처럼 형제는 함께 아래층으로 내려왔지만 한 마디 말도 나누지 않았다. 앙투안이 자기 방으로 들어와서 책상 앞에 앉자마자 자크가 노크도 없이 들어왔다. 그는 도전적인 태도로 다가와서는 봉투가 뜯어진 편지를 책상 위에 내던졌다.

"형이 내 편지를 검사해야 할 테니까!"

앙투안은 읽지도 않고 도로 접어서 동생에게 내밀었다. 동생이 편지를 받지 않자 앙투안은 손을 펼쳐서 쥐어 주었으나 편지는 그대로 아래로 떨어졌다. 자크는 편지를 주워 주머니에 쑤셔넣었다.

"그렇다면 날 못마땅한 시선으로 쳐다볼 필요가 없을 텐데."

자크가 비아냥거렸다. 앙투안은 어깨를 으쓱했다.

"그리고 이젠 이런 것들이 지긋지긋해!" 자크가 갑자기 목소리를 높였다. "나는…… 이젠 어린애가 아니란 말이야. 나는…… 내게도 권리가 있어……."

앙투안의 주의 깊고 침착한 시선이 자크의 신경을 건드리고 있었던 것이다.

"나는 지긋지긋하단 말이야!" 하고 자크는 큰 소리로 외쳤다.

"뭐가 지긋지긋해?"

"모든 게."

그의 얼굴은 표정이 매우 복잡했다. 새빨개진 눈은 한곳을 뚫어져라 응시하고 있는가 하면 살기가 등등했으며, 귀는 툭 튀어나와 있었고, 입을 반쯤 벌린 모습이 마치 넋이 빠진 사람처럼 보였다. 얼굴이 시뻘개졌다.

"여하튼 이 편지가 이리로 온 것은 실수 때문이야! 나는 사서함 우편으로 보내라고 했거든! 그러면 아무에게도 보고할 필요 없이 내가 받고 싶은 편지들을 받을 수 있을 테니까!"

앙투안은 아무 대답도 않고 여전히 동생에게서 눈을 떼지 않고 있었다. 이러한 침묵은 그에게 매우 유리했다. 그의 당혹감을 감추어 주었기 때문이다. 자크가 자기에게 이런 말투로 대든 적은 아직까지 한 번도 없었다.

"무엇보다 나는 퐁타냉을 다시 보고 싶단 말이야, 알겠어? 누가 뭐래도 난 만나겠어!"

그 말은 불현듯 앙투안에게 무엇인가 깨우쳐 주는 것이 있었다. 그것은 《회색노트》의 글씨였던 것이다! 자크는 약속을 어기고 퐁타냉과 편지를 주고받은 것이다. 그런데 퐁타냉 부인은 이 사실을 알고 있을까? 부인은 이 은밀한 편지 왕래를 과연 허락했을까?

앙투안은 자신이 부모 역할을 해야 한다는 것을 처음으로 느꼈다. 자크가 지금 자기 앞에서 보인 태도는 자신이 얼마 전에 아버지 앞에서 취했던 태도와 다를 바가 없었다. 이제 입장이 뒤바뀐 것이다.

"그럼 다니엘에게 편지를 썼다는 거니?" 그는 눈살을 찌푸리면서 물었다. 자크는 분명히 그렇다는 몸짓을 하며 형을 똑바로 바라보았다. "내겐 아무 말도 없이?"

"그게 어쨌다는 거야?" 하고 자크가 대들었다.

앙투안은 하마터면 벌떡 일어나서 동생의 뺨을 칠 뻔했다. 그는 두 주먹을 꽉 쥐었다. 이 논쟁의 경과는 잘못했다가는 자신이 가장 중요시하는 것이 위태롭게 할 수도 있을 것 같았다.

"가봐라" 하고 그는 실망한 척하면서 말했다. "지금 너는 네가 무슨 말을 하고 있는지 모르고 있어."

"나는…… 이젠 지긋지긋하다고 말했잖아!" 자크가 발을 동동 구르면서 외쳤다. "나는 어린애가 아니란 말이야. 내 맘에 드는 사람들을 만나고 싶단 말이야. 이런 생활이 이젠 지긋지긋해. 나는 퐁타냉을 만나고 싶어. 퐁타냉은 단 하나뿐인 내 친구니까. 그래서 내가 그 애한테 편지를 썼어. 나는 내가 뭘하고 있는지 잘 알고 있어. 내가 그 애한테 만나자고 했어. 형이 이 일을…… 누구에게 일러도 상관없어. 나는 이젠 지긋, 지긋, 지긋지긋해!"

자크는 발을 동동 굴렸다. 이제 그에게는 증오와 반항 외에 아무것도 남아 있지 않았다.

자크 자신도 말하지 않았고, 또한 앙투안도 거의 눈치채지 못한 사실이 하나 있었다. 리스벳이 떠난 뒤로 자크는 허전함을 느껴 너무나 견디기 어려웠기 때문에, 다니엘에게 자신의 청춘의 비밀을 털어놓고 싶은 욕망, 특히 자신을 짓누르고 있는 이 무거운 짐을 그와 함께 나누고 싶은 욕망을 버릴 수가 없었던 것이다. 그리고 이런 고독한 흥분 속에서 완전한 우정의 생활을 떠올리며 자크는 앞으로 그의 친구에게 리스벳의 반신(半身)을 사랑해 줄 것을, 그리고 리스벳에게는 사랑의 그 반쪽을 다니엘에게 나눠줄 것을 간청할 생각이었다.

"나가라고 하지 않았니." 앙투안은 태연한 척하면서도 자신의 우월감을 즐기면서 말을 이었다. "이성을 되찾으면 그때 다시 이야기하도록 하자."

"비겁한 인간!" 자크는 형의 냉정함에 더욱 화가 치밀어 소리질렀다. "비겁한 개!" 그러고 나서 문을 쾅 닫고 나갔다.

앙투안은 문을 잠그기 위해 일어섰다. 그리고 안락의자에 몸을 던졌다. 그의 얼굴은 분노로 창백해졌다.

'개라고? 바보 같은 녀석. 개라고 했겠다! 어디 두고 보자. 내게 그 따위로 대해도 될 줄 알았다간 큰 코 다치지! 오늘 저녁은 망쳤어. 이젠 공부할 수가 없단 말이야. 어디 두고 보자. 예전의 평온함은 온데간데없구나. 내가 정말 바보 같은 짓을 했어! 요 바보 같은 녀석 때문에 그런 짓을 했다니. 개라니! 자기를 위해 희생하면 할수록…… 바보는 다름아닌 바로 나다. 이 녀석 때문에 시간만 낭비하고, 내 공부를 망치다니. 하지만 이젠 끝이다. 내 겐 내 삶이 있어. 내 시험이 있고 요런 쬐끄만한 바보가 내 인생을 망칠 수 는…….'

그는 한곳에 가만히 앉아 있을 수 없어서 온 방 안을 성큼성큼 걷기 시작했다. 그리고 문득 퐁타냉 부인 앞에 선 자신을 그려 보았다. 그런 그의 얼굴은 어떤 확고한 깨달음을 얻은 사람의 표정이었다. '부인, 저는 제가 할 수 있는 일은 다 했습니다. 애정을 가지고 부드럽게 대하려고 노력했습니다. 저는 자크에게 될 수 있는 한 모든 자유를 주었습니다. 그런데 이렇게 되었 군요. 부인, 세상에는 도저히 어떻게 해 볼 수 없는 그런 사람이 있습니다. 사회를 지키려면 단 한 가지 방법뿐입니다. 곧 그런 인간들이 해를 끼치지 않도록 막는 일뿐이지요. 소년원을 〈사회보존단체〉라고 부르는 것도 다 일 리가 있습니다…….'

바스락거리는 소리에 앙투안은 고개를 돌렸다. 잠긴 문 밑으로 종이쪽지 한 장이 미끄러져 들어오고 있었다.

개라고 말했던 것 사과해. 나 이젠 화가 풀렸어. 다시 들여보내 줘.

앙투안은 자신도 모르게 미소를 지었다. 갑자기 그가 사랑스러워서 견딜 수가 없었다. 그리고 더 이상 깊이 생각하지 않고 문 쪽으로 가서 문을 열었 다. 자크는 두 팔을 늘어뜨린 채 기다리고 있었다. 아직도 흥분이 가시지 않 은 자크는 고개를 숙이고 있었으며, 웃음을 터뜨리지 않으려고 입술을 깨물 고 있었다. 앙투안은 화가 치밀어 냉담한 태도를 보였다. 그는 다시 의자로 돌아와 앉았다.

"나는 할 일이 있는데." 앙투안이 퉁명스럽게 말했다. "오늘 저녁엔 벌써 긴 시간을 허비했어. 원하는 게 도대체 뭐야?"

자크는 두 눈을 장난스레 생글거리며 형을 정면으로 바라보았다.

"나는 다니엘을 만나고 싶어" 하고 자크가 말했다.

짧은 침묵이 흘렀다.

"아버지가 반대하신다는 건 너도 잘 알고 있겠지" 하며 앙투안이 이야기를 시작했다. "그 이유가 뭔지는 이미 네게 설명한 적이 있어. 생각나니? 그날 너는 사태가 이쯤 되었으니 퐁타냉 식구들과는 다시는 관계를 맺으려고 하지 않겠다고 나와 약속했었지. 나는 네가 한 언약을 굳게 믿고 있었다. 그런데 결과가 이렇게 되다니. 넌 나를 속였어. 넌 기회가 생기자마자 약속을 깨뜨렸어. 이젠 다 끝이야. 앞으론 너를 믿지 못하겠다."

자크는 흐느끼고 있었다.

"그러지 마, 형. 그건 너무해. 형은 몰라. 내가 잘못을 저지른 건 사실이야. 형한테 아무 말도 않고 편지 쓰는 일은 하지 말아야 했어. 하지만 꼭 할 말이 있었기 때문에 하는 수 없이 편지에다 썼던 거야. 난 그걸 말할 수가 없었어."

자크는 중얼거리듯이 말했다. "저기 리스벳……."

"그게 문제가 아니다" 하고 앙투안은 동생보다도 자신을 더욱 당혹스럽게 만들지도 모를 고백을 듣지 않으려고 즉각 자크의 말을 중단시켰다. 그리고 나서 말머리를 다른 곳으로 돌리게 하려고 이렇게 말했다.

"마지막으로 다시 한 번 너에게 기회를 주겠다. 이 자리에서 분명하게 약속해라……."

"싫어, 형. 다니엘을 다시 만나지 않겠다고 약속할 수는 없어. 내가 그 애를 다시 만나도 된다는 허락을 형이 해 줘. 형, 화내지 마. 다시는 아무것도 형한테 감추지 않겠다는 것을 하느님께 맹세하겠어. 하지만 나는 다니엘을 다시 만나고 싶어. 그런데 형 모르게 만나고 싶지는 않아. 다니엘도 그렇게 생각하고 있어. 그 애한테 우편사서함으로 답장해 달라는 편지를 썼어. 그런데 다니엘은 그러기를 원치 않아. 그 애가 편지에 쓴 걸 좀 들어봐. '왜 우편사서함이니? 우린 감출 게 아무것도 없는데. 네 형님은 항상 우리 편이셨어. 그래서 나는 너의 형님 앞으로 이 편지를 보낸다. 형님이 네게 전해 주시겠지.' 그는 마지막으로 팡테옹 뒤에서 만나자고 한 내 제안을 거절했어. '나는 이 이야기를 엄마한테 했다. 가장 간단한 방법은 되도록 빠른 시일 안에 어느 일요일을 택해서 네가 우리집에 놀러 오는 거야. 엄마는 너의 형님과 널 아주 좋아하신단다. 나에게 너희 두 형제를 초대하시겠다고 전해 달래.' 이것 봐, 형, 다니엘은 정직한 애야. 아버지는 그걸 모르셔. 다니엘에 대해 아무것도 모르면서 나쁜 애라고 생각하셔. 하지만 아버지를 별로 원망하지는 않아. 그런데 형, 형은 달라. 형은 다니엘을 알잖아. 그 애를 이해할 거야. 형은 그 애 어머니도 만났어. 형은 결코 아버지처럼 생각해선 안 돼. 형은 내게 이런 우정이 있다는 걸 대견스럽게 생각해야 할 거야. 나는 오랫동안 외롭게 살아왔어! 미안해, 이 말은 형에 관해서 한 말은 아니었어. 형도 알고 있지. 하지만 형은 형이고 다니엘은 또 다른 문제야. 형도 형 나이 또래의 친구가 많이 있겠지? 형은 진정한 친구를 갖는다는 게 뭔지 잘 알 거 아냐."

'그야 그렇지…….' 앙투안은 생각했다. 자크가 친구라는 말을 할 때 자크의 얼굴에서 기쁨과 사랑의 표정을 보았기 때문이었다. 그는 갑자기 동생에게로 다가가서 껴안아 주고 싶었다. 그러나 자크의 눈에는 어떤 살기 같은 것이 있었다. 이것이 앙투안의 자존심을 상하게 했다. 그래서 그는 이 고집과 대결해서 그것을 꺾어버릴까 하는 생각도 했다. 그러나 자크의 기세에 약간 눌렸다. 그는 아무 대답도 않고 두 다리를 길게 뻗으면서 곰곰이 생각해 보았다. '사실' 하고 앙투안은 스스로에게 물었다. '관대한 정신의 소유자인 나로서는 아버지의 금지나 제재가 이치에 닿지 않는다는 사실을 인정해야 한다. 그 퐁타냉의 영향이 자크에게 이롭다는 건 확실하다. 나무랄 데 없는 환경이다. 그 가정은 내 일에도 도움이 될지 모른다. 그렇다. 확실히 그녀라면 나를 도울 수 있을 것이다. 그녀라면 사태를 나보다 더 명확하게 파악할 수 있으리라. 그녀라면 이 아이를 이내 감화시킬 수 있겠지. 매우 훌륭한 성품의 여인이다. 하지만 혹시 아버지가 이 일을 알게 된다면…… 그럼 어때? 나는 이젠 어린애가 아니다. 누가 자크에 대해 책임을 지는가? 나다. 그러니까 최후의 결정을 내릴 권리는 내게 있다. 확실히 아버지의 금지령은 이치에 맞지 않고 무의미하다. 나는 그것을 극복하리라. 그뿐이다. 우선 그렇게 되면 자크는 내게 더 애정을 느끼게 될 것이다. 그 애는 '형은 아버지 같지 않다'고 생각할 거다. 그리고 분명히 그 부인은…….'

앙투안은 미소짓고 있는 퐁타냉 부인 앞에 서 있는 자신의 모습을 다시 한 번 그려 보았다. '부인, 제가 동생을 이곳으로 데려올 것을 고집했습니다.'

그는 일어서서 몇 걸음 걷다가 자크 앞에서 멈춰 섰다. 자크는 형이 반대하면 반드시 싸워서 이기리라 단단히 결심하고 긴장된 의지를 보이며 꼼짝않고 서 있었다.

"네가 그토록 고집을 피우니 나도 이런 말을 하지 않을 수 없구나. 아버지의 명령에도 불구하고 나는 항상 네가 퐁타냉 가족을 다시 만나도록 허락하고 싶었어. 나는 널 그 집으로 데리고 갈 생각까지 했었단다. 알겠니? 나는 다만 너의 생활이 안정되기를 기다리고 있었어. 너의 복학 때까지 참으려고 했지. 네가 다니엘에게 편지를 쓴 것이 이 일을 앞당겼구나. 좋다. 내가 다 책임질게. 아버지와 신부님께 이 일에 관해선 비밀로 하자. 너만 괜찮다면 이번 일요일에 함께 가자꾸나. 그런데" 하고 앙투안은 잠시 침묵 끝에 애정 어린 꾸지람을 할 때처럼 덧붙였다. "넌 크게 오해하고 있어! 날 좀 더 믿지 않은 게 얼마나 잘못된 건지 알겠니? 스무 번도 더 말했지. 우리 사이의 더할 나위 없는 솔직함, 상호 신뢰, 그것 없이는 우리의 희망은 모조리 무산되고 말 거야."

"일요일에?" 하고 자크가 입 속으로 중얼거렸다. 그는 맥없이 이겨 버린 사실에 목표를 잃고 허둥대고 있었다. 자기가 알아차리지 못한 어떤 계략에 속고 있는 게 아닌가 하는 의심마저 한 자신이 부끄러웠다. 형은 정말 가장 좋은 친구이다. 형이 이토록 나이를 먹었다는 사실은 참 유감스러운 일이다! 그런데 뭐야, 이번 일요일이라고? 왜 이렇게 빠르지? 이제 그는 자신이 그렇게까지 다니엘을 다시 만나고 싶어했던 것이 사실이었는지 어떤지 생각하고 있었다.

11. 천문대 길 어느 날 오후, 그레고리 목사, 퐁타냉 부인의 이혼을 단념토록 설득—티보네 사람들의 방문—자크와 다니엘—간식—퐁타냉 부인과 앙투안—암실 속에서 다니엘과 니콜—퐁타냉 부인 다시 생각하다

일요일인 바로 그날, 다니엘이 어머니 곁에서 그림을 그리고 있을 때, 강아지가 짖기 시작했다. 초인종 소리가 났다. 퐁타냉 부인은 읽던 책을 내려 놓았다.

"제가 나갈게요, 엄마" 하고 다니엘이 어머니보다 앞질러 문께로 나가며

말했다. 그들은 절약하기 위해 가정부를 내보내지 않을 수 없었다. 다음달에는 요리사도 내보내야 했다. 니콜과 제니가 살림을 거들었다.

문께로 귀를 기울이고 있던 퐁타냉 부인은 그레고리 목사의 목소리를 알아듣고는 미소를 띠며 그를 맞으려고 몇 발짝 걸어갔다. 목사는 다니엘의 두 어깨를 잡고 쉰 목소리로 웃으며 다니엘의 얼굴을 뚫어지게 보았다.

"웬일이지. boy(꼬마야), 이렇게 날씨가 좋은데 산책하러 나가지도 않았어? 요즈음 프랑스 사람들은 보트놀이도, 크리켓도, 스포츠도 하지 않는가 보군?"

눈꺼풀 사이의 눈동자 홍채가 흰자위가 보이지 않을 정도로 가득 채우고 있는 검고 작은 두 눈의 광채가 어찌나 강렬했던지, 다니엘은 가까이 마주 쳐다보기가 괴로워 거북스러운 미소를 띠며 눈길을 돌렸다.

"뭐라고 하지 마세요" 하고 퐁타냉 부인이 말했다. "저 애는 친구의 방문을 기다리고 있어요, 아시죠? 그 티보 형제 말이에요."

목사는 얼굴을 찌푸리며 기억을 더듬었다. 그가 갑자기 무시무시할 정도의 강한 기세로 마른 두 손을 힘차게 비벼 대자 마치 불꽃이 튀는 듯했다. 그의 입가에는 소리 나지 않은 묘한 웃음이 감돌았다.

"Oh, yes! (오, 그렇군요)" 하고 마침내 목사가 말했다. "그 털보 의사 말이지요. 유쾌한 청년이었어요. 우리의 사랑스런 꼬마 따님이 살아난 걸 보고 어떤 표정을 지었는지 기억나시지요? 그 사람은 따님의 회생을 체온계로 재려 했지요! Poor fellow(불쌍한 녀석)! 한데 우리의 darling(꼬마 숙녀)은 어디 계신가? 이렇게 햇빛이 찬란한데 혹시 방 안에 갇혀 있는 건 아니겠지요?"

"아니에요, 안심하세요. 제니는 사촌과 밖에 나갔어요. 점심 때에도 식사를 끝내자마자 나갔답니다. 둘이서 카메라를 시험해 보고 있어요. 제니가 생일선물로 받았지요."

목사에게 권하려고 의자를 앞으로 내밀던 다니엘은 카메라 설명을 하는 어머니의 목소리가 안정을 잃고 있는 것을 느끼고 고개를 들어 어머니를 바라보았다.

"참, 니콜은 어떻게 지내죠?" 하고 목사가 앉으며 물었다. "뭐 새로운 소식은 없나요?"

퐁타냉 부인이 몸짓으로 별일 없다는 시늉을 했다. 부인은 아들 앞에서 그

이야기를 꺼내고 싶지 않았던 것이다. 다니엘은 니콜의 이름을 듣자 목사 쪽을 흘끗 쳐다보았다.

"한데 말 좀 해보렴, boy(애야)" 하고 갑자기 목사가 다니엘이 있는 쪽으로 몸을 돌리며 말했다. "그 털보 의사는 언제쯤 오시지?"

"잘 모르겠어요. 아마 3시쯤일 거예요."

그레고리는 몸을 세워서 목사들이 입는 조끼 주머니에서 찻잔 받침만큼이나 되는 커다란 은시계를 꺼냈다.

"Very well!(잘됐군)" 하며 그가 소리쳤다. "이 게으름뱅이야, 그 때까진 아직 한 시간이나 있어! 옷을 걸치고 뤽상부르 공원을 한 바퀴 돌아봐. 경보경기 기록을 세워보는 거야! Go on!(어서 가봐)"

다니엘은 어머니와 시선을 주고받은 뒤 몸을 일으켰다.

"좋아요, 갔다 올게요. 두 분만 계시게 해드리지요" 하고 다니엘은 짓궂게 말했다.

"영리한 녀석!"

목사가 다니엘에게 으르대듯이 주먹을 흔들며 말했다. 그러나 마침내 퐁타냉 부인과 단둘이 되자 수염을 말끔히 깎아 맨들맨들한 그의 얼굴은 선의로 가득 찬 표정으로 변하면서 눈길에는 깊은 애정이 나타났다.

"바야흐로" 하며 그가 말했다. "당신하고만 이야기를 나눌 수 있는 시간이 되었소, dear(내 친구여)."

그는 기도 드리는 것처럼 마음을 가다듬었다. 그러더니 신경질적인 태도로 검은 머리카락을 손가락으로 쓸어 올리고는 의자를 가져와 말 타듯 걸터앉았다.

"난 그를 만났습니다" 하고 그는 얼굴이 창백해지는 퐁타냉 부인을 바라보며 이야기를 꺼냈다. "그분이 보내서 왔소. 그분은 후회하고 있어요. 그는 너무나 가엾은 사람이에요!"

그의 눈길은 부인에게서 떠나지 않았다. 유쾌한 눈길로 부인을 감싸서 부인에게 안겨 준 고통을 애써 누그러뜨리려는 것 같았다.

"그는 파리에 있던가요?"

부인은 자기가 무슨 말을 하는지도 모른 채 중얼거렸다. 왜냐하면 그녀는 그저께 제니의 생일에 제롬이 딸을 위해 수위실에 카메라를 놓고 간 사실을 알고 있었다. 제롬은 어디에 있든 아직까지 가족의 생일축하를 잊은 적이 한 번도 없었다.

"그이를 만나셨나요?" 하고 그녀는 무심한 투로 물었다. 그러나 그녀의 얼굴 표정은 얼마간 안정을 잃고 있었다. 지난 몇 달 동안 남편을 생각하는 그녀의 마음에는 변함이 없었다. 그러나 하도 어수선한 심정이었기 때문에 막상 남편 문제가 나오자 알 수 없는 허탈 상태에 빠지고 말았다.

"그분은 정말 안 됐어요" 하고 목사가 힘주어 거듭 말했다. "그분은 후회하는 마음으로 꽉 차 있어요. 그쪽 여인은 여전히 가수입니다. 그러나 사실은 그녀에게 싫증을 느끼고 다시는 만나고 싶어하지 않습니다. 진정으로 부인과 아이들 없이는 살 수 없다고 했습니다. 난 그게 진심이라고 생각합니다. 그분은 부인에게 용서를 빌고 있습니다. 그리고 당신의 남편으로 남아 있기 위해 그 어떤 것이라도 약속하고 있습니다. 당신이 이혼하겠다는 생각을 부디 거두어 주길 바라고 있어요. 그분의 얼굴을 나는 똑바로 보았습니다. 이젠 '의로운' 얼굴입니다. 그분은 진정으로 올바른 사람이고 선한 사람입니다."

부인은 입을 다물고 멍하니 앞만 바라보고 있었다. 그녀의 통통한 두 뺨, 약간 살찐 턱, 부드럽고 육감적인 입이 너그러움을 나타내고 있어서 그레고리는 부인이 용서하고 있다고 믿었다.

"그분은 당신과 둘이서 이달에 재판소에 간다고 말했습니다." 그레고리가 이야기를 계속했다. "조정을 위해서죠. 그리고 그 뒤에야 진정한 이혼수속이 시작될 거라고 했습니다. 그래서 그분은 당신께 애원하고 있는 겁니다. 왜냐하면 그분은 완전히 변했으니까요. 자기가 겉으로 보이는 그런 사람이 아니며, 모두가 생각하는 것보다는 나은 사람이라고 말했습니다. 나도 그렇게 생각합니다. 이제 일자리를 구할 수만 있다면 일하고 싶어합니다. 그리고 당신만 좋다면 그분은 과거의 잘못을 씻고 새사람이 되어 부인과 함께 이곳에서 살겠답니다."

그는 부인의 입이 꽉 다물어지고 얼굴의 아랫부분이 심하게 떨리는 것을 보았다. 그녀는 갑자기 어깨를 흔들면서 말했다.

"안 돼요."

어조는 무척이나 날카로웠고 시선은 침통하면서도 의연해 보였다. 그녀의 결심은 번복될 수 없는 것 같아 보였다. 그레고리는 하늘을 향해 두 눈을 감고 오랫동안 아무 말 없이 그대로 있었다.

"Look here(보세요)" 하면서 그는 마침내 아까와는 전혀 다른, 멀리서 들려오는 것 같이 힘없는 목소리로 말했다. "내가 부인이 모르는 이야기를 하나 해 드리겠습니다. 한 여인을 사랑했던 어떤 남자의 이야기입니다. 들어 보십시오. 그 남자는 매우 젊었을 때 가난하고 착하며 아름다운 한 여인과 약혼했습니다. 그녀는 진정으로 하느님의 축복을 받은 아가씨였고, 그 남자는 그녀를 사랑하고 있었습니다……." 그의 시선은 엄숙해졌다. "……그의 영혼을 다해서" 하고 그는 힘주어 말했다. 그리고 나서 자기가 어디까지 이야기했는지를 애써 찾기라도 하는 듯하더니 빠른 속도로 이야기를 계속했다.

"그런데 결혼 뒤에 이런 일이 일어났습니다. 그 남자는 자기 아내가 자기만을 사랑하지 않을 뿐만 아니라 그 부부의 친구로 그 집에 자주 놀러 오는 남자도 사랑하고 있다는 사실을 알게 되었습니다. 그러자 그 가엾은 남편은 아내로 하여금 그 남자를 잊게 하려고 아내와 함께 긴 여행을 떠났습니다. 그러나 아내가 앞으로도 그 친구를 영원히 사랑하리라는 것, 그리고 자기를 사랑하지 않으리라는 것을 깨닫게 되었습니다. 그러자 그들에게 지옥이 시작되었습니다. 그는 아내가 자기 마음의 간음 때문에 괴로워하는 것을 보았습니다. 그러더니 그것은 마침내 마음의 고통이 되었고, 끝내는 영혼의 고통이 되었습니다. 그녀는 부정하게 되고 성질도 사악하게 변했으니까요" 하며 그는 엄숙하게 말을 이었다.

"그건 정말 끔찍한 일이었습니다. 그녀는 잘못된 사랑 때문에 성격이 사나워졌습니다. 부정적인 것이 그들 주위를 온통 둘러싸고 있었으므로 그 또한 사악해졌습니다. 그래서 그 남자가 어떻게 했으리라고 생각하십니까? 그 남자는 기도를 했습니다. 그리고 이렇게 생각했습니다. '나는 한 여인을 사랑하고 있다. 그 사람에게 해로운 것을 없애줘야 한다.' 그래서 기꺼이 자기 부인과 친구를 자기 방에 초대해서 《신약성서》 앞에서 이렇게 말했습니다. '하느님 앞에 두 사람이 나로 인하여 엄숙히 결합하기를.' 세 사람 모두 울었습니다. 그 뒤에 그 남자는 이렇게 말했습니다. '걱정 마십시오. 나는 떠나겠습니다. 그리고 두 분의 행복을 그르치게 될 테니 이제 다시는 돌아오지 않겠습니다.'"

그레고리는 손으로 눈을 가리고 낮은 소리로 말했다.

"아, dear(친구여), 그런 절대적인 사랑과 헌신의 추억이야말로 얼마나 큰 하느님의 축복일는지요!" 그러고 나서 그는 다시 얼굴을 들었다. "그 뒤에 그 남자는 자기가 말한 대로 행했습니다. 그 남자는 굉장한 부자였고 그 여자는 가난한 욥(구약성경에 나오는 〈욥기〉의 주인공. 그는 부유한 촌장이었는데, 하느님이 그의 신앙심을 시험하려고 모든 지위와 재산을 잃게 하고 가난과 병고에 시달리게 했으나 굳은 신앙심으로 이겨내었다고 함)처럼 한 푼도 없었기 때문에 자기의 모든 재산을 두 사람에게 남겨 주었습니다. 그런 뒤에 그 남자는 멀리 바다 저편으로 떠났습니다. 그 남자는 17년 전부터 지금까지 혼자 빈털터리로 살고 있습니다. 근근히 벌어먹고 살지요. 지금의 나처럼 '크리스천 사이언티스트 소사이어티'의 일개 간호 목사로서 말입니다."

퐁타냉 부인은 감격해 마지않으며 그를 바라보았다.

"잠깐만" 하며 그가 기운차게 말을 이었다. "이제 그 이야기의 결말을 말씀드리겠습니다."

그의 얼굴이 종횡으로 씰룩거렸고 그가 팔꿈치를 기댔던 의자 등받이 위에서 뼈만 앙상한 그의 두 손이 세차게 깍지를 꼈다.

"가련한 그 남자는 그 두 사람을 위해 행복을 남겨주고 나쁜 것은 모두 자신과 함께 가지고 떠났다고 생각했었지요. 그러나 이게 하느님의 비결이십니다. 그 두 사람과 함께 남은 게 행복이 아니라 사악한 것이었던 겁니다. 그들은 그 남자를 비웃었습니다. 그 두 사람은 성령을 배반했습니다. 두 사람은 눈물을 흘리며 그의 희생을 받아들였지만 속으로는 그 남자를 비웃었습니다. 그 두 사람은 그에 관해 모든 Gentry(주위 사람들)에게 거짓말을 했습니다. 그 두 사람은 그의 편지들을 이 사람 저 사람에게 보여 주고 다녔습니다. 그 두 사람은 그가 거짓 호의를 베풀었다고 떠들어 댔습니다. 그런가 하면 그가 유럽에서 다른 여자를 얻기 위해 한 푼도 주지 않고 부인을 버렸다고까지 했습니다. 그런 말까지 했어요, 그래요! 그러고는 두 사람은 그에게 불리한 이혼소송까지 냈답니다."

그는 잠시 눈을 감았다. 목에서 가르릉대는 소리가 나는가 싶더니 벌떡 일어서서 의자를 있던 곳에 다시 정성껏 놓았다. 그의 얼굴에 모든 고통의 흔적은 사라지고 없었다.

"자" 하고 그는 꼼짝하지 않고 있는 퐁타냉 부인 쪽으로 몸을 굽히고 말했다. "사랑이란 이런 것입니다. 그리고 나는 용서란 이런 때에 필요하다고 생각합니다. 그래서 이 순간에라도 그 부정한 여인이 갑자기 내게로 와서 이렇게 말한다고 합시다. '제임스, 이제 당신의 지붕 아래로 되돌아오겠습니다. 당신은 또다시 나의 짓밟힘을 당하는 노예가 되어 주세요. 내가 원할 때면 나는 언제든지 당신을 비웃겠습니다.' 그렇다면 나는 이렇게 말할 겁니다. '오십시오. 내가 가지고 있는 이 하찮은 것이나마 모두 가지십시오. 당신이 돌아와 주신 것을 주께 감사드립니다. 이제 나는 당신 앞에 진정으로 착한 사람이 되도록 온갖 노력을 다할 것입니다. 그럼으로써 당신 역시 선량해질 겁니다. 왜냐하면 세상엔 악이란 존재하지 않으니까요.' 그래요, 진실로, 부인, 만일 언제이고 나의 Dolly(어린 양)가 내 곁에 안식처를 구하러 온다면 나는 그렇게 할 겁니다. 그리고 나는 'Dolly(당신을), 용서합니다'라고 말하는 대신 '그리스도께서 당신을 지켜 주시기를!'라고만 말할 겁니다. 그럼으로써 내가 한 말은 결코 헛되이 내게로 돌아오지 않을 겁니다. 왜냐하면 부정적인 것을 뿌리 뽑을 수 있는 오직 하나밖에 없는 힘은 선뿐이니까요!"

그는 입을 다물고 팔짱을 끼더니 네모난 턱을 한 손 가득히 쥐었다. 그러고 나서 설교하는 목사처럼 노래하듯 울려 퍼지는 목소리로 말했다.

"부인, 당신도 그와 같이 하셔야 합니다, 퐁타냉 부인. 부인은 그분을 진심으로 사랑하고 있으니까요. 그리고 사랑은 의롭습니다. 그리스도께서는 이렇게 말씀하셨습니다. '내가 너희에게 이르노니 너희 의가 율법학자들과 바리새파 사람보다 더 낫지 못하면 결단코 하늘나라에 들어가지 못하리라(마태복음 제5절에 나오는 구절).'"

부인은 고개를 저었다. "제임스, 당신은 그이를 몰라요" 하며 그녀는 작은 목소리로 말했다. "그이 주위에서는 도저히 숨을 쉴 수가 없습니다. 그이는 가는 데마다 악을 뿌리고 다닙니다. 그이는 또다시 우리의 행복을 파괴해 버릴 겁니다. 아이들에게 악을 전염시키고 말 거예요."

"그리스도께서 당신의 손으로 나병 환자의 상처를 만지셨을 때 그리스도의 손이 나병에 전염된 것이 아니라 그 손으로 나병 환자가 깨끗이 나았습니다."

"내가 그를 사랑한다고 말씀하셨지요. 아니, 당치 않아요. 그건 잘못 생각하셨어요! 나는 이제 그이를 너무나 잘 알아요. 나는 그이가 한 약속이 어떤 무게를 갖는지 잘 알고 있습니다. 나는 지금까지 그를 너무 자주 용서했습니다."

"그때 베드로가 나와 가로되 '주여, 형제가 저에게 잘못을 저지르면 몇 번이나 용서해 주어야 합니까? 일곱 번이면 되겠습니까?' 예수께서 대답하시기를 '네게 말하노니 일곱 번뿐 아니라 일곱 번씩 일흔 번이라도 하여라^(마태복음 제18장 제21~ 22절의 말씀).'"

"제임스, 당신은 그이를 모르신다니까요!"

"내가 내 형제를 안다고 말할 수 있는 자가 어디에 있습니까? 예수께서는 나는 그 누구도 심판하지 않노라고 말씀하셨습니다. 그런데 나, 그레고리는 이렇게 말할 겁니다. 자기 마음속에 아무런 혼란과 불행을 느끼지 못한 채 죄악의 생활을 계속하고 있는 자는 아직도 진실의 때로부터 멀리 있는 자이다. 그러나 자기 삶이 죄악 속에 있어 눈물 흘리는 자는 진실의 시간 가까이에 있는 자이다. 부인께 말씀드리지만 그분은 후회하고 있습니다. 그분은 의인의 얼굴을 하고 있었습니다."

"제임스, 당신은 속속들이 알지 못해요. 그 여자가 자기를 괴롭히는 빚쟁이들을 피해서 벨기에로 달아나야 했을 때 그이가 무슨 짓을 했는지 좀 물어보세요. 그 여자는 다른 남자와 도망쳤어요. 그이는 그 여자를 따라가려고 모든 걸 다 버렸습니다. 그리고 온갖 모욕을 다 감수했습니다. 그는 두 달 동안이나 그 여자가 노래 부르고 있는 극장에서 개표원 노릇을 했다고 하더군요! 그건 수치스러운 일이에요. 그 여자는 계속 바이올린 주자와 살고 있었지만 그이는 모든 걸 다 받아들였어요. 그 두 사람이 사는 집에 가서 저녁도 먹고 그 여자의 애인과 연주를 하기도 했어요. '의인'의 얼굴이라니요! 당신은 그이를 모르세요. 오늘, 그이가 후회하며 파리로 돌아와 있다고요. 그 여자와 헤어졌으며, 다시는 안 만난다고 한다면서요. 그렇다면 왜 그 여자의 빚을 갚아주려는 걸까요? 그 여자의 마음을 돌리려는 게 아닌가요? 그이는 노에미의 빚을 하나씩 갚아주고 있답니다. 그래요, 그이가 파리에 있는 이유는 그 때문이에요! 무슨 돈으로 갚았을까요? 나와 내 아이들의 돈으로요. 3주일 전에 그이가 무슨 짓을 했는지 아세요? 더 이상 못 참겠다고 아우성치는 노에미의 빚쟁이에게 2만 5천 프랑을 주려고 메종 라피트의 우리 집을 저당잡혔어요!"

부인은 고개를 숙였다. 할 말을 다 한 것이 아니었다. 그녀는 공증인 앞으로 불려갔을 때를 떠올리고 있었다. 별 생각 없이 공증인에게 갔는데, 입구에서 제롬이 그녀를 기다리고 있었다. 그 집은 상속 유산으로 받은 그녀의 소유였기에 저당잡히는 데는 그녀의 위임장이 필요했다. 남편은 한 푼도 없어서 꼼짝 못하고 자살할 지경에 이르렀노라고 애원했다.

그러면서 길거리에서 양쪽 주머니를 뒤집어 보이는 시늉까지 했다. 그녀는 거의 아무런 불평 없이 남편이 하자는 대로 해 주었다. 그렇게 한 길가에서 남편과 승강이를 벌이고 싶지 않아서 그와 함께 공증인에게 갔다. 그녀 또한 돈이 떨어진 데다가, 이혼 후 재산처분을 기다리는 여섯 달 동안 필요한 생활비 조로 남편이 저당하고 남은 돈 중에서 천 프랑짜리 지폐 몇 장을 그녀에게 미리 떼어 주겠다고 약속했기 때문이었다.

"다시 말하지만 제임스, 당신은 그이를 모르세요. 모든 게 다 변했어요. 우리와 함께 살고 싶다고 하던가요? 그럼 이 이야기를 하면 당신은 뭐라고 하실 건가요? 그저께 제니의 생일선물을 아래층 수위실에 두려고 왔을 때 그이는 우리집 문 밖에서 백 미터쯤 떨어진 곳에 차를 대 놓았었어요……. 그런데 그 차에는 그이 혼자가 아니었어요!"

그녀는 몸서리쳤다. 갑자기 튈르리 강변 벤치에 앉아 있던 제롬과 그 옆에서 울고 있던 검은 옷을 입은 작은 여공이 눈앞에 떠올랐기 때문이다. 그녀는 자리에서 일어났다. "이것이 그 사람의 정체예요" 하며 그녀는 큰 소리로 말했다. "그이는 모든 도덕적 감각이 그 정도로 타락했어요. 자기 딸의 생일을 축하하는 날 어디서 굴러먹었는지도 모르는 그런 여자와 함께 오는 그런 사람이에요! 그런데도 당신은 내가 아직도 그이를 사랑하고 있다고 하시는군요. 아니에요, 그렇지 않아요!"

부인은 자세를 바로잡았다. 그 순간에는 분명 남편을 증오하는 것처럼 보였다.

그레고리는 그녀를 준엄하게 바라보았다.

"당신은 잘못 생각하고 있습니다" 하며 그가 말했다. "설령 마음속으로라도 우리가 악을 악으로 갚아야 할까요? 정신이 전부입니다. 물질은 정신의 노예에 지나지 않습니다. 예수님께서 말씀하시기를……."

퓌스가 짖기 시작했으므로 그는 말을 중단했다.

"당신들의 몹쓸 털보 의사가 입장하는군요!"

그는 얼굴을 찌푸리며 못마땅한 듯 중얼거렸다. 그는 재빨리 의자 쪽으로 가서 다시 앉았다.

아니나 다를까 문이 열리자 앙투안이 나타났고, 그 뒤로 자크와 다니엘이 들어왔다.

앙투안은 이 방문의 결과를 자기가 책임지기로 했으므로 단호한 걸음으로 들어왔다. 열린 창문에서 들어오는 햇빛이 그의 얼굴을 환히 비쳤다. 그의 머리카락과 수염이 하나의 어두운 덩어리처럼 보였다. 모든 햇살이 네모난 그의 하얀 이마에 집중적으로 비치고 있어 수재다운 휘황함을 부여하고 있었다. 본디 체구가 큰 편이 아닌데도 불구하고 한순간 거인 같은 느낌을 풍겼다. 퐁타냉 부인은 그가 걸어오는 것을 바라보고 있었다. 돌연 친밀감이 온통 되살아나면서 부인의 마음을 순식간에 부풀게 했다. 앙투안은 부인 앞에 와서 몸을 굽혔다. 부인이 그의 손을 잡아주었을 때 앙투안은 그레고리를 알아보았다. 그리고 그가 거기 있다는 것을 불쾌하게 생각했다. 목사는 앉은 자리에서 기사와 같은 고갯짓으로 앙투안에게 인사를 했다.

자크는 좀 떨어진 곳에서 이 기이한 인물을 호기심에 찬 눈으로 관찰하고 있었다. 한편 말 타듯 의자에 걸터앉은 그레고리는 팔짱을 낀 팔 위에 턱을 괴고, 붉은 코에 이해할 수 없는 미소로 입을 씰룩거리면서 유쾌한 기분으로 젊은이들을 바라보고 있었다. 그 순간 퐁타냉 부인이 자크에게로 다가왔다. 부인의 두 눈이 다정함으로 가득 차 있었으므로, 자크는 울고 있던 자신을 품에 안아주던 그날 저녁이 생각났다. 부인 역시 그때를 상기하면서 큰 소리로 말했다.

"어쩌나 키가 컸는지 이제는 감히……." 부인은 자크에게 키스를 하면서 이렇게 말하고 웃음을 터뜨렸다. "난 엄마나 다름없어. 다니엘과 형제나 다름없지……."

그때 부인은 그레고리가 일어서서 갈 채비를 하는 것을 보았다.

"제임스, 가시려는 건 아니겠지요?"

"죄송합니다" 하며 그가 말했다. "그만 가 봐야겠습니다."

그는 두 형제와 힘차게 악수를 하고 나서 부인에게로 왔다.

"한 마디만 더" 하고 퐁타냉 부인은 그레고리와 함께 문 밖까지 배웅하며 말했다. "솔직히 대답해 주세요. 내가 당신에게 한 말을 들으시고도 당신은 제롬이 우리 곁으로 돌아올 자격이 있다고 생각하시는지요?"

부인은 따지는 듯한 시선으로 물어보고 있었다.

"제임스, 신중히 대답해 주세요. 당신이 내게 '용서하라'고 말씀하신다면 용서하겠습니다."

목사는 아무 말도 안했다. 그의 눈길, 그의 얼굴에서는 '진리'를 깨달은 것으로 확신하는 사람들에게서만 볼 수 있는 보편적인 자비의 표정을 읽을 수 있었다. 그는 잠시 퐁타냉 부인의 눈빛에서 언뜻 희망의 빛을 본 듯했다. 그리스도가 이 부인에게 원하는 것은 이런 종류의 용서가 아니었다. 그는 고개를 돌렸다. 그리고 나무라는 듯한 비웃음 소리를 냈다.

부인은 목사의 팔을 붙들었다. 그리고 그를 다정하게 돌려보내려는 듯이 이렇게 말했다.

"제임스, 고마워요. 그렇지만 그이에게 안 된다는 말을 전해 주세요."

목사는 듣고 있지 않았다. 그녀를 위해 기도를 하고 있었다.

"그리스도께서 당신의 마음을 지배하시기를" 하고 목사는 그녀를 바라보지도 않고 나가면서 중얼거렸다.

앙투안이 거실에서 주위를 둘러보며 처음으로 이 집을 방문했을 당시의 일을 생각하고 있었을 때 퐁타냉 부인이 되돌아왔다. 그녀는 자신의 어지러운 마음을 가라앉혀야만 했다.

"동생분과 함께 오신 건 참 잘한 일이에요" 하고 부인은 환영의 뜻을 약간 과장하여 표현했다. "여기 앉으세요."

그녀는 앙투안에게 자기 옆에 있는 의자를 가리켰다.

"오늘은 우리끼리 이야기를 나눌 수 있도록 애들이 우리 곁에 있지 않는 것이 좋겠어요⋯⋯."

다니엘은 팔을 자크의 팔 밑에 집어넣다시피 해서 그를 자기 방으로 데리고 갔다. 둘은 이제 키가 비슷했다. 다니엘은 자크가 이렇게까지 변했으리라고는 예상하지 못했다. 그로 인해 그의 우정은 더욱 돈독해졌으며, 그럴수록 자기 속마음을 털어놓고 싶은 욕구가 더욱 강렬해지고 있었다. 단둘이만 있게 되자 그의 얼굴에 생기가 돌면서 신비스런 표정이 떠올랐다.

"우선 미리 말해 두고 싶은 것이 있어. 이제 곧 그 여자애를 보게 되겠지만 그 앤 우리집에서 함께 살고 있는 사촌이야. 그 애는…… 아주 멋져!"

그렇게 말한 다니엘은 자크의 태도에서 가벼운 당혹스러움을 포착한 것일까? 어떻게 예의를 갖춰야 할까 하는 생각에 마음이 불안해진 것일까?

"그보다 우선 네 이야기부터 들어보자" 하고 다정한 미소를 띠며 다니엘이 말했다. 그는 친구에게까지 약간 의식적인 예절을 갖추고 있었다.

"벌써 일 년이나 됐잖아!"

자크가 여전히 아무 말도 안하자 다니엘이 몸을 숙이며 말을 이었다. "오, 아직은 아무것도 아니야. 하지만 나는 희망을 가지고 있어."

자크는 친구의 집요한 눈짓과 목소리의 울림 따위에 거북함을 느꼈다. 마침내 그는 다니엘이 전혀 예전 같지 않다는 것을 알아차렸지만 뭐가 변했는지는 알 수 없었다. 그의 생김새는 그대로였다. 타원형의 얼굴이 약간 더 길어진 것 같긴 했지만 입 언저리는 여전히 복잡하게 굽어 있었고, 콧수염 때문에 가장자리가 더 뚜렷하게 드러나 보였다. 그는 여전히 얼굴 한쪽만으로 미소지어서 갑자기 얼굴의 선을 이지러뜨렸고, 왼쪽으로 윗니를 온통 드러내보였다. 다만 눈빛은 전처럼 순수해 보이지는 않았다. 눈썹은 전보다 더 관자놀이 쪽으로 휘어져서 그의 눈길처럼 매끄러운 유연함을 주는 것 같았다. 그의 목소리와 태도에서 전에는 찾아볼 수 없었던 어떤 멋을 부리고 있어서일까? 자크는 대답할 생각도 하지 않고 다니엘을 관찰했다. 다니엘의 철면피 같은 언동에 신경이 곤두서기도 했지만 그래도 그에게 매료되어 버린 자크는 중학생 시절에 그에 대해 느꼈던 세찬 정열이 갑자기 되살아나는 것을 느꼈다. 자크의 눈에는 눈물이 글썽거렸다.

"자, 이봐, 지난 일 년 동안은 어땠어? 얘기해 봐!" 하고 안절부절못하고 있던 다니엘이 큰 소리로 다그쳤다. 그리고 자크의 주의를 끌려고 의자에 앉았다.

그의 태도에는 거리낌이 없는 진실한 애정이 드러나 있었다. 그러나 자크는 그 태도에 뭔가 애쓰는 흔적을 느끼고는 마음이 움츠러들었다. 그렇지만 그는 서서히 소년원에서의 나날을 이야기하기 시작했다. 스스로는 뚜렷하게 의식하지 못했지만 리스벳에게 했던 것처럼 문학적인 묘사로 빠져 들어갔다. 일종의 수치심 때문에 그곳에서의 일상을 적나라하게 이야기할 수는 없었던 것이다.

"하지만 편지를 왜 그렇게 조금밖에 안했니?"

자크는 진정한 이유를 말하지 않았다. 그것은 아버지가 악의에 찬 온갖 비난의 대상이 되는 것을 원치 않기 때문이었다. 그렇다고 자크 자신이 아버지의 모든 처사가 옳지 않다고 여기는 것에는 변함이 없었다.

"고독이 글쎄, 사람을 변하게 만드니까" 하고 잠시 후 자크가 말했다. 그곳에서의 일을 생각만 해도 그의 얼굴은 무표정해지고 바보처럼 되었다.

"모든 일에 무관심하게 돼. 그리고 또 애매한 공포 같은 게 항상 따라다니지. 어떤 동작을 하긴 하지만 아무것도 생각하지 않으면서 하는 거야. 나중에는 자기가 누군지, 자기가 살아 있는지조차도 모르게 돼. 마침내는 죽어버리고 말겠지…… 아니면 미쳐버리던가"

그는 의문에 찬 시선으로 앞을 응시하면서 덧붙였다. 그는 몸을 가볍게 떨더니 어조를 바꾸어 앙투안이 크루이를 방문했던 때의 이야기를 했다.

다니엘은 자크의 이야기를 중단시키지 않고 듣고만 있었다. 그러나 자크의 고백이 끝나자 그의 표정에 생기가 돌았다.

"참, 내가 너한테 그 애 이름을 아직 가르쳐 주지 않았구나" 하고 다니엘이 말했다. "니콜이야. 예쁜 이름이지?"

"아주" 하고 대답하면서 자크는 처음으로 리스벳의 이름을 떠올렸다.

"그 애에게 잘 어울리는 이름이라고 생각해. 너도 곧 보게 될 거야. 예쁘지는 않아. 아니 예쁘다고 할 수도 있지. 하지만 그 이상이야. 발랄해. 생명력이 넘쳐. 그 눈이란!" 그는 머뭇거리다가 덧붙였다. "아주 섹시해, 이해하겠어?"

자크는 그의 시선을 피했다. 자크 역시 자기의 사랑 이야기를 털어놓고 싶었다. 여기에 온 것도 그 때문이었다. 그러나 다니엘이 사랑 이야기를 시작하자마자 그는 왠지 거북함을 느꼈다. 시선을 떨군 채 다니엘의 이야기를 듣고는 있었지만 뭔가 당혹스러움을 넘어 수치심에 가까운 느낌마저 들었던 것이다.

"오늘 아침엔" 하고 다니엘이 흥분을 감추지 못하고 이야기했다. "엄마와 제니는 일찍 외출했어. 그래서 니콜과 나 단둘이 차를 마시게 된 거야. 집에는 단 둘뿐이었어. 그 애는 아직 제대로 옷을 갈아입지 않은 상태였어. 매혹적이었지. 난 니콜의 방까지 그 애를 따라갔어. 그 방이며, 처녀의 침대며……
…… 난 그 애를 끌어안았어. 아주 잠깐. 그 애는 몸부림치면서도 웃고 있었
어. 몸이 얼마나 부드럽던지! 그 애는 도망가더니 엄마 방에 숨어서 문을
잠그고 절대로 열어주지 않는 거야……. 내가 이런 말을 하다니 바보 같은
짓이야" 하며 그는 일어섰다. 미소지으려 했으나 입술에 경련을 일으키고
있었다.

"그 애와 결혼하고 싶니?" 하고 자크가 물었다.

"내가?"

자크는 마치 모욕을 당하기나 한 것처럼 고통스러움을 느꼈다. 시간이 갈
수록 자크에게는 다니엘이 낯선 사람처럼 느껴졌다. 그를 바라보는 다니엘
의 호기심에 차 있으며 약간 무시하는 듯한 눈길이 끝내 자크를 얼어붙게 만
들었다.

"한데 너는?" 하고 가까이 다가오며 다니엘이 물었다. "네 편지에 의하면
너도 역시……."

여전히 눈을 내리깐 자크가 고개를 저었다. '아니야, 이미 끝났어, 내 이
야긴 하고 싶지 않아'라고 말하는 것 같았다. 그런데 대답을 기다리지도 않
고 다니엘은 자리에서 일어났다. 그때 시끄럽게 떠드는 아이들의 목소리가
그들에게까지 들려왔다.

"나중에 얘기해 줘……. 저기 왔어, 이리 와!"

다니엘은 거울에 잠시 비추어보고 나서 고개를 쳐들고 복도 쪽으로 뛰어
나갔다.

"애들아" 하고 퐁타냉 부인이 불렀다. "뭐 좀 먹지 않겠니?"

식당에 홍차가 준비되어 있었다.

자크는 문지방에서부터 가슴을 두근거리며 식탁 옆에 앉아 있는 두 소녀
를 보았다. 두 소녀는 아직도 모자를 쓰고 장갑을 낀 채였다. 그리고 산책에
서 막 돌아와 얼굴이 상기되어 있었다. 제니가 다니엘에게 와서 팔에 매달렸
다. 다니엘은 이런 제니를 거들떠보지도 않고 자크를 니콜 쪽으로 떠밀면서
능청스럽게 서로를 소개했다. 자크는 니콜의 호기심에 찬 눈길과, 탐색하는
듯한 제니의 눈초리가 자기에게로 쏠리고 있다는 것을 느꼈다. 그는 퐁타냉

부인 쪽으로 눈을 돌렸다. 마침 그녀는 거실의 입구에 서서 앙투안과 하던 이야기를 막 끝내려는 참이었다.

"……아이들에게" 하고 그녀는 쓸쓸한 미소를 띠며 말했다. "인생보다 더 귀중한 것은 없다는 것과 인생이란 믿을 수 없을 정도로 짧다는 것을 깨닫게 해야 하겠지요……."

자크는 낯선 사람들 사이에 있어본 지가 너무나 오랜만이었다. 그래서 이런 광경에 흥분한 그는 수줍음 따위를 깡그리 잊을 정도였다. 제니는 어리게, 아니 오히려 추하게 느껴졌다. 그에 비하면 니콜에게는 자연스러운 우아함과 화려함이 있었다. 니콜은 다니엘과 이야기를 나누며 웃고 있었다. 자크는 그들이 무슨 이야기를 하는지 알 수 없었다. 니콜은 놀랍고 즐겁다는 표시로 눈썹을 끊임없이 치켜떴다. 옅은 회색을 띤 그녀의 두 눈은 그리 깊지 않고 사이가 너무 떨어져 있었지만, 초롱초롱하고 즐거운 빛을 띠고 있어서 통통하고 해맑은 얼굴에 끊임없이 생명력을 불어 넣고 있었다. 그리고 그녀의 머리를 빙 두른 두텁게 많은 머리가 얼굴에 둔하고 무거운 인상을 풍기게 했다. 그녀는 몸을 약간 앞으로 구부리는 버릇이 있었다. 그것이 그녀에게 당장에라도 친구에게 달려갈 것처럼 보이게 했고, 누구에게나 활발한 미소를 제공하려는 인상을 주었다. 자크는 그녀를 관찰하며 자신을 심히 불쾌하게 했던 '섹시해……'라는 다니엘의 말이 저도 모르게 생각났다. 그녀는 자기에게 쏟아지고 있는 눈길을 느꼈다. 그래서 곧 과장하느라 도리어 자연스러움을 잃기에 이르렀다.

그것은 자크가 사람들에 대해 갖는 호기심을 조금도 숨기지 않고 있는 그대로 드러냈기 때문이었다. 그는 입을 벌리고 뭔가 정신없이 바라보는 어린애 같은 순박함을 지니고 있었다. 그럴 때면 그의 얼굴 표정은 멍청해지고 눈길에는 생기가 사라지곤 했다. 예전에 크루이에 있을 때는 그렇지 않았다. 그는 사람들을 너무 무심하게 지나쳤으므로 누가 누구인지 통 알아보는 일이 없었다. 이제 그는 그곳이 어디건, 가게에 들어가든 거리에 있든 어디에 있든 그의 시선은 지나가는 사람들을 주시했다. 그렇다고 그들에게서 발견한 것을 분석하지는 않았다. 그러나 자기도 모르는 사이에 사고력은 활동하고 있었다. 우연히 마주친 이 낯선 사람들이 그의 상상력 속에서 개별적인 특성을 가진 특별한 인물이 되기 위해서는 얼굴이나 몸가짐의 특징을 간과

하면 되었다.

퐁타냉 부인이 그의 팔에 손을 얹자 그는 공상에서 깨어났다.

"내 곁에서 과자를 먹지 않겠니?" 하고 그녀가 말했다. "자, 이리로 오렴."

그녀는 찻잔과 접시 하나를 주었다.

"네가 와서 무척 기쁘단다. 제니야, 과자 좀 가져다줄래? 두 형제가 어떻게 생활하는지 형님이 얘기해 주셨단다. 난 그 생활을 참 만족스럽게 생각해! 진정한 친구처럼 마음이 맞는 두 형제, 그건 정말 멋진 일이지! 다니엘과 제니, 저 애들도 서로 마음이 맞는 아이들이지. 다니엘, 내 이야기에 넌 웃는구나."

부인은 앙투안과 함께 그쪽으로 다가온 다니엘을 향해 말했다.

"이 애는 항상 나이든 이 엄마를 비웃지. 자, 벌로 내게 키스해 주렴. 사람들이 모두 보는 앞에서."

다니엘은 약간 거북해하며 웃었다. 그러나 몸을 굽혀서 어머니의 관자놀이에 가볍게 입술을 댔다. 다니엘의 하찮은 몸짓에도 세련된 멋이 깃들어 있었다.

식탁 반대편에서 제니가 그 장면을 지켜보고 있었다. 그녀의 촉촉한 미소를 보고 앙투안은 매료되었다. 제니는 다시 오빠에게로 와서 팔에 매달렸다. '여기에 또' 하고 앙투안이 생각했다. '자신이 받는 것보다 더 많은 것을 주는 소녀가 있군.' 처음 방문했을 때부터 이 어린 소녀의 얼굴에 나타난 성숙한 여인 같은 눈길이 그의 마음을 끌었다. 그는 제니가 자기도 모르게 어깨를 들썩이면서 귀엽게 구는 모습을 주시했다. 그럴 때면 소녀는 막 자라나기 시작하는 자신의 젖가슴을 코르셋 위로 추켜올렸다가 다시 제자리로 살며시 가져가곤 했다. 제니는 전혀 어머니를 닮은 데가 없었다. 다니엘과 비슷한 데는 더더욱 없었다. 그런데 아무도 그 점에 대해 놀라지 않았다. 제니는 다른 사람들과는 전혀 다른 인생을 위해 태어난 것처럼 보였다.

퐁타냉 부인은 미소를 띤 얼굴로 찻잔을 가져가 한 모금씩 마시고 있었다. 그리고 찻잔에서 피어오르는 김 사이로 자크에게 친밀감의 표시를 살며시 보내곤 했다. 한없이 밝고 애정에 찬 부인의 눈길은 지적이고 정열적인 인상을 주었다. 그리고 흰 머리카락은 넓게 드러난 그녀의 훤한 이마를 근사한 왕관처럼 장식하고 있었다. 자크의 시선이 어머니에게서 아들에게로 향했다. 그 순간 그는 그들 모자를 너무나 열렬히 좋아하게 되어 그 사실을 두 사람이 꼭 알아주기를 바랐다. 그는 누구보다도 타인에게서 인정받고 싶었기 때문이다. 타인을 향한 그의 호기심은 그 정도에까지 이르러 있었다. 즉 타인의 마음속 깊은 곳에 자신의 자리를 하나 두고 싶어 했고, 자기 인생이 남의 인생 속에서 용해되어 버리기를 바랐다.

창문 앞에서 니콜과 제니 사이에 말다툼이 벌어지자 다니엘이 가서 끼어들었다. 세 사람은 마지막 필름 한 장이 남아 있는지 어떤지를 확인하려고 카메라 위로 일제히 고개를 숙였다.

"내가 할게!"

별안간 다니엘이 전에는 볼 수 없었던 정열적인 목소리로 외쳤다. 그러면서 그는 정다우면서도 숙연한 눈길로 니콜을 뚫어지게 바라보고 있었다.

"그래! 넌 지금처럼 모자를 쓴 채로 있어. 그리고 내 친구 티보가 네 옆에 서고!"

"자크!" 하고 다니엘이 불렀다. 그리고 낮은 목소리로 덧붙였다. "부탁이야. 난 너희들이 함께 있는 사진을 꼭 찍고 싶어!"

자크가 그들에게로 갔다. 다니엘은 거실이 더 환하다며 그들을 억지로 거실로 끌고 갔다.

퐁타냉 부인과 앙투안만이 식당에 남았다.

"오늘의 방문에 대해 부인께서 오해가 없으시기를 바랍니다."

앙투안은 자기가 하는 말이 솔직하다는 것을 강조하려고 당돌하게 결론부터 말했다. "만일 자크가 이곳에 왔다는 것과, 데리고 온 사람이 저라는 것을 아버님께서 아시게 된다면 아버님께서는 동생을 저에게서 데려가실 것이고, 그렇게 되면 모든 것을 다시 시작해야 합니다."

"가엾은 분" 하고 속삭이는 퐁타냉 부인의 말투에 앙투안은 미소를 지었다.

"부인께서는 아버님을 동정하십니까?"

"당신 같은 훌륭한 아드님의 신뢰를 얻지 못하시다니."

"그건 아버님 잘못이 아닙니다. 동시에 제 잘못도 아니고요. 저의 아버님은 이른바 저명인사, 훌륭한 사람이라고 불리는 그런 사람에 속해 있는 분이십니다. 저는 아버님을 존경합니다.. 그러나 어쩌겠습니까? 모든 점에서 아버님과 저는 생각하는 대상이나 방식이 너무나 다릅니다. 어떤 문제에서도 우리는 같은 관점을 가진 적이 없답니다."

"모든 사람들이 아직은 다 광명을 받은 게 아니니까요."

"혹시 부인께서 종교에 관해 말씀하시는 거라면" 하고 앙투안이 힘차게 말했다. "저의 아버님은 매우 독실한 분이세요!"

퐁타냉 부인은 머리를 설레설레 흔들었다.

"사도 바울께서는 이미 하느님 앞에서 옳은 자는 단지 율법을 따르는 자가 아니라 율법을 행하는 자라고 말씀하셨지요."

그녀는 프랑스의 개신교도 특유의, 그리고 지난 여러 세기의 결과로서 자신이 진심으로 불쌍히 여기고 있는 티보 씨에 대해서 본능적인, 그리고 강한 혐오를 느꼈다. 자기 아들, 자기 집, 그녀 자신마저 교제를 금지당한다는 것은 비열하고 부당한 일이며, 가장 비열한 동기에 기인하고 있는 것으로 그녀는 여겼다. 그 몸집 큰 사람의 모습을 혐오감을 가지고 떠올리며 그녀는 자신이 가장 집착하는 것, 그녀의 정신적인 숭고함, 그녀의 프로테스탄티즘을 의심한다는 사실을 온당치 못하다고 여겼다. 그래서 앙투안이 아버지의 조치를 파기했다는 것에 더욱 흡족해 하고 있었다.

"그런데 당신은" 하고 부인은 걱정스럽게 물었다. "당신은 줄곧 신앙을 실천하고 계신지요?"

그가 아니라는 제스처를 했다. 그러자 무척 다행스럽게 여긴 부인의 얼굴이 환히 빛났다.

"사실은 제가 성당에 나가기 시작한 것은 다 커서였습니다." 앙투안이 설명했다. 퐁타냉 부인의 존재가 자기로 하여금 분명한 통찰력을 갖게 해줄 뿐만 아니라 평소보다 말을 많이 하게 해준다는 생각이 들었다. 호의를 가지고 남의 말을 들어주는 그녀의 태도는 이야기하는 상대를 돋보이게 해 주며, 동시에 상대로 하여금 평상시의 수준 이상으로 자신을 높일 수 있도록 북돋아 주기 때문이었다.

"저는 진정한 신앙심 없이 그저 오랜 관습에 따를 뿐이었습니다. 제게 하느님이란 시야에서 벗어날 수 없는 교장선생처럼 생각되었습니다. 몇 가지 행동을 함으로써 어떤 규율을 지키며 그 교장선생을 만족시키는 편이 더 안

전하다고 판단했지요. 그래서 하라는 대로 했지만 따분하기만 했습니다. 저는 모든 면에서 우등생이었지요. 종교에서도 그러했습니다. 그러나 그런 걸 신앙이라고 할 수 있을까요? 저는 그런 것을 거의 의식한 적이 없었어요. 제가 그걸 의식하게 된 것은 4, 5년도 채 안 된 일입니다만, 이미 종교적인 믿음이 들어 갈 여지가 별로 남아 있지 않을 정도로 과학적인 지식을 습득한 뒤였습니다…… 저는 실증주의자입니다" 하고 그는 자랑스럽게 말했다. 사실 그가 지금 한 말은 즉흥적으로 생각해 낸 말이었다. 지금까지는 이렇게 여유롭게 자신을 헤아려 볼 기회도 시간도 없었다.

"제 말은 과학이 모든 것을 다 해명해 주는 것은 아니지만, 확인을 해준다는 겁니다. 그리고 제게는 그걸로 족합니다. '어떻게'만으로도 저는 충분히 흥미를 느끼기 때문에 헛되이 '왜'를 찾으려는 수고는 미련 없이 포기합니다. 더구나" 하고 그는 목소리를 낮추어 덧붙였다.

"이 두 해석 방법 사이에는 단지 정도의 차이밖에 없겠지요?"

그는 마치 실례를 용서해 달라는 듯이 미소를 지었다. "한편 도덕에 관해 말하자면" 하며 그가 말을 이었다. "이건 저의 관심을 별로 끌지 못합니다. 제 말에 부인께선 놀라셨는지요? 하지만, 저는 제 일을 좋아합니다. 인생을 사랑하고 있습니다. 저는 힘이 넘치고 능동적인 사람입니다. 그리고 저는 이 능동성이 그 자체로서 하나의 행동원칙을 구성한다고 생각합니다. 여하튼 오늘날까지 제가 이루어야 할 일을 앞에 두고 망설여 본 적이 한 번도 없으니까요."

퐁타냉 부인은 아무런 대답도 하지 않았다. 그녀는 자신의 신앙심과는 거리가 먼 앙투안의 입장을 비교하고 있었다. 그러나 내심 깊은 곳에서는 항상 주님이 그녀의 마음속에 함께 계신 것에 감사하고 있었다. 그녀는 주님의 보호로부터 무한한 기쁨의 은총을 느끼고 있었다. 그리고 그러한 은총이 그녀 자신에게서 뿜어져 나오고 있었던 것이다. 불행한 일들로 인해 끊임없이 고초를 겪고 있고, 주위의 대부분의 사람들보다 훨씬 불행하지만, 그 사람들에게 용기와 균형과 행복의 원천이 되어 줄 수 있었던 것이다. 바로 이 순간에도 앙투안이 그것을 경험하고 있었다. 아버지 주위의 사람들에게서는 이처럼 용기를 북돋아 주고 존경심을 느끼게 하는 사람, 그 사람의 주변의 공기가 순수하다 못해 흥분할 정도까지 이르게 하는 사람을 만난 적이 없었다.

그는 거짓말을 해서라도 그녀에게 한 발 더 다가가고 싶었다.

"저는 항상 프로테스탄티즘에 이끌렸습니다."

그는 비록 퐁타냉 가족을 만나기 전에는 한 번도 프로테스탄트에 대해서 생각해 본 적이 없었음에도 불구하고 이렇게 잘라 말했다.

"신교의 개혁은 종교적인 분야에서의 혁명입니다. 신교에는 해방의 이념이 있습니다……."

그녀는 차츰 고조되는 공감을 느끼며 그의 말을 듣고 있었다. 부인의 눈에는 그가 젊고 열정적이며 고매한 정신을 소유한 청년 같아 보였다. 그의 생명력 넘치는 생김새, 이마에 잡힌 주름을 감탄하며 바라보았다. 그가 고개를 들 때면 부인은 그의 얼굴에서 사려 깊은 시선을 두드러지게 해 주는 어떤 특성을 발견하고는 어린아이처럼 희열을 느꼈다. 그의 윗 눈꺼풀은 아주 좁아서 눈을 크게 뜰 때면 눈두덩의 굽은 선 속에 거의 감추어져서 눈썹과 함께 어울려 합쳐져 버리곤 했다. '저런 이마를 가진 사람은' 하며 그녀는 생각했다. '결코 비열한 행동을 할 수 없는 사람이지…….' 그러자 이런 생각이 그녀의 뇌리를 스쳐갔다. '앙투안은 충분히 사랑받을 자격이 있는 남자이다.' 그녀는 아직도 남편에 대한 원망으로 온몸을 떨고 있었다. '이런 사람과 인생을 함께 한다면…….' 그녀가 제롬을 다른 사람과 비교해 본 것은 이번이 처음 있는 일이었다. 분명한 후회가 그녀를 스치고 지나간 것도 처음이었고, 다른 누군가가 그녀에게 행복을 가져다줄 수도 있지 않을까 하는 생각을 해 본 것도 이것이 처음이었다. 이것은 순간적으로 그녀의 마음속 깊은 곳까지 흔들어 놓은 열정적이며 은밀한 충동에 지나지 않았다. 그녀는 즉시 부끄러움을 느끼면서 재빨리 그 충동을 떨쳐 버렸다. 그러나 후회와 미련 비슷한 것이 남아서 한동안 사라지지 않았다.

제니와 자크가 식당으로 들어오자 부인은 공상으로부터 깨어났다. 그리고 멀리서부터 환영의 몸짓을 해보이며 아이들을 그녀 곁으로 불렀다. 그것은 두 사람이 그들을 귀찮게 여기는 것으로 생각하지 않을까 해서였다. 그런데 언뜻 보자마자 그녀는 두 아이들 사이에 무슨 일이 있었음을 직감적으로 느꼈다.

그것은 사실이었다.

다니엘은 니콜과 자크가 함께 있는 사진을 찍자마자 그 사진이 성공했는지를 당장 확인해 보겠다고 했다. 그날 아침 다니엘은 제니와 사촌에게 현상하는 방법을 가르쳐 줄 것을 약속했었다. 요즘에는 쓰지 않는 복도 끝의 마침 비어 있는 건조실에 두 소녀는 필요한 재료들을 이미 다 준비했었다. 그곳은 얼마 전부터 다니엘이 암실로 사용하기로 한 곳이었다. 그 방은 너무 작아서 두 사람 이상은 들어갈 수가 없었다. 그래서 다니엘은 니콜이 맨 먼저 들어가도록 술책을 썼다. 그는 제니에게로 다가가서 뜨거운 한 손을 그녀의 어깨에 얹어 놓으며 그녀의 귀에 대고 속삭였다.

"티보하고 좀 놀아줘."

제니는 꿰뚫어 보는 듯한, 그리고 비난하는 듯한 눈초리로 다니엘을 바라보았지만 오빠가 시키는 대로 따르기로 했다. 그만큼 오빠의 위엄이 제니에게 큰 영향력을 미쳤고, 오빠가 요구하는 이런 태도는 거역할 수 없는 것이었다. 그 목소리, 뻔뻔스러운 그 눈길, 초조하게 구는 그의 온갖 태도에는 군소리 없이 복종하게 만드는 무엇인가가 있었다.

이 짧은 장면이 벌어지고 있는 동안 자크는 거실의 유리문 앞에 물러서 있었다. 제니는 자크에게 왔다. 자크가 다니엘의 술책에 대해서 전혀 눈치채지 못한 것을 확인하고는 입을 삐쭉거리며 말했다.

"사진 현상할 줄 알아요?"

"몰라."

제니는 곧 그 질문은 하지 말았어야 했음을 깨달았다. 대답하는 그가 눈에 띌 정도는 아니지만 당황하는 모습을 보았던 것이다. 자크가 감옥과 같은 곳에 오랫동안 갇혀 있었다는 사실이 떠올랐다.

거기서 연상된 것과 그리고 또 뭔가 이야기를 해야 할 것 같아서 제니는 다시 말했다.

"오빠를 오랫동안 만나지 못했지요?"

자크는 시선을 떨구었다.

"응, 아주 오랫동안. 그러니까…… 일 년이 넘어."

검은 그림자가 제니의 얼굴을 어둡게 했다. 두 번째 질문도 첫 번째 못지않게 뒷맛이 썼다. 자크에게 마르세유로 달아났던 일을 떠오르게 하려는 것으로 여겨질 수도 있었기 때문이다. 그러나 그래도 어쩔 수 없다. 제니는 그 사건 때문에 늘 자크를 원망해 왔다. 그녀가 볼 때 모든 책임은 자크에게 있었다. 그래서 오래전부터 자크가 누군지도 모르면서 자크를 증오하고 있었다. 그날 오후에는 티타임 때 문득 자크를 보면서 그가 자기 식구에게 안겨다 준 고통을 상기했다. 그리고 처음 보는 순간부터 자크가 마음에 들지 않았다. 제멋대로 생긴 데다 커다란 머리며, 턱과 터진 입술, 뾰족한 귀, 이마에 곤두선 갈색 머리털 따위 때문에 밉고 천하게까지 생각되었다. 사실 이따위 친구를 좋아하는 오빠를 제니는 용서할 수가 없었다. 질투를 느끼면서도 남매 간의 사랑의 일부를 감히 앗아가려고 했던 인물이 하필이면 매력 없는 사람이라는 사실을 확인하면서 그녀는 다행으로 여기는 눈치였다.

그녀는 강아지를 무릎에 안고 건성으로 쓰다듬어 주고 있었다. 자크 역시 눈을 내리깔고, 가출 사건과 함께 처음으로 이 집에 왔던 날 저녁을 생각하고 있었다.

"우리 오빠가 많이 변한 것 같지 않아요?" 하고 제니가 침묵을 깨려고 물었다.

"아니." 자크는 대답했다가 곧 생각을 바꾸어 이렇게 다시 말했다. "좀 그렇긴 하지."

자크의 이런 세심한 배려를 알아차린 제니는 그의 성실한 태도를 고맙게 여겼다. 잠깐 사이에 그에 대한 불쾌한 생각이 아까보다는 가셨다. 일시적인 양보를 자크가 눈치챘을까? 자크는 다니엘을 더 이상 염두에 두지 않았다. 제니를 바라보면서 그녀에 관한 이런저런 생각을 해 보았다. 그는 이 소녀의 성격에 관해 자기가 어떻게 생각하고 있는지를 표현할 길이 없었다. 그러나 표정이 다양하면서도 무표정한 이 얼굴 뒤에, 생기 있지만 그 비밀을 드러내지 않은 눈동자 깊숙한 곳에, 자크는 신경질적인 변덕과 떨림을 멈추지 않는 예리한 감각이 도사리고 있음을 알아보았다. 그리고 이런 생각을 해 보았다. 이 소녀를 더 잘 알고, 이 닫혀 있는 심장 속을 뚫고 들어가서, 이 소녀의 친구가 된다는 것은 유쾌한 일이 아닐까? 그녀를 사랑하는 건? 그는 잠깐 그런 상상을 해 보았다. 그것은 한순간의 황홀경이었다.

그는 지난날에 겪었던 고통스러운 일들을 깡그리 잊었으며, 이제 다시는 그런 불행한 일이 없을 것 같았다. 그의 두 눈은 방 안을 두리번거리면서 호기심과 수줍음이 뒤섞인 눈초리로 제니를 힐끔 바라보곤 했다. 그러면서도 제니가 얼마나 조심성 있고 내성적인지에 대해선 알아차리지 못했다. 이때 그의 사고는 운명적인 전환을 보여 뜬금없이 리스벳의 모습이 떠올랐다. 보잘것없고 하찮으며, 하녀에 지나지 않는 여자. 있으나 없으나 똑같은 여자. 리스벳과 결혼한다? 이런 가정을 한다는 것이 유치하다는 생각이 처음으로 들었다. 그렇다면? 갑작스러운 공허감이 그의 인생을 뻥 뚫어놓았다. 무슨 대가를 치르더라도 채워 놓아야만 할 끔찍스러운 공허감. 어쩌면 제니가 아주 자연스럽게 채워 줄 수도 있을 것 같았다. 그러나……

"학교는요?"

그는 소스라쳐 놀랐다. 자기에게 말을 하고 있는 것이었다.

"뭐라고?"

"학교에 다녀요?"

"아직은……" 하고 그는 몹시 당황하며 대답했다. 가슴이 두방망이질 치고 있었다. "나는 아주 뒤쳐져 있어. 형의 친구들 가운데 교사인 분들한테 배우고 있어." 이어 그는 별 뜻 없이 덧붙였다. "넌? 뒤쳐져 있지 않니?"

제니는 감히 자기에게 질문을 던졌다는 사실에, 더욱이 다정한 그의 눈길을 무례하다고 느꼈다. 그녀는 퉁명스럽게 대답했다.

"아니에요, 나는 학교에 안 다녀요. 가정교사와 공부하죠."

그는 터무니 없는 말로 사태를 더욱 악화시켰다.

"그래, 여자들은 그렇게 해도 괜찮지."

제니는 발끈했다.

"엄마는 반대하셨더랬죠. 오빠도 그렇고요."

그녀는 정말로 적의를 품은 눈초리로 자크의 얼굴을 뚫어지게 바라보았다. 자신이 실수했음을 알아차린 자크는 그 실수를 만회하기 위해 무엇인가 다정한 말을 해야겠다고 생각했다.

"하긴 여자들이란 항상 자기에게 필요한 게 무엇인지를 잘 알고 있으니까……."

그는 자기가 제 꾀에 넘어갔음을 알아차렸다. 자신의 생각과 말을 통제할 수가 없었다. 소년원 생활이 자기를 바보로 만들어 놓았다는 느낌이 들었다. 그는 얼굴을 붉혔다. 얼굴이 갑자기 달아오르면서 어찌할 바를 모르게 됐다. 해결책이라고는 버럭 화를 내는 길밖에 없었다. 그는 복수하기 위해서 어떤 악의에 찬 말을 하려고 열심히 찾았지만 헛일이었다. 그는 화가 치밀었다. 그래서 아버지가 자주 하던 저속한 야유의 투로 이렇게 말했다.

"중요한 것은 학교에서 배울 수 없지. 중요한 건 좋은 성격을 갖는다는 거야."

그녀는 자신을 억제하느라 어깨를 으쓱해 보일 생각조차 못했다. 마침 퓌스가 요란스럽게 하품을 하자 제니는 화가 치민 목소리로 말했다.

"요 못된 것! 버릇없는 것!"

"요 버릇없는 것!" 들으라는 듯이 집요하게 되풀이했다. 그녀는 강아지를 바닥에 내려놓고 일어섰다. 그리고 발코니로 나가서 팔꿈치를 괴고 섰다.

견딜 수 없는 침묵 속에서 기나긴 5분이 흘렀다. 자크는 의자에서 꼼짝하지 않았다. 숨이 막힐 것만 같았다. 식당에서는 퐁타냉 부인의 목소리와 앙투안의 목소리가 번갈아 들려왔다. 제니는 자크에게 등을 돌리고 있었다. 그녀는 어제의 피아노 레슨 시간에 다룬 곡조를 흥얼거리고 있었다. 그러면서 무례하게 한쪽 발로 그 곡조의 박자를 맞추고 있었다. 오빠한테 다 말해야지. 다시는 저런 무례한 사람과는 사귀지 말라고 해야지! 제니는 자크를 몹시 미워하고 있었다. 얼굴이 새빨개져서는 점잔을 빼고 앉아 있는 자크를 슬쩍 훔쳐보았다. 그녀의 침착함은 점점 더해갔다. 자크의 마음을 더욱 상하게 해 줄 만한 것이 무엇이 없을까를 모색했다.

"이리 와, 퓌스! 난 갈래."

발코니를 떠나는 제니의 거동은 마치 자크의 존재를 묵살하는 듯 그의 앞을 지나서 유유히 식당 쪽으로 갔다.

자크는 그 상태로 있다가는 나중에 어떻게 그곳을 떠날지가 가장 걱정스러웠다. 그래서 제니의 뒤를 따라갔지만 함께 가지는 않았다.

퐁타냉 부인이 그를 친절하게 맞아 주자 지금까지의 분한 생각이 슬픔으로 바뀌었다.

"오빠가 너희 둘만 놔두었니?" 하고 부인이 제니에게 물었다.

제니는 탄로났다는 얼굴을 하고 말했다.

"내가 오빠한테 사진을 당장 현상해 달라고 했어요. 이제 곧 끝날 거예요."

그녀는 자크가 다 알고 있다는 것을 눈치채고 그의 시선을 피했다. 그리고 본의 아니게 공범자의 꼴이 된 것 때문에 둘은 점점 서로를 흘겨보게 되었다. 그는 제니를 거짓말쟁이라고 생각했다. 그리고 자기 오빠의 행위를 감싸면서 흐뭇해하는 그녀를 괘씸하게 여겼다. 제니도 자크가 그렇게 생각하고 있다는 것을 알아차리고는 자존심이 상했다.

퐁타냉 부인은 두 아이들에게 미소를 지으며 의자에 앉으라는 손짓을 했다.

"저의 어린 환자는 아름답게 자랐군요" 하고 앙투안이 말했다.

자크는 아무 말 없이 바닥만 보고 있었다. 그는 절망 속으로 빠져들었다. 결코 예전의 자크로 되돌아가지 못하리라. 자신이 환자라는 생각이 들었다. 마음속 깊은 곳까지 병들어 있는 것 같았다. 자신이 유약함과 동시에 난폭하고, 늘 충동에 휩싸이는가 하면 가혹한 운명의 노리개가 된 것 같기도 했다.

"음악을 좋아하니?" 하고 퐁타냉 부인이 자크에게 물었다.

그는 부인의 말 뜻을 이해할 수가 없었다. 눈에는 눈물이 가득했다. 그래서 재빨리 몸을 숙이고는 구두끈을 매는 척했다. 앙투안이 자기 대신 대답하는 소리가 들렸다. 귀가 윙 하고 울렸다. 죽고 싶었다. 제니가 나를 바라보고 있지는 않을까?

다니엘과 니콜이 암실에 들어간 지 벌써 15분도 더 되었다.

다니엘은 재빨리 문을 잠그고 카메라에서 필름을 꺼냈다.

"문을 건드리지 마" 하며 그가 말했다. "빛이 조금만 들어와도 몽땅 망치게 돼."

처음엔 깜깜해서 아무것도 볼 수 없었던 니콜은 곧 자기 바로 옆에 있는 하얀 그림자들을 알아보았다. 그것들은 전등의 붉은 불빛 속에서 움직이고 있었다. 점차 길고 섬세하며, 손목 께에서 잘린 유령 같은 두 손이 작고 네모난 접시를 흔드는 것이 눈에 띄었다. 움직이는 것이라고는 다니엘의 그 두 손 뿐이었지만, 골방이 어찌나 좁은지 다니엘이 움직일 때마다 자기 몸을 스치는 것 같이 느껴졌다. 그들은 숨을 죽이고 서로 운명적이라고나 할 만한 집요함으로 오늘 아침 방에서 했던 키스를 생각하고 있었다.

"저기……뭐가 보여요?" 하고 니콜이 작은 목소리로 물었다.

그는 즉각 대답하고 싶지 않았다. 이 침묵이 만들어 주는 달콤한 불안감을 즐기고 있었다. 어둠으로 인해서 모든 자제력에서 풀려난 다니엘이 몸을 니콜 쪽으로 돌리며 그녀의 여린 몸을 감싸고 있는 공기를 들이마시려고 코를 벌름거렸다.

"아니, 아직은" 하고 다니엘이 띄엄띄엄 대답했다.

다시 침묵이 흘렀다. 니콜이 유심히 지켜보고 있던 현상 접시가 움직이지 않았다. 전등 불빛으로부터 타오르는 듯한 두 손이 불빛 속에서 사라졌다. 끝없는 순간 같았다. 돌연 니콜은 자기가 두 팔 안에 폭 안겨 있음을 느꼈다. 그녀는 조금도 놀라지 않았다. 오히려 기다림에서 벗어나 어떤 안도감마저 들었다. 그러나 그녀는 자신이 기대하고 있었으면서도 동시에 두렵기도 했던 다니엘의 입술을 피하기 위해 상체를 뒤로 젖히고 고개를 좌우로 흔들었다. 드디어 그들의 얼굴이 마주쳤다. 타는 듯한 다니엘의 얼굴에 무엇인가 탄력 있고 매끄러우며 차가운 것이 닿았다. 니콜의 머리를 두르고 있던 땋은 머리채였다. 그는 흠칫하며 잠깐 망설였다. 그 순간을 이용해서 니콜은 입술을 그에게서 떼어 냈다. 그리고 순간적으로 외쳤다.

"제니!"

다니엘이 한 손으로 그녀의 입을 틀어막았다. 우뚝 선 채 온몸으로 니콜을 문 쪽으로 밀치면서 누르고 있던 다니엘이 이를 악물고 중얼거렸다.

"쉿, 니콜…… 조용히 해, 가만히 있어……. 니콜……사랑스런 니콜…… 내 말 좀 들어 봐……."

니콜의 저항이 약해졌다. 다니엘은 그녀가 굴복하는 것으로 생각했다. 그러나 그녀는 한 팔을 뒤로 뻗어서 걸쇠를 찾아냈다. 문이 요란스럽게 열리면서 쏟아져 들어온 햇빛이 어둠을 몰아냈다. 그는 니콜을 놓아주고 서둘러 문을 닫았다. 바로 그 순간 다니엘의 얼굴을 본 그녀는 섬뜩했다! 지금껏 한번도 본 적이 없는 모습이었다. 중국 가면처럼 창백한 낯빛에다 눈은 관자놀이 께까지 찢어진 데다 잔뜩 충혈되어 있었다. 무표정한 얼굴에 게슴츠레한 눈동자. 조금전만 해도 그토록 가늘던 그의 입술이 부풀어 올라 흉칙해져서는 반쯤 벌어져 있었다……. 영락없는 제롬 아저씨의 얼굴이었다! 다니엘은 아버지와 닮은 데라곤 조금도 없었다. 그런데 이 비정한 햇빛을 통해 그녀는 다니엘의 얼굴에서 제롬 아저씨의 얼굴을 보았다.

"고맙군." 마침내 다니엘이 휘파람을 부는 듯한 목소리로 말했다. "필름이 몽땅 못 쓰게 됐어."

니콜은 침착하게 대답했다.

"나는 도망치지 않아요. 할 말이 있어요. 하지만 문을 잠그지 말아줘요."

"안 돼, 제니가 올 거야."

그녀는 잠시 주저하다가 이렇게 말했다.

"그렇다면 다시는 날 건드리지 않겠다고 맹세해 주세요."

그는 그녀에게 달려들어 주먹으로 그녀의 입을 틀어막고 블라우스를 찢어 버리고 싶은 생각이 굴뚝 같았다. 그러나 동시에 그는 자기가 졌음을 느꼈다.

"맹세할게."

"저 그럼, 내 말 좀 들어 봐요, 다니엘. 나는……나는 오빠가 지나칠 정도로 저에게 다가오는 것을 내버려 두었어요. 오늘 아침엔 나의 실수였어요. 하지만 이번엔 안 돼요. 나는 이러려고 집에서 도망 나온 게 아니에요."

그녀는 마지막 말을 빨리 했다. 그것은 자기 자신에게 하는 말 같았다. 그녀는 다니엘을 향해 말을 이었다.

"내 비밀을 가르쳐 드릴게요. 난 엄마 집에서 도망친 거예요. 오, 엄마한 테는 불만은 없어요. 단지 엄마는 몹시 불행했어요……. 그리고 남에게 끌려다니는 생활이었고요. 더 이상은 말하고 싶지 않아요."

그녀는 잠시 말을 중단했다. 제롬의 가증스러운 얼굴이 그녀의 눈앞에 아른거렸던 것이다. 모르긴 해도 제롬이 엄마에게 한 짓을 그 아들이 자기에게도 하려 하고 있었다. "오빠는 나를 잘 몰라요" 하고 그녀는 빠르게 말했다. 다니엘의 침묵이 무서웠기 때문이다.

"나한테도 잘못이 있어요. 나도 알고 있어요. 나는 오빠 앞에서 진정한 내 모습을 보여 주고 싶었어요. 제니에게는 진정한 나를 보여 주었어요. 오빠 앞에서는 내가 너무 까불었어요. 그래서 오빠는…… 하지만 사실은 싫어요. 그건 싫어요. 나는 이렇게…… 이렇게 시작하는 인생은 싫어요. 이럴 바에야 굳이 테레즈 아줌마 같은 분의 곁으로 올 필요가 있었을까요? 싫어요! 나는…… 날 비웃겠지만 상관없어요…… 나는 나중에 영원히 날 진정으로 사랑해 줄 남자로부터 존중받을 수 있기를 바라고 있어요. 그러니까 성심을 다하는 남자 말이에요."

"나도 진심이야" 하고 다니엘은 쓸쓸한 미소를 띠며 말했다. 니콜은 그의 말투로 미루어 그런 미소임을 알았다. 그녀는 곧 모든 위험이 사라졌음을 알았다.

"오, 아니에요" 하고 그녀는 매우 쾌활한 투로 말했다. "다니엘 오빠, 내가 한 말에 화내지 마세요. 오빠는 날 사랑하지 않아요."

"웃기지 마!"

"맞아요. 오빠가 좋아하는 건 내가 아니에요. 그건 다른 거예요. 그리고 나 또한 오빠를…… 그냥 솔직히 말할게요. 난 절대로 오빠 같은 남자를 사랑할 수 없을 거라고 생각해요."

"나 같은 남자라고?"

"내 말은, 그러니까 다른 모든 남자와 다르지 않은 남자 말이에요. 내가 …… 사랑하고 싶은 사람은, 물론 나중 일이기는 하지만…… 뭐니뭐니해도 순수한 사람…… 나에게 다르게…… 다른 방식으로…… 어떤 다른 것을 원하고 다가온 사람…… 어떻게 설명해야 할지 모르겠군요. 하여간 오빠하고는 아주 다른 사람이에요."

"고맙군!"

그의 욕망은 완전히 사그라졌다. 그는 이제 오직 자신이 우습게 보이지 않으려는 생각에 골몰하고 있었다.

"자" 하며 그녀가 말을 계속했다. "우리 화해해요. 그리고 없었던 일로 해요."

니콜이 문을 살며시 열었다. 이번에는 니콜이 하는 대로 내버려 두었다. "우린 친구죠?" 하고 그에게 손을 내밀며 니콜이 말했다. 그는 대답하지 않았다. 그는 그녀의 고른 이를, 그녀의 두 눈을, 그녀의 피부를, 과일처럼 맨들맨들한 그녀의 얼굴을 바라보고 있었다. 그는 억지로 미소를 지으면서 눈을 깜박거렸다. 니콜은 다니엘의 손을 잡고는 그 손을 꼭 쥐었다.

"내 인생을 망치지 말아 주세요" 하고 그녀가 애교 섞인 투로 속삭였다. 그리고 위협하듯이 눈썹을 추켜올리며 말했다. "오늘은 필름 한 통을 망친 걸로 충분해요."

그도 다시 웃음을 지어보였다.

그녀는 그가 이렇게까지 할 줄은 몰랐으므로 약간 애처로운 생각이 들었다. 그러나 뭐니뭐니해도 자신의 승리를 뿌듯하게 생각했다. 그리고 훗날 그가 자신에 대해 좋은 인상을 갖게 되리라고 생각하면서 흐뭇해했다.

"어떻게 됐어?"

두 사람이 식당에 나타나자마자 제니가 큰 소리로 외쳤다.

"망쳤어" 하고 다니엘이 퉁명스럽게 말했다.

자크는 그 말을 듣자 고소해했다. 니콜이 심술궂게 미소지었다.

"완전히 망쳤어!" 하고 니콜이 되풀이했다.

그러나 찡그린 얼굴을 돌리는 순간 두 눈에 눈물이 가득한 제니를 보자 니콜은 부리나케 그녀에게로 달려가 키스해 주었다.

다니엘이 식당에 들어오는 순간부터 자크는 자기 자신에 대한 상념에서 벗어났다. 그는 다니엘이 아닌 다른 사람에게 주의를 기울일 수가 없었다. 다니엘의 얼굴은 보기에 고통스러울 정도로 아까와는 전혀 다른 모습이었다. 얼굴의 위와 아래가 완전히 분리된 것 같았다. 멍하니 떠 있고 근심이 서려 있으며 자신을 피하는 것 같은 시선, 반면에 한쪽 입술만 위로 올려서 왼쪽 얼굴이 일그러져 보이는 냉소적인 미소 사이의 부조화.

둘의 시선이 마주쳤다. 다니엘이 눈썹을 약간 찌푸리며 자리를 옮겼다.

다니엘의 이 불신의 태도가 지금까지의 어떤 일보다 더욱 자크의 마음을 아프게 했다. 자크가 이 집에 온 뒤로 다니엘은 내내 그를 실망시켰던 것이다. 드디어 자크는 그 이유를 깨달았다. 둘 사이에는 단 한순간도 진실한 접촉이 없었다. 그는 친구에게 리스벳의 이름조차도 말을 못하지 않았는가! 잠깐 그는 이 같은 환멸을 안타깝게 생각했다. 그런데 사실 그가 무엇보다도 괴로워하고 있었던 것은, 자신도 그 사실을 이해하지 못하고 있었지만, 처음으로 자기의 연인을 비판적으로 생각해 보았다는 사실, 그로 인해 그 연인이 자기에게서 떠나가 버렸다는 사실 때문이었다.

모든 아이들이 그러하다시피 자크도 현재에만 살고 있었다. 왜냐하면 과거는 어느새 망각 속으로 사라져버리는 반면, 미래는 그에게 초조함밖에는 아무것도 일깨워주지 못하기 때문이었다. 그런데 오늘은 현재가 참을 수 없도록 슬픈 색깔로 물들이려 하고 있었다. 한없는 절망 속에서 오후가 끝나가고 있었다. 그래서 앙투안이 그에게 출발할 채비를 하라는 눈짓을 했을 때 자크는 자기도 모르게 안도감을 느꼈다.

다니엘이 앙투안의 눈짓을 알아채고 서둘러 자크에게로 왔다.

"좀 더 있어도 되지?"

"가야 돼."

"벌써?" 그가 더욱 목소리를 낮추며 덧붙였다. "우린 별로 얘기도 못했는데."

다니엘 역시 오늘 하루가 실망스럽기는 마찬가지였다. 그 실망 때문에 자크를 향한 양심의 가책이 더해졌고, 이로 인해 그들의 우정에 대해 어떤 아쉬움을 느끼고 있었다.

"용서해 줄 거지?" 다니엘이 느닷없이 자크를 창가로 이끌고 가며 말했다.

그런 그의 태도가 겸허하고 무척 사근사근했으므로 자크는 모든 불쾌함을 잊고 지난날의 우정의 열기가 다시 솟구침을 느꼈다.

"오늘은 일진이 좋지 못했어…… 언제 다시 만날 수 있을까?" 하고 다니엘이 간절한 목소리로 말을 이었다. "너와 단 둘이서만 여유롭게 만나고 싶어. 우리는 서로를 잘 알지 못해. 놀라운 일도 아니지. 생각해 봐, 일 년 내내 못 만났으니! 하지만 이대로는 안 돼."

문득 다니엘은 둘의 우정이 앞으로 어떻게 될 것인가 생각해 보았다.

오래전부터 맹목적인 성실 외에는 아무런 동기부여도 없었던 이 우정, 그들은 이런 우정이 얼마나 깨지기 쉬운지 지금 막 깨달았던 것이다. 아, 어떻게 해서든지 이 우정을 지켜나가야 한다! 다니엘에게는 자크가 약간 어리게 느껴졌다. 그러나 자크를 향한 우정은 예전과 조금도 변함이 없었다. 혹시 또 누가 알겠는가. 이렇게 자신을 형처럼 느낌으로써 더욱 돈독해질지. 그때였다.

"우린 일요일엔 항상 집에 있답니다."

퐁타냉 부인이 앙투안에게 말했다.

"우린 시상식이 끝날 때까지는 파리에 있을 거예요." 그녀의 두 눈이 빛났다. "다니엘이 상을 타거든요."

그녀는 자랑스러움을 감추지 않으면서 작은 목소리로 속삭이듯이 말했다.

"저기요" 하고 부인은 아들이 등을 돌리고 있어서 자기 말을 듣지 못하리란 것을 확인하고는 불쑥 말했다. "이리 좀 와 보세요. 제 보물들을 보여 드리고 싶어요."

그녀는 유쾌한 걸음으로 자기 방으로 향했다. 앙투안이 그녀를 따라갔다.

책상의 어느 서랍 속에 색색의 마분지로 만든 20개 가량의 월계관$^{(우등생에게}_{주는 상)}$들이 한 줄로 늘어서 있었다. 그녀는 이내 서랍을 닫고는 이렇게 유치한 일을 스스럼없이 한 것이 쑥스러운지 웃음을 터뜨렸다.

"다니엘에게는 아무 말씀 말아 주세요" 하며 그녀는 말을 이었다. "그 애는 제가 이걸 모아둔 걸 모른답니다."

두 사람은 아무 말 없이 현관까지 되돌아왔다.

"그만 갈까, 자크!" 하고 앙투안이 불렀다.

"오늘은 그렇다 치고" 하고 퐁타냉 부인이 자크에게 두 손을 내밀며 말했다. 그녀는 자크를 물끄러미 바라보고 있었다. 마치 모든 것을 다 알고 있는 것 같았다. "자크, 여긴 네 친구의 집이란다. 언제든 오고 싶을 때 오너라. 대환영이니까. 물론 형님도 마찬가지고요."

부인은 앙투안 쪽을 향해 몸을 돌리며 아쉬움을 나타냈다.

자크는 눈으로 제니를 찾았다. 그러나 제니는 사촌과 함께 어딜 갔는지 보이지 않았다. 그는 강아지 쪽으로 몸을 굽혔다. 그리고 강아지의 부드럽고 매끈한 이마에 키스해 주었다.

퐁타냉 부인은 식탁을 치우려고 식당으로 돌아왔다. 무심히 엄마 뒤를 따라온 다니엘이 식당 문에 등을 기대고 서서 아무 말 없이 담배를 피워 물었다. 그는 니콜이 자기한테 했던 말을 생각하고 있었다. 니콜이 집을 나와서 이 집에 살러 왔다는 사실을 자기에게 왜 숨겼을까? 무엇을 피해서 왔다는 걸까?

퐁타냉 부인은 젊은 여인임을 느끼게 하는 경쾌한 몸짓으로 바삐 움직이고 있었다. 그녀는 앙투안이 한 이야기를 떠올리고 있었다. 앙투안 자신에 관한 것, 그의 연구, 미래의 계획, 그의 아버지에 대해서 그가 한 이야기를 모두 생각하고 있었다. '훌륭한 심성을 지닌 분' 하고 그녀는 생각했다. '그리고 얼마나 잘생긴 이마인가…….' 그녀는 알맞은 수식어를 찾아 보았다. '명상적'이라고 덧붙이면서 그녀는 흡족해 했다. 그런데 순간 어떤 생각이 그녀의 뇌리를 스쳐갔다. 마음속으로 자신도 죄를 지은 것이 아니었나 하는 생각이 들고 그레고리가 했던 말이 기억났다.

부인은 정확한 이유도 없이 커다란 희열이 솟구침을 느꼈다. 그래서 이 환희가 얼굴에 나타나지 않았는지 확인이라도 하려는 듯이 들고 있던 접시를 내려놓고 자기 얼굴을 쓰다듬었다. 그녀는 놀란 아들에게로 가까이 가서 두 손을 아들의 어깨에 쾌활하게 올려놓고는 그의 눈을 깊숙한 곳까지 들여다보았다. 그리고 아무 말 없이 아들에게 키스한 다음 가벼운 몸짓으로 식당을 나왔다.

그녀는 곧장 자기 책상으로 가서 어린아이처럼 떨리는 손으로 굵은 필체로 이렇게 썼다.

친애하는 제임스,

나는 당신 앞에서 참으로 오만했습니다. 우리 두 사람 가운데 그 누가 판단할 권리를 가졌을까요? 다시 한 번 나를 깨우쳐 주신 하느님께 감사드립니다. 제롬에게 이혼청구를 포기하겠다고 전해 주세요. 부디 그이에게 전해 주세요…….

눈물 때문에 글자들이 어른어른 춤을 추었다.

12. 프룉링 부인 장례식 전날 밤

며칠이 지난 어느 날 새벽, 자크는 덧문을 두드리는 소리에 잠에서 깼다. 쓰레기 치우는 사람이 대문을 열어주는 사람이 없다고 했다. 초인종 소리가 나는데도 수위실에서 아무도 나오지 않아 혹시 사고라도 난 것이 아닌가 염려스럽다는 것이다.

올 것이 오고야 말았다. 프룉링 부인이 세상을 떠났다. 그녀는 마지막 발작을 일으키며 침대 밑으로 떨어진 것이었다.

사람들이 그녀의 시신을 매트리스 위에 눕혀 놓았을 때 자크가 도착했다.

반쯤 벌어진 입 사이로 누런 치아가 보였다. 그 모습이 그에게 뭔가 끔찍한 일을 떠올리게 해 주었다. 툴롱으로 가던 도로에서 보았던 회색 말의 주검……. 어쩌면 리스벳이 올지도 모른다는 생각이 문득 떠올랐다.

이틀이 지났다. 그녀는 오지 않았다. 오지 않을지도 모른다. 다행스런 일이었다. 그는 자기 감정을 정확히 파악할 수 없었다. 옵세르바투아르 거리의 다니엘 집을 방문하고 난 뒤에도 그는 연인을 찬양하며 그녀가 멀리 떠난 것을 한탄하는 시를 줄곧 썼던 것이다. 진정으로 그녀를 다시 보고 싶은 것도 아니었다.

그런데도 그는 하루에도 열 번도 더 수위실 앞을 서성거렸고, 매번 불안한 시선으로 수위실 안을 들여다보곤 했다. 그때마다 다행스럽게 생각하면서도 다른 한편으로는 아쉬운 마음으로 그곳을 떠나곤 했다.

장례식 전날 저녁, 작은 식당—티보 씨가 메종 라피트로 떠난 뒤부터 자크와 앙투안은 이곳에서 식사했다—에서 혼자 저녁을 먹고 아래층 집으로 돌아온 자크의 시선을 맨 먼저 끈 것은 수위실 문앞에 놓인 트렁크였다. 그는 온몸이 오싹해 지는 것을 느꼈다. 얼굴은 땀이 배어나기 시작했고 이마에 땀이 솟았다. 관 주위에 켜놓은 촛불의 불빛 속에 검은 베일을 쓰고 무릎을 꿇고 있는 어린 소녀의 모습이 엿보였다. 그는 머뭇거리지 않고 그곳으로 들어갔다. 수녀 두 사람이 그에게 무심한 시선을 던졌다. 그러나 리스벳은 돌아보려고도 하지 않았다. 소나기가 쏟아질 듯한 저녁이었다. 덥고 들큰한 냄새가 그 방을 가득 채우고 있었다. 관 위의 꽃들은 시들어 있었다. 자크는 방으로 들어온 것을 후회하면서도 그대로 서 있었다. 이러한 장례 도구들이 그에게는 억제할 수 없는 메스꺼움을 일으켰다. 리스벳은 더 이상 안중에도 없었다. 이곳을 빠져나갈 기회만 노리고 있었다. 수녀 한 명이 촛대의 촛농을 닦으려고 일어섰다. 그는 그 기회를 놓치지 않았다.

리스벳은 자크가 온 것을 알아차렸을까? 발소리를 듣고 나간다는 것을 눈치챈 것일까? 그가 집의 문에 이르기도 전에 그녀가 뒤따라왔다.

그녀가 오는 소리를 듣고 자크는 몸을 돌렸다. 두 사람은 계단의 어두운 구석에서 마주선 채 얼마동안 그대로 있었다. 리스벳은 자크가 내민 손이 보이지 않는지 베일을 내려뜨린 채 울고 있었다. 자크 역시 난처함을 메우기 위해 눈물을 흘리고 싶었다. 그러나 권태와 쑥스러운 느낌이 조금 들 뿐이었다.

위층에서 문 열리는 소리가 났다. 자크는 둘이 이렇게 있는 것을 누가 볼까봐서 주섬주섬 열쇠를 꺼냈다. 그러나 앞을 제대로 분간할 수 없는 어둠 때문에 열쇳구멍을 찾을 수가 없었다.

"열쇠가 다른 거 아니에요?" 하고 그녀가 넌지시 말했다. 그는 꼬리를 끄는 듯하고 귀에 익은 이 목소리에 몹시 흔들렸다.

마침내 문이 열렸다. 그녀는 머뭇거렸다. 층계를 내려오고 있는 누군가의 발소리가 들렸기 때문이다.

"앙투안은 숙직이에요."

그녀를 안심시키려고 자크가 속삭였다. 그는 자신의 얼굴이 후끈 달아오르는 걸 느꼈다.

그녀는 별로 망설이지도 않고 문턱을 넘었다.

그가 문을 다시 닫고 전등을 켰을 때 리스벳이 곧장 방으로 가서 그 전처럼 소파에 앉는 것이 보였다. 그때 베일 사이로 부어오른 눈꺼풀과 슬픔 때문에 일그러진 그녀의 얼굴 모습을 보았다. 한 손가락에는 붕대가 감겨져 있는 것이 눈에 띄었다. 그는 앉을 마음이 내키지 않았다.

그녀를 다시 오게 만든 이 불길한 사정을 머릿속에서 지워 버릴 수 없었다.

"날씨가 무덥죠" 하고 그녀는 말했다.

"소나기가 오려나 봐요."

리스벳은 자리를 조금 비켜 앉았다. 그녀의 태도는 자크더러 옆에 앉으라고 권유하는 것 같았다. 자크는 앉았다. 그러자 아무 말도 없이 베일을 벗지도 않은 채, 자크 쪽의 베일만을 약간 들치고 전처럼 자기의 얼굴을 자크의 얼굴에 바짝 댔다. 젖은 뺨의 감촉이 그에게 불쾌감을 주었다. 검은 베일에서는 염료 냄새와 바니시 냄새가 났다. 그는 뭘 어떻게 해야 할지, 무슨 말을 해야 할지 몰랐다. 그가 그녀의 손을 잡으려 하자 그녀가 외마디 소리를 질렀다.

"다쳤어요?"

"아, 이건…… 종기 때문에 곪았어요" 하며 그녀가 한숨지었다.

이 한숨 속에 모든 것이 담겨 있었다. 곧 그녀의 아픔, 그녀의 슬픔, 그녀의 대상도 없는 사랑의 물결도. 그녀는 아무렇지도 않은 듯 붕대를 풀었다. 곪아서 손톱이 빠진 납빛의 손가락이 나타났을 때, 자크는 마치 그녀가 갑자기 은밀한 속살의 어느 부분을 드러내기라도 한 듯이 숨이 콱 막히면서 순간 현기증이 났다. 아주 가까이 있는 이 육체의 열기가 옷을 통해서 그에게까지 전해졌다. 그녀는 자기를 괴롭히지 말아달라고 애원하는 듯한 도자기 같은 눈길을 자크에게 보냈다. 그러자 자크는 혐오감에도 불구하고 그 손을 낫게 해 주기 위해 아픈 손에 키스를 해 주고 싶었다.

그러나 리스벳은 이미 일어나 있었다. 그리고 슬픈 표정으로 손가락에 붕대를 감고 있었다.

"난 돌아가야 해요" 하고 그녀가 말했다.

리스벳의 매우 지친 모습을 보고 자크는 이렇게 말했다.

"차 한잔 끓여 줄까요? 어때요?"

그녀는 자크에게 묘한 시선을 던지더니 처음으로 미소를 지어 보였다.

"좋아요. 저기 가서 잠깐 기도하겠어요. 곧 돌아올게요."

자크는 서둘러 물을 끓이고 홍차를 넣어 자기 방으로 가지고 왔다. 리스벳은 아직 돌아오지 않았다. 그는 의자에 앉았다.

자크는 리스벳이 돌아오기를 기다리고 있었다. 왠지 불안했지만 그 이유를 애써 찾으려 하지 않았다. 왜 그녀는 돌아오지 않을까? 그는 감히 그녀를 부를 용기도, 또 프뢸링 부인에게서 그녀를 빼앗아올 생각도 없었다. 그런데 리스벳은 뭘 꾸물대고 있는 걸까? 시간이 가고 있었다. 그는 몇 번이고 차 주전자가 식지 않았나 만져 보러 갔다. 차가 식어 버리자 그는 더 이상 일어날 구실이 없었다. 그래서 꼼짝도 않고 있었다. 마침내 램프 불을 쳐다보기에도 눈이 아팠다. 너무 초조한 나머지 열이 났다. 덧문 틈으로 들어오는 번갯불이 그의 신경을 더욱 곤두서게 했다. 다시는 돌아오지 않을 건가? 온몸이 나른해졌다. 그리고 자신이 한심하게 느껴졌다. 죽고 싶을 정도로.

멀리서 천둥소리가 들렸다. 쾅! 찻주전자가 터졌다! 꼴좋다! 차가 비처럼 흘러 내려 겉창을 후려치고 있다. 리스벳은 흠뻑 젖어 있고, 홍차가 그녀의 두 뺨 위로, 베일 위로, 흘러내리고 있다. 베일의 포도주색이 바래지더니 아주 엷은 색이 되어 신부의 베일처럼 투명해져 있었다……

자크는 화들짝 놀라 일어났다. 리스벳이 그때 막 다시 자리에 와 앉아 자기 얼굴을 그의 얼굴에 갖다 대면서 이렇게 말했다.

"Liebling(내 사랑), 당신 잠들었었어?"

아직 그녀가 그에게 당신이라고 말한 적이 한 번도 없었다. 그녀는 베일을 벗었다. 그는 그녀의 퉁퉁 부은 눈과 일그러진 입에도 불구하고 마침내 리스벳의 참모습을 다시 볼 수 있었다. 그녀는 어깨로 피곤한 몸짓을 해 보였다.

"이제" 하고 그녀가 말했다. "나는 아저씨와 결혼할 거야."

그녀는 고개를 푹 숙였다. 울고 있는 것일까? 어조가 침울하기는 했으나 체념한 듯했다. 그녀가 이 새로운 미래에 대해 호기심을 느끼고 있지 않을 거라고 어찌 장담할 수 있으랴.

자크는 더 깊이 헤아려 보려고 하지 않았다. 그녀가 불행하기를 바랐다. 그럴 정도로 그는 이 순간 그녀를 불쌍히 여김으로써 쾌감을 느끼고 싶었다. 그는 두 팔로 그녀를 감싸안고 점점 더 세게 껴안았다. 마치 그녀를 녹여서 자기 속에 담고 싶어하는 것 같았다. 리스벳이 그의 입술을 찾았다. 그도 기다렸다는 듯이 격렬하게 응답했다. 이처럼 자신의 몸 전체가 끓어 오른 것은 아직까지 한 번도 경험한 일이 없었다. 그녀가 윗도리의 단추를 미리 끌러 놓은 모양이었다. 그가 애써 찾지도 않았는데 그의 손바닥에 타는 듯이 뜨거운 젖가슴이 잡혔기 때문이다.

그때 자크의 손이 좀더 쉽게 자기 몸 위아래로 왔다 갔다 할 수 있도록 하기 위해 그녀는 몸을 돌렸다. 그러자 자크는 어떠한 장애물도 없는 육체를 느꼈다.

"프륄링 아주머니를 위해서 함께 기도해" 하고 그녀가 중얼거렸다.

그는 조금도 미소짓고 싶은 생각이 없었다. 그는 몹시 열정적으로 애무하고 있었으므로 마치 기도라도 드리고 있는 것 같았다.

갑자기 그녀가 신음소리를 내며 몸을 뺐다. 그녀의 아픈 손을 건드렸거나 아니면 도망가려나 보다고 생각했다. 그러나 그녀는 한 발 내디디면서 불을 껐다. 그리고 다시 그에게 왔다. 그의 귀에 그녀의 "Liebling!" 하는 소리가 들렸다. 그러고 나서 그녀의 보드라운 입술과 가냘픈 손가락이 또다시 그의 옷 속을 더듬는 것을 느꼈다……

또다시 들려오는 천둥소리에 그는 잠에서 깼다. 정원의 돌단 위에서 비가 따닥따닥 소리를 내고 있었다. 리스벳…… 어디에 있을까? 캄캄한 밤이었다. 이것저것 흐트러져 있는 소파에 자크는 혼자 있었다. 그는 일어서서 그녀를 찾으러 가고 싶었다. 한쪽 팔꿈치를 기대고 몸을 일으키려 했지만 졸음을 이길 수 없어서 쿠션 위에 다시 몸을 던졌다.

그가 마침내 눈을 떴을 때는 해가 중천에 떠 있었다.

우선 테이블 위에 있는 찻주전자가 눈에 띄었다. 그리고 방바닥에 아무렇게나 내던져진 윗도리가 보였다. 그러자 기억을 되살리며 자리에서 일어났다. 그는 자기 몸에 묻은 것을 털어내 버리고 싶은 욕망, 끈적한 몸을 좍 씻고 싶은 참을 수 없는 욕망이 솟구쳤다. 몸에 닿은 차가운 물의 감촉이 세례받는 것같이 느껴졌다.

그는 온몸이 젖은 채, 허리를 굽히기도 하고 억센 두 다리와 신선한 피부를 어루만지기도 하면서, 자신의 벌거벗은 모습을 본다는 것이 얼마나 부끄러운 일인지를 깡그리 잊고, 방 안을 왔다 갔다 하기 시작했다. 늘씬한 모습이 거울에 비쳤다. 아주 오랜만에 처음으로 조금도 흔들리지 않고 자기 육체의 모든 특성들을 관찰했다. 이런저런 자신의 탈선을 돌이켜 생각하며 어깨를 으쓱해 보이고 나서 너그러운 미소를 짓기도 했다. '어린애 장난이었지' 하고 그는 생각했다. 이제 그런 문제는 완전히 끝난 듯 싶었다. 마치 오랫동안 숨겨져 있던 힘, 갈피를 못 잡고 있던 힘이 마침내 올바른 궤도를 찾은 느낌이었다. 전날 밤에 있었던 일은 별로 생각해 보지도 않았고, 리스벳과의 일은 떠올리지도 않았는데 기분이 상쾌해지고 몸과 마음이 깨끗해짐을 느꼈다. 그것은 무엇인가를 발견했다는 느낌이 아니라, 지난날의 균형과 안정을 되찾았다는 그런 느낌이었다. 마치 건강을 회복한 환자가 그 사실을 기뻐하거나 놀라지 않고 당연하게 여기는 것 같은 그런 느낌이었다.

그는 여전히 알몸으로 살며시 현관에 가서 문을 반쯤 열어 보았다. 수위실의 어둠 속에서 리스벳이 어제 저녁처럼 베일을 쓴 채 무릎을 꿇고 있는 모습이 눈에 들어왔다. 사람들이 사다리 위에서 건물 정문 앞으로 검은 헝겊을 늘어뜨리고 있었다. 장례식이 9시에 있다는 것이 생각났다. 그래서 축제에라도 가는 기분으로 서둘러 옷을 입었다. 그날 아침엔 일거수일투족이 그에게는 온통 환희였다.

그가 자기 방을 막 정돈해 놓고 나자 메종 라퍼트에서 일부러 돌아온 티보씨가 마침 그를 데리러 왔다.

자크는 아버지 곁에서 장례 행렬을 따라갔다. 성당에서 그는 다른 사람들, 낯선 사람들 사이에 끼어 따라갔다. 그리고 별다른 느낌 없이 리스벳과 악수했다.

수위실은 온종일 비어 있었다. 자크는 이제나저제나 리스벳이 돌아오기를 기다리고 있었다. 그러나 이 기다림의 초조함 속에 감춰져 있는 욕망을 확실하게 의식하지는 못했다.

4시에 초인종 소리가 났다. 그는 뛰어나가 문을 열었다. 그의 라틴어 선생이었다! 그는 오늘 복습이 있다는 것을 까마득히 잊고 있었던 것이다.

그가 건성으로 호라티우스(기원전 로
마의 시인)에 관한 설명을 듣고 있으려는데 다시 초인종 소리가 났다. 이번에는 리스벳이었다. 그녀는 문턱에서 문이 열려 있는 자크의 방과, 책상 위로 구부리고 있는 선생의 등을 보았다. 두 사람은 잠시 마주보며 눈길을 교환했다. 자크는 그녀가 작별인사를 하러 왔다는 것, 오늘 저녁 6시 기차로 다시 떠난다는 것을 짐작도 하지 못했다. 리스벳도 말할 용기가 나지 않았으나 가볍게 몸을 떨었다. 그녀는 눈꺼풀을 깜박거리면서 아픈 손가락을 자기 입언저리까지 올리더니, 기차가 그녀를 영원히 데리고 가기라도 하는 듯, 자크에게로 다가와서 그를 향해 짧은 키스를 던졌다. 그리고 홀홀히 사라졌다.

선생이 끊었던 구절을 다시 되풀이했다.

"푸르푸라룸 우수스('보라색 옷을 입는 것'
이라는 뜻의 라틴어)는 푸르푸라 쿠아 우툰투르('그들이 입은 보라색 옷'
이라는 뜻의 라틴어)와 같은 뜻입니다. 이 미묘한 뉘앙스를 느낄 수 있겠습니까?"

자크는 그 뉘앙스를 느낄 수 있다는 듯 미소를 지어보였다. 그는 리스벳이 잠시 뒤 다시 돌아오리라고 생각했다. 그는 어두운 현관에서 들추어진 베일 아래로 드러난 그녀의 얼굴, 그리고 붕대 감은 손가락으로 입술에서부터 뽑아낸 것처럼 자기에게 던지던 그 키스를 생각하고 있었다.

"말해 보세요." 선생이 말했다.

(1921년)

La Belle Saison
아름다운 계절

**1. 자크, 에콜 노르말 입학시험에 합격—앙투안과 자크의 대화—발표—
자크, 다니엘과 바탱쿠르와 함께 돌아오다**

형제는 뤽상부르 공원의 철책을 따라 걷고 있었다. 때마침 상원의사당의
시계탑이 막 5시 30분 종을 친 참이었다.

"떨고 있구나."

조금전부터 자크의 빨라진 걸음 때문에 피로해진 앙투안이 말했다.

"왜 이리 무덥지! 소나기가 내릴 모양이야."

자크는 걸음을 늦추고 관자놀이를 꽉 죄고 있는 모자를 벗었다.

"떨고 있다고? 아니, 천만에. 그 반대야. 내 말 못 믿겠어? 차분한 내 자
신에 내가 놀랄 정도야. 지난 이틀 동안 난 잠을 아주 푹 잤어. 아침에는 기
진맥진해졌을 정도야. 아무렇지도 않아, 정말이야. 형이 일부러 오지 않아도
되는데……. 형은 할 일이 정말 많잖아! 더구나 다니엘이 와 준다고 했고.
그 애는 오늘 아침에 카부르에서 일부러 돌아왔어. 조금 전에 전화로 발표시
간을 묻더라니까. 아, 이런 일로 그렇게까지 마음을 써주다니 정말 고마운
일이야…… 바탱쿠르도 올 테고 나 혼자 가는 게 아니라니까." 그는 시계를
꺼냈다. "이제 30분 뒤면……."

'저 애는 몹시 흥분하고 있군.' 앙투안은 생각했다. '하긴 나도 조금은 흥
분되는데 오죽하겠나. 하지만 파브리가 자크는 합격했다고 확인해 주었으니
까.' 앙투안은 자신의 경우가 늘 그러했다시피 실패할 수도 있다는 불길한 생
각을 떨쳐 버리려 했다. 그는 동생에게 온정이 넘치는 눈길을 흘깃 보내고
나서 입을 다문 채 흥얼거렸다. '내 마음속에…… 내 마음속에…… 허어,
오늘 아침에 올가가 노래하던 이 곡조가 계속 머릿속을 떠나지 않는군. 이건
뒤파르크(프랑스 작곡가. 국민음악회 창설자의 한 사람. 1848~1933) 곡이었지 아마. 그런데 그 애가 7호실의 환자에

게 주사를 놓으라고 블랭에게 이르는 것을 잊지 말아야 할 텐데. 내 마음속에 나—나—나……'

'만일 내가 합격을 하면.' 자크는 생각했다. '내가 과연, 진정으로 행복해질 수 있을까? 나보다 그들이 훨씬 행복해질 거야.' 그는 형과 아버지를 생각했다.

"그런데 말이야.' 자크는 뭔가 생각나는 것이 있는 듯 말했다. "지난번에 메종 라피트에서 저녁식사 하던 때의 일을 기억해? 마침 구술시험을 끝낸 뒤라 나는 신경이 몹시 날카로웠어. 그때 식탁에서 아버지가 나에게 말씀하신 거 말이야. '만일 네가 합격하지 못하면 우리는 어떻게 해야 할까?'"

그는 입을 다물었다. 또 다른 생각이 떠올랐기 때문이다. '오늘 저녁 난 퍽 흥분하고 있군.' 그는 미소를 지으며 형의 팔을 잡았다. "아냐, 형. 그게 전부가 아냐. 정말 얼토당토 않은 일이 있었어. 그 다음날의 일이야. 바로 그 저녁식사가 있던 다음날에…… 이 이야긴 형한테 꼭 해야겠어…… 내가 마침 손이 비어 있었으므로 아버지는 나에게 아버지 대신 크레스펭 씨의 장례식에 가라고 하셨어. 생각나? 그런데 거기서 아주 이상한 일이 있었어. 나는 시간보다 일찍 도착했어. 비가 오고 있었지. 성당 안으로 들어갔지. 여기서 반드시 해둘 말이 있는데 그때 나는 오전을 망쳤다는 생각에 몹시 짜증이 나 있었어. 하지만 들어봐, 내가 이야기하려는 것은 그것 때문이 아니야……. 그래, 들어갔어. 사람이 없는 빈 줄에 가서 앉았지. 그때 신부 한 사람이 내 옆에 와서 앉았어. 빈 의자는 다른 곳에도 많았는데 그 신부가 내 옆에 바짝 붙어 앉는 거야. 아주 젊었어. 신학생이었나 봐. 수염도 단정히 깎았고, 독특한 냄새, 물치약 냄새가 났어. 그런데 새까만 장갑을 끼고 있었고, 검은 손잡이가 달린 커다란 우산을 들고 있었는데 그것들이 어찌나 흉물스럽던지. 그런데 그 우산에서 젖은 개의 역겨운 냄새가 나는 거야. 웃지 마, 형. 더 들어봐. 그래서 나는 그 신부 생각 이외에는 아무것도 할 수가 없었어. 그는 기도서에 코를 박고는 입술을 실룩거리며 부지런히 미사를 따라가고 있었어. 좋아, 좋아. 그런데 거양성체(기도 사이사이에 신부가 빵과 포도주를 바치는 것) 때 자기 앞에 있는 기도대를 쓰지 않았어. 그랬다면 이해할 수 있는 일이지. 글쎄, 땅바닥에 무릎을 꿇고 타일 위에 엎드리는 것이 아니겠어. 반대로 나는 서 있었어. 그러자 그 사람이 몸을 일으키며 날 봤어. 우린 눈길이 마주쳤지. 내 태도에서 뭔가 도전적인 인상을 받았는지 눈꺼풀 밑에 있는 눈동자를 이리 굴리고 저리 굴리는 그의 얼굴에서 나는 못마땅하다는 듯한 비난의 기색을 언뜻 보았어. 잘난 체를 하는 것 같으면서 뭔가 짜증나게 하는 것 말이야! 그런데…… 내가 왜 그런 행동을 했는지 아직도 난 모르겠어. 나는 주머니에서 명함을 한 장 꺼내 가로로 몇 자 갈겨 써서 그 사람에게 내밀었어." (그건 사실이 아니었다. 단지 그 순간에 자크는 자기가 그렇게 해보면 어떨까 하고 상상했을 뿐이다. 왜 거짓말을 하는 것일까?) "그자는 고개를 들었어. 망설이고 있더군. 나는…… 그래…… 나는 그 사람 손에 명함을 쥐어 주어야 했어! 그 사람이 그걸 힐끗 쳐다보았어. 그러더니 몹시 놀란 표정을 지으며 나를 바라보더군. 그러고는 자기 모자를 옆구리에 끼고 조용히 우산을 쥐고는 자리를 떠났어. 그래…… 마치 여우에 홀린 사람처럼 말이야. 그리고 나도 더 이상 참을 수가 없었어. 어찌나 화가 나던지 장례식이 끝나기도 전에 그곳을 떠났어."

"그런데…… 그 명함에 뭐라고 썼니?"

"아, 그거, 명함 말이야! 바보 같은 얘기야. 지금은 다시 말하기도 쑥스러워. 이렇게 썼어. '나는 신을 믿지 않아!'였지. 감탄부호를 찍었어! 밑줄도 그었고! 명함에 말이야! 바보 같은 얘기지! '나는 신을 믿지 않아!'" 그의 두 눈이 휘둥그레지더니 한곳을 뚫어지게 바라보았다.

"우선 말이야, 인간이 그런 것을 딱 잘라 말할 수가 있을까?"

그는 잠시 말을 멈추고 흠잡을 데 없이 말쑥한 상복을 차려입은 청년이 메디시스 네거리를 건너가고 있는 것을 눈으로 좇고 있었다. "그건 어처구니없는 짓이었어" 하고 말하는 자크의 목소리는 무슨 괴로운 고백이라도 하는 것처럼 안정을 잃고 있었다.

"형, 조금전에 내가 무슨 생각을 한 줄 알아? 만약 형이 죽는다면 나도 저기 가는 사람처럼 잘 어울리는 검은 옷을 한 벌 입을 텐데 하는 생각을 했어. 심지어 한순간 형이 죽기를 바라기까지 했어. 애타게 말이야……. 나 아무래도 정신병원에 가야 할 것 같지 않아?"

앙투안은 어깨를 으쓱했다.

"어쩌면 그게 나을지도 몰라" 하며 자크가 다시 말했다. "광기의 극한에 이르기까지 나 자신을 헤아려 보고 싶은 생각도 들어. 내 말 좀 들어봐. 나는 전에 머리가 아주 좋은 사나이가 미쳐 버리고 만다는 이야기를 쓰려던 적이 있었어. 그 사나이의 모든 행동은 상식의 틀을 벗어나 있지. 그런데도 그 사나이는 자기로선 면밀히 생각한 뒤에만 행동을 하고, 매우 엄격한 논리에 의거해서 행동하는 거지. 이해할 수 있겠어? 나는 그 사나이의 머릿속으로 들어가서……."

앙투안은 말이 없었다. 그것은 그가 즐겨 취하는 태도의 하나로 완전히 몸에 배어 있었다. 그러나 그의 이런 침묵은 사람의 마음을 지극히 편안하게 해 주는 데가 있어서 상대방은 그것으로 말미암아 사고가 마비되기는커녕 오히려 고무되는 것이었다.

"아, 내게 공부할 시간만 있다면, 이것저것 해 보고 싶은 게 많은데" 하며 자크가 한탄했다. "언제나 시험, 시험뿐이니. 더구나 벌써 스무 살이나 됐어. 이건 끔찍한 일이야!"

'아이오딘팅크를 발랐는데도 뾰루지가 또 생겼단 말이야' 하고 자크는 목 뒤로 손을 가져가며 생각했다. 깃에 쏠리는 바람에 종기가 다시 염증을 일으킨 것이다.

"저 말이야, 형" 하며 자크는 말을 계속했다. "형은 스무 살 때 이미 어린애가 아니었지, 그렇지? 나는 다 생각나. 그런데 나는 조금도 변하지 않았어. 사실 난 지금이나 십 년 전이나 똑같은 것 같아. 안 그래?"

"아니, 그렇지 않은데."

'저 아이의 말은 사실이다' 하고 앙투안은 생각했다. '이 연속적인 의식, 아니 이 의식의 연속…… 한 노인이 〈나는 예전에 말뛰기놀이를 몹시 즐겼었지〉라고 말한 적이 있다. 그런데 똑같은 발이고 똑같은 손이고 똑같은 사람임에는 다름이 없다. 나도 여전히 나다. 코트레에 있을 때 복통을 일으켜 겁이 났던 그날 밤의 일. 게다가 나는 내 방에서 나갈 용기조차 없었다. 저 사람이 바로 그 티보 박사님…… 우리 병원장님…… 매우 실력이 좋으신 분이지요……'라고 그는 마치 병원의 의사가 자기를 보고 말하듯 흉내를 내며 만족스럽게 덧붙였다.

"듣기가 귀찮아?"

자크가 물었다. 그는 모자를 벗은 다음 이마의 땀을 닦았다.

"왜?"

"다 알아. 형은 내 말은 별로 귀담아 듣지 않고 있어. 열이 있는 환자가 지껄이는 것을 듣고 있는 것 같아.”

“전혀 그렇지 않아.”

‘만일 귀에 습포를 했는데도 그 애의 열이 내리지 않는다면······’ 하고 앙투안은 오늘 아침에 입원한 꼬마의 괴로워하던 얼굴을 떠올리며 생각했다. ‘내 마음속에······ 내 마음속에 나―나―나······’

“형은 내가 신경질적이라고 생각하지?” 하며 자크가 이야기를 계속했다.

“다시 말하지만 그건 잘못된 생각이야. 그래, 형. 솔직히 말하겠는데 어떤 때는······ 그래! 나는 이따금 낙방하는 게 낫겠다는 생각도 들어!”

“그건 왜?”

“도망가기 위해서!”

“도망가? 무엇으로부터?”

“모든 것으로부터! 톱니바퀴에서 말이야! 형으로부터, 그들로부터, 모두로부터 말이야!”

앙투안은 ‘무슨 헛소리를 하는 거냐?’라고 말하려다 그만뒀다. 물론 생각은 그랬다. 그는 자크를 향해 몸을 돌렸다. 그리고 그를 유심히 바라보았다.

“배수진을 치는 거야” 하며 자크는 계속해서 말했다. “떠나는 거야! 아, 그래, 떠나는 거야. 혼자서 떠나는 거야. 어디든 상관 없어! 그곳에 가면 편안해질지도 몰라. 공부도 잘될 테고.”

그는 자기가 떠나지 않으리라는 것을 알고 있었다. 그러므로 더욱 열성적으로 자기 꿈에 매달리고 있었다. 그는 입을 다물었다. 그러나 곧이어 씁쓸한 미소를 띠며 말을 이었다. “그곳에 가면, 그래, 아마도 그곳에 가야만 나는 비로소 그들을 용서하게 될 거야.”

앙투안은 걸음을 멈추었다.

“너 아직도 그 일을 생각하고 있니?”

“뭘 말이야?”

“그들을 용서한다고 말하지 않았니? 그게 대체 누군데? 뭘 용서한단 말이니? 소년원 말이니?”

자크는 원망이 담긴 눈으로 형을 흘긋 바라보더니 어깨를 으쓱해 보였다. 그리고 다시 걷기 시작했다. 물론 크루이에서 있었던 시절의 일들이었다. 하지만 설명해 보았자 무슨 소용이 있겠는가? 그것은 앙투안으로선 도저히 이해할 수 없는 일이었다.

그런데 용서한다는 생각은 무엇을 가리키는 것일까? 자크 자신도 정확히 알지 못했다. 그럼에도 불구하고 그는 용서하든가, 아니면 반대로 그의 원한을 더욱 늘인다는 두 가지의 생각이 끊임없이 되풀이되고 있었다. 달게 받아들이고, 뜻에 따르고, 다른 톱니바퀴들 사이에 자기도 하나의 톱니바퀴가 되든가 아니면 반대로 자기 내부에서 부글거리는 파괴력을 부추겨서 온갖 앙심을 품고—그는 그것을 정확하게 표현할 수 없었다—기존의 생활, 도덕, 가족, 사회에 대해서 덤벼드는 것이다! 어린 시절부터 쌓인 원한, 인정받지 못한 존재였다는 막연한 감정, 어느 정도 존중받을 수 있는 처지였는데도 끊임없이 온 세상 사람들로부터 무시를 당하고 인정받지 못했다는 그런 감정이었다. 그렇다, 만일 달아날 수만 있었다면 남들 때문에 가질 수 없다고 원망했던 그 내적인 평형을 마침내 찾아낼 수 있었으련만!

"그곳에서 나는 공부를 할 거야" 하고 그는 거듭 말했다.

"그곳이 어딘데?"

"아, 이것 봐, 어디냐고 묻고 있잖아! 형은 도저히 이해하지 못해! 형은 항상 남들과 보조를 맞춰 왔어. 형은 늘 형이 가는 길을 사랑했다고."

그는 갑자기 지금까지와는 다른 각도에서 형에 대해 생각해 보았다. 그가 보기에 형은 자신에 만족하고 있고 부지런하고 성실한 사람이었다. 활동력, 그건 인정한다 치고 그럼 형의 지능은? 그건 동물학자의 지능이다! 너무 실증적이어서 과학적인 연구에서 포만감을 느끼는 그런 지능! 활동이라는 관념 위에만 하나의 철학을 세워 놓고 그것으로 만족하는 지능!

그리고 더욱 끔찍한 일은 모든 것의 숨은 가치를, 한 마디로 말해서 그 참된 의미와 우주의 아름다움이라고도 일컬을 수 있는 것을 언제나 빼앗고 없애버리는 지능!

"난 형하고 달라." 그는 열을 올리며 말했다. 그는 조용히 혼자 걷기 위해 형에게서 벗어나 길 가장자리로 갔다.

'여기 있으면 숨이 막힐 것 같아' 하고 자크는 생각했다. '그들이 나에게 시키는 것들은 죄다 가증스럽고, 죽기보다 싫은 것들이야! 선생들! 친구들! 그들이 심취해 있는 것들, 그들이 좋아하는 책들이라니! 현대의 작가들! 아, 이 세상에서 단 한 사람이라도 내가 누군지를, 내가 뭘 하고 싶어

하는지를 짐작이라도 하는 이가 있다면! 아니야, 아무도 짐작 못해. 다니엘조차도 몰라.' 가시가 돋혀 있던 그의 마음이 누그러졌다. 앙투안이 그에게 뭐라고 대답했지만 들리지 않았다. '지금까지 씌어진 모든 것을 잊을 것' 하고 자크는 생각했다. '흔해 빠진 궤도를 벗어날 것! 본디의 나 자신을 직시할 것. 그리고 모든 것을 말할 것! 아직까지 어느 누구도 모든 것을 말할 용기를 가지지 못했다. 결국은 누군가가 그 일을 해야 한다. 그게 바로 나다!'

무더운 날씨 때문에 수플로 거리를 올라가기가 힘들었다. 두 사람은 걸음을 늦추었다. 앙투안이 계속해서 말을 하고 있었지만 자크는 여전히 침묵을 지키고 있었다. 자크는 느낀 바가 있어 속으로 미소를 지었다. '사실, 나는 이제까지 한 번도 형과 무엇을 진지하게 토론할 기회가 없었어. 내가 대들며 화를 내든지, 아니면 형이 일목요연하게 늘어놓는 이론 앞에 말문이 막혀 있든지 둘 중의 하나였지. 지금처럼 일종의 이중성격을 띠고 말이야. 내가 아무 말 않는 게 동의하는 것이라고 형은 착각하고 있거든. 그런데 그건 사실이 아니야. 사실과는 거리가 멀지! 나는 내 생각에 매달릴 뿐, 남들이 내 생각을 뒤죽박죽이라고 생각하거나 말거나 나는 상관하지 않아. 내 생각이 가치있다고 확신하니까. 다만 그 가치를 드러내기만 하면 되는 거야. 언젠가는 그것을 해 보일 테야! 토론이란 어디에나 있다. 형은 그저 앞으로 나가기만 할 뿐이지. 내가 생각하는 것에도 근거 있는 그 무엇이 있다는 것을 인정하려 들지 않아. 어쨌든 나는 너무 외롭다!' 그러자 또다시 떠나고 싶다는 욕망이 간절해졌다. '지금 당장 모든 것들을 내동댕이치고 떠난다면, 아, 얼마나 신나는 일일까…… 텅 비어 버린 방들이여! 출발의 통쾌함이여! (앙드레 지드 《지상의 양식》의 한 구절)' 그는 다시 미소를 지었다. 그리고 악의에 찬 시선으로 형을 바라보며 다음과 같이 읊기 시작했다.

"가족이여, 나는 당신들을 증오하노라! 울타리에 갇힌 집이여, 닫힌 문이여……."

"그건 누구의 말이니?"

"나타나엘이여, 너는 지나가며 바라보리라. 그러나 어디에도 머물지 않으리라……."

"누가 쓴 거냐니까?"

"아" 하고 자크는 미소를 거두고 갑자기 걸음을 재촉하며 말했다.

"모든 것의 근원을 보여 주는 책의 어느 구절이야! 이 책에서 다니엘이 모든 구실을 찾아냈는데……아니, 그 정도가 아니야. 그애의…… 냉소주의 예찬을 발견했던 거야! 이제 그 애는 그 책을 몽땅 외워 버렸어. 그런데 나는……아니야" 하며 그는 떨리는 목소리로 덧붙였다.

"아니야, 내가 그 책을 싫어한다고는 말할 수 없어. 하지만, 형. 그건 읽는 동안에 무엇인가 하고 싶어 손이 근질근질하게 만드는 그런 책이야. 그래서 나는 절대로 그 책과 단둘이 마주하고 싶지 않았어. 그만큼 내겐 겁나는 그런 책이야!" 그는 자신도 모르게 신이 나서 계속했다. "떠나버린 방들이여! 출발의 통쾌함이여!" 그러고 나서 그는 입을 다물었다. 그러더니 갑자기 말투를 바꾸어 쉰 목소리로 빠르게 말했다. "난 그걸 '떠남'이라고 말했지만 이젠 너무 늦었어. 사실 이젠 떠날 수가 없게 되었어."

앙투안이 대꾸했다.

"너는 마치 '망명'이라도 하듯이 떠난다는 말을 하고 있구나. 물론 망명이라면 간단한 일은 아니야. 그러나 여행이라면 어려울 게 뭐 있겠니? 네가 시험에 합격만 한다면 아버지도 이번 여름 여행을 지극히 당연하게 받아들이실 거야."

자크는 고개를 가로저었다.

"너무 늦었어."

대체 무슨 의미로 저러는 것일까?

"그렇다고 이번 두 달 동안의 휴가를 메종 라피트에서 아버지와 유모 사이에서 보낼 생각은 아니겠지?"

"응."

자크는 애매한 몸짓을 해보였다. 마침 두 사람이 팡테옹 광장을 지나서 위름 거리로 접어들자 자크는 손을 들어 에콜 노르말(파리의 고등
사범학교) 앞에 모여 있는 군중을 가리켰다. 그의 표정이 어두워졌다.

'별난 성격이야' 하고 앙투안은 생각했다. 어떤 때는 너그러운 마음으로, 또 어떤 때는 분명히 의식하는 우월감을 가지고 그는 자주 그런 생각을 했다. 앙투안은 성격상 튀거나 엉뚱한 일들을 몹시 싫어했지만 자크는 끊임없이 그를 난처하게 만들곤 했다. 그럴 때마다 그는 항상 동생을 이해하려고 애써왔다. 동생이 내뱉는 앞뒤 안 맞는 이야기들을 종합하느라 앙투안의 활발한 두뇌는 쉬지 않고 지적인 운동을 하곤 했다. 앙투안은 이것이 하나의 크나큰 즐거움일 뿐만 아니라 동생의 성격을 좀더 깊이 알 수 있는 길이라고 생각했다. 그러나 앙투안이 어떤 심리적인 고찰의 정점에 이르렀다고 믿으면 순식간에 자크 편에서 새로운 의견을 내놓아서 지금까지 자신이 쌓아올린 생각을 송두리째 뒤엎어야 했던 일이 한두 번이 아니었다. 그러면 그는 새로 시작해야 했고, 거의 대부분의 경우 앞서 내렸던 결론과 정반대되는 쪽으로 가야만 했다. 그래서 앙투안은 동생과의 모든 대화는 항상 임기응변으로 이루어지는 데다 언제나 서로 모순되는 판단들로 이루어져 있었다.

형제는 보기만 해도 가슴이 서늘해지는 고등사범학교 정문 앞에 이르렀다. 앙투안이 자크 쪽으로 몸을 돌려서 날카로운 눈길로 바라보았다. '밑바닥까지 캐보면' 하고 그는 생각했다. '이 녀석은 스스로도 알아채지 못할 정도로 가정생활에 애착을 갖고 있음을 알 수 있어.'

교문은 열려 있었다. 그리고 교정은 사람들로 인산인해를 이루었다.
현관 입구에서 다니엘 드 퐁타냉이 금발의 청년과 이야기를 나누고 있었다.
'만약 다니엘이 먼저 우리 쪽을 바라본다면, 난 합격이다' 하고 자크는 생각했다. 그러나 앙투안이 부르는 소리에 다니엘과 바탱쿠르는 동시에 돌아보았다.
"떨리지 않니?" 하고 다니엘이 물었다.
"떨리긴. 전혀 그렇지 않아."
'만일 다니엘이 제니의 이름을 말하면 나는 합격이다' 하고 자크는 생각했다.
"발표가 나기 전 15분만큼 초조한 시간도 없지" 하고 앙투안이 말했다.
"그런가요?" 하고 다니엘이 미소를 지으며 반문했다. 다니엘은 장난삼아 자주 앙투안이 하는 말에 일부러 반대하곤 했다. 그리고 앙투안을 '교수님'이라 부르면서 나이에 어울리지 않게 점잔 빼는 태도를 재미있어했다.
"나는 기다림 속에서 항상 모종의 쾌감을 느낀다만." 앙투안은 어깨를 으쓱했다. "너도 그렇지 않니?" 하고 그가 동생에게 물었다. 그러고는 "나는 말이다" 하며 말을 이었다.
"이런 종류의 '기다림'을 어느덧 열네댓 번도 더 겪었지만 절대로 익숙해지지가 않더구나. 더구나 이런 때 초연한 척하는 녀석들이란 항상 보잘것없는 녀석들, 평소엔 약하디약한 녀석들이라는 사실을 나는 잘 알아."

"그렇다고 모든 사람들이 초조감을 즐기는 건 아니지요" 하고 다니엘이 말을 이었다. 그의 시선은 의사 선생을 바라볼 때는 짓궂었으나 자크 쪽으로 돌리면 즉각 다정해지곤 했다.

앙투안이 자신의 생각을 고집하며 이야기를 계속했다.

"이건 농담이 아니다만" 하며 앙투안이 말했다. "강한 자들은 불확실한 상태에서는 답답해하지. 참다운 용기란 태연히 사태가 벌어지기를 기다리는 게 아니라, 한시라도 빨리 그것을 체험하기 위해 뛰어가서 과감히 맞서 그것을 달게 받아들이는 거야. 자크, 그렇게 생각하지 않니?"

"아니, 나는 오히려 다니엘 쪽인데" 하고 아무 이야기도 듣고 있지 않던 자크가 대답했다. 그리고 다니엘이 계속 앙투안과 이야기하자 자크는 또다시 마음을 떠보려고 넌지시 대화에 끼어들어 물어 보았다.

"너의 어머님과 누이동생은 여전히 메종 라피트에 가 계시니?"

다니엘은 그 말을 듣지 못했다. 자크는 '난 떨어졌구나' 하고 끈질기게 생각하면서도, 자기가 얼마나 성공을 확신하고 있었는지 깨달았다. '아버지가 무척 기뻐하시겠지.' 그는 미리 미소를 지었다. 그리고 그 미소를 바탱쿠르에게 보냈다. "와줘서 고마워, 시몽."

시몽은 다니엘의 친구인 자크에게 품고 있는 열렬한 찬탄의 감정을 감추지 못하고 다정한 눈길로 그를 바라보았다. 그런데 자크는 이런 시몽을 대할 때마다 몸 둘 바를 몰랐다. 왜냐하면 자크는 그의 우정에 응해 줄 수가 없었기 때문이다.

바로 그때 시끄럽던 교정이 갑자기 조용해졌다. 1층의 어느 유리창 안쪽에 희고 네모난 종이 한 장이 방금 나붙은 것이다. 자크는 웅성거리는 인파에 휩쓸려 보도에서 벗어나 그 운명의 종이 앞으로 이끌려가는 것을 어렴풋이 느꼈다.

그의 귀에서 윙윙 소리가 났다. 앙투안이 무슨 말을 하고 있었다.

"합격이다! 3등이야."

순간 그 소리가 귓전에 메아리쳤다. 뜨겁고 생기가 넘치는 목소리였지만 그는 멋쩍은 듯이 고개를 돌려 형의 환한 얼굴을 보고서야 비로소 말 뜻을 이해할 수 있었다. 그는 나른한 손놀림으로 모자를 벗었다. 이마에는 땀이 흐르고 있었다. 다니엘과 바탱쿠르가 어느새 인파를 헤치며 그가 있는 쪽으로 이미 오고 있었다. 다니엘이 그를 바라보았다. 자크도 다니엘이 오는 것을 멍하니 바라보고 있었다. 다니엘은 윗입술은 위로 치켜올려 치아를 드러냈지만 그의 얼굴에서는 미소를 지으려는 기색을 전혀 찾아볼 수 없었다.

사람들의 웅성거리는 소리가 교정을 가득 메웠다. 주위는 다시 활기를 띠기 시작했다. 자크는 숨을 깊이 들이마셨다. 그의 온몸에 다시 피가 돌기 시작했다. 갑자기 그는 올가미, 아니 함정에 걸려든 것 같은 느낌이 들었다. '당했구나' 하고 생각했다. 동시에 여러 가지 생각이 떠올랐다. 그는 문득 그리스어 구술시험 때 실수하던 순간을 떠올렸다. 녹색 양탄자, 그리고 뭉툭한 손톱으로 코에포르(고대 그리스에서 죽은 사람에게 제물을 바치는 여자. 아이스큐로스의 유명한 비극의 제목)란 글자를 세게 누르고 있던 교수의 손가락이 눈앞에 떠올랐다.

"누가 일등이야?"

바탱쿠르가 불러 주는 이름 따위 귀에 들어오지 않았다. '만약 은신처, 성전…… 집을 지키는 사람들……의 단어를 알았더라면 내가 일등이었을텐데…….' 그리고 그런 어처구니없는 오역을 하게 만든 사고의 맥락을 재구성해 보려고 거듭 안간힘을 썼다.

"이봐요, 의사 선생, 기쁜 표정을 지으세요" 하고 다니엘이 앙투안의 어깨를 치며 말하자 앙투안은 그제서 미소를 지었다. 앙투안이 기뻐하는 모습에는 거의 언제나 어색함이 깃들어 있었다. 왜냐하면 근엄한 그의 태도는 기쁨을 발산하고자 하는 모든 욕구를 거부하고 있었기 때문이다. 반대로 다니엘은 마음껏 기쁨을 나타내는 성격이었다. 그는 거의 육감적이라고 할 정도의 그런 기쁨을 드러내며 자기 친구들과 주위 사람들, 특히 거기에 온 여인들을 바라보았다. 그 여인들은 수험생들의 어머니나 누이들로서 그 순간에는 하찮은 말이나 하찮은 행동에도 전혀 수줍어하지 않고 애정을 노골적으로 드러내고 있었다.

앙투안은 시계를 꺼내본 뒤에 자크에게로 몸을 돌렸다.

"아직도 여기에 볼일이 남았니?"

자크는 소스라쳤다.

"나? 아니" 하고 그는 시무룩한 표정을 지으며 대답했다. 언제인지 정확히는 알지 못했다—아마도 합격자 발표가 난 바로 그 순간이었을 것이다—일주일 전부터 그의 얼굴을 일그러져 보이게 부르텄던 입술이 터졌다. 아문 자국이 또다시 터진 것이었다.

"그럼, 가자" 하며 앙투안이 말했다.

"점심식사 전에 왕진 갈 곳이 있어."

그들이 교정을 빠져나오고 있을 때 발표를 보려고 달려오던 파브리를 만났다. 그는 의기양양해 했다.

"그것 봐! 프랑스어 작문이 아주 좋았다고 했잖아."

작년에 사범학교를 졸업한 파브리는 시골로 발령나는 것이 싫어서 생루이 고교에서 임시교사직을 맡고 있었다. 그는 한가한 낮 시간에 학과 복습을 맡음으로써 파리에서의 밤 생활을 해 나갈 수가 있었다. 그는 교사직을 경멸하면서 신문기자가 되기를 꿈꾸고 있었다. 그리고 남몰래 정치 방면에 뜻을 두고 있었다.

자크는 파브리가 그리스어 시험관과 아주 친한 사이라는 것이 생각났다. 다시 한 번 그의 눈앞에 녹색 양탄자와 그 손가락이 떠올랐다. 그는 창피해서 얼굴이 달아오르는 것을 느꼈다. 아직도 자기가 합격했다는 것이 실감 나지 않았다. 어떤 안도감도 느낄 수가 없었다. 다만 피로감만 몰려왔다. 그러다가 자기가 오역했던 일과, 목 뒤의 뾰루지를 떠올리자 갑자기 화가 치밀었다.

다니엘과 바탱쿠르가 즐겁게 자크의 팔을 잡고 경쾌한 걸음걸이로 팡테옹 건물 쪽으로 그를 이끌고 갔다. 앙투안은 파브리와 함께 뒤따라갔다.

"내 자명종 시계는 컵 위에 수평으로 엎어놓은 접시 위에서 6시 30분에 울리거든" 하고 파브리가 유쾌하게 웃으며 큰 소리로 설명했다.

"그러면 나는 투덜거리며 한쪽 눈을 뜨고는 불을 켜지. 그런 다음 시곗바늘을 다시 7시에 맞춰 놓고 그 폭탄을 가슴에 안고 다시 잠드는 거야. 이윽고 온 집안뿐 아니라 온 동네가 다 흔들리는 대지진이 일어나지. 화가 나지만 나는 굴복하지 않아. 나는 5분만, 그리고 10분만 하다가 15분까지만 하고 생각해. 그 15분에서 2분이 지나게 되면 아예 20분까지로 정하거든. 어쨌든 우수리 없는 숫자를 기다려야 하니까. 마침내 침대에서 나와. 나란히 놓은 3개의 의자에 모든 것이 다 갖추어져 있어. 소방대원이 옷 입는 것과 같아. 7시 28분이면 나는 거리에 나가 있지. 물론 이제까지 아침을 먹는다든가 세수할 시간이 있었던 적은 한 번도 없었어. 지하철까지 가는 데 4분이 걸려. 8시에 나는 아슬아슬하게 교단에 올라가 주입식 교육을 시작하지. 몇 시에 끝나는지 알아맞혀 봐. 나는 목욕도 해야 하고, 옷도 갈아입고, 저녁을 먹고, 친구도 만나야 한단 말씀이야. 그러니 내가 언제 공부하겠느냐 말이야?"

앙투안은 대충 듣고 있었다. 그의 눈은 택시를 찾고 있었다.

"자크" 하고 그가 말했다. "저녁은 나하고 먹을 거지?"

"자크는 우리와 함께 먹을 건데요" 하고 다니엘이 반대했다.

"아니야, 아니야" 하고 자크가 큰 소리로 말했다. "오늘 저녁엔 형이랑 먹겠어."

그는 짜증스러워 하면서 이렇게 생각했다. '날 좀 가만두면 안 되나? 우선 나는 뾰루지에 아이오딘팅크를 다시 발라야 하는데.'

"그럼 우리 모두 함께 먹자" 하고 파브리가 제안했다.

"어디에서?"

"아무데서나. 파크멜은 어때?"

자크가 반대했다. "아냐. 오늘 저녁은 됐어. 나는 피곤해."

"쓸데없는 소리 마" 하고 다니엘이 자크의 팔짱을 끼면서 중얼거렸다.

"의사 선생님, 우린 파크멜에 있을 테니까 나중에 그리로 오세요."

앙투안은 택시를 잡았다. 몸을 돌리더니 잠시 망설이다 이렇게 물었다.

"파크멜은 어떤 곳인데?"

"형이 상상하는 곳과는 전혀 다른 데야" 하고 파브리가 입에서 나오는 대로 아무렇게나 대답했다.

앙투안이 다니엘에게 눈으로 물었다.

"파크멜이요?" 하며 다니엘이 대답했다. "뭐라고 한 마디로 말하긴 어려워요. 안 그래, 바탱쿠르? 아무튼 어디에나 있는 흔한 술집과는 아주 다른 곳이에요. 가족적인 하숙집 같다고나 할까. 술을 팔긴 하지만 5시에서 8시까지에요. 하지만 8시가 되면 뜨내기 손님은 다 돌아가고 단골 손님만 남지요—테이블을 붙여 놓고 큼지막한 테이블보를 깐 다음 파크멜의 주인 아줌마를 중심으로 둘러앉아 저녁을 먹는 거예요. 음악도 좋고, 여자들도 예쁘고. 아무런 부족함이 없죠. 오실 거죠? 그럼 파크멜에서 만나는 겁니다."

앙투안은 저녁에는 거의 외출하지 않았다. 그의 일과는 고되었다. 그래서 의사시험을 준비하기 위해서는 저녁시간이 필요했던 것이다. 그런데 오늘은 혈액학 공부를 할 마음이 별로 내키지 않았다. 게다가 내일은 일요일이다. 월요일에 공부하지. 이렇게 해서 그는 이따금 토요일을 미리 예정해 두었던 즐거움을 위해 보내기도 했던 것이다. 파크멜 이야기에 귀가 솔깃해졌다. 아름다운 여자들……

"꼭 가야 한다면 가지" 하고 그는 되도록 초연한 투로 말했다. "그런데 거기가 어디지?"

"몽시니 거리예요. 8시 30분까지 기다리겠어요."

"그보다 훨씬 일찍 갈 수 있을 거야" 택시 문을 꽝 닫으며 앙투안이 소리쳤다.

자크는 특별히 반대하지 않았다. 형의 승낙이 그의 기분마저 바꾸어 놓았다. 게다가 그는 항상 다니엘의 변덕에 양보함으로써 남모르는 기쁨을 느끼고 있었다.

"걸어서 갈까?" 하고 바탱쿠르가 물었다.

"나는 지하철을 타고 가겠어" 하고 파브리가 턱을 쓰다듬으며 말했다.

"옷만 갈아입고 금방 뒤따라 갈게."

소나기를 머금은 후텁지근한 공기가 7월 말의 파리 시내를 무겁게 짓누르고 있었다. 저녁때가 되자 공기는 불투명한 잿빛이 되어 안개인지 먼지인지 구별할 수가 없었다.

파크멜에 가려면 30분 정도 걸어가야만 했다.

바탱쿠르가 자크 옆으로 와서 말했다.

"드디어 앞길이 창창해졌군."

그의 말투에 빈정거리는 기색은 들어있지 않았다.

자크가 신경질적인 반응을 보이자 다니엘이 미소지었다. 바탱쿠르가 자기보다 다섯 살이나 위였지만 다니엘은 그를 어린애처럼 생각했다. 그래서 그는 자크를 짜증나게 하는 바로 그 한없는 순박함 때문에 그를 용납할 수가 있었다. 언제인가 그들이 재미로 바탱쿠르에게 뭘 암송해 달라고 부탁했던 일이 생각났다. 그러자 바탱쿠르는 벽난로 앞으로 나가서 이렇게 시작했었다.

오, 코르시카인이여! 오, 납작한 머리카락이여!
프랑스는 얼마나 아름다웠던가.
메시도르 _(수확의 달로 공화력의 10월, 태양력으로는 6월 20일부터 7월 19일까지) 태양 아래에서!

그는 세 번째 구절을 듣는 순간부터 모인 사람들이 어느새 폭소를 터뜨리고 있다는 사실을 조금도 개의치 않았던 것이다.

당시 아버지가 연대장으로 있던 북쪽의 어느 도시에서 파리로 갓 나온 시몽 드 바탱쿠르는 단추가 한 줄로 달린 검은 윗도리를 입고 있었는데, 그 옷은 파리에 와서 신학 강의를 들을 때 예의 바르게 보이기 위해서 일부러 맞춘 옷이었다. 당시 이 미래의 목사는 퐁타냉 부인의 집에 꽤 자주 드나들고 있었다. 퐁타냉 부인은 바탱쿠르의 어머니와 어린 시절 친구였기에 이 아이를 집에 오도록 하는 것을 자기 임무처럼 여겼었다.

그 무렵 "아무리 생각해도 파리의 카르티에 라틴 구는 끔찍해" 하고 예전의 신학도는 말했었다. 그는 요즈음에는 에트와르 구에 살고 있으며, 밝은 색 상하의를 입고 있었다. 그리고 그가 계획하고 있는 무모한 결혼 때문에 부모와의 사이가 틀어진 뒤로 다니엘이 취직시켜 준 뤼드비그손 출판사에서 400프랑의 월급을 받고 최신 판화들을 정리하며 생활하고 있었다.

자크는 고개를 들어 주위를 둘러보았다. 바구니를 앞에 놓고 노점에 쭈그리고 앉아 장미꽃을 파는 노파에게 눈길이 갔다. 그는 앙투안과 지나올 때도 이미 이 노파를 보았지만 그때는 불안으로 눈앞이 제대로 보이지 않았으므로 아무리 간청해도 거기에 신경을 쓸 여유가 없었다. 그리고 수플로 거리를 걸어 올라가던 때를 떠올리면서 그는 늘 보아서 눈에 익숙한 어떤 물건, 늘 끼고 다니던 반지를 잃었을 때처럼 갑자기 허전함을 느꼈다. 몇 주일 전부터 그의 머리를 떠나지 않았던 불안감, 바로 1시간 전까지만 하더라도 한발 내딛을 때마다 그의 가슴을 죄던 불안감은 고통스러울 정도의 공허함을 남기고 사라져 버렸다. 성적 발표 뒤 비로소 그는 자신의 합격을 실감했다. 그러나 그건 마치 높은 곳에서 떨어졌을 때처럼 얼떨떨하고 무엇에 얻어맞은 듯한 느낌이었다.

"너는 해수욕을 하긴 했었니?"
바탱쿠르가 다니엘에게 물었다.

자크가 고개를 돌렸다. "사실 말이야" 하며 말하는 자크의 눈길이 부드러워졌다.

"네가 나 때문에 일부러 돌아왔다니! 거기선 재미있었어?"

"내가 상상했던 것 이상이었지!" 하고 다니엘이 대답했다.

자크는 씁쓸하게 웃었다. "여전하구나."

잠깐이지만 둘이 나눈 눈길 속에는 예전에 나누었던 숱한 논쟁들이 아직껏 여운을 남기고 있었다.

자크는 다니엘에게 어떤 숙연한 우정을 지니고 있었다. 다니엘이 그에게 보여 주는 다정한 우정과는 전혀 다른 성질의 것이었다.

'너는 너 자신에게보다도 내게 훨씬 많은 요구를 하고 있어' 하고 때때로 다니엘이 그에게 말하곤 했었다. '너는 내가 영위하는 삶을 편들어 준 적이 한 번도 없어.' 그러면 '없지' 하고 자크가 대답했었다. '나는 네 삶을 그대로 인정하고 있어. 하지만 내가 인정할 수 없는 건 네가 삶에 대해 취하는 태도야.'

이것은 아주 오래전부터 시작된 논쟁거리였다.

다니엘은 바슐리에(^{대학입학 자격}_{시험 합격자})가 되자마자 평범한 길은 절대로 가지 않겠다고 다짐했었다. 늘 집 밖으로만 도는 그의 아버지는 그에게 관심을 가진 적이 한 번도 없었다. 그의 어머니는 아들이 자기 인생을 자유롭게 선택하도록 내버려 두었다. 그리고 무엇이든 의사를 존중할 줄 알았으며, 자기 아이들 문제라든가, 일반적으로 장래의 일 같은 것이 문제가 될 때는 신비로운 신념을 바탕으로 하고 있었다. 무엇보다도 자기 아들이 자유롭기를 바랐고, 그가 가족의 경제를 돕기 위해 돈을 벌어야 한다는 의무감을 느끼지 않기를 바랐다. 그러나 다니엘은 그런 생각을 하고 있었다. 그는 지난 2년간 줄곧 어머니를 돕지 못한다는 사실에 남몰래 괴로워하고 있었다. 그리고 이러한 의무감을 갖는 한편으로 그를 압박하는, 생활에 필요한 여러 가지 것을 잘 조화시킬 수 있는 기회를 엿보고 있었다.

이런 여러 가지 걱정거리가 복잡하게 얽혀 있다는 것은 자크도 알지 못했다. 자크는 다니엘이 자기 자신과 미래를 위해 품은 화려한 생각 따위를 도저히 짐작할 수 없었는데 그것은 그림공부를 하는 데 있어서 거의 자포자기처럼 보이는 그의 방식 때문이었다. 누구에게 가르침을 받는 것도 아니고, 오직 자신의 본능 아니 일시적인 기분에만 따랐으므로 실제로 그림은 거의 그리지 않고, 작품 구상도 그보다 조금 더하는 정도였다. 어쩔 땐 온종일 모델과 함께 틀어박혀서 스케치북의 반을 채우는가 하면, 그 뒤 몇 주일은 화필에 손도 대지 않는 것이었다. 여하튼 다니엘은 모든 자만심을 떨쳐 버린 숙연한 긍지를 갖고 있었다. 그는 숙명적인 법칙의 진전에 의해 자기 내부에 있는 훌륭한 능력이 언젠가는 나름대로의 표현방식을 찾게 될 날을 기다리고 있었다. 그는 자기 운명이 최상급의 예술가가 되는 것임을 믿어 의심치 않았다. 그렇다면 언제, 어떤 방법으로 정상에 다다를 수 있을 것인가? 그는 그것을 몰랐다. 그리고 마치 그런 일을 생각하지 않는 듯이 행동했고, 인생에 몸을 내맡겨야 한다고 공언하곤 했었다. 사실 그는 삶에 자신을 내맡기곤 했었다. 그런 뒤에 후회가 뒤따르지 않는 것은 아니었다.

그러나 어머니의 가르침을 잠시나마 따른 적이 있더라도 한순간일 뿐, 그 교훈은 한번도 그를 내리막길에서 단단히 잡아 주지 못했다. '지난 2년 동안 가장 마음고생이 심했을 때도 그랬다.' 언젠가 그는 자크에게 보낸 편지에 이렇게 썼었다(당시 그는 18살이었다). '맹세하건대 나는 나 자신을 부끄럽게 여긴 적은 한 번도 없었다. 나의 그런 경향에 대해 스스로를 몰아붙이고 회의적으로 생각하는 순간에도 사실상 나 자신에 대해 분개했다기보다는, 생활이 정상을 되찾자마자 오히려 나의 순진한 자기 부정과 자기 억제를 돌이켜 보면서 훨씬 더 화가 치밀었다.'

다니엘이 이런 편지를 쓴 지 얼마 안 되었을 때, 그들이 나중에 '기차간의 사나이'라고 부른 그 사람과 교외선 기차를 타고 함께 여행을 하게 되었었다. 물론 그 사나이로서는 이러한 잠깐 동안의 만남이 두 젊은이의 청춘기에 얼마만한 영향을 주게 되었는지 알 길이 없었다.

그날 다니엘은 10월의 아름다운 오후를 베르사유 공원의 나무 그늘에서 보내고 난 뒤 돌아오는 길이었다. 그는 기차가 막 떠나려는 순간에 뛰어올라 탔다. 그가 자리 잡은 맞은편에는 나이 든 사나이가 앉아 있었는데, 우연히도 생판 낯선 사람은 아니었다. 그날 낮에 대(大) 트리아농 궁전의 숲 속에서 그와 마주친 적이 있었기 때문이다. 다니엘은 그 사나이를 눈여겨 관찰했었다. 기차에서 그 사나이를 여유를 갖고 더 살필 수 있게 되어 얼마나 기뻤는지 모른다. 가까이에서 보니 그 여행자는 나이보다 훨씬 젊어 보였다. 백발이긴 했지만 오십 줄에 들어섰을까 말까 했다. 타원형의 얼굴에 희고 짧은 턱수염이 정성스레 다듬어져 있는 것이 인상적이었으며, 균형 잡힌 얼굴 생김새는 온화함을 돋보이게 했다. 얼굴빛이나 태도, 두 손, 옷의 재단이며 화려한 무늬, 그리고 은은한 빛깔의 넥타이, 특히 열정적이며 생기가 넘치는 푸른 눈길을 모든 주위 사물에 던지는 모습은 청년의 눈빛을 떠올렸다. 그가 익숙한 손놀림으로 책장을 넘기는 책의 겉장은 안내서처럼 얇은 종이로 되어 있었고 제목은 씌어 있지 않았다. 그는 쉬렌느와 생클루 정거장 사이에서 일어서더니 복도로 나가 몸을 기울여, 석양이 온 세상을 황금빛으로 물들이고 있는 파리 시가지를 바라보았다. 그러고 나서는 다니엘이 앉아 있는 쪽의 유리문 께로 와서 등을 기대고 섰다. 다니엘의 눈높이쯤에 겨우 유리 한 장의 두께밖에 떨어지지 않은 곳에서 불가사의한 책을 들고 있던 그 사나이의 두 손이 보였다. 가냘프고 창백하며 신경질적인 그 손. 어떤 정신적인 것에 집착하고 있다는 느낌을 불러일으키는 손이었다. 그 두 손이 움직이자 책이 살며시 펼쳐졌다. 다니엘은 유리창에 짓눌린 듯한 페이지 위로 시 몇 구절을 읽을 수 있었다.

> 나타나엘이여, 나는 네게 열정을 가르쳐주리라……
> 맥박이 고동치며 자유분방한 생활……
> 나타나엘이여, 평온함보다는 차라리 비장한 삶을……

책의 위치가 바뀌었다. 다니엘은 그 페이지 맨 위에 적혀 있는 제목을 읽을 수 있었다. 《지상의 양식》(지드의 작품).

그는 호기심에 끌려서 그날로 몇몇 책방을 뒤졌다. 책방에서는 그 책에 관해 아무것도 몰랐다. 기차간의 사나이는 자신의 비밀을 끝내 간직하고 말 것인가? '평온함보다는' 하고 다니엘은 되뇌어보았다. '차라리 비장한 삶을……' 다음날 아침에 그는 오데옹 거리 외곽에 있는 책방으로 달려가서 진열대 아래에서 모든 서적 목록을 일일이 들춰 보았다. 그리고 몇 시간 뒤에 그 책을 구해서 집으로 돌아와 방 안에 틀어박혔다.

그는 그 책을 단숨에 읽었다. 덕분에 그날 오후가 금세 지나갔다. 저녁나절에 그는 외출했다. 이와 같은 정열을, 이처럼 찬란한 감격을 느껴보기는 처음이었다. 그는 정복자처럼 성큼성큼 걸었다. 밤이 되었다. 강변을 쭉 따라서 걸었다. 집에서 꽤나 멀리 떨어진 곳까지 왔다. 그는 크루아상 빵 한 개로 저녁을 때우고 집으로 돌아왔다. 그 책이 책상 위에서 기다리고 있었다. 다니엘은 책상 주위를 빙빙 돌았다. 더 이상 그 책을 펼칠 용기가 나지 않았다. 자리에 누웠으나 잠이 오지 않았다. 생각을 바꾼 그는 외투를 몸에 걸쳤다. 그러고는 천천히 처음부터 다시 읽기 시작했다. 지금이야말로 엄숙한 때이며, 그의 마음 가장 깊은 곳에서 어떤 일, 곧 신비한 발아가 일어나고 있는 시기라는 것을 똑똑히 느꼈다. 새벽녘에 다시 한 번 마지막 페이지까지 모두 읽고 났을 때 그는 새로운 눈으로 삶을 바라보게 되었음을 느꼈다.

'나는 대담하게 갖가지 것들에게 관심을 기울였으며, 그리하여 내 욕망의 대상 하나 하나를 차지할 권리가 있다고 확신했다……'
'욕망에는 이익이 있고, 욕망의 만족에도 이익이 있다. 즉 욕망이란 채워짐으로써 더욱 거세지는 까닭에.'

그는 교육에 의해서 길들여진, 모든 것을 도덕적으로 평가하려는 습성을 단번에 떨쳐버렸음을 깨달았다. 이제 '잘못'이란 말의 의미가 바뀌어 있었다.

'행위의 선악은 생각하지 말고 행동해야 한다. 그것이 선인지 악인지 개의치 말고 사랑하라……'

그때까지는 자신의 의사에 역행해서만 품고 있었던 감정들이 갑자기 자유로워졌고, 흔쾌히 최고의 위치를 차지하게 되었던 것이다. 그가 어렸을 때부터 확고부동하다고 믿었던 가치의 척도가 그날 밤 몇 시간 사이에 뒤집혔다. 그 다음날은 마치 세례를 받은 다음날 가졌던 그런 기분이었다. 그가 지금껏 의심할 여지가 없는 것이라고 믿어 왔던 모든 것을 하나씩 거부해 감에 따라 그때까지 그의 마음을 천 갈래 만 갈래로 찢고 있던 힘들 사이에서 어떤 놀라운 마음의 평정이 생겨났던 것이다.
다니엘은 이 발견에 관해 아무에게도 말하지 않았다. 다만 자크에게만, 그것도 한참 뒤에 알려 주었을 뿐이다. 이것은 그들 우정의 몇 가지 비밀 가운데 하나였다. 그들은 그 책을 거의 종교적인 신비처럼 생각하고 있었다. 그리고 그 책에 관해서 이야기할 때는 늘 암시적인 용어만을 썼다. 그러나 다니엘의 노력에도 불구하고, 자크는 이 정열에 감염되지 않으려고 애를 썼다. 자크는 자신의 갈증을 너무나 취하게 하는 이 샘물로 해소하기를 거부하며, 자신에 대해 맞서고 자신을 지금보다 더욱 강하게 만들어 온전한 자신의 상태를 유지하려고 노력하는 것 같았다. 그러나 그는 다니엘이 그 책에서 하나의 '건강요법'을, 양식을 발견했다는 것을 잘 알고 있었다. 그리고 자크의 저항 속에는 부러움과 절망이 담겨 있었다.

"그럼 너는 자연계가 만들어 내는 경이 속에 뤼드비그손도 넣니?"
바탱쿠르가 말했다.
"뤼드비그손이란 사람은……" 하고 다니엘이 설명을 시작했다.
자크는 어깨를 으쓱해 보였다. 그리고 두 친구가 자기보다 몇 발 앞서 가도록 걸음을 늦추었다.
다니엘은 며칠 전부터 그 뤼드비그손의 집에 몇 번 초대되어 갔었다. 유럽 각국의 수도마다 지점을 가지고 있는 뤼드비그손은 유럽에서 가장 뻔뻔스러운 미술상 중의 한 사람으로 알려져 있었다. 그의 존재는 오래전부터 이 두 친구 사이에 불화의 원인이었다. 자크는 아무리 그 일이 먹고 살기 위해서라고 해도 다니엘이 직접적으로든 간접적으로든 이 상인의 사업에 협력하고 있다는 사실을 결코 받아들일 수 없었다.
그러나 자크나 다른 그 어느 누구도 다니엘의 마음을 끄는 모험으로부터 단 한 번이라도 그의 관심을 돌려 놓았다고 진정으로 드러내 놓고 자랑할 수 있는 사람은 아무도 없었다. 다니엘의 흥미를 열정적으로 끌고 있는 것은 뤼드비그손이 높은 지적능력의 소유자라는 점, 불면이 습관이 될 정도로 쉴 줄 모르는 활동성, 사치스러움에 대한 멸시, 어느 면에서 모험과 성공에만 취해 있는 이 부호가 품고 있는 돈에 대한 경멸, 바람에 흔들리면서도 여전히 붉게 타오르고 있는 횃불을 떠오르게 하는 이 수완가의 능력이었다. 그리고 다니엘이 무슨 짓이든 서슴지 않고 하는 이 사람을 위해 일할 것에 동의한 것은 필요에 의해서라기보다는 호기심 때문이었다.
자크는 다니엘과 뤼드비그손이 최초로 얼굴을 마주했던 날의 일을 돌이켜 생각했다. 그것은 서로 대립하는 두 종족, 동떨어진 두 사회가 만난 것이었다. 바로 그날 아침에 자크는 다니엘이 몇몇 가난한 친구들과 함께 빌려 쓰고 있던 아틀리에에 들렀었다. 뤼드비그손은 노크도 없이 들어와서 다니엘의 힐난에 미소로 대답했다. 그리고 다짜고짜 자신이 누군지 소개도 없이, 의자에 앉지도 않고, 고전극의 배우가 하인에게 돈을 던져 주는 그런 태도로 주머니에서 지갑을 꺼내며 '여기 계신 분 중에 퐁타냉이란 분'에게 그날부터 3년 동안 매월 600프랑을 지급하겠다고 말했다. 그 대신 뤼드비그손 화랑의 주인이며 뤼드비그손 예술회사의 사장인 본인 뤼드비그손이 그 기간 동안 다니엘이 그리는 모든 그림들, 다니엘이 날짜를 쓰고 사인할 모든 그림들에 대해 절대적인 소유주가 된다는 것이 조건이었다.

작품이라고 할 것도 별로 없고 단 한 번도 전시회에 출품한 적이 없으며, 스케치 한 장 팔아본 적도 없는 다니엘로서는 어떻게 뤼드비그손이 그러한 제의를 할 만큼 자신의 재능에 대해 호의적인 판단을 할 수 있었는지 도저히 납득할 수가 없었다. 더구나 그는 자기 작품의 독립성이 지켜지기를 간절히 바랐던 그가 아니었는가. 만일 그가 그 거래에 동의한다면 적어도 매달 약속된 금액에 상당하는 그림을 뤼드비그손에게 넘겨주어야만 돈을 받을 수 있으리라는 것을 잘 알고 있었다.

그러나 다니엘은 어떠한 속박도 받지 않고 즐거움으로 그린다는 것을 원칙으로 삼고 있었다. 그래서 그는 냉담하지만 정중하게 뤼드비그손에게 나가달라고 청했으며, 어리둥절해 하는 친구들 앞에서, 방문객조차 무슨 영문인지 알아차릴 새도 없이 다니엘 자신이 재빨리 그를 층계참까지 밀어냈다.

사건은 그 정도로 끝나지 않았다. 뤼드비그손은 다시 와서 좀더 신중한 태도를 보였다. 결국 몇 달 뒤에는 이 예술품 매매자와 그 일에 호기심을 느낀 다니엘 사이에 진정한 사업관계가 맺어졌다. 뤼드비그손은 조형예술을 다루는 호화 잡지를 3개 국에서 출판하고 있었다. 그는 다니엘에게 불어판 기사를 선택하는 일을 주관해 달라고 부탁했다(처음 만난 순간부터 다니엘의 기질이 마음에 들었고, 또한 확실한 안목을 지닌 것도 예사로이 보지 않았다). 그건 특별히 못마땅한 일은 아니었다. 다니엘은 한가한 시간에 그 일을 했으며, 그러나 얼마 안 가서 그 잡지의 불어판을 사실상 주관하게 되었다. 자신의 취미를 위해서 쓰는 돈을 아끼지 않고 물쓰듯 쓰는 뤼드비그손은 되도록 고용인을 적게 쓰는 것을 원칙으로 삼았고, 그들을 선발하는 데도 세심한 주의를 기울였다. 그리고 일단 고용한 사람들에게는 자유롭게 실력을 발휘하도록 지불한다는 주의였다. 요구하지 않았는데도 다니엘은 이내 영어판과 독어판의 편집자들과 같은 급료를 받게 되었다. 다니엘도 먹고살아야 했고, 예술가로서의 자기 생활과는 뚜렷이 다른 일을 택하고 싶어했다. 게다가 뤼드비그손이 마련해 준 개인전에 전시되었던 다니엘의 몇몇 그림은 벌써 수집가들이 찾는 수준에 이르렀다. 그는 이 그림 장수와의 관계에서 얻어낸 이익으로 어머니와 누이동생이 넉넉한 생활을 하는 데 기여했을 뿐 아니라 따분한 일에는 조금도 얽매이지 않았으며, 또한 그의 진정한 일을 하기에 필요한 여가를 충분히 가지면서 그가 좋아하는 안락한 생활을 제공해 주었던 것이다.

생제르맹 거리의 횡단로에서 자크는 두 친구와 다시 합쳤다.

"……뭐라 말할 수 없는 놀라움이었어" 하며 다니엘이 말했다. "설마 거기서 미망인 뤼드비그손 부인을 만날 줄은 꿈에도 생각지 못했으니까!"

"너의 그 뤼드비그손에게 어머니가 있으리라는 생각은 전혀 하지 못했었는데" 하고 자크가 대화에 끼어들기 위해 말했다.

"나도 마찬가지야" 하며 다니엘이 말을 계속했다. "정말 끔찍했어! 상상 좀 해 봐…… 스케치를 해야 할 거야. 나도 벌써 몇 장 그리기는 했지만 실물을 보고 그린 건 아니야. 실물을 보고 그릴 수 없었다는 게 매우 유감이야. 서커스에 출연하기 위해 어릿광대들이 바람을 불어서 크게 불려 놓은 미라를 상상해 봐! 이집트의 늙은 유대인 여자인데 적어도 백 살은 되어 보이고, 비곗살과 신경통으로 보기 흉한 몰골을 하고 있으며, 튀긴 양파 냄새를 풍기고, 미텐느(^{부인용}_{벙어리 장갑})를 끼고 있으며, 제복을 입은 하인들에게 반말을 하고, 자기 아들을 'bambino'(^{'아이',}_{'꼬마'라는} _{뜻의 이탈리아어})라고 부르며, 붉은 포도주에 적신 빵만으로 겨우 목숨을 잇고, 만나는 사람 아무한테나 궐련을 내미는……."

"담배를 피워?" 하고 바탱쿠르가 물었다.

"아냐, 코담배를 맡아. 무슨 생각으로 그랬는지 모르지만 뤼드비그손이 목에 걸어 준, 큰 다이아몬드가 박힌 목걸이 위에 항상 검은 담뱃가루가 잔뜩 떨어져 있어……." 그는 그때 막 생각난 표현에 재미있어하며 잠깐 주춤했다. "……그 목걸이는 마치 폐허에 아르곤 등을 켜놓은 것 같았다니까!"

하고 다니엘이 덧붙였다.

자크는 미소를 지었다. 그는 다니엘의 발칙한 착상에 대해 한없는 관용을 베풀고 있었다. "그 사람은 집안의 그 구역질나는 비밀까지 폭로하면서 네게서 뭘 원하는 거야?"

"너 말 한번 잘했다. 사실 그에겐 새로운 계획이 있어. 기막힌 거야."

"기막히겠지, 그 사람은 백만장자니까. 만일 그 사람이 가난했더라면 잘해 봐야……."

다니엘이 말을 가로막았다.

"그만해, 제발. 나는 그를 좋아해. 그리고 그의 계획은 바보 같은 게 아니야. '회화 명인전'이라고 하는 전기총서(傳記叢書)야. 그는 사진이 가득 들어간 싼 값의 화집을 출판할 예정이야……."

자크는 더 이상 그의 말을 듣고 있지 않았다. 그는 가슴께에 통증을 느낌과 동시에 우울했다. 왜 그럴까? 피곤해서? 오늘 하루의 격한 감정 때문에? 그렇게도 혼자 있고 싶었는데 오늘 저녁 질질 끌려다니게 된 것이 싫어서일까? 아니면 뒷목이 옷깃에 스쳐 쓰라려서일까?

바탱쿠르가 두 친구 사이에 끼어들었다.

바탱쿠르는 자기 결혼 때 두 친구에게 증인이 되어 달라고 부탁할 기회를 엿보고 있었다. 그는 몇 달 전부터 그의 임파질형 체질이 눈에 띄게 야윌 만큼 대단한 열정으로 밤낮 그 생각만 하고 있었다. 마침내 시기가 왔다. 부모의 반대 때문에 법적으로 연기할 수밖에 없었던 법적 유예기간이 끝났다. 그리고 바로 오늘 아침에 결혼날짜가 정해졌다. 두 주일 뒤였다…… 그 생각만 해도 그의 얼굴이 달아올랐다. 그는 붉어진 얼굴을 감추려고 얼굴을 돌려 모자를 벗고 이마의 땀을 닦았다.

"움직이지 마" 하고 다니엘이 소리쳤다. "믿을 수가 없어, 네 옆모습은 정말 새끼 염소 같은데!" 과연 바탱쿠르는 입술까지 내려온 긴 코에, 활 모양으로 굽은 콧구멍, 부리부리한 눈, 그리고 그날 저녁에는 그의 관자놀이 위로 땀에 젖은 노끈 색깔의 머리카락 몇 가닥이 뾰족한 뿔 모양으로 굽어 있었다.

바탱쿠르는 포기했다는 표정을 지으며 모자를 다시 썼다. 그리고 카루젤 광장과 개선문 너머로 붉게 먼지가 일고 있는 튈르리 공원 쪽으로 눈길을 돌렸다.

'울고 있는 가련한 새끼 염소' 하고 다니엘은 생각했다. '저 친구가 그런 정열을 가질 수 있으리라고 도대체 누가 믿었겠는가? 그 여자를 위해서 자기의 모든 신조를 버리고 가족들과도 틀어지다니…… 과부에다가 14살이나 위인 여자…… 흠투성이의 과부…… 육감적이긴 하지만 닳고 단…….' 그는 눈에 띄지 않게 미소지었다. 지난가을 어느 날 오후, 시몽이 그에게 그 아름다운 과부를 소개해 주겠다고 그렇게 고집을 피우던 일, 그 다음주일에 실현된 만남을 떠올렸다. 그 뒤에 그는 적어도 바탱쿠르가 그 미친 짓을 하지 못하게 하려고 온갖 방법을 다 동원했었다. 그러나 다니엘은 맹목적인 정열에 부딪쳤다. 본디 어떤 경우에나 연애를 존중해 온 그로서는 되도록 그 부인을 피하며 멀리서 이 결혼 문제의 추이를 멀리서 지켜보는 것으로 만족했다.

"승리자 치고는 너무 우울해 보이는군" 하고 그 순간에 바탱쿠르가 말했다. 그는 다니엘에게 놀림받아 위축된 기분을 자크에게서 회복해 보려 했다.

"넌 저 애가 차라리 낙방하기를 바라고 있었다는 것을 모르니?" 하고 다니엘이 넌지시 말했다. 그는 자크가 자신을 바라보는 사려 깊은 눈길에 놀랐다. 그는 자크에게 가까이 가서 그의 어깨에 손을 얹고는 미소지으며 이렇게 중얼거렸다. "……'하나하나의 사물은 저마다 제 나름의 가치를 지니고 있기 마련이니까'"

이것만으로도 자크는 다니엘이 종종 즐겨 인용하는 구절 전체를 떠올릴 수가 있었다.

'네가 꿈꾸었던 그런 행복이 아니라고 해서 네 행복이 사라진 것처럼 생각한다면 넌 불행하다…… 내일에의 꿈은 기쁨이다. 그러나 내일의 기쁨 또한 또 다른 기쁨이다. 그리고 다행스럽게도 자기가 꾸었던 꿈과 닮은 것은 아무것도 없으리니, 하나하나의 사물은 저마다 제 나름의 가치를 지니고 있기 때문이다.'^(지드 《지상의 양식》 제2일)

자크는 미소를 지었다. "담배 하나 줘" 하고 그가 말했다. 자크는 다니엘을 즐겁게 해 주기 위해 무기력한 상태에서 벗어나려고 애썼다. '내일에의 꿈은 기쁨이……' 그는 아직 확실하지는 않지만 어떤 기쁨이 주위에 감돌고 있는 것을 실제로 느낀 것 같았다. 내일? 잠에서 깨자마자 열린 창문을 통해 나뭇가지 위로 높이 태양이 떠오른다! 내일이면, 메종 라피트, 그리고 그늘진 정원의 상쾌함!

2. 바탱쿠르와 하룻밤—다니엘, 자크를 소개하다—만찬, 쥬쥬 아주머니. 폴. 마담 돌로레스와 고아소년. 다니엘과 리네트. 자크, 허둥대며 자리를 뜨다. 다니엘, 뤼드비그손에게서 리네트를 유혹하다

오페라 구의 인적 없는 거리에 간판도 없고 커튼이 드리워진 어떤 술집 앞에, 보도를 따라 세워 놓은 몇 대의 마차만이 눈길을 끌었다.

보이가 그들 앞의 회전문을 밀어주었다. 다니엘은 마치 자기 집에 온 것처럼 한 발짝 비켜서며 자크와 바탱쿠르를 들여보냈다.

다니엘이 나타나자 차분한 환영의 분위기가 그를 맞아 주었다. 그곳에서 사람들은 그를 '예언자'라고 불렀다. 그래서 단골 중에서도 그의 본명을 아는 사람은 거의 없었다. 그날은 손님도 많지 않았다. 바 뒤쪽 움푹 들어간 곳에서 피아노 한 대, 바이올린 하나, 첼로 하나가 왈츠를 연주하고 있었다. 그곳에서부터 벽을 장식하는 나무 세공과 비슷한 금빛 고운 선이 들어간 하얀 작은 층계가 나선을 이루며 파크멜 부인의 방이 있는 2층으로 통하고 있었다. 식탁들은 회색 벨벳의 소파 쪽으로 밀어붙여 놓았다. 그리고 성긴 레이스 커튼을 한결 부드럽게 만들고 있는 황혼빛을 받으며, 몇몇 쌍이 짙은 빨강 양탄자 위에서 보스턴 왈츠를 추고 있었다. 천장에 붙어 있는 선풍기의 날개들은 쉴새없이 웅웅 소리내며 돌고 있었고, 선풍기 바람에 샹들리에의 늘어진 유리 장식과 초록빛 종려나무 잎사귀가 흔들거리는가 하면, 춤추는 사람들의 주위에 모슬린 스카프 자락이 휘날리고 있었다.

언제나 낯선 장소에 가면 대번에 정신이 흐려지는 자크는 다니엘에게 이끌려 테이블로 갔다. 그곳에서는 나란히 붙어 있는 두 개의 방이 보였다. 안쪽 방에서 진을 치고 앉아 있던 한 떼의 젊은 연인들에게 붙잡힌 바탱쿠르는 어느새 춤을 추고 있었다.

"너는 언제나 누가 귀를 잡고 끌고 와야만 하니까" 하고 다니엘이 말했다. "기왕에 이렇게 됐으니 이젠 실컷 놀아 줄 거지? 이 작은 술집이 가족적이고 편안하지 않아?"

"칵테일 한 잔 시켜 줘" 하며 자크가 불쑥 말했다. "그거 말이야, 우유하고 까치밥나무 열매 시럽하고 레몬 껍질이 들어 있는 것 말이야."

술 시중은 흰 옷을 입은 젊은 아가씨들이 했는데, 손님들은 그녀들에게 '간호사'라는 별명을 붙여 주었다.

"저기 저쪽에서부터 단골 몇 명을 소개할까?"

자리를 바꾸어 자크 옆 자리로 와서 앉으며 다니엘이 물었다. "먼저, 저기 푸른 옷을 입은 여자가 주인이야. '파크멜 아주머니'라고 부르지. 하지만 보다시피 아직은 쓸 만한 금발 여인이야. 암, 그렇지! 매일 밤 저렇게 미소를 띠고 젊은 여자들 사이를 누비고 다녀. 마치 모델들을 사열하고 있는 일류 디자이너 같지. 그녀에게 인사하는 구릿빛의 사내를 봐. 아까 바탱쿠르와 춤추던 얼굴이 창백한 여자와 지금 이야기하고 있네. 아냐, 좀더 우리 쪽에 있는 천사 같아 보이는 금발 여자애, 폴 말이야. 천사임엔 틀림이 없지만 약간 품행이 좋지 않은……. 저봐, 지금은 놀랍게도 독약을 마시고 있군. 저건 그린 큐라소(알코올에 오렌지의 껍질을 넣어 맛을 낸 달콤한 맛이 나는 서양 술)일 거야……. 아무튼 그 여자와 이야기하고 있는 저 사내, 서 있는 사람 말이야. 저 사람은 니볼스키라는 화가야. 호인에다 거짓말쟁이고, 사기꾼이지. 게다가 삼총사처럼 기사도 정신이 넘치는 사내야. 약속시간에 늦을 때마다 저 사람은 결투 때문이었다고 핑계를 대곤 하는데, 얘기하는 순간에 자신도 그 말을 믿어 버려. 그리고 누구에게나 돈을 꾸지. 항상 무일푼인데 재주는 있어서 그림으로 갚지. 손쉽게 빚을 갚기 위해 무슨 생각을 했던 작자인지 알아? 여름이면 시골에 가서 50미터짜리 화폭에다 대로를 그리는 거야. 나무들도 있고, 마차도 있고, 자전거 타고 가는 사람들도 있고, 석양도 있는 진짜 대로를 말이야. 그러고 나서 겨울이 오면 빚쟁이들 머릿수와 빚진 액수에 따라, 그 그림을 토막내서 빚을 갚는다는 거야. 또 자기가 러시아인이래. 몇천 명의 '노예'를 소유하고 있다고 거드름도 피우지. 그래서 당연히 모두들 저 사람에게 러일전쟁 동안 몽마르트르에 남아 카페에서 애국론을 펴고 있다고 놀려 주었어. 그랬더니 그가 어떻게 했는지 알아? 자취를 감춰 버린 거야. 일 년 내내 그는 보이지 않았어. 뤼순항이 함락된 뒤에 다시 파리에 나타났는데 전쟁 사진을 잔뜩 가지고 왔었지. 언제나 그걸 주머니마다 잔뜩 넣고 다녔어. 그리고 이렇게 말하곤 했어. '여기, 이 대포가 보이지요? 그리고 그 뒤에 이 큰 바위가 보이지요? 그 바위 뒤에 총 끝에 매단 칼 끝이 조금 나온 게 보이지요? 자, 그게 바로 나입니다.' 그런데 저 사람은 그림도 몇 장 들어 있는 궤짝도 들고 왔거든. 그로부터 2년 동안은 모든 빛을 시칠리아의 풍경화로 갚았지……. 아니, 저 사람이 내가 자기 이야기하는 걸 눈치챘군. 신이 났어. 꽤나 으스대겠는데."

팔꿈치를 테이블에 괴고 앉은 자크는 아무 대답도 하지 않았다. 그런 순간에는 멍청한 표정이 되곤 했다. 입을 반쯤 벌리고, 초점 없는 눈으로 동물 같은 시선에 잠든 듯이 시무룩해 있었다. 그는 다니엘의 이야기를 들으며 니볼스키와 어린 폴 두 사람을 관찰하고 있었다. 그녀는 손에 입술연지를 들고 있었다. 입을 둥글게 벌리더니 입술연지를 대고는 마치 구멍을 파는 것처럼 단번에 한 바퀴 돌려 발랐다. 그들은—이것은 분명한 사실이었다—바에서 만난 친구 사이 이외에는 아무것도 아니었다. 그러나 그녀는 화가의 두 손을 만지기도 하고, 무릎을 건드리기도 하며, 넥타이를 바로잡아 주기도 했다. 어느 순간 그가 몸을 그녀 쪽으로 숙여서 무슨 얘기를 하자, 그녀는 그의 얼굴에 자기의 창백한 손을 대며 유쾌하게 그를 뒤로 밀쳤다……. 자크는 왠지 가슴이 두근거렸다.

그녀에게서 그리 멀지 않은 곳에는 갈색 머리 여인이 혼자서 소파에 몸을 움츠리고 앉은 채, 마치 추운 듯이 검은 새틴 케이프를 둘러쓰고, 아마도 폴은 눈치채지 못했겠지만 그녀를 빤히 쳐다보고 있었다.

이 모든 사람들을 자크는 집요한 눈길로 두루 살펴보고 있었다. 그는 관찰이라도 하는 것일까, 아니면 무슨 구상을 하고 있는 것일까? 그는 얼마동안 그들을 바라보다가 그들에 대해 갑자기 복잡한 감정을 느끼게 되었다. 그렇다고 자기 시야에 들어오는 것을 헤아려 볼 마음도 없었다. 그렇게 하려 했더라도 자기의 갖가지 직감을 말로 표현할 수 없었을 것이다. 눈앞의 광경에 마음을 온통 빼앗기고 있는 자크로서는 자기 자신을 분석하고 무엇이든 기록해 둔다는 것은 도저히 불가능한 일이었다. 그러나 이렇게 다른 사람들과 교제할 수 있다는 사실이—그 소통이 가공의 것이든 현실적인 것이든 간에—그에게는 그 무엇과도 비교할 수 없는 쾌락을 느끼게 해 주었다.

"그리고 저 키 큰 여자는? 바텐더와 이야기하고 있는 저 여자는 누구니?" 하고 자크가 물었다.

"반짝이는 푸른 옷을 입고 목걸이를 무릎까지 길게 늘어뜨린 여자 말이야?"

"그래. 그런데 왜 저렇게 거만한 표정을 짓고 있는 거야!"

"그녀는 마리 조제프야. 상당한 미인이야. 마치 황후 같은 이름이지. 저여자의 진주 목걸이 애기가 걸작이야. 내 애기 듣고 있는 거야?" 하고 다니엘이 미소지으며 이야기를 계속했다. "저 여자는 향수 제조업자의 아들인 레빌의 애인이었어. 그런데 그 레빌에겐 본처가 따로 있었고 은행가인 조스와 그렇고 그런 사이였지. 너 지금 듣고 있어?"

"그럼, 듣고 있고말고."

"네가 잠든 것 같아 보여서 그래……. 어느 날 엄청난 부자인 조스는 자기 애인인 레빌 부인한테 진주 목걸이를 주고 싶었어. 레빌이 눈치채지 않게 하려면 어떤 술책을 써야 할까? 조스는 머리가 나쁘지 않아. 그는 윤락 여성 갱생원을 돕기 위한 복권을 생각해 낸 거야. 그래서 레빌한테 20수로 복권 10장을 사게 한 다음에, 레빌 부인한테 주고 싶었던 목걸이를 당첨되게 만들었어. 그런데 거기서 일이 복잡하게 되어 버렸어. 레빌이 조스한테 감사 편지를 썼는데, 추신에 그 복권 이야기는 레빌 부인한테 제발 하지 말아달라고, 자기 애인인 마리 조제프한테 그 진주 목걸이를 주었다고 썼거든……. 조금만 더 기다려. 더욱 재미있는 애기는 지금부터야……. 조스는 미칠 듯이 화가 났지. 그래서 머리에는 단 한 가지 생각, 자기 목걸이를 다시 찾거나 아니면 적어도 그 목걸이를 가지고 있는 여자를 차지하겠다는 생각뿐이었어. 그래서 석 달 뒤에 그는 레빌 부인을 차버리고 레빌에게서 마리 조제프를 가로챘지. 이렇게 해서 진주 목걸이를 가지지 않은 여자와 목걸이 가진 여자로 바꿔치기한 것이지. 그러자 레빌은 자기가 그 목걸이 값으로 20수짜리 지폐 10장밖엔 지불하지 않았다는 사실을 까맣게 잊고는 창녀들의 헤아릴 수 없이 비열한 짓거리에 대해서 여기저기에 독설을 퍼부었어! ……안녕, 베르프" 하고 다니엘이 이제 막 들어온 미남과 악수를 하며 말하자 벌써 그 바의 저쪽 끝에서 "살구!" 하고 외치며 남자를 불렀다. "서로 알고 있지?" 하고 그가 자크에게 물었다. 자크는 쌀쌀하게 베르프에게 손을 내밀었다.

"잘 있었어요, 아름다운 분?" 러시아 화가와 함께 있던 창백한 폴이 지나가자 다니엘이 그녀의 손에 키스하려고 몸을 숙이며 말했다. "내 친구 티보를 소개할게요."

자크는 이미 일어서 있었다. 젊은 여인은 그에게 병적인 눈길을 보내더니 여전히 그 눈길로 더욱 오랫동안 다니엘을 쳐다보았다. 그녀는 무슨 말인가를 하려다 망설이는 것 같더니 그냥 지나쳤다.

"너 여기 자주 오니?" 하고 자크가 물었다.

"아니. 하긴 그렇다고 할 수 있겠지. 일주일에 몇 번 오니까. 습관이야. 하지만 나는 같은 장소, 같은 사람들에게 쉽사리 싫증을 느끼는 편이야. 흘러가는 인생, 그런 것들이 좋아……"

'나는 합격했다' 하고 별안간 자크는 생각했다. 그의 가슴이 부풀어 올랐다. 한 가지 생각이 떠올랐다.

"메종 라피트 전신국이 몇 시에 문을 닫는지 알아?"

"벌써 닫았어. 하지만 오늘밤에 전보를 치면 너의 아버지께서 내일 아침 일찍 받아보실 수 있을 거야."

자크가 보이를 불렀다.

"쓸 것 좀 주세요."

그는 몹시 흥분되어 떨리는 손으로 전보문을 써 나가기 시작했다. 뒤늦게나마 황급히 자신의 합격을 알리려고 하는 그 모습은 참으로 자크다웠다. 다니엘은 미소를 지으며 그의 어깨 너머로 들여다보았다. 그러나 그는 깜짝 놀라 몸을 다시 일으켰다. 놀랐다기보다는 자신의 무의식적인 경솔함의 결과에 당황했다. 그곳엔 티보 씨의 주소 대신 이렇게 씌어 있었기 때문이다.

'퐁타냉 부인, 포레 거리. 메종 라피트.'

단골인 노부인이 갈색 머리의 아름다운 소녀와 함께 식당으로 들어오자 모두들 호기심에 차서 주목했다. 그 소녀의 태도에 수줍음은 없었지만 조심스럽게 처신하는 모습이 이곳에 처음 왔다는 것을 짐작하게 했다.

"여어, 새로운 멤버로군" 하고 다니엘이 낮은 목소리로 말했다.

마침 옆을 지나던 베르프가 미소지었다.

"모르고 있었어요?" 하고 그가 말했다. "쥐쥐 아주머니가 새로운 얼굴을 선보인대요."

"저 소녀, 굉장한데" 하고 잠깐 사이를 두었다가 다니엘이 말했다.

자크가 돌아보았다. 분명 그녀는 매혹적이었다. 맑은 두 눈, 뽀얗게 분을 바른 흔적이 없는 두 뺨, 이곳 여자들과 전혀 달라 보이는 태도. 그녀는 장식이나 보석 하나 없이 연분홍의 린넨으로 만든 옷을 입고 있었다. 그녀 옆에서는 이곳의 가장 젊은 여성마저도 신선미를 잃은 듯했다.

다니엘은 쟈크 옆에 있는 자기 자리에 와서 다시 앉았다.

"너는 쥬쥬 아주머니를 가까이에서 봐야 해" 하고 그가 말했다. "나는 그녀를 잘 알아. 매우 독특한 인물이야. 이젠 일종의 사회적 지위를 누리고 있지. 꽤 괜찮은 아파트에 살면서 면회를 하는 날도 따로 정해져 있어. 파티도 열지. 특히 사교계에 데뷔하는 여자들을 돌보아 주고 있어. 저 여자의 특징은 절대로 누구의 첩이 되기를 싫어했다는 거야. 성실한 창부였고, 출세해 보려는 생각은 해 본 일이 없는 여자야. 30년 동안이나 창녀 생활을 했는데, 줄곧 마들렌 교회와 드루오 거리 사이에서 손님을 끌었대. 그런데 자기 생활을 둘로 나눴어. 아침 9시에서 저녁 5시까지는 바르뱅 부인이었어. 리세르 거리의 2층에서 하녀 하나를 데리고 중산층과 똑같은 걱정거리를 가지고 중산층의 생활을 했지. 가계부, 주식투자를 잘 지켜보기 위한 시세표, 자질구레한 집안일에 신경을 쓰고, 친척 관계에 바르뱅 가족의 조카들. 그리고 이따금 있는 생일잔치들. 게다가 일 년에 한 번씩은 크리스마스트리를 둘러싸고 앉은 아이들에게 간식까지 베풀면서 말이야. 내 말에 지어낸 것은 하나도 없어. 그러다 5시에는 짧은 플란넬 평상복을 벗어버리고 멋진 양장 차림으로 매일 저녁, 날씨가 궂든 좋든 조금도 싫어하는 기색 없이 일하러 나가곤 했어. 그 시간이 되면 바르뱅 부인이 아니라 쥬쥬로 다시 태어나는 거지. 항상 쾌활하고 자기 일에 성실하며, 절대 피로를 모르는 근면성은 그 거리의 모든 가구 딸린 호텔에서 모르는 사람이 없을 정도였지."

쟈크는 쥬쥬 아주머니에게서 눈을 뗄 수가 없었다. 그녀는 시골의 사제처럼 성실한 생김새에 정력적이고 유쾌하며, 교활한 면도 엿보이는 그런 여자였다. 그리고 이제는 새하얘진 짧은 머리에 챙이 넓은 낚시꾼 모자를 쓰고 있었다.

생각에 잠겨 있던 쟈크는 다니엘이 한 말을 되뇌었다.

"조금도 싫어하는 기색 없이……."

"그렇다니까" 하고 다니엘이 응답했다. 그리고 쟈크에게 짓궂고 약간 도전적인 시선을 던지며 휘트먼^(19세기 미국의 시인)의 시 두 연을 중얼거리듯이 읊조렸다.

"You prostitutes flaunting over the trottoirs or obscene in your rooms, Who am

I that I should call you more obscene than myself? (웃음을 파는 여인들, 거리에선 여봐란 듯 웃음을 팔고, 방 안에선 음탕한 여인들이여, 허나 너희를 나보다 더 음탕하다고 하는 나는 어떤 자인가? ^{(가을의 실개천)
중 한 구절})) "

다니엘은 자기가 자크의 결벽성을 자극했다는 것을 너무나 잘 알고 있었다. 그는 자크가 여러 달 동안을 꼬박—어쩌면 다니엘의 방종한 생활에 대한 반발심에서 그랬는지도 모르지만—매우 여유롭고 나무랄 데 없이 깨끗한 생활에 만족하고 있는 것을 보고 화가 나서 일부러 그랬던 것이다. 다니엘은 자크의 그런 태도를 걱정할 정도의 됨됨이를 지닌 인물이었다. 그는 지금보다 훨씬 격렬해질 것 같았던 자크의 성격이, 근래에 와서는 좀 무기력한 상태에 빠져 있는 것에 대해 자크 스스로도 이따금 불안해 한다는 사실을 알고 있었다. 이런 미묘한 문제가 단 한 번 그들 사이에 불거진 적이 있었다. 지난 겨울 어느 날 저녁, 둘이 연극 구경을 갔다가 돌아오는 길에 대로에서 연인들의 무리 사이로 함께 걷게 되었을 때였다. 다니엘은 자크가 너무나 무관심한 것에 깜짝 놀랐다. "하지만" 하고 자크는 대답했다. "나는 매우 건강해. 징병검사 때도 내가 매우 건강한 축에 낀다는 것을 확인했고……."

그런데 다니엘은 그 당시 그런 말을 하는 자크가 거의 느끼지 못할 정도의 불안에 떨고 있었던 것이 생각났다.

다니엘은 멀리서 그들을 향해 다가오고 있는 파브리 때문에 그 생각을 멈추었다. 파브리는 스스럼없이 보이지만 짐짓 꾸며 낸 듯한 태도로 모자와 지팡이와 장갑을 옷을 맡아두는 여자에게 건네주었다. 그러고는 만면에 웃음을 띠며 자크에게 말을 걸어왔다.

"형님은 아직이야?"

파브리는 밤이 되면 항상 좀 깃이 높은, 빌려 입은 것 같아 보이는 새 옷을 입고 있었다. 그리고 방금 말끔하게 면도한 턱을 내밀곤 했는데, 그 과시하는 듯한 태도 때문에 베르프에게 '고등사범학생, 바빌론 정복을 위해 출전하다'라는 말을 듣곤 했다.

'나는 합격했다' 하고 자크는 생각했다. 그는 오늘밤 당장 메종으로 가는 기차를 타기 위해서 인사도 없이 몰래 달아나고 싶은 욕망에 사로잡혔다. 그러나 형이 오겠다고 약속을 했고, 이제 곧 도착하리라고 생각하니 꼼짝도 할 수 없었다. '안 되지' 하고 그는 생각했다. '하지만 내일 새벽에 떠나야지.' 이 생각만으로도 벌써 그곳의 상쾌함이 온몸을 감싸는 것 같았다. 아침 태양이 가로수길의 이슬을 증발시키고 있었다……. 파크멜에 와 있다는 생각은 깡그리 잊어버렸다…….

샹들리에의 모든 전등이 동시에 환하게 켜지자 자크는 무기력 상태에서 벗어났다. '나는 합격했다' 하고 그는 즉시 현실과의 접촉을 강조하려는 듯 새삼 그 생각을 했다. 그는 눈으로 친구를 찾았다. 다니엘은 한쪽 귀퉁이에서 쥬쥬 아주머니와 낮은 목소리로 이야기를 나누고 있었다. 그는 흔들의자에 비스듬히 앉아 있었다. 열띤 그의 말솜씨가 우아하게 목을 세우고 있는 모습, 얼굴과 시선과 미소에서 풍기는 총명함, 반쯤 들고 있는 우아한 두 손을 더욱 돋보이게 해 주었다. 두 손, 미소, 시선이 그의 입술만큼이나 많은 이야기를 하고 있었다.

자크는 질리지도 않고 그를 쳐다보았다. '미남이구나!' 하고 자크는 막연히 생각했다. '젊고 발랄한 청년이 현재의 순간에 저토록 완전히 몰두할 수 있다는 것은 얼마나 멋진 일인가! 더구나 저처럼 자연스럽게! 저 애는 내가 자기를 보는 줄도 모르고 있다. 그런 건 생각지도 않고 있어. 저 애는 어떠한 구속도 경계하지 않아. 자신을 누가 보는 줄도 모르는 사람, 이런 사람의 성격적 비밀을 캐내야 하지 않을까? 여러 사람이 있는 장소에서 자기를 둘러싼 모든 것을 다 잊어버릴 수 있는 그런 사람이 도대체 있을 수 있을까? 저 애는 자기의 얘기에 온 정신을 쏟고 있다.

그러나 나는 지금껏 한 번도 천진난만한 때가 없다. 나는 저렇게까지 나 자신을 내보일 수가 절대로 없다―아무도 안 보는 곳, 닫힌 방 안에서라면 모르지만. 어디 그뿐인가!' 하고 그는 잠시 생각해 보았다. '다니엘은 특별히 뭘 관찰하는 성격은 아니다. 저 애는 나처럼 무엇을 보아도 몰두하는 성격이 아니다. 그래서 저 애는 끝까지 자기 자신으로 남아 있을 수 있는 것이다.' 그는 다시 곰곰이 생각해 보았다. '하지만 내 경우는 외부의 세계가 나를 통째로 삼켜 버리지' 하고 결론을 내리며 그는 일어섰다.

"아니야, 미남 예언자 씨. 아무리 고집을 부려 봐야 소용없어. 저 애는 당신 때문에 온 게 아니거든." 바로 그 순간 아주머니가 다니엘에게 말했다. 그러자 다니엘의 눈에 어찌나 험악한 표정이 떠올랐는지 그녀는 웃음을 터뜨리며 이렇게 말했다. "자, 자, 그만 앉아요. 곧 나아질 거야."

(이것은―다른 상투적인 문구와 함께 다음과 같이 "넌 나의 마스코트"라든가 "그건 누구의 흥미도 끌 수 없어"라든가 "다른 건 아무래도 괜찮아, 건강만 하다면"―계절에 따라 여러 가지로 바뀌어 적힐 수 있는 판에 박힌 무의미한 문구의 하나로서, 단골손님들은 기회 있을 때마다 내막을 다 알고 있다는 듯한 미소를 띠면서 서로 주고받곤 했던 것이다)

"저 여자애를 어떻게 알게 됐어요?" 하고 다니엘이 끈질기게 그녀에게 물었다.

"안 된다니까 그러네. 저 애는 너를 위해 데려온 아이가 아니라고 하잖아. 저 애는 특별한 애인 데다가 착해. 보배라니까."

"하지만 어떻게 알게 됐는지는 알려 줄 수 있잖아요."

"저 애를 귀찮게 굴지 않겠다고 약속할 거지?"

"물론이죠."

"이렇게 된 거야. 내가 늑막염을 앓을 때의 일이었어. 생각나? 저 애가 그걸 알고는 아무에게도 묻지 않고 그냥 왔었어. 그 당시에 내가 저 애를 잘 알지 못했다는 것을 명심해 둬. 그저 내가 한두 번 도와준 정도였지(네게 말해 두겠는데, 저 어린 게 벌써 큰 근심을 겪었어. 심각한 이야기지. 내가 알기론 저 애는 사교계에서 알려진 사내 하나를 사랑했었는데, 그 남자의 아이를 낳았어―그렇게 보이지 않지? ―그런데 낳자마자 아이가 죽었대―어찌나 마음이 아팠던지 누가 아기 얘기만 하면 징징 울었다니까). 아무튼 내가 늑막염을 앓았을 때 저 애가 친동기간처럼 내 집에 와서 살았어. 6주 이상이나 밤낮을 가리지 않고, 내 딸이었더라도 못했을 만큼 극진히 간호해 주었지. 저 애는 하루에 백 번이나 내게 흡각을 대 주었어. 정말이야. 내 생명을 구해 준 거지. 확실히 그래. 더구나 쓸데없는 돈도 한 푼 안 들게 하고, 보석 같은 아이라니까. 그래서 나도 저 애에게 뭔가를 해 줘야겠다고 결심했지. 나이가 어려서 사랑밖에는 아무것도 몰랐어. 나는 저 애를 손님한테 팔리게 해줄 수 있을 거라고 생각해. 당신도 팔린다는 것이 무슨 뜻인지는 알겠지! (그걸 위해서 당신도 나를 거들어 주어야겠어. 어떻게 해야 할지는 나중에 설명해 줄게) 그래서 지난 석 달 동안 내가 저 애한테 달라붙어 있는 거야. 제일 먼저 저 애한테 알맞은 이름을 지어 주어야 했어. 이름이 빅토린

이었어. 빅토린 르 가드. 두 단어로 르 가드, 그건 그렇다 치고 하지만 빅토
린이라니, 미쳤지! 그래서 내가 이름을 지어 주었어. '리네트'라고. 괜찮지,
안 그래? 그리고 다른 모든 것을 그런 식으로 만들어 놓은 거야. 콜랭이 저
애의 말투를 바로잡아 주었어. 전에는 부르타뉴 사투리가 어찌나 심했는지
모두들 놀려댔지. 이제는 약간 이국적이고 거친 영어투의 악센트만 남았
어. 그게 살짝 귀엽기도 하고 말이야. 또 보름 만에 보스턴 왈츠를 출 줄 알
게 되었지. 깃털처럼 몸이 가벼워. 게다가 저 애는 바보가 아니야. 노래도
곧잘 하고 정열적인 목소리를 가졌단다. 천한 데가 전혀 없지. 그 점이 내
마음에 들어. 마침내 모든 것이 다 갖추어져서 오늘 저녁이 진수식이야. 이
제는 저 애의 돛에 바람을 불어 주기만 하면 돼. 아냐, 잘 들어 둬야 해. 나
는 저 아이에게 반드시 은혜를 갚고 싶어. 나는 뤼드비그손에게 저 애 이야
길 했어. 뤼드비그손은 베르타가 떠난 뒤로는 마음을 잡지 못하고 있어. 그
런데 오늘 저 애를 보러 이리로 오겠다고 약속했지. 단 한 마디라도 좋으니
까 저 애가 당신 맘에 든다고 그이한테 말해 줘. 그러면 홀딱 빠져버릴 거
야. 뤼드비그손 같은 사람이 바로 저 애에게 필요한 사람이야, 알겠어? 저
애에게는 단 한 가지 생각밖에는 없어. 자기 고향 부르타뉴로 돌아갈 약간의
돈을 모으겠다는 생각이지. 그게 그 애가 바라는 건데 어쩌겠어! 부르타뉴
출신 여자들이란 모두 그렇다니까. 어시장의 보잘것없는 집 한 채, 부인네들
이 쓰는 하얀 모자, 그리고 종교적인 행렬, 그게 부르타뉴지 뭐! 저 애는
꿈과 같은 큰 재산을 만들려는 생각이 없어. 그저 착실하게 남의 말을 들으
면서 빨리 돈을 모으려는 것이지. 나는 정월이 지날 때까지는 저 애가 적어
도 지폐 20여 장은 저축하도록 해 주고 싶어. 그리고 그것을 무엇에다 투자
하도록 해 줄까 하는 것도. 그런데 돈 좀 벌 만한 무슨 방법이 없을까?"

"식사합시다!" 하고 사방에서 시끄럽게 소리를 질렀다.

다니엘이 자크 옆으로 다시 왔다.

"형님은 아직 안 오셨니? 그래도 식탁에 가서 자리잡고 앉자."

20여 명 분의 식사가 준비되어 있는 긴 식탁을 둘러싸고 사람들이 웅성거
렸다. 다니엘은 표 나지 않게 자크가 리네트 왼쪽에 앉도록 했다. 쥬쥬 아주
머니는 한시도 리네트를 떼어 놓지 않으며 그녀의 오른쪽에 붙어 있었다. 그
런데 모든 사람이 자리를 잡고 앉은 것을 보고 자크도 앉으려 하는 순간에

다니엘이 느닷없이 자크를 밀쳤다.

"나랑 자리를 바꿔."

그러면서 대답을 기다리지도 않고 자크의 팔을 억세게 밀쳤다.

자크는 다니엘의 손가락이 자기 손목을 파고드는 것을 느꼈다. 그래서 그는 소리를 지르지 않기 위해 참아야만 했다. 그러나 다니엘은 사과하는 것조차 잊고 있었다.

"쥬쥬 아주머니" 하고 다니엘이 말했다. "내 옆사람한테 날 소개시켜 주시는 것이 예의 같은데요."

"아유 당신이었구나!" 다니엘의 계략을 알아차린 부인이 퉁명스럽게 말했다. 그러고 나서 식탁에 앉은 모든 사람들을 향해서 말했다.

"여러분 모두에게 리네트 양을 소개합니다." 이어서 그녀는 위협적인 투로 이렇게 덧붙였다. "내가 돌보아 주고 있는 아이랍니다."

"우리들도 소개해 줘요! 우리도요!" 여기저기에서 소리가 터져나왔다.

"야단스럽게들 구네" 하며 쥬쥬 아주머니가 한숨을 내쉬었다. 그녀는 내키지 않는다는 듯 일어서서 모자를 벗더니 시중들고 있는 '간호사' 가운데 한 사람에게 획 던졌다. "예언자" 하고 그녀는 다니엘을 가리키며 소개를 시작했다. "착실한 사람이지."

"안녕하세요."

리네트가 상냥하게 인사했다. 다니엘은 그녀의 손을 잡고 키스를 했다.

"계속하세요! 계속이요!"

"그의 친구, 나는 이름도 몰라" 하고 자크 쪽으로 팔을 내밀며 쥬쥬 아주머니가 계속했다.

"처음 뵙겠습니다" 하고 리네트가 말했다.

"그 다음에는 폴, 실비아, 돌로레스 부인, 그리고 누군지 본 적도 없는 도련님. '기적을 낳는 아이', 이어서 다들 살구라고 부르는 베르프, 가비, 라구르드……."

"고맙습니다" 하고 비웃는 듯한 목소리가 그녀의 말을 가로막았다. "나는 우리 선조의 이름을 더 좋아하는데요. 파브리입니다, 아가씨. 당신의 열렬한 숭배자의 한 사람이지요."

"당신은 나의 마스코트!" 하고 어디선지 빈정거리는 목소리가 들려왔다.

"릴리와 아르모니카, 혹은 항상 붙어다니는 두 사람" 하고 쥐쥐 아주머니는 남의 말은 듣지도 않고 계속했다. "대령님, 아름다운 모드, 내가 모를 신사 한 분, 그 옆에 알기는 하는데 이름을 잊은 두 부인, 빈 자리, 또 '빈 자리', 꼬마 바트라고 불리는 바탱쿠르, 마리 조제프와 그녀의 진주 목걸이, 파크멜 부인." 이어 그녀는 고개를 숙여 인사를 하며 말했다. "마지막으로 쥐쥐 아주머니입니다."

"안녕하세요, 선생님―안녕하세요, 안녕하세요, 아가씨―안녕하세요, 선생님―안녕하세요" 하고 리네트는 조금도 수줍어하지 않고 미소지으면서 은방울 같은 목소리로 되풀이했다.

"저 분은 리네트 양이라 부를 게 아니군요" 하고 파브리가 말했다. "'안녕하세요 양'입니다!"

"그것도 좋아요" 하고 리네트가 응수했다.

"'안녕하세요 양'을 위해서 박수칩시다!"

그녀는 웃으며 자신을 위한 박수 소리에 무척 기뻐하는 것 같았다.

"자, 이제는 수프를 듭시다" 하고 파크멜 부인이 제안했다.

자크는 팔꿈치로 다니엘을 쿡 찔렀다. 그리고 붉어진 자기의 손목을 보이며 물었다.

"아까는 뭣 때문에 그랬어?"

다니엘은 뉘우치는 기색은 전혀 없이 장난기가 가득한 눈초리로 자크를 보았다. 그것은 정열적이며 약간은 제정신이 아닌 눈초리였다.

"I am he that aches with amorous love(나는 사랑에 가슴앓이를 하고 있는 사나이라네)" 하고 다니엘이 낮은 목소리로 읊었다.

자크는 리네트를 보려고 고개를 숙였다. 마침 그녀도 자크 쪽으로 고개를 향하고 있었다. 자크와 그녀의 눈이 마주쳤다. 그녀의 두 눈은 초록빛이었으며 굴처럼 신선하고 촉촉했다.

다니엘이 계속해서 영어 시구를 읊었다.

"Does the earth gravitate?   Does not all matter aching, attract all matter?(지구도 끌리고 있지 않은가? 모든 사물은 고통 속에서 모든 사물을 끌고 있지 않은가?)"

"So the body of me to all I meet or know(그렇듯 내 육신도 내가 만난 모든 것에 끌리고 있다)."(《아담의 자식들》 중 한 구절)

자크는 눈살을 찌푸렸다. 다니엘이 정열의 폭발에 몸을 내맡기고 쾌락을

324 티보네 사람들

향해 돌진하고, 옆에서 막으려 해도 알리지 못한 적이 이번이 처음은 아니었다. 그리고 그런 일이 있을 때마다 무의식적으로 자크는 다니엘을 향한 우정이 움츠러드는 것을 느끼곤 했다. 그때 별것 아닌 우스운 사실이 그의 생각을 딴 곳으로 돌리게 했다. 그는 다니엘의 콧속에 새카만 코털이 잔뜩 있어서 가면의 콧구멍과 비슷해 보인다는 사실을 알아차렸다. 그는 눈으로 예언자의 두 손을 찾아보았는데, 그 아름답고 기다란 손등에도 같은 갈색의 털들이 덮여 있음을 보았다. 'Vir pilosus(라틴어로 털보 사나이)' 하고 생각하며 자크는 웃음이 터져 나오려는 것을 겨우 참았다.

그때 다니엘이 다시 몸을 숙이고 마치 휘트먼의 시구 인용을 끝맺음하기라도 하는 듯 말투도 바꾸지 않으며 말했다.

"Fill up your neighbour's glass, my dear(친구여, 이웃의 잔을 가득 채우게나)."

"파크멜 부인, 오늘 저녁 메뉴는 읽을 수가 없군요" 하고 식탁의 반대편에서 누군가 잰 체하며 말했다.

"파크멜 부인은 검은 별 두 개" 하고 파브리가 말했다.

"다른 건 다 아무래도 좋아. 건강하기만 하다면야" 하고 아름다운 금발의 파크멜 부인이 초연한 듯 대꾸했다.

자크의 옆에는 안색이 나쁘고, 타락한 천사와 같은 느낌을 주는 폴이 앉아 있었다. 그 옆에는 말이 없고 한 숟가락 먹을 때마다 입술을 닦는 버릇이 있는 살집이 넉넉한 젊은 여인이 있었다. 그보다 더 멀리, 자크의 거의 맞은편에, 갈색의 곱슬곱슬한 머리카락이 이마를 덮고 있고, 쥬쥬 아주머니가 돌로레스 부인이라고 소개했던 여인 옆에 7, 8살 정도의, 검은색 싸구려 옷을 입은 소년이 앉아서 밝은 두 눈으로 사람들의 일거수일투족을 살피고 있었다. 아이의 얼굴은 이따금 미소로 환해지곤 했다.

"아가씨에겐 수프를 드리지 않았군요?" 하고 자크가 옆자리의 폴에게 물었다.

"나는 수프는 안 먹어요, 괜찮아요."

그녀는 눈을 줄곧 내리깔고 있었는데, 어쩌다 고개를 들 때면 늘 다니엘 쪽을 보곤 했다. 그녀는 다니엘 옆에 앉으려고 갖은 노력을 다했다. 그런데 마지막 순간에 다니엘이 자기 의자를 자크에게 주는 것을 보고 그녀는 자크를 원망하고 있었다. 여드름투성이에 목뒤에는 뾰루지까지 난 이 녀석은 도대체 어디서 굴러들어 온 거람? 그녀는 갈색 머리는 딱 질색이었다. 그런데 저 색깔은 적갈색이다. 저 털투성이 이마, 뾰족하게 솟은 귀, 저 턱 모양만 보아도 영락없는 깡패의 생김새였다.

"아니, 애야, 어서 냅킨을 대지 않고 뭘 꾸물거리고 있니?" 하고 돌로레스 부인이 큰 소리로 말하며 꼬마 목에 원뿔 모양의 냅킨을 잘 대주려고 아이를 흔들었다. 냅킨 주름으로 아이 얼굴은 반 이상 감추어졌다.

"여자가 자기 나이를 고백할 때는" 하고 마리 조제프와 언쟁을 벌이고 있던 파브리가 큰 소리로 말했다.

"더 이상 나이를 감출 필요가 없을 정도로 늙어버렸을 때지요. 내 말은 그녀가 콩세르바투아르 (파리의 공립예술학교. 음악,   ) 학교에 입학했을 때 이미 나이가 꽉 찼었단 말입니다. 바로 45년 전 일이었어요. 여동생의 호적등본을 제출했었으니까 두 살 어리게 등록했던 거지요. 그러니까……."

"아무도 흥미를 갖지 않아!" 하고 쥬쥬 아주머니가 노래하듯이 추임새를 넣었다.

"파브리는 파리에서 중력의 가속도는 9미터 80센티라는 사실을 먼저 돌이켜 생각하도록 하지 않고서는 어떤 대화에도 끼일 수 없는 그런 호인 중의 하나지요."

전에 국립 공예학교의 입학시험을 준비한 적이 있는 베르프가 말했다. 옥외 운동을 즐겨 하느라 피부가 탄 데다가 주근깨투성이어서 사람들은 그에게 살구라는 별명을 붙여 주었다. 완만하게 물결치는 듯한 양 어깨에, 광대뼈가 톡 튀어나왔고, 입술이 두툼하고 당당한 청년이었다. 낮 동안에 운동을 해서 다져진 그의 온몸 근육의 원기가 푸른 두 눈과 윤기나는 두 뺨에서 넘치고 있었다.

"그 사람이 어떻게 죽었는지 아무도 몰라요" 하고 누군가가 말했다.

"그 사람이 어떻게 살았는지는 알고 있니?" 하고 비웃는 듯한 목소리가 대꾸했다.

"빨리 먹어" 하고 돌로레스 부인이 꼬마에게 말했다. "곧 디저트가 나올 거야. 빨리 먹지 않으면 넌 디저트 못 먹어."

"왜?" 하고 꼬마가 반짝이는 눈을 그녀 쪽으로 돌리며 물었다.

"내가 못 먹는다면 못 먹는 거야. 그러니까 빨리 먹어."

그녀는 자크가 자기들을 보고 있음을 알아차리고 그에게 이해할 수도 있지 않느냐는 뜻의 미소를 보냈다. "얘는 까다로운 아이예요" 하며 그녀가 말을 계속했다. "자기가 먹어보지 않아서 모르는 건 뭐든지 무서워한답니다. 너는 이제 비둘기 스튜를 먹을 거다! 물론 이 아이는 비둘기 요리보다는 돼지기름에 양배추 볶은 것을 더 자주 먹었지요! 너무 응석받이로 자랐어요. 다른 외아들이나 외동딸이 그렇듯이 항상 귀염만 받고 어리광만 부려왔지요. 특히나 애엄마가 오랫동안 앓아 누워 있었기 때문에 더 그래요."

그녀는 아이의 짧게 깎은 동그란 머리통을 쓰다듬으며 말했다.

"응석받이로 자라서 무척 버릇이 없어요. 하지만 이 아줌마하고는 더 이상 그렇지 않을 거다. 그런데 너 계집애들처럼 곱슬머리를 기르고 싶다고 했지? 이젠 변덕이며 응석 따위는 다 끝났단다. 자, 먹어라. 저기 선생님께서 널 보고 계신다. 어서 먹어."

자기 말을 누군가가 듣고 있다는 데에 으쓱해 하며 그녀는 또다시 자크와 폴을 향해 미소를 보냈다. "얘는 고아예요" 하며 그녀는 자랑스러워하는 어조로 말했다. "이번 주에 엄마를 잃었지요. 내 오빠 한 분과 결혼했던 여자였어요. 로렌 지방의 고향에서 폐를 앓고 죽었어. 가엾은 것" 하며 그녀는 덧붙여 말했다. "내가 돌보겠다고 나섰으니 그래도 이 아이는 운이 좋은 편이지요. 친가와 외가의 어느 쪽에도 맡을 사람이 없었답니다. 나밖에는 아무도 없어요. 하지만 앞으로가 더욱 고생일 테지요."

아이는 먹기를 멈추었다. 그리고 아주머니를 빤히 쳐다보았다. 무슨 말인지 이해하고 있는 것일까? 어린아이가 기묘한 목소리로 물었다. "우리 엄마가 죽었어?"

"네가 상관할 일이 아니니 어서 먹기나 해라."

"먹기 싫어."

"이것 보세요. 이런 애라니까요!" 하며 돌로레스 부인이 말을 계속했다. "그래 그렇단다. 네 엄마는 죽었어. 그러니까 이젠 먹으렴. 안 먹으면 아이스크림 안 준다."

바로 그때 폴이 고개를 돌렸다. 그녀의 시선과 마주친 자크는 자신도 느끼고 있는 것과 똑같은 어색함을 폴의 시선에서 읽은 듯했다. 그녀의 목은 가늘고 불안정했으며 뺨보다도 더욱 창백했다. 그 가냘픈 모습은 보는 이로 하여금 동정심을 일으키게 했다. 자크는 그녀의 목, 솜털이 나 있는 섬세한 피부를 바라보고 있었다. 그리고 입술 언저리에서 감미로운 감촉을 느꼈다. 그는 무슨 말인가 하려다가 끝내 아무 말도 생각해 내지 못하고 미소를 지었다. 그녀는 몰래 자크를 살펴보았다. 지금 보니 자크가 아까보다는 덜 추하게 생각되었다. 그러나 갑작스레 가슴을 찌르는 듯한 아픔을 느끼며 그녀의 얼굴은 몹시 창백해졌다. 그녀는 두 손을 식탁 가장자리에 놓고는 고개를 한껏 뒤로 젖히고 의식을 잃지 않으려고 혀를 깨물었다.

자크가 그녀를 보았다. 그것은 마치 그곳 식탁보 위에 죽으려고 날아든 새 같은 모습이었다. 자크가 작은 소리로 물었다.

"괜찮으세요?"

그녀의 반쯤 감은 눈꺼풀 사이로 두 눈의 흰자위가 뒤집히는 모습을 그는 보았다. 그녀는 안간힘을 다해 꼼짝도 하지 않고 중얼거렸다.

"아무 말씀 마세요."

그는 목이 콱 막혀서 누구를 부를래야 부를 수가 없었다. 더구나 아무도 그들을 주목하고 있지 않았다. 그는 폴의 두 손을 바라보았다. 꼼짝 않고 있는 손가락들이 마치 작은 초 동강처럼 투명했으며, 손톱이 자줏빛 점처럼 보일 정도로 창백했다.

"내 자명종 시계는 6시 30분이면 잔 위에 올려놓은 커피잔 받침 속에서 울린답니다……" 하고 파브리가 자기 옆에 앉은 여인에게 신이 나서 목청을 돋워 가며 설명했다.

약간 혈색이 좋아진 폴이 두 눈을 다시 떴다. 그녀는 고개를 돌려서 잠자코 있어준 자크에게 감사를 표하려고 희미하게 미소를 지었다.

"이제 괜찮아요" 하고 그녀가 낮은 소리로 말했다. "이따금 발작처럼 일어나요. 심장을 찌르는 듯이 아프지요."

그러고 나서 그녀는 아직도 경련이 사라지지 않은 입술 끝으로 애수를 담아 덧붙였다. "앉으세요. 곧 나아질 거예요."

자크는 이 여자를 두 팔에 안고 이 더러운 곳에서 멀리 데려가고 싶은 충동을 느꼈다. 이 여자를 위해 자신을 다 바쳐 병을 낫게 해 주고 싶었다. 아, 그는 그의 도움을 바라고 있는 모든 사람들, 아니 그것을 아무 조건 없이 받아들일 것 같은 사람들에게 얼마나 애정을 느꼈던가!

그는 다니엘에게 이 환상적인 계획을 털어놓으려 했다. 그러나 다니엘은 자크 따위는 거의 거들떠보려고도 하지 않았다.

다니엘은 리네트를 사이에 두고 쥬쥬 아주머니와 이야기하고 있었다. 그것은 옆에 앉은 리네트 쪽으로 몸을 돌려, 그녀의 체온을 좀더 가까이서 느끼기 위한 구실이었다. 식사가 시작되었을 때부터 그는 작전상 리네트에게 이야기하는 것을 피하고 있었지만, 그녀 생각만 하고 있었음이 역력했다. 그녀는 자기를 바라보고 있는 그의 눈길을 여러 번 감지했다. 그런데 왜 그런지는 알 수 없지만 그 눈길을 느낄 때마다 기쁘고 설레기는커녕 오히려 마음속에서 뭔가 멀리하고픈 감정을 강하게 느꼈다. 그래서 남성적인 생김새에 마음이 끌리기도 했지만 다른 한편으로는 역겨운 생각도 들었다.

꽤 격렬한 논쟁이 테이블 다른 끝에서 활기를 띠었다.

"잘난 체 하는군!" 하고 '살구'가 파브리에게 소리쳤다.

파브리도 그것을 시인했다. "그래. 나도 자주 그렇게 생각해."

"생각이 너무 짧으신 것 같군."

여기저기에서 웃음소리가 터졌다. 베르프 쪽이 우세했다.

"이것 봐, 파브리" 하고 일부러 어조를 높이며 그가 말했다. "실례가 안 된다면 한 마디만 하겠네. 자네가 지금 여자들에 관해서 한 이야기는 마치…… 여자들과는 전혀 말해 본 적이 없는 사람 같군 그래!"

다니엘이 웃고 있는 파브리를 바라보았다. 그리고 마치 논쟁이 리네트 때문에 일어나기라도 한 것처럼, 파브리의 시선이 그녀 쪽으로 향하고 있다는 느낌이 들었다. 대담하고 음탕한 시선. 이것은 파브리에 대해 품고 있던 다니엘의 반감을 더욱 가중시켰다. 그는 파브리의 신용을 떨어뜨릴 만한 그에 관한 일화를 몇 가지 알고 있었다. 그 이야기를 리네트 앞에서 폭로하고픈 강렬한 욕구가 일었다. 다니엘은 이런 종류의 유혹에 맞설 수 있는 성격의 소유자가 아니었다. 그는 이야기가 두 여인에게만 들리도록 목소리를 낮추고, 아울러 이야기 속에 리네트를 제3의 인물로 끌어넣을 수 있도록 쥬쥬 아주머니 쪽으로 몸을 숙이고는 지나가는 이야기처럼 이렇게 물었다.

"저, 파브리와 관계를 맺은 여인의 이야기를 아세요?"

"몰라" 하며 노부인은 귀가 솔깃해져서 큰 소리로 말했다. "들어보자고. 그리고 담배나 한 대만 줘. 오늘 저녁식사는 끝이 없네."

"어느 화창한 날—그 여자가 파브리의 정부 노릇을 한 지는 오래됐어요

—가방을 들고 그의 집에 나타났더랍니다. '이젠 남편하고는 지긋지긋해. 나는 너와 살고 싶어……'라고요—'아니, 네 남편은 어떻게 하고?', '남편? 나는 남편에게 이렇게 편지를 쓰고 왔어. 사랑하는…… 으재니, 나는 인생의 전환기에 놓여 있어요. 또한…… 나는 사랑하는 사람에게 내 사랑을 쏟을 필요와 권리가 있어요. 그리고…… 나는 그 사람을 찾았어요. 그래서 당신 곁을 떠납니다.'"

"설마 진심은 아니었겠지……!"

"그건 그 여자의 문제였어요. 이야길 더 들어보세요. 우리 파브리가 기겁을 한 거죠. 굴러 들어온 여자, 더욱 곤란한 것은 오래지 않아 이혼당하고 자유로운 몸이 되어 결혼을 요구해 올지도 모를 여자……. 그때 '기발한 생각'이라고 할 만한 아이디어가 떠올랐던 겁니다. 그는 그녀의 남편에게 편지를 썼어요. '선생님, 당신의 부인이 가정을 버린 것은 나에게 오기 위해서라는 것을 인정합니다. 이만 총총. 파브리.'"

"멋지군요" 하고 리네트가 중얼거렸다.

"그렇지도 못해요" 하고 다니엘이 악의에 찬 미소를 띠며 대답했다. "왜냐하면 영악한 파브리는 그저 장래를 위해 선수를 친 것뿐입니다. 즉 그는 남편이 그 편지를 재판 때 증거물로 내 보이리라는 것을 알고 있었지요. 그런데 법률은 간통으로 고소당한 두 당사자가 결혼하는 것을 절대로 금지하고 있답니다. 이 이야기를 할 때면 '법률을 알아 두면 꽤 편리하지'라고 그는 덧붙여 말하곤 하지요."

리네트는 잠시 생각해 보더니 마침내 그 말의 뜻을 이해했다.

"어머나, 악랄하기도 하지!" 하고 그녀가 소리쳤다.

그녀 쪽으로 얼굴을 내밀고 있던 다니엘은 그녀의 숨결을 자기 얼굴과 입술에서 느꼈다. 그는 오랫동안 숨을 들이마셨다. 그러면서 거의 두 눈을 감지 않을 수가 없었다.

"그래서 그 여자하고는 헤어졌나?" 하고 노부인이 물었다.

다니엘은 대답하지 않았다. 리네트가 다니엘 쪽으로 눈길을 돌렸다. 그는 자기의 격렬한 욕망을 감출 자신이 없어서 눈꺼풀을 반쯤 내리깔았다. 그녀는 아주 가까이에서 그의 매끄러운 살결과 또렷한 입술선, 그리고 파르르 떨리는 속눈썹을 보았다. 그리고 마치 오래전부터 이런 얼굴에서 풍기는 허위의 비밀을 알고 있었다는 듯 그녀의 마음속에서는 본능적으로 뚜렷한 그 무엇이 갑자기 다니엘에 대해 반발하게 했다.

"그래서 그 여자는 어찌 되었지?" 하고 쥬쥬 아주머니가 물었다.

다니엘은 다시 냉정을 되찾았지만 그의 목소리에는 가벼운 떨림이 남아 있었다.

"들리는 소문으로는 그 여자는 자살했다나 뭐라나" 하며 그가 말했다. "파브리는 그 여자가 폐병 환자였다고 우기고 있고요." 그는 애써 웃음을 지었다. 그리고 한 손을 이마로 가져갔다.

리네트는 되도록 다니엘로부터 떨어지려고 몸을 꼿꼿하게 세우고 자기 의자의 등에 기댔다. 왜 그녀는 이런 심란함을 느끼는 것일까? 그건 이 얼굴, 이 미소, 이 눈길 때문에 갑자기 일어난 것이었다. 이 잘생긴 청년의 모든 것이 그녀에게는 가증스러웠다. 그가 몸을 숙이는 모습이며, 그의 우아한 몸짓들이며, 특히 그의 손, 기다랗고 신경질적인 손……. 그녀는 알지도 못하는 사나이에 대해 이토록 강한 혐오감이 자기 자신 속에 준비되어 있다가 순간적으로 튀어나오리라고는 그녀 스스로도 믿기 어려울 정도였다.

"그렇다면 내가 결국 바람둥이였다는 거로군요?" 하고 마리 조제프가 사람들을 증인 삼아 큰 소리로 외쳤다.

바탱쿠르가 사람 좋은 미소를 지으며 말했다. "그게 어디 내 잘못인가요? 요컨대 프랑스어에는 매우 우아한 이런 행위, 곧 상대편의 마음에 들고자 하는 행위를 나타내기 위해 달리 적당한 말이 없는걸요……."

"아휴, 이를 어쩐담!" 하고 돌로레스 부인이 날카롭게 외쳤다.

모두 그쪽으로 고개를 돌렸다. 그러나 그것은 검은 윗옷에 아이스크림 한 숟가락을 이제 막 엎지른 아이에게 한 말이었다. 부인은 아이를 끌고 화장실로 갔다.

자크는 부인이 없는 틈을 타서 말했다.

"부인을 아시나요?" 하고 폴에게 물었다. 그는 그녀 가까이에 있게 된 것을 흐뭇하게 여겼다.

"조금요" 그녀는 그 길로 입을 다물어 버리려고 했다. 그녀는 말수가 많은 편은 아니었다. 게다가 그날은 우울하기까지 했다. 그러나 조금전에 자크가 그녀에게 친절했던 것이 생각났다. "그렇게 나쁜 사람은 아니에요" 하며 그녀는 이야기를 계속했다. "게다가 부자인 걸요. 희곡을 쓰는 사람과 오랫동안 함께 살았어요. 그 뒤에 약제사와 결혼했는데 그 약제사는 죽었어요. 아직도 몇몇 특별한 조제법을 알고 있으므로 굉장한 수입이 있답니다. 혹시 '돌로레스 티눈 약'이라고 아세요? 모르신다고요? 그럼 그녀에게 한 번 물어보세요. 핸드백에 늘 견본을 가지고 다닌답니다. 깜짝 놀라실 거예요. 아주 개성이 강한 여자지요. 저 여자 집에는 여기저기서 주워다 놓은 고양이가 한 다스나 있답니다. 침실에는 커다란 수족관에 붕어들을 키우고 있고요. 동물을 아주 좋아하는 여자예요."

"그런데 아이들은 좋아하지 않는 것 같은데요."

폴이 고개를 저었다.

"뭐 그런 여자예요" 하고 그녀가 결론을 내렸다. 그녀는 말을 할 때 고통스러운 듯이 숨을 쉬었다. 자크는 그것을 눈치챘다. 그러나 자크는 둘만의 밀담을 좀더 이어가고 싶었다. 그녀에게 심장병이 있다는 생각이 들자 그는 어리석게도 이런 말을 해 버렸다.

"심장은 이성이 알지 못하는 심장만의 이유를 가지고 있다." (파스칼의《팡세》 277번에 나오는 말)

그녀는 잠시 깊은 생각에 잠겼다.

"이치에 맞지 않으면" 하고 그녀는 손가락으로 식탁 위를 피아노 치듯 두드리면서 바로잡았다. "그렇지 않으면 운(韻)이 맞지 않겠는데요."

그는 뭐니뭐니해도 그녀를 자기 것으로 만들고 싶었다. 그러나 그녀를 위해서 자기 일생을 바치고 싶은 생각은 전보다 훨씬 엷어져 있었다. '누가 나에게 마음을 조금만 주어도 나는 금세 그 사람이 좋아진단 말야' 하고 그는 생각했다. 그는 이러한 자신을 처음으로 깨달으면서 산책했던 때를 떠올렸다. 지난여름 형의 친구들과 함께 비로플레 숲으로 산책을 간 적이 있었다. 그 중에는 스웨덴에서 온 의대 여학생이 있었는데, 그녀가 자크의 팔에 기대고 자신의 어린 시절 이야기를 해 주었다.

문득 그는 형이 아직도 오지 않았다는 생각이 떠올랐다. 9시 30분인데!

그러자 신경질적인 공포에 사로잡혀 다른 일은 깡그리 잊고 다니엘의 팔을 잡고 흔들었다.

"분명히 무슨 일이 일어났어!"

"무슨 일이라니?"

"형에게 말이야!"

마침 모두들 식탁에서 일어서려는 참이었다. 자크도 이미 일어서 있었다. 다니엘은 일어서서 리네트 옆에서 떨어지지 않으려고 애쓰면서 자크를 달랬다. "정신 차려! 의사들이란…… 환자 하나만 생겨도……."

그러나 자크는 이미 멀리 가 있었다. 곰곰이 생각할 마음의 여유도 없는 데다 자신의 예감에 맞설 수가 없었던 자크는 현관으로 뛰어갔다. 아무에게도 인사말 한 마디 없이, 폴마저도 까맣게 잊은 채 밖으로 달려나갔다. '형에게 무슨 일이 있으면 그건 내 잘못이야' 하고 겁에 질려 같은 생각을 되풀이했다. '내 탓이다…… 나 때문이야…… 메디치 광장에서 보았던 그 사나이처럼 검은 상복을 입고 싶어서! ……'

3인조 악단이 막 왈츠를 연주하기 시작했다. 바의 홀에서는 벌써 몇 쌍의 남녀가 춤을 추고 있었다. 다니엘은 파브리가 분위기를 살피려고 턱을 쳐들고 눈을 깜박거리면서 리네트를 뚫어지게 바라보고 있다는 것을 알았다. 다니엘이 선수를 쳤다.

"보스턴 한 곡 추실까요?"

그녀는 다니엘이 다가오는 것을 보았다. 그리고 적의가 잔뜩 담긴 눈길로 그를 노려보고 있었다. 다니엘이 가볍게 고개 숙여 경의를 표하도록 기다리고 있다가 그에게 대답했다.

"싫어요."

다니엘은 놀랐지만 아무렇지도 않은 척하면서 미소를 지었다.

"왜 싫은데요?" 하고 그녀의 말투를 흉내내며 말했다. 그는 그녀의 마음을 돌려놓을 자신이 있었기 때문에 "자 추실까요" 하면서 그녀 쪽으로 한 발 다가갔다. 그러나 지나치게 자신만만한 태도에 그녀는 끝내 발끈했다.

"당신하고는 싫어요!" 하고 그녀는 단호하게 말했다.

"싫다고요?" 하고 되풀이하는 그의 검은 눈동자는 그녀를 무시하면서 이렇게 말하는 것 같았다. '튕기기는. 넌 이제 곧 나랑 추게 될 거야!'

그녀는 휙 하고 몸을 돌렸다. 다가오고 싶지만 주저하고 있는 파브리를 보자 마치 그가 벌써 같이 춤출 것을 권하기라도 한 듯이 그에게로 다가가서 아무 말 없이 춤을 추기 시작했다.

마침 그때 뤼드비그손이 도착했다. 스모킹(남자용 약식 야회복)을 입고 머리에는 납작한 밀짚모자를 쓰고 바 근처에 선 채로 파크멜 부인과 마리 조제프와 함께 이야기를 나누고 있었다. 그는 마리 조제프의 목걸이를 허물없이 만지작거리고 있었다. 그러나 겉으로는 드러내지 않으면서도 졸린 듯한 그의 눈길은 거북 같은 눈꺼풀 아래로 미끄러지듯 빠져나가서, 마치 납을 입힌 지팡이로 한 대 때리듯이 모든 사물과 사람 위를 훑고 다니면서 방 안을 살피고 있었다.

쥬쥬 아주머니는 리네트를 찾아서 쌍쌍이 춤추는 커플들 사이를 헤집고 다녔다. 마침내 리네트를 찾아 내어 그녀의 팔꿈치를 밀었다.

"빨리, 그리고 내가 말해준 대로만 해."

폴에 의해 방구석으로 밀려들어간 다니엘은 미소를 띤 채 그녀의 말을 건성으로 듣고 있었다. 그는 쥬쥬 아주머니가 자연스럽게 마리 조제프 그룹에 끼어드는 것을 보았다. 한편 리네트는 춤을 멈추고 혼자서 구석방의 뚝 떨어진 테이블로 앉으러 가고 있었다. 그와 동시에 뤼드비그손과 쥬쥬 아주머니는 두 개의 방을 가로질러 리네트에게로 갔다. 뤼드비그손은, 특히 자신이 타인의 시선을 받고 있음을 의식할 때면 옛날풍의 마부처럼 상체를 꼿꼿이 세우고 걸었다. 그는 자기 엉덩이가 아라비아의 무희처럼 튀어나와서 빨리 걸을 때면 좌우로 뒤뚱거린다는 사실을 알고 있었으므로 걸음걸이를 조심했다. 리네트가 그에게 한 손을 내밀었다. 그는 그 손에 두툼한 입술을 갖다 댔다. 그런 그의 몸짓에서 다니엘은 약간 움푹 패인 그의 두개골과, 그 위에 교묘하게 풀어 찰싹 붙어 있는 검은 머리칼을 보았다. '어쨌든 어디서 티가 나도 난다니까' 하고 그는 생각했다. '근동 지방의 놈팡이 같은 모습에 짐꾼 같은 몸짓이 튀어나오거든. 그런데 터키의 국무총리 같은 태도도 있단 말이야.'

뤼드비그손은 전문가다운 눈길로 리네트의 가치를 매기며 천천히 장갑을 벗었다. 그리고 나서 리네트 맞은편에 앉았다. 아주머니가 그의 옆에 자리 잡았다. 뤼드비그손이 아무것도 주문하지 않았는데도 어느새 마실 것이 나왔다. 그가 무엇을 마시는지는 잘 알려져 있었다. 그는 절대로 샴페인은 마시지 않았다. 이탈리아 아스티 산의 백포도주를 마셨는데, 그것도 거품이 일게 했거나 차게 한 것이 아니라 실내 온도와 비슷해질 때까지 한동안 놓아둔 것을 마셨다. "미지근하게" 하고 그는 말하곤 했다. "태양에 잘 익은 과일의 즙처럼."

다니엘은 폴의 곁을 떠나 담배를 한 대 피워 물고 바를 한 바퀴 돌면서 이 사람 저 사람과 악수를 했다. 그러고 나서 두 번째 방으로 들어가 앉았다. 뤼드비그손과 쥬쥬 아주머니의 등이 보였다. 방 하나만큼 거리는 있었지만 리네트와 정면으로 마주하고 있었다. 아스티 와인잔을 앞에 두고 둘러 앉아 금방 생기 있는 대화가 오가고 있었다. 리네트는 뤼드비그손의 세련된 행동에 미소를 던지고 있었다. 그녀 쪽으로 몸을 기울이고 있는 뤼드비그손이 그녀의 용모에 끌려 그녀를 위해 지출을 아끼지 않았다. 다니엘이 자기들을 눈여겨 보고 있다는 것을 알아차린 그녀는 일부러 자신의 기쁨을 과장하여 드러내고 있었다.

그 두 방을 잇는 통로를 통해서 춤추는 이들이 계속 지나가는 것이 보였다. 카운터 뒤에서 로렌스(19세기 영국의 초상화가) 작품에 나오는 여자를 닮은, 장밋빛 뺨의 작은 창녀 하나가 하얀 작은 계단에 올라앉아 있었다. 양손으로 계단 난간을 쥐고 한 발은 계단에 올려놓고, 다른 한 발로는 박자를 맞추는가 하면, 얼굴을 치켜올리면서 이번 여름에 하도 들어서 모두들 외고 있는 노래의 괴상한 후렴을 오케스트라에 맞춰 째지는 소리로 불렀다.

티멜루, 라멜루, 팡, 팡, 티멜라!

다니엘은 담배를 물고, 팔꿈치를 식탁 위에 괴고 앉아서 리네트를 뚫어지게 쳐다보고 있었다. 그의 얼굴에서는 이미 미소를 찾아볼 수 없었다. 잔뜩 굳은 얼굴에 입술을 꼭 다물고 있었다. '어디선가 본 적이 있는 것 같은데…… 어디였더라?' 하고 리네트는 곰곰이 생각했다. 그녀는 지나치게 웃고 있었다. 그리고 다니엘의 눈길과 마주치지 않으려고 애쓰고 있었다. 그럴수록 점점 더 궁지에 몰리는 듯한 느낌이었다. 거울 앞에서 파닥거리는 종달새처럼 그녀의 주의는 점점 더 이 집요한 눈길에 붙들리곤 했다. 베일을 씌운 듯한 눈길, 그러면서도 멍청하지 않은 시선. 그 시선은 리네트보다 훨씬 먼 어느 지점에 정확하게 초점을 맞추고 있는 것 같았다. 날카롭고도 완강한 시선, 타는 듯하면서도 끄는 힘이 있는 시선. 그녀는 매번 그 눈길에서 용케 벗어나기는 했으나 그럴 때마다 점점 더 많은 노력을 기울여야만 했다.

갑자기 다니엘은 등 뒤에서 무엇인가가 자신에게로 기대어 오는 것을 느꼈다. 그는 퍽 긴장되어 있었으므로 소스라쳐 놀라지 않을 수가 없었다. 그것은 소파 위에 놓인 쿠션들 사이에서 돌로레스의 반짝이는 외투에 싸여서 잠든 꼬마 고아였다. 입가에 손가락 하나를 대고 있었으며, 속눈썹 가장자리에는 채 마르지 않은 눈물이 아직 남아 있었다.

음악이 중단되었다. 바이올린 연주자가 이 테이블에서 저 테이블로 팁을 받으러 돌아다녔다. 그자가 다니엘에게로 왔을 때 다니엘은 그가 들고 있는 냅킨 아래로 지폐 한 장을 슬쩍 밀어넣으며 말했다.

"다음 보스턴은 15분 동안 계속 연주해 줘요" 하고 속삭였다. 흑갈색의 눈꺼풀이 알았다는 표시로 끔벅거렸다.

다니엘은 리네트가 자기를 지켜보고 있다는 것을 느꼈다. 그러자 고개를 다시 들어 그녀의 눈길을 사로잡았다. 이제는 자기가 그 눈길을 단단히 붙잡았음을 알았다. 그는 장난으로 그 눈길을 자기가 소유하고 있는지를 시험해 보기 위해 한두 번 그 눈길을 붙잡았다가 놓아 주었다가 해 보았다. 그 뒤에는 그 눈길을 더 이상 놓아 주지 않았다.

매우 흥분한 뤼드비그손은 더 한층 친절을 베풀었다. 그러나 그에게 기울이고 있는 리네트의 관심은 점점 더 꾸민 듯이 어색하고 초조해 보였다. 바이올린이 다시 왈츠를 연주하기 시작하자 그녀는 다니엘의 긴장된 얼굴이 경련을 일으키고 있는 것으로 보아, 결정적인 사건이 터지리라는 것을 예감했다. 과연 다니엘이 자리에서 일어섰다. 아주 침착하게, 먹이로부터 눈길을 떼지 않으며 살롱을 가로질러 곧장 그녀에게로 왔다. 그는 잠시 이런 생각을 할 정도로 여유가 있었다. '뤼드비그손 회사에서의 지위를 건 한판 승부다.' 그 생각은 그의 욕정을 자극하는 채찍과도 같았다. 그가 다가오는 것을 바라보고 있는 리네트의 눈길에 뭔가 아주 이상한 빛이 감돌고 있어서, 뤼드비그손과 쥬쥬 아주머니가 동시에 뒤돌아보았다. 뤼드비그손은 다니엘이 자기에게 인사하러 오는 줄 알고 그를 테이블로 맞이하려는 몸짓을 했다. 하지만 다니엘은 아예 그를 본 척도 하지 않았다. 그는 고개를 숙이고 승낙과 공포감이 반씩 섞인 그녀의 푸른 두 눈을 응시했다. 그녀는 정복당한 것처럼 일어섰다. 다니엘은 아무 말 없이 그녀를 품에 꽉 껴안고는 오케스트라가 있는 방으로 그녀와 함께 자취를 감추었다.

뤼드비그손과 쥬쥬 아주머니는 그 두 사람의 하는 짓을 쳐다보며 한동안 꼼짝도 않고 그대로 있었다. 이윽고 둘은 마주 보았다.

"뻔뻔스러운 녀석!" 하고 그녀가 중얼거렸다. 그녀의 이중 턱이 흥분과 노여움으로 떨리고 있었다.

뤼드비그손은 눈썹을 치켜뜨고는 그 말에 아무 대꾸도 하지 않았다. 본디 창백한 얼굴이라 더 이상 창백해질 여지가 없었다. 그는 자기 앞에 놓여 있는 술잔을 향해 손을 내밀었다. 그의 손톱은 루비처럼 어두웠다. 그는 아스티 와인잔에 입술을 적셨다.

쥬쥬 아주머니는 막 달리기를 끝낸 사람처럼 숨을 헐떡이고 있었다.

"저 애송이는 이제 당신 밑에서 일하지 못하겠군요!" 하고 그녀는 복수심으로 불타는 여자처럼 차가운 미소를 지으며 말했다.

그는 놀란 것 같았다.

"퐁타냉 씨 말인가요? 아니 왜요?"

그는 하찮은 일엔 신경을 쓰지 않는 대귀족 같은 태도로 미소를 지었다. 그리고 조금도 흐트러지지 않은 모습으로 장갑을 꼈다. 어쩌면 이 사건에 그가 정말 재미를 느끼고 있는지도 몰랐다. 그는 지갑을 꺼내서 테이블 위에 지폐 한 장을 놓았다. 그리고 일어서며 쥬쥬 아주머니에게 예의바르게 인사를 한 다음 사람들이 춤추고 있는 방으로 가 문턱에 멈추어 서서 아까의 두 남녀가 자기 앞을 지나가기를 기다렸다. 다니엘은 그의 잠든 듯한 눈길과 마주쳤다. 그 시선에는 약간의 악의와 질투와 찬탄이 담겨 있었다. 다니엘은 그가 긴 의자들을 따라 출구 쪽으로 나가 이윽고 유리로 된 회전문 안으로 사라지는 것을 보았다. 회전문은 물결치는 파도 속으로 그를 빨아들여서는 그 길로 밖으로 내동댕이쳤다.

다니엘은 매우 침착하게 보스턴 왈츠를 추고 있었다. 겉으로 보기에는 온몸이 움직이지 않는 것 같았고, 머리를 꼿꼿이 세운 채 절도가 있으면서도 동시에 유연성을 곁들여 침착하게 발을 마룻바닥에서 떼지 않으며 발끝으로만 추고 있었다. 건성으로, 마치 취한 것처럼 스스로도 화가 난 것인지 즐기고 있는지도 의식하지 못하면서 상대의 미묘한 율동도 그대로 따라하는 리네트는 춤이라고는 다니엘과 난생처음으로 추어 보는 여자 같았다. 10분쯤 지나자 춤을 추는 사람은 그들 둘뿐이었다. 다른 커플들은 어느새 지쳐서 그 두 사람 주위에 원을 이루고 있었다. 다시 5분이 흘렀다. 그 두 사람은 여전히 왈츠를 추고 있었다. 마지막 후렴을 연주하고 나서 오케스트라는 슬며시 음악을 멈추었다.

두 사람은 곡이 끝날 때까지 춤을 추었다. 그녀는 그의 어깨에 기대어 반은 정신을 잃고 있었다. 그는 근엄한 표정을 짓고는 때때로 타오르는 듯한 눈길을 그녀에게 보내려고 눈을 내리뜨곤 했는데, 이러한 눈길은 원망에 가까운 감정과 욕정이 번갈아가며 그녀의 가슴을 고동치게 했다.

박수갈채가 터져 나왔다.

다니엘은 뤼드비그손이 앉았던 테이블로 리네트를 다시 데리고 와서 아주 자연스러운 태도로 빈 자리에 앉아 네 번째 잔을 가져오게 하고는, 아스티 와인을 가득 따라서 유쾌하게 그 잔을 쥬쥬 아주머니를 향해 들어 건배했다.

"우웩" 하며 그가 말했다. "뭐가 이렇게 달아!"

리네트는 신경질적인 웃음을 터뜨렸다. 두 눈에 눈물이 가득 괴어 있었다.

쥬쥬 아주머니는 경탄해 마지않는 눈초리로 다니엘을 지그시 바라보았다. 이제 그녀의 노여움은 사라지고 없었다. 자리에서 일어나 어깨를 으쓱해 보이더니 야릇한 태도로 한숨을 내쉬었다.

"그 모든 건 아무것도 아니지. 건강하기만 하다면야."

30분 뒤에 다니엘과 리네트는 함께 파크멜을 나왔다. 한바탕 비가 쏟아진 뒤였다.

"자동차를 부를까요?" 하고 보이가 물었다.

"우선 좀 걸어요" 하고 리네트가 말했다. 다니엘은 그 목소리에서 어딘가 나긋나긋함을 느끼고 기쁘게 생각했다.

소나기가 내린 뒤인데도 불구하고 또 한 차례 비가 퍼부을 것처럼 무더웠다. 거리에는 사람의 그림자도 찾아볼 수 없는 데다가 가로등의 불빛마저 어두웠다. 두 사람은 비에 젖어 번들거리는 보도 위를 조용히 걸어갔다.

군인 하나가 두 여자의 허리를 껴안고 그 여자들에게 걸음걸이를 바꾸게 하는 장난을 하며 그들과 스쳐 지나갔다. "하나, 둘! 그게 아니야! 왼쪽 발을 먼저 내디디라고, 하나, 둘!" 그들의 웃음소리가 쥐 죽은 듯이 고요한 건물들 사이에서 오랫동안 울려 퍼졌다.

그녀는 술집을 나올 때부터 다니엘이 팔짱을 끼리라고 기대했었다. 그러나 다니엘은 그 기대감을 만끽하며 그녀가 애를 태울 때까지 내버려 두었다. 멀리서 번갯불이 번쩍이자 리네트 쪽에서 먼저 다니엘에게 다가왔다.

"소나기가 다 지나가지는 않았나 봐요. 또 한 차례 비가 올 것 같네요."

"그럼 시원해지겠는걸요" 하고 그는 상냥한 투로 대답했다. 거기에는 여러 가지 뜻이 담겨 있었다. 신중한 성격의 다니엘에게 얼마쯤 주눅이 들어 있던 그녀는 거기에서 미묘한 의미를 느낄 수 있었다. 그녀는 이렇게 말했다.

"저, 내가 어디선가 당신을 꼭 본 듯한 느낌이 드는데요."

그는 어둠 속에서 미소를 지었다. 그녀가 기대했던 말만 해 주는 것이 고마웠다. 그녀가 정말로 자기를 만난 적이 있는 것으로 생각하리라고는 꿈에도 생각하지 못하고 있었다. 그래서 하마터면 '나도 그래요' 하고 대답할 뻔했다. 그랬더라면 둘은 가공의 이야기들을 지어냈을지도 모른다. 그러나 그는 자기가 침묵을 지킴으로써 그녀가 난처해 하는 것을 보고 더욱 재미있어 했다.

"왜 그 사람들은 당신더러 예언자라고 하나요?" 하고 잠시 뒤 그녀가 말했다.

"왜냐하면 내 이름이 다니엘이니까요 (다니엘은 기원전 7세기 경의 예언자의 이름)."

"다니엘 뭐예요?"

그는 멈칫했다. 그는 아무리 하찮은 것이라도 자신을 드러내고 싶지 않았다. 그러나 리네트의 호기심에 전혀 술책 같은 것이 없었으므로 그녀에게 아무 이름이나 적당히 지어서 알려준다는 것에 가책을 느꼈다.

"다니엘 드 퐁타냉" 하고 그가 말했다.

그녀는 아무 대답도 하지 않았지만 반사적으로 몸을 움찔했다. 그는 리네트가 비틀거리는 줄 알고 부축해 주려고 했다. 그러자 그녀는 그를 피하기 위해 괜찮다는 몸짓을 했다. 그것을 본 다니엘은 그녀를 힘으로라도 억누르고 싶은 생각이 들었다. 그는 가까이 가서 그녀의 팔을 잡으려고 했다. 그녀는 옆으로 한 발 깡충 뛰어 그의 접촉을 피했다. 그리고 갑자기 방향을 바꾸어 옆길로 들어섰다. 그는 그녀가 장난을 치는 줄 알고 장단을 맞추었다. 그러나 그녀는 정말로 그에게서 도망가는 것 같아 보였다. 그녀는 서둘러 걸었다. 뛰지 않으면 그녀와의 거리가 점점 멀어질 것 같았다. 그는 재미있어 했다. 인적 없는 거리에서 빨리 걸어간다는 것이 마치 미행처럼 느껴졌다. 그러나 조금 피곤하기도 한 데다가 모퉁이를 돌아서면 그들이 온 길로 다시 되돌아가게 될지 모르는 어두운 골목 안으로 그녀가 접어들려고 했으므로 그는 그녀를 멈추어 세워 세 번째로 그녀의 팔을 붙잡으려고 했지만 그녀는 또다시 그에게서 빠져나갔다.

"바보 같은 짓이오" 하고 짜증을 내며 그가 말했다. "이젠 그만둬요."

그녀는 어두운 골목을 찾아가며 정말로 그가 뒤쫓아오지 못하게 하려는 듯이 자꾸 보도를 바꾸며 더 빨리 달아났다. 갑자기 그녀는 뛰기 시작했다. 얼마 안 가서 그녀를 따라잡을 수 있었다. 어느 집 문 앞에서 그녀의 앞을 가로막았다. 그리고 그는 그녀의 얼굴에서 거짓이 아닌 겁에 질린 표정을 보았다.

"무슨 일이오?"

그녀는 숨을 헐떡이며 얼빠진 듯한 눈길로 그를 보면서 눅눅한 모퉁이에 몸을 잔뜩 움츠리고 있었다. 그는 잠시 생각해 보았다. 뚜렷하게 알 수는 없었지만 그녀의 내부에서 무엇인가 심각한 일이 일어났음을 잘 알 수 있었다. 그는 그녀를 끌어안으려 했다. 그러나 그녀가 몹시 겁에 질린 몸짓으로 피하는 바람에 치맛자락이 찢어졌다.

"도대체 왜 그래요?" 하고 그가 한 발 뒤로 물러서며 또다시 물었다. "내가 무서워요? 그렇게 못마땅해요?"

신경이 예민해져 떨고 있던 그녀는 단 한 마디도 할 수가 없었다. 여전히 그를 빤히 쳐다보기만 했다.

그는 아직도 뭐가 뭔지 통 알 수 없었다. 측은한 생각이 들었다.

"내가 당신을 그냥 보내 드렸으면 좋겠어요?" 하고 그가 넌지시 물었다.

그녀가 제발 그렇게 해달라는 고갯짓을 했다. 그는 꼴이 우스워졌다는 느낌이 들었다.

"정말입니까? 정말 내가 가 버렸으면 좋겠어요?" 하고 그는 마치 길 잃은 아이를 달래려고 애쓸 때처럼 한껏 다정한 목소리로 다시 물었다.

"네!" 하고 그녀는 노골적으로 대답했다.

그녀는 연극을 하고 있는 것이 아니었다. 그는 더 이상 끈질기게 매달리는 것이 몹시 촌스러운 일이라고 생각하면서, 깨끗하게 그녀를 포기하고 신사처럼 행동하기로 결심했다.

"그렇다면 좋습니다" 하며 그가 말했다. "하지만 나는 당신을 이 늦은 시각에 이 문간에 버려두고 갈 수는 없습니다! 조금 걸어나가서 차를 잡겠어요. 그러고는 보내 드릴게요…… 괜찮겠지요?"

두 사람은 아무 말 없이 멀리 가로등 불빛이 보이는 오페라 거리 쪽으로 걷기 시작했다. 큰길로 나가기 훨씬 전에 손님을 찾아 돌아다니는 택시를 만났다. 손짓을 하자 택시가 섰다. 리네트는 고집스레 눈을 내리깔고 있었다. 다니엘이 차 문을 열었다. 발판에 한 발을 올려놓은 그녀는 뭔가를 결심한 듯 고개를 돌렸다. 그러고는 그를 다시 한 번 살펴 봐야만 하겠다는 듯이 그의 얼굴을 빤히 쳐다보았다. 그는 애써 미소지으려 했다. 그리고 모자를 벗은 다음 친구와 헤어지려는 태도를 취하려고 안간힘을 썼다. 그가 자기와 동행하지 않는다는 것을 확인하자 그녀의 표정에서 긴장이 풀렸다. 그녀가 운전기사에게 주소를 알려 주었다. 그리고 나서 다니엘 쪽으로 몸을 돌려 사과하는 투로 속삭였다.

"미안해요. 오늘밤엔 저를 보내 주세요, 다니엘 씨. 내일 해명해 드릴게요."

"그럼 내일 뵙지요" 하고 그가 고개 숙여 인사하며 말했다. "그런데 어디에서요?"

"그렇군요, 어디에서 뵐까요?" 하며 그녀가 순진하게 그의 말을 되받았다. "괜찮으시다면 쥬쥬 아주머니 댁에서요. 그래요, 쥬쥬 아주머니 댁이 좋겠어요. 3시에요."

"그럼 3시에 뵙죠."

그가 손을 내밀었다. 그녀도 손을 내밀었다. 그의 입술이 장갑 낀 그녀의 손끝에 키스를 했다.

택시가 출발했다. 비로소 다니엘은 울화가 치밀어옴을 느꼈다. 하지만 그녀가 화려한 상체를 자동차 밖으로 내밀고 차를 세우고 있는 것을 보았을 때는 이미 마음을 가다듬은 뒤였다.

그는 단숨에 차의 문까지 뛰어갔다. 리네트는 벌써 문을 열어 놓고 있었다. 그녀는 자동차 시트 깊숙이 몸을 묻고 있었다. 그녀는 어둠 속에서 두 눈을 크게 뜨고 있었다. 그는 모든 것을 알아차리고 그녀 옆으로 몸을 던졌다. 그가 리네트를 꼭 껴안자 그녀가 그의 입술에 격렬히 입술을 갖다 댔다. 다니엘은 그녀가 마음이 약해졌거나 두려움 때문이 아니라 자기 자신을 맡기고 있다는 것을 분명히 느꼈다. 그녀는 흐느끼고 있었다. 어쩌면 절망 때문일지도 몰랐다. 그러면서 알아들을 수 없는 몇 마디를 중얼거렸다.

"나는…… 나는……."

다니엘은 다음 말을 듣고는 크게 놀랐다.

"나는…… 당신의…… 아이를 갖고 싶어요!"

"저, 아까 그 주소로 갈까요?" 하고 운전기사가 물었다.

3. 앙투안을 샬르 씨가 맞이함—데데트의 응급상황—수술—라셀

자크와 자크의 친구들과 헤어진 앙투안은 '돌보아야 할 폐렴 환자'가 있어 자동차를 파시 거리로 몰게 했다. 그 뒤에는 그곳에서 아버지 집이 있는 위니베르시테 거리로 갔다. 그는 5년 전부터 이 아파트의 1층에서 동생과 함께 살고 있었다. 집으로 향하는 택시에서 담배를 피워 문 앙투안은 그 어린 환자의 병세가 매우 좋아지고 있으며, 의사로서의 하루 일과도 끝났으니 더 이상 바랄 것이 없다는 생각을 했다.

'솔직히 말해서 어제 저녁에는 분명 확신할 수가 없었다. 일반적으로 가래가 그렇게 갑작스럽게 멎을 때에는…… Pulsus bonus, urina bona, sed æger moritur(*맥박 양호, 소변 양호, 그러나 환자는 죽어간다'라는 뜻의 라틴어*) …… 이젠 심장내막염만 조심하면 된다……. 그 애 어머니는 상당한 미인이더군……. 오늘 저녁엔 파리도 꽤 아름다운 도시야…….' 지나가는 길에 트로카델로의 푸른 숲을 바라보다가 끝이 보이지 않는 좁은 길로 접어 드는 한 쌍의 연인을 보려고 몸을 돌렸다. 에펠탑이며 다리 위의 대리석상들이며 센 강이 온통 장밋빛으로 물들어 있었다. '내 마음속에…… 나—나—나……' 부릉부릉하는 자동차의 모터 소리가 그의 노래에 장단을 맞추고 있었다. '내 마음속에…… 잠들고 있다!' 하며 갑자기 그는 생각했다. '그래, 그거다. 내 마음속에 잠들고 있다. 나—나—나…… 가사가 생각나지 않다니, 신경질 나는군. 내 마음속에 잠들고 있는 게 뭘까? ……졸고 있는 돼지?' 하고 생각하면서 그는 미소지었다. 그리고 또다시 파크멜에서의 저녁시간이 재미있을 것 같다는 데 생각이 미쳤다. 혹시 어떤 연애 사건이라도? ……그는 살아간다는 것이 즐거웠다. 그리고 잠재적인 욕정에 이끌리고 있음을 느꼈다. 담배를 내던지고 다리를 꼬고는 숨을 깊이 들이마셨다. 자동차의 속도 덕분에 공기가 신선하게 느껴졌다. '블랭이 꼬마 환자에게 흡각 대주는 것을 잊지 말아야 할 텐데. 드디어 그 꼬마를 살려 내는 거야. 수술 따위 하지 않고도. 르와지유가 어떤 얼굴을 할지 보고 싶은데. 그놈의 외과의사들이란! 잘 나가기는 하지만, 흥! 곡예사들이지. 늙은 블랙 신부님의 말씀이 옳아. 만약 나한테 아들이 셋 있다면 머리가 가장 나쁜 녀석에겐 이렇게 말할 테다. 〈산파가 되라〉 운동신경이 가장 발달된 아이에겐 〈메스를 들어라〉 하지만 셋 중의 가장 똑똑한 아이에겐 〈내과의사가 되어라. 많은 환자들을 살려 내라. 그리고 올바른 진단을 하도록 노력해라!〉' 그는 다시금 기쁨으로 가슴이 벅차올랐다. 그것은 자신의 역량의 가장 깊숙한 곳까지 스며드는 뿌듯함이었다. "난 이 길을 잘 선택했어" 하고 낮은 목소리로 중얼거렸다.

그는 집으로 들어서자 자크의 방문이 열린 것을 보고 동생이 시험에 합격했다는 사실이 떠올랐다. 5년 동안의 세심한 주의와 보살핌이 이루어 놓은 성공이었다. '에콜 거리에서 파브리를 만나 처음으로 자크에게 고등사범학교의 시험을 치르게 해야겠다고 다짐했던 그날 저녁의 일이 생생하게 기억나는군. 몽즈 공원은 흰 눈에 덮여 있었지. 오늘보다는 좀 추운 날씨였고' 하며 그는 한숨지었다. 그는 냉수욕의 상쾌함을 떠올렸다. 그래서 성급한 어린애처럼 그 자리에서 옷을 벗어 던졌다.

샤워를 끝낸 그는 새로 태어난 기분이었다. 그리고 파크멜에 갈 생각을 하니 흥겨워서 휘파람이 저절로 나왔다. 그가 '여자'라고 부르는 존재들은 그의 생활 속에서 부수적인 위치밖에는 차지하지 못했다. 감상적인 연애를 그는 인정하지 않았다. 그는 그저 손쉬운 교제로 만족하고 있었다. 그 편이 더 '실용적'이므로 되려 어떤 긍지마저 느끼고 있었던 것이다. 하기는 특별한 밤을 제외하고는 그런 모든 것으로부터 자신을 꽤 잘 지켜 온 셈이다. 그것은 계율이나 생리적 무감각 때문은 아니었다. 그것들 모두가 자신이 마음속에 정하고 있는 것과는 다른 종류의 생활에 속하기 때문이었다. 그는 그런 것에 대한 집착을 하나의 나약함으로 여겼다. 그는 자기야말로 진정한 '강자'라고 믿었다.

딩동! 초인종 소리가 났다. 얼핏 시계를 쳐다보았다. 필요하다면 파크멜에 자크 친구들을 만나러 가기 전에 환자 한 명쯤은 볼 수가 있었다.

"누구세요?" 하고 그는 문을 향해 큰 소리로 물었다.

"저입니다."

그는 샬르 씨의 목소리임을 알고 문을 열었다. 티보 씨가 메종 라피트에 머무는 동안에도 그의 비서는 위니베르시테 거리의 집에서 일을 계속했다.

"아, 와 계셨군요" 하고 샬르 씨가 기계적으로 말했다. 그러고는 팬티 바람의 앙투안을 보자 거북하여 고개를 돌리며 의문스러운 표정으로 "무슨 일이시죠?" 하고 중얼거렸다. "아, 옷을 갈아입는 중이시군요" 하고 곧 덧붙여 말하며 마치 수수께끼라도 풀었다는 듯이 한 손가락을 들었다.

"제가 방해되지 않았는지요?"

"25분 안에 외출해야 합니다" 하고 앙투안이 빠르게 말했다.

"그 정도면 충분합니다. 여기 좀 봐 주세요, 의사 선생님." 그는 모자를 내려놓고 안경을 벗더니 두 눈을 크게 떴다. "아무것도 안 보이십니까?"

"어디에요?"

"눈 속에요."

"어느 쪽이지요?"

"이쪽입니다."

"움직이지 마세요. 정말 아무것도 안 보입니다. 바람을 쐬어 생긴 충혈이 아닐까요?"

"아, 그렇군요, 분명합니다! 감사합니다. 아무 일도 아니지요. 바람을 쐬어 생긴 충혈이라면…… 창문을 둘 다 활짝 열어 놓았었거든요."

그는 잔기침을 하고 나서 안경을 다시 썼다.

"감사합니다. 이젠 안심입니다. 바람을 쐬어 생긴 충혈이군요. 자주 있는 일이지요. 별일 아니네요." 그는 짧게 웃은 뒤 덧붙여 말했다. "보십시오. 선생님을 오래 괴롭혀 드리지 않았지요." 그러나 그는 모자를 집어드는 대신 의자 가장자리에 슬며시 엉덩이를 걸치고는 손수건을 꺼내 이마의 땀을 닦았다.

"덥군요" 하고 앙투안이 말했다.

"정말 덥습니다!" 하고 눈살을 찌푸리며 샬르 씨가 대답했다. "정말 소나기라도 올 것 같은 날씨입니다. 여기저기 뛰어다녀야 하는 사람들이 불쌍하게 여겨지는 날이지요. 처리해야 할 일이 있는 사람들 말이에요."

구두끈을 매고 있던 앙투안이 고개를 들었다. "처리할 일이라니요?"

"안 됐지요, 이 더위에! 사무실이나 경찰서에서는 숨이 턱턱 막힌답니다. 그러면 모든 것을 다음날로 연기해 버리지요" 하고 그는 안됐다는 듯이 고개를 저으며 결론을 내렸다.

앙투안은 고개를 든 채였다.

"참" 하며 샬르 씨가 말을 계속했다. "오래전부터 이 일에 대해서 한번 선생님께 여쭈어 보고 싶었습니다만 양로원에 대해서 잘 알고 계시지요?"

"양로원이요?"

"네, 노인들을 위한 곳 말입니다. 환자들을 위한 곳 말고요. 푸앵 뒤 주르에 있는 수용소 말입니다. 그곳이야말로 공기라면 더할 나위 없이 좋은 곳이지요. 그리고 참, 앙투안 선생님, 얘기가 나온 김에 한 가지 더 여쭈어 보고 싶은 말이 있습니다. 혹시, 선생님께서는 5프랑짜리 은화 하나를 주운 적이 없으신지요, 누군가가 잃어버린 걸 말입니다."

"남이 잃어버린 거요? ……호주머니에서요?"

"아니요…… 공원이나 길거리를 오가다가 말입니다."

앙투안은 손에 바지를 든 채 서서 샬르 씨를 바라보며 이런 생각을 했다. '이 사람과 같이 있으면 나까지 늘 바보가 되는 것 같단 말이야.' 그는 샬르 씨가 하는 말에 주의를 집중하는 척 했다. 그리고 그럴듯한 태도로 대답했다. "당신의 질문을 잘 이해하지 못하겠군요."

"이런 겁니다. 세상에는 물건을 잃어버리는 사람들이 많이 있습니다. 그러면 그 물건을 줍는 사람도 있을 게 아니겠습니까?"

"물론이지요."

"그런데 우연히 선생님께서 그 물건을 주웠다고 한다면 그걸 어떻게 하시겠습니까?"

"주인을 찾아보겠지요."

"그러세요? 하지만 거기에 아무도 없다면 어떻게 하시겠어요?"

"어디에요?"

"예를 들어 공원이나 거리에 말입니다."

"그럴 때는 나는 그…… 물건을 경찰서로 가지고 갈 겁니다."

샬르 씨는 입가에 살짝 미소를 띠었다.

"하지만 그게 현금이라면 어떻게 하시겠어요? 허허! 5프랑짜리 은화라면요? 그 사람들에게 갖다 주었다간 그 물건이 어떻게 될지 우린 너무 잘 알지요!"

"당신은 경찰이 그 돈을 가로채리라고 생각하시는 모양이지요?"

"물론이지요!"

"그렇지 않아요, 샬르 씨. 우선 거기에 가면 엄연히 절차가 있고 서류를 작성해야 합니다. 이보세요, 언젠가 친구하고 마차를 타고 가다가 아주 예쁜 상아로 된 빨간 딸랑이 장난감을 발견한 적이 있었답니다. 그래서 경찰에 갔더니 내 친구 이름, 내 이름, 마부의 이름, 친구와 내 주소, 마차 번호를 적었지요. 그리고 우리에게 신고서에 사인을 하게 하고 규정대로 영수증을 주었답니다. 놀라셨지요? 그런데 1년이 지난 뒤에 내 친구에게 통지가 왔어요. 그 딸랑이의 주인이 안 나타났으니 와서 가져가라고 말입니다."

"뭘 하게요?"

"그게 규칙입니다. 습득물의 주인이 나타나지 않을 경우에 습득한 지 1년 하루가 지난 날부터는 법적으로 습득한 사람의 소유가 된답니다."

"1년하고 하루라고요? 습득한 사람의 소유가 된다고요?"

"그렇습니다."

샬르 씨가 어깨를 으쓱했다.

"딸랑이라면 가능한 애깁니다. 하지만 그게 지폐였다면 어떨까요…… 예를 들어서 50프랑짜리 지폐라면……."

"그래도 마찬가지입니다."

"전 그렇게 생각하지 않습니다, 앙투안 선생님."

"하지만 나는 확신합니다, 샬르 씨."

의자에 올라앉은 회색 머리칼에 작은 체구의 샬르 씨가 안경 너머로 앙투안을 뚫어지게 바라보았다. 그는 시선을 돌리더니 손을 입에 대고 기침을 했다. 그리고 이렇게 말했다.

"제가 선생님께 그걸 여쭈어본 것은 제 어머니 때문이었습니다."

"어머님께서 돈을 주우셨나요?"

"뭐라고요?" 하고 샬르 씨는 의자 위에서 안절부절못하며 말했다. 그의 얼굴이 새빨개졌다. 잠시 그의 얼굴에는 아주 괴로워하는 듯한 동요의 빛이 감돌았지만 곧 그는 교활하게 미소를 지었다. "아닙니다. 저는 양로원 이야기를 한 겁니다."

그러고 나서 앙투안이 윗도리를 걸치려고 하자 의자에서 벌떡 일어나 팔소매 끼는 것을 도왔다.

"도버 해협(프랑스어로 도버해협을 의미하는
'망슈'는 '소매'라는 뜻으로 통함)의 횡단이군요" 하고 샬르 씨가 넌지시 말했다. 그러면서 앙투안의 뒤에 서게 된 때를 이용하여 그의 귀에 대고 재빨리 속삭였다.

"끔찍스러운 일은, 아시겠어요? 그 사람들이 9천 프랑을 요구하고 있다는 점입니다. 거기에 자질구레한 비용까지 합하면 1만 프랑이지요. 1만 프랑 선불이라고 인쇄되어 있습니다. 그런데 들어갔다가 그곳을 나오고 싶을 때는 어떻게 하지요?"

"떠난다고요?" 하고 앙투안이 몸을 돌리며 말했다. 이 사람이 또 무슨 얘길 할지 몰라 당혹해 하고 있었다.

"어머니가 그곳에 3주일도 못 계실 건 분명합니다. 그러니까 그게 할 짓입니까? 올해 일흔일곱이십니다. 그리고 집에서 사신다 해도 1만 프랑을 다 쓰실 수조차 없을 게 분명합니다! 안 그렇습니까?"

"일흔일곱이라고요?" 하고 앙투안은 자기도 모르게 불길한 숫자를 염두에 두며 그의 말을 되받았다.

앙투안은 시간 따위는 잊어버리고 있었다. '어떤 사람에게 주의를 기울여 보면' 하고 그는 생각했다. '곧 그 사람에게서 병을 발견하게 된단 말이야.' 의사로서의 직업적 습관에도 불구하고, 그의 주의력은 자연스럽게 자기 자신에게 집중되어 있어서 그 주의력을 다른 사람에게로 향할 때면 그야말로 옮긴다는 기분이 들고는 했다. '이 멍청이도 분명 환자다' 하고 그는 속으로 생각했다. '환자 샬르.' 그는 이 사나이를 처음 만난 해의 일을 떠올렸다. 학교 부속 신부님들의 추천으로 티보 씨가 방학 동안 개인교사로 샬르 씨를 데리고 왔었다. 방학이 끝난 뒤에는 그 사람의 꼼꼼한 성격에 끌려서 티보 씨가 자신의 개인비서로 채용했던 것이다. '이 작은 사내를 거의 매일 본 지 18년이나 되었건만 나는 그에 대해 아무것도 모르고 있군……'

"어머니는 매우 훌륭한 분입니다" 하며 샬르 씨는 앙투안을 보지도 않고 이야기를 계속했다. "앙투안 씨, 우리 가족이 보잘것없는 사람들이라고 생각하시면 안 됩니다. 저야 아마 그럴 테지요. 하지만 어머니는 전혀 그렇지 않습니다. 어머니는 이런 누추한 생활이 아니라 화려한 일생을 살도록 태어나신 분입니다. 하지만 생 로크의 신부님들이 늘 말씀하시듯이—그분들은 우리 가족과 매우 절친한 분들이랍니다. 사제님께서는 티보 씨의 존함을 익히 알고 계시지요—'각자 자기의 십자가를 지고 있다'라고 그분들은 말씀하시는데 그것은 맞는 말입니다. 그것을 제가 못마땅하게 여기는 것은 아닙니다. 그와 반대였지요. 제가 확신할 수만 있다면야! …… 1만 프랑이야…… 그 뒤에 제가 걱정없이 살 수만 있다면야! …… 그러나 어머니는 그곳에 계시지 않으실 겁니다. 그리고 그 사람들은 제게 돈을 환불해 주지 않을 겁니다. 그 사람들은 용의주도하니까요! 그 사람들은 들어갈 때 온갖 서류들, 수입인지가 붙은 서류에 규정에 맞는 서약을 하게 만듭니다. 마치 아까 말씀하신 경찰서에서처럼 말입니다. 그런데 이 사람들은 그렇게 바보가 아닌 거지요. 1년 뒤에 연락을 해 주지 않습니다. 아무것도 되돌려 주지 않습니다. 한 푼도, 단 한 푼도, 한 푼도 안 줍니다" 하며 그는 빈정거리는 투로 말을 맺었다. 그러더니 어조를 바꾸지 않고 물었다. "친구분께서는 어떻게 하셨습니까? 그걸 찾으러 갔었나요?"

"상아 딸랑이요? 안 갔을 겁니다."

샬르 씨는 생각에 잠긴 듯한 태도였다.

"상아 딸랑이라면 그랬을 겁니다…… 하지만 돈의 경우라면 어땠을까요? 길거리에서 돈을 잃어버린 사람이면 누구나 파리의 모든 경찰서로 당장 달려갈 겁니다! 더구나 자기가 잃어버린 액수보다 더 많이 신고하는 사람들이 틀림없이 있을 겁니다. 아무 증거가 없으니까요."

앙투안은 대답하지 않았다. 샬르 씨는 그를 집요하게 살피면서 빈정거리는 투로 되풀이했다. "무슨 증거가 있겠습니까? 안 그래요?"

"증거라니요?" 하고 앙투안은 짜증을 내며 말했다. "모든 사태를 자세히 신고해야 되지요. 그 돈을 어떻게 잃어버렸는지, 지폐였는지 동전이었는지, 만일에……."

"오, 아닙니다. 그런 얘기가 아닙니다!" 하며 샬르 씨가 앙투안의 말을 세차게 가로막았다. "그 사람들은 지폐였나 동전이었나를 묻지는 않을 겁니다! 자세한 상황이야 묻겠지요. 그건 인정합니다. 하지만 그건 묻지 않을 겁니다!" 그는 정신을 딴 데 팔고 있는 사람처럼 같은 말을 여러 번 되풀이했다. "그건 아닙니다……. 그건 아닙니다……."

앙투안이 시계를 보았다.

"뭐, 당신을 보내려고 그러는 것은 아닙니다만 나는 나가 봐야겠습니다."

샬르 씨는 소스라치며 벌떡 일어나더니 다시 자리에 앉았다.

"선생님, 진찰해 주셔서 감사합니다. 얼른 돌아가서 습포를 하겠습니다……. 귀 안에 솜을 약간 넣으면……. 아무렇지도 않게 되겠지요."

그 작고 초라한 사내가 반들반들하게 윤을 낸 현관의 마룻바닥을 깡충깡충 뛰며 나가는 것을 보고 앙투안은 미소를 금할 수 없었다. 샬르 씨의 신발은 항상 삐그덕거렸다. 그것이 그가 세상을 살아가는 데 '커다란 고역' 중의 하나였다. 그는 구둣방이란 구둣방에는 모두 가서 물어 보았다. 온갖 종류의 신발들, 목이 긴 것과 짧은 것, 몸통가죽과 속 가죽, 구두창도 가죽과 펠트와 고무로 된 모든 종류의 것들을 다 신어 보았다. 발을 치료하는 의사와 상담도 했다. 임시로 고용되어 마루에 초 칠하는 일을 하고 있는 사람의 충고에 따라 식당의 급사나 집안의 하인들을 위해서 특별히 제조된 '소리 안 나는 신'이라 불리는 고무신까지도 신어 보았다. 그러나 모두 소용이 없었다. 그래서 그는 발끝으로 걷는 습관을 가지게 되었던 것이다. 동그란 두 눈에 자그마한 머리통, 알파카 재킷의 뒷자락을 펄럭이며 발끝으로 걷는 모습은 마치 꽁지 빠진 까치 같았다.

"아, 참, 잊고 있었네요!" 하고 문께에 다다른 그가 말했다. "가게 문이 모두 닫혔지. 혹시 잔돈 있으신지요?"

"얼마나요?"

"천 프랑짜린데요."

"어휴" 하고 앙투안이 서랍을 열었다.

"저는 그렇게 큰 돈을 들고 다니는 것은 좋아하지 않는답니다" 하며 샬르 씨가 설명했다. "마침 선생님께서 잃어버린 돈에 관해 말씀하셔서 생각났는데…… 100프랑짜리 10장으로 바꾸어 주실 수 있을지요? 아니면 50프랑짜리 20장은요? 잔돈일수록 위험이 적지요. 이를테면 말입니다."

"없는데요, 500프랑짜리 2장밖엔 없습니다" 하고 서둘러 서랍을 닫으며 앙투안이 말했다.

"그래도 좋습니다" 하고 샬르 씨가 가까이 오며 말했다. "그렇게만 해도 아주 다르지요." 그는 윗도리 안주머니에서 꺼낸 지폐 1장을 앙투안에게 내밀었다. 그리고 재빨리 지폐 2장을 다시 안주머니에 넣는 순간 현관의 초인종이 울렸다. 그 소리가 어찌나 요란했던지 두 사람은 깜짝 놀랐다. 아직 지폐를 채 넣지 못한 샬르 씨가 중얼거렸다. "기다려요, 잠깐만……."

그러나 수위의 목소리임을 알아차린 그의 얼굴 근육의 긴장이 풀렸다. 수위는 주먹으로 문을 두드리며 우렁차게 소리쳤다.

"샬르 씨 이곳에 안 계신가요?"

앙투안이 뛰어가서 문을 열었다.

"여기 계신가요?" 하고 그 수위가 헐떡거리며 외쳤다. "빨리요! 사고가 났어요. 딸아이가 차에 치었어요."

그 말을 들은 샬르 씨가 비틀거렸다. 그가 쓰러지기 직전에 마침 앙투안이 돌아와서 그를 부축해 바닥에 눕히고 젖은 타월로 얼굴을 문질러 주었다. 샬르 씨는 다시 눈을 뜨고 일어서려 했다.

"아, 샬르 씨" 하고 수위가 말했다. "빨리 갑시다. 자동차를 대기시켜 놓았어요."

"죽었습니까?" 하고 앙투안은 그 어린애가 누군지는 생각지도 않고 물었다.

"글쎄요, 거의 가망이 없는 것 같았어요." 수위가 중얼거렸다.

앙투안은 이런 위급한 경우를 위해서 항상 마련해 놓은 왕진용 가방을 선반에서 꺼냈다. 그리고 자크에게 아이오딘팅크 병을 빌려 주었던 일이 생각나 동생의 방으로 뛰어가면서 수위에게 소리쳤다.

"저 사람을 데려가세요. 그리고 잠깐 기다려요. 나도 곧 따라갈 테니까."

튈르리 공원 근처 샬르 가족이 살고 있는 알제 거리의 집 앞에 차가 멎을 때까지도 황설수설하는 수위의 말로는 무슨 일이 났는지 종잡을 수가 없었다. 매일 샬르 씨 마중을 나오는 작은 여자아이 이야기였다. 저녁이 되어도 샬르 씨가 오지 않자 리볼리 거리를 건너려고 했던 걸까? 짐을 실은 삼륜차가 그 아이를 치고는 아이 몸 위로 지나갔다고 했다. 사람들이 모여 있기에 가까이 가본 신문팔이 여인이 땋아내린 머리 모양으로 그 애를 알아보고는 집을 가르쳐 주었던 것이다. 그리고 사람들이 아이를 집으로 옮겨 놓았을 때는 이미 의식이 없었다는 이야기였다.

자동차에 깊숙하게 몸을 푹 숙이고 앉아 있는 샬르 씨는 결코 울고 있지는 않았다. 수위가 새로운 이야기를 할 때마다 흐느꼈으며, 주먹으로 입을 막으면서 소리 내지 않으려고 애쓰곤 했다.

문 앞에는 사람들이 모여 아직도 웅성거리고 있었다. 샬르 씨가 오자 사람들이 길을 비켜 주었다. 앙투안과 수위가 그를 맨 꼭대기층까지 부축해서 데리고 올라가야 했다. 복도 끝의 구석방의 문 하나가 반쯤 열려 있었다. 샬르 씨가 비틀거리며 들어갔다. 수위는 앙투안이 지나가도록 비켜서면서 앙투안의 팔을 붙잡았다.

"내 아내는 눈치가 빨라서 근처 식당에서 저녁을 먹고 있는 의사를 데리러 갔답니다. 만나기나 했으면 좋겠는데요."

앙투안은 고개를 끄덕여 잘했다는 대답을 하고는 샬르 씨를 뒤쫓아 올라갔다. 벽장에서 곰팡내가 나는 빨래 건조실 같은 곳을 지난 다음에 타일이 깔리고 천장이 낮은 어두침침한 방 두 개를 지났다. 그 방은 마당 쪽으로 난 여러 개의 창문이 활짝 열려 있는데도 숨이 막힐 지경이었다. 앙투안은 마지막 방에서 거무칙칙한 납빛 식탁보를 씌운 둥근 식탁에 4인분의 저녁이 준비되어 있는 것을 보았다. 샬르 씨가 어느 문을 열고 밝게 불이 켜진 방으로 들어서자마자 비틀거리며 이렇게 중얼거렸다.

"데데트…… 데데트……."

"쥘르!" 하고 책망하는 듯한 소리가 날카롭게 들려왔다.

먼저 앙투안의 눈에 들어온 것은 장밋빛 실내옷을 입은 여인이 두 손에 들고 있는 등잔뿐이었다. 그 여인의 갈색 머리카락, 이마, 가슴까지 모든 것이 불빛에 환히 빛나고 있었다. 마침내 그 불빛이 비추고 있는 침대와 그 침대 위에 몸을 숙이고 있는 몇몇 그림자가 눈에 들어왔다. 덧문을 통해서 들어오는 황혼빛이 등잔의 불빛에 뒤섞여 있었다. 희미한 불빛에 잠겨 있는 그 방에 있는 모든 것이 비현실적으로 보였다. 앙투안은 샬르 씨가 의자에 앉도록 거들어 주고 나서 침대 쪽으로 다가갔다. 코안경을 끼고 아직 모자도 벗지 않은 청년 하나가 어린 환자의 피투성이 옷가지를 가위로 잘라내고 있었다. 베개에 뉘인 아이의 얼굴은 피가 엉겨붙은 머리카락으로 뒤덮여 있었다. 한 노파가 무릎을 꿇고 의사를 도와주고 있었다.

"살아 있소?" 하고 앙투안이 물었다. 의사가 몸을 돌려 그를 알아보고는 잠시 주저하더니 이마의 땀을 닦고 나서 마침내 자신 없는 투로 대답했다.

"네……."

"샬르 씨를 부르러 왔을 때 마침 내가 함께 있었소" 하고 앙투안이 설명했다. "내가 응급처치에 필요한 것들을 가지고 왔소. 의사 티보입니다" 하며 그는 낮은 목소리로 덧붙였다. "소아과 병원의 내과 과장이오."

그 의사는 일어섰다. 그는 앙투안에게 자리를 내주려고 몸을 움직였다.

"그냥 계속하세요, 계속해요" 하고 앙투안이 한 발 뒤로 물러서며 말했다. "맥박은?"

"거의 없습니다" 서둘러 하던 일을 계속하며 그가 말했다.

앙투안이 갈색 머리의 젊은 여인 쪽으로 눈길을 돌리자 그 근심스런 눈길과 마주쳤다. 그는 그녀에게 이렇게 제안했다.

"최선의 방법은, 부인, 전화로 병원 구급차를 불러서 당장 내 병원으로 데려가는 것입니다만."

"안 됩니다" 하고 누군가가 단호한 목소리로 대답했다.

그제서야 앙투안은 침대 머리에 서 있는 나이 든 여인을 알아보았다. 아마도 할머니인 것 같았다. 그 여인은 물처럼 맑은 농부 같은 눈길로 그를 뚫어지게 바라보았다. 뾰족한 코에, 의지가 굳어 보이는 얼굴선이 비곗덩어리 속에서 드러나 보였고, 목에는 몇 겹의 주름이 잡혀 있었다.

"우리 꼬락서니가 궁금해 보인다는 것은 알고 있습니다" 하며 그 늙은 여인이 체념한 투의 목소리로 이야기를 계속했다. "하지만 우리는 자기의 침상에서 죽는 길을 택한답니다. 데데트를 병원에 보내다니 천부당만부당한 소립니다."

"무엇 때문에 그러십니까?" 하고 앙투안이 물었다.

그 여인은 목의 주름을 펴며 턱을 앞으로 내밀었다. 그리고 침울해 보이나 끝내 물러서지 않겠다는 투로 딱 잘라 말했다.

"그렇게 하는 것을 우리는 좋아하니까요!"

앙투안은 눈으로 젊은 여인을 찾았다. 그녀는 불빛을 받고 있는 자기 얼굴 위에 와서 앉으려고 끈질기게 달라붙는 파리를 계속 쫓고 있었으며, 어떤 의견도 갖고 있는 것 같지 않았다. 그러자 앙투안은 샬르 씨의 의견을 묻기로 했다. 샬르 씨는 앙투안이 자기를 앉히려고 했던 의자 밑에 무릎을 꿇고 주저앉더니, 두 팔로 머리를 감싸쥐고는 더 이상 아무 말도 듣거나 보지 않으려고 했다. 앙투안의 일거일동을 감시하고 있던 노파가 그의 의도를 눈치채고는 선수를 쳤다.

"안 그러냐, 쥘르야?" 샬르 씨는 몸서리를 쳤다. "그렇고말고요, 어머니." 노파는 만족스런 표정을 지었다. 그리고 어머니다운 목소리로 말을 이었다. "거기 그러고 있지 말아라, 쥘르야. 넌 네 방에 가 있는 것이 좋겠다."

샬르 씨는 창백한 이마를 들었다. 안경 너머로 두 눈이 희번덕거리고 있었다. 그는 아무 이의도 제기하지 않고 일어서서 까치걸음으로 그 방을 나갔다.

앙투안은 유감이라는 듯 입술을 깨물었다. 더 이상 이야기해 봤자 분란만 일으킬 것 같아서 그는 서둘러 겉옷을 벗었다. 와이셔츠 소매를 팔꿈치 위로 걷어올리고 침대 머리에 와 무릎을 꿇었다. 그는 거의 언제나 무슨 생각이 떠오르면 그와 동시에 행동을 시작하곤 했다. 그만큼 어떤 문제가 주어졌을 경우 그것을 오랫동안 차분히 검토하는 것이 아니라 되도록이면 빨리 결단을 내려야만 하는 성격이었다. 그에게는 실수를 하지 않는 것보다는 빠르고 과감하게 뛰어드는 것이 더 중요했다. 생각한다는 것은 그에게 어떤 행위에 들어가기 위한 단계에 지나지 않았다. 그것이 비록 너무 성급한 경향이 있더라도.

의사와 떨고 있는 늙은 여인의 도움을 받아 그는 어린 환자의 옷 벗기는 일을 끝냈다. 아이의 야윈 몸은 거의 진회색일 정도로 창백했다. 삼륜차는 아주 난폭하게 어린아이를 깔고 지나간 것이 틀림없었다. 그 아이의 몸 전체가 피하출혈로 뒤덮여 있었고, 허리 아래에서 무릎에 이르는 넓적다리에 검은 선이 비스듬히 지나가 있었다.

"오른쪽입니다" 하고 의사가 정확히 말했다. 과연 오른쪽 다리가 뒤틀려 있었고 안쪽으로 꺾여 있었으며, 피투성이 다리는 형체를 몰라볼 정도여서 왼쪽보다 짧게 보였다. "대퇴골 골절이 아닐까요?" 하고 의사가 물었다.

앙투안은 아무 대답도 하지 않았다. 그는 곰곰이 생각해 보았다. '이 아이는 심한 충격을 받았다. 분명히 다른 것이 있을 거다. 다른 것, 그런데 그게 뭘까?' 그는 슬개골을 만져보았다. 그리고 그의 손가락이 천천히 엉덩이 쪽으로 올라갔다. 그러자 갑자기 무릎에서 몇 센티미터 위의 허벅지 안쪽 눈에 띄지 않을 정도의 상처에서 피가 솟아올랐다.

"바로 그거야!" 하고 앙투안이 외쳤다.

"대퇴부 골절입니까?" 하고 먼저 와 있던 의사가 큰 소리로 물었다.

앙투안은 황급히 일어섰다.

혼자서 결정을 내려야 한다는 사실이 그에게 힘을 북돋아 주었다. 그리고 다른 사람들 앞에서는 언제나 강한 자신감으로 흥분하곤 했다. '외과의사에게 보여야 할까?' 하고 그가 스스로에게 물었다. '아니다. 이 아이는 병원에 닿기도 전에 죽을 것이다. 그러면 누가 하지? 내가? 안 될 게 뭔가? 그리고 다른 방법이 없지 않은가?'

"선생님께서 결합시켜 보시겠습니까?" 하고 의사가 물었다. 그 의사는 앙투안이 아무 말도 않는 것이 답답했는지 물었다.

그러나 앙투안은 그의 질문에 개의치 않았다. '물론이다' 하고 그는 생각했다. '그리고 잠시도 머뭇거려선 안 된다. 어쩌면 벌써 너무 늦었을지도 모른다!' 그는 예리한 눈으로 주위를 살폈다. '결합시킨다. 하지만 뭘로 하지? 어디 보자. 갈색 머리 여인은 허리띠가 없다. 커튼에는 끈이 없고 혹시 고무 줄이라도? 옳지, 내게 있다!' 어느새 그는 조끼를 벗고는 멜빵을 뜯어내 탁 소리를 내며 끊었다. 그리고 나서 다시 무릎을 꿇고 그것을 지혈대 삼아 아이의 허벅지가 시작되는 곳을 꽉 묶었다.

"이제 됐어요. 잠시 숨 좀 돌립시다." 그는 다시 일어서며 말했다. 양쪽 뺨을 따라 땀이 흘러내렸다. 그는 모두의 눈길이 자기에게 집중되어 있음을 느꼈다. "당장 수술하지 않으면 이 아이는 생명을 잃습니다" 하며 그가 짧고 강하게 말했다. "해봅시다."

즉시 모든 사람들이 침대에서 물러섰다. 등잔을 들고 있던 여인도, 겁에 질린 젊은 의사까지도.

앙투안은 이를 악물었다. 긴장되고 살기마저 띤 그의 시선은 그 속으로 완전히 몰입되어 있는 것 같았다. '자' 하며 그는 생각했다. '냉정해야 한다. 수술대는? 그렇지, 들어올 때 보았던 둥근 식탁이 있다.'

"나를 비춰 주시오." 그가 젊은 여인에게 소리쳤다. "그리고 당신, 이리로 오시오" 하고 젊은 의사에게 말했다. 그러고는 재빨리 옆방으로 갔다. '좋아' 하고 그는 생각했다. 여기가 수술실이다.' 그는 식탁에 있던 그릇들을 모아서 한곳에 쌓아 놓았다. '여기에 등잔을 놓자' 하고 그는 생각했다. 그는 마치 연병장에 나와 있는 장군이나 된 듯이 이 집을 마음대로 쓰고 있었다. '이젠 어린애 차례다.' 그는 방으로 돌아갔다. 의사와 젊은 여인은 그의 몸짓에 따라 그가 하라는 대로 움직였다. 그는 의사에게 아이를 가리켰다. "내가 아이를 안고 가겠소. 그리 무겁지 않으니까. 당신은 다리를 받쳐 주시오."

아이의 허리 아래로 손을 들이밀자 약한 신음소리가 났다. 그는 아이를 식탁 위로 옮겼다. 그러고 나서 갈색 머리 여인의 손에서 등잔을 빼앗아 갓을 떼어 내고 쌓아 놓은 접시 위에 올려놓았다. 그는 자기 주위를 둘러보며 잠시 생각했다. '어때? 이만하면 나도 꽤 괜찮은 놈이로군.' 등잔이 도가니처럼 환히 밝혀져 있었고, 불그스레한 어둠 속에서 젊은 여인의 붉은 얼굴과 의사의 코안경이 드러나 보였다. 이따금씩 온몸을 떨고 있는 작은 몸통 위로 잔인한 불빛이 쏟아져 내렸다. 방 안은 소나기에 밀려 들어온 파리떼로 가득했다. 앙투안은 더위와 불안 때문에 땀을 흘리고 있었다. '수술이 끝날 때까지 이 아이는 살아 있을 것인가?' 하고 그는 자문해 보았다. 그러나 알 수 없는 어떤 힘이 그에게 자신감을 불어넣어 주었다. 지금까지 그가 이렇게 자신에 차 있던 적은 없었다.

그는 자기의 의료 가방을 들고 클로로포름 병과 거즈를 꺼내고 나서 그것을 의사에게 내밀었다.

"이걸 어디다가 놓고 열어놓으시오. 찬장 위에요. 재봉틀을 치우시오. 안에 있는 것을 모두 다 꺼내놓으시오."

그러고 나서 약병을 든 채 몸을 돌리는 순간 문지방의 어두운 그늘 속에서 사람의 그림자를 보았다. 두 노파가 꼼짝 않고 서 있었던 것이다. 한 여인은 샬르 어머니였는데, 부엉이처럼 커다란 두 눈으로 뚫어지게 바라보고 있었다. 다른 여인은 두 손을 모아서 입을 누르고 있었다.

"저리 가세요!" 하고 그가 명령했다. 노파들이 침대가 있던 방의 그늘 속으로 뒷걸음치는 것을 보자 그는 반대쪽을 가리키며 소리쳤다. "아니에요! ……더 멀리. 저쪽으로!"

그들은 그의 말에 따르며 말 한 마디 하지 않고 방을 가로질러 나갔다.

"당신은 말고!" 그는 노파들을 뒤따라가려는 갈색 머리 여인에게 짜증을 내며 소리 질렀다.

그녀가 홱 돌아섰다. 잠시 그는 그녀를 바라보았다. 약간 살이 찌긴 했으나 아름다웠다. 슬픔 때문인지 그 얼굴이 더욱 고상해 보였다. 냉정하고 성숙한 표정이 그의 마음에 들었다. 그는 본의 아니게 이런 생각을 했다. '안됐지만 나는 이 여자가 필요해!'

"당신이 어머니요?" 하고 그가 물었다. 여인이 고개를 가로저었다.

"아닙니다."

"아, 다행입니다" 하고 말하면서 그는 거즈를 적시고 재빨리 아이의 코위에 펴놓았다. "자, 이쪽에 와서 이것을 붙잡으시오" 하고 그녀에게 약병을 건네며 말했다. "내가 신호를 하면 약 방울을 떨어뜨리시오."

방 안에 온통 클로로포름 냄새가 퍼졌다. 어린애가 신음소리를 내다가 몇번 깊은 숨을 들이마시더니 잠잠해졌다.

그는 마지막으로 다시 점검해 보았다. 모든 준비는 끝났다. 남은 일은 전문적인 기술의 문제뿐이었다. 결정적인 순간이 온 것이다. 앙투안의 불안은 마치 요술처럼 사라졌다. 그는 동료 의사가 찬장 위에 수건을 펴고 의료 가방에 있던 물건을 다 늘어놓은 곳으로 갔다. "어디 보자" 하며 그는 마치 잠시 시간을 벌려는 듯이 중얼거렸다. '기구 상자, 좋아! 메스, 핀셋들, 거즈 상자, 솜, 좋아! 알코올, 카페인, 아이오딘팅크 따위들이 모두 있다. 시작하자.' 또다시 의기가 충천함을 느꼈다. 행동을 일으키는 즐거운 도취감. 무한한 자신감. 당장에라도 폭발할 듯한 긴장된 행동력. 그리고 무엇보다도 자신이 훌륭하게 자랐다고 느낄 때의 황홀감.

그는 고개를 들어 잠시 젊은 의사의 눈을 들여다보았다. 그는 이렇게 말하는 듯했다. '당신은 배짱이 있소. 당신과 나 단 둘 뿐이오. 쉬운 일은 아니오.' 상대는 꼼짝도 하지 않았다.

이제 그는 맹목적인 주의력을 가지고 앙투안의 모든 행동을 지켜보고 있었다. 그는 수술만이 살아날 유일한 길임을 잘 알고 있었지만 혼자였다면 엄두도 못 냈을 것이다. 그러나 앙투안과 함께라면 무엇이든 해낼 것 같았다.

'애송이지만 쓸모가 있군' 하고 앙투안은 생각했다. '다행이지 뭔가. 어디보자. 대야. 까짓 것! 무슨 소용이 있담? 이걸로도 충분해.' 그는 아이오딘팅크 병을 들어서 두 팔의 팔꿈치까지 발랐다.

"당신 차례요" 하고 동료 의사에게 아이오딘팅크 병을 건네며 앙투안이 말했다. 상대는 코안경의 유리알을 열심히 닦고 있었다.

창문에서 날카로운 번개가 번쩍 비치더니 요란한 천둥소리가 뒤따라 들렸다. '축하의 팡파르를 울리기엔 아직 이른데' 하고 앙투안은 생각했다. '아직 메스도 잡지 않았으니까. 저 여자는 태연하군. 이것으로 신경이 진정될 거고, 기분도 상쾌해지겠지. 이 방 온도는 35도는 되나보군. 덥다.' 그는 거즈를 집어서 수술 범위를 국한시키기 위해 다리 둘레에 펴 놓았다.

그는 젊은 여인 쪽으로 눈길을 돌렸다.

"클로로포름 몇 방울. 그만. 됐어요."

'저 여자는 전쟁터의 병사처럼 말을 잘 듣는군' 하고 그는 생각했다. '하지만 아까의 그 여자들이란!' 그리고 나서 부어오른 작은 허벅지를 주의 깊게 바라보며 침을 삼켰다. 그리고 메스를 들었다.

"시작합시다."

그는 정확한 동작으로 절개를 시작했다.

"닦아 내시오" 하고 옆에서 몸을 기울이고 들여다보는 새내기 의사에게 말했다. '지독히 말랐구나' 하고 그는 생각했다. '이 정도면 곧 환부를 찾아낼 수 있겠군. 저런, 우리 데데트가 코를 골고 있구나. 좋아. 빨리 하자. 이젠 견인기(牽引器)다.' "부탁합니다" 하고 그는 작은 소리로 말했다. 의사는 피가 묻은 솜을 내려놓고 견인기를 잡고서 환부를 벌렸다.

앙투안은 잠시 손을 멈추었다. '좋아' 하고 그는 생각했다. '소식자(消息子)는? 여기 있다. 헌터씨 관 속이다. 전형적인 연결 케이스다. 다 잘되어 가고 있다. 번쩍! 벼락이 떨어졌군. 그리 먼 곳이 아닌 모양이다. 루브르 근처인가. 아니면 '생로슈의 친구들' 위에 떨어졌을지도 모르지……' 그는 자신이 매우 침착하다고 느꼈다. 이제는 더 이상 이 어린아이와 그리고 코앞에 닥친 죽음에 대해서 불안을 느끼지 않았다. 그는 즐거운 듯이 '헌터씨 관 속에서의 대퇴골 연결'을 생각하고 있었다.

'번쩍! 또 번개가 치는군. 비는 별로 오지 않으면서 숨 막힐 정도로 무덥구나. 동맥이 골절 부위에서 끊겨 있다. 뼈 끝이 동맥을 끊어 놓은 거다. 그리 대단치는 않다. 다만 이 아이에겐 흘려도 될 만큼 피가 많지 않았어…….' 그는 흘긋 아이 쪽을 바라보았다. '음…… 서두르자! 쉬운 케이스이긴 해도 뭉기적거리고 있으면 죽는다…… 지혈 집게, 좋아. 하나 더. 번쩍! 이놈의 번갯불은 멈출 줄 모르는군. 평범한 도구밖에 없는데…… . 납작한 견사밖에 없으니 할 수 없지.' 그는 튜브를 깨뜨려 실패를 꺼낸 다음 집게로 집어놓은 근처를 꿰맸다. '이제 됐다. 목적은 이룬 셈이다. 이런 나이의 아이들에게는 방계 혈액순환만으로도 충분하다. 나는 멋진 녀석이다. 내 천직을 어떻게 막을 수 있으랴? 나는 외과의사, 훌륭한 외과의사가 될 수 있는 모든 재질을 갖추고 있다…… .' 아무 말이 없는 가운데 멀어져 가는 천둥소리 사이에서 견사 끝을 자르는 가위 소리만이 들렸다. '모든 것이 갖추어져 있다. 주의력, 침착성, 과단성, 뛰어난 기술…… ' 별안간 그는 귀를 기울여 보았다. 그러더니 얼굴이 창백해졌다.

"제기랄" 하고 그는 낮은 목소리로 말했다.

아이는 이젠 숨을 쉬고 있지 않았다.

그는 여인을 거칠게 밀어제치고 환자의 얼굴을 덮고 있던 거즈를 떼어 내고 심장에 귀를 갖다 댔다. 의사와 여인은 앙투안에게 눈길을 둔 채 무슨 일인가 하고 기다리고 있었다.

"그렇지! 아직은 숨을 쉬고 있어" 하고 그는 중얼거렸다. 그는 아이의 손목을 잡았다. 그러나 맥박이 너무 빨라서 세기를 단념했다. "이거 참!" 하고 그는 탄식했다. 잔뜩 찌푸리고 있던 그의 얼굴이 더욱 일그러졌다. 돕고 있던 두 사람은 그의 눈길이 자기들에게 쏟아지고 있음을 느꼈다. 그러나 그는 그 두 사람을 보고 있지 않았다.

그는 단호한 투로 명령했다. "당신은 집게를 떼어 내고 붕대를 감아 주시오. 그리고 지혈대도 풀어 버리고, 빨리요…… . 당신은 뭐 쓸 것을 좀 주시오. 필요 없소. 내 수첩이 있으니까." 그는 몹시 흥분해서 솜뭉치로 손을 닦았다. "몇 시나 됐지? 아직 9시가 안 됐군. 약국은 열려 있어. 빨리 뛰어갔다 오시오."

여인은 그의 앞에 서 있었다. 가운의 앞섶을 여미는 듯한 엉거주춤한 여인의 몸짓을 보자 그는 거의 벗다시피 한 그런 옷차림으로 밖에 나가기를 망설이고 있음을 알아챘다. 순간 그는 그 옷 속에 있는 풍만한 육체를 그려 보았다. 처방전을 휘갈겨 쓰고 거기에 서명을 했다.

"1리터짜리 주사 앰플 1개입니다. 뛰어갔다 오세요, 부인, 빨리요!"

"저어, 만일에?" 하고 그녀가 더듬거리며 말했다.

그는 그녀의 얼굴을 빤히 바라보았다. "문이 닫혀 있다면" 하고 그가 소리쳤다. "초인종을 누르세요. 그리고 열어줄 때까지 문을 두드리세요! 자 빨리!"

그녀는 몸을 돌려 황급히 나갔다. 앙투안은 그녀가 뛰어가는 것을 확인한 다음 의사 쪽으로 몸을 돌렸다.

"혈청을 한번 해 봅시다. 피하주사는 말고요. 그건 이젠 소용이 없습니다. 정맥주사로 해 봅시다. 마지막 기회요." 그는 식기선반 위에서 2개의 작은 앰플을 집어들었다. "지혈대는 풀었지요? 좋습니다. 계속해서 캄플주사를 놓아주십시오. 그리고 카페인도 하나. 반만……. 빨리 서둘러주세요."

그는 다시 아이 옆으로 돌아가서 가냘픈 손목을 잡았다. 이제 아무것도 느낄 수 없었다. 점점 빨라지는 떨림만이 겨우 있을 뿐이었다. '이번에는' 하고 그는 생각했다. '전혀 맥박을 셀 수가 없군.' 그 순간 마음이 약해지며 절망적인 느낌이 들었다.

"에이, 제기랄" 하고 그는 말을 더듬었다. "다 순조롭게 진행되었건만 그것이 아무 소용없게 되다니!"

시시각각으로 어린아이의 얼굴은 새파래지고 있었다. 아이는 죽어가고 있었다. 앙투안은 반쯤 열린 입술 옆에서 거미줄보다도 더 가느다란 두 가닥의 머리카락이 간격을 두고 팔락거리는 것을 보았다. 아이는 여전히 숨을 쉬고 있었던 것이다.

'저 사람은 근시인데 그리 서툴지는 않군' 하고 그는 주사를 놓고 있는 의사를 보면서 생각했다. '하지만 우리는 이 아이를 구하지 못할 거야.' 그는 슬프다기보다는 분한 생각이 들었다. 그는 의사다운 무감각함을 지니고 있었다. 의사들에게 타인의 고통이란 자신의 경험이나 이익, 그리고 직업적인 흥미를 뜻하며, 그들은 타인의 고통이나 죽음에 의해서만 스스로를 풍부하게 만드는 것이다.

바로 그때 문을 두드리는 소리가 난 것 같아서 그는 돌아온 여인을 맞으려고 뛰어나갔다. 과연 그녀였다. 그녀는 헤엄치는 듯한 발걸음으로 뛰어들어오면서 숨차하는 모습을 보이지 않으려고 애썼다. 앙투안은 그녀가 들고 있는 약봉지를 빼앗다시피 집어 들었다.

"더운 물" 하고 앙투안은 그녀에게 고맙다는 말을 하는 것조차 잊고 있었다.

"끓인 물 말입니까?"

"아니, 혈청을 미지근하게 만들 거요. 빨리요."

그가 꾸러미를 채 풀기도 전에 여인은 어느새 김이 나는 냄비를 가지고 왔다. 이번에는 그녀를 바라보지도 않고 중얼거렸다. "됐어, 아주 좋아요."

시간이 없었다. 그는 즉시 주사액이 든 앰플 끝을 깨고 그 안에 고무 튜브를 끼웠다. 벽에 나무로 조각된 스위스제 온도계가 걸려 있었다. 그는 한 손으로 그것을 떼어 내고 그 못에 앰플을 걸었다. 그리고 나서 더운 물이 담긴 냄비를 들고 잠시 망설인 뒤 그 안에 고무 튜브를 넣고 감았다. '혈청이 튜브 안을 통과하면서 덥혀질 거다. 기발한 생각이야!' 하고 그는 생각했다. 그는 새내기 의사가 자기의 행동을 보고 있는지를 확인하려고 그쪽을 흘긋 보았다. 그런 다음 그는 아이에게로 돌아와서 축 늘어진 팔을 쳐들어 아이오딘팅크를 바르고 메스로 첫줄을 가늠한 다음 소식자로 찔러 보고 나서 혈관에 바늘을 꽂았다.

"들어가는군" 하고 그가 소리쳤다. "맥을 짚어 보시오. 나는 움직이지 못하니까."

완전한 침묵 속에 지루한 길고 긴 몇 분이 지나갔다. 앙투안은 땀에 흠뻑 젖은 채 가쁜 숨을 쉬며 눈꺼풀에 주름을 지으면서 기다리고 있었다. 그는 바늘에서 시선을 떼지 않았다.

마침내 그는 앰플을 올려다보았다.

"얼마나 들어갔소?"

"거의 반 리터 정돕니다."

"맥박은요?"

의사는 아무 대답 없이 고개를 가로저었다.

견디기 어려운 불안 속에서 다시 5분이 흘러갔다. 앙투안은 다시 앰플을 쳐다보았다.

"얼마나 들어갔소?"

"3분의 1정도 남았습니다."

"맥박은요?"

의사는 머뭇거렸다. "잘 모르겠습니다. 어쩌면 조금…… 아주 조금 맥이 돌아온 것 같기는 합니다만……."

"셀 수 있겠소?"

침묵.

"아니요."

'맥박이 돌아오기만 하면……' 하고 앙투안은 생각했다. 그는 지금 죽어가는 이 아이를 살릴 수만 있다면 자기 생명의 10년이라도 바칠 수 있을 것 같았다. '몇 살일까? 일곱 살쯤? 내가 이 아이의 목숨을 구해 준다 하더라도 이런 지저분한 곳에 놔두면 10년도 못 가서 결핵에 걸리겠지. 한데 살릴 수는 있을까? 지금이 고비다. 위험한 고비다…… 제기랄. 하지만 나로서는 할 수 있는 일은 다 했다! 혈청이 들어가고 있다. 그러나 그것도 지금은 너무 늦었다…… 기다려 보는 거다…… 그 밖에 아무런 방법이 없다. 더 이상 할 일이 아무것도 없다. 기다릴 뿐이다…… 이 여인은 정말 잘 도와주었어. 아름다운 여인이군. 어머니는 아니라고 했지. 그럼 누굴까? 샬르는 지금까지 이런 사람들에 관해서 아무 이야기도 한 적이 없었다. 그의 딸은 아니겠지? 뭐가 뭔지 모르겠군. 그리고 노파, 그 노파의 태도하고는…… 하지만 모두들 내가 하라는 대로 말은 잘 들었어. 갑자기 여기 있는 사람들이 나에게 보이는 존경심. 모두들 내가 누군지 알게 되었어. 정력이 넘치는 집안에서 태어난 나를! …… 한데 어쩌됐건 성공해야 할 텐데…… 과연 성공할까? 아니야, 여기까지 데려오는 동안 이미 너무 많은 피를 흘린 것이 분명해. 아무튼 현재로서는 나아지는 낌새가 전혀 없다. 아, 제기랄!'

그는 아이의 창백해진 입술과 여전히 틈을 두고 팔락거리는 한 가닥의 금발을 바라보았다. 호흡이 전보다 조금 뚜렷해진 듯이 보였다. 착각일까? 30초쯤 지나갔다. 감지할 수 없을 정도로 가는 숨결이 가슴을 부풀게 했다가 마치 남은 목숨을 거두어 가려는 듯이 천천히 가슴을 빠져나갔다. 앙투안은 눈을 고정시킨 채 한순간 어찌할 바를 모르고 있었다. 아니다. 아이는 여전히 숨을 쉬고 있다. 기다려야 한다. 언제까지나 기다리고 또 기다려 보는 거다.

조금 뒤에 또 다른 숨을, 이번에는 꽤 또렷하게 들리는 한숨을 내쉬었다.

"얼마나 들어갔소?"

"거의 다 비었습니다."

"맥박은? 맥박은 돌아왔나요?"

"네."

앙투안은 안도의 한숨을 쉬었다. "셀 수 있겠소?"

의사는 시계를 꺼내고 코안경을 고쳐 쓴 뒤 잠시 입을 다물고 있다가 말했다. "140…… 또는 150쯤 됩니다."

"없는 것보다 낫군" 하고 앙투안은 토해 내듯이 말했다.

그는 자기도 모르게 밀려오는 커다란 안도감과 필사적으로 싸우고 있었다. 그러나 그것은 결코 꿈이 아니었다. 확실히 얼마쯤의 차도가 있었다. 호흡이 더욱 고르게 이루어져 가고 있었다. 그는 움직이지 않으려고 무척 애를 써야만 했다. 어린애처럼 휘파람을 불고 노래하고 싶은 생각이 들었다. '이건—아무것도—없는—것보다는—낫다. 나—나—나' 하고 그는 아침부터 뇌리에서 떠나지 않고 있는 노래의 곡조에 가사를 붙여서 속으로 흥얼거렸다. '내 마음속에…… 내 마음속에 잠들어 있는…… 나—나—나…… 뭐가 잠들어 있을까? 아, 그거다!' 하고 그는 문득 생각했다. '달빛이다! 여름 달빛!'

내 마음속에 달빛이 잠들다.
아름다운 여—름 달—빛이……

그는 한순간 후련한 느낌을, 진정으로 기뻐서 어쩔 줄 모르는 느낌이었다. '이 아이는 살아났다' 하고 그는 생각했다. '무슨 일이 있어도 살아나야 한다!'

아름다운 여름 달빛이……

"앰플이 비었습니다" 하고 의사가 말했다.

"됐어요!"

바로 그때 그가 눈을 떼지 않고 있던 아이가 몸을 약간 떨었다. 앙투안은 이제 마음이 놓이는 듯 쾌활하게 젊은 여인 쪽으로 몸을 돌렸다. 그녀는 15분쯤 전부터 찬장에 기댄 채 눈썹 하나 까딱하지 않고 있었다.

"자, 부인" 하며 그는 무뚝뚝한 투로 말했다. "아니, 주무시는 겁니까? 탕파(湯婆)는 어떻게 됐지요?"

어리둥절해 하는 그녀의 모습에 그는 미소를 짓고 말았다.

"예, 부인, 말할 필요도 없는 거지요! 이 아이의 발을 덥히기 위한 뜨거운 물주머니 말입니다!"

그녀의 시선 깊은 곳에서 잠시 즐거운 빛이 반짝이더니 이내 밖으로 나갔다.

앙투안은 더없는 조심성과 애정을 담아서 몸을 굽혀 바늘을 뽑은 뒤, 손가락 끝으로 그 작은 상처 위에 거즈를 덮었다. 이어 그는 맥을 짚어 보았다. 손은 여전히 죽은 것처럼 축 늘어졌다.

"아무튼 캄플을 1병 더 놓아주십시오. 우리는 최선을 다했습니다." 그는 속으로 이렇게 덧붙였다. '희망을 가져 본다 해도 놀랄 일은 아니겠지…….' 새삼스럽게 어떤 힘, 경쾌한 힘이 그의 사기를 북돋아 주었다.

여인이 어느새 더운 물을 넣은 주머니를 안고 다시 나타났다. 그녀는 잠시 머뭇거렸다. 그러나 앙투안이 아무 말도 하지 않자 아이의 발치로 다가갔다.

"그렇게 해서는 안 돼요, 부인" 하고 앙투안은 아까처럼 퉁명스러우면서도 쾌활한 투로 말했다. "아이가 화상을 입을 거요! 이리 줘요. 뜨거운 물주머니를 싸는 법까지 가르쳐 줘야 하다니!"

이번에는 미소를 띠면서 방바닥에 떨어져 있는 둥글게 접힌 냅킨을 주워서는 고리를 빼어 찬장 위에 놓고 그 냅킨으로 탕파를 싸서 아이의 두 발 밑에 대 주었다. 여인은 그의 얼굴을 갑자기 젊어 보이게 하는 상큼한 미소에 놀라 그를 물끄러미 바라보았다.

"이 아이가…… 살아날까요?" 하고 여인이 용기를 내어 물었다.

그는 아직은 그렇다고 대답할 수가 없었다.

"1시간 뒤에 대답해 드리겠습니다." 그가 못마땅한 듯 말했다. 그녀는 그의 말의 뜻을 정확히 이해했다. 그녀는 대담하면서도 감탄으로 가득 찬 눈길로 그를 빤히 바라보았다.

'이 아름다운 여인은 도대체 여기서 뭘 하는 걸까?' 하고 앙투안은 세 번째로 자문해 보았다. 그러고 나서 문 쪽을 가리키며 물었다.

"다른 사람들은요?"

그녀는 보일 듯 말 듯한 미소를 지었다.

"기다리고 있어요."

"가서 그 분들을 안심시켜 드리세요. 잠자리에 들라고요. 그리고 당신도 가서 좀 쉬세요."

"아, 저야 뭐……" 하고 그녀는 물러가며 중얼거렸다.

"아이를 침대로 옮깁시다" 하고 앙투안이 의사에게 제의했다. "아까처럼 다리를 잡아 주십시오. 베개를 치우고 머리를 낮게 해야 합니다. 그런 다음에 도구를 설치해 보도록 합시다……. 그 수건을 이리 주세요. 그리고 끈 뭉치도. 즉석 견인장치를 만들어 봅시다. 끈을 침대의 쇠막대기 사이로 넣어 주십시오. 철제 침대란 퍽 편리하군요. 이제는 무게 나가는 추가 필요합니다. 아무 거라도 좋아요! 이 화분. 아니 그건 안 되겠군, 저기 더 좋은 게 있군. 저 다리미. 여기엔 필요한 모든 게 다 있군요. 네, 바로 그거예요. 이리 주세요. 자! 완벽하게 설치하는 것은 내일 합시다. 우선은 이 정도로 견인 노릇하는 데는 충분하니까요……. 안 그렇습니까?"

의사는 아무 대답도 하지 않았다. 라자로(《요한복음》에 나오는 인물로 죽은 지 나흘이 되어 이미 몸에서 썩은 냄새가 날 때 예수가 회생시켜 주었다)가 관 속에서 일어났을 때 구세주를 바라보았던 마르타(《요한복음》 제11장에 나오는 인물로서 라자로의 누이)의 눈길과 같은 눈으로 앙투안을 뚫어지게 바라보았다. 그의 입술이 희미하게 열렸다. 그는 간신히 더듬거리며 말했다. "기구들을…… 챙겨도 되겠습니까?"

수줍은 듯한 이 목소리에 어떤 쓰임새가 있기를 바라는 마음, 헌신하고 싶다는 커다란 욕구가 메아리치고 있어서 앙투안은 지도자가 된 듯한 흐뭇함을 느꼈다. 방에는 두 사람뿐이었다. 그는 청년에게 다가서서 그의 두 눈을 뚫어지게 바라보았다.

"당신은 훌륭했소."

그 말에 상대는 숨이 막히는 것 같았다. 젊은 의사보다 더 겸연쩍어진 앙투안은 그에게 대답할 틈을 주지 않았다.

"자, 이젠 집으로 돌아가십시오. 늦었어요. 여기에 두 사람이 다 있을 필요는 없소." 머뭇거리다가 또 이렇게 말했다. "이 아이는 살아났다고 말 할 수 있을 것 같소. 내 생각이지만. 그래도 혹시 무슨 일이 있을지 모르니까 제가 여기에 있겠습니다. 당신만 괜찮다면" 하며 앙투안이 이야기를 계속했다. "이 아이가 당신의 환자라는 것을 알고 있기에 하는 말입니다. 물론 그렇습니다. 나야 증상이 뚜렷했으므로 긴급히 뛰어들었을 따름입니다. 내일이 되면 환자를 즉각 당신에게 돌려 드리겠습니다. 안심하세요. 당신은 훌륭한 의사입니다." 그는 이렇게 말하며 의사를 문까지 배웅했다. "정오쯤에 와서 봐 주시겠습니까?" 하며 그가 덧붙여 말했다. "나는 병원 일이 끝난 뒤에 들르겠습니다. 치료 방법에 관해 상의해 봅시다."

"메트르^{(대가(大家)를}, 저는…… 저는 정말 매우 감격해 마지않습니다…… 선생님과……."

앙투안이 '메트르'라는 소리를 듣기는 이번이 처음이었다. 그는 마음속 깊이 이 말이 풍기는 향기를 음미했다. 그리하여 무의식적으로 젊은이에게 두 손을 내밀었다. 그러나 이내 제정신이 들었다.

"메트르라니요. 당치 않습니다" 하고 그는 목소리를 바꾸어 말했다. "학생입니다. 견습생이지요. 그냥 단순한 견습생입니다. 당신과 마찬가지로. 다른 모든 사람들처럼. 다들 하는 것처럼 시도해 보고 더듬어 가며 해보는 겁니다…… 할 수 있는 것을 하는 거죠. 그것만으로도 대단한 일이기는 합니다만."

앙투안은 초조한 마음으로 젊은 의사가 어서 가주기를 바랐다. 혼자 있고 싶어서일까? 그런데 젊은 여인이 돌아오는 발소리를 듣자 그의 표정은 아연 활기를 띠었다.

"가서 주무셨던 것이 아닙니까, 부인?"

"괜찮아요."

그는 더 이상 강요하지 않았다.

아이가 신음을 했다. 딸꾹질을 하더니 가래가 나왔다.

"좋아, 데데트야!" 하고 그가 말했다. "아주 좋아!" 그는 맥을 짚어 보았다. "120. 점점 좋아지는군." 그는 미소를 짓지도 않고 여인을 바라보았다. "이젠 정말 염려할 것 없겠습니다."

그녀는 아무 말도 하지 않았다. 앙투안은 그녀가 자신을 굳게 믿고 있음을 느꼈다. 그는 무슨 말인가 하고 싶기는 했으나 막상 어떻게 시작해야 할지 몰랐다.

"당신은 아까 아주 침착하게 움직이셨습니다" 하고 그는 말했다. 그리고 분위기가 어색해지면 언제나 그렇듯 단도직입적으로 물었다. "이 집과는 어떤 사이십니까?"

"저요? 무관한 사이예요. 그냥 이웃일 뿐이에요. 친구 사이도 아니고요. 단지 저는 6층에 살고 있어요……."

"그럼 이 아이의 어머니는요? 뭐가 뭔지 도무지 모르겠군요."

"아이 어머니는 죽었다나 봐요. 알린느 할멈의 여동생이었다는데."

"알린느 할멈?"

"하녀 말입니다."

"손을 떨던 그 노파 말입니까?"

"그래요."

"그렇다면 이 아이는 샬르 씨의 친척이 아니군요?"

"그렇죠. 알린느 할멈이 이곳에서 키우고 있는 조카예요. 물론 모든 비용은 샬르 씨가 대고 있지만."

두 사람은 서로를 향해 몸을 약간 숙인 채 낮은 목소리로 말하고 있었다. 그래서 앙투안은 아주 가까이서 여인의 입술, 두 뺨, 눈이 번쩍 뜨일 만큼 건강미 넘치는 육체를 볼 수 있었다. 그녀의 육체는 피로 때문에 어떤 아름다움마저 더해 주고 있었다. 그는 몹시 지쳐 나른한 동시에 흥분해 있는 본능에 무력해짐을 느꼈다.

아이가 잠결에 몸을 뒤척이기 시작했다. 둘은 침대 쪽으로 다가갔다. 아이는 두 눈을 가늘게 떴다가 다시 감았다.

"불빛이 너무 환한가 봐요." 여인이 말하며 등잔을 들어서 멀리 구석진 곳에 갖다 놓았다. 그리고 그녀는 아이의 머리맡으로 되돌아와 이마에 송글송글 맺혀 있는 땀을 닦아 주었다. 그녀가 몸을 숙였을 때 그녀에게서 눈을 떼지 않고 있던 앙투안은 몸이 오그라드는 느낌이었다. 마치 그림자 그림처럼 가운을 통해 자기 앞에서 옷을 벗은 것처럼 정확한 육체의 곡선이 어지럽게 그의 눈에 들어왔던 것이다. 그는 숨을 죽였다. 눈이 타는 듯한 느낌과 함께 역광 속에서 그녀가 숨을 쉬는 데 따라 그녀의 젖무덤이 부드럽게 오르락내리락하는 모습을 보고 있었다. 갑자기 얼어붙은 것처럼 앙투안은 두 주먹을 꽉 쥐었다. 앙투안으로서는 이렇게 갑작스럽게 미칠 듯이 한 여자를 탐내 보기는 처음이었다.

"라셀 아가씨……" 하고 누군가가 속삭이듯 말했다.

그녀는 몸을 일으켰다.

"알린느 할멈이 아이 곁에 와 보고 싶대요." 그녀는 미소를 지으며 할멈을 위해 중재하는 것 같았다. 앙투안은 제삼자가 오는 것이 못마땅했다. 그렇다고 오지 말라고 할 수는 없는 노릇이었다.

"이름이 라셀이신가요?" 하고 그가 더듬으며 말했다.

"네, 네. 들어오라고 해도 되겠지요?"

그는 노파가 침대 옆에 가서 무릎을 꿇는 모습을 보자 곧장 열린 창문께로 갔다. 관자놀이가 욱신거리고 있었다. 밖에서는 바람 한 점 들어오지 않았다. 지붕들 너머로 저 멀리에서 때때로 번쩍하는 번갯불이 하늘을 파랗게 비추곤 했다. 그는 그제서야 비로소 피로를 느꼈다. 서너 시간을 계속해서 서 있었던 것이다. 어디 앉을 데가 없을까 찾아보았다. 두 창문 사이의 타일 위에 깔아 놓은 2장의 아기 침대용 매트리스가 등 없는 긴 의자 노릇을 하고 있었다. 이것이 틀림없는 데데트의 잠자리이고, 이 방은 알린느 할멈의 방인 모양이었다. 그는 그 누추한 침대 위에 털썩 주저앉아서 벽에 등을 기댔다. 그리고 또다시 아무 저항감 없이 자기의 욕정에 몸을 내맡겼다. 투명한 가운을 통해 비치는 또렷한 유방의 선과 그것이 팔딱거리는 모습을 다시 한 번 보았으면! 그러나 라셀은 이제 불빛 속에 있지 않았다.

"아이가 다리를 움직이지 않았나요?" 하고 그는 몸을 일으키지 않고 중얼거렸다. 그녀가 침대 가까이로 다가가자 그녀의 온몸이 실내복 안에서 물결쳤다.

"아니요."

앙투안의 입술이 바짝 타들어 갔다. 그리고 그는 두 눈에서 무엇인가 여전히 타는 듯한 것을 느꼈다. 그는 어떻게든 라셀을 램프 앞으로 다가가게 할 궁리만 했다. "아이 얼굴은 여전히 창백한가요?"

"아까보다는 좋아졌어요."

"아이 머리를 똑바로 놔 주십시오. 매트리스와 수평으로, 그리고 똑바로요……."

그러자 그녀가 불빛의 범위 안으로 들어섰다. 그러나 등잔과 앙투안 사이를 잠시 지나갔을 뿐이었다. 그러나 그의 욕망을 다시 일으키는 데는 이 짧은 순간으로도 충분했다. 그는 두 눈을 감고 벽에 등을 한껏 기댈 수밖에 없었다. 이를 악문 채 그 신비로운 환상 앞에 눈을 감고 그대로 꼼짝 않고 있었다. 여름에 풍기는 매연과 오물, 아스팔트의 먼지 냄새 같은 도시의 악취가 숨 막히게 했다. 파리 떼가 총알처럼 전등갓에 와서 부딪치는가 하면 앙투안의 땀에 젖은 얼굴에도 끈질기게 달라붙었다. 이따금씩 교외의 하늘에선 아직도 천둥소리가 들려왔다.

차츰 더위와 흥분과 참기 어려운 고통이 그의 힘을 쇠잔시켰다. 그는 자신을 엄습하는 무기력 상태를 의식하지 못했다. 근육이 느슨해졌고 두 어깨는 힘없이 벽에 내맡겨졌다. 그는 잠이 들었다.

앙투안은 어떤 특별한 흥분을 느끼며 잠에서 깼다. 반수면상태에서 완전히 깨어나지 못했으면서도 뭔가 유쾌한 느낌이 들었다. 그는 오랫동안 따뜻하고 쾌적한 행복감에 잠겨 있었다. 그의 몸의 어느 부분으로, 그의 한계의 어느 지점으로 이런 포근한 행복감이 스며들어 오는지 알아차린 것은 한참 뒤의 일이었다. 그것은 그의 다리였다. 그 순간 그는 누군가가 자기 옆에 와서 앉아 있다는 사실, 그리고 자기 허벅지께에 느껴지는 따뜻함이 살아 있는 육체로부터 나온다는 사실을 알았다. 그리고 그 육체에서 나오는 따뜻함이 라셀로부터 나오고 있으며, 자기가 느끼고 있는 것은 사실상 육욕적인 쾌락이라는 것, 그리고 그 원인을 알게 된 뒤에 그 쾌락이 더욱 커졌다는 것도 알게 되었다. 그녀가 잠들며 그에게로 미끄러져 기대게 되었던 것 같았다. 그는 꼼짝도 하지 말아야겠다는 생각을 했다. 그의 정신은 완전히 깨어 있었다. 두 사람의 옷을 통해서 두 허벅지가 서로 닿는 부분은 한 뼘 정도밖에 되지 않는 넓이였지만 그 순간 앙투안의 모든 감각은 그 지점에 모아져 있었다. 그는 숨을 헐떡이며 조금도 움직이지 않고, 지각은 놀랄 만큼 명석한 상태로 있었다. 이 두 체온의 결합 속에서 그는 기나긴 입맞춤에서보다도 더 자극적인 쾌감을 맛보았던 것이다.

갑자기 라셀이 잠에서 깼다. 그녀는 두 팔을 쭉 뻗고는 천천히 그에게서 떨어져 몸을 일으켰다. 그는 그녀가 움직이는 바람에 잠이 깬 척했다. 그녀는 미소를 지으며 고백했다.

"깜박 잠이 들었나 봐요."

"나도요."

"날이 새고 있어요." 그녀는 머리 매무새를 고치려고 손을 올리며 말했다.

앙투안은 자기 시계를 보았다. 4시 조금전이었다.

아이는 조용히 자고 있었다. 알린느 할멈이 두 손을 모으고 기도하고 있는 것 같았다. 앙투안이 침대로 가서 홑이불을 들추어 보았다. '피가 멈췄군. 경과가 좋다.' 라셀의 움직임을 눈으로 좇으며 그는 아이의 손목을 잡고 맥을 짚어 보았다. 110이었다.

'저 여인의 다리는 얼마나 따뜻했던가' 하고 그는 생각했다.

라셀은 못 3개로 벽에 고정시켜 놓은 거울 조각에 비친 자신의 모습을 들여다보고는 웃었다. 흐트러진 갈색 머리칼, 풀어헤친 가슴, 드러내고 있는 탄탄한 두 팔, 서글서글하고 대담한 시선, 전혀 비웃는 느낌 없는 눈길은 혁명이 일어났을 때의 여인상, 곧 바리케이드 위에 서 있는 '라 마르세예즈'를 떠올리게 했다.

"이만하면 예쁘지!" 하고 입을 뾰족 내보이며 중얼거렸다. 그녀는 잠에서 깨어난 순간 자신의 피부와 젊음이 절정을 이룬다는 것을 알고 있었다. 그리고 그녀 곁으로 다가와서 거울을 통해 그녀를 바라보는 앙투안의 표정에서도 자기 생각이 분명히 맞았음을 읽을 수 있었다. 그녀는 이 사나이의 눈길이 자기의 눈이 아니라 입술을 찾고 있음을 알아차렸다.

그러나 앙투안은 거울을 통해서 아이오딘팅크에 물든 팔 위로 걷어 올린 옷 소매며, 구겨지고 피 묻은 와이셔츠며, 자신의 모습을 바라보고 있었다.

"참, 파크멜에서 다들 나를 기다렸을 텐데!" 하고 그가 말했다.

라셀의 얼굴이 묘한 미소로 빛났다.

"어머? 선생님도 파크멜에 가세요?"

그들의 두 눈은 웃고 있었다. 앙투안은 뛸 듯이 기뻤다. 지금까지 그가 겪은 여자들이란 거리의 여자들뿐이었다. 갑자기 라셀이 자기의 욕정과 매우 가까이 있다는 느낌이 들었다.

"저는 집으로 가겠어요" 하고 그녀가 말했다. 그리고 그런 두 사람을 유심히 보고 있는 알린느 할멈 쪽으로 몸을 돌리면서 이렇게 말했다. "제가 필요하거든 서슴지 말고 불러 주세요."

그리고 나서 앙투안에게 작별인사도 하지 않고 가운 앞섶을 여미고는 사뿐사뿐 그 방을 떠났다.

그 여인이 방을 나가자마자 그도 그곳을 떠나고 싶은 생각이 들었다. '맑은 공기를 마셔야겠다' 하고 그는 나란히 누워 있는 지붕들 위의 아침 하늘에 눈길을 보내며 생각했다. '그리고 집에 돌아가서 자크에게 무슨 일이 있었는지 말해 주고……. 병원에 들렀다가 다시 와 봐야지. 몸도 좀 씻고 나면 몰골도 나아지겠지. 붕대 감는 일을 도와달라고 그 여인을 부를 수도 있지 않을까? 아니면 올라오는 길에 그 여인에게 경과를 알려 준다? 하지만 나는 그녀가 독신인지 어떤지도 모르는데…….'

자기가 돌아오기 전에 환자가 잠에서 깰 경우를 대비해서 그는 알린느 할멈에게 몇 가지 주의사항을 일러 주었다. 떠나려는 순간에 한 가지 마음에 걸리는 것이 있었다. 샬르 씨는 어찌 되었을까?

"그의 방은 현관 쪽, 난로 옆에 있습니다" 하고 노파가 설명해 주었다. 과연 난로 곁에는 판자로 된 문 하나가 있었는데 삼각형으로 넓어진 골방을 향해 열려 있었다. 그 방의 안쪽 깊숙한 곳은 층계의 칸막이를 통해 빛이 들어오고 있었다. 바로 그곳이었다. 샬르 씨는 옷을 입은 채 철제 침대에 누워 입을 벌리고 조용히 코를 골고 있었다.

'멍청이, 귀에다 솜을 단단히 틀어막은 모양이군!' 하고 앙투안은 생각했다.

그는 샬르 씨가 눈을 뜨지 않을까 하는 기대 속에 몇 분 동안 기다려 보기로 결심했다. 벽에는 신앙심을 나타내는 성화들이 색색의 마분지에 붙어 있었다. 책장에는 책들이—역시 종교서적들이—빼곡히 꽂혀 있었고, 맨 위칸에는 빈 향수 병들이 두 줄로 나란히 서 있는 가운데 지구의 하나가 놓여 있었다.

'환자 샬르……' 하고 앙투안은 생각했다. '나는 아무래도 환자광인가 봐. 뭐 이런 건 간단해. 멍한 얼굴, 바보 같은 생활을 알아볼 수 있지. 나는 어떤 것에 주의를 집중하자마자 형태를 변화시키고 확대시키는 버릇이 있단 말이야. 경계할 일이지. 아니 이건 툴루즈의 하녀의 경우인데……. 왜 그 둘을 비교하게 되었을까? 그녀의 고미다락 또한 층계의 판자 틈을 통해 통풍되고 있기 때문이었을까? 아니다, 이 화장비누 냄새 때문이다……. 사고의 연상 치고는 기이하군…….' 그는 아직 미성년이었을 때 무슨 회의에 참석하는 아버지를 따라 여행하던 어느 날 밤, 여관의 고미다락으로 찾아갔던 그 여관 하녀의 환상을 생생한 즐거움을 가지고 회상하고 있는 자신을 발견했다. 그 첫날 까칠까칠한 이불 속에서 그녀를 품었듯이 이 순간에 다시 라셀의 포동포동한 육체를 안을 수만 있다면 어떤 대가를 치른다 해도 아깝지 않을 것 같았다.

샬르 씨는 여전히 코를 골고 있었다. 앙투안은 더 이상 기다리기를 포기하고 층계참으로 통하는 복도로 나왔다.

내려오는 층계에 한 발 내딛는 순간, 그는 라셀이 바로 아래층에 산다는 사실이 머리에 떠올랐다. 층계가 도는 지점에 이르자 그는 눈으로 문을 찾았다. 문은 닫혀 있지 않았다! 저 문이 그녀의 방문임에 틀림없다. 다른 문은 없으니까. 왜 열려 있는 것일까?

이제 와서 머뭇거릴 것은 없었다. 재빨리 그 층으로 내려갔다.

라셀은 현관에 있었다. 앙투안이 걸어오는 발자국 소리를 듣고 그녀는 반사적으로 몸을 돌렸다. 머리를 곱게 빗은 그녀는 발랄해 보였다. 분홍빛 가운 대신 하얀 실크 옷을 입고 있었다. 이 하얀 옷의 꼭대기에 있는 갈색 머리카락은 마치 촛대 끝에 있는 불꽃 같았다.

그는 이렇게 말했다.

"안녕히 계십시오, 아가씨."

그녀가 입구에 서 있는 그에게로 왔다.

"선생님, 가시기 전에 뭐라도 드시지 않으시겠어요? 이제 막 코코아를 타 놓았는데요."

"아닙니다. 내 꼴이 너무 지저분해서요. 정말입니다. 안녕히 계십시오!"

앙투안은 그녀에게 손을 내밀었다. 그녀의 입가에 살며시 미소가 감돌았다. 그녀는 반쯤 미소지었으나 손을 내밀지는 않았다.

그가 다시 말했다. "안녕히 계십시오!" 하지만 그녀가 계속 미소를 띠며 그가 내민 손을 잡지 않자 그가 덧붙여 말했다. "악수해 주시지 않겠어요?"

앙투안은 여인의 미소가 굳고 눈길이 차가워지는 것을 보았다. 그녀가 마침내 손을 내밀었다. 그러나 그가 손 잡을 시간을 주지도 않고 그녀는 앙투안을 힘껏 잡고 거칠게 그를 현관 안으로 끌어들인 다음 그의 뒤로 문을 닫았다. 두 사람은 마주보고 서 있었다. 그녀는 이제 웃고 있지 않았다. 그러나 입술은 열려 있었으므로 그는 그녀의 치아가 반짝이는 것을 보았다. 머리카락에서 나는 향기가 그를 감쌌다. 그는 적나라하게 드러났던 그녀의 유방, 뜨겁던 허벅지를 생각했다. 그는 거칠게 얼굴을 가까이 대고 자기 눈 앞에서 더 크게 뜨고 있는 라셀의 두 눈 속에 눈길을 쏟아부었다. 그녀는 물러서지 않았다. 그의 팔에 감긴 그녀의 허리가 나긋하게 휘어오는 것이 느껴졌다.

바로 그 순간 그녀가 앙투안의 입술에 자기 입술을 힘껏 댔다. 그러고 나서 그녀는 힘주어 몸을 빼고 다시 고개를 들어 미소지으며 중얼거렸다.

"그런 밤을 보냈더니 흥분하게 되는군요……."

그는 열려 있는 문을 통해서 분홍빛 비단이 덮인 침대가 집안 구석에 놓인 것을 보았다. 때마침 비쳐 드는 아침 햇살에 먼 듯하면서도 아주 가까이 있는 여인의 침대는 아침 햇살을 받은 커다란 꽃받침처럼 보였다.

4. 샬르 씨, 경찰서 출두─앙투안, 라셀과 함께 점심식사를 하다

바로 그날 아침 11시 반쯤에 라셀이 샬르 씨 집 문을 두드렸다.

"들어와요!" 하고 날카로운 목소리가 외쳤다.

샬르 씨의 어머니는 식당의 열려 있는 창문 앞, 늘 앉는 자리에 앉아 있었다. 두 다리는 발 받침대 위에 올려놓고, 두 손은 언제나처럼 아무것도 하지 않은 채 상체를 꼿꼿이 세우고 있었다. '나는 아무 일도 하지 않는 게 부끄러워' 하며 그녀는 때때로 말하곤 했었다. '하지만 타인을 위해 더 이상 헌신할 수 없는 그런 나이가 되어서 말이야.'

"아이는 좀 어떤가요?" 하고 라셀이 물었다.

"일어났었어. 물을 좀 마시고는 다시 잠들었지."

"샬르 씨는 안 계신가요?"

"없어, 외출했어" 하고 샬르 씨의 어머니가 체념한 표정으로 어깨를 으쓱하며 대답했다. 노파가 서글픈 듯이 말을 계속했다. "아침 내내 그 애는 꼭 모기처럼 굴더라니까. 정말이지 일요일에 사내가 있는 집구석은 지옥이야. 이런 사고를 겪었으니 그 아이도 앞으로 우리한테 잘해 주리라고 믿어. 그런데 흥! 벌써 오늘 아침만 해도 그 아이는 다른 일을 생각하고 있었어. 무슨 생각을 했는지는 아무도 짐작 못할 거야! 내가 50년 전부터 견디어 온 그 부루퉁한 얼굴을 하고 있었어. 시작하려면 1시간도 더 남았는데 대미사에 참석한다며 집을 나갔지. 그게 제정신이라고 생각해? 그런데 아직도 안 돌아왔어. 참 내" 하면서 그녀는 입술을 비쭉거렸다. "저기 오는군. 호랑이도 제 말 하면…… 제발, 쥘르야." 까치걸음으로 들어오는 아들을 향해 고개를 쑥 내밀며 노파가 이야기를 계속했다. "그렇게 문을 쾅 닫지 좀 말아라. 그건 내 심장병 때문만은 아니야. 오늘은 데데트를 위해서야. 그 소리 때문에 죽을지도 모른다.”

샬르 씨는 굳이 변명하려 하지 않았다. 그는 무슨 다른 걱정거리가 있는 것 같았다.

“와서 아이를 좀 보세요” 하고 라셀이 그에게 말했다. 두 사람이 잠든 아이의 침대 곁에 서자마자 그녀가 물었다. “그 티보 선생님을 아신 지 오래되었나요?”

“뭐라고요?” 하고 샬르가 되물었다. 그의 눈길에는 놀라움의 표정이 감돌았다. 그러나 그는 알겠다는 표정으로 미소를 지으며 메아리처럼 “뭐라고요?” 라고 다시 묻고는 입을 다물었다. 그리고 나서 무슨 비밀 이야기라도 시작하는 사람처럼 갑자기 그녀 쪽으로 몸을 돌렸다. “글쎄요, 라셀 씨. 당신은 데테트를 위해서 정말 친절하셨어요. 당신께 뭘 좀 부탁하고 싶은데요. 이 모든 일 때문에 너무 고통받아서 오늘 아침엔 내 정신이 아닌 것 같았어요. 하지만 솔직히 나는 그곳에 다시 가 봐야 합니다. 그것도 지금 당장에요. 그런데 그 창구 앞에 혼자 또다시 가야 하는 것은…… 너무나 굴욕적인 일입니다! 제발 물리치지 말아 주십시오” 하고 그가 간절히 바랐다. “그 일이 10분 이상은 걸리지 않으리라는 것을, 라셀 씨, 내 명예를 걸고 맹세합니다.”

그녀는 그가 무슨 말을 하는지 전혀 이해하지 못하면서도 미소를 지으며 승낙했다. 첫째는 이 사나이의 우스꽝스러운 짓거리를 흥미롭게 들어 줄 각오가 이미 되어 있는 데다가, 또 둘만 있을 때를 기회로 앙투안에 관해 물어볼 것이 있었기 때문이다. 그러나 그리로 가는 동안 그는 그녀의 질문에 그다지 귀를 기울이는 것 같지 않았다. 말문도 열려고 하지 않았다.

두 사람이 경찰서에 도착했을 때는 이미 정오가 훨씬 지나 있었다. 그리고 경찰서장은 막 자리를 뜬 뒤였다. 샬르 씨가 어찌할 바를 모르고 있으니까 직원 하나가 버럭 화를 냈다.

“내가 여기 있으니까 마찬가지란 말입니다. 무슨 일로 오셨습니까?”

샬르 씨는 그 사람에게 겁에 질린 눈길을 보냈다. 그렇다고 이제 와서 뒤로 물러설 용기도 없었으므로 설명을 하기 시작했다. “사실은 그 일에 대해 곰곰이 생각해 봤는데요. 내가 한 신고에 조금 덧붙일 일이 있어서 왔습니다.”

"신고라뇨?"

"나는 오늘 아침에 왔었어요. 저기 저 창구에서 이야길 했지요."

"이름은요? 서류를 찾아보겠습니다."

흥미를 느낀 라셀이 다가섰다. 직원이 서류 한 장을 들고 곧 되돌아 와서 상대편을 머리끝에서 발끝까지 훑어보았다.

"샬르? 쥘르 오귀스트? 이거죠? 무슨 용건이지요?"

"사실은 경찰서장께서 내가 어디서 돈을 주웠는지 잘 이해하지 못하신 것 같아서요."

"리볼리 거리라고 씌어 있는데요" 하고 직원이 서류를 보며 말했다.

샬르 씨는 마치 내기에서 이기기나 한 듯이 빙긋 웃었다.

"그것 보세요! 아니에요, 그게 아니란 말입니다. 나는 그곳에 가 보았어요. 그 자리에요. 솔직히 말해서 적어 둘 필요가 있는 자세한 점들이 다시 생각났답니다." 그는 손을 입에 대고 잔기침을 했다. 그러고 나서 이야기를 계속했다.

"아무튼 나는 길거리에서 주웠는지는 확신할 수가 없습니다. 그보다는 튈르리 공원이었습니다. 그래요, 나는 공원에 있었어요, 아시겠어요? 콩코르드 광장에서 루브르 쪽으로 가자면 신문 판매대가 있습니다. 그곳을 지나서 두 번째 돌벤치에 앉아 있었습니다. 나는 지팡이를 쥐고 거기에 앉아 있었습니다. 내가 왜 이런 자세한 상황에 역점을 두는지 곧 아시게 될 겁니다. 어떤 신사하고 부인이 내 앞을 지나갔어요. 그 뒤로 아이 하나가 따라갔고요. 두 사람은 이야기를 하고 있었습니다. 내가 이런 생각을 한 것도 생각납니다. '저 두 사람은 화목한 가정을 이루고 아이까지 잘 두었구나, 등등……' 내가 모든 것을 다 이야기한다는 것을 아시겠지요. 그런데 아이가 내가 앉아 있는 벤치 앞을 지나가는 순간에 넘어졌습니다. 아이가 울었어요. 나는 본디 어린아이들을 다루는 데 서툴기 때문에 꼼짝도 않고 가만히 있었어요. 어머니가 서둘러 그리로 왔습니다. 그러고 나서 내 앞에서, 바로 내 발 앞에서 —그건 내 잘못이 아니잖아요, 안 그렇습니까? —어머니가 아이 옆에 무릎을 끊고 앉아서 아이의 얼굴을 닦아주려고 작은 핸드백에서 손수건인가 뭔가를 꺼냈습니다. 나는 그대로 앉아 있었습니다. 그런데 말입니다" 하고 둘째손가락을 세우며 그가 말을 계속했다. "그 사람들이 떠난 뒤에 모래밭에서 지팡이로 이리저리 장난치다가 문득 돈을 보게 되었던 것입니다. 나중에 모든 일들이 다 생각났습니다. 나는 결벽스런 남자로 통하는 그런 사람입니다. 여기 이 아가씨가 증명해 줄 겁니다. 52년 동안 남에게 욕먹을 짓은 결코 하지 않았습니다. 이건 중요한 문제이고 분명하게 말씀드려야 할 것 같아서요. 그래서 나는 아마도 그 부인과 그녀의 핸드백이 이 돈 문제와 관련이 있지 않을까 생각하게 되었습니다. 나는 솔직하게 모든 것을 다 이야기하는 겁니다."

"그 사람들 뒤를 쫓아갈 수는 없으셨나요?" 하고 라셀이 물었다.

"그 사람들은 너무 멀리 가 버린 뒤였습니다."

직원은 무엇인가를 쓰다 말고 고개를 들었다.

"그 사람들의 인상착의에 무슨 특징이라도 있었는지 이야기해 주실 수 없습니까?"

"그 남자에 관해서는 모르겠습니다. 부인은 수수한 차림이었고요. 아마 한 30살쯤 되어 보였습니다. 아이는 장난감 기관차를 하나 가지고 있었습니다. 네, 그 점에 관해서는 확실히 기억하고 있습니다. 작은 기관차였어요. 내가 작다고 말하는 것은 이만하다는 얘깁니다. 그걸 끌고 가고 있었어요. 다 잘 써 놓으셨습니까?"

"걱정 마시오. 그뿐입니까?"

"네."

"감사합니다."

라셀은 이미 문께에 가 있었다. 샬르 씨는 그녀 뒤를 따르지 않고 창구 앞 카운터에 팔꿈치를 괴고 창구 쪽을 들여다보았다. "또 한 가지 보잘것없는 것이지만 말씀드릴 게 있어요" 하고 그는 얼굴이 새빨개져서는 작은 소리로 말했다. "오늘 아침에 돈을 신고할 때 작은 실수를 했던 것 같습니다. 네, 그래요." 그는 말을 멈추고 이마에 흐르는 땀을 닦았다. "내가 2장의 지폐를 드린 것 같은데요. 안 그렇습니까? 5백 프랑짜리 2장을요? 그래요, 이제는 확실히 생각이 났어요. 그건 내 잘못이었습니다. 내가 착각했던 거예요. 왜 냐하면…… 내가 주웠던 건…… 그렇지 않았으니까요. 단 1장의 지폐였습니다…… 천 프랑짜리 지폐 1장이요. 아시겠습니까?" 그는 얼굴에 흐르는 땀을 다시 닦았다. "그 점도 적어 주셨으면 합니다. 지금 생각났으니까요. 뭐

결과는 같겠지만."

"그건 같은 일이 아닙니다" 하고 직원이 대답했다. "그건 아주 중요한 점입니다! 천 프랑짜리 지폐 1장을 잃어버린 사람이 백 번 온다 해도 우리는 당신이 신고한 5백 프랑짜리 지폐 2장을 주지는 않을 테니까요. 골칫거리가 하나 생겼군!" 직원은 불만스러운 눈길로 샬르 씨를 쏘아 보았다. "신분증을 가지고 계십니까?"

샬르 씨가 여기저기 주머니를 뒤졌다.

"없는데요."

"그러면 곤란한데요" 하고 직원이 말했다. "유감스럽지만 나는 당신을 이대로 보내드릴 수가 없습니다. 경찰관 한 사람이 당신 집까지 따라가겠습니다. 당신 거주지의 수위에게서 당신의 이름과 주소가 가짜가 아닌지 확인해야 합니다."

샬르 씨는 이젠 아무래도 상관없다고 생각하는 것 같았다. 그는 여전히 얼굴의 땀을 닦아냈지만 얼굴에는 평온을 되찾은 듯 미소까지 띠고 있었다.

"좋을 대로 하십시오" 하고 그가 공손하게 말했다.

라셀이 웃음을 터뜨렸다. 샬르 씨는 슬픔이 가득 찬 눈길을 그녀에게 보냈다. 그러고 나서 생각해 보더니 결심한 듯 그녀 쪽으로 한 발 다가가 조금 더듬거리며 말했다.

"라셀 양, 때로는 존경받고 명예 있는 사람의 높은 모자 아래보다 하찮고 이름이 없는 사람의 재킷 속에 더 고상한 마음이—그래요, 고상하고 또 더 정직한 마음이 있는 법입니다."

그의 얼굴 아랫부분이 떨리고 있었다. 그는 자기가 열 내어 한 말을 금세 후회했다. "내가 그런 말을 한 것은, 라셀 양, 당신을 두고 한 말은 아닙니다. 경찰관님, 당신을 두고 한 말도 아니고요" 하고 덧붙이면서 그는 그때 막 들어온 경찰관을 조금도 어려워 하지 않고 빤히 바라보았다.

라셀은 샬르 씨와 경찰이 수위실에서 이야기하는 것을 뒤로 하고 자기 아파트로 올라왔다.

층계참에서 앙투안이 그녀를 기다리고 있었다. 설마 그가 거기 있으리라고는 꿈에도 생각지 않았다. 그를 보자 그녀는 너무나 기뻐서 잠시 눈길을 떨궜다. 그러나 그녀의 얼굴에는 그 기쁨이 거의 나타나지 않았다.

"초인종을 몇 번이나 눌렀어요. 절망에 빠져 있었지요" 하고 그가 말했다.

두 사람은 공감의 미소를 지으며 유쾌하게 서로를 바라보았다.

"오늘 아침에 중요한 일이라도 있으셨습니까?" 하고 앙투안은 밝은색 투피스에 꽃 달린 모자를 쓴 세련된 그녀의 모습을 보고 황홀해 하면서 물었다.

"오늘 아침이라니요? 벌써 1시가 지났는걸요. 그런데 나는 아직 점심도 먹지 못했어요."

"나도 안 먹었습니다." 그는 이내 결심했다. "같이 점심 먹으러 가지 않으시겠어요? 그러실래요? 좋지요?"

자신의 욕망을 감출 줄 모르는 탐욕스러운 어린애 같은 태도에 매혹되어 그녀는 미소를 지었다.

"그러겠다고 하세요!"

"네, 그럴게요!"

"야호!" 하고 그가 말했다. 그의 가슴이 부풀어 올랐다.

그녀가 문을 열며 이야기했다. "잠깐이면 돼요. 파출부한테 알리고 돌려보내고 올게요."

그는 잠시 입구에 서 있었다. 오늘 아침 그녀가 자기에게 다가왔을 때 느꼈던 감각을 떠올리고 있었다. '얼마나 격렬한 키스였던가' 하고 그는 생각했다. 그는 마음의 흔들림을 억누르지 못하고 주먹으로 벽을 쳤다.

어느새 라셀이 돌아왔다.

"자, 가요" 하고 그녀는 말하면서 유혹하는 듯한 동물적인 미소와 함께 덧붙였다. "배고파요!"

그가 어색하게 물었다. "먼저 혼자 나가셨다가 나중에 길에서 만나는 편이 더 좋지 않을까요?" 그녀는 웃으며 돌아보았다.

"나요? 나는 완전히 자유로운 몸이에요. 그리고 무슨 일이든지 숨기는 것도 없어요!"

두 사람은 리볼리 거리를 걸어 올라갔다. 앙투안은 그녀가 걸음을 옮길 때마다 춤추듯 경쾌하게 걷는 것을 다시 한 번 눈여겨보았다.

"어디로 갈까요?" 하고 그가 물었다.

"그냥 저 집으로 들어가면 어떨까요? 시간도 너무 늦었고요!"

그녀는 들고 있던 작은 양산 끝으로 길모퉁이에 있는 레스토랑을 가리켰다.

식당의 2층은 텅 비어 있었다. 작은 식탁들이 반원을 그리며 창문을 따라 한 줄로 죽 늘어서 있었다. 창문들은 아케이드 아래쪽을 향해 바닥까지 열려 있어서 천장이 낮은 방 안을 예상 밖으로 환하게 해 주었다. 방 안은 서늘했다. 두 사람은 장난을 시작하는 어린아이들 같은 눈길을 나누며 마주앉았다.

"나는 당신의 이름조차 모르고 있어요" 하고 그가 갑자기 말했다.

"라셀 괴페르트. 26살. 턱은 타원형. 코는 중간 높이……."

"그리고 치아는?"

"아휴!" 하고 소리치며 그녀는 전채로 나온 소시지에 덤벼들었다.

"조심해요. 마늘을 넣었을지도 모르니까."

"괜찮아요" 하고 그녀는 대답했다. "나는 아무거나 잘 먹어요."

괴페르트라…… 아마 이 여인은 유대인일지도 모른다는 생각이 들자 앙투안에게 남아 있던 약간의 교양이 문득 자리를 박차고 일어났다. 그것도 오늘의 이러한 모험을 자기가 혼자서 견뎌 내야 한다는 기분, 이국적이라는 기분이 짜릿한 맛을 한층 돋워 주었다.

"아버지는 유대인이었어요" 하고 그녀는 특별히 허세를 부릴 것도 없이, 마치 앙투안의 속마음을 들여다보기라도 한 듯이 말했다.

반소매 옷을 입은 식당의 여종업원이 메뉴를 들고 왔다. "Mixed grill _(여러 가지를 구운 모둠 요리) 어때요?" 하고 앙투안이 제안했다.

라셀의 얼굴은 의미를 알 수 없는 미소로 빛났다. 분명히 그녀가 억누르지 못하는 미소였다.

"왜 웃으십니까? 이건 아주 맛있어요. 온갖 맛있는 게 함께 구워져 나온답니다. 콩팥이며, 베이컨이며, 소시지며, 송아지 갈비며……."

"……거기에 물냉이와 감자 수플레도 곁들여지지요" 하고 여종업원이 앙투안의 설명에 덧붙여 말했다.

"알고 있어요, 좋아요" 하고 그녀가 말했다. 억누르고 있던 쾌활함이 수수께끼 같은 그녀의 눈길 속에서 반짝이고 있었다.

"뭘 마시겠어요?"

"맥주."

"나도요. 찬 걸로."

앙투안은 그녀가 작은 생 아티초크 잎을 씹어 먹는 모습을 바라보고 있었다. "나는 새콤한 것이면 무엇이든 다 좋아해요" 하고 그녀가 말했다.

"나도요."

그는 모든 면에서 그녀와 똑같기를 바랐다. 그녀가 한 마디 할 때마다 '나도 그래요!'를 연발하며 매번 그녀의 말을 멈추게 하고 싶은 것을 겨우 참았다. 그녀가 하는 모든 말, 그녀가 하는 모든 행동은 그가 바라던 것과 일치했다. 옷만 해도 그녀는 바로 그가 여자의 옷차림은 저래야 한다고 생각하는 그런 옷을 입고 있었다. 그녀는 오래된 호박 목걸이를 하고 있었다. 투명하고 길쭉한 호박알들은 과일들을, 말라가의 커다란 포도알들을, 태양빛에 부푼 자두들을 생각나게 했다. 호박 목걸이 밑에 있는 그녀의 피부는 우윳빛으로 육감적인 빛깔을 띠고 있었다. 앙투안은 그녀 앞에 있는 자신이 어떻게 해도 허기를 달랠 수 없는 잔뜩 굶주린 남자처럼 느껴졌다. '얼마나 격렬하게 내게 입술을 주었던가······' 하고 다시 그때를 생각하자 심장에 피가 솟구치는 것을 느꼈다. 그런데 바로 그 여자가 지금 여기, 자신 앞에, 그때와 똑같은 모습으로 있다······ 미소까지 띠면서!

거품이 넘치는 맥주 두 잔이 그들의 테이블에 놓였다. 두 사람 다 어서 맛보고 싶다는 똑같은 초조감을 느끼고 있었다. 앙투안은 일부러 즐기면서 라셀에게서 눈길을 떼지 않은 채 그녀와 동시에 맥주를 마셨다. 톡 쏘는 차가운 맥주 한 모금이 자신의 혀를 적시고 입속에서 미지근해짐을 느끼는 바로 그 순간, 라셀 역시 똑같이 차가운 맥주를 삼키고 있다는 것은 마치 그들의 두 입이 다시 합쳐지는 것과 같다고 그는 생각했다. 그런 생각에 잠시 정신이 팔려 멍해져 있는 그의 귀에 다시 그녀의 목소리가 들려 왔다.

"······그 여자들은 그 사람을 마치 하인처럼 대해요."

그는 정신이 번쩍 들었다.

"여자들이라니요? 누구 말인가요?"

"어머니와 하녀 말이에요." (그는 그제야 라셀이 샬르 집안 이야기를 하고 있음을 알았다)

"어머니는 항상 자기 아들을 얼간이라고 부른답니다!"

"전혀 어울리지 않는 이름은 아니군요."

"그 사람이 집에 들어오기만 하면 어머니는 그를 못살게 굴어요. 아침이면 층계참에 나와서 온 집안 식구들의 구두 흙을 터는 게 그 사람이에요. 꼬마아이의 구두까지도요."

"샬르 씨가요?" 하고 재미있어하며 앙투안이 말했다. 그의 눈앞에는 아버지가 불러 주는 말을 받아적고 있는 샬르 씨, 또는 아버지를 대신하여 정신학회의 멤버들을 응대하는 샬르 씨의 모습이 떠올랐다.

"그리고 두 노파는 그 사람을 벗겨 먹으려 하고 있어요! 그 사람이 외출하려 할 때면 등의 먼지를 털어 주는 척하며 주머니에서 돈을 훔쳐 내기까지 한답니다. 작년에는 노파가 아들의 사인을 교묘하게 흉내내서 3, 4천 프랑의 수표를 떼어 쓴 적도 있었어요. 우리는 샬르 씨가 그 일로 병이 나는 줄 알았어요."

"그래서 그 사람은 어떻게 했나요?"

"다 지불했지요. 물론이에요. 6개월 할부로 조금씩. 자기 어머니를 고발할 수는 없었으니까요."

"저는 매일 그 사람을 보고 있지만 지금까지 그런 일은 전혀 몰랐어요."

"그 집에는 한 번도 가본 적이 없었나요?"

"한 번도 없어요."

"지금 그 사람네 집 안 가구라니. 그건 가난한 사람들의 것만도 못해요. 하지만 2년 전만 하더라도 볼 만했답니다. 타일 바닥에, 판자 벽과 문만 있는 그 아파트 안이 말이에요. 아시겠어요? 마치 볼테르 시대처럼 꾸며져 있었답니다. 쪽매붙임으로 세공된 가구며, 선조의 초상화들이며, 오래된 은세공 식기까지 있었어요."

"그런데 다 어떻게 되었나요?"

"그 두 노파가 몰래 몽땅 팔아버렸지요. 어느 날 저녁 샬르 씨가 퇴근해 보니, 루이 14세 양식의 책상이 사라지고 없었어요. 또 어느 날은 벽걸이 카펫과 안락의자들이 사라지고, 시계가 없어지고, 미니어처들이 없어지고……. 그런 식이지요. 할아버지의 초상화까지 팔았답니다. 앞에 지도를 펼쳐놓고 팔 아래 삼각모를 끼고 군복을 입고 있는 멋진 호남의 초상이었지요."

"군인 출신 귀족이었나요?"

"그 비슷했나 봐요. 라파예트 (18세기 군인으로
정치가이자 후작) 장군의 지휘 아래 미국 독립전쟁 때 복무했다더군요."

그는 그녀가 좀 수다스럽기는 해도 꽤 조리있게 이야기한다는 사실을 알아챘다. 세부적인 이야기도 특색 있게 할 줄 알았다. 두뇌가 명석하고, 특히 재치가 있고 사물을 관찰하고 기억하는 데 독특한 방법을 가지고 있었다. 그 점이 그의 마음에 들었다.

"우리집에선" 하며 그가 말했다. "샬르 씨는 한 번도 불평한 적이 없었어요."

"오, 저녁 때 층계 밑에 숨어서 우는 걸 저는 여러 번 보았어요!"

"믿지 못하겠는데요!" 하고 앙투안이 외쳤다.

앙투안의 외칠 때의 미소와 시선이 어찌나 진지했던지 라셸은 자기가 하던 이야기를 잊어버리고 오직 앙투안만을 생각하게 되었다.

그가 물었다. "그 사람들이 정말 그렇게 가난한가요?"

"전혀 그렇지 않아요! 돈을 모조리 두 노파가 어딘가에 꽁꽁 감춰 두고 있답니다. 두 노파에겐 부족한 게 아무것도 없어요. 분명해요. 그 사람이 껌이라도 사거나 하면 두 노파가 난리를 떤답니다! 아! 그 건물에 사는 모든 사람들이 알고 있는 것들을 다 말할 수는 없어요! ……그 알린느 할멈은요 …… 상상도 못할 일이지요! ……샬르 씨와 결혼하려고까지 했답니다. 웃지 마세요. 거의 그럴 뻔했었어요! 어머니와는 합의되었었지요. 그런데 다행히도 어느 날 그 두 노파가 다투는 바람에……."

"그런데 샬르 씨는 그걸 원했었나요?"

"아유, 그분이야 데테트 때문에 결국은 동의하려고 했지요. 그분에게는 그 애가 전부니까요. 두 노파가 그 사람에게서 뭘 얻어 내려 할 때면 항상 데테트를 알린느 할멈의 고향 사부아로 돌려보내겠다고 협박하곤 한답니다. 그러면 그 사람은 눈물을 흘리며 노파들이 원하는 모든 것을 다 들어주지요."

앙투안은 라셸이 하는 이야기는 거의 듣고 있지 않았다. 그는 자기가 키스한 적이 있는 그 입술이 움직이는 것을 바라보고 있었다. 선이 뚜렷하고 가운데가 도톰한 입, 입가가 홈을 판 자국처럼 섬세한 입, 가만히 있을 때면 입가가 약간 올라가서 반쯤 미소짓다 만 듯하나, 비웃는 표정은 전혀 없었고 평온하고 유쾌한 웃음이었다.

그는 그 가련한 샬르에 관해서는 별로 관심이 없었다. 그래서 낮은 목소리로 말했다. "아, 나는 행복한 사람입니다." 그러고 나서 그는 얼굴을 붉혔다.

그녀는 웃음을 터뜨렸다. 어젯밤, 수술대 앞에서 그의 역량을 너무나도 잘 인식했던 뒤였으므로 라셀은 새삼스레 발견한 이 순진한 면이 몹시 마음에 들었다. 그 때문에 그에게 더 친근함을 느꼈다.

"언제부터요?" 하고 그녀가 물었다.

그는 살짝 거짓말을 했다.

"오늘 아침부터입니다."

하지만 그 말은 꼭 거짓말은 아니었다. 그는 라셀의 아파트를 나와 햇빛 쏟아지는 거리로 뛰쳐나왔을 때의 기분을 떠올려 보았다. 지금껏 그렇게 기분 좋다고 느껴본 적이 결코 없었다. 루아얄 다리 앞에서 차가 밀리려 혼잡한 한가운데 들어가서도 놀랍게 냉정했었고, 자동차들 사이를 요리조리 누벼 나가며 '난 무척 자신에 차 있다. 이 순간에 난 매우 훌륭한 기량을 지니고 있다! 자유의지를 거부하는 사람들도 있다니!' 하고 생각했던 일을 상기했다.

"이 구운 버섯 좀 드시겠어요?"

"With pleasure." ($\binom{\text{기꺼이}}{\text{받겠어요}}$)

"영어를 할 줄 아십니까?"

"물론이에요. Si son vedute cose piu straordinarie." ($\binom{\text{'그보다 더 특별한 것들도 할 줄}}{\text{알아요'라는 뜻의 이탈리아어}}$)

"아니, 이탈리아어도요? 그럼 독일어는?"

"Aber nicht sehr gut." ($\binom{\text{'하지만 그렇게 잘하지는}}{\text{못해요'라는 뜻의 독일어}}$)

그는 잠시 생각에 잠겼다.

"여행을 많이 하셨나요?"

그녀는 웃음이 나오는 것을 참았다.

"조금요."

그는 그녀의 눈길을 찾았다. 그만큼 그녀의 억양에는 어떤 특별함이 감춰져 있었기 때문이다. "내가 무슨 말을 하고 있었지요?" 하고 그가 말을 이었다.

이젠 말 따윈 필요 없었다. 두 사람은 눈길과 미소와 목소리와 하찮은 몸짓으로도 둘 사이에 끊임없는 교감이 이루어지고 있음을 느끼고 있었다.

그녀는 그를 빤히 쳐다보며 불쑥 말했다.

"당신은 어젯밤에 보았을 때와는 너무나 달라요……."

"맹세하건대 똑같은 인물이랍니다" 하고 앙투안은 아직도 아이오딘팅크로 노랗게 물든 두 팔을 들며 말했다. "하긴 뼈를 발라낼 갈비가 한 대밖에 없을 때는 위대한 의사 노릇을 할 수가 없지요."

"난 당신을 관찰할 시간이 충분히 있었어요!"

"그래서요?"

그녀는 입을 다물었다.

"당신은 그런 경우를 처음 당해 보셨습니까?" 하고 그가 물었다.

그녀는 앙투안을 지그시 바라보고는 바로 대답하지 않았다. 그러더니 웃음을 터뜨렸다. "나요?" 하고 말하는 그녀의 어조는 마치 '그런 건 많이 봤어요!' 라고 말하는 것 같았다. 그러나 그녀는 곧 화제를 바꾸었다.

"매일 그렇게 수술하시나요?"

"아닙니다. 나는 외과수술은 하지 않아요. 내과의사죠. 소아과 전문의랍니다."

"당신 같은 분이 왜 외과의를 안 하세요?"

"그건 내 사명이 아니니까요."

"아, 참 유감스럽군요!" 하고 그녀는 한숨을 지으며 말했다.

잠시 침묵이 흘렀다. 그녀가 마지막으로 한 말이 그에게 쓸쓸한 반향을 일으켰다.

"흐음, 내과에 외과라……" 하고 그가 큰 소리로 말했다. "자기의 사명에 관해 사람들은 많은 오류를 범하지요. 사람들은 항상 자기가 올바른 선택을 했다고 믿지요. 그러나 사실은 여러 가지 복잡한 사정이 그렇게 만드는 것이죠……." (그녀는 그의 표정에서 지난밤 어린애 머리맡에서 그토록 자기를 유혹했던 그 남자다운 용모의 윤곽이 다시 떠오르는 것을 알아보았다)

"이미 끝난 일을 다시 생각해 본들 무슨 소용이 있겠습니까?" 하며 그는 이야기를 계속했다. "앞으로 전진해 나갈 수만 있다면 일단 선택한 길이 항상 최선의 길인 것입니다!"

그러고는 갑자기 자기 앞에 앉아 있는 이 아름다운 여인을 생각했다. 몇 시간 전부터 이미 자신의 생활 속에 굳건하게 자리를 차지하게 된 이 여인을 생각하며 그는 불안한 마음에 이렇게 생각했다. '그래, 하지만, 내 일이, 내 성공이 방해받지는 말아야 할 텐데!'

그녀는 그의 얼굴을 어둡게 하는 어두운 그림자를 놓치지 않았다.

"당신은 몹시 고집 센 분 같군요?"

그는 미소를 지었다.

"날 놀리시려는 건 아니겠지요? 오래전부터 나는 라틴어 격언 하나를 좌우명으로 삼고 있어요. 나는 버티겠다! 즉 stabo! 입니다. 그 글자를 내 편지지에 인쇄해 넣기도 했고, 내 책갈피에도 새겨놓았어요……." 그는 시계를 매단 줄을 꺼냈다. "내가 아직도 들고 다니는 이 오래된 시계 장식에까지도 새겨 놓았답니다."

그녀가 시계줄 끝에 매달려 있는 보석을 잡아 보았다.

"아주 예쁘군요."

"정말입니까? 마음에 드세요?"

그녀는 그의 말뜻을 알아채고는 돌려주었다.

"아니에요."

어느새 앙투안은 그 보석을 떼어 내고 있었다.

"여기요."

"당치 않아요."

"라셀…… 제발 기념으로……."

"무슨 기념?"

"여러 가지의."

그녀가 그의 말을 되받았다. "여러 가지의?"

그녀는 계속 그를 정면으로 바라보면서 밝은 웃음을 띠었다.

아, 그 순간 그녀가 얼마나 그의 마음에 들었던가! 그 미소는, 거의 사내아이의 미소에 가까운 그 밝고 명랑한 미소는 얼마나 사랑스러웠던가! 그녀는 지금까지 그가 알았던 몸을 파는 여자들은 물론, 사교계에서나 휴가 때 각지의 호텔에서 우연히 만난 아가씨들이나 젊은 부인들과도 달랐다. 그런 여자들은 거의 그의 마음을 끌지 못한 채 그를 위축시키기만 했던 것이다. 라셀은 그를 조금도 위축시키지 않았다. 그녀는 그와 같은 수준에 있었다. 그녀에게는 이교도적인 매력이 있었고, 자기 직업을 사랑하는 처녀들이 가지고 있는 그런 단순함도 조금 있었다. 그러나 그녀의 이런 매력에는 어떠한 모호함이나 천박함도 없었다. 그런 그녀가 그는 어쩌나 마음에 들던지! 그는 그녀에게서 그 누구와도 비교할 수 없는 파트너를 발견하기만 한 것이 아니었다. 태어나 처음으로 한 반려자를, 진정한 친구를 찾았다는 생각이 들었다.

그날 아침부터 그런 생각이 그의 뇌리를 떠나지 않았다. 그는 어느새 라셀이 일원이 되어 있는 새로운 생활설계를 이리저리 구상해 보았다. 그러한 결정에 단 한 가지 빠져 있는 것은 당사자인 그녀의 동의뿐이었다. 그래서 그는 어린애 같은 초조함으로 그녀의 손을 잡고 이렇게 말하고 싶었다. '당신이야말로 내가 기다리고 있던 그런 여인입니다. 이제는 오다가다 만나는 연애 따위는 집어치우고 싶소. 하지만 나는 불확실한 건 참지 못하오. 앞으로의 우리 관계를 결정합시다. 내 연인이 되어 주십시오. 우리의 생활을 계획합시다.' 여러 차례 그는 자기를 사로잡고 있는 생각을 드러내 보기도 했고, 용기를 내어 장래를 약속하는 이야기를 하여 그녀를 떠보기도 했다. 그럴 때마다 그녀는 전혀 알아듣지 못한 척했다. 그러한 그녀의 태도에서 뭔가 말 못할 사정이 있음을 알아차린 그는 자기 계획을 털어놓기가 망설여졌다.

"여기 좋지 않아요?" 그녀는 설탕이 뒤덮인 까치밥나무 열매 한 알을 씹어 주홍빛으로 변한 입술로 말했다.

"네. 기억해 둘 만한 곳이군요. 파리에서는 뭐든지 있지요. 시골풍의 장소까지도요." 그는 텅 빈 홀을 가리키며 덧붙였다. "그리고 누굴 만날 염려도 없고요."

"나와 함께 있는 것을 누가 보면 곤란하신가요?"

"아니, 아니! 그렇게 말한 건 당신 때문이었어요."

그녀는 어깨를 으쓱했다. "나 때문이라고요?"

라셀은 이렇게 그가 궁금해서 애를 태우는 것이 재미있었다. 그래서 더 이상 자진해서 어떤 변명을 하려고 생각하지도 않았다. 그러나 그가 어찌나 남모르게 불안한 눈길로 물어왔던지 마침내 다 털어놓지 않을 수가 없었다.

"다시 말씀드리지만 난 그 아무도 거리낌이 있거나 하는 사람이 없어요. 그럭저럭 먹고 살 것은 있으니 그걸로 난 만족해요. 난 자유로워요."

굳어졌던 앙투안의 얼굴이 순수함으로 활짝 펴졌다. 그녀는 자기가 한 말을 그는 '만일 네가 원한다면 난 네 거다'라는 뜻으로 해석하고 있다는 것을 알아차렸다. 상대가 다른 사람이었다면 그녀는 반발했을 지도 모른다. 그러나 그녀는 앙투안이 마음에 들었다. 그래서 그가 자기를 얼마나 오해하고 있는지에 신경을 쓰기보다는 자기를 원하고 있다는 것을 느끼는 것이 더 즐거웠다.

커피가 나왔다. 그녀는 입을 다물고 곰곰이 생각해 보았다. 자신도 이런 결합의 가능성을 염두에 두지 않는 것은 아니었다. 왜냐하면 조금전에 '저 사람 수염을 깎게 해야지' 하고 생각하는 자신에게 스스로 놀랐기 때문이다. 그러나 이 남자에 대해 전혀 모르고 있지 않은가. 오늘 이 사람에게 느끼는 이런 기분을 자신은 예전에도 여러 남자에게서 느꼈었다. 저 남자가 오해를 해서도 안 되겠고, 지금처럼 저렇게 자신 있게 또한 탐욕스럽게 자신을 계속 바라보게 해서도 안 되겠다……

"담배 드릴까요?"

"아뇨, 내게 좀 더 순한 것이 있어요."

앙투안이 그녀에게 성냥불을 당겨 주었다. 그녀가 담배를 한 모금 내뿜자 연기가 그녀의 몸을 감쌌다.

"고마워요."

처음부터 오해를 피한다는 것은 분명히 중요했다. 그녀는 자기가 어떤 위험도 겪고 있지 않다는 것을 확신하고 있었으므로 그만큼 솔직할 수 있었다. 그녀는 찻잔을 좀 앞으로 밀어놓고 두 팔꿈치를 식탁에 괴고는 깍지를 끼고 그 위에 턱을 올려놓았다. 연기가 눈 앞을 흐리게 하고 있었으므로 시야가 거의 가려져 있었다.

"나는 자유로워요" 하고 그녀는 힘을 주어 말했다. "그렇다고 해서 남이 날 마음대로 할 수 있다는 말은 아니에요. 아시죠?"

그의 표정이 다시 심각해졌다. 그녀는 말을 계속했다.

"실은 나는 이미 인생에서 처절한 맛을 본 여자예요. 항상 내 자유를 가지고 있지 못했어요. 2년 전까지는 자유가 없었어요. 하지만 이제는 자유로워요. 그리고 난 내 자유가 소중하답니다." (그녀는 자신이 진심을 말하고 있다고 생각했다) "몹시 소중하게 생각하므로 다시는 그것을 포기하지 않을 거예요. 아시겠어요?"

"네."

침묵이 이어졌다. 앙투안은 그녀를 물끄러미 바라보고 있었다. 그녀는 그를 바라보지 않고 찻잔 속을 스푼으로 저으며 약간 미소를 지었다.

"그리고 분명히 말해 두겠는데 난 충실한 여자친구, 아주 편한 애인이 될 자질이 없어요. 나는 내 모든 변덕을 다 부려 보고 싶어해요. 모조리요. 그러기 위해서는 자유로워야 해요. 난 자유롭게 살고 싶거든요. 아시겠어요?"

그리고 나서 그녀는 매우 침착하게 뜨거운 커피를 한 모금씩 마셨다.

앙투안은 잠시 절망에 빠졌다. 모든 것이 와르르 무너져 내리고 있었다. 그러나 그녀는 아직 그의 앞에 있었다. 아무것도 잃은 것은 없었다. 그는 자기가 강렬하게 원했던 것을 포기한 적이 없었다. 그는 패배에 익숙하지 않았다. 아무튼 입장은 뚜렷했다. 괜한 환상에 사로잡혀 있기보다는 차라리 잘된 일이다. 알고 난 뒤에 행동하는 것이다. 단 한순간도 그녀가 혹시 자기에게서 도망을 친다든가, 함께 사는 것에 대한 자신의 계획을 거부하리라는 생각은 조금도 하지 않았다. 그는 그런 사람이었다. 항상 목적에 도달할 자신에 차 있었다. 이제 필요한 것은 그녀를 더 잘 이해하고 아직도 그녀를 에워싸고 있는 이 베일을 벗겨 버리는 것이었다.

"2년 전까지는 자유롭지 못했다고요?" 하고 심히 의아스럽다는 투로 그가 중얼거리듯 말했다. "그럼 지금은 정말로 완전히 자유로운가요?"

라셀은 마치 어린아이를 대하듯이 그를 바라보았다. 그녀의 시선에 빈정거림의 표정이 어리기 시작했다. '대답해 드리겠는데, 그건 내가 그러고 싶기 때문이에요'라고 말하는 것 같았다.

"그때 나와 함께 살고 있던 남자는 지금 이집트령 수단으로 가 버렸어요" 하고 그녀가 말했다. "그 사람은 절대로 다시는 프랑스에 나타나지 않을 거예요." 그녀는 조용한 웃음으로 마지막 말을 마치고 눈길을 돌렸다. 그러고 나서 갑자기 대화를 멈추었다. "나가죠" 하고 일어나면서 그녀가 말했다.

밖으로 나서자 그녀는 알제 거리 쪽을 향해 걸었다. 앙투안은 말 없이 그녀를 따라갔다. 그는 이제부터 어떻게 할 것인가를 생각하고 있었다. 이대로 그녀와 헤어질 마음은 없었다.

그들이 아파트 문 앞에 도착했을 때 라셀이 그를 도와주었다.

"데데트를 보러 올라가시겠어요?" 하고 그녀가 말했다. 그리고 태연하게 덧붙여 말했다. "그냥 말해 본 것뿐이에요. 혹시 바쁘지 않으신지요?"

그랬다. 사실 앙투안은 파시 거리에 있는 어린 환자에게 왕진을 가기로 약속했었다. 그리고 또한 그날 아침 병원에서 원장이 참고문헌을 대조해 봐 달라고 주었던 보고서의 교정을 보아야 할 일도 있었다. 무엇보다도 그를 기다리고 있는 메종 라피트로 저녁식사를 하러 가고 싶었다. 너무 늦지 않게 가서 자크와 이야기해야겠다는 생각도 단단히 했었다. 그러나 라셀을 따라갈 수 있다는 가능성이 보이자 그 모든 것이 연기처럼 사라져 버렸다.

"오늘은 하루종일 비어 있습니다" 하면서 그녀가 지나가도록 비켜섰다.

의무를 태만히 한다는 생각, 자기의 행동방식에 혼란이 왔다는 생각도 잠시뿐이었다. 어쩔 수 없는 일이었다(그는 거의 '잘됐지 뭐!'라고 생각할 정도였다).

두 사람은 아무 말 없이 층계를 올라갔다.

방 앞에 도착하자 라셀은 열쇠를 꽂고 몸을 돌렸다. 그녀의 얼굴에는 욕망의 빛이 번뜩이고 있었다. 어떤 교활함이나 꾸밈도 없는, 자유롭고 명랑하며 저항할 수 없는 욕망이었다.

5. 자크, 메종 라피트로 가다—지젤과의 오후—티보 씨, 자식들에게 호적 바꿀 의도를 알림—저녁식사 뒤, 앙투안과 자크, 퐁타냉 부인을 방문. 니콜과 그녀의 약혼자

파크멜에서부터 뛰어서 집에 돌아온 자크는 무슨 사고가 나서 사람들이 앙투안을 찾으러 왔었다는 수위의 이야기를 들었다. 그 순간 지금까지 그를 사로잡고 있던 미신 같은 공포는 단번에 사라졌다. 그러나 그는 상복을 입고 싶다는 생각만으로 형의 죽음을 불러올 수도 있으리라 믿었던 자신에게 화가 났다. 자신의 종기에 필요한 아이오딘팅크 병이 없어졌다는 사실이 마침내 그를 짜증나게 했다. 언제나 그렇듯이 그는 뚜렷한 이유 없이 화가 난 상태에서 옷을 벗었다. 물론 이런 상태가 그로서는 부끄러웠으므로 더욱 견딜 수가 없었다. 잠드는 데 오랜 시간이 걸렸다. 합격했다는 사실도 이제는 조금도 기쁘지 않았다.

다음날 아침에 앙투안은 현관 문간에서 자크를 만났다. 자크는 형을 만나지도 않고 메종 라피트로 떠나려던 참이었다. 앙투안은 짧게 엊저녁에 있었던 일을 자크에게 알려 주었다. 그러나 라셀에 관한 이야기는 한 마디도 하지 않았다. 앙투안의 눈은 빛났으며 초췌한 얼굴에는 어떤 살기의 표정마저 감돌고 있었다. 자크는 그 표정이 수술이 어려웠기 때문이라고 생각했다.

자크가 메종 라피트 역에서 나왔을 때는 성당에서 요란스레 종이 울리고 있었다. 그에게는 서두를 일이 아무것도 없었다. 티보 씨를 비롯해 베즈 양도 지젤도 대미사에 빠진 적이 없으므로 별장으로 들어가기 전에 주위를 한 바퀴 돌아볼 여유가 있었다. 공원의 부드러운 나무 그늘이 산책하기에는 안성맞춤이었다. 가로수길에는 아무도 없었다. 그는 벤치에 앉았다. 들려오는 것이라고는 풀숲에서 속삭이는 벌레 소리, 또 머리 위의 나무에서 한 마리씩 날아오르는 참새의 파닥이는 날개 소리뿐이었다. 그는 입가에 미소를 띠고 이렇다 하게 생각하는 것도 없이 거기에 그렇게 있는 것이 즐거워서 꼼짝 않고 앉아 있었다.

생제르맹앙레의 숲에 인접한 옛 메종의 영지는 왕정복고(1814년 나폴레옹의 몰락 후 부르봉 왕조가 왕권을 회복하고 1830년 물러날 때까지의 시기) 시대에 은행가 라피트가 사들인 것으로서 라피트는 공원이던 500 헥타르의 땅을 분양하고 자기는 오로지 성만 가졌던 것이다. 그러나 그 은행가는 구획정리를 하면서도 자기 저택 둘레의 잘 가꾸어진 호화로운 경치는 그대로 두도록, 그리고 삼림의 벌채도 불가피한 경우에만 하도록 조치를 취했다. 그의 배려로 메종은 옛날 영주의 거대한 공원으로 남아 있을 수 있었다. 수령이 200년을 헤아리는 보리수의 가로수가 경계벽도 없이, 거의 녹음에 가리워진 소규모의 소유지들 사이를 훤하게 뚫고 뻗어나가 있었다.

티보 씨의 별장은 성의 동북쪽, 흰 나무 울타리가 쳐진 잔디 한가운데 있었다. 그곳은 항상 커다란 나무들이 그늘을 드리우고 있는 곳으로 중앙에는 회양목을 둘러 심은 둥근 연못이 하나 있었다.

자크는 종종걸음으로 그곳을 향해 걸어갔다. 그리고 멀리 집이 보이기 시작한 순간, 입구 울타리에 기대 서 있는 흰 옷 입은 사람의 모습이 보였다. 지젤이 그가 오기를 기다리고 있었던 것이다. 그녀는 역으로 가는 작은 길쪽으로 몸을 돌리고 있었기에 그가 오는 것을 보지 못했다. 그는 반가운 마음에 달리기 시작했다. 그녀는 그를 보고 팔을 흔들었다. 그러고는 곧 두 손을 나팔 모양으로 입에 대고 물었다.

"합격했어?"

이미 16살이 됐는데도 그녀는 유모의 허락 없이는 정원 밖으로 나오지 못했다. 자크는 그녀를 곯려 주려고 대답하지 않았다. 하지만 지젤은 이미 그의 눈빛에서 기쁜 소식을 알아채고는 어린아이처럼 바로 그 자리에서 깡충

깡충 뛰었다. 그리고 그의 품에 뛰어들었다.

"너, 너, 미쳤구나!" 하고 자크가 늘 하는 투로 말했다. 그녀는 웃으면서 그의 품에서 벗어났다가 몸을 떨면서 다시 그에게 뛰어들었다. 그는 그녀의 밝은 미소와 눈물로 빛나는 두 눈을 보았다. 자크는 그런 그녀의 태도가 고마운 나머지 깊이 감동하고 있었다. 그리고 잠시동안 그녀를 꼭 껴안아 주었다.

지젤은 웃더니 목소리를 낮추어 말했다.

"내가 온갖 이야기를 다 꾸미면서 아줌마한테 독송 미사에 가자고 졸랐어. 오빠가 10시에 올 거라고 예상했기 때문이야. 아저씨는 아직 안 돌아오셨어. 어서 들어와" 하면서 지젤은 그를 별장 쪽으로 이끌고 갔다.

키가 작달막한 유모가 현관 안에서 나타났다. 이제는 약간 등이 굽은 그녀는 총총걸음으로 다가왔다. 그러더니 감동해서 계속 고개를 흔들었다. 그녀는 돌계단 끝에 와서 멈추어 섰다. 자크가 자기 손이 닿는 곳까지 올라오는 것을 보고 유모는 인형극의 인형처럼 팔을 내밀었다. 그리고 키스해 주려다 하마터면 중심을 잃고 쓰러질 뻔했다.

"합격했니? 네가 합격했어?" 하고 그녀는 끊임없이 무엇인가를 씹고 있는 것처럼 입을 우물거리면서 말했다.

"아야" 하며 자크가 쾌활하게 소리쳤다. "조심하세요. 종기가 나서 아프니까."

"돌아서 봐라. 맙소사!"

그녀는 고등사범학교의 시험보다 자기에게는 이 종기가 더 중요한 일이라는 듯이 합격에 관한 질문을 재빨리 거두더니 그를 끌고 가서 뜨거운 물로 씻어 내고 통증을 가라앉히기 위해서 습포를 대 주었다.

유모의 방에서 치료가 끝나갈 때쯤 나무 문에 달려 있는 초인종이 울렸다. 티보 씨가 돌아온 것이다.

"자크 오빠가 합격했어요!" 하고 지젤이 창 밖으로 몸을 내밀며 소리쳤다. 그러는 동안 자크는 아버지를 맞으러 내려갔다.

"아, 너냐? 몇 등이었냐?" 하고 티보 씨가 물었다. 뚜렷한 만족의 빛이 창백한 얼굴에 화색이 돌게 했다.

"3등이었어요."

티보 씨의 칭찬하는 표정이 더욱 뚜렷해졌다. 그는 눈꺼풀을 들지 않았으나 코의 근육이 미세하게 떨리고 있었다. 코안경이 떨어져서 줄 끝에 매달렸다. 그는 아들에게 손을 내밀었다. "잘했다, 잘했어" 하고 그는 자크의 손을 자신의 말랑한 손가락 사이에 움켜잡으며 중얼거렸다. 그리고 잠시 주춤하다가 짜증난 표정을 짓더니 "무척 덥군!" 하고 중얼거렸다. 그러고 나서 아들을 자기 쪽으로 끌어당겨 키스를 했다. 자크의 심장이 고동쳤다. 아버지를 쳐다보고 싶었다. 그러나 티보 씨는 이내 몸을 돌리더니 서둘러 돌계단을 올라갔다. 그는 자기 서재로 가서 기도서를 책상에 던지고는 몇 걸음 걸었다. 그리고 손수건을 꺼내 천천히 얼굴을 닦았다.

이미 점심 준비가 되어 있었다.

지젤은 자크의 자리를 푸른 접시꽃 다발로 장식했다. 그것이 가정적인 식탁에 축제 분위기를 돋워 주었다. 그녀는 웃지 않으려 했지만 참을 수가 없었다. 그만큼 기뻤던 것이다. 두 노인 사이에서 소녀로서의 생활은 매우 엄격한 데가 있었다. 그러나 그녀 자신 속에 생기를 간직하고 있었으므로 그런 것에 주눅이 들거나 하는 일은 전혀 없었다. 행복을 기다린다는 것, 그것이 이미 행복이 아니겠는가?

티보 씨가 손을 마주 비비면서 들어왔다.

"그런데" 하며 그는 냅킨을 펴서 무릎 위에 놓은 다음 식기 양쪽에 주먹을 올려놓으며 말했다. "이젠 그것으로 만족해서는 안 된다. 우리 가문의 사람들은 결코 바보가 아니다. 3등으로 입학했으니까 열심히 해서 졸업 때는 1등 못할 이유가 어디에 있겠느냐?"

그는 한쪽 눈을 가늘게 떴다. 그리고 교활하게 수염을 쓰다듬었다.

"진급할 때에도 누군가 1등 하는 사람이 있게 마련 아니냐?"

자크는 애매한 미소로 아버지의 미소에 답했다. 가족끼리의 식사시간에 이처럼 자신의 생각을 감추는 버릇이 어찌나 몸에 배었던지 그는 이제는 별로 힘들이지 않고 그런 표정을 짓게 되었다. 어떤 때는 이런 습관이 자신이 비굴하기 때문이라고 자책할 때도 있었다.

"좋은 학교를 수석으로 졸업한다는 것은" 하며 티보 씨가 말을 계속했다. "형에게 물어 봐. 그건 네 일생을 따라다니는 거다. 그런 뒤에는 어딜 가도 존경받을 건 틀림없다. 그런데 형은 잘 있냐?"

"점심식사 뒤에 온다고 했어요."

샬르 씨의 주변에 사고가 났었다는 이야기를 아버지에게 하려는 생각은 자크로선 엄두도 못낼 일이었다. 일종의 묵계처럼 티보 씨 주위에서는 모두들 입을 다물고 있었다. 그리고 아무리 하찮은 일이라도 섣불리 그의 귀에 들어가게 하는 부주의를 저지르는 법이 결코 없었다. 왜냐하면 막강하고 활력이 넘치는 그가 하찮은 소식에서 어떤 결론을 이끌어낼지 모르는 일이며, 아니면 편지를 보내든가 아니면 직접 찾아가든가, 여하간 어떤 수단을 써서라도 사건에 뛰어들어 그것을 더 복잡하게 만들 수도 있기 때문이다.

"오늘 조간에서 빌르보 협동조합의 파산을 확인한 기사를 읽었소?" 티보 씨는 유모가 생전 신문이라고는 펴보지도 않는다는 것을 잘 알면서도 물었다. 유모는 알고 있다는 표시로 고개를 끄덕여 대꾸했다. 티보 씨가 짧고 차가운 웃음을 흘렸다. 그러고 나서 그는 입을 다물었다. 그리고 식사가 끝날 때까지 대화할 흥미를 잃은 듯이 보였다. 차츰 귀가 어두워져 감에 따라 그는 하루하루 더 고독해졌다. 식사시간 내내 씨름꾼의 위처럼 튼튼한 그의 위가 요구하는 대로 양껏 먹으면서 자신의 생각에 골몰하느라 아무 말 없이 그대로 있는 일이 자주 있었다. 이런 순간에 사실 그는 뭔가 어려운 문제에 관해서 곰곰이 생각하곤 하는 것이었다. 이런 무표정한 부동자세는 사실은 먹이를 기다리고 있는 거미의 부동자세와 같은 것이었다. 그는 이런저런 생각을 하는 동안 어떤 행정적 또는 사회적인 문제의 해결책이 떠오르기를 기다리는 것이었다. 지금까지 그는 늘 그런 식으로 일을 처리해 왔다. 수동적이며 화석처럼 굳어진 표정으로 두 눈은 반쯤 감은 채 오직 두뇌만을 작동시키고 있었다. 이 위대한 사업가는 단 한번도 메모를 한다든가 연설을 할 때에도 원고를 써본 적이 없었다. 모든 것이, 아주 작은 부분까지도, 그의 부동의 두뇌 속에서 빈틈없이 짜이며 새겨지곤 했다.

그의 맞은편에 앉은 유모는 급사의 식사 시중에 신경을 쓰며 자그마한 두 손을 식탁보 위에서 마주 잡고 있었다. 아직은 아름다운 두 손을 그녀는 (아무도 모를 거라고 생각하면서) 오이즙 화장품으로 손질했다. 그녀는 거의 아무것도 먹지 않았다. 디저트로는 우유 한 잔과 비스킷 하나가 나왔다. 그녀는 그 비스킷을 우유에 적시지 않고 갉아먹었다. 생쥐 같은 치아가 아직 성했기 때문이다. 그녀는 항상 사람들이 너무 지나치게 먹는다고 생각하고,

조카딸의 식사를 꼼꼼히 감시하고 있었다. 그러나 그날 아침에는 자크를 위해서 자기 원칙을 저버리고 있었다. 그리고 디저트가 끝날 무렵에 이런 제의까지 했다.

"자크, 내가 만든 새로운 잼을 맛보겠니?"

"맛은 최고, 소화는 완벽" 하고 자크는 지젤에게 윙크를 보내며 중얼거렸다. 이 오래된 농담은 두 사람에게 박하사탕 봉지와 어렸을 때에 정신없이 웃던 일을 떠올리게 해 주는 바람에 그들은 어린애처럼, 눈물이 나올 정도로 웃었다.

티보 씨의 귀에는 아무것도 들리지 않았다. 그러나 그는 윗사람답게 기분 좋아 보이는 미소를 지었다.

"심술궂은 장난꾸러기" 하며 유모가 말을 이었다. "그것보다 얼마나 잘 엉겼는지나 보렴!" 루비색의 젤리가 들어 있는 50개 정도의 단지가 모슬린 천으로 덮인 테이블 위에 놓여 있었다. 파리 떼들이 그 위에 달라붙었으나 헛일이었다. 그 단지들은 럼주에 적신 둥근 종이덮개로 닫히기만을 기다리고 있었다.

식당에 있는 두 개의 유리문이 꽃이 핀 나무상자가 가득한 베란다를 향해 열려 있었다. 드리워진 발에 의해 햇빛은 마룻바닥까지 눈부신 빛 줄기를 쏟고 있었다. 서양자두를 넣어놓은 설탕절임 그릇 주위에서 말벌 한 마리가 붕붕거렸다. 온 집안이 한낮의 햇빛을 받아 마치 말벌과 함께 윙윙거리고 있는 것 같았다. 훗날 자크는 자신이 고등사범학교에 입학했다는 사실에 잠깐이나마 기쁨을 느꼈던 유일한 순간이 이 식사 때였다고 회상했음에 틀림없다.

흥분되고 기쁘기는 해도 언제나처럼 얌전히 앉아 있는 지젤은 뚜렷한 목적도 없이 뜻이 담긴 듯한 눈길을 자크와 주고받았다. 그리고 자크의 하찮은 말 한 마디에도 그녀는 기뻐서 어쩔 줄 몰랐다.

"저런, 지즈, 그 입 좀 봐라!" 하고 유모가 떨리는 목소리로 말했다. 그녀는 지젤이 입을 크게 벌리고 두꺼운 입술을 보이는 것을 참지 못했다. 그리고 살짝 곱슬거리는 검은 머리카락, 납작한 코, 강렬한 느낌이 드는 황금색 피부도 그녀의 마음에 거슬렸다. 그런 점들은 그녀의 생각 이상으로 훨씬 더 지젤의 어머니, 곧 베즈 사령관이 마다가스카르에 머물렀을 때 결혼했던 혼혈 여인의 모습을 떠올리게 해 주었던 것이다. 그래서 그녀는 기회가 있을 때마다 조카딸에게 아버지 쪽의 혈연 계통을 강조하는 것을 잊지 않았다. "내가 너 만할 때는" 하고 그녀가 미소지으며 말을 이었다.

"내 할머님께서는, 스코틀랜드식 숄을 두르신 할머니 계시지 않니? 그 할머니는 내가 입을 작게 벌리게 하려고 이 구절을 백 번 이상 되풀이하도록 했었지. 'Baillez-nous, ma mie, deux tout petits pruneaux de Tours.'(아가씨, 투르 지
방의 말린 자두
작은 거 2개 주세요. 이 말의 후반은 입을
작게 하지 않으면 발음이 되지 않는다)

그렇게 말하며 유모는 냅킨을 펼쳐서 말벌을 잡으려고 애쓰고 있었는데, 놓칠 때마다 매번 명랑한 웃음을 터뜨리곤 했다. 이 사랑스러운 할머니는 우울함이 뭔지를 모르는 성격이었다. 그녀의 파란만장한 인생에도 불구하고 그녀는 이 낭랑하고 사람을 끌어들이는 밝은 미소를 잃지 않고 있었다. "그 할머님께서는" 하며 그녀는 이야기를 계속했다.

"툴루즈에서 그 당시 수상이시던 빌렐 자작님과 춤을 추셨단다. 지금 살아 계셨다면 퍽이나 불행해 하셨을 게야. 왜냐하면 할머님께서는 당신의 입이 큰 것도 발이 큰 것도 몹시 싫어하셨으니까."

유모는 자기 발을 자랑스러워 했다. 그녀의 발은 마치 갓난아이의 발 같았다. 그녀는 발가락의 모양이 뒤틀리지 않도록 끝을 네모지게 만든 헝겊 덧신을 늘 신고 있었다.

3시가 되자 모두 저녁 미사에 나가서 온 집 안이 텅 비었다.

혼자 남은 자크는 자기 방으로 올라갔다. 그의 방은 3층에 있는 다락방으로 넓고 시원했으며, 꽃무늬 벽지로 도배되어 있었다. 창밖의 전망은 두 그루의 마로니에 우듬지 때문에 막혀 있었지만 그 나무의 깃털 같은 잎사귀들은 보기에도 기분이 상쾌했다.

책상 위에는 아직도 이런저런 사전들과 언어학 개론 따위가 흩어져 있었다. 그는 그 책들을 모조리 벽장 속 깊숙이 던져 넣고 나서 다시 책상 앞에 앉았다.

'나는 도대체 아이인가, 아니면 어른인가?' 하고 그는 느닷없이 자문해 보았다. '다니엘…… 그는 다르다. 그런데 나는…… 나는 무엇일까, 나는?' 그에게는 자신이 하나의 세계라는 생각이 들었다. 모순으로 가득 찬 세계, 하나의 혼돈, 무진장한 하나의 혼돈. 깨끗이 치워 놓은 마호가니 책상을 멍하니 바라보며 자기 자신 속의 무한한 세계를 생각하고 미소지었다. 책상 위를 왜 치웠던가? 그렇다, 분명히 계획이 부족했던 것은 아니었다. 며칠 전부터 거의 매일처럼 무엇인가를 시작해 보려는 유혹을 뿌리치곤 했던 것이 몇 번인가? '합격만 하고 나면' 하고 되뇌곤 했다. 그런데 지금 갑자기 눈앞에 펼쳐진 이 자유……. 그런데 그에게는 더 이상 아무것도 이 자유를 활용해서 할 만한 가치 있는 일이 없는 것 같았다. 그가 썼던 〈두 청년 이야기〉 〈불꽃〉 〈당돌한 고백〉마저도!

그는 책상을 떠나 몇 걸음 걸어서 책장으로 갔다. 언제든 시간이 나면 읽으려고 모아 두었던 책들을 꽂아놓은 선반으로 가서 살펴보았다. 그 가운데 몇 권은 작년부터 꽂아 둔 것이었다. 마음속으로 어떤 책을 맨 먼저 읽을까 찾아보았다. 그러나 입을 삐쭉하고는 빈손으로 침대에 벌렁 누워 버렸다.

'책들은 지긋지긋하다. 이론도 이제 싫다. 말도 진절머리가 난다!' 하고 그는 생각했다. 'Words! Words! Words!'^(셰익스피어의 《햄릿》에 나오는 대사 '말, 말, 말!') 그는 잡히지 않는 뭔가를 향해 팔을 뻗었다. 하마터면 눈물이 나올 뻔했다. '나는 이렇게…… 살아갈 수 있을까?' 하고 답답함을 느끼며 자문해 보았다. 그리고 다시 생각했다. '나는 아직도 아이인가, 아니면 어른인가?'

강렬한 동경이 솟구쳐 올랐다. 그는 그 열망으로 압도당했다. 자기가 운명으로부터 무엇을 기대하고 있는지 도저히 말로는 할 수가 없을 것 같았다.

"살아가는 것이다" 하고 그는 되풀이했다. "행동하는 것이다." 그리고 다시 덧붙였다. "사랑하는 것이다." 그리고 눈을 감았다.

자크는 1시간 뒤에 일어났다. 깜빡 졸았을까, 아니면 잠들었던 것일까? 고개를 움직이기가 힘들었다. 목덜미가 뻣뻣했다. 까닭 모를 권태와 에너지 과잉으로 인한 의기소침이 그의 행동의 모든 가능성을 무기력하게 만들었으며, 그의 모든 생각을 어둡게 했다. 그는 눈을 들어 방 안을 둘러보았다. 두 달을 꼬박 여기 이 집 안에서 정체되어 지낼 것인가? 그러나 금년은 어떤 불가사의한 운명이 자기를 이곳에 묶어 놓고 있으며 어디를 가더라도 지독한 괴로움이 그를 따라다닐 것 같은 느낌이 들었다.

그는 창가로 가서 팔꿈치를 괴었다. 어느새 그의 슬픔은 사라져 버렸다. 마로니에의 낮은 가지들을 통해서 지젤의 밝은 옷자락이 펄럭거렸다. 그 아이 곁에만 있으면 자기가 젊다는 것, 자기가 살아간다는 것에 바로 흥미를 되찾을 것 같았다!

그는 지젤을 놀래 주려고 했다. 그러나 그녀는 귀를 기울이고 있었거나 아니면 건성으로 읽는 척하고 있었던 모양이다. 자기 뒤에서 들려오는 자크의 발소리를 알아차리고는 고개를 획 돌렸다.

"약 오르지!"

"뭘 읽고 있니?"

그녀는 대답하려고 하지 않았다. 그리고 팔짱을 끼고 책을 가슴에 안았다. 그들은 장난삼아 실랑이를 벌였다.

"하나, 둘, 셋⋯⋯."

그는 의자를 넘어뜨려 그녀를 풀밭에 나동그라지게 했다. 지즈는 그런데도 책을 놓지 않았다. 자크가 그 책을 빼앗기 위해서는 따뜻하고 유연한 이 육체와 한동안 실랑이를 해야 했다.

"《사보아르의 꼬마》 제1권이라. 쳇! 이 책은 몇 권까지 있니?"

"3권."

"그렇구나. 재미있니?"

그녀는 웃었다. "1권조차 다 읽지 못한걸."

"그럼 뭐 때문에 이런 걸 읽고 있니?"

"내가 고른 게 아니야."

(유모는 지즈에게 이런 종류의 책을 몇 권 읽히고 나서 '지즈는 책읽기를 좋아하지 않는다'고 결론 내렸었다)

"내가 책을 빌려 줄게" 하고 자크는 말했다. 그는 그녀에게 반항과 불복종을 가르쳐 줄 생각에 이렇게 말했다.

지젤은 그 말을 듣고 있는 것 같지 않았다.

"좀더 있다가 가" 하고 그녀는 잔디에 누우면서 애원했다. "거기, 내 의자에 앉아. 아니면 여기 앉든지⋯⋯."

자크는 그녀 옆에 드러누웠다. 두 사람이 있는 곳에서 50미터쯤 떨어진 곳에 상자에 심은 오렌지나무가 나란히 늘어서 있고, 모래로 된 보도의 한가운데 우뚝 서 있는 별장 위로 햇볕이 뜨겁게 내리쬐고 있었다. 그러나 나무 그늘 아래에 있는 풀밭은 시원했다.

"그래, 자크 오빠, 이젠 시간이 난 거야? 완전히 한가해?"

그녀는 어딘가 거북한 듯 하면서도 밝은 표정을 지으며 입을 반쯤 벌리고 그를 향해 몸을 돌린 채로 있었다.

"뭐라고?"

"이제 앞으로 두 달 동안 시간이 많을 텐데 어디로 떠날 작정이냐고?"

"아무 데도 안 가."

"정말이야? 그럼 얼마동안은 우리와 함께 있을 거야?"

처음으로 그녀는 귀여운 강아지처럼 동그랗고 반짝이는 두 눈을 그에게로 향하며 말했다.

"그렇다니까. 10일엔 친구 결혼식 때문에 투렌느에 갈 거야."

"그 다음엔?"

"모르겠어" 하며 그는 고개를 돌렸다. "방학 내내 메종에 머무를까 생각 중이야."

"정말?" 자크의 시선을 붙잡으려고 몸을 숙이며 그녀가 중얼거렸다. 그는 이토록 지젤을 기쁘게 해 준 것을 흐뭇해하며 미소지었다. 그리고 두 달 동안, 이 순진하고 사랑스런 소녀, 마치 누이동생처럼, 아니 누이동생 이상으로 사랑하고 있는 이 소녀 옆에서 지낼 생각을 하니 조금전까지 느꼈던 불안감이 싹 가셨다. 자기가 돌아온 것이 이렇게도 이 소녀의 생활을 밝게 해 주리라고는 생각지도 못했었다. 그는 이제까지 어느 누구도 자기의 존재를 기뻐하지 않는다고 생각해 왔다. 그런데 그렇지 않았음을 발견하게 해 준 것이 너무도 고마운 생각이 들어 풀밭에 놓인 지젤의 손을 부드럽게 쓰다듬었다.

"피부가 부드럽구나, 지젤. 너도 오이 화장품을 바르니?"

지젤은 웃더니 자크에게로 미끄러지듯이 다가왔다. 이것을 본 자크는 그녀의 몸이 얼마나 유연한지를 알았다. 그녀에게는 어린 동물에서 찾아 볼 수 있는 매우 자연스럽고 상쾌한 육감이 있었다. 그리고 목구멍으로 내는 그녀의 웃음은, 그것이 어린애같은 깔깔거림을 떠오르게 하지 않을 때는 사랑을 속삭이는 비둘기의 울음소리를 듣는 듯한 느낌을 주었다. 그리고 이 포동포동한 육체 속에는 순수하고 때묻지 않은 영혼이 깃들어 있었다. 이미 육체는 수많은 욕구로 몸부림치고 있었음에도 불구하고 그녀 스스로는 그 욕구의 본질이 어떤 것인지 짐작조차 못하고 있었다.

"아줌마는 아직도 내가 올해 테니스 클럽에 나가지 못하게 하셔." 그녀는 얼굴을 잔뜩 찌푸리며 말했다. "오빠 클럽에 나가?"

"아니, 안 가."

"자전거 하이킹은 해?"

"글쎄, 그건 할지도 모르지."

"야호, 신난다!" 하고 그녀가 외쳤다. 그녀의 눈길은 언제나 무엇을 보고 깜짝 놀란 것 같은 그런 것이었다. "있잖아, 아줌마는 오빠와 함께라면 외출을 허락해 준다고 약속했어. 갈 거지?"

그는 잠시 그녀의 깊고 반짝거리는 눈동자를 들여다보았다.

"눈이 참 예쁘구나, 지젤."

그는 그녀의 두 눈동자의 색깔이 갑작스러운 마음의 동요 때문에 더욱 깊어지는 듯한 느낌이 들었다. 지젤은 미소지으며 고개를 돌렸다. 그녀를 처음 볼 때 눈길을 끄는 유쾌하고 명랑한 표정은 그녀의 눈빛이나, 입가에 항상 패인 두 보조개에서만 나타나는 것이 아니라 둥근 광대뼈와 코끝에서도, 개구쟁이 같은 턱끝에서도, 그리고 건강과 매력을 내뿜는 통통한 얼굴 전체에서도 드러나고 있었다.

자기가 한 말에 그가 대답을 하지 않자 그녀는 걱정스러웠다.

"가줄 거지, 응?"

"뭐 말이야?"

"숲에도 가고, 아니면 작년 여름처럼 나를 마를리로 데리고 가는 것 말이야."

그가 승낙한다는 표시로 미소 짓자 지젤은 너무나 기쁜 나머지 온몸으로 달려들어 그를 껴안고 뽀뽀를 했다. 그런 뒤에 두 사람은 등을 땅에 댄 채 나란히 누워서 무성하게 가지가 우거진 나무들의 녹음을 바라보고 있었다.

분수의 물소리, 광장의 연못 주위에서 나는 개구리 울음소리, 그리고 때때로 정원의 울타리를 따라 걸어가는 산책객들의 목소리가 들려왔다. 끈적끈적한 꽃받침이 하루종일 햇볕을 받아서 발산하는 피튜니아 냄새가 베란다의 꽃상자에서 은은하게 풍겨나와 무더운 공기 속에 떠다니고 있었다.

"자크, 오빠 참 이상해. 언제나 무슨 생각에 잠겨 있어! 도대체 무슨 생각을 하는 거야?"

그는 한쪽 팔꿈치로 몸을 지탱하여 일으키고는 지젤의 얼굴을 바라보았다. 그리고 약간 축축하고 놀란 듯 반쯤 벌어진 지즈의 입술을 보았다.

"나는 네 이가 참 예쁘다고 생각하던 참이야."

그녀는 얼굴을 붉히지도 않고 어깨만 으쓱했다. "아냐, 나는 심각하게 애기하는 거야" 하고 그녀가 어린아이 같은 투로 말했다.

그는 웃음을 터뜨렸다.

엷은 황갈색 빛을 받아 통통해 보이는 꿀벌 한 마리가 두 사람 주위를 날아다니고 있었다. 그것은 마치 양털뭉치처럼 자크의 얼굴에 부딪치고 나서 탈곡기 소리를 내더니 잔디밭 구멍 속으로 날아 들어갔다.

"그리고 나는 저 꿀벌이 너하고 닮았다는 생각도 해."

"나를?"

"응."

"왜?"

"모르겠어" 하고 다시 똑바로 누우며 그가 말했다. "너처럼 까무잡잡하고 동그랗잖아. 그리고 그 붕붕거리는 소리는 네가 웃을 때 내는 소리하고 비슷해."

진지한 투로 한 이 말이 지젤을 깊은 생각 속에 빠뜨린 것 같았다.

두 사람 모두 침묵에 잠겼다. 그림자가 황금빛을 띤 갈색의 잔디 위에 비스듬히 길게 뻗어 있었다. 얼굴에 햇볕을 받고 있던 지젤은 강아지풀이 볼을 스치며 속눈썹을 뚫고 따갑게 눈을 건드리자 간지러운 나머지 다시 웃음을 터뜨렸다.

울타리의 종소리가 앙투안의 도착을 알려 주었을 때, 그리고 오솔길 저쪽에서 형의 모습이 나타났을 때, 자크는 미리부터 그렇게 하려고 생각하고 있었던 것처럼 벌떡 일어나서 형에게로 달려갔다.

"형, 오늘밤에 다시 갈 거야?"

"응, 10시 12분에."

자크는 앙투안의 얼굴에서 피곤함보다는 오히려 평소와는 다른, 거의 호전적인 표정이 빛나고 있음에 주목했다. 그는 목소리를 낮추어 말했다.

"형, 저녁식사 뒤에 나랑 퐁타냉 부인 댁에 가지 않을래?"

그는 형이 머뭇거리는 눈치를 보이자 그쪽을 보지 않고 재빨리 말했다. "내가 그 부인을 꼭 찾아 뵈어야 할 일이 있는데 내일 혼자서 가기는 너무 쑥스러울 것 같아."

"다니엘이 있잖아?"

자크는 다니엘이 없다는 것을 알고 있었다. 그런데도, "그건 그래" 하고 대답해 버렸다.

두 사람은 티보 씨가 한 손에 신문을 펴들고 응접실 안쪽에서 나타나는 것을 보자 입을 다물었다.

"아, 네가 왔구나!" 하고 티보 씨는 앙투안을 향해 큰 소리로 말했다. "잘 왔다. 반갑다." 그는 앙투안에게는 언제나 존경심을 가지고 말하곤 했다. "밖에 그대로 있거라. 나도 나갈 테니까."

"그럼 약속한 거야?" 하고 자크가 속삭이듯이 말했다. "저녁식사 뒤에 산책하러 나간다는 구실을 댈까?"

티보 씨는 앞으로 다시는 퐁타냉 씨 집과 친하게 지내선 안 된다고 이른 뒤로는 그 말을 한 번도 하지 않았다. 다들 조심하느라고 그 저주스러운 이름을 그의 앞에서는 아무도 입 밖에 내지 않았다. 그의 명령이 이미 오래전부터 지켜지지 않고 있다는 것을 그는 과연 모르고 있었을까? 그것은 아무도 장담할 수 없었다. 아버지로서의 자존심이 그를 거의 맹목적이게 했으므로 아마 자기가 이렇게도 빈번히 거역당하리라는 생각은 꿈에도 하지 못했을 것이다.

"그래, 저 애는 합격했단다!" 하고 무거운 걸음으로 돌층계를 내려오면서 티보 씨가 말했다. "이젠 마음을 놓을 수 있게 되었단다." 그는 덧붙여 말했다. "저녁 먹기 전에 잔디밭을 한 바퀴 돌자꾸나." 그러고는 예사롭지 않은 제안을 한 까닭을 설명이나 하려는 듯이 이렇게 말을 꺼냈다. "실은 내가 너희들 둘에게 할 말이 있다. 그보다 먼저 물어볼 것이 있는데" 하며 그는 앙투안에게 물었다. "너 석간 신문 읽었니? 빌르보의 파산에 대해 뭐라고들 썼더냐? 안 읽어 보았니?"

"그 협동조합 말씀인가요?"

"그렇단다. 완전히 들통이 났지. 사건의 발단은 배임행위야. 그리 오래된 일은 아니고." 그는 기침을 하듯이 마른 웃음을 짧게 웃었다.

'얼마나 강렬한 키스였던가' 하고 앙투안은 생각했다. 그는 그 식당에서의 일과, 자기 앞에 앉아서 열린 창문을 통해 들어오는 빛에 의해 마치 무대에라도 있는 것처럼 밑으로부터 조명을 받고 있던 라셀을 떠올리고 있었다. '그런데 내가 mixed grill을 제안했을 때 그녀는 왜 그렇게 이상하게 웃었을까?' 그는 아버지가 하는 말에 관심을 가지려고 노력했다. 그런데 아버지가 그 '도산'을 이렇게 아무렇지도 않게 받아들이는 데 놀랐다. 왜냐하면 마지막 파업 뒤에 자본가 없이도 꾸려 나갈 수 있다는 것을 증명하기 위해서 빌르보의 단추 제조 노동자들이 생산협동조합을 만들 때, 협회에서 박애정신에 입각하여 아버지가 그들에게 자본을 대 주었기 때문이다.

티보 씨는 어느새 장광설을 늘어놓기 시작했다.

"대의명분을 위한 낭비는 아니었다고 생각한다. 우리의 태도는 더할 나위가 없었지. 우리는 노동계급의 유토피아를 중요시했으므로 최초로 우리의 자본으로 노동자계급을 도와주는 일을 했었다. 그런데 18개월도 채 못 가서 도산하는 결과를 초래한 거지. 그 상황에 노동자 대표들과 우리들 사이에 완벽한 중재인이 있었다는 점을 잊어선 안 돼. 참, 너도 그 사람을 잘 알지" 하고 그는 걸음을 멈추고 자크 쪽으로 고개를 돌리며 덧붙였다.

"네가 크루이에 있었을 때 원장으로 있던 그 펨므 씨 말이다."

자크는 대답하지 않았다.

"그가 노동자 대표들의 편지를 쥐고 그들 모두를 휘어잡고 있어. 우리에게 운영자금을 요청하는 편지 말이다. 그래, 파업이 최악에 이르자 우리한테 온 편지다. 그러니 이제 와서는 어느 누구도 꼼짝달싹 못하게 된 거지."

그러고는 만족스러운지 또다시 기침을 했다. "하지만 너희들과 이런 이야기를 하려던 것은 아니란다" 하고 그는 다시 걸으면서 이야기를 계속했다.

그는 무거운 발걸음으로 앞으로 걸어갔다. 곧 숨이 차자 모래 위에 두 다리를 질질 끌며 상체는 앞으로 굽히고 두 손은 뒷짐을 졌다. 열린 재킷의 앞섶이 펄럭이고 있었다. 두 아들은 아무 말 없이 그의 양옆에서 걷고 있었다. 자크는 어디선가 읽었던 구절이 생각났다. '나란히 걸어가는 두 사람의 얼굴. 한 사람은 늙고 다른 한 사람은 젊다. 그런데 두 사람이 서로 화제를 찾지 못한다면 그들이 아버지와 아들 사이라는 것을 알 수 있다.'

"실은" 하며 티보 씨가 말했다. "내가 너희들을 위해 세운 계획에 대해 너희들의 의견을 듣고 싶구나."

그의 목소리에는 전에 없었던 침울한 느낌과 어떤 진지함이 담겨 있었다.

"애들아, 너희들도 내 나이가 되면 어쨌든 자기가 이룩한 것의 한계에 대해 자문하게 될 거다. 이런 문제에 대해 베카르 신부도 늘 말해 왔지만, 훌륭한 일을 위해서 기울인 모든 노력은 같은 목적에 다다르게 되고 더해진다는 사실을 나도 알고 있다. 그러나 한 개인이 일생 동안 기울인 모든 노력이 한 세대의 이름 없는 충적층 속에 파묻힐 수도 있다고 생각하면 고통스러운 일이 아니겠느냐? 아비로서 자기 아이들이 적어도 자신의 개인적인 추억을 간직하기를 바란다는 것은 당연한 일이 아니겠느냐? 본보기를 보인다는 뜻에서도 말이다." 그는 한숨을 내쉬었다. "나는 나 자신보다는 솔직히 너희들에 대해서 더 많은 생각을 해 왔다. 내 아들로서 장래의 너희들에게 프랑스의 티보라는 성을 쓰는 다른 사람들과 혼동되지 않는 것이 좋겠다고 생각했단다. 우리 가문은 지난 두 세기 동안 훌륭하게 살아온 평민 계급이지 않았느냐? 그것만 해도 상당한 거다. 나는 내 능력껏 가문의 훌륭한 유산을 확대시켰다고 생각하고 있다. 그리고—이것이 나의 보상이 될 것이다—내게는 사람들이 너희의 출신을 정당하게 평가하기를 바랄 권리가 있다. 그리고 내 피를 받고 태어날 후손들한테 손상 없이 물려줄 수 있도록 너희들이 내 정식 이름을 간직하기를 바랄 권리도 있고. 내무성도 이런 류의 희망이 있으리라는 것을 미리 짐작했다. 그래서 나는 몇 달 전부터 너희들의 호적을 바꾸는 데 필요한 모든 수속을 밟아 두었다. 며칠 안으로 너희들이 서명할 서류들이 도착할 거다. 그리고 내 생각으로는 신학기 초에, 늦어도 크리스마스 때까지는 너희들은 단순히 하찮은 티보가 아닌 합법적인 권리를 가지게 될 거다. 그냥 티보가 아니라 가운데 연결선을 넣은 '오스카르-티보'가 되는 것이다. 닥터 앙투안 오스카르-티보." 그는 두 손을 마주 비볐다. "너희들에게 할 말이란 이것이다. 내게 감사할 것은 없다. 더 이상 그 이야기는 하지 말자. 저녁 먹으러 가자. 저기 봐라. 유모가 들어오라고 손짓하고 있구나."

그는 족장들이 하듯이 두 아들의 어깨에 한 팔씩 얹었다.

"이런 구별을 함으로써 앞으로 너희들이 살아가는 데 어떤 도움이라도 될 수 있으면 좋겠구나. 애들아, 양심적으로 말해서, 현세에 아무것도 요구한 적이 없었던 한 인간이 자신이 쌓아올려 얻은 인망으로 후손한테 이익이 되도록 한다는 게 부당한 일이겠느냐?"

그의 목소리가 떨렸다. 티보 씨는 눈시울이 뜨거워짐을 감추기 위해서인지 갑자기 함께 걷던 오솔길을 벗어나 걸음을 재촉하며 혼자서 풀밭 위를 비틀거리며 가로질러 별장으로 돌아갔다. 앙투안과 자크는 아버지가 그토록 흥분한 모습을 본 것은 처음이었다.

"대단한 생각도 다 하셨네!" 하고 앙투안이 중얼거렸다. 그는 몹시 기뻐하고 있었다.

"그런 소리 마!" 하고 자크가 말했다. 형이 더러운 손으로 자기 마음을 건드리기라도 한 것 같은 느낌이 들었다. 자크는 항상 어떤 존경심을 가지고 아버지에 관해서 이야기했다. 그는 아버지를 비판하기를 피했었다. 그의 통찰력이 어쩌다 아버지와는 반대로 발동하는 일이 있어도—대개의 경우 그것은 자신이 그렇게 하려고 생각했기 때문은 아니었다—그는 그것을 괴로워했다. 그런데 오늘 저녁, 그는 자기 이름을 이렇게 후세에 남기려는 아버지의 욕구 속에서 무엇인가 일관된 불안감을 느끼고 가슴 아프게 생각했다. 자신은 겨우 스무 살의 몸이었지만 죽음을 생각하면 문득 아득해지는 느낌을 금할 길이 없었다.

'내가 왜 형을 이곳으로 데리고 왔을까?' 하고 자크는 그로부터 1시간 뒤에 형과 함께 성에서 숲으로 통하는, 양쪽에 수령이 몇 백 년이나 되는 보리수들이 늘어선 길을 걸으면서 스스로에게 물었다. 뒷덜미는 여전히 아팠다. 유모는 앙투안에게 자크의 종기를 진찰하도록 고집했다. 붕대를 붙이고 외출하는 것이 별로 내키지 않아 싫다고 항의했지만 앙투안은 메스로 째는 것이 좋겠다고 했다.

피곤하기는 하지만 여전히 말이 많은 앙투안은 라셀밖에는 아무 생각도 나지 않았다. 어제 이 시간에는 그녀를 알지도 못했었다. 그런데 라셀은 지금 그의 생활의 매순간을 사로잡고 있었던 것이다.

그의 흥분은 자크의 감정과는 대조적이었다. 평화스러운 한나절을 보내고 난 자크에게는 무엇보다도 이 순간에 변화무쌍한 감정, 때로는 희망 비슷한 그런 감정이 방문 직전에 이 오솔길에서 떠올랐다. 그는 앙투안과 나란히 걸었다. 자크는 자신에 대해 불만이 많고, 의심이 많은 인물로 느꼈다. 그날

저녁 두 사람의 대화는 여느 때처럼 다정했음에도 불구하고 그는 형에 대해
어떤 본능적인 편견 같은 것을 느끼고 있었다. 비록 그것을 나타내지는 않았
으나 그로 인해 침묵의 벽 속에 자신을 가두고 있었다. 실제로 형제는 마치
두 적수가 서로의 진지 사이에 방어시설을 쌓기 위해 삽으로 흙을 파 던지는
사람들처럼 서로에게 말이나 문구나 미소를 내던지는 것이었다.

그들은 각자 이런 술책을 알아채지 못하는 것은 아니었다. 둘 사이의 우애
가 몹시도 미묘했으므로 서로에게 어떤 중요한 변화도 감출 수 없을 정도였
다. 늦도록 피어 남아 있는 보리수꽃 향기를 찬양하며 내뱉는 앙투안의 하찮
은 말 한 마디의 억양이—그건 앙투안에게 라셀의 향기로웠던 머리카락 냄
새를 은밀히 상기시켜 주었다—분명한 것은 알 수 없지만 자크에게 고백을
한 것만큼이나 긴 이야기를 해 준 것과 마찬가지가 되었다. 앙투안이 자기
마음을 사로잡고 있는 생각을 떨쳐 버리지 못하고 자크의 팔을 잡고 한층 빠
른 걸음으로 동생을 끌고 가며 자기가 겪었던 특별한 밤샘에 관해서, 그리고
그 뒤에 일어났던 모든 일들을 털어놓았을 때 자크는 별로 놀라지 않았다.

앙투안의 말투, 웃음, 어른스런 태도, 형의 평소의 조심성과 대조를 이룰
정도의 너무 외설스러운 몇 가지 사실이 자크에게는 지금까지 없던 불쾌감
을 불러일으켰다. 자크는 아무렇지도 않은 척하면서 웃기도 했고 고개를 끄
덕여 찬성의 뜻을 나타내기도 했지만 속으로는 괴로웠다. 자기에게 이런 괴
로움을 주는 형이 원망스러웠다. 그는 형 스스로가 자기에게 이러한 비난의
감정을 불러일으킨다는 것을 용서할 수가 없었다.

그리고 형이 12시간 전부터 체험한 이 도취상태를 암시하면 할수록 자크
는 점점 의연한 저항 속으로 도망쳤고, 내부에서 순수함에 대한 욕구가 더욱
커져감을 느꼈다. 앙투안이 자신이 겪은 그날 오후에 관해서 말하며 자주
'사랑의 하루'라는 단어를 서슴지 않고 썼을 때 자크는 어찌나 놀랐던지 그
놀라움을 억누를 수 없어 반항을 했다.

"아, 아니야, 형, 아니야! 사랑은 그런 게 아니야!"

앙투안은 가소롭다는 듯이 미소지었다. 그렇지만 약간 놀랐는지 그대로
입을 다물어 버렸다.

퐁타냉 집안은 공원 끝의 숲 근처에 옛날 성곽의 돌담을 뒤로하고 서 있는

오래된 주택을 가지고 있었다. 그 집은 퐁타냉 부인이 친정어머니에게서 이어받은 것이었다. 거의 다니는 사람이 없으므로 언제나 키 큰 풀이 무성하게 자라 있었고, 아카시아나무가 길 양쪽에 나란히 서 있는 도로가 정원의 토담에 세워져 있는 조그만 문과 큰길 사이를 연결하고 있었다.

두 사람이 그 문으로 들어섰을 때는 땅거미가 지고 있었다. 초인종이 울렸다. 그러자 울타리 저쪽 끝, 벌써 몇 개의 창문에서 불빛이 새어 나오는 집 근처에서 제니의 강아지 퓌스의 짖는 소리가 들렸다. 식구들은 식사를 마치면 집 저편으로 나가곤 했다. 그곳은 두 그루의 플라타너스에 의해 그늘이 진 곳으로, 지난날 참호로 만들어진 해자 위로 계단을 이루며 솟아 있었다. 멈춰 있는 커다란 자동차 한 대가 길을 가로막고 있었다. 그들은 그 차를 빙 돌아서 가야만 했다.

"손님이 왔나 봐" 하고 자크가 중얼거렸다. 그리고 그는 갑자기 여기 온 것에 대한 후회가 밀려왔다.

그러나 어느새 퐁타냉 부인이 그들을 맞으려고 앞으로 나오고 있었다.

"두 분일 거라고 짐작했어요!" 하고 부인은 두 사람을 보자마자 큰 소리로 말했다. 부인은 두 팔을 벌리고 살가운 미소를 띠면서 기쁜 듯이 종종걸음으로 다가왔다. "오늘 아침에 다니엘이 친 전보를 받고 우리는 무척 기뻤어요!" (자크는 꼼짝도 않고 있었다) "하지만 나는 자크가 합격하리라는 것을 벌써부터 알고 있었지요" 하고 부인은 진지하게 자크를 바라보며 이야기를 계속했다. "자크가 다니엘과 함께 왔던 그 6월의 일요일에 어떤 예감이 들었어요. 그리운 다니엘! 그 애도 얼마나 기뻐하고 흐뭇해 했을까요! 제니도 무척 기뻐하고 있어요!"

"지금 다니엘은 여기에 없나요?" 하고 앙투안이 물었다.

그들은 의자가 빙 둘러 놓여 있는 곳으로 갔다. 유쾌하게 이야기를 나누는 소리가 들렸다. 자크는 여러 목소리 중에서 특별한 울림을 지닌 하나의 목소리, 떨림이 있으나 낮은 목소리, 바로 제니의 목소리를 바로 구별할 수 있었다. 제니는 사촌인 니콜과 사십대로 보이는 남자 옆에 앉아 있었다. 앙투안이 놀라며 그 남자에게로 다가갔다. 그 남자는 넥케르 병원에서 그의 동료였던 젊은 외과의사였다. 두 사람은 친밀하게 악수를 나누었다.

"어머나, 두 분이 아시는 사이인가요?" 하고 퐁타냉 부인이 기뻐하며 소리쳤다. "앙투안 티보 씨와 자크는 다니엘의 친한 친구랍니다" 하고 부인이 에케 의사에게 설명했다. "이 두 분께 비밀이야기를 해드려도 괜찮겠지요?" 그러고 나서 앙투안 쪽으로 몸을 돌리며 말했다. "내 귀여운 니콜은 약혼 사실을 내가 알려 주는 것을 허락하겠죠, 안 그러니, 니콜? 아직 공식적인 일은 아니랍니다. 하지만 보세요. 니콜은 벌써 아줌마 집에 약혼자를 데리고 온답니다. 두 사람을 보면 비밀을 금방 눈치챌 수 있지요!"

제니는 두 형제를 맞이하러 나오지 않았다. 두 사람이 자기 앞까지 오기를 기다렸다가 비로소 일어섰다. 그리고 두 사람과 차갑게 악수를 나누었다.

"니콜, 이리 와 봐. 내 비둘기를 보여 줄게" 하고 모두 앉기도 전에 제니가 니콜에게 말했다. "새끼가 8마리나 있는데…… 그게."

"그게……아직도 젖을 먹니?" 하고 자크가 짓궂은 투로 불쑥 말했다. 그러나 그것이 남의 비위를 거슬리게 하는 무례한 말임을 즉시 깨닫고 그는 입을 다물었다.

제니는 그 말을 못 들은 모양이었다. "……이제 날기 시작해" 하고 제니가 말을 맺었다.

"하지만 지금쯤이면 다들 잠들었을 시간이란다" 하고 퐁타냉 부인이 제니를 붙잡아 두려고 말했다.

"그래서 가 보려는 거야, 엄마. 낮에는 새끼들 근처에도 못 가잖아. 펠릭스 씨, 함께 가 보시겠어요?" 앙투안과 이야기를 나누고 있던 에케 의사가 서둘러 소녀들 쪽으로 갔다.

"아주 멋진 결혼이에요" 하고 두 약혼자가 멀어지자마자 퐁타냉 부인이 앙투안과 자크 쪽으로 몸을 기울이며 말했다. "니콜은 재산이라곤 아무것도 없는데 벌써부터 아무에게도 신세를 지지 않겠다는 생각이 확고하답니다. 그 애는 3년 전부터 간호사가 되어 제 생활비를 벌었어요. 그런 그 애가 매우 근사한 보상을 받게 되었어요! 에케 의사가 어느 환자의 머리맡에서 니콜을 보았어요. 그 애가 그렇게 똑똑하고 헌신적이며, 삶을 대하는 태도에 용기가 넘쳐 있었으므로 니콜을 사랑하게 된 거예요. 그래서 이렇게 된 거랍니다. 정말 멋있지 않아요?"

고귀한 감정으로 가득 차 있고, 덕성이 넘치는 이 에피소드의 소설적인 면을 부인은 꾸밈없이 만끽하고 있었다. 그녀의 얼굴은 신념으로 빛났다. 부인은 특히 앙투안에게 말하고 있었는데, 그녀의 말투에는 그 둘 사이에 변할 수 없는 의견의 일치가 항상 깔려 있다고 굳게 믿는 듯한 태도가 어려 있었다. 그녀는 자기가 앙투안보다 16살이나 위이고, 어쩌면 그 나이 또래의 아들이 있을 수도 있다는 생각은 꿈에도 않은 채, 앙투안의 이마와 날카로운 그의 눈길을 좋아했다. 앙투안은 펠릭스 에케가 훌륭한 외과의사이며 앞날이 유망한 젊은이라는 것을 보증함으로써 부인을 더욱 기쁘게 해 주었다.

자크는 두 사람의 대화에 끼어들지 않았다. 다만 분을 삭이면서 '아직도 젖을 먹나요!'라는 생각만 하고 있었다. 이곳에 도착한 이래로 모든 것이, 하다못해 퐁타냉 부인의 상냥한 수다까지도 그를 화나게 만들었다. 그는 퐁타냉 부인의 축하의 말을 끝까지 참고 들을 수가 없었다. 그리고 자기의 성공을 부인이 다소 높이 사주는 것 같아 부끄러워 고개를 돌렸다.

하지만 자기가 직접 그 소식을 전보로 알려 주지 않았던가. '그래도 제니만은 축하 따위의 말은 하지 않아 다행이군' 하고 그는 생각했다. '제니는 내가 이번 성공 이상의 가치를 지닌 인간이라는 사실을 알고 있을까? 아니, 아주 무관심할 뿐이다. 내 우수성이라니…… 아직도 젖을 먹나라니! …… 바보 같으니! ……도대체 그 애는 고등사범학교 학생이 뭔지 알고나 있을까? 그 애에게 내 장래가 무슨 상관일까? '안녕하세요' 하고 인사만 겨우 해 주었지. 그런데 나는…… 도대체 어쩌자고 나는 그런 바보 같은 말을 했을까?' 그의 얼굴이 달아올랐다. 그래서 다시 이를 악물었다. '나한테 인사를 하면서도 그 애는 계속 사촌의 말에 정신을 팔고 있었어. 그 애의 눈…… 이해할 수가 없어. 얼굴은 아직 어린애인데 그 눈은……' 목 뒤의 종기가 줄곧 날카로운 고통을 주면서 그 생각이 그의 뇌리를 떠나지 않고 있었다. 그는 종기보다도 유모, 지젤까지 모두가 달려들어 붙여준 반창고 때문에 더욱 견딜 수가 없는 심정이었다! 모습이 얼마나 꼴사나웠을까…….

앙투안은 자크의 존재는 까맣게 잊고 미소지으며 이야기하고 있었다.

"……도덕적인 견지에서 볼 때……" 하고 앙투안이 말했다.

'형은 떠들고 있어. 자기 생각밖에는 하지 않아! ……' 하고 자크는 생각했다. 그러자 갑자기 사교에 능숙한 형의 부드러운 태도, 특히 조금전에 외설스러운 이야기를 들려주었으면서 지금은 '도덕적 견지'라고 외치는 형의 말이 용서할 수 없는 위선처럼 그의 마음을 아프게 했다. 아, 형제가 이처럼 다르다니! 자크는 순식간에 극단으로 치닫고 말았다. 그리고 형과 자기 사이에 아무런 공통점도 발견하지 못했다. 그렇다 늦든 이르든 언젠가 둘은 헤어지게 될 것이다. 그것은 운명이다. 둘의 능력은 어차피 똑같을 수 없고 상호배타적인 것이다! 지난 5년 동안 서로 이해하면서 지내왔건만 이렇게 눈앞에 닥친 둘의 이반(離反)을 미리 충분히 대비시켜 주지 못하고, 앞으로 둘이 서로 무관한 사람이 되고, 어쩌면 터무니없이 남이 되는 것도 막지 못할 것이라고 생각하자 견딜 수 없는 슬픔이 밀려왔다. 그는 일어서서 무슨 구실을 대고 그곳을 떠나 버리고 싶었다. 한밤에 아무 데로나 숲 속을 헤매는 거다! 이 세상에서 자기에게 미소 지어 준 사람은 단 한 사람뿐이었다. 그건 바로 지젤이었다. 만약 지금 이 순간에 그 잔디 위에, 그녀 곁에 있을 수 있다면. 그녀의 얼굴 가까이 '괜찮겠지, 응?' 하고 말하며 새끼비둘기처럼 웃던 때의 그녀의 눈 가까이—구김살 없는 그녀의 눈, 그 눈! —있을 수만 있다면, 어제의 성공 따위는 기꺼이 내던져 버릴 수 있었을 것이다! 그런데 제니는? 그는 지금껏 제니의 웃는 모습을 한 번도 본 기억이 없다. 그리고 그런 그녀의 미소마저도 어떤 환멸 같은 표정이 어려 있었다! '내가 왜 이러지?' 하고 그는 정신을 차리려고 애쓰며 생각했다. 그러나 원한 비슷한 감정이 섞여 있는 이 향수는 그의 의지보다 강했다. 그리고 그것은 그로 하여금 모든 것을, 퐁타냉 부인의 말도, 비굴한 앙투안의 태도도, 다른 모든 사람들도, 자신의 헛된 청춘도, 그리고 모두가 그러하듯 그럭저럭 마음 편하게 살고 있는 것 같은 제니조차도 증오하게 만들었다.

"자크, 이번 방학을 어떻게 보낼 생각이야?" 하고 퐁타냉 부인이 물었다. "다니엘에게도 권유해서 몇 주일 동안 파리를 떠나 있었으면 좋겠어. 둘이서 여행을 떠나면 무척 재미있고 유익할 것 같은데!" (부인은 자기가 아들에게 기대하는 멋진 장래가 좀더 뚜렷하게 드러나지 않는 것이 조금 안타까웠다. 그리고 그 점에 대해 지나치게 참견하고 싶지는 않았지만 가끔 다니엘이 영위하는 지나치게 자유롭고, 규칙적이지 못한 생활—그녀는 감히 문란하다고는 생각하지 못했다—이 걱정이 되었다)

자크가 이번 여름엔 줄곧 메종에 머물 예정이라는 말을 했다.

"기쁜 일이네요! 다니엘도 여기로 데려와 주면 좋겠네. 그 애는 통 휴가를 갖지 않아. 그러다간 건강을 해치고 말 거야…… 제니!" 하며 부인은 마침 손님들과 함께 돌아온 딸에게 말했다. "기쁜 소식이 있단다. 자크가 이번 여름에 줄곧 이곳에서 지낼 거라는구나! 그러면 멋지게 테니스 시합도 할 수 있겠지, 안 그러니? ……올해 제니는 테니스에 열심이랍니다. 매일 아침을 클럽에서 보내고 있어요. 이제 이곳에는 꽤 알려진 테니스 클럽이 생겼어요" 하고 그녀는 자기 옆에 자리를 잡고 앉은 에케 의사에게 설명해 주었다. "멋있는 젊은이들이 아침마다 그곳에 모이지요. 훌륭한 코트에, 경기를 조직하고, 선수권 대회도 열고, 행사가 많아요…… 나는 경기를 볼 줄도 모르지만" 하고 미소지으며 그녀는 말했다. "그렇지만 아주 재미있는 운동인 것 같아요. 항상 그들은 젊은이들이 모자란다고 불평들을 한답니다! 자크, 너도 여전히 클럽 회원이지?"

"네, 부인."

"마침 잘됐어! …… 니콜, 너도 올여름에 약혼자와 함께 우리집에 한 주일쯤 지내러 와야 한다. 안 그러니, 제니야? 에케 선생께서도 분명 테니스를 잘 치실 거야."

자크가 에케 쪽으로 고개를 돌렸다. 거실의 등이 열린 문을 통해 들어오는 불빛이 젊은 외과의사의 길고 신중한 얼굴과 짧은 밤색 수염, 그리고 어느새 은발이 섞인 관자놀이의 머리카락을 비추고 있었다. 그는 니콜보다 10살 이상은 더 들어 보였다. 안경 알에 반사되는 불빛 때문에 그의 눈길을 관찰할 수 없었지만 그의 신중한 태도는 호감이 갔다. '그래' 하고 자크는 생각했다. '난 아직 어린애에 지나지 않아. 저 사람은 어른이야. 누군가를 사랑할 수 있는 어른. 그런데 나는……'

앙투안은 일어섰다. 그는 피곤했고 기차를 놓치고 싶지 않았다. 자크가 형에게 화난 시선을 던졌다. 조금전만 하더라도 무슨 핑계를 대서든지 이곳을 떠나고 싶었지만 막상 오늘 저녁 방문이 이대로 끝난다는 생각을 하니 아쉬운 느낌이 들었다. 그렇다고 형을 따라가지 않을 수도 없었다.

그는 제니에게 다가갔다.

"클럽에선 누구하고 치니?"

제니가 그를 빤히 쳐다보았다. 가느다란 그녀의 눈썹이 가볍게 일그러졌다. "아무나 거기 있는 사람하고요" 하고 제니는 대답했다.

"그럼 카쟁 형제, 포케, 펠리고 같은 사람들하고?"

"물론이죠."

"늘 똑같고 변함없이 '똑똑한' 그 사람들 말이니?"

"그게 어때서요? 모든 사람이 고등사범에 합격하는 건 아니니까요."

"하여간 테니스를 잘 치기 위해서는 머리가 비어 있어야 한다는 게 필수 조건인가 보군."

"그럴지도 모르죠." 그녀는 거만하게 휙 고개를 쳐들었다. "가장 잘 아실 텐데요. 전에는 누구보다도 더 잘 치셨으니까요." 그러고 나서 화제를 바꾸어 사촌 쪽으로 고개를 돌리며 말했다. "니콜, 벌써 가는 건 아니겠지?"

"펠릭스에게 물어봐."

"무엇을 펠릭스에게 물어봐야 하지?" 하고 에케가 두 소녀에게로 오며 말했다.

'이 어린 소녀의 살결은 눈부시군' 하고 앙투안이 니콜에게 눈길을 고정시키며 생각했다. '하지만 라셀에 비하면……' 그러자 갑자기 가슴이 설레기 시작했다.

"그럼 자크, 또 올 거지?" 하고 퐁타냉 부인이 말했다. "제니야, 내일도 테니스 치러 가니?"

"몰라, 엄마. 아마 안 갈 거예요."

"그럼, 내일이 아니라도 조만간 아침나절에 둘이 만나게 되겠구나" 하고 화해시키려는 듯이 퐁타냉 부인이 말했다. 그리고 앙투안이 사양하는데도 불구하고 굳이 두 형제를 정원의 작은 문까지 배웅했다.

"뭐? 애. 넌 네 친구한테 너무했어!" 하고 티보 형제들이 조금 멀어지자 니콜이 큰 소리로 말했다.

"뭐? 그들은 내 친구가 아니야" 하고 제니가 대꾸했다.

"나와 함께 일했던 티보는" 하고 에케가 두 소녀의 대화에 끼어들었다. "그는 매우 훌륭한 청년입니다. 벌써 상당한 인정을 받고 있어요. 동생은 잘 몰라요, 하지만" 하고 그가 덧붙여 말했다. 그의 회색 눈은 코안경 너머로 짓궂게 번득였다. 자크와 제니의 짧은 대화를 들었기 때문이다. "바보가 한 번에 고등사범에 합격하는 일이란 흔하지 않아요. 게다가 상위권의 성적으로……"

제니의 얼굴이 금세 붉어졌다. 니콜이 재빨리 끼어들었다. 니콜은 자기 사촌과 꽤 오랫동안 함께 살았으므로 제니의 성격을 잘 알고 있었다. 제니의 소심함은 언제나 그 자존심과 맞부딪히면서 가끔 신경과민으로 변질되곤 했다.

"그 사람은 목 뒤에 종기가 났더라" 하고 니콜은 너그러운 마음으로 설명해 주었다. "그런 일이 있으면 누구든지 퉁명스러워지게 마련이거든."

제니는 아무 대답도 하지 않았다. 에케도 더 이상 말하지 않았다. 그는 니콜에게로 고개를 돌렸다. "니콜, 우리도 떠날 채비를 해야겠어요" 하고 그는 자기 생활을 규칙대로 해 나가는 남자답게 말했다.

퐁타냉 부인이 그곳에 다시 나타나자 분위기가 금세 바뀌었다. 제니는 니콜이 코트를 벗어 놓았던 방으로 니콜과 함께 갔다. 그 방에서 잠자코 있다가 한참 만에 이렇게 중얼거렸다. "이제 올 여름은 완전히 망쳤어."

거울 앞에 앉은 니콜은 약혼자의 마음에 들겠다는 한결같은 마음으로 머리를 매만지고 있었다. 그녀는 자신이 아름답다고 느꼈다. 그리고 아래층에서 약혼자가 아주머니에게 무슨 이야기를 할까 궁금해 하면서 조용한 밤에 약혼자와 자동차를 타고 귀가하는 것을 생각하고 있었다. 그러면서 제니의 기분이 상했다는 데는 별 주의를 기울이지 않고 있었다. 그러나 제니의 얼굴에서 거친 표정을 보자 그녀는 웃으며 말했다.

"너는 정말로 아기로구나!" 하고 그녀가 말했다.

그녀는 자기를 노려보는 제니의 눈길을 보지 못했다.

자동차 클랙슨 소리가 들려왔다. 니콜은 유쾌하게 몸을 돌려서 자신의 매력을 더욱 돋보이게 해 주는 상냥함과 순수함과 애교가 뒤섞인 태도로 사촌에게로 뛰어가서 제니를 끌어안으려 했다. 그러나 제니는 무의식적으로 깍하고 비명을 질렀다. 그리고 옆으로 비켜섰다. 제니는 누가 자기 몸에 손을대는 것을 못견뎌했다. 그녀는 낯선 사람의 팔이 몸에 와 닿는 것을 참지 못했으므로 춤을 배울 생각은 아예 하지도 않았다. 그녀가 아주 어렸을 때 뢱상부르 공원에서 발목을 삐어 집까지 자동차로 누가 데리고 와야 했던 일이 있었다. 그때 그녀의 방이 있는 층까지 수위에게 안겨서 가는 것이 싫어서 아픈 다리를 질질 끌면서도 혼자 층계를 올라왔던 적이 있었다.

"넌 참 간지럼도 잘 탄다!" 하고 니콜이 말했다. 그리고 나서 저녁 먹기 전에 장미가 피어 있는 오솔길에서 둘이서만 보냈던 순간을 넌지시 비치면서 해맑은 눈길로 이렇게 말했다.

"너와 얘기할 수 있어서 참 좋았어. 나는 어떤 때는 너무 행복해서 숨이 막힐 뻔했던 날이 며칠이나 있었어. 나는 너에겐 항상 솔직했어. 너와 같이 있을 때의 내가 진정한 나란다! 나는 정말로 그렇게 생각해. 이제 너도 곧 ……"

헤드라이트 불빛에 의해 완전히 모습이 달라진 정원은 꿈처럼 아름다웠고 연극의 무대 같기도 했다. 에케는 자동차의 보닛을 열고 외과의사로서 잘 훈련된 태도로 점화 플러그를 죄고 있었다. 니콜은 오버코트를 접어 무릎 위에 놓으려 했다. 그러나 약혼자가 억지로 입혔다. 그는 그녀를 자기가 하나에서 열까지 돌보아야 할 딸처럼 대했다. 어쩌면 이 남자는 모든 여자들을 어린애 대하듯 하는 것은 아닐까? 니콜은 약혼자가 시키는 대로 했는데, 이것이 제니를 놀라게 했으며 이 두 약혼자에 대해 어떤 반감을 느끼게 했다. '아니야' 하고 제니는 작은 이마를 흔들며 생각했다. '이런 종류의 행복이라면…… 나는 싫어.'

제니는 어둠 속에서 나무들 사이로 자동차에 앞서서 달리는 불빛들을 오랫동안 지켜보았다. 정원의 울타리에 기댄 채, 강아지를 두 팔로 꼭 껴안고 있는 그녀는 가슴을 에는 듯한 우울, 막연한 원망, 목적도 없는 기대감이 어찌나 심하게 사무치던지 별빛이 찬란한 하늘을 향해 고개를 들었다. 그리고 한순간 살고 싶다는 생각보다는 죽고 싶은 마음이 앞섰다.

6. 자크, 제니에게 바탱쿠르의 결혼식 이야기를 하다

지젤은 며칠 전부터 하루하루가 어째서 이렇게 짧게 느껴지는지, 어째서 여름이 이렇게 찬란하게 느껴지는지 마음속으로 생각해 보곤 했다. 또 왜 매일 아침 활짝 열어놓은 창가에서 화장을 하면서 자신도 모르게 노래하고 싶어지는지, 어째서 눈에 띄는 모든 것에 미소 짓고 싶은 마음을 참을 수 없는지 자문했다. 거울, 투명한 하늘, 정원, 그녀가 물을 주는 창가의 스위트피, 또 마치 햇볕을 막으려는 듯 고슴도치처럼 동그랗게 웅크리고 있는 테라스의 오렌지나무 따위가 그 대상이었다.

티보 씨는 2, 3일 정도 메종 라피트에 머물다가 사업상 하루는 파리로 돌아가곤 했다. 그가 별장을 비우는 순간부터 더욱 경쾌한 분위기가 별장에 감돌았다. 세 끼의 식사도 마치 소꿉놀이인 것처럼 즐거웠다. 자크와 지젤은 까닭도 없이 깔깔대며 어린애 같은 웃음을 되찾았다. 유모는 평소보다 더욱 가벼운 걸음으로 나드의 유행가 구절을 연상케 하는, 유행에 뒤떨어진 찬송가를 흥얼거리며 식량창고에서 속옷 두는 방으로, 부엌에서 건조실로 왔다 갔다 하곤 했다. 며칠동안 긴장이 풀리고 머리가 상쾌해진 자크는 여러 가지 모순되는 계획들로 꽉 찬 채 타고난 재능이 이끄는 대로 자기 일에 온 힘을 쏟고 있었다. 그리고 정원의 한쪽 구석에서 앉았다 일어났다 하면서 또 공책에 이것저것 끄적이며 한나절을 보내는 것이었다. 지젤 역시 시간을 효과적으로 쓸 욕심에, 자크가 나무 아래에서 왔다 갔다 하는 모습이 다 보이는 층계참에 자리잡고는 디킨스의 《위대한 유산》에 몰두하고 있었다. 그 책은 자크가 지젤의 영어 공부에 도움이 될까 싶어 유모에게 권한 책이다. 지젤은 책의 앞머리에서부터 핍이 심술궂고 변덕스러운 에스텔라 양을 좋아해서 가엾은 비디를 버릴 것이라는 상상을 하면서 가슴 아픈 눈물을 흘리곤 했다.

8월 둘째 주일에 자크는 바탱쿠르에게서 결혼식에 증인으로 서 달라는 부탁을 거절하지 못하고 투렌느에 가느라 잠시 메종을 떠났는데 그것은 지금까지의 매력을 깨뜨리기에 충분했다.

메종 라피트로 다시 돌아온 다음날, 잠을 설치고 새벽 일찍 잠에서 깨자 자크는 조심스럽게 면도를 하면서 이제 피부는 볕에 그을은 흔적이 없어지고 종기가 났던 자리에는 거의 눈에 띄지 않는 흉터만 남았다는 것을 확인했다. 그러면서 자크는 단조로운 생활을 다시 시작한다는 생각에 견딜 수 없는 환멸을 느껴 화장대 앞을 떠나 분연히 침대로 몸을 던졌다. '이렇게 몇 주일이 지나가는군' 하고 생각했다. 이것이 전에 그토록 바라던 방학이었던가? 갑자기 그는 침대에서 뛰어내렸다. '운동을 좀 해야 해' 하고 흥분해 있는 동작과는 어울리지 않게 분별 있는 투로 혼잣말을 했다. 그는 옷장에서 앞이 터진 셔츠를 1장 꺼내고 신발과 라켓이 아직 쓸 만한지 확인해 보았다. 그리고 몇 분 뒤에는 한시라도 빨리 클럽에 도착하기 위해 자전거의 페달을 밟고 있었다.

두 군데의 코트는 이미 다른 사람들이 쓰고 있었다. 제니도 치고 있었다. 그녀는 자크가 온 것을 모르는 것 같았다. 그도 그녀에게 서둘러 인사하려고 하지 않았다. 조 편성이 바뀌자 두 사람이 같은 조가 되었다. 처음에는 적수로, 다음에는 같은 편으로. 두 사람의 실력은 엇비슷했다.

그들은 곧바로 예전에 친했던 그 시절처럼 허물없는 투로 말하게 되었다.

자크는 제니의 플레이에 줄곧 잔소리를 하는가 하면 성가시게 하고, 기분을 상하게까지 했다. 그리고 그녀가 실수라도 하면 비웃으며 그녀를 반박하는 것을 즐기는 듯했다. 제니는 평소와는 다르게 몹시 날카로운 목소리로 물러서지 않고 말대꾸를 했다. 제니로서는 이렇게 불친절한 상대를 피하기는 쉬웠을 것이다. 그러나 상대를 바꾸려고 별로 애쓰는 것 같지는 않았다. 되려 상대에게 한 방 먹이는 데 집착하고 있었다. 그리고 다른 경기자들이 점심을 먹기 위해 흩어지기 시작할 때 도전적인 투로 당돌하게 자크에게 말했다.

"단식으로 4게임 해요!"

제니는 게임에서 강한 전투정신으로 무장하고 나오는 바람에 자크는 4 대 0으로 지고 말았다.

이기고 나자 그녀는 너그러워졌다.

"이건 없던 것으로 해요. 당신은 연습 부족이니까요. 어차피 복수전을 다시 펼치게 되겠지요."

그녀의 목소리는 평상시에 나오는 분명치 않은 목소리로 바뀌어 있었다. '우린 둘 다 어린애야' 하고 자크는 생각했다. 그는 제니와 같은 약점을 지녔다는 사실이 기뻤다. 그것은 어렴풋한 희망의 빛과 같았다. 자크는 제니에 대한 자신의 태도를 생각하자 부끄러워졌다. 그럼 어떤 태도를 취했어야 할까 생각해 보았으나 별다른 생각이 나지 않았다. 앞으로도 자기는 제니와 대면해서 결코 자연스럽게 행동할 수 없을 것 같았다. 그러나 어느 누구보다도 제니 앞에서 만큼은 있는 그대로이고 싶었다. 그들이 자전거를 끌고 클럽을 나왔을 때 정오의 종소리가 울려왔다.

"잘 가세요" 하고 그녀가 말했다. "먼저 가세요. 나는 너무 더워서 자전거를 타고 가다가는 멀미가 날 것 같아요."

자크는 아무 대답도 않고 그녀 옆을 걸어갔다.

제니는 구속 당하는 것을 싫어했다. 그래서 자기가 원하는 순간에 그를 떨쳐 버리지 못해 짜증이 났다. 자크는 그 사실을 눈치채지 못했다. 그는 내일도 테니스를 하러 다시 올 것을 생각하면서 이와 같은 갑작스런 열성에 대해 동기를 부여할 말을 찾고 있었다.

"난 이제 투렌느에도 갔다왔으니까" 하고 그가 머뭇거리며 이야기를 꺼냈다. 그 말에는 조롱의 느낌이 전혀 없었다(제니는 작년부터 둘만 있게 될 때면 자크가 짓궂은 말투를 삼간다는 것을 알고 있었다).

"투렌느에 다녀왔나요?" 하고 제니는 무엇인가 말을 하려고 물었다.

"네. 친구 결혼식에 갔었어요. 참, 그 애를 아시지요. 당신 집에서 내가 그 친구를 만났었으니까요. 그 바탱쿠르 말입니다."

"시몽 드 바탱쿠르 말인가요?" 하고 그녀는 몇 가지 추억을 더듬는 듯 하더니 단호한 투로 말했다. "내 맘에 들지 않았어요."

"예에? 왜지요?"

그녀는 이런 종류의 질문이 견딜 수 없었다.

"너무 엄격하시군요. 꽤 괜찮은 녀석인데" 하고 자크는 제니가 대답하지 않자 말을 이었다. 그러나 그는 생각을 바꾸었다. "그래요. 사실은 당신 말이 맞아요. 확실히 별 볼 일 없는 녀석이지요."

그녀가 고갯짓으로 그의 말에 동의를 표시하자 자크는 무척 기뻤다.

"당신이 그 사람과 친한 줄 몰랐어요" 하고 제니가 말했다.

"그건 아니죠, 바탱쿠르가 나하고 친하게 지내고 싶어 하는 거지요" 하고 그가 미소지으며 그녀의 말을 바로잡아 주었다. "어느 날 저녁 어디에 갔다가 오는 길에 있었던 일입니다. 무척 늦은 시간이었어요. 다니엘이 우리를 남겨두고 먼저 갔습니다. 그러자 바탱쿠르가 나에게 불쑥 비밀 얘기를 털어놓더군요. 내게 자신의 신상에 대해 모두 털어놓았는데, 그건 마치 '내 사업을 돌봐 주시오. 나는 당신을 믿겠소'라고 말하며 은행가에게 전 재산을 맡기는 것 같았어요."

제니는 약간의 호기심을 가지고 그의 이야기를 듣고 있었다. 그리고 이젠 자크를 떨쳐 버렸으면 하는 생각이 들지 않았다. "그렇게 남의 비밀 얘기를 듣는 일이 자주 있으세요?" 하고 제니가 물었다.

"아니요. 그런데 왜요? ……그래요, 그럴지도 모르겠군요." 자크는 미소지었다. "그래요, 실은 자주 있습니다." 그는 무엇인가 못마땅한 투로 이렇게 덧붙였다. "놀라셨나요?" 자크는 제니가 상냥한 투로 대답하는 것을 듣고 감격했다.

"아니요, 조금도 놀랍지 않아요."

열기를 머금은 바람이 그들이 쭉 따라 걷고 있는 정원의 향기며, 젖은 부식토의 향기며, 카네이션과 해바라기며 태양을 향해 피는 꽃들의 은은한 향기를 그들의 얼굴로 실어 왔다. 자크는 입을 다물고 걷고만 있었다. 다시 그녀가 대화를 진행시켰다.

"비밀 얘기를 들었기 때문에 그 사람을 결혼까지 시켰다는 것인가요?"

"아, 아니요, 그 반대랍니다. 나는 그 어울리지 않는 결혼을 막으려고 있는 힘을 다했답니다. 그도 그럴 것이 그 여잔 그 녀석보다 14살이나 위인 데다가 아이까지 하나 있는 과부랍니다! 바탱쿠르의 부모님은 아들과 의절했어요. 그러나 아무도 말릴 수 없었어요." 그는 전부터 자기 친구에 관해 이야기할 때 종교적인 뜻으로 '홀렸다'는, 매우 걸맞은 단어를 찾아냈음을 상기하며 말했다. "바탱쿠르는 그 여자한테 완전히 홀렸어요."

"예쁜가요?" 하고 제니는 그런 표현이 지닌 힘에 그다지 무게를 두지 않고 물었다. 자크가 너무 골똘히 생각에 잠기자 제니는 입을 삐쭉하고는 덧붙였다. "난 그 질문이 당신을 그렇게 난처하게 만들 줄은 몰랐어요!"

그는 여전히 생각에 잠겨 있었다. 그리고 미소도 짓지 않았다.

"아름답다고는 할 수 없습니다. 그 여자는 끔찍해요. 그 밖에 다른 말은 생각나지 않는군요." 그는 잠시 말을 멈추었다가 큰 소리로 말했다. "인간들이란 참 알 수가 없어요!"

그는 제니 쪽으로 눈을 들었다. 그리고 그녀의 놀란 듯한 모습을 보았다. "정말 그래요" 하며 그는 말을 이었다. "모든 인간은 하나 같이 다 이상해요! 누구의 흥미도 끌지 못하는 인간까지도요. 이런 생각을 해 본 적이 있으세요? 우리 둘 다 알고 있는 사람에 관해서 이야기할 때, 매우 뜻이 있으며 그 사람을 잘 나타낼 수 있는 중요한 것들을 얼마나 많이 빼먹게 되는지를 생각해 본 적이 있으세요? 그래서 인간들은 서로를 잘 이해하지 못하고 오해가 생기는 겁니다."

그는 다시 제니를 바라보았다. 그녀가 자기 말을 귀담아 듣고 있고, 자기가 한 말을 되뇌고 있다는 것을 느꼈다. 언제나 제니와 대면할 때면 품곤 하던 경계심이 갑자기 즐겁고, 편안한 마음으로 바뀌었다. 그는 평소에 없던 이러한 관심을 좀더 끌고 싶기도 했고, 또 아직도 기억에 생생한 그 결혼식

이야기를 해 줌으로써 제니를 감동시키고 싶었다.

"내가 어디까지 이야기했더라?" 하고 그는 어리둥절해서 말했다. "그녀에 관해서 내가 알고 있는 것은 별로 없지만 그걸 바탕으로 언젠가 그녀의 일생을 글로 써 보고 싶어요! 소문에 그녀는 백화점 점원 노릇을 했었대요. 그 여자의 집요한 상승 욕구는" 하고 그는 수첩에 적어 놓았던 구절을 거듭하며 말했다. "쥘리앵 소렐(스탕달의 《적과 흑》 주인공. 천한 신분으로 태어나 지략과 술책으로 처세에 능했던 청년)의 누이 같습니다. 《적과 흑》 좋아하세요?"

"아니요, 조금도 좋아하지 않아요."

"그래요?" 하고 그가 말했다. "네, 무슨 뜻인지 잘 알겠습니다." 그는 잠시 생각에 잠기더니 미소지었다. "하지만 부연 설명을 하기 시작하면 이야기를 끝내지 못할 겁니다. 그런데 내가 시간을 너무 뺏는 건 아닌가요?"

그의 이야기에 자신이 너무 빠져 있다는 것을 들키지 않으려고 그녀는 엉뚱한 말을 했다. "아니에요. 12시 30분에 점심을 먹어요. 다니엘 때문이지요."

"다니엘이 여기 있습니까?"

그녀는 자신의 거짓말에 말려들었다.

"오빠가 혹시 올지도 모른다고 했어요" 하고 그녀는 얼굴을 붉히며 말했다. "그런데 당신은요?"

"나는 급하지 않아요. 아버지는 파리에 가셨어요. 저 그늘 쪽으로 갈까요? ……내가 특별히 이야기하고 싶은 것은 결혼식이 끝난 뒤에 있었던 식사 때의 광경입니다. 오, 뭐 별 건 아니에요. 하지만 분명히 말씀드리지만, 무척 가슴 아픈 일이었어요. 우선, 배경을 말하자면 구피요가 복원한 망루가 있는 복고풍의 성이었습니다. 구피요는 그 여인의 첫 번째 남편이에요. 대단한 호인으로 전에 잡화상 점원이었는데, 백화점 업계에서 재능을 발휘하여 전국 각지에 '20세기 백화점'의 지점을 설치한 뒤에 억만장자로 죽었지요. 당신도 아마 어디선가 보셨을 겁니다. 아무튼 소문에 그 과부는 굉장히 부자래요. 나도 그때까지는 그녀를 소개받은 적이 없었어요. 그 여자에 대해 어떻게 얘기하면 좋을까? 야위고 나긋나긋하고 지나치게 생기가 넘치는 여인. 순하지 않은 옆모습이 거만한 여인입니다. 두 눈은 약간 갈색이 낀 젖은 듯한 회색입니다. 꽤 불안한 느낌을 주는 눈이지요. 괴어 있는 물 같아요. 아시겠지요. 버릇없는 아이들 같은 태도, 생김새에 어울리지 않게 어린애 같은 태도가 있습니다. 큰 소리로 말하고, 막 웃고요. 때로는, 어떻게 설명해야 할지 모르겠습니다만, 그녀의 회색 눈동자는 두 눈꺼풀 사이에서 긴 속눈썹을 재빨리 움직이곤 한답니다. 그러면 갑자기 그때까지 하던 어린애 같은 태도 속에 불안한 느낌이 감돕니다. 그 모습을 보면 문득 소문으로 들었던 것이 생각나게 돼요. 그녀가 오랜 기간을 두고 서서히 구피요를 독살했다는 소문이 한참 떠돌았거든요."

"무서운 여자군요" 하고 제니는 자크의 말에 귀가 솔깃해지는 자신에 대해 전혀 저항하지 않았다. 자크도 그것을 느끼고 즐거운 흥분을 느꼈다.

"그래요, 바로 그겁니다" 하며 그가 되받아 말했다. "좀 겁나는 여자예요. 지금 생각나는데, 모두들 식탁에 앉았을 때 내가 느낀 감정이 바로 그것이었어요. 나는 그 여자를 물끄러미 바라보고 있었어요. 그 여자는 안면 근육 하나 까딱하지 않고 흰 꽃으로 장식해 놓은 식탁 앞에 서 있었지요……."

"흰 옷을 입고요?"

"그 비슷했어요. 신부 의상은 아니었어요. 아주 짙은 크림색이 도는 흰 옷인데 연극무대에서 입는 것 같은 의상이었어요. 점심은 여러 개의 작은 식탁에 마련되어 었었지요. 그 여자는 몇 사람의 자리가 있는지는 생각해 보지도 않고 아무에게나 무턱대고 자기 식탁으로 오라고 했어요. 바탱쿠르가 그 여자 옆에 있었는데 신경이 잔뜩 곤두선 것 같았죠. 바탱쿠르가 그 여자에게 말했어요. '당신이 모든 걸 뒤죽박죽으로 만들고 있어요.' 두 사람이 서로 마주 바라보았는데…… 아! 그때의 그 이상한 눈길이라니! 나는 그들 사이에 이미 어떤 젊음도, 어떠한 발랄함도 없고 다만 과거에 불과하다는 인상을 받았어요."

'어쩌면' 하고 제니가 생각했다. '이 사람은 내가 생각했던 것처럼 그렇게 짓궂지가 않아. 차갑지도 않고, 또…….' 바로 그 순간에 제니는 자크가 인정이 많고 착하다는 사실을 자기가 오래전부터 알고 있었음을 깨달았다. 그런 생각을 하자 그녀의 머릿속은 복잡해졌다. 자크의 이야기를 귀담아듣는 내내 그에 대해 더욱더 호의적인 평가를 내릴 구실을 찾아내지 않을 수 없었다.

"시몽은 나를 자기 왼쪽에 앉히려고 하더군요" 하며 자크가 계속했다. "친구 중에 참석을 한 건 나뿐이었어요. 다니엘도 오겠다고 약속해 놓고는 교묘하게 꽁무니를 뺐지요. 그리고 바탱쿠르 집안에서는 단 한 사람도 안 왔어요. 시몽과 함께 자란 사촌마저도 안 왔어요. 시몽은 마지막 기차가 도착할 때까지 사촌이 오기를 기다리고 있었는데, 보고 있기가 어찌나 민망하던지요. 녀석은 예민하고 꽤 순수한 성격이지요. 정말 그래요. 나는 그 녀석에 관해선 이것저것 좀 알고 있어요…… 녀석이 주위에 있는 모든 사람을 둘러보더군요. 모두 낯선 사람들이었어요. 자기 부모 생각을 하고 있었나 봐요. 내게 이런 말을 하더군요. '설마 부모님이 이렇게까지 화내실 줄은 몰랐어. 날 원망하고 계신 것이 틀림없어!' 식사 중에 이런 말도 하더군요. '편지 한 통, 전보 한 장 쳐 주지 않으시다니! 그러니까 나는 그분들에겐 죽은 자식이나 마찬가지야, 안 그래?' 나는 뭐라고 대답해야 할 지를 몰랐습니다. 그러자 녀석이 서둘러 말을 덧붙였어요. '오! 내가 이런 말을 하는 건 나 때문이 아니야. 난 괜찮아. 안느를 위해서 그러는 거야.' 바로 그 순간에 그 무서운 안느가 막 도착한 전보를 펴 보았습니다. 바탱쿠르의 얼굴이 아주 창백해지더군요. 하지만 그 전보는 그녀 앞으로 온 것이었어요. 한 여자친구가 보낸 축하전보였어요. 그러자 녀석이 더 이상 참지를 못 하더군요. 자기를 바라보고 있는 모든 사람들, 매정한 안느의 얼굴, 그리고 그를 감시하고 있는 안느의 차가운 눈초리에도 불구하고 녀석이 울기 시작했습니다. 그 여자는 노발대발했습니다. 녀석이 그걸 알아챘어요. 물론 녀석은 그 여자 옆에 앉아 있었으니까요. 녀석이 한 손을 여자의 팔에 얹고는 어린애처럼 나지막하게 '미안해요'라고 말하더군요. 듣는 내가 다 민망한 말이었어요. 그 여자는 꼼짝도 안 했어요. 그러자—이건 녀석의 우는 걸 보는 것보다 더 괴로웠어요—녀석이 갑자기 생기 있게 얘기를 시작하고 농담까지 하더군요. 그러고는 억지로 꾸민 말투로 아무 말이나 지껄이는 사이에 녀석의 눈에 눈물이 고이는 게 보였어요. 녀석은 계속 떠들면서 손등으로 눈물을 훔쳤습니다."

흥분해 있는 자크의 말투가 그러한 정경에 생생한 감동을 더해 주었기 때문에 제니는 자기도 모르게 중얼거렸다.

"끔찍하군요……."

자크는 작가라도 된 듯한 기쁨을 맛보았다. 그것은 어쩌면 그로서는 최초이면서도 매우 진한 기쁨이었다. 그러나 그는 그것을 겉으로 나타내지 않았다. "내가 지루하게 해 드리지 않았나요?" 하고 자크는 마치 아무 말도 못

들은 것처럼 말했다. 그러더니 곧 다시 말을 이었다. "그뿐만이 아니예요. 디저트를 먹을 때 어떤 테이블에서 '어이, 신혼부부!'라며 오라고 했습니다. 바탱쿠르와 신부가 일어서서 미소짓고는 샴페인 잔을 들고 그 방을 한 바퀴 돌아야 했습니다. 거기서 사소하지만 가슴 아픈 에피소드가 있었습니다. 이 식탁 저 식탁을 도는 동안 부부는 안느와 첫 남편과의 사이에서 낳은 어린애를 잊고 있었던 겁니다. 여덟이나 아홉 살 정도 된 어린 계집아이였습니다. 그 아이가 부부 뒤를 따라갔습니다. 두 부부는 이미 자기들이 앉았던 테이블로 돌아온 뒤였어요. 안느가 아이 옷의 소매 장식의 구김살을 펴주면서 요란스럽게 아이에게 키스를 해 주었습니다. 그러고 나서 딸을 바탱쿠르 쪽으로 밀더군요. 그런데 녀석은 그 방 안을 한 바퀴 도는 동안 아는 얼굴을 하나도 못 만나자 눈에 눈물이 가득 괴어 아무것도 보지 못했던 것입니다. 누군가가 그 계집아이를 녀석의 무릎 위에 앉혀 주어야 했답니다. 다른 남자의 자식에게로 고개를 향하며 녀석이 짓던 그 억지 미소라니! 계집아이가 뺨을 내밀더군요. 그 아이의 눈이 어찌나 슬퍼 보이던지 난 결코 잊을 수 없을 거예요. 드디어 녀석이 아이에게 입을 맞추어 주었답니다. 그런데도 아이가 그대로 앉아 있자 녀석은 바보 같이 이렇게 한 손가락으로, 상상이 가요? 아이의 턱을 쓰다듬어 주더군요. 정말이지 애처로운 광경이었습니다. 하지만 어처구니없는 이야기지요? ……. 그렇게 생각하지 않으세요?"

제니는 자크가 '어처구니없는 이야기'라고 할 때의 말투에 놀라서 자크 쪽으로 몸을 돌렸다. 그녀는 자크의 시선에서 그녀가 그렇게도 싫어하던 거칠고 촌스러운 중압감이 가셨다는 것을 알아보았다. 그리고 밝고 항상 빠르게 움직이며 표정이 풍부한 자크의 눈동자 역시 그 순간에는 아주 맑은 물 같았다. '이 사람은 왜 항상 이렇지가 않은 걸까?' 하고 그녀는 생각했다.

자크는 미소짓고 있었다. 이런 생각을 하며 우울해 한다는 것은 타인의 생활, 여러 사람들의 생각이나 감정에 대해 가지고 있는 그의 흥미에 비한다면 별것 아니었다. 제니 역시 그 즐거움을 느끼고 있었다. 그리고 그 즐거움은 자크와 마찬가지로 제니에게도 이 순간에 서로 혼자가 아니라는 사실 때문에 더욱 컸다.

두 사람은 가로수길의 끝에 와 있었다. 이미 숲의 기슭에 이르렀음을 알 수 있었다. 그들 앞에는 풀밭 위를 내리쬐는 햇볕을 받으며 눈부신 들판이 펼쳐져 있었다. 자크가 걸음을 멈췄다.

"내가 말이 너무 많았군요" 하고 그가 말했다. "지루했지요?"

그녀는 그렇지 않다고 부정하지도 않았다. 작별인사 대신 그는 이런 제의를 했다. "이왕 여기까지 왔으니 오빠를 좀 만나고 갈까요?"

난처하게도 제니에게 자기가 했던 거짓말을 상기시켜 주는 꼴이 되었다. 자크가 곧이곧대로 자기 말을 믿어 준 것에 그녀는 신경질이 났다. 그녀는 아무 대답도 안 했다. 그제야 비로소 자크는 그녀가 자기를 귀찮아하며, 더 이상 바래다 주기를 원하지 않는다고 생각했다.

그는 그것이 견딜 수가 없었다. 그렇다고 해서 나쁜 인상을 준 채로 헤어질 생각도 없었다. 더구나 오늘 아침에 두 사람 사이에는 지난 여러 달, 아니 어쩌면 여러 해 전부터 그가 막연하게나마 바라고 있던 무언가가 일어날 것 같은 이 마당에!

그들은 아무 말 없이 작은 문이 있는 곳까지 아카시아나무 가로수길을 걸었다. 제니의 뒤에 처져서 걷고 있던 자크는 그녀의 뺨의 아름다우면서도 슬픈 듯한 곡선을 바라보고 있었다.

앞으로 걸어가면 갈수록 더욱 생각이 바뀌어 그녀를 혼자 보낸다는 것이 내키지 않았다. 몇 분이 흘렀다. 두 사람은 문에 도착했다. 그녀가 문을 열었다. 그는 뒤를 따라 들어갔다. 둘은 정원을 가로질러 갔다.

테라스에는 아무도 없었다. 거실도 비어 있었다.

"엄마!" 하고 제니가 불렀다. 아무도 대답하지 않았다. 그녀는 부엌 창문 쪽으로 갔다.

그러고 나서 자기가 했던 거짓말 때문에 수위에게 이렇게 물었다.

"오빠는 도착했나요?"

"아니오, 아가씨…… 하지만 좀 전에 전보가 왔습니다."

"어머니를 나오시게 하지 마십시오" 하고 자크가 말했다. "난 가겠어요."

제니는 우두커니 서 있었다. 그녀는 고집스런 표정을 지었다.

"안녕히 계십시오" 하고 자크가 속삭이듯 말했다. "그럼, 내일 뵐까요?"

"안녕히 가세요" 하고 제니가 대답했다. 그녀는 그를 배웅하기는커녕 한 발짝도 움직이지 않았다.

자크가 떠나자마자 그녀는 현관으로 가서 우악스럽게 라켓을 케이스에 넣고 그 케이스를 궤짝 위에 내동댕이쳤다. 자신의 언짢은 기분을 그런 식으로 나마 풀고 나니 한결 개운했다.

'아냐, 내일은 안 만날 거야! 정말이야, 내일은 안 간다고!' 하고 그녀는 생각했다.

퐁타냉 부인은 그녀의 방에서 딸이 부르는 소리를 들었다. 그리고 자크의 목소리도 들렸다. 그러나 그녀는 너무나 큰 충격을 받은 나머지 평정을 가장할 기력조차 없었다. 그녀가 받은 전보는 남편으로부터 온 것이었다. 제롬이 암스테르담에서 병든 노에미 옆에 혼자 한 푼 없이 있다는 것이었다. 그녀는 곧 결심을 했다. 오늘 당장 파리로 올라가서 은행에 남아 있는 돈을 모두 찾아 제롬이 알려 준 주소로 보내야지.

제니가 방으로 들어왔을 때 부인은 옷을 입고 있었다. 부인의 심상치 않은 안색과 책상 위에 펼쳐진 채 놓여 있는 전보를 보고 제니는 깜짝 놀랐다.

"무슨 일이에요?" 하고 제니가 더듬거리며 물었다. 제니는 이런 생각을 했다. '무슨 일이 일어난 게 틀림없어. 그런데 나는 집에 없었어. 이건 모두 자크 때문이야!'

"별일은 아니란다. 얘야" 하고 퐁타냉 부인이 한숨지으며 말했다. "아버지가…… 너의 아버지가 돈이 좀 필요하시대."

그리고 자기 자신의 허약한 마음이 부끄러워서, 특히 자식 앞에서 아버지의 꼴을 부끄럽게 여긴 그녀는 얼굴을 붉혔다. 그리고 두 손으로 얼굴을 감쌌다.

7. 퐁타냉 부인, 남편의 부름에 암스테르담으로

김이 서린 기차간의 유리창 너머로 새벽이 오고 있었다.

퐁타냉 부인은 구석에 쪼그리고 앉아서 네덜란드의 드넓은 초원을 초점 잃은 눈으로 바라보고 있었다.

어젯밤 파리에 도착했을 때 집에는 제롬의 두 번째 전보가 기다리고 있었다. '의사는 노에미가 가망 없다고 함. 혼자 있을 수 없음. 꼭 와 주기 바람. 형편이 되면 돈 좀 가지고.' 야간열차 시간까지 다니엘과 연락이 되지 않았다. 그러나 부인은 자기가 떠나니까 제니를 부탁한다는 쪽지를 다니엘에게 남겨 놓았다.

기차가 멈췄다. 외치는 소리가 들렸다. "하아알렘!"

암스테르담에 도착하기 바로 전 정거장이었다. 기차간에 밤새 켜 놓았던 등불이 꺼졌다. 아직 보이지 않는 태양이 희미하지만 여러 가지 빛을 띤 진주처럼 희끄무레한 색깔로 하늘을 온통 뒤덮고 있었다. 승객들이 잠에서 깨어나 바삐 움직이며 외투를 개고 있었다. 퐁타냉 부인은 이러한 멍한 기분을 조금이라도 더 유지하고 싶어서 꼼짝하지 않았다. 이런 기분이야말로 지금 자신이 하는 행동을 조금이나마 의식하지 못하게 해 줄 것이었다. 노에미가 죽어가고 있다고? 부인은 자신의 마음을 읽어 보려고 애썼다. 질투? 아니다. 질투는 결혼 초에 갑자기 사로잡던 타오르는 불길이었다. 그때 자신은 항상 의심하면서도 뚜렷한 사실조차 믿기를 거부하면서 뇌리에 달라붙어 떠나지 않는 강박관념에 맞서 투쟁하곤 했었다. 이미 오래전부터 자신이 괴로워한 것은 질투 때문이 아니라, 자신에게 부당함이 가해졌기 때문이었다. 그런데 감히 괴로워한다고 말할 수 있을까? 훨씬 많은 다른 고통을 겪었던 자신이 아닌가! 게다가 단 한 번이라도 진정으로 질투를 느껴 본 적이 있었던가? 그녀의 가장 큰 고통은 항상 사건이 터진 뒤에 자기가 속았다는 사실을 알게 된다는 것이었다. 그녀는 거의 언제나 제롬의 여자들에 대해서 약간 오만한 동정심, 때로는 경솔한 여동생들에게 느끼는 것과 같은 연민의 감정이 섞인 동정심을 느끼고 있었다.

가죽 허리띠의 버클을 채우는 그녀의 손이 떨리고 있었다. 맨 마지막으로 기차에서 내렸다. 두리번거리며 재빨리 주위를 살폈으나 나와 있으리라고 기대했던 얼굴은 찾지 못했다. 전보를 받지 못한 것일까? 어쩌면 그의 두 눈이 자기를 살피고 있을지도 모른다는 생각이 그녀를 긴장시켰다. 그녀는 기차에서 내린 여행객들 뒤를 따라갔다.

누군가가 그녀의 팔을 잡았다. 제롬이 그녀 앞에 서 있었다. 겸연쩍어 하기는 했으나 반가워하는 눈치였으며, 모자도 쓰지 않은 채 고개를 갸웃하고 있었다. 수척한 얼굴에 어깨가 약간 구부정하기는 했으나 불안해하면서도 동양의 귀공자처럼 매우 우아한 태도를 지니고 있었다. 그가 잘 왔다는 인사를 하기도 전에 여행객들의 인파가 두 사람을 밀쳤다. 그는 다정한 태도로 테레즈의 가방을 받아 들었다. '그녀는 아직 죽지 않았구나' 하고 퐁타냉 부인은 생각했다. 그래서 그녀가 숨을 거두는 모습을 지켜보아야 한다는 것이 두려웠다.

두 사람은 아무 말 없이 역 광장으로 나갔다. 제롬이 손짓으로 마차 한 대를 세웠다. 마차에 오르려는 순간 어떤 감동이, 행복과도 비슷한 어떤 감동이 그녀의 목을 메이게 했다. 그렇다, 제롬의 목소리를 들었던 것이다! 그리고 그가 네덜란드 말로 마부에게 갈 곳을 일러 주는 동안에 그녀는 감격해 마지않으며 꼼짝 않고 잠시 발판 위에 서서 떨고 있었다. 그러고 나서 그녀는 눈을 다시 떴다. 그리고 자리에 앉았다.

덮개를 열어 놓은 마차에서 그녀 옆에 앉자마자 제롬은 그녀 쪽으로 몸을 돌렸다. 그녀는 적갈색 눈동자의 은은한 눈빛을 다시 알아 보았다. 또다시 그 눈동자의 타는 듯한 열정에 휘말렸다. 그는 테레즈의 손을 잡고 팔을 만지려고 하는 것 같았다. 그 태도가 빈틈없는 정중함과 너무나 대조를 이루고 있어서 그녀는 남편이 친밀하게 행동하는 것 같아 충격을 받았다. 하지만 한편으로는 자신이 더 이상 기대하지 않고 있었던 애정의 표시 같아 혼란스러웠다.

침묵 속에 먼저 말을 꺼낸 사람은 그녀였다.

"병세는 좀 어떤가요……?" 그녀는 이름을 말하고 싶지가 않았다. 곧 덧붙여 물었다. "괴로워하고 있나요?"

"아니, 아냐" 하고 그가 말했다. "전혀."

그녀는 제롬의 얼굴을 바라보지 않으려 애쓰고 있음에도 불구하고 그가 대답하는 투로 보아 노에미가 이제는 훨씬 좋아졌으며, 병든 애인의 침상 앞에 아내를 부른 사실에 그가 퍽 당황하고 있음을 눈치챘다. 가슴을 찌르는 듯한 후회가 밀려왔다. 어떤 불가사의한 힘이 그녀를 이렇게 빨리 달려오도록 결심하게 만들었던지 그녀 스스로도 알 수가 없었다. 노에미는 이렇게 건강을 되찾고 모든 게 다시 시작되고 계속될 텐데 무엇을 하러 이곳에 온 것일까? 그녀는 이 길로 곧장 되돌아가기로 결심했다.

제롬이 속삭이듯 말했다.

"고맙소, 테레즈……."

그 목소리는 다정하고 정중했으며 움츠러들어 있었다. 그녀는 제롬의 무릎에 얹혀 있는 조금은 야윈 그의 손을 바라보았다. 보일 듯 말 듯 떨리고 있는 그의 긴 손가락, 핏줄이 드러난 그의 긴 손, 약지에 끼워져 흔들리고 있는 커다란 카메오를 바라보았다. 그녀는 고개를 들지 않으려 노력했다. 그러나 그 눈길은 장갑을 끼지 않은 그의 손에 붙박여 있었다. 이제는 이토록 먼 길을 온 것을 후회하지 않았다. 왜 내가 돌아가야 한단 말인가? 그녀는 자유의지로, 기도가 준 영감에 의해 이곳에 왔던 것이다. 그런 행동에는 어떤 나쁜 결과도 일어날 수 없었다. 다시 떠나겠다는 생각을 물리치기 위해 자기의 믿음에 의지하게 되자마자 다시 마음이 굳건해짐을 느껴졌다. 주님의 숨결이 그녀를 오랫동안 불안 가운데 버려 둔 적은 한 번도 없었다.

마차는 탁 트인 전망의 널찍한 시내로 들어서고 있었다. 가게의 덧문들은 아직 열려 있지 않았지만 보도에는 벌써 일터로 가는 노동자들이 눈에 띄었다. 마부는 보도가 끊어질 듯 이어져 있고 당나귀 등처럼 굽은 여러 개의 다리로 이어진 약간 좁은 길로 들어섰다. 그 길을 따라 평행으로 나 있는 운하를 가로지르고 있었다. 운하를 따라 있는 대부분의 집은 붉은색이었으며 흰 덧문이 있었는데, 둑가에 늘어진 느릅나무 가지 사이로 별 움직임이 없는 물 위에 그림자를 드리우고 있었다. 퐁타냉 부인은 프랑스에서 멀리 떠나왔다는 느낌이 들었다.

"아이들은 어떻소?" 하고 제롬이 물었다.

그녀는 남편이 이 질문을 하려고 망설이고 있었으며 격앙되어 있다는 것을 느꼈다. 그리고 이번만은 마음의 괴로움을 굳이 감추려고 하지 않는다는 것도 알아차렸다.

"잘 있어요?"

"다니엘은?"

"파리에 있어요. 일하고 있지요. 시간이 있을 때면 메종에도 와요."

"그럼 당신은 메종에 있었소?"

"네."

그는 입을 다물었다. 분명히 그는 공원과 숲가에 있는 낯익은 별장을 떠올리고 있음이 분명했다.

"그리고…… 제니는?"

"잘 있어요." 그는 그녀에게 눈으로 물으며 애원하는 듯했다. 그녀가 덧붙였다. "그 애는 많이 컸어요. 많이 변했고요."

제롬이 눈을 깜박였다. 그는 애써 건성으로 중얼거렸다. "그래, 그 애도 많이 변했겠지……." 그는 또다시 입을 다물었다. 고개를 돌리고 갑자기 손으로 이마를 문지르며 "아, 모두가 끔찍한 일들 뿐이야" 하고 침통한 목소리로 외쳤다. 그러더니 아무 맥락도 없이 이렇게 말했다. "나는 이제 빈털터리라오, 테레즈."

"돈을 가지고 왔어요" 하고 그녀가 틈을 두지 않고 말했다. 그의 외침 속에서 너무도 커다란 절박함을 느꼈기에 우선 제롬을 안심시킬 수 있다는 사실에 기쁨을 느꼈다. 그러나 즉각 불쾌한 생각이 들었다. 전보로 자기에게 알렸던 것처럼 노에미는 중태가 아닐지도 모른다. 그리고 두 사람은 결국 돈 때문에 자기를 부른 것이 아닐까! 그래서 그녀의 눈치를 살피고 있던 제롬이 더 이상 참지 못하고 겸연쩍은 말투로 이렇게 물었을 때, 그녀는 분한 생각에 치를 떨었다.

"얼마나 가지고 왔소?"

가지고 온 돈의 액수를 줄여서 말해야 한다는 유혹을 느꼈다.

"제가 가지고 올 수 있는 건 모두 가지고 왔어요" 하며 그녀가 대답했다. "3천 프랑 조금 넘을 거예요."

제롬이 더듬거리며 말했다.

"아, 고맙소…… 고맙소! ……테레즈, 당신이 안다면! ……중요한 것은 의사에게 지불할 5백 플로린이오……."

마차는 배들이 잔뜩 떠 있는 큰 강 같은 곳 위에 놓인 돌다리를 건넜다. 이어 교외의 작은 길들을 돌아 인적 없는 작은 광장에 다다르자 어느 교회의 돌층계 앞에서 멈추었다.

제롬이 내려서 마차 삯을 치르고 가방을 들었다. 그리고 매우 자연스러운 태도로 테레즈를 앞서 가도록 비켜 주고는 계단을 올라가서 문을 밀었다. 그곳은 성당도 교회도 아니었다. 아마도 유대교회인 듯싶었다.

"미안하오" 하고 그가 속삭이듯이 말했다. "집 앞까지 마차를 타고 가지 않기 위해서 이러는 거요. 외국인들은 감시당하고 있거든. 나중에 설명해 주리다." 그리고 나서 목소리를 바꾸더니 사교계 사람답게 사람의 마음을 끄는 미소를 띠며 이야기를 계속했다. "아무튼 조금 걷는 것도 나쁘진 않겠지? 오늘 아침은 무척 따뜻하구려! ……내가 길을 안내하리다."

그녀는 묵묵히 남편의 뒤를 따라갔다. 마차는 광장에서 떠나 버린 뒤였다. 제롬은 아치형 천장으로 덮인 통로로 들어섰다. 통로는 충계를 통해 운하에서 하나밖에 없는 부두로 이어지고 있었다. 맞은편 기슭에는 집들의 주춧돌들이 물에 잠겨 한 줄로 나란히 서 있었다. 햇빛은 한련과 제라늄으로 꾸며져 있는 창들의 반짝이는 유리창과 벽돌 위로 비치고 있었다. 부두에는 사람들, 간이판매대들, 바구니들로 가득했다. 일종의 노천시장 같은 것이 열리고 있었다. 헌옷과 잡동사니들 사이에 꽃을 가득 실은 작은 거룻배가 꽃을 내리고 있었다. 그 꽃향기가 약간 썩은 물 냄새에 섞여 올라왔다.

제롬이 몸을 돌렸다.

"피곤하지 않소, 여보?"

그는 '여……보'라고 부를 때 그는 늘 노래 부르는 듯한 독특한 투로 말하는 버릇이 있었다. 그녀는 대답하지 않고 고개를 숙였다.

그는 자기가 불러일으킨 감정에 대해 전혀 눈치채지 못하고 있었다. 그는 작은 구름다리가 연결되어 있는 맞은편 마을의 끝에 있는 박공을 가리켰다.

"저기요" 하며 그가 말했다. "뭐, 아주 소박한 집이라오……. 이런 곳에 당신을 맞게 된 걸 용서해 주구려."

과연 그 집의 외양은 볼품이 없었지만 최근에 적갈색 페인트를 칠한 벽과 하얗게 칠한 나무틀은 잘 손질된 요트를 떠올리게 했다. 테레즈는 2층에 처진 오렌지색 블라인드에서 눈에 띄지 않게 쓰인 글씨를 읽었다.

로셰 마틸다 하숙

제롬은 어떤 호텔, 이름이 알려지지 않은 숙소에서 살고 있었던 것이다. 그들 두 사람의 집으로 안내한다는 인상을 도저히 가질 수 없는 그런 곳이었다. 그러므로 그녀는 오히려 마음이 가벼워졌다.

두 사람은 구름다리를 지나갔다. 2층의 블라인드 하나가 움직였다. 노에미가 지켜보고 있는 것일까? ……퐁타냉 부인은 몸을 곧추세웠다. 그제야 비로소 그녀는 1층의 두 창문 사이에 울긋불긋 어지러운 그림이 그려진 함석 간판을 보았다. 그곳엔 갓난아기가 기어 나오고 있는 둥지 옆에 황새 그림이 그려져 있다 ^(조산원의
간판).

두 사람은 복도를 지나서 밀로 만든 초 냄새가 나는 계단을 올라갔다. 제롬이 층계참에 멈추어 서서 벨을 두 번 울렸다. 안에서 덜그럭거리는 소리가 들렸다. 철문 뒤로 들여다보는 구멍이 살며시 열렸다. 마침내 문이 열렸는데 제롬이 겨우 지나갈 정도였다.

"잠깐 실례하겠소" 하고 제롬이 말했다. "내 가서 알리리다."

퐁타냉 부인은 네덜란드 어로 짧게 주고받는 대화를 들었다. 곧 제롬이 현관문을 활짝 열었다. 그는 혼자였다. 두 사람은 여러 번 꺾어진, 밀랍 먹인 긴 복도를 따라 걸었다. 퐁타냉 부인은 숨이 막힐 것 같았다. 노에미와 마주칠 것이 두려워서 침착성을 잃지 않으려고 줄곧 위엄을 지키고 있었다. 그러나 두 사람이 들어간 방에는 아무도 없었다. 그 방은 운하를 향해 나 있는 깨끗하고 밝은 방이었다.

"당신 집처럼 생각해요, 여보" 하고 제롬이 말했다.

그녀는 '그런데 노에미는?' 하고 나오려는 목소리를 가까스로 억눌렀다.

제롬은 그녀의 생각을 눈치챘다.

"잠시 다녀오겠소" 하고 그가 말했다. "혹시 내가 필요하지나 않은지 보고 오겠소."

밖으로 나가기 전에 그는 아내 쪽으로 다가와서 그녀의 한 손을 잡았다.

"아, 테레즈, 내 말하리다…… 내가 어떤 고통을 겪어왔는지를 안다면! 그러나 이젠 당신이 있으니까, 당신이 이렇게 왔으니까……."

그는 퐁타냉 부인의 손에 자기 입술과 뺨을 댔다. 그녀가 한 발 물러섰다. 그는 그녀를 잡으려고 하지는 않았다. "금방 돌아오겠소" 하고 그는 나가며 말했다. "당신은…… 그녀를 만나 보고 싶지 않소?"

그렇다. 노에미도 만나리라. 완전히 내가 원해서 여기까지 왔으니까! 그러나 그 뒤에는, 어떤 일이 있어도 그 뒤에는 곧장 떠날 것이다! 그녀는 고개를 끄덕였으나 그가 중얼거리는 '고맙다'는 말은 귀담아듣지 않았다. 그리고 가방 쪽으로 몸을 숙여서 제롬이 그 방을 떠나기까지 가방 속에서 뭔가를 찾는 시늉을 했다.

그런 뒤에 자기 자신과 마주하게 되자 그녀는 자신감을 잃었다. 모자를 벗고 피곤한 얼굴을 거울에 비쳐 보았다. 그리고 이마에 한 손을 댔다. 대체 어쩌다가 여기에 있게 된 것일까? 부끄러운 생각이 들었다.

그러나 그녀에게는 허탈함에 빠져 있을 시간도 없었다. 노크 소리가 들렸다. 대답도 하기 전에 문이 열리더니 붉은 실내복을 입은 여자가 나타났다. 그 여자는 머리카락이 지나치게 검었고 화장을 짙게 했는데도 나이가 꽤 들어 보였다. 그 여자는 퐁타냉 부인이 알아듣지 못하는 말로 몇 마디 질문을 하더니 답답한지 신경질적인 반응을 보이고 나서 다른 여인을 방으로 불러들였다. 먼저 여자보다는 젊어보이는 그 여자 역시 하늘색의 실내복 차림이었는데 복도에서 기다리고 있었던 모양이었다. 그 여인은 퐁타냉 부인에게 목구멍에서 나오는 소리로 인사했다.

"Dag (안녕하십니까'라는 뜻의 네덜란드 어), 부인! 실례하겠어요!"

두 여인 사이에 짧은 대화가 오갔다. 나이 든 여자가 젊은 여자에게 무슨 말을 해야 하는지 설명했다. 젊은 여자가 잠시 생각하더니 상냥하게 몸을 돌렸다. 그리고 띄엄띄엄 말을 시작했다.

"이 부인이 당신더러 병든 부인을 데려가라고 하네요. 집세를 내고 다른 집으로 옮겨 가시랍니다. Verstaat U ? ('아시겠어요'라는 뜻의 네덜란드 어) 내 말 아시겠어요?"

퐁타냉 부인은 우물쭈물했다. 그런 것은 자기가 알 바 아니었다. 그러자 나이 든 여자가 걱정스러워하면서도 끈질긴 태도로 다시 끼어들었다.

"이 부인의 말은" 하고 젊은 여자가 다시 말했다. "당장 집세를 내지 않더라도 우선 나가시래요. 떠나시래요. 환자를 어디 다른 호텔로 데려가래요. 아시겠어요? Politie (경찰'이라는 뜻의 네덜란드 어) 때문에라도 그게 낫대."

바로 그때 갑자기 문이 벌컥 열리더니 제롬이 나타났다. 그가 붉은 실내복의 여인 쪽으로 가서 네덜란드 어로 욕설을 퍼부으며 그 여자를 밖으로 내몰았다. 하늘색 실내복을 입은 여자는 놀란 눈으로 제롬과 퐁타냉 부인을 번갈아 쳐다보면서 입을 다물고 있었다. 그러는 동안 나이 든 여자가 잔뜩 화가 치밀어서 집시처럼 팔찌를 짤랑거리며 주먹을 쳐들고 같은 단어만 계속 되풀이하며 짤막짤막한 말로 고래고래 소리질렀다.

"Morgen (내일'이라는 뜻의 네덜란드 어) …… Morgen…… Politie !"

마침내 제롬이 두 여인을 내쫓고 나서 문을 잠갔다.

"미안하구려" 하면서 화가 난 모습으로 아내 쪽으로 몸을 돌리며 말했다.

그때 테레즈는 남편이 노에미에게 갔다 온 것이 아니라 옷을 갈아입으러 갔었음을 알았다. 남편은 깔끔하게 면도를 했으며 분을 가볍게 발라 젊어 보

였다. '그런데 내 꼴은 어떨까?' 하며 그녀는 생각했다. '밤새 기차를 타고 왔으니 어떤 꼴일까?'

"당신에게 문을 잠그고 있으라고 할 걸 잘못했구려" 하고 그가 다가오며 말했다. "늙은 주인 여자는 착한 여자이긴 한데 수다스럽고 예의를 모르는 여자라서……."

"내게 뭐라고 한 거죠?" 하고 테레즈가 지나가는 말처럼 물었다. 그녀는 제롬이 면도하고 나면 늘 풍기던 그 레몬 향기를 감지했다. 그녀는 당황한 눈길로 잠시 입을 반쯤 벌린 채 우두커니 있었다.

"그 여자의 횡설수설을 하나도 못 알아들었소" 하고 그가 말했다. "당신이 방을 얻으러 온 줄로 착각했던 모양이오."

"푸른 옷을 입은 여자가 방세를 내고 다른 곳으로 가라고 몇 번씩이나 말했어요."

제롬은 어깨를 으쓱거렸다. 퐁타냉 부인은 제롬이 고개를 뒤로 젖히며 웃는 웃음, 약간 꾸민 듯하고 뻔뻔한 그 웃음을 보고 예전의 그의 웃음을 떠올렸다.

"허, 허, 허! ……바보 같으니라구!" 하고 그가 소리쳤다. "늙은 여자는 내가 집세를 내지 않을까 봐 겁이 났던 모양이오."

그는 자기 같은 사람이 빚 때문에 쩔쩔맨다는 것은 말도 안 되는 일이라고 생각하는 것 같았다. "그게 내 잘못이오?" 하고 말을 잇는 그의 얼굴이 갑자기 어두워졌다. "나도 이곳저곳 다 가 보았다오. 어떤 호텔에서도 우리를 받아 주려 하지 않았소."

"그런데 그 여자는 경찰 때문이라는 얘기를 하던데요?"

"그 여자가 경찰 이야기를 했소?" 하고 그가 놀라며 물었다.

"그랬던 것 같아요." 그녀는 다시 한 번 제롬의 표정에서 예전의 그 의아해하는, 천진한 표정을 보았다. 그런 표정의 추억은 그녀가 인생에서 가장 힘든 위기를 겪었을 때와 연결되어 있었다. 그래서 마치 그곳의 공기가 갑자기 전염성을 띤 독이 섞이기라도 한 듯이 곧 그녀를 짓눌러 왔다.

"여자들의 쓸데없는 생각이지! 왜 조사를 한단 말이오? 1층에 조산원이 있다고 조사를 하겠소? 그럴 리 없소. 중요한 건 의사에게 5백 플로린을 치르는 일이오."

퐁타냉 부인은 뭐가 뭔지 알 수가 없었다. 그 때문에 그녀는 고통스러웠다. 왜냐하면 그녀는 언제나 무엇이든 분명히 알고 싶어하는 성격의 소유자였기 때문이다. 특히 그녀로서는 어떻게 판단해야 할지 알 수 없는 술책에 말려들어 언제나처럼 난처한 입장에 처해 있는 제롬을 다시 보게 되었다는 사실이 고통스러웠다.

"언제부터 여기에 계셨나요?"

무엇인가 좀 명확히 알아야겠다고 결심한 그녀가 물었다.

"2주 전이오. 아니야…… 그렇지 않아. 12일? 아니 열흘쯤인가 보오. 이제는 나도 뭐가 뭔지 모른 채 살고 있소."

"그런데…… 그 병은요?" 하고 그녀가 다시 물었다. 그녀가 너무도 집요하게 질문을 던지며 물었기에 제롬은 피할 수가 없었다.

"그건, 이렇게 된 거요" 하고 그는 서슴지 않고 대답했다. "이 외국 의사들하고는 의사소통을 하기가 너무 힘들다오! 그건 이 나라의 풍토병…… 네덜란드의 독특한 열병 같은 거요, 알겠소? 운하에서 나오는 것들……."

그는 잠시 생각에 잠겼다.

"이 도시에는 말라리아에다 그 밖에 잘 알려지지 않은 온갖 종류의 독취가 있다오……."

그녀는 그의 말을 대충 듣고 있었다. 그가 노에미 문제를 언급하는 순간부터 어깨를 으쓱해 보인다든가, 그 병에 관한 이야기를 하는 무관심한 모습에 이르기까지 별로 뜨거운 열정을 나타내지 않는 제롬의 태도에 주목하지 않을 수 없었다. 그러나 그녀는 그런 것을 그의 마음이 노에미로부터 멀어졌다는 증거로 받아들이지 않으려고 노력했다.

그는 자신을 바라보는 그녀의 날카로운 눈길을 알아채지 못했다. 그는 창가로 가서 블라인드를 올리지 않은 채 부두 쪽을 세심히 살펴보았다. 그가 다시 그녀 쪽으로 왔을 때 그의 얼굴에는 침통하면서도 뭔가를 깨달은 듯한, 진지한 표정이 깃들어 있었다. 그녀는 남편의 이런 표정을 잘 알고 있으면서도 몹시 두려워하고 있었다.

"고맙구려. 당신은 착한 사람이오" 하고 그가 다짜고짜 말했다.

"당신은 나로 인하여 수많은 고초를 겪었음에도 불구하고 이렇게 와 주었소…… 테레즈…… 여보……."

그녀는 뒤로 물러섰다. 그리고 남편을 바라보지도 않았다. 그러나 그녀는 타인의 감정, 특히 제롬의 감정에는 너무나 민감했기에 그 순간 남편이 감격해 있으며, 그러한 고마움의 표시가 진심이라는 사실을 부정할 수 없었다. 그러나 그녀는 남편의 말에 응할 생각이 없었다. 뿐만 아니라 그런 대화를 더 이상 길게 끌고 싶은 생각도 없었다.

"저를 데려다 주세요…… 그곳으로" 하고 그녀는 말했다.

그는 잠시 주저하더니 동의했다. "갑시다."

끔찍한 순간이 다가오고 있었다.

"용기를 내자!" 하고 제롬의 뒤를 따라 길고 어두운 복도를 걸어가며 퐁타냉 부인은 속으로 되뇌었다. '노에미는 아직 위태로운 것일까? 회복되고 있는 중일까? 무슨 말을 해야 하지?' 그녀는 갑자기 피곤에 지친 자신의 몰골을 생각했다. 하다못해 모자라도 쓰고 왔더라면 하고 후회했다.

제롬이 어느 닫힌 문 앞에서 발을 멈췄다. 떨리는 몸짓으로 퐁타냉 부인은 한 손으로 흰 머리카락 위를 매만졌다. '내가 얼마나 나이들어 보일까' 하고 그녀는 생각했다. 그러자 온몸에 기운이 쑥 빠지는 느낌이었다.

제롬이 살며시 문을 열었다. '그녀는 누워 있구나' 하고 퐁타냉 부인은 생각했다.

방은 어두웠다. 푸른 꽃무늬의 인도 사라사 커튼이 쳐져 있었다. 낯선 두 여인이 문 여는 소리에 일어섰다. 키가 작은 한 여인은 하녀이거나 간호사 같았다. 그녀는 앞치마를 두르고 뜨개질을 하고 있었다. 다른 한 명은 쉰 살쯤 되어 보이는 펑퍼짐한 중년 여자로 이탈리아 시골 여자처럼 보랏빛의 머리띠를 두르고 있었는데 퐁타냉 부인이 방 한가운데로 들어서자 물러가려고 하다가 제롬의 귀에 대고 몇 마디 소곤거리고는 재빨리 사라졌다.

테레즈는 그 여자가 나가는 것도, 그 방의 어수선함도, 침대 위에 널려 있는 대야며 더러운 수건들도 아랑곳하지 않았다. 그녀는 베개도 베지 않고 침대에 반듯하게 누워 있는 환자에게만 관심이 쏠려 있었다. 노에미가 고개를 돌릴 것인가? 코 고는 소리가 들리는 것을 보니까 아마도 잠이 든 것 같았다. 이런 광경을 본 퐁타냉 부인이 깨우지 않으려고 그 방에서 슬며시 나가려 생각하고 있을 때 제롬이 침대 발치로 오라는 신호를 했다. 그녀는 감히 거역할 수가 없었다. 그제야 그녀는 노에미가 눈을 뜨고 있으며, 코를 고는 것 같던 소리는 벌어진 입에서 거칠고 고르지 못하게 나오는 숨소리임을 알게 되었다. 눈이 어둠에 익숙해지자 그녀는 핏기 없는 얼굴과 죽은 짐승의 눈처럼 생기 없는 푸르스름한 눈동자를 볼 수 있었다. 순간 그녀는 누워 있는 여인이 죽어가고 있다는 사실을 알았다. 오싹해진 부인은 몸을 돌려 도움을 청하려고 했다. 마침 제롬이 옆에 있었다. 그는 슬픔에 젖어 초췌한 얼굴로 다 죽어가는 환자를 바라보고 있었지만 이미 그는 모든 것을 알고 있다는 사실을 알았다.

"마지막 출혈이 있은 뒤부터" 하며 제롬이 낮은 목소리로 설명했다. "그게 그러니까 네 번째였소. 그 뒤부터 의식을 되찾지 못하고 있소. 엊저녁부터 이 헐떡거리는 소리가 시작되었다오."

그의 눈가에 눈물 두 방울이 천천히 고이더니 잠시 속눈썹 사이에서 떨리다가 그의 가무잡잡한 뺨 위로 흘러내렸다.

퐁타냉 부인은 다시 정신을 차리려고 애썼으나 소용이 없었다. 그녀는 자기 눈 앞에서 벌어지고 있는 광경을 더 이상 참고 받아들일 수가 없었다.

이렇게 이 여인은 죽어가고 있다. 드디어 나와 제롬의 삶에서 사라지려는 것일까. 얼마전까지만 해도 이겼다는, 자신감에 넘치는 모습을 보게 되리라고 생각했던 노에미가 아닌가? 이미 모든 움직임이 사라져 버린 이 얼굴에서 그녀는 눈을 뗄 수가 없었다. 시선, 딱딱해진 작은 코, 아주 먼 곳에서 들려오는 듯하며, 쉰 데다 간헐적이면서도 끊이지 않고 숨소리가 새나오는 새하얀 두 입술. 그녀는 공포에 짓눌려 있으면서도 호기심에 사로잡혀 얼굴 모습의 하나하나를 자세히 살폈다. 핏기가 가시고 윤기 없는 피부, 야위고 번쩍이는 이마에 붙은 갈색 머리카락, 이게 과연 노에미란 말인가? 혈색도 없고 표정도 없는 이 얼굴에서는 아무것도 알아볼 수가 없었다.

그러니까 얼굴을 본 지가 언제였던가? 그러면서 그녀는 5, 6년 전에 노에미를 방문했던 일과, 그녀를 향해 '내 남편을 돌려 줘!' 하고 소리쳤던 일이 생각났다. 그러자 그녀의 과장된 웃음소리가 다시 들려오는 것 같았다. 갑자기 몸이 움찔하는 것을 억누를 수 없었다. 그녀는 소파에 누워 있던 노에미의 아름다운 육체를, 레이스 속에서 팔딱거리는 통통한 어깨를 보는 것 같았다. 그랬다. 바로 그날이었다. 현관에서 니콜이……

"그런데 니콜은요?" 하고 그녀가 강경하게 물었다.

"니콜이라니?"

"그 아이에게 알리셨나요?"

"안 했소."

파리를 떠날 때 그녀는 왜 생각을 하지 못했을까? 그녀는 제롬을 한쪽 구석으로 끌고 갔다.

"알려야 해요, 제롬. 그 애의 어머니에요."

애원하는 듯한 남편의 눈길 속에서 부인은 이 남자의 모든 유약함을 충분히 읽을 수 있었다. 그래서 그녀 자신도 머뭇거렸다. 이 끔찍한 집에 니콜이 도착해서 이 방으로 들어와, 이 침대머리에서 니콜과 제롬이 마주치다니! 그럼에도 불구하고 그녀는 조금전보다는 덜 강경한 목소리로 다시 말했다.

"알려야 해요."

그녀는 남에게 강요를 당할 때면 제롬의 안색을 더욱 어둡게 만드는 그 흙빛을 알아보았다. 표정, 그리고 마치 심술궂은 표정으로 얇은 입술 사이로 치아를 드러내고는 쓴웃음을 짓는 것을 보았다.

"제롬, 니콜을 불러야 해요" 하고 부인은 부드럽게 다시 말했다.

그의 가는 눈썹이 서로 가까워지더니 다시 제자리로 돌아왔다. 그는 아직도 그 일에 반대하고 있었다. 그러나 마침내 담담한 눈길로 부인을 바라보았다. 승복한 것이다.

"주소를 알려 주구려" 하고 그가 말했다.

그가 전보를 치려고 나가자 그녀는 노에미 곁으로 다시 갔다. 침대 곁을 떠날 수가 없었다.

그녀는 두 팔을 축 내려뜨린 채 손을 맞잡고 서 있었다. 어떻게 나는 환자가 나았다는 생각을 할 수 있었을까? 제롬의 태도에 속고 있었던 것이다. 그리고 어째서 제롬은 괴로워하는 것 같아 보이지 않을까? ⋯⋯그이는 앞으로 어떻게 할 것인가? 자신 곁으로 돌아와 살 것인가? 아, 물론 자신은 그에게 그렇게 하라고 제의하지는 않을 것이다. 그렇다고 그가 오겠다고 한다면 거절하지도 않을 것이다⋯⋯.

일종의 환희, 아니 오히려 평화롭고 편안한 느낌이 자신도 모르게 마음속에서 솟구쳤으나 곧 그것을 부끄럽게 생각했다. 그녀는 애써 이런 감정을 떨

쳐 버리려 했다. 기도하자. 성령 곁으로 돌아가려는 이 영혼을 위해 기도하
자. '가엾은 영혼' 하고 그녀는 생각했다. '짐이 무겁지 않도다!' 그러나 삶
이 필연적으로 더 좋은 방향으로 나아갈 때, 이 세상에서 다시 태어나는 과
정에서 끊임없이 일어나는 노력이야말로, 아무리 보잘것없는 것일지라도 그
일을 완성하는 자를 위해 있는 것이 아닐까? 모든 고통은 필연적으로 완성
을 향해 한 단계 더 다가가는 과정이 아닐까? …… 테레즈는 노에미가 고통
받았으리라는 것을 의심치 않았다.

그녀의 화려한 일생에도 불구하고 이 가엾은 여인은 아마도 고통스런 불
안을, 자신은 의식하지 못하지만 신성모독임을 은밀히 경고하는 양심의 압
박을 끊임없이 질질 끌고 다녔을 것이다. 그리고 그 사랑이 사악하고, 그토
록 나쁜 결과를 빚은 것이었지만, 이 고통은 노에미의 사랑과 마찬가지로 더
나은 환생을 위해 도움이 될 수도 있을 것이다! 이 순간 테레즈는 그 나쁜
일들을 고통 없이 용서하고 있었다.

그녀는 용서하는 데는 별로 큰 덕성이 필요치 않다고 생각했다. 또 노에미
의 죽음이 커다란 불행으로 여길 수 없는 사실을 인정하지 않을 수 없었다.
그 누구에게도 불행이라곤 여겨지지 않았다. 그녀 역시 제롬과 마찬가지로
노에미가 세상을 떠난다는 생각에 익숙해지고 있었다. 그녀의 감정은 무자
비한 속도로 빠르게 변화해 갔다. 그 사실을 안 지 채 한 시간도 되지 않았
다. 그런데도 그녀는 어느새 미련 없이 체념하고 있었다…….

이틀 뒤에 니콜이 파리를 출발한 급행열차에서 내렸을 때는 노에미가 죽
은 지 36시간이 지난 뒤였고, 장례식은 다음날 아침에 있을 예정이었다.

모든 사람들이 장례식을 서둘러 끝내고 싶어하는 것 같았다. 하숙집 여주
인도, 제롬도, 특히 5백 플로린을 받아야 하는 젊은 의사도. 이 의사는 아래
층 방에서 간단한 대화를 마친 뒤 죽은 환자의 방까지 올라와 보지도 않고
매장을 위한 사망증명서를 떼어 주었다.

무척 힘든 일이기는 했으나 테레즈는 노에미의 마지막 단장을 거들겠다고
스스로 나섰다. 니콜에게 이 경건한 임무를 대신했음을 말해 주고 싶었기 때
문이다. 그러나 마지막 순간에 사람들은 터무니없는 구실을 내세워 그녀를
사자(死者)의 방에서 내보냈다. 그리고 산파가—"산파는 이런 일에 익숙하
니까" 하고 제롬이 설명했다—간호사를 입회인으로 그 일을 하게 되었다.

니콜의 도착으로 부인의 심기가 바뀌었다.

니콜은 마침 알맞은 때에 도착했다. 시간이 흐를수록 복도에서 산파와 집주인과 의사를 만나는 것이 퐁타냉 부인에게는 더욱 참을 수 없게 느껴졌다. 이곳에 도착한 이래로 그녀는 이 집 안에서 숨을 쉴 만한 아주 적은 공기조차 찾아내지 못하고 있었다. 니콜의 쾌활한 얼굴, 건강, 젊음이 마침내 이 집의 모든 것을 깨끗하게 할 새로운 공기를 가져다주었다. 그러나 니콜이 고통스런 울음을 터뜨리는 것을 보자—그 모습은 옆방에 피해 있던 제롬을 당황하게 했다—퐁타냉 부인에게는 이 어린 소녀가 자격 없는 어머니에 대해 실제로 느꼈을 감정과는 어울리지 않는 것처럼 느껴졌다. 그리고 강렬하기는 하지만 옛 일을 잊고 슬퍼하는 모습을 보고 퐁타냉 부인은 자신이 조카딸의 성품에 대해 품고 있던 생각이 옳았음을 굳게 믿게 되었다. '인정은 많지만 참다운 깊이는 없는 아이야' 하고 부인은 생각했다.

니콜은 어머니의 유해를 프랑스로 옮기고 싶어했지만 니콜이 제롬에게 말하고 싶어하지 않는 데다가 어머니의 나쁜 행실의 책임이 제롬에게 있다고 굳게 믿고 있었으므로 테레즈가 대신 이야기를 꺼냈다. 제안은 전반적이고 명확한 반대에 부딪혔다. 시신 운반에 드는 막대한 비용, 수없이 밟아야 할 엄청난 수속들, 그리고 제롬의 말에 따르자면 외국인에게 그토록 까다롭게 구는 네덜란드 경찰이 틀림없이 요구할 쓸데없는 조사와 심문 따위가 반대의 이유였다.

니콜은 흥분과 여행으로 몹시 피곤했음에도 불구하고 관 옆에서 밤을 새우려고 했다. 마지막 밤을 단 세 사람이 노에미의 방에서 말없이 보냈다. 두 의자 위에 놓인 관은 꽃으로 덮여 있었다. 장미와 재스민 향기가 너무 진해서 창문을 활짝 열어 놓아야만 했다. 덥고 구름 한 점 없는 밤이었다. 달빛은 눈이 부실 정도였다. 이따금 집 기둥에 물이 찰랑거리는 소리가 들려왔다. 근처 성당의 종이 시간을 알려 주었다. 한줄기 달빛이 마룻바닥 위로 미끄러져 들어와 길게 뻗어 있었고, 관 밑에 떨어져 거의 시들어 버린 한 송이의 하얀 장미꽃을 향해 점점 길게 이어지고 있었다. 장미는 투명하다 못해 거의 푸른색을 띠기까지 했다. 니콜은 적의가 담긴 눈길로 무질서한 방 안을 살펴보았다. 여기서 어머니가 살았겠지. 여기서 고통을 겪었을 테고 이 벽지의 꽃무늬를 세면서 어머니는 임종이 가까웠음을 알았을 거야. 그리고 실패한 자기 삶의 무분별함을 절망적으로 되돌아보았을 테지. 어머니는 비록 뒤늦게나마 딸인 나를 그리워하기는 했을까?

장례식은 아침 일찍 거행되었다.

장례행렬에는 집주인 여자도 산파도 따르지 않았다. 퐁타냉 부인은 니콜과 제롬 사이에서 걸어갔다. 그리고 퐁타냉 부인이 행렬을 뒤따라와서 마지막 기도를 해 달라고 부탁한 늙은 목사 한 명이 더 있을 뿐, 다른 사람은 아무도 없었다.

장례식이 끝난 뒤에 니콜이 운하 거리의 그 끔찍한 집을 다시 보지 않게 하려고, 퐁타냉 부인은 묘지에서 니콜을 데리고 곧장 역으로 가기로 결정했다. 제롬이 짐을 들고 와서 역에서 만나기로 되어 있었다. 더구나 니콜은 어머니가 외국에서 생활했음을 생각나게 하는 것은 아무것도 가져가고 싶지 않다고 했다. 노에미의 짐을 포기하자 주인여자와의 마지막 계산이 상상 외로 쉬웠다.

제롬은 모든 계산을 끝낸 뒤 기차 역으로 갈 마차에 혼자 있게 되었다. 기차 출발시간까지는 아직 시간 여유가 있었으므로 묘지를 마지막으로 둘러보겠다는 갑작스런 충동에 사로잡혀 마차를 돌렸다.

그는 노에미의 무덤을 찾기 위해 한참을 걸어야만 했다. 멀리서 새로 흙을 덮어놓은 무덤을 알아보았을 때 그는 모자를 벗고 정중한 걸음으로 다가갔다. 6년 동안 함께 살았으며, 싸우고 헤어진 일도 있었는가 하면 질투에 사로잡히기도 했고, 화해하기도 했던 여인이 저기에 누워 있다. 숱한 추억과 비밀의 6년, 그리고 마지막이자 비통하기 짝이 없는 비밀, 끝내 이렇게 되고만 비밀을 담은 삶이 이곳에 누워 있었다.

'하긴' 하고 그는 막연히 생각했다. '이보다 더 나쁘게 끝날 수도 있었을 거야…… 나는 별로 괴롭지 않아' 하고 그는 생각했다. 그의 일그러진 이마와, 눈물로 뒤범벅이 된 두 눈은 오히려 그 반대 상황을 보여 주는 것 같았다. 부인이 옆에 있다는 기쁨이 그의 슬픔보다 더 크다 한들 그것이 그의 잘못일까? 테레즈는 그가 사랑한 하나밖에 없는 사람이다! 겉으로는 그렇지 않게 보였지만 근엄하고 냉담함을 간직하고 있는 그녀만이 이 바람둥이 사나이의 일생 동안 열렬한 사랑이었음을, 단지 그녀만이 그의 삶을 가득 채웠음을 그녀는 알까? 자신이 그녀에게 바친 전적인 사랑에 비하면 다른 모든 바람기란 결국 순간적인 일에 불과하다는 것을 알아줄까? 그리고 바로 이 순간에도 그 사실을 새롭게 증명할 수 있었다. 노에미의 죽음은 그를 허탈감에 빠지게 하지도 않았고, 외롭게 만들지도 않았다. 비록 테레즈가 지금보다 훨씬 먼 곳에 있다 하더라도, 비록 그녀가 자기와 연결되어 있는 모든 관계를 다 끊어버린다 해도, 그녀가 살아 있는 한 자신은 외롭지 않았다. 그는 순간적으로 테레즈가 저 꽃으로 덮인 흙무덤 속에 누워 있다면 하는 상상도 해 보았다. 그러나 그것은 상상만 해도 참을 수가 없었다. 그는 자기가 아내를 슬프게 했던 많은 일에 대해 거의 아무런 죄책감도 느끼지 않았다. 그만큼 그는 이 엄숙한 순간에 이 무덤 앞에서 자신은 아내에게서 본질적인 것은 아무것도 감추지 않았다는 생각이 들었고, 아내에게 자기 마음의 가장 귀하고 가장 영속적인 것을 바쳤다는 생각이 들었다.

그는 단 한순간도 아내를 배신한 적이 없다는 확신이 들었다. '아내는 날 어떻게 할 것인가' 하고 그는 생각했으나 아내를 믿었다. '아내는 내가 그녀 곁으로, 아이들 곁으로 돌아가게 해 줄 것이다……' 그는 고개를 숙이고 있었다. 얼굴은 온통 눈물로 범벅이 된 채였지만, 마음은 한줄기 은근한 희망에 차 있었다.

'니콜만 없다면 다 잘될 텐데.'

그는 니콜의 말없는 태도와 적의가 담긴 눈길을 떠올렸다. 니콜이 묘지 구덩이 위에서 몸을 숙이고 있는 모습을 다시 보는 것 같았고, 참지 못해 찢어질 듯 울음을 터뜨리는 소리를 다시 듣는 것 같았다.

니콜, 니콜을 생각한다는 건 그에게 고문과도 같았다. 그 아이가 분노에 차서 어머니의 집을 나왔던 것도 자기 때문이 아니었던가? 그의 기억 저 밑바닥으로부터 설교의 한 구절이 떠올랐다. '죄의 근원이 되는 자에게 화 있을진저……' '어떻게 속죄할까?' 하고 그는 생각했다. '어떻게 하면 용서를 받을 수 있을까? 어떻게 하면 그녀의 호감을 다시 살까?' 그는 누군가가 자기를 좋아하지 않는다는 생각은 참을 수가 없었다. 한 가지 기발한 생각이 그의 뇌리를 스쳐갔다. '만일 내가 니콜을 양녀로 삼는다면?'

모든 것이 뚜렷해졌다. 그는 니콜이 작은 아파트에서 그와 함께 살며, 아파트를 꾸미고, 곁에서 자기를 정성껏 돌봐 주며 손님 접대를 거드는 모습을 불현듯 상상했다. 여름이면 둘이 함께 여행도 할 수 있으리라. 그리고 실수를 만회하기 위한 나의 열성을 보고 모든 사람들이 감탄을 하겠지. 그리고 테레즈도 나의 행동을 인정해 줄 거야.

그는 다시 모자를 쓰고 무덤을 떠나 빠른 걸음으로 마차로 되돌아왔다.

그가 역에 도착했을 때는 이미 기차가 플랫폼에 들어와 있었다. 퐁타냉 부인과 니콜은 벌써 기차간에 자리잡고 있었는데, 부인은 남편이 아직도 도착하지 않는 것을 의아하게 생각하고 있었다. 제롬이 그 하숙집에서 무슨 난처한 일을 당한 것은 아닐까? 별의별 생각이 다 들었다. 어쩌면 제롬은 함께 떠나지 못하는 것은 아닐까? 그녀가 생각했던 이 꿈이, 제롬을 메종 라피트로 데리고 가서 그를 가정으로 복귀시키는 것, 그리고 그가 개과천선하는 것을 도와주려던 아름다운 꿈이 설계하자마자 무산되어 버리는 것은 아닐까? 남편이 성큼성큼 그녀에게로 걸어와서 걱정스런 표정으로 다음과 같이 물었을 때 그녀의 불안은 더욱 커졌다.

"니콜은 어디에 있소?"

"그 애는 저기, 복도에 있어요" 하고 그녀가 놀라서 대답했다.

니콜은 반쯤 열린 창가에 서 있었다. 그녀는 서로 얽힌 선로들을 물끄러미 바라보고 있었다. 슬프기도 했지만 무엇보다도 지쳐 있었다. 틀림없이 슬펐는데 그러면서도 행복했다. 왜냐하면 오늘의 모든 슬픔이 한순간도 그녀에게서 행복을 뺏을 수 없었기 때문이다. 어머니가 살아 계시든 돌아가셨든 약혼자가 기다리고 있지 않은가? 어머니가 돌아가셨다는 것이 적어도 그녀의 약혼자에게는 해방이며, 그때까지 두 사람의 장래에 가로막고 있던 유일한 오점을 없애는 것이라고 생각하면서도 그녀는 그래서는 안 되는 것처럼 그 생각을 떨쳐 버리려고 애쓰고 있었다.

니콜은 제롬이 가까이 오는 것을 알아차리지 못했다.

"니콜! 제발 부탁이다! 네 어머니를 봐서라도 나를 용서해 다오."

그녀는 소스라치며 몸을 돌렸다. 그는 모자를 손에 들고 그녀 앞에 서 있었다. 그리고 겸허하고도 다정한 눈길로 그녀를 바라보고 있었다. 고통과 회한으로 초췌해진 이 얼굴이, 이번에는 혐오스럽게 보이지 않았다. 그녀는 측은한 마음이 들었다. 마치 착해질 수 있는 이 기회를 기다리기라도 한 것 같았다. 그렇다. 그녀는 용서하고 있었다.

그녀는 아무 대답도 하지 않았지만 검은 장갑을 낀 작은 손을 흔쾌히 그에게 내밀었다. 제롬은 자기 감정을 억제하지 못하고 그 손을 꽉 잡았다.

"고맙구나" 하고 그는 작은 소리로 말했다. 그리고 그 자리를 떠났다.

몇 분이 흘렀다. 니콜은 꼼짝도 않고 있었다. 그녀는 테레즈 아주머니를 위해서도 이렇게 된 것이 잘된 일이라고 생각했다. 그리고 이 감동적인 장면을 약혼자에게 이야기해 주어야겠다고 생각했다. 사람들이 기차에 오르기 시작하면서 그들의 짐이 그녀를 스치고 지나갔다. 마침내 기차가 출발했다. 기차의 흔들림이 그녀를 멍한 상태에서 깨어나게 해 주었다. 객실로 되돌아왔다. 조금전에는 비어 있던 자리에 낯선 사람들이 앉아 있었다. 그녀는 제롬 아저씨가 퐁타냉 부인 바로 맞은편 구석에 자리잡고, 한쪽 팔은 손잡이에 걸치고, 고개는 경치를 보려고 밖으로 향한 채, 햄을 넣은 샌드위치를 한 입 베어 무는 것을 보았다.

8. 자크와 제니. 숲길 산책. 벽 앞에서의 키스

자크는 저녁시간을 제니와 나누었던 이야기를 하나하나 떠올리면서 보냈다. 무엇이 그 생각을 그토록 집요하게 자기 머릿속에서 떠나지 않게 하는지 애써 분석하려 하지 않았다. 아무튼 다른 생각은 할 수가 없었다. 자다가 몇 번이나 일어나서 그 생각을 다시 해 보았지만 그 신선한 기쁨은 가시지 않았다. 그래서 이튿날 테니스 코트에 도착했을 때 제니가 보이지 않자 그의 실망은 이만저만이 아니었다.

자크는 사람들이 제의하는 시합을 거절하고 싶지는 않았다. 그러나 끊임없이 입구 쪽을 살피느라고 게임은 엉망이 되었다. 시간은 자꾸 흘렀다. 아무래도 제니는 오지 않을 모양이다. 자크는 빠져나갈 수 있는 기회가 오자 그곳을 나왔다. 이제는 더 이상 희망을 가지지 않았지만 그렇다고 절망하지도 않았다.

갑자기 다니엘이 가까이 오는 것이 보였다.

"그런데 제니는?" 그를 만나게 된 것에 놀라지도 않으며 자크가 물었다.

"오늘 아침엔 테니스를 안 치겠대. 벌써 가는 거야? 내가 바래다 줄게. 나는 어제 저녁부터 메종에 와 있었어……" 하고 클럽 밖으로 나오자마자 다니엘이 이야기를 계속했다. "엄마가 잠깐 어딜 다녀오실 일이 생겼어. 그래서 제니가 밤에 혼자 지내지 않도록 나에게 여기서 자라고 부탁하셨어. 우리집은 마을에서 너무 동떨어져 있잖니…… 아버지가 또 일을 저지르셨어. 가엾은 엄마는 아버지한테 아무것도 거절할 줄 모르셔.”

그는 잠시 걱정하는 것 같더니 무엇인가 결심한 듯 미소지었다. 다니엘은 괴로운 일에 오래도록 미련을 가지는 성격이 아니었다. “그런데 너는 어떻게 지내니?” 하고 다니엘은 다정한 배려의 눈길로 물었다.

“저, 나는 네가 쓴 〈뜻하지 않은 고백〉에 대해서 수없이 생각해 보았어. 나는 그 작품이 무척 마음에 들어. 생각하면 할수록 점점 더. 거기엔 좀 격렬하기도 하고, 군데군데 좀 애매하기도 하지만 아무도 예상할 수 없는 당돌하고도 거친 심리 문제가 결부되어 있더군. 그런데 아이디어는 훌륭해. 그리고 그 두 인물은 처음부터 끝까지 아주 진실하고 또 매우 참신해.”

“아니야, 다니엘” 하며 자크가 초조함을 억누르지 못하고 다니엘의 말을 가로막았다. “그 작품을 가지고 나를 판단하지 마. 우선 그건 구성이 형편없어! 과장되고 뒤죽박죽이고 쓸데없는 수다로 가득 찼어!”

그는 화가 치밀어 이렇게 생각했다. ‘유전적 특성이야…….’

“그리고 내용만 보더라도” 하며 자크가 이야기를 계속했다. “그건 너무나 상투적이고 작위적이야…… 한 인간의 내면이란…… 아, 나는 어떻게 써야 되는지 잘 알고 있어. 그러나…….” 그는 갑자기 입을 다물었다.

“너는 지금은 무엇을 쓰고 있니? 새 작품에도 착수했니?”

“응.” 자크는 왜 그런지 알 수 없지만 얼굴이 달아오르는 것을 느꼈다. “하지만 요즘은 우선 좀 쉬고 있어” 하며 자크는 이야기를 계속했다. “금년에 공부를 좀 했더니 생각보다 더 피곤한 상태야. 그리고 나는 그 가엾은 바탱쿠르의 결혼식에 다녀왔어. 그 배신자!”

“제니가 그 얘길 해 주더라” 하고 다니엘이 말했다.

자크는 또다시 얼굴을 붉혔다. 어제 제니와 한 이야기가 둘만의 비밀로 남아 있지 않았다는 것이 잠시 못마땅했다. 그렇기는 해도 제니가 그 이야기에 어떤 가치를 부여했다는 사실과, 바로 그날 저녁에 오빠에게 들려줄 정도로 그 이야기를 마음에 담고 있었다는 사실에 강렬한 기쁨을 느꼈다.

“우리 얘기하면서 센 강변까지 내려가 보지 않을래?” 하고 자크가 다니엘에게 팔짱을 끼며 말했다.

"그건 안 돼. 나는 1시 20분 기차로 파리로 돌아가야 해. 나는 밤에는 집 지키는 파수꾼 노릇을 하는 건 좋아. 하지만 낮에는……."

어떤 용건으로 파리에 가는지를 눈치챈 자크는 그의 미소에 기분이 상했다. 그래서 자크는 팔짱을 풀었다.

"그 대신" 하며 이 어색한 분위기를 씻어 버리려고 다니엘이 말을 계속했다. "우리집에 가서 점심을 먹지 않을래? 제니도 좋아할 거야."

자크는 다시 마음이 혼란해진 것을 감추기 위해 눈을 감았다. 그리고 망설이는 척했다. 그의 아버지가 돌아오지 않았으므로 한 끼쯤 집에서 먹지 않아도 상관없었다. 자크는 몹시 기뻐하고 있는 스스로에게 놀랐다. 그는 기쁨을 억누르며 대답했다.

"그럼, 그러지. 잠깐 집에 가서 알리고 올게. 먼저 가. 광장에서 만나도록 하자."

몇 분 뒤에 자크는 성 앞의 잔디에 누워서 그를 기다리고 있는 다니엘을 다시 만났다.

"날씨가 참 좋구나!" 하고 다니엘이 양지 바른 곳에서 두 다리를 쭉 뻗으면서 자크에게 소리쳤다. "오늘 아침, 이 공원은 참 아름답다! 너는 이런 데에서 살고 있으니 정말 운이 좋은 사람이야!"

"너도 마음만 먹으면 되는 것 아니니?" 하고 자크가 대꾸했다.

다니엘은 일어섰다. "휴! 그럴지도 모르지" 하고 그는 몽상에 잠긴 듯하면서 쾌활한 표정으로 말했다. "하지만 나는 그렇지 못해…… 오, 이봐" 하고 그가 다가오며 말투를 바꾸어 말했다. "사실은 아주 근사한 연애가 시작될 것 같아!"

"초록색 눈을 가진 여자하고?"

"초록색 눈이라고?"

"파크멜에서 보았던."

다니엘이 우뚝 걸음을 멈추었다. 잠시동안 그의 눈길은 자기 앞을 똑바로 보고 있었다. 그러더니 의미를 알 수 없는 미소를 띠었다.

"리네트 말이야? 아니야, 다른 사람이야. 그보다 훨씬 더 멋있는!"

그는 자신의 생각에 잠겨 입을 다물었다. "아, 그 리네트란" 하고 그가 말했다. "이상한 여자야! 글쎄, 그 여자가 날 차 버렸어! 그랬다니까! 겨우 며칠 만에 말이야!" 그는 그런 일을 생전 처음 당하는 사람처럼 웃었다. "너는 작가니까 아마 그 애가 네 흥미를 끌 수 있었을지도 모르겠어. 하지만 나는 그런 여자는 피곤해. 도대체 그렇게 속을 알 수 없는 여자는 처음 봤어. 그 여자가 날 10분 동안이나마 제대로 사랑했는지 의심스러워. 하지만 날 사랑하고 있는 동안에는…… 꼭 정신이 나간 것 같았어! …… 아마 굉장한 과거가 있는 여자인가 봐. 아직도 쫓겨 다니는 모양이야. 그 여자가 예전에 무슨 폭력단체에 가담했었다고 누군가가 알려 주더라도 나는 별로 놀라지 않을 거야."

"그 후론 전혀 안 만났어?"

"안 만나. 어떻게 되었는지도 몰라. 파크멜에도 다시는 나타나지 않았어. 때로는 보고 싶기도 해" 하며 그는 잠시 뒤에 덧붙여 말했다. "내가 이렇게 말은 하고 있지만 사실 그 여자하고는 오래갈 수 없었어. 나는 즉시 그 여자를 참지 못하게 되었을 거야. 너는 상상도 못할 만큼 주책없어! 끊임없이 잡다한 질문을 퍼붓는 거야. 내 사생활에 관해서 말야. 참내! 내 가족에 대해서, 또 어머니와 내 누이동생에 관해서. 나아가서는 아버지에 관해서까지!"

그는 말없이 몇 걸음 걷더니 다시 이야기를 계속했다. "어쨌든 나는 그 여자에 대해서 아름다운 추억을 지니고 있어. 내가 뤼드비그손에게서 그 여자를 가로채던 날 저녁의 추억 말이야."

"그런데 그 작자가 네…… 밥줄을 끊어 놓지는 않았니?"

"그 사람이?" 다니엘의 눈이 반짝이기 시작했다. 미소를 짓자 치아가 고스란히 드러났다. "내가 뤼드비그손이란 인물을 그런 식으로 평가할 수 있는 기회는 그때가 처음이었어. 글쎄, 그 사람은 깡그리 잊은 듯이 행동하더군! 그 사람에 관해선 네 마음대로 생각해. 하지만 나는 대단한 호인이라고 생각해."

제니는 아침나절을 방에서 꼼짝하지 않고 보냈다. 다니엘이 테니스를 치러 함께 가자고 했을 때에도 제니는 할 일이 있다는 구실로 완강하게 거절했다. 그러나 그녀는 아무것도 할 마음이 내키지 않았으며 시간을 어떻게 보내야 할지도 몰랐다.

창밖으로 두 청년이 정원을 가로질러 들어오는 것을 본 그녀의 첫 반응은 불만이었다. 그토록 기대하고 있던 오빠와 단둘이 점심 먹는 기회를 자크가 망쳐 버렸기 때문이다. 그러나 그런 원망하는 마음은 반쯤 열린 문으로 유쾌한 다니엘의 모습이 보였을 때 사라져 버렸다.

"내가 점심을 같이 먹으려고 누굴 데려왔는지 맞춰 봐."

'옷을 갈아입을 시간은 있구나' 하고 제니는 생각했다.

자크는 그동안 정원에서 이리저리 산책하고 있었다. 그날 아침, 자크는 여느 때보다도 더욱 이곳의 아름다움을 느낄 수 있었다. 별장이 있는 공원을 벗어나면 퐁타냉 가의 별장은 마치 숲 변두리에 숨어 있는 농가 같은 아름다움을 지니고 있었다. 어울리지 않는 몇 채의 건물에 높은 창문이 달려 있고, 열 번은 수리한, 과거에 틀림없이 사냥꾼 집이었을 건물을 중심으로 서로 이어져 있었다. 차양 아래로는 창고계단과 비슷한 나무계단이 양쪽으로 붙은 건물 안에서 높은 쪽 건물로 통하고 있었다. 제니가 기르는 비둘기는 기울어진 기와지붕 위에서 끊임없이 날아오르고 있었다. 밝지만 퇴색한 장밋빛 페인트가 칠해진 벽은 마치 이탈리아 산 도료처럼 빛을 흡수하고 있었다. 여기저기 무질서하게 심어진 몇 그루의 전나무가 송진 냄새를 풍겼고, 더 이상 풀도 자라지 않는 건조한 그늘로 집을 감싸고 있었다.

언제나 쾌활한 다니엘의 재치 덕분에 점심식사는 흥겹게 진행되었다. 그는 그날 오후에 있을 좋은 일에 대한 기대로 부풀어서 아침 내내 기분이 무척 좋았다. 제니의 푸른 옷을 칭찬해 주며 하얀 장미 한 송이를 블라우스에 꽂아 주었다. 그는 제니를 '내 동생'이라고 불렀고, 툭하면 웃음을 터뜨리며 자신의 들뜬 기분을 즐겼다.

그는 자크와 제니가 역에 나가서 그를 배웅해 주기를 바랐다.

"저녁식사 때까지는 돌아올 거야?" 하고 제니가 물었다. 얌전하고 부드러운 그녀의 외양을 무너뜨리고 이따금 드러내보이는 통명스러운 말투, 물론 그녀는 의식하지 못하겠지만 자크로서는 그것을 목격할 때면 우울함을 느끼지 않을 수 없었다.

"글쎄, 그럴지도 모르겠다" 하고 다니엘이 대답했다. "내 말은 7시에 도착하는 기차를 타기는 불가능할 것 같다는 거야. 하여간 밤이 되기 전엔 돌아오겠어. 엄마한테도 그러겠노라고 편지를 보냈고."

그의 이 마지막 말을 하는 투가 마치 말 잘 듣는 아이 같았으며, 남자의 입에서 나오는 억양 치고는 너무나 귀여워서 자크는 웃음을 터뜨리지 않을 수 없었다. 강아지 목에 줄을 매려고 허리를 굽히고 있던 제니까지도 우습다는 눈으로 고개를 다시 들었다.

그때 열차가 역에 들어왔다. 다니엘은 텅 빈 앞쪽 객차에 타려고 그들을 벗어나 뛰어갔다. 두 사람은 멀리서 그가 출입구에서 몸을 내밀고 어린애같이 장난스럽게 손수건을 흔드는 것을 보았다.

아무런 마음의 준비를 할 새도 없이 다니엘의 쾌활한 모습에 압도당한 채 둘만 남게 되었다. 그리고 아직도 다니엘이 둘 사이에 다리 역할을 해 주기라도 하듯이 쉽사리 친구 사이에 오가는 말투를 유지하게 되었다. 둘 다 이 새로운 휴전 상태에 꽤 안도감을 느끼고 있었기에 이 기회를 놓치지 않으려고 안간힘을 썼다.

오빠를 보내고 약간 쓸쓸해진 제니는 오빠가 줄곧 집을 비우는 것에 대해 곰곰이 생각하고 있었다.

"오빠한테 휴가를 이렇게 왔다 갔다 하면서 보내지 말라고 말 좀 해 주세요. 올여름처럼 오빠가 여기에 거의 오지 않으면 엄마가 얼마나 서운해 하는지를 오빠는 몰라요. 아, 물론 당신은 오빠 편이겠지만" 하고 그녀는 덧붙여 말했다. 그러나 거기에는 빈정거리는 투는 조금도 없었다.

"변호할 생각은 조금도 없는데요" 하고 그가 대답했다. "내가 다니엘의 생활방식을 긍정적으로 본다고 생각합니까?"

"그럼 오빠에게 그런 얘기를 했나요?"

"물론이죠."

"그런데도 오빠는 당신 말을 듣지 않는 건가요?"

"내 말은 듣습니다. 그러나 더 심각한 것은, 내가 보기에 다니엘이 나를 이해하지 못하는 것 같아요."

그녀가 자크 쪽으로 몸을 돌리며 용기를 내어 말했다.

"……이제는 더 이상 이해하지 못한다는 말인가요?"

"글쎄, 그런 것 같습니다."

시작부터 그들의 대화가 심각해졌다. 다니엘에 관한 이야기를 하며 두 사람은 공감을 느꼈다. 어제부터 그들 사이에 공감대가 이루어지기는 했었다. 그러나 이처럼 드러내 놓고 공감을 표시하기는 처음 있는 일이었다. 두 사람이 다시 공원으로 들어가려는 순간 제니가 제안했다.

"넓은 길로 가면 어떨까요? 숲을 지나서 집까지 바래다 줄래요? 아직 시간도 이르고 또 날씨도 아주 좋지 않아요?"

커다란 행복감이 그의 마음속에 솟구쳐 올라왔다. 그는 자신의 그런 감정을 굳이 감추려 하지 않았다. 그러나 감히 그 행복에 몸을 맡기지는 못했다. 그는 서로를 이해하기 위한 귀중한 화제가 이대로 사라져 버릴까 봐 두려워서 서둘러 대화의 실마리를 찾았다.

"다니엘은 삶의 격렬한 도취감을 느끼고 있어요!"

"그건 저도 알고 있어요" 하고 그녀가 말했다. "아무런 구속 없는 삶이지요. 그러나 구속 없는 삶이란…… 아주 위험하고 불순해요."

그녀는 그를 바라보지 않고 덧붙였다. 그는 엄숙하게 같은 말을 되풀이했다.

"불순해요. 나도 그렇게 생각합니다. 제니."

그가 항상 입 밖에 내기를 망설이던 말, 그러나 그렇게도 자주 입술 사이로 나오려던 그 말이 제니의 입에서 나오자 그는 너무 기뻐서 그 자리에서 펄쩍 뛰어오를 뻔했다. 다니엘의 모든 연애는 바람기다. 앙투안의 사랑도 마찬가지였다. 모든 육체적인 욕망은 모두 참되지 못하였다. 몇 달 전부터 그의 마음속에서 싹터 오던 이 이름 모를 감정만이 오직 순수했다. 어제부터 시시각각 피어나는 이 감정만이. 그러나 그는 겉으로는 평정을 거짓으로 꾸미고 이야기를 계속했다.

"다니엘이 인생을 대하는 그런 태도에 대해 나는 때때로 얼마나 화가 났는지 몰라요! 그건 일종의……."

"타락이에요" 하고 그녀가 순박하게 말했다. 그것은 그녀가 자신에게 자주 쓰는 단어였으며, 자신이 순결하다고 생각하는 범위를 벗어난 모든 것의 동의어였다.

"그건 하나의 냉소주의지요" 하고 그가 수정해 주었다. 그러나 그러한 그의 말도 매우 부적절한 것이었다. 그것은 그가 자기 자신을 위해 쓰고 있던 말이었기 때문이다. 그러나 그는 곧 이렇게 하면 어느 정도 자기 자신을 알릴 수가 있다는 것을 알아차렸다. 그는 발걸음을 멈추면서 이렇게 말했다.

"그렇다고 끊임없이 자신과 투쟁하는 성격을 존경한다는 뜻은 아닙니다. 나 같으면……." (제니는 자크의 본심을 알아 보려고 그를 주시하고 있었다. 그녀가 보기에 이 마지막 말이 특히 중요성을 띠고 있는 듯한 느낌이 들었기 때문이다) "나 같으면 현재 자신이 지닌 성격대로 있자고 결심한 사람 쪽을 더 좋아하겠습니다. 그렇지만……." 감히 제니 앞에서 말할 수 없는 몇 가지의 예들이 머릿속에 떠올랐다. 그는 망설였다.

"그래요" 하고 그녀가 말했다. "나는 오빠가 완전히…… 뭐랄까? ……죄의식을 모르게 될까 봐 두려워요. 무슨 말인지 아시겠어요?"

그는 고갯짓으로 그녀의 말을 이해했다는 표시를 했다. 이번에는 그가 제니의 얼굴을 뚫어지게 바라보지 않을 수 없었다. 그녀의 사려 깊은 얼굴이 그녀의 말에 더욱 많은 뜻을 부여해 주었기 때문이다. '제니가 지금 말한 것 중에는 자기 자신도 의식하지 못하는 고백이 깃들어 있구나!' 하고 그는 생각했다.

제니는 줄곧 스스로를 억누르고 있었다. 그러나 입가가 일그러지고 호흡이 가쁜 것을 보아 그토록 자주 그녀를 괴롭히며 절대로 밖으로 내보이지 않으려고 애쓰는 이 갑작스러운 열정을 어떻게든 가라앉히려고 애쓰고 있음이 분명했다.

'아니 어째서' 하며 자크는 속으로 자문했다. '제니의 얼굴은 저토록 쉽게 딱딱하고 무표정해질 수 있는 것일까? 너무 가늘고 짙은 눈썹 때문일까? 아니면 오히려 무지개처럼 너무나 밝은 청회색 속에서, 눈동자가 수축하면서 만들어 내는 그 검은 두 개의 눈동자 때문은 아닐까?' 바로 그 순간부터 자크는 다니엘을 잊어 버리고 제니만을 생각했다.

얼마동안 두 사람은 아무 말 없이 걸었다. 비교적 긴 시간이었지만 두 사람에게는 아주 짧게 느껴졌다. 그러나 다시 이야기를 계속하려고 했을 때 두 사람은 서로의 생각이 멀리 동떨어져 있는 데다 서로 다른 방향을 향하고 있다는 것을 감지했다. 그래서 두 사람 다 어떻게 침묵을 깨야 할지 모르고 있었다.

다행히 수리 중인 자동차들이 즐비한 차고 건물 옆을 지나고 있었다. 시끄러운 모터 소리 때문에 이야기를 할 수 없었다.

차고 근처의 기름이 떠 있는 웅덩이 속을 돌아다니던 병들고 늙은 옴투성이의 개 한 마리가 와서 퓌스 주위를 빙빙 돌았다. 제니는 강아지를 팔에 안았다. 두 사람이 공장 앞을 지나자마자 외마디 비명소리가 들려서 돌아보았다. 15살쯤 된 견습공이 운전하고 있던 뼈대뿐인 자동차가 쇳소리를 내면서 공장에서 나오다가 급히 크게 커브를 꺾었다. 소년의 때늦은 외침에도 불구하고 늙은 개는 피할 틈이 없었다. 자크와 제니는 자동차가 불쌍한 짐승의 옆구리를 치면서 차 바퀴 두 개가 차례로 몸뚱이 위로 지나가는 것을 보았다.

제니가 겁에 질려서 소리 질렀다.

"개가 죽어요! 개가 죽는다고요!"

"아니에요. 달아나고 있는데요!"

정말로 개는 다시 일어나더니 피투성이가 된 몸으로 짖어 대면서 차에 치인 하반신을 먼지 속에 질질 끌며 무턱대고 도망치고 있었다. 개는 좌우로 비틀거리면서 2미터쯤 가다가 고꾸라지고 말았다.

사색이 된 제니가 아까와 같은 말투로 되풀이했다.

"개가 죽을 거예요! 죽을 거예요!"

개는 어떤 집의 뜰로 사라져 버렸다. 개의 신음소리가 점점 뜸해지더니 얼마 뒤에 완전히 멎었다. 차고에서 일하던 공장 노동자들이 이 사건에 흥미를 느끼고 핏자국을 따라갔다. 개가 있는 곳까지 가본 노동자 가운데 하나가 동료들에게 소리쳤다.

"여기 있어. 이젠 완전히 뻗었어."

제니는 체념한 듯 강아지를 땅에 내려놓았다. 둘은 다시 숲으로 가는 길을 향해 걷기 시작했다. 두 사람이 함께 느꼈던 이 감정이 둘을 더욱 가까워지게 만들었다.

"잊지 못할 겁니다" 하며 자크가 말했다. "당신이 외치던 때의 그 얼굴과 그 목소리를요."

"제정신이 아니었어요. 너무 화가 났었죠. 내가 뭐라고 외치던가요?"

"'개가 죽을 거예요!'라고 외쳤습니다. 생각해 보세요. 당신은 개가 차에 치어서 피투성이가 되는 걸 보았어요. 정말 끔찍한 일이었습니다. 그런데 진정한 고통은 그 순간이 지난 뒤에 시작됩니다. 그때까지 살아 있던 짐승이 순식간에 죽음을 기다릴 수밖에 없는 그 비참한 순간 말입니다. 그렇지 않아요? 왜냐하면 이 세상에서 가장 비정한 것은 바로 이 과정, 삶에서 죽음으로 옮겨가는, 그 포착할 수 없는 전략입니다. 우리들 내부에는 그런 순간에 대한 공포가, 하나의 성스러운 공포가 항상 눈뜰 준비를 갖추고 도사리고 있습니다……. 죽음에 대해서 자주 생각하는지?"

"네…… 아니, 그렇게 자주는 아니에요…… 당신은요?"

"저는 거의 끊임없이 생각해요. 내 말은 내 생각의 대부분은 결국은 죽음의 생각으로 귀결된다는 겁니다. 하지만" 하며 그는 힘없이 말을 계속했다. "그 생각을 해 봤자 아무 소용없어요. 그런 생각은……."

그는 거기서 말을 끊었다. 그의 얼굴은 열정적이고 반항적이며 거의 아름답기까지 했다. 그것엔 삶에 대한 초조함과 죽음에 대한 공포가 뒤섞여 있었다.

그들은 말없이 다시 몇 걸음 걸었다. 이윽고 그녀가 조심스러운 목소리로 얘기를 시작했다.

"저는요, 왜 그런지는 모르겠는데―전혀 아무 관계도 없는 일인데―어떤 일이 생각나요. 아마 오빠가 당신에게 얘기했을 거예요. 내가 바다를 처음 봤을 때의 일 말이에요."

"아니, 못 들었는데. 얘기해 봐요."

"꽤 오래된 이야기예요……. 내가 14살인가 15살 때였는데 엄마와 나는 여름방학이 끝날 무렵 오빠를 만나기 위해 트레포로 떠났어요. 오빠는 우리에게, 지금은 역 이름도 잊었지만 어느 역에서 내리라고 편지를 썼었어요. 그리고 오빠가 짐마차를 빌려 우리를 마중 나왔어요. 오빠는 마차가 모퉁이를 돌 때마다 바다가 조금씩 보이는 것을 못 보게 하려고 나에게 눈가리개를 해 주었어요……. 어리석은 일이었지요, 안 그래요? …… 한참 뒤에 오빠는 내게 마차에서 내리라고 하고는 내 손을 잡고 갔어요. 나는 발을 내디딜 때마다 돌부리에 부딪쳐 비틀거렸고요. 세찬 바람이 얼굴에 닿는 것을 느꼈어요. 그리고 윙윙거리는 소리, 포효하는 소리, 그것은 마치 지옥에서 나는 것처럼 시끄러운 소리였어요. 무서워서 더 이상 견딜 수가 없어서 오빠에게 날좀 놓아달라고 애원했어요. 마침내 우리가 낭떠러지의 제일 높은 곳에 다다랐을 때 오빠는 아무 말도 않고 내 뒤로 가서 눈가리개를 풀어 주었어요. 그러자 눈 앞에는 끝없는 바다, 발 아래로 거의 수직으로 깎아지른 듯한 절벽 아래 바위들 사이로 휘몰아치는 바다, 온통 바다밖엔 안 보였어요. 나는 숨이 막혀서 오빠의 품속에 쓰러져 버렸어요. 몇 분이 지난 뒤에 다시 정신이 들었어요. 그러고는 울고, 또 울었어요……. 부축을 받으며 집에 돌아와서는 누워야만 했어요. 열이 났지요. 엄마는 무척 화를 내셨죠……. 하지만 지금은, 나는 아무것도 후회하지 않아요. 지금은 내가 바다를 아주 잘 알고 있다고 생각해요.”

슬픔이 완전히 자취를 감춰 버린 그녀의 얼굴에 나타난 밝고 굳세어 보이는 눈길을 자크는 지금까지 한 번도 본 적이 없었다. 그러나 갑자기 그런 정열은 자취를 감추었다.

자크는 지금까지는 몰랐던 제니를 조금씩 알게 되었다. 깊은 조심성과 당돌한 격정이 한데 섞여 있는, 그것은 막혀 있기는 하지만 속에는 풍부한 양을 지니고 있어서 때로는 왈칵 솟구치는 샘을 떠올리게 했다. 이 얼굴에 그렇게 많은 내면의 삶을 반영시켜 주고, 그녀의 살짝 웃는 미소를 그토록 가치 있게 해 주는 이 독특한 우울함의 비밀을 어쩌면 자크는 이런 부분에서 감지하고 있는지도 몰랐다. 이제 곧 산책을 끝내야 한다는 생각이 들자 그는 갑자기 불안감에 사로잡혔다.

“별로 급하진 않지요?” 하고 둘이 예전 출입구인 아치 모양의 숲 입구를 지나자마자 자크가 넌지시 말했다. “한 바퀴 돌아서 갑시다. 이쪽 오솔길은 모르지요?”

발에 부드럽게 밟히는 모래 깔린 오솔길은 나무 그늘 쪽으로 뻗어 있었다. 그 길은 처음에는 풀이 가장자리에 넓게 자라 있었으나 갈수록 점점 좁아졌다. 이 근처는 나무들이 잘 자라지 못했다. 나뭇가지들이 그다지 무성하지 않아서 어디로나 하늘이 보였다.

두 사람은 서로의 침묵에 특별히 어색해 하지 않으며 걸었다.

‘내가 도대체 어떻게 된 것일까?’ 하고 제니는 생각했다. ‘이 사람은 내가 생각했던 그런 사람이 아니야. 그래, 이 사람은…… 이 사람은…….’ 그러나 만족스러운 형용사를 찾을 수가 없었다. ‘우리는 서로 많이 닮았구나’ 하고 제니는 당연하면서도 동시에 즐거운 기분으로 생각했다. 그러자 그녀는 이내 불안해졌다. ‘이 사람은 무슨 생각을 하고 있을까?’

자크는 아무 생각도 하지 않았다. 감미로우면서도 허전하게 느껴지는 행복감에 젖어 있었다. 그는 다른 어떤 것도 원하지 않으며 그녀 옆을 걷고 있었다.

"이곳은 숲 속에서도 가장 살풍경한 곳인데" 하고 그가 중얼거렸다.

그의 목소리를 듣고 제니는 몸을 떨었다. 그리고 그들은 이제까지 아무 말도 않고 있던 시간이, 그들이 똑같이 생각하고 있던 막연한 어떤 일을 위해서 매우 중요한 시간이었음을 깨달았다.

"나도 그렇게 생각해요" 하고 그녀가 대답했다.

"이건 풀이라고 할 수 없어요. 이건 개밀속 종류지요" 하고 자크는 발로 땅을 쿵쿵 구르며 말을 계속했다. "강아지가 맛있게 먹고 있군요. 저것 좀 보세요."

그들은 입에서 나오는 대로 아무 말이나 했다. 그들에게는 단어의 뜻이 완전히 달라져 버린 것 같았다.

'이 옷의 푸른빛이 내 맘에 든다' 하고 자크는 생각했다. '왜 이 부드러운 푸른색이, 약간 회색이 도는 푸른색이 어쩌면 이렇게 제니에게 잘 어울리는 것일까?' 그러고는 다짜고짜 소리쳤다. "내가 바보같이 보일 테지만 그것은 속으로 느낀 것으로부터 내 주의력을 떨쳐 버리지 못하기 때문입니다."

그러자 제니가 그의 말에 대답할 요량으로 이렇게 말했다.

"그건 나도 마찬가지예요. 나는 항상 어떤 생각에 깊이 골몰해 있어요. 나는 그게 좋아요. 당신도 그래요? 내가 생각하는 것은 나에게만 속해 있어요. 그것을 다른 사람과 함께 나누지 않아도 되는 것이 좋아요. 내 말 이해하죠?"

"그럼요, 알고 말고요." 그가 대답했다.

몇 개의 들장미 가지가—그 중 하나에는 벌써 조그마한 열매가 열려 있었다—오솔길을 향해서 뻗은 덤불을 꽃으로 장식하고 있었다. 자크는 그 꽃을 다음 말과 함께 제니에게 바치고 싶은 생각이 들었다. '여기에 꽃과 나무, 열매와 잎과, 가지들이 있습니다. 그리고 또…….(폴 베를렌
시의 한 구절)' 그는 멈추어서 그녀를 바라보려고 했는데…… 차마 그러지 못했다. 그리고 장미 덤불을 지나친 뒤에 이런 생각을 했다. '나도 꽤 문학적이로구나!'

"베를렌을 좋아하세요?" 하고 자크가 물어보았다.

"네. 특히 《예지》를요. 전에 오빠가 몹시 좋아했었어요."

그가 작은 소리로 읊었다.

여인들의 아름다움이여, 그들의 연약함이여. 그리고
흔히 선행을 하지만, 모든 악행도 할 수 있는
그 창백한 손들이여…….

"그럼 말라르메는요?" 하며 자크가 잠시 뒤에 계속해서 말했다. "내게 근대 시인들의 선집이 있는데, 꽤 괜찮은 것 같아요. 갖다 드릴까요?"

"좋아요."

"보들레르를 좋아하세요?"

"베를렌보다는 덜 좋아해요. 휘트먼 정도로요. 나는 보들레르는 잘 몰라요."

"그럼 휘트먼은 읽어 보았어요?"

"지난겨울에 오빠가 그 시집을 읽어 줬어요. 오빠가 휘트먼을 왜 그렇게 좋아하는지 알 것 같아요. 하지만 나는…….."

두 사람은 동시에 조금전에 말했던 '불순'이라는 단어에 대해 생각하고 있었다. '제니는 나와 무척이나 닮았구나!' 하고 자크는 생각했다.

"그런데 당신은" 하고 자크가 말했다. "당신은 바로 그런 이유 때문에 다니엘처럼 휘트먼을 좋아하지 않는 거지요?"

자크가 자신의 생각을 말로 나타내 준 것이 기뻐서 제니는 고개를 끄덕였다.

오솔길이 점점 다시 넓어지더니 숲 속의 공터로 이어졌다. 그곳에는 벌레들이 잔뜩 붙어 있는 두 그루의 떡갈나무 사이에 벤치가 하나 놓여 있었다. 제니는 부드러운 밀짚으로 짠 모자를 벗어던지고 풀밭에 앉았다.

"나는 어떤 때는" 하고 제니는 누구에게랄 것도 없이 자신이 생각하고 있는 바를 분명히 말하려는 듯 자연스럽게 마음을 털어놓았다. "당신이 다니엘 오빠와 친하다는 것이 놀랍게 생각되는 때가 있어요."

"왜요?" 하고 자크가 물으며 미소지었다. "내가 다니엘하고 달라서 그런가요?"

"오늘은 특히……."

자크는 그녀에게서 좀 떨어진 둔덕 위에 드러누웠다.

"다니엘과 나의 우정" 하며 그는 낮은 소리로 말했다. "오빠가 때때로 내 이야기를 합니까?"

"아니요……. 사실은 해 줘요, 조금."

그녀는 얼굴을 붉혔다. 그러나 자크는 제니를 보고 있지 않았다.

"아" 하고 풀잎을 씹으며 말했다. "이제는 흔들림 없는 우정, 평화로워진 우정입니다. 전에는 항상 그렇지는 않았어요."

그는 입을 다물었다. 그리고 손가락으로 햇볕이 쪼이는 풀잎 끝에 매달려 구슬처럼 투명한 달팽이 한 마리가 끈적이는 두 개의 더듬이를 조심조심 움직이는 모습을 그녀에게 가리켰다. "그러니까" 하며 그는 갑자기 생각난 듯이 이야기를 계속했다. "학교에 다닐 때는 내 보잘것없는 머릿속에 수없이 많은 것들이 뒤죽박죽되어 있어서 내가 미칠 것 같은 생각이 들 때가 몇 주일씩 계속되곤 했답니다. 더구나 나는 언제나 혼자였어요!"

"하지만 당신은 형하고 함께 살지 않아요?"

"다행한 일이었지요. 그리고 또 한 가지 나는 아주 자유로웠어요. 그렇지 않았더라면 나는 정말로 미쳐 버렸을 거예요……. 아니면 달아나 버렸을 거예요."

그녀는 그가 마르세유로 달아났던 일을 생각했다. 처음으로 그 일에 대해서 약간의 너그러운 마음이 생겼다.

"아무도 나를 이해하지 못한다는 생각이 들었어요" 하고 자크가 침울한 목소리로 말했다. "모든 사람이, 형마저도, 때로는 다니엘까지도 나를 이해하지 못한다고 생각했어요."

'나하고 똑같아' 하고 제니는 생각했다.

"그 무렵에 나는 학교 공부에는 전혀 흥미가 없었어요. 나는 책을 읽었죠. 미치광이처럼 형의 책장에 꽂혀 있던 모든 책을, 다니엘이 빌려 준 온갖 책들을 다 읽었어요. 프랑스, 영국, 러시아의 모든 근대소설을 거의 다 읽었어요. 그것들이 내게 얼마나 큰 감동을 주었는지 모른답니다! 그 뒤에는 모든 것이 죽을 만큼 따분하게 느껴졌어요. 학교 수업도, 교과서의 궤변들도, 훌륭한 분들의 멋진 교훈들도! 나는 절대로 그런 것들을 위해 태어나지 않았다는 생각이 굳게 들었어요!"

자신의 이야기를 하고 있는 자크는 조금도 자기 도취에 빠져 있지 않았다. 그러나 모든 젊고 강한 젊은이에게서 볼 수 있다시피 자신만만했고, 주의 깊게 바라보는 이 눈길을 앞에 두고 자기 자신을 살펴보는 일보다 더 진실한

즐거움은 없다고 굳게 믿고 있었다. 그리고 그가 느끼는 즐거움은 제니에게
도 전달되고 있었다. "바로 그 무렵에" 하며 그는 이야기를 계속했다.

"나는 다니엘에게 30페이지나 되는 편지를 여러 번 썼어요. 그런 편지를
쓸 때마다 밤을 꼬박 새곤 했지요! 편지에 나는 그날 하루의 온갖 감정들,
특히 온갖 증오의 심정을 쏟아 놓았어요! 아, 지금 생각해 보면 우습기 짝이
없는 일이지요……. 하지만 아니에요." 두 손으로 얼굴을 감싸며 그가 말했
다. "그것은 모두 나를 너무나 고통스럽게 했어요. 나는 아직도 그것을 용서
할 수 없어요! ……그 편지들을 다니엘에게서 돌려받아 다시 읽어보았습니
다. 편지들은 하나 같이 일시적으로 제정신이 번쩍 든 정신 이상자의 고백과
도 같았습니다. 그 편지들은 며칠의, 때로는 몇 시간의 간격을 두고 이어지고
있었습니다. 편지 하나하나는 폭발이었습니다. 거의 매번, 바로 앞 편지에서
쓴 위기와 정반대되는 내적인 위기의 폭발과도 같은 것이었지요. 종교적인
위기도 있었습니다. 그때 나는 무턱대고 《복음서》에, 아니면 《구약》에, 아니
면 콩트(18세기 프랑스의 철학자·/사회학자. 실증주의 시조)의 실증철학에 몰두하고 있었으니까요. 아, 에머슨
(19세기 미국의/시인·사상가)을 읽고 난 뒤에 쓴 편지란! 나는 사춘기의 모든 병을 다 겪었습
니다. 급성 다빈치 병도, 중증 보들레르 병도요! 그런데 어떤 병도 만성으
로 앓지는 않았습니다! 아침나절에는 고전주의자였다가 저녁엔 낭만주의자
가 되었지요. 그런 날 저녁이면 형의 실험실에서 말레르브(16세기 프랑스의 시인/고전주의 작시법의 선구자)나
부알로(17세기말 프랑스의 시인·비평가./고전주의 문학 이론의 대표자)의 책을 불태우곤 했지요. 나는 혼자서 악마처럼
웃으며 그런 일을 했답니다. 그런 다음날이면 모든 문학적인 것이 하나같이
헛되고 구역질나게 생각되었어요. 그러면 기하학에 매달려서 기초부터 다시
시작했어요. 이제까지 발견된 모든 법칙을 뒤집어 놓을 새로운 법칙을 발견
하겠다고 단단히 결심도 했습니다. 그러다가 조금 지나면 나는 다시 시인
이 되어 있었어요. 다니엘을 위해서 서정 단시를 짓기도 하고, 단숨에 이백
행이나 되는 서한체의 시를 짓기도 했어요. 그러나 그 가운데에서도 가장 믿
어지지 않는 일은" 하고 그는 갑자기 냉정을 되찾고 말했다.

"내가 이 세상에서 가장 진지하게 냉정을 되찾고 영어로, 그래요, 영어로
80페이지에 이르는 논문을 쓴 것입니다. 제목은 〈사회와 관련된 개인의 해
방(The emancipation of the individual in relation to society)〉이었어요. 지금
까지도 가지고 있답니다. 그 뿐만이 아니라 그 논문의 서론을—솔직히 말씀

드려서 짧은 서문이었어요—현대 그리스어로 썼답니다!" (이 마지막 말은 거짓이었다. 그는 당시에 그런 서문을 쓰고 싶어했던 것을 기억해 냈을 뿐이다) 그는 웃음을 터뜨렸다. "아니에요, 나는 미치지 않았어요" 하고 잠시 침묵 뒤에 그는 이야기를 계속했다. 또 잠시 침묵을 지키고 있다가 반은 진정으로 나머지 반은 농담으로, 그러나 자만심은 없이 말했다. "아무튼 나는 다른 사람들과는 아주 달랐어요……."

제니는 강아지를 쓰다듬으며 생각에 잠겼다. 지금까지 그녀는 자크가 불안하고 위험하기까지 한 존재라는 생각을 여러 번 했었다! 그러나 이제는 더 이상 그가 두렵지 않다는 사실을 인정하지 않을 수 없었다.

자크는 풀밭에 누워서 앞을 바라보고 있었다. 그는 이렇게 모든 것을 툭 터놓고 이야기하고 나니 속이 후련했다.

"이 나무 아래에 있으니까 좋지요?" 하고 그가 나른하게 물었다.

"그렇군요. 몇 시예요?"

두 사람 다 시계가 없었다. 공원의 끝은 가까운 곳에 있었다. 그리고 그들에겐 별다른 볼일도 없었다. 제니는 벤치에서 그녀가 잘 알고 있는 밤나무 두 그루의 우듬지를, 그리고 좀더 멀리 푸른 하늘로 검은 가지들을 뻗고 있는 삼림관리인 집의 서양삼나무를 보고 있었다.

그녀는 치마에 매달려 있는 강아지에게 몸을 숙이면서 자크 쪽으로 고개를 돌리지 않고 말했다.

"오빠가 당신의 시를 읽어 주었어요."

그가 아무 말도 하지 않는 데 놀란 그녀는 용기를 내어 그를 바라보았다. 그는 머리칼이 난 경계선까지 얼굴이 빨개져 있었다. 그리고 화가 난 눈초리로 주위를 둘러보았다. 이번엔 그녀의 얼굴이 빨개져서 소리쳤다.

"아, 그런 말을 한 건 내 잘못이었어요!"

자크는 어느새 자기가 화낸 것을 후회하며 진정하려고 애쓰는 중이었다. 그러나 그는 누군가가—제니가—자신이 소년시절에 주절거렸던 것을 가지고 자기를 판단할지도 모른다는 생각에 견딜 수가 없었다. 자기가 아직까지 어떤 일에도 자기 능력을 제대로 발휘한 적이 없음을 잘 알고 있었기에 더욱 화가 났다. 그가 매일 괴로워하는 것이 바로 그것 때문이었다.

"내 시는 엉망입니다!" 하고 갑자기 그가 내뱉었다(그녀는 반박하지도 않앉고, 손 하나도 까딱하지 않았다. 자크는 그런 그녀가 고마웠다). "그건 나를 과소평가하는…… 세상 사람들…… 아!" 하며 그는 마침내 큰 소리로 외쳤다. "내가 하고 싶어하는 일을 사람들이 짐작할 수 있다면!" 가슴을 태울 것 같은 문제들, 제니의 존재, 그리고 주위의 적막감 따위가 그의 내부에 너무도 커다란 감동을 불러일으켰기에 그의 목소리가 막혀 버렸고, 그의 두 눈은 마치 당장이라도 눈물이 쏟아질 듯이 따끔거렸다. "말하자면" 하며 잠시 쉬었다가 말을 계속했다.

"그건 내가 고등사범학교 시험에 합격했다고 축하해 주는 사람들과 똑같은 겁니다! 그것에 대해 내가 어떻게 생각하는지 아신다면 나는 합격한 게 창피해요! 그래요, 창피하단 말입니다! 합격한 사실이 창피할 뿐만 아니라 …… 그런 사람들에게서 심판을 받았다는 사실이 창피해요! 아, 그들이 어떤 사람들인지 아세요! 모두 똑같은 틀로, 똑같은 책으로 만들어진 작자들이에요! 책들, 언제나 책들! 그런데 나는 그들의 동정을 구걸하러 가야만 했다니, 그 작자들의…… 내가! 내가 순종을…… 아! …… 내가……."

그는 적당한 말을 찾아낼 수가 없었다. 자기의 그러한 반감에 대해 어떤 그럴듯한 이유를 부여하지 못하고 있음을 잘 알고 있었다. 그러나 당당한 논거들, 진정으로 해야 할 이야기들을 빠르게 쏟아 내어 온 세상 사람들이 다 알도록 드러내기에는 너무도 강렬했고, 그의 내부 깊은 곳에 박혀 있었다. "아, 나는 그자들을 모두 경멸해요!" 하며 그가 소리쳤다. "그리고 그자들 사이에 있는 나 자신을 더욱 경멸해요! 그리고 절대로, 절대로, 나는…… 나는 이 모든 걸 용서할 수 없어요!"

제니는 자크가 흥분하면 할수록 스스로를 더 잘 억제했다. 그녀는 자크의 생각이 어떤 것인지 분명하게 파악할 수는 없었지만, 그가 자주 이러한 명백하지 않은 불만을 토로하고는 도저히 용서할 수 없다고 말한다는 것을 알았다. 분명히 그는 매우 괴로워하고 있었다. 그렇지만—이 점에서 그는 그녀와 얼마나 다른가! —그의 미래에 대한 신념, 미래의 행복에 대한 신념은 너무도 명확했다. 그가 퍼붓는 저주의 말 속에도 끊임없이 희망과 확신의 숨결이 감돌고 있었다. 그의 꿈은 무한히 넓었고, 거기에는 어떠한 의심의 여지도 없었다. 제니는 이제까지 자크의 미래에 대해 생각해 본 적은 없었지만, 자크가 자기의 목표를 아주 높은 곳에 두고 있음을 알고서도 전혀 놀라지 않앉다. 자크를 거칠고 촌스러운 개구쟁이로 생각하던 때도 제니는 그에게 어떤 힘이 있음을 늘 인정하고 있었다. 그런데 오늘 흥분한 이 말들, 자크의 심장에 타오르고 있는 불꽃을 알아차리자 그녀는 자신도 모르게 그와 똑같은 소용돌이 속에 휘말려 있는 것처럼 현기증을 느꼈다. 그로 인해 불안을 느끼자 고통스러운 나머지 그녀는 일어섰다.

"미안해요" 하고 자크가 쉰 듯한 소리로 말했다. "그게 그러니까, 그 모든 일들이 항상 내 마음 깊숙이 자리잡고 있기 때문이에요."

두 사람은 옛날의 넓은 도랑 옆의 굽이를 끼고 마치 성의 순찰로처럼 이어진 오솔길을 걸어서 공원으로 꼬부라지는 숲 속의 또 다른 문이 있는 곳까지 갔다. 문은 창처럼 뾰족한 철제장식이 달린 철문으로 닫혀 있었다. 자물쇠는 마치 감옥의 빗장처럼 삐걱 소리를 냈다.

해는 아직 중천에 떠 있었다. 아직 4시도 안 되었다. 두 사람은 산책을 서둘러 끝내야 할 어떤 이유도 없었다. 그런데 그들은 왜 돌아가는 길로 접어들었을까?

공원에선 몇몇 산책객들과 스쳐 지나갔다. 그런데 바로 어제까지만 해도 이 길을 함께 다녀도 아무렇지 않았는데 오늘은 단둘이 나란히 걷는 것을 남들이 본다는 데 둘 다 어떤 거북함을 느꼈다.

"그럼" 하며 오솔길이 두 갈래로 갈라진 곳에 이르자 자크가 갑자기 말했다. "여기서 헤어지도록 할까요?"

제니는 아무런 망설임 없이 대답했다.

"그래요. 집에 다 온 셈이니까요."

그는 이유도 모른 채 어색한 느낌이 들어 모자를 벗을 생각도 않고 그녀 앞에 우두커니 서 있었다. 당황한 그의 얼굴에는 흔히 짓는 무겁고도 어색한 표정, 산책하는 동안 제니가 보지 못한 표정이 되살아났다. 그는 제니에게 손을 내밀려 하지 않았다. 애써 미소짓고 발길을 돌리려고 하다가 그녀에게 수줍은 눈길을 던지며 중얼거렸다.

"왜…… 나는 이렇게…… 늘…… 당신과 함께 있지 못할까요?"

제니는 듣지 못했는지 뒤도 안 돌아보고 곧장 풀밭을 가로질러 달려갔다.

그건 바로 그녀가 어제부터 수없이 생각했던 말이었다. 그러나 갑자기 어떤 의구심이, 감히 뚜렷이 나타내기 힘든 의구심이 그녀를 스쳐 지나갔다.

혹시 자크는 이렇게 말하려던 것은 아니었을까? '왜 나는 항상 이렇게 오늘처럼 당신 곁에서 지낼 수 없는 걸까요?' 이러한 상상이 그녀의 마음을 뜨겁게 타오르게 했다. 그녀는 발길을 재촉했다. 방으로 들어갔을 때 그녀의 두 뺨은 불같이 뜨거웠으며, 두 다리는 휘청거렸다. 그녀는 아무 생각도 하지 않기로 마음먹었다.

그날 오후 늦게까지 제니는 정신이 나간 사람처럼 서성거리며 지냈다. 가구를 새롭게 배치하기도 했고, 벽 장식을 바꾸어 다는가 하면, 층계참의 벽장에 넣어 두었던 수건이며 시트 따위를 다시 정리해 놓으면서 집 안에 있는 모든 화병에 꽃을 다시 꽂아 놓았다. 때때로 그녀는 강아지를 잡고는 꽉 껴안아주었다가 어루만져 주기도 했다. 마지막으로 시계를 올려다 보면서 오빠가 끝내 저녁식사를 하러 오지 않는다는 사실을 확인하고는 절망감에 사로잡혔다. 혼자 식탁에 앉아서 저녁 먹을 마음이 도저히 내키지 않아 딸기 한 접시를 테라스로 가지고 가서 먹으며 저녁을 때웠다. 그러고 나서 오늘 하루의 한없는 고뇌를 잊으려고 거실에 틀어박혀 모든 전등에 불을 켰다. 그 다음 베토벤의 악보를 꺼냈다. 그러다가 생각을 바꾸어 베토벤을 다시 제자리에 넣고 쇼팽의 연습곡집을 들고 피아노로 달려갔다.

정말이지 그날 하루는 유난히도 해가 늦게 지는 것 같았다. 왜냐하면 달이 벌써 뜨기는 했으나 그 빛이 나무에 가리워져 슬며시 저녁놀과 교대했기 때문이었다.

그날 저녁에 자크는 별 생각 없이 그가 제니에게 얘기해 주었던 〈현대시집〉을 주머니에 넣었다. 그리고 오늘따라 냉담하게만 느껴지는 가정생활을 참을 수가 없어서 공원을 산책하려고 집을 나왔다. 그의 생각은 이리저리 옮겨다니면서 흐트러지고 있었다. 집을 나선 지 30분도 채 못 되어 그는 아카시아 가로수길을 걷고 있었다. '문이 잠겨 있지 않으면' 좋겠는데 하고 그는 생각했다.

문은 잠겨 있지 않았다. 조그맣게 종소리가 났다. 그는 침입자라도 되는 듯이 그 소리에 움찔했다. 전나무 아래로 뜨거운 송진 냄새가 개미집의 악취에 뒤섞여 풍겨 왔다. 은은하게 들려오는 피아노 소리만이 잠든 정원에 생기를 주고 있었다. 아마 제니와 다니엘이 연주하는 모양이었다. 거실의 문은 집의 반대편으로 나 있었다. 자크가 서 있는 쪽의 모든 창문이 닫힌 채 집은 잠들어 있었다. 그런데 지붕만은 신비한 빛으로 흠뻑 젖어 있어서 자크는 놀라 돌아보았다. 달빛이었다. 달빛은 나무 꼭대기 위로 벌써 지붕을 희끄무레하게 비추고 있었다. 하늘을 향해 창의 유리가 달빛을 받아 반짝이고 있었다. 자크는 가슴을 두근거리며 자기가 온 것을 알려 줄 어떤 방법도 없어서 어쩔 줄 모르며 집 가까이로 다가갔다. 퓌스가 짖어 대며 달려왔을 때 자크는 비로소 마음을 놓았다.

피아노 소리에 개 짖는 소리가 묻혀 안 들렸던지 음악이 끊이지 않고 계속되었다. 자크는 몸을 크게 숙여서 제니가 하듯이 두 팔에 강아지를 안고 비단같이 부드러운 강아지의 이마에 입술을 살짝 댔다. 그러고 나서 집의 옆면을 빙 돌아 거실 앞의 테라스로 갔다. 환한 빛이 쏟아져 나오는 거실 문은 열려 있었다. 그는 좀더 가까이 가서 제니가 무슨 곡을 연주하고 있는지를 알아 보려고 애썼다. 뭔지 모를 멜로디는 얼마동안 머뭇거리는 듯하다가 웃음과 눈물 사이를 서성이는 것 같더니, 마침내는 기쁨과 고통이 더 이상 존재하지 않는 저 높은 세계로 사라져 갔다.

그는 거실의 문까지 와 있었다. 거실에는 아무도 없는 것 같았다. 처음에는 피아노를 덮어 놓은 사라사로 만든 덮개와 그 위에 놓인 장식품들밖에 보이지 않았다. 갑자기 두 개의 꽃병 사이로 나 있는 틈을 통하여 자크는 촛불의 후광 속에 걸려 있는 것 같은 어떤 얼굴, 찌푸린 가면을 보았다. 그것은 심적인 흔들림으로 일그러진 제니의 얼굴이었다. 그 얼굴의 표정이 어찌나 적나라했던지 그는 알몸의 소녀를 보기라도 한 듯이 자기도 모르게 뒷걸음질을 쳤다.

그는 강아지를 어깨에 대고 안은 채 도둑처럼 떨면서 조금 떨어진 어두운 그늘 속에서 연주가 끝나기를 기다렸다. 연주가 끝나자 그는 큰 소리로 퓌스를 부르면서 지금 막 정원에서 도착한 듯이 행동했다.

제니는 그의 목소리를 알아듣고 깜짝 놀라 재빨리 일어섰다. 그녀의 표정에는 혼자 있을 때 느꼈던 감동의 흔적이 아직 남아 있었다. 그리고 겁에 질린 듯한 그녀의 눈길은 어떤 비밀을 지키려는 듯 자크의 눈길을 피했다. 그가 물었다.

"나 때문에 놀랐어요?" 그녀는 한 마디도 못하고 눈살을 찌푸렸다. 자크는 계속 말했다. "다니엘은 아직 안 왔나요?" 그러고 나서 잠깐 뜸을 들인 뒤 말했다. "아까 낮에 이야기했던 시집을 가지고 왔어요."

그는 그다지 세련되지 않은 몸짓으로 주머니에서 책을 꺼냈다. 제니는 책을 받더니 기계적으로 페이지를 들춰 보았다.

그녀는 선 채였고, 자크에게 앉으라고 의자를 권하지도 않았다. 자크는 돌아가는 것이 좋겠다는 생각을 했다. 그는 테라스로 나갔다. 제니가 그를 뒤따라나왔다.

"나올 거 없어요" 하고 그가 알아듣기 힘들 정도로 빠르게 말했다.

제니는 어떻게 이 상황을 빠져나가야 할지 몰랐지만, 그렇다고 손을 내밀어 잘 가라고 할 결심도 하지 못한 채 그를 배웅하러 나왔던 것이다. 숲을 벗어난 달빛이 어찌나 밝던지 그가 몸을 돌렸을 때 그녀의 속눈썹이 파르르 떨리는 것까지 볼 수 있었다. 그녀의 푸른 옷은 유령처럼 나풀거리고 있었다.

두 사람은 아무 말도 없이 정원을 지났다.

자크가 작은 문을 열고 길로 내려섰다. 제니 역시 아무 생각 없이 문 밖으로 나와 자크 앞에 달빛을 뒤로 하고 길 한가운데 서 있었다. 그러자 달빛이 찬란하게 비치는 벽 위로 소녀의 그림자가, 그녀의 옆얼굴, 목덜미, 하나로 땋은 머리카락, 턱, 입술의 표정에 이르기까지—검은 벨벳 같은 그림자가 뚜렷하게 보였다. 자크가 그것을 손가락으로 가리켰다. 그때 문득 어처구니없는 생각이 그의 머릿속을 스쳐갔다. 앞뒤 생각도 없이 소심한 자들에게서나 볼 수 있는 대담함으로 그는 벽 쪽으로 몸을 숙이고는 사랑하는 사람의 얼굴 그림자 위에 입을 맞추었다.

제니는 마치 그에게서 자신의 모습을 거두어 가려는 듯이 갑자기 뒤로 물러서서 문 안으로 사라져 버렸다. 달빛을 받고 있던 네모진 정원이 더 이상 보이지 않게 되었다. 문이 다시 닫혔다. 자크는 조약돌을 밟고 달아나는 제니의 발소리를 들었다. 그러자 그는 이내 기운을 차리고 어둠 속을 걷기 시작했다.

그는 웃고 있었다.

제니는 적막하리만큼 고요한 정원을 가득 채우고 있는 희고 노란 유령들이 자기를 뒤쫓아 오기라도 하는 듯 뛰고 또 뛰었다. 그녀는 집 안으로 뛰어

들어가 자기 방까지 뛰어올라 가서는 침대에 몸을 던졌다. 식은땀을 흘리며 그녀는 떨고 있었다. 고통스러웠다. 떨리는 두 손으로 가슴을 눌렀다. 그리고 이마를 베개에 힘껏 비벼댔다. 그녀의 모든 의지력은 단 한 가지 노력에 모아졌다. 모든 것을 잊어 버리고픈 노력! 수치심으로 인해 그녀는 어찌 할 바를 몰랐으며 눈물조차 흐르지 않았다. 그러더니 새로운 감정, 곧 공포심으로 가득 찼다. 자기 자신에 대한 공포의 감정으로.

아래층에 혼자 남겨진 퓌스가 짖었다. 다니엘이 돌아온 것이었다.

제니는 오빠가 콧노래를 흥얼거리며 층계를 올라와서 잠시 자기 방문 앞에서 멈춰 서는 소리를 들었다. 문틈으로 아무 빛도 새어 나오지 않는 것을 보고 동생이 벌써 잠들었다고 생각하며 다니엘은 노크를 하지 않았다. 그건 그렇다 쳐도 거실에 모든 불이 다 켜져 있는 것은 웬일일까? …… 제니는 꼼짝도 하지 않았다. 그녀는 어둠 속에 혼자 있고 싶었다. 그러나 오빠의 발소리가 멀어지는 소리를 듣자 갑자기 무서운 생각이 들어 침대에서 벌떡 일어났다.

"오빠!"

다니엘은 들고 있던 등잔빛에 비친 동생의 초췌한 얼굴과 멀뚱하게 한곳을 바라보고 있는 눈동자를 보았다. 그는 자기가 늦게 돌아와서 동생이 무서웠나보다고 생각했다. 그래서 대뜸 이것저것 핑계를 늘어놓으려 하자 제니가 그의 말을 막았다.

"아냐, 난 신경이 좀 날카로워졌을 뿐이야" 하며 새된 목소리로 제니가 말했다. "오빠 친구가 가질 않는 거야. 나를 계속 따라와서는 갈 생각을 않지 뭐야!"

제니는 화가 나서 얼굴이 창백해졌다. 그리고 말 한 마디 한 마디를 또박또박 끊어서 말했다. 그러더니 갑자기 얼굴이 온통 붉어졌다. 갑자기 왈칵 울음을 터뜨리는가 싶더니 기진맥진해져서 침대에 앉았다.

"정말이야, 오빠. 그 사람한테 말 좀 해……. 그 사람을 쫓아 줘……. 나는 못 참겠어, 정말 못 참겠어!"

어리둥절해진 다니엘은 동생을 물끄러미 두 사람 사이에 무슨 일이 있었는지 애써 추측해 보았다.

"아니…… 무슨 일이야?" 하고 다니엘이 낮은 소리로 말했다. 문득 한 가지 생각이 떠올랐다. 그는 감히 그 생각을 구체화하기가 망설여졌다. 어색한 미소를 짓느라고 그의 입술이 삐뚜름하게 올라갔다. "설마 자크가" 하며 드디어 그가 캐듯이 말했다. "설마 그 애가 너를……."

그의 말투만으로도 뜻을 전달하는 데 충분했으므로 그는 말을 끝까지 할 필요가 없었다. 그는 제니가 그 말에 특별히 놀라지도 않고, 눈을 내리깔고 무관심한 척하는 것을 보고 놀랐다. 제니는 다시 마음을 가다듬으려 했다. 긴 침묵이 흘렀다. 그러나 그 침묵이 어찌나 길었던지 다니엘은 제니로부터 대답을 더 이상 기대하지 않았다. 그런데 제니가 말했다.

"그런지도 몰라." 그녀의 목소리는 평상시로 되돌아와 있었다.

'이 아이도 자크를 좋아하는구나' 하고 다니엘은 생각했다. 이런 결론이 너무도 뜻밖이어서 다니엘은 멍하니 아무 말도 못하고 있었다.

그 순간 제니는 오빠의 눈길과 마주쳤다. 그녀는 오빠의 눈길 속에서 오빠의 생각을 읽고 발끈했다. 그녀의 푸른 눈이 반짝 빛났고 얼굴은 도전적인 표정을 띠었다. 그러더니 목소리를 높이지도 않고, 두 눈은 오빠의 눈을 똑바로 쳐다보며, 힘차게 고개를 가로저으면서 세 번을 연거푸 말했다.

"아냐! 절대로 아냐! 아니라니까!"

마침내 다니엘이 의아해 하면서도 모욕이라도 당한 듯한 오빠다운 애정과 걱정스러워하는 눈길로 자기를 유심히 바라보자 제니는 어쩔 줄 모르면서 다니엘에게 달려와 그의 이마에 곤두서 있는 머리카락을 가지런히 해 주었다. 그리고 뺨을 토닥이면서 말했다.

"오빠 저녁은 먹은 거야?"

9. 라셀 방에서의 일요일. 사진

파자마 바람의 앙투안은 벽난로 앞에 서서 말레이시아 단검으로 말린 자두를 넣은 케이크를 자르고 있었다.

라셀이 하품을 했다.

"두껍게 잘라 줘" 하고 라셀이 나른한 목소리로 말했다. 그녀는 아무것도 걸치지 않은 채 양손을 베고 침대에 누워 있었다.

창문은 활짝 열려 있었지만 두꺼운 천으로 된 발이 밑에까지 쳐져 있었으므로 방 안으로는 뜨거운 햇볕을 받은 차양의 뜨거운 열기만이 스며들어왔다. 8월의 일요일 한낮의 파리는 타는 듯 더웠다. 길에서는 아무런 소리도 올라오지 않았다. 건물 자체가 조용했는데, 바로 위층을 제외하고는 텅 비어 있는 듯했다. 그곳에선 아마 알린느 할멈이 샬르 부인과 아직 여러 주일을 똑바로 누운 채 지내야 하는 회복기의 어린 환자가 심심해하지 않도록 큰 소리로 신문을 읽어 주고 있을 것이 분명했다.

"배고파" 하고 라셀이 암고양이 같은 장밋빛 입을 열며 말했다.

"물이 아직 끓을 생각도 안 해."

"할 수 없지! 그냥 줘."

그는 커다란 케이크 조각을 접시에 담아서 침대 가에 놓아주었다. 그녀는 누운 채 상체만 천천히 돌려서 한쪽 팔꿈치로 몸을 받치고, 고개를 뒤로 젖혀 가며 두 손가락으로 케이크 조각을 떼어 입속에 집어 넣어 맛을 보기 시작했다.

"당신은?"

"나는 차가 끓기를 기다리고 있어" 하면서 앙투안은 안락의자에 놓인 쿠션에 털썩 주저앉았다.

"피곤해?"

앙투안은 그녀에게 미소지었다.

침대는 낮았고 홑이불이 벗겨져 바닥에 떨어져 있었다. 장밋빛 실크 시트가 침대 한가운데에 둥글게 모여 있어서 멋있게 노출된 라셀의 알몸이 우의화(寓意畵)에서처럼 투명한 조개껍데기의 오목한 곳에서 쉬고 있는 것 같아 보였다.

"내가 화가였다면 말이야……" 하고 앙투안이 중얼거렸다.

"그것 봐. 당신은 피곤해" 하고 라셀이 언뜻 미소를 지으며 말했다. "당신이 예술가 운운할 땐 피곤하기 때문이야."

그녀가 고개를 뒤로 젖히자 불타는 듯한 머리칼 위의 그늘 속으로 그녀의 얼굴이 사라졌다. 진줏빛의 그 육체가 빛을 발하고 있었다. 반달 모양으로 접은 오른쪽 다리는 시트 속으로 파고들어 가 있었으며, 반대로 왼쪽 다리는 세워서 굽혔으므로 허벅지 곡선이 드러나 보였고, 상앗빛 슬개골이 환한 빛 속에 뚜렷이 드러나 있었다.

"그래도 배고파" 하고 신음하듯 그녀가 말했다. 앙투안이 빈 접시를 가지러 다가오자 그녀는 힘찬 두 팔로 그의 목을 감고는 그의 얼굴을 끌어당겼다.

"아이! 이놈의 수염" 하면서도 그를 밀쳐 내려 하지 않고 말했다. "언제 깎을 거야?"

그는 다시 몸을 일으켜서 거울 속에 불안한 눈길을 얼핏 던졌다. 그리고 두 번째 케이크를 가지러 갔다.

"당신이 그토록 내 맘에 드는 점이 바로 이거야" 하고 앙투안은 라셀이 덥석 케이크를 베어 먹는 모습을 보며 말했다.

"내 식욕?"

"당신의 건강이야. 혈액이 힘차게 돌고 있는 이 육체. 당신은 튼튼해!……… 나 역시 훌륭한 신체를 지녔지" 하고 그는 다시 거울에 자신을 비추어 보면서 덧붙였다. 그는 양 어깨를 쭉 펴고 윗몸을 세워 가슴을 쭉 폈다. 그는 자신의 얼굴 크기에 비해 팔다리가 얼마나 취약한지 모르고 있었다. 그리고 항상 자신의 육체가 일부러 지어내는 얼굴 표정 만큼이나 발랄하다고 생각했다. 게다가 이러한 힘과 충만감은 지난 두 주일 전부터 그의 마음속에서 불타고 있는 사랑에 의해 생겨난 것들인데, 그것은 오만하다는 느낌마저 풍기고 있었다. "알겠지?" 하며 그가 결론을 내리듯이 말했다. "우리는 둘 다 100년은 살 수 있는 몸을 가지고 있어."

"함께?" 하고 다정한 두 눈을 반쯤 감으며 그녀가 중얼거렸다. 한 가지 두려운 생각이 그녀의 마음을 어둡게 했다. 그에 대해 느끼는 매력, 자신을 이렇게도 행복하게 해 주는 이 매력을 영원히 지닐 수 없을 것 같은 불안감이었다.

그녀는 두 눈을 뜨고는 두 다리를 만져 보고 양손으로 탄력 있는 몸을 쓰다듬고 나서 이렇게 말했다.

"오! 누가 날 죽이지만 않는다면 호호 할머니가 될 때까지 살 수 있을 것 같아. 아버지는 72살에 돌아가셨는데, 50살 된 사람처럼 건강하셨어. 아버지는 뜻밖의 사고로 일사병으로 돌아가셨지. 하여간 우리집 식구들은 사고로 죽어. 오빠도 물에 빠져 죽었어. 그리고 나도 사고로 죽을 거야. 권총에 맞아서. 나는 항상 그런 생각을 해 왔어."

"당신 어머니는?"

"어머니? 어머닌 살아 계셔. 만날 때마다 더 젊어지시는 걸. 사실 어머닌

464 티보네 사람들

생활이 생활이니만큼……." 그녀는 별다른 말투의 변화없이 덧붙여 말했다. "어머니는 생안느 병원에 입원해 계셔."

"정신병원에…… ?"

"내가 말해 주지 않았었나?" 그녀는 변명하려는 듯 미소 짓고는 스스럼없이 말을 계속했다. "어머니가 거기 계신 지는 17년도 넘었어. 확실하게 기억이 나지 않을 정도로. 내가 9살 때였는걸! 성격이 쾌활하셔. 아무 고통도 없어 보이고 노래도 부르시며…… 우리 가족들은 다들 잘 견디어 내는 성격이야…… 물이 끓고 있네."

그는 서둘러 화로 쪽으로 갔다. 차가 우러나는 동안 그는 작은 거울 앞에 가서 한 손으로 턱수염을 가리고 수염이 없는 얼굴을 떠올려 보았다. 안 될 일이다. 얼굴 밑에 있는 이 검게 밀집한 덩어리가 마음에 든다. 수염은 사각형의 환한 이마와 눈살의 주름과 눈길에 커다란 중요성을 부여하고 있지 않은가! 마치 위험한 비밀이라도 드러내듯이 그는 자기 입 언저리를 고스란히 드러내기를 본능적으로 두려워했다.

라셀은 차를 마시려고 침대에 앉아서 담배를 피워 물었다. 그리고 다시 누웠다.

"이리 와. 거기서 뭘 하고 있는 거야?"

그는 쾌활하게 그녀 곁으로 슬며시 가서는 얼굴 위로 고개를 숙였다. 흐트러진 머리카락 냄새가 침구의 훈훈함 속에서 그에게로 흘러왔다. 자극적이며 부드러운 냄새, 집요하며 조금은 역겨운 냄새. 그는 그 냄새를 번갈아가며 다시 맡아 보았으나 끔찍한 생각이 들었다. 왜냐하면 그것을 너무 오래 들이마시고 나면 목구멍 속까지 스며들기 때문이었다.

"뭐하고 있어?" 하고 그녀가 물었다.

"당신을 보고 있어."

"내 사랑……."

그는 라셀에게 입을 맞추고 나서 곧 조금전의 자세로 되돌아갔다. 그는 신기한 듯이 라셀의 두 눈을 깊숙이 들여다보았다.

"도대체 뭘 보고 있어?"

"당신 눈동자를 보고 있어."

"내 눈동자가 그렇게 찾기 힘들어?"

"응, 속눈썹 때문에. 그게 마치 당신 눈에 황금빛 안개가 낀 것처럼 보여. 그래서 당신에게서 그런 느낌을……."

"어떤 느낌?"

"수수께끼…… 같이 알 수 없다는 느낌."

그녀가 어깨를 으쓱해 보이고는 이렇게 말했다. "내 눈동자는 푸른색이야."

"그렇게 생각해?"

"초록빛이 도는 푸른색이야."

"무슨 소리."

그는 라셀의 입술에 자신의 입술을 얹었다가 놀리듯이 곧 입술을 떼었다.

"당신 눈동자는 어떤 때는 회색이고 어떤 때는 보라색이기도 해. 애매하고 단정하기 어려운 빛이야."

"고마워." 그녀는 웃더니 두 눈동자를 좌우로 굴렸다.

앙투안은 그녀를 물끄러미 바라보며 생각했다. '두 주일…… 그런데 나는 몇 달이 지난 것 같은 기분이 든다. 그런데도 나는 이 여인의 눈이 무슨 색인지 알 수가 없다. 라셀의 본질에 대해 나는 무엇을 알고 있나? 나 없이 산 26년, 나의 세계와는 그렇게도 다른 세계에서 산 스물여섯 해! 살아왔다는 것, 그것은 많은 것들, 많은 경험들을 뜻한다. 게다가 신비한 많은 일들, 이제 내가 조금씩 알게 되는 그 많은 일들…….' 그는 이러한 것들을 발견함으로써 느끼는 온갖 기쁨을 인정하지 않으려고 했다. 게다가 그녀에게는 더욱 그 기쁨을 드러내고 싶지 않았다. 그는 그녀에게 아무것도 물어본 적이 없었다. 그러나 그녀 편에서 자진해서 이야기를 털어놓곤 했다. 그는 그녀의 말에 귀를 기울였고, 생각해 보기도 하고, 이것저것 작은 일들, 날짜들을 주워 모아 연결시켜 보기도 했으며, 이해하려고 노력도 했다. 그것들에 대해 특히 그가 느낀 것은 놀라움이었다. 그는 끊임없이 놀라곤 했다. 그러고는 그런 놀라움을 겉으로 드러내지 않으려고 애썼다. 자기 자신을 숨기려는 생각에서였을까? 아니다. 그러나 그는 오래전부터 남들 앞에서 무엇이든지 알고 있는 듯한 태도를 취해 왔던 것이 아닌가! 그는 환자에게 묻는 것 말고는 물을 줄을 몰랐다. 호기심이나 놀라움 같은 것은 그가 자존심 때문에 어디까지나 아는 체하며 주의하고 있는 듯한 태도 속에 애써 감추려는 감정들에 속했다.

"당신 오늘은 마치 나를 모르는 사람처럼 보고 있어" 하고 그녀가 말했다. "싫어. 됐어. 제발 그만둬!"

라셸은 안절부절못했다. 그러고는 이 탐색으로부터 벗어나려고 두 눈을 감아 버렸다. 앙투안은 손가락으로 눈꺼풀을 열려고 했다.

"이제 그만 해. 싫어. 난 이제 당신이 내 눈을 들여다보는 게 싫어" 하고 그녀는 벗은 팔로 두 눈을 가리며 단호히 말했다.

"당신은 나한테 뭘 감추고 싶은 거야."

그는 어깨에서부터 손목까지 윤기 있는 아름다운 팔에 키스를 퍼부었다.

'이 여자는 뭐든 감추는 여자일까?' 하고 그는 자문해 보았다. '아니야…… 조심성은 조금 있지만 숨기는 것은 없어. 반대로 기꺼이 자기 이야기를 하고 있지. 이 여자는 하루가 다르게 말이 많아지고 있어……. 나를 사랑하기 때문이야' 하고 생각하니 그는 몹시 기뻤다. '나를 사랑하고 있기 때문이지!'

그녀는 팔을 그의 목에 감고 다시 한 번 그의 얼굴을 바짝 당기더니 갑자기 심각한 투로 말했다.

"정말이야. 사람은 겉으로 보이는 것, 하다못해 눈길 하나로도 얼마나 많은 것을 나타내는지 아무도 상상할 수 없어!"

그녀는 입을 다물었다. 그는 그녀가 과거를 돌이켜 생각할 때마다 웃는 조용하고 짧게 끊어지는 웃음, 목구멍 깊숙한 데서 나오는 웃음소리를 들었다.

"그러고 보니 내가 몇 달 동안이나 함께 살았던 한 사나이의 비밀을 눈길로, 아주 짧은 눈길 하나로 알게 된 적이 있었어. 보르도의 어느 식당 테이블에서였는데 우리는 마주 앉아 있었어. 얘길하고 있었지. 우리의 눈은 음식 접시와 상대의 얼굴을 번갈아 보다가 재빨리 식당 안을 휘둘러 보곤 했었어. 별안간—나는 그 일을 도저히 잊으려야 잊을 수가 없어—그의 눈길이 내 뒤쪽에 머물러 있었다는 것을 알아차렸어. 표정이…… 어찌나 날카로웠던지 나는 무의식적으로 뒤를 돌아보았어……."

"그랬더니?"

"그냥 당신한테" 하며 그녀가 말투를 바꾸어 말했다. "눈길을 조심해야 한다는 말을 하고 싶었을 뿐이야."

앙투안은 '그 비밀이 무엇이었어?'라고 물어보고 싶었다. 그러나 감히 그럴 수가 없었다. 그는 눈치 없는 질문을 함으로써 순진해 보일까 봐 극도의 두려움을 느끼고 있었다. 이미 두세 차례 그가 이런 종류의 해명을 들으려고 질문한 적이 있었다. 그러면 라셀은 놀라고 재미있어 하며 그를 바라보고 비웃듯이 웃었는데 그에게는 몹시 굴욕적으로 여겨졌다.

그래서 그는 입을 다물었다. 그녀가 다시 이야기를 계속했다.

"이런 옛날 이야기는 날 슬프게 해⋯⋯. 키스해 줘. 좀 더. 더 강하게." 그러나 그녀는 계속 그 생각을 하고 있었는지 이렇게 덧붙여 말했다. "아무튼 내가 '그의 비밀'이라고 말한 건 '그의 비밀들 중의 하나'라고 말해야 했어! 그 사람에겐 그 뒤로도 끊임없이 많은 일들이 생겨났으니까."

그리고 자기 추억으로부터 벗어나기 위해서, 또한 앙투안의 무언의 질문 공세로부터 벗어나려는 듯이 그녀는 아주 느리게, 몸을 크게 파도치게 하면서 누워 버려 완전히 그녀의 육체는 고리 모양 같았다.

"당신 몸은 부드럽기도 하군!" 하면서 그는 우수한 품종의 말을 쓰다듬듯이 그녀를 애무했다.

"정말? 내가 오페라 극장에서 10년 동안 춤을 배웠다는 건 알고 있어?"

"당신이? 파리에서?"

"응. 더구나 그만둘 때는 최우수 학생이었는걸."

"오래전 일이야?"

"6년 전."

"왜 그만두었어?"

"다리 때문이었어." 그녀의 얼굴이 잠시 어두워졌다. "그 뒤에 나는 곡마사가 될 뻔했어" 하고 그녀는 틈을 두지 않고 말을 이었다. "서커스에서. 놀랐지?"

"아니" 하고 그가 단호하게 말했다. "어느 서커스에서?"

"아, 프랑스에서는 아니었어. 그 당시 이르슈가 전세계로 이끌고 다니던 대규모의 국제적 곡마단이었어. 이르슈란 전에 말했던 그 사람이야. 지금은 이집트령 수단에 있다는. 그 사람은 내 재능을 이용하려 했던 거야. 그런데 나는 승낙하지 않았어!"

그녀는 이야기를 하면서 체조교사처럼 잘 조절된 교묘함으로 두 다리를 굽혔다 폈다 하며 즐기고 있었다. "그 자가 그런 생각을 한 건" 하고 그녀는 말을 계속했다. "왜냐하면 내가 뇌이에 있을 때 그 사람이 나에게 마술(馬術)을 가르쳐 주었기 때문이야. 나는 그걸 좋아했었어. 우리는 아주 멋진 말들을 가지고 있었거든. 그래서 그걸 이용했지."

"뇌이에 살았었어?"

"나는 아니야. 그 사람이 살았어. 당시에 그는 뇌이에 있는 조교장 주인이었거든. 그 사람은 말을 끔찍이 좋아했어. 나도 그랬고. 당신은?"

"조금 탈 줄 아는 정도야" 하고 그가 몸을 다시 일으키며 말했다. "하지만 별로 기회가 없었는걸. 시간도 없었고."

"나는 말을 탈 기회가 있었어. 그것도 여러 번! 우리는 언젠가 22일 동안이나 계속해서 말을 탄 적이 있어!"

"어디에서?"

"모로코의 벽촌에서."

"모로코에 간 적이 있어?"

"두 번. 이르슈가 남쪽의 이슬람 병사들에게 구식 그라총을 팔고 있었어. 진짜 원정이었지. 하루는 우리 야영지가 진짜로 공격을 받았어. 우리는 하룻밤과 하루 낮 동안 총격전을 했어…… 아니야, 밤새 아무것도 안 보이는 속에서. 정말 무서웠어. 그리고 다음날 오전 내내 전투를 했어. 그들이 밤에 습격을 하는 것은 드문 일이었어. 그들이 우리의 짐꾼 17명을 죽였고 30명 이상을 다치게 했어. 나는 총격이 시작될 때마다 상자들 사이에 몸을 숨기고 있었지. 하지만 나도 약간은 상처를 입었어."

"상처를?"

"응" 하고 그녀는 웃으며 말했다. "아주 조금. 약간 긁힌 상처였지."

그녀는 갈비뼈 아래 허리가 주름잡히는 곳에 있는 희미한 흉터를 가리켰다.

"그런데 왜 지난번에는 마차에서 떨어졌다고 말했어?" 하고 앙투안이 미소도 띠지 않고 물었다.

"뭐, 그냥!" 하고 어깨를 으쓱하며 그녀가 말했다. "그때는 우리가 만난 지 얼마 안 되었을 때니까. 내가 그런 말을 하면 괜히 흥미를 끌려고 꾸며 댄다고 생각할 것 같아서."

두 사람은 입을 다물었다.

'그럼 이 여자는 나에게 거짓말을 할 수 있단 말인가?' 하고 앙투안은 생각했다. 라셀의 두 눈이 꿈에 잠긴 듯했다가 다시 빛났다. 그러나 그 빛은 증오에 찬 빛을 띠었다가 순식간에 사라졌다.

"그 작자는 자기가 가는 곳이면 내가 어디든지 따라다닐 줄 알았나 봐. 잘못 생각했던 거지."

앙투안은 그녀가 자신의 과거를 향해 이런 원한에 찬 눈길을 던질 때마다 뭔지 모를 만족감을 느끼곤 했다. 그는 그녀에게 이렇게 말하고 싶었다. '나와 함께 있어 줘. 영원히.' 그는 자기 뺨을 그녀의 상처에 댄 채 한참을 그대로 있었다. 자기도 모르게 직업적이 된 그의 귀는, 그녀의 가슴 아래로 부드러운 수포들이 왔다 갔다 하는 소리를 좇고 있었다. 그리고 좀 멀지만, 그러나 또렷하게 심장이 뛰는 소리를 식별할 수 있었다. 그의 콧구멍이 벌름거렸다. 따뜻한 침대 속에서 라셀의 전신이 그녀의 머리카락과 똑같은 냄새를, 그러나 좀더 은은하고 야릇한 냄새를 내뿜고 있었다. 곧 그것은 후춧가루의 톡 쏘는 맛이 들어 있어서 도취시키는가 하면 고리타분한 냄새, 서로 전혀 어울리지 않는 것들이 섞여 있는 향료 냄새, 고급 버터 냄새, 호두나무 이파리 냄새, 송판 냄새, 바닐라 바른 복숭아 설탕졸임 냄새 따위를 떠올렸다. 그것은 차라리 냄새라기보다는 발산물, 내지는 맛이라고 해야 했다. 왜냐하면 입술에 어떤 향료의 맛 같은 것이 남아 있었기 때문이다.

"이젠 그런 얘기 그만 해" 하며 라셀이 말을 계속했다. "담배 한 대만 줘……. 그것 말고 새 걸로. 작은 책상 위에 있는 것 말이야……. 내 친구가 만들어 줬어. 메릴랜드 산 담배에 녹차를 약간 섞은 거야. 낙엽 태우는 냄새, 야영장의 냄새, 글쎄 뭐랄까. 가을 냄새, 사냥을 떠올리게 하는 냄새가 나. 숲 속에서 총을 쐈을 때 나던 냄새, 그리고 안개 속에 연기가 좀처럼 가시지 않을 때 나는 냄새 같아, 그렇지?"

그는 담배 연기가 소용돌이치며 올라가는 가운데 그녀 옆에 다시 길게 누웠다. 그의 두 손은 매끄럽고 분홍빛이 도는 듯하며 비늘처럼 빛이 나는 라셀의 배를 어루만지고 있었다. 움푹 들어간 수반과도 같은 넓은 복부였다. 아마도 여행에서 배운 듯한 동양식의 향유를 바르는 습관 때문에 이 성숙한 여인의 피부는 마치 어린아이 같은 신선함과 깨끗함을 지니고 있었다.

"Umbilicus sicut crater eburneus" ('너의 배는 상아로 된 둥근 항아리 같고' 라는 뜻으로 〈아가서〉 제7장 제2절에 나온다) 하고 그가 중얼거렸다. 16살 때인가 그를 몹시 감동케 했던 〈아가서〉의 한 구절을 대충 외어본 것이다. "Venter tuus sicut…… 음…… sicut cupa!"('너의 배는……잔과 같대'는 뜻)

"그게 무슨 뜻이야?" 하고 그녀가 몸을 반쯤 일으키며 물었다. "기다려봐, 내가 알아맞혀 볼게. Culpa('죄'라는 뜻 cupa(잔)라는 말을 잘못 들은 것)는 나도 알아. mea culpa('나의 죄'라는 뜻), 그건 잘못, 죄악이라는 뜻이지, 맞지? 너의 배는 죄악이다."

그는 웃음이 터져 나왔다. 라셀 옆에서 지내게 된 이래로 자신의 즐거움을 좀처럼 억제하지 못했던 것이다.

"아니야. 'cupa야…… 너의 배는 하나의 잔과 같다'는 뜻이지" 하고 라셀의 옆구리를 베며 그가 바로잡아 주었다. 그러고는 계속해서 대충 인용했다. "Quam pulchræ sunt mammæ tuæ, soror mea! 오, 내 누이여! 너의 유방은 아름답기도 하구나! Sicut duo(왠지 잘 모르겠지만) gemelli, qui pascuntur in liliis! 마치 백합화 가운데서 풀을 뜯는 두 마리의 노루 같구나!(〈아가서〉제4장 제5절)"

그녀는 정성스럽게 자기 유방을 하나씩 번갈아 가며 들어올렸다. 그리고 마치 충실한 한 쌍의 새끼 양이기라도 한 양 다정하게 미소를 띠며 바라보았다.

"젖꼭지가 장밋빛인 사람은 아주 드물어. 진짜 장밋빛, 마치 사과꽃 봉오리와 같은 장밋빛 말이야" 하며 그녀는 아주 진지하게 말했다. "당신은 의사니까 알고 있었지?"

앙투안이 대답했다.

"맞아. 색소성 과립이 없는 피부. 몹시 희고, 그러면서도 살짝 장밋빛을 띤." 그는 눈을 감으며 그녀의 몸에 바짝 붙었다. "아, 당신의 어깨는……" 하고 그는 꿈꾸는 듯한 목소리로 말을 이었다. "나는 심부름 다니는 아이들의 추위 타는 듯한 작은 어깨는 질색이야."

"그래?"

"이 포동포동한 둥근 선…… 이 단단하고 아름다운 선…… 이 비누 같은 피부…… 나는 그런 것들이 좋아. 움직이지 마. 너무 좋아."

갑자기 몹시 고통스런 추억이 그를 사로잡았다. '비누 같은 피부……' 그건 데데트의 사고가 있은 지 며칠 뒤에 다니엘과 함께 메종에서 돌아오는 기차 안에서의 일이었다. 그 객실에는 그들 둘뿐이었고, 당시에 앙투안은 라셀 생각말고는 다른 어떤 생각도 할 수 없었다. 그 방면에 대해 잘 알고 있는 사람에게 자기 연애 얘기를 할 수 있다는 기쁨에 겨워 여행 중에 그 밤샘 이야기를 그에게 하지 않을 수 없었다. 숨을 거두기 직전에 했던 수술, 꼬마 환자 머리맡에서의 고통스러운 기다림, 안락의자에서 자기에게 기대 잠든 갈색 머리의 아름다운 여인에 대한 갑작스런 욕정. 바로 그때 그는 '포동포동한 둥근 선…… 비누 같은 피부……'라는 표현을 썼었다. 그러나 그는 그 뒤에 있었던 일을 이야기할 용기가 없었다. 그래서 새벽에 샬르 씨의 아파트 계단을 내려오다가 라셀의 현관문이 열린 것을 보았다는 데까지 왔을 때 앙투안은 조심성 때문이라기보다는 다니엘에게 자기의 굳은 의지력을 보여 주겠다는 바보 같은 생각에 이렇게 말해 버렸다.

"그 여자가 날 기다리고 있었던 것일까? 이 상황을 이용해야 했을까? ……그러다가 나는 자제했지. 못 본 척하고 지나갔어. 너라면 어떻게 했겠니?"

그러자 그때까지 잠자코 그의 말을 듣고 있던 다니엘이 앙투안의 얼굴을 빤히 쳐다보며 그에게 이렇게 한 마디 내뱉었다.

"나도 형님하고 똑같이 했겠지요. 거짓말쟁이!"

앙투안의 귀에는 비웃음과 불신이 섞여 있고 그의 자존심을 건드리는 다니엘의 그 말투가 아직도 그대로 남아 있었다. 거기에는 다니엘을 나쁘게 생각할 수 없을 정도의 약간 호의적인 뉘앙스도 깃들어 있었다. 그리고 그 생각을 할 때마다 그는 자존심이 몹시 상함을 느꼈던 것이다. 거짓말쟁이라니…… 때때로 그가 거짓말을 하는 일이, 더 정확히 말해서 거짓말을 한 일이 있는 것은 사실이다.

'포동포동한 둥근 선……' 하고 라셀 역시 생각하고 있었다.

"아마 나는 늙으면 뚱보가 될지도 몰라" 하고 그녀가 말했다. "유대인 여자들은 말이야…… 하지만 어머니는 유대인이 아니었어. 나는 반만 유대인이야. 아! 16년 전 내가 예비반에 들어갔던 때의 내 모습을 당신에게 보여 주고 싶은데! 정말 갈색 머리의 작은 생쥐였어……."

앙투안이 그녀를 붙잡을 새도 없이 그녀는 침대 밖으로 미끄러져 나갔다.

"왜 그래?"

"생각난 게 있어."

"알려 줘야 해."

"알려 주지 않는 게 더 좋아" 하고 그녀가 말했다. 그리고 그녀는 웃으면서 앙투안이 내민 팔에서 빠져나갔다.

"룰루! (라셀의) ......이리 와. 와서 누워!" 하고 그가 나른한 목소리로 중얼거렸다.

"자는 건 이제 그만. 옷 입을래" 하고 그녀는 가운의 소매에 팔을 끼며 말했다.

라셀은 자기 책상으로 가서 사진이 잔뜩 들어 있는 서랍을 빼더니 침대로 들고 와서 두 무릎 위에 놓고 앉았다.

"나는 이런 거 좋아해. 옛날 사진들. 저녁이면 잔뜩 들고 와서 누워 몇 시간씩 이것저것 뒤적이며 보다가 함께 잠들곤 해....... 꼼짝 않고....... 자, 이것 좀 봐. 당신 지루하지 않아?"

그녀 뒤에 웅크리고 누워 있던 앙투안이 궁금한 마음에 일어나서 편안하게 팔꿈치를 괴고 누웠다. 그는 사진을 보고 있는 라셀의 옆얼굴을 보았다. 뺨으로 내리뜬 속눈썹이 가느다란 눈 사이에 주황색으로 테를 두른 매우 영리해 보이는 생김새였다. 아무렇게나 위로 틀어올린 머리카락이 그에게는 역광으로 비쳐 보여 술 장식이 달린 오렌지색 투구처럼 보였다. 그러나 그녀가 머리를 흔들자 관자놀이와 목 뒤에서 불꽃이 튀는 것처럼 보였다.

"맞아, 이 사진이야, 내가 찾던 게. 이것 보여? 여기 춤추는 귀여운 아이 말이야. 그게 나야. 그날 내 무용복의 양쪽 날개가 벽에 부딪혀서 구겨졌기 때문에 야단맞아야 했어. 나인 것 같아? 이 어깨 위까지 흘러내린 머리카락 하며, 뾰족이 튀어나온 팔꿈치하며, 겨우 브이(V)자로 파인 이 납작한 가슴하고 말이야. 그렇게 예쁘진 않지, 안 그래? 이건 내가 3학년이 되었을 때의 모습이야. 장딴지에 조금은 살이 붙었지. 이건 우리 반 애들이야. 여기가 무용연습실이고, 우리가 평행봉에 매달려 있는 게 보이지? 내가 어디에 있는지 찾을 수 있겠어? 그래, 그거야. 그리고 이쪽이 루이즈고. 누군지 모르지? 바로 그 유명한 발레리나 피티 벨라야. 나와 같은 반이었거든. 그 당시에는 그냥 루이즈라고 불렀어. 루이종이라고도 했었지. 나와 실력 경쟁을 했었어. 정맥염만 아니었다면 나도 지금쯤 일류 스타가 되었을지도 몰라....... 아, 참! 당신 이르슈 보고 싶지 않아? 아, 그 사진 재미있어? 이거야. 어떨 것 같아? 당신은 이르슈가 그렇게 늙었으리라고는 생각하지 못했지? 하지만 50대인데도 아주 건강해. 힘이 넘치는 사나이야! 이 목과 양어깨에 박힌 이 거대한 목덜미 좀 봐. 그 사람이 고개를 돌리면 온몸이 함께 움직여. 그의 첫인상은 글쎄, 뭐랄까, 간사한 말 상인 아니면 조교사 같다고 할 수 있을 거야. 그렇지 않다고? 그의 딸은 늘 그에게 이렇게 말했어. '아빠는 꼭 노예상인 같아.' 그러면 그는 웃음을 터뜨리곤 했지. 뱃속으로부터 나오는 호탕한 웃음을. 그래도 이 머리통 하며 큰 매부리코, 입가에 잡히는 이 주름 좀 봐. 못생겼지만 보통 사람은 아니야. 더구나 그 눈 하고는! 그 눈만 아니었다면 훨씬 더 깡패 같은 모습이었을 거야. 뭐라고 하면 좋을까, 자신만만하고, 뭐든지 해낼 준비가 되어 있는, 난폭하게 생겼잖아? 그렇지 않아? 난폭하고도 육감적인? 아! 그 사람은 얼마나 인생을 사랑하는지! 내가 아무리 그를 미워하려고 해도 소용없어. 그거 있잖아. 어떤 종류의 개한테 사람이 '못생겼지만 훌륭하다'라고 하듯이 그런 말을 하고 싶게 만드는 사람이야. 당신은 그렇게 생각하지 않아? ……여기 봐, 아빠야! 데리고 있던 직공들 사이에 둘러싸여 있는 사람이 아빠야. 아빠는 늘 이러고 계셨어. 와이셔츠 바람에 흰 턱수염을 기르고 가위를 허리에 차고. 아빠는 옷감 3장하고 핀 4개만 있으면 옷 한 벌을 만들어 주셨어. 이건 아빠의 작업장에서 찍은 사진이야. 그 뒤에 헝겊을 걸쳐 놓은 마네킹들이며 벽에 걸어 놓은 모형 그림들 보이지? 아빠는 오페라극장의 의상담당이었어. 그래서 다른 사람들의 의상은 만들지 않았지. 아니 지금이라도 오페라극장에서 일하는 사람들에게 괴페르트 영감에 대해서 어떻게 생각하느냐고 물어보면 다 알 거야. 엄마를 정신병원에 보내고 나서 아빠는 나와 단둘이 살게 되었어. 가엾은 노인네. 내가 아빠랑 함께 일하길 바랐었지. 아빠는 내가 당신의 일터를 전수받기를 원했었어. 수입이 괜찮았거든. 그 증거로 나는 지금 이렇게 아무 일 안 하고도 먹고 살 수가 있어. 하지만 매일처럼 여배우들로 득실대는 작업장만 보고 산 여자애가 어떤지 당신은 알 수 있겠어? 나는 단 한 가지 생각밖에 없었어. 발레리나가 되겠다는 생각. 아빠는 허락해 주셨지. 아빠가 손수 나를 스타우브 부인의 손에 맡겼지. 그리고 내가 곧잘 하는 것을 보자 아빠는 흐뭇해 하셨어. 자주 내 앞날에 대한 얘기를 해 주시곤 했어. 아, 그랬던 내가 아무것도 아닌 지금의 내 꼴을 아빠가 보셨다면! 아, 있잖아. 모든 것을 다 포기해야만 했을 때 나는 몇 날 며칠을 울었어. 일반적으로 여자들이란 야심도 없고 그저 되는 대로 살아. 하지만 오페라극장에 있던 우리들은 성공하겠다는 일념으로 악착같이 매달리고 투쟁하고, 그러다 그 투쟁에 곧 맛을 들이게 돼. 적어도 성공하기까지는. 그러니까 포기해야 했을 때, 남들처럼 평범하게 살아야만 했을 때, 미래에 야망을 갖지 못하게 되었을 때는 참 끔찍하다는 생각이 들 수밖에! ……아, 이건 여행에서 찍은 사진들이야. 뒤죽박죽이네. 이건 어딘지 잊었지만 카르파티아 산 속의 어딘가에서 점심을 먹으며 찍은 거야. 이르슈가 사냥을 하러 갔었거든. 여기 좀 봐, 그 사람은 그때 긴 수염을 팔 자로 기르고 있었어. 술탄 같은 모습이었지. 왕자가 그를 항상 마흐무트라고 불렀어. 내 뒤에 서 있는 구릿빛 얼굴을 한 사람 보여? 나중에 세르비아의 왕이 된 피에르 왕자야. 그 왕자가 여기 앞에 누워 있는 두 마리의 흰 사냥개, 그레이하운드를 나에게 줬어. 지금 당신처럼, 꼭 당신처럼 누워 있지? 그리고 여기 웃고 있는 사람 말이야, 이 사람 나와 닮은 것 같지 않아? 잘 봐. 아니라고? 그래도 그가 내 오빠야. 맞아, 그 사람 말이야. 오빠는 아빠처럼 검은 머리였어. 나는 엄마를 닮아서 금발이었는데……. 그래, 금발, 짙은 금발 말이야! 얄미운 사람 같으니! 그래, 당신이 원한다면 적갈색 머리라고 해 두지. 하지만 성격은 내가 아빠를 닮았고 오빠는 엄마를 닮은 데가 많았어. 자, 이 사진에서 더 자세히 볼 수 있어……. 엄마 사진은 한 장도 없어. 아빠가 다 찢어 버렸거든. 아빠는 내게 엄마 이야기를 해 준 적이 한 번도 없었어. 그리고 나를 병원에 데리고 간 적도 없었어. 그렇지만 아빠는 거기에 일주일에 두 번씩, 그것도 9년 동안이나 한 번도 빠지지 않고 찾아갔었어. 훗날 병원의 간호사들이 내게 그 얘길 해 주었거든. 아빠는 엄마 앞에 앉아 한 시간 또는 그 이상 머물곤 했대. 아무 할 일도 없이. 왜냐하면 엄마가 아빠를 알아보지 못했으니까. 아빠든 누구든 아무도 알아보지 못했으니까. 하지만 아빠는 엄마를 사랑했어. 아빠는 엄마보다 나이가 훨씬 많았어. 아빠는 엄마 때문에 결코 마음의 평정을 회복하지 못하셨어. 엄마가 체포되었다고 사람들이 작업장으로 아빠를 데리러 왔던 날 저녁이 나는 지금도 생생하게 기억나. 그래, 루브르^(대형 백화점의 이름)에서였어. 엄마가 진열장에 있던 물건을 훔쳤던 거야. 생각이나 할 수 있겠어? 오페라극장의 의상담당자인 괴페르트 부인이라는 사람이! 엄마의 소매 속에서 남자 양말하고 어린애 털옷이 나왔어! 곧 풀려났지. 도벽 환자라고 했었어. 당신은 뭔지 잘 알지? 그게 엄마의 병의 시초였어……. 그런데 오빠는 엄마의 유전자를 고스란히 물려받았나 봐. 오빠는 오빠대로 끔찍한 사건들, 은행 사건들을 일으켰지. 이르슈가 그 사건에 관여했었어. 하지만 오빠도 그 사고만 없었더라면 언젠가 엄마처럼 되었을 거야……. 아, 그건, 안 돼…… 놔두라니까! 그건 내 사진이 아니라고! 그건…… 어린애야. 지금은 죽었어……. 그보다는 이걸 봐. 이건…… 탕헤르(지브롤터 해협에 있는 모로코의 항구)의…… 초입에서…… 아니야, 신경쓸 거 없어, 이젠 끝났어. 글쎄, 나는 이젠 다 잊었어……. 부바나(북아프리카 사막의 야영지)의 평원이야. 시게바 원정대 캠프에서 야영할 때 찍은 거야. 그리고 이게 나야. 시디벨아베스의 회교사원 근처에서 찍은 거야. 저 뒤에 마라케시(모로코 의 도시)가 보여? ……이것 봐, 이건 미슘미슘 아니면 동고 근처에서 찍은 거야. 이젠 잘 모르겠어. 이건 두 명의 젬므 족 추장이야. 이 사진을 찍느라 고생깨나 했지. 식인종들이거든. 그럼, 아직도 식인종이 있어……. 아, 이건 끔찍한 사진이야. 당신 눈에는 안 보여? 하지만 있어, 여기, 이 작은 돌무더기 말이야. 보이지? 그 밑에 여자가 하나 묻혀 있어, 돌에 맞아 죽은 여자가! 끔찍한 일이야. 남편에게 아무 이유도 없이 3년 동안 버림을 받았다는 것을 상상해 봐. 남편이 사라진 거야. 그 여자는 남편이 죽었다고 생각하고 재혼했어. 그런데 재혼한 지 2년 만에 남편이 돌아왔어. 중혼은 그 부족 사람들한테는 대단한 죄였어. 그래서 사람들이 그 여자를 돌로 쳐 죽였어……. 이르슈는 그걸 보려고 메세드까지 날 억지로 끌고 갔었어. 하지만 나는 미친 듯이 5백 미터 밖으로 도망갔지. 처형날 아침 그 여자를 끌고 다니는 것을 보았어. 이미 그때부터 반은 죽어 있었어. 그 사람은 그 광경을 모두 보았어. 맨 앞 줄에 앉으려고 애썼으니까……. 글쎄, 구덩이를 팠다나봐. 아주 깊은 구덩이를. 그러고 나서 그 여자를 끌고 왔대. 그 여자는 아무 말 없이 자기 발로 그 구덩이에 들어가 누웠대. 믿을 수 있어? 그 여자는 아무 말도 안 했는데, 군중들이 아우성을 쳤어. 나는 멀리 있었는데도 군중들이 죽여라, 죽여 하고 소리치는 걸 들을 수 있었어……. 그들의 대제사장이 시작했대. 대제사장이 먼저 판결문을 읽었어. 그러고 나서 그 사람이 제일 먼저 커다란 돌을 집더니 있는 힘을 다해 구덩이 속으로 던졌어. 이르슈가 나중에 얘기해 주었는데, 그 여자는 외마디 소리조차 지르지 않았대. 그것을 신호로 사람들이 던지기 시작했어. 거기에는 커다란 돌더미가 미리 준비되어 있었고, 저마다 돌더미에서 돌을 하나씩 집어서는 구덩이 속에 던지는 거야. 이르슈는 맹세코 자기는 안 던졌다고 했어. 그 구덩이가 메워지자 (이것 봐, 불룩 올라오기까지 했잖아) 사람들은 소리를 지르면서 구덩이를 밟아 댔고 그러고 나서 가 버렸어. 그러자 이르슈가 나를 억지로 이곳으로 끌고 와서 사진을 찍게 했어. 내가 카메라를 가지고 있었거든. 나는 싫었지만 볼 수밖에 없었어……. 이봐, 그 생각만 해도 내 가슴이 이렇게 뛰어. 그 여자는 그 밑에 있었던 거야……. 죽었어. 십중팔구는……. 아! 안 돼, 그건 안 돼!"

라셀의 어깨 너머로 고개를 내밀고 사진을 보고 있던 앙투안에게는 벗은 몸뚱이의 팔다리가 뒤얽혀 있는 모습밖에는 다른 것을 알아볼 겨를이 없었다. 라셀이 갑자기 그의 눈에 손을 대고 앞을 가렸다. 그의 눈두덩 위로 느껴지는 이 손바닥의 열기가 조금전에 사랑을 나누며 자기의 흥분한 얼굴을 애인에게 보이지 않으려고 장난삼아 했던 몸짓, 지금보다는 긴장감은 덜하지만 그래도 똑같은 느낌을 불러일으켜 주었다. 그는 장난치듯이 몸부림쳤다. 그러자 그녀는 함께 묶어 놓은 한 뭉치의 사진을 가슴에 안고 발딱 일어섰다. 그리고 책상으로 달려가더니 웃으면서 그 사진 묶음을 서랍에 넣고는 열쇠로 잠가 버렸다…….

"그리고 이건 내 것이 아니야" 하며 그녀가 말했다.

"내겐 그걸 보여 줄 권리가 없어."

"누구 건데?"

"이르슈 거." 그녀는 다시 앙투안 곁으로 와서 앉았다. "이젠 당신 얌전히 말을 들을 거지? 응, 약속할 수 있어? 계속해 볼까. 당신 지루하지 않아? ……자, 이것 봐. 이것도 탐험할 때의 사진이야……. 생 클루의 숲으로 당나귀를 타고 갔을 때야. 이것 봐, 기모노 같은 긴 소매가 달린 옷을 입기 시작하던 때야. 내가 입은 옷 참 멋있지!"

10. 메종 라피트에서의 제롬—제니, 어머니에게 토로하다

'나는 끊임없이 나 자신에게 거짓말을 하고 있다' 하고 퐁타냉 부인은 생각했다. '만일 내가 자신에게 좀 더 솔직했더라면 희망을 갖거나 하지는 않을 텐데.'

거실 창가에 서서 그녀는 한동안 실크 망사 커튼을 젖히지 않은 채 정원에서 남편과 다니엘과 제니가 왔다 갔다 하는 모습을 바라보고 있었다.

'세상에서 가장 올바른 사람들조차 거짓 속에서 얼마나 태연하게 잘 살고 있는가!' 하고 그녀는 생각했다. 그러나 흔히 웃음이 나오는 것을 막을 수 없듯이 때때로 행복한 마음이 파도처럼 밀려오는 것을 억누를 수가 없었다.

그녀는 창가를 떠나 테라스로 나왔다. 지금은 주위 사물의 윤곽을 구별해서 보려면 눈이 피곤해지는 시간이었다. 하늘이 어른거렸고 어느새 맑은 별 몇 개가 하늘에 나타나기 시작했다. 퐁타냉 부인은 의자에 앉았다. 그녀는 늘 보아와서 눈에 익은 지평선을 잠시 바라보았다. 그리고 한숨을 쉬었다. 제롬이 자기 곁에서 보낸 지난 2주일처럼 앞으로도 그러지는 않을 것임을 그녀는 잘 알고 있었다. 다시 찾은 이 가정이 덧없이 사라지리라는 것도 알고 있었다! 제롬이 자기를 대하는 태도나 친절함을 보이는 애정 속에서, 두려움과 기쁨이 엇갈린 감정을 느끼며 지난날의 그를 다시 발견하지 않았던가? 그것이야말로 남편이 변하지 않았으며, 항상 그랬듯이 곧 이곳을 떠나리라는 것을 알려 주는 증거가 아닌가? 이미 제롬은 네덜란드에서 데려 올 때의 늙고 쇠약한 제롬이 아니었으며, 난파 당한 사람처럼 그녀에게 매달리던 제롬이 아니었다. 그는 아내와 마주하게 되자마자 꾸중 들은 아이와 같은 태도를 보이면서도, 그리고 죽은 여자를 떠올리고는 체념한 듯 그럴듯한 한숨을 내쉬면서도, 어느새 트렁크 속에서 여름옷을 꺼내서는 자신도 모르게 젊어지기라도 한 듯한 외양을 꾸며 보았던 것이다. 오늘 아침만 해도 점심 먹기 전에 그에게 "클럽으로 제니를 데리러 갔다 오시겠어요? 산책도 좀 할 겸" 하고 말했을 때 그는 그녀의 권유에 별로 관심이 없는 척했다. 그러나 부인은 그가 두 번 말하기도 전에 일어서서 흰 플란넬 바지와 밝은 색 윗옷을 입고는 가슴을 쭉 펴고 빠른 걸음으로 걸어가는 모습을 보았다. 부인은 그가 가면서 단춧구멍에 꽂으려고 길에 핀 재스민 꽃을 꺾는 모습도 우연히 보았다.

그때 다니엘이 어머니가 혼자 있는 것을 보고 옆으로 왔다. 남편이 집으로 돌아온 뒤부터 퐁타냉 부인은 아들 앞에서 약간 어색함을 느끼고 있었다. 다니엘도 그 사실을 눈치채지 못한 것은 아니었다. 그래서 그는 메종을 더 자주 찾아왔고 어느 때보다 관심을 보이려고 노력함으로써 자기가 많은 일들을 눈치채고 있지만 아무것도 반대하지 않는다는 것을 알려 주고 싶어했다.

그는 자기가 좋아하는, 헝겊을 씌운 아주 낮은 안락의자에 길게 앉아서 담배에 불을 붙이며 어머니에게 미소를 지었다(그 애의 두 손이며 몸짓이 얼마나 자기 아버지를 닮았는지!).

"애야, 오늘 저녁에 곧장 떠나지는 않겠지?"

"갈 거예요, 엄마. 내일 아침 일찍 누굴 만날 약속이 있어요."

그는 자기가 하는 일에 대해서 이야기하기 시작했는데 그것은 그로선 드문 일이었다. 그는 개학에 맞추어서 〈미학교육〉 잡지의 특별호를 준비하고 있다고 말했다. 이번 호에서 유럽의 최신 화단의 가장 젊은 미술가들을 모두 특집으로 다루는데, 이번 호를 꾸미기 위한 수많은 그림을 선택하는 일에 매우 흥미를 느끼고 있다고 했다. 그러나 대화는 거기까지였다.

침묵을 뚫고 저녁의 속삭임이 요란스럽게 들려왔다. 그 소리 중에서도 테라스에서 제일 크게 들리는 소리는 숲 속에서 들려오는 귀뚜라미 울음소리였다. 이따금 전나무 사이로 불어오는 바람결에 뭔가 타는 냄새가 섞여 있었는데, 그것은 모래 위에서 섬유질의 나뭇잎들과 플라타너스 껍질을 태우는 냄새였다. 재빠르고 부드러운 날갯짓 소리를 내며 박쥐 한 마리가 날아와서 퐁타냉 부인의 머리카락을 스치고 지나갔다. 그녀는 가벼운 외마디 소리를 질렀다.

"너 일요일에는 여기 있겠니?" 하고 그녀가 물었다.

"네. 내일 와서 이틀 동안 여기 있을까 해요."

"네 친구를 점심에 초대하면 좋겠구나……. 난 어제 읍내에서 네 친구를 만났단다." 그리고 그녀는 덧붙여 말했다. 그건 그녀가 실제로 그렇게 생각했으며, 그녀가 앙투안에게서 발견한 좋은 점들이 자크에게도 있다고 생각했기 때문이고, 아울러 다니엘을 기쁘게 해 주기 위해서였다. "참으로 성실하고 관대한 성격을 가진 애지! 우린 한동안 함께 걸었단다."

다니엘은 순간 얼굴을 찌푸렸다. 그는 제니가 자크와 숲을 산책했던 날 저녁에 평소와 다르게 흥분했던 일을 떠올렸다.

'가련한 누이여, 잘못 시작된 영혼, 균형을 잃은 가없은 영혼' 하며 그는 슬프게 생각했다. '명상과 고독과 독서 때문에 너무나 조숙해진 아이……. 그러면서 인생에 대해 너무도 모르는 아이! 그 애에게 내가 무슨 일을 해 줄 수 있을까? 이제 제니는 날 조금 멀리하고 있다. 건강하기나 하면 좋으련만! 소녀들의 신경이란! 그리고 그 낭만주의는 어쩌고? 자신을 이해해 주지 못한다고 느끼고 싶어하고, 마음을 털어놓기를 끝끝내 거부하는 그 자세! 모든 것을 다 나쁘게만 생각하는 말없는 자존심! 사춘기의 잔재가 아니고서야?'

다니엘은 자리를 옮겨 어머니 곁에 바짝 붙어 앉았다. 그리고 위로할 생각으로 이렇게 물었다.

"어머니, 자크가 어머니를 대하는 태도에서 느낀 점이 없어요? 제니를 대하는 태도에 대해서도요?"

"제니를 대하는 태도라고?" 하고 퐁타냉 부인이 아들의 말을 되풀이했다. 다니엘이 한 이 두 마디의 말은 지금까지 마음속에 감춰져 있던 막연한 불안을 더욱 뚜렷하게 만들었던 것이다. 불안? 어쩌면 불안이라기보다는 뭐라고 분명히 꼬집어 말할 수는 없지만 부인의 지극히 예민한 감수성에 의해 전달된 막연한 느낌에 불과했는지도 모른다. 그러자 고통이 갑자기 그녀의 가슴을 죄었다. 휘몰아치는 흥분에서 그녀의 마음은 성령을 향하는 마음으로 조금씩 가라앉고 있었다. '우리를 버리지 말아주시옵기를!' 하고 그녀는 기도드렸다.

산책을 나갔던 두 사람이 돌아왔다.

"여보, 아무것도 걸치지 않았구려?" 하고 제롬이 큰 소리로 말했다. "조심해요, 오늘 저녁은 다른 날보다 한층 쌀쌀하구려."

그는 현관으로 들어가서 숄을 가지고 나와 아내의 어깨를 감싸 주었다. 그리고 제니가 식사 뒤에 즐겨 앉곤 하는 플라타너스 밑에 놓여 있던 긴 등나무 의자를 모래 위로 질질 끌고 오는 것을 보고는 달려가서 그녀를 도와 제자리에 놓았다.

그에게 이 야생의 새를 길들이기는 조금은 버거운 일이었다. 제니는 어릴 적부터 어머니와 아주 가깝게 보냈으므로 어머니가 겪은 고통의 여파를 느꼈다. 그래서 아주 어려서부터 아버지에 대해 몹시 가차없는 판단을 내리고 있었다. 그러나 제롬은 달라진 모습의 제니, 거의 성숙한 여인이 된 제니를 보고는 황홀해져서 온갖 친절과 조심성을 가지고 제니에게 세심한 배려를 해 주었다. 제니 역시 아버지의 이런 태도에 언제까지나 무심할 수는 없었다. 오늘은 아버지와 딸이 아무런 스스럼없이 마치 친구처럼 이야기를 나누었다. 때문에 제롬은 지금 매우 감동해 있었다.

"여보, 오늘 저녁엔 당신의 장미에서 좋은 향기가 물씬 풍기는구려" 하고 흔들의자에 몸을 맡긴 제롬이 말했다. "비둘기 집의 '디종의 영광'이라니 마치 나무 전체가 하나의 꽃인 것 같군."

다니엘은 이미 일어서 있었다.

"시간이 됐어요" 하고 다니엘이 말했다. 그는 어머니 곁으로 가서 이마에 입을 맞추었다.

그녀는 두 손으로 아들의 얼굴을 감싸고는 잠시 아주 가까이에서 아들의 얼굴을 쳐다보았다. 그리고 낮은 소리로 말했다.

"나의 아들!"

"그래, 내가 역까지 바래다 주마" 하고 제롬이 제안했다. 아침에 산책을 해선지 2주간 갇혀 있던 이 정원에서 좀 벗어나고 싶은 충동을 느꼈던 것이다. "제니야, 너도 갈래?"

"저는 엄마랑 집에 있겠어요."

"아, 담배 한 대 다오" 하고 제롬이 아들의 팔을 끼며 말했다.

(제롬은 집에 돌아온 뒤로 담배를 사러 외출하고 싶지 않으므로 줄곧 담배를 안 피우고 있었다)

퐁타냉 부인은 멀어져 가는 두 사람을 물끄러미 바라보고 있었다. 그녀는 제롬의 목소리를 들었다. "역에 나가면 동양 담배를 살 수 있겠지?"

이어 두 사람은 전나무 숲 그늘 속으로 사라졌다.

제롬은 자기 아들인 이 훌륭한 청년의 팔을 꽉 꼈다. 모든 젊은이들은 그에게 얼마나 커다란 매력을 느끼게 하는가! 그러나 그 매력의 뒤에는 무한한 통한의 기억이 서려 있었다. 메종에 온 뒤로 이것이 그의 매일매일의 고통거리였다. 제니를 볼 때마다 그에게는 자신의 청춘에 대한 향수가 되살아나곤 했다. 오늘 아침만 해도 테니스 코트에서 얼마나 괴로워했던가! 그곳에 있는 총명한 눈빛의 젊은 남녀들은 모두 경기를 하느라고 머리카락이 흩어져 있었다. 셔츠의 윗단추는 풀어 놓은 채 옷매무새가 헝클어져 있었으나 그 어느 것도 그들 젊음의 터질 듯한 아름다움을 변질시킬 수는 없었다. 햇빛을 받아 너나없이 유연한 그 육체들, 그들이 흘리는 땀조차 신선하게 느껴지고 건강의 향기를 퍼뜨리고 있지 않았던가! 아! 그곳에 머물렀던 10분 동안 그는 이미 자격을 상실한 자기 나이를 얼마나 처절하게 실감했는지!

이제는 시들어 가고 추잡스러워 보이며 노년의 불결한 냄새까지 풍기는 자신과 매일 투쟁하고 있는 것이 얼마나 부끄럽고 가증스러웠던가! 이미 자신 속에서 시작된 최후의 분해의 모든 전조에 맞서는 이 투쟁! 그는 아들의 활기찬 걸음걸이에, 자신의 자연스럽지 못한 걸음과 헐떡거리는 숨결, 그리고 아직 재빠르다는 것을 보여 주려는 노력을 비교해 보고는 갑자기 아들의 팔을 놓고 부러움의 외마디 소리를 질렀다.

"얘야, 내가 네 20대를 다시 살 수 있다면 얼마나 좋겠니!"

제니가 자기와 함께 있겠다고 말했을 때 퐁타냉 부인은 아무런 반대도 하지 않았다.

"얘야, 피곤해 보이는구나" 하고 둘만 있게 되자 퐁타냉 부인이 말했다. "올라가서 눕지 않을래?"

"휴우!" 하며 제니가 말했다. "밤이 너무 긴 걸요."

"요즘 잠을 잘 못 자는가 보구나?"

"푹 잘 수가 없어요."

"왜 그러니, 애야?"

퐁타냉 부인의 말투로 보아 그 말이 지닌 보통의 뜻을 초월한 어떤 것이 있었다. 제니는 놀라서 어머니를 바라보았다. 그리고 어머니가 무슨 생각으로 자기에게 그렇게 묻는지, 그리고 자기의 설명을 기다리고 있다는 것을 순간적으로 알아차렸다. 제니는 본능적으로 어머니의 요구를 피하기로 마음먹었다. 그 이유는 무엇을 감추는 성격이라서기보다 남이 자기에게 해명을 강요하는 느낌을 받자 자기를 내보이고 싶지 않았기 때문이었다.

퐁타냉 부인은 자신의 감정을 감추는 데 서툴렀다. 그녀는 딸 쪽으로 몸을 돌려서 솔직하고 애정어린 눈길로 둘 사이에 커다란 거리를 만들고 있는 제니의 굳어버린 마음을 녹일 수 있길 바라며, 저녁의 어슴푸레함 속에서 딸을 물끄러미 바라보았다.

"마침 우리 둘만 있기에 하는 말인데" 하고 부인은 마치 제롬이 집으로 돌아옴으로써 둘 사이의 매우 가까운 관계에 장애를 일으켰음을 사과하는 듯 비교적 간곡한 어조로 말을 이었다. "얘야, 네게 말해 두고 싶은 것이 한 가지 있다……. 내가 이따금 만나는 티보 씨의 동생에 관한 이야기인데…

…"

그녀는 말을 멈추었다. 에두르지 않고 주제의 문턱까지는 다가갔는데 그 다음을 어떻게 끌고 가야할지 알 수 없었다. 그러나 몸을 앞으로 굽히고 있는 그녀의 근심스러워 보이는 모습은 하고자 하는 말의 뜻을 그대로 이어갔으며, 질문의 요점을 분명하게 했다.

제니는 아무 대답도 하지 않았다. 퐁타냉 부인은 조금씩 몸을 일으키면서 이제 어둠이 깔리고 있는 정원을 바라보기 시작했다.

5분쯤 흘렀을까.

바람이 차가워졌다. 퐁타냉 부인은 제니가 몸을 떠는 것을 본 듯했다.

"너 감기 들겠다. 어서 들어가자" 하고 그녀가 말했다.

부인의 목소리는 평상시의 톤으로 돌아와 있었다. 부인은 생각을 바꾼 것이었다. 굳이 캐물어 본들 무슨 소용이 있겠는가? 어머니로서 할 말을 한 셈이고, 다행히 무슨 뜻인지 깨달은 것이 분명하고, 또한 딸을 믿었다.

모녀는 일어서서 한 마디 말도 없이 현관을 가로질러 이제는 완전히 어두워진 복도로 들어섰다. 앞서 올라가던 퐁타냉 부인이 매일 저녁 하듯이 딸에게 키스를 하려고 딸의 방 앞 층계참에 멈추어 섰다. 부인은 딸의 표정을 읽을 수는 없었지만 키스해 줄 때 그 굳어진 육체의 저항을 느꼈다. 그래서 잠시 동안 연민의 몸짓으로 자신의 뺨을 딸의 뺨에 댄 채 가만히 있었다. 그러한 동정적인 몸짓이 제니의 저항을 더욱 부추겼다. 퐁타냉 부인은 조심스럽게 뒤로 물러서서 자기 방 쪽으로 갔다. 그러나 부인은 제니가 자기 방으로 들어가지 않고 부인을 따라오는 것을 알아차렸다. 바로 그 순간에 부인은 자기 뒤에서 딸이 흥분한 투로 단숨에 외치는 소리를 들었다.

"엄마, 그 사람이 너무 자주 와서 안 되겠다고 생각하시면 쌀쌀맞게 대해 주시면 되잖아요!"

"누구 말이니?" 하고 퐁타냉 부인이 돌아서며 말했다. "자크 말이니? 너무 자주 온다고? 하지만 보름 전부터 나는 그 애가 여기 온 걸 못 보았는데!"

(사실 자크는 다니엘을 통해서 퐁타냉 씨의 귀가와 그 일로 그들 가정생활에 혼란이 일어났음을 알고 이 집 방문을 삼가고 있었다) 더구나 제니가 지금까지처럼 규칙적으로 클럽에 오지도 않았고 또 오더라도 되도록 자크를

피했으며 가끔 그가 누군가와 시합하는 것을 기다려서 거의 그와 말을 나누지 않고 달아나다시피 해 왔으므로 보름 전부터 두 사람은 마주친 적이 별로 없었다.

제니는 결연히 어머니 방으로 들어왔다. 그녀는 문을 닫고 아무 말 없이 당돌한 태도로 서 있었다.

퐁타냉 부인은 딸에 대해 안타까운 마음을 가눌 길이 없었다. 그리고 어떻게 하면 제니로 하여금 속내를 털어놓게 할 수 있을까 하는 생각만 했다.

"정말이지, 애야. 나는 네가 무슨 말을 하려는 것인지 모르겠구나."

"대체 오빠는 왜 그 티보 형제를 우리집에 끌어들인 거지요?" 하고 제니가 열을 내며 또박또박 끊어 말했다. "오빠가 그 사람들 하고 이해할 수 없는 교류를 하지 않았더라면 이런 일은 결코 일어나지 않았을 거예요!"

"그런데 애야, 무슨 일이 일어났단 말이니?" 하고 퐁타냉 부인이 물었다. 그러는 그녀의 심장은 몹시 뛰고 있었다.

제니가 발끈했다.

"아무 일도 없었어요. 내 말은 그런 뜻이 아니예요! 다만 오빠하고 엄마가 티보 형제를 줄곧 집에 끌어들이지만 않았더라면, 나는…… 나는…….'

그녀의 목소리가 뚝 끊어졌다. 퐁타냉 부인은 용기를 내어 물었다.

"제니야. 내게 얘길 해 주렴. 혹시 너 그 애에게서…… 무슨…… 특별한 감정이라도 느낀 것 같다는 말이니?"

제니는 어머니의 질문이 채 끝나기를 기다리지도 않고 그렇다는 표시로 고개를 숙였다. 달빛이 환히 비치던 정원, 작은 문, 벽에 생긴 자기의 그림자, 그리고 그날 밤의 자크의 무례한 행동을 다시 보는 것 같았다. 그러나 제니는 아직도 자나깨나 자신의 머리를 떠나지 않는 그 끔찍한 순간을 절대로 말하지 않기로 결심했었다. 결국 이렇게 마음속 깊이 간직해 둠으로써, 자기에게는 그것을 무서운 것으로 생각한다든가 또는 단순한 감동으로 생각할 자유가 보장되기라도 하는 것 같았다.

퐁타냉 부인은 지금이 바로 결정적인 순간임을 느꼈다. 그리고 제니로 하여금 다시 침묵 속으로 빠져들도록 내버려 두어선 안 되겠다는 생각이 들었다. 부인은 떨리는 한 팔로 자기 뒤의 책상을 잡고는 온몸을 제니 쪽으로 기울이고 있었다. 부인은 열린 창문으로 새어 들어오는 희미한 빛으로 딸의 얼굴을 어렴풋이 볼 수 있었다.

"애야" 하며 부인은 말을 계속했다. "만일에 너만…… 너만 그렇지 않다면…… 그건 그다지 심각한 일은 아닌 것 같구나……."

이번에는 제니가 완강하게 부정의 고갯짓을 몇 번 되풀이했다. 견딜 수 없는 불안감으로부터 벗어난 퐁타냉 부인이 안도의 한숨을 내쉬었다.

"나는 처음부터 그 티보가의 사람들이 마음에 들지 않았어요!" 하고 제니가 느닷 없이 외쳤다. 부인은 여태까지 딸의 그런 목소리를 들어본 적이 없었다. "형이란 사람은 거드름이나 피우는 야만적인 사람이고, 동생은……."

"그렇지 않단다" 하고 퐁타냉 부인이 어둠 속에서 얼굴을 붉히며 딸의 말을 가로막았다.

"……동생은 언제나 오빠한테는 악마였어요!" 하고 제니 자신도 오래전부터 지녔던 예전의 악감정을 되새기며 이야기를 계속했다. "아, 엄마, 그 사람들을 감싸지 마세요. 엄마는 그 사람들을 좋아해선 안 돼요. 엄마와는 너무도 다른 사람들이니까요! 엄마, 사실이에요. 내가 잘못 생각하는 게 아니에요. 그 사람들은 우리와는 전혀 다른 족속의 사람들이에요. 그 사람들은…… 글쎄, 뭐라고 해야 할지……. 그 사람들이 우리와 같은 생각을 하는 것처럼 보이더라도 속아서는 안 돼요. 사고방식이 늘 다르고, 다른 동기에서 그러는 거예요! 아, 그 사람들이란……."

그녀는 주춤했다.

"가증스러워요!" 하며 마침내 제니는 토해내다시피 말했다. "가증스러워요!" 그리고 자기의 혼란된 생각에 이끌려 단숨에 말을 이었다. "나는 엄마한테 아무것도 감추고 싶지 않아요. 절대로 안 그래요. 어렸을 때는 유치한 감정도 가지고 있었던 것 같아요……. 자크한테 어떤 질투심을요. 나는 오빠가 그 사람에게 열중하는 모습을 보기가 괴로웠어요! 그 사람은 오빠하고 사귈 가치가 없는 사람이라고 생각했어요! 이기주의자에다 오만하고 무뚝뚝하고 짓궂고 버릇없이 컸다고요! 그 입하고, 턱하며, 생김새만 보더라도……. 나는 그 사람을 생각하지 않으려고 애썼어요. 그런데 그럴 수가 없었어요. 그 사람은 언제나 내게 불쾌감을 주는 말을 했었는데, 나는 그 생각을 하면 늘 화가 나곤 했어요. 자주 그는 우리집에 왔어요. 남들은 그가 일부러 나에게 관심 있는 척한다고 했을 거예요! ……하지만 그건 모두 옛날 일이에요. 내가 왜 자꾸 그 생각을 하는지 모르겠어요……. 최근 들어서 그를 가까이서 살필 수가 있었어요. 특히 올해에는. 그리고 이번 달에도요. 이제는 그 사람을 예전과는 다르게 생각하고 있어요. 나는 올바르게 판단하려고 애썼어요. 그동안 이런저런 일들이 있었지만 이젠 그 사람의 좋은 점은 인정해요. 엄마, 이 말도 하고 싶어요. 몇 번이나, 그래요, 몇 번이나 무의식중에…… 왠지…… 끌리고 있다고 생각했던 적이 있었어요……. 하지만 아니에요, 아니에요! 그건 사실이 아니에요! 그 사람의 모든 것이 나는 마음에 들지 않아요! 하나에서 열까지 모조리!"

퐁타냉 부인이 양보했다.

"자크에 관해선 나는 잘 모르겠구나. 그 애를 판단할 기회는 네가 더 많았지. 하지만 앙투안에 관해서라면 분명히 말할 수 있어……."

"하지만" 하며 제니가 성급하게 어머니의 말을 가로챘다. "자크에 대해서 내가 한 말은…… 그 사람 역시 아주 훌륭한 장점들을 가지고 있다는 것을 부정하지는 않아요!"

제니의 어조는 조금씩 바뀌고 있었다. 그리고 이제는 매우 침착하게 말하고 있었다.

"우선 그 사람이 하는 말은 모두 그가 아주 똑똑하다는 것을 나타내고 있어요. 그 점은 나도 인정해요. 이렇게까지 말할 수 있어요. 그의 성격은 결코 비뚤어지지 않았어요. 그는 성실할 뿐만 아니라 자신을 높이고 고귀하게 할 수 있는 사람이에요. 엄마도 이젠 내가 그에 대해 화가 난 것은 아니란 것을 아시겠죠! 그게 다가 아니에요. 내 생각엔" 하고 그녀는 한마디 한마디에 힘을 주어가며 덧붙였다. 그러는 동안 퐁타냉 부인은 놀란 나머지 주의 깊게 딸을 살피고 있었다. "내 생각에 그는 높은, 아마도 아주 높은 운명을 위한 태어난 사람 같아요! 이렇게 엄마, 나는 객관적으로 생각하려고 노력하고 있어요! 이제는 그에게 그런 힘이 있다는 것을 확실히 믿을 수 있어요. 그래요, 사람들이 천재라고 부르는 그런 힘이 틀림없어요. 그래요, 바로 천재예요!" 하고 되풀이하는 제니의 말투는 어머니가 자기의 생각에 별로 반대하는 것 같아 보이지 않자 거의 도발적이었다. 그러고 나서 갑자기 절망적으로 격하게 소리쳤다.

"하지만 그 모든 게 아무 소용없어요. 그는 역시 티보 집안의 성격을 가지고 있어요! 티보가의 사람들! 나는 그 사람들 모두 증오해요!"

어리둥절해진 퐁타냉 부인은 잠시 동안 아무 말 못하고 가만히 있었다.

"그런데…… 제니……!" 하고 마침내 부인이 낮은 소리로 말했다.

제니는 어머니의 어조에서 지난번 오빠의 눈길 속에서 그토록 뚜렷이 읽을 수 있었던 바로 그 생각을 읽었다. 제니는 어린애처럼 어머니에게 달려갔다. 그리고 어머니의 입을 한 손으로 막았다.

"아냐! 아냐! 그렇지 않아요! 그렇지 않다니까요!"

어머니가 그녀를 끌어당겨서 감싸 주려는 듯이 양팔로 껴안는 동안 제니는 이제까지 자신의 목을 단단히 죄고 있던 마디가 갑자기 풀리기라도 한 듯 드디어 울음을 터뜨렸다. 그 울음소리는 어린시절 제니가 슬픔에 잠겼을 때 끊임없이 울부짖던 것과 꼭 같았다.

"엄마…… 엄마…… 엄마……."

퐁타냉 부인은 딸을 가슴에 안고 다정하게 등을 토닥여 주었다. 그리고 진정시키려고 더듬더듬 이렇게 말했다.

"애야…… 두려워할 것 없다……. 울지 말아라…… 별 생각도 다 하는구나! …… 아무도 너에게 억지로 이래라 저래라 하지 않을 거다……. 다행히도 너는……." (부인은 두 어린 학생들이 가출했던 다음날 단 한 번 만났던 티보 씨를 회상했다. 자기 서재에서 두 신부 사이에 있던 그 거대한 몸집의 사나이가 눈에 선했다. 부인은 자크의 사랑에 대한 승낙을 거절하면서 제니의 사랑에 최대의 모욕을 가해오는 티보 씨를 상상했다) "아, 다행히도 그건! …… 네 자신을 비난할 건 조금도 없다……. 내가 그 애에게 얘기할게. 그 애가 이해하도록 해 줄게……. 울지 말아라, 애야……. 모든 게 다 잊혀질 게다……. 이건 끝난 일이야, 끝났어……. 울지 마라……."

그러나 제니는 점점 더 큰 소리로 울었다. 왜냐하면 어머니의 말 한 마디 한 마디가 점점 더 그녀를 괴롭혔기 때문이다. 그리고 모녀는 어둠 속에서 서로 꼭 껴안은 채 한참을 울었다. 딸은 어머니의 두 팔에 안겨 자신의 고통을 달래고 있었고, 어머니는 고통스런 위로의 말을 계속 중얼거리고 있었다. 그러면서 두려움 때문에 두 눈을 크게 뜨고 있었다. 왜냐하면 부인은 자신의 평소의 육감으로 미뤄 보아 제니 앞에 불가피한 운명이 펼쳐지고 있다는 것, 그리고 자신의 두려움과 애정과 기도도 이제는 그 운명으로부터 딸을 끌어낼 수 없다는 것을 알고 있었기 때문이다. '우리가 하느님을 향해 끝없이 올라갈 때' 하고 생각하면서 그녀는 괴로워했다. '우리는 누구나 자기에게 약속된 길을 시련을 거듭하면서, 또 때로는 잘못을 거듭하면서 영원히 자기의 길을 혼자 걸어가야 하는 것이다…….'

아래층 문이 닫히는 소리가 나면서 현관의 타일로 제롬의 발소리가 들리자 모녀는 비로소 소스라쳐 놀랐다. 그러자 제니는 지금까지 안겨 있던 엄마 품에서 빠져 나와 한 마디 말도 하지 않고, 이제 그녀 위에 드리워져 이 세상의 어느 누구도 덜어 줄 수 없는 절망의 무게에 짓눌려 비틀거리며 도망치듯이 나갔다.

11. 앙투안과 라셀 영화관에 가다. 아프리카 영화—파크멜에서의 저녁

극장 앞에 세워진 거대한 광고가 거리를 지나는 사람들의 걸음을 멈추게 했다.

미지의 아프리카
월로프족, 세레르족,
풀베족, 만딩고족, 바기르미족
부락에의 여행

"8시 30분이나 되어야 시작한단 말이야" 하고 라셀이 한숨을 쉬며 투덜거렸다.

"그것 봐!"

유감스럽게도 장밋빛 방 안의 친숙한 공기에게 안타까운 작별을 고해야만 했던 앙투안은 하다못해 단둘이서만 있다는 환상에라도 사로잡혀볼까 해서 관람석 맨 뒤 격자로 칸막이가 된 좌석의 표를 샀다.

라셀이 매표구 근처에 있는 앙투안에게 다가왔다.

"내가 벌써 아주 근사한 걸 발견했어."

그녀는 몇 장의 스틸 사진이 붙어 있는 극장 기둥이 있는 곳으로 앙투안을 끌고 갔다. "이것 좀 봐."

앙투안은 우선 그곳에 씌어 있는 문구를 읽어보았다. '메이요 카비 강가에서 조를 키질하고 있는 만딩고족의 소녀.' 벌거벗은 구릿빛 몸에 허리띠 대신 짚을 엮은 것을 두르고 있는 소녀 사진이었다. 그 아름다운 만딩고족 소녀는 일에 몰두한 표정으로 윗몸은 키질하느라 뒤로 젖히고 오른쪽 다리에 몸의 무게중심을 두고 서 있었다. 그녀는 머리 위로 원을 그리듯이 쳐든 오른팔로 낟알이 가득 든 넓은 표주박을 기울여서, 무릎께에 왼손으로 들고 있는 나무 그릇 속으로 되도록 높은 곳에서 조금씩 떨어뜨리고 있었다. 그녀의 태도에는 꾸민 데라고는 조금도 없었다. 가볍게 뒤로 젖힌 머리와 우아하게 굽힌 균형적인 두 팔, 상체가 탄탄하고 여린 한 쌍의 젖가슴을 위로 당겨 올리고 있고, 허리에 잡힌 주름, 힘을 준 엉덩이, 힘이 들어가 있지 않은 왼쪽 다리를 앞으로 살짝 내밀고 발끝만 땅에 대고 있는, 모든 것이 자연스러웠고 노동으로 인해 생긴 조화였으며 감동적인 아름다움을 자아내게 하고 있었다.

"아니, 애들 좀 봐!" 하고 라셸이 앙투안에게 열 명쯤 되는 어린 흑인들이 어깨 위로 유선형 카누를 들고 있는 사진을 보여 주며 다시 말했다. "이 꼬마 너무나 아름답지! 월로프족이야. 목에 그리그리(아프리카 토인들이 몸에 달고 다니는 부적의 일종)를 달고 있고, 아프리카 사람들이 입는 푸른색 부크(길게 늘어지는 상의의 일종)에, 머리에는 타르부크(붉은 술이 달린 푸른 색 두건의 일종)를 쓰고 있잖아."

그날 저녁 라셸은 평소와는 달리 흥분해서 말하고 있었다. 그녀는 마치 얼굴의 근육이 자기도 모르는 사이에 수축되기라도 한 것처럼 입을 거의 벌리지 않은 채 미소를 지었고, 눈꺼풀 사이로 열에 들뜬 눈길이 흘러나오며 이제까지 앙투안이 한 번도 본 적이 없는 은빛 섬광을 발하고 있었다.

"우리 들어가" 하고 그녀가 말했다.

"하지만 아직 15분도 더 남았는걸!"

"그럼 어때" 하고 라셸은 어린애처럼 좀이 쑤셔서 기다리지 못하겠다는 듯 대답했다. "들어가자니까."

객석은 비어 있었다. 오케스트라석에 몇 명의 연주자들이 악기를 준비하고 있었다. 앙투안은 좌석의 격자를 올렸다. 라셸은 앙투안에게 기대어 서 있었다.

"이 넥타이 좀 풀어" 하고 라셸이 웃으며 말했다. "당신은 언제나 목 매달아 죽으려다 목에 끈을 묶은 채 도망가는 꼴을 하고 있어!"

그는 눈에 보이지는 않지만 못마땅한 몸짓을 했다.

"아!" 하며 그녀가 중얼거렸다. "이 영화를 당신과 함께 보러 오다니 너무 신나!"

그녀는 앙투안의 얼굴을 두 손으로 감싸고는 자기의 입술 쪽으로 끌어당겼다. "그리고 당신이 수염을 깎아 버린 뒤부터 내가 얼마나 당신을 사랑하는지 모르지!"

그녀는 외투와 모자와 장갑을 벗었다. 두 사람은 좌석에 앉았다. 다른 사람이 볼 수 없도록 되어 있는 격자 사이로 두 사람은 몇 사람만 왔다 갔다 하던 조용하지만 먼지 많고 붉으스름한 극장 안이 시시각각 많은 사람들이 우글거리는 시끄러운 장소로 바뀌는 것을 보고 있었다. 이따금 어떤 관악기가 내는 반음계의 소리가 울려 퍼지곤 했다. 지난 여름이 유독 더웠음에도 불구하고 9월 중순이 지나자 많은 파리 시민들이 휴가에서 돌아와 있었다. 그리하여 지금은 해마다 라셸이 늘 새로움을 발견하며 좋아하던 그런 휴가철의 파리는 아니었다.

"들어봐……" 하고 그녀가 말했다. 오케스트라는 〈발퀴레〉^(바그너의 악극으로 북유럽 신화)_(오딘을 섬기는 전쟁의 처녀들)에 나오는 봄의 노래를 연주하기 시작한 참이었다.

그녀는 바로 옆에 앉은 앙투안의 어깨에 머리를 기대고 있었다. 그는 라셸의 입술 사이로, 아울러 위 아래가 잘 맞는 이와 이 사이로 바이올린 현의 이중 메아리 같은 음악을 듣고 있었다.

"당신, 쥬코의 노래 들어본 적 있어? 테너 가수 쥬코 말이야" 하고 그녀가 무심히 물었다.

"응, 그런데 왜?"

그녀는 계속 멍하니 공상에 잠겨 있었으므로 곧장 대답하지 않았다. 마치 뒤늦게야 자기 생각을 감춰야 한다는 것을 깨달은 듯이 낮은 소리로 말했다.

"그 사람, 한때는 내 애인이었어" 하고 그녀가 말했다.

앙투안은 라셸의 과거에 대해 강한 호기심을 갖고 있었다. 그러나 질투심은 전혀 없었다. 그녀가 '내 육체는 아무것도 기억하지 않아'라고 고백했을 때 그는 라셸이 무슨 뜻으로 그 말을 했는지 너무나 잘 이해하고 있었다. 그러나 쥬코는…… 앙투안은 〈마이스터 징거〉^(바그너의)_(오페라)의 3막에서 하얀 새틴의 꽉 끼는 재킷을 입고 나무상자 위를 기어 올라가던 쥬코의 우스꽝스러운 모습을 떠올렸다. 금발의 가발을 썼는데도 여전히 집시의 냄새가 나는 크고 뚱뚱한 사나이로 사랑의 이중창을 부를 때마다 한 손을 가슴에 얹곤 했었다. 앙투안은 라셀이 하필이면 그런 평범한 남자를 고른 것에 부아가 치밀었다.

"그 사람이 이 부분을 부르는 것을 들은 적이 있어?" 하며 그녀가 말을 이었다. 그녀는 손가락을 들고 허공에다 아랍식의 악절(樂節)을 그렸다. "내가 쥬코 이야기를 한 번도 안 했었나?"

"안 했어."

라셀은 그의 가슴에 얼굴을 대고 있었으므로 그녀를 보려면 눈만 내리뜨면 되었다. 그곳엔 그녀가 항상 자신의 추억을 되살릴 때면 보이던 쾌활한 표정은 없었다. 눈살을 약간 찌푸리고 눈은 거의 감고 있었으며 양 입가는 약간 처져 있었다. '이 여자의 비통한 얼굴도 꽤 괜찮은데' 하고 그는 생각했다. 그녀가 잠자코 있는 것을 알아차린 앙투안은 자신이 과거의 일에 전혀 개의치 않는다는 것을 다시 한 번 확인시켜 주기 위해 이렇게 말했다.

"그래, 당신의 쥬코는 어떻게 된 거야?"

그녀는 움찔했다.

"뭐, 쥬코?" 하고 그녀는 힘없는 미소를 지으며 말했다. "사실, 쥬코는 별 볼일 없었어. 첫사랑이었을 뿐이야."

"그럼 나는?" 하고 그가 스스로를 억누르며 말했다.

"물론 소중한 사람 가운데 하나, 세 번째지 뭐" 하고 그녀는 눈썹 하나 까딱 않고 대답했다.

'쥬코와 이르슈와 나…… 그 밖에도 또 있겠지?' 하고 앙투안은 생각했다.

라셀은 점점 생기를 되찾으며 말을 계속했다.

"그럼, 얘기할까? ……단순한 일이었다는 것을 알게 될 거야. 아빠가 돌아가신지 얼마 안 되었을 때인제 오빠는 함부르크에서 일하고 있었어. 나는 오페라극장에서 일했으므로 아침부터 밤 늦게까지 늘 매여 있었지. 한데 춤추지 않는 날 밤이면 외로웠어. 18살 땐 다 그런 거야. 그런데 쥬코가 오래 전부터 날 쫓아다녔어. 나는 그가 보잘것없고 건방진 사람이라고 생각했었어." 그녀는 약간 망설이다가 말을 이었다. "또 약간 바보스럽다고 생각했었어. 그래, 벌써 그때부터 내겐 그 사람이 약간 바보스럽게 보였었나봐…… 한데 나는 그 사람이 야만인인 줄은 몰랐어!" 그녀는 막 불이 꺼진 극장 안을 둘러보았다. "처음엔 뭐지?"

"뉴스야."

"그 다음엔?"

"스펙터클 영화. 형편없는 걸 거야."

"그럼 아프리카는?"

"맨 마지막이야."

"아, 그래?" 하며 그녀는 앙투안의 어깨에 향기 나는 자기 머리를 다시 기댔다. "뭐 볼 만한 게 나오면 알려줘. 피곤하지 않아, 당신? 나는 참 편해!"

그는 라셸의 촉촉한 입술이 반쯤 열린 것을 보았다. 두 사람의 입술이 포개졌다.

"그래서 쥬코는?" 하고 앙투안은 다시 물었다.

그의 예상과는 달리 그녀는 미소를 짓지 않았다.

"지금 생각하면 내가 어떻게 참았는지 모르겠어. 너무 심한 일을 겪었거든! 마차꾼 같은 사내였어! 옛날에 오랑 지방에서 역마차의 마부였었대……. 친구들이 모두 동정했지. 내가 왜 그 사람과 함께 지내는지 아무도 이해하지 못했으니까. 당사자인 나도 지금 생각하면 이해할 수 없어……. 어떤 여자들은 매 맞기를 좋아한다는 말이 있기는 하지만……."

그녀는 잠시 입을 다물었다가 덧붙여 말했다.

"하지만 그게 아니야, 아마 나는 혼자가 되는 것이 두려웠던 것 같아."

앙투안은 그날 저녁에 라셸의 목소리에 감도는 구슬픈 억양을 들어본 기억이 없었다. 그는 그녀를 지키고 감싸려는 듯이 한 팔로 안아 주었다. 그러고 나서 포옹을 풀었다. 그는 자신의 오만한 마음가짐의 일면인, 까닭 없이 타인을 가엾게 여기는 성격을 알기 때문이었다. 어쩌면 이런 것이 동생에 대한 그의 애정의 비밀이었을지도 모르며, 그리고 자신도 때때로—라셸을 만나기 전에도—그런 방법 이외에는 남을 사랑할 줄 모르는 것이 아닐까 자문하고 있었다.

"그러고 나선?" 하고 그는 다시 물었다.

"그 다음엔 그 사람이 날 버리고 가 버렸지. 당연히!" 하고 라셸은 조금도 아쉬워하는 기색 없이 말했다.

두 사람은 모두 입을 다물고 있다가 마침내 이런 고백을 하기에 앞서 정적이 필요하기라도 한듯 낮은 목소리로 그녀가 덧붙였다.

"당시에 나는 임신 중이었어."

앙투안은 깜짝 놀랐다. 임신이라고? 어떻게 이런 일이! 의사인 자기가 그
…… 흔적을 알아채지 못하다니? 아니 도대체!

멍청하고 불만스러워하는 그의 눈 앞에선 뉴스 영상이 돌아가고 있었다.

대연습 뉴스
독일 대사관 무관과 대화하는 팔리에르 대통령

미래의 통신기관
단발 비행기로 라탐 씨 착륙
총사령관에게 귀중한 정보 제공.
공화국 대통령이 그 용감한 비행사 접견,

"하지만 꼭 그것 때문에 그 사람이 날 버린 건 아니었어" 하며 라셀이 고
쳐 말했다. "만일 내가 계속 그 사람의 빚을 갚아주기만 했더라면……."

앙투안은 그녀의 방에서 보았던 어린아이의 사진과 '애는 죽었어' 하면서
그의 손에서 그 사진을 빼앗던 일을 떠올렸다.

순간 그는 라셀의 고백을 듣고 놀랐다기보다 오히려 자신의 직업상의 자
부심 때문에 당혹스러웠고 모욕감을 느꼈다.

"정말이야?" 하며 그가 나지막하게 물었다. "당신이 아이를 낳은 적이 있
어?" 그러고는 곧 신중한 미소를 지으며 덧붙여 말했다. "사실은 전부터 그
렇지 않을까 하는 생각은 했었어."

"하지만 아무도 그걸 눈치채지 못하는데! 나는 연극에 출연해야 했으므로
얼마나 애써 내 몸을 가꾸었다고!"

"난 의사잖아!" 하고 그는 어깨를 한 번 으쓱대며 대답했다.

그녀는 미소를 지었다. 앙투안의 통찰력이 대단해 보였다. 그녀는 잠깐동
안 말없이 있다가 몸을 축 늘어뜨린 채 이야기를 계속했다.

"그 시절을 생각하면, 내 일생의 황금기를 살았었구나 하는 생각이 들어.
나는 얼마나 오만했던지! 몸이 무거워져서 오페라 극장에 휴가를 내야만 했

을 때 내가 어디로 갔었는지 알아? 노르망디에 갔었어! 시골 아주 작은 마을에 오빠와 나를 키워 준 나이 든 가정부가 살고 있었어. 아, 거기서 얼마나 융숭한 대접을 받았는지 몰라! 평생토록 거기 머물러 살고 싶었을 정도였거든. 차라리 그랬어야 하는 건데. 그런데 그 무대에 일단 발을 들여놓으면……. 나는 그게 잘하는 짓인 줄 알고 딸을 유모에게 맡겨 버렸어. 나는 전혀 걱정 따윈 하지 않았는데 여덟 달 뒤에…… 나 역시 병이 났어."

라셀은 잠시 침묵했다가 한숨지었다.

"출산한 뒤로 건강이 나빠졌어. 오페라극장을 떠나야만 했고 동시에 모든 것을 다 버려야 했어. 다시 혼자가 된 거야."

그는 몸을 굽혔다. 그녀는 이제 울고 있지 않았다. 그녀는 두 눈을 크게 뜨고 천장을 바라보고 있었다. 그러나 그녀의 눈꺼풀은 눈물로 천천히 부풀어 오르고 있었다. 그는 감히 키스할 생각도 못했다. 그녀의 감정을 존중해 주고 싶었기 때문이다. 그는 방금 들은 이야기를 다시 생각해 보았다. 라셀과 함께 있으면 그는 매일 어떤 고정된 점에 이른다고 생각했으며, 그것을 축으로 그녀의 삶에 관한 총괄적인 평가를 할 수 있다고 생각했다. 그러다가 다음날이면 어떤 고백, 어떤 추억의 이야기, 어떤 단순한 암시가 그때까지 짐작하지 못한 새로운 관점을 열어 주어서 그의 눈길은 또다시 길을 잃고 마는 것이었다.

그녀는 스스로 몸을 일으켜 머리를 매만지려고 한 팔을 들었다. 그러더니 우뚝 움직임을 멈추고 자기 손을 들어 화면을 가리켰다.

"오!" 하고 그녀가 소리쳤다. 두 눈에는 눈물이 글썽했다. 그러면서 말을 타고 달아나고 있는 한 처녀 뒤를 30여 명의 인디언들이 사냥개 떼처럼 몰아가고 있는 장면을 매우 유심히 보고 있었다. 처녀는 바위를 기어 올라가서, 산등성이 위에 잠깐 모습을 드러내더니 곧장 깎아지른 경사를 기어 내려갔다. 그리고 나서 서슴지 않고 급류 속으로 몸을 던졌다. 그녀 뒤를 30명의 토인과 말들도 뛰어들더니 물거품의 소용돌이 속으로 사라졌다. 그러나 그녀는 반대편 강가에 닿아서 말에 박차를 가하며 계속 달렸다. 그러나 헛일이었다. 강탈범들이 그녀가 달려간 흔적을 찾아 뒤를 바짝 쫓고 있었다. 이미 머리 위까지 날아온 올가미에 걸리려는 찰나였다. 그녀는 철교에 다다랐다. 그 철교 아래로 급행열차가 질풍처럼 달리고 있었다. 순간 그녀는 말 안장에서 미끄러지더니 제방을 넘어 허공 속으로 뛰어내렸다.

객석은 온통 숨을 죽이고 있었다.

바로 그 순간, 전속력으로 달리는 기차지붕 위에서 처녀가 머리는 헝클어지고 치마는 바람에 날리면서, 두 주먹을 허리에 대고 버티고 서 있는 모습이 나타났다. 다리 위에서 인디언들이 카빈 소총으로 그녀를 겨누었지만 아무 소용없었다.

"봤어?" 하고 라셀은 즐거워서 몸을 떨며 크게 외쳤다. "난 저런 거 아주 좋아해!"

그는 다시 그녀를 당겼다. 이번에는 자기 무릎에 그녀를 앉혔다. 그는 자기 아이처럼 두 팔로 그녀를 안았다. 그녀를 위로해 주고 싶었고, 그들의 사랑 외의 모든 것을 잊게 해 주고 싶었다. 그러나 아무 말도 하지는 않았다. 그는 그녀의 목걸이를 만지작거렸다. 그 목걸이는 작은 납빛의 용연향 구슬로 이어져 있었고, 용연향은 그의 손으로 만져서 따뜻해지면 끈질긴 향기를 풍겼다. 그래서 목걸이를 만진 지 이틀이 지난 뒤에도 갑자기 손에서 그 냄새를 맡게 되는 경우가 드물지 않았다. 그녀는 그가 앞섶 단추를 풀고 젖가슴에 뺨을 대도록 내버려 두었다.

"들어와요!" 하고 그녀가 말했다.

박스를 잘못 찾아온 안내양이었다. 안내양은 황급히 문을 닫았지만 앙투안의 품속에 있는 반라의 여인에게 호기심에 찬 눈길을 던질 만큼의 시간 여유는 있었다. 그는 뒤늦게 몸을 떼려고 움직였다.

라셀은 웃었다.

"당신, 참 바보야! 저 여잔 아마…… 기다리고 있었을 거야……. 귀여운 여자인걸……."

그는 라셀의 말에, 그 뉘앙스에 너무 놀라서 그녀의 표정을 보고 싶었다. 그러나 라셀은 그의 어깨에 머리를 기대고 있었다. 그래서 그는 그녀의 웃음, 비밀에 싸인 듯 쿡쿡대는 거의 소리가 안 나는 이 웃음소리만을 들었다. 앙투안은 라셀의 이런 웃음소리를 들을 때마다 언제나 불쾌한 기분이 들곤 했다.

둘 중의 어느 한 사람도 침묵을 깰 생각을 못하고 있는 사이에 중간 휴식 시간이 끝났다.

아프리카 영화를 상영한다는 예고를 했다. 극장 안이 어두워졌다. 오케스트라가 흑인 음악을 연주하기 시작했다.

그러자 라셀은 그에게서 떨어져 혼자 칸막이 관람석 가장자리에 가서 앉았다.

"영화가 잘 만들어져 있기나 하면 좋겠는데" 하고 라셀이 중얼거렸다.

화면에는 계속해서 풍경을 비추고 있었다. 거대한 나무들이 뒤얽힌 열대산 덩굴에 의해 땅에 묶여 있으며, 그 아래로는 흐르지 않는 강. 황소의 시체처럼 수면에 나타날 듯 말 듯하는 익사한 하마 한 마리. 얼굴 가장자리에만 흰 수염을 기르고 있어서 늙은 수병 같은 모습을 한 작고 까만 원숭이들이 모래 위에서 장난하고 있었다. 이윽고 작은 마을이 나타났다. 더위로 땅이 갈라지고 개미 한 마리 없이 텅 빈 마을 광장. 오두막집들과 생울타리들의 긴 행렬. 상체에는 아무것도 안 걸치고, 허리 옷 아래로 엉덩이 근육이 팽팽한 플르 부족 '소녀'들이 높은 절구통에 곡식을 빻고 있는 마당. 그 주위에서 흑인 어린이들이 먼지 속에 뒹굴고 있었다. 커다란 바구니를 들고 있는 여자들의 모습. 또 다른 여자들은 책상다리를 하고 앉아서 왼손에는 물레의 토리개를 쥐고 오른손으로는 나무그릇 속에서 무명실이 감기고 있는 팽이 모양의 방추를 돌리며 실을 잣고 있었다.

라셀은 다리를 꼬고 앉아서 한쪽 무릎에 팔꿈치를 괴고, 손으로 턱을 감싸고 고개를 앞으로 내민 자태로 두 눈을 화면에서 떼지 않았다. 앙투안은 그녀의 숨소리를 듣고 있었다. 때때로 고개도 돌리지 않고 그녀가 낮은 목소리로 이렇게 말하곤 했다.

"어머, 당신…… 저것 좀 봐…… 저것 좀 봐……."

영화는 해질녘에 야자수가 빙 둘러서 있는 광장에서 요란한 북소리에 맞춰 야만스런 춤을 추는 장면으로 끝이 났다. 얼굴은 긴장되고 육체는 기쁨에 떨고 있는 한 무리의 흑인들이, 매우 아름답고 땀으로 번들거리는 거의 다 벗은 몸의 도취해 있는 두 흑인을 축으로 원을 이루고 있었다. 그 두 흑인은 서로 물기도 하고, 서로 부딪치기도 하고, 떨어져 나갔는가 하면 어느새 이를 드러내며 서로에게 으르렁대고, 율동적인 광란 속에 호전적이며 동시에 외설스럽기가 짝이 없이 서로를 갈구하고 쓰다듬기도 했다. 그 둘이 투쟁의 흥분과 욕정에의 갈망을 몸으로 흉내내어 보여 주고 있었기 때문이다. 구경하는 흑인들은 숨을 헐떡이며 기쁨으로 발을 굴렀고, 미친 듯 날뛰는 두 주인공 주위에서 원을 점점 더 좁혀 갔다. 그리고 쉬지 않고 손뼉과 북을 치면서 그 둘의 광란을 점점 더 부추기고 있었다. 극장의 오케스트라가 연주를 멈추었다. 무대 뒤에서 들려오는, 정확하게 박자 맞추어 치는 손뼉소리가 화면에 놀랄 만한 생동감을 되살려 주었다. 그리고 광란에 들뜬 그 모든 얼굴들에서 풍겨나오는 고통스러울 정도로 무르익은 쾌락을 관객에게 훨씬 더 쉽게 전달해 주었다.

영화가 끝났다.

관객들이 극장을 빠져나갔다. 청소부들이 빈 의자 위에 덮개를 깔고 있었다. 지쳐서 말이 없는 라셀은 일어설 결심을 못하고 있었다. 앙투안이 일어서서 외투를 펴서 내미는 것을 보고 그녀 역시 일어서서 입술을 내밀었다. 두 사람은 한 마디도 하지 않고 맨 마지막으로 극장을 나왔다. 벌써 낙엽 몇 잎이 빙빙 돌며 땅에 떨어지고 네온으로 눈부신 온화한 가을밤, 온갖 쾌락의 장소에서 한꺼번에 쏟아져 나오는 극장 앞 큰길의 군중 사이에 끼어 앙투안은 라셀의 팔을 잡고 속삭였다.

"집에 돌아가자, 응?"

그러자 라셀이 소리쳤다.

"흠, 아직은 싫어. 우리 어디 가. 나 목 말라."

그리고 나서 극장 기둥 아래 광고창이 눈에 띄는지 몸을 돌려서 어린 흑인 사진을 다시 보러 갔다. "아" 하고 라셀은 소리쳤다. "이 아이는 우리와 함께 카사망스 강을 내려 갔던 꼬마하고 신기할 정도로 닮았어, 월로프 족 꼬마였어. 마마두 디엥이란 아이였는데."

"어디로 갈까?" 하고 앙투안은 자기의 실망을 밖으로 드러내지 않고 물었다.

"아무 데나. 브리타니크에 갈까? 싫어? 그럼 파크멜에 가는 건 어때? 걸어서 가지 뭐. 그래, 파크멜에서 차가운 샤르트뢰즈 한 잔 마시고 집으로 가자."

그녀는 많은 언질을 내비치며 그에게 바짝 다가섰다.

"하필 오늘 저녁에, 그 영화를 보고 나서 꼬마 마마두 생각을 하게 되다니 왠지 묘한 기분이 들어" 하며 그녀는 말을 계속했다. "이르슈가 포경선 같은 배의 뒤에 앉아 있는 사진 보여 줬지? 식민지 병사의 모자를 쓴 부처 같다고 당신이 말했잖아? 그런데 그가 기대고 있던, 흰색의 헐렁한 윗도리를 입은 새까만 꼬마 생각나? 그 애가 마마두라니까."

"생각이 날 것 같기도 해" 하고 그가 대꾸했다.

그녀는 한동안 아무 대답 없이 있다가 진저리를 쳤다.

"가엾은 꼬마. 그 애는 며칠 뒤에 우리가 보는 앞에서 물려 죽었어. 그래, 수영하다가. 아냐, 그보다는 이르슈가…… 이르슈는 마마두가 감히 내가 쏘아 맞춘 백로를 주우러 강 건너편을 수영해서 갈 용기가 없을 거라고 우겼어. 나는 그 백로를 쏘았던 걸 얼마나 후회했는지 몰라! 그 꼬마가 가지러 가려고 했어. 강물에 뛰어들었지. 우리는 잠자코 보고만 있었지…… 그런데 갑자기! …… 아, 끔찍한 장면이었어! 눈 깜짝할 사이에 일어난 일이었어! 우리는 그 애가 하체를 덥석 물려 물 위로 몸이 솟구치는 것을 보았어…… 그때 아이가 외치던 그 소리! ……당시에 이르슈의 태도는 아주 멋있었어. 그이는 그 순간에 꼬마가 가망 없다는 것을, 끔찍히 고통당하리라는 것을 알아차렸어. 그는 겨냥했어. 그리고 타앙! 박이 깨지듯 아이의 머리가 깨져 버렸어. 정말, 그게 더 나았을 거야, 안 그래? 하지만 나는 너무 끔찍해서 병이 날 것 같아."

라셀은 입을 다물고 앙투안의 품으로 파고들었다.

"그 다음날, 나는 그 장소를 한 장 찍고 싶었어. 수면은 더할 나위 없이 고요했어. 그런 일이 일어났으리라고는 도저히 생각할 수 없을 정도로……."

그녀의 목소리가 변했다. 또 다시 아까보다 더 오랫동안 입을 다물었다가 다시 말을 이었다. "아! 이르슈에게 사람의 목숨이란 아무것도 아니야! 그래도 그 사람은 그 꼬마를 귀여워했었는데! 그런데도 망설이지 않았어, 그런 사람이었어……. 그 사건 뒤에도 그는 무덤덤했지. 나에게 백로를 갖다 주는 사람에게 자기 자명종 시계를 주겠다고 약속했어. 나는 그러지 말라고 했지만 그 사람은 나더러 가만히 있으라고 했어. 글쎄, 그의 입에서 일단 말이 떨어지고 나면 명령에 따르지 않을 수 없는 그런 사람이었어……. 그래서 나는 결국 바라던 백로를 가지게 되었어. 짐꾼 중의 한 명이 그것을 가지러 갔었거든. 그 꼬마보다 운이 좋았던 거지." 그녀는 가까스로 미소지었다. "난 그 백로를 아직도 가지고 있어. 지난 겨울에는 짙은 밤색 벨벳 모자에 달아서 썼어. 아주 예뻐."

앙투안은 아무 말도 하지 않았다.

"아, 당신이 거길 한 번도 가보지 못했다니 참 유감스러워!" 하고 소리치며 그녀는 갑자기 그에게서 떨어져나갔다. 그러나 그녀는 곧 뉘우치고 다시 그의 팔에 매달렸다.

"신경 쓸 거 없어, 당신은. 오늘 같은 밤엔 왠지 병이 날 것 같아. 확실히 열이 좀 있는 것 같아……. 프랑스에서는 숨이 막혀. 거기서 살아야만 진짜 사는 거야! 얼마나 멋진데! 흑인들 사이에서 느끼는 백인들의 그 자유란! 여기서는 그 자유가 어떤 것인지 도저히 꿈도 꾸지 못해! 어떤 규칙도 어떤 속박도 없어! 남이 어떻게 생각할까는 조금도 신경 쓸 필요가 없어! 무슨 말인지 알겠어? 당신은 그게 뭔지 이해하지 못할 거야. 언제 어디에서나 당신이 자기 자신으로 있을 수가 있어. 당신이 여기서 당신의 개 앞에서 자유로운 것처럼, 모든 흑인들 앞에서 자유로운 거야. 그러면서도 동시에 당신은 생각도 못할 정도로 멋진, 세심한 배려의 마음을 가진 사람들 사이에서 사는 거야. 당신 주위에는 다만 젊고 즐거운 미소들, 당신의 아주 하찮은 욕망까지 알아차리는 열정적인 눈길들이 있을 뿐인……. 한 가지 생각나는 게 있는데…… 당신 이런 얘기 지루하지 않아? 어느 날, 아프리카의 어느 벽촌에서 하루 일과가 끝나는 시간이었어. 이르슈는 여인들이 물을 뜨러 오는 어느 샘가에서 그 부락 족장과 이야기하고 있었지. 많은 여자들이 물을 길러 오는 시간이었는데, 우리는 아주 예쁘장한 두 처녀가 오는 것을 보았어. 그 애들은 둘이서 숫염소 가죽으로 만든 커다란 물 넣는 가죽 부대를 들고 있었어. '내 딸들입니다'라고 족장이 우리에게 설명해 주었어. 그 밖엔 아무 말도 하지 않았어. 그 늙은 족장은 알아챘던 거야. 바로 그날 저녁, 내가 이르슈랑 함께 있던 움막의 거적이 소리 없이 들춰졌어. 그 두 처녀가 미소를 지으며 서 있었어……. 아무 말도 하지 않고……."

라셀은 말없이 몇 걸음 걷다가 다시 말을 계속했다.

"참, 이런 일도 생각나. 이런 모든 것을 누구에게 말할 수 있다는 게 얼마나 내 마음을 홀가분하게 해 주는지 몰라! ……이런 일이야. 로메에서였어. 오늘처럼 영화를 보러 갔었지……. 저녁이면 모든 사람들이 다 극장엘 가거든. 극장이라는 데가 카페의 테라스인데, 아주 밝게 불을 밝혀 놓아. 주위에는 상자에 심어 놓은 나무들을 죽 세워 놓았고 말이야. 이윽고 모든 불을 다

끄고 나서 영화가 시작돼. 관객들은 차가운 음료수를 홀짝거리지. 상상이
가? 모든 식민지 사람들은 하얀 옷을 입고 앉아 있는데, 화면에서 흘러나오
는 빛을 반사하게 돼. 그 뒤에는 주위를 빙 둘러서 몹시 짙푸른 밤 속에 유
난히 반짝이는 별빛 아래에 토착민들이 있어. 소년 소녀들이 어둠 속에서 있
는 거야. 얼굴은 거의 보이지 않지만 두 눈은 고양이 눈동자처럼 빛내면서
말이야. 얼마나 아름다운지! ……그런데 어떤 신호도 보일 필요가 없어!
그 매끄러운 얼굴 중의 한 명을 응시하면 돼. 한순간 두 눈길이 부딪치면…
… 그뿐이야. 그러면 충분해. 몇 분 뒤에 일어서서 한번 돌아보지도 않고 가
는 거야. 호텔로 가는 거야. 호텔의 문은 일부러 다 열어놓았어……. 나는
2층에 묵고 있었는데……. 내가 옷을 벗기도 전에…… 덧문을 긁는 소리가
나. 나는 불을 끄고 창문을 열어줬어. 바로 그 흑인이야. 그 사람은 도마뱀
처럼 벽을 기어 올라왔던 거야. 그는 아무 말 없이 자신의 작은 몸을 따라
윗도리를 벗어 내려. 나는 영원히 못 잊을 거야. 그 사람의 입술은 촉촉했
어. 신선했고 참신했어……."

'끔찍하군' 하고 앙투안은 무의식적으로 생각했다. '검둥이하고라니……
미리 검사도 하지 않고…….'

"아! 그들의 그 피부란!" 하며 라셀이 계속했다. "마치 과일 껍질처럼 매
끄러워! 여기에 있는 사람들은 그게 어떤지 그려 볼 수조차 없어! 마치 이
제 막 가루분으로 문지른 것처럼, 항상 비단결 같고 매끄럽고 건조한 피부
야. 흠 하나 없고, 까칠까칠한 느낌도 전혀 없고, 끈적이는 느낌도 없이, 그
러면서도 타는 듯이 뜨거운 피부, 그러나 피부 속이 뜨거운 거야. 마치 모슬
린 소매 아래로 느껴지는 열기처럼 말이야. 무슨 뜻인지 알겠어? 마치 깃털
아래로 느껴지는 새의 더운 몸처럼! ……그리고 그 피부를 보면, 그곳의 한
낮의 태양 아래에서 보면, 햇빛이 어깨나 엉덩이를 스치는 걸 보면, 이 번쩍
이는 적갈색의 비단 같은 피부 위에 푸른빛이 떠 있어. 그걸 어떻게 설명해
야 할 지 모르겠네. 마치 손에 만져지지 않는 철가루 같다고나 할까, 아니면
끝없는 달빛의 반사 같다고 할까……. 그리고 그들의 눈빛은! 당신도 이미
그들의 눈빛이 얼마나 달콤한지는 보았지? 약간 갈색이 도는 그 흰자위 속
에 눈동자가 재빨리 움직이고 있어……. 그리고…… 어떻게 표현해야 할까
……. 그곳에서는 남녀의 사랑은, 그래, 이곳과는 전혀 달라. 그곳에서는 사

랑은 침묵의 행위야. 성스럽고도 자연스러운 행위야. 아주 자연스러운. 사랑에 어떤 사고도, 어떤 종류의 사고도 곁들이는 법이 절대 없어. 그리고 이곳에서는 언제나 얼마쯤 비밀스럽게 이루어지는 쾌락의 추구가 그곳에서는 사는 것만큼이나 합법적인 행위야. 그리고 생활과 마찬가지로, 사랑과 마찬가지로 자연스럽고 신성해. 무슨 뜻인지 이해하겠어, 당신? ……이르슈는 항상 이런 말을 했어. '유럽에서는 누구나 자업자득을 겪게 되지. 이곳은 우리들, 자유로운 인간들을 위한 곳이야.' 아! 그건 그 사람이 흑인들을 좋아했기 때문이야!" 그녀는 웃기 시작했다. "그걸 내가 어떻게 해서 최초로 알아차리게 되었는지 알아? 전에 혹시 말해 준 일이 없었던가? 보르도의 식당에서였어. 그는 나와 마주 앉아 있었어. 우리는 이야기를 하고 있었지. 갑자기 그의 눈길이 내 뒤에 머물러 있었어. 아주 짧은 순간이었지만, 그 눈빛이…… 너무도 날카로워서 나는 갑자기 뒤를 돌아보았어. 거기엔 찬장 옆에서 오렌지 설탕절임 그릇을 들고 있는 열다섯쯤 되어 보이는 왕자처럼 아름다운 어린 흑인이 있었어." 그녀는 뭔가 숨기는 듯한 애매한 어조로 덧붙였다. "아마 그날 나 역시 그곳에 가고 싶다는 욕망을 느꼈었고……."

두 사람은 말없이 몇 걸음을 걸었다.

"내 꿈은" 하며 갑자기 그녀가 말을 꺼냈다. "늙은 뒤의 내 꿈은…… 어떤 집을 하나 경영하는 거야……. 그래……. 그런 표정 짓지 마. 세상엔 별별 업종이 다 있는 거니까. 물론 나는 멋있는 집을 경영하고 싶어. 하지만 어쨌든 늙은이들 사이에서 나이들고 싶지는 않아……. 항상 젊은이들, 젊고 자유롭고 정열적인 육체를 지닌 사람들을 내 곁에 두고 싶어……. 당신은 이해할 수 없지?"

두 사람은 파크멜에 다다랐다. 그리고 앙투안은 아무 대답도 하지 않았다. 뭐라고 말해야 할지 몰랐기 때문이다. 라셀의 기이한 경험담을 들을 때마다 그는 끊임없는 경탄에 사로잡히곤 했다. 부르주아 계급 가정에서의 출생, 공부, 자신의 직업과 야망, 이미 계획이 짜여 있는 미래 따위에 의해서 꼼짝없이 프랑스 땅에 박혀 있는 자신이 그녀와는 너무도 다르게 느껴졌다! 물론 자신을 얽어매는 많은 쇠사슬들이 뚜렷하게 눈에 보였지만, 그는 단 한순간도 그 쇠사슬을 끊어 버리려 한 적이 없었다. 그리고 그는 라셀이 좋아하는 모든 것, 그리고 그에게는 참으로 낯설게만 여겨지는 것에 대해서, 마치 가

축이 집 주위를 맴돌며 집 안의 안전을 위협하는 것에 대해서 그러하듯이 어떤 적의를 느끼고 있었다.

진한 빨강 커튼으로부터 흘러나오는 새빨간 빛줄기만이 잠든 것 같은 바 안에 사람이 있음을 드러내고 있었다. 입구의 회전문이 삐걱 소리를 냈다. 더위와 먼지와 알코올 냄새로 꽉 차 있는 그 방 안 공기 속에 한 줄기 바람을 집어넣으며 휙 하고 돌았다.

사람이 무척 많았다. 모두 춤을 추고 있었다.

라셀은 휴대품 맡기는 곳 근처에서 빈 테이블 하나를 찾아냈다. 그리고 어깨에 걸치고 있는 외투를 벗어 버리기도 전에 잘게 부순 얼음과 함께 초록색 샤르트뢰즈 한 잔을 주문했다. 술잔이 그녀 앞에 놓이자마자 양 팔꿈치를 식탁에 놓고 눈을 내리감고는 입술을 두 개의 빨대에 댄 채 꼼짝도 않고 있었다.

"슬퍼?" 하고 앙투안이 속삭이듯 작은 소리로 물었다.

라셀은 계속 마시면서 눈꺼풀을 살짝 올렸다. 그리고 앙투안을 향하여 밝게 미소지었다.

그들 옆 테이블에서는 어린애 같은 얼굴에 작고 검은 이를 드러낸 일본 사람 한 명이 권투선수를 능가하는 팔을 아무렇지 않다는 듯 만지고 있었다. 그 갈색 머리 여자는 부끄러워하지도 않고 그 팔을 식탁보 위에 내놓고 있었다.

"미안하지만 샤르트뢰즈 한 잔 더 주문해 줘. 아까와 똑같은 걸로" 하고 빈 잔을 보이며 라셀이 말했다.

앙투안은 누군가의 손이 어깨를 가볍게 스치는 것을 느꼈다.

"혹시나 싶어서 한참을 망설였어요" 하며 다정한 목소리로 말했다. "수염을 깎아 버리셨나요?"

다니엘이 그들 앞에 서 있었다. 말쑥하고 갸름한 얼굴에 샹들리에 불빛을 환히 받고 있는 다니엘은 날씬한 몸을 약간 굽히고 있었으며, 장갑을 끼지 않은 손에 광고용 부채를 들고 그것을 접었다가 용수철처럼 다시 펴고는 했다. 거만한 태도로 미소를 띠고 있는 그 모습은 석궁을 시험해 보고 있는 어린 다윗 (구약성경에 나오는 고대 이스라엘의 제2대 임금으로 예언자이다. 석궁으로 거인 골리앗을 쓰러뜨린다) 의 모습을 생각나게 했다.

앙투안은 그에게 라셀을 소개하며 '나도 형님처럼 했겠지요. 거짓말쟁이!' 라고 말하던 다니엘의 표정을 떠올렸다. 그러나 이번엔 그런 생각을 해도 전처럼 못마땅하게 여겨지지는 않았다. 그리고 다니엘이 라셀의 손에 키스하려고 몸을 굽히고 나서 그의 눈길이 살짝 숙인 그녀의 얼굴과 팔, 복숭아꽃색의 비단옷을 입어 더욱 희게 보이는 목덜미를 따라 차례로 옮겨가는 것을 알아차리고는 으쓱해졌다.

다니엘은 눈길을 앙투안 쪽으로 돌렸다. 그리고서 라셀의 용모를 칭찬이라도 하듯이 그녀에게 미소를 보냈다.

"정말" 하며 다니엘이 말했다. "깎으니까 훨씬 나은데요."

"살아만 있다면 훨씬 더 낫지" 하고 앙투안이 빈정대기를 즐기는 의사다운 말투로 그의 말에 맞장구를 쳤다. "하지만 만일 자네는 나처럼 시체를 보는 일에 익숙하지가 못하니까! 이틀만 지나면……."

라셀이 그의 말을 멈추게 하려고 테이블 위를 톡톡 두드렸다. 그녀는 앙투안이 의사라는 사실을 자주 잊고 있었다. 그녀는 앙투안 쪽으로 고개를 돌려서 잠시 바라보고는 중얼거렸다.

"내 의사선생님!"

이렇게도 낯익은 이 얼굴이 수술하던 날 밤에 갓도 없는 등불 아래에서 그녀가 보았던 그 사람이라니? 그토록 훌륭하고 영웅 같은 모습을 한, 결코 다가갈 수 없을 것 같아 보이던 그 사람이라니? 이제, 특히나 수염을 깎아버린 지금 그녀는 이 얼굴의 모든 높고 낮은 부분, 평평한 부분, 그의 아주 미세한 특징까지 샅샅이 알고 있었다. 면도를 하고 나니 볼에 살짝 팬 볼우물이 드러나 있었다. 그리고 부드러운 볼 때문에 각진 턱도 어느 정도 완만하게 보였다. 이 턱뼈의 각진 부분과 짧게 불거진 모양을 그녀는 얼마나 잘 알고 있는가. 매일밤 맹인처럼 더듬거리리며 수도 없이 자기의 손바닥으로 만져 보았기에 그 형태를 잘 알고 있었다. 그녀는 그걸 만지며 놀라서 말했었다. "꼭 뱀의 턱뼈 같아!" 그러나 수염이 없어진 이후 그녀가 가장 알 수 없었던 것은 그의 길고 굴곡진 입 모양이었다. 그 모양은 아주 부드러우면서도 단호한 데가 있었고, 양 가장자리가 위로 올라가는 일은 거의 없었고, 그렇다고 내려오는 일도 드물었다. 마치 고대의 어떤 조각상에서 볼 수 있는 것처럼 거의 비인간적일 정도의 의지의 주름이 두 입술의 접합점에서 딱 멈추어 있었다. '의지력이 어쩌면 그렇게도 강할까?' 하고 그녀는 스스로에게 묻곤 했다. 그녀는 고개를 숙였다. 그녀의 눈동자가 눈꺼풀의 이 끝에서 저

끝으로 장난스럽게 굴렸으며, 순간적으로 금빛의 섬광이 속눈썹 끝을 가볍게 스쳤다.

앙투안은 사랑받는 사나이의 행복한 미소를 지으며 자기를 마음껏 살피도록 내버려 두었다. 그는 수염을 깎은 뒤부터 스스로에 대해 약간 다른 생각을 품게 되었다. 즉 자신의 무서운 눈길에 대해 전보다 훨씬 덜 집착하게 되었던 것이다. 그는 자신에게서 새로운 가능성을 찾아냈는데, 스스로도 그 점이 무척 마음에 들었다. 더구나 몇 주일 전부터 그는 자신이 완전히 달라지고 있음을 느끼고 있었다. 라셀을 만나기 이전에 있었던 그의 삶의 여러 사건들이 어둠 속에 묻혀 사라져 버릴 정도였다. 그 사건들은 모두 '이전'에 일어난 일이었다. 그는 그 이상 분명하게 할 생각은 없었다. 대체 무슨 일보다 먼저란 뜻인가? 즉 그가 달라지기 전이란 뜻이다. 왜냐하면 그는 정신적으로 완전히 달라져 있었기 때문이다. 다시 갈고 닦아 낸 것 같았다. 성숙해졌으며 또한 한층 젊어졌다. 그는 자기가 더욱 강해졌다고 마음 속으로 되뇌었다. 그런데 그것은 틀린 말이 아니었다. 어쩌면 전보다 덜 신중할지는 몰라도 자발적인 면에서는 더욱 강한 힘, 약동적인 면에서 훨씬 더 진실된 힘을 느꼈다. 그는 그 힘의 결과를 자신의 일에서도 느낄 수 있었다. 처음에는 라셀과의 관계 때문에 그의 일이 일시적으로 혼란에 빠졌지만 어느새 발전성을 되찾게 되었고, 마치 양쪽 기슭을 때리며 힘차게 흐르는 강물처럼 그의 생활을 다시 풍요롭게 만들었던 것이다.

"이제 내 얼굴 얘기는 그만 하고" 하며 앙투안은 다니엘에게 의자를 권하며 말했다. "우린 영화를 보고 오는 길이야. 아프리카 영화가 있어서. 혹시 보았니?"

"당신은 유럽을 떠나 본 적이 있으세요?" 하고 라셀이 물었다.

다니엘은 그 목소리의 높은 울림에 깜짝 놀랐다.

"없습니다."

"그러시다면" 하고 그녀는 그때 막 갖다 놓은 샤르트뢰즈 잔에 기다렸다는 듯이 새 빨대 두 개를 꽂으며 이야기를 계속했다. "그럼 그걸 꼭 보러 가셔야 해요. 특히 짐꾼들의 석양 행렬이 볼 만해요…… 그렇죠, 앙투안? 그리고 여인네들이 카누에서 짐을 내리는 동안 모래 위에서 꼬마들이 놀고 있는 장면도 볼 만하고요……"

"꼭 봐야겠군요" 하고 다니엘이 그녀를 바라보며 말했다. 잠깐의 침묵 뒤에 그가 덧붙여 말했다. "아니타를 아세요?"

그녀는 모른다는 고갯짓을 했다.

"아메리카 인디언 여자인데 거의 늘 바에 와 있어요. 아, 여기서도 보이는군요. 마리 조제프 뒤에 흰 옷을 입고요. 마리 조제프는 아시지요? 진주 목걸이를 한 키 큰 여자 말이에요."

라셀은 일어서서 춤추는 커플들 너머로 커다란 모자 그늘에 가려진 엷은 황색 피부를 가진 여자의 옆모습을 보았다. "흑인 여자가 아닌데요" 하고 실망을 감추지 못하며 그녀가 말했다. "혼혈이군요."

다니엘이 연한 미소를 지으며 이렇게 말했다.

"실례했습니다" 하고 그는 말했다. 그러고 나서 앙투안 쪽으로 고개를 돌리며 "여긴 자주 오세요?" 하고 물었다.

앙투안은 그렇다고 대답하려다가 라셀이 옆에 있음을 의식하고 그만두었다. "아니, 별로" 하고 그가 대답했다.

라셀은 마리 조제프와 춤추기 시작한 아니타를 보고 있었다.

그 미국 여자의 유연한 육체는 새의 깃털처럼 반작이는 희고 얇은 새틴 드레스에 꽉 끼어 있어서 그 우윳빛 반짝임이 그녀의 긴 다리가 움직이는 데 따라 그 굴곡을 다 드러내 보여 주었다.

"내일 메종 라피트로 갈 거니?" 하고 앙투안이 물었다.

"방금 거기서 막 돌아온 걸요" 하고 다니엘이 대답했다. 다니엘은 자크에 관해서 이야기하고 싶었으나 노랑 숄을 걸치고 눈으로 누군가 찾고 있는 것 같은 스페인 풍의 젊은 여인의 모습을 보자 일어섰다. "실례하겠어요" 하며 다니엘은 곧 자리를 떴다. 그는 그 젊은 여자의 숄 아래로 조심스럽게 한 팔을 넣고는 보스턴 춤을 추면서 그녀를 악사들이 있는 구석으로 이끌고 갔다.

아니타는 춤을 멈추고 서 있었다. 라셀은 그녀가 춤추는 사람들을 헤치고 아름다운 백조처럼 차분하고 우아한 자태로 앙투안과 라셀이 앉아 있는 구석으로 오는 것을 보았다. 아니타가 앙투안의 의자를 스치고 지나가서 라셀이 앉아 있는 긴 의자로 다가와서 핸드백에서 뭔가를 꺼내어 손바닥에 감추었다. 그러고는 아무도 보고 있지 않다고 생각했는지(누가 보더라도 개의치 않겠다는 듯이) 한쪽 다리를 의자 위에 놓고 재빨리 옷자락을 걷어올리더니 엉덩이에 주사바늘을 꽂았다. 라셀은 위아래의 하양 실크 천 사이로 옅은 밤색 피부를 슬쩍 보았다. 그리고 눈꺼풀이 팔딱팔딱 뛰는 것을 억누를 수가 없었다. 아니타는 치맛자락을 다시 내렸다. 그리고서 나른한 태도로 몸을 다시 일으키자 귓볼에 고정시켜 놓은 진주 귀걸이 끝에 달린 수정이 그녀의 흑갈색 뺨 위로 반짝거렸다. 그녀는 천천히 친구가 있는 곳으로 돌아갔다.

라셀은 양 팔꿈치를 다시 식탁보 위에 놓았다. 그리고 거의 눈을 감은 채 차가운 술을 천천히 마셨다. 부드럽게 어루만지는 듯한 바이올린 소리, 너무 표정이 풍부한 현의 긴 여운 때문에 그녀의 우울함은 초조함까지 밀려 올라가 있었다.

앙투안은 그녀를 바라보았다. "룰루(라셀의 애칭)……" 하고 그가 속삭였다.

라셀은 두 눈을 치켜뜨고 술잔 속의 얼음과 남아 있는 초록색 술을 마지막 한 방울까지 다 마셨다. 그리고 뜻밖의 빈정거림과 무례함이 섞인 시선으로 앙투안을 응시하며 물었다.

"당신은 한 번도……흑인 여자를 본 적 없지, 안 그래?"

"없어" 하고 앙투안은 세차게 고개를 가로저으며 대답했다.

그녀는 입을 다물었다. 그녀의 입술 위에는 복잡하고 야릇한 미소의 그림자가 어른거리고 있었다.

"이제 그만 가요" 하고 갑자기 라셀이 말했다.

그녀는 어느새 일어서서 밤의 가장무도회 때 도미노(소매가 없는 풍성한 외투)를 걸치듯 어두운 색의 타프타 외투를 걸쳤다. 그녀 뒤를 따라 입구의 회전문으로 들어가면서 앙투안은 라셀이 이를 다물고 내는 소리 없는 작은 웃음, 그 웃음소리를 다시 듣고 등골이 서늘해짐을 느꼈다.

12. 제롬, 리네트와 다시 만나다

제롬이 아직 파리에서 살고 있던 무렵 그는 옵세르바투아르 거리의 아파트 수위에게 자기 앞으로 온 편지를 중간에서 받아 놓으라고 지시했었다. 그리고 때때로 편지를 찾으러 수위실에 직접 들르곤 했었다. 그러다가 제롬은 거처도 알리지 않은 채 발을 끊었던 것이다. 그래서 지난 2년 동안 그의 앞으로 온 편지가 잔뜩 쌓여 있었다. 수위는 퐁타냉 씨가 메종 라피트로 돌아왔다는 소식을 듣고 다니엘에게 그 편지들을 수취인인 본인에게 전해 주기를 부탁했다.

그 인쇄물 뭉치 속에서 제롬은 2통의 오래된 편지를 발견하고 무척 놀랐다.

한 통은 8개월 전에 온 편지로 그의 앞으로 6천 몇백 프랑의 돈이 전해질 게 있음을 알리는 것이었다. 그 돈은 실패한 사업의 청산이 끝나면서 생긴 것인데, 전부터 그는 그 돈을 받으리라는 희망을 아예 포기하고 있었다.

그의 얼굴이 환하게 밝아졌다. 이 잔고의 도착은 그가 메종에 돌아온 이후로 마음을 짓누르던 불쾌한 기분을 깡그리 날려 주었다. 그 불쾌감은 자신의 위치를 상실한 집안에서의 존재 때문에 생기기도 했을 뿐만 아니라, 그의 자존심을 괴롭히던 돈 걱정 때문에도 생겼던 것이다.

(이들 부부는 5년 전부터 생계를 독립적으로 꾸리고 있었다. 퐁타냉 부인은 이혼은 포기했으나 목사였던 그녀의 아버지에게서 유산으로 받은 얼마 안 되는 재산을 남편에게서 자기 앞으로 돌려놓았다. 이미 많은 돈을 써 버리기는 했지만 그 재산 덕분에 오늘날까지 집도 처분하지 않았을 뿐만 아니라 자식들의 교육을 위해 궁색하지 않게 쓰면서 그럭저럭 살아갈 수 있었다. 한편 제롬도 아직까진 자기 개인 재산을 모두 탕진하지는 않아서 이런 저런 사업을 계속하고 있었다. 노에미가 자기 멋대로 그를 끌고 다니던 벨기에와 네덜란드에서 그는 증권 거래를 했고, 투기를 했고, 새로운 사업에 투자도 시도했었다. 경솔하기는 했으나 어느 면으로는 눈치가 빠른 데다가 모험심까지 곁들여 때때로 수지 맞는 사업에 돈을 걸기도 했다. 그는 어떻든 생활만큼은 그럭저럭 꾸려 오고 있었다. 이따금 제니와 다니엘을 부양하는 데 자신도 기여하기 위해 아내의 구좌에 몇 천 프랑의 송금을 함으로써 자신의 불안한 마음을 진정시키는 것도 잊지 않았다. 그러나 외국에서 보낸 마지막 몇 달 동안에는 그의 상황이 조금씩 위태로워졌다. 그 순간에는 그는 자기 재산을 건드릴 수 없는 상황에 놓여 있었다. 테레즈가 암스테르담으로 갖다 준 돈을 갚기는커녕, 아내의 돈으로 살아갈 수밖에 없는 처지에 놓이게 되었다. 그 때문에 그는 괴로워했던 것이다. 무엇보다도 아내가 자기 감정을 오해할 수도 있다는 생각 때문에 괴로웠고, 자기가 집에 돌아온 것이 경제적인 어려움 때문이라고 여길 수도 있으리라는 것이 괴로웠다)

그래서 그에게 돌아온 이 뜻밖의 돈은 제롬에게 약간이나마 위엄을 되찾아 주었다. 그는 마음이 홀가분해질 수 있게 되었다.

아내에게 이 소식을 한시라도 빨리 전하고 싶은 마음에 그는 두 번째 편지를 뜯으며 문께로 걸어가고 있었다. 겉봉의 형편없는 글씨를 보아서는 아무것도 떠오르는 것이 없었지만 이내 그는 깜짝 놀라 우뚝 섰다.

선생님, 사실은 꼭 말씀드려야 할 일이 새겼습니다. 이 사실은 저를 슬프게 하기보다는 오히려 반대입니다. 저는 그 때문에 아주 행복하게 생각하고 있습니다. 저는 지금까지 혼자 있다는 사실만으로도 많은 괴로움을 받았으니까요. 하지만 그 때문에 일하던 집에서 쫓겨나 앞으로 어떻게 살아가야 할지 모르겠어요. 이런 상황에서 선생님께서 한 푼도 없는 저를 내버려 두시리라고는 생각하지 않습니다. 이제는 부른 배가 눈에 띄어 일자리도 구할 수가 없습니다. 그런데 제게는 30프랑 10수밖엔 없고 자식을 낳아 양육할 돈도 없습니다. 마땅히 그래야만 하듯이 이 아이를 제 손으로 키우고 싶습니다.

그렇다고 제가 선생님을 위협하는 것은 아닙니다. 다만 바라건대 이 편지가 선생님께 꼭 닿아서 내일 아니면 모레, 적어도 목요일까지는 꼭 저를 도우러 와 주셔야겠습니다. 그렇지 않으면 저는 어떻게 될까요?
선생님을 충실히 사랑하는 여인.

V. 르 가드 올림

처음에는 제롬은 누군지 생각나지 않았다. '르 가드라고?' 그때 갑자기 생각이 떠올랐다.
"아, 빅토린…… 크리크리!" 그리고 그는 다시 자기 방으로 돌아와 손가락 사이로 편지를 빙빙 돌리면서 의자에 앉았다. "내일 아니면 모레……." 그는 우편에 찍힌 소인을 보며 날짜를 따져 보았다. 이 편지는 2년 전부터 나를 기다리고 있었다! 가엾은 크리크리! 지금은 어떻게 되었을까? 그 당시에 자기의 대답이 없었던 것을 어떻게 생각했을까? 아기는 어떻게 되었고? 그는 여러 가지를 마음속으로 자문해 보았다. 그러나 거기에는 마음속으로부터의 감동도 전혀 없었고 자기도 모르게 딱하게 여기는 듯한 표정을 지은 것도 상투적인 것에 지나지 않았다. 그러는 동안에 순결한, 수줍어 하며 떨던 그 작은 육체, 맑은 두 눈, 소녀 같았던 입술 따위의 여러 가지 추억이 자세히 되살아나 차츰 그의 마음을 혼란스럽게 했다…….

크리크리…… 어쩌다가 그 아이를 알게 되었지? 아! 노에미의 집에서였지. 부르타뉴에서 데리고 왔어. 그러고 나서는 어떻게 되었지? 제롬은 그녀를 2주일 동안 교외의 호텔에 숨겨 놓았었는데 그 호텔에 관해서는 아무 기억도 나지 않았다. 그녀와 왜 헤어지게 되었던가? ……그로부터 2년 뒤에 노에미가 행방을 감췄던 시기에 둘이 다시 만났던 일이 더 기억에 잘 떠올랐다. 땅거미가 질 무렵에 하녀용 다락방에 올라갔던 일, 그녀에게 살림을 차려 주었던 리시팡스 거리에 있는 가구 딸린 호텔방이 다시 생각났다. 당시에 그는 새삼 그녀에게 열정을 다시 느꼈었는데, 그 열정은 두세 달 계속되었다. 어쩌면 더 계속되었던가?

제롬은 편지를 다시 읽고 날짜를 확인했다. 새삼스럽게 솟아오른 정열이 그의 머리를 가득 채우고 그의 시야를 어지럽게 만들었다. 그는 일어서서 물을 한 잔 마신 다음 크리크리의 편지를 주머니에 넣었다. 그리고 은행에서 온 통지서를 쥐고는 그녀를 찾기 위해 아내가 있는 곳을 나섰다.

그로부터 한 시간 뒤, 그는 파리행 기차에 타고 있었다.

아침 10시, 9월의 태양 아래 생라자르 역을 나오면서 그는 유쾌한 현기증 같은 것을 느꼈다. 그는 택시를 타고 은행으로 가서는 이 창구 저 창구로 뛰어다니며 안절부절못했다. 그러나 영수증에 서명을 하고 나서 지폐 다발을 지갑에 넣고, 대기시켜 놓았던 택시 속으로 뛰어들어 탈 수 있게 되었을 때, 제롬은 이번에야말로 지난 몇 주일 동안의 암흑으로부터 영원히 벗어나 새로운 삶을 시작하는 것 같은 느낌이 들었다. 그리고 이 수위실에서 저 수위실로 온통 파리 시내를 누비며 그녀를 찾기 시작했다. 매우 복잡한 수소문인데다가 처음에는 아무 단서도 얻을 수가 없었다. 그런데 오후 2시쯤에 점심도 거른 채 돌아다니던 그는 남들이 쥬쥬 아주머니라고도 부른다는 바르뱅 부인의 집에 이르렀다. 부인은 외출 중이었다. 그런데 수다스러운 어린 하녀가 르 가드 양을 잘 안다고 하면서 '별명은 리네트 양'이라고 했다.

"그런데 그 아가씨가 방을 쓰고 있는 호텔에는 수요일에만 와요. 그날이 아가씨의 외출 날이거든요."

제롬은 얼굴을 붉혔다. 그러나 이 이야기는 한 줄기 빛이었다.

"잘 알고 있소" 하고 그는 매우 잘 알고 있다는 듯한 미소를 지으며 넌지시 말했다. "그러므로 내가 필요한 것은 그쪽 주소요."

두 사람은 친한 친구처럼 서로를 바라보았다. '참한 아가씨군' 하고 제롬은 갑자기 생각했다. 그러나 그는 크리크리 말고는 다른 어떤 생각도 하고 싶지 않았다.

"스톡홀름 거리에 있어요" 하고 마침내 하녀가 미소를 띠며 알려 주었다.

제롬은 차를 타고 그곳으로 갔다. 그 집을 찾는 데는 그다지 시간이 걸리지 않았다. 가슴을 파고드는 슬픔—이미 그것과 싸우면서도 스스로 인정하려고 하지 않던 슬픔이 오늘 아침부터 그에게 생기를 불어넣어 주던 모든 감정과 교체되고 있었다.

환한 대낮인 밖에서 교묘히 장치해 놓은 그 집의 약한 불빛 속으로 아무 준비도 없이 들어오게 되자 갈피를 잡을 수가 없었다. 누군가가 그를 일본식 방으로 안내했다. 그러나 그 방에서 찾아볼 수 있는 일본적인 것이라고는 침대머리의 벽에 펴서 걸어 놓은 부채뿐이었다. 방으로 들어선 그는 모자를 든 채 가벼운 마음으로 서 있었다. 눈을 돌린 쪽에 있던 거울이 그의 그런 모습을 가차 없이 비추고 있었다. 마침내 그는 소파의 가장자리에 가서 앉았다.

드디어 바람 소리를 내며 문이 열렸다. 붉은색 속옷을 입은 한 소녀가 나타나더니 흠칫 멈추어 섰다.

"어머나! ……" 하고 여자가 소스라쳤다. 제롬은 여자가 방을 잘못 들어왔나보다고 생각했다. 그러나 그 소녀는 자신이 방금 밀고 들어와서 기계적으로 닫은 문 쪽으로 뒷걸음질치면서 더듬거렸다.

"당신 아니세요?"

그때까지도 그는 그녀를 알아보지 못했다.

"크리크리, 너냐?"

제롬이 호주머니에서 무기를 꺼낼지도 모른다는 듯이 리네트는 그에게서 눈을 떼지 않으며 팔을 침대로 뻗어서 시트를 자기 쪽으로 끌어당겨 몸을 감쌌다. "웬일이세요? 누가 당신을 보냈나요?" 하고 그녀가 물었다.

짧게 자른 머리에 얼굴은 약간 부었고, 화장을 한 아름다운 그녀의 얼굴에서 앳되던 크리크리의 표정은 찾아볼래야 찾아볼 수가 없었다. 예전 그녀의 상큼하고 병아리 같던 목소리조차 다시 찾아볼 수 없었다.

"무슨 볼일이시죠?" 하고 그녀가 되물었다.

"크리크리, 나는 널 만나러 왔어."

그는 부드럽게 말했다. 그녀는 제롬의 뜻을 오해하고 잠시 당혹감을 감추지 못했다. 이윽고 그에게서 눈을 돌린 그녀는 이 사태에서 자신의 역할을 결심한 것 같아 보였다.

"원하신다면" 하고 소녀가 말했다. 그녀는 침대 시트로 여전히 몸을 감싸고 있었으나 가슴과 팔 부분을 약간 드러내며 소파에 다가와 앉았다. "누가 선생님을 보냈나요?" 하고 고개를 떨구며 그녀가 다시 물었다.

제롬은 그녀의 질문을 얼른 이해하지 못했다. 제롬은 선 채로 자기가 오랫동안 외국에 살다가 프랑스로 돌아왔으며, 이제야 그녀의 편지를 보게 되었다는 사실을 띄엄띄엄 설명했다.

"제 편지요?" 하고 그녀가 눈을 올려 뜨며 말했다.

그는 지난날과 다름없이 순수하고 초록색이 감도는 그녀의 회색빛 눈동자를 알아보았다. 제롬이 그녀에게 편지 봉투를 내밀자 그녀는 봉투를 받아 들고는 얼빠진 사람처럼 바라보았다.

"그랬었어요!" 하고 그녀는 원망이 서린 눈길로 말했다. 손에 편지를 쥔 채 오랫동안 그녀는 고개를 위아래로 끄덕였다. "그렇지만" 하며 그녀가 말을 이었다. "당신은 제게 답장조차 주시지 않았어요!"

"하지만 크리크리, 내가 네 편지를 받은 게 오늘 아침이었다니까!"

"그건 아무래도 상관없어요. 하지만 제게 답장 정도는 해 주셨더라면 좋았을 텐데" 하고 완강하게 고개를 저으며 그녀가 말했다.

그는 인내심을 가지고 말을 계속했다. "그래서 만사를 제치고 내가 이렇게 왔지 않니." 그리고 나서 자못 궁금한 듯이 물었다. "그런데, 아기는?"

그녀는 입술을 꾹 다문 채 침을 삼키고 나서 무슨 말을 하려다가 입을 다물었다. 두 눈에는 눈물이 글썽거렸다.

마침내 그녀가 말했다.

"아기는 죽었어요. 조산이었어요."

제롬은 한숨을 쉬었다. 그것은 안도의 한숨에 가까웠다. 그는 자기를 바라보고 있는 리네트의 냉혹한 눈길 앞에서 수치심과 굴욕을 느끼고 한 마디도 할 수가 없었다.

"그게 다 당신 때문에 일어났다는 것을 생각하면" 하고 리네트가 말했다 (그녀의 목소리는 눈초리보다는 덜 냉혹했다). "저는 결코 바람기 많은 애는 아니었어요. 당신도 잘 아시다시피! 두 번이나 저는 당신이 제게 하신 말을 모두 믿었어요. 두 번이나 저는 당신을 따라가려고 모든 것을 포기했어요! ……아, 당신이 두 번째로 저를 버리고 떠나셨을 때 전 얼마나 울었던지요!"

그녀는 밑에서 그를 올려다보았다. 두 어깨를 들고, 입은 약간 삐죽이며. 그녀의 눈은 눈물 때문에 더욱 초록색으로 보였다. 그는 초조해진 데다가 가슴이 터질 것만 같아 어떤 태도를 취해야 할 지 모른 채 억지로 미소를 짓고 있었다(한쪽 뺨만으로 미소를 짓고 있는 이 모습은 다니엘의 미소와 어찌나 닮았는지!). 그녀는 눈물을 닦은 다음 침착하면서도 당돌한 목소리로 물었다.

"사모님께서는 안녕하신가요?"

제롬은 그녀가 노에미 이야기를 하고 있음을 알아차렸다. 그는 이곳에 오면서 프티 뒤트레이유 부인의 죽음에 관한 이야기는 입 밖에도 내지 않기로 결심했었다. 왜냐하면 크리크리를 흥분시킬 염려가 있는 데다, 자신이 구상한 확고한 계획을 그르치게 될지도 모를 마음의 상처와 근심을 그녀에게 줄 수 있다고 생각했기 때문이었다. 그래서 그는 달리 생각해 볼 필요도 없이 준비해 두었던 거짓말을 했다.

"아주머니 말이냐? 아주머니는 외국에서 무대에 서고 있어." 그러나 다음 말을 덧붙이는 데는 약간의 마음의 흔들림을 감춰야 했다. "잘 지내고 있을 거다."

"무대에요?" 하고 리네트는 존경의 마음을 담아서 말했다.

두 사람은 입을 다물었다. 그녀는 제롬 쪽으로 몸을 돌리고는 무엇인가 기다리는 것 같았다. "하지만 당신이 여기 오신 것은 그런 일 때문만은 아니겠지요" 하고 그녀가 말했다.

제롬은 자기가 약간의 신호만 보내면 리네트가 자기 뜻에 따르리라는 것을 알고 있었다. 그러나 오늘 아침부터, 사냥 나온 사냥개처럼 온 파리 시내를 훑고 다니며 그로 하여금 이 여자를 찾게 만들었던 그 미칠 듯한 욕정은 흔적도 없이 사라져 버렸다.

"다른 일 때문에 온 건 아니다" 하고 그가 대답했다. 리네트는 놀란 것 같았으며 거의 상심한 듯했다.

"저기, 아시겠지만, 이곳에서는…… 단순한 방문을 받을 권리가 없어요……."

제롬이 서둘러 화제를 다른 곳으로 돌렸다.

"왜 머리를 짧게 잘랐니?"

"여기에선 이런 걸 좋아해요."

그는 예의상 미소를 지었다. 그리고 더 이상 아무런 할 말이 없었다. 그런데도 그는 이곳을 떠날 결심을 하지 못하고 있었다. 그의 마음속 깊은 곳에 숨어 있는 어떤 아쉬움이 여기서 완수해야 할 중요한 볼일이라도 남아 있기나 한 것처럼 그를 이 방에서 떠나지 못하게 했다. 그런데 그게 뭘까? 가엾은 크리크리…… 잘못은 이미 저질러졌다. 이제 와선 더 이상 어떻게 할 수가 없었다……. 어떻게도.

이러한 침묵 때문에 약간 당황한 리네트는 원망 이전에 큰 호기심을 가지고 몰래 제롬을 살피고 있었다. 이 사람은 왜 다시 온 것일까? 그러니까 이 사람은 아직도 나를 약간은 사랑하고 있는 것일까? 그렇게 생각하니 그녀의 마음이 심란해졌다. 그러자 문득 그에게서 아이 하나를 더 낳을 수도 있다는 생각이 그녀의 머릿속을 스쳐갔다. 그녀가 잃었던 모든 희망들이 갑자기 활기를 띠기 시작했다. 제롬의 아들, 다니엘의 동생, 자신의 아이, 다만 자신만의 것이 될 아이……. 그녀는 하마터면 땅에 주저앉아 제롬의 두 무릎을 껴안고 간청하는 얼굴로 그를 쳐다보면서 '당신의 아이를 가지고 싶어요!'라고 말할 뻔했다. 하지만 그것은 일시적인 변덕에 지나지 않았으며, 이제까지 애써 쌓아 올린 모든 미래를 다 망치는 셈이었다. 그녀는 눈에 띄지 않을 정도로 바르르 몸을 떨었다. 그리고 잠시 동안 두 눈은 불가능한 꿈에 사로잡힌 채 입을 꼭 다물고 속으로 말했다. '안 돼, 이런 건 도저히 안 돼!'

"다니엘은요?" 하고 그녀가 갑자기 생각났다는 듯이 말했다.

"누구? 다니엘, 내 아들 말이야?" 그러고는 어색하게 덧붙여 말했다. "네가 다니엘을 알고 있니?"

리네트는 이유가 뭔지는 확실하게 느끼지 못했지만 제롬이 다시 오게 된 것에 혹시 다니엘이 한 몫 해 주지 않았을까 바라고 있었다. 그녀는 다니엘의 이름을 말한 것을 후회했다. 그녀는 절대로 아무 말도 않기로 결심했었다. 아버지와 아들에게 서로 어떤 관계, 두 사람이 한 여자와의 연애 관계에 관련되어 있다는 것을 결코 알려서는 안 되었다…….

리네트는 어물어물 대답했다.

"그분을 아느냐고요? 파리 사람들은 죄다 그분을 알아요. 나도 만난 적이 있는걸요."

제롬은 더욱 안절부절못했다. 그러나 그는 차마 '여기에서 만났니?'라고 물을 용기가 나지 않았다. "어디에서?" 하고 그가 물었다.

"여기저기에서. 나이트클럽에서요."

'그럼 그렇지!' 하고 그는 생각했다. '그럴 줄 알았어. 그 애의 생활태도에 대해서는 익히 들었으니까!'

리네트가 재빨리 말을 덧붙였다.

"하지만 그건 한참전의 일이에요……. 그분이 요즘도 그런 데를 여전히 드나드는지는 모르겠어요. 아마도 저랑 비슷할 거예요. 이제 저는 얌전해요."

그는 리네트를 보고 있었지만 아무 대답도 하지 않았다. 그는 젊은시절의 방탕한 생활, 문란한 품행, 그리고 이런 집, 악에 몸을 내맡기고 있는 이 여자를 생각하고는 진정으로 통탄해 마지않았다……. '인생이란 어찌하여 이런 것이랴!' 하고 그는 생각했다. 그리고 갑자기 가슴이 답답해 오고 후회가 밀려왔다.

리네트는 자기의 모든 에너지를 집중하고 있는 미래에 대한 비전에 사로잡혀서 스타킹의 고리를 잡아당겼다 놓았다 하며 그 공상을 소리 높여 말하기 시작했다.

"그래요, 이제는 제 문제가 거의 해결되었어요. 그래서 이제는 당신을 원망하지 않아요……. 이대로 3년만 착실하게 일하면 파리와 영영 작별이에요! 이렇게 더럽고 한심한 파리는요!"

"왜 3년이야?"

"계산해 보세요. 제가 이곳에 들어온 지 한 달도 채 되지 않았는데, 매일 수입으로 5, 60프랑을 벌고 있어요. 일주일이면 4백 프랑이지요. 그러니까 3년 뒤면, 혹시 그보다 더 빠를지도 모르지만, 3만 프랑을 벌게 될 거예요. 그날이 오면 끝이에요. 나도, 크리크리도, 리네트도 모든 것과 이별이에요. 빅토린은 그 동안 번 돈이며, 물건을 몽땅 챙겨 홀쩍 라니옹행 기차를 타는 거지요! 친구들과도 안녕이고요!"

리네트는 웃고 있었다.

'그래, 나도 수없이 한심한 짓을 해 왔지만 그래도 근본부터 나쁜 사람은 아니야' 하고 제롬은 절망적인 확신을 가지고 거듭 생각했다. '아니야 그건 훨씬 더 복잡해. 나는 내가 살아온 인생보다는 가치 있는 놈이야. 그렇지만 내가 없었다면. 이 어린 여자애만 해도 내가 없었더라면!' 그의 기억 저 밑바닥으로부터 또다시 성경 말씀이 떠올랐다. '죄악의 근원이 되는 자에게 화 있을진저!'

"부모님은 아직 살아계시니?" 하고 제롬이 물었다.

아직은 불분명한 한 가지 생각, 떨쳐 내려고 애쓰던 그 생각이 천천히 그의 가슴속에서 뚜렷이 드러나기 시작했다.

"아버지는 작년에 생티브의 날에 돌아가셨어요." 그녀는 말을 멈추고 성호를 그을까 말까 망설였다. 결국 그녀는 성호를 긋지 않았다. "이제는 숙모 한 분밖에 없어요. 숙모는 교회 뒤 광장에 작은 집을 한 채 가지고 있어요. 당신은 페로기렉을 잘 모르시지요? 늙으신 숙모의 유산 상속자는 사실 저밖에 없어요. 숙모에게 재산이 있는 것은 아니지만 집이 한 채 있어요. 숙모는 연금으로 생활하고 있고요. 1년에 1천 프랑 받고 있지요. 숙모는 오랫동안 귀족 집안에서 일하셨어요. 그리고 숙모는 교회에 의자를 빌려 주는 사업을 하시니까 그 일로도 약간의 수입이 있어요……. 그래서" 하고 말하는 그녀의 표정은 밝아졌다. 그녀는 이야기를 계속했다. "쥬쥬 아줌마 말이 원금 3만 프랑만 있으면 저도 그 정도의 연금을 받을 수 있대요. 모자라면 저는 일을 해서 돈을 벌 거예요. 그리고 숙모와 함께 살 거예요. 우린 약속했어요. 그리고 그곳에서는" 하며 그녀는 작은 비단구두 속에서 발가락이 움직이는 모습을 바라보면서 깊은 한숨과 함께 끝맺음을 했다. "그곳에서는 저에 관해서 아무것도 몰라요. 모든 일은 끝이 나고 잊혀질 거예요."

제롬이 일어섰다. 그의 생각이 발전하면서 그를 완전히 지배하고 있었다. 그는 방 안을 이리저리 왔다갔다했다. 진심을 내보여야 할 텐데……. 속죄해야 할 텐데……. 그는 리네트 앞에서 발을 멈추었다.

"당신의 고향 부르타뉴 지방을 그렇게 좋아해?"

그녀는 '당신'(vous. 프랑스어로 '당신'이라는 뜻)이란 말을 듣고 너무 놀라서 즉각 대답하지 못했다.

"그럼요!" 하고 마침내 그녀가 대답했다.

"그렇다면 당신은 그곳으로 돌아가는 거야……. 그래……. 내 말을 들어."

그는 다시 걷기 시작했다. 떼를 쓰는 어린애의 초조감 같은 것이 그를 온통 사로잡았다. '지금 당장 해치우지 않으면' 하고 그는 생각했다. 나는 다시는 책임질 수가 없다. "내 말 좀 들어봐" 하고 그는 숨가쁜 목소리로 다시 말했다. "당신은 고향으로 돌아가는 거야!" 그리고 그녀를 정면으로 쏘아보며 내뱉었다. "오늘밤, 당장!"

그녀가 웃기 시작했다.

"제가요?"

"그렇지, 당신이."

"오늘밤에요?"

"그래."

"페로스로요?"

"페로스에."

그녀는 웃고 있지 않았다. 그리고 눈을 가늘게 뜨고 의심이 가득 찬 표정으로 그를 뚫어지게 바라보았다. 이제 와서 나를 무슨 이유로 비웃는 것일까? 하필이면 그런 농담을 하는 것일까?

"만일 당신이 당신의 숙모처럼 연금이 천 프랑 있다면……" 하고 그가 말을 시작했다.

그는 미소짓고 있었다. 그 미소에는 악의가 전혀 없었다. 천 프랑이라고? 저이는 무슨 말을 하고 있는 것일까? 그녀는 찬찬히 계산하고는 열둘로 나누었다.

그는 웃음을 거두더니 이야기를 계속했다.

"당신 고향의 공증인 이름이 뭐지?"

"공증인이라니요? 누구 말인가요? 베닉 씨요?"

제롬은 몸을 뒤로 홱 젖혔다.

"그렇다면 크리크리, 앞으로 매년 9월 1일에 베닉 씨가 나에게서 받은 천 프랑을 당신에게 전해 줄 것을 내 명예를 걸고 맹세하겠어. 그리고 올해 분은 여기 있어, 천 프랑" 하며 그는 지갑을 열었다. "그리고 이건 당신이 그곳에서 생활을 시작하기 위한 천 프랑이야. 받아."

그녀는 눈을 크게 뜨고 입술을 깨물면서 한 마디 말도 하지 못했다. 돈은 여기에, 그녀의 눈앞에, 손을 내밀기만 하면 닿는 곳에 있었다……. 그녀의 마음속에는 아직 순진함이 남아 있었으므로 무척 놀랐지만 의심쩍어 하는 눈치는 아니었다. 마침내 리네트는 제롬이 끈질기게 내밀고 있는 지폐를 받아 쥐었다. 그녀는 그 돈을 할 수 있는 데까지 작게 접어서 양말 속에 감췄다. 그러고는 무슨 말을 해야 할지 몰라 제롬을 바라보고만 있었다. 그를 안고 키스할 생각조차 하지 못했다. 그녀는 자기 위치가 어땠었는지도, 두 사람의 관계가 어떠했는지 조차도 다 잊어버렸다. 그는 뒤트레이유 부인의 연인인 제롬 선생님으로 돌아가 있었다. 처음 만났을 때처럼 그는 그녀를 주눅 들게 했다.

"다만, 한 가지 조건이 있어" 하며 그가 덧붙였다. "오늘 저녁에 곧장 떠났으면 해."

리네트는 당황했다.

"저녁에요? 오늘 당장에? 아, 선생님, 그건 안 돼요! 그건 도저히 불가능해요!"

그는 실행을 하루 늦출 바에는 차라리 자기의 선행을 포기하는 쪽을 택하겠다는 심정이었다.

"오늘 저녁에 당장. 내가 보는 앞에서."

그녀는 그가 물러서지 않으리라는 것을 재빨리 알아차렸다. 그래서 화가 치밀었다. 오늘 저녁이라고? 말도 안 되는 소리! 우선 지금은 영업 시간이 아닌가. 게다가 호텔에 있는 짐들은 어쩌고? 그리고 방을 함께 빌려 쓰고 있는 친구는 어쩌고? 쥬쥬 아줌마는? 또 세탁소에 맡겨 놓은 세탁물들은 어쩌고? 우선 이곳에서 자신을 그렇게 떠나도록 놔 주지도 않을 테고……. 그녀는 끈끈이 막대기에 걸린 참새처럼 미칠 것만 같았다.

"제가 선생님께 로즈 부인을 불러다 드리겠어요" 하고 마침내 그녀는 말로 당해 낼 수 없게 되자 두 눈에 눈물을 글썽거리며 외쳤다. "도저히 불가능한 일이라는 것을 아시게 될 거예요! 무엇보다도 내가 그러고 싶지 않아요!"

"가, 어서 가서 불러와."

제롬은 열띤 입씨름을 각오하고 언성을 높일 준비를 하고 있었다. 그래서 로즈 부인의 상냥한 미소에 몹시 당황했다.

　"아, 예, 잘 알겠어요" 하며 그녀는 즉각 경찰의 함정을 냄새 맡고 대답했다. "이곳에 있는 아가씨들은 자유롭답니다. 우리는 그들을 붙잡아두거나 하지 않아요." 그녀는 리네트 쪽으로 몸을 돌려서 단호한 말투로, 자신의 포동포동한 손바닥을 치면서 말했다. "애야, 어서 가서 옷을 입고 오려무나. 선생님께서 기다리신다는 것을 잘 알면서."

　어리둥절해진 리네트는 두 손을 마주 잡고 제롬과 여주인을 번갈아 쳐다보고 있었다. 두 줄기의 굵은 눈물이 그녀의 화장을 엉망으로 만들고 있었다. 그녀의 머릿속에는 서로 모순되고 너저분한 생각들이 뒤얽혀 있었다. 무력하기도 했고 화도 났으며, 또 몹시 어리둥절하기도 했다. 제롬이 밉기까지 했다. 그녀는 양말 속에 감춘 지폐 2장 이야기를 하지 말라는 귀띔을 제롬에게 해 주지 않고 그 방을 나가는 것이 망설여졌다. 로즈 부인은 몹시 화가 난 듯 얼굴이 새빨개져서는 리네트의 팔을 잡고 그녀를 계단 쪽으로 밀었다.

　"빨리 시키는 대로 해!" (그러고는 그녀에게 낮은 목소리로 "다시는 여기에 발도 들여놓을 생각하지 마. 이 끄나풀아!" 하고 말했다)

　그로부터 30분 뒤에 택시 한 대가 리네트가 살고 있는 호텔 앞에 제롬과 리네트를 내려놓았다.

　이제 그녀는 울고 있지 않았다. 자신의 의지에 따라 이루어진 일이 아닌 만큼 출발의 어수선함에 완전히 몸을 맡기고 있었다. 다만 때때로 그녀는 노래의 후렴처럼 이런 말을 되풀이했다.

　"3년 뒤라면 좋아요…… 하지만 지금 당장은 싫어요!"

　제롬은 아무 대답 없이 그녀의 손을 가볍게 두드려 주었다. 그는 아주 낮은 목소리로 "오늘 저녁, 바로, 바로 오늘 저녁에" 하고 되풀이했다. 그는 그 일을 방해하는 어떠한 저항도 파괴할 수 있는 힘이 자신에게 있음을 느꼈다. 그러나 한편으론 그 힘의 한계를 너무도 잘 알고 있었다. 한 시라도 꾸물거릴 시간이 없었다.

　그는 이 달치 방값 계산서와 기차시간표를 가지고 오도록 했다. 19시 15분 발 기차가 있었다.

리네트는 제롬에게 장롱 아래에서 검정 트렁크를 꺼내는 일을 도와 달라고 했다. 그 트렁크에는 몇 가지 물건들이 둘둘 말린 채 처박혀 있었다.

"제가 영업을 할 때 입는 의상들이에요" 하고 그녀가 말했다.

그 말을 들은 제롬은 니콜이 암스테르담의 여인숙 주인에게 주어 버린 노에미의 옷들을 생각했다. 그는 의자에 앉아서 리네트를 자기 무릎 위에 앉혔다. 그리고 차분하게, 그러나 그의 말 마지막이 떨릴 정도로 열의를 담아서 그녀에게 매춘부 시절의 옷들을 버릴 것과 지금까지의 생활을 청산하고 소박하고 순수했던 옛날로 완전히 되돌아 가야 한다는 이야기를 했다.

리네트는 얌전히 그의 말을 듣고 있었다. 이런 말은 그녀의 마음속에 아주 옛날의 자기 자신의 일부를 생각나게 해 주었다. '게다가' 하며 그녀는 생각하지 않을 수 없었다. '이 옷들을 집에 가서 입는다? 미사에서? 그러면 사람들이 나를 어떻게 생각할까?' 한참동안 절약하며 장만한 레이스 달린 속옷들이며, 이런 야한 옷들을 남에게 주거나 허투루 내버릴 결심을 섣불리 하지 못하는 것도 무리는 아니었다. 그러나 그녀는 방을 함께 쓰는 친구에게 2백 프랑의 빚이 있었다. 떠나기로 한 이상 그 빚은 갚지 않아도 상관없었다. 하지만 이 물건들을 그 친구에게 남겨 줌으로써 그녀는 제롬에게서 몇 푼 더 뜯어내지 않고도 빚을 갚을 수가 있다. 모든 일이 잘 되어 가고 있었다.

구겨진 검정 서지 옷을 다시 입는다는 생각이 들자마자 그녀는 가장무도회에라도 나가는 것처럼 손뼉을 쳤다. 그녀는 참지 못하고 그의 무릎에서 뛰어내렸다. 그리고 신경질적인 웃음을 터뜨렸고, 세차게 흐느껴 울 때처럼 그녀의 온몸을 들썩였다.

제롬은 그녀가 옷을 입는 동안 거북해 할까 봐 돌아섰다. 그는 창가로 가서 작은 안뜰의 담을 물끄러미 내려다보았다.

'나는 적어도 남들이 생각하고 있는 것보다는 괜찮은 놈이야' 하고 제롬은 생각했다. 그가 보기에 자신의 선행은 지난날의 잘못을 속죄하는 것이나 다름없었다. 하긴 지금까지 그는 자기가 저지른 잘못이 죄가 된다고 솔직히 시인한 적이 한 번도 없었다. 그런데 마음의 평정을 찾기에는 아직도 무엇인가가 모자랐다. 그는 뒤를 돌아보지 않고 큰 소리로 말했다.

"이제는 날 원망하지 않는다고 말해 줘!"

"원망하지 않아요!"

"고맙군. 말해 줘. 용서한다고 말해 줘."

그녀는 차마 그 말을 하지 못했다.

"부탁이야" 하고 제롬은 여전히 밖을 바라보며 애원하다시피했다. "제발 한 마디만 해 줘."

그녀는 곰곰이 생각하다가 용기를 내어 말했다.

"물론…… 저는 선생님을 용서해요."

"고마워."

그의 두 눈에 눈물이 핑 돌았다. 자신이 보편적인 조화 속으로 다시 들어가는 것 같았고, 자기 자신을 잃고 있던 오랜 세월 끝에 청산하고 마음의 평화를 되찾은 것 같은 느낌이 들었다. 아래층 어느 창가에서 카나리아 한 마리가 지저귀고 있었다. '나는 착한 사람이야' 하고 다시 한 번 제롬은 생각했다. '사람들은 나를 나쁜 놈이라고 생각하는데 그들은 아무것도 몰라. 나는 내 행동으로 드러난 것보다는 훨씬, 훨씬 괜찮은 놈이다.' 그의 마음은 뭐라 표현할 수 없는 다정스러움과 연민으로 넘쳐흘렀다.

"가엾은 크리크리" 하고 그가 중얼거렸다.

그가 돌아섰다. 리네트는 이미 검정 상의의 앞단추를 막 채운 뒤였다. 그녀는 머리를 뒤로 잡아맸다. 화장을 지운 그녀의 얼굴은 본디의 윤기가 되살아나 있었다. 그녀는 6년 전에 노에미가 부르타뉴에서 데리고 왔던 겁 많고 고집 센 작은 하녀의 모습이었다.

제롬은 더 이상 참지 못하고 그녀에게 가서 허리를 한 팔로 안았다. '나는 착한 놈이다, 남들이 생각하는 이상으로 좋은 놈이다' 하고 그는 마치 후렴처럼 속으로 되뇌었다. 그의 손가락은 무의식적으로 그녀의 치마 단추를 풀고 있었다. 입술을 그녀의 이마에 얹고 온정이 넘치는 키스를 해 주었다.

리네트는 몸을 떨었다. 전보다는 약간 덜 수줍어했다. 그러나 제롬은 그녀를 꼭 껴안았다.

"어머나" 하고 그녀가 한숨을 쉬며 말했다. "선생님, 여전히 그 향수를 쓰시는군요, 아세요? 레몬 향이 나는……."

그녀는 미소를 지으며 입술을 내밀고 두 눈을 감았다.

이것이 그녀가 내보일 수 있는 유일한 감사의 표시가 아니었을까? 그리고 이것은 제롬으로서는 이 신비로운 감격의 순간에, 그의 영혼에 가득 차 있는 종교적인 동정심을 한껏 표현할 수 있는 유일한 행위가 아니었을까?

두 사람이 몽파르나스 정거장에 도착했을 때 기차는 이미 플랫폼에 들어와 있었다. 기차 옆에 붙은 '라니옹'이라는 글자를 보고 나서야 리네트는 현실을 온전히 의식할 수 있었다. 그래, 이것은 '속임수'가 아니었다. 그녀는 오랫동안 꾸었던 그 꿈을 이룬 것이었다. 그런데 이토록 슬픈 이유는 무엇일까?

제롬은 그녀를 위해 자리를 잡아 주었다. 그리고 두 사람은 객실 앞을 서성거렸다. 두 사람은 더 이상 아무 말도 하지 않았다. 리네트는 무엇인가를, 누군가를 생각하고 있었다……. 그러나 그녀는 침묵을 깰 결심은 하지 못했다. 한편 제롬 역시 남모를 근심에 싸여 있는 것 같았다. 왜냐하면 그는 무슨 말인가를 하려고 몇 번이나 그녀 쪽으로 몸을 돌렸다가 그대로 입을 다물곤 했던 것이다. 마침내 그녀를 보지 않고 그가 고백했다.

"사실은 내가 네게 진실을 감추고 있었단다. 크리크리, 노에미는 죽었어."

그녀는 더 이상 자세한 이야기를 묻지 않았다. 그러나 울기 시작했다. 이 말없는 슬픔이 제롬을 흐뭇하게 해 주었다. '우리 두 사람은 선한 사람이기도 하지' 하고 그는 흐뭇해하며 생각했다.

두 사람은 기차가 떠날 때까지 한 마디 말도 나누지 않았다. 어쩌면 리네트는 아주 하찮은 꼬투리를 잡아 돈을 돌려주고 호텔로 돌아가서 로즈 부인에게 다시 고용해 달라고 빌었을지도 모른다. 한편 출발시간을 기다리느라고 신경이 날카로워진 제롬 역시 이제는 리네트를 구출했다는 것에 대해 아무런 기쁨도 느끼지 못했다.

마침내 기차가 움직이기 시작하자 리네트는 더 이상 참을 수가 없었는지 용기를 다해서 문 밖으로 몸을 내밀며 말했다.

"선생님, 다니엘에게 안부를 전해 주셨으면……."

철커덕거리는 소리 때문에 그녀가 하는 말을 듣지 못했다. 그녀도 그가 아무 말도 못 들었음을 알 수 있었다. 그녀의 입술이 떨리기 시작했고 가슴에 대고 있던 손이 떨고 있었다. 그녀가 떠나게 된 것을 보고 다행스럽게 여긴 제롬은 미소를 지으며 멋지게 모자를 흔들었다.

그는 새로운 생각이 떠오르자 몹시 마음이 바빴다. 그는 바로 다음 기차를 타고 메종 라피트로 돌아가서 아내의 발 아래 몸을 던지고 모든 것을―거의 모든 것을 다 고백하겠다는 생각을 했던 것이다.

'그러고 나서' 하고 그는 담배에 불을 붙이며 성큼성큼 걸어서 역을 나서며 생각했다. '해마다 보낼 연금에 관해서도 테레즈가 알고 있는 편이 더 낫지. 정확한 사람이니 빠뜨리지 않고 돈을 보낼 거야.'

13. 앙투안과 라셀, 게라로지에르의 묘지 방문

앙투안은 일주일에 몇 번씩 라셀을 찾아와 함께 저녁을 먹으러 나가곤 했다.

어느 날 저녁, 라셀은 나가려고 화장대 앞으로 다가가서 핸드백에서 콤팩트를 꺼내다가 접힌 종이 한 장을 떨어뜨렸다. 앙투안이 그것을 주웠다.

"아? 고마워."

그녀의 목소리에 약간 당황한 기색이 들어 있었다. 바로 그 순간에 라셀도 앙투안의 그런 느낌을 눈치챘다.

"왜 그래?" 하고 그녀는 농담으로 넘기려 말했다. "뭔 줄 알았어? 읽어봐! 기차시간표야."

그는 그 종이를 밀쳤다. 그러자 그녀는 그것을 다시 핸드백에 넣었다. 그러나 그가 거의 틈을 두지 않고 물었다.

"여행을 떠날 건가?"

이번에는 떨리는 속눈썹을 무심코 드러내고 말았다. 미소가 일그러지는 것이 너무도 명백했다.

"라셀?"

그녀는 더 이상 미소짓지 않았다. '아' 하고 앙투안은 갑작스러운 고통을 느끼며 생각했다. '싫다……. 나는 아주 잠깐이라도 그녀 없이는 살 수 없어!' 그는 라셀에게로 가서 그녀의 팔에 손을 얹었다. 라셀은 울음을 터뜨리며 그의 가슴에 얼굴을 묻었다. "아니 왜 그래? ……무슨 일이야?" 하고 앙투안은 더듬거리며 물었다.

라셀은 띄엄띄엄 대답했다.

"아무것도, 정말 아무것도 아니야. 신경이 날카로워졌나 봐. 들어봐, 아무것도 아니란 걸 알게 될 거야. 글쎄, 게라로지에르에 있는 아이의 무덤을 생각하다 보니까 그랬나 봐. 그런데 너무나 오랫동안 가 보지 못했어. 이번에는 꼭 가 보아야겠어. 그래도 되지? 당신을 놀라게 해서 정말 미안해! 용서해 줘." 그녀는 갑자기 앙투안을 꼭 껴안으며 신음하듯이 말했다. "내 사랑, 당신, 내가 그렇게 좋아, 응? 내가 없으면 싫어? ……하지만 언젠가, 언젠가는……."

"그만해" 하고 앙투안은 중얼거리듯 말했다. 그는 자신의 삶 속에서 라셀이 차지하고 있는 무게를 헤아려 보고 새삼 놀랐다. 그는 머뭇거리며 덧붙였다. "며칠이나…… 떠나 있을 거야?"

라셀은 그에게서 빠져나갔다. 그리고 애써 웃으며 화장대 앞으로 뛰어가서 눈가의 화장을 고쳤다.

"이렇게 울다니 나 참 바보 같지" 하고 그녀는 말했다. "그래, 바로 오늘 저녁 같은 때였어. 저녁 먹으러 나가려는 참이었어. 나는 친구들과 함께 집에 있었어. 당신이 모르는 친구들이야. 초인종 소리가 났지. 전보가 온 거야. '아기 위독. 중태임. 빨리 오기 바람.' 나는 즉시 알아차렸어. 입은 옷 그대로, 금박이 박힌 얇은 망사 모자를 쓰고 샌들을 신은 채로 역으로 달려갔어. 막 들어오는 기차를 탔지. 그 여행, 밤새도록 혼자서, 오들오들 떨면서…… 미치지 않고 어떻게 그곳에 도착할 수 있었을까?"

그녀는 앙투안 쪽으로 몸을 돌렸다. "조금만 기다려 줘, 자연스럽게 말리는 게 제일 나아." 갑자기 그녀의 얼굴에 생기가 돌았다. "당신이 그렇게 해 주면 좋겠는데. 나하고 함께 거기엘 가 주지 않을래? 이틀이면 충분해. 토요일과 일요일. 우리는 루앙이나 코드벡까지 가서 하룻밤 자고 이튿날 차를 하나 전세내서 게라로지에르의 묘지에 가는 거야. 나들이도 할 겸 단둘이 가면 얼마나 좋을까! 그럴 것 같지 않아?"

9월의 마지막 토요일, 화창한 오후에 두 사람은 거의 텅 빈 기차를 타고 떠났다. 그들이 탄 객실에는 단둘뿐이었다.

이틀 동안 쉴 수 있고 단둘이 함께 보낼 수 있다는 사실에 몹시 들뜬 앙투안은 벌써 긴장이 풀렸고 눈길은 더욱 생기가 돌았다. 그리고 싱글벙글 웃으면서 개구쟁이처럼 가만히 있지 못하고 그물 선반에 얹어 놓은 라셀의 짐 보따리를 두고 놀리기도 하고, 그녀를 좀더 탐욕스럽게 바라보기 위해 그녀에게서 떨어져서 앉을 정도였다.

"그대로 둬" 하고 라셀이 말했다. 마침 앙투안은 창문의 블라인드를 내리려고 다시 일어선 참이었다. "설마 햇빛 때문에 내가 녹아 버릴 리도 없을 테고."

"그야 그렇지, 하지만 당신이 햇빛을 받고 있으면 눈이 부셔서 내가 장님이 될 것 같은걸!"

그건 사실이었다. 햇빛이 그녀의 얼굴 전체를 비추고, 그녀의 머리카락을 태울 듯 붉게 물들이면 그녀를 오래 바라보기가 눈이 피로할 정도였다.

"지금까지 한 번도 같이 여행해 본 적이 없군" 하며 앙투안이 말했다. "그런 생각을 해 본 적이 있어?"

그녀는 미소를 지으려다 말았다. 양옆으로 약간 잡아당겨진 그녀의 입가에서 무엇인가 뜨겁고 강한 의지력이 엿보였다. 그는 몸을 앞으로 숙였다.

"왜 그래?"

"아무것도 아냐…… 단지 여행을 떠나면……."

그는 자기 멋대로 이 여행의 목적을 잊고 있었음을 떠올리고 입을 다물었다. 그러나 그녀가 설명했다.

"어딜 떠날 때면 나는 언제나 불안해. 스쳐 지나가는 저 풍경들…… 그리고 내가 도착할 그 낯선 세계, 결국 다 미지의 것들이지!" 그녀의 두 눈은 멀어져 가는 지평선에 잠시 머물러 있었다. "이런 기차들, 이런 배들을 나는 지긋지긋할 정도로 많이 타 보았어!"

그녀의 얼굴이 어두워졌다.

앙투안은 그녀 곁으로 가서 의자에 그녀의 무릎을 베고 누웠다.

"Umbilicus sicut crater eburneus"(『너의 배꼽은 상아로 된 둥근 잔 같고'라는 뜻의 라틴어이다) 하고 앙투안은 중얼거렸다. 그리고 나서 잠시 침묵을 지키다가 라셀이 다른 생각을 한다는 것을 알아차린 그는 이렇게 물었다. "무슨 생각을 하고 있어?"

"그냥, 아무 생각도 안 해." 그녀는 애써 쾌활함을 꾸미려 했다. "학교 선생 같은 당신의 넥타이 생각을 하고 있어!" 하며 그녀는 넥타이 뒤로 손가락을 넣으며 큰 소리로 말했다. "당신은 그래, 여행을 떠나면서도 넥타이를 좀 느슨하게, 좀 편하게 맬 줄도 모르시는구만!"

그녀는 기지개를 켜며 다시 미소를 지었다. "우리 둘뿐이라니, 너무나 좋아! ……무슨 얘기 좀 해 봐! 아무 얘기나 해 줘."

그는 웃음을 지어 보였다. "언제나 이야기하는 건 당신 담당이잖아! 나야, 내 환자들, 임상 시험들…… 내게 무슨 얘깃거리가 있을 수 있겠어? 지금까지 나는 항상 흙더미 속에 살고 있는 두더지처럼 살아 왔어. 나를 내 굴 속에서 끄집어 내어 세상의 빛을 보게 해 준 게 바로 당신이야!"

아직까지 그녀 앞에서 이런 고백을 한 적은 한 번도 없었다. 그녀는 고개를 숙여서 자기 무릎 위에 놓인 사랑하는 남자의 얼굴을 두 손으로 잡고 가만히 들여다보았다. "정말? 그게 정말이야?"

"있잖아" 하며 그는 그녀가 하는 대로 내버려 두고 말을 계속했다. "우리 내년 여름엔 줄곧 파리에만 있지 말자."

"응, 좋아."

"올해 나는 휴가를 신청하지 않았어. 2주일 정도 휴가를 얻도록 해 볼게."

"알겠어."

"어쩌면 3주일이 될 지도."

"좋아."

"우리 둘이서 어디든지 좋으니까 같이 가자. 아무데나…… 어때?"

"그래."

"괜찮다면 산으로 가자. 보주산맥이나 아니면 스위스. 그보다 더 먼 데는 어때?"

라셀은 생각에 잠겨 있었다.

"뭘 생각하고 있어?" 하고 그가 물었다.

"좋아, 스위스로, 그래."

"아니면 이탈리아의 호숫가로 가든지."

"아냐, 그건 싫어!"

"왜? 이탈리아의 호숫가를 좋아하지 않아?"

"싫어."

앙투안은 여전히 의자에 누운 채로 기차의 흔들림에 몸을 맡기면서 라셀의 말에 찬성했다. "그럼 좋아, 우리 딴 데로 가자……. 당신 맘에 드는 곳으로." 그러나 잠시 뒤에 그가 무심한 투로 다시 말을 꺼냈다. "왜 이탈리아의 호숫가가 싫은 거지?"

라셀은 손끝으로 앙투안의 이마며 눈꺼풀이며 그의 뺨과, 약간 패인 관자놀이 따위를 차례로 쓰다듬고 있었다. 그녀는 대답하지 않았다. 그는 눈을 감고 있었다. 그러나 졸고 있는 그의 머릿속에서는 같은 생각이 떠나지 않았다.

"이탈리아의 호숫가를 싫어하는 이유가 뭔지 내게 말하고 싶지 않은 거지?"

그녀는 슬며시 짜증을 내며 말했다.

"거기서 아롱이 죽었으니까! 내 오빠 말이야, 이제 됐어? 팔란차에서였어."

그는 집요하게 물은 것을 후회했다. 그런데도 그는 또 덧붙여 말했다. "거기서 살았었어?"

"아니야. 여행 중이었어. 신혼여행." 그녀는 눈살을 찌푸렸다. 그러더니 잠시 뒤에 앙투안의 기분을 알아차렸다는 듯이 이렇게 중얼거렸다. "하지만 나는 이미 온갖 종류의 죽음을 목격해 왔어……."

"올케와는 사이가 나쁜가?" 하고 그가 물었다.

"올케 이야긴 지금껏 한 번도 한 적이 없으니 말이야."

기차가 멈췄다. 그녀는 일어서서 문 밖으로 몸을 내밀었다. 그러나 앙투안의 질문은 들었음이 분명했다. 몸을 돌리며 이렇게 말했기 때문이다.

"뭐라고? 올케? 클라라 말이야?"

"당신 오빠의 부인 말이야. 오빠가 신혼여행 중에 죽었다면서."

"올케도 오빠와 함께 죽었어. 내가 이야기한 것 같은데…… 안 했나?" 그녀는 줄곧 밖을 내다보고 있었다. "둘 다 호수에 빠져 죽었어. 무슨 일이 있었는지는 아무도 몰라" 하고 그녀는 머뭇거렸다. "아무도. 혹시 안다면 이르슈 뿐."

"이르슈?" 하고 앙투안은 한쪽 팔꿈치에 기대어 몸을 일으키며 말했다. "그도 그 두 사람과 함께 거기에 갔었어? 그러면…… 당신도 역시?"

"아, 오늘은 그 이야기는 그만" 하고 그녀는 다시 자리에 와 앉으며 간청했다. "내 가방 좀 집어 줘. 당신 배고프지 않아?"

그녀는 둥근 초콜릿의 은박지를 벗겨 한 입 베어문 상태 그대로 앙투안에게 내밀었다. 그도 웃으며 장난에 따랐다.

"이렇게 먹는 게 더 맛있어" 하고 그녀는 탐욕스러운 윙크를 하며 말했다. 그러고는 전혀 뜻밖의 이야기를 하기 시작했다. "클라라는 이르슈의 딸이었어. 이제 알겠지? 내가 이르슈를 알게 된 건 그 딸을 통해서였어. 내가 이런 얘기 해 주지 않았던가?"

앙투안은 그렇다는 뜻의 고갯짓을 했다. 그러나 이 새로운 사실을 이제까지 자기가 주워들은 사실들과 연결시켜 더 이상 묻는 것을 자제했다. 그러나 라셀은 앙투안이 질문하기를 그치면 항상 그랬듯이 자진하여 이야기를 시작했다.

"당신, 클라라의 사진을 본 적 없어? 내가 나중에 찾아서 보여줄게. 내 친구였어. 초급반 때 처음 알게 된 친구야. 하지만 그 애는 오페라극장에는 겨우 1년밖에는 있지 않았어. 건강이 좋지 않았거든. 그리고 어쩌면 이르슈가 자기 옆에 데리고 있고 싶어했기 때문이기도 했고. 아마 그랬을 거야……. 난 그 애와 퍽 친했고, 일요일이면 뇌이의 승마연습장에 그 애를 만나러 가곤 했어. 그래서 나는 그 애와 함께 첫 승마교습을 받게 되었던 거야. 그러다가 나중에는 셋이서 함께 승마를 하곤 했지."

"셋이라니, 누구?"

"클라라와 이르슈와 나 말이야. 부활절 이후에는 나는 일주일에 세 번씩 아침 6시면 그 둘을 데리러 가곤 했어. 8시에는 오페라극장에 돌아가 있어야만 했거든…… 그 시간이면 숲은 우리들 차지였고 아주 멋있었어."

라셀은 잠시 말을 멈추었다. 앙투안은 팔걸이에 팔꿈치를 괸 채 꼼짝 않고 그녀를 바라보고 있었다. "아주 괴짜에다 변덕쟁이였어" 하고 자기 추억의 실마리를 쫓아가며 그녀는 이야기를 계속했다.

"물불을 가리지 않는 데다가 아주 착하고 매력적인 애였지. 약간 불량소녀 같은 매력이 있었어. 때로는 자기 아버지와 똑같이 무서운 눈초리를 가진. 그 시절에 나하고 사이가 좋았던 아롱이 그 애에게 반한 건 몇 년 됐어. 오빠는 언젠가 그 애와 결혼을 하겠다는 일념으로 일을 했지. 클라라는 원하지 않았어. 물론 이르슈도 반대했는데 마침내 그 애가 갑자기 결심을 했어. 나는 처음엔 왜 그랬는지 까닭을 알 수 없었어. 더구나 약혼식을 할 때까지만 해도 나는 아무것도 눈치채지 못했어. 내가 알게 되었을 때는 무슨 말을 하기엔 너무 늦은 때였어."

라셀은 잠시 말을 멈추었다.

"그러다가 그 두 사람이 결혼한 지 3주일 뒤에 나는 이르슈한테서 팔란차로 오라는 전보를 받았어. 나는 이르슈가 그 두 사람과 함께 간 사실을 전혀 모르고 있었어. 그러나 그 사람이 거기에 있다는 것을 알았을 때 나는 비극이 벌어질 것을 바로 느꼈어! 사실 그건 비밀도 아니었어. 클라라의 목 주위에는 멍 든 자국이 있었거든. 클라라는 목이 졸려 죽은 게 틀림없어."

"누구한테?"

"오빠. 그 애의 남편 말이야. 그날 저녁에 오빠는 혼자 호수를 산책하려 한다고 말하고 보트를 빌렸어. 이르슈는 오빠가 하는 대로 내버려뒀어. 그는 자기 나름대로 그게 이롭다고 생각했을 거야. 아마도 그 나름의 이유가 있었겠지. 이르슈는 오빠가 자살하려 한다는 것을 알고 있었어. 그리고 클라라도 눈치채고 있었고. 왜냐하면 그는 이르슈가 감시를 소홀히 하는 틈을 타서 막 출발하려는 보트에 올라탔으니까. 적어도 내가 나중에 조금씩 추측하게 된 사실은 그랬던 것 같아. 왜냐하면 이르슈는……." 그녀는 진저리를 쳤다. "그 사람은 도대체 속을 알 수 없는 사람이야" 하고 그녀는 또박또박 말했다. 그러고 나서 그녀가 다시 입을 다물었으므로 이번엔 앙투안이 물었다.

"한데 왜 자살을?"

"오빠는 입버릇처럼 그 얘길 했었어. 괴벽이었어, 어릴 때부터. 그 때문에 나는 감히 오빠에게 아무 말도 할 수 없었어. 또 그래서 결혼하도록 내버려 뒀던 거야. 아!" 하며 그녀는 매우 참담한 투로 말했다. "그 일이 있고 난 뒤에 가만히 있었던 나를, 나 자신을 얼마나 나무랐는지 몰라! 만약 그때 내가 얘길 했더라면, 그랬다면……."

그러고는 마치 앙투안이 그녀 자신을 변호해 주기를 바라는 듯이 그를 바라보며 말했다. "나는 그들의 비밀을 우연히 알게 됐어. 그래, 하지만 그랬다고 그 비밀을 곧장 아롱에게 말했어야 했을까? 안 그래? 오빠는 만일 클라라가 자기랑 결혼해 주지 않으면 자살해 버리겠다고 몇 번이나 말했었거든! 내가 만일 우연히 알게 된 그 사실이 오빠의 귀에 들어갔더라면 오빤 진작 자살해 버렸을 거야…… 당신은 그렇게 생각하지 않아?"

앙투안은 어떻게 대답해야 좋을지 몰랐다. 그가 라셀의 말을 되받아 물었다. "우연이라니?"

"그렇다니까. 전적으로 우연한 일이었어. 어느 날 아침에 나는 승마하러 숲에 가자고 클라라와 이르슈를 데리러 갔었어. 곧장 클라라의 방으로 올라갔지. 그 방에 다가가는데 큰 소리로 싸우는 소리가 들리는 거야. 나는 달려갔지……. 문이 반쯤 열려 있었어. 그 애는 블라우스도 입지 않고 두 팔을 고스란히 드러내고 있었어. 승마용 치마만 입은 채 몸부림치고 있었어. 내가 문을 연 순간에 그 애가 의자 위에 올려 놓았던 채찍을 잡고 철썩! 이르슈의 얼굴을 세차게 때리는 걸 보았어!"

"자기 아버지의 얼굴을?"

"그렇다니까! 아, 솔직히 말하지만 그 일이 있은 뒤에 나는 그 기억이 얼마나 오랫동안 머릿속에서 떠나지 않았는지 몰라!" 하고 그녀는 가슴에 맺혔던 응어리를 터뜨리기나 하듯이 소리쳤다. "나는 이르슈의 그 얼굴을 자주 떠올리곤 했지! 그때의 창백하던 그 얼굴! 점점 검어지던 그 채찍 자국! 아! 그 사람 또한 남을 때리기를 좋아했지. 때려도 몹시 세게 때리곤 했어! 그런데 그땐 쯧쯧! 그 사람이 채찍으로 맞은 거야."

"하지만…… 무엇 때문에?"

"그런데 나는 그날 아침에 무슨 일이 있었는지 정확한 건 몰라. 클라라는 아마 약혼한 뒤로는 몸을 허락하지 않은 것이 틀림없어. 그 순간에 그런 생각이 떠올랐어. 나는 그때까지 나를 놀라게 했던 몇 가지 일들을 상기해 보았지. 그랬더니 문득 떠오르는 게 있었어. 모든 것을 알게 되었지……. 이르슈는 나에게 한 마디 말도 없이 점잖게 그 방을 나갔어. 그는 내가 절대로 입 밖에 내지 않으리하는 것을 확신하는 태도였어. 그의 생각이 옳았어. 나는 클라라에게 꼬치꼬치 캐물었어. 그리고 클라라는 모든 것을 다 털어놓았어. 또 내게 맹세도 했고. 그건 본심이었던 것이 틀림없어. 분명 진정이었어. 다시는 그러지 않겠다고, 바로 그 모든 것으로부터 빠져나가기 위해서 결혼하겠다고 맹세했어. 이르슈로부터 도망간다는 걸까? 아니면 자기의…… 잘못된 정욕으로부터 도망간다는 걸까? 그날 바로 그런 생각을 보았어야 하는 건데. 클라라가 그에 대해 이야기하는 말투만 보더라도 전혀 끝난 일이 아니란 것을 알아차렸어야 했어!"

라셀은 잠시 뒤에 가라앉은 목소리로 덧붙였다.

"한 여자가 한 남자에 대해서 그런 증오심을 가지고 말한다는 것은 아직도 그 남자를 열렬히 사랑한다는 증거야!"

그녀는 잠시 고개를 숙이고 바닥을 응시한 채로 또다시 생각에 잠겼다. 이윽고 다시 이야기를 계속했다.

"그런 뒤에도 나는 여러 가지 증거를 포착했어. 하필이면 한창 신혼여행 중에…… 클라라가…… 무슨 말인지 알겠어? 이탈리아로 이르슈를 부른 게 클라라였으니까! ……그 뒤엔 나는 자세한 것은 몰라. 하지만 아롱이 그 두 사람의 관계를 알게 된 건 분명해. 아니었다면 오빠가 물에 빠져 죽으려 했을 리가 없어……. 그런데 아직도 잘 알 수 없는 것은 클라라의 의도야. 왜 그 애는 남편의 뒤를 좇아 보트에 탔던 걸까? 남편이 자살하는 걸 막으려고? 아니면 남편과 함께 죽으려고? 둘 중의 한 가지 이유 때문이라고 할 수 있겠지. 한밤중에 호수 가운데에서 그 보트 안에서 마주보며 둘은 무슨 이야기를 했을까? 나는 무슨 일이 있었을까 백 번도 더 생각해 보았어. 그 애가 모든 걸 포기하고 다 털어놓았을까? 그 애는 충분히 그럴 수 있는 애였어……. 클라라가 죽고 자기도 죽으면 모든 것이 끝난다는 확신으로 아롱은 그 애를 없애고 싶었을까? ……다음날 빈 보트만 발견되었어. 그리고 며칠 뒤에 둘의 시신이 같은 장소에서 발견되었고……. 그런데 가장 이상한 일은, 두 사람이 배를 타고 나가던 날 저녁 우체국이 닫히기 전에, 그러니까 시체를 수색하는 작업이 시작되기도 전에 이르슈가 내게 오라고 전보를 쳤다는 사실이야!"

그녀는 잠시 동안 꿈이라도 꾸는 듯 하다가 다시 계속했다.

"참, 당신도 아마 신문에서 그 이야기를 읽었을 거야. 당신이야 별로 관심거리가 아니겠지만 이탈리아 경찰이 조사를 했어. 프랑스 경찰도 그 사건에 관여했었고 파리에서 아롱이 살던 아파트와 내 아파트가 수색당했어. 하지만 단서가 될 만한 건 아무것도 찾지 못했어……. 내가 그들보다는 훨씬 더 많이 알고 있지!"

"그런데 당신의 이르슈는 한 번도 혐의를 받지 않았어?"

라셀은 힘차게 몸을 일으켜 세웠다.

"단 한 번도" 하고 그녀는 딱 잘라 대답했다. "단 한 번도 혐의 따윈 받지 않았어!"

그녀의 목소리, 앙투안을 쳐다본 그녀의 눈길 속에는 무엇인가 도발적인 데가 있었다. 그러나 앙투안은 개의치 않았다. 왜냐하면 그녀가 자기의 과거를 이야기할 때면 약간 도발적인 투로 말하곤 했기 때문이다. 그것은 마치 그들이 처음 만나던 날 저녁에 자신을 그토록 강하게 압도했던 이 사나이를 놀라게 하는 일이 그녀에게 즐거움으로 느껴지기라도 하는 것 같았다.

"이르슈는 한 번도 혐의를 받지 않았어" 하고 그녀는 비아냥거리듯 다른 어조로 되풀이했다. "하지만 그는 그해 만큼은 프랑스로 돌아오지 않는 게 더 신중한 일이라고 생각했었어!"

"그런데 당신은 분명히 그녀가, 그 남자의 딸이 신혼여행 중에……"

"이제 그만" 하면서 그녀는 언제나 둘 사이에 이르슈 이야기가 나올 때마다 보여 주는 열정으로 그에게 몸을 던지며 소리쳤다. 그리고 강압적인 입맞춤으로 앙투안의 입을 막아 버렸다. "아, 당신은 무척 특별한 사람이야" 하면서 라셀은 그의 품속으로 파고들었다. "당신은 착해, 당신은 소견이 넓고 정직해! 아, 내 사랑, 내가 당신을 얼마나 사랑한다고!"

그 이야기가 머릿속에서 떠나지 않던 앙투안이 계속 질문을 하려는 기미를 보이자 그녀가 되풀이했다.

"그만, 그만……. 그 얘긴 너무 지긋지긋하고 짜증이 나. 나는 모든 걸 다 잊고 싶어. 되도록 오랫동안…… 나를 꼭 안아 줘, 애무해 줘……. 그래, 날 안고 기쁘게 해 줘, 내가 잊을 수 있도록……."

앙투안은 그녀를 꽉 껴안았다. 그러자 갑자기 그의 마음속 깊은 곳으로부터 무의식적으로 모험을 하고 싶은 욕구가 새로운 본능처럼 솟구쳤다. 이렇게 착실하고 틀에 박힌 생활로부터 빠져나가고, 모든 것을 새로 다시 시작하고, 갖가지 위험을 무릅써 보고, 그가 그렇게도 자랑스럽게 학구적인 목적들을 위해 썼던 이 힘을 자유롭고 목적도 없는 행위를 위해서 써 보고 싶은 욕구가!

"우리 둘이서 함께 떠나면 어떨까? 내 말을 들어 봐. 멀리서, 아주 먼 데서, 둘의 삶을 새로 시작한다면……. 당신은 내게 어떤 능력이 있는지 모르고 있어!"

"당신이?" 하고 그녀는 웃으며 말했다. 그녀는 그에게 입술을 삐죽 내밀었다. 흥분에서 깨어난 앙투안은 방금 한 말은 농담이라는 듯이 슬쩍 웃어 보였다. "내가 얼마나 당신을 사랑하고 있다고!" 하고 라셀은 아주 가까이에서 그를 바라보면서 고뇌의 빛이 어린 표정으로 말했다. 앙투안은 그녀가 이런 표정을 지었던 까닭을 나중에서야 깨달았다.

앙투안은 루앙 시(市)를 알고 있었다. 그의 친가 쪽이 노르망디 출신인데다 티보 씨에게는 아직도 루앙에 꽤 가까운 친척이 여럿 있었기 때문이다. 게다가 앙투안은 8년 전에 이곳에서 군복무를 한 적이 있었다.

저녁도 먹기 전에 라셀은 그에게 이끌려서 다리 반대편, 병사들이 득실대는 외곽지역, 끝없는 병영의 담을 따라 걸어야만 했다.

"휴양소야!" 하고 앙투안은 신이 나서 라셀에게 불이 켜져 있는 한 건물을 가리키며 외쳤다. "저기, 두 번째 창문 보이지? 의무실이야. 그 안에서 하는 일 없이 빈둥거리면서도 책 읽을 겨를도 없이, 두서너 명의 놈팡이 병사들과 실연당한 몇몇 병사들을 보살피느라 허구한 날들을 보냈지!" 그는 전혀 원망하는 마음 없이 웃으며 이렇게 말했다. "안 그래? 그 시절에 비하면 지금 나는 얼마나 행복한지!"

라셀은 아무 대답도 하지 않고 그보다 앞서 걸어갔다. 앙투안은 울먹울먹하는 그녀의 모습을 보지 못했다.

어느 극장 앞에 〈미지의 아프리카〉를 상영한다는 포스터가 붙어 있었다. 앙투안이 라셀에게 그걸 가리켰다. 그녀는 고개를 저었다. 그리고 그를 호텔 쪽으로 이끌고 갔다.

저녁 먹는 동안 앙투안은 그녀를 웃기려 무진 애를 썼으나 헛수고였다. 그리고 그는 이번 여행의 목적을 생각하면서 자신의 이 같은 경솔함에 약간 미안한 생각이 들었다.

그러나 둘이 방에 들어가자마자 라셀은 목에 매달렸다.

"나한테 화내면 안 돼" 하고 그녀가 말했다.

"뭘 말이야?"

"당신의 산책을 망친 걸 말이야."

그는 아니라고 말해 주려 했다. 그녀는 다시 앙투안을 꼭 껴안고는 마치 자신에게 말하듯 되풀이했다.

"아, 당신을 얼마나 사랑하고 있다고!"

다음날 아침 일찍 두 사람은 코드벡에 도착했다.

더위가 더욱 기승을 부렸다. 강은 매우 넓게, 눈부신 안개 속을 흘러가고 있었다. 앙투안은 마차를 전세 내주는 작은 호텔까지 짐을 끌고 갔다. 그들이 부탁해 놓은 마차가 시간보다 훨씬 먼저, 그들이 점심을 먹고 있는 창문 앞에 와서 대기하고 있었다. 라셀은 후식을 먹는 둥 마는 둥 했다. 그녀는 손수 모든 짐을 마차에 싣고 나서, 마부에게 자기가 가야 할 길을 자세히 설명해 주었다. 그러고는 즐거운 듯이 그 낡은 사륜 마차에 올라탔다.

이번 여행에서 가장 괴로운 순간이 다가옴에 따라 라셀은 점점 흥분을 감추지 못하는 것 같았다. 길을 따라 보이는 풍경도 그녀의 마음을 몹시 설레게 했다. 그녀는 오르막길, 내리막길, 길가에 서 있는 성모상, 마을의 광장에 이르기까지 이곳저곳들을 환히 알고 있었다. 모든 것이 그녀를 놀라게 했다. 마치 파리를 한 번도 떠나본 적이 없는 사람 같았다.

"아유, 저것 좀 봐! 저 암탉들! 저기 중풍에 걸린 할머니가 해바라기를 하고 있네! 저 담은 돌멩이로 지탱하고 있군! 여긴 조금도 발전하지 않았어! 그것 봐, 내가 전에 말해 주었지, 정말 시골이라고!"

골짜기 사이로 게라로지에르의 작은 교회를 중심으로 여기저기 흩어져 있는 지붕들이 보이기 시작하자 라셀은 자리에서 벌떡 일어섰다. 그녀의 얼굴은 마치 자기 고향을 찾아온 사람처럼 환해졌다.

"묘지는 마을에서 떨어진 왼쪽에 있어. 저 포플러나무들 뒤에. 잠깐, 조금만 더 가면 보여……. 이 마을을 천천히 가로질러 가 주세요."

그들이 게라로지에르 마을의 최초의 집을 지나가게 되자 그녀가 마부에게 말했다.

초가지붕이 덮이고 검은 줄이 그려진 하얀 집들이, 풀이 무성한 마당 한가운데 숨어서 사과나무들 사이로 반짝이고 있었다. 덧문들은 모두 닫혀 있었다. 그들은 두 그루의 주목나무 사이에 있는 슬레이트 지붕 집 앞을 지나갔다.

"여기가 마을 사무소야" 하고 라셀은 기뻐서 어쩔 줄 모르며 말했다. "조금도 변하지 않았어! 저기에서 출생신고 등을 했어……. 저기, 더 뒷집 보여? 유모가 살던 집이야. 모두 좋은 분들이었지. 지금은 이 마을에 없어. 안 그랬다면 그 할머니에게 인사하러 갔을 텐데……. 아니, 나는 이 집에서 지낸 적이 있어. 내가 이곳에 올 때는 그들 집에 묵곤 했는데, 나에게 침대를 하나 빌려주곤 했어. 나는 그 사람들과 함께 식사를 하면서 그 사람들의 사투리를 듣고 재미있어 하곤 했었지. 그 사람들은 날 무슨 동물원의 동물처럼 바라보곤 했어. 내가 파자마를 입고 자는 게 그렇게 이상했는지 아주머니들은 나의 자는 모습을 보러 왔었지. 이 마을의 미개발 상태는 꿈도 꾸지 못할 정도야! 하지만 착한 사람들이지. 아기가 죽었을 때는 모두들 얼마나 친절하게 대해 줬다고! 그 뒤에 나는 이 사람들에게 이것저것 보내 주었지. 설탕에 절인 과일들, 모자에 장식할 리본들, 신부님한테는 리큐르 술 따위."

라셸은 다시 일어섰다.

"묘지는 저기 저 언덕을 지나면 있어. 잘 보면 움푹 팬 평지에 무덤들이 보일 거야. 아니, 여기에 손 좀 대봐. 내 심장이 왜 이렇게 뛰는지 알아? 나는 여기 올 때마다 그 가엾은 것의 무덤이 없어졌을까 봐 항상 겁나. 왜냐하면 이 묘지의 영구 사용료를 내지 않았기 때문이야. 모두들 우리에게 이 지방에서는 그런 거 내는 게 아니라고들 말해 주었거든. 그런데 그러지 않으려고 해도 나는 여기 올 때마다, '혹시 그 무덤 파 버렸으면 어쩌지?' 하는 생각이 들곤 해. 설령 그랬다 해도 내겐 항의할 권리가 없거든! ……아저씨, 오솔길 앞에서 멈추세요. 문까지는 걸어서 갈 테니까……. 빨리 와!"

그녀는 마차 밖으로 뛰어내려 서둘러 철문 쪽으로 갔다. 철문을 열고 흙담 뒤로 사라졌다가 어느새 다시 나와서는 앙투안에게 소리쳤다.

"여기 아직도 그대로 있어!"

온통 기쁨으로 가득 찬 그녀의 얼굴을 태양이 환히 비추고 있었다. 그녀는 다시 사라졌다.

앙투안은 라셸의 뒤를 따라 갔다. 그녀는 두 개의 담이 만나는 모서리에 풀이 무성하게 자란 구석에서 양손을 허리에 얹고 버티고 서 있었다. 쐐기풀들 사이에서 여기저기 울타리의 잔해 같은 것이 드러나 있었다.

"그대로 있기는 한데, 이 꼴 좀 봐! 가엾게도, 아가야, 이제 네 무덤은 잘 손질될 거야! 그리고 묘지를 관리해 달라고 해마다 20프랑씩 보낼 거야!" 그리고 나서 앙투안 쪽으로 몸을 돌리고는 이제야 생각이 났다는 듯 약간 머뭇거리며 말했다. "당신, 모자 좀 벗지 않을래?"

앙투안은 얼굴을 붉히며 모자를 벗었다.

"내 가엾은 아가" 하고 그녀는 갑자기 말했다. 그녀는 앙투안의 어깨에 한 손을 얹고, 눈에는 눈물이 글썽했다. "난 아이가 세상과 작별하는 것조차 보지 못했어" 하고 그녀는 낮은 소리로 말했다. "내가 도착했을 때는 이미 늦었었어. 작은 천사, 정말 작은 천사였어. 창백한 얼굴로……."

곧 그녀는 눈물을 닦고 미소를 지으며 말했다.

"다 지나간 이야기야. 하지만 역시 마음을 흔들어 놓기는 여전한걸. 할 일이 있다는 건 다행한 일이야. 생각을 안 하게 해 주거든……. 이리 와."

할 일이란 마차가 있는 곳까지 가서 라셀의 보따리들을 날라오는 것이었다. 라셀은 풀밭에 무릎을 꿇고 그 보따리를 손수 풀었다. 그녀는 옆에 있는 편편한 돌 위에 삽 하나, 풀 베는 낫 하나, 나무망치 하나를 가지런히 놓았고 그런 뒤에 하양과 파랑 장식용 구슬이 달린 화환이 들어 있는 커다란 상자를 꺼내 놓았다.

"그게 왜 그리 무거웠던지 이제야 알겠군" 하고 앙투안이 미소를 지으며 말했다.

라셀은 가볍게 몸을 일으켰다.

"빈정거리지만 말고 날 좀 도와줘. 윗옷을 좀 벗고……. 자, 낫을 잡아. 온통 퍼져 있는 이 지저분한 나무와 풀들을 깡그리 베고 뽑아내야 돼. 그 밑에 무덤을 표시해 주는 벽돌들이 있어……. 가엾은 아가. 그 애 관은 번듯하지 않았어. 무겁지도 않았고! ……그건 이리 줘! 지난번 화환의 남은 조각이야. 이 문구는 오래된 거야. '사랑하는 딸에게 바친다.' 쥬코가 가지고 왔었어. 난 이미 1년 전부터 그 사람을 만나지 않고 있었지만 그래도 알려주긴 했어. 매우 예의가 바른 사람이야. 여기까지 상복을 입고 왔었으니까. 나는 무척 고마웠어. 장례식을 하는 데 퍽 든든했으니까. 참 바보 같기도 했지! ……잠깐, 그건 십자가야. 그냥 세워 둬. 조금 있다가 단단히 박아놓을 거니까."

풀을 헤치다가 앙투안은 질겁을 했다. 처음에는 '록산느 라셀 괴페르트'라는, 묘비명 전체가 드러나 보이지 않았다. 이름의 첫 부분인 세례명이 지워져 라셀 괴페르트라는 여자친구의 이름만 보였던 것이다. 그는 잠시 생각에 잠겨 있었다.

"자, 그럼" 하고 라셀이 말했다. "일을 시작하자! 이쪽에서부터 시작하는 게 좋겠어."

앙투안은 그 일에 몰두했다. 그는 무슨 일이든 어중간하게 하고는 못 배기는 성격이었다. 와이셔츠 바람으로 낫과 삽으로 일을 하는 사이 앙투안은 이윽고 일꾼처럼 땀에 흠뻑 젖고 말았다.

"화관들은" 하고 그녀가 말했다. "나한테 줘, 내가 하나씩 깨끗하게 닦을 거야……. 아니, 화관 하나가 없어졌어! 좀 찾아봐 줄래? 이르슈가 보낸 제일 예쁜 거였는데! 도자기로 만든 꽃이었어! 어떻게 이런 몹쓸 짓을 할 수가 있지!"

앙투안은 재미있어 하며 그녀를 바라보았다. 모자도 안 쓰고 헝클어진 머리카락을 햇빛에 반짝이고 있고, 남을 원망하느라 잔뜩 화가 난 입 모양을 하고는 치마를 치켜든 채, 소매를 팔꿈치까지 걷어붙이고서 그녀는 묘지의 모든 무덤을 샅샅이 살피며 분을 삭이지 못하고 투덜거리는가 하면 이리저리 뛰어다니고 있었다.

"나쁜 사람들! 빌려달라면 빌려줄 수도 있었을 텐데!"

그녀는 실망해서 다시 돌아왔다.

"내가 그 화관을 얼마나 좋아했다고! 그 사람들 아마 그걸로 장신구를 만들었을 거야. 여기 사람들은 이렇게 미개하다니까! ……하지만" 하며 그녀는 마법에 홀린 듯 마음의 진정을 되찾자 이야기를 계속했다. "저기에서 노란 모래를 발견했어. 저걸로 묘를 예쁘게 꾸밀 수 있을 거야."

시간이 지남에 따라 그 작은 무덤은 몰라볼 정도로 새로운 모습으로 바뀌었다. 나무망치로 단단히 박아 세워 놓은 십자가가 완전히 풀이 뽑힌 사각형의 벽돌로 된 발판 위에 다시 우뚝 서 있게 되었다. 그리고 그 주위에 만들어 놓은 모래를 깐 좁은 길이 이 무덤이 잘 손질된 것임을 나타내 주었다.

두 사람은 지평선에 구름이 끼기 시작하는 것을 알아차리지 못했으므로 뚝뚝 떨어지기 시작하는 빗방울을 맞고 놀랐다. 폭우가 내리려는지 골짜기 위로 소나기 구름이 잔뜩 몰려 있었다. 하늘이 어두워지자 돌들이 더욱 하얗게 보였고 풀은 더욱 푸르게 보였다.

"서둘러야겠어!" 하고 라셀이 소리쳤다. 그녀는 무덤을 향해서 몹시 엄마다운 미소를 보냈다. "일을 아주 잘하네" 하고 그녀가 중얼거렸다. "꼭 별장의 작은 정원 같아!"

앙투안은 담 모퉁이에서 장미나무의 늘어진 가지 끝에 아침 노을 빛깔의 장미 두 송이가 바람에 흔들리는 것을 보았다. 그는 작별인사로 그 꽃을 어린 록산느에게 바치고 싶었다. 그러나 라셀을 생각해서 그러지 않았다. 그는 이 로맨틱한 제스처 만큼은 어머니에게 맡기는 것이 마땅하다는 생각에 그

꽃 두 송이를 따서 라셀에게 내밀었다.

그녀는 그 꽃을 받자 황급히 자기 가슴에 꽂았다.

"고마워" 하고 그녀가 말했다. "하지만 어서 가야겠어. 모자가 망가지니까." 그러고는 뒤도 돌아보지 않고, 벌써 비에 젖기 시작한 치마를 양손으로 치켜들고 마차 쪽으로 뛰어갔다.

마부는 말을 수레에서 풀어 말과 함께 생울타리가 움푹 들어가 있는 곳에서 비를 피하고 있었다. 앙투안과 라셀은 덮개 아래 마차 깊숙한 곳으로 피해 들어갔다. 그리고 습기 찬 가죽 냄새가 물씬 나는 무릎덮개를 무릎에 펴놓았다. 그녀는 이 뜻밖의 소나기에 흥이 나서, 또한 해야 할 일을 완수했다는 것이 흐뭇해서 웃음을 터뜨렸다.

비는 소나기에 지나지 않았다. 어느새 빗발이 약해졌고 구름은 동쪽을 향하여 바삐 움직이고 있었다. 얼마 안 있어 수증기로 깨끗해진 대기를 뚫고 눈부신 저녁해가 다시 나타났다. 마부가 마차에 말을 매기 시작했다. 꼬마들이 한 떼의 젖은 거위들을 몰며 그 뒤를 따라가고 있었다. 그중 가장 어린 9살 또는 10살쯤 되어 보이는 녀석이 마차 발판 위에 올라서서 맑은 목소리로 말했다.

"신사, 숙녀 여러분! 마음껏 즐기세요." 그러고 나서 나막신을 철버덕거리며 도망갔다.

라셀이 웃음을 터뜨렸다.

"시대에 뒤떨어졌다고?" 하며 앙투안이 말했다. "하지만 어린애들은 앞날이 유망한데!"

이윽고 마차는 떠날 준비가 되었다. 그러나 코드벡에서 기차를 타기에는 너무 늦었다. 연결선을 탈 수 있는 가장 가까운 역으로 직접 가야만 했다. 앙투안은 월요일 아침의 병원 근무를 누구에게 대신해 달라고 부탁하고 싶지 않았으므로 그날 밤 안으로 파리에 돌아가야만 했다.

생 투앙라누에서 저녁을 먹기 위해 마차를 멈추었다. 일요일 저녁의 여인숙 식당은 술꾼으로 가득 차 있었다. 새로 온 두 손님은 뒷방에서 식사를 했다.

저녁 먹는 동안에 두 사람은 말이 없었다. 라셀은 더 이상 농담도 하지 않았다. 그녀는 무슨 생각에 잠겨 있었다. 그녀는 장례식 날, 똑같은 시간에 비슷하게 생긴 마차로—어쩌면 바로 그 마차였는지도 모른다—이곳에 왔던 일을 떠올리고 있었다. 그러나 그때는 테너 가수와 함께였다. 그녀는 특히 식당에 들어와 앉자마자 그 둘 사이에 일어났던 다툼을 생각하고 있었다. 그리고 쥬코가 그녀에게 달려들어 이 빵 그릇 앞에서 그녀의 뺨을 어떻게 때렸는지를 생각하고 있었다. 그리고 그날 밤에 이 여관 방에서 다시 그에게 몸을 허락했던 일을 생각하고 있었다. 그 뒤로 넉 달 동안 그녀가 어떻게 그의 바보짓과 난폭한 행동을 참았는지도……. 그러나 그녀는 그 일로 그를 조금도 원망하지 않았다. 오늘 저녁에도 그녀는 그 생각을, 그가 뺨을 때리던 일조차 육감적인 추억으로 떠올리고 있었다. 그러나 그 이야기는 앙투안에게 하지 않았다. 그녀는 아직까지 앙투안에게 테너 가수가 자기를 심하게 때렸음을 단 한 번도 털어놓은 적이 없었다.

어둠 속에서 또 다른 생각이, 예리한 것으로 가슴을 찌르는 것 같은 생각이 불쑥 떠올랐다. 그리고 자기가 이런 옛 생각을 이토록 오랫동안 떨치지 못하고 있는 것은 가슴 아픈 생각으로부터 도망치고 싶어서였음을 알게 되었다.

라셀이 일어섰다.

"우리 역까지 걸어갈까?" 하고 그녀가 제안했다. "기차는 11시나 되어야 있어 짐은 마부더러 싣고 오라고 하면 되지."

"이렇게 캄캄한 밤중에 진흙탕 길을 8킬로미터나 걷겠다고?"

"안 될 거 뭐 있어?"

"제정신이 아니로군. 안 될 말이야!"

"아" 하고 그녀는 탄식했다.

"난 거기 도착하면 기진맥진할 것 같아서 좀 걸으면 기분이 상쾌해질 것 같았는데!"

그녀는 더 이상 고집 부리지 않고 마차를 향해서 그의 뒤를 따라갔다.

밖은 완전히 캄캄해졌다. 서늘한 바람이 불고 있었다. 마차에 앉자마자 그녀는 양산 끝으로 마부의 등을 찔렀다.

"조용히 그리고 천천히 가요, 시간이 많이 있으니까." 그녀는 앙투안에게 바짝 기대어 속삭였다. "아, 날씨도 참 좋고, 기분도 아주 좋고……."

잠시 뒤, 그는 자기에게 기대고 있는 그녀의 뺨을 쓰다듬어 주고 싶은 생각이 들었다. 그리고 그녀의 뺨이 눈물로 젖어 있는 것을 알아차렸다.

"신경이 날카로워져서 그래" 하고 라셸은 얼굴을 그에게서 떼며 설명했다. 그러더니 아까보다 더욱 그의 품속으로 파고들며 말했다. "아, 나를 꼭 잡아 줘, 나를 당신 곁에 있도록 지켜 줘!"

두 사람은 서로를 꼭 껴안고 아무 말 없이 그대로 있었다. 나무들과 집들이 마차의 등불을 받아 잠시 유령처럼 우뚝 선 채 드러나 보이다가 어둠 속으로 사라지곤 했다. 그들의 머리 위로 창공이 빛나고 있었다. 앙투안의 어깨에 내맡겨진 라셸의 머리가 마차의 덜컹거림에 따라 흔들리고 있었다. 그리고 이따금 앙투안을 꼭 껴안기 위해서 윗몸을 다시 일으키고는 한숨지으며 이렇게 말했다.

"내가 당신을 얼마나 사랑한다고!"

환승역의 플랫폼에서 파리행 기차를 기다리는 사람은 그들 두 사람뿐이었다. 그들은 차양 아래로 들어가 있었다. 라셸은 아무 말 없이 앙투안의 팔을 붙잡고 있었다.

역의 승무원들이 손에 각등을 흔들며 어둠 속에서 뛰어다니고 있었다. 그들의 그림자가 젖은 보도 위를 비추고 있었다.

"특급열차가 들어옵니다! 뒤로 물러서십시오!"

시커먼 동체에 점점이 불을 밝힌 직행열차가 우레처럼, 그 주위에 날릴 수 있는 것은 모두 날리면서, 숨 쉬는 공기마저 빼앗을 것처럼 쏜살같이 지나갔다. 곧 다시 조용해졌다. 그러더니 갑자기 두 사람의 머리 위에서 연약하고 신경을 자극하는 듯한, 콧소리 같은 벨소리가 급행열차의 도착을 알렸다.

열차는 30초 동안 멈추었다. 두 사람은 찻간을 고를 시간도 없어서 아무 데나 올라탔다. 그들이 탄 객실에는 이미 3명의 승객이 자고 있었다. 전등에는 푸른 천의 갓이 씌워져 있었다. 라셸은 모자를 벗고 하나 남은 구석 자리에 털썩 주저앉았다. 앙투안은 그녀 옆에 앉았다. 그러나 라셸은 그에게 기대지 않고 검은 유리창에 이마를 대었다.

오렌지빛이 돌다가 햇빛을 받으면 거의 장밋빛으로 보이기까지 하는 그녀의 머리카락이 어슴푸레한 기차간 안에서는 무엇이라고 정확히 꼬집어 말할 수 없는 빛깔이 되었다. 그 머리카락은 흐르는 불연체(不燃體)의 물질 같기도 했고, 금속성의 실크 같기도 했으며, 실처럼 가느다란 유리 같기도 했다.

그리고 비늘처럼 빛나는 하얀 빰은 그녀의 피부를 비현실적인 것처럼 보이게 했다. 그녀의 한 손이 의자 위에 놓여 있었다. 앙투안은 그 손을 잡았다. 그는 라셀이 떨고 있음을 느낄 수 있었다. 앙투안이 낮은 목소리로 물어보았다. 그녀는 대답 대신 열에 들뜬 듯 그의 손을 꽉 잡으면서 얼굴을 지금보다 한층 반대편으로 돌렸다. 그는 그녀의 마음속에 무슨 일이 일어나고 있는지 이해할 수 없었다. 오늘 오후 묘지에 있을 때의 라셀의 태도를 떠올려 보았다. 비교적 유쾌하게 끝낸 이 여행의 결과가 신경발작적인 혼란일 수 있단 말인가? 그는 이런저런 추측을 해 보았지만 오리무중이기는 마찬가지였다.

기차가 도착해서 같은 객실에 있던 승객들이 부시시 일어나 등불의 갓을 치웠을 때 앙투안은 그녀가 끈질기게 고개를 숙이고 있는 것을 발견했다.

그는 그녀에게 아무것도 묻지 않고 군중 속으로 그녀를 따라갔다. 그러나 택시를 타자 그는 라셀의 손목을 잡았다.

"무슨 일이야?"

"아무 일도 아니야."

"라셀, 무슨 일인데 그래?"

"그냥 내버려 둬……. 잘 알잖아, 이젠 끝났어."

"안 돼. 당신이 가도록 내버려 두지 않겠어. 나에겐 권리가 있어……. 왜 그래?"

그녀는 눈물로 범벅이 된 얼굴을 들고는 절망적인 눈길로 한참을 그를 보면서 한 마디 한 마디 힘주어 말했다.

"당신한테 말할 수가 없어" 하고 그녀는 끝까지 스스로 주체할 힘이 없어 그에게 몸을 던지며 말했다. "아, 절대로 나는 그럴 수 없어. 절대로, 절대로!"

바로 그 순간, 그는 자신의 행복이 마침내 끝나가고 있으며, 라셀이 그를 떠나려 한다는 것, 모든 것이 끝났음을 알았다. 그는 그 이유를 알기 훨씬 전부터, 그 일로 괴로워하기 전부터, 마치 오래전부터 이렇게 될 것을 준비라도 하고 있었던 듯이 그녀가 어떤 설명도 하지 않았는데도 그렇게 될 운명임을 알았다.

두 사람은 한 마디 말도 나누지 않은 채 알제 거리의 아파트 계단을 올라가서 라셀의 아파트에 들어갔다.

그녀는 그 장밋빛 방에 앙투안을 잠깐 홀로 남겨 놓았다. 그는 방의 구석에 있는 침대며, 화장대며, 이제는 자기 것이 되어 버린 방 안을 둘러보면서 우두커니 서 있었다. 그녀가 다시 방으로 돌아왔다. 어느새 외투를 벗고 있었다. 그는 라셀이 금빛 속눈썹 밑으로 눈동자를 감추고, 입은 까닭을 알 수 없게 옆으로 꼭 다문 채 다시 방으로 들어와 문을 닫고 앞으로 걸어오는 모습을 바라보고 있었다.

앙투안은 완전히 기력이 빠져 있었다. 라셀 쪽으로 한 발 다가서서 더듬거리며 말했다.

"그건, 그건 사실이 아니지? 그렇지? ……날 떠나려는 것은 아니지?"

라셀은 자리에 앉았다. 그리고 지치고 기운 없는 목소리로 걱정할 것 없으며, 자기는 사업차 벨기에령 콩고로 가는 긴 여행을 해야 한다고 띄엄 띄엄 말했다. 그리고 설명하기 시작했다. 그녀의 아버지의 유산이, 즉 그녀의 전 재산이 이르슈를 통해서 어느 기름공장에 투자되어 있었는데, 이제까지는 사업이 번창하여 매우 높은 수입을 올리고 있었다는 것이다. 그런데 공장의 2명의 사장 중 한 사람이 얼마 전에 죽었으며, 최근에 들은 소식으로는 현재의 사장이 브뤼셀의 굵직한 상인들과 결탁하여 킨샤샤에 공장을 막 세웠다고 했다. 다시 말하면 그 공장과 같은 계통의 경쟁 공장을 세우고는 라셀의 공장을 문 닫게 하려고 온갖 수단과 방법을 가리지 않는다는 것이다(그녀는 이야기를 하면서 차츰 안정을 찾는 것 같았다). 더구나 문제가 정치적인 관계 때문에 더 복잡해지고 있다는 것이다. 그 뮐러 집안 사람들은 벨기에 정부의 지지를 받고 있으므로 이렇게 멀리서 라셀이 믿고 일을 맡길 사람이 없다는 것이었다. 그렇게 그녀의 유일한 재산이, 그녀의 물질적인 안위가, 그녀의 모든 장래가 위험에 처해 있다는 이야기였다. 그녀는 이런저런 생각을 해보며 방책을 강구해 보았다고 하였다. 이르슈는 이집트에 살고 있어서 이제 콩고와는 아무런 연고도 없는 처지라, 유일한 해결책은 그녀가 직접 그곳에 가서 기름공장을 재정비하든지 아니면 뮐러에게 적당한 값으로 팔든지 하는 일뿐이라는 것이었다.

창백한 얼굴로 눈살을 찌푸린 채 냉정을 되찾은 앙투안은 그녀의 말을 조용히 들으며 그녀를 바라보고 있었다.

"한데" 하고 마침내 용기를 내어 그가 말했다. "그 일이 빠른 시일 안에 해결될 수 있을까…… ?"

"그럴 수도 있고 그렇지 않을 수도 있어."

"얼마 동안이면 될까? 한 달쯤? ……그보다 더 오래? 두 달?" 그의 목소리가 떨렸다. "아니면 석 달?"

"응."

"혹은 더 빠를 수도 있겠지?"

"오, 안 돼! 거길 가는 데만도 벌써 한 달이나 걸리는걸!"

"대신 가 줄 사람을 구할 수 있다면? 믿을 만한 사람을?"

그녀는 어깨를 으쓱했다.

"믿을 만한 사람이라고? 가는 데만도 한 달이나 걸리는 곳인데 어떻게 감독을 하겠어? 더구나 그들은 모조리 매수하려고 단단히 벼르고 있는 판에?"

너무도 그럴듯한 이야기였으므로 그는 더 이상 고집 부리지 않았다. 사실 처음부터 그가 하고 싶은 말은 '언제?'라는 말 한 마디뿐이었다. 그 밖의 다른 모든 질문은 모두 그보다 뒤에 나오는 말인 셈이었다. 그는 그녀 쪽으로 무슨 뜻인지 분명하지 않은 제스처를 보였다. 그리고 실천가의 긴장된 얼굴과는 너무도 대조적인 가냘픈 목소리로 중얼거렸다.

"하지만 룰루…… 설마 이렇게 당장 떠나는 것은 아니겠지? ……응?"

"당장은 아니야……. 하지만 곧이야" 하고 그녀는 솔직히 말했다.

그의 몸이 굳어졌다.

"언제?"

"모든 준비가 끝나면. 언제인지는 꼭 집어서 말할 수는 없지만."

침묵이 이어졌다. 그러는 동안에 두 사람의 의지가 흔들렸다. 앙투안은 라셀의 상기된 얼굴에서 그녀로서는 더 이상 어떻게 할 수가 없음을 알았다. 그리고 그 역시 이제는 모든 긴장이 풀려 있었다. 그는 그녀에게 다가가서 다시 한 번 간청해 보았다.

"그건 사실이 아니지? 당신…… 떠나지 않을 거지?"

그녀는 앙투안을 가슴에 꼭 껴안았다. 그러고는 비틀거리며 그를 침대 쪽으로 끌고 갔다. 두 사람은 침대 위에 쓰러졌다.

"아무 말도 하지 마" 하고 그녀가 속삭였다. "내게 아무것도 요구하지

마. 그 일에 대해서는 이젠 단 한 마디도, 절대로 단 한 마디도 더 하지마. 그랬다간 나는 아무 연락도 없이 떠나버릴 테니까!"

그는 체념하고 입을 다물었다. 그리고 흐트러진 그녀의 머리카락 속에 얼굴을 묻고 울기 시작했다.

14. 라셀의 출발—르아브르에서의 마지막 하룻밤—항구에서의 이별

라셀은 잘 견뎠다. 그로부터 한 달 동안 그녀는 모든 새로운 질문을 피했다. 앙투안에게서 어떤 걱정스러운 눈치가 보이면 그녀는 고개를 돌렸다. 그 한 달은 몹시 고통스럽기만 했다. 두 사람은 계속해서 생활을 같이해 나갔다. 그러나 그들의 보잘것없는 동작 하나하나, 모든 생각은 고통 속에서 메아리쳤다.

그녀가 떠난다는 이야기를 들은 다음날부터 앙투안은 자신의 정신력에 호소했다. 그러나 그것은 헛수고였다. 그는 자신이 이토록 괴로워하는 것에 스스로 놀랐으며, 그 고통에 무력한 자신을 부끄럽게 여겼다. 가슴을 찌르는 의구심이 그의 머릿속을 스쳐가곤 했다. '내가 정말⋯⋯?' 그러다가도 이내 '아무도 눈치채지 말아야 할 텐데!' 하는 것이었다.' 다행히도 자신의 활동적인 생활에 사로잡혀 있는 그는 매일 아침 병원의 마당을 가로지를 때마다 무슨 부적처럼 의사로서의 하루 일과를 해낼 기력을 되찾곤 하는 것이었다. 환자들 앞에 나서면 그들만을 생각했다. 그러나 자신으로 돌아오고 나면—회진과 회진 사이에, 또는 식사 중에 (티보 씨는 파리에 돌아와 있었으며, 10월부터는 가족 생활이 시작되었다)—어쩔 수 없는 실망이, 그의 마음속에 항상 감돌고 있어 물리칠 수 없는 절망감이 갑자기 그를 사로잡아 그로 하여금 방심한 사람, 쉽게 화내는 사람으로 만들곤 했다. 그때까지 자신이 그렇게도 자랑스럽게 생각했던 그의 모든 능력이 이제는 화를 내는 일 말고는 다른 형태로 드러나는 방법을 잊은 것 같았다.

그는 라셀 곁에서 저녁과 밤 시간을 보냈다. 그러나 전처럼 즐겁지는 않았다. 그들이 나누는 이야기도 그들의 침묵도 여러 가지 비밀에 의해 서먹서먹하기만 했다. 그리고 그들의 포옹도 두 사람이 서로를 향해 가지고 있는 이 적대감과도 같은 갈증을 만족시켜 주지 못한 채 그들을 순식간에 지치게 만들곤 했다.

11월 초 어느 날 저녁에 앙투안이 알제 거리에 도착했을 때 그녀의 집 문이 열려 있었다. 벽 장식이 말끔히 치워졌고 마룻바닥에 있던 카페트도 없어진 현관이 이내 눈에 들어왔다……. 그는 아파트 안으로 뛰어들어 갔다. 가구가 사라진 빈 방에서는 소리가 울렸고, 장밋빛 침실이 있던 곳은 단지 텅 빈 방구석에 지나지 않았다…….

부엌에서 사람이 움직이는 소리가 났다. 그는 눈을 흡뜨고 부엌으로 뛰어갔다. 여자 수위가 무릎을 꿇고 헌 옷가지를 쌓아 놓은 더미를 뒤지고 있었다. 앙투안은 수위에게서 자기 앞으로 온 편지를 빼앗다시피 낚아챘다. 첫 줄을 읽으면서부터 어느새 심장이 고동치기 시작했다. 그래, 라셀이 아직은 파리를 떠나지 않았어. 그녀는 이웃 호텔에서 그를 기다리고 있으며, 내일 저녁에나 르아브르행 기차를 탈 것이다. 순간 그는 병원을 쉬고 라셀을 배 타는 데까지 배웅하러 가기 위한 구실을 생각하기 시작했다.

이튿날 그는 온종일 궁리를 했지만 한 가지도 뜻대로 이루지 못하고 하루를 보냈다. 마침내 저녁 6시가 되어 가능성이 생기고 대신할 사람도 확실해지자 그는 떠날 수 있었다.

그는 역에서 라셀을 만났다. 그녀는 안색이 나쁘고 며칠 새 나이 들어 보였으며, 그가 본 적이 없는 정장을 하고 있었다. 그리고 높이 쌓인 새 트렁크들을 수하물로 부치고 있었다.

다음날 아침, 르아브르의 어느 호텔에서 극도로 곤두선 신경을 누그러뜨리려고 열탕에서 목욕을 하다가 문득 앙투안의 머리에 떠오르는 것이 있었다. 그것은 마치 벼락에 얻어맞기라도 한 듯한 충격이었다. 라셀의 모든 짐 위에 씌어진 'R.H.'(^{라셀 이르슈 Rachel} _{Hirsch의 머리글자})라는 글자가 생각났던 것이다.

그는 대뜸 탕에서 뛰어나와 방문을 밀었다.

"당신…… 당신 이르슈를 만나러 가는 거였구나!"

아연실색하는 그를 라셀은 상냥한 미소로 맞이했다.

"응" 하고 그녀는 말했다. 그 목소리가 어쩌나 작았던지 그에게는 한숨소리처럼 들렸다. 그러나 그는 그녀가 자백의 표시로 눈을 내리깔고 고개를 두 번 끄덕이는 모습을 보았다.

그는 거기에 놓여 있던 의자에 앉았다. 시간이 얼마나 흘렀을까. 그의 입에서는 한 마디 비난의 말도 나오지 않았다. 그 순간에 그의 어깨를 축 처지게 만든 것은 슬픔이나 질투가 아니라 자신의 무력함, 결국 두 사람이 무책임했다는 것, 그리고 삶 자체의 중압감이었다.

그는 진저리를 치면서 옷도 걸치지 않고 있는 자신의 몸이 땀으로 흠뻑 젖어 있음을 알아차렸다.

"당신, 감기 들겠어" 하고 그녀가 말했다. 그때까지도 두 사람은 서로 할 말을 찾지 못하고 있었다.

앙투안은 자기가 무엇을 하고 있는지 의식하지 못하고 몸을 닦고 옷을 입기 시작했다. 그녀는 그가 뛰어들어 오던 때의 그 모습으로 손톱 솔을 손가락 사이에 끼고 라디에이터에 몸을 기댄 채 서 있었다. 둘 다 괴로워하고 있었던 것이다. 그러나 어쨌든 두 사람 다 거의 비슷한 정도로 어떤 안도감을 느꼈다. 한 달 전부터 앙투안은 자기가 아무것도 모른다는 느낌을 몇 번이나 가졌었던가! 적어도 이제는 현실이 자기 앞에 완벽하게 모습을 드러내고 있었다. 그리고 라셀은 라셀대로 자신의 거짓말에 대한 복잡한 강박관념으로부터 벗어나 나름대로의 주관이 서는 것을 느끼고 있었으며, 홀가분함을 느끼고 있었다.

마침내 그녀가 침묵을 깼다.

"아마 내가 당신한테 거짓말했던 게 잘못이었을지 몰라" 하고 라셀이 말했다. 그녀의 사랑스러운 얼굴에는 회한의 빛은 없고 연민의 빛만이 나타나 있었다. "사람들은 질투에 대해 어리석고 잘못된 고정관념을 가지고 있어……. 아무튼 분명히 말하지만 내가 거짓말을 한 것은 당신을 위해서였어. 당신에게 고통을 주고 싶지 않았어. 그리고 나는 그 거짓말 때문에 더욱 불행한 여자가 되고 말았어. 하지만 이제는 당신에게 모든 것을 다 말하고 떠나게 되어 다행이야."

그는 아무 대답도 하지 않았다. 그러나 옷을 입다가 그만두고 다시 의자에 앉았다.

"맞아" 하며 그녀가 이야기를 계속했다. "이르슈가 오라고 했어. 그래서 떠나는 거야."

라셀은 다시 입을 다물었다. 그러나 그가 아무 말도 하지 않는 것을 보자 그토록 오랫동안 숨겨 왔던 모든 것들을 생각나는 대로 털어놓기 시작했다.

"당신은 정말 좋은 사람이야. 아무 말 안 해 줘서 고마워. 무슨 말을 하고 싶은지 잘 알아. 지난 8주 내내 나는 혼자서 얼마나 몸부림쳤는지 몰라! 지금 내가 하는 짓은 미친 짓이지만 도저히 그렇게 하지 않을 수가 없었어……. 당신은 아프리카가 나를 유혹한다고 생각하겠지. 맞아! 그건 정말 확실한 이야기야. 아프리카가 어찌나 나를 유혹하는지 어떤 날에는 너무나 그곳에 가고 싶어서 병이 날 지경이야! 하지만 그것만이라고는 할 수 없어……. 그럼 당신은 내가 돈 때문에 이런다고 생각하겠지, 그것 역시 옳아. 나는 그 사람과 결혼할 거야. 그이는 부자야, 아주 부자야. 그리고 내 나이에는 누가 뭐라고 해도 결혼이 중요해. 평생을 그늘에서 산다는 것은 고통스러운 일이야……. 하지만 그것 때문만도 아니야. 아니야, 사실은, 나는 이런 계산들을 초월하고 있어. 유대인, 반유대의 피가 섞인 여자가 초월할 수 있는 한은. 그 증거로 당신 또한 부자이고, 적어도 앞으로 부자가 될 거지만 만약 당신이 내일 나와 결혼하자고 하더라도 나는 내 출발을 번복하지 않을 거라는 사실이야. 내가 당신 마음을 아프게 하고 있지. 하지만 내 말 좀 들어줘, 용기를 내. 당신한테 모든 얘길 다 할 수 있어서 후련해. 그리고 당신을 위해서도 모든 걸 다 알고 있는 편이 더 낫다고 생각해. 자살할 생각도 했었어. 모르핀으로 하면 빨리 끝장내고 시끄럽지 않고 고통도 없으니까. 나는 그걸 구해 놓기까지 했었어. 그런데 어제 그걸 파리를 떠나기 직전에 버렸어. 나는 살고 싶어. 알다시피 절대 나는 진짜로 죽고 싶은 적은 없었어…… 내가 그 사람 얘길 할 때마다 당신은 한 번도 그 사람에 대해서 질투하는 것처럼은 보이지 않았어. 그건 분명한 사실이야. 질투를 느낄 필요가 없었으니까. 잘 알겠지만, 오히려 그 사람이 당신에 대해서 질투를 느껴야 했을 거야. 나는 당신을 사랑해, 당신을. 이제까지 그 누구도 이렇게 사랑한 적이 없었어. 그리고 나는 그 사람을 증오해. 나는 그렇게 말하지 않을 수가 없어. 그를 증오해. 그 사람은 인간이 아니야. 그 사람은…… 어떻게 표현해야 좋을까. 나는 그 사람을 증오하고 그 사람이 무서워. 그 사람은 날 지독히도 때렸어! 앞으로도 날 때릴 거야. 어쩌면 날 죽일지도 몰라……. 그 사람은 질투도 엄청나게 심해! 전에 한번은 상아 해안에서 짐꾼에게 돈을 주고 날 목 졸라 죽이라고 한 적이 있었어. 왜였는지 알아? 왜냐하면 어느 날 밤에 내가 자는 방으로 그의 아들이 내 방으로 몰래 찾아왔다고 믿었기 때문이야. 그 사람은 무슨 짓이든 다 할 수 있어!"

"그 사람은 무슨 짓이든 할 수 있어" 하고 그녀는 가라앉은 목소리로 되풀이했다. "하지만 아무도 그를 거스르지 못해……. 들어봐. 아직까지 내가 차마 당신한테 말하지 못했던 게 하나 있어. 팔란차에서, 그 비극이 일어난 뒤에 내가 그 사람이 불러서 거길 갔었다고 했지? 사건이 시작된 건 거기였어! 하지만 나는 전부터 모든 것을 알고 있었어. 나는 그 사람 앞에 나서자 겁이 나서 죽을 지경이었어. 어느 날은 그 사람이 날 위해 끓여 준 탕약을 마실 용기가 도저히 나지 않았어. 왜냐하면 그 약을 내게 갖다 주며 아리송한 미소를 지었기 때문이었어. 그런데도 불구하고 나는 끝내……. 당신은 이해할 수 있어? 아! 당신은 이 사나이의 매력이, 그게 어떤 것인지 떠올릴 수 없을 거야!"

앙투안은 아직도 부들부들 떨고 있었다. 라셀이 그의 어깨에 실내 가운을 걸쳐 주었다. 그리고 차분한 목소리로 이야기를 계속했다.

"오, 그 사람은 나를 협박하거나 힘으로 소유할 필요도 없었어. 그저 기다리기만 하면 되었던 거야. 그 사람은 그 사실을 잘 알고 있었어. 자기의 능력을 알고 있었던 거지. 내가 먼저 그 사람의 방문을 두드렸었어! 그런데 그 사람은 이틀째 밤이 되어서야 문을 열어 주었어……. 그러자 나는 그 사람과 함께 떠나기 위해서 모든 걸 다 버렸어. 나는 프랑스로도 다시 돌아오지 않았어. 그 사람 뒤를 마치 개처럼, 그림자처럼 쫓아다녔어…… 2년 동안, 아니 거의 3년 동안 피곤도, 위험도, 매질도, 모욕도, 감옥까지도 모든 것을 다 참았어. 그래, 감옥마저도! 3년 동안 단 하루도 다음날의 걱정으로 떨지 않은 날이 없었지! 어떤 때는 몇 주일 동안 밖엘 못 나가고 숨어 있어야만 할 때도 있었어……. 살로니크에서는 매우 큰 문제를 일으켰지. 터키 경찰이 온 힘을 기울여 우리를 뒤쫓았어. 국경까지 가는 데 이름을 다섯 번이나 바꿔야 했었어! 언제나 품행에 관한 사건이었어. 런던의 교외에서 그 사람은 한 가족 전체를 매수하는 방법을 찾았어. 군인을 상대하는 매춘부가 하나 있었고 그녀의 두 여동생과 어린 남동생 하나……. 그 사람은 그걸 mixed grill이라고 불렀었지……. 어느 날 경찰이 집을 둘러싸고 우리를 체포했어. 무슨 말을 해도 소용이 없었지. 우리는 석 달 동안 미결 상태였어. 그러다 풀려나게 됐지. 아, 나는 그 모든 걸 다 말하자면 한이 없어! 그 모든 일을 나는 겪었고 참았다니까!"

"당신은 '아하, 그래서 그 남자를 버렸군' 하고 생각하겠지. 그런데 그건 사실이 아니야. 내가 그 사람을 버린 게 아니었어! 지금까지 나는 당신한테 거짓말을 했어. 도저히 나는 버리고 떠나거나 하지 못해. 그 사람이 날 쫓아 버렸던 거야! 더구나 그 사람은 웃고 있었어! 내게 이렇게 말했어. '꺼져 버려. 그리고 언제고 내가 원하면 너는 다시 오는 거야.' 나는 그 사람 얼굴에 침을 뱉어 주었어⋯⋯. 그런데 진실을 알고 싶어? 파리로 다시 돌아온 뒤로 나는 그 사람 생각밖에는 아무 생각도 할 수 없었어! 기다리고 또 기다렸어. 그런데 이제 마침내 그 사람이 나더러 오라고 했어! ⋯⋯이젠 왜 내가 떠나는지 알겠지?"

라셀은 일어서서 앙투안 옆으로 와서 무릎을 꿇고 그의 무릎에 이마를 얹고 울기 시작했다. 그는 흐느낌으로 흔들리는 그녀의 뒷덜미를 바라보고 있었다. 두 사람은 모두 떨고 있었다.

라셀은 두 눈을 감고 중얼거렸다.

"내가 당신을 얼마나 사랑한다고⋯⋯."

하루종일 두 사람은 약속이나 한 듯 더 이상 아무 말도 하지 않았다. 얘기를 나누어 본들 무슨 소용이 있겠는가마는. 점심 먹는 동안 둘은 마주 앉을 수밖에 없었으므로, 똑같은 생각으로 심란해 하면서 눈길이 몇 번 부딪쳤지만 단호하게 서로를 피하곤 했다. 바라보았자 무슨 소용이 있으랴!

그녀는 그다지 중요한 것은 아니지만 몇 가지 물건을 살 게 있었다. 그녀는 그것들을 사는 데 많은 시간을 쏟으며 그 일에 관심이 많은 척했다. 대양의 바람이 몰고 온 비를 머금은 돌풍이 거리에 들이치며 집들 위로 획획 불어닥쳤다. 앙투안은 저녁 먹을 시간이 되기까지 이 상점에서 저 상점으로 얌전하게 그녀 뒤를 따라다녔다. 그녀는 오스탕드에서 오는 화물과 여객을 함께 나르는 선박인 로마니아호를 타고 갈 예정이었으므로 좌석을 따로 받으러 갈 필요도 없었다. 로마니아호는 새벽 5시에 르아브르 항에 도착했다가 머물지 않고 한 시간 뒤에 다시 떠날 예정이었다. 이르슈는 카사블랑카에서 그녀를 기다리고 있었다. 벨기에령 콩고 이야기는 모두 거짓말이었다.

두 사람은 마지막 밤을 보내기 위해 호텔방에서 단둘이 마주하게 될 그 순간에 대해 똑같은 두려움을 느끼며 저녁식사 시간을 길게 끌었다. 두 사람이 우연히 들어간 식당은 사람과 불빛과 소음으로 가득 찬 엄청나게 커다란 홀로서 바이기도 하고 카바레와 당구장을 겸한 곳이었다. 담배연기와 당구공 부딪치는 소리와 우울한 왈츠를 들으며 저녁시간을 보낼 수 있는 곳이었다. 10시쯤 되자 한 무리의 이탈리아 순회 악사들이 하나씩 들어왔다. 12명쯤 되는 그들 중 둘은 빨강 윗도리에 흰 바지를 입고 모자의 술들이 어깨까지 늘어진 나폴리의 낚시꾼 모자를 쓰고 있었다. 바이올린, 기타, 탬버린, 캐스터네츠 등 저마다 악기들을 한 가지씩 들고 연주하면서 목청껏 노래 불렀고 악귀처럼 시끄럽게 날뛰었다. 앙투안과 라셀은 이들을 고맙게 생각하며 바라보았다. 고민에 지친 자기들의 주의를 잠시나마 이들에게 기울일 수 있어서 다행스럽게 여겼다. 그러다가 그 광대들이 모자를 돌리며 돈을 걷고 마지막 노래를 끝내고 나자 두 사람의 고통은 배로 커지는 것 같았다. 둘은 일어나서 세찬 비를 맞으며 떨면서 호텔로 돌아왔다.

어느새 자정이었다. 라셀은 3시에 깨워 달라고 부탁해 놓았다.

짧은 밤이었다. 11월의 굵은 빗줄기가 발코니의 양철판 위로 끊임없이 쏟아졌다. 두 사람은 마치 고통에 빠진 두 어린애처럼 서로 꼭 껴안고는 한 마디 말도 없이, 아무런 욕정도 못 느끼며 그 밤을 보냈다.

단 한 번 앙투안이 물었다.

"추워?"

그녀는 온몸을 바들바들 떨고 있었다.

"아니" 하고 그녀는 더욱 그에게 파고들면서 대답했다. 마치 아직도 그가 자기를 지켜 줄 힘이 있고, 그녀 자신으로부터 그녀를 구해 줄 능력이 있기라도 한 것 같았다.

"나는 무서워……."

그는 아무 대답도 하지 않았다. 뭐가 뭔지 이해할 수 없었으므로 완전히 지쳐 있을 뿐이었다.

문을 두드리는 소리가 나자 그녀는 마지막 포옹으로부터 도망치듯 침대 밖으로 뛰쳐나왔다. 그 역시 그렇게 해 준 그녀가 고마웠다. 두 사람의 의지력은 서로를 도와가며 강해지려고 애쓰고 있었다.

두 사람은 말없이 옷을 입었다. 둘 다 냉정한 척했으며, 자질구레한 일을 서로 도와주면서 그간의 동거생활의 습관들을 끝까지 잊지 않고 있었다. 그는 짐이 꽉 찬 트렁크를 그녀가 잠그는 것을 도우려고 트렁크 위에 무릎을 꿇었고, 그러는 동안 그녀는 양탄자 위에 무릎을 꿇고 앉아서 트렁크의 열쇠를 잠갔다. 마침내 모든 준비가 끝났다. 하찮은 말 한 마디조차 나눌 것이 없었다. 움직일 일거리 하나 남지 않게 되자 그녀는 침대 이불을 개켜 놓은 다음에 여행용 모자를 쓰고, 베일을 핀으로 고정시켜 놓았다. 장갑을 끼고 핸드백을 닫고 난 뒤에도 자동차가 도착하려면 아직 몇 분의 여유가 있었다. 그녀는 문게에 있는 낮은 의자에 앉아서 갑자기 오싹한 한기를 느꼈다. 이를 덜덜 떨지 않으려고 꽉 물고는 고개를 숙이고 두 팔로 무릎을 단단히 감싸 안았다. 그 역시 이제는 무슨 말을 해야 할지, 어떻게 해야 할지 모른 채, 감히 그녀 곁으로 다가가지도 못하고, 팔을 축 늘어뜨린 채 가장 큰 트렁크에 걸터앉았다. 어떤 일의 징조와도 같은 잔인한 침묵 속에서 몇 초가 지났다. 만일 두 사람이 몇 초 뒤에는 모든 것이 끝나리라는 확신을 가지지 않았다면, 쓰러지지 않고는 배길 수 없는 끔찍스럽고도 고통스러운 순간이었다. 라셀은 슬라브족의 풍습이 생각났다. 그곳에서는 사랑하는 사람이 아주 긴 여행을 떠나려고 할 때는 모든 사람이 떠날 그 사람 주위에 빙 둘러앉아서 잠시 명상에 잠기는 것이 습관이었다. 그녀는 자신의 생각을 큰 소리로 말할까 했으나 평소 자신의 목소리를 낼 자신이 없었다.

복도에서 짐을 가지러 오는 사람들의 발소리가 나는 것을 들었을 때 그녀는 고개를 번쩍 들면서 온몸을 그가 있는 쪽으로 돌렸다. 그때 그녀의 눈길 속에서 강한 절망과 공포와 사랑이 담겨 있는 것을 보고 그는 두 팔을 벌리며 외쳤다.

"룰루!"

그러나 때마침 문이 열리면서 사나이들이 성큼성큼 방으로 들어왔다.

라셀은 일어섰다. 그녀는 그에게 작별인사를 하기 위해서 누군가가 와 주기를 기다렸던 것이다. 그녀는 한 발을 앞으로 내디디며 앙투안 앞에 바짝 다가섰다. 그는 라셀을 껴안고 싶지 않았다. 일단 껴안으면 그녀가 떠나도록 팔을 풀어 줄 수 없을 것 같았다. 그는 마지막으로 자신의 입술 밑으로 그녀의 뜨겁고 말랑말랑하며 딸꾹질하는 입술을 느꼈다. 그는 그녀가 중얼거리는 것을 헤아릴 수 있었다.

"안녕, 내 사랑."

그녀는 재빨리 몸을 빼더니 활짝 열린 문을 통해 어두운 복도 쪽으로 뒤도 돌아보지 않고 사라졌다. 그동안 그는 양손을 마주 비비면서 그 자리에 서 있었다. 놀라움 외에 어떤 감정도 없이 그저 우두커니 서 있었다.

그녀는 그에게 자기를 배까지 배웅하러 나오지 않겠다고 약속하게 했었다. 다만 그가 등대 밑 방파제의 북쪽 끝에서 로마니아호의 출항을 보는 것은 합의가 되었다. 마차가 떠나는 소리를 듣자마자 그는 초인종을 눌러서 자기 짐을 역의 수하물 보관소로 보내라고 지시했다. 다시는 이 방에 돌아오고 싶지 않아서였다. 그는 어둠이 깔린 바깥으로 뛰쳐나갔다.

도시는 죽은 듯이 고요했고 마치 안개에 푹 젖어 있는 것 같았다. 기분 나쁜 구름이 아직도 도시 위를 뒤덮고 있었다. 지평선에도 구름들이 뭉쳐 있었다. 서로 겹치려 하는 폭풍의 잔해인 두 구름덩이 사이로 창백한 한 조각의 하늘이 녹아내리는 듯했다.

앙투안은 길도 모르면서 무턱대고 걸어갔다. 어느 가로등 아래에서 돌풍과 싸우면서 지도를 보았다. 그러다가 안개 속에서 길을 잃기도 했지만 파도 소리와 멀리서 들려오는 뱃고동 소리를 길잡이 삼아 외투자락을 정강이에 달라붙게 하는 바람을 헤치면서, 진흙으로 미끄러운 땅을 가로질러 갔다. 그리고 시멘트로 단단한 부두에 접어들었다.

방파제는 바다로 뻗어 나감에 따라 점점 좁아졌다. 오른쪽에서는 끝없는 대양의 거대한 파도가 철썩거리고 었었고, 왼쪽에서는 항구에 갇혀 있는 물이 일으키는 어렴풋한 파도 소리만 들려왔다. 어디서 오는지는 모르지만 점점 더 분명하게 안개를 주의하라고 경고하는 쉰 나팔 소리가 하늘 가득 메아리치고 있었다. 삐이! 삐이! 삐이!

앙투안은 10분쯤 걸었는데도 아무도 만나지 못하다가 머리 위로 그때까지 안개에 가려졌던 등대 불빛을 알아볼 수 있었다. 방파제 끝에 와 있었다.

그는 플랫폼으로 올라가는 계단 입구에 멈추어 섰다. 그리고 자기가 있는 곳의 위치를 알려고 했다.

주위에는 바람과 파도 소리만이 있을 뿐이었다. 정면에서 뿌연 불빛이 동쪽을 가리키고 있었다. 그쪽에선 아마도 다른 사람들을 위해 겨울 해가 뜨겠지. 그의 발치에서는 화강암으로 만든 계단이 보이지 않는 물의 심연 속으로 내려가고 있었다. 몸을 굽혀도 방파제에 부딪치는 파도는 볼 수 없었다. 그러나 발밑에서, 아주 가까이 아래에서 긴 한숨소리 다음에 맥없는 흐느낌이 뒤따르는 파도의 규칙적인 숨소리를 들을 수 있었다.

그가 느끼지 못하는 사이 시간은 흘러가고 있었다. 점차 사방의 살아 있는 세계로부터 그를 고립시켜 놓고 있는 이 안개들 사이로 좀더 밝은 빛이 새어들어 왔다. 이제 그는 남쪽 방파제의 등불이 반짝이는 것을 볼 수 있었다. 자기가 있는 쪽 등댓불과 건너편 등대 사이의 은빛 공간에서 눈을 떼지 않았다. 왜냐하면 그리로, 이 두 등대 사이로 그녀의 모습이 불쑥 나타날 것이었기 때문이었다.

그가 몸을 향하고 있는 쪽의 왼편으로부터 아침 해가 떠오르며 만들어 놓은 둥근 햇무리 한가운데로 그림자 하나가 불쑥 올라왔다. 좁고 높은 덩어리가 우윳빛 대기 속에서 순식간에 어떤 형체를 이루면서 점점 커지더니 하나의 선박이 되었다. 그것은 뒤로 어둡고 낮은 깃털 장식처럼 연기를 끌며 불빛이 여기저기에서 반짝이는, 어둡고 낮은 거대한 배의 형체였다.

로마니아 호는 항로를 잡으려고 방향을 바꾸고 있었다.

앙투안은 두 주먹으로 쇠 난간을 꽉 쥐고, 얼굴에 빗줄기를 맞으면서 기계적으로 선교와 돛대, 그리고 배의 굴뚝들을 세어 보았다……. 아아, 라셀! 그녀가 거기 있다. 겨우 몇백 미터 밖에, 어쩌면 자기처럼 몸을 내밀고, 그를 향해 몸을 기울이고는, 그를 보지는 못하지만 눈물로 앞이 가려진 두 눈을 그를 향해 고정시키고 있을지도 몰랐다. 서로를 향해 다시 한 번 내밀고 있는 그들의 모든 상처받은 사랑은 그들에게 마지막 이별의 몸짓이 줄 수 있는 위로마저 허락하지 않고 있었다. 앙투안의 머리 위에 있는 등대의 긴 등불만이 무표정한 덩어리 위로 간헐적인 애무를 던질 수 있었다. 그 덩어리는, 매우 덧없는, 마지막으로 서로를 애타게 찾고 있는 눈길을 아랑곳하지 않고 안개 속으로 자취를 감추어버렸다.

앙투안은 눈물 한 방울 흘리지 않고 멍하니 돌아가야 한다는 것도 잊고 오랫동안 그렇게 서 있었다. 짙은 안개를 조심하라는 나팔 소리에 익숙해진 그의 두 귀에는 찢는 듯한 경적 소리조차 들리지 않았다.

마침내 그는 시계를 보았다. 그리고 시내로 돌아왔다. 추위로 몸이 얼어 있었다. 걸음을 서두른 그는 물웅덩이가 있는 것도 아랑곳하지 않고 철벅거리며 지나갔다. 항구 앞의 조선소에는 어느새 붉은 등이 켜져 있었다. 둔탁한 대기 속에 망치 소리가 무겁게 들려왔다. 높은 파도가 치고 있는 해변 저쪽으로는 꿈에서나 본 듯한 도시가 솟아 있었다. 모래를 실은 마차 대열이 자갈밭 길을 가로질러 가며 외침 소리와 채찍질 소리를 내고 있었다. 긴 침묵 뒤의 이러한 소란스러움은 앙투안에게 위안이 되었다. 그는 멈춰서서 돌바닥 위로 삐걱거리며 구르는 쇠바퀴 소리를 들었다.

문득 자기가 탈 기차가 10시에나 떠난다는 생각이 들었다. 그는 3시간 동안이나 기다려야 한다는 사실을 완전히 잊고 있었다. 라셸의 출발과 함께 모든 계획이 끊겨 버린 것이다. 앞으로 어떻게 해야 할 것인가? 아무 계획 없이 극도로 길고 공허한 이 시간이 그의 슬픔을 어찌나 깊게 만들었던지 그는 더 이상 버티지 못하고 울타리에 등을 기대고 서서 눈물을 쏟았다.

무턱대고 그는 곧장 앞으로 다시 걸었다.

거리는 활기를 띠기 시작했다. 샘가에서 머리가 헝클어진 어린아이들이 물장난을 치고 있었다. 트럭들이 도로를 꽉 채우고 둑 쪽으로 시끄러운 소리를 내며 지나갔다. 앙투안은 자기가 어디로 가고 있는지도 모른 채 오랫동안 걸었다. 날이 완전히 밝았을 때 그는 라셸과 함께 묵었던 호텔 앞 광장의 꽃가게 진열대 앞에 있었다. 어제 저녁에 식사하러 가기 전에 그가 라셸에게 국화 한 다발을 사 주려고 했던 곳이 바로 여기였다. 그러나 사지는 않았다. 두 사람은 약속이나 한 듯 그렇게도 힘겹게 억누르던 슬픔을 촉발시키고 자기들의 의지력을 무너뜨릴 그 어떤 행위나 말도 이별의 순간까지 피하려는 마음은 한결같았기 때문이다.

그는 문득 호텔 사무실에 가서 수하물 보관증을 찾아야 한다는 사실을 떠올렸다. 그리고 그 방을 다시 한 번 보고 싶었다. 그 침대도……. 그러나 그 방은 이미 딴 손님이 들어 있었다. 조금전 다른 손님에게 방을 주었다는 것이다.

실망한 앙투안은 호텔 계단을 다시 내려와서 어느 작은 공원을 헤매다가 둘이 함께 걸었던 길을 따라 나폴리 악단의 노래를 들었던 주점 쪽으로 갔다. 그는 그곳에 들어가고 싶은 욕망을 느꼈다.

그는 둘이서 식사를 했던 식탁, 두 사람의 시중을 들었던 종업원이 있나

하고 두리번거렸다. 그러나 엊저녁에 본 듯한 것이라고는 아무것도 눈에 띄지 않았다. 색유리창을 통해 들어오는 환한 햇빛이 밤 동안의 그 쾌락의 장소를 지저분하고 을씨년스러운 넓은 헛간으로 변하게 한 것 같았다. 식탁들 위에는 의자들이 올려져 있었다. 악사들이 있던 무대는 먼지투성이 속에서 시체를 실은 뗏목처럼 서 있었다. 거기에는 악보대가 쓰러져 있고 첼로는 검은 관 속에 누워 있었으며, 피아노에 씌워 놓은 초 먹인 헝겊은 마치 후피동물의 꺼칠한 껍데기 같았다.

"실례하겠습니다, 손님."

종업원 하나가 식탁 아래를 쓸려고 왔다. 앙투안은 두 다리를 의자에 얹고 빗자루가 왔다 갔다 하는 모습을 멍하니 바라보고 있었다. 코르크 병마개 하나, 성냥 두 개비, 오렌지 껍질…… 아니, 귤 껍질 하나…… 바람이 방 안으로 휙 불어와서 쓰레기를 흩어 놓았다. 종업원이 기침을 했다. 앙투안은 정신이 번쩍 들었다. 기차시간이 지난 것이 아닐까? 그는 일어서서 눈을 들어 벽시계를 찾았다. 아, 자신이 여기에 온 지 겨우 7분밖에 지나지 않았다.

다시 앉을까? 아니, 그만두자. 그는 그곳을 나왔다. 일단 기차를 타고 나면 이처럼 괴롭지 않으리라고 생각하며 마차를 잡아타고 피난처를 구하듯이 역으로 갔다.

그러나 역에 가서 짐을 부치고 난 그는 또다시 기다려야 했다. 그것도 1시간 이상이나!

그는 다시 걷기 시작했다. 플랫폼을 따라서 마치 쫓기는 사람처럼 걸었다. 멈춰 있는 기관차 위에서 그를 내려다보고 있는 어느 기관사를 쏘아보며 그는 생각했다. '내가 뭘 어쨌다는 거야?' 그는 몸을 돌렸다. 한 무리의 잡부들이 자기를 유심히 바라보고 있다는 것을 알았다.

그러자 그는 다시 몸을 추스르고 되돌아와서 대합실의 문을 열고 들어와 의자에 털썩 앉았다. 썰렁하고 어두컴컴한 대합실 안에는 앙투안밖에는 아무도 없었다. 대합실의 바깥 유리문에 기대 주저앉은 노파 한 명이 회색머리를 흔들면서 어린애를 재우고 있었다. 그 노파는 앳되지만 울림이 없는 목소리로 예전에 유모가 지젤에게 자주 불러 주던 그 애절한 옛날 노래를 부르고 있었다.

홍—합—주우—러

가는 일은 이제는 지긋지긋해요, 엄—마……

그의 두 눈은 눈물로 가득했다. 아무 소리도 듣고 싶지 않고, 아무것도 보고 싶지 않았다!

두 손으로 얼굴을 감쌌다. 그러자 곧 라셀의 몸이 자기에게 바짝 붙어 있는 것처럼 느껴졌다. 어젯밤에 라셀의 목걸이를 만졌기에 그의 손에는 아직도 그 용연향의 향기가 남아 있었다! 그는 자기 가슴에 그녀 어깨의 둥근 살집을 느꼈고, 입술에 그녀의 미지근한 살갗을 느꼈다! ……너무나 갑작스런 일이어서 그는 고개를 뒤로 젖혔다. 그리고 두 손을 펴서 의자의 손잡이를 꽉 쥐고 고개를 떨어뜨린 채 꼼짝도 하지 않았다. 라셀이 한 말이 생각났다. '나는 자살하려고 생각했어…….' 그래, 끝장내는 거다…… 자살! 그것이야말로 이렇게 끔찍한 고통에서 빠져나갈 수 있는 유일한 길이다…… 계획하지 않은 자살, 거의 동의 없는 자살, 올무에 걸린 듯 심하게 죄어오는 이 고통이 절정에 이르려 하기 직전에 어떻게든 빠져나가기 위한 단순한 자살!

갑자기 그는 소스라쳤다. 벌떡 일어섰다. 오는 것을 보지 못했던 한 사내가 그의 팔을 건드렸던 것이다. 그는 반사적으로 그 사내를 밀치고 주먹으로 한 대 갈기려 했다.

"아니, 왜 그러시오?" 하고 그 사내가 말했다. 그 사내는 개찰하는 나이든 역무원이었다.

"저…… 파리행 기차는?" 앙투안이 더듬거렸다.

"3번 선이오."

앙투안은 몽유병자 같은 눈을 들어 그 사나이를 응시했다. 그리고 기운 없는 발걸음으로 홀 쪽으로 갔다.

"서두르지 않아도 되오. 기차가 아직 편성되지 않았으니까!" 그 사나이가 소리쳤다. 앙투안이 노인의 시야에서 사라지기도 전에 중심을 잃고 문에 부딪치자 그 노인은 어깨를 으쓱했다.

"쳇! ……그러면서 힘깨나 쓰는 척하는군!" 그가 중얼거렸다.

(1922년 7월~1923년 7월)

La Consultation
진찰

1. 앙투안, 문 앞에서 두 소년을 만나다

위니베르시테 거리 낮 12시 반.

앙투안은 택시에서 뛰어내리자 아치형으로 된 입구 속으로 황급히 들어갔다. '월요일, 내가 진찰하는 날이군.' 그는 생각했다.

"안녕하세요, 선생님."

그는 뒤돌아봤다. 두 아이가 바람을 피하려는 듯 구석에 서 있었다. 큰 아이는 모자를 벗어 손에 들고 있었다. 그리고 동그랗고 쉴 새 없이 움직이는 참새 같은 머리와 당돌해 보이는 눈길을 앙투안 쪽으로 향하고 있었다. 앙투안은 걸음을 멈추었다.

"저기…… 약을 좀 주실 수 없나 해서요……. 얘가 아파요."

앙투안은 떨어진 곳에서 있는 '그 애' 쪽으로 다가갔다.

"애야, 어디가 아프니?"

바람이 몹시 불어 망토의 소맷자락이 뒤집히면서 어깨부터 축 늘어진 팔 한쪽이 드러나 보였다.

"별건 아닌데요." 큰 아이가 침착하게 말했다. "일하다가 다친 건 아니고요. 그렇지만 인쇄공장에서 이런 종기가 났거든요. 어깨까지 쿡쿡 쑤신대요."

앙투안은 급한 일 때문에 마음이 바빴다.

"체온은?"

"뭐라고 말씀하셨지요?"

"열이 있냔 말이야?"

"네, 있는 것 같아요." 큰 아이가 고개를 끄덕이면서 대답했다. 그리고 걱정스러운 눈으로 앙투안의 얼굴을 유심히 살폈다.

"너희 부모님께 말씀드려 자선병원에서 2시에 하는 진찰에 데리고 가도록 해라. 저기 왼편의 큰 병원이야. 알겠니?"

잔뜩 찌푸렸던 소년의 얼굴은 곧 본디대로 되돌아오기는 했지만 실망의 빛이 역력했다. 소년은 억지로 상냥한 미소를 지으면서 이렇게 말했다.

"저, 저는 혹시 선생님께서 봐 주시지 않을까 해서……."

그러나 소년은 곧 마음을 바꾸었다. 그리고 이미 오래전부터 어쩔 수 없는 힘 앞에서는 어떻게 처신해야 하는지 아는 듯한 투로 말했다.

"아네요, 뭐, 괜찮아요. 어떻게 되겠지요. 감사합니다. 루루, 가자."

소년은 아무런 미련 없이 미소 지으며 상냥하게 모자를 흔들어 보이고는 길 쪽을 향해 걸어갔다. 왠지 마음에 걸렸던 앙투안은 잠시 망설였다.

"너희들, 나를 기다리고 있었니?"

"네, 선생님."

"누가 너희더러 가보라고 하더냐……?" 그는 계단으로 통하는 문을 열었다. "들어 와라, 바람 부는 곳에 있지 말고. 그런데 누가 일러 줘서 여기에 왔지?"

"아무도요." 소년의 얼굴이 밝게 빛났다. "저는 선생님을 알아요! 저는 사무실의 급사인데요……. 저쪽 가운데 마당 구석에 있는 사무실 말입니다!"

앙투안은 몸이 좋지 않다는 소년 곁으로 가서 기계적으로 아이의 손을 잡았다. 끈적끈적한 손바닥, 불덩이 같은 손목, 그것은 그로 하여금 언제나 뭔가 불안을 느끼게 하곤 했다.

"부모님은 어디에 살고 계시지?"

동생이 돌아서서 힘없는 눈길을 형에게 보내더니 나지막이 불렀다. "로베르!"

형 로베르가 끼어들었다. "부모님은 안 계세요." 그리고 조금 있다가, "우리가 사는 데는 베르뇌이유 거리에요." 덧붙였다.

"아버지와 어머니가 모두 안 계셔?"

"네."

"그럼 할아버지나 할머니는?"

"안 계셔요."

소년의 얼굴은 진지했다. 눈초리는 순박했고 어떤 동정이나 억지로 남의 관심을 사려는 따위의 기색은 전혀 없었다. 그렇다고 아쉬워하는 빛도 없었다. 오히려 어린애처럼 보인 것은 앙투안의 놀란 모습이었다.

"몇 살이니?"

"15살이에요."

"동생은?"

"13살 6개월이고요."

'귀찮은 것들이 들이닥쳤군!' 앙투안은 생각했다. '벌써 1시 15분 전이구나! 필립 교수님한테 전화해야 하는데. 그리고 점심을 먹고 아버지가 계신 위층에 올라가야겠군. 진찰시간 전에 생토노레 교외까지 갔다 와야 해……. 오늘이 그날이야…….'

"자." 그가 퉁명스럽게 말했다. "어디 보자."

좋아서 어쩔 줄 모르면서도 놀란 기색은 전혀 보이지 않는 로베르의 눈길에 아랑곳하지 않고, 그는 앞서 걸으며 열쇠를 꺼내 아래층 방문을 열었다. 그리고 두 소년을 대기실을 지나 서재로 데리고 들어갔다.

레옹이 부엌 문턱에 모습을 나타냈다.

"레옹, 식사는 좀 기다려야겠어……. 자, 애야, 빨리 옷을 벗으렴. 형더러 도와달라고 해. 천천히…… 옳지, 이리로 오렴."

비교적 깨끗한 셔츠를 걷어올리자 허약한 팔이 드러났다. 손목 위에는 확실히 종기 하나가 있었고, 그것은 이미 곪아 있는 것 같았다. 앙투안은 약속시간 같은 것은 깡그리 잊은 채 손끝을 종기 위에 올려놓았다. 이어 다른 손의 두 손가락으로 종기의 다른 한 지점을 꾹 눌렀다. 이거다. 그는 검지 밑으로 고름이 움직이는 것을 확실히 느낄 수 있었다.

"어떠냐, 여기가 아프지?"

그는 우선 부어 있는 팔뚝에서 시작하여 염증을 일으킨 겨드랑이의 종기까지 만져보았다.

"별로……." 소년은 몸이 잔뜩 굳어져서는 형에게서 눈을 떼지 않으며 나지막하게 말했다.

"그럴 리가 없는데" 하고 앙투안은 퉁명스럽게 말했다. "어쨌든 너는 참 용기가 있구나."

그는 소년의 겁에 질린 눈 속을 들여다보았다. 그 순간 접촉의 불꽃이 튕겼다. 한동안 망설이던 신뢰가 드디어 그를 향하여 샘처럼 솟구쳤다. 그는 비로소 미소지었다. 소년이 곧 고개를 숙였다. 앙투안은 소년의 볼을 쓰다듬어 주었다. 그러고 나서 희미한 저항감을 느끼기는 했지만 그는 그런 소년의 턱을 살며시 들어올렸다.

"애야, 아주 조금 절개하자꾸나. 30분만 지나면 아주 좋아질 테니까……. 알겠지? …… 이리 오렴."

그 말에 압도당한 소년은 용감하게 두세 걸음 앞으로 다가왔다. 그러나 앙투안이 자기에게서 떠났다고 느끼자마자 그의 용기는 흔들리기 시작했다. 소년은 형에게 도움을 청하는 듯 얼굴을 돌렸다.

"로베르…… 너도 같이 들어오려무나!"

사기로 만든 타일과 리놀륨이 깔려 있고, 증기 소독기가 놓여 있으며, 반사기 아래 에나멜을 칠한 테이블이 있는 옆방에는 필요한 경우에 간단한 수술을 할 수 있는 시설이 마련되어 있었다. 레옹은 이 방을 '실험실'이라고 불렀다. 그것은 욕실을 개조한 방이었다. 앙투안이 지금까지 아버지 집에서 동생과 함께 쓰던 방은 그가 혼자 쓰기에도 사실 충분하지 않았었다. 마침 얼마 전부터 그는 인접한 건물의 아래층에 있는 4칸짜리 방을 빌릴 수 있게 되었다. 그는 그곳으로 자기 서재와 거실을 옮겼다. 그리고 그곳에다 이 '실험실'을 꾸며 놓았다. 지금까지의 진찰실은 환자 대기실로 만들었다. 양쪽 집의 벽을 헐어 두 집을 하나로 연결한 것이다.

몇 분 뒤에 종기는 완전히 절개되었다.

"이제 조금만 참아……. 자…… 조금만 더……. 이제 끝났다!" 앙투안은 뒤로 물러서며 말했다. 그러나 얼굴이 창백해진 소년은 팔을 쭉 편 채 자기를 얼싸안고 있는 형의 품안에서 반쯤 정신을 잃고 있었다.

"이봐, 레옹!" 앙투안은 쾌활하게 소리쳤다. "이 아이들에게 브랜디를 조금만 갖다 줘!"

레옹은 약간의 브랜디에 각설탕 두 개를 넣어 가지고 왔다.

"이걸, 마셔라. 너도." 그는 아픈 아이 쪽으로 몸을 굽혔다. "너무 독하지 않을까?"

"맛있어요" 하고 소년은 그제서야 웃을 수 있게 되었는지 조용히 말했다.

"자, 이제 팔을 좀 보자꾸나. 겁내지 말아라. 이제 모두 끝났다고 하지 않았니. 소독하고 찜질만 하면 돼. 이건 그다지 아프지 않단다."

그때 전화가 울렸다. 옆방에서 레옹의 목소리가 들렸다.

"안 됩니다, 부인. 선생님은 지금 바쁘신데요……. 오늘 오후에는 안 됩니다. 진료가 있는 날이라서요……. 아뇨, 저녁식사 전에는 어렵겠는데요……. 알겠습니다, 부인. 죄송합니다."

"만일을 생각해서 거즈를 하나 대고" 하고 앙투안은 종기 위로 몸을 숙이며 중얼거렸다. "됐어, 붕대는 약간 당겨서 팽팽하게 해야지……. 로베르, 됐다. 이제 동생을 데리고 집으로 가렴. 팔을 움직이지 않게 가만히 눕혀 놓아야 한다. 집에는 누가 계시니? ……누구든지 동생을 돌봐 줄 사람은 있겠지?"

"있어요."

당돌한 생김새에다가 솔직하면서도 결연함이 엿보이는 눈길이었다. 매우 진지한 눈초리였다. 앙투안은 벽시계를 힐끗 보았다. 그리고 다시 한 번 호기심을 누르고 물었다.

"베르뇌이유 몇 번지라고 했더라?"

"37번지 A호요."

"로베르…… 그리고 성은?"

"로베르 보나르예요."

앙투안은 주소를 적고 나서 눈을 들었다. 두 소년은 맑은 눈길로 그를 응시하며 서 있었다. 그 눈길에는 감사하는 마음 같은 것은 보이지 않았다. 대신 모든 것을 맡기고 완전히 믿고 있다는 표정만이 있을 뿐이었다.

"자, 이제 가보거라. 나는 바쁘니까…… 6시부터 8시 사이에 베르뇌이유 거리에 있는 너희 집에 들러 거즈를 갈아줄게. 알았지?"

"네, 선생님" 하고 형이 대답했다. 아주 당연하다는 태도였다. "맨 꼭대기예요. 계단을 올라와 정면에서 세 번째 문이에요."

소년들이 떠나자 앙투안은 곧바로 레옹을 불렀다.

"레옹, 식사를 준비하게." 그리고 나서 전화를 걸었다. "여보세요…… 엘리제 132번."

전화기 옆의 테이블 위에는 여러 가지 약속을 적어 놓은 비망록의 그날 페이지가 펼쳐져 있었다. 앙투안은 수화기를 든 채 몸을 숙이고 읽어 내려갔다.

"'1913년. 10월 13일 월요일 오후 2시 반, 바탱쿠르 부인' 돌아오지 못하니까 기다려 달라고 해야겠군. '3시 반, 뤼멜' 이것은 괜찮고…… '류탱' 이것도 괜찮고…… '에른스트 부인' 모르겠는데…… 비앙조니…… 드 파이엘 …… 됐고……."

"여보세요…… 132번? …… 필립 교수님 돌아오셨습니까? 저는 티보인데요……" (잠시 후) "여보세요…… 안녕하세요, 선생님……. 점심식사를 방해하지는 않았는지요……. 진료를 부탁드릴 일이 있어서 전화 드렸습니다. 급한 일입니다. 대단히 긴급해서요……. 에케의 어린아이 말입니다……. 네. 외과에 있는 에케 말이에요……. 매우 중태입니다. 완전히 절망 상태가 돼서요. 중이염인데 손을 좀 늦게 쓴 것 같습니다. 게다가 여러 가지 합병증이 생겨서요. 가서 말씀드리지요. 어쨌든 눈 뜨고는 못 볼 지경입니다……. 아니요, 선생님. 그는 선생님을 꼭 뵙고 싶어합니다. 아무튼 선생님, 에케의 일입니다. 꼭 좀 들어주세요……. 네, 물론 시간을 다투는 일이지요……. 지금 곧…… 저도 그렇습니다. 월요일은 마침 저도 진료가 있는 날이라서요 ……. 그럼 알겠습니다. 15분 전에 모시러 가겠습니다……. 고맙습니다."

그는 수화기를 내려놓고 다시 한 번 진료 받을 사람의 명단을 훑어보면서 판에 박은 낙담의 한숨을 지었다. 그러나 자랑스러워 하는 표정이 그것을 보란 듯이 배신하고 있었다.

레옹이 번들번들한 얼굴에 멍청해 보이는 미소를 지으며 들어왔다.

"선생님, 오늘 아침에 고양이가 새끼를 낳았는데 알고 계시는지요?"

"정말이야?"

앙투안은 신기해서 부엌으로 들어가 보았다. 어미 고양이는 누더기를 잔뜩 채워 놓은 광주리 속에 누워 있었다. 광주리 속에는 축축한 몇 마리의 털뭉치가 꿈틀거리고 있었는데 그것을 어미 고양이가 까슬까슬한 혀로 핥아주고 있었다.

"몇 마리지?"

"7마리입니다. 그런데 제 형수가 한 마리 달라고 합니다."

레옹은 이 집 수위의 동생이었다. 2년 전부터 앙투안의 시중을 들면서 아주 부지런하고 성실하게 임무를 수행해 왔다. 말수도 적고 얼굴에 주름도 많아서 나이를 확실하게 알 수 없었다. 반듯한 생김새에 드문드문 나 있는 솜털 같은 머리카락이 길쭉한 얼굴을 기괴하게 덮고 있었다. 더욱이 약간 구부러진 긴 코가 언제나 아래로 처져 있는 양쪽 눈꺼풀 사이에 놓여 있어서 꼭 얼 빠진 듯한 인상을 주었으며, 미소를 지을 때는 더욱 강조되어 보였다. 그러나 이렇게 멍청해 보이는 것은 상투적 겉모습에 불과했고, 실은 그 뒤에 놀랄 만큼 눈치가 빠르고 독특한 유머를 두루 갖춘, 민첩한 두뇌 활동이 숨어 있었다.

"그럼 나머지 6마리는?" 앙투안이 물었다. "물에 빠뜨려 죽일 건가?"

"방법이 없는 걸요." 레옹이 태연하게 대답했다. "그렇지 않으면 선생님이 모두 기르시겠습니까?"

앙투안은 미소를 지으며 발꿈치로 돌아섰다. 그리고 빠른 걸음으로 전에 자크가 쓰던 방으로 들어갔다. 그 방은 지금 식당으로 쓰고 있었다.

오믈렛, 시금치를 곁들인 에스칼로프, 과일 등 모든 것이 식탁 위에 준비되어 있었다. 앙투안은 요리가 하나씩 나오는 것을 기다리기가 조바심 났다. 오믈렛에서는 따뜻한 버터와 프라이팬의 구수한 냄새가 풍겼다. 오전 중의 병원 근무와 오후 왕진 사이에 끼여 있는 15분 동안의 짧은 휴식 시간의 한때였다.

"위층에서는 아무런 말이 없었나?"

"네, 아무런 말씀이 없었습니다."

"프랭클린 부인에게선 전화 없었고?"

"있었습니다. 금요일로 약속해 놓았습니다. 적어 두었습니다만."

그때 전화벨 소리가 나고 레옹의 목소리가 들렸다.

"안 됩니다, 부인. 마침 5시 반에 약속이 있으셔서……. 6시도 마찬가지예요…… 죄송합니다."

"누군데 그래?"

"스톡네 부인이십니다." 말하고 나서 그는 어깨를 으쓱해 보였다.

"친구 분의 아기 때문이랍니다. 곧 편지를 주시겠다고 말씀하셨어요."

"5시에 에른스트 부인이 누구지?" 앙투안은 레옹의 대답을 기다리지도 않고 다시 말했다. "바탱쿠르 부인한테는 죄송하다고 해. 적어도 20분은 늦을 테니까…… 신문을 좀 갖다 주게. 고맙네." 그는 시계를 흘끗 보았다. "위층에서는 식사가 끝났겠지? ……전화를 걸어 주게. 지젤을 불러. 그리고 전화는 이리로 가져오고 커피도 함께, 빨리."

그는 수화기를 들었다. 그의 얼굴은 긴장이 풀리고 눈은 먼 곳을 보면서 미소짓고 있었다. 마치 몸에 날갯짓을 하면서 공중으로 날아오르기 시작한 사람처럼 그는 벌써 전화선 저편으로 날아가 있었다.

"여보세요…… 응, 그래, 나야……. 아냐, 대강 끝났어……." 그는 미소를 지었다. "아냐, 포도 먹고 있어. 환자한테 받았거든. 무척 맛있어……. 그런데 그쪽은?" 듣고 있던 그의 표정이 점차 어두워졌다. "저런, 주사 놓기 전 아니면 후라고? ……아무튼 그런 증세가 당연한 것으로 말씀드려야 해……" 잠시 뒤 그의 표정은 다시금 밝아졌다. "이봐, 지젤, 너 혼자 있니? 이것 봐, 오늘 널 만나야 할 일이 있어. 이야기하고 싶은 게 있다고. 중요한 이야기야……. 여기서? 언제든지 괜찮아. 3시 반 지나서. 괜찮지? 레옹이 안내할 테니까……. 그럼 기다릴게…… 좋아……. 커피를 마시고 올라갈 테니까."

2. 앙투안, 늘 아버지를 진찰하다

앙투안은 아버지가 사는 집의 열쇠를 가지고 있었다. 그는 벨을 누르지 않고 안으로 들어갔다.

"이사장님은 서재에 모셨습니다." 아드리엔느가 말했다.

그는 발끝을 세워 걸으면서 약품 냄새가 풍기는 복도를 지나 티보 씨의 화장실까지 왔다. '이 집에 발을 들여놓자마자 왠지 짓눌리는 듯한 기분이 드는군……' 하고 그는 생각했다. '더구나 나는 의사인데도! ……그렇지만 여기는 아무래도 다른 곳과 기분이 똑같지는 않단 말이야…….'

그의 눈길은 곧장 벽에 핀으로 꽂아놓은 체온기록표로 갔다. 화장실은 약국을 방불케 했다. 선반 위와 테이블 위에는 유리병과 사기그릇, 탈지면 뭉치 따위가 있었다. '어디, 소변 병을 봐야지. 역시 생각했던 대로야. 신장의 움직임이 매우 약하군. 어차피 분석을 해 보면 알게 되겠지만. 그런데 모르핀은 어느 정도 썼나?' 그는 환자가 눈치채지 못하게 미리 라벨을 살짝 위조해 놓은 앰플 상자를 열어 보았다. '24시간에 3센티그램이라…… 벌써 이렇

게까지 와 있군! ……그런데 수녀 간호사는 눈금이 새겨진 컵을 어디에 두었을까……? 아, 여기 있었군.'

그는 신이 나는지 재빠른 몸놀림으로 조사하기 시작했다. 그리고 시험관에 알코올 불을 붙이려는 순간 갑자기 문 열리는 소리가 나는 바람에 놀라서 뒤를 돌아다보았다. 그러나 그것은 지젤이 아니고 유모였다. 그녀는 나이 먹은 나무꾼의 아내처럼 몸을 구부리고 종종걸음으로 오고 있었다. 몸이 완전히 굽어 있어서 좁은 안경 너머로 보이는 여전히 발랄한 눈길은 아무리 치켜세워도 겨우 앙투안의 손 근처까지 닿을까 말까 했다. 사소한 일이라도 생겨 놀랄 때는 땋아 두른 백발 사이로 작고 상아 같은 그녀의 이마가 기계적으로 흔들리는 것이 또렷하게 보이곤 했다.

"아, 앙투안이었구나." 그녀가 한숨짓듯 말했다. 그리고 아무런 서두도 없이 고개를 움직이며 떨리는 목소리로 말했다. "어제부터 이제는 더 이상 참을 수가 없게 되었어! 세린느 수녀는 글쎄 수프 두 그릇, 우유 1리터 이상을 그냥 낭비해 버린다니까! 12수나 하는 바나나를 벗겨드리는 거야. 당사자인 환자는 한 입도 드시지 않는데……. 더구나 남은 것은 고스란히 버리게 되거든. 병균이 묻었다고 말이야! 오, 나는 세린느 수녀도 그렇고 어느 누구도 특별히 나쁘게 생각하지는 않아. 그 수녀는 확실히 훌륭한 분이야……. 그렇지만 앙투안, 이제는 제발 그만두라고 말해 줘! 환자분한테 무엇 때문에 억지로 드시게 한단 말인가? 달라고 하실 때까지 기다리면 될 텐데! 언제나 이것저것 권하니까 말이야! 오늘 아침만 해도 아이스크림을 권했거든! 앙투안! 그래, 아이스크림을 권하다니! 심장을 단숨에 얼리기라도 하겠단 말이야? 글쎄, 클로틸드가 언제든지 얼음 가게로 뛰어갈 짬이나 있다면 모를까! 이런 큰 집안 살림을 맡고 있는 처지인데!"

앙투안은 인내심을 갖고 그저 얼버무리는 몇 마디로서 진찰을 끝낼 참이었다. '아무튼 25년 동안이나 아버지의 잔소리를 말대꾸 한 마디 없이 참고 견디어 온 여자니까' 하고 그는 생각했다. '그 앙갚음을 하고 있는 것이겠지…….'

"내가 몇 사람의 치다꺼리를 하고 있는지 알아?" 하며 유모는 계속했다. "수녀님, 거기에 지젤까지 들어와서 몇 사람인지나 알아? 부엌에 세 사람, 안에 세 사람, 그리고 아버님! 세어 보라고, 글쎄! 78살이나 되는 이 늙은 이가 더구나 이런 일까지……."

앙투안이 손을 씻으러 테이블을 떠나자 유모는 재빨리 뒤로 물러섰다. 그녀는 언제나 그렇듯 병이라든가 전염병 같은 것을 두려워하고 있었다. 그리고 1년 전부터 중환자 곁에서 줄곧 간호사와 의사들을 대하고, 언제나 약 냄새를 맡으며 살아야 했다는 사실이 그녀에게는 어떤 독소 같은 결과를 초래했다. 그래서 날마다 계속되는 이런 생활은 이미 3년 전부터 나타나기 시작한 전반적인 노쇠 현상에 더욱 박차를 가했던 것이다. 그녀도 자신의 노쇠를 어느 정도 느끼고 있었다. "자크가 떠난 뒤로는" 하며 그녀는 한탄하곤 했다. "나도 아주 엉망이 되었어." 그러나 앙투안이 움직이지 않고 비누로 손을 씻고 있는 것을 보자 그녀는 머뭇거리며 몇 발자국 세면대 쪽으로 걸어왔다. "수녀한테 말해 줘, 그녀에게 말이야! 네 말은 들을 테니까!"

그는 타협하듯 '알았다'는 시늉을 했다. 그리고 유모의 말은 까마득히 잊고 그 방을 나왔다. 그녀는 멀어져 가는 그의 발길을 부드러운 눈길로 배웅하고 있었다. 앙투안은 유모에게 말대답을 해본 적이 거의 없으며, 그녀의 말을 거역해 본 적이 없었으므로 그녀에게는 그가 '이 지상에서의 위안'이었다.

그는 다시 복도를 지났다. 지금 막 도착한 것처럼 보이기 위해 현관에서 서재로 들어가려는 것이었다.

티보 씨는 수녀 간호사하고 단둘이 있었다. '그럼 지젤은 자기 방에 있나 보군' 하고 앙투안은 생각했다. '내 발소리를 들었을 텐데…… 나를 피하는구나…….'

"아버지, 좀 어떠세요" 앙투안은 쾌활하게 말했다. 그는 이제 아버지의 머리맡에서는 이런 식으로 말하기로 작정했었다. "수녀님, 안녕하세요."

티보 씨가 눈을 떴다.

"아, 너냐?"

티보 씨는 창가에 갖다 놓은 망사처럼 짠 큰 안락의자에 앉아 있었다. 머리는 두 어깨에 비해 너무 무거워 보였고, 턱은 세린느 수녀가 목에 둘러 준 턱받이 위에 축 늘어져 있었으며, 몸이 접혀 있었으므로 의자 등받이 양쪽에 걸쳐 놓은 두 개의 목발이 터무니없이 길게 보였다. 르네상스 양식을 본뜬 색유리창은 세린느 수녀의 머릿수건 위에 무지갯빛을 쏟고 있었다. 그리고 우유를 섞어 만든 타피오카 수프 접시가 김을 내고 있어 햇빛을 받은 식탁보 위에 포도주 빛 반점을 떨어뜨리고 있었다.

"자!" 세린느 수녀가 말했다. 그리고 수프 한 숟가락을 떠서는 접시 가장 자리에다 수저에 묻은 국물을 떨어냈다. 그러고 나서 아이에게 한입씩 떠먹이듯이 쾌활하게 "자, 어서요!" 하면서 환자의 축 늘어진 입술 사이로 수저를 넣고 환자가 목을 돌리기도 전에 입속에 흘려 넣었다. 무릎 위에 놓인 노인의 두 손은 견디기 힘들다는 듯이 부들부들 떨렸다. 이런 꼴로 음식물을 받아먹는 모습을 보이기엔 그의 자존심이 허락하지 않았다. 그는 세린느 수녀가 가지고 있는 수저를 잡으려고 갖은 애를 썼다. 그러나 오래전부터 마비된 데다가 부기까지 있어서 그의 손가락은 전혀 말을 듣지 않았다. 수저는 그의 손에서 빠져나가 양탄자 위에 떨어졌다. 그는 접시와 식탁을 세린느 수녀 쪽으로 거칠게 밀어붙였다.

"배고프지 않아! 억지로 먹이는 것은 질색이라고!"

그는 마치 보호를 요청하듯 아들 쪽을 돌아보며 말했다. 그러고는 앙투안의 침묵에 용기를 얻은 것이 분명한 눈초리를 세린느 수녀 쪽을 향해 매섭게 던졌다.

'이거 모두 치워 버리란 말이야!' 하고 말하는 듯한 퉁명스런 눈길이었다.

세린느 수녀는 한 마디 대꾸도 없이 한 발 뒤로 물러서더니 그의 시야에서 사라졌다.

환자는 기침을 했다. (그는 쉴새없이 나오는 마르고 기계적인 기침 때문에 어쩔 줄 모르고 있었다. 그때마다 주먹을 불끈 쥐고는 감고 있는 눈꺼풀에 경련을 일으키곤 했다)

"애야" 하고 티보 씨는 하소연하듯 말했다. "어젯밤에도 그리고 오늘 아침에도 구토증이 있었단 말이다!"

앙투안은 아버지가 곁눈질로 자신을 지켜보고 있음을 느꼈다. 그는 담담한 태도를 취했다.

"그러셨어요?"

"너는 그럼 당연한 걸로 생각하느냐?"

"실은 그렇게 되실 줄 알고 있었습니다" 하고 앙투안은 미소를 지으며 교묘한 말로 피해 버렸다(그는 특별한 노력을 기울이지 않고 자기의 역할을 해 나가고 있었다. 다른 어떤 환자에게도 이토록 잘 참고 동정을 베푼 적이 없었다. 그는 매일, 더구나 아침저녁으로 와 보았다. 그때마다 싫증도 안 내고 그럴듯한 구실을 만들어 내면서 마치 상처에 붕대를 다시 감아 주는 것처럼 넘기고는 했다. 그리고 언제나 변함없이 확신에 가득 찬 어조로 한결같이 안심시키는 말을 되풀이했다).

"그렇지만 아버지, 이제는 젊은 사람의 위장하고는 다르지 않겠어요? 벌써 8달 동안 물약이다 가루약이다 해서 약만 계속 드셨으니까요. 진작 위장병이 나지 않은 것만도 다행스럽게 여기셔야지요!"

티보 씨는 잠자코 있었다. 무슨 생각에 잠긴 듯했다. 그는 어느새 이런 새로운 생각에 한결 기운을 얻고 있었다. 그리고 책임을 어떤 물건이나 사람에게로 떠넘길 수 있어서 퍽 마음이 놓였다.

"그래" 하고 티보 씨는 소리도 안 내고 그 큰 손을 마주치며 말했다. "저 것들이 나에게 별별 약을 다 먹여서…… 아이고, 아파라, 다리가 아프구나! ……저것들이 글쎄 ……저것들이 내 위를 엉망으로 만들어 놓았어! ……아이고!"

고통이 너무나 갑작스럽고 너무나 심했으므로 눈 깜짝할 사이에 얼굴의 모든 근육이 일그러졌다. 그는 상체를 옆으로 기울였다. 그리고 세린느 수녀와 앙투안의 팔에 기대면서 다리를 쭉 뻗고 나서야 찌르는 듯한 통증을 참을 수가 있었다.

"네가 말한 적이 있지……. 테리비에 혈청이…… 이 좌골신경통에 효과가 있을 거라고!" 그는 울부짖다시피 했다. "그런데 말해 봐. 이게 나은 거냐?"

"물론입니다. 좋아지셨어요" 하고 앙투안은 쌀쌀맞게 대답했다. 티보 씨는 앙투안 쪽으로 어처구니가 없다는 듯한 눈길을 보냈다.

"이사장님께서도 화요일부터는 통증이 훨씬 덜하다고 말씀하셨어요" 하고 세린느 수녀가 큰 소리로 말했다. 그녀는 상대방에게 자기 말을 어떻게 해서든지 이해시키려고 터무니없이 큰 소리로 말하는 습관이 있었다. 그리고 이 기회를 놓치지 않으려고 타피오카 수프 한 숟가락을 환자 입속으로 흘려넣었다.

"화요일부터라고?" 노인은 생각해 내려고 애쓰면서 중얼거렸다. 그리고 나서 입을 다물어 버렸다.

앙투안은 애처로움으로 가슴이 미어지는 것을 느끼며 홀쭉해진 아버지의 얼굴을 아무 말 없이 바라보고 있었다. 턱의 근육은 축 처지고 눈썹은 바짝 추켜세우고, 속눈썹을 꿈벅거리고 있는 아버지의 모습에서 자신을 이겨내려는 의지를 엿볼 수 있었다. 이 가련한 노인은 자기가 완쾌될 수 있다고 믿고 싶어했다. 그리고 사실 지금까지 그것을 의심해 본 적이 없었다. 잠시 정신을 파는 사이에 우유 한 숟가락이 입속으로 들어갔다. 그는 이제 도저히 참을 수 없다는 듯이 세린느 수녀를 밀쳐 버렸다. 그녀는 이번엔 결국 양보하고는 노인의 턱받이를 끌러 주었다.

"저것들이 내 위를 망가뜨렸단 말이야."

그는 수녀가 턱 언저리를 닦아 주는 동안 되풀이했다. 그러나 그녀가 쟁반을 들고 나가자 그는 마치 아들과 둘만의 짧은 시간을 기다렸다는 듯이 한쪽 의자 팔걸이에 몸을 기대며 우리 서로 마음을 잘 알지 않느냐는 듯한 은밀한 미소를 흘렸다. 그러고는 아들에게 더 가까이 오라는 눈짓을 했다.

"훌륭한 색시야, 저 세린느 수녀는" 그는 확신에 찬 말투로 이야기를 하기 시작했다. "참 훌륭한 색시야. 안 그러냐, 앙투안? ……사실 말이지 우리는 저 애에게 얼마나…… 얼마나 감사해야 할지 모른단다. 그러나 저 애가 속해 있는 수녀원을 생각하면 정말이지……. 수녀원장이 나에게 여러 가지로 극진히 대해 주려는 마음을 나도 알아. 그러니까 더 그렇단 말이야! 나는 아무래도 마음에 걸려. 나보다 더 손길을 기다리며 고통받고 있는 환자들이 있을 텐데 언제까지나 그 호의를 남용해서야 쓰겠니! 그래, 너는 어떻게 생각하니?"

앙투안이 어쩐지 마땅치 않은 대답을 할 것 같아 티보 씨는 손짓으로 대답을 하지 못하도록 막았다. 그리고 기침 때문에 말이 계속 끊어지는데도 턱을 앞으로 내밀고는 주섬주섬 말을 이어갔다.

"물론 어제오늘 일은 아냐. 그렇지만…… 너는 어떻게 생각하는지는 모르지만…… 곧…… 내 병이 호전되는 조짐이 보이면…… 저 애를 곧바로 돌려보내는 것이 좋지 않겠니? 너는 모르겠지만, 언제나 누군가가 곁에 붙어 있다는 건 정말 괴로운 일이야! 보내도 괜찮을 것 같으면 곧 그렇게 하자꾸나!"

앙투안은 대답을 할 용기도 없고 해서 그냥 찬성의 표시만 되풀이했다. 과거 모든 청춘을 바쳐 싸우면서 얻은 불굴의 권위가 겨우 이 모양이 되었단 말인가! 예전 같으면 이 폭군은 귀찮기만 한 이 간호사를 변명의 여지도 없이 쫓아 버렸을 것이 틀림없다. 그런데 지금은 완전히 늙고 쇠약해졌다……. 이러한 상황에서 그 육체적 노쇠는 앙투안이 손끝으로 여러 기관의 쇠퇴를 살필 때보다도 더 뚜렷이 드러나 보였다.

"벌써 가니?"

앙투안이 일어서는 것을 보고 티보 씨가 툭 던지듯이 말했다.

못마땅해 하는 그 말투 속에는 아쉬움과 간청하는 뜻이 담겨 있었다. 그것은 거의 애정에 가까운 것이었다. 앙투안은 마음이 흔들렸다.

"죄송합니다" 하고 그는 미소를 지으며 말했다. "오늘은 하루종일 약속이 있어서요. 저녁때 다시 들를게요."

그는 아버지에게 키스하려고 가까이 갔다. 이것은 극히 최근에 생긴 습관이었다. 그러나 노인은 고개를 돌려 버렸다.

"그래, 갈테면 가라…… 가봐!"

앙투안은 아무 말 없이 방문을 나섰다.

거실에서 유모는 높은 의자에 괴상한 모습으로 앉아 그가 나오기를 기다리고 있었다.

"앙투안, 잠깐 할 말이 있는데…… 수녀 문제로 말이야……."

그러나 그는 정말 더 이상 참을 수가 없었다. 외투와 모자를 움켜쥐고는 쾅 소리가 나게 문을 닫아버렸다.

층계참에 다다른 순간 온몸에 힘이 빠지는 것 같았다. 그리고 외투를 입으려 했을 때 그는 병사가 행진을 계속하려고 무거운 배낭을 들어올릴 때 허리가 휘청거리는 것 같은 느낌이 들었다…….

집 밖에서의 삶, 탈 것들, 가을 바람을 헤치고 걸어가는 통행인들의 모습은 그에게 다시 기운을 차리게 해 주었다.

그는 택시를 잡기 위해 걸어갔다.

3. 필립 박사

'20분 전이구나' 하고 앙투안은 자동차가 마들렌 성당 시계탑 앞에 이르자 생각했다. '시간은 딱 맞춰 왔구나……. 아무튼 그 '영감'의 꼼꼼하기란 알

아줘야 한다니까! 아마 벌써 나갈 채비를 하고 기다리고 계실지 몰라.'

아니나다를까 필립 박사는 서재 문앞에 서 있었다.

"어이, 티보" 하고 그는 핀잔하는 투로 말했다. 그의 폴리시넬(어릿광대)풍의 걸걸한 목소리는 어딘지 모르게 사람을 얕보는 듯한 느낌을 주었다. "정확히 15분 전이군. 자, 가지……."

"네, 가시지요" 하고 앙투안은 쾌활하게 대답했다.

필립 박사를 따라가는 것은 언제나 유쾌한 일이었다. 그는 2년 동안 줄곧 박사 밑에서 일해 왔다. 그리고 매일매일 이 대선배와 친숙하게 지내왔다. 이후로 그의 소속이 바뀌기는 했지만 그래도 그는 이 스승과의 만남을 여전히 유지하고 있었다. 그 뒤에도 그에게는 어느 한 사람 이 지도교수를 대신해 줄 만한 사람이 없었다. 모두들 앙투안을 일컬어 '필립 박사의 제자 티보' 라고 했던 것이다. 분명 그는 필립의 제자였다. 그뿐만 아니라 그의 후계자이기도 하고 정신적인 아들이기도 했다. 그러면서도 동시에 가끔은 그 반대이기도 했다. 노련함에 대한 패기요, 신중함에 대한 대담함이자, 기꺼이 위험을 무릅쓰는 정신의 소유자였던 것이다. 이렇게 7년에 걸쳐 직업적인 협력과 우정으로 다져진 두 사람의 관계는 이제 절대적인 것이 되었다. 필립 박사 곁에 있으면 앙투안은 자기도 모르는 사이에 자신의 인격이 바로잡히고, 양적으로 움츠러드는 듯한 느낌을 받는 것이었다. 그리고 지금까지 독립적이고 안전한 존재였던 그는 이내 보호받는 입장으로 전락하고 마는 것이었다. 그렇다고 그런 것이 그에게 불쾌감을 주는 것은 아니었다. 대선배에 대한 애착은 그의 자부심이 채워짐에 따라 더욱 강해졌다. 곧 어느 한 사람도 이의를 제기하지 않는 교수로서의 자질, 그리고 가끔 남들에게서 듣는 까다롭다는 평판은 앙투안으로 하여금 이 선배에 대한 친근감을 더욱 돋우어 주는 것이었다. 스승과 제자가 함께 있을 때 거기에는 언제나 푸근한 온기가 감돌았다. 두 사람의 견해로는 인류의 대부분은 확실히 무감각한 무리들이나 무능력한 자들로 이루어져 있으며 자기들만은 운 좋게도 그러한 일반 법칙에서 벗어날 수 있었다고 생각했다. 평소에는 그리 개방적이 아닌 박사가 앙투안에게 자기의 속 이야기를 하며 기분을 푸는 태도, 신뢰, 농담을 하고는 그것을 강조하려는 미소와 눈 깜박임, 또 어지간히 익숙해지지 않으면 알아들을 수 없는 그의 독특한 말투 등, 이 모든 것이 필립 박사가 마음 놓고 이야기를 나눌 수 있는 상대가 앙투안밖에 없으며 앙투안만이 정확히 그를 이해할 수 있다고 확신하는 것 같았다. 그들 사이에 의견이 맞지 않는 경우는 극히 드물었다. 있다 하더라도 언제나 같은 원인 때문이었다. 앙투안은 가끔 필립 박사에 대해서 박사가 자기 자신에게 속고 있다는 사실, 또 회의주의자인 박사가 즉흥적으로 생각해 낸 별로 대수롭지 않은 일을 근본적인 판단이기라도 한 것처럼 믿는 점을 비난하기도 했다. 또 둘이 의견을 나누다가 처음에는 의견의 일치를 보았다가도 필립 박사는 갑자기 뒤집어엎는 버릇이 있어서 둘이 그때까지 다투었던 것이 우습게 되어 버린 때도 있었다. 그는 곧잘 다음과 같이 말하곤 했다. "각도를 바꿔서 보면 지금까지 우리들이 생각한 것은 결국 바보 같은 이야기란 말이야." 이러한 견해는 다음과 같이 결론에 다다르곤 했다. 곧 '그런 것들은 생각해 봤자 별 게 아니야. 단정이란 전혀 의미가 없거든.' 그러면 앙투안은 불같이 화를 내곤 했다. 이런 태도는 그에게 실로 용서하기 힘든 일이었다. 그런 일을 그는 육체적인 질병처럼 고통스러워했다. 그럴 때면 실례가 안 되게 박사를 슬그머니 따돌리고는 서둘러 자기 일로 돌아오곤 했다. 그것은 모든 것을 잊게 해 주는 활력 속에서 유익한 일에 파묻힘으로써 마음의 평정을 되찾기 위해서였다.

층계참에서 두 사람은 급히 의논할 일로 박사를 만나러 온 테리비에를 만났다. 테리비에는 앙투안보다 선배이며 전에 박사의 조수로 함께 했는데, 지금은 일반 의료사업에 종사하고 있었다. 그리고 티보 씨를 진료하는 담당의사가 바로 테리비에였다.

필립 박사는 발걸음을 멈추었다. 몸을 앞으로 가볍게 숙이고 두 팔을 늘어뜨린 채 야윈 몸이 헐렁한 옷에 휘감겨 있는 박사의 모습은, 무대 뒤에서 줄로 조종하는 것을 깜박 잊어버린 키 큰 꼭두각시 같았다. 한편 뚱뚱하고 작은 키에 언제나 몸을 움직이면서 당장에라도 미소를 짓고 싶어 하는 테리비에의 모습은 박사와 묘한 대조를 보여주었다. 햇살은 층계참의 창에서 이 두 사람을 정면으로 비추고 있었다. 그리고 한 발 뒤에 물러서 있던 앙투안은 자기가 누구보다도 더 잘 알고 있는 그들을 어쩌다 갑자기 새로운 눈으로 보게 되었을 때처럼 흥미를 갖고 새삼스럽게 바라보았다. 바로 그때 필립 박사는 우뚝 솟은 눈썹 밑에 가려져 있는 밝은 두 눈의, 찌르는 듯하고 평소와 다름없이 거리낌 없는 눈길로 테리비에를 응시하고 있었다. 턱수염은 회색 빛이 되었으나 눈썹은 여전히 검었다. 그 턱수염이란 것은 끔찍한 염소털 같아서 마치 붙여 놓은 수염 같았고, 더구나 너덜너덜하게 붙어 있어서 마치 술 장식 따위가 턱을 덮고 있는 듯했다. 박사는 이런 모든 것이 자기를 불쾌하게 하고 또 조바심나게 하기 위해 만들어진 것 같은 느낌을 주었다. 칠칠치 못한 옷차림, 세련되지 못한 응대, 그 몸짓, 너무나 길고 붉은 코, 피리를 부는 듯한 호흡, 헤벌쭉 웃는 입 모습, 거기에 주름지고 항상 젖어 있는 입술. 입술에서는 쉰 듯한 콧소리가 흘러나오고, 그 소리는 이따금 풍자나 신랄한 말을 내뱉기 위해 지어 내는 목소리처럼 높아졌다. 그럴 때면 수북한 눈썹 밑으로 원숭이 같은 눈동자가 빛나는 것이었다. 그것은 어디까지나 고독하면서도 남이 이해해 주기를 바라지 않는 쾌락의 번득임이었다.

그러나 아무리 처음 대하기가 거북하더라도, 필립 박사에게 등을 돌리는 사람은 초면인 사람이거나 보잘것없는 사람들뿐이었다. 사실 어떤 임상의사도 환자로부터 필립만큼 환영을 받지 못했고, 어떤 선생도 그처럼 동료들에게서 인정을 받고 학생들로부터 인기를 얻지 못했으며, 또 병원의 말 많은 젊은 후배들로부터도 박사만큼 존경을 받는 사람이 없다는 사실을 앙투안은 인정했다. 몹시 신랄하고도 재치 있는 그의 말은 삶과 인간의 어리석음에 공격을 가하는 것이었다. 그의 그런 말 때문에 상처를 받는 사람은 어리석은 자들뿐이었다. 그가 자신의 일을 수행해 나가는 것을 일단 보고 나면 충분히 그의 인간됨을 알 수 있었다. 인색함이나 남을 얕보는 기색이 전혀 없는 휘황한 지성의 소유자일 뿐만 아니라, 날마다 눈에 띄는 일들을 몸을 아끼지 않고 호되게 밀어붙이는 정열적인 감성의 소유자이기도 했던 것이다. 그가 기상천외하게 비꼬는 말을 해도 사람들은 그것이 우울증에 대한 용감한 저항이고 꾸밈없는 동정심의 숨겨진 면을 나타낸다는 것을 알고 있었다. 그리고 바보스러운 사람들의 원한을 사는 신랄한 독설도 결국 그의 철학의 극히 일부를 드러낸 것에 지나지 않음을 알게 되었다.

앙투안은 두 사람의 대화를 건성으로 듣고 있었다. 테리비에가 맡은 환자에 관한 이야기였는데, 어제 필립 박사가 진찰을 하러 갔었던 것이다. 꽤 위중한 환자였던 모양이다. 테리비에는 자기 주장을 굽히려 하지 않았다.

"그건 안 돼" 하고 박사가 잘라 말했다. "이것 보게, 나는 많아야 1cc면

된다고 생각해. 아니면, 그 반쯤이야. 그것도 두 번에 나누어서 말이야."

이러한 온건한 권고에 상대가 뚜렷하게 반대의 기세를 보이며 흥분하자, 박사는 그의 어깨 위에 침착하게 손을 얹으면서 콧소리로 말했다.

"여보게, 테리비에. 환자가 이 상태에 이르면 그 머리맡에는 오직 두 힘만이 싸우고 있는 거라네, 곧 자연력과 질환이지. 의사는 와서 그저 대충 여기저기 두드려 보는 거야. 뒷면이 나오나 앞면이 나오나 하고 말이야. 만일 질환에 적중하면 앞면이야. 그러나 자연력에 이르면 그것은 뒷면이고, 그래서 환자는 moriturus(^{죽다, 살지 못하다})인 걸세. 이것 보게, 삶이란 이런 놀이와 같은 거라네. 인간은 누구나 우리 나이쯤 되면 조심성이 생기지. 곧 너무 세게 두드리지 않으려고 애쓴다네."

그는 끈적거리는 침을 삼키면서 얼마동안 꼼짝하지 않고 서 있었다. 박사는 눈을 끔벅이면서 테리비에의 눈을 바라보았다. 이윽고 올려놓았던 손을 떼더니 앙투안 쪽을 보며 장난기 어린 눈짓을 했다. 그러고는 계단을 내려오기 시작했다. 앙투안과 테리비에는 그의 뒤를 따라 함께 계단을 내려왔다.

"아버지는 어떠신가?" 하고 테리비에가 물었다.

"어제부터 구토증이 있으셔."

"아……." 테리비에는 이마에 주름살을 짓더니 불만스러운 표정을 띠었다. 잠깐 침묵을 지킨 뒤에 그는 다시 물었다. "요즘 다리를 본 적이 있나?"

"아니."

"그저께 보았을 때는 부기가 약간 심해졌던데."

"단백뇨인가?"

"정맥염이 아닐까 해. 오늘 저녁 4시에서 5시 사이에 갈까 하는데, 자네 있을 거지?"

필립 박사의 자동차는 문 앞에서 기다리고 있었다. 테리비에는 작별인사를 하고 뛰다시피 가 버렸다. '나도 택시 타느라 써 버리는 돈으로' 앙투안은 생각했다. '자가용 소형차라도 사는 것이 나을 것 같은데……."

"티보, 어디로 가면 되지?"

"생토노레입니다."

박사는 추운지 차 속에 웅크리고 앉아 있었다. 그리고 운전사가 차를 출발시키기도 전에 물었다.

"급한 대로 대강 이야기를 해 보게. 환자는 정말 절망적인 상태인가?"

"절망입니다. 달 수를 채우지 못하고 태어난 올해 2살이 되는 여자애인데요. 언청이여서 입 천장이 선천적으로 갈라져 있어요. 올봄에 에케가 직접 그 애를 수술했습니다. 그 밖에 심장의 기능이 불완전해요. 또 엎친 데 덮친 격으로 급성중이염을 일으켰습니다. 시골에 가 있을 때의 일이지요. 어쨌든 그들 부부에게는 외동딸이랍니다……."

창 밖으로 스쳐 지나가는 거리의 모습을 물끄러미 바라보고 있던 박사는 동정 어린 한숨을 내쉬었다.

"……더구나 에케의 아내는 임신 7개월입니다. 그것도 아주 어려운 임신이었나봐요. 그 점에선 그녀도 매우 신중하지 못한 것 같더군요. 간단히 말해서, 또다른 사건을 미리 방지하기 위해 에케는 아내를 파리 근교 메종 라피트에 가 있게 했답니다. 마침 에케 부인의 숙모가 빌려 준 집이지요. 저는 그 사람들하고는 동생의 친구라는 인연으로 자연히 알게 되었습니다. 중이염은 그곳에서 생겼어요."

"언제 일이지?"

"그건 모르겠습니다. 유모도 아무 말 없었습니다. 전혀 몰랐나 봅니다. 늘 곁에서 간병하던 그 애 어머니도 처음에는 전혀 몰랐답니다. 그냥 이가 아픈 줄 알았다는군요. 그러다 토요일 밤에서야……."

"그럼 그저께란 말이지?"

"그렇습니다. 에케는 언제나처럼 주말을 그곳에서 보내려고 갔는데, 도착하자마자 딸이 중태인 것을 알았지요. 그는 구급차를 불러 그날 밤으로 아내와 딸을 데리고 파리로 돌아왔습니다. 파리에 도착하자마자 저한테 전화를 주었어요. 저는 일요일날 아침 일찍 그 애를 진찰했습니다. 저는 미리 이비인후과의 랑크토를 대기시켜 놓았지요. 이미 여러 가지 합병증을 일으켰더군요. 유양돌기염에다 측방 정맥두염하고 그밖에도 이것저것…… 어제부터 우리는 온갖 처치를 다했지요. 그러나 아무런 효과가 없습니다. 병세는 시시각각으로 악화 일로를 치닫고 있습니다. 오늘 아침에는 뇌막염 증상이 나타났고요……."

"수술은?"

"불가능할 것 같습니다. 어젯밤 에케가 부른 페쇼도 분명히 그렇게 말했습니다. 심장 상태가 도저히 수술을 이겨내지 못할 것 같습니다. 지금으로선 그 극심한 고통을 덜어 줄 수 있는 방법은 얼음밖에 없습니다."

필립 박사는 여전히 먼 곳을 바라다보면서 다시 긴 한숨을 내쉬었다.

"저희들은 여기까지 처치를 했습니다" 하고 앙투안은 걱정스레 말했다. "여기서부터는 선생님께 부탁드리고 싶습니다." 그리고 그는 잠시 뒤에 말을 계속했다. "그러나 사실은 솔직히 말씀드려, 한 가지 희망이 있다면 우리들의 도착이 한 발 늦어서…… 모든 게 끝났으면 합니다만."

"에케가 아직도 희망을 갖고 있는 것은 아니겠지?"

"예, 이미 포기한 상태입니다!"

박사는 잠시 입을 다물었다. 이어 그는 손을 앙투안 무릎에 얹었다.

"티보, 그렇게 단정적인 말은 하는 게 아닐세. 물론 에케는 의사의 입장에서 볼 때 더 이상 어떤 방법이 없다는 것을 알고 있을 테지. 그러나 아버지의 입장에서는…… 인간은 사태가 긴박하고 중대할수록 어떻게든 자기와 숨바꼭질을 하고 싶어한다네……."

그는 인상을 찌푸리며 달관한 듯한 미소를 띠었다. 그리고 코맹맹이 소리로 이렇게 말했다. "다행스럽게도, 그렇지? 다행히도……."

4. 앙투안, 필립 박사를 안내하고, 애정을 쏟는 에케의 아이 왕진

에케의 집은 4층이었다.

엘리베이터 소리가 나자 현관문이 열렸다. 두 사람을 애타게 기다리고 있었던 것이다. 유대인의 인상이 강하게 풍기는 검은 수염의 뚱뚱하고 흰 양복을 입은 한 남자가 앙투안의 손을 덥석 잡았다. 앙투안은 그를 박사에게 소개했다.

"이자크 스튀들레입니다."

전에 의과대학생이었던 그는 그 뒤 의학 분야와는 완전히 손을 끊었으나 그래도 의학관계의 여러 모임에는 얼굴을 나타내고 있었다.

그는 옛 친구인 에케에게 맹목적인 사랑의 정과 동물적인 애착을 쏟고 있었다. 와달라는 에케의 전화를 받자마자 어린아이에게로 만사를 제쳐 놓고 달려온 것이다.

문이란 문을 모두 활짝 열어젖힌 에케의 아파트는 봄에 정리한 그대로인 채 어딘지 스산했다. 커튼이 없었으므로 미늘창이 내려져 있었다. 사방에 전등이 켜져 있었고, 각 방의 한 가운데에는 천장 등의 밝은 불빛 아래 흰 시트에 덮인 가구들이 놓여 있어서 마치 아기의 관들처럼 보였다. 에케에게 알리기 위해 스튀들레는 두 사람을 남겨 두고 나갔다. 응접실 마룻바닥 위에는 반쯤 차 있는 트렁크가 활짝 열려 있었고, 그 주위로 여러 가지 물건들이 잡다하게 흩어져 있었다.

바람결에 문이 열렸다. 이어서 아름다운 금빛 머리를 풀어헤친 가운 차림의 젊은 여자가 불안으로 몹시 굳어진 얼굴로 무거운 걸음걸이였지만 있는 힘을 다해 그들에게로 급히 달려왔다. 그녀는 한쪽 손으로 배를 누르고 다른 손으로는 넘어지지 않도록 가운 자락을 걷어올리고 있었다. 숨이 가빠서 그녀는 말을 할 수 없었다. 그녀의 입술이 떨리고 있었다. 필립 박사 쪽으로 다가온 그녀는 눈물어린 큰 눈으로 무언의 애원을 하며 박사의 얼굴을 바라보았다. 가슴을 도려내는 듯한 그 애원의 눈길에 박사는 인사하는 것조차 잊고 있었다. 그러고는 그녀를 부축해서 안정시켜 주려는 듯이 기계적으로 두 손을 내밀었다.

마침 그때 현관문으로 에케가 불쑥 들어왔다.

"니콜!"

그의 목소리는 노여움으로 떨고 있었다. 창백한 얼굴을 찡그린 채 옆에 박사가 있는 것도 아랑곳하지 않고 재빨리 여자 쪽으로 뛰어가 그녀를 잡아당기더니 세차게 흔들어댔다. 그리고 믿어지지 않을 만큼 힘차게 그녀를 안았다. 그녀는 흐느껴 울면서 그가 하는 대로 몸을 맡기고 있었다.

"문을 열어 주게."

그는 마침 도와주려고 뛰어온 앙투안에게 속삭였다.

앙투안은 그들의 뒤를 쫓아가며 여자의 머리를 받쳐 주었다. 고개를 뒤로 젖힌 니콜의 입에서 애달픈 흐느낌 소리가 들려왔다. 그는 띄엄띄엄 내뱉는 말이지만 알아들을 수 있었다.

"당신은 절대로 나를 용서하지 않을 거예요……. 모두 내 잘못이에요, 모두가…… 저 애는 나 때문에 저렇게 태어난 거예요……. 당신은 오래전부터 나를 원망해 왔고요! ……그리고 이번에도 역시 내가 나빴어요……. 내가 일찍 알아채고 곧 손을 썼더라면……."

그들은 방으로 들어왔다. 앙투안은 흐트러진 커다란 침대를 보았다. 그녀는 절대로 나오지 말라는 말을 무시하고 의사가 도착하기를 기다렸다가 침대에서 뛰쳐나온 것이 틀림없었다.

그녀는 앙투안의 손을 잡고 절망적으로 그에게 매달렸다.

"제발 부탁이에요……. 펠릭스는 나를 용서하지 않을 거예요……. 그이는 이제 나를 용서해 줄 것 같지 않아요. 제발…… 무슨 수라도 써주세요! 저 애를 살려주세요. 제발 부탁이에요!" 남편은 그녀를 조심스럽게 눕히고 이불을 덮어 주었다. 그녀는 앙투안의 손을 놓았다. 그리고 아무 말도 하지 않았다.

에케는 그녀 위로 몸을 굽혔다. 앙투안은 두 사람의 눈길을 보고는 놀랐다. 아내의 눈빛은 넋을 잃어 어쩔 줄 모르고 흔들리고 있는 반면에 남편의 눈초리는 냉혹했다.

"일어나면 안 돼, 알겠지?"

그녀는 눈을 감았다. 그러자 남편은 몸을 더 숙이고 입술을 가볍게 그녀의 머리칼에 댔다. 그리고 약속의 봉인이라도 하듯이, 그리고 미리 용서라도 해주듯이 감은 눈 위에 키스를 했다. 이어 그는 앙투안을 앞세우고 방을 나왔다.

스튀들레의 안내를 받은 박사를 어린아이 곁에서 그들이 다시 보았을 때, 박사는 이미 모닝코트를 벗어던지고 하얀 가운으로 갈아입은 뒤였다. 박사는 마치 세상에 이 아기와 자기밖에 없는 것처럼 무척이나 침착하고도 무표정한 얼굴이었다. 처음에 상태를 보고서 이미 어떤 치료를 해도 소용이 없다는 것을 알면서도 그는 면밀하고 원칙적인 관찰을 시도하고 있었다.

에케는 말 없이 손을 부들부들 떨며 박사의 얼굴을 살피고 있었다.

진찰은 10분쯤 걸렸다.

진찰이 끝나자 박사는 고개를 들고 눈으로 에케를 찾았다. 에케는 딴사람이 되어 있었다. 암담한 얼굴에, 바람과 먼지로 인해 잔뜩 메마른 것처럼 붉고 굳어진 눈썹 사이에 얼어붙은 두 눈이 보였다. 그의 무감각한 모습은 몹시 슬퍼 보였다. 박사는 잠시 살피기만 하고도 이제는 겉으로 아무리 얼버무리려 해도 아무 소용이 없다는 것을 깨달았다. 박사는 동정심에서 일러 주려고 했던 새로운 처치를 내리려던 것도 그만두기로 했다. 그는 가운을 벗고 재빨리 손을 씻었다. 그리고 간호사가 입혀 주는 모닝코트에 팔을 끼며 어린 아이의 침대는 거들떠보지도 않고 그냥 방을 나가 버렸다. 에케도 박사의 뒤를 따라 방을 나갔고, 앙투안이 그 뒤를 따랐다.

현관에 선 채 세 사람은 묵묵히 서로를 바라보았다.

"이렇게 오셔서 진찰해 주신 것만으로도 감사드립니다."

에케가 말했다. 박사는 애매한 몸짓으로 어깨를 살짝 들었다가 내렸다. 그의 입술에서는 알아들을 수 없는 중얼거리는 소리가 흘러나왔다. 에케는 안경 너머로 그런 박사의 모습을 바라다보고 있었다. 에케의 눈빛은 차츰 준엄에서 경멸로, 다시 증오심으로 옮겨갔다. 그러나 그런 오기와도 같은 표정은 곧 사라지고 변명이라도 하듯 그가 중얼거렸다.

"불가능하다는 것을 알면서도 도저히 포기할 수가 없어서요."

박사는 무슨 말인가를 하려다가 그만두었다. 그리고 침착하게 걸려있던 모자를 들었다. 그러나 박사는 나가지 않고 에케 쪽으로 다가가 잠시 망설이 더니 그의 팔에 손을 얹었다. 다시 침묵이 흘렀다. 이윽고 박사는 정신이 돌아온 듯 뒤로 물러서더니 가벼운 기침을 한 번 하고는 마침내 결심한 듯 방을 나갔다.

앙투안은 에케에게 다가갔다.

"오늘은 내가 진료가 있는 날이야. 이따가 9시쯤에 다시 올게."

에케는 꼼짝도 하지 않은 채 방금 필립 박사와 함께 그의 마지막 희망이 사라져 간, 열려 있는 문을 멍하니 바라보고 있었다. 그는 알았다는 듯이 그냥 고개만 끄덕였다.

필립 박사는 앙투안을 데리고 아무 말 없이 빠른 걸음으로 층계를 내려왔다. 그러더니 발길을 멈추고 반쯤 몸을 돌려 뒤를 돌아보며 시냇물 소리와도 같은 침 삼키는 소리를 냈다. 그는 여느 때보다도 더 크게 콧소리를 내며 이렇게 말했다.

"어쨌든 처방전이라도 써줄 걸 그랬나? Ut aliquid fieri videatur^{('적어도 무엇인가} 해 주었다는 성의 만이라도 보이게) 라는 뜻의 라틴어</sub>……. 그러나 정말 그렇게 할 수는 없었네."

그는 잠자코 몇 계단을 더 내려갔다. 그리고 이번에는 뒤를 돌아보지도 않고 중얼거렸다. "어쨌든 자네 말처럼 낙관적이지는 않군…… 글쎄, 앞으로 하루나 이틀은 이런 상태일 걸세."

어두컴컴한 계단 아래까지 내려온 두 사람은 마침 그곳으로 들어오던 두 명의 부인과 마주쳤다.

"어머나, 티보 씨!"

퐁타냉 부인이었다.

"어때요?" 부인은 불안한 기색을 보이지 않으려 애쓰며 상냥한 목소리로 물었다. "소식을 듣고 지금 막 달려오는 길이에요."

앙투안은 대답 대신 크게 고개를 흔들어 보였다.

"어머나, 아니에요! 어떻게 그런 일이!"

부인은 앙투안의 그러한 태도를 보고 서둘러 악운을 쫓아내려는 듯 나무라는 투로 외쳤다.

"믿음을, 믿음을 가져야 해요, 선생님! 그런 일이 어떻게 있을 수 있어요! 너무해요. 그렇지 않니, 제니야?"

이때 비로소 앙투안은 뒤에 물러서 있는 소녀를 알아보았다. 그는 재빨리 무례함을 사과했다. 소녀는 거북한 듯 우물쭈물하더니 겨우 그에게 손을 내밀었다. 앙투안은 소녀가 당황해 있으며 신경질적으로 눈꺼풀을 깜박이고 있음을 보았다. 그러나 제니가 사촌언니 니콜을 끔찍이 사랑하고 있음을 아는 터라 별로 놀라지는 않았다. '그런데 어딘지 이상하게 변했군' 하고 속으로 생각하며 그는 박사의 뒤를 따라갔다.

이미 오래전의 일이지만, 지금 그의 기억 속에는 어느 여름날 저녁에 정원에서 화려한 옷을 입고 있던 처녀의 모습이 떠올랐다. 이렇게 그녀를 만난 것이 그를 고통스럽게 했다. '자크가 보아도 역시 몰라보겠군' 하고 그는 생각했다.

필립 박사는 침통한 표정으로 자동차 안에 몸을 웅크리고 앉아 있었다.

"나는 학교로 갈 거니까" 하고 박사가 말했다. "가는 길에 자네를 집 앞에서 내려주겠네."

차를 타고 가는 내내 박사는 거의 말이 없었다. 그러나 위니베르시테 거리의 모퉁이에 이르러 앙투안이 작별인사를 했을 때, 박사는 비로소 혼수상태에서 깨어난 듯했다.

"사실은, 티보…… 자네가 언어기능의 발육부전에 대해 전문적으로 연구하고 있어서…… 그래서 얼마전에 자네한테 에른스트 부인을 보냈는데……."

"오늘 만나기로 했습니다."

"대여섯 살 된 사내아이를 데리고 갈 걸세. 갓난애처럼 단음절로 된 말밖에 못해. 전혀 발음이 안 되는 소리도 있는 것 같아. 그러나 기도를 하라고 하면 곧 무릎을 꿇고 '하늘에 계신 우리 아버지'부터 시작해서 끝까지 거의 완전한 발음으로 읊어댄다네. 다른 점에서는 꽤 영리한 아이 같더군. 자네한테도 매우 흥미로운 환자라고 생각하네만……."

5. 앙투안, 진찰을 위해 귀가, 위게트, 안느 드 바탱쿠르와 미스 메리

문에서 주인의 열쇠 소리가 들리자 레옹이 곧 모습을 나타냈다.

"바탱쿠르 아가씨가 기다리고 계십니다……." 그는 평소의 버릇대로 조금 의심하는 듯한 태도를 취하며 덧붙였다. "가정교사 같아 보이는 여자 분과 함께 오셨습니다."

'바탱쿠르 아가씨가 아니야.' 앙투안은 레옹이 물러가자 혼자 생각했다. '그 여자는 20세기 백화점 주인 구피요의 딸이지…….'

그는 칼라를 바꾸고 윗도리를 갈아입기 위해 방으로 들어갔다. 그는 옷차림에 대해 무척 까다로웠다. 그래서 항상 말쑥하고 단정했다. 서재로 들어간 그는 한눈으로 훑어보면서 모든 것이 깔끔히 정돈되어 있는지를 눈으로 확인했다. 그런 다음 부푼 마음으로 오후의 일과를 시작하기 위해 힘차게 커튼을 걷고 응접실 문을 열었다.

날씬한 젊은 부인이 일어섰다. 그는 그녀가 이미 지난 봄에 바탱쿠르 부인과 딸을 따라 온 적이 있는 영국 부인임을 곧 알아보았다.

(그의 기억력은 자신이 생각했던 것보다도 더 확실해서 즉각 당시의 인상 깊었던 일을 생각해 낼 수 있었다. 진찰을 끝내고 책상에 앉아 처방을 쓰고 있었는데 우연히 얇은 옷을 입고 창가에 나란히 서 있는 두 부인, 즉 바탱쿠르 부인과 영국 부인 쪽으로 눈길이 가게 되었다. 그는 당시에 아름다운 안느의 눈길에 비친 광채, 그리고 가정교사의 부드러운 관자놀이 위로 흘러내

린 머리카락을 그녀가 맨손가락으로 어루만지듯 쓸어 올리던 광경을 잊을 수가 없었다)

영국 부인은 수줍은 듯 고개를 숙이고는 아가씨를 앞세우고 다가왔다. 그들이 들어오도록 물러서 있던 앙투안은 그 순간 정장을 한 두 젊은 여인에게서 풍기는 상큼한 냄새에 휩싸였다. 두 여자 모두 금발에다 늘씬한 몸매였고 피부는 눈부셨다.

위게트는 팔에 외투를 들고 있었다. 잘해야 13살도 안 되었을 텐데, 어찌나 키가 큰지 짧고 소매 없는 아동용 드레스를 입고 있는 것이 눈길을 끌었다. 게다가 여름내 호사스럽게 태운 소녀다운 살갗을 그대로 내놓고 있는 것을 보고 앙투안은 놀라지 않을 수 없었다. 짙은 금발 머리는 움직이는 고리 모양으로 땋았고, 애매한 미소와 눈동자의 움직임이 약간 둔하게 느껴지는 큰 눈 때문에 어쩐지 우울해 보이는 얼굴이었지만 그런대로 명랑한 인상을 풍겼다.

가정교사인 영국 부인은 앙투안 쪽으로 몸을 돌렸다. 그리고 새가 지저귀는 듯한 유창한 프랑스어로, 부인은 지금 시내에서 식사를 하고 있으며 그리로 차를 보내 달라 해서 보냈으므로 곧 이리로 올 것이라고 애써 설명했다. 말하는 동안 그 꽃 같은 얼굴에 뺨을 살짝 붉게 물들였다.

앙투안은 위게트에게 다가가서 그녀의 어깨를 가볍게 두드려 밝은 쪽으로 몸을 돌리게 했다.

"자, 어디가 안 좋으시죠?" 하고 그는 지나가는 말처럼 물었다.

소녀는 고개를 저으며 마지못해 하며 미소를 지었다.

앙투안은 재빨리 입술, 잇몸, 눈의 점막을 살펴보았다. 그러나 그의 생각은 거기에 있지 않았다. 그는 조금전 응접실에 있을 때 소녀의 태도에서 — 천성적으로 아주 얌전한 것 같지만—어딘지 모르게 부자연스럽게 의자에서 일어나던 모습을 보았던 것이다. 그리고 얼핏 보아선 알 수 없는 어색한 몸놀림으로 자기 쪽으로 걸어오는 것을 목격했고, 그가 그녀의 어깨를 두드렸을 때 거의 눈에 띄지 않을 정도로 얼굴을 찡그리며 멈칫 뒤로 물러서는 동작도 똑똑히 보았던 것이다.

그가 소녀를 진찰하는 것은 이번이 두 번째였다. 그는 소녀의 주치의는 아니었다. 저토록 아름다운 바탱쿠르 부인이 지난봄에 딸의 전반적인 건강상

태에 대해 진찰을 받기 위해 갑자기 앙투안에게 온 것도 분명 부인의 남편이
자 자크의 옛 친구인 시몽 드 바탱쿠르의 권유에 따른 것이 분명했다. 당시
부인의 말로는 딸이 너무 조숙하기 때문에 피곤해 한다는 것이었다. 그 당시
에 앙투안의 진찰결과로는 이렇다 할 병의 증상을 찾아볼 수 없었다. 그러나
전반적인 건강상태가 아무래도 의심되므로 위생에 주의하라고 엄중하게 당
부했으며, 매달 한 번씩 소녀를 데려오도록 했었다. 그러나 그 뒤로 소녀는
단 한 번도 온 적이 없었다.

"자" 하고 그가 말했다. "옷을 모두 벗어야겠는데……."

"메리 양" 하고 위게트가 불렀다.

앙투안은 책상에 앉아 애써 평정을 가장하면서 지난 6월의 진찰기록을 살
펴보았다. 아직 별다른 징후는 발견해 낼 수 없었다. 그러나 한 가지 미심쩍
은 점이 그의 머릿속을 떠나지 않았다. 이제까지라고 그런 '느낌'에 의해 잠
복해 있는 병의 원인을 찾아낸 적이 가끔 있기는 하지만, 원칙적으로 지나치
게 서둘러 결정을 내리지 않으려고 명심해 왔다. 그는 봄에 찍은 엑스레이
사진을 펼쳐 천천히 살펴보았다. 그리고 의자에서 일어났다.

방 한가운데서는 위게트가 안락의자의 팔걸이에 걸터앉아 영국 부인이 옷
을 벗겨 주는 일에 귀찮은 듯이 몸을 맡기고 있었다. 어쩌다 그녀가 가정교
사를 도우려고 단추나 끈을 풀려고 하면 그게 어쩌나 서툴렀던지 영국 부인
은 그때마다 그녀의 손을 뿌리치곤 했다. 한번은 영국 부인이 몹시 짜증이
났던지 소녀의 손을 찰싹 때리기까지 하는 것이었다. 부인의 이러한 거친 태
도라든가 천사 같은 얼굴에 무엇인가를 숨기고 있는 듯한 것을 보고 앙투안
은 그녀가 위게트를 별로 좋아하지 않는다고 짐작했다. 위게트 역시 그녀를
두려워하는 것 같았다.

"아, 고마워요" 하고 그가 말했다. "그 정도면 됐습니다."

소녀는 밝고 맑으며 빛이 흘러넘치는 아름다운 눈으로 그를 올려다보았
다. 소녀는 왠지 모르게 이 의사가 좋았다(이지적이며 항상 긴장된 표정에
도 불구하고 앙투안은 환자들에게 전혀 두려운 인상을 주지 않았다. 심지어
는 아무것도 모르는 어린애들조차 그러했다. 이마의 주름, 움푹 들어간 눈으
로 지그시 바라보는 눈길, 꽉 다물어진 강한 턱, 이런 것들 모두가 환자들에
게는 총명함과 능력을 나타내 주는 것으로 보였던 것이다. 필립 박사는 언제

나 신랄한 미소를 띠며 이렇게 말하곤 했다. '환자들이 바라는 것은 결국 한 가지야. 자기에게 진지하게 대해 달라는 것이지……').

앙투안은 우선 세심하게 청진을 했다. 폐에는 아무 이상이 없었다. 그는 필립 박사가 하는 것처럼 순서대로 해 나갔다. 심장에도 이상이 없었다. '포트씨병……' 하고 속삭이는 소리가 들려왔다. '포트씨병일까……?'

"몸을 숙여 봐요." 그가 불쑥 말했다. "아니, 그보다 나한테 무엇이든 하나 집어 줘 봐요……. 구두라도……."

소녀는 등을 굽히지 않은 채 무릎을 꿇었다. 좋지 않은 징후였다. 그는 자신의 생각이 틀렸기를 바랐다. 하지만 어서 빨리 사실을 확인하려는 욕망을 누를 수 없었다.

"똑바로 서 봐요" 하고 그는 다시 말했다. "팔을 모으고 그렇게, 그리고 몸을 숙여 봐요. 더…… 조금 더……."

소녀는 몸을 일으켰다. 그리고 귀여운 입술을 천천히 열며 아양 떨듯 미소를 지었다.

"아파요." 소녀는 변명하듯 작게 중얼거렸다.

"좋아요" 하고 앙투안은 말했다. 그는 안 보는 체하면서 소녀를 잠시 주시했다. 그러고는 소녀를 빤히 쳐다보며 웃어 보였다. 소녀가 이렇게 옷을 벗은 채, 한 손에 구두를 벗어 들고 놀란 듯한 눈으로 정답게 그를 보고 있는 모습은 너무나 귀여워 안아 주고 싶을 정도였다. 서 있기가 피곤했던지 소녀는 의자 등받이에 기대고 서 있었다. 매끄럽고 윤기가 나는 하얀 상반신은 어깨, 팔, 둥근 넓적다리를 이루고 있는 잘 익은 살구 같은 살갗을 거무스름하게 보이도록 할 정도였다. 이렇게 볕에 태운 살갗은 뜨겁고 타는 듯한 살결을 떠올리게 했다.

"자, 여기 누워요." 그는 긴 의자 위에 시트를 펴면서 말했다. 그는 이제 미소짓고 있지 않았다. 다시 불안에 휩싸여 있었다. "편하게 누워서…… 몸을 쭉 펴요."

마침내 결정적인 순간이 온 것이다. 앙투안은 무릎을 꿇고 뒤꿈치로 단단히 허리를 받친 다음 손목이 충분히 나오도록 팔을 앞으로 쑥 내밀었다. 그는 그런 자세로 약 2초 동안 마음을 가다듬으며, 불안한 눈길로 견갑골의 움푹 팬 속에서부터 허리까지 그늘을 이루며 완만하게 휘어 있는 곳을 지나 자기 앞에 반듯하게 누워 있는 딱딱하고 팽팽한 등을 거깨부터 허리까지 걱정스러운 눈길로 훑어보았다. 그러고 나서 조금 굵고 따뜻한 목줄기 위에 손바닥을 얹고 두 손가락으로 척추 위를 눌러 보았다. 이어서 규칙적인 동작으로 척추관절을 마디마디 세면서 등줄기를 짚어 내려갔다.

갑자기 소녀는 소스라치며 움츠러들었다. 앙투안은 멈칫하고 손을 뗐다. 그때 조금 참는 듯하면서도 자신감 있는 웃음소리가 들려왔다.

"선생님, 아파요!"

"그럴 리가? 어디가 아프지?" 그는 소녀의 기분을 풀어 주려고 엉뚱한 곳을 짚어보았다. "여기는?"

"아니에요."

"그럼 여기?"

"아니에요."

이번에는 확인하기 위해 의심할 여지가 없는 곳을 눌렀다. "여기?" 하고 갑작스레 물으며 이상이 있는 척추 부위를 둘째손가락으로 강하게 누른 것이다.

소녀는 자신도 모르게 날카로운 비명을 질렀다. 그러나 그것은 곧 억지로 지어낸 웃음소리로 바뀌었다.

잠시 침묵이 흘렀다.

"저쪽을 봐요."

앙투안은 지금까지와는 달리 부드럽게 말했다.

그는 목, 가슴, 겨드랑이 밑을 차례로 만져보았다. 위게트는 다시는 고통스런 신음소리를 내지 않으려고 몸을 단단히 경직시키고 있었다. 그러나 서혜부의 위쪽의 신경절을 눌렀을 때 소녀는 가느다란 신음소리를 냈다.

앙투안은 몸을 일으켰다. 그는 완전히 안정을 되찾고 있었다. 하지만 소녀의 눈길을 피했다.

"이제 다 됐어요" 하고 그는 장난삼아 샐쭉해 있는 척하면서 말했다. "정말 부드러운 몸이군!"

누군가 노크했다. 곧이어 문이 열렸다.

"선생님, 저예요" 하고 발랄한 목소리가 말했다. 그리고 거만한 걸음걸이로 아름다운 바탱쿠르 부인이 들어왔다. "실례합니다. 늦어서 면목이 없군요……. 그런데 찾기가 무척 어려운 데서 사시는군요!" 그녀는 웃었다. "그래도 기다리지나 않으셨길 바라요" 하고 부인은 눈으로는 딸을 찾으며 덧붙였다. "감기에 걸리지 않도록 조심해야지!" 부인은 부드러움이라고는 찾아볼 수 없는 목소리로 말했다. "메리 양, 미안하지만 어깨에 뭘 좀 걸쳐 주시겠어요?"

부인의 목소리는 상냥하면서도 무거운 중저음의 억양을 띠고 있었다.

부인은 앙투안 쪽으로 다가왔다. 그 유연한 몸매는 무척 매혹적이었다. 그러면서도 그 민첩한 행동 뒤에는 어딘지 모르게 차가운 면이 있고, 상냥한 태도로 사람을 유혹해 보겠다는 오랜 습관에 의해 다듬어지고 고쳐진, 꽤 강한 집요함이 드러났다. 몸 주위에서는 발산해 버리기에는 너무나 무거운 듯한 향수 냄새가 풍겼다. 부인은 전혀 어색하지 않은 몸짓으로 장식구슬 소리가 나는 밝은 색 장갑을 낀 채 손을 내밀었다.

"안녕하세요!"

그녀의 회색 눈빛은 앙투안의 눈 속 깊숙한 곳까지 파고들었다. 앙투안은 반쯤 열린 그녀의 입을 보았다. 밤색 머리칼이 물결치는 그늘 아래 몹시 가는 몇 줄의 주름이 목 언저리에 보일 듯 말 듯 패어 있어 눈꺼풀 주위의 피부를 더욱 연약해 보이게 했다. 그는 눈을 돌렸다.

"선생님, 어떤가요?" 하고 그녀가 물었다. "진찰은 어느 정도까지 하셨나요?"

"저어…… 오늘은 모두 끝났습니다." 그렇게 대답하는 앙투안의 입술 언저리의 미소가 굳었다. 그리고 메리 쪽을 보며 말했다. "옷을 입혀 주세요."

"어때요? 이 애의 건강상태가 저번보다는 나아졌겠죠?"

바탱쿠르 부인은 평소의 습관대로 햇빛을 등지고 앉았다.

"이 애가 말씀을 드렸는지 모르겠네요……."

앙투안은 세면대 쪽으로 갔다. 그리고 얼굴만 정중하게 바탱쿠르 부인 쪽을 향하고 비누로 손을 씻기 시작했다.

"……우린 이 애 때문에 두 달이나 오스탕드에 가 있었다니까요. 이것 좀 보세요, 햇볕에 무척 탔죠! 이 애를 6주일 전에 보셨더라면! 그렇지 않아, 메리?"

앙투안은 깊은 생각에 잠겨 있었다. 이번에는 기어코 결핵의 증후가 뚜렷이 나타나 있었다. 그것이 소녀의 육체를 뿌리에서부터 좀먹고 마침내 척추까지 깊이 파먹기 시작했다. 그는 '이렇게 말하고 싶었다. '치료될 수 있는 상태인데……' 그러나 그렇게는 생각하지 않았다. 겉에서 보는 징후와는 달리 전반적인 상태가 매우 걱정스러웠다. 신경절의 모든 부분이 이미 부어올라 있었다. 위게트는 구피요 노인의 딸이었다. 따라서 부패된 유전자가 이 아이의 장래를 몹시 위태롭게 할 것이 틀림없었다.

"……이 애가 팔라스 호텔 선탠 대회에서 3등상을 받았다는 사실을 말씀드리지 않았나요? 그리고 카지노에서 상장도 받았답니다."

부인은 약간 'z' 음을 강조하여 말했다. 바로 이 점이 그녀의 기막힌 아름다움에 약간의 순진함과 너그러움을 부여해 주었다. 얼굴이 가무잡잡하기 때문에 더 돋보이는 짙푸른 눈동자는 번쩍이는 날카로운 빛을 발하고 있었다. 처음 만났을 때부터 그녀는 앙투안 때문에 은근히 조바심을 내고 있었다. 안느 드 바탱쿠르는 남자이건 여자이건 간에 선망의 대상이 되는 것을 언제나 좋아했다. 해를 거듭할수록 그녀에게는 남의 눈길을 끌 기회가 줄어들었고, 더구나 그런 즐거움이 플라토닉한 것에 머물게 될수록 그녀는 육감적인 분위기를 어디에서건 자기 것으로 만들려고 초조해 하는 것 같았다. 앙투안의 태도가 그녀로 하여금 조바심을 느끼게 하는 것은 자기를 바라보는 그의 눈길에 욕망의 그림자가 전혀 없는 것 같지 않았기 때문이다. 그런데 그 욕망은 항상 어렵지 않게 억제되고 있으며, 게다가 앙투안은 자기 이성의 판단에 따르고 있다는 사실을 부인은 예리하게 간파하고 있었던 것이다.

부인은 이야기를 멈추었다. "실례하겠어요" 하면서 부인은 깔깔대고 웃었다. "외투를 입고 있었더니 더워서……."

그녀는 의자에 앉은 채 앙투안에게서 눈을 떼지 않고, 목걸이가 부딪치는 소리가 날 정도로 몸을 부드럽게 흔들면서 풍성한 털외투를 슬며시 벗었다. 외투는 앉아 있던 의자를 푹신하게 감쌌다. 자유로워진 부인의 상체는 더욱 보기 좋게 물결쳤다. 블라우스의 옷깃 사이로 아직은 젊고 자유분방한 목이 드러나 보였다. 그 위로는 투구형 모자를 쓴, 윤곽이 뚜렷한 작은 얼굴이 솟아 있었다.

앙투안은 몸을 굽힌 채 천천히 손을 닦으며 생각에 잠겼다. 방심한 듯하고 불안해 보이는 모습으로 곧 나타나게 될 뼈의 염증과 연화, 그리고 엄습해 올 카리에스성 척추 붕괴 따위를 골똘히 생각하고 있었다. 될 수 있는 대로 빨리 최후의 수단을 써야 했다. 곧 몇 달 아니, 몇 년 동안 깁스를 해야 하리라.

"선생님, 올 여름에 오스탕드는 무척 즐거웠답니다" 하고 부인은 앙투안의 주의를 끌기 위해 더욱 큰 소리로 말했다. "몹시 북적거렸어요. 정말 대단한 인파였지요. 마치…… 장이 선 것 같았다니까요!"

이렇게 말하며 부인은 웃음지었다. 그러나 앙투안이 건성으로 듣고 있는 태도를 보고 점점 목소리가 작아지더니 이윽고 잠잠해졌다. 그리고 부인은 위게트에게 옷을 입히고 있는 메리 양에게 상냥한 눈길을 보냈다. 그러나 성격상 언제까지나 옆에서 지켜보고만 있을 수 없는 그녀였다. 항상 무엇인가 간섭을 해야만 직성이 풀렸다. 부인은 위게트의 옷깃의 잘못된 주름을 고쳐주려고 의자에서 재빨리 일어나 블라우스를 대강 매만져 주었다. 그리고 메리 양 쪽을 보며 다정히 고개를 숙이고 낮은 목소리로 말했다.

"메리 양, 난 허드슨 가게에서 맞춘 옷이 더 마음에 들어. 그걸 수지에게 견본으로 보내도록 해요……. 자, 똑바로 서봐." 그리고 그녀는 짜증내며 말했다. "얘는 언제나 앉아만 있어서! 그러고만 있으면 옷이 제대로 맞는지 어떻게 알 수 있겠어?" 그리고 부드러운 손놀림으로 소녀의 상체를 앙투안 쪽으로 돌리며 덧붙였다. "선생님, 이 커다란 아이가 어찌나 굼뜬지 상상조차 못하실 거예요! 언제나 잠시도 가만 있지 못하는 나로선 도무지 답답해 죽겠어요!"

앙투안의 눈은 무엇인가 묻고 싶어하는 듯한 위게트의 눈과 마주쳤다. 그는 하는 수 없이 알았다는 눈짓을 보내 줄 수밖에 없었다. 그것을 보고 소녀는 미소를 지었다.

'그런데' 하며 그는 자신에게 말했다. '오늘이 월요일이니까 금요일이나 토요일쯤에는 깁스를 해야겠군. 그 다음은 좀 생각해 봐야겠어.' 그 다음이라니? ……그는 잠시 생각에 잠겼다. 베르크 병원 테라스 위에 바닷바람을 받으며 죽 놓여 있는 여러 개의 '관(棺)'들 사이로 다른 것보다 조금 긴 이동침대가 떠올랐다. 베개 없는 매트리스 위에 누워 있는 환자의 얼굴, 그 얼굴에서 자신을 바라보는 아름답고 푸르고 생기 있는 위게트의 두 눈을 떠올렸다…….

　"오스탕드에서는" 하고 소녀의 게으름에 대해 불만을 토로하며 부인이 말했다. "매일 아침이면 카지노에서 춤 연습이 있었어요. 저는 이 애를 내보내고 싶었어요. 그런데 이 애는 한 번 추고 나면 곧 녹초가 되어 의자에 앉아 훌쩍이니까 얼마나 사람들 눈에 잘 띄었겠어요! 모두들 동정을 해대니……." 부인은 어깨를 으쓱해 보였다. "하지만 저는 남한테서 동정받는 것은 질색이거든요!"

　부인은 격렬한 말투로 말하면서 갑자기 앙투안 쪽으로 매우 단호한 눈길을 보냈다. 순간 앙투안은 전에 구피요 노인이 나이가 들어 뒤늦게 질투가 심해지자 독살당했다는 소문이 나돌던 것이 생각났다. 부인은 못마땅한 듯 덧붙였다.

　"너무나 꼴사나워서 결국 제가 지고 말았다니까요."

　앙투안은 냉혹한 눈길로 부인을 바라보았다. 그는 곧 결심했다. 이 여자에게는 무엇이든 중대한 일은 말해서는 안 되겠군. 여자는 그냥 보내고 서둘러 남편을 불러야겠어. 물론 위게트는 바탱쿠르의 딸이 아니다. 그러나 앙투안은 그에 대해 자크가 항상 하던 말이 생각났다. '머릿속은 텅 비었지만 견줄 데 없이 착한 남자.'

　"남편께서는 지금 파리에 계십니까?" 하고 앙투안이 물었다.

　부인은 마침내 그가 사교적인 대화를 할 기분이 생긴 것으로 해석했다.

　이제야 겨우! 부인은 그에게 부탁할 일이 있었다. 그러려면 앙투안의 비위를 맞추어 주어야만 했다. 그녀는 깔깔대고 웃더니 메리를 돌아보며 대화에 끌어들였다.

　"메리, 듣고 있어? 아니에요, 선생님. 우리들은 사냥이 있어서 2월까지 투렌에 발목 잡혀 있을 것 같아요! 그런데도 이번 주는 두 그룹의 엄청난 손님들 사이를 용케 빠져나올 수 있었답니다. 하지만 토요일이 되면 다시 손님들이 잔뜩 찾아올 거라서요."

　앙투안은 그 말에 아무런 대답도 하지 않았다. 앙투안의 이런 침묵이 마침내 그녀의 기분을 상하게 했다. 이젠 이런 목석을 길들이는 일은 깨끗하게 포기해야겠다고 그녀는 생각했다. 마치 얼이 빠진 것 같은 이상한 남자, 그리고 예의도 없는 남자!

부인은 외투를 가지러 방을 가로질러 갔다.

'좋아' 하고 앙투안은 생각했다. '바탱쿠르에게 곧 전보를 치자. 주소도 아니까. 내일, 늦어도 모레까지는 파리로 오겠지. 그리고 목요일에는 엑스레이를 찍고 좀더 확실히 하기 위해 박사의 진찰도 받게 하자. 토요일엔 깁스를 하는 거야.'

위게트는 소파에 앉아 얌전히 장갑을 끼고 있었다. 바탱쿠르 부인은 일어나 모피외투로 몸을 감싸며 거울 앞에서 꿩의 깃털로 만든 발키리풍(바그너의 오페라〈발퀴레〉에 나오는 위탄의 딸이 쓰는 모자 같다는 뜻) 모자를 매만지고 있었다. 부인은 약간 가시 돋친 말투로 물었다.

"선생님? 처방은 필요 없나요? 아니면 무슨 당부하실 말씀이라도? 메리 양과 함께 영국 마차(산책용의 뚜껑 없는 마차)로 사냥에 데리고 가면 안 될까요?"

6. 멋쟁이 신사 뤼멜

바탱쿠르 부인이 돌아가자 앙투안은 진찰실로 돌아와 응접실 문을 열었다.

뤼멜은 1분 1초라도 헛되이 보내지 않으려는 사람처럼 걸어 들어왔다.

"너무 오래 기다리게 했지."

앙투안은 사과의 뜻을 담아서 말했다.

뤼멜은 그 말을 정중히 받아들이는 태도로 반갑게 손을 내밀었다. 그 몸짓은 마치 이렇게 말하는 것 같았다. '오늘은 단지 환자의 자격인걸.'

그는 비단 깃이 달린 검은 프록코트를 입고 있었으며, 한 손에는 실크모자를 들고 있었다. 매우 위엄이 있었으므로 예복과 잘 어울렸다.

"허허" 하고 앙투안은 쾌활하게 말을 건넸다. "대통령을 만나고 오는 길인가?"

뤼멜은 껄껄대며 웃었다.

"뭐 그런 것은 아니고. 실은 세르비아 대사관에서 오는 길일세. 이번 주에 파리에 온 쟈니로스키 사절단 환영 오찬이 있었지. 그리고 이따가 번거로운 일들이 좀더 있어. 장관 부탁으로 엘리자베스 여왕을 모셔야 하네. 여왕은 변덕을 일으켜서는 갑자기 5시 반에 국화전시회를 보러 오신다는 전갈을 보내왔지 뭔가. 다행히 나는 여왕과 안면이 있어. 참 소박하고 성품이 고우신 분이야. 꽃은 좋아하시지만 절차나 격식은 싫어서. 나는 딱딱한 의식을 갖추지 않고 환영인사만 드릴 작정이네."

그는 흔쾌하게 웃었다. 앙투안은 그가 이런 말을 예의에 벗어남이 없이 품위 있고 재치 있게, 그리고 기쁘게 반추하고 있다고 생각했다.

뤼멜은 마흔을 넘어섰다. 머리는 마치 사자 같았고, 엷은 금발은 통통하게 살찐 로마 풍의 얼굴 뒤로 넘겨져 있었다. 콧수염은 말아올렸고, 푸른 눈은 활기차고 꿰뚫어 보는 듯한 예리한 빛을 발했다. '수염만 없었으면' 하고 앙투안은 이따금 생각하곤 했다. '이 야수는 양의 얼굴을 하고 있었을 텐데.'

"여보게, 그런데 그 오찬회라는 것이 말이야!" 그는 눈을 반쯤 뜨고 고개를 끄덕이면서 약간 멈칫하더니 말했다. "모인 사람들은 한 스물 내지 스물 댓 명 정도인데, 모두들 정부인사 아니면 초특급의 거물들뿐이었단 말일세. 그런데 자세히 살펴봐야 겨우 두세 사람의 지식인이 있었을까? 한심한 일이지……. 하지만 어쨌든 그것만으로도 나는 유익한 일을 꾸몄다고 생각해. 장관은 아무것도 몰라. 자기 자리에만 연연하고 있는 그의 태도로 봐선 하는 일마다 엉망으로 만들지나 않을까 걱정스러워……."

그는 대수롭지도 않은 말을 길게 끌어가면서 의미심장하게 보이려고 하는 미묘한 미소를 띠곤 했는데, 그것은 상투적이기는 했지만 그의 모든 화제에다 발랄함을 더해 주곤 했다.

"잠깐 실례해도 괜찮겠지?" 앙투안은 책상 쪽으로 걸어가면서 말을 막았다. "좀 급한 전보를 쳐야 하거든. 이야기는 듣고 있으니까. 어때, 오늘 세르비아 회식 뒤의 몸 상태는?"

뤼멜은 이 질문을 듣지 못했는지 여전히 수다를 떨고 있었다. '아무튼 이 친구는 한번 말을 꺼내면 끝이 없다니까.' 앙투안은 생각했다. '아무리 봐도 바쁜 사람 같지가 않단 말이야…….' 바탱쿠르에게 보낼 전보를 적으며 건성으로 듣고 있던 앙투안의 귀에 몇 마디 말이 들려왔다.

"……독일이 동요하기 시작한 뒤로는…… 아, 글쎄 그들이 기념비 제막식 때 라이프치히에서 했던 데모 말야…… 그들은 온갖 구실을 내세워서는…… 1813년에서 정확히 100년째 되는 날 닥쳐 올 거야. ……여보게, 곧 닥쳐오겠지! 앞으로 2, 3년만 지나면……."

"무엇이 말이야?" 하고 고개를 들며 앙투안이 물었다. "전쟁 얘기야?"

그는 재미있다는 듯 뤼멜을 바라보았다.

"그렇지, 전쟁이지" 하고 뤼멜은 진지하게 대답했다. "우린 그것을 향해 곧장 달려가고 있는 걸세."

그는 항상 머지않아 유럽 전쟁이 터질 것이라고 악의 없는 예언을 하는 버릇이 있었다. 어떤 때는 그가 그것을 바라기라도 하는 것 같았다. 그는 말을 계속했다.

"이젠 감당할 능력이 있다는 것을 보일 때가 온 거야." 애매한 말이었다. 총을 들고 나서야 한다는 뜻일 수도 있겠지만, 앙투안은 주저없이 권력에 편승한다는 뜻으로 해석했다.

뢰멜은 책상 옆으로 다가와 앙투안 쪽으로 몸을 굽히고는 목소리를 낮추어 말했다.

"자넨 오스트리아의 정세에 대해 주의를 기울이고 있나?"

"아무렴……. 그래―구경꾼처럼."

"티자 (헝가리의 정치가. 1913년에 수상이 되어 프랑스 페르디난 드 대공 암살 사건과 세르비아에 대한 강압 정책을 주도함) 는 벌써 베르히톨트 (유럽 전쟁 당시 오스트리아의 정치가로 세르비아에 대한 강압 정책의 장본인) 의 후계자로 부각되고 있어. 그런데 나는 그 티자를 1910년에 눈 앞에서 본 적이 있어. 정말 목숨이 아까운 줄 모르는 대단한 놈이야. 그가 헝가리의회 의장을 지낼 때 벌써 알아봤지. 그가 공공연하게 러시아를 위협한 그 연설을 자네도 읽어 보았나?"

앙투안은 전보를 다 쓰고 일어섰다. "아니, 못 읽었어" 하고 앙투안이 말했다. "하지만 신문을 읽을 나이가 된 뒤로는 나는 무서운 애들처럼 행동하는 오스트리아를 늘 봐 왔지. 그런데 요즘 보니까 별것도 아니더군."

"그건 독일이 제동을 걸고 있기 때문이야. 그런데 그 오스트리아의 태도가 한 달쯤 전에 독일에서 일어난 변화 때문에 지극히 우려할 만한 일이 되었다네. 그러나 세상에선 아직 눈치채지 못하고 있어."

"설명 좀 해 보게" 하고 앙투안은 저도 모르게 관심을 보이며 말했다.

뢰멜은 벽시계를 보면서 자리에서 일어났다.

"자네도 알다시피 비록 표면적으로 동맹관계는 맺고 있고, 또 양국 황제가 그럴싸한 연설을 했어도, 독일과 오스트리아의 관계는 이미 6, 7년 전부터……."

"그렇다면 그런 불화는 우리에겐 평화의 보장이 아닐까?"

"그야말로 절호의 기회였었지. 그리고 유일한 것이기도 했었고."

"했었다니?"

뤼멜은 점잖게 그렇다는 시늉을 했다. "그러나 지금은 그 모든 것이 변하고 있어……." 그는 어디까지 이야기해야 좋을지 생각하느라 앙투안의 얼굴을 빤히 쳐다보았다. 그러고는 중얼거리듯 말을 계속했다. "그건 어쩌면 우리의 실수였을지도 몰라."

"우리의 실수라고?"

"유감스럽지만 그래. 하지만 그건 지금으로선 문제가 아니야. 그런데 우리들은 지금 유럽에서 가장 정통한 사람들로부터 호전적인 속셈이 있다고 주목받고 있어. 알겠나?"

"우리가? 어처구니없는 소리야."

"프랑스 사람들은 여행을 하지 않아. 프랑스 사람들은 국수주의 정책이 외견상 어떻게 보이는지 전혀 생각하지 않아……. 그러나 프랑스, 영국, 러시아, 이 3국의 접근의 증가, 이들 사이의 새로운 군사협정, 그 밖에 최근 2년 동안의 외교적인 모든 공작들, 이 모든 것이 사실이건 아니건 베를린 정부를 극도로 위협하고 있어. 즉 독일은 삼국동맹의 '위협'에 직면해서 우물쭈물하다가는 고립된다고 생각하고 있는 것이지. 독일은 이탈리아가 이미 삼국동맹의 명목상의 일원에 지나지 않는다는 것을 간파하고 있네. 그러면 남는 것은 오스트리아뿐이야. 그래서 독일은 최근 몇 주일 동안 우호관계를 급속히 회복시킬 필요가 있다고 판단하기 시작한 것이지. 어쩌면 중대한 양보라는 희생을 감수하더라도 말이야, 알겠나? 그래서 갑자기 태도를 바꾸어 오스트리아의 발칸정책을 승인하고 격려하고 고무시키려는 거야. 이건 그저 한 걸음을 내딛는 것에 지나지 않지만, 이 한 걸음이 벌써 시작되었다는 소문이야. 사태는 오스트리아가, 자네도 알다시피, 풍향 변화를 재빨리 간파했으므로, 곧 이를 이용해서 일을 도모하려는 중대한 국면에 접어들었지. 따라서 독일은 오스트리아의 콧대를 높이는 일에 스스로 나서고 있는 셈이야. 조만간 어처구니없는 결과가 벌어질 걸세. 유럽 전체가 자동적으로 발칸분쟁에 휘말리게 되겠지! 사건의 진상을 알게 된 사람들이 왜 비관론자가 될 수밖에 없는지, 아니면 적어도 불안을 느끼는 이유를 이제 알겠나?"

앙투안은 미심쩍은 생각이 들어 아무 말도 않고 있었다. 그는 지금까지의 경험으로 미루어 외교전문가들이란 언제나 곧 분쟁이 일어날 것처럼 말한다는 사실을 알고 있었다. 그는 벨을 눌러 레옹을 불렀다. 그리고 문 옆에 서서 레옹이 오기를 기다렸다. 중요한 용건들을 서둘러 처리하고 싶었기 때문이다. 그러나 뤼멜은 여전히 조금전에 한 이야기에 열을 올리며 시간을 잊은 채, 난로 앞을 서성이고 있었다.

뤼멜의 부친은 전에 상원의원을 지냈으며 티보 씨의 친구이기도 했다. (그는 다행히도 자기 아들이 공화주의자로 빛나는 활약을 하는 것을 보기 전에 세상을 떠났다)

앙투안은 지금까지 여러 차례 뤼멜을 만난 적이 있었다. 그러나 솔직히 말하면 이번 주일만큼 자주 만난 적은 없었다. 뤼멜이 올 때마다 앙투안의 비판적인 견해는 점점 부동의 것이 되어 갔다. 그는 이런 질리지도 않는 수다, 또 짐짓 영향력 있는 사람이나 된 것처럼 행세하는 미숙한 태도, 중대한 문제에 대한 이런 관심 등 모든 것이 뤼멜의 개인적인 야심을 노골적으로 드러내는 것으로 여겼으며, 또한 이를 통해 그의 치사한 면을 엿볼 수 있었다. 그 야심이야말로 뤼멜이 유일하게 가지고 있는 치열함이었는지도 모른다. 그런데 이 야심이라는 것도 앙투안이 보기에는 뤼멜이 지닌 능력의 한계를 벗어난 것 같았다. 뤼멜의 보잘것없는 교육 정도, 겸손할 줄 모르는 오만함, 변덕스러운 성격 따위의 모든 것이 앞으로 큰 인물이 될 수 있다는 허세 아래 교묘하게 감춰져 있었다.

마침 레옹이 전보 문구를 가지러 왔다. '자, 정치도 심리학도 이제 그만둡시다' 하고 앙투안은 수다쟁이 쪽을 돌아보며 생각했다.

"그런데 몸은 어때? 여전히 그대로야?"

뤼멜의 얼굴빛이 별안간 어두워졌다.

앙투안은 지난주 초의 어느 날 밤 9시쯤에 창백한 얼굴의 뤼멜이 자기를 찾아왔던 일을 떠올렸다. 뤼멜은 이틀 전부터 어떤 병에 걸렸는데, 주치의에게는 말하기 싫고 더구나 모르는 의사에게는 더욱더 밝히기 쑥스러운 병이라는 것이었다. "왜냐하면" 하며 그는 털어놓았다. "내겐 아내도 있고 공적인 입장도 있고 해서, 나의 공적인 생활과 사적인 생활 모두가 성가신 사람들의 구설수에 오르거나 공갈의 대상이 될 수 있어서 말일세……"

뤼멜은 문득 티보 씨의 아들이 의사라는 것이 생각나 앙투안에게 치료를 부탁하러 왔던 것이다. 앙투안은 어떻게 해서든지 전문의에게 보내려 했지만 막무가내였기에 그는 의사로서 자신의 의술을 발휘해 보기도 할 겸, 또 이런 정치꾼과 가까이 지내는 것도 나쁘지 않을 것 같아서 치료를 맡았던 것이다.

"전혀 차도가 없나?"

뤼멜은 안타까운 듯 고개를 저었다. 그러고는 아무 말도 하지 않았다. 말이 많은 그였지만 자신의 병 이야기는 하기가 두려웠다. 이따금 죽을 것 같은 엄청난 통증을 겪는데, 조금전 대사관 오찬 뒤에도 너무나 극심한 통증이 와서 중요한 이야기 도중에 황급히 흡연실에서 나올 수밖에 없었던 것 등을 털어놓고 싶지는 않았다.

앙투안은 곰곰이 생각해 보았다. "그렇다면" 하고 앙투안은 단호하게 잘라 말했다. "역시 초산을 써야 되겠는걸……."

그는 '실험실' 문을 열고 풀이 죽어 앉아 있는 뤼멜을 들어오게 했다. 그리고 등을 돌린 채 약을 조제하여 코카인 용 주사기에 가득 채웠다. 다시 환자에게 돌아와 보니 그는 거추장스러운 프록코트를 벗어 버리고 컬러도 떼고, 바지도 벗어던진 채 격심한 통증 때문에 슬픔에 싸여 불안에 떨고 있었다. 체면도 말이 아니고, 더러워진 속옷을 당황해 하며 벗고 있는 처량한 환자에 지나지 않았다.

하지만 그는 자기를 완전히 내던지고 있지는 않았다. 앙투안이 다가가자 그는 살며시 고개를 들더니 어색하기는 하지만 부담 없는 태도로 미소지으려 애썼다. 그러나 어쨌든 고통스러운 것만은 틀림이 없었다. 그 이유 중에는 정신적인 외로움도 있었을 것이다. 이런 어려운 일을 겪으면서도 가면을 벗어던지지 못하고, 이처럼 우스꽝스러운 사건으로 인해 육체적으로뿐만 아니라 자존심마저 상처를 입은 사실을 누구에게도 털어놓을 수 없는 딱한 처지에 놓여 있었기 때문이다. 대체 누구에게 터놓고 이야기 하겠는가? 그에게는 단 한 사람의 친구도 없었다. 지난 10년 동안의 정치 생활은 그로 하여금 위선과 불신의 동료관계라는 그늘 뒤에서 고독한 생활에 파묻히게 했던 것이다. 지금 그의 주위에는 어느 한 사람도 믿을 사람이 없었다. 아니, 단 한 사람 있었다. 그것은 그의 아내였다. 그녀만은 정말 단 한 사람의 반려자였고, 그를 이해하며, 있는 그대로의 그를 사랑해 주는 유일한 사람이었다. 무엇이든지 털어놓아도 안심을 할 수 있는 유일한 사람—그런데 그런 사람에게도 이 파렴치한 사건은 어쩔 수 없이 숨겨야만 했던 것이다.

하지만 이렇게 반성한다고 육체적인 고통이 덜어질 수는 없었다. 초산은 효력을 나타내기 시작했다. 뤼멜은 처음엔 고통으로 인해 터져 나오려는 비명을 참으려고 이를 악물고 두 주먹을 꽉 쥐었다. 그러나 오래 견딜 수는 없었다. 몸 깊숙이 파고드는 타는 듯한 통증으로 인해 그는 산모처럼 비명을 질렀다. 푸른 두 눈에는 굵은 눈물 방울이 맺혀 있었다.

앙투안은 측은한 생각이 들었다.

"자, 조금만 참으면 되네. 곧 끝날 거야……. 아플지도 모르지만 어차피 해야 하는 거니까. 오래 걸리지는 않을 테니까 잠깐만 참으라고. 코카인을 좀더 놓아줄 테니……."

뤼멜의 귀에 그런 말은 들어오지 않았다. 반사경 밑의 테이블 위에 여덟 팔자로 사지를 죽 뻗고 있는 모습은 마치 해부용 개구리가 사지를 오므렸다 폈다 하는 것 같았다.

통증이 가라앉은 것 같자 앙투안은 이렇게 물었다.

"지금 15분인데, 자네 여기서 몇 시에 나가야 하지?"

"5…… 5시에만 나가면 돼" 하고 뤼멜은 더듬거리며 대답했다. "아래에 …… 차를…… 대기시켜 놓았어."

앙투안은 미소를 지었다. 온화하고 격려하는 듯한 미소였으나 그 뒤에는 꾸며진 또 하나의 미소가 숨어 있었다. 그는 지금 잘 훈련된 운전사가 삼색모자 표지를 달고 무감각한 자세로 시트에 앉아, 장관의 대행자가 나오시기만을 학수고대하고 있는 장면을 상상하고 있었다. 또 1시간 뒤면, 국화 전람회장의 차양 밑에 지금쯤 깔려 있을 붉은 융단 위를 바로 여기에서 마치 기저귀를 가는 갓난아이처럼 다리를 버둥대고 있는 뤼멜이, 당당한 뤼멜로 둔갑하여 프록코트를 입고 고양이 수염 밑에 애매한 미소를 지으며 의젓한 걸음걸이로 여왕을 맞이하기 위해 홀로 그 위를 걸어가는 모습도 상상했다……. 하지만 이렇게 한가한 상상도 잠시뿐이었다. 의사인 그의 눈 앞에 있는 것은 한 사람의 환자, 환자라기보다는 단지 하나의 병증에 지나지 않았다. 아니 하나의 화학작용으로도 여겨졌다. 즉 그의 눈 앞에는 점막에 대한 부식제의 작용, 자신이 만들고 자신에게 책임이 있는, 그리고 그 필연적인 진전을 마음속으로 지켜보고 있는 화학작용이 있을 뿐이었다.

그는 레옹이 문을 조용히 세 번 두드리는 소리를 듣고 현실세계로 돌아왔다. '지젤이 왔구나' 하고 생각하며 그는 도구들을 증기소독기 접시 위로 내던졌다. 그리고 한시라도 빨리 뤼멜에게서 도망치고 싶었지만, 언제나처럼 직업상의 의무감 때문에 꾹 참고 뤼멜의 통증이 가라앉기를 기다렸다.

"그럼, 여기서 편안히 쉬고 있게나" 하고 그는 방을 나서며 말했다. "지금은 이 방을 쓸 필요가 없으니까. 10분 전이 되면 알리러 오겠네."

7. 앙투안, 지젤에게 심경을 말하려 함

레옹은 지젤에게 이렇게 말했다.

"아가씨, 죄송하지만 저쪽에서 기다려 주셨으면⋯⋯."

'저쪽'이란 옛날 자크의 방이었다. 그곳은 벌써 어둠이 깔리기 시작해 굴속 같이 어두컴컴하고 적막했다. 방 문턱을 넘어섰을 때 지젤의 마음은 울렁거렸다. 들뜬 마음을 달래려는 그녀의 노력은 언제나처럼 기도의 형식, 자기를 결코 저버리는 일이 없는 '그분'에게 짧은 호소의 형식을 취했다. 그리고 기계적으로 침대 의자에 가서 앉았다. 그곳은 어린시절에 수없이 와서 자크와 이야기를 하던 곳이었다. 어디선가 우는 소리가 들렸다—응접실인가 아니면 한길 쪽인가? —신음하듯 훌쩍이는 어린아이의 소리가 들렸다. 지젤은 자기의 예민한 감성을 참기가 몹시 힘들었다. 지금 그녀는 사소한 일에도 눈물 때문에 숨이 막힐 지경이었다. 다행히 이곳엔 자기 혼자였다. 아무래도 의사의 진찰을 받아야겠어. 하지만 앙투안은 안 돼. 건강상태도 좋지 않을 뿐더러 몸도 야윌 대로 야위었다. 분명 불면증 탓이리라. 19살의 그녀에게 이것은 분명 정상은 아니었다⋯⋯. 그녀는 19년에 걸친 자신의 흔치 않은 삶을 잠시 생각해 보았다. 두 노인들 틈바구니에 끼여 있던 길고도 긴 유년시절—이어서 그 무거운 비밀을 숨겨야 했던 16살 때의 큰 슬픔!

레옹이 불을 켜려고 들어왔다. 지젤은 차라리 이런 어스름 속에 싸여 있는 것이 더 좋았으나 말을 하지 못했다. 불 켜진 방의 가구, 골동품 하나하나가 기억에 새로웠다. 앙투안이 동생을 생각하는 마음에 누구에게도 손을 대지 못하도록 하고 있다는 것을 알 수 있었다. 그러나 그가 여기에서 식사를 하면서부터 차츰 물건이 있던 자리가 하나씩 바뀌어 갔다. 결국 모두가 다른 모습을 띠고 있었던 것이다. 예를 들어 방 한가운데로 옮겨진 테이블만 해도 그렇고, 지금은 용도가 바뀐 사무용 책상 위에 당당히 자리잡고 있는 빵 바구니와 과자 그릇, 그 사이에 놓여 있는 티 세트 따위가 그러했다. 책장도 마찬가지였다……. 옛날에는 초록색 커튼이 저렇게 창유리 뒤로 열려 있지 않았다. 커튼 한쪽이 지금처럼 걷혀 있지도 않았었다. 지젤은 몸을 수그리고 접시와 그릇들이 번쩍이는 것을 보았다. 레옹은 책들을 모두 위쪽 선반에 쌓아두었다…… 아, 만일 자크가 자기 책장이 식기장으로 쓰이는 것은 보았더라면!

자크…… 지젤은 아직도 자크를 죽은 사람으로 생각하고 싶지 않았다. 그가 지금 갑자기 문턱에 나타난다 해도 놀라지 않을 뿐만 아니라 지젤은 언제나 그가 자기 앞에 나타나기를 학수고대하고 있었다. 이런 맹목적인 기대가 지난 3년 동안 그녀의 심신을 피곤하게 하고 반수면 반각성의 상태로 만들었던 것이다.

이렇듯 그리운 물건들에 둘러싸여 있다 보니 여러 가지 추억들이 떠올랐다. 일어설 용기조차 없었다. 이 방의 공기를 흔들리게 하고 침묵을 깨뜨린다고 생각하면 숨을 쉬는 것마저 두려웠다. 벽난로 위에는 앙투안의 사진이 있었다. 눈길이 그리 쏠렸다. 그녀는 앙투안이 그 사진 한 장을 자크에게 주던 날을 생각했다. 그는 똑같은 사진을 유모에게도 보냈다.

그것은 위층에 있다. 이 사진이야말로 그녀가 오빠처럼 여기고 좋아했으며, 괴로웠던 지난 3년 동안 자신에게 커다란 위안이 되어 준 지난날의 앙투안이었다. 자크가 자취를 감춘 뒤로 자신은 얼마나 자주 앙투안에게 와서 자크의 이야기를 했던가! 또 얼마나 여러 차례 그 비밀을 앙투안에게 말하려고 했었던가! 그러나 지금은 모든 것이 변했다. 왜일까? 두 사람 사이에 무슨 일이 일어났던 것일까? 지젤로서는 뚜렷하게 말할 만한 것이 아무것도 없었다. 단지 생각나는 것은 6월에 그녀가 런던으로 출발하기 전날 있었던 사건뿐이었다. 갑작스런 출발, 그녀의 출발을 앞에 두고 감춰진 이유를 추측할 도리도 없었던 앙투안은 어쩐지 매우 당황해 하는 것 같았다. 앙투안은 자기에게 정확히 뭐라고 말했던가? 자신을 더 이상 오빠로서 사랑할 수 없으며, 이젠 자신을 지금까지와는 '다르게' 생각한다고 말했던 것 같다. 그런 일이 있을 수 있을까? 자신이 그렇게 상상한 것은 아닐까? 아니, 그렇지는 않았다. 그에게서 받은 애매한 편지, 몹시 정다우면서도 어떤 저의가 있는 것 같은 편지 속에서는 이젠 전과 같은 담담한 애정은 찾을 수 없었다. 따라서 이번에 프랑스로 돌아온 뒤로는 그를 만나는 것을 본능적으로 피해 왔다. 지난 2주일 동안 둘만 있는 시간을 가지려 하지 않았다. 도대체 오늘 자신에게 무슨 볼일이 있다는 것일까?

그녀는 몸서리치며 생각했다. 앙투안이다. 간격이 정확한 그의 신경질적인 걸음걸이. 그가 들어왔다. 그리고 우뚝 멈춰 서서는 미소지었다. 얼굴은 약간 피곤해 보였다. 하지만 이마는 훤했고 눈은 생기와 행복으로 빛나고 있었다. 어쩔 줄 모르고 있던 지젤은 정신이 번쩍 들었다. 앙투안의 모습에는 곧 그의 삶의 열정 같은 것이 감돌았다.

"잘 있었겠지, 니그레트!" 그가 미소를 지으며 말을 걸어왔다(니그레트란 매우 오래전에 티보 씨가 꽤 기분이 좋았던 어느 날 그녀에게 붙여 준 별명이다. 당시 베즈 유모는 고아인 자기 조카를 어쩔 수 없이 거두어서 키워야 했으므로, 마다가스카르 출신 혼혈아의 딸이며 야생에서 자란 것과 다름없는 이 아이를 데리고 와서 부유한 티보 씨 댁에 정착시켰던 것이다).

지젤도 무엇인가 말을 하지 않으면 안 되었다.

"오늘 환자가 많아요?"

"직업인걸 뭐!" 하며 그는 쾌활하게 대답했다. "서재로 갈까? 아니면 그냥 여기가 좋을까?"

그는 대답도 기다리지 않고 그녀 곁에 앉았다.

"그동안 어떻게 지냈어? 요즘은 통 만날 수가 없군……. 솔이 예쁜데……? 어디 손 좀 내봐……."

그는 지젤이 내민 손을 스스럼 없이 잡았다. 그러고는 그 손을 자기의 손 위에 올려놓고 들어올려 보았다.

"전처럼 통통하지는 않구나……."

지젤은 지어낸 듯한 미소를 띠었다. 앙투안은 그녀의 가무잡잡한 두 볼에 패이는 보조개를 보았다. 그녀는 특별히 팔을 움직이려 하지도 않았다. 하지만 앙투안은 그녀가 굳어 있고 언제고 뒤로 물러서려 한다는 것을 느낄 수 있었다. 그는 이렇게 말하려고 했다. '돌아온 뒤로는 꽤 서먹서먹해하는군.' 그러나 생각을 바꾸었다. 그리고 눈살을 찌푸리며 입을 다물었다.

"아버님께서는 다리가 아프셔서 또 눕고 싶으시대요" 하면서 그녀는 얼버 무렸다.

앙투안은 아무 대답도 하지 않았다. 이렇게 지젤과 둘만의 시간을 가져 본 지가 꽤 오래되었다. 그는 작고 검은 손을 바라보았다. 가느다랗고 포동포동 한 손목까지 뻗어 있는 혈맥들을 따라가며 그는 손가락 하나하나를 살펴보 았다. '마치 아름다운 황금색 잎담배 같구나…….'

그는 되도록 웃으려 애썼다. 동시에 그는 그 풍만한 어깨에서 숄 아래 동 그랗게 솟아 있는 무릎까지의 곡선을 마치 따스한 안개 속에서 보는 것처럼 눈으로 애무하였다. 너무나도 자연스럽고 가냘픈 이 모습은 얼마나 유혹적 인가! 바로 눈앞에 있는 유혹! 갑작스런 격정…… 피가 끓어오르고 있다… … 막혀 있던 물줄기가 둑을 무너뜨리고 터져나오듯……. 자신은 과연 그녀 의 허리에 손을 감고 싶은 욕망, 젊고 탄력 있는 육체를 끌어안고 싶은 욕망 을 참아낼 수 있을까? ……그는 몸을 숙여 지젤의 작은 손 위에 자기 뺨을 문지르는 것으로 만족했다. 그는 중얼거리듯 말했다.

"부드러운 살결이구나…… 니그레트…….."

그의 눈길, 잔뜩 취한 거렁뱅이 같은 그의 눈길이 지젤의 얼굴까지 무겁게 올라갔다. 그러나 그녀는 본능적으로 얼굴을 돌렸고, 잡혀 있던 손을 뿌리쳤 다. 그녀는 단호한 말투로 물었다.

"하실 말씀이란 게 뭔가요?"

앙투안은 정신이 번쩍 들었다.

"무서운 일을 말해 주어야 할 텐데…….."

무서운 일? 지독한 불안이 지젤의 머릿속을 스쳐갔다. 무슨 일일까? 자신 의 모든 희망이 이번에야말로 산산이 부서져 버리는 것은 아닐까? 그녀는 공포에 사로잡힌 눈빛으로 방 안을 둘러보며 사랑하는 사람과의 추억이 담 긴 물건 하나하나를 불안스럽게 바라보았다.

그러나 앙투안의 할 말이란 이런 것이었다.

"아버지가 매우 좋지 않으셔…….."

그녀는 처음에는 이 말을 제대로 알아듣지 못한 것 같았다. 아주 멀리서 들려오는 말인 것처럼 한동안 아무 말도 않고 있다가 같은 말을 되풀이했다.

"대단히 좋지 않으시다고요?"

이렇게 말하면서도 그녀는 아무도 말해 준 적이 없는 이 사실을 이미 알고 있었던 듯한 느낌이 들었다. 그녀는 눈썹을 추켜세운 채, 약간 위장된 불안을 두 눈에 가득 담고 덧붙였다.

"하지만…… 그 정도로 안 좋으신가요…… ?"

앙투안은 그렇다는 몸짓을 했다. 그러고는 오래전부터 그 사실을 주시하고 있었던 사람의 말투로 설명하기 시작했다.

"지난겨울에 수술을 해서 오른쪽 신장을 절제했어. 단 한 가지 사실은 뚜렷이 알게 되었지. 종양의 성질이 이미 낙관할 수 없다는 점이야. 다른 한쪽 신장도 금세 결딴이 날거야. 게다가 병세가 다른 양상을 띠어서 전반적으로 나빠지게 되었어. 어쩌면 다행인지도 몰라……. 덕분에 환자를 속일 수가 있거든. 아무것도 눈치채지 못하고 계셔. 당신이 절망적인 상태인 것조차 모르셔……."

잠시 침묵이 흐른 뒤 지젤이 물었다.

"그렇다면 앞으로 얼마동안이나…… ?"

앙투안은 지젤의 얼굴을 빤히 쳐다보았다. 그는 만족스러웠다. 이만하면 의사의 훌륭한 아내감이다. 때에 따라서는 담담할 줄도 안다. 그녀는 눈물도 흘리지 않았다. 몇 달 간의 외국 생활 덕분에 놀랄 만큼 성숙해져 있었다. 앙투안은 언제나 실제 이상으로 그녀를 어린애처럼 생각해 온 자신을 나무랐다. 그는 먼저와 똑같은 말투로 말했다.

"두 달, 기껏해야 세 달." 그리고 기운찬 목소리로 덧붙였다. "어쩌면 그보다 더 빠를지도 몰라."

머리가 그다지 빨리 돌아가지 못하는 지젤이었지만 이 마지막 몇 마디에서 그녀는 자기에 대한 앙투안의 속마음을 읽었다. 그리고 앙투안이 빨리 가면을 벗어 준 데 대해 안도의 숨을 내쉬었다.

"이것 봐, 지젤. 이런 판국인데 나를 두고 혼자 가 버릴 거야? 역시 그리로 다시 돌아갈 거야?"

그녀는 아무런 대답도 하지 않았다. 그리고 흔들림이 없으면서 반짝이는 두 눈으로 조용히 앞을 바라보고 있었다. 아무런 움직임이 없는 동그란 얼굴 위에는 눈썹 사이로 계속 움직였다가 사라지곤 하는 작은 주름 하나만이 그녀 마음속의 고뇌를 나타내고 있었다. 그녀가 처음 느낀 것은 그립다는 감정이었다. 그래서 그녀는 앙투안의 호소에 마음이 흔들리고 있었던 것이다. 지금까지 자신이 누군가에게 힘이 될 수 있다는 생각은 해 본 적이 거의 없었다. 하물며 가족 모두가 언제나 믿고 의지해 온 앙투안에게 힘이 되다니.

'아니야, 그럴 순 없어!' 그녀는 함정을 눈치챘다. 앙투안이 왜 자기를 파리에 붙잡아 두려 하는지 알아차린 것이다. 그녀는 마음으로부터 반발하고 있었다. 영국에 가는 것, 이것이야말로 자신의 계획을 달성하기 위한 단 하나의 수단이며 유일한 생존이유이다! 모든 것을 앙투안에게 말할 수 있다면 좋으련만! 하지만 그것은 자신의 비밀을 모두 털어놓는 것이 될 테고, 더구나 그런 비밀을 들으리라고는 전혀 짐작도 못하고 있는 사람에게 말할 수는 없는 일이었다……. 언젠가 먼 훗날…… 편지로라도 해야지……. 그러나 지금은 안 돼.

지젤의 눈은 집요함을 띠고 물끄러미 먼 곳만을 바라보고 있었다. 앙투안에게는 그것이 불길한 징조로 느껴졌다. 그럼에도 불구하도 그는 거듭 물었다.

"어째서 대답을 하지 않지?"

그녀는 몸서리를 쳤다. 그리고 고집스런 태도를 그대로 유지하면서 말했다. "아유, 그런 게 아니에요! 나는 하루빨리 영국으로 가서 자격증을 받고 싶어요. 생각했던 것보다 빨리 자립하지 않으면 안 될 것 같아서……."

앙투안은 화난 몸짓으로 그녀의 말을 막았다.

그는 그녀의 꼭 다문 입, 눈빛에 나타난 표정에서 치유할 수 없는 낙담 같은 것, 동시에 헛된 희망을 품은 사람에게서나 볼 수 있는 휘황함과 흥분을 발견하고 깜짝 놀랐다. 그러한 감정 속에는 앙투안이라는 존재가 완전히 배제되어 있었던 것이다. 그는 부아가 치미는 마음에 번쩍 고개를 들었다. 분노? 아니면 절망? 절망 쪽이 더 강했다. 목에 뭔가가 꽉 차 있는 것 같았다. 눈물이 날 것 같았다. 그는 난생처음으로 그걸 억제하거나 감추고 싶지도 않았다. 눈물이라도 흘린다면, 이해할 수 없는 이 여자의 고집을 꺾을 수 있을지…….

지젤은 마음이 몹시 흔들렸다. 지금껏 앙투안이 우는 것을 본 적이 없었기 때문이다. 그가 울 수 있으리라고는 생각조차 하지 못했다. 그녀는 앙투안을 보지 않으려 했다. 그녀는 그에 대해 깊고 따뜻한 애착을 느끼고 있었다. 그를 생각할 때마다 언제나 가슴이 설레고 어떤 흥분을 느꼈었다. 지난 3년 동안 그는 자신에게 유일한 힘이었으며, 든든하고 마음이 통하는 친구였고, 그의 곁에 있는 것이 그녀의 삶에 있어서의 단 하나의 위안이었다. 그런데 그는 왜 이런 존경, 이런 신뢰 이외의 것을 자신에게 바라는 것일까? 그런 나 자신도 어째서 그에게 여동생다운 감정을 보일 수 없게 되었을까?

현관 쪽에서 벨이 울렸다. 앙투안은 기계적으로 귀를 기울였다. 문 여는 소리가 들리더니 다시 조용해졌다.

두 사람은 아무 말 없이 나란히 앉은 채로 꼼짝하지 않고 있었다. 그들의 생각은 서로 완전히 다른 길을 달리고 있었다…….

이윽고 전화벨 소리…… 현관에서 사람 발소리가 났다. 레옹이 문을 살며시 열었다.

"아가씨, 티보 씨댁의 전갈인데요. 테리비에 선생님께서 지금 위에 와 계십니다."

지젤은 이 말을 듣자 곧장 일어섰다.

앙투안은 힘없는 목소리로 레옹을 불렀다.

"응접실에 몇 분이나 와 계시지?"

"네 분 오셨습니다."

앙투안도 일어섰다. 다시 일상생활이 시작되는 것이다. '참, 10분 전이 되기를 기다려 온 뤼멜도 있었지' 하고 그는 생각했다.

지젤은 그의 곁으로 가까이 오지도 않고 말했다.

"그만 가겠어요, 앙투안…… 그럼 안녕히."

앙투안은 묘한 미소를 지으며 어깨를 으쓱해 보였다.

"그래, 가라…… 니그레트!"

앙투안은 자신의 이러한 말투에서 조금전에 아버지와 헤어질 때의 장면이 떠올랐다. '그럼, 가봐!' 참으로 고통스러운 대면이지…….

그는 말투를 바꾸어 덧붙였다.

"테리비에 씨한테 가서 내가 지금 좀 바쁘다고 말해 주겠어? 볼일이 있으면 돌아갈 때 들러달라고, 알겠지?"

지젤은 고개를 끄덕이며 문을 열었다. 그러고는 갑자기 어떤 결심이라도 한 듯 앙투안 쪽을 돌아보았다……. 아냐, 그만두는 것이 낫겠어…… 무슨 말을 하겠단 말인가? 모든 것을 말할 수 없을 바에야 무슨 소용이람? ……

그녀는 숄을 두르고는 눈을 내리깐 채 방을 나갔다.

"엘리베이터가 곧 내려옵니다" 하고 레옹이 말했다. "좀 기다리시지 않으시겠어요, 아가씨?"

지젤은 싫다는 의사표시를 하고는 계단을 오르기 시작했다. 천천히 올라갔다. 숨이 막힐 것 같았다. 지금 그녀의 신경은 모두 하나의 고정 사실을 중심으로 집중되어 있었다. 런던에 가는 일이었다! 그렇다. 되도록 빨리 출발할 것. 휴가가 끝나기를 기다리지 말고! 아, 앙투안이 자신이 영국으로 가는 까닭을 알아 준다면!

그로부터 어느덧 2년이 흘렀다. 9월 어느 날 아침(자크가 모습을 감춘 지 열 달 뒤의 일이었다)에 우연히 마당 가운데서 만난 메종 라피트의 우편배달부는 그녀에게 바구니 하나를 건넸다. 거기에는 그녀 이름이 적혀 있었고, 런던 꽃가게의 쪽지가 붙어 있었다. 놀라기는 했지만 무엇인가 중대한 예감에 휩싸인 그녀는 아무도 모르게 자기 방에 들어가 끈을 자르고 뚜껑을 열어 보았다. 축축한 이끼 위에 놓인 소박한 장미꽃다발을 본 지젤은 기절할 뻔했다. 자크! 아, 우리 둘을 위한 장미! 심지가 검은 진한 빨강의 예쁜 장미꽃, 완전히 똑같은 장미꽃! 9월 생일날! 익명으로 보낸 이 선물의 의미는 자신만이 해독의 열쇠를 쥐고 있는 암호 전보를 보낸 것이나 마찬가지였다. 그렇다면 자크는 살아 있다! 티보 씨는 잘못 생각하고 계신 것이다. 자크는 영국에서 살고 있다! '자크는 나를 사랑하고 있다……' 지젤의 첫 반응은 문을 활짝 열고 목이 터져라고 이렇게 외치고 싶었다. '자크는 살아 있어요!' 다행히 그녀는 몹시 위험한 순간에 제정신으로 돌아왔다. 이 붉은 장미꽃이 지닌 분명한 의미를 어떻게 설명하면 좋을까? 아마 모두들 꼬치꼬치 캐물을 것이 틀림없었다. 하지만 비밀을 지키려면 무슨 일이든 참아야 돼! 그녀는 문을 도로 닫았다. 그리고 하느님께 침묵을 지킬 힘을 주십사고 기도했다—적어도 그날 저녁까지만이라도. 왜냐하면 앙투안이 저녁식사를 하기 위해 메종에 온다는 것을 알고 있었기 때문이다.

그날 저녁에 그녀는 앙투안을 따로 불렀다. 그리고 수수께끼의 선물 이야기를 했다. 자기는 런던에 아무도 아는 사람이 없는데, 그곳에서 꽃이 왔다는 것……자크가 아닐까? ……어떻게 해서든지 이 새로운 방면을 조사해 보아야 된다는 것이었다. 흥미를 느낀 앙투안은 지난 1년 동안 온갖 탐색과 조사를 해 보았으나 실패하여 회의적인 상태였음에도 불구하고, 곧 런던 쪽을 알아보게 했다. 꽃가게 아주머니는 장미를 주문한 손님에 대해 매우 자세한 인상을 말해 주었다. 그러나 그 인상은 자크와는 전혀 비슷하지가 않았다. 이렇게 해서 이 방면의 수색도 단념하고 말았던 것이다.

그러나 지젤은 단념하지 않았다. 그녀만은 여전히 확신을 갖고 있었다. 그 뒤로 그녀는 아무 말도 입 밖에 꺼내지 않았다. 17세 소녀답지 않은 자제력으로 침묵을 지켜왔던 것이다. 그리고 자신이 영국에 건너가 기어코 자크의 행방을 찾아 내려고 굳은 결심을 했던 것이다. 이것은 거의 실현 불가능한 계획이었다. 2년 동안 그녀는 그녀의 소박한 조상들이 그러했던 것처럼 은근하고 말없는 인내심을 발휘하면서 이 출발을 조금씩 가능하게 했고, 또 주도면밀한 준비를 했다. 그러기 위해 얼마나 많은 노력을 기울였던가! 그녀는 그 하나하나의 과정들을 지금도 기억하고 있다. 고집불통인 이모의 머릿속에다 새로운 생각을 불어넣기 위해서는 끈질긴 공작이 필요했다. 우선 재산이 없는 한은 양갓집 딸이라 할지라도 생활능력이 필요하다는 것을 아주머니에게 인식시키고, 아울러 조카딸인 자기도 이모처럼 훌륭하게 애들을 기를 수 있는 소질을 지녔음을 설득시키며, 동시에 요새는 경쟁이 심해 교사로서 유창하게 영어로 말하는 것이 얼마나 중요한지를 납득시켜야 했다. 이어 그녀는 메종 라피트에 있는 여선생과 이모가 잘 지낼 수 있게 만들어야 했다. 선생님은 얼마 전에 가톨릭 수녀들이 경영하는 런던 근교의 학원을 갓 졸업하고 온 사람이었다. 한편 걱정이 되어 망설이던 티보 씨에게는 운 좋게도 그 학원에 대한 아주 좋은 보고가 들어왔다. 결국 지난봄에 베즈 유모는 갖은 불만과 함께 지젤이 출발하는 것을 승낙했다. 이미 지젤은 여름 한철을 영국에서 보낸 적이 있었다. 그 넉 달 동안 이렇다 할 결과를 얻지 못했다. 그녀는 사기꾼 탐정에게 속아 잔뜩 실망만 했다. 그러나 이제부터는 본격적으로 행동하고, 사람들을 쓸 수 있었다. 그녀는 최근에 장신구 몇 개를 팔았다. 그리고 저축한 돈을 모두 한곳으로 모아 놓았다. 마침내 믿을 만한 탐정과도 교섭할 수가 있었다. 그리고 특히 그녀는 이런 소설 같은 계획 때문에 런던시경 국장의 딸로부터 관심을 살 수 있었다. 런던에 가면 그녀 아버지의 집에서 오찬을 하기로 되어 있었다. 그리고 그 아버지가 자기에게 절대적인 힘이 되어 줄 것이 틀림없었다. 이러니 어찌 희망을 가지지 않을 수 있으랴?

지젤은 티보 씨의 방까지 올라갔다. 벨을 울려야만 했다. 이모는 방 열쇠를 그녀에게 주는 일이 결코 없었기 때문이다.

'그래, 어찌 희망을 가지지 않을 수 있단 말인가?' 하고 그녀는 되뇌었다. 그리고 갑자기 자크를 만날 수 있다는 생각이 어찌나 강렬하게 작용했던지 온몸이 굳는 것 같았다. 앙투안은 석 달 정도는 살아계실 것이라고 했었다. '석 달?' 하고 그녀는 생각했다. '나는 그 전에 꼭 찾아낼 거야!'

한편 아래층 자크의 방에서는 앙투안이 지젤이 닫고 나간 문 앞에 서서 불투명유리가 끼워진, 넘어설 수 없는 그 문을 타는 듯한 눈길로 바라보고 있었다.

그는 자기가 한계점에 도달해 있음을 느꼈다. 오늘날까지 그의 의지는—난관에 부딪쳐 싸울 때마다 언제나 개가를 올렸던 그의 의지—실현 불가능한 것과 맞서본 적이 없었다. 그런데 이 순간에는 무엇인가가 그에게서 떨어져 나가려 하고 있었다. 그는 희망이 없는 일을 끝까지 참으면서 밀고 나가는 사람은 아니었다.

그는 머뭇머뭇 두 발쯤 앞으로 나아가 거울 속의 자신을 보고는 더욱 가까이 다가가 벽난로 위에 팔꿈치를 괴었다. 그러고는 얼굴을 내밀고 한동안 물끄러미 자신의 눈을 들여다보았다. '그러나 만일 그때 그녀가 갑자기 네, 저를 받아 주세요 라고 말했더라면⋯⋯ ?' 그는 소름이 끼쳤다. 돌이켜 생각하며 치를 떨었다⋯⋯. '이런 것을 생각하다니, 바보짓이지' 하고 그는 발길을 돌리면서 속으로 생각했다. 그러고 나서 돌연 깨달았다. '제기랄, 벌써 5시인데⋯⋯ 엘리자베스 여왕을 잊고 있었군!'

그는 빠른 걸음으로 '실험실'로 향했다. 그러나 레옹이 그를 가로막았다. 레옹은 언제나처럼 멍한 눈, 싱글벙글 웃는, 교활한 미소를 띠며 말했다.

"뤼멜 씨는 가셨습니다. 내일 모레 같은 시각에 오시겠다고 하셨습니다."

"잘됐군." 앙투안은 한숨 돌렸다는 듯이 말했다. 순간 이런 사소한 즐거움이 모든 우울을 말끔히 사라지게 해 주었다.

진찰실로 돌아와 대각선으로 가로지른 그는 유쾌한 일이 있을 때면 언제나 취하는 몸짓으로 응접실 문을 열었다.

"저런, 저런." 그는 자기 쪽으로 비실비실 다가오는 얼굴색이 좋지 않은 아이의 볼을 살짝 꼬집었다. "혼자 왔니? 다 컸구나. 그래 부모님도 안녕하시고?"

그는 아이를 붙잡고 창가로 데려가서 햇빛을 등 뒤로 하여 의자에 앉았다. 그러고는 부드러우면서도 정확한 손놀림으로 작고 얌전한 얼굴을 뒤로 젖혀 목 안을 보았다. "좋아." 그는 계속 들여다보며 중얼거렸다. "이번에는 편도선이란 놈이구나……."

어느새 그는 경쾌하고 낭랑하며 잘 트인 날카로운 목소리로 돌아와 있었다. 그것은 환자들에게 마치 강장제와도 같은 작용을 하는 목소리였다.

그는 어린아이 위로 주의 깊게 몸을 숙였다. 그러나 곧 자존심이 상했던 아까의 일을 떠올리고는 이렇게 생각하며 자위했다. '그래, 전보 한 통이면 언제든지 그녀를 불러올 수 있어…….'

8. 생각지도 못한 미스 메리가 또 다시 찾아오다

아이를 바래다 주러 나간 앙투안은 현관 의자에 영국인 메리 양이 화색이 도는 얼굴로 앉아 있는 것을 보고 깜짝 놀랐다.

그녀는 앙투안이 걸어오는 것을 보자 일어섰지만 한참 말이 없다가 상냥한 미소로 그를 맞이했다. 그러고 나서 단호한 태도로 푸르스름한 봉투 하나를 그에게 내밀었다.

겨우 2시간 전에 보여 주던 정숙함과는 전혀 다른 이 태도, 단호하고 수수께끼 같은 이 눈길, 무슨 이유 때문인지는 모르지만 앙투안은 뭔가 예사롭지 않은 상황이 벌어졌음을 예감했다.

궁금하게 여긴 그는 현관에 선 채 문장(紋章)이 새겨진 편지봉투를 재빨리 뜯기 시작했다. 그러자 그녀는 문이 열린 채로 있는 그의 서재 쪽으로 걸어가기 시작했다.

그는 편지를 펼치면서 그녀 뒤를 따라갔다.

선생님,
선생님께 두 가지 부탁이 있습니다. 그리고 거절하실 것이 염려되어 미리 가장 고분고분한 심부름꾼을 하나 골라 보냅니다.

　첫째로, 이 바보 같은 메리는 조금전 댁에 가서 멍청하게 기다리다 돌아왔습니다마는, 며칠전부터 몸이 좋지 않다고 하며 더구나 최근에는 기침이 심해 잠 못 이루는 밤이 계속되었다 합니다. 자세히 진찰하셔서 각별한 주의를 주실 수 있으실까요?

　둘째로, 시골집에 오래전부터 있는 밀렵감시인이 변형성 관절염을 심하게 앓고 있답니다. 요즘 같은 계절이 되면 도저히 눈을 뜨고 볼 수 없을 정도로 괴로워하는 모양입니다. 시몽이 안타깝게 여겨 진정제 주사를 놓아주고 있습니다. 그래서 약장에 모르핀이 떨어지는 날이 없었는데, 요사이 계속적인 발작 때문에 전부 써 버렸습니다. 시몽에게 구해 오라 했더니 의사 선생님의 허가 없이는 살 수 없다고 하는군요. 오늘 오후에 말씀드리려 하다가 깜빡 잊었습니다. 죄송합니다만, 이 아름다운 심부름꾼에게 '1 cc 앰플 대여섯 다스'를 곧 구할 수 있도록 처방을, 가능하다면 계속해서 쓸 수 있는 처방전을 보내 주시겠어요?

　두 번째 부탁에 대해서 미리 고맙다는 인사드리겠습니다. 첫 번째 부탁에 대해서는, 선생님, 우리 둘 중 누가 인사를 받아야 할지 모르겠군요. 여성 환자들이라고 해서 모두가 이렇게 즐겁게 진찰하실 수는 없으실 테니까요……

　이만 줄이겠습니다.

안느 마리 S. 드 바탱쿠르

　추신—그런데 시몽이 왜 그쪽 의사한테 부탁하지 않았나 궁금하실 테지요. 그쪽 의사는 편협하고 파벌의식이 강해서 언제나 저희 집에 반대 투표를 한답니다. 그리고 자기를 저희 집안 손님으로 초대하지 않은 데 대해 유감이 많은 사람이지요. 그렇지 않다면 선생님께 이런 폐를 끼치지는 않을 것입니다.

안느 드림

　앙투안은 편지를 끝까지 다 읽었으나 아직도 고개를 숙인 채였다. 그는 처음엔 화가 치밀었다. 사람을 어떻게 보고 하는 짓인가? 이어서 두 번째로는 재미있다는 생각이 들었다. 그리고 곯려 주어야겠다는 생각을 했다.

그는 자신도 한 번 그 수에 당한 적이 있으므로, 진찰실에 걸려 있는 두 장의 거울의 쓰임새를 알고 있었다. 이렇게 벽난로 위에 팔꿈치를 괴고 있으면, 몸을 움직이지 않고 눈꺼풀을 밑으로 하여 눈동자만 두리번거려도 메리 양을 볼 수 있었다. 그는 곧 그렇게 해 보았다. 메리 양은 그의 약간 뒤에 앉아 있었다. 그녀는 장갑을 벗는 중이었다. 외투 단추를 풀고 가슴을 드러낸 채, 무관심을 가장하고 카펫의 털을 발끝으로 장난하고 있었다. 좀 겁을 먹은 것 같기도 하고, 또 대담해 보이기도 했다. 그가 몸을 움직이지 않자 자기가 안 보이는 줄 알고 그녀는 별안간 푸르고 짧은 눈길로 앙투안을 흘끗 쳐다보았다.

이처럼 부주의한 그녀의 행동은 앙투안으로 하여금 마지막 경계심을 풀어 버리게 했다. 그는 뒤를 돌아보았다.

그는 입가에 미소를 띠고 고개를 갸웃한 채 다시 한 번 그 유혹의 편지를 읽어내려 갔다. 그리고 천천히 편지를 접어 넣었다. 앙투안은 여전히 미소를 띤 채 몸을 똑바로 세우고 메리의 눈을 가만히 바라보았다. 이렇게 두 눈길이 마주치는 일은 두 사람 모두에게 충격으로 느껴졌다. 메리는 잠시 망설였다. 앙투안은 말없이 반쯤 눈을 내리깔고 고개를 좌우로 천천히 몇 차례 저으며, '안 된다'라는 의사표시를 했다. 하지만 그는 여전히 미소를 짓고 있었다. 그의 얼굴에 확고한 의지가 나타나 있었으므로, 메리로서는 잘못 보려야 잘못 볼 수가 없었다. 이보다 더 무례한 의사 표시가 있을 수 있을까? '안 돼요. 아가씨. 어쩔 수 없어요. 그런 수엔 넘어가지 않을 테니까…….. 내가 무슨 화를 내겠어요. 웃고 있잖아요. 이런 일쯤이야 이미 수도 없이 겪었으니까……. 미안하지만—어떤 희생을 보여 준다 해도—그다지 도움이 되지 않을 거예요…….'

그녀는 아무 말도 않고 얼굴이 새빨개져서 일어났다. 그리고 카펫 위로 넘어질 듯 휘청거리며 현관을 향해 걸어갔다. 그는 그녀가 이렇게 서둘러 물러가는 것을 몹시 당연한 일처럼 여기며 그녀 뒤를 따라갔다. 그는 재미있어 죽을 지경이었다. 그녀는 눈을 아래로 내리깐 채, 말 한 마디 없이 장갑도 안 끼고 부들부들 떨리는 손으로 옷깃을 여미며 도망치듯 나갔다. 그 손은 불같이 타오르는 뺨에 비하면 핏기가 없어 보였다.

현관에 이르러 앙투안은 문을 열어 주려고 그녀 옆으로 가까이 갔다. 그녀는 살짝 고개를 숙였다. 그도 인사에 답하려는 순간 그녀가 신경질적인 몸짓을 했다. 무슨 영문인지 미처 생각해 볼 틈도 없이 마치 소매치기처럼 날쌔게 그의 손에 있던 편지를 낚아채고는 휙 돌아서서 밖으로 뛰쳐나갔다.

그는 화가 치밀기는 했으나 그녀의 재치와 기민한 동작을 인정하지 않을 수 없었다.

다시 진찰실로 돌아온 앙투안은 가까운 시일 안에 메리와 안느, 그리고 자기를 포함해서 세 사람이 얼굴을 마주할 경우 그들이 어떤 표정을 지을지를 그려 보며 미소지었다. 카펫 위에 장갑 한 짝이 떨어져 있었다. 그는 그것을 집어들어 냄새를 맡아 보았다. 그러고 나서는 주저 없이 쓰레기통에 던져버렸다.

아, 영국 여자들이란! ……위게트…… 저런 두 여자들 틈바구니에 끼여 있는 병든 소녀는 장차 어떻게 될 것인가?

땅거미가 지고 있었다.

레옹이 덧문을 닫으러 들어왔다.

"에른스트 부인은 와 계신가?" 하고 앙투안이 비망록을 훑어 보며 물었다.

"예, 진작 와 계십니다……. 그런데 온 집안 식구가 오셨습니다. 어머님, 아기, 연로하신 아버님까지."

"알겠네" 하고 앙투안은 기운찬 목소리로 말하면서 응접실 쪽의 커튼을 올렸다.

9. 독일어 교수 에른스트의 이야기

걸어오는 모습을 보니 60살쯤 되어 보이는 체구가 작은 남자였다.

"선생님, 먼저 제가 뵈었으면 하는데요. 말씀드릴 일이 좀 있어서요."

말투는 무겁고 느릿느릿하며 약간 단조로웠다. 태도는 정중하며 매우 품위가 있어 보였다.

앙투안은 조심스럽게 문을 닫고 의자를 권했다.

"에른스트입니다……. 필립 박사한테서 들으셨을 줄 압니다만…… 아, 감사합니다" 하면서 그는 앙투안이 권한 의자에 앉았다.

호감이 가는 인상이었다. 눈은 쑥 들어가고 눈매는 슬픈 빛을 띠고 있었으나, 초롱초롱하게 빛나고 있어 젊어 보이게 했다. 반면 얼굴은 완벽한 노인이었다. 지치고 주름살이 있으며, 살집이 있는데도 초췌해 보이고, 살갗은 반반한 데가 한구석도 없이 온통 우둘투둘했다. 이마, 볼, 턱 언저리는 손가락으로 빚어 만들다가 파헤친 것 같았다. 짧고 거친 진회색의 수염은 얼굴을 위아래 둘로 갈라 놓았다. 머리 위에 숱이 듬성듬성하고 반쯤 센 머리털은 모래언덕 위에서 자라는 풀을 떠올리게 했다.

상대는 앙투안이 몰래 관찰하고 있는 것을 알아차린 모양이었다.

"저희들은 꼭 이 아이의 조부모처럼 보이실 겁니다" 하고 그가 쓸쓸하게 말했다. "실은 결혼이 굉장히 늦었습니다. 저는 현재 유니베르시테 소속 교사로서 샤를마뉴 고등학교에서 독일어를 가르치고 있습니다."

'에른스트라' 하고 앙투안은 생각했다. '그리고 저 액센트로 보아…… 알자스 출신이 틀림없군.'

"바쁘신데 폐를 끼쳐 죄송합니다만 어쩔 수가 없었습니다. 선생님께서 이 아이를 봐 주신다고 하기에 먼저 말씀드릴 것이 있어서요. 조용히 말씀드릴 것이 있는데……" 하면서 그는 눈을 들었다. 그의 두 눈은 어두운 그림자로 뒤덮여 있었다. 그는 분명한 투로 말했다. "실은 집사람도 모르는 사실을 말씀드리고 싶어서요."

앙투안은 알겠다는 표시로 고개를 숙였다.

"실은" 하고 상대는 있는 용기를 다 모아서 이렇게 말했다(그는 분명 말할 것을 미리 준비했음이 분명했다. 먼 곳을 바라보며, 침착하게 서두르지 않고, 말하기에 매우 익숙한 사람처럼 말하기 시작했다).

앙투안은 에른스트가 자기 쪽을 보고 싶어하지 않는다는 것을 알았다.

"1896년, 제가 41살 되던 해에 저는 베르사유에서 교사로 재직하고 있었습니다." 목소리는 침착성을 잃어가고 있었다. "당시 저는 약혼한 몸이었습니다."

그는 특히 'i' 발음을 울리게 하면서 말했다. 세 음절의 단어(fiancé)를 마치 아르페지오 화음의 음표처럼 심한 울림을 붙여 발음했다.

그는 격한 어조로 바꾸어 말을 이었다.

"그런데 저는 드레퓌스 사건 때 열성적인 드레퓌스 편이었습니다. 선생님은 젊으시니까 당시의 사상적인 비극에 대해선 잘 모르실 겁니다……"(그는 쉰 듯한 장중한 목소리로 힘을 주어 '비극'이라고 발음했다) "……그러나 당시 공무원인 동시에 열렬한 '드레퓌스주의자'라는 것이 얼마나 힘든 상황이었는지는 짐작하실 수 있을 겁니다." 그는 말을 계속했다. "저는 자진하여 위험한 일에 뛰어든 사람들 축에 낀 셈이지요."

절도 있고 허세 같은 것은 보이지 않았으나 지극히 반듯한 말투로 미루어 보아 앙투안은 이 조용한 노인, 이마와 볼은 얽었고 턱은 고집스럽게 뒤틀린 데다가 눈은 아직도 검은 광채를 띠고 있는 이 노인을 통해, 15년 전의 그때로 거슬러 올라가 그 무모함과 의지, 신념이 어떠했을까를 미루어 짐작할 수 있었다.

"이런 이야기를 하는 건" 하며 에른스트는 말을 이었다. "1896년 신학기에 즈음하여 제가 어떻게 해서 알제 고등학교로 좌천당했는지 말씀드리고자 해서입니다. 한편 결혼 문제를 말씀드리면……" 하고 그는 부드럽게 말했다. "……그녀의 오빠, 그녀의 유일한 혈육이었던 오빠는 선원이었는데—상선의 선원 말입니다. 그런 거야 아무래도 상관없습니다만—그와 나는 의견이 엇갈려서 결국 약혼은 깨지고 말았습니다."

그는 사실을 그대로 감정을 개입시키지 않고 설명하려고 애쓰는 빛이 역력했다. 그는 한층 가라앉은 목소리로 말을 계속했다.

"아프리카에 도착한 지 넉 달 만에 저는…… 병에 걸렸다는 사실을 알았습니다." 목소리에 다시 힘이 빠지는 것 같았다. 그는 몸을 똑바로 세웠다. "아닙니다. 말하기를 두려워해서는 안 되겠지요. 저는 매독에 걸렸더랬습니다."

'아, 저런' 하고 앙투안은 생각했다. '……그래서 아이가 ……그랬었구나…….'

"저는 곧 알제 의과대학 교수님의 진찰을 받아보았습니다. 그들의 권고에 따라 그곳에서 가장 이름난 전문의의 치료를 받게 되었지요." 그는 그 의사의 이름을 말하기를 망설였다. "로르 박사라는 분이었습니다. 그의 업적은 익히 아시리라고 생각합니다만" 하고 그는 앙투안 쪽을 보지 않고 마침내 그 이름을 밝혔다. "병은 처음에는 단지 하나의 증상으로만 나타났을 뿐이었습니다. 저는 치료를 꼬박꼬박 받았습니다. 가혹한 치료까지도요. 그런데 4년 뒤에—드레퓌스 사건이 마무리되어 파리로 돌아오게 되었을 때, 로르 박사는 이미 1년 전부터 제가 완쾌되어 있다고 제게 분명히 일러 주었습니다다. 저는 그 말을 믿었습니다. 실제로 그 뒤로 아무런 증상도, 재발의 조짐 같은 것도 전혀 느끼지 못했으니까요."

그는 침착하게 얼굴을 돌려 앙투안의 눈길을 찾았다. 앙투안은 주의 깊게 듣고 있다는 표시를 했다.

앙투안은 그저 듣기만 하는 것으로는 만족할 수 없었다. 그는 상대를 관찰했다. 그의 용모와 태도에서 점잖은 독일어 교사의 근면하고 착실한 생활이 과연 어떤 것이었을지를 생각해 보았다. 그는 지금까지 비슷한 사람들을 보아 왔다. 그러나 이 사람이야말로 그 직업 이상의 훌륭한 사람이라는 것을 짐작할 수 있었다. 동시에 오랫동안 신중하고 강직한 자기 성찰에 익숙해 온 사람이라는 것도 느꼈다. 그것은 훌륭한 자질의 소유자가 고생스러운 생활, 보상이 뒤따르지 않는 실속 없는 삶을 살아가면서도 충실하고 꿋꿋하게 살아가기로 결심했을 때 필연적으로 주어지는 것이었다. 파혼 이야기를 할 때의 말투에서도 외로운 생활 속에서의 사랑의 파국이 과연 어떤 것이었을지는 충분히 짐작하고도 남았다. 또 반백의 이 교사의 자제하는 듯하면서도 정열적인 눈길은 청년 같은 신선한 감각을 감동적으로 드러내 보였다.

"프랑스로 돌아온 지 6년 만에" 하며 그는 말을 이었다. "약혼녀의 오빠는 세상을 떠났습니다." 그는 어떻게 말해야 좋을지 몰라 더듬거리더니 이렇게 중얼거렸다. "저는 약혼녀와 재회할 수가 있었어요⋯⋯."

이번에는 마음의 동요를 가라앉히지 못하여 말이 끊기고 말았다.

앙투안은 고개를 숙인 채 참을성 있게 기다리고 있었다. 그는 에른스트의 목소리가 갑자기 불안한 어조를 띠며 높아지는 것을 듣고 놀랐다.

"선생님, 저는 선생님께서 이런 전력이 있는 인간을 어떻게 생각하시는지 모르겠습니다⋯⋯. 그런 병, 그런 치료, 모든 것은 벌써 10년 전의 옛날이야기이며 잊혀진 이야기입니다⋯⋯. 그리고 저는 벌써 오십 고개를 넘었습니다⋯⋯." 그는 한숨을 지었다. "저는 살아가는 내내 외톨이라는 생각으로 줄곧 괴로워해 왔답니다⋯⋯. 공연히 두서 없는 말씀을 드려서⋯⋯."

앙투안은 눈을 들었다. 그는 에른스트의 얼굴을 보지 않아도 알 수 있었다. 학자라고 하는 사람이 자기 자식을 심신장애자로 만들었고⋯⋯ 그것만으로도 이미 살을 에는 듯한 고통이었으리라. 그러나 그것도 다음에 털어놓은 고통에 비하면 아무것도 아니었다. 이 아버지는 모든 책임이 자신에게 있다고 믿고 있다. 회한으로 마음이 찢어지면서도 자신이 만든 운명을 속수무책으로 바라보고 있다…….

에른스트는 힘없는 목소리로 설명을 계속했다.

"하지만 저는 왠지 마음에 걸리는 것들이 있었습니다. 의사에게 진찰받아 보았으면 하는 생각이 들어 그렇게 해 보려고 마음도 먹어보았습니다만 결국 그만두었지요. 진실을 말하기를 두려워해선 안 되었습니다. 하지만 그렇게 해도 소용이 없다고 스스로를 납득시켰습니다. 저는 마음속으로 로르 박사가 말해 준 것을 되새겼습니다. 핑계를 찾은 것이지요. 어느 날 저는 친구 집에서 어떤 의사를 만났습니다. 그래서 저는 이야기를 그쪽으로 돌려 철저한 완치 가능성을 재차 확인받았지요. 이제 그것으로 모든 불안은 말끔히 씻을 수 있었습니다……."

그는 다시 말을 잠시 멈추었다.

"더구나 저는 이렇게 생각했습니다. 이 나이쯤 된 여자라면…… 아이가…… 생길 염려는 없겠지……."

그는 흐느낌으로 목이 메는 듯했다. 고개를 숙이지는 않았으나 꼼짝도 않은 채 두 주먹을 불끈 쥐고 있었다. 힘을 어찌나 주었던지 앙투안에게도 근육이 떨리는 것이 보일 정도였다. 눈물이 잔뜩 괸 두 눈은 더욱 빛나 보였다. 그는 어떻게 해서든지 말하려고 애를 썼다. 기운을 차리고 비통한 표정을 지으며 떨리는 목소리로 더듬더듬 말했다.

"그 애가…… 가엾어서…… 선생님!"

앙투안은 가슴이 미어지는 것 같았다. 그러나 다행히 격렬한 감동은 그에게 거의 언제나 마음을 들뜨게 하는 흥분을 불러일으켰고, 그 흥분은 즉각 뭔가를 결정짓고 움직이고자 하는 강렬한 욕망으로 나타나는 것이었다.

그는 조금도 머뭇거리지 않았다.

"그래서…… 그게 대체 어쨌다는 거지요?" 하고 앙투안은 놀란 척하며 물어보았다.

앙투안은 눈썹을 치켜들고 눈살을 찌푸리며, 멍하니 듣고 있었으므로 상대가 무슨 말을 하려고 하는지 좀처럼 이해하기 어렵다는 표정을 지었다.

"애당초 치료를 받아 완전히 고치셨다는 그…… 그것하고…… 그 아이의 —분명 일시적이겠지만—장애 증상이 무슨 관계가 있습니까?"

에른스트는 얼빠진 사람처럼 그를 바라보았다.

앙투안의 얼굴은 온화한 미소로 밝아졌다.

"과연 말씀을 듣고 보니 그런 염려를 하실 만도 하군요. 하지만 저는 의사입니다. 그러니까 단도직입적으로 말씀드리겠습니다. 과학적인 견해로 보면 그런 염려는…… 터무니없는 것입니다."

교사는 앙투안 쪽으로 접근이라도 하려는 듯이 자리에서 일어났다. 그러나 똑바로 선 채 눈을 크게 뜨고는 꼼짝도 하지 않았다. 말하자면 그는 깊고 폭넓은 내면을 가지고 있어서, 한번 생각에 빠지면 그것을 어느 선에서 처리해야 하는지 알아채지 못하고, 거기에 온 정신이 팔려 버리는 사람이었다. 지금까지 몇 년이나 이 큰 회한을 가슴속에 품은 이래 그는 이제야—더구나 이 고통을 의논 상대인 아내에게조차 털어놓지 못했다—비로소 한숨 돌리고 어깨의 짐을 벗을 수 있을 것 같은 희망을 갖게 되었다.

앙투안은 이 모든 것을 알아차릴 수 있었다. 그러나 이 이상 자세한 것을 묻기 시작하고 상대하게 되면 크건 작건간에 더 윽박지르고 거짓말을 하게 하면 안 될 것 같아, 일부러 화제를 다른 곳으로 돌렸다. 그는 이렇듯 마음만 더 피곤하게 할 뿐인 공상에 질질 끌려다니는 것이 쓸데없는 일이라고 여긴 모양이다.

"아이는 조산이었나요?" 하고 그가 불쑥 물었다.

교사는 눈을 끔뻑거렸다.

"아이가요? ……조산이었냐고요? ……아니요."

"출산은 힘들었습니까?"

"네, 대단히 힘들었습니다."

"그럼 분만 집게를 쓰셨나요?"

"네, 그렇습니다."

"그렇군요!" 하며 앙투안은 결정적 증거라도 포착했다는 듯이 말했다. "그 말씀을 들으니 어느 정도 짐작이 가는군요……." 그러고는 이야기를 서둘러 마무리 짓고는 "그럼 우선 아이를 좀 보여 주세요" 하고 자리에서 일어나 응접실 쪽으로 향하며 말했다. 그러나 교수는 빠른 걸음으로 그를 쫓아가 앞을 가로막으며 그의 팔 위에 손을 얹었다.

"선생님, 정말입니까? 정말이지요? 안심시키려고 하시는 말씀은 아니죠?

아아…… 선생님, 맹세하실 수 있죠? 선생님, 제발 무사하다고 제게 맹세해 주세요……."

앙투안은 돌아섰다. 호소하는 듯한 교사의 얼굴이 눈에 들어왔다. 그 얼굴에는 이미 믿고 싶다는 간절한 마음과 무한한 감사가 섞여 있었다. 앙투안의 마음에 일종의 특별한 환희가 샘솟았다. 일을 행하고 그 일이 성공했다는 환희. 좋은 일은 했다는 환희. 아이에 관한 치료는 이제부터 생각하면 되고, 아버지에 대해서는 한순간도 머뭇거릴 필요 없다. 어떻게 해서든지 이 불행한 남자를 그런 무익한 절망으로부터 구해 주어야지!

그는 정색하며 자신의 눈길을 에른스트의 눈으로 향했다. 그리고 낮은 목소리로 엄숙하게 말했다.

"맹세합니다."

그리고 잠시 침묵한 뒤에 문을 열었다.

응접실에는 검은 옷을 입은 나이 든 한 부인이 부스럭거리는 밤색 곱슬머리 소년을 무릎 사이에 붙잡아 두려고 애를 쓰고 있었다. 그 소년의 모습이 먼저 앙투안의 모든 주의를 끌었다. 문 여는 소리에 소년은 지금까지 놀던 것을 멈추고 크고 검은 총명한 눈을 이 낯선 사람에게 향했다. 그러고는 미소를 지어 보였다. 하지만 그런 자신의 미소가 멋쩍은 듯 뾰로통한 표정을 지으며 고개를 돌려 버렸다.

앙투안은 어머니 쪽으로 눈을 돌렸다. 그녀의 핼쑥한 얼굴은 형언할 수 없는 온화함과 쓸쓸함으로 아름답게 돋보이고 있었다. 앙투안은 솔직히 그 모습에 감동을 받아 곧 마음속으로 이렇게 생각했다. '그렇다…… 해 보는 거다……. 행동하면 반드시 결과가 나오는 법이니까!'

"부인, 이쪽으로 와 주실까요?"

그는 동정 어린 미소를 보냈다. 이미 문을 연 순간부터 이 여인에게 안심이라는 선물을 주고 싶다고 생각했다. 뒤에서는 괴로워하는 듯한 교사의 숨소리가 들렸다. 앙투안은 천천히 침착하게 커튼을 치고 어머니와 아이가 들어오는 것을 기다렸다. 그의 마음은 즐거웠다. '아, 이 얼마나 훌륭한 직업인가, 참으로 훌륭한 직업이구나!' 하고 그는 마음속으로 되새겼다.

10. 티보네 일꾼 두 사람

저녁까지 환자는 계속 찾아왔다. 그러나 앙투안은 피곤한 것도, 시간이 가는 것도 의식하지 못했다. 응접실 문을 열 때마다 그의 활력은 저절로 되살아났다. 마지막 환자—거의 완전히 실명 상태에 이른 튼튼한 갓난아이를 가슴에 꼭 껴안은, 젊고 아름다운 한 여인이었다—를 보내고 난 뒤에 문득 정신을 차려보니 벌써 8시가 된 것에 놀랐다. '그 애의 소아 염종을 봐 주느라 늦었군' 하고 그는 생각했다. '베르뇌이유 거리에는 오늘밤 에케 집에 가는 김에 들러야지.'

그는 서재에 돌아와 방 안 공기를 환기시키려고 문을 열었다. 그리고 책을 가득 쌓아놓은 낮은 테이블 앞으로 걸어갔다. 식사하는 동안에 읽을 책을 찾는 중이었다. '그렇지' 그는 생각했다. '에른스트의 아들을 위해 무엇인가 확인해 보려고 했었지.' 그는 실어증에 관한 1908년의 유명한 논쟁을 읽으려고 신경학(神經學) 잡지의 묵은 호를 재빨리 뒤적거렸다. '그 애의 경우는 아주 전형적인 것이로군' 하고 그는 생각했다. '트뢰이야르 선생과 얘기해 봐야겠다.'

그는 트뢰이야르 선생이 가진 아무도 모르는 버릇을 생각하면서 즐거운 미소를 지었다. 그리고 이 신경학자 밑에서 보낸 인턴근무 1년을 생각해 보았다. '무슨 바람이 불어 그곳에 들어갈 생각을 다 했을까?' 하고 그는 마음속으로 자문해 보았다. '그리고 보면 이런 문제는 훨씬 전부터 내 마음속에 자리잡고 있었던 거야……. 신경계통이나 정신계통 전문의가 되었다면 좀더 실력을 떨칠 수 있었을까? 아무튼 이 방면에는 미개척 분야가 많이 남아 있으니까…….' 그런데 돌연 그의 눈앞에 라셀의 모습이 떠올랐다. 왜 그녀 생각이 날까? 물론 라셀은 의학이나 과학에 관해 아무런 교양도 없었으나 모든 심리학적 문제에 대해서는 지극히 깊은 흥미를 느끼고 있었다. 아무튼 그녀는 그가 오늘날 인간에 대해 이렇게 맹렬한 관심을 펼칠 수 있게 된 것에 부인할 수 없는 공헌을 했던 것이다. 이 점은—그 자신도 지금까지 여러 차례 그 사실을 느끼지 않았던가?—비록 짧은 기간이었지만, 라셀과의 만남은 참 여러 모로 그를 변화시켰던 것이다.

그의 눈길은 흐려져 조금 우울한 빛을 띠었다. 그리고 어깨를 축 늘어뜨리고 선 채, 엄지와 검지 사이에 끼고 있던 의학 잡지를 흔들고 있었다. 라셀……. 그는 자기 삶의 일부를 스쳐간 그 불가사의한 여인을 어딘지 모르게 비통한 충격 없이는 회상할 수가 없었다. 그 뒤로 그녀로부터는 아무 소식도 없었다. 그리고 솔직히 말하면 그는 그 사실을 놀랍게 여기지도 않았다. 그녀가 아직 이 세상 어딘가에 살아 있다고는 생각하지 않았기 때문이다. 풍토병이나 열병에 쓰러졌든지…… 아니면 체체파리(아프리카에서 풍토병을 옮기는 곤충의 이름)에 희생되었을지도……. 사고를 당해 목숨을 잃었거나 어쩌면 물에 빠져 죽었거나 목이 졸렸을지도? ……어쨌든 살아 있지는 못했을 것이라는 사실은 의심할 여지가 없었다.

그는 일어나 잡지를 옆에 끼고 대기실로 갔다. 그리고 저녁식사를 위해 레옹을 불렀다. 그 순간 필립 박사가 빈정거리던 말이 문득 생각났다. 어느 날 박사가 잠깐 나갔다가 돌아올 때, 앙투안은 새로 병원에 입원한 환자에 대해 박사에게 보고를 했다. 그때 박사는 그의 팔에 손을 얹으며 농담 반 진담 반으로 이렇게 말한 적이 있다.

"자네 참 걱정스럽군. 자넨 환자들의 정신상태에 대해서는 점점 더 관심을 가지면서 그들의 질병 자체에는 오히려 점점 무관심해지고 있으니 말이야!"

식탁 위의 수프 접시에서는 김이 나고 있었다. 앙투안은 의자에 앉으며 자신이 피곤해져 있음을 느꼈다. '그렇지만 이 얼마나 훌륭한 직업인가' 하고 그는 생각했다.

마음속에서 다시 지젤과의 대화가 떠올랐다. 그러나 그는 재빨리 잡지를 펼치며 그 기억을 떨쳐 버리려고 애썼다. 하지만 헛수고였다. 방 안의 공기는 온통 지젤과 있을 때의 기억으로 가득 차 마치 처치 곤란한 증거처럼 그의 마음을 짓눌렀다. 그는 지난 몇 달 동안 머릿속에서 떠날 줄 모르는 여러 가지 일들을 회상했다. 한여름 내내 어떻게 그런 근거 없는 계획에 몰두할 수 있었을까? 깨진 꿈을 앞에 놓고 있는 그로서는 마치 연극이 끝난 뒤에 무대장치의 커다란 잔해들을 앞에 두고 있는 기분이었다. 무대장치가 해체되고 나면 한낱 허무한 먼지만을 남겨 놓는 것이다. 그러나 그는 그다지 괴로워하지 않았다. 아니, 괴로움 따위는 느끼지 않았다. 다만 자존심이 상해 있을 뿐이었다. 그런 모든 일이, 그에게는 대수롭지 않고 유치하며 또한 어울리지 않는 일같이 여겨졌다.

때마침 조심스럽게 현관에서 울리는 초인종 소리가 그의 기분을 달래주었다. 그는 즉시 냅킨을 펼쳐 놓은 다음 식탁보 위에 주먹을 올려놓았다. 뜻하지 않은 일이 일어나면 언제라도 일어나 대처할 수 있는 자세를 취하고 귀를 기울였다.

처음에는 여자들이 잡담을 하며 뭔가 속삭이는 것 같았다. 그러자 문이 열렸다. 앙투안은 레옹이 두 여자 방문객을 아무 거리낌없이 방으로 데리고 들어오는 것을 보고 놀랐다. 그들은 티보 씨 집에서 심부름하는 여자들이었다. 처음에는 어둠 속에 서 있었으므로 앙투안은 그 여인들을 잘 알아보지 못했다. 그러나 두 여인이 급히 달려오는 것으로 생각하고 그는 자리에서 벌떡 일어났다. 그 바람에 의자가 뒤로 넘어갔다.

"아니에요, 아니에요……." 두 여자는 아주 당황해 하면서 부르짖었다. "앙투안 씨, 용서해 주세요. 가능한 한 폐 끼치지 않으려고 늦게 찾아 뵙게 되었습니다!"

'영락없이 아버지가 돌아가셨다는 소식인 줄 알았지' 하고 앙투안은 간단하게 생각했다. 그리고 자신이 이미 그런 마지막 소식을 어느 정도 각오하고 있다는 것을 깨달았다. 머릿속에서는 곧 정맥염 장애로 인한 혈전 현상이 있을 법하다는 생각이 떠올랐다. 그런 돌발적인 사건이 오히려 질질 끄는 병고에서 벗어나게 할 수도 있다고 생각했던 그는 일종의 실망이라고 해도 좋을 감정을 느꼈다.

"자, 앉으시게." 그가 말했다. "나는 식사를 계속할 테니까. 오늘밤 여러 군데 왕진할 곳이 있어서."

두 여자는 자리에 앉으려 하지 않았다.

그녀들의 어머니인 잔느 할머니는 벌써 25년 동안 티보 씨 집에서 가정부로 일해 왔다. 그러나 지금은 더 이상 더부살이를 하는 것도 아니고, 두 다리는 정맥혹으로 부어올라 그녀 말대로 '이빠진 접시' 꼴이 되어 일에서 손을 뗀 지 오래다. 딸들이 그녀를 위해 팔걸이의자를 화덕 앞에 놓아주면, 오랜 기간 몸에 밴 습관으로 손에 부젓가락을 들고, 자기는 무엇이든지 다 알고 있다는 이야기부터 시작해서, 가끔 마요네즈 정도는 휘저을 수 있으니까 가져오라는 등, 자신이 아직 쓸만한 구석이 남아 있다는 마지막 꿈을 품은 채 날이면 날마다 그 화덕 앞에서 지냈다. 그리고 아침부터 밤까지 딸들이 하는 일에 귀찮을 정도로 잔소리를 하는 것이었다. 딸들이라고 해도 둘 다 이미 서른 고개를 넘었다. 언니인 클로틸드는 건장한 체격으로 부지런하기는 하나 별로 상냥한 편이 못 되었으며, 수다스럽기는 해도 일에는 몸을 아끼지 않았다. 게다가 오랫동안 소작농으로 일해 온 그녀는 자기 어머니처럼 거친 기질과 여간내기가 아닌 괄괄한 말투를 썼다. 지금은 그녀가 부엌일을 맡고 있었다. 언니에 비하면 훨씬 가녀린 아드리엔느는 수도원에서 자라 계속 도시에 있었다. 그녀는 속옷류라든가 가요라든가 그리고 작업대 위에 놓인 작은 꽃다발, 성 토마스 아퀴나스 성당의 장엄한 성무(聖務) 따위를 좋아했다.

여느 때처럼 클로틸드가 먼저 입을 열었다.

"실은 어머니 일입니다만, 사나흘 전부터 무척 괴로워하고 계세요. 배의 오른쪽 부분이 많이 부었거든요. 밤에도 통 잠을 못 이루시고 화장실에 갈 때엔 꼭 어린애같이 칭얼거리십니다. 그러면서도 병에 대해서는 고집이 세셔서 입 밖에 내지도 못하게 하십니다. 큰 도련님, 부디 언제 한 번 아무렇지도 않게 잠깐 오셔서—그렇지, 아드리엔느? —앞치마 밑의 그 혹을 말끔히 도려내 주실 수 있을까 하고요."

"아, 그런 것쯤이야." 앙투안은 수첩을 꺼내며 말했다. "내일 아무 핑계나 만들어서 부엌으로 들어가지."

아드리엔느는 언니가 이런저런 설명을 하고 있는 동안에 앙투안의 접시를 바꾸기도 하고 빵 바구니를 앞에 놓아주기도 하며, 언제나 하는 습성대로 바삐 시중을 들고 있었다.

그녀는 아직까지 한 마디도 하지 않았다. 그러다가 머뭇거리는 목소리로 이렇게 물었다. "큰 도련님…… 이대로 나빠질 수도 있을까요?"

'그렇게 갑자기 커지는 혹이라면……' 하고 앙투안은 생각했다. '나이도 나이니까 수술도 위험하고!' 그는 이런 경우에 일어날 수 있는 모든 것을 가혹하리만큼 정확하게 상상해 보았다. 그 혹의 예상치 못한 발육, 그로 인한 해와 독, 그 결과 여러 내장기관에 오게 될 압박…… 더 심각한 것은 많은 경우에 산송장같이 되어 버리는 그 무섭고도 완만한 육체분열 증상이었다…….

그는 눈썹을 추켜세우고 입 언저리에 침울한 빛을 띠었다. 겁에 질려 있는 그 여인들의 눈을 바라볼 용기가 나지 않았다. 그렇다고 거짓말은 할 수 없었다. 그는 접시를 밀어내고 애매한 몸짓을 했다. 그때 침묵을 견디다 못한 클로틸드가 재빨리 그의 말을 대신했다.

"물론 미리 이렇다 저렇다 말씀하실 필요는 없겠지요. 하여튼 큰 도련님께서 우선 봐 주셔요. 하지만 이거 하나는 분명해요. 제 죽은 바깥 양반의 어머니는 15년 이상이나 배가 불러 앓다가 결국 폐렴으로 돌아가셨지 뭐에요!"

11. 앙투안, 두 소년을 위문하다

15분 뒤에 앙투안은 베르뇌이유 거리 37번지 A호에 도착했다. 어두침침한 작은 마당을 향해 있는 낡은 건물의 7층. 가스 냄새가 나는 복도 입구에 A호실 문이 있었다.

로베르가 램프를 들고 문을 열어 주었다.

"동생은 좀 어때?"

"다 나았습니다!"

램프의 불빛은 솔직하고 쾌활하며 나이에 비해 성숙하고 당찬 소년의 눈길을 비추고 있었다. 그리고 그의 얼굴 전체는 조숙한 활력으로 긴장되어 있었다. 앙투안은 미소를 띠었다.

"어디 한번 볼까!"

그는 램프를 건네받아 어떻게 됐는지 샅샅이 살펴보려고 높이 쳐들었다.

방 한가운데는 유포(油布)를 덮은 둥근 식탁이 묵직하게 자리잡고 있었다. 로베르는 거기에서 분명 무엇인가를 쓰고 있었던 것 같았다. 뚜껑이 열린 길쭉한 잉크병과 산더미처럼 쌓인 접시 사이에 커다란 공책이 펼쳐 있었다. 접시 위에는 두껍게 썬 빵 한 조각과 감자 두 개가 초라한 '정물(靜物)'을 이루고 있었다. 방 안은 깨끗하게 정돈되어 있어, 비교적 안락한 느낌을 주었다. 공기는 후덥지근했다. 벽난로 앞에 놓인 작은 난로 위에서는 물주전자 속의 물이 보글거리며 끓고 있었다. 앙투안은 방 안쪽에 놓인 높은 마호가니 침대 쪽으로 걸어갔다.

"자고 있었니?"

"아니요, 선생님."

놀라 잠에서 막 깨어난 것이 틀림없는 환자는 아프지 않은 쪽의 팔꿈치를 세워 몸을 일으켰다. 그리고 스스럼없이 미소를 지으며 눈을 크게 떴다.

맥박은 정상이었다. 앙투안은 가지고 온 거즈 상자를 침대용 작은 탁자 위에 놓고 붕대를 풀기 시작했다.

"난로 위에 끓고 있는 것이 뭐지?"

"물입니다" 하고 로베르가 웃으며 말했다. "관리인 아주머니가 준 보리수 꽃으로 차를 만들려고요." 그리고 별안간 눈을 깜박거렸다. "드릴까요? 설탕은 넣나요? 한번 드셔보세요!"

"아니, 정말 괜찮아" 하고 앙투안은 유쾌한 투로 말했다. "그런데 내가 이걸 좀 씻으려면 끓는 물이 필요한데. 깨끗한 접시에 따라 주지 않겠니? 아니다, 좀 식을 때까지 기다리자."

그는 의자에 걸터앉고는, 꽤 오래전부터 알고 있는 친구나 되는 것같이 미소짓고 있는 두 소년을 바라보았다. 이런 생각이 들었다. '솔직해 보이는군. 하지만 방심하면 안 되겠는 걸.'

그는 로베르 쪽으로 몸을 돌렸다.

"그런데 너희 같은 아이들이 이렇게 둘이서만 살고 있다니, 대체 어떻게 된 거야?"

로베르는 애매한 몸짓을 하고 눈썹을 실룩거리면서 이렇게 말하는 것 같았다. '하지만 별수없는 걸요!'

"부모님은 어디 계시니?"

"저어, 부모님은……" 하고 마치 아득한 옛날이야기를 꺼내려는 것처럼 로베르가 말했다. "우리는 이모와 함께 살고 있었어요."

소년은 생각에 잠기는 듯했다. 그러다 큰 침대를 손가락으로 가리켰다.

"그런데 이모는 지금부터 1년도 더 전에, 8월 10일 한밤중에 돌아가셨어요. 우리는 정말 혼났어요. 안 그래, 루이? 다행이 우리는 관리인 아주머니와 친해서, 관리인 아주머니가 집주인한테 아무 말도 하지 않았으므로 여기에 그대로 있게 된 것이지요."

"그럼 집세는?"

"내고 있어요."

"누가?"

"우리가요."

"그러면 그 돈은 어디서 나오지?"

"물론 벌지요. 제가요. 왜냐하면 동생은 일이 잘 안 풀려서요. 딴 일을 구해 주지 않으면 안 될 것 같아요. 그르넬 거리에 있는 브로라고 아시지요? 동생은 지금 그 집에서 심부름을 하고 있어요. 밥은 안 주고 한 달에 40프랑. 벌이라고 할 수 없지 않아요? 구두창 갈이만 해도 얼마인데!"

소년은 입을 다물었다. 마침 앙투안이 찜질 거즈를 떼고 있어서 몸을 굽혀 가며 유심히 들여다보고 있었다. 종기는 별로 곪지 않았다. 팔의 부기도 빠져 있었다. 상처는 잘 아물었다.

"그럼 너는?" 하고 앙투안은 찜질 거즈를 확인하며 물었다.

"저요?"

"너는 벌이가 충분한 거니?"

"저어, 저는……" 하며 로베르는 처음에는 머뭇거리며 말하다가 곧 기운차게 내뱉었다. "저는…… 잘 하고 있어요!"

앙투안은 놀라서 고개를 쳐들었다. 그리고 이번에는, 열정적이고 의지가 강해 보이는 그 작은 얼굴의 날카로우면서도 다소 불안이 섞인 눈길과 마주쳤다.

소년은 스스로 이야기하고 싶어했다. 호구지책을 마련하는 것이 가장 큰 과제이며 가장 중요한 문제였다고 했다. 그리고 철이 들면서부터 생각은 온통 돈벌이로만 향해서 끊임없이 긴장했다는 것이다.

그는 있었던 일을 모두 다 이야기하고 싶고 비밀로 남김 없이 털어놓고 싶은 마음에 입심 좋게 말을 꺼냈다.

"이모가 돌아가셨을 때 저는 서기 노릇을 해서 한 달에 60프랑밖에 못 받았어요. 그러나 지금은 재판소에서도 일을 맡아서, 120프랑의 고정 수입이 있답니다. 그리고 주임인 라미 씨가 매일 아침 서기들이 출근하기 전에 사무실 마루를 왁스로 닦는 일을 저한테 맡겼어요. 전에 말하던 그 늙은 게으름뱅이 영감은 비가 온 다음날 아니면, 사람 눈에 뜨이는 곳이나 유리창 앞만 닦는단 말씀이에요. 그가 잘려서 제가 득을 본 셈이지요! ……그 일로 저는 85프랑을 더 벌게 되었으니까요. 게다가 저는 마루를 닦으면서 스케이트 놀이를 하는 것이 참 재미있거든요!"

그는 휘파람 소리를 냈다.

"또 그것뿐이 아니지요…… 다른 방법도 많아요."

소년은 조금 망설였다. 그리고 앙투안이 또 한 번 자기 쪽을 봐 주기를 기다렸다. 소년은 대번에 상대의 속마음을 알아차린 것 같았다. 비록 마음은 놓이지만 역시 먼저 무슨 말이라도 해 두는 편이 안심이 된다고 생각하는 것 같았다.

"제가 선생님께 이런 말씀을 드리는 것은 선생님이 틀림없는 분이라고 생각해서예요. 그래도 되도록 모르는 체해 주세요, 네?"

그러고는 목소리를 높이며 자기의 속사정 이야기에 차츰 열을 올리기 시작했다.

"선생님 댁 바로 앞 3번지 X호의 관리인인 조랭 부인을 아시지요? 그런데—아무한테도 말씀하지 마세요—그 아주머니는 특별한 손님을 위해 담배를 만들고 있어요……. 선생님도 흥미가 가시지요? ……아니라고요? …… 그런데 그게 참 좋거든요. 부드럽고 말린 게 절대로 딱딱하지 않고 그리고 가격도 싸고요. 이번에 한번 맛보시게 가져와 볼게요……. 그런데 그런 식의 판매는 절대 금지되어 있는 것 같아요. 그러니까 잡히지 않고 담배를 전하고, 돈도 남몰래 주고받으려면 자세한 사정을 아는 누군가가 필요했던 겁니다. 그 일을 제가 한답니다. 사무실 일이 끝나면 6시부터 8시 사이에 아주 태연하게. 그 대신 아주머니는 일요일만 제외하고는 매일 제게 점심을 주지요. 게다가 아주머니가 만든 음식은 정말 맛있어요. 참 경제적이지요! 더구나 단골손님들은—모두 부자라서—때에 따라 차이는 있지만 계산할 때마다 10수 또는 20수씩 제게 팁을 주어요. 뭐 그런 것들을 전부 합치면 그럭저럭 살아가게 되는 것이지요……."

잠시 침묵이 흘렀다. 앙투안은 소년의 말투만을 듣고도 그의 눈에 자랑스러워하는 빛이 감돌고 있으리라 직감할 수 있었다. 하지만 그는 일부러 얼굴을 들지 않았다.

로베르는 신이 나서 쾌활하게 이야기를 계속했다.

"저녁에 루이는 정말 녹초가 되어서 돌아와서, 여기서 식사를 하지요. 수프라든가 계란이라든가 치즈 따위는 금방 요리가 된답니다. 그런 것이 식당 같은 데서 먹는 것보다 훨씬 좋거든요. 루이, 안 그래? 그리고 저는 장난삼아 가끔 출납계원을 위해 장부표지 위에 제목 글씨를 써 주지요. 멋있고 재미있어요. 원형 필체로 쓴 깨끗한 제목, 재미로 하지 않으면 못하지요. 사무실에서는……."

"안전핀을 좀 다오" 하고 앙투안이 말을 막았다. 소년이 수다를 떨며 자기를 재미나게 해 주는 데 흥미를 느끼게 하면 안 되겠다 싶어 그는 일부러 무관심한 체했다. 하지만 속으로는 이렇게 생각했다. '요놈들, 꽤 똑똑한걸…….'

붕대를 다 감고, 전처럼 팔을 어깨에 매준 뒤에 앙투안은 시계를 보았다.

"내일은 점심때쯤 해서 또 한 번 올게. 그 다음은 네가 나한테 오너라. 금요일이나 토요일에는 다시 일할 수 있을 거다."

"고…… 고…… 고맙습니다. 선생님!" 하고 마침내 꼬마 환자가 말을 했다. 망설이는 그 목소리는 터무니없이 격앙되나 싶더니 어쩐지 우스꽝스럽게 조용해 진 것을 보고, 듣고 있던 로베르가 폭소를 터뜨렸다. 목을 졸리는 듯한 시끄러운 그 웃음소리에서는 꽤나 신경질적인 이 어린 소년의 줄곧 이어져 온 긴장감이 불현듯 엿보였다.

앙투안은 조끼 주머니에서 20프랑을 꺼냈다.

"애들아, 이건 얼마 안 되지만 이번 주에 보태 써라!"

그러나 로베르는 펄쩍 뛰며 뒤로 물러섰다. 그리고 눈썹을 찌푸리며 얼굴을 번쩍 들었다.

"농담이시죠! 절대로 안 됩니다! 필요한 만큼은 있다고 말씀드리지 않았습니까!"

급한 나머지 억지로 쥐어 주려는 앙투안을 납득시키기 위해 로베르는 결심한 듯 최후의 비밀을 털어놓았다.

"저희가 벌써 얼만큼 저금했는지 아세요? 알아맞춰 보세요! ……1,700프랑! 네, 그래요! 그렇지, 루이야?" 그러고는 마치 신파극의 배반자라도 된 것처럼 목소리를 낮추며 말했다. "게다가 제 조직이 잘 되어가면 자꾸자꾸 더 늘어날 거라구요……."

그의 눈이 어찌나 강하게 빛났던지 앙투안은 호기심에 끌려 나가던 걸음을 잠시 멈추고 문지방에 서 있었다.

"또 한 가지 수가 있는데요…… 포도주나 올리브유나 그 밖에 여러 가지 기름 종류를 중개해서 파는 사람과 짜면 말이에요. 바스 형제라고, 사무소서기예요. 내용은 이런 거예요. 오후에 재판소에서 돌아오는 길에—뭐, 법을 어기는 건 아니니까요. —카페나 식료품 가게나 술 가게에 가는 거예요. 그리고 주문을 받는 거지요. 그럴려면 말솜씨가 좋아야 한답니다. 그러나 그것도 하다 보면 점점 늘게 되겠지요……. 어쨌든 일주일 동안 무척 많이 팔았답니다! 그래서 번 돈이 44프랑! 그리고 바스 말로는 제가 조금 더 능숙해지면……."

앙투안은 7층 계단을 내려오면서 줄곧 혼자 웃었다. 그의 동정심은 확고했다. 그 애들을 위해서라면 무엇이든지 해 주고 싶었다. '어쨌든' 하고 그는 생각했다. '너무 되바라지지 않게 감독해 줄 필요는 있겠군…….'

12. 밤, 에케의 집에서의 임종이 가까워진 어린아이 머리맡에서—스튀들리와 논쟁

비가 내리고 있었다. 앙투안은 택시를 잡았다. 생토노레 교외에 가까이 가자 기분 좋았던 마음은 자취를 감추고 얼굴에는 걱정스러운 빛이 짙게 감돌았다.

'어떻게든 결말이 났으면 좋겠네' 하고 그는 오늘만 벌써 세 번째로 에케의 집 계단을 힘차게 올라가면서 생각했다. 그는 한순간 자신의 소원이 이루어진 것처럼 느꼈다. 문을 열어준 하녀가 평소와 다른 눈으로 그를 바라보며 서둘러 다가와 무엇인가 말하려 했기 때문이다. 그러나 알고 보니 그것은 단지 은밀한 전갈 때문이었다. 그가 아기를 보러 가기 전에 주인 마님의 방에 잠깐 들러 말씀을 나누고자 한다는 것이었다.

피할 수가 없었다. 방에 환하게 불이 켜져 있고 문도 열려 있었기 때문이다. 들어서자마자 베개에 얼굴을 파묻고 있는 니콜의 머리가 눈에 띄었다. 그는 가까이 다가갔다. 니콜은 꼼짝도 하지 않았다. 졸고 있었던 것이다. 그런 그녀를 깨운다는 것은 못할 짓이었다. 젊음을 간직한 그녀는 평온한 모습으로 잠들어 있었다. 온갖 고뇌와 피로가 지금은 잠 속에 녹아 버린 것이다. 앙투안은 이제 겨우 고통이 사라진 그녀의 모습에서 벌써 만족감에 젖어 망각과 행복을 갈구하는 빛을 엿보고는, 놀란 나머지 꼼짝도 하지 않은 채 숨을 죽이며 물끄러미 그녀를 바라보았다. 닫힌 진주와도 같은 눈꺼풀, 두 겹이 진 금빛 속눈썹, 나른하고 늘어진 모습……. 꾸밈없고 아름다운 이 얼굴은 얼마나 마음을 설레이게 하는가! 힘없이 곡선을 그린 입, 부드러움과 기대만이 엿보이는 반쯤 열린 창백한 입술, 얼마나 기막힌 매력인가! '어째서일까' 그는 생각했다. '잠들어 있는 여인 얼굴에는 어째서 이토록 매혹적인 힘이 있는 것일까? 그리고 이처럼 언제나 감동하기 잘하는 남자의 불순한 동정 뒤에는 도대체 무엇이 있단 말인가?'

그는 발끝으로 몸을 반쯤 돌리고는 소리를 죽이며 방을 나왔다. 그리고 복도를 지나 어린애가 있는 방을 향해 걸어갔다. 벌써 칸막이를 한 벽을 통해 끊임없이 우는 아이의 쉰 듯한 목소리가 들려왔다. 손잡이를 돌리고 안으로 들어선 그는 그곳에 뿌리박고 있는 나쁜 힘과 맞서서 버티려고 자신의 의지를 한곳에 모으지 않으면 안 되었다.

에케는 방 한가운데 고정된 아이의 흔들침대 곁에 앉아서 두 손을 모아 조심스레 그것을 흔들어 주고 있었다. 침대의 저편에는 밤을 꼬박 새우며 지키는 간호사가 베일을 쓰고 수그린 채, 양손은 앞치마 주름 위에 가지런히 모으고 직업상 지칠 줄 모르는 참을성 많은 태도로 기다리고 있었다. 한편 이자크 스튀들레는 여전히 삼베 작업복을 입고 벽난로에 기대서서, 팔짱을 낀 채 한쪽 손으로 검은 수염을 만지고 있었다.

앙투안이 들어오는 것을 보고 간호사는 일어났다. 그러나 아이에게 눈길이 쏠려 있는 에케는 아무것도 모르는 듯했다. 앙투안은 흔들침대 곁으로 걸어갔다. 그제서야 에케는 그에게로 얼굴을 돌리고 한숨을 지었다. 앙투안은 이불 위에서 움직이고 있는 작고 뜨거운 손을 살짝 잡았다. 그러자 곧 아이의 몸은 모래 속으로 파고 들어가는 벌레같이 움츠러들었다. 어린아이의 얼굴은 붉게 얼룩져 있었으며, 귀 뒤에 매달린 얼음 주머니만큼이나 색깔이 어두웠다. 니콜을 닮은 금발 곱슬머리는 땀과 찜질 때문에 젖었는지 이마와 볼에 착 달라붙어 있었다. 눈은 반쯤 감겨 있었고, 부어오른 눈두덩 밑에는 흐리멍덩한 눈동자가 마치 죽은 생선의 그것처럼 금속 빛을 띄고 있었다. 흔들거리는 침대의 움직임 때문에 오른쪽 왼쪽으로 머리가 천천히 움직였다. 그리고 침대의 움직임은, 쉰 듯한 작은 목에서 흘러나오는 신음소리와 박자를 맞추었다.

세심한 간호사는 청진기를 가지러 가려고 일어섰다. 그러나 앙투안은 그럴 필요가 없다는 눈짓을 했다.

"니콜이 생각해 낸 거야."

에케는 이상스럽게 높은 톤으로 말했다. 앙투안이 무슨 영문인지 못 알아 들은 것을 눈치챈 그는 천천히 설명했다.

"이것 봐, 이 흔들요람 있잖아? ……니콜의 아이디어야……."

그는 애매한 미소를 지었다. 완전히 혼란상태에 빠져 있는 그는 이런 별 것 아닌 일까지도 특별히 중요한 것으로 생각하는 듯했다. 그는 곧 말을 계속했다.

"그렇지…… 7층으로 찾으러 갔었어…… 이 작은 요람 말이야! ……7층 은 먼지투성이였어……. 이렇게 흔들어 주니까 겨우 조금씩 진정하고 있어!"

앙투안은 감격스럽게 그를 지켜보았다. 그리고 이 순간에 자기의 연민이 아무리 지극하더라도 이러한 고통과는 도저히 비교가 안 된다는 것을 깨달 았다. 그는 에케의 팔에 손을 얹었다.

"여보게, 자네는 몹시 지쳐 있어. 가서 좀 눕게나. 그렇게 몸을 학대한다 고 해서 별 수 있겠나?"

스튀들레도 거들었다.

"오늘로 사흘 밤을 꼬박 새웠지 뭔가!"

"우리 말을 듣게나." 앙투안은 고개를 숙이며 말했다. "자네가 정말 기운 을 내야 할 때가 올 걸세……. 머지않아 말이지."

그는 이 불행한 친구를 어떻게든 요람 곁에서 떼어 놓고, 이 부질없는 고통 에서 한시라도 빨리 벗어나 깊은 잠을 자게 해 주고 싶은 마음이 간절했다.

에케는 아무 반응이 없었다. 그는 여전히 아이를 흔들어 주고 있었다. 그 러나 그의 어깨는 앙투안이 말한 '머지않은'이라는 시기의 무게를 절절히 느 끼기 시작한 것처럼 점점 처졌다. 이윽고 그는 더 이상 걱정끼치지 않도록 자리에서 일어나 간호사에게 자기 대신 요람 곁에 와 달라고 손짓했다. 그러 고는 두 뺨의 눈물도 닦지 않고 뭔가를 찾는 듯 돌아보았다. 마침내 그는 앙 투안에게 다가왔다. 그리고 앙투안의 얼굴을 바라보려고 애썼다. 앙투안은 그의 두 눈의 표정이 몹시 변해 있는 것을 보고 놀랐다. 비록 근시였지만 날 카롭고 단호하던 눈빛이 지금은 흐려진 것 같았다. 그 눈길은 좀처럼 움직이 려 들지 않았고 한 번 눈길을 두면 그 자리에 그대로 힘없이 머물렀다.

에케는 앙투안을 바라보았다. 그의 입술은 말하기도 전에 떨렸다. "내가

……무엇을 어떻게 하면 좋을까?" 그는 중얼거렸다. "저렇게 괴로워하고 있는데……. 이대로 고통 가운데 내버려 둘 수 없잖아? 용단을 내려서…… 어떻게든 해야겠어……."

입을 다문 그는 정말로 스튀들레의 도움을 바라는 것 같았다. 이어서 그는 다시 앙투안을 진지하게 바라보았다. "여보게 티보, 무슨 조치라도 취해 주게나……." 그는 앙투안의 대답을 피하기라도 하듯이 고개를 숙인 채 휘청거리는 발걸음으로 방을 가로질러 나갔다. 앙투안은 잠시 그 자리에서 꼼짝도 하지 않았다. 갑자기 얼굴이 달아올랐다. 갈피를 잡을 수 없는 여러 가지 생각들이 머릿속에서 소용돌이쳤다.

스튀들레가 그의 어깨에 손을 얹었다.

스튀들레의 눈을 보면 말의 눈이 생각난다. 길게 찢어지고 너무나 휑한 눈. 축축한 흰자위 속에 힘없는 눈동자가 천천히 헤엄치고 있었다. 지금 그의 눈길은 에케와 똑같이 한곳을 바라보며 긴장되어 있었다.

"어떻게 할 거야?" 스튀들레가 작은 소리로 물었다.

짧은 침묵이 흐르는 동안에 두 사람의 생각이 서로 마주쳤다.

"나 말이야?" 하고 앙투안은 얼버무렸다. 그러나 그는 스튀들레가 설명을 듣고 싶어한다는 것을 알아차렸다. "그거야 나도 알지만……" 하고 그가 갑자기 입을 열었다. "그렇다고, 그가 조치 좀 취해 달라고 했다 해서 알았다고 승낙할 수는 없지 않나!"

"쉬……" 하고 스튀들레가 속삭였다. 그는 간호사 쪽을 한번 흘끗 보고는 앙투안을 끌고 복도로 나와 문을 닫았다. "그럼 자네는 손 쓸 방도가 전혀 없다는 말인가?" 스튀들레가 물었다.

"그렇네."

"그렇다면 이젠 정말 아무런 희망이 없다는 말인가?"

"없어."

"그렇다면?"

은연중에 불안감을 느낀 앙투안은 반발이라도 하는 듯 침묵 속으로 파묻혀 버렸다.

"그렇다면?" 하고 스튀들레가 분명하게 말했다. "망설일 때가 아니네. 한시라도 빨리 끝내는 거야!"

"나도 같은 생각일세. 그랬으면 좋겠어."

"생각만으로는 불충분해."

앙투안은 얼굴을 들었다. 그리고 단호하게 말했다. "그렇다고 더 이상 어떻게 할 수 있는 게 없어."

"있지!"

"없어!"

이야기가 너무 험악해지자 스튀들레는 잠시 입을 다물었다. "그 주사 말이야……" 하고 그가 마침내 말을 이었다. "……나는 잘 모르지만…… 분량을 좀 늘인다면……."

앙투안은 단호하게 말을 막았다.

"그만둬!"

그는 심한 분노에 사로잡혔다. 스튀들레는 아무 말 못하고 그를 쳐다보았다. 앙투안의 눈썹은 거의 직선을 이룬 채 굳었다. 얼굴 근육은 무의식중에 입 언저리가 올라갈 정도로 경련을 일으켰다. 광대뼈가 튀어나온 그의 얼굴에서는 마치 신경질적인 떨림이 피부 밑으로 퍼지기나 한 것처럼 이따금 근육이 물결치는 듯했다.

얼마동안 시간이 흘렀다.

"그만두게." 아까보다는 마음이 좀 가라앉은 앙투안이 말했다. "자네 마음은 잘 알아. 빨리 편하게 해 주고 싶은 마음, 그건 우리 모두 마찬가지네. 하지만 그건 마치 초……초보자가 느끼는 유혹에 지나지 않아! 무엇보다도 중요한 게 있다네. 생명의 존엄성! 그래! 생명의 존엄성……. 만일 자네가 의사였다면 분명히 우리와 같은 생각이었을 거야. 반드시 지켜야 하는 규범……. 우리 능력에도 한계가 있다고! 그 규범이 없다면……."

"인간이 느끼는 유일한 한계는 양심뿐이네!"

"그래, 바로 그 양심이야! 직업상의 양심……. 생각해 보게나! 모든 의사들이 자기에게 그런 권리가 주어졌다고 생각한다면…… 하기야 어떤 의사도, 알겠나, 이자크? 어느 누구도……."

"그러니까 말일세……" 하고 스튀들레는 날카로운 목소리로 말했다.

그러나 앙투안은 그의 말을 가로막았다.

"에케 자신도 이런 괴…… 괴롭고 절…… 절망적인 증세를 수없이 봐왔다

네. 그러나 그 자신 역시 한 번도 스스로 결론지으려 한 적은 없었어……
한 번도! 필립 선생도! 리고 선생도! 트뢰이야르 선생도! 의사라는 직업
을 가진 어느 누구도, 알겠나? 절대로 그럴 수는 없어!"

"그래……" 스튀들레는 거친 말투로 내뱉듯이 말했다. "자네들은 모두 훌
륭하신 의사겠지. 그러나 내가 보기엔 모두들 바보 얼간이야!"

그가 한 발자국 물러났다. 그러자 천장에서 내려오는 불빛이 갑자기 그의
얼굴을 환히 비추어 주었다. 그의 표정은 그가 한 말 이상의 무엇인가를 말
하고 있었다. 그것은 격분한 경멸의 빛만이 아니라 일종의 도전적이며, 위협
적이기까지 한, 마음속의 굳은 결심과도 같은 표정이었다.

'좋아.' 앙투안은 생각했다. '11시까지 기다려보다가 내가 직접 주사를 놓
아야겠다.'

그는 아무 대답도 하지 않고 어깨를 으쓱해 보였다. 그리고 다시 방으로
돌아와 의자에 앉았다.

끊임없이 덧창을 두드리는 빗소리, 박자를 맞추어 창문을 때리는 빗방울
소리, 방 안에서는 쉴새없이 왔다 갔다 하는 요람의 움직임과 거기에 보조를
맞추는 아이의 울음소리, 이러한 소리들이 모두 합쳐져서 죽음의 그림자가
찾아든 밤의 정적 속에 집요하고 비통하면서도 조화로운 화음을 이루고 있
었다.

'조금전에 나는 두서너 번 계속해서 더듬거렸었지' 하고 아직 흥분을 가라
앉히지 못한 앙투안이 속으로 중얼거렸다(이런 일이 그에게 일어나는 경우
는 극히 드물었다. 어떤 부자연스런 태도로 몸이 굳어질 때―예를 들어 거
의 가망이 없는 환자 앞에서 괴로운 거짓말을 해야 한다든가, 또는 사람들과
대화할 때 자신은 도무지 확신이 가지 않는 고정관념을 지지해야 할 때―를
제외하고는, 좀처럼 일어나지 않던 현상인 것이다). '칼리프(이슬람교의 왕,
스튀들레의 별명) 때문
에 그런 거야' 하고 앙투안은 생각했다. 그는 곁눈으로 '칼리프'가 벽난로에
등을 기대고 다시 자리에 앉는 것을 보았다. 그 순간, 10년 전 의과대학 근
처에서 만났을 때 학생이었던 '이자크 스튀들레'의 모습이 생각났다. 그 당
시 라틴 구의 패거리들은 누구나 할 것 없이, 메디아 왕 같은 수염, 부드러
운 목소리, 우렁찬 웃음, 그러면서도 열광적이고 선동적이며 성급하고 외곬

기질이 있는 이 칼리프를 알고 있었다. 사람들은 칼리프만은 누구보다도 화려한 장래를 약속받았다고 믿고 있었다. 그러던 어느 날 생활전선에 뛰어들기 위해 그가 학업을 포기했다는 소문이 났다. 사람들의 말로는 그의 형이 은행원이었는데, 공금횡령으로 자살했다는 것이다. 그래서 그가 형수와 조카들을 맡아 돌본다는 것이었다.

한층 더 쉰 듯한 아이 울음소리가 회상의 맥락을 끊었다. 앙투안은 아이가 경련을 일으키는 모습을 살펴보면서 언제 몸을 더 자주 움직이는지 지켜보았다. 그러나 불규칙적인 아이의 움직임으로부터는 병아리가 죽어갈 때 팔딱거리는 것과 같은 움직임밖에 아무 규칙도 찾아 내지 못했다. 그때 앙투안은 스튀들레와의 언쟁 이래로 애써 생각하지 않으려던 불쾌한 감정이 별안간 비탄에 가까울 정도까지 커져가는 것을 느꼈다. 위험에 처한 환자의 생명을 구하기 위한 일이라면 그는 어떤 무모한 행동도 시도할 수 있었고, 어떤 위험도 홀로 책임질 수 있었다. 하지만 이런 절망적인 상황에 놓이게 되어 어떤 치료도 할 수 없는 지경에 빠져, 승리한 '적'이 우쭐대며 오는 것을 그저 멍청히 바라볼 수밖에 없을 때, 이것이야말로 그로서는 도저히 견딜 수 없는 일이었다. 그런데 지금 눈 앞에 보이는 어린아이의 끊임없는 몸부림, 말도 못하는 아기의 울음소리, 이런 것들이 이상하게 그의 신경을 뒤흔들어 놓았다. 앙투안은 아무리 어린아이라 할지라도 인간이 고통스러워하는 것을 보는 데 이미 익숙했다. 그런데 오늘밤은 어째서 무감각해질 수 없는 것일까? 다른 사람의 임종 때는 언제나 태연하게 대할 수 있다는 것이 불가사의하고 납득할 수 없었는데, 오늘밤은 이상하게 전혀 각오가 안 된 사람처럼 견딜 수 없는 괴로움을 불러일으키는 것이었다. 그는 마음속 깊은 데까지 두들겨 맞은 기분이었다. 자기 자신과 자기의 행동에 대한 신뢰는 물론, 과학과 생명에 대한 신뢰마저도 철저하게 유린당한 기분이었다. 그것은 마치 파도처럼 그를 삼켜 버렸다. 그의 눈앞에 불길한 행렬이 지나가는 것이 보였다. 불치라고 진단을 내렸던 환자들의 행렬……. 오늘 아침까지만 해도 상당수가 된다. 병원에서 진찰한 네댓 명의 환자들. 위게트, 에른스트의 아들, 눈먼 갓난아기, 그리고 지금 이 아이까지…… 분명 더 있을텐데! ……그는 의자에 처박히듯 앉아 두터운 입술을 우유로 축이고 있던 아버지의 얼굴을 떠올렸다……. 몇 주일 뒤에, 고통스런 몇 날 몇 밤을 보낸 뒤에, 그 건장한 노인도 똑같이…… 그렇다. 세상 사람들은 모두 뒤를 이어서! ……그리고 이런 보편적인 불행에는 별다른 이유도 있을 수 없다……. '그렇다. 삶은 터무니없는 것이다. 삶은 사악한 것이다!' 그는 마치 고집 센 낙천가에게 말하듯 격한 마음으로 생각했다. 그렇게 고집 센 사람, 멍청하게 만족하고 있는 사람은 다름아닌, 바로 평소 모습 그대로의 앙투안이었던 것이다.

간호사가 조용히 자리에서 일어났다.

앙투안은 시계를 보았다. 주사 시간이었다……. 자리를 옮겨 무엇인가 할 일이 생긴 것이 다행이었다. 조금 있으면 빠져나갈 수 있다는 생각에 벌써 명랑해지기까지 했다. 간호사가 필요한 것을 모두 갖추어 쟁반에 들고 왔다. 그는 앰플을 깨어 그 속에 바늘을 꽂고 주사기에 정량을 채워 넣었다. 그리고 앰플의 4분의 3을 통 속에 버렸다. 스튀들레의 주의 깊은 눈길이 자기를 바라보고 있음을 느꼈다.

주사를 끝내고 다시 의자에 앉았다. 아이가 진정되는 기미를 확인할 참이었다. 그는 아이 위로 몸을 굽히고는 지극히 약한 맥박을 또 한 번 살핀 뒤에 작은 목소리로 간호사에게 무엇인가를 지시했다. 그러고 나서 천천히 일어나 세면대로 가서 비누로 손을 씻은 다음 말없이 스튀들레의 손을 한 번 잡았다. 앙투안은 방을 나왔다.

그는 발끝으로 걸으며 환하게 불이 켜져 있는 인적 없는 방 가운데를 가로질러 갔다. 니콜의 방문은 닫혀 있었다. 멀어져 갈수록 아이의 울음소리가 약해지는 것 같았다. 그는 살며시 현관문을 열고 나와 다시 닫았다. 층계참 위에서 귀를 기울였다. 이제는 아무 소리도 들리지 않았다. 그는 깊이 숨을 들이마셨다. 그리고 재빠르게 계단을 내려왔다.

밖으로 나온 그는 고개를 돌려 어두운 건물의 정면을 돌아보지 않을 수 없었다. 거기에는 마치 축제의 밤같이 불빛이 환하게 새어 나오는 덧창이 나란히 늘어서 있었다.

비는 막 그쳤다. 빗물이 아직도 인도를 따라 빠르게 흐르고 있었다. 비에 젖은 길은 인적이 끊긴 채 멀리까지 반짝거렸다.

오한을 느낀 앙투안은 외투 깃을 여미며 발걸음을 재촉했다.

13. 앙투안, 걸어서 귀가—마음속의 번민—젬므에서 홀로 쓸쓸히 식사

이 빗소리, 비에 젖은 이 거리……. 별안간 눈물에 젖은 얼굴이 떠올랐다. 똑바로 서 있는 에케와 그 집요한 눈길. '여보게 티보, 무슨 조치라도 취해 주게나…….' 그로서는 즉시 떨쳐 버릴 수 없는 괴로운 환상이었다.

'아버지로서의 감정…… 아무리 상상해 보아도 전혀 이해할 수 없는 감정 …….' 그러면서 그는 돌연 지젤을 생각했다. '가정…… 아이들…….' 다행히도 그것은 실현될 수 없는 단순한 가정에 지나지 않았다. 오늘밤에 그에게는 결혼이란 것은 너무 이르다고 여겨질 뿐만 아니라 어리석은 일같이 느껴졌다. '이기주의?' 하고 그는 마음속으로 물었다. '비열함?' 그러자 그의 생각은 다시 스튀들레에게로 갔다. '지금 이 순간에 나를 비겁하다고 할 사람은 칼리프 녀석뿐이겠지…….' 그는 복도로 끌려나가 스튀들레가 집요하게 추궁하던 것을 분노에 가득 찬 마음으로 떠올렸다. 그 뒤로 앙투안은 자기 주위에서 소용돌이치며 일어나는 너저분한 생각들로부터 벗어나고 싶었다. '비겁자'라는 말은 그에게 무척 불쾌하게 여겨졌다. '겁쟁이'란 말이 생각났다. '스튀들레 녀석, 내게 겁쟁이라고 하다니. 바보 같은 놈!'

그는 엘리제 궁 앞에 이르렀다. 마침 순찰대가 보조를 맞추며 궁전 주위를 한 바퀴 돈 참이었다. 보도 위에 총대를 내려놓는 소리가 들렸다. 그의 머릿속에서는 눈 깜짝할 사이에 비약적인 꿈을 꿀 때처럼 여러 장면이 펼쳐졌다. 스튀들레가 간호사를 내보내고 주머니에서 주사기를 꺼낸다……. 간호사가 돌아와 아이 시체를 만져본다……. 혐의, 고발, 매장 거절, 시체 해부…… 예심 판사, 경관들……. '모든 책임은 내가 진다'라고 그는 순식간에 마음을 정했다. 그리고 순찰대 앞을 지나가면서 한 병사를 뚫어지게 쳐다보았다. '그렇습니다'라고 그는 재판관 앞에서 변론하는 자신을 떠올리며 도발적으로 말했다. '제가 놓아 준 주사 말고 다른 주사 흔적은 없었습니다. 제가 의식적으로 분량을 늘려 주사를 놓았습니다. 완전히 절망 상태였으니까요. 그리고 저는 모든 책임을…….' 그는 어깨를 으쓱하고는 미소 지으며 천천히 걸음을 옮겼다. '바보 같으니라고.' 그러나 그는 이것으로 문제가 해결된다고는 생각할 수 없었다. '만일 내가 다른 사람이 놓은 치명적인 주사의 결과를 책임질 각오가 되어 있다면, 왜 그토록 직접 주사하기를 단호하게 거절했단 말인가?'

생각해 내려고 노력해도 해결은 고사하고 실마리도 찾아 내지 못하는 문제에 맞닥뜨리면 그는 언제나 조바심으로 어쩔 줄 몰라했다. 그는 스퇴들레와의 대화, 자기가 흥분했던 일, 말을 더듬던 일을 생각했다. 자기 행동에 대해서는 조금도 후회하지 않았지만, 자기가 어떤 역할을 맡았는데 전반적인 자신의 인격과는 어울리지도 않고 또 자기의 본질적인 면과 꼭 들어맞지도 않는 말 때문에 애를 먹은 것이 매우 불쾌하게 여겨졌다. 또한 그런 역할, 그런 말들이 언젠가는 그가 사물을 보는 시각, 행동 따위와 역행하게 되리라는, 막연하면서도 찌르는 듯한 직감이 스쳐갔다. 그리고 이렇게 마음속으로 자신을 나무라는 감정은 매우 긍정적인 것이어서 앙투안은 이 감정을 쉽게 떨쳐 버릴 수 없었다. 왜냐하면 그는 평소에 일단 자신이 한 일들은 비판하지 않았다. 그에게 후회란 개념은 아주 낯선 것이었다. 그도 역시, 자신을 즐겨 분석해 보곤 했다. 또 몇 해 전부터는 열심히 스스로를 살펴보기도 했다. 그러나 그것은 순전히 심리학적인 호기심 때문이었다. 자신의 장점, 단점을 지적하는 일이란 그의 정서와 지극히 맞지 않는 것이었다.

그의 머릿속에는 한 가지 의문이 생겼는데, 이것이 오히려 그를 더욱 당황하게 만들었다. '승낙하기 위해서는 거절하는 것 이상의 의지력이 필요하지 않을까?' 곰곰이 생각해도 두 가지 해결책 가운데 어느 것을 택해야 좋을지 알 수 없어 헤매게 될 때, 그는 흔히 더 많은 의지력이 필요한 쪽을 택해 왔다. 그는 자기 경험에 비추어 보아 그런 선택이 언제나 옳은 것이라고 주장하곤 했다. 그러나 오늘밤만은 자신이 상식적이고 손쉬운 쪽을 택했다고 인정할 수밖에 별 도리가 없었다.

그는 자신이 입에 담았던 몇 가지 말 때문에 괴로웠다. 그는 스퇴들레에게 '생명의 존엄성……'이라고 말했다. 이렇게 통상적인 어구를 그대로 받아들인다는 것은 언제나 경계해야 할 일이었다. '생명의 존엄성…….' 존엄성인가 아니면 맹목적 숭배인가?

이때 그의 머릿속에 언젠가 그에게 충격을 주었던 이야기가 언뜻 떠올랐다. 그것은 트레기뇌크에서의 머리가 둘인 갓난아이 이야기였다.

티보 일가가 여름휴가를 지내러 간 브르타뉴의 어느 항구마을에서였다. 15년 전쯤의 일인데, 한 어부의 아내가 분명히 머리가 둘 달린, 달 수가 모자란 아이를 낳았다. 부부는 마을의사에게 달려가 기형아를 죽여 달라고 부탁했다. 그러나 의사가 거절하자 알코올 중독자로 알려진 그 아버지는 갓난 아이에게 달려들어 두 손으로 목을 졸라 죽이려고 했다. 모두들 그를 뜯어말리고 감금할 수밖에 없었다. 온 마을이 발칵 뒤집혔다. 호텔에 투숙한 해수욕객들에게는 끊일 줄 모르는 화젯거리였다. 그 당시에 앙투안은 열여섯 아니면 열일곱 살이었는데, 아버지와 열띤 논쟁을 벌였던 기억이 되살아났다. 그것은 부자 사이에 일어난 최초의 격렬한 언쟁이었는데 앙투안이 젊은이다운 단순한 생각을 고집하며, 그렇게 숙명적으로 저주받은 생명이라면 즉시 없애 버릴 수 있는 권한이 의사에게 있어야 한다고 주장했기 때문이다.

그런 특수한 경우에 대해 자신의 의견이 지금도 별로 변하지 않은 것을 보고 그는 섬뜩한 느낌이 들었다. 그는 자문해 보았다. '필립 박사의 의견은 어떨까?' 대답은 분명했다. 필립 박사라면 그 생명을 없앤다는 생각조차 하지 않을 것이라고 앙투안은 솔직히 시인했다. 그뿐만 아니라 그 불구의 어린 아이가 위험에 처한다면, 선생은 아마 그 가엾은 생명을 살리기 위해 온갖 노력을 다 기울였을 것이다.

리고 선생도, 테리비에 선생도, 로아지유 선생도. 모두가 한결같을 것이다 ……. 생명이 한 조각이라도 남아 있는 한 그 생명은 살아야 할 의무가 있다. 자신들이 뉴펀들랜드(인명구조를 하는 개의 일종)라도 된 것 같이…… 그의 귀에는 콧소리를 내는 필립 박사의 목소리가 들리는 듯했다. '그럴 권리는 없다네, 그럴 권리는!' 앙투안은 발끈했다. '권리? …… 선생님은 권리라든가 의무라는 개념에 얼마만큼의 가치가 있다고 생각하십니까? 세상에는 자연의 법칙 말고는 없습니다. 자연의 법칙, 그래요. 그야말로 논쟁의 여지가 없지요. 그런데 이른바 도덕상의 법칙이라는 것, 그것은 도대체 무엇입니까? 몇 세기 전부터 우리 마음속에 심어진 일종의 습관…… 그 이상의 것은 아닐 테지요……. 옛날에는 인간의 사회진보를 위해 그런 것이 필요했을지도 모르지요. 그러나 오늘날에는? 옛날의 그러한 위생법규나 경찰법규에다가, 과연 어떤 신성한 힘인지는 저도 모르겠습니다만, 절대 명령과 같은 자격을 마음대로 부여할 수 있을까요?' 필립 박사로부터 아무런 대답도 들을 수 없다고 생각되자, 앙투안은 어깨를 으쓱해 보이고는 두 손을 외투 주머니에 깊숙이 넣으면서 건너편으로 길을 건너갔다.

그는 아무것도 돌아보지 않고 여전히 자기 자신과 토론을 하며 걸어갔다.

'뭐니뭐니해도 이건 분명한 사실이야. 내게 도덕 같은 것은 존재하지 않아. 해야 한다, 해서는 안 된다, 선악 따위 같은 것은 내겐 그저 단순한 단어에 지나지 않아. 그것은 내가 다른 사람들과 대화하기 위해 쓰는 말이고, 의사소통을 하는 데 편리한 유가증권과도 같은 것이지. 하지만 결국 수없이 확인된 바지만, 그것들은 내 마음속에는 아무런 영향도 주지 못해. 나는 항상 그랬어……. 아니, 이 마지막 단언은 좀 지나쳤군. 나는 사실은 그때부터……' 라셀의 모습이 그의 눈앞에 살짝 스쳐갔다. '……어쨌든 오래전부터……' 그는 잠시 자기의 일상생활이 도대체 어떤 원칙을 따르고 있었는지를 진심으로 밝혀 내려고 애썼다. 그러나 아무것도 머리에 떠오르는 것이 없었다. 하는 수 없이 그는 아무렇게나 생각해 보았다. '일종의 성실함 같은 것일까?' 곰곰이 생각해 보니 무엇인가 분명해지는 것 같았다. '차라리 일종의 통찰과 같은 것이 아닐까?' 그의 생각은 다시금 갈피를 잡지 못하게 되었다. 하지만 그 순간에 그는 자기가 발견한 것에 대해 다소 만족을 느꼈다. '그래, 물론 대단한 것은 아니지. 하지만 이 통찰에 대한 욕구, 그렇지, 내가 마음속에서 이것을 추구하다 보면 결국 몇 가지 확고한 것들 가운데 하나를 찾아 내게 되지……. 나는 지금까지 자신도 모르게 이것을 일종의 도덕적 원칙으로 삼아 왔는지도 몰라……. 아마도 이렇게 표현할 수 있겠지. 절대자유, 단 분명하게 볼 것……. 결국 꽤 위험한 일이야. 하지만 내겐 잘 풀려 나가지. 모든 것은 보는 눈에 달려 있어. 분명하게 볼 것……. 실험실에서 그러하듯 자유롭고 명쾌하며 공정한 눈으로 자기 자신을 관찰하는 것. 자신의 생각이나 행동방식을 냉철하게 관찰하는 것이지. 있는 그대로의 자신을 자신이라고 생각하는 것, 또 당연히 자기 자신을 있는 그대로 인정하는 거야……. 그러면? 그러면 나는 이렇게 말할 수 있을 테지. 못할 것이 아무것도 없다고……. 자기 자신을 속이지 않을 때, 스스로가 무엇을 하고 있는지를 알 때, 그리고 가능하다면 어째서 그것을 하는지 알 때는 모든 것이 다 허용될 수 있는 것이야!'

그러나 그는 곧 씁쓸한 웃음을 지었다. '그런데 무엇보다도 당혹스런 것은 내 생활을 주의 깊게 살펴보면—선도 악도 없는 이 '절대자유'라는 것—이것이 모든 사람들이 선이라고 부르는 행동 쪽으로만 향하고 있다는 점이다. 이 완전한 해방이라는 것이 모두 어디로 귀착된단 말인가? 단순히 다른 사람들이 하는 것처럼 행동하는 데 그치지 않고, 더 나아가서 기성 도덕에 의해 훌륭하다고 인정받는 사람들의 행위를 따라가는 것이 아닌가! 그 증거로는 오늘 저녁 일만 해도 그렇지 않은가……. 사실상 내 뜻과는 상관없이, 모든 사람들과 같은 도덕률을 따르는 것이 아닐까? ……필립 박사는 아마도 웃을 테지……. 하지만 나는 인간이 사회적 동물로서 행동해야 할 필요성이 모든 개인적 본능보다도 더 강하다고 인정하고 싶지는 않아! 그렇다면 오늘 저녁 있었던 나의 태도는 어떻게 설명하면 좋을까? 나는 도저히 행동과 이론이 어느 정도 유리되거나 무관하다고 생각할 수는 없어. 나 자신도 마음속으로는 스튀들레의 말에 일리가 있다고 솔직히 시인하기 때문이지. 내가 내세웠던 치사한 반론은 손톱만큼의 가치도 없는 셈이야. 논리적으로는 그가 정당했어. 그 애는 정말 공연히 고통받는 거야. 그 무서운 고통은 불가피하고 절박한 일이야. 그렇다면? 만일 내가 좀 깊이 생각하기만 하면, 나 자신도 죽음을 앞당기는 편이 낫다고 여길 게 아닌가. 단순히 아이를 위해서 뿐만 아니라 에케 부인을 위해서도 그렇지. 지금 그녀가 처해 있는 상태로 보아 아이의 고통스런 임종 모습을 계속 지켜보게 하는 것은 분명히 쉽지 않은 일이야……. 에케도 물론 이 모든 것을 생각하고 있었을 테지……. 반박할 여지가 없어. 이론적으로 따져보면 이 논증이 옳아……. 인간이 언제나 논리적인 추론에만 만족할 수 없다는 것이 참으로 이상하군! 그렇다고 지금 내 비굴한 행동을 변명하려는 것은 아니야. 나는 알고 있어. 오늘밤에 내가 그런 해결책을 택하지 않은 것은 비굴하기 때문이 아니야. 그래, 그것이야말로 자연계의 법칙과도 같이 절실하고 거역할 수 없는 것이었어. 하지만 내가 도저히 이해할 수 없는 일은…….' 그는 여러 가지 해석을 궁리해 보았다. 뚜렷한 생각들 밑에서 잠들어 있다가, 때때로 눈을 뜨고 일어나 방향을 결정짓고 어떤 행위를 하게 하고는 다시 아무 설명도 없이 우리들 마음 깊은 곳에 숨어버리는 관념들—앙투안은 이러한 존재를 믿고 있었는데—아마도 이런 모호한 생각들 중의 하나가 아니었을까? 아니면 단순히 어떤 공동체의 도덕률 같은 것이 있어서, 인간은 개인 자격으로 행동하는 것이 거의 불가능하다고 인정하지 않으면 안 되는 것일까?

그는 눈을 가린 채 같은 곳을 빙빙 도는 것 같은 기분이었다. 가끔 인용되는 니체의 글 몇 마디를 애써 기억해 보았다. '인간은 문제가 아니라 해결이

어야 한다'는 것. 이 가르침이 전에는 그에게 너무나 확실한 것 같았다. 그러나 해가 거듭될수록 거기에 따를 수 없다는 것을 알았다. 이미 지금까지도 그에게는 자기의 결정 몇 가지(이러한 결정들은 보통은 지극히 자연스러운 것이었고, 때로는 중대한 것이기도 했다)가 그의 평소 논리와 어긋난다는 것을 인정할 수밖에 없었다. 그리고 그는 몇 번이나 '나는 과연 내가 생각하고 있는 그런 인간일까?' 하고 자문해 보았었다. 잠깐 어둠에 빛을 주었다가 더 어둡게 만드는 번개처럼, 눈이 침침해지도록 반짝이고, 순식간에 사라지는 의혹이었다. 그는 그러한 의혹이 생길 때마다 재빨리 물리쳐 왔다. 그리고 오늘 저녁에도 냉정하게 쫓아냈다.

여기에 주위의 상황이 한몫했다. 루아얄 거리에 이르렀을 때, 어느 빵집 환기창에서 입김처럼 뜨거운 빵 굽는 냄새가 그의 코를 찔렀다. 그것이 별안간 그의 기분을 풀어 주었다. 그는 하품했다. 그리고 불이 켜져 있는 맥주홀이 없나 하고 살펴보았다. 프랑스 국립극장(프랑스 국립극장. '코미디 프랑세즈'라고도 한다) 근처로 가서 젬프 가게에 들러 무엇인가 먹고 싶은 생각이 들었다. 그곳은 밤새도록 문을 여는 작은 바인데, 밤에 다리를 몇 개 건너 집으로 돌아가기 전에 가끔 들른 적이 있었다.

'그래도 참 이상한 일이야!' 그는 잠시 침묵을 지키다가 자신한테 이렇게 털어놓았다. '아무리 의심하고 타파해 봐도, 좋든 싫든, 그래도 결국 어떻게 할 수 없는 것, 어떤 의심을 가져도 손상되지 않는 무엇인가가 하나 있단 말이야. 인간이 자신의 이상을 믿고자 하는 욕구……. 나는 한 시간 전부터 확고한 증거를 보게 된 것 아닌가!' 그는 피곤해졌다. 그리고 만족스럽지 못하다는 느낌이 들었다. 그는 자신에게 마음의 평정을 가져다줄 수 있는 어떤 격언 같은 것을 찾아보았다. '모든 것이 다 투쟁이다' 하고 그는 귀찮은 듯 뇌까려 보았다. '이건 새로운 것이 아니야. 그리고 지금 내 마음속에서 일어나고 있는 것도 보편적인 현상, 살고 있는 온갖 것들 사이에서 일어나는 충돌에 지나지 않는 거야.'

그는 한동안 별로 이렇다할 것을 생각하지 않고 계속 걸었다. 큰길의 인파가 가까워졌다. 길가에는 곳곳에 꽤 상냥해 보이는 밤거리의 여인들이 산책을 즐기고 있었다. 그는 유순한 제스처를 보이며 그들에게서 몸을 돌렸다. 그러는 동안 그의 머릿속에서 무의식적으로 작용하던 여러 가지 생각들이 점차 정리되었다.

'나는 살아 있어' 하고 앙투안은 생각했다. '이것만은 사실이야. 다시 말해 나는 끊임없이 선택하고 행동했지. 좋아. 하지만 어둠은 여기서부터 시작이 군. 이 선택과 행동은 과연 누구의 이름으로 행해졌단 말인가? 나는 그것에 대해 아무것도 모르고 있어. 어쩌면 조금전에 생각했던 그 명철의 이름으로 일 수도 있겠군. 아니야, 그렇지 않아……. 그런 것은 이론에 지나지 않을 뿐이야! ……사실 나의 경우에 진실로 명철한 생각에 따라 어떤 행위나 결심이 이루어진 일은 한 번도 없었어. 통찰력은 언제나 내가 행동한 뒤에야 한몫을 해서, 내가 한 행동이 나중에 납득이 됐지……. 하지만 내가 생각할 줄 아는 인간이 된 뒤로, 이런저런 것을 선택하게 하고 이렇게는 하되 저렇게는 행동하지 못하도록 하는 본능에 의해서 끊임없이 움직여 왔다는 것을 알았지. 그런데 가장 곤란한 것은 내 자신은 서로 모순되는 방향으로 행동할 수 없다고 확신하고 있다는 점이야. 따라서 모든 것은 마치 내가 불멸의 법칙에 잘 따르고 있는 것 같이 질서정연하게 이루어지고 있다는 것이지……. 그런데 그 법칙이란? 그걸 모르겠단 말이야! 나는 삶의 중대한 시기를 맞을 때마다 이러한 마음의 충동이 나로 하여금 뚜렷한 방향을 선택하게 하고, 그 방향으로 행동하게 할 때마다 무슨 명목으로 하는 것인지 헛되이 자문해 왔고, 그때마다 어두운 벽에 부딪혀 왔어. 나는 자신이 균형 잡혀 있고 내 나름대로의 구실을 하며 또한 정당하다는 것을 느껴왔지. 그러면서도 나는 모든 법칙들의 밖에 있다고 생각하고 있으니. 과거의 학설 속에서도, 현대의 철학 속에서도, 또 내 자신 속에서도 무엇 하나 나를 만족시켜 주는 해답을 찾을 수 없어. 나는 내가 찬동할 수 없는 모든 법칙들을 알고 있지. 하지만 내가 따를 수 있는 법칙은 하나도 없어. 엄중하게 정해진 모든 법칙 중에서 조금이라도 나 자신에게 들어맞고 또 내 행동을 설명해 줄 수 있는 것은 하나도 없었어. 그러면서도 나는 앞으로 나아가고 있어. 빠른 속도로, 망설이지도 않고 곧바로! 정말 신기한 일이지! 마치 한 번도 나침반을 써 본 적 없는 항해사가 전속력으로 대담하게 항해를 계속하는 그런 선박에 타고 있는 느낌이 드니……. 사람들은 마침내 이러한 나를 분명히 특별한 질서 속에 속해 있다고 할지도 몰라. 나 자신도 어쩐지 그런 생각이 들고. 확실히 나는 규칙적인 편이야. 하지만 그 질서란 도대체 어떤 것일까? ……어쨌든 불평은 하지 않아. 나는 행복하니까. 다른 사람이 되고 싶다고 생각한 적도 한 번도 없어. 다만 나는 도대체 어떻게 해서 나 자신이 이런지 알고 싶을 뿐이지. 그리고 이런 호기심에는 일말의 불안감이 서려 있어. 사람은 누구나 이런 수수께끼를 가지고 있는 것일까? 나는 과연 언제 내 수수께끼를 풀 수 있을까? 이것이 내 법칙이라고 확실히 말할 수 있는 날이 올 것인가? 무슨 명목으로라는 물음에 대한 답을 알 날이 올까?'

그는 발길을 재촉했다. 광장 건너편에 '젬므'라는 간판이 보였다. 그에겐 이제 배가 고프다는 것 말고는 아무 생각도 들지 않았다.

너무 급히 복도 입구 쪽으로 뛰어들었으므로 앙투안은 통로에 놓인 퀴퀴한 바다 냄새를 풍기는 굴 바구니에 걸려 넘어졌다.

바는 지하에 있었다. 그곳은 약간 은밀한 느낌을 주는 나선형으로 된 좁고 멋진 계단을 내려가게 되어 있었다. 그 시각에 바는 부엌 냄새, 술 냄새, 담배 냄새 따위의 악취로 숨이 막혔다. 게다가 선풍기가 빙빙 돌며 미적지근한 공기를 휘저어 놓고 있었다. 이런 가운데 바는 저마다 테이블을 끼고 앉아 있는 손님들로 들끓고 있었다. 창이 없고 좁다란 데다가 천장마저 낮은 방은 니스를 칠한 마호가니와 녹색 가죽 때문에 선박의 흡연실 같이 보였다.

앙투안은 한구석을 찾아 외투를 의자 위에 던지고는 앉았다. 그는 벌써 매우 한가로운 느낌이 들었다. 그때 이런 그의 느낌과 대조되듯, 갑자기 갓난아이의 방과 함께 땀에 젖은 작은 몸뚱이가 눌린 채 애처롭게 버둥거리는 모습이 떠올랐다. 그의 귀에는 박자를 맞추어 발로 쿵쿵 찧는 듯, 참기 힘든 요람의 움직임이 아직도 생생하게 남아 있었다…… 그는 갑자기 가슴이 답답해져 몸을 움츠렸다.

"혼자십니까?"

"혼자요. 로스트비프에 검은 빵. 그리고 위스키. 탄산수 없이 큰 잔으로 찬물도 한 병 갖다 주시오."

"수프 오 프로마쥬(치즈를 넣어 / 만든 수프)는 안 드시겠습니까?"

"주시오."

식탁마다 갈증을 재촉하는 '모네 뒤 파프'(식물 이름으로 / '교황의 돈'이라는 뜻)처럼 얇고 둥글게 잘라 소금을 뿌린 감자튀김이 넓적한 접시 위에 가득히 담겨 있었다. 앙투안은 앞에 놓여 있는 감자튀김을 우걱우걱 먹으면서 자신이 퍽 허기가 져 있었다는 것을 알았다. 그러면서 그는 이 집 명물인 '수프 오 그리에르(치즈수프) —약한 불에 걸죽하게 끓여 거품을 낸 양파가 들어간 그리에르 치즈수프—를 기다리고 있었다.

그렇게 멀지 않은 테이블에서 몇 사람이 일어나 자기네 휴대품을 가지고 오라고 일렀다. 그 왁자지껄한 무리들 속의 젊은 여자 하나가 슬며시 앙투안 쪽을 보았다. 두 사람의 눈이 마주치자 여자는 살며시 미소를 지어보였다. 일본 판화를 보는 듯한 이 매끈하고 넓적한 얼굴, 가늘게 그린 눈썹, 약간 주름잡힌 눈, 대체 어디서 본 얼굴일까? 그는 여자가 다른 사람이 눈치채지 않게 재빨리 아는 체하는 그 기민한 태도가 흥미로웠다. 그렇구나. 다니엘 드 퐁타냉의 화랑에서 몇 번 만난 모델이었다. 마제린느 거리에 있는 오래된 화랑. 그는 무척 더웠던 어느 여름날 오후에 일하고 있던 그녀를 본 것을 생각해 냈다. 그때의 시각, 빛의 명암, 그녀의 포즈가 기억에 떠올랐다. 그리고 급한 일이 있었음에도 불구하고 꼼짝없이 붙들려 있을 수밖에 없어서 안절부절못했던 일이 생각났다⋯⋯. 그는 입구 쪽까지 눈으로 쭉 그녀를 좇았다. 다니엘이 뭐라고 불렀더라? 무슨 차(茶)이름과 비슷했는데⋯⋯ 밖으로 나가기 전에 그녀가 뒤돌아보았다. 앙투안의 기억으로는 그녀의 몸 또한 어쩐지 굴곡 없고 매끄러우며 날렵한 것이었는데⋯⋯.

지젤을 사랑한다고 확신해 온 몇 달 동안, 그의 생활 속에는 다른 여자를 생각할 만한 마음의 여유가 거의 없었다. 사실 자뱅 부인과 관계를 끊은 뒤로는(이 관계는 두 달 동안 계속되었고, 결과는 매우 좋지 않게 끝났다) 애인 없이 지내왔다. 그는 한동안 타는 듯한 아픔을 느꼈다. 그래서 방금 막 가져다준 위스키로 입술을 적셨다. 수프 그릇의 뚜껑을 연 앙투안은 거기에서 올라오는 구수한 냄새를 들이마셨다.

마침 그때 입구의 종업원이 넷으로 접은 꼬깃꼬깃한 종이쪽지 하나를 가져왔다. 뮤직홀의 프로그램이었는데, 한 모퉁이에 다음과 같은 메모가 연필로 적혀 있었다.

'젬므에서 내일밤 10시에?'

"회답을 기다리고 있나?" 흥미롭기는 해도 당황한 앙투안이 물었다. "아닙니다. 그 손님은 돌아가셨습니다" 하고 종업원이 대답했다.

앙투안은 이런 유혹은 두 번 다시 생각하지 않기로 마음먹었다. 그렇지만 그는 그 종이쪽지를 주머니에 넣고 저녁식사를 하기 시작했다.

'인생이란 참 재미있군' 하고 불현듯 생각했다. 그는 여러 가지 즐거운 상념에 파묻혀 있던 중에 뜻하지 않은 일로 마음이 설레게 되었다. '그래, 나는 인생을 사랑하고 있어' 하고 그는 확신하며 잠시 생각에 잠겼다. '하지만 솔직히 말해 나는 누구도 필요하지 않아.' 지젤과의 추억이 또다시 그의 머릿속을 스쳐갔다. 사랑 따위 없어도 인생은 자기를 충분히 행복하게 해 준다고 믿었다. 지젤이 영국에 가 있는 동안에 그녀에게서 멀리 떨어져 있어도 자신은 언제나 행복했다고 솔직히 인정했다. 그건 그렇고, 지금까지 어떤 여자가 자기의 행복 속에 큰 자리를 차지하고 있었던 일이 있었던가? …… 라셀? ……그래, 라셀이지! 그러나 만일 라셀이 떠나지 않았더라면 자신은 어떻게 되었을까? 하기는 자신은 그런 종류의 정열에서 완전히 치유되지 않았던가? ……조금전에 느꼈던 지젤에 대한 그의 감정, 오늘밤에 그는 그런 감정을 감히 사랑이라고 부를 수 없었다. 그는 다른 말을 찾아보았다. 친근감? ……그러는 중에도 그의 생각은 지젤에게서 떠나지 않았다. 지난 몇 달 동안에 자기 마음속에서 일어난 일들을 확실히 해 두겠다고 마음먹었다. 거기에는 한 가지 확고한 사실이 있었다. 그것은 자신이 마음대로 지젤의 어떤 모습을 만들어 버렸다는 것이다. 그리고 그것은 진정한 지젤과는 전혀 달랐던 것이다. 그리고 진정한 지젤이 만일 오늘 오후 같은……. 그러나 그는 매번 이렇게 두 사람을 비교하는 것을 그만두기로 했다.

그는 물을 탄 위스키를 한 모금 마시며 로스트비프를 먹었다. 그리고 인생은 기꺼이 살 만하다고 마음속으로 되풀이했다.

그가 보기에 인생이란 무엇보다도 활짝 열린 넓은 공간이었다. 그래서 자기처럼 적극적인 사람들이 활기차게 뛰어들기만 하면 되는 것이었다. 그리고 그가 인생을 사랑한다고 말할 때 그것은 스스로를 사랑하고, 스스로를 믿는 것을 의미했다. 어쨌든 그가 특히 자기 인생을 마음속에 그릴 때 그것은 훌륭하게 정돈된 연병장이나, 얼마든지 결합시킬 수 있는 무한한 총체일 뿐만 아니라, 또한 무엇보다도 우선 분명하게 나 있는 길, 틀림없이 어딘가로 이끌어 주는 하나의 직선과도 같은 것이었다.

그는 지금 자신이 항상 편안한 마음으로 들어왔던 친숙한 종을 막 치고 난 느낌이었다. '티보?' 하고 마음을 울리는 소리가 속삭였다. '32세. 멋진 출발을 위한 연령! ……건강은? 썩 좋고. 원기완성한 젊은 동물 같은 활력……. 지능은? 유연하고 과감하며 끊일 줄 모르는 진보……. 일에는 거의 지칠 줄 모르는 능력……. 게다가 물질적으로 혜택받은 환경……. 말하자면 모든 것을 갖추고 있군! 약점도 없고, 단점도 없으니까! 직업에도 아무런 구속이 없고! 순풍에 돛단 격이지!'

그는 다리를 쭉 뻗고 담배에 불을 붙였다.

그의 장래희망……. 이미 15살 때부터 의학은 끊임없이 이상한 매력을 느끼게 했다. 그는 지금도 의학이야말로 모든 지적 노력의 소산이고, 지식의 모든 분야를 통해 인간이 2천 년 동안의 모색을 거쳐 얻은 가장 분명한 수확이며, 인간의 천재성에 주어진 가장 풍요한 영역이라고 하나의 교리처럼 인정하고 있었다. 사색의 측면에서도 무한한 학문. 그러면서도 대중적인 현실 속에 뿌리를 내려 끊임없이 인체와 밀접한 관계를 맺고 있는 학문. 이런 점에 그는 특히 마음이 끌렸던 것이다. 실험실에 틀어박혀 현미경을 들여다보며 관찰하는 데만 자기 자신을 국한시킬 생각은 결코 없었다. 그는 의사가 여러 형태의 현실과 끊임없이 마주 대하는 것이 좋았던 것이다.

'중요한 것은' 하고 그는 다시 생각하기 시작했다. '티보가 더욱더 자신을 위해 일을 계속하는 것이야……. 테리비에나 보아스트로처럼 환자들한테 주눅들지 말고…… 여러 가지 실험을 해 보고 그것을 관찰하며, 결과를 정리하고 한 방법의 윤곽을 끌어내기 위한 시간을 가지는 것이지…….' 이것은 앙투안이 자기의 장래를 위대한 스승들과 똑같이 생각해 왔기 때문이다. 50살이 되기 전에 자신의 공적으로 여길 만한 몇 개의 발견을 해 보이리라. 그리고 무엇보다 나름의 기초 방법을 확립하리라. 지금으로서는 아직 확실하지 않지만 머지않은 장래에 그것이 성취되는 것을 보는 듯했다. '그래, 조만간, 조만간…….'

그는 아버지의 죽음이 임박한 어두운 공간 너머를 그려 보았다. 어두움을 넘어서자 거리가 다시 밝게 빛나고 있었다. 그는 담배연기를 내뿜으며 보통 때와는 달리 아무런 걱정도, 어떤 슬픔도 없이 아버지의 죽음을 생각했다. 오히려 그것은 필요하고 기다렸던 해방감 같은 것이었다. 또 지평선이 넓어지는 것 같기도 하고, 스스로의 도약을 위한 조건 같기도 했다. 지금 그에게는 여러 가지 새로운 구상들이 머리에 떠올랐다. '곧 환자들을 선택해야지…

…, 지친 몸도 좀 쉴 수 있게 하고……. 그리고 연구를 위해 집에 머물 조수를 구해야지. 어쩌면 비서가 나을 수도 있겠다. 공동연구자는 필요 없고 어린 소년, 무슨 일이든 할 수 있는 소년, 그 애를 내가 길러 일을 시켜야지 ……. 그러면 나는 연구에 전념할 수 있을 거야……. 억척스럽게…… 새로운 발견도 할 수 있겠지……. 그래, 그렇고 말고, 나는 엄청나게 큰일을 해낼 거야! ……' 그의 입술에는 살짝 미소가 떠올랐다. 이것은 그의 마음을 느긋하게 하는 낙천주의가 반영된 것이었다.

그는 갑자기 담배를 튕겨 버렸다. 그리고 생각에 잠겼다. '생각해 보면 이상하잖아? 완전히 쫓아 버렸다고 생각했던 도덕적 사고방식에서 완전히 해방되었다고 생각한 지 한 시간도 되지 않았는데 갑자기 다시 마음속에 되살아나다니! 더구나 내 의식 속의 어두침침한 보이지 않는 곳에 숨어 있었는데! 아니야! 그 반대로 견고하고 뿌리 뽑을 수 없을 듯한 기세를 보이면서 내 열정, 내 활동력의 중요한 한가운데, 내 직업 생활의 중요한 자리에 멋대로 들어와 있었던 거야! 지금은 말장난할 때가 아니지. 의사로서, 학자로서 나는 단연코 굴하지 않는 올바른 정신을 가지고 있어. 이 점은 결코 양보할 수 없어……. 그런데 도대체 이 모든 것을 어떻게 일치시킬 수 있을까? ……쳇' 하고 그는 생각했다. '무엇 때문에 이렇게 일치시키려고 하는 거지?' 그는 곧 생각을 멈추었다. 정확하게 생각하기를 단념한 그는 피로와 더불어 차츰 그를 멍하게 만드는 안이함에 맥없이 몸을 맡겼다. 점점 졸음이 몰려왔다.

자동차를 타고 온 두 남녀가 들어오자마자 그에게서 멀지 않은 곳에 앉았다. 두툼한 외투를 몸에 걸치고 있던 그들은 그것을 벗어 의자에 겹쳐 놓았다. 남자의 나이는 25세 정도, 여자는 그보다 약간 덜 되어 보였다. 잘 어울리는 한 쌍으로 둘 다 늘씬하고 다부져 보였다. 남녀 모두 갈색 머리에 솔직해 보이는 눈매, 큰 입과 튼튼한 치아를 가지고 있었는데 얼굴은 추위에 상기되어 있었다. 같은 또래로 보이는 똑같이 건강한 얼굴, 어쩌면 취미도 같을지 모른다. 식욕도 마찬가지여서 둘은 나란히 앉아 같은 속도로, 같은 샌드위치를 왕성한 식욕을 보이며 먹었다. 그리고 둘은 약속이나 한 듯이 맥주잔을 비우더니, 털외투에 팔을 집어넣으며 말 한마디, 눈길 한 번 나누지 않은 채 유연한 발걸음으로 사라져 버렸다. 앙투안은 그들 뒤를 물끄러미 바라보았다. 둘은 전형적인 화합, 완전한 부부 같은 느낌이었다.

그때 그는 홀 안이 거의 텅 빈 것을 깨달았다. 그는 저편에 있는 거울을 통해 머리 위에 걸린 시계를 보았다. '10시 10분? 아니, 저건 뒤집힌 것이지. 뭐? 그럼 곧 2시라고?'

그는 몽롱한 상태에 빠져 있던 자신을 일깨우며 일어났다. '내일 아침에는 아마 혈색이 안 좋아 보이겠지.' 그는 당황해 하며 생각했다.

그러나 종업원이 앉아서 졸고 있는 좁은 계단을 올라갈 때 그의 마음은 갑자기 생기를 띠었다. 그는 선명한 한 장면을 떠올리며 살며시 미소지었다. '젬므에서 내일 밤 10시에…….'

그는 택시를 잡아탔다. 그리고 5분 뒤 집에 도착했다.

저녁때 도착한 우편물을 놓아둔 응접실 테이블 위에 한 장의 종이가 눈에 띄게 펼쳐져 있었다. 레옹의 글씨였다.

'1시쯤에 닥터 에케 씨 댁에서 전화. 어린 따님께서 숨을 거두었답니다.'

앙투안은 손 끝으로 집어든 그 종이쪽지를 다시 읽어 보았다. '새벽 1시? 내가 그 집을 나온 지 조금 뒤였구나……. 스튀들레가? 간호사 앞에서? 아니야……. 그럴 리가 없어…… 말도 안 돼……. 그렇다면? 내 주사였나? 그럴지도 모르지……. 하지만 아주 조금 넣었는데. 그러나 맥이 꽤 약해져 있었지…….'

놀라움이 가시자 안도감이 들었다. 일이 정해진 이상 어쨌든 에케 부부에게는 퍽 괴로운 일이겠지만, 적어도 그토록 고통스러운 기다림은 끝나는 셈이었다. 앙투안은 잠들어 있던 니콜의 얼굴이 생각났다. '둘 사이에 다시 새로운 아이가 태어나겠지. 생명은 모든 것을 이기고, 모든 상처는 오직 흉터만을 남긴 채 아물어 가는 거야.' 그는 건성으로 우편물을 집었다. '하지만 가엾은 사람들이야.' 그는 가슴이 미어지는 것을 느끼며 생각했다. '병원에 가는 길에 들러봐야겠다.'

부엌에서는 여전히 그 암고양이가 절망적인 소리로 울어댔다. '요놈의 고양이, 또 잠을 못 자게 하는군.' 앙투안이 투덜거렸다. 그러나 그는 곧 새끼 고양이들을 생각했다. 문을 살며시 열어보았다. 계속 가르랑거리며 울어대던 고양이는 아양을 부리며 그의 다리 사이로 뛰어들어와 끈덕지게 몸을 비벼댔다. 앙투안은 휴지통 속을 들여다보았다. 빈 통이었다.

자신이 이렇게 말하지 않았던가? '모두 물에 빠뜨려 죽여 버리는 건 어때?' 하지만 그것들도 생명이 있는데……. 뭐가 다르다는 말인가? 무슨 권리로?

그는 어깨를 으쓱했다. 눈을 들어 시계를 쳐다보면서 하품을 했다.

'4시간밖에 못 자겠군. 그래도 잠을 청해야지.'

그는 아직도 레옹이 쓴 쪽지를 손에 들고 있었다. 그것을 구겨서 장롱 위로 경쾌하게 던졌다.

'이런 때는 찬물로 샤워를 하는 거야……. 티보식 샤워로 잠자리에 들기 전에 피로를 싹 풀어야겠구나!'

La Sorellina

라 소렐리나

1. 병마에 시달리는 티보 씨 곁에서 시중드는 비서―병상의 놀라움, 유언
   장 내용이 새어나가지 않길 간절히 바라다

"안 된다고 답장해!"

눈을 감은 채 티보 씨가 소리쳤다. 그는 기침을 했다. '천식' 때문에 마른기
침을 하곤 했는데, 그럴 때마다 베개 속에 파묻힌 머리가 조금씩 움직였다.

접이식 테이블 맞은편 창 앞에 앉은 샬르 씨는 벌써 2시가 넘었는데도 아
침에 받은 우편물의 봉투를 뜯고 있었다.

이날 티보 씨는 하나밖에 남지 않은 신장의 상태가 매우 나쁜 데다가 통증
이 계속되어서 오전에는 비서를 들일 수 없었다. 결국 세린느 수녀는 정오가
되자 억지로 구실을 만들어 보통 저녁때야 놓던 진통제 주사를 놓길 결심했
다. 고통은 거의 즉시 멈추었다. 그러나 시간관념이 없어진 티보 씨는 편지
를 읽게 하려고 샬르 씨가 점심을 끝내고 돌아오기를 초조하게 기다리고 있
었던 것이다.

"다음은?" 티보 씨가 물었다.

샬르 씨는 편지 한 통을 훑어보았다.

"알제리 보병대 하사 펠리시엥 오브리가…… 크루이 소년원의 감독관으로
일하고 싶답니다."

"소년원이라고? 교도소는 싫대? ……그건 쓰레기통에 버려. 다음은?"

"네? 교도소는 싫대라니요?"

샬르 씨가 낮은 목소리로 되물었다. 하지만 그는 더 이상 알려 하지 않고
안경을 고쳐 쓴 다음 서둘러 다른 봉투를 뜯었다.

"빌뇌브 주벵 수도원에서…… 깊은 감사의 인사를…… 어떤 학생 일로 보
낸 감사편지인데…… 별것 아닙니다."

"별것 아니라고? 아니야, 읽어봐, 샬르."

"이사장님, 저의 성스러운 직무 덕분에 저는 지금 지극히 기쁜 의무를 완수할 기회를 얻었습니다. 저는 신도인 베리에 부인의 청에 따라 이사장님께 깊은 감사의 말씀을……."

"큰 소리로 읽게!" 티보 씨가 말했다.

"……부인의 아드님인 알렉시스에게 크루이 소년원이 베풀어 준 훌륭한 훈육의 결과에 깊은 감사의 말씀을 드리는 바입니다. 4년 전 이사장님께서 이 소년을 '오스카르 티보 소년원'에 받아들이기로 해 주셨을 때만 해도 저희는 이 소년에 대해 매우 절망하고 있었습니다. 사악한 성품, 탈선 행위, 천성적인 난폭함 등으로 그 아이의 장래가 심히 걱정스러웠습니다. 그러나 이사장님께서는 3년 만에 기적을 이루셨습니다. 소년이 주님의 품으로 돌아온 지 벌써 아홉 달이 넘었습니다. 소년의 어머니, 누이들, 동네 사람들, 그리고 저 자신과 소년의 직업 훈련을 맡은 목수 쥘 비노 씨도 한결같이 그의 온화함, 근면성, 신앙의 의무를 다하고자 하는 열의를 칭찬하고 있습니다. 이 같은 훌륭한 정신개조사업이 번창할 수 있도록 주님의 은총이 함께 하시기를 빌며, 또한 생 뱅상 드 폴의 자비심과 헌신을 몸소 보여 주신 이사장님께 다시금 마음으로부터 경의를 표하는 바입니다. 신부 J. 뤼멜."

티보 씨는 여전히 눈을 감고 있었다. 그러나 그의 짧은 턱수염이 떨리고 있었다. 몸이 약해진 노인은 작은 일에도 감동하곤 했다. "훌륭한 편지야, 샬르." 노인은 감동을 억누르며 말했다. "내년 홍보지에 실릴 가치가 있다고 생각하지 않나? 적당한 시기에 내가 기억할 수 있도록 해 주게. 다음은?"

"내무부 교도과(矯導課)."

"허허……."

"아니, 그저 인쇄물입니다…… 한 번 읽고 버리는 형식적인 거군요……."

세린느 수녀가 문을 살짝 열었다. 티보 씨는 기분 나쁜 듯 투덜거렸다.

"이것부터 끝내고!"

세린느 수녀는 무리하게 권하지 않았다. 그녀는 방으로 들어와 좀 시무룩한 얼굴로 그녀가 '병원 냄새'라고 부르는 냄새를 없애기 위해 환자 방의 석탄불 속에 장작을 넣었다. 그러고는 방을 나가 버렸다.

"다음은?"

"프랑스 학사원. 27일에 집회가……."

"더 큰 소리로. 다음은?"

"교구사업 최고위원회. 11월 집회는 23일과 30일에 있고, 12월 집회는……."

"보프르몽 신부한테 편지를 써서 23일에는 참석하지 못한다고 전해 주게 …… 아니 30일도." 노인은 잠시 망설이다가 덧붙였다.

"12월 것은 비망록에 적어 두게……. 다음은?"

"이게 전부입니다. 나머지는…… 교구 구제회의 기부……. 그리고 명함들 ……. 어제 이런 분들이 오셨습니다. 뉘세 신부님, '두 세계 평론'의 총무 루도빅 로아 씨, 게리강 장군……. 오늘 아침에는 상원 부의장께서 용태를 물으러 사람을 보내셨습니다. 그밖에 회람서류, 교구사업단체의 서류…… 신문 등입니다."

방문이 활짝 열렸다. 세린느 수녀가 이번에는 쟁반 위에 김이 나는 찜질약을 가지고 왔다. 샬르 씨는 두 눈을 내리깐 채 구두 소리가 나지 않도록 발끝으로 걸어서 물러갔다.

세린느 수녀는 금세 이불을 걷어올렸다. 이틀 전부터 이 찜질약은 그녀에게 골칫거리였다. 사실 이 찜질약이 어느 정도 통증을 완화시켜 주기는 했으나 기능이 떨어진 기관에는 기대한 만큼의 효과가 없었다. 그래서 티보 씨는 싫어했지만 그녀는 서둘러 다시 찜질하는 것이 낫다고 생각했다. 찜질이 끝나자 노인은 좀 편해졌다. 그러나 이런 치료는 티보 씨를 훨씬 피곤하게 만들었다. 시계가 이제 막 3시 반을 알렸다. 이렇게 하다가는 저녁때가 되어도 나아질 것 같지 않았다. 모르핀의 효과도 점차 줄어들기 시작했다. 5시에 있을 관장요법까지는 아직 한 시간 이상이 남아 있었다. 세린느 수녀는 환자의 마음을 풀어주기 위해 묘안을 짜내어 샬르 씨를 다시 오게 했다.

샬르 씨는 조심스럽게 다시 창가 자리로 돌아왔다.

그는 불안해 하고 있었다. 복도에서 마주친 뚱보 클로틸드가 그의 귀에 이렇게 속삭였다. "이것 봐요, 이번 주에 들어 주인님께서는 훨씬 나빠지셨어요!" 샬르 씨가 얼떨떨해 하며 뚫어지게 바라보자 그녀는 샬르 씨의 팔에 손을 얹고 말했다. "샬르 씨, 그 병은 좀처럼 낫기 힘들대요!"

티보 씨는 꼼짝도 않고 숨을 몰아쉬면서 신음하는 소리를 냈다. 이것은 그가 늘 하는 버릇으로 괴로워서 그러는 것은 아니었다. 오히려 그렇게 몸을 쭉 펴고 누우면 긴장이 풀리는 것 같았다. 그러면서도 고통이 또 찾아올 것을 생각하면 그대로 잠들고 싶었다. 비서가 있는 것이 방해가 되었다.

그는 눈꺼풀을 치켜떴다. 그리고 수심에 잠긴 눈길로 창밖을 바라보았다.

"기다려 봤자 시간 낭비야, 샬르. 오늘밤은 도저히 일을 못하겠어. 이것 봐……." 그는 두 팔을 들어 보이려 했다. "나는 이미 끝난 사람이야."

샬르 씨는 모르는 척할 수가 없었다.

"아, 저기……" 하고 샬르 씨는 찔끔 놀라며 큰 소리를 질렀다.

티보 씨도 놀라 고개를 돌렸다. 짓궂은 시선이 눈썹 사이로 얼핏 번뜩였다.

"자네도 알잖나? 하루하루 기력이 빠진다니까" 하며 그는 한숨지었다. "희망을 가져도 소용없어. 어차피 죽을 바에는 빨리 죽고 싶으니까."

"돌아가신다는 말씀이세요?" 샬르 씨가 두 손을 맞잡으며 말했다.

"그래, 죽는 거야!" 하고 그는 농담을 짐짓 위협적인 말투로 내뱉었다. 노인은 번쩍 두 눈을 떴다가 다시 감았다.

샬르 씨는 돌처럼 굳어 거동할 수 없는 몸, 부어올라 이미 산송장 같은 티보 씨의 얼굴을 바라보고 있었다. 그러면 역시 클로틸드의 말이 옳았던가? 그렇다면 자신은? ……샬르 씨는 자신의 노후 모습이 떠올랐다. 빈곤…….

온몸에 남아 있는 용기를 쥐어 짤 때마다 그러하듯이 그는 몸을 부들부들 떨기 시작했다. 그리고 소리도 내지 않고 의자에서 살며시 일어났다.

"이것 봐. 안식 이외에는 그 어떤 희망도 없는 때가 다가오고 있어." 잠들려 하면서 티보 씨가 중얼거렸다. "기독교인은 죽음을 두려워해서는 안 돼."

눈을 감은 채 노인은 머릿속에서 울리는 자기 목소리의 메아리에 귀를 기울였다. 그러나 귓가에서 샬르 씨의 목소리를 듣고 소스라치게 놀랐다.

"그렇죠! 죽음은 두려울 것이 없습죠!"

샬르 씨는 지나친 말을 했나 하고 덜컥 겁이 났다. 그는 중얼거렸다. "저도 만일 어머니가 돌아가신다 해도……." 목이 메는 듯 그는 입을 다물었다.

샬르 씨는 얼마전에 해 넣은 틀니 때문에 말하는 데 어려움을 느꼈다. 그 틀니는 남프랑스의 어느 치과 진료소에서 주최한 현상에 당선되어 경품으로 받은 것이었다. 그 진료소는 우편으로 치료를 하는 독특한 곳인데, 환자가 보내 준 치아의 모양에 따라 틀니를 만들었다. 샬르 씨는 식사 때라든가 좀 길게 대화를 할 때는 의치를 빼놓지만, 보통 때는 이 의치에 만족했던 것이다. 재채기를 하는 척하면서 살짝 틀니를 빼어 손수건에 싸는 그의 솜씨는 일품이었다. 그는 이번에도 그렇게 했다.

입속이 가벼워지자 샬르 씨는 신이 나서 수다를 떨기 시작했다.

"저도 만일 어머니가 돌아가신다 해도 별로 놀라지 않을 것입니다. 겁을 먹는다고 해서 무슨 소용이 있겠습니까? 그저 이렇게 양로원에 있어 주면 우리는 안심이지요. 그런데 아주 어린애가 되어 버리셔서. 아니, 오히려 그게 매력이라고나 할까……."

이렇게 말하고 그는 입을 다물었다. 이야기를 어떻게 끌어가야 할지 궁리하고 있었다.

"방금 '우리'라고 말씀드렸는데, 실은 저는 혼자 살지 않습니다. 혹시 이 사장님께서는 알고 계시는지요? 알린느가 같이 있답니다……. 어머니가 옛날에 데리고 있던 알린느 말입니다……. 거기에 그녀의 조카딸 데데트라는 어린 계집애도 같이 있지요. 그날 밤에 큰 도련님이 수술을 해 주신…… 아직 보잘것없는 아이지요."

그는 미소를 띠면서 말을 이었다. 갑자기 그 미소는 아주 미묘한 애정의 빛을 띠었다.

"그 애는 저희하고 같이 살면서 저를 '쥘르 삼촌'이라고 불러 준답니다. 그저 습관이지요……. 물론 저는 그 애의 삼촌은 아닙니다. 참 우스운 일입니다만……."

미소가 사라지더니 그의 얼굴에 어두운 그림자가 감돌았다. 그러더니 갑자기 귀에 거슬리는 말투로 이렇게 말했다.

"세 식구가 되니까 여러 가지로 지출이 꽤 많습니다!"

샬르 씨는 뭔가 황급히 노인에게 알릴 것이 있는 듯, 보통 때와는 달리 거리낌없이 바싹 침대 옆으로 걸어갔다. 그러면서 티보 씨 쪽을 보는 것을 되도록 피했다. 그의 갑작스런 태도에 놀란 티보 씨는 아직 눈을 완전히 감지 못한 채 그를 유심히 바라보고 있었다. 무엇인가 감추고 있는 것 같은 데다 계속 변죽을 울리며 앞뒤가 확실히 맞지 않는 그의 말 속에서, 노인은 뭔가 불안한 빛을 알아차리고는 잠을 청하려던 생각을 그만두었다.

갑자기 샬르 씨는 뒤로 물러나더니 방 안을 서성이기 시작했다. 구두 뒷굽이 삐걱거렸다. 그러나 그는 아랑곳하지 않았다.

샬르 씨는 거친 태도로 말을 계속했다.

"저도 죽음 같은 것은 무섭지 않습니다! 그것은 결국 하느님이 하시는 일이니까요……. 그러나 산다는 것! 아, 산다는 것이 두려운 겁니다! 나이를 먹는다는 것 말입니다!"

그는 발뒤꿈치로 몸을 홱 돌리고는 중얼거렸다. "무슨 말이냐고요?" 하고 질문하듯 웅얼거리고는 다시 말을 이었다.

"저도 1만 프랑의 저금이 있었습니다. 어느 날 밤에 그것을 '양로원'에 가져갔지요. 자, 여기 1만 프랑이 있습니다. 그리고 어머니를 모시고 왔으니까, 자, 받으십시오……. 그 액수가 당시 시세였어요. 거참 실로 무례하게도…… 역시 마음은 놓였지만 1만 프랑이란 액수를! 모조리 쓸어 넣었지요……. 데데트 말입니까? 걔는 돈벌이를 못해요. 아무것도 없습니다(실은 아무것도 없는 것보다 더했지요. 알린느 할머니께 벌써 2천 프랑 빚이 있으니까요. 할머니의 그 쌈짓돈을 말이에요. 저희 집안 살림 때문이지요. 어떻게든 살아보려고……). 저, 계산을 해 보지요. 여기서 받는 것이 매달 4백 프랑, 뭐 큰 돈도 아니지요. 세 식구. 애 때문에 쓸 것은 모두 써야 되고 벌이를 하러 내보내기는 했습니다만 벌어오는 것은 시원치 않고 오히려 버는 것보다 쓰는 것이 더 많아요……. 하지만 솔직히 말씀드리면, 아낄 대로 아끼며 지낸답니다. 신문마저도 묵은 걸 빌려 읽고 있으니까……."

그의 목소리는 떨렸다.

"묵은 신문 보는 것까지 말씀드려서 결례가 됐다면 용서하십시오. 그러나 기독교 세상이 온 지 벌써 2천 년, 문명이니 뭐니 말하면서도 이럴 수 있다니……."

티보 씨는 조용히 손을 움직였다. 그러나 샬르 씨는 침대 쪽을 감히 볼 엄두를 내지 못하고 있었다. 그는 말을 계속했다.

"4백 프랑의 수입마저 없었더라면 저희들은 어떻게 되었겠습니까?"

창 쪽으로 몸을 반쯤 돌리고서 마치 무슨 소리라도 들은 듯 머리를 들었다.

"그렇지요, 유산이라도 굴러 들어오지 않는 한!"

그는 무슨 큰 발견이라도 한 듯이 목소리를 높였다. 그러고는 눈살을 찌푸리며 이렇게 말했다.

"솔직히 연간 4천8백 프랑이면 세 식구가 정말 빠듯하지요. 하느님은 공평하시니까 적어도 얼마간의 재산을 허락하실 겁니다! 그럼요, 하느님께선 우리에게 적으나마 주시겠지요. 인자하신 하느님……."

그는 손수건을 꺼내어 마치 혼신을 다한 것처럼 이마의 땀을 닦았다.

"믿음을 가져라, 항상 들어오던 말이지요. 생로크의 신부님들도 언제나 '믿음을 가져라, 너를 지켜 주시는 분이 계시니라'고 말씀하세요. 지켜 주시는 분……. 그래요, 저도 압니다. 저를 지켜 주시는 분이 계시겠지요. 저 자신도 확실하게 믿고 의지하고 싶습니다. 하지만 그보다 먼저 유산이라고 할까…… 재산이라고 할 만한 것이 어느 정도 있어야……."

샬르 씨는 티보 씨 곁으로 몇 걸음 다가갔다. 그러나 여전히 티보 씨를 바라보는 것을 피했다.

"믿음을 가진다는 것은" 하고 그는 낮은 소리로 말했다. "아무 조건 없이도 가능하겠지만……. 만일 저에게 확신이 있다면 말입니다!"

샬르 씨는 길들여진 새처럼 조금씩 노인에게 다가갔다. 그는 순식간에 노인의 얼굴에 스칠듯이 가까이 가더니 다시 되돌아와 노인의 감긴 눈과 약간의 움직임도 없는 이마를 주시했다. 시선을 거둔 듯하다가 되돌아와서, 마지막에는 마치 끈끈이에 붙은 듯 물끄러미 어느 한 점을 보면서 움직이지 않았다. 해가 지기 시작했다. 티보 씨는 눈을 떴다. 어둑한 가운데 샬르 씨의 시선이 자기 눈에 고정되어 있는 것을 알아차렸다.

노인은 이 충격으로 몽롱한 잠에서 완전히 깨어났다. 실은 오래전부터 비서의 장래를 보장해 주어야겠다고 생각해 왔었다. 그래서 그를 위해 얼마쯤의 금액을 사후조치로 분명하게 써두었다. 그러나 유언장이 공개될 때까지는 상대가 전혀 눈치채지 못하게 해야만 했다. 티보 씨는 인간의 생리를 알고 있다고 생각했다. 그래서 아무도 믿지 않았던 것이다. 자신은 지금 매우 흐뭇한 기분으로 유산을 남겨 주겠다고 생각하고 있는데 만일 샬르 씨가 이 유언을 눈치채게 된다면, 아마 지금처럼 정성껏 열심히 일하지 않을 것이라고 믿었다.

"샬르, 자네가 한 말이 무슨 얘기인지 알겠네." 티보 씨는 부드럽게 말했다. 상대는 얼굴을 붉히며 황급히 눈을 돌렸다. 티보 씨는 잠시 생각했다. "그러나—자, 어떻게 말해야 할까? —…… 자네가 지금 말한 은근한 표현을 불시에, 또는 맹목적으로, 잘못된 동정심에서 ……아니면 마음이 약해져서 받아들이는 것보다는, 확고부동한 원칙을 따르거나 때에 따라서는 차라리 거절하는 편이 한결 용기있는 처사가 아닐까?"

샬르 씨는 선 채로 고개를 끄덕였다. 티보 씨가 이렇게 당당하게 연설조로 얘기하기 시작하면 그는 언제나 압도당해 처음부터 끝까지 '주인의 말씀대로'라고 황공해 하는 것이 보통이었다. 오늘 같은 경우도 동의를 머뭇거린다는 것은 도저히 있을 수 없는 일이었다. 샬르 씨는 고개를 끄덕이며 노인의 말에 찬성을 표시하는 것이, 곧 자기 계획의 실패를 인정한다는 사실임을 깨달았다. 그는 곧 체념했다. 언제나 이런 식이었다. 간절히 바라면서, 아주 정당한 청원을 드렸는데도 이루어지지 않았던 일이 있지 않았던가? 그렇다고 해서 그는 절대 하느님에게 반항하지 않았다. 그가 보기에는 티보 씨도, 하느님같이 도저히 뚫고 들어갈 수 없는 지고한 예지의 소유자였다. 단지 그 앞에서 복종하는 수밖에 없었다. 그는 티보 씨의 말에 동의하고 아무 말 않기로 결심했다. 그리고 틀니를 다시 끼우려고 했다. 손을 주머니에 넣는 순간 그의 얼굴이 붉어졌다. 틀니가 없는 것이 아닌가.

"샬르, 자네는 자신의 잘못을 아직 모르겠나?" 티보 씨는 조금전과 같은 목소리로 말을 계속했다. "자네는 일을 해서 푼푼이 모은 재산을 종교와 무관한…… 여러 의미에서 믿을 수 없는 양로원에 맡김으로써 스스로 선의의 희생자가 된 셈이네. 재력이 없이도 사회저명인사의 추천이 있기만 하면 무료로 보살펴 주는, 교구에서 운영하는 병원이라도 손쉽게 찾아 낼 수도 있지 않았겠나? ……내가 유언장에 자네가 바라는 대로 쓴다고 하더라도 내가 죽고 난 뒤에 또 어떤 사기꾼한테 걸려들어 내가 준 돈의 마지막 한 푼까지 빼앗길 것이 불을 보듯 뻔한 일이 아니겠나?"

샬르 씨는 티보 씨의 말은 듣지도 않았다. 손수건을 꺼내던 때를 생각했다. 틀니는 카펫 위에 떨어진 것이 틀림없었다. 지금까지 자기만 알고 있었으나, 이것을 계기로 다른 사람도 알게 될지도 모르는 그 도구—어쩌면 악취가 풍길지도 모를—가 남의 손에 들어갈 것을 상상했다……. 그는 목을 길게 빼고 눈을 크게 뜨고는 가구 밑을 꼼꼼히 살펴보았다. 그리고 겁에 질린 날짐승처럼 그 자리에서 껑충껑충 뛰기도 했다.

티보 씨가 그것을 알아차렸다. 이번에는 측은한 생각이 들었다. '유언의 금액을 좀 올려 줄까?' 하고 그는 생각했다.

그는 비서의 불안감을 좀 덜어 주기도 할 겸해서 기분 좋게 이야기를 계속했다.

"여보게, 샬르. 사람들이 빈곤과 가난을 자주 혼동하는 것은 잘못된 것이 아닐까? 빈곤은 확실히 무서운 것이야. 별로 신통한 지혜를 주지 않지. 그러나 가난은? 이것은 흔히 신의 은총이…… 가장된…… 모습이 아닐까?"

샬르 씨에게는 티보 씨의 말소리가 물에 빠진 사람이 듣는 것 같이 윙윙거리며 간간이 희미하게 들려올 뿐이었다. 그는 정신을 차리려고 노력했다. 다시 모닝코트, 조끼를 만져보고 절망적인 마음으로 늘어진 옷자락에 손을 넣어 보았다. 그 순간 그는 갑자기 환호성을 지를 뻔했다. 틀니가 열쇠고리에 걸려 있는 것이 아닌가!

"……가난" 하며 티보 씨가 말을 계속했다. "이것이 기독교에서 말하는 행복과 일치한다고 할 수 있지 않겠나? 그리고 일시적인 재산의 불평등은 바로 사회적 균형의 조건이 되지 않겠나?"

"지당하신 말씀입니다!" 하고 샬르 씨는 외쳤다. 그는 의기양양해하며 미소를 띠고는 두 손을 비볐다. 그리고 아무 생각 없이 중얼거렸다. "정말 감사할 따름입니다……."

차츰 기력이 떨어지고 있었지만 티보 씨는 비서 쪽으로 눈길을 돌렸다. 그는 지금 샬르 씨의 입에서 그런 마음이 담긴 말을 듣고 감격했다. 그리고 또 자기 말에 동의를 해 주어서 기분이 좋아졌다. 그래서 친절하게 대하려고 애를 썼다.

"샬르, 자네는 내게 좋은 습관을 배웠네. 자네같이 꼼꼼하고 진실한 사람은 앞으로 어디에서든 일자리를 구할 수 있을 거야……." 그는 조금 사이를 두고 말을 이었다. "……만일에 내가 먼저 세상을 떠나는 일이 있더라도 말일세."

뒤에 남을 사람의 사정을 헤아릴 줄 아는 티보 씨의 이런 침착한 태도는 확실히 사람을 안정시켜 주고 마음을 끄는 힘을 가지고 있었다. 한편 샬르 씨는 커다란 안도감을 느끼면서 미래에 대한 불안감을 말끔히 씻을 수 있었다. 그의 두 눈이 안경 너머로 밝게 빛났다.

샬르 씨는 큰 소리로 말했다.

"그 점에 대해서는, 걱정하지 마십시오. 저야 어떻게든 꾸려 나갈 수 있으니까요! 말하자면 생각해 둔 것이 몇 가지 있답니다. 뭐 자질구레한 일거리라든가, 실용적인 발명 같은 것이 있는데……" 이렇게 말하면서 그는 웃었다. "실은 벌써 생각해 낸 것이 있습니다. 네…… 곧 시작할 겁니다. 어르신네가 돌아가시면 곧……."

환자는 눈을 똑바로 뜨고 노려보았다. 무심코 내뱉은 샬르 씨의 말이 충격을 주었던 것이다. '돌아가시면이라니. 이 바보 같은 놈이 무슨 말을 하는 거야?'

티보 씨가 따지려 들 참이었는데 세린느 수녀가 들어와 스위치를 켰다. 방 안이 환해졌다. 샬르 씨는 수업이 끝나는 종소리를 들은 초등학교 학생같이, 눈 깜짝할 사이에 서류 뭉치를 챙겨들고는 여러 차례 고개를 숙여 인사한 다음 도망치듯 나갔다.

2. 자신도 죽음을 관념하다 앙투안이 말한 의미를 걱정한 티보 씨가 자신의 죽음에 태연히 대처하려 하다

관장할 시간이 되었다.

세린느 수녀는 이미 이불을 제쳐놓고 늘 하던 대로 침대 주위를 돌기 시작했다. 티보 씨는 생각에 잠겨 있었다. 그는 샬르 씨가 한 말을 되씹고 있었다. 특히 '돌아가시면……' 하던 그 말투를 생각하고 있었다. 너무나 자연스러운 그 말투! 샬르 씨는 티보 씨가 조만간 세상을 떠난다는 사실을 매우 당연한 것으로 여긴 것이다. 티보 씨는 '은혜를 모르는 놈!' 하고 노여워했다. 그리고 화가 나서 어쩔 줄 모르며 머릿속을 떠나지 않는 의구심을 떨쳐버리기 위해 안간힘을 쓰고 있었다.

"시작할까요?" 세린느 수녀가 쾌활하게 말했다. 그녀는 벌써 양 소매를 걷어올렸다. 그 일은 몹시 어려웠다. 우선 환자 몸 아래로 수건으로 만든 깔개 같은 것을 밀어넣어야 했다. 그러나 티보 씨는 몸이 무거웠다. 게다가 자신은 나서려고 들지 않고, 마치 시체처럼 하는 대로 몸을 맡기고만 있었다. 몸을 움직일 때마다 두 다리를 따라 등골까지 찌르는 듯한 통증이 느껴졌다. 더구나 정신적인 고통이 그 통증을 더욱 가중시켰다. 매일 거듭되는 이와 같은 시련은 그의 자존심과 품위에 말할 수 없는 상처를 입혔다.

매일매일 시간이 더 걸리므로, 결과를 기다리는 동안 세린느 수녀는 마음

편하게 침대 끝에 앉아 있기로 작정했다. 처음에는 이럴 때 그녀가 가까이 있다는 것이 환자를 몹시 화나게 했다. 하지만 지금은 그것을 참을 수 있게 되었다. 오히려 혼자 있지 않는 걸 다행으로 여기는지도 모른다.

눈을 감고 눈살을 찌푸린 채 티보 씨는 머릿속으로 그 무서운 문제를 되풀이해서 생각해 보고 있었다. '내가 정말 그렇게 악화된 것일까?' 그는 눈을 떴다. 그의 눈길은 우연히 변기에 가 닿았다. 그것은 손이 미치는 장롱 위의 금방 눈에 뜨이는 곳에 세린느 수녀가 놓아둔 것인데, 묵직하고 흉측한 것이 무엇인가를 거만하게 기다리고 있는 것 같았다. 그는 눈길을 돌렸다.

세린느 수녀는 이 짧은 시간의 휴식을 이용하여 묵주기도를 드리고 있었다.

"나를 위해 기도를 부탁하오."

티보 씨는 보통 때와는 달리 간절하면서도 정중한 투로 속삭였다.

그녀는 '아베마리아'를 끝내고 이렇게 대답했다.

"네, 하루에도 몇 번이고 기도드리고 있답니다."

잠시 침묵이 흘렀다. 갑자기 티보 씨가 그 침묵을 깼다.

"나는 중환자야, 알다시피! 아주…… 아주 중병이야!"

그는 곧 울음을 터뜨릴 것처럼 더듬거리며 말했다. 그녀는 약간 어색한 미소를 띠며 항변하다시피 말했다.

"당치도 않으세요!"

"아무도 말해 주지 않아." 환자는 말을 이었다. "그러나 확실히 알겠어. 두 번 다시 회복될 수 없을 거야!" 그녀가 말을 막으려 하지 않자 환자는 도전적인 기세로 말을 이었다. "앞으로 얼마 남지 않았다는 것을 나도 알고 있단 말이야."

그는 세린느 수녀의 모습을 살폈다. 그녀는 머리를 설레설레 흔든 다음 다시 기도를 시작했다. 티보 씨는 겁이 났다. "베카르 신부를 만나야겠어" 하고 쉰 목소리로 말했다. 세린느 수녀는 단순히 이런 말로 반대했다.

"오, 지난 토요일에 성체식을 받으셨으니까 이제 하느님 앞에서 죄를 참회하셔야 합니다."

티보 씨는 아무런 대답도 하지 않았다. 관자놀이에 구슬 같은 땀이 맺혀 있었다. 턱이 떨리고 있었다. 관장기가 몸을 흔들었다. 거기에다 공포까지.

"변기" 하고 그는 헐떡이며 말했다.

잠시 뒤에 심한 이급후중(裏急後重)이 밀려왔다. 그는 신음소리를 내면서 세린느 수녀에게 원망스러운 눈초리를 보냈다. 그러고 나서 이렇게 중얼거렸다.

"하루하루 힘이 빠져가는군……. 무슨 일이 있어도 신부를 만나야겠어!"

그녀는 대야의 물을 데우느라고 그가 열심히 자기 얼굴의 표정을 살피고 있는 것을 알지 못했다.

"원하신다면." 그녀는 어물어물 대답했다. 작은 주전자를 내려놓고는 손가락 끝을 물에 살짝 담가보았다. 그리고 아래를 내려다보며 뭐라고 중얼거렸다. 티보 씨는 귀를 기울였다. "……미리 준비한다고 해서 나쁠 것은 없지요……."

그는 가슴 쪽으로 머리를 기울이고 이를 악물었다.

이윽고 몸을 닦고 속옷을 갈아입은 다음 다시 새 자리에 누운 티보 씨는 그저 괴롭기만 할 뿐이었다. 세린느 수녀는 의자에 앉아 다시 묵주기도를 드리고 있었다. 천장의 불은 꺼져 있었고 키가 낮은 램프가 방 안을 비추고 있었다. 환자의 불안은 물론이고 신경통을 달랠 만한 것은 아무것도 없었다. 욱신거리는 통증은 점점 심해져 넓적다리 뒷부분을 도려내는 듯했으며, 몸 전체로 번지는가 하면 돌연 칼로 쿡 찌르는 것같이 허리 언저리, 슬개골, 발목까지 퍼져 온몸의 급소에 심한 동통을 느끼게 했다. 통증이 있어도 심하지 않고 잠시 소강상태일 때는—아무튼 욕창이 나서 염증이 생겼으므로 아프지 않을 때가 없었다—티보 씨는 눈을 뜨고 앞을 똑바로 바라보았다. 그리고 또렷한 정신은 똑같은 생각을 되풀이했다. '모두 어떻게 생각하고 있을까? 자신은 눈치채지 못하면서 중태에 빠지는 수도 있을까? 어떻게 하면 그것을 알 수 있을까?'

세린느 수녀는 고통이 더해지는 것을 보고 저녁때를 기다리지 않고 모르핀을 반 정도만 주사하기로 마음먹었다.

티보 씨는 세린느 수녀가 방을 나가는 것을 눈치채지 못했다. 악마가 떠돌고 있는 듯한 조용하고 어두컴컴한 이 방에 혼자 있다는 것을 알게 되자, 등골이 오싹해졌다. 사람을 부르려 했으나 발작이 다시 심하게 엄습해 왔다. 그는 종을 잡고 필사적으로 흔들었다.

아드리엔느가 뛰어왔다.

티보 씨는 말을 잇지 못했다. 턱이 경련을 일으켰으므로 알아들을 수 없는 소리를 질렀다. 그는 일어나려고 격렬하게 몸을 움직였다. 그것 때문에 옆구리에 심한 통증을 느꼈다. 그는 신음소리를 내면서 다시 베개 위에 쓰러지고 말았다.

"이대로 나를 죽게 할 작정이냐?" 마침내 그는 고함을 질렀다. "세린느 수녀를 불러! 신부를 불러! 아니야, 앙투안을 불러! 빨리!"

겁을 집어먹은 아드리엔느는 휘둥그레진 눈으로 노인을 바라보았다. 그것이 또 노인을 공포에 사로잡히게 했다.

"어서! 앙투안을 불러! 당장!"

세린느 수녀는 약을 넣은 주사기를 들고 돌아왔다. 그녀는 무슨 일이 일어났는지 눈치채지 못했다. 그녀는 가정부가 뛰어나가는 것을 보았다. 티보 씨가 흥분한 탓에 다시 극심한 통증이 재발했던 것이다. 그래서 베개 위에 옆으로 쓰러져 있었다. 주사를 놓기에는 꼭 알맞은 자세였다.

"움직이지 마세요."

세린느 수녀는 그의 어깨에 걸친 것을 벗기면서 말했다. 순식간에 주사를 놓았다.

집을 나오던 앙투안은 아치형 입구에서 아드리엔느와 마주쳤다.

그는 황급히 계단을 뛰어올라갔다.

앙투안이 방에 들어가자 티보 씨가 돌아보았다. 겁이 나서 불러오라고는 했지만 별로 기대하지 않다가 막상 앞에 나타나니까 우선 노인에게는 위안이 되었다. 그는 뜻하지 않게 더듬거리며 말했다.

"아, 왔구나?"

그는 주사의 효력을 느끼기 시작했다. 두 개의 베개 위에 몸을 일으키고 양팔을 쭉 뻗은 채 세린느 수녀가 손수건 위에 떨어뜨려 준 몇 방울의 에테르 냄새를 맡고 있었다. 앙투안은 셔츠가 벌어진 곳으로 마른 목줄기와 두 개의 힘줄 사이로 쑥 솟아난 목울대를 보았다. 턱의 미세한 떨림은 이마 언저리가 음울하게 미동도 하지 않는 것을 더욱 두드러져 보이게 했다. 묵직한 머리, 평평하고 넓은 관자놀이, 두 귀, 이 모든 것이 지금 보기에도 후피동물 같은 느낌을 주었다.

"아버지, 무슨 일이세요?" 앙투안이 물었다.

티보 씨는 아무 대답도 않고 한동안 뚫어지게 그를 바라보다가 대답 대신 다시 눈을 감았다. 어쩌면 이렇게 외치고 싶었는지도 모른다. '진실을 말해 다오! 나를 속이는 것이 아니냐? 말해 봐, 나는 이제 가망이 없느냐? 말해 다오, 앙투안. 나를 살려다오!' 그러나 아들을 대하자 점점 강하게 느끼는 두려움, 그리고 자기의 공포심을 입 밖에 내면 그것이 곧 엄연한 현실로 다 가올 것만 같은 미신적인 걱정 때문에 소리를 지르지 못하고 있었다.

앙투안의 눈이 세린느의 눈길과 마주쳤다. 그녀의 눈길은 탁상 쪽을 가리 켰다. 거기에 체온계가 있는 것을 보고는 다가갔다. 체온이 38도 9부로 나 타났다. 그는 이런 갑작스러운 발열에 깜짝 놀랐다. 지금까지는 병이 거의 열 없이 진행되어 왔었다. 그는 침대 쪽으로 돌아와 환자의 손목을 잡았다. 안도감을 주기 위해서였다.

"맥박은 고르군요." 그는 거의 틈을 두지 않고 말했다. "그런데 어디가 괴 로우세요?"

"말로 표현할 수 없이 아프구나!" 하고 티보 씨는 큰 소리로 말했다. "오 늘은 온종일 괴로웠단다. 나는…… 나는 죽는 줄 알았어! 그렇지?"

그는 세린느 수녀 쪽으로 위압적인 눈길을 던졌다. 이어 음색이 바뀌고, 그의 시선이 머뭇거리기 시작했다.

"앙투안, 가면 안 돼. 무서워, 못 견디겠어! 무서워…… 또 고통이 시작 될 것 같아."

앙투안은 측은한 생각이 들었다. 다행히 꼭 외출해야 될 급한 일도 없었으 므로 저녁식사 때까지 남아 있겠다고 약속했다. "볼일이 생겼다고 전화를 하겠어요." 그가 말했다.

전화가 있는 서재까지 세린느 수녀가 따라왔다.

"오늘 상태는 어떻습니까?"

"과히 좋지 않아요. 첫 번째 주사를 정오에 놓지 않으면 안 되었지요. 그 리고 두 번째 주사를 지금 막 놓았어요. 반만요." 그리고 그녀는 덧붙여 말했 다. "앙투안 씨, 문제는 마음입니다! 무서운 생각을 하고 계시답니다. '모 두가 나를 속이고 있어. 신부님을 불러 줘. 죽을 것만 같아' 하고요. 그 밖 에도 여러 가지!"

걱정스러워하는 앙투안의 눈빛은 분명히 '당신도 눈치채셨나요?' 하고 묻는 것 같았다. 세린느 수녀는 머리를 끄덕였다. 그녀는 감히 아니라고 대답할 수가 없었다.

앙투안은 생각에 잠겼다. '이것만으로는 체온이 왜 올라갔는지 알기 힘든데……' 하고 그는 마음속으로 생각했다.

"중요한 것은……" 그는 단호한 몸짓을 하며 말했다. "……모든 의심의 싹을 즉시 뽑아 버리는 것입니다." 이때 엉뚱한 계획이 뇌리를 스쳐갔다. 하지만 그는 그 생각을 억눌렀다. "우선 편안히 하룻밤을 지내시게 해야겠군" 하고 그는 또렷이 말했다. "내가 말씀 드릴 때 남은 절반 주사하세요……. 곧 갈 거니까요."

"이제 7시까지 여유가 있네요."

그는 방에 돌아오자 유쾌한 투로 말했다. 목소리는 날카로웠고 얼굴 표정은 병원에 있을 때와 같이 긴장되고 단호했다. 그러면서도 입가에는 미소를 띠었다.

"굉장히 힘들었답니다! 제가 받은 전화는 어린 환자의 할머니였어요. 굉장히 낙심해서 수화기를 들고는 매우 울먹였어요. '선생님, 오늘 저녁에는 못 오시나요?'" 그는 갑자기 걱정스러운 모습을 보였다. "죄송합니다. 부인. 실은 아버님의 몸상태가 좋지 않으셔서, 아버님 댁에 불려와 있거든요……." (돌연 티보 씨의 얼굴이 경련을 일으켰다) "아무래도 부인네들이란 끝이 없단 말이죠. 또 묻더군요. '아버님이? 저런, 어디가 편찮으신데요?'"

앙투안은 자기가 하고 있는 무모한 일에 도취되어 망설이지 않고 이렇게 말했다. "'글쎄, 뭐라고 말할까? ……알아맞혀 보세요!' ……저는 눈썹도 까딱하지 않고 이렇게 대답했어요. '암인데요, 부인! 전립선…… 암이랍니다…….'" 그는 몹시 흥분해서 웃음소리를 냈다. "그렇잖아요. 이렇게라도 말하지 않으면 어떻게 하겠어요!"

그는 세린느 수녀가 컵에 물을 따르다가 갑자기 손을 멈추는 것을 보았다. 그리고 갑자기 자기가 지금 하고 있는 일을 의식했다. 불안한 마음이 스쳐갔다. 그렇다고 뒤로 물러설 수도 없었다.

그는 폭소를 터뜨렸다.

"아버지, 이런 거짓말도 모두 아버지 때문이에요!"

티보 씨는 몸을 움츠리고 온 신경을 모아 열심히 듣고 있었다. 손이 시트 위에서 떨리기 시작했다. 지금까지 아무리 안심시켜 주는 말을 해도 이렇게 완전하고 이렇게 빨리 티보 씨의 고뇌를 쫓아 준 적은 없었다! 앙투안의 놀라운 대담함은 대번에 모든 망령을 쫓아 주었으며, 단숨에 환자로 하여금 다시 희망을 가지도록 해 주었다. 환자는 두 눈을 뜨고 아들을 바라보았다. 그리고 더 이상 시선을 떨구지 않기로 마음먹었다. 새로운 감정, 애정의 불꽃이 병든 노인의 마음을 뜨겁게 해 주었다. 그는 무슨 말이라도 하고 싶었지만 현기증 같은 것을 느꼈다. 그는 살짝 미소짓고는 눈을 감았다. 앙투안은 아버지의 그런 미소를 놓치지 않고 바라보았다.

만일에 앙투안이 아닌 다른 사람이었다면 이마의 땀을 닦으면서 '위기를 간신히 모면했군……' 하고 생각했을는지 모른다. 그러나 조금전보다 얼굴색도 가라앉은 앙투안은 자기가 한 처치에 만족하면서 단순히 이렇게 생각할 따름이었다. '이런 술책은 반드시 성공한다는 확신을 가지는 것이 제일 중요하지.'

몇 분이 흘렀다.

앙투안은 세린느 수녀의 눈길을 피하려고 했다.

티보 씨가 팔을 움직였다. 그리고 무슨 의논이라도 계속하려는 듯이 이렇게 말했다.

"하지만 몸이 점점 더 아파오는 것은 무슨 까닭이냐? 네가 처방한 혈청이 오히려 아픔을 더하고 있으니……."

"네, 당연히 더 아프죠" 하며 앙투안은 아버지의 말을 가로막았다. "그게 약이 효과를 내고 있다는 증거니까요!"

"아!"

티보 씨는 자신이 납득하면 그만이었다. 사실 오늘 오후에는 자기가 말하던 것만큼 고통스럽지 않았으므로 고통이 계속되지 않은 것이 오히려 유감스러웠다.

"지금은 어떠세요?"

앙투안이 물었다. 아버지가 또 열이 오르지나 않을까 걱정스러웠기 때문이다. 솔직히 티보 씨는 '하나도 안 아프다'고 대답해야 했겠지만 그는 이렇게 중얼거렸다.

"다리가 아파……. 허리 언저리도 무겁고……."

"3시에 찜질을 했어요" 하고 세린느 수녀가 또렷하게 말했다.

"그리고 여기가 무거워…… 꽉 눌리는 것 같구나……."

앙투안은 고개를 끄덕이며 이해한다는 시늉을 했다.

"이상한데요" 하고 앙투안이 세린느 수녀를 향해 말했다(말을 어떻게 꾸며댈지 생각이 떠오르지 않았다). "제가 관찰해 본 바로는 약을…… 서로 엇갈리게 쓴 결과가 아닐까 생각되네요. 예를 들어 피부병에 서로 치료를 달리해서 뜻하지 않은 결과를 얻을 수도 있거든요. 어쩌면 저와 테리비에가 계속해서 새로운 혈청…… N. 17을 계속 쓴 것이 잘못되었을지도 모르겠는데요……."

"그래, 그것이 잘못된 거야!" 하고 티보 씨가 확신을 갖고 말했다.

앙투안은 기분 좋게 아버지의 말을 가로막았다.

"그러나 그것도 아버지 탓이에요! 빨리 낫고 싶다고 너무 서두르시니까! 저희가 많은 일을 너무 빨리 해치우려는 겁니다!" 그는 세린느 수녀를 보며 진지하게 물었다. "그저께 가져온 D. 92 주사약은 어디에 있지요?"

그녀는 어색한 몸짓을 했다. 환자를 속이기 싫어서가 아니라, 병 증상에 따라 앙투안이 생각해 내는 여러 가지 '혈청'을 확실하게 이해할 수 없었기 때문이다.

"곧 D. 92 주사를 준비해 주세요. N. 17의 작용이 끝나기 전에 혈액 속에서 어떻게 섞이는지를 시험해 보고 싶으니까요."

티보 씨는 세린느 수녀가 망설이고 있는 것을 눈치챘다. 앙투안은 탐색하는 듯한 아버지의 눈초리를 보고 뜨끔했다. 그는 모든 의심을 씻어 주려고 곧 덧붙여 말했다.

"아버지, 지금 이 주사는 아프실 거예요. D. 92는 다른 것보다 훨씬 약이 독하니까요. 하지만 조금만 참으세요. 제 생각이 맞다면 오늘밤부터는 훨씬 편해지실 거예요!"

'하루하루 더 능란해지는구나' 하고 앙투안은 혼자 생각했다. 직업상의 진보라고 인정하면서 그는 흐뭇해했다. 이런 우울한 일에는 끊임없이 어려움이 뒤따르게 마련이며 일종의 위험 같은 것이 도사리고 있었다. 앙투안은 이런 것에 매력을 느끼지 않을 수 없었다.

세린느 수녀가 돌아왔다.

티보 씨는 그 주사를 맞을 때 불안을 느끼지 않을 수 없었다. 그래서 팔에 바늘이 꽂히기도 전에 고함부터 질렀다.

"아, 네가 말하던 혈청이구나!"

주사가 끝나자마자 투덜거리기 시작했다.

"이게 훨씬 더 독하구나! 꼭 몸 속에 불이 들어가는 것 같아! 그런데 너도 이 냄새나니? 이전 것은 적어도 냄새는 나지 않았었는데!"

앙투안은 의자에 앉아 있었다. 그는 아무 대답도 하지 않았다. 이전 주사와 지금 것은 전혀 차이가 없다. 같은 앰플, 같은 바늘, 같은 사람. 단지 약 이름만 다를 뿐인데……. 정신만 다른 방향으로 이끌고 가면 모든 감각은 따라서 움직이는구나! 한심한 인간의 감각. 인간이 이것을 믿고 있다니! ……끝까지 이성만을 만족시키고 싶다는 어린애 같은 욕망! 한 환자가 가장 참기 힘든 것은 '이해'하지 못한다는 것이다. 하나의 현상에 이름을 붙이고, 그럴듯한 원인을 부여할 수 있게 되자마자, 우리가 우리의 빈약한 두뇌로 두 관념을 겉보기만이라도 논리적이라면……. '이성, 이성이라는 것' 하고 앙투안은 생각했다. 그러나 '이것이야말로 태풍의 눈과 같이 확고한 것이다. 이성이 없다면 도대체 무엇이 남는단 말인가?'

티보 씨는 다시 눈을 감았다.

앙투안은 세린느 수녀에게 물러가라는 손짓을 했다(그들은 둘이 같이 환자 머리맡에 있으면 환자가 더 초조해한다는 것을 알고 있었다).

앙투안은 매일 아버지를 봐 왔지만 오늘이야말로 뚜렷한 변화를 느낄 수 있었다. 피부에는 호박(琥珀)색의 투명함과 홍조의 빛이 나타나 있었다. 부기는 더하고 눈밑은 늘어진 주머니 모양이 되어 있었다. 그에 반해 코의 살은 쭉 빠져 앙상한 뼈대만을 보이고 있었는데, 이것이 얼굴 표정을 기괴하게 변화시켰다.

환자가 몸을 움직였다. 얼굴 모습은 차츰 생기를 되찾았다. 이제는 찌푸린 모습을 찾아볼 수 없었다. 눈은 더 자주 깜박였고 속눈썹 사이로 크게 뜬 눈동자가 생기있게 빛나고 있었다.

'주사 두 대가 효력을 나타내는군' 하고 앙투안은 생각했다. '아마 지금부터 수다스러워질 거야.'

사실 티보 씨는 심신이 이완되는 듯한 느낌이 들었다. 쉬고 싶다는 욕구는 있지만 어떤 피로감도 따르지 않아 기분이 좋아졌다. 그러면서도 그는 역시 자신의 죽음을 끊임없이 생각하고 있었다. 그러나 이제 죽음 같은 것은 믿지 않기로 했으므로 그것에 대해 아무렇지 않게 말할 수도 있었고, 또 그것을 말하는 것이 유쾌하기까지 했다. 모르핀 주사 때문에 흥분되어 자신을 위해, 또 아들을 위해 훌륭한 임종의 순간을 만들어 보고 싶은 유혹을 느꼈다.

"듣고 있니, 앙투안?" 하고 그가 별안간 물었다. 말투는 엄숙했다. 그리고 아무런 서두도 없이 말했다. "내 죽은 뒤에 발견될 유언장 속에……" (여기까지 말하고는 배우가 상대의 대사를 기다리는 순간과 같은 아주 짧은 멈춤이 있었다)

"그렇지만 아버지" 하고 앙투안은 상냥하게 아버지의 말을 가로막았다. "아무렴 그렇게 빨리 돌아가시겠어요!" 그는 웃었다. "아까도 말씀드렸지만 아버지는 얼른 병이 낫기를 몹시 기다리고 계셨잖아요!"

노인은 기분이 좋아서 손을 들어올렸다.

"자, 잠자코 들어봐. 과학의 입장에서 본다면 나는 손도 못 쓸 환자는 아닐지 모르지. 그러나 내 느낌으로는…… 내가…… 죽는 것도 포함해서…… 하느님도 내가 이 세상에서 하려고 노력했던 몇 가지 선행만은 인정해 주실 것으로 믿는다……. 그래…… 그리고 마지막날이 오면……" (그는 아들이 자신의 죽음을 못미더워하며 짓던 미소가 사라지지나 않았는지 확인해 보려고 흘끗 쳐다보았다) "……그래, 별수없지? 믿고 보는 거야……. 주님의 자비심은 무한하니까."

앙투안은 말없이 듣고만 있었다.

"그래, 애야, 이런 말을 하려고 한 것은 아니야. 유언장 끝에 유증 명단을 보게 될 게다……. 오래전부터 일해 준 사람들을 위한 것이야. 그 유언 변경 증서에 주의해 주었으면 싶어서란다. 몇 년 전에 쓴 거야. 그런데 별로…… 별로 관대한 것 같지 않아. 샬르 씨에 관한 것인데, 그 사람은 물론 내 보살핌을 받아왔지. 그것은 틀림없어. 모든 점에서 내 덕을 보고 있지. 그렇지만 그 사람의…… 그 헌신적인 태도에 무슨 보상 같은 것을…… 좀 넘친다 싶더라도 무언가 해주는 것이 옳지 않겠니?"

기침 때문에 이따금 말을 멈추었다가 하는 수 없이 잠시 입을 다물곤 했다. '병세가 꽤 급속도로 전신에 퍼지는 것이 틀림없군' 하고 앙투안은 생각했다. '기침이 점점 심해지는군. 구역질도 그렇고, 얼마 전부터 부기가 아래에서 위로 올라가고 있는 것이 틀림없어. 폐와 위로…… 최초의 합병증이 일어나려고 하는군.' "나는 언제나……" 하고 티보 씨는 말을 계속했다. 아편 주사 탓으로 머리가 맑아지기는 했어도 그의 생각은 조리가 맞지 않았다. "나는 언제나 내가 안정적인 계층에 속한다는 것을 자랑으로 여겨왔다. 종교도 그렇고 조국도 마찬가지로 언제나 그런 계층을 토대로……. 그러나 그런 안정에는 필연적으로 어떤 의무가 따르게 마련이야……." 거기까지 말하고 그의 생각은 다시 방향을 바꾸었다. "그런데 아무튼 너는 개인주의적인 생각에 치우치는 나쁜 경향이 있어!"

그는 갑자기 앙투안 쪽으로 화난 눈길을 보내면서 말했다. "너도 나이가 들면 바뀔 테지만." 그는 말을 바꾸었다. "……더 나이가 들어서 나처럼 너도 하나의 가정을 이루게 되면…… 그래, 하나의 가정을……" 하고 그는 되풀이했다. 언제나 자긍심을 가지고 얘기하던 이 말은 그의 마음속에 여러 가지 희미한 반향을 불러일으키고 전에 했던 연설 일부를 생각나게 했다. 생각의 맥락이 다시 끊겼다. 그는 목소리를 높여 말했다. "그렇다. 가정이야말로 사회조직에서 가장 기본적인 세포라는 것을 인정한다면, 그 가정이야말로…… 평민사회에서 귀족계층을 형성하는 것이고…… 앞으로 한 나라의 엘리트를 그 속에서 탄생시키는 것이 아닐까? ……가정, 가정…… 대답해 봐. 오늘의 부르주아 국가는 우리를 축으로 삼아…… 회전하고 있는 것이 아닐까?"

"그렇지요, 아버지." 앙투안은 부드럽게 동의했다.

노인은 그 말을 귀담아 들은 것 같지 않았다. 말투에 차츰 연설조가 사라지면서 말하려는 의도도 훨씬 쉽게 파악할 수 있었다.

"너도 이제 생각이 달라질 거다! 신부님도 나와 같이 그것을 기대하고 계시단다. 이제 곧 생각이 달라지겠지. 그리고 나는 빨리 그렇게 되기를 바라고 있어……. 이미 그렇게 되어 있기를 바라고 있단다……. 얘야, 내가 이 세상을 하직하는 순간이 온다는 것이 고통스럽지는 않지만 자신의 아들이…

… 말할 수 없이 좋은 교육을 받고 이 집 지붕 아래에서 살아온 너를 말하는 게다. ……요컨대 종교적인 열정을 가져 주었으면 하는 것이다! 지금보다 더 성실하고, 행함과 용기가 있는 신앙심 말이다!"

'지금의 나를 아신다면 아버지는 뭐라고 하실까' 하고 앙투안은 생각했다.

"주님이 기도를 안 들어주실 분도 아니고…… 나를 괘씸하다고 내치실 분도 아니지……?" 티보 씨는 한숨지었다. "아! 너한테 신앙심을 심어 주기에는 너의 어머니가…… 너무 일찍 돌아가셨어!"

두 눈에 눈물이 고였다. 앙투안은 맺혀 있던 눈물이 뺨을 따라 흘러내리는 것을 보았다. 너무 뜻밖의 일이어서 앙투안은 감동하고 말았다. 더구나 조금도 주저함 없이 낮고 은근하며 벅찬 목소리—지금까지 들어보지 못했던 말투—로 말을 잇는 아버지가 더욱 절실해 보였던 것이다.

"그 밖에 말해 주고 싶은 것이 있다. 자크의 죽음에 대해서 말이다. 불쌍한 녀석……. 나는 그 아이한테 아비로서의 의무를 다하기나 했는지? …… 나는 엄격한 아버지가 되려고 했었다. 너무 준엄했었지. 아아, 주님 저는 아이들을 너무 엄하게 대했음을 고백합니다…… 앙투안, 너한테도 말이다……. 아니, 조용히 들어다오. 사실이었다. 주님의 뜻이었지. 주님은 나한테 결국 자식들의 신뢰를 얻게 해 주시지 않았어……. 내 두 아들, 그들은 나를 존경하면서도 두려워했지, 그러면서 어린시절부터 나한테서 멀어져 갔지…… 오만, 오만! 나도 오만했고, 애들도 오만했으니……. 그러나 아비로서의 내 의무는 하느라고 하지 않았던가? 아주 어린시절부터 두 아이를 교회에 맡기지 않았던가? 그들의 덕성교육과 지성교육을 위해 언제나 신경을 써왔던 내가 아니었던가? 은혜를 모르는 놈들……. 주여, 심판을 내려 주시옵소서. 과연 저의 잘못입니까? ……자크는 항상 제게 반항했습니다. 최후의 그날까지, 그 애가 죽기 전날까지도! ……그렇지만! 아비로서 어찌 그런 ……그런 일을 받아들일 수 있었겠습니까? 천만의 말씀…… 그럴 수는 없겠지요……."

그는 입을 다물었다.

"가거라, 불효막심한 놈!" 그가 갑자기 고함을 쳤다.

앙투안은 놀라 아버지를 바라보았다. 그것은 그를 향해 한 말이 아니었다. 또 헛소리가 시작되었나? 턱을 바싹 당기고 이마는 땀에 젖은 채 양팔을 높이 든 아버지는 제정신이 아닌 듯 싶었다.

"못 가겠느냐!" 하며 그는 다시 말을 이었다. "너는 네 아비에 대해, 아비의 이름과 지위에 대한 의무를 저버렸다! 한 영혼의 구원을! 한 가족의 명예를 네가 망쳐 버렸다고! 행함 속에는…… 그래, 행함 속에는 우리 자신들을 훨씬 뛰어넘는 것이 있지! 모든 전통을 위태롭게 하는 것이 있어! 그래, 나는 너를 쳐부수고 말겠다! 썩 꺼지거라!"

기침 때문에 말이 멎었다. 그는 긴 심호흡을 했다. 그리고 훨씬 목소리를 낮추어 이렇게 말했다.

"주여, 과연 용서받을 수 있을는지요……. 티보 너는 대체 아들을 어떻게 한 거야?"

"아버지." 앙투안이 말을 가로막았다.

"나는 아들을 보호할 수 없었어요……. 그렇게 된 건 여러 가지 이유가 있지! 위그노 놈들의 술책 때문이야!"

'아, 위그노들' 하고 앙투안은 생각했다.

이것은 노인에게 하나의 고정관념이 되어 있었다. 그리고 그것이 어디에서 연유되었는지 확실히 아는 사람은 아무도 없었다. 아마도―앙투안의 추측인데―자크가 집을 나간 직후 수색이 시작되었을 때, 자크가 그 이전해 여름에 메종 라피트에서 퐁타냉 집을 자주 드나들었다는 사실이 어쩌다 그의 귀에 들어간 것이 틀림없다. 그 뒤부터는 누가 뭐라 해도 그는 생각을 굽히지 않았다. 신교도에 대한 맹목적 혐오감, 자크가 다니엘과 함께 마르세유로 달아났던 기억이 머리를 떠나지 않았던 탓도 있겠지만, 과거와 현재를 혼돈했으므로 노인은 사건의 모든 책임을 끊임없이 퐁타냉 가족에게 넘겨씌웠던 것이다…….

"어디 가니?" 하고 몸을 일으키려고 하면서 그가 또 소리를 질렀다. 번쩍 눈을 뜬 그는 앙투안이 있는 것을 보고 안심했는지 눈물로 흐려진 눈을 아들 쪽으로 향했다.

"불쌍한 놈이었어" 하고 그는 중얼거리듯 말했다. "그 위그노 놈들이 그 애를 유혹한 거야……. 우리한테서 빼앗아갔어……. 모두 그놈들 짓이야! 그리고 그 애를 자살로 몰아간 거야……."

"아닙니다, 아버지" 앙투안이 큰 소리로 말했다. "왜 그런 생각을 하세요, 왜 그 애가……"

"자살한 거야! 그놈은 나가 버렸어. 그놈은 자살하려고 나가 버린 거야!"
(앙투안은 아버지가 낮은 목소리로 '……젠장!' 하고 말한 것을 들은 것 같
았다. 도대체 무엇이 '젠장' 할 일인가? 그것은 전혀 의미가 없는 말이었다)
그리고 나머지 말은 절망적인 말없는 흐느낌 속에 거의 묻혀 버렸다. 그 결
과 복받치는 기침이 일어났다. 이번에는 다행히 쉽게 가라앉았다.

앙투안은 아버지가 잠든 것으로 생각했다. 그래서 되도록 몸을 움직이지
않으려고 애썼다.

몇 분이 지났다.

"이봐!" 앙투안은 깜짝 놀랐다. "큰어머니의 아들…… 그……, 너도 알
지? ……키유뵈프에 있는 큰어머니 마리의 아들…… 아니, 너는 알 리가
없지. 그 아들도 역시…… 내가 아직 어릴 때의 일이었어. 사냥을 떠나던
날 밤에 총으로 자살했지. 무슨 일인지 영문도 전혀 모르고 말이야……"

티보 씨는 건성으로 여러 가지 추억을 떠올리면서 대단히 기쁘다는 듯 미
소짓고 있었다.

"……큰어머니는 언제나 노래를 불러서 어머니를 짜증나게 했지. ……그
래 ……'기운찬' ……'준마' ……참, 어떻게 했더라? ……키유뵈프에서 여
름 휴가 동안에…… 너는 니쾨 영감의 헌 마차를 모르겠지…… 하, 하, 하
……그래, 식모들의 옷광주리가 떨어졌을 때였어. 하, 하, 하! ……"

앙투안은 의자에서 벌떡 일어났다. 이 웃음소리를 듣는 것은 흐느낌을 듣
는 것보다 훨씬 괴로웠다.

최근 몇 주일 동안에, 특히 저녁 때 주사를 맞은 뒤에, 노인은 이렇게 쓸
데없는 옛날 이야기를 하곤 했다. 그것은 텅 빈 그의 기억 속에서 마치 소라
고둥 속의 소리처럼 갑자기 크게 울리는 것이었다. 그리고 그 추억을 며칠이
고 되새기면서 어린아이같이 혼자 웃곤 하는 것이었다.

그는 즐거운 듯 앙투안을 향해 몸을 돌리고서 활기찬 목소리로 노래하기
시작했다.

활기 찬 말아……
이랴…… 귀여운 말아……

라…… 라…… 라…… 아가씨가……

이랴…… 이랴…… 기다리신다!

"아, 다음은 잊어버렸구나" 하고 그는 안타까워하며 말했다. "이 노래는
유모도 잘 알아. 언제나 지젤한테 들려주었지……."

그는 벌써 자신이나 자크의 죽음을 잊고 있었다. 그리고 앙투안이 나갈 때
까지 지치지도 않고 키유뵈프의 추억과 옛날 노래의 단편들을 자기 과거 속
에서 계속 찾고 있었다.

3. 유모와 하녀들에게 엄숙한 어조로 이별의 말을 하다

세린느 수녀와 단둘이 있게 되자 티보 씨는 다시 근엄함을 되찾았다. 그는
수프를 달라고 해서 아무 말 없이 먹여 주는 대로 받아먹었다. 그리고 나서
세린느 수녀와 같이 저녁 기도를 마치고 천장의 불을 꺼 달라고 했다.

"세린느 수녀, 유모에게 좀 오라고 말해 주시오. 그리고 하녀들도 불러 주
고, 할 말이 있으니까."

이런 시각에 오라고 한 것을 못마땅하게 여기면서도 베즈 유모는 총총걸
음으로 문지방을 넘고 숨을 헐떡이며 멈추어 섰다. 침대까지 올려 보려고 했
지만 등이 굽어서 그럴 수가 없었다. 그녀에게는 가구의 다리밖에 보이지 않
았다. 그리고 불빛이 비치는 곳은 양탄자를 꿰맨 자국만 눈에 띄었다. 세린
느 수녀가 의자를 권했으나 그녀는 한 걸음 뒤로 물러섰다. 이렇게 병균이
득실거리는 의자에 앉느니 차라리 10시간이 될 망정 황새처럼 한 발로 서
있는 편이 나을 것이다.

두 하녀는 불안해 하며 어두운 곳에 한 덩어리가 되어 바짝 붙어 서 있었
다. 그런 두 사람을 이따금 벽난로의 불꽃이 비추었다.

티보 씨는 잠시 생각에 잠겼다. 앙투안과의 소동만으로는 아무래도 직성
이 풀리지가 않았다. 뭔가 억누를 수 없는 욕망 때문에 다시 한 번 판을 벌
이지 않으면 안 될 것 같았다.

"내가 이 세상을 하직하는 것도 그리 멀지 않은 것 같아……." 그는 기침
을 하면서 말을 꺼냈다. "그래서 나는 내 고통이…… 고통이 잠시 멎는 순
간을 빌어……. 자네들에게 미리 영원한 작별을 고하려고 하네……."

세린느 수녀는 수건을 접고 있다가 깜짝 놀라 손을 멈췄다. 유모와 하녀들도 어안이 벙벙하여 아무 말도 하지 못했다. 티보 씨는 자신의 죽음이 임박했다는 말을 했지만 아무도 놀라지 않는다는 사실을 알았다. 그러자 가슴이 찢어지는 듯한 번민이 갑자기 들이닥쳤다. 다행히 다른 사람보다 대담한 세린느 수녀가 이렇게 말해 주었다.

"그렇지만 점점 더 좋아지고 계시는데 왜 돌아가신다는 말씀을 하십니까? 아드님이 들으시면 어쩌시려고요!"

그 말을 듣자 티보 씨는 정신이 훨씬 또렷해지는 것을 느꼈다. 그는 눈살을 찌푸렸다. 그리고 그녀의 입을 다물게 하려고 말도 잘 듣지 않는 손을 내저었다.

그는 마치 암송하듯이 말을 이었다.

"최후의 심판대에 나가기 전에 용서를 구해야 해. 모두에게 용서를 빌어야겠어. 나는 자주 남한테 너그럽지 못했지. 내가 너무 엄격해서 집안과…… 이 집에 사는 모든 사람들의 애정에 상처를 주기도 했을 거야. 나도 인정하고 있네……. 나는 빚이 있어……. 자네들 모두한테 빚이 있어……. 클로틸드와 아드리엔느 자네 둘에게도……. 더구나 지금 나와 똑같이 괴로운 침상에서 움직일 수 없게 된…… 자네 어머니에 대해서도……. 25년이라는 오랜 시간동안 봉사하는 훌륭한 봉사의 모범을 자네들에게 보여 준 그 사람한테……. 마지막으로 유모 자네한테도……."

이 순간에 아드리엔느가 왈칵 울음을 터뜨렸다. 티보 씨는 난처해져서 자신도 울음을 터뜨릴 뻔했다. 벌써 목이 메어 왔다. 그러나 그는 다시 마음을 다잡았다. 그리고 한 마디 한 마디를 신중하게 말했다.

"……자네는 자네의 검소한 생활 전부를 희생해 가며 아내를 잃은 내 집에 와서…… 우리 가문의 등불을 지금까지 지켜 주었어. 자네 말고 누가…… 애들 어미를 대신해서…… 그 애들을…… 잘 키울 수 있었겠는가?"

말을 마칠 때마다 어둠 속에서 여자들의 울음소리가 들려왔다. 유모의 허리는 점점 더 굽어지고, 울음으로 고개는 끊임없이 흔들리고 있었고, 떨리는 입술에서는 조용한 가운데 무엇인지 들이마시는 듯한 훌쩍거리는 소리가 들렸다.

"자네 덕분에, 자네의 자상한 보살핌 덕택에 우리 가정은 그 길을…… 주님이 보여 주시는 그 길을 계속해서 걸을 수 있었던 것이지. 모두들 앞에서 다시 한 번 자네의 고마움을 표시하고 싶네. 그리고 자네에게 마지막 부탁을 하려고 해. 숙명의 시간이 오면……." 그는 자신이 한 말에 강한 충격을 받고 그 공포를 억누르려고 잠깐 말을 멈추고는 지금 자신의 상태, 주사를 맞고 난 뒤의 편안한 상태를 곰곰이 생각해 보았다. 그는 말을 계속했다.

"숙명의 시간이 오면, 나는 자네가 직접 큰 목소리로 그 아름다운 기도…… 그 '임종의'…… 연도(煉禱)를…… 드려 주었으면 하네……. 자네와 함께…… 죽은 아내의 머리맡에서…… 바로 이 방에서……. 그렇지…… 바로 이 십자가 밑에서 그 기도를 드렸는데……."

그의 눈길은 어두운 곳을 더듬고 있었다. 마호가니 가구, 푸른 레이스로 짠 커튼이 달린 이 방은 그가 항상 지내는 낯익은 방이었다. 그것은 전에 루앙에서 몇 년 사이 부모님이 차례로 돌아가시는 것을 본 그 방과 똑같은 장식을 한 방이었다……. 그는 그 방을 그대로 파리로 옮겼다. 이 방은 청년 시절의 방이며 신혼시절을 보낸 방이었다……. 3월의 추운 어느 날 밤에 앙투안이 여기서 태어났다. 10년 뒤 똑같이 겨울밤에 아내는 자크를 낳은 뒤 이 방에서 세상을 떠났다. 티보 씨는 제비꽃 무늬가 찬란한 큰 침대 가운데서 아내가 창백하게 죽어가는 것을 떠올렸다…….

그의 목소리는 떨렸다.

"……그리고 나의 사랑하는 아내가…… 천국에서 나한테 힘을 주도록…… 그리고 용기를…… 체념과…… 그녀가 몸소 보여 준 용기를…… 나한테 달라고 기원하고 있네……."

그는 눈을 감았다. 그리고 어설프게 두 손을 맞잡았다. 잠든 것 같았다.

세린느 수녀는 하녀들에게 조용히 물러가라고 눈짓했다.

주인 곁을 떠나기 전에 그녀들은 이후로는 주인을 다시 못 볼 것처럼 주의 깊게 그를 바라보았다. 복도에서는 아드리엔느의 훌쩍거리는 울음소리와 유모를 부축하고 있는 클로틸드가 소리 죽여 하는 말소리가 들렸다. 여자들은 지금 어디로 가야 할지를 모르고 있었다. 그녀들은 부엌에 몰려와 둥글게 둘러앉아 눈물을 흘리고 있었다. 클로틸드는 명령만 떨어지면 즉시 신부님을 부르러 가기 위해 밤샘을 해야겠다고 말했다. 그리고 시간을 떼우기 위해 부지런히 커피를 빻기 시작했다.

오직 세린느 수녀만이 어떻게 해야 하는지를 알고 있었다. 그녀가 보기에

죽음이 임박한 환자에게서 찾아볼 수 있는 평정은, 환자의 깊은 본능 속에서
—틀릴 때가 많지만—자신의 죽음이 그렇게 임박했다고 믿지 않는 증거였
다. 그래서 그녀는 방을 치우고 불을 끈 다음에 접이식 침대를 펼치고 그 위
에 누웠다. 10분이 지나자, 이 어두운 방에서 환자와는 한 마디 말도 나누지
않은 채, 매일 밤 그렇듯이 기도에서 잠으로 평온하게 빠져들었다.

　티보 씨는 자고 있지 않았다. 두 번의 주사가 그를 계속 편하게 해 주었으
나 잘 수 없었다. 여러 가지 생각과 계획으로 가득 찬 말 할 수 없이 기분
좋은 상태 때문이었다. 그는 지금 공포심을 자기 주위에 흩뿌려 놓음으로써
자기 자신이 그 불안감으로부터 구원받는 것으로 여기는 것 같았다. 잠들어
있는 세린느 수녀의 숨결이 그의 신경을 조금 건드렸다. 그러나 그는 자기
병이 나아서 여러 가지 인사말을 곁들여—그녀가 속해 있는 수도원에 충분
한 기부금과 함께—그녀를 돌려보낼 일을 생각하며 흐뭇해했다. 기부금은
얼마나 낼까? 그건 조만간 다시 생각하자…… 아, 나는 회복되는 날을 얼마
나 기다렸던가! 내가 없으면 사업은 어떻게 될까?
　장작 하나가 재 속에 쓰러졌다. 그는 살며시 한쪽 눈을 떴다. 꺼질 듯 말
듯하던 불꽃이 다시 일어나 천장에 그림자를 그리며 춤추고 있었다. 그는 1
년 내내 초석과 사과 냄새가 나는 축축한 복도에서 불꽃이 타고 있는 촛대를
손에 든 채 떨고 있던, 키유뵈프에서의 자신의 모습이 별안간 떠올랐다. 커
다랗고 무수히 많은 그림자들이 앞에 나타나서는 지금 보는 그림자같이 천
장에서 춤추던…… 매일 밤 큰어머니 마리의 방에서 본 두려움을 주던 검은
거미들! ……(겁쟁이였던 어린시절의 자신과, 이렇게 노인이 되어 버린 자
신, 이 양자가 어찌나 똑같은지 그 둘을 구별하기에는 노력이 필요했다)
　벽시계가 10시를 치더니 또 30분을 알렸다.
　키유뵈프…… 낡은 마차…… 양계장…… 레옹틴느……
　우연히 기억 저 밑에서 끄집어낸 여러 가지 추억들이 집요하게 표면에 넘
실거리며 다시 가라앉으려 하지 않았다. 어린시절의 여러 가지 추억과 함께
옛날 노래 한가락이 끊어졌다 이어졌다 하며 떠올랐다. 노래 가사는 처음 부
분을 제외하고는 거의 기억나지 않았다. 그러더니 차츰 되살아나 후렴 부분
이 떠올랐다.

활기 찬 말아,

귀여운 말아,

어떤 군마보다

아가씨가 더 좋아하지!

·················

이랴! 가라! 말은 뛴다!

이랴! 가라! 기다리신다!

시계가 11시를 쳤다.

활기 찬 말아,

귀여운 말아……

4. 앙투안, 자리쿠르 씨로부터 외국잡지에 발표된 자크의 소설 《라 소렐리나》를 보고, 동생 소재에 대한 단서를 얻다

다음날 4시쯤에 앙투안은 왕진 가는 길에 집 근처를 지나게 되어, 병세도 알아볼 겸해서 집으로 돌아왔다. 그날 아침에 티보 씨는 꽤 쇠약해져 있었다. 열은 아직 내리지 않았다. 병발증 때문일까? 아니면 전체적인 병세의 진행 때문일까?

앙투안은 이런 예고 없는 병문안이 환자를 불안스럽게 하지나 않을까 걱정스러워 환자에게 모습을 보이고 싶지 않았다. 그는 복도를 지나 화장실로 들어갔다. 마침 거기에 세린느 수녀가 있었다. 그녀는 낮은 목소리로 그를 안심시켰다. 그때까지는 특별히 나빠진 것은 없었다. 지금 티보 씨에게는 주사약의 효력이 작용하고 있었다(모르핀 주사를 계속해서 놓는 것은 그가 고통을 견딜 수 있도록 하기 위해서 불가피했던 것이다).

조금 열려진 방문을 통해서 중얼거리는 소리와 노래를 부르는 소리가 들려왔다. 앙투안은 귀를 기울였다. 세린느 수녀가 어깨를 으쓱해 보이면서 말했다.

"계속해서 유모를 불러오라고 하셨어요. 무엇인지는 모르겠지만 노래를 불러 달라고 하시겠대요. 오늘 아침서부터는 그 말씀만 하고 계세요."

앙투안은 발끝으로 다가갔다. 조용한 가운데 유모의 가느다란 목소리가
들려왔다.

활기 찬 말아,
귀여운 말아,
어떤 군마보다
아가씨가 더 좋아하지!
안달루시아 태생의 눈에 반해서
아가씨가 좋아한다는 말
이랴! 가라! 말은 뛴다!
이랴! 가라! 기다리신다!

그때 앙투안은 깨진 종소리 같은 아버지의 목소리를 들었다. 헐떡이면서
후렴을 거듭하고 있었다.

이랴! 가라! 기다리신다! ……

뒤이어 가냘픈 피리 소리 같은 목소리가 이어졌다.

목장 곁의 아름다운 꽃이여,
아가씨 이마를 장식할 거야.
여기서 꽃을 꺾어,
그대, 풀들이여!
(참으로 모양도 다양하구나)

"아, 바로 그거야!" 하고 티보 씨는 의기양양한 투로 거들었다. "큰어머
니 마리가 항상 불렀지. '라…… 라…… 라…… 그대, 풀들이여! 라…… 라
…… 라…… 그대 풀들이여!'"
두 사람은 함께 또 부르기 시작했다.

이랴! 가라! 말은 뛴다!
이랴! 가라! 기다리신다!

"저렇게 계시는 동안은" 하고 수녀가 속삭였다. "아무런 불평도 하지 않
으신답니다."
앙투안은 가슴이 미어지는 것 같아 조용히 그곳을 떠났다.

수위실 앞을 지나려 할 때 수위가 그를 불렀다. 지금 막 우편 배달부가 편
지를 놓고 간 것이다. 앙투안은 무심코 그 편지를 받아들었다. 생각은 계속
아버지에게 가 있었다.

……활기 찬 말아
귀여운 말아……

그는 지금 병든 아버지에 대한 자신의 감정에 놀라고 있었다. 1년 전에 티
보 씨의 병세가 절망적임이 밝혀졌을 때, 자신이 사랑하지 않는 줄로만 알고
있었던 아버지에 대해 놀랍기도 하면서 부정할 수 없는 애정을 느꼈다. 매우
새로운 감정이면서도 돌이킬 수 없는 일이 가까워졌다는 사실 때문에 새삼
느끼게 된, 오래전부터 느껴온 애정같이 생각되었다. 그 감정은 그때부터 몇
달 동안 사형선고를 받은 환자에 대한 의사로서의 애정 때문에 더 강해져 갔
다. 사형선고를 내릴 수 있는 유일한 사람으로서 환자를 가능한 한 평안하게
마지막 길로 인도해야만 한다.
이미 거리로 몇 걸음 내디뎠을 때 그의 눈길은 우연히 손에 들고 있던 한
장의 봉투에 머물렀다.
그는 놀라 그 자리에 멈추었다.

위니베르시테 거리 4번지 B호
자크 티보 귀하

때때로 자크 앞으로 서점의 도서목록이나 광고가 올 때가 있었다. 그러나

편지라니! 푸르스름한 봉투, 남자의 필적—어쩌면 여자인지도 모르지? —
고상하고 흘려 쓴 약간은 거만해 보이는 필적! ……그는 발걸음을 돌렸다.
우선 생각하기 위해 서재로 돌아왔다. 의자에 앉기도 전에 단호한 몸짓으로
편지 봉투를 뜯었다.

첫 말투부터 그는 가슴이 뛰었다.

팡테옹 광장 1번지 X호
1913년 11월 25일

티보 씨,

당신의 작품을 읽고……

'작품이라니? 그럼 자크가 작품을 쓰고 있단 말인가?' 그러자 곧 '살아 있
다!'는 확신이 생겼다. 편지의 글씨가 춤을 추기 시작했다. 앙투안은 미친
듯이 보낸 이의 이름을 찾았다. '자리쿠르'

귀하의 작품을 대단히 흥미 있게 읽었습니다. 단지 늙은 학자인 나에게…
…

'아, 자리쿠르! 발디외 드 자리쿠르구나. 대학교수에다 학사원 회원인…
….' 앙투안은 그의 명성을 잘 알고 있었다. 이 서재에도 자리쿠르의 저서가
두세 권 있었다.

단지 늙은 학자인 나에게는, 귀하의 소설 형식은 내 고전적인 교양과 개
인적인 취미에 상반되어 미온적인 반응을 보일 수밖에 없음을 짐작하셨으
리라 생각합니다. 실은 당신의 작품 내용과 형식에 찬동할 수가 없습니다.
그러나 당신의 작품이, 매우 과감한 대목까지도, 한 사람의 시인, 한 사람
의 심리 연구자가 쓴 것같이 훌륭하다는 것을 인정하지 않을 수 없습니다.
그것을 읽으면서 나는 젊고 혁명적인 한 작곡가가(어쩌면 귀하의 친구 중

에도 있을 법합니다만) 지극히 대담한 습작품을 보여 주었을 때, 음악 선생이었던 내 친구가 했던 말을 여러 번 떠올렸습니다. '이걸 모두 가지고 속히 떠나시오. 하마터면 흥미를 느낄 뻔했으니까.'

자리쿠르

앙투안은 선 채로 와들와들 떨고 있었다. 그는 의자에 앉았다. 자기 앞 책상 위에 펼쳐져 있는 편지에서 눈을 떼지 못했다. 사실 자크가 살아 있다는 것은 그리 놀랍지 않았다. 자크가 자살했을 것이라고 생각할 만한 이유는 조금도 없기 때문이었다. 편지를 처음 손에 쥐었을 때의 충격은 사냥꾼이 느끼는 것과 같았다. 그는 3년 전에 실종된 동생을 찾기 위해 몇 달 동안 모든 것을 동원해 추적할 당시의 사냥꾼 같은 본능이 되살아나는 것을 느꼈다. 동시에 동생을 생각하는 애정, 동생을 만나고 싶다는 숨가쁜 욕망에 강렬하게 사로잡혀 어쩔 줄 모르고 있었다. 최근 며칠동안—더구나 오늘 아침에도 몇 번이고—노인의 머리맡에 자기 혼자뿐이라는 씁쓸한 느낌이 들어 몸부림쳤던 것이다. 이렇게 중대하고 힘든 일을 눈앞에 두고, 자기의 책임을 팽개치고 집을 나간 동생을 생각하면 어찌 화를 내지 않을 수 있겠는가? 그러나 이 편지!

그에게 하나의 희망이 떠올랐다. 자크가 있는 곳을 찾아 지금의 사태를 알려서 돌아오게 한다면! 그렇게 되면 혼자는 아니겠구나!

그는 다시 편지를 들었다. '팡테옹 광장 1번지, X호…… 자리쿠르…….'

그는 잠깐 벽시계를 본 뒤에 수첩을 뒤적였다.

'옳지. 오늘 왕진이 아직 세 군데 남아 있군. 4시 15분 삭스 거리, 이 사람은 급한 환자니까 뺄 수 없지. 그리고 아르투아 거리의 초기 성홍열 환자, 이 사람은 봐 주어야 하지만 약속은 하지 않았어. 세 번째는 회복기 환자, 이 사람은 좀 나중에 봐 주어도 되고.' 그는 일어났다. '곧 삭스 거리로 가자. 그 다음에 자리쿠르를 찾아가야지.'

5시쯤에 앙투안은 팡테옹 광장에 이르렀다. 낡은 집. 승강기도 없었다(하지만 마음이 조급해져서 승강기가 있었어도 안 탔을 것이다). 그는 뛰다시피 해서 계단을 올라갔다.

"선생님께서는 나가셨는데요, 수요일에는…… 고등사범학교에서 5시부터 6시까지 강의가 있으셔서……."

'침착하자'라고 앙투안은 계단을 내려오면서 자신에게 타일렀다. '그동안에 성홍열 환자를 잠깐 왕진할 수 있겠군.'

정확히 6시에 고등사범학교 앞에서 택시를 내렸다.

동생이 가출을 한 뒤에 교장을 만나러 갔던 때가 생각났다. 또 지금은 벌써 옛날이 된 어느 여름날에, 자크와 다니엘과 함께 이 음침한 건물에 와서 입학시험의 결과를 기다리던 일이 생각났다.

"아직 수업 중입니다. 2층에 올라가시지요. 학생들이 나오는 것이 보일 테니까요."

바람이 끊임없이 지붕 덮인 운동장, 계단, 복도를 휙휙 지나가고 있었다. 몇 개 되지도 않는 전등불은 마치 그을음이 나는 램프처럼 보였다. 그 돌길, 원주 회랑, 여기저기에서 삐걱거리며 흔들리는 문짝, 어둡고 황량한 층계, 때에 절은 벽 위에는 찢어진 광고지가 가을 바람에 날리고 있었다. 그토록 엄숙하고 조용하며 삭막한 분위기는 어느 시골의 폐쇄된 사제관 같은 느낌을 주었다.

몇 분이 지났다. 앙투안은 꼼짝도 하지 않고 기다리고 있었다. 돌마루 위를 부드럽게 지나가는 발소리가 들렸다. 털이 많고 옷차림이 단정하지 못한 한 학생이 실내화를 끌면서, 그리고 손에 든 병을 흔들면서 앙투안을 훑어보며 지나갔다.

다시 침묵. 그러더니 갑자기 왁자지껄하는 소리가 들렸다. 꼭 의회의 회기를 방불케 하는 소란 속에 방문이 열렸다. 학생들은 무리를 짓고 웃고 서로 부르고 밀치면서 싸늘한 복도 쪽으로 급히 흩어졌다.

앙투안은 분위기를 살폈다(교수는 제일 나중에 나올 것이 틀림 없었다). 벌집 같은 교실이 텅 비었을 때 그는 다가갔다. 몇 개의 흉상으로 장식되어 있는 어두컴컴한 판자벽 교실 구석에 키가 큰 백발의 노인이 허리를 구부린 채, 내키지 않는 모습으로 탁상 위의 서류를 정리하고 있었다. 자리쿠르가 틀림없었다.

교수는 자기 혼자라고 생각하고 있는 것 같았다. 그러다 앙투안이 낸 소리에 얼굴을 찡그리며 몸을 일으켰다. 훤칠한 키였다. 그리고 완두콩 껍질처럼 두꺼운 외눈 안경을 통해 한쪽 눈으로만 보기 때문에, 앞을 보려고 반쯤 몸을 돌리자 옆얼굴이 보였다. 누가 있음을 알게 되자 곧 자리에서 일어나 정중한 태도로 자기 쪽으로 오라는 손짓을 했다.

앙투안은 노교수를 떠올렸었다. 그러나 밝은 빛의 양복을 입고 있고, 교단이라기보다는 말에서 금방 내린 것 같은 이 신사를 보고 놀라지 않을 수 없었다.

앙투안은 먼저 자기 소개를 했다.

"……학사원의 같은 동료이신 오스카르 티보 씨의 아들입니다……. 어제 편지를 보내셨던 자크 티보의 형입니다……."

상대가 눈썹을 치켜세우고 정중하기는 하나 거만한 태도로 몸을 움직이지 않는 것을 보고는 단도직입적으로 말을 꺼냈다.

"자크에 대해서 아시는지요? 그는 지금 어디에 있습니까?"

자리쿠르는 놀란 듯 턱에 경련을 일으켰다.

"실은 이런 사정이 있습니다." 앙투안은 말을 이었다. "동생이 실종된 상태라 제가 편지를 뜯어보았습니다."

"뭐라고요, 실종되었다고요?"

"3년 전에 실종되었습니다!"

자리쿠르는 별안간 얼굴을 앞으로 내밀었다. 근시라서, 사람을 쏘는 듯한 눈이 외눈 안경을 통해 아주 가까이에서 상대의 얼굴을 바라보고 있었다. 앙투안은 뺨 위에서 교수의 입김을 느꼈다.

"네, 3년 전부터입니다" 하고 앙투안이 되풀이했다. "가출 이유도 확실하지 않고 아버지나 저한테도, 어느 누구한테도 아무런 소식이 없습니다. 선생님만 예외입니다. 그래서 급히 찾아뵌 것입니다……. 우리는 생사조차 모르고 있었으니까요."

"생사조차 모르신다고요? 살아 있습니다. 작품까지 내고 있으니까요!"

"언제? 어디서요?"

자리쿠르는 대답하지 않았다. 깨끗이 면도를 했고 깊은 고랑이 진 뾰족한 그의 턱은 높은 칼라 위로 오만하게 쑥 내밀어져 있었다. 갸름한 그의 손가락은 길고 비단 같은 하얀 수염 끝을 만지작거리고 있었다. 그는 말을 흐리면서 중얼거렸다.

"실은 저도 모릅니다. 작품에 '티보'라는 서명이 있었던 것도 아니고요. 제가 그 필명을 그렇게 생각했을 뿐이지요……."

앙투안은 더듬거리며 말했다.

"필명이요?"

벌써 끔찍한 실망감이 그의 가슴을 짓눌렀다.

그에게서 눈길을 떼지 않던 자리쿠르는 마음이 움직여 이렇게 고쳐 말했다. "그러나 제가 틀렸다고는 생각하지 않습니다."

그는 방어태세를 취했다. 그것은 지나치게 책임을 두려워해서가 아니었다. 천성적으로 남에게 결례하는 것이 싫었고, 또 남의 사사로운 일에 관련되는 것을 우려해서였다. 앙투안은 상대의 경계심을 풀어줄 필요가 있다고 생각했다. 그래서 다음과 같은 설명을 했다.

"무엇보다 걱정되는 것은 아버지께서 1년 전에 난치병 선고를 받으셨다는 것입니다. 병세가 점점 악화되어 아마 몇 주 뒤면 세상을 떠나실 것 같습니다. 우리는 단 두 형제뿐이지요. 제가 편지를 개봉한 것도 이런 사정 때문이라는 것을 이해해 주시겠지요? 자크가 살아 있어 만날 수 있다면 현재의 사정을 전할 수 있을 테고, 그의 성격을 압니다만, 그렇게 되면 곧 돌아올 것입니다."

자리쿠르는 잠시 생각에 잠겼다. 안면이 경련을 일으키는 듯 일그러졌다. 그러더니 자연스럽게 손을 내밀었다.

"그러시다면 이야기가 다르군요. 적극적으로 힘이 되어 드리겠습니다."

그는 잠시 망설이는 것 같더니 방 안을 두루 살펴보았다. "여기서는 말씀드릴 수 없습니다. 괜찮으시다면 저의 집까지 함께 가실까요?"

두 사람은 빠른 걸음으로 말 한 마디 없이 가랑잎이 날리는 텅 빈 학교를 가로질러 나왔다.

조용한 윌름 거리에 이르자 자리쿠르는 다정한 말투로 입을 열었다.

"어떻게 하든지 힘이 되어 드리겠습니다. 필명이 저한테는 확실한 것으로 생각되었습니다. '자크 보티', 어떠세요? 저는 글씨 모양도 알아볼 수 있었어요. 동생분한테서 벌써 편지를 한 번 받은 적이 있거든요. 많지는 않더라도 아는 대로 말씀 드리지요. 그런데 먼저 여쭈어 보고 싶은 것은…… 왜 가출을 했나요?"

"아, 왜냐고요? 실은 그것에 대해·수긍할 만한 이유를 찾을 수 없었습니다. 동생은 과격한 성격, 고뇌하는 성격의 소유자입니다……. 그렇다고 몽상가라는 말은 아닙니다. 아무튼 평소 그 아이의 행동은 궤도를 벗어난 부분이 있습니다. 그를 잘 알고 있다고 생각이 들다가도, 그날그날이 매번 달랐으니까요. 먼저 말씀드려야 할 것은, 자크는 14살에 벌써 한 친구를 꾀어 집을 나갔었는데, 사흘 뒤에 툴롱으로 가는 국도에서 찾았던 일이 있습니다. 의학적으로는—실은 저도 의사입니다만—이런 병적인 가출에 대해서는 오래전부터 책에 적혀 있습니다. 자크의 최초의 가출은 엄밀히 말씀드리면 병적이라고 할 수 있지요. 그러나 3년 동안의 이번 실종은? 우리는 그의 생활을 되짚어 봐도 가출할 만한 이유를 하나도 찾을 수 없었습니다. 그는 행복했던 것 같습니다. 여름 방학도 가족과 함께 평온하게 지냈습니다. 고등사범학교 시험에도 아주 좋은 성적으로 합격해서 11월 초순에 입학하게 되어 있었습니다. 그의 가출은 미리 계획되었던 것 같지 않습니다. 왜냐하면 집은 물론 돈도 거의 없이 나갔으니까요. 서류뭉치 몇 개만 가지고 나갔을 뿐입니다. 친구 누구한테도 말하지 않고 다만 학교 교장 선생님께 자퇴서만 보냈더군요. 저도 그것을 보았는데, 가출한 날짜가 적혀 있었습니다……. 그 당시저는 마침 이틀 동안 여행을 떠나 집을 비웠었는데, 자크가 가출한 것이 바로 그때였지요."

"그런데…… 동생 되는 분은 사범학교 입학을 망설였던 것 같던데요?" 하고 자리쿠르가 넌지시 말했다.

"그렇게 생각하십니까?"

자리쿠르는 더 이상 말하지 않았다. 앙투안도 입을 다물었다.

이 비극적 시기에 대한 추억이 항상 그의 마음을 괴롭혀 왔다. 집을 비웠다고 말한 것은, 르아브르 항구로 여행 갔을 때의 일이었다. 라셀, 로마니아호, 별수없이 그녀를 빼앗겼던…… 그리고 헐떡거리며 파리에 돌아왔던 바로 그날, 집 안은 온통 야단법석이었다. 동생이 그 전날부터 들어오지 않았다고 야단이었다. 아버지는 미친 사람같이 고집을 부려 경찰에 알린 다음에, '자살하러 나갔다!'고 떠들어대며 다른 말은 아무 말도 하려 들지 않았다. 사랑의 비극에 이어 가정의 비극이 덧붙여졌던 것이다. 지금 생각하면 그때는 그런 마음의 충격이 오히려 고맙게 여겨졌다. 동생을 찾아야겠다는 오직 한 가지 생각이 다른 걱정을 전부 떨쳐 버리게 했던 것이다. 그는 병원 일이 바쁜데도 불구하고 시간을 내어 여러 군데의 경찰서와 시체 공시소, 사립탐정 사무소 등을 뛰어다녔다. 모든 것을 몸으로 부딪치지 않으면 안 되었다. 다시 말해서, 병적이고 거추장스럽기만 한 아버지의 흥분, 심히 우려할 정도로 절망적이었던 지젤의 건강 상태, 친구들의 방문, 매일 오는 우편물, 사방으로, 심지어는 외국에까지 손을 뻗었지만, 끊임없이 헛된 희망만을 안겨 주었던 수많은 사립탐정의 조사 결과 등. 결국 피로에 지친 생활이 당시의 그를 자신으로부터 구원해 주었다. 그리고 몇 달에 걸친 허망한 노력 끝에 차츰 수색을 단념해야 했을 때, 그는 라셀 없이 사는 습관이 몸에 배기 시작했던 것이다.

두 사람은 빠른 걸음으로 걸었다. 그럼에도 자리쿠르는 계속해서 이야기를 하고 있었다. 도회지에서 살아온 성격 때문에 그는 가만히 있지 못했다. 그는 신사다운 친절을 보이면서 이것저것 이야기를 계속했다. 그러나 그가 친절을 베풀면 베풀수록 앙투안은 거리감을 느꼈다.

그들은 팡테옹 광장에 도착했다. 자리쿠르는 걸음을 늦추지 않고 5층 계단을 올라갔다. 자기 집의 계단을 다 오르자 그는 몸을 쭉 펴고 모자를 벗고는 한 걸음 뒤로 물러나면서, 앙투안 앞에서 마치 '거울의 방'(베르사이유 궁전에 있는 거울의 방을 말하는 것으로 이 방의 벽면은 큰 거울로 장식되어 있음) 문처럼 문을 열었다.

현관에는 포토프(고기와 야채를 삶은 스튜)를 만드는 여러 가지 야채 냄새가 풍겼다. 자리쿠르는 지체하지 않고 의연한 모습으로 서재 앞에 있는 응접실로 손님을 안내했다. 그 작은 방은 다양하게 나무 세공이 된 가구, 엮어 짠 의자, 골동품, 오래된 추상화 따위로 가득 차 있었다. 서재는 어두운 방이었는데, 좁은데다 천장이 꽤 낮은 느낌이 들었다. 그 이유는 구석 벽에 솔로몬 왕을 방문한 시바 여왕의 행렬을 나타내는 화려한 장식 융단이 걸려 있었는데, 그것이 벽의 높이와 불균형을 이루고 있을 뿐만 아니라 가장자리를 접지 않으면 안 되었으므로, 실물보다 훨씬 크게 그려진 인물들의 다리는 잘리고 왕관은 천장의 돌출부에 닿아 있었기 때문이다.

자리쿠르는 앙투안에게 자리를 권했다. 그리고 자신은 어수선한 마호가니 책상 앞에 놓인 안락의자의 납작하고 빛 바랜 쿠션 위에 앉았다. 그가 연구하는 자리가 바로 그곳이었다. 안락의자의 두 손잡이 사이에 있는 올리브색 벨벳 바탕 위로, 뒤로 젖힌 머리, 광대뼈가 튀어나온 얼굴, 구부러진 큰 코, 벗겨진 넓은 이마, 흰 가루를 뿌려놓은 듯한 머리카락은 독특한 스타일을 풍겼다.

"자" 그는 가느다란 손가락에서 미끄러져 떨어진 반지를 만지작거리며 말했다. "기억을 한번 모아볼까요⋯⋯. 동생분과의 첫 교제는 편지로 이루어졌었지요. 벌써 4, 5년 전의 일이 되겠습니다만, 그때 동생은 고등사범학교 입학시험 준비를 하고 있는 것 같았어요. 제 기억으로는 동생은 제가 옛날에 낸 책에 대해서 저한테 편지를 썼었지요."

"알고 있습니다." 앙투안이 말했다. "《세기의 여명》이란 책이었지요."

"편지는 보관하고 있습니다. 그 말투가 저를 사로잡았었지요. 그래서 답장을 보냈습니다. 그뿐 아니라 한번 방문해 달라고 권하기도 했습니다만 이루어지지는 않았습니다—적어도 그 당시에는 말입니다. 합격한 다음에 저를 찾아왔었지요. 이것이 저와 관계를 맺은 두 번째 단계가 됩니다. 아주 짧은 만남이었습니다. 겨우 1시간쯤 이야기를 했을 뿐이죠. 어느 날 밤 꽤 늦은 시간에 예고도 없이 저를 찾아왔었습니다. 지금부터 3년 전, 입학하기 직전에, 그러니까 11월 초였지요."

"바로 가출 직전이었군요!"

"저는 들어오라고 했습니다. 언제나 젊은 사람들하고 만나고 있으니까요. 정력적이고 열정적인, 그러나 그날 밤에는 들떠 있는 듯하던 모습을 지금도 확실히 기억하고 있습니다." (그날 밤의 자크는 그가 보기에 흥분되어 있었고 매우 자부심을 느끼고 있는 것처럼 보였다) "동생 되시는 분은 두 가지 생각 사이에서 망설이며 제 의견을 구하러 왔었습니다. 고등사범학교에 들어가 얌전히 학업을 끝낼 것인가? 아니면 다른 길을 선택할 것인가? 여기에 대해서 그때까지 뚜렷한 생각을 갖고 있지 않았던 것 같습니다. 보아하니 시험을 포기하고 마음대로 공부하면서 글을 쓰고 싶어하는 것 같았지요."

"저는 눈치채지 못했습니다."

앙투안이 중얼거리듯 말했다. 그는 라셸이 출발하기 전, 한 달 동안의 자신의 생활이 어땠했는지를 생각해 보았다. 그리고 자크를 완전히 방임해 두었던 자신을 나무랐다.

"솔직히 말씀드려서" 자리쿠르는 상당히 몸에 배인 멋을 부리면서 말을 계속했다. "그때 어떤 것을 권했는지는 잘 생각나지 않습니다. 물론 학교를 그만두지 말라고 권했겠지요. 그런 기질의 사람들한테는 우리의 교육이 어쨌든 해를 끼치지는 않거든요. 그런 사람들은 본능적으로 선택하는 능력을 가지고 있으니까요. 그들은, 글쎄 뭐라고 말씀드려야 좋을까요? 좋은 가문의 특징인 거침없는 데가 있어서 절대로 남의 말을 들으려 하지 않습니다. 말하자면 학교는 소심한 사람들이나 빈틈없는 사람들에게만 숙명적인 곳이 되는 것이지요. 게다가 동생분은 그저 형식적으로 상담하러 왔을 뿐, 결심을 하고 온 것 같다는 생각이 들었습니다. 이것 자체가 실로 훌륭한 천성, 일을 끝까지 해내고야 마는 천성을 드러내는 증거가 아닐까요? 그는 저한테 격렬하면서도 젊은이다운 말투로 대학의 정신, 규율, 몇몇 교수들에 관한 이야기를 했습니다. 제 기억이 틀림없다면 가정에서 어떻게 지내는지도 얘기한 것 같군요. 놀라셨나요? 저는 젊은 사람들을 무척 좋아한답니다. 그들은 제가 빨리 늙어가는 것을 막아 주고 있지요. 그들은 문학 교수인 나의 내면 깊숙한 곳에 그들이 무엇이든지 스스럼없이 이야기할 수 있는, 거리낌없는 노시인으로서의 내가 있다는 것을 알고 있습니다. 그리고 동생의 경우도 제 기억이 틀리지 않는다면, 이 점은 아주 분명했던 것 같습니다. 저는 청년들의 결벽증을 퍽 좋아합니다. 청년들이 생리적으로 모든 것에 반항하는 것을 저는 오히려 좋은 경향으로 봅니다. 저의 제자들 중에도 큰 인물이 된 사람들은 모두 그런 골칫덩이였습니다. 저의 스승인 르낭(에르네스트 르낭) 선생님도 말하듯이 '입에 독을 품고' 인생에 뛰어든 녀석들이지요. 그건 그렇고 동생 이야기로 돌아갑시다. 우리가 어떻게 헤어졌는지는 잘 기억나지 않지만, 며칠 지나지 않아, 아마 그 다음날인 듯 합니다만, 짧은 편지 한 장을 받았습니다. 지금도 제가 가지고 있습니다. 저는 수집광이라고나 할까, 그런 게 있어서……"

그는 일어나 책상을 열더니 무슨 서류를 가지고 와서 책상 위에 놓았다.

"아니 편지랄 것도 없습니다. 아무런 서명도 없이 휘트먼의 시를 옮겨 적어 놓은 것에 지나지 않았습니다. 하지만 동생 되는 분의 글씨 모양을 한 번본 사람은 절대로 잊을 수가 없지요. 참 잘 쓰지요, 어떻습니까?"

그렇게 말하면서 그는 한 장의 종이쪽지를 펴 보였다. 그리고 슬쩍 한 번

보고는 그것을 앙투안에게 내밀었다. 앙투안은 섬뜩했다. 신경질적이고 매우 간략한 필적, 그럼에도 글씨체가 반듯하고 부드러우며 묵직한 필적! 틀림없는 자크의 필적…….

"유감스럽게도" 하며 자리쿠르는 말을 이었다. "봉투는 버린 것 같습니다. 어디에서 부쳤을까요? ……저는 오늘에야 비로소 이 휘트먼의 문구를 인용한 진정한 의미를 알았습니다."

"저는 영어가 서툴러서 읽어도 무슨 뜻인지 모르겠는데요" 하고 앙투안이 고백했다.

자리쿠르는 종이쪽지를 들고, 그것을 외눈 안경에 갖다 대면서 번역하기 시작했다.

"A foot and light-hearted I take to the open road…… 걸어서 마음도 가볍게, 나는 열린 길, 큰길로 간다네. 건강하게, 자유로운 세계가 내 앞에 펼쳐져 있네! 내 앞에는 갈색을 드리운 기다란 길. 그 어디라도 나를 인도해…… Wherever I choose…… 내가 원하는 어떤 곳도! 이제, 나는 어떤 행운도 바라지 않아…… 어떤 행운도 호소하지 않아. 나 자신이 행운인 것을! 이제 나는 더 울지도 않지. 나는…… postpone no more…… 나는 더 기다리지도 않아. 나에게는 아무것도 필요없으니까! 마음속의 슬픔도, 서재도, 논쟁도 이제 모두 작별이다! 씩씩하고 만족스럽게…… I travel…… 나는 길을 떠난다…… I travel the open road…… 나는 큰길로 길을 떠난다!"

앙투안은 한숨을 내쉬었다.

잠시 침묵이 흘렀다. 그 침묵을 앙투안이 깨트렸다.

"소설이라고 말씀하신 것은?"

자리쿠르는 서류 속에서 한 권의 잡지를 꺼냈다.

"이것입니다. 〈카리오프〉 9월호에 나왔습니다. 〈카리오프〉란 제네바에서 나오는 매우 유명한 젊은이들의 잡지지요."

앙투안은 그 잡지를 빼앗다시피해서 받아들고는 떨리는 손으로 책장을 넘겼다. 그는 다시 동생의 글씨 모양을 보았다. 《라 소렐리나》(la Sorellina는 '누이' 라는 뜻의 이탈리아어) 라는 제목 아래 자크는 다음과 같은 글을 써놓았다.

11월의 어느 날 저녁에 당신은 제게 말씀하시지 않으셨습니까? '모든

것은 양극(兩極)의 힘과 이어져. 진리도 항상 양면을 지니고 있고.'

사랑도 때로는 마찬가지입니다.

자크 보티

앙투안은 이해할 수 없었다. 그러나 그것은 나중 일로 미루자. 제네바에서 나온 잡지. 그렇다면 자크는 스위스에 있는 것인가? 〈카리오프〉…… 제네바, 론느 거리, 161번지.

아, 잡지사까지 가서 자크의 주소를 알 수 없다면 그때는 어떻게 하지!

그는 가만히 앉아 있을 수가 없어서 일어났다.

"이 잡지는 여름휴가가 끝날 때쯤 받았습니다." 자리쿠르가 설명했다.

"답장을 하려고 벼르고 벼르다가 겨우 어제서야 답장을 보냈습니다. 하마터면 편지를 〈카리오프〉사에 보낼 뻔했지요. 그러나 문득 생각을 바꿨습니다. 스위스 잡지에 글을 썼다고 해서 반드시 필자가 파리에 없다고는……." (그는 자신의 결정에 우표값이 크게 관여했다는 말은 하지 않았다)

앙투안은 더 듣지 않았다. 더 이상 참을 수 없을 만큼 당혹스러워 그는 상기된 얼굴로 알쏭달쏭한 수수께끼 같은 글을 주섬주섬 읽으면서, 동생이 쓴 작품, 살아 돌아왔다고 할 수 있는 자크의 작품을 기계적으로 뒤적거리고 있었다. 이 작품을 읽음으로써 무엇인가 정보를 얻을 수도 있을 것 같다고 생각한 그는 빨리 혼자 있고 싶어서 무뚝뚝하게 작별인사를 했다.

자리쿠르는 방문 앞까지 배웅하면서 여러 가지 상냥한 태도를 잊지 않았다. 그의 말과 태도는 의례서(儀禮書)를 그대로 옮겨놓은 것 같았다.

현관에 오자 그는 발을 멈추고는 앙투안이 팔에 낀 《라 소렐리나》를 가리켰다.

"두고 보세요. 두고 보시면 알게 될 겁니다." 그가 말했다. "이 작품은 확실히 재능으로 가득 차 있다는 것을 저도 잘 알고 있습니다. 그러나 실은…… 아니, ……저는 이제 나이를 먹어서요."

앙투안은 예의상 인사하는 동작을 취했다.

"아니, 확실히 저는 새로운 것은 뭐가 뭔지 모르겠어요. 체념하고 받아들여야지요. 머리가 굳어 버리거든요……. 음악 쪽은 그래도 좀 나아지고 있답니다. 바그너를 아주 좋아했었는데, 그 뒤로는 드뷔시 음악도 알게 되었지

라 소렐리나 687

요. 그러나 그것도 잠시! 이제는 드뷔시도 못 좇아가겠어요. 이제는 정말로 문학에서도 드뷔시를 못 좇아가겠지만요……."

자리쿠르는 몸을 바로 세웠다. 앙투안이 감탄 어린 호기심으로 그를 쳐다보았다. 실로 이 노신사는 외모가 훌륭하다고 할 만했다. 그는 천장 등의 불빛을 받고 서 있었다. 이마와 머리카락이 함께 빛나고 있었다. 눈꺼풀은 두 눈 위에 살포시 맞닿아 있고 외눈 안경을 낀 눈은 가끔 석양을 받은 창문처럼 금빛으로 빛났다.

앙투안은 다시 한 번 자리쿠르의 정중함을 뿌리치고 싶다고 생각했다. 그러나 상대방은 예의 바른 것을 전매 특허로 생각하는 모양이었다. 상대방의 말을 가로막고는 팔을 뻗어 거리낌 없이 크게 편 손을 내밀었다.

"아버님께 안부 전해 주십시오. 그리고 소식이 있으면 꼭 알려 주십시오."

5. 앙투안, 《라 소렐리나》를 읽고 자크 가출에 대한 수많은 이유를 알게 되다

바람이 그치고 안개비가 오고 있었다. 그리고 가로등 불빛은 안개 속에서 뽀얗게 무리를 만들고 있었다. 아무래도 너무 늦은 시각이다. 앙투안은 한시라도 빨리 돌아가야겠다는 생각뿐이었다.

정거장에는 택시가 한 대도 없었다. 그는 《라 소렐리나》를 꼭 껴안은 채 수플로 거리를 걸어 내려가야만 했다. 그러나 발을 내디딜 때마다 그의 조바심이 더해져 드디어는 참을 수 없게 되었다. 마침 큰길 모퉁이에 환하게 불이 켜진 '그랑드 브라스리'(맥주 등을
마시는 술집)가 보였다. 조용하지는 않겠지만 적어도 당장 쉴 만한 곳은 될 것 같기에 그곳으로 들어섰다.

입구에서 그는 아직 수염도 나지 않은 두 청년을 지나쳤다. 둘은 팔짱을 끼고 웃으면서 이야기를 나누고 있었다. 연애 이야기라도 하는 걸까? 앙투안 귀에는 이런 말이 들렸다. "아니야, 만일 인간 정신이 이 두 용어 사이에 상관이 있다는 것을 인정하게 된다면……." 앙투안은 카르티에라탱(라틴 구, 파리에
있는 학생거리)의 한가운데에 와 있다는 것을 실감했다.

아래층 테이블은 모두 차 있었다. 그래서 층계를 올라가기 위해 희뿌연 담배 연기 속을 헤치고 지나가야만 했다. 2층은 노름하는 사람들이 죽치고 있었다. 당구대 주위에는 지껄이는 소리, 웃음소리, 다투는 소리가 한창이었다. "13! 14! 15!", "이런, 틀렸구나!", "또 미끄러졌어!", "위젠느, 맥

주!", "위젠느, 비르(아페리티프의 일종 한 잔 더!" 떠들썩한 소란 속에 당구공이
부딪히며 나는 차가운 소리가 모르스 부호의 '스타카토' 같이 구두점을 찍는
것처럼 들렸다.

거기에 있는 사람들의 얼굴은 모두 젊어 보였다. 갓 수염이 난 얼굴에 숨
겨진 장밋빛 볼, 안경 너머로 비치는 맑은 눈, 서투름, 활발함, 또 미소가
보여 주는 서정미, 이 모든 것이 피어오르는 기쁨, 온갖 희망으로 넘치는 즐
거움, 삶의 희열을 말해 주고 있었다.

앙투안은 사람들 사이를 누비며 외진 곳의 빈자리를 찾았다. 이렇게 젊은
이들이 모여 있는 모습은 그를 잠시나마 강박관념으로부터 해방시켜 주었
다. 그리고 그는 처음으로 30세라는 자신의 나이를 뼈저리게 느꼈다.

'1913년……' 하고 그는 생각했다. '젊고 발랄한 세대…… 10년 전의 내
청춘 시대보다도 훨씬 건강하고 어쩌면 더 활발한 이 세대…….'

그다지 여행을 한 일이 없는 그는 지금까지 조국이라는 것을 별로 생각해
본 적이 없었다. 그러나 오늘밤에 그는 프랑스에 대하여, 조국의 장래에 대
하여 어떤 새로운 느낌, 신뢰와 자랑스러움을 맛보았다. 이렇게 느끼면서 그
는 갑자기 우울한 생각이 들었다. 자크도 그런 조국의 희망 중의 하나였을
텐데……. 도대체 어디에 있을까? 지금쯤 무엇을 하고 있을까?

실내에는 몇 개의 테이블이 비어 있었는데, 소지품을 놓는 자리로 이용되
고 있었다. 그는 벽에 붙어 있는 전등 밑, 외투가 방어벽처럼 가리는 자리도
과히 나쁘지 않다고 생각했다. 주위에는 조용히 있는 한 쌍의 남녀 외에는 아
무도 없었다. 어린 티가 흐르는 그 남자는 입에 파이프를 물고, 〈위마니테〉
(프랑스에서 발간되는 공산주의 신문으 를 읽고 있었는데, 같이 온 여자에 대해서는 아주 무관
로 1914년까지 장 조레스가 편집했음)
심한 태도였다. 여자는 여자대로 따뜻한 우유를 홀짝홀짝 마시면서 손톱을
다듬고, 잔돈을 세거나, 손거울로 치아를 들여다보며 새로 들어오는 사람들
을 흘끗 쳐다보곤 했다. 주문도 하기 전에 책에 골몰하고 있는 앙투안의 모습
이 잠시 그녀의 주의를 끌었다. 앙투안은 읽기 시작했다. 그러나 아무래도 주
의를 집중할 수가 없었다. 무심코 맥을 짚어 보았다. 몹시 빨리 뛰고 있었다.
이렇게 스스로를 억제하지 못한 것도 드문 일이었다.

첫머리가 왠지 사람의 마음을 휘저어 놓았다.

폭염, 메마른 흙 냄새, 먼지. 길이 뻗어 있다. 말발굽 아래 암석에서 불꽃이 튄다. 시빌은 앞서 간다. 상파울로 사원에서 10시가 울린다. 실을 풀어놓은 듯한 연안이 눈부신 푸르름 위로 두드러져 보인다. 창공과 황금빛, 오른쪽으로 끝없는 나폴리 만(灣). 왼쪽으로는 약간 응고된 황금빛이, 녹아 흐르는 황금빛으로부터 솟아오른다. 이졸라 디 카프리 섬.

자크는 이탈리아에 있는 것일까?
앙투안은 성급하게 몇 장을 뛰어넘었다. 이상한 문체…….

그의 아버지. 아버지에 대한 쥬세페의 감정. 아무리 해도 다가갈 수 없는 아버지의 마음 한 구석. 가시덤불. 타는 듯한 감각. 무분별하고 과격하며 삐뚤어진 상태에서의 몇 년 동안의 숭배. 자연스러운 열정은 모두 부딪혀 되돌아온다는 사실. 끝내 고뇌해야만 했던 20년의 세월. 마땅히 증오해야 할 것들을 이해하는 데 허비한 20년. 온 마음을 다해 증오하라.

마음이 언짢아진 앙투안은 읽는 것을 멈추었다. 쥬세페가 누구일까? 그는 첫머리로 되돌아왔다. 될 수 있는 대로 침착하려고 애썼다.
처음 장면은 젊은 두 남녀가 말을 타고 산책하고 있는 장면으로서 그 가운데 쥬세페는 자크라는 생각이 든다. 함께 있는 시빌은 이런 말을 하는 것으로 보아 영국 소녀인 것 같다.

영국에서는, 어쩔 수 없는 상황이라면 일시적인 상태로 만족해요. 그 결과 우리들은 자유롭게 무엇인가를 결정하고 행동할 수 있지요. 당신네 이탈리아 사람들은 결정적인 것을 좋아하시는군요. 그녀는 생각한다. 적어도 이 점에서 나도 벌써 이탈리아 사람과 비슷한걸. 그에게는 비밀로 해야겠다.

언덕 위에서 두 젊은이는 말에서 내려 잠시 쉰다.

그녀는 먼저 말에서 내린 뒤 갈색의 풀을 채찍으로 때려 도마뱀을 쫓아

낸 다음에, 거기에 앉는다. 타는 듯한 땅바닥에 몸을 세운 채.

—시빌, 볕을 쬐고 있니?

쥬세페는 흙벽을 따라 좁은 그늘 속에 드러눕는다. 그는 뜨겁고 거친 벽에 머리를 기대며 그녀를 바라본다. 그는 이렇게 생각한다. 그녀는 우아한 태도로 자기 자신에게 거역하고 있어.

앙투안은 몹시 흥분해 있었으므로 채 읽어 내려가기도 전에 빨리 뜻을 알고 싶은 마음이 앞섰다. 읽어 내려가다가 다음과 같은 문장에 눈길이 갔다.

그녀는 영국인이며 프로테스탄트이다.

그는 그 구절을 계속 읽었다.

그에게는 그녀의 모든 것이 특별하다. 사랑스럽고 가증스러움. 그 매력은 그가 알지 못하는 미지의 세계에서 그녀가 태어나고 자랐으며 그곳에서 살고 있다는 점이다. 시빌의 슬픔. 그녀의 청순함. 우정. 그녀의 미소. 그래, 그녀는 눈으로 미소짓는다. 결코 입술로 웃지 않는다. 그녀에 대한 그의 엄격하고, 격렬하고, 까다로운 감정. 그녀는 그에게 아픔을 준다. 그녀는 그가 자기보다 비천한 가문의 출신이기를 바라면서, 그 때문에 괴로워하는 것 같다. 그녀는 말한다. 당신은 이탈리아 사람. 당신은 남쪽 사람. 반면에 자신은 영국인이며 프로테스탄트이다.

자크가 만나 사랑했던 여자일까? ……지금 그녀와 살고 있지는 않을까?

포도덩굴, 레몬나무 사이를 내려간다. 바닷가, 어두운 눈빛, 누더기 아래로 어깨를 드러낸 어린아이가 몰고 가는 소떼. 그는 뒤에 따르는 두 마리 흰 개를 부르려고 휘파람을 분다. 앞서 가는 암소의 방울이 울린다. 끝없이 넓은 벌판. 태양. 걸을 때마다 모래에 물구덩이의 흔적이 남는다.

이런 묘사는 앙투안을 조바심 나게 해서, 또 두 페이지를 건너뛴다.

이것은 자기 집에서의 시빌의 모습이다.

루나도르 별장. 허물어져 가는 건물을 장미꽃이 겹겹이 둘러싸고 있다. 갓 피어난 꽃이 두 겹의 화단을 가득 채웠다…….

문학적이군……. 앙투안은 책장을 넘겼다. 다음 한 구절에 눈길이 멈추었다.

장미꽃 밭. 진홍색의 난무, 다발을 이룬 꽃들이 야트막하게 무지개 모양을 하고 있다. 햇살에 따사롭게 덥혀진 그 향기는 피부와 혈관에 스며들어 눈을 흐리게 하고, 심장의 고동을 늦추거나, 혹은 빨리 뛰게 한다.

이 장미꽃 밭은 무엇을 나타내는 걸까? 그것은 다시 흰 비둘기가 날갯짓하는 새장으로 이어진다. 메종 라피트? 프로테스탄트! 그렇다면 시빌은? ……여기에 그녀의 모습이 그려져 있다.

승마복을 입은 시빌은 긴 의자 위에 몸을 던졌다. 두 팔을 벌리고, 입술을 꼭 다문 채, 야무진 표정으로. 혼자 있으면 모든 것이 분명해진다. 자신의 삶은 쥬세페를 행복하게 해 주기 위해서 주어졌을 뿐. 그가 없을 때 나는 그가 그립다. 그가 오기만을 못견디게 기다리던 날에도 막상 그가 오면 나는 그를 괴롭힐 것이 틀림 없다. 이 어리석은 잔인함. 수치심. 울 수 있는 여인들은 행복하다. 닫혀 있고 경직된 나의 마음.

경직되었다고? 앙투안은 미소를 지었다. 의사의 용어, 확실히 자기가 말했던 용어였다.

그는 내 마음을 알고 있을까? 내 마음을 알아 주면 얼마나 좋을까? 그러나 나는 그가 내 마음을 알아차리자마자 어쩔 수 없이 더 이상 아무것도 하지 못하고, 나는 되돌아서서 되는 대로 거짓말을 하고, 결국 달아날 수밖에 없다.

이번에는 그녀의 어머니이다.

파우엘 부인이 현관 앞 층계를 내려온다. 그녀의 흰 머리카락에 햇빛이 장난을 건다. 부인은 손으로 눈을 가리며 시빌의 모습을 보기도 전에 미소 짓는다. 윌리엄한테서 편지가 왔다고 말한다. 아주 흐뭇한 편지. 그는 두 가지 연구를 더 시작해서 몇 주일 동안 패스텀에 머물 것이다.

시빌은 입술을 깨물고 있다. 절망. 그녀는 자기 마음을 살펴보기 위해, 자신의 마음을 알기 위해, 오빠가 돌아오는 것을 기다리고 있는 것일까?

더 이상 의심의 여지 없이 퐁타냉 부인, 제니, 다니엘, 여러 가지 추억의 집결체이다.

앙투안은 읽어 내려갔다. 그는 다음 장을 뒤적인다. 다시 한 번 아버지 세레뇨에 대해 쓴 구절을 보고 싶어졌다.

여기 있구나……. 아니, 이것은 세레뇨 저택의 이야기, 바닷가에 세워진 낡은 저택의 이야기이다.

……프레스코 벽화 무늬로 가장자리를 두른 아치형의 긴 창문들……

만(灣)과 베수비오 화산의 묘사.

앙투안은 정보를 알아내려고 여기저기 문장을 읽으면서 페이지를 넘겼다. 쥬세페라는 청년은 여름 별장에서 하인들하고만 살고 있었다. 여동생 아네타는 외국에 나가 있다. 어머니는 물론 이미 세상을 떠났다. 아버지인 고문관 세레뇨는 고위 사법관이라는 직업 때문에 나폴리를 떠날 수 없어서, 일요일이나 평일 저녁에 모습을 나타내는데 그쳤다. '메종 라피트에서 아버지가 하시던 것과 똑같구나' 하고 앙투안은 생각했다.

그는 저녁식사를 하러 배편으로 돌아왔다. 식후 담배, 그리고 기둥 회랑에서의 산보. 아침 일찍 일어나 말구종, 정원사들을 다그친다. 그는 말없이 아침 첫배로 돌아간다.

아, 아버지의 모습……. 앙투안은 몸을 떨면서 읽어 내려갔다.

고문관 세레뇨. 사회적인 성공. 그에게 모든 것은 서로 섞이고, 서로 보완된다. 가정 환경, 재산 상태, 뛰어난 전문 지식, 조직적인 정신. 모든 사람들이 인정하고 있는 그런 공공연한 권위, 모난 우직함. 매우 엄격하고 매서운 처신. 그리고 그 용모. 믿음직스러움, 단단한 몸집. 항상 상대에게 위협을 주고, 언제나 자제하는 가운데 드러나는 그 격렬함. 누구보다 존경받고 모든 사람을 무릎 꿇게 하는 당당하면서도 좀 우스꽝스러운 사람, 독실한 신자이며, 모범적인 시민. 바티칸, 궁전, 재판소, 사무실, 가정, 식탁, 그 어디에 있어도 명쾌하고 힘차며, 어느 한 구석 비난받을 곳이 없는 충족된 요지부동의 어떤 능력. 아니, 더 적절하게 말하면, 어떤 무게감. 활동적인 힘이 아니라 짓누르는 움직이지 않는 힘. 완성된 총체, 총화. 어떤 기념비적인 인물.
아, 그의 차갑고 내면적인 웃음…….

앙투안의 눈앞에서 모든 것이 한순간에 멍해졌다. 자크가 이런 식으로까지 생각한 데 대해 그는 무척 놀랐다.

활기 찬 말아,
귀여운 말아……

쇠잔해진 노인이 부르던 노래를 생각하자니 복수심에 가득 찬 이 글이 그에게는 무척 냉혹하게 여겨졌다. 그와 동생 사이에 갑자기 거리감이 생겼다.

아, 포악한 침묵을 숨기고 있는 그의 차갑고 내면적인 웃음. 20년 동안 계속해서 쥬세페는 이런 침묵, 이런 웃음을 참아왔다. 마음속으로 반항하면서.
그렇다. 쥬세페의 과거는 증오와 반항의 연속이었다. 그가 젊은시절을 생각할 때면 복수심이 끓어오른다. 아주 어릴 때부터 그의 본능이 형태를 갖춤에 따라 그의 본능은 아버지에 대한 투쟁을 시작했다. 모든 것이, 중

도포기, 불손함, 게으름, 그 모든 것을 반항의 기분에서 보라는 듯이 해 버렸던 것이다. 열등생인 자신에 대한 부끄러움. 그러나 그렇게 함으로써 그가 가장 미워하는 그 규율에 반항할 수 있는 것이다. 가장 나쁜 짓을 저지르고 싶다는 억제할 수 없는 욕망. 반항에는 보복의 맛이 배어 있다.

사람들은 정이 없는 아이라고 한다. 그러나 그는 상처받은 동물의 우는 소리, 거지가 켜는 바이올린 소리. 교회 현관 아래에서 마주친 세뇨라(숙녀'라는 뜻의 이탈리아어)의 미소를 보고도 밤에 침대 속에서 혼자 울곤 했다. 고독, 삭막함, 버림받은 소년시절. 여동생 이외의 누구한테서도 따뜻한 말 한 마디 듣지 못한 채 쥬세페는 성년이 되었다.

'나는 어떻게 했었지?' 하고 앙투안은 생각했다. 여동생 이야기를 할 때 미묘하게 와 닿는 따뜻한 느낌이 있었다.

아네타, 아네타, 소렐리나. 이처럼 메마른 토양에서 그녀가 꽃필 수 있었던 것은 기적이다. 여동생, 어린시절의 절망과 반항의 친구였던 여동생. 이 불모의 그림자 속의 유일한 광명, 시원한 샘물, 유일한 샘물.

'그러면 나는?' 여기에 씌어 있군. 좀 아래에 형 움베르토의 이야기가 적혀 있다.

가끔 쥬세페는 형의 눈길 속에서 자기를 동정해 주려고 노력하는 것을 느낀다…….

노력이라고? 배은망덕한 놈!

……관용이라는 삐뚤어진 동정이었다. 그러나 둘 사이에는 10년이란 세월의 심연이 가로놓여 있었다. 움베르토는 쥬세페에게 자신을 드러내지 않았고, 쥬세페도 움베르토를 속였다.

앙투안은 읽던 것을 멈추었다. 첫머리에서 느꼈던 불쾌한 감정은 말끔히 사라져 버렸다. 이 글의 소재가 지극히 개인적이라는 것은 중요하지 않았다. 그는 자신에게 반문해 보았다. 자크의 판단이 얼마나 가치가 있을까? 전체적으로 이 모든 것은, 특히 움베르토에 관한 부분은 너무나 정확했다. 그러나 얼마나 원망에 찬 숨결인가! 3년 동안이나 집을 떠나 고독하게 살며, 3년 동안 가족의 소식을 모르고 있으면서도, 이런 투로 쓸 수 있는 것으로 미루어보아 자크는 자기 과거를 미워하고 있는 것이 틀림없다! 앙투안은 불안해졌다. 만약 동생의 행방을 알더라도 과연 그 마음까지 되찾을 수 있을까?

그는 움베르토 이야기가 또 있나 하고 작품의 나머지 부분을 뒤적여 보았다. 거기에는 잠깐 이름이 나올 뿐이었다. 약간의 남모를 실망감……. 그러나 그의 눈은 우연히 어느 한 구절에 쏠렸는데 그 어투가 호기심을 자극했다.

친구도 없이 몸을 웅크리고, 스스로의 무질서한 생활에 굴복한 채 여러 가지 충격에 몸을 맡기고는……

로마에서 혼자 보낸 쥬세페의 생활, 어떤 외국 도시에서 보낸 자크의 생활이 그렇다는 말인가?

여러 날 밤. 방 안 공기가 너무 무겁다. 책이 떨어진다. 그는 램프를 불어 끄고는 젊은 늑대같이 밖으로 나간다. 메살리나(음탕하기로 유명한 로마의 왕비. 밤마다 거리에 나와 매춘 행위를 함)의 역사를 생각나게 하는 로마, 여기저기 유혹의 구렁텅이가 널려 있는 더러운 거리. 부끄러운 줄도 모르고 길게 늘어뜨린 장막 속의 묘한 불빛. 모여든 그림자, 스스로를 드러내 놓고 탐색하는 그림자, 음탕. 그는 복병이 기다리는 벽을 따라 뛴다. 자기 자신을 회피하는 것일까? 어떻게 이 굶주림과 목마름을 진정시킬 수 있을까? 몇 시간이나 그는 아직 체험하지 못한 광기에 사로잡혀 눈에 불을 켜고, 손에는 열이 나며 목은 타고, 마치 몸과 영혼을 팔아 버린 사람같이 스스로의 타인이 되어 무감각하게 길을 헤맨다. 불안에 젖은 땀, 음탕한 땀. 그는 골목을 헤매고 돌아다닌다. 똑같은 올가미를 수없이 스쳐 지나간다. 여러 시간 동안.

너무 늦었다. 묘한 장막 속의 불도 꺼진다. 거리에는 인적이 드물어진다. 자신의 악마와 함께 있을 뿐. 어떤 타락에도 마음의 준비가 되어 있다. 그러나 때는 지났다. 욕망을 지나치게 생각한 나머지 이제는 힘도 빠지고 마음도 시들었다. 새벽이 다가오고 있다. 뒤늦게 찾아드는 침묵의 청결함, 거룩한 여명의 고요함. 때는 늦었다.

실망하고 지친 채, 불만스럽고 처참해진 그는 겨우 방까지 돌아와 이불 속으로 기어든다. 후회는 없다. 자신에게 속았을 뿐. 푸르스름한 새벽이 밝아올 때까지, 시도도 해 보지 못한 것을 씁쓸하게 되새기면서.

왜 이런 문장이 앙투안에게는 고통스럽게 느껴지는 것일까? 그는 동생이 벌써 여러 가지 체험을 하고, 수많은 여자와의 접촉으로 몸도 더럽혀졌으리라 짐작했다. 그는 이렇게 웃어넘기려고 생각했다. '할 수 없지!' 또는 '그래, 됐어!' 하지만……

그는 급히 몇 장을 넘겼다. 도저히 순서대로 읽을 수가 없었다. 그래서 줄거리의 흐름만 대충 훑어보았다.

바닷가 기슭에 있는 파우엘 별장은 세레뇨 저택과 별로 떨어져 있지 않았다. 방학 동안 쥬세페와 시빌은 이웃지간이었다. 말을 타고 산책, 또 저녁 때의 뱃놀이……

쥬세페는 루나도르의 별장에 매일 왔다. 시빌은 어떤 만남도 거절하지 않았다. 시빌의 수수께끼. 쥬세페는 아무런 즐거움도 없이, 주위를 맴돌았다.

이런 쥬세페의 사랑 이야기가 전부를 메우고 있었다. 앙투안은 그것이 지루하게 느껴졌다. 그러나 그는 부분적으로 꽤 긴 한 장면을 읽어 보지 않을 수 없었다. 그것은 두 젊은이의 사이가 틀어진 뒤에 나오는 부분이다.

저녁 6시. 쥬세페는 별장에 도착했다. 시빌. 정원은 향기에 취해 넋을 잃고 태양에서 받은 햇살을 발효시키고 있었다. 전설 속의 왕자 같은 쥬세페는 불붙는 듯한 흙담 사이, 저녁 노을에 물든 석류꽃이 만발한 오솔길을 걸어간다. 시빌, 시빌. 아무도 없다. 닫힌 창, 늘어진 발. 그는 걸음을 멈춘다. 주위에는 미친 듯한 제비떼가 날카로운 소리를 내며 하늘을 난다. 아무도 없다. 어쩌면 정자 뒤, 또는 집 뒤에 있을까? 그는 뛰어가고 싶은 마음을 억누른다.

별장의 한 모퉁이, 얼굴에 불어오는 바람, 피아노 소리. 시빌. 응접실 문이 열려 있다. 무엇을 치고 있을까? 비통한 한숨 소리, 저물어가는 저녁의 대기 속에서 괴어오르는 애처로운 질문. 사람들의 말소리, 들리긴 하지만 결코 분명한 말로 옮길 수 없는 이해할 수 없는 말. 그는 귀를 기울이고, 다가가 문지방에 발을 올려놓는다. 시빌은 아무것도 알아채지 못하고 있다. 부끄러움도 없이 드러난 얼굴. 깜박이는 두 눈, 꼭 다문 입, 모든 것이 마음속을 이야기하고 있다. 그녀의 영혼은 이 얼굴 모습 아래 숨겨져 있고, 영혼과 사랑은 바로 이 얼굴이다. 환히 들여다보이는 저 고독, 드러난 비밀, 능욕인가, 은밀한 포옹인가. 그녀는 피아노를 계속 친다. 놀라운 이 순간에 소리의 물결이 흐른다. 마치 공간 속에서 새가 날아 사라지듯, 탄식은 멎고, 고통은 가벼워져 하늘을 날다가 잠시 멈추었다가는 침묵 속에 녹아든다.

시빌은 두 손을 들어올렸다. 피아노 소리가 울린다. 손바닥을 거기에 얹기만 하면 발랄한 마음의 설레임도 들을 수 있겠지. 그녀는 혼자라고 믿고 있다. 고개를 돌린다. 천천히, 그가 알지 못했던 우아함. 갑자기⋯⋯

문학적이군, 아주 문학적이야! 이렇게 계산적이고, 짧고 거친 문체는 짜증나는군.

자크는 정말 제니를 좋아했을까?

앙투안의 상상력이 소설의 이야기를 앞질렀다. 그는 다시 본문으로 돌아왔다. 여기에 다시 움베르토의 이름이 눈길을 끌었다. 세레뇨 저택에서의 짧은 장면, 아버지가 형과 함께 느닷없이 저녁식사에 왔을 때의 일.

넓은 식당. 베수비오 화산이 연기를 뿜는 장밋빛 하늘을 향해 나 있는 아치형의 3개의 창문. 회를 바른 벽. 정밀한 묘사화가 그려져 있는 아치를 떠받친 녹색 기둥.

식전의 기도. 고문관의 통통한 입술이 움직인다. 그의 성호가 방을 가득 채운다. 움베르토도 때를 맞추어 성호를 긋는다. 쥬세페는 심술궂은 마음이 들어 성호를 긋지 않는다. 모두 자리에 앉는다. 커다란 식탁. 흰 식탁보의 정결함. 너무 멀리 떨어져 있는 3개의 식기. 펠트 덧신을 신은 필립 포. 손에 든 은쟁반.

그 뒤를 계속 읽는다.

아버지 앞에서는 파우엘 집안의 이름조차 입에 담을 수 없다. 아버지는 윌리엄과 만나는 것을 인정하지 않았다. 외국인. 화가. 이탈리아는 방랑자들이 몰려드는 교차로이다. 아버지는 작년에 그들 이교도를 만나서는 안 된다고 단호하게 말했다.
내가 그의 말을 따르지 않음을 그는 생각이나 할까?

앙투안은 초조해져서 몇 장을 넘긴다.
여기에 또 형의 모습이 묘사되고 있다.

움베르토는 악의 없는 몇 마디를 던진다. 침묵이 다시 깃든다. 움베르토, 뛰어난 머리. 차분하고 의연한 눈길. 밖에 나가면 젊고 발랄한 그일 텐데. 이제는 학업을 끝냈다. 그의 앞에는 찬란한 미래가 기다린다. 쥬세페는 형을 좋아한다. 그러나 형으로서가 아니라 친구가 되어 줄 수 있는 삼촌으로서 말이다. 오랫동안 둘만 함께 있다면 이야기를 하는 쪽은 쥬세페일 것이다. 둘이 마주 앉는 것도 드문 일이지만, 그럴 경우에도 모든 것은 처음부터 꾸며져 있었다. 움베르토와는 어쩐지 친근감이 들지 않는다.

'그럴 수밖에' 하고 앙투안은 1910년 여름을 떠올리면서 이렇게 중얼거렸다. '라셀 때문이야. 내가 잘못했었지.'
그는 읽기를 그만두었다. 그리고 생각에 잠기면서 피로에 지쳐 의자 등받이에 머리를 기댔다. 그는 실망했다. 이런 문학적인 객설로는 아무것도 알 수가 없었으며, 그 출발 동기를 묘연하게 만들었다.
오케스트라가 빈풍의 오페레타를 연주하고 있었다. 모든 사람들이 그것을 낮은 목소리로 따라 부르고, 모습은 안 보이지만 여기저기서 휘파람 소리도 들렸다. 얌전한 두 남녀는 몸을 움직이지 않았다. 여자는 우유를 다 마시고는 담배를 피우면서 지루해 했다. 그러면서 〈위마니테〉를 펼쳐든 남자의 어깨에 손을 얹고 건성으로 귓불을 만지작거리다가는 고양이처럼 하품을 했다.

'괜찮은 여자는 별로 없군.' 앙투안은 생각했다. '게다가 전부 어린애들 뿐이고……. 결국 바람 피우는 상대 정도군.'

두 테이블에 자리잡은 학생들 사이에 무엇인지 논쟁이 벌어지고 있었다. 페기(샤를 페기(1873~1914). 20세기 프랑스 기독교문학 작가.)와 조레스(프랑스의 위대한 사회주의자 겸 정치가. 〈위마니테〉의 창설자이자 편집장. 제1차 세계대전이 발발한 1914년 7월 광신적 국수주의자에게 암살당함.)의 이름이 떠들썩하게 터져나왔다.

턱이 푸르스름한 젊은 유대인이 〈위마니테〉지를 읽고 있는 남자와 암고양이 같은 여자 사이에 와 앉았다. 암고양이 같은 여자는 이제 지루하지 않게 되었다.

앙투안은 계속 읽으려고 노력했다. 하지만 어디까지 읽었는지를 잊어 버렸다. 잡지를 뒤적이면서 《라 소렐리나》의 마지막 몇 줄에 우연히 시선이 갔다.

……이곳에서는 삶도, 사랑도 불가능하다. 이젠 안녕.

……미지의 유혹, 새로운 내일의 유혹, 도취. 잊어버리고 모든 것을 새롭게 시작하는 것이다.

로마행 첫 기차. 로마에서 제노바행 첫 기차. 제노바에서 떠나는 첫배.

앙투안의 관심을 대번에 끌어올리는 데는 이것으로 충분했다. 침착하자. 자크의 비밀은 이 문장 속에 숨겨져 있다! 침착하게, 한 장 한 장, 끝까지 읽어 나가자.

그는 다시 앞으로 되돌아와, 두 손으로 이마를 감싸고는 정신없이 읽었다.

이것이 아네타, 곧 소렐리나가 학업을 마치고 스위스 수도원의 기숙사에서 집으로 돌아오는 장면이다.

아네타는 조금 변해 있다. 전에는 하녀들의 자랑거리였던 아네타. E una vara napolitana.('전형적인 나폴리 아가씨'라는 뜻의 이탈리아어) 귀여운 나폴리 아가씨. 통통한 어깨. 거무스름한 피부. 도톰한 입술. 그 눈은 아무렇지도 않은 일, 모든 일에 웃음을 터뜨린다.

그런데 왜 이 이야기에 지젤을 끌어들였을까? 무엇 때문에 그녀를 쥬세페의 친여동생으로 만들었을까? ……게다가 오빠와 여동생 사이의 첫 장면부터 앙투안은 재미로 넘기기 어려운 불편함을 느꼈다.

쥬세페는 아네타를 마중 나갔다. 둘은 마차를 타고 세레뇨 별장으로 돌아온다.

산등성이 너머로 해가 기울었다. 하늘거리는 양산 아래 낡은 마차의 조용한 흔들림. 그림자. 갑작스러운 냉기.

아네타. 그녀의 재잘거림. 그녀가 쥬세페의 팔에 팔짱을 꼈다. 그리고 그녀는 많은 이야기를 한다. 그는 웃는다. 오늘 저녁까지 그는 얼마나 고독했던가. 시빌은 외로움을 덜어 주지 못했다. 시빌, 시빌, 영원히 맑고 어두운 물, 눈이 부실 정도로 순수한 시빌.

마차 주변의 경치가 줄어든다. 황혼에서 밤으로 미끄러진다.

아네타는 옛날같이 몸을 움츠린다. 재빠른 입맞춤. 타는 듯하고 먼지로 깔깔한 부드러운 입술. 옛날같이. 수도원에서도 웃고 이야기하고 키스했었지. 옛날과 다름없는 오빠와 여동생. 쥬세페는 시빌을 사랑하면서도 지금 소렐리나의 입맞춤에 녹아내리는 듯한 감미로움을 느낀다. 그는 그녀에게 키스한다. 눈 위에, 머리에, 아무데나. 소리가 크게 나는 오빠의 키스. 마부가 웃는다. 그녀는 수도원 이야기, 시험 본 이야기를 한다. 쥬세페도 두서없이 아버지, 다가오는 가을, 장래의 일을 이야기한다. 파우엘의 집 이야기는 하지 않기로 마음먹는다. 아네타는 독실한 신자라, 그녀의 방에는 성모의 제단에 6개의 푸른 초가 있다. 유대인들은 하느님의 아들을 알아보지 못했으므로 예수를 십자가에 못박았다. 그러나 이교도들은 알고 있었다. 다만 그들은 자만심에서 진리를 거부했던 것이다.

아버지가 집을 비운 사이에 오빠와 여동생은 세레뇨 별장에 있게 되었다. 다음 몇 페이지는 앙투안에게 처음부터 끝까지 불쾌한 내용으로 가득 차 있었다.

그 다음날, 쥬세페가 아직 누워 있을 때 아네타가 들어왔다. 역시 아네타는 조금 변해 있었다. 여전히 크고 맑은 약간 놀란 것 같은 눈빛, 그러나 전보다 더 열정적이고 작은 일에도 한없는 감동을 보일 것 같은 눈길. 그녀는 이제 막 잠자리에서 일어났다. 나른한 온기가 남아 있었다. 헝클어진 머리, 애교가 없는 어린애 같은 모습. 그것도 옛날 그대로다. 그녀는 벌써 짐 속에서 스위스의 기념품들, 여러 가지 그림들을 꺼냈다. 그녀의 입술은 가지런한 이 위를 오간다. 스키를 타다가 넘어졌던 일, 눈 속의 뾰족한 바위. 아직도 무릎에 흉터가 남아 있어요, 한번 보세요. 잠옷 아래 그녀의 장딴지, 발. 그녀의 드러난 허벅지. 그녀는 곱게 탄 피부 위에 난 엷은 색 단춧구멍 같은 흉터를 만져 본다. 아무 생각 없이. 그녀는 즐겁게 자신의 살결을 쓰다듬는다. 아침저녁으로 그녀는 거울을 보며 자신의 육체에 미소를 보낸다. 그녀는 말을 한다. 여러 가지 생각이 주마등처럼 지나간다. 승마 연습. 나는 오빠하고 말이나 조랑말을 타고 싶어요. 승마복을 입고 파도치는 해변가를 달리는 거예요. 그녀는 여전히 흉터를 만지며 반짝거리는 무릎을 폈다 굽혔다 한다. 쥬세페는 눈을 깜박거리고 침대 위에 눕는다. 이윽고 스르륵하고 잠옷이 미끄러졌다. 그녀는 창문 쪽으로 뛰어간다. 만 위로 비치는 아침 햇살. 게으름뱅이, 벌써 9시예요. 수영이나 하러 가요.

이런 다정한 관계가 며칠동안 계속된다. 쥬세페는 소렐리나와 수수께끼 같은 영국 여인 사이에서 시간을 보낸다.
앙투안은 일사천리로 읽어 내려갔다.
쥬세페가 해변가를 산책하기 위해 시빌을 데리러 왔던 어느 날, 결정적인 장면이 벌어진다. 앙투안은 '수식'이 역겨운 것을 참으면서 그 대목 전부를 읽어보았다.

시빌은 햇살을 받고 있는 정자에 앉아 있다. 생각에 잠겨 있는 그녀. 한쪽 손을 햇볕에 드러내고, 희고 둥근 기둥에 기댄 채. 그녀는 기다리고 있었던 것일까? ―어제도 당신을 기다렸어요. ―나는 아네타와 함께 있었어. ―왜 아네타를 데리고 오지 않았어요? 쥬세페는 그런 말투가 마음에 들지 않는다.

앙투안은 조금 건너뛰어서 읽었다.

……쥬세페는 노를 젓던 손을 멈춘다. 그들 주위의 공기도 멈춘다. 날
개 달린 침묵. 만은 수은 빛. 눈부신 아름다움. 뱃전을 때리는 가벼운 물
결 소리. —무엇을 생각하고 있어요? —당신은? 침묵—시빌, 우리는 같은
것을 생각하고 있나 봐. 침묵. 목소리의 변화—시빌, 나는 네 생각을 하
고 있어. 침묵. 기나긴 침묵—저도 당신을 생각하고 있어요. 그는 떨고
있다. —시빌, 영원히? 아, 그녀는 이마를 뒤로 젖힌다. 그는 괴로운 듯
입술이 열리는 것과 손이 난간을 잡는 것을 본다. 조용하고 슬프기까지 한
다정함. 수직의 태양 아래 만은 빛나고 있다.

사실 그해 여름에 자크는 퐁타넹 집에 자주 갔었다. 어쩌면 제니에 대한
실망이 자크를 가출하게 만든 것이 아닐까?
계속해서 몇 페이지를 읽으니까 모든 것이 급진전되어 간다.
메종 라피트에서 자크와 지젤 사이의 생활을 떠올리게 하는 일상생활의
모습을 통해, 앙투안은 오누이 사이의 걱정스러운 애정의 진전 관계를 더듬
어보았다. 그들은 이런 긴밀한 관계를 과연 의식하고 있었을까? 아네타는
자신의 생활이 모두 쥬세페를 향해 있다는 것을 알고 있었다. 그러나 그것도
소박한 마음에서였다. 그녀는 순진하게도, 자신의 정열이 지극히 자연스럽
고 용서받을 수 있는 감정이라고 생각했다. 처음 얼마동안 쥬세페 쪽에서는
시빌을 향한 공공연한 사랑이 그의 마음을 온통 사로잡았고, 남의 눈에 띄지
않도록 해서, 동생이 보여 준 육체적인 매력 같은 것은 조금도 느끼지 못하
고 있었다. 그러나 자기 사랑의 성격에 대해 언제까지 속고 있을 것인가?
어느 날 늦은 오후에 쥬세페는 소렐리나에게 이렇게 말했다.

어때, 신선한 바람을 쐬면서 산책하고, 어디 호텔에서 저녁식사를 한 다
음, 밤이 깊도록 끝없이 걸어 보지 않을래? 그녀는 손뼉을 치며 좋아했
다. 나는 명랑할 때의 오빠가 좋아.

쥬세페는 할 일을 미리 생각해 두었던 것일까?

어촌에서 재빨리 식사를 마치고, 그는 동생을 그녀가 아직 모르는 거리 쪽으로 데리고 갔다.

그는 빨리 걷는다. 레몬나무 사이로, 전에 시빌하고 여러 번 걸었던 돌이 많은 좁은 길. 아네타가 놀란다. 길은 알아요? 그는 왼쪽으로 돌아간다. 언덕. 낡은 벽, 둥글고 낮은 문. 쥬세페는 서서 웃는다. 이리 와 봐. 그녀는 경계도 하지 않고 가까이 온다. 문을 밀어 열자 종이 울린다. 오빠, 왜 그래. 그는 웃으면서 전나무 그늘로 그녀를 데리고 들어간다. 정원은 어둡다. 그녀는 겁이 났다. 그녀는 쥬세페의 행동을 이해하지 못한다.
그녀는 루나도르 별장으로 들어간 것이다.

둥글고 낮은 문, 작은 종, 우거진 전나무 숲, 이런 세부적인 것들이 이번에는 충실히 그려져 있군…….

파우엘 부인과 시빌은 정자 아래에 있다. 동생을 소개해 드리겠습니다. 의자를 권한다. 여러 가지 질문을 한다. 모두 그녀를 환대한다. 아네타는 마치 꿈을 꾸는 듯했다. 아네타, 두 사람의 이교도 사이에 있는 아네타. 파우엘 부인의 환대, 그 백발, 그 미소. 같이 가요, 장미를 꺾어 드리죠. 장미의 터널을 이룬 장미꽃 밭의 향기가 그윽하게 풍긴다.
시빌과 쥬세페는 단둘뿐. 그녀의 손을 잡을까? 아마 그녀는 피할 것이 틀림없다. 자신의 의지보다, 사랑보다 더 강한 그녀의 엄격한 조신함. 그는 생각한다. 적어도 내 마음만은 알아 주었으면.
파우엘 부인은 아네타를 위해 장미꽃을 꺾었다. 주홍빛 장미, 작고 꽃송이가 많고, 가시가 없는 장미꽃, 속이 검은 주홍빛 장미. 또 가끔 오세요, my dear, 시빌은 정말 혼자니까요. 아네타는 마치 꿈을 꾸고 있는 듯했다. 이것이 지금까지 무서워하던 사람들일까? 마귀를 보듯 이 사람들을 무서워 했었나?

앙투안은 한 장을 뛰어넘는다.
아네타와 쥬세페가 나오는 장면이다.

달은 구름에 가려져 있다. 밤은 더 어둡기만 하다. 아네타는 몸이 뜨는 것처럼 가볍고 취한 듯했다. 파우엘 집안 사람들. 아네타는 쥬세페의 팔에 젊은 자신의 육체를 실어 매달린다. 쥬세페는 얼굴을 들고, 생각은 멀리, 꿈꾸는 듯한 마음으로 그녀를 데리고 간다. 털어놓고 이야기를 해 버릴까? 참지 못하고 몸을 구부린다. 짐작했겠지만 내가 거기에 놀러가는 것은 윌리엄 때문만은 아니야.

그녀는 그의 얼굴을 볼 수 없었지만, 그 낮은 목소리의 서정적 어조가 들려왔다. 윌리엄 때문만은 아니었다고? 피가 거꾸로 솟는 느낌이 들었다. 그녀는 지금까지 전혀 눈치채지 못했다. 시빌일까? 시빌과 쥬세페? 그녀는 숨을 쉴 수가 없어 몸을 빼내 달아나려 한다. 옆구리에 화살을 맞은 상처를 안은 채. 힘이 빠진다. 이가 떨린다. 그래도 걷는다. 몸이 축 처져 흔들린다. 그리고 얼굴을 젖힌 채, 키가 큰 보리수 아래 수풀에 쓰러진다. 쥬세페는 무릎을 꿇었다. 무엇 때문이지 그는 몰랐다. 무슨 일일까? 그녀가 촉수처럼 두 팔을 뻗는다. 아, 이번에는 알았다. 그녀는 그를 붙잡고 몸을 일으켜 그에게 왈칵 파묻힌다. 그리고 흐느껴 운다. 쥬세페, 쥬세페. 사랑의 절규. 그는 지금까지 한 번도 그런 것을 들어 본 적이 없다. 한 번도, 한 번도, 수수께끼 같은 신비 속에 가려져 있는 시빌로부터는. 시빌은 알 수 없는 여자. 그런데 지금 자기한테 꼭 붙어 이렇게 비통해 하는 아네타. 자기 품안에 있는 젊고 관능적이며 풍만하고 방종한 이 육체. 머릿속에 수많은 생각이 어지럽게 떠오른다. 다정했던 어린시절, 그토록 두터웠던 신뢰와 사랑, 내가 사랑하기에 걸맞은 그녀, 내 기질과 어울렸던 그녀, 그런 그녀를 위로해 주고 싶었다. 그녀의 마음을 잡아 주고 싶었다. 내게 착 달라붙어 내 몸을 감싸는 동물적인 이 온기, 갑자기 다리가. 격렬한 파도가 모든 것을 휩쓸었다. 의식조차도. 콧속으로 밀려 들어오는 언제나 상쾌해서 정신을 맑게 하는 머리의 향기, 그의 입술 아래로, 땀으로 흠뻑 젖은 얼굴, 농익은 입술. 열정을 부추기는 밤의 어둠과 냄새, 끓어오르는 피와 억누를 수 없는 마음의 흥분. 축축이 젖은, 무엇인가를 기다리며 꿈꾸듯 벌어져 있는 입술 위로 그는 자신의 입술을 가까이 가져간다. 그 입술을 받으면서도 곧바로 되돌려주지 않은 채 모든 것을 맡기는 듯 몸을 꼭 껴안아 떨어지지 않는 그녀. 이 입맞춤에 격렬하게 부딪히는 두 사람의 흥분. 비통하면서도 엄숙함. 머리 위로는 나무들이 엉키고, 별빛마저 흐려진다. 걷어올려지고 흐트러진 옷, 거역할 수 없는 격렬한 이끌림, 발견, 이것이 바로 처음 경험하는 육체접촉, 포옹, 접촉, 힘찬 포옹. 나를 잊고 모든 것을 허락하고 또 맡긴다. 고통스러울 만큼 황홀한 도취.

아! 숨소리는 하나가 되고 시간은 걸음을 멈춘다.

갑작스럽게 쏘는 듯한 달빛, 겁없고 야성적인 눈빛을 머금은 선명한 달 그림자에 깜짝 놀란 듯 두 사람의 몸은 분리된다. 둘은 재빨리 몸을 일으켰다. 착란. 입은 일그러지고, 둘은 똑같이 떨고 있다. 부끄러움보다는 기쁨에 못 이겨서. 기쁨과 놀라움에.

풀 침대의 우묵한 속으로, 달빛 아래, 장미꽃 잎이 떨어진다. 그것을 보면서 평화로운 모습의 아네타는 장미 가지를 거세게 흔든다. 하늘하늘 날리는 꽃잎이 한 몸이 된 흔적을 지니고 있는 쓰러진 풀들을 덮고 있다.

몸을 떨며 격분한 앙투안은 읽는 것을 그만두었다.

어처구니없는 일이다! 지젤이? 있을 수가 있는 일일까?

그러나 이 문장은 사실 같은 흔적이 너무 짙다. 낡은 벽, 종소리, 장미꽃밭이 아니라 둘이 껴안고 쓰러지는 장면 등 모든 것이 허구 같지 않다. 그것은 이탈리아의 돌길도 아니고 레몬나무 그늘도 아닌, 그야말로 메종 라피트의 우거진 숲 속에서의 일이다. 앙투안 눈에 뚜렷하게 떠오르는 가로수, 해묵은 보리수 그늘 아래인 것이다. 그렇다. 자크는 가끔 지젤을 퐁타냉 집에 데리고 갔었지. 아마 그런 여름날 밤에, 집에 돌아오는 도중에…… 얼마나 기가 막힌 일인가! 그들 둘과 그렇게 가까이 살면서도, 더구나 지젤과 그토록 가깝게 있었으면서도, 전혀 눈치를 채지 못했다니! 지젤? 순결하고 꼭 닫힌 그 몸 속에 그런 비밀이 숨겨져 있었다니. 아니야, 아니겠지…….

앙투안은 마음속으로 거부하며 여전히 믿을 수 없어 한다.

그러나 이토록 자세한 사실을! 장미꽃…… 붉은 장미꽃! 아, 이제 그는 런던의 꽃가게에서 부쳐 온 익명의 소포를 받았을 때 지젤의 흥분을, 또 그런 터무니없는 실마리를 근거로 그녀가 왜 그토록 영국 쪽을 조사해 달라고 했었는지 알 것 같았다! 그녀만이 보리수 밑에서 그런 일이 있은 뒤 1년 만에, 어쩌면 바로 그날에, 진홍빛 장미가 전달된 뜻을 알고 있었던 것이다.

그렇다면 자크가 런던에서 산 적이 있었단 말일까? 거기에서 이탈리아로? 그러고 나서 스위스로? ……아직 영국에 있을까? ……거기에서 제네바 잡지에 기고할 수도 있겠지…….

희미한 한 점의 빛을 중심으로 넓은 그림자의 면이 하나하나 없어져 버리는 것과 같이, 갑자기 여러 가지 것들이 뚜렷이 드러났다. 지젤이 집을 나간 일, 영국 수도원에 보내 달라고 고집 부린 일! 바로 자크를 찾기 위해서였구나! (그리고 앙투안은 처음의 실패에 낙심해서 런던 꽃가게 조사를 포기한 것이 후회스러웠다!)

그는 맥락을 더듬어 좀더 생각해 보려고 애썼으나 너무도 많은 추측과 추억이 머릿속에 밀려들고 있었다. 모든 과거가 오늘밤에야 비로소 다시 밝혀지는 것 같았다. 자크가 가출한 뒤에 지젤이 절망 상태에 빠져 있던 이유를 이제야 알겠군! 그는 절망의 전체적인 뜻을 알아차리지 못한 채 위로해 주려고 애를 썼던 것이다. 그는 자기와 지젤과의 관계를, 그녀에게 베푼 동정을 생각했다. 그렇다면 그가 지젤에게 차츰 품은 감정은 이런 동정심에서 생겨난 것일까? 그 당시에 자크의 일에 대해 말할 수 있었던 상대는 자살설을 고집하던 아버지도 아니고, 아침부터 밤까지 노베나(월(기도))만 하던 유모도 아니었다. 오히려 지젤이 가까이 있으면서 대단히 열성적이 아니었던가! 매일 밤, 저녁식사 뒤에 그녀는 소식을 알리려고 내려왔다. 그는 자신의 희망과 방법을 그녀에게 이야기하는 것을 즐거움으로 삼았다. 감수성이 예민한 그 소녀, 사랑의 신비에 마음이 쏠려 있던 그녀를 사랑스럽다고 느낀 것은 여러 날 밤 동안 마음을 터놓고 이야기하면서가 아니었던가? 그는 이미 몸을 바친 젊은 소녀의 자극적인 매력에 자기도 모르게 사로잡힌 것이 아닐까? 그의 가슴에는 귀여운 소녀의 몸짓, 괴로워하는 소녀의 모습이 생각났다. 아네타……. 얼마나 멋진 속임수인가! 라셀이 없음으로 해서 그는 완전히 감정이 메마른 상태에 있었고, 그래서 그토록 쉽게 상상하고 말았다……. 한심한 일이다! 그는 어깨를 으쓱했다. 그가 지젤을 좋아한 것이 베풀 대상이 없는 애정을 가지고 있었기 때문이었다. 그는 지젤도 자신을 좋아한다고 생각했다. 지젤은 이런 슬픔과 혼란 속에서 자기 애인을 다시 찾아 줄 유일한 대상으로 그를 의지했을 뿐이다!

앙투안은 이런 생각을 떨쳐 버리려고 애썼다. '지금까지는' 하고 그는 중

얼거렸다. '자크의 갑작스런 가출을 설명할 만한 것은 아무것도 없군.'

그는 다시 계속해서 읽기로 마음먹었다.

풀 위에 장미꽃 잎을 뿌려둔 채 오누이는 세레뇨 별장으로 돌아왔다.

귀가. 쥬세페는 아네타의 걸음을 부축해 준다. 둘은 어디를 향해 가는 것일까? 서곡에 지나지 않는 짧은 포옹. 그들이 향해 걸어가고 있는 기나긴 밤, 그들의 방, 오늘밤, 거기에서 무슨 일이 일어날 것인가?

앙투안은 첫머리에서 벌써 뜻하지 않은 장애물에 부딪히고 말았다. 또다시 얼굴이 화끈거렸다.

솔직히 말해서 그가 느끼고 있는 것은 비난과는 거리가 먼 것이었다. 확고한 열정 앞에서 그의 비판력은 곧 빛을 잃고 말았다. 그러나 그는 원망스러움과 함께 걷잡을 수 없는 놀라움을 억누를 길이 없었다. 자기가 머뭇거리며 앞으로 다가갈 때 지젤이 끈질기게 반항하던 그날을 잊을 수가 없었다. 이것을 읽으면서 그의 마음에는 어쩐지 그녀를 향한 욕망이 되살아나는 것 같았다. 어디까지나 육체적인 욕망, 해방된 욕망. 그는 다시 주의를 되돌리기 위해 그녀의 젊고 유연한 그을린 육체에 대한 환상을 애써 떨쳐 버려야만 했다.

……들이 향해 걸어가고 있는 기나긴 밤, 그들의 방, 오늘밤, 거기에서 무슨 일이 일어날 것인가?

그들은 사랑의 숨결 아래 몸을 맡긴다. 둘은 말없이 마치 최면술에 걸린 것처럼 계속해서 앞으로 나아간다. 간간이 달빛이 그들을 비춘다. 달은 지금 세레뇨 별장 전체를 비추고, 회칠한 회랑을 어둠으로부터 부각시킨다. 그들은 첫 테라스를 지난다. 걸으면서 그들의 뺨이 맞닿는다. 아네타의 뺨은 불같이 뜨겁다. 어린 티를 못 벗은 이 육체에서 벌써 얼마나 대담하게 죄를 향해 걷고 있는가?

갑자기 둘은 확 떨어졌다. 기둥 사이에 그림자가 하나 서 있었다.

아버지다. 아버지는 기다리고 있었다. 그는 예고 없이 돌아온 것이다. 아이들은 도대체 어디에 있을까? 그는 텅 빈 방에서 혼자 저녁식사를 했다. 식사가 끝나자 그는 회랑 대리석 위를 거닐었다. 그러나 아이들은 좀처럼 돌아오지 않았다.

침묵 속에 말소리가 들린다.

—어디 갔다 오니?

거짓말을 생각할 틈도 없다. 섬광처럼 비치는 반항. 쥬세페는 외친다.

—파우엘 부인 집에 갔었어요.

앙투안은 소스라쳐 놀란다. 그렇다면 아버지는…… ?

쥬세페는 외친다.

—파우엘 부인 집에 갔었어요.

아네타는 기둥 사이로 도망쳐, 현관을 가로질러 계단을 올라가 자기 방에 이르렀다. 방문을 잠그고는 어둠 속에서 더럽혀지지 않은 좁은 침대 위로 몸을 던졌다.

아래층에서는 처음으로 아들이 아버지한테 대들고 있다. 그러나 기괴한 일은 대드는 쾌감에서 그는 더 이상 생각하지도 않았던 다른 사랑의 이야기를 끄집어 낸 것이다—제가 아네타를 파우엘 부인 집에 데리고 갔어요. 여기까지 말하고 잠시 말을 멈추더니 한 마디 한 마디 또박또박 말했다.

—저는 시빌과 결혼 약속을 했어요.

아버지는 웃음을 터뜨렸다. 무서운 웃음. 버티고 서서 몸을 곧추세우고 있어, 그림자 때문에 더욱 커 보이는 아버지. 거대하고 과장되어 보이는, 달빛을 받은 마치 타이탄(하늘과 땅의 아들, 거인의 뜻을 의미함) 같은 아버지는 또 웃는다. 쥬세페는 손을 꼭 쥔다. 웃음이 그친다. 침묵—둘 다 나하고 나폴리로 돌아가자—싫습니다—내일이라도. —싫습니다—쥬세페—저는 이제 아버지 마음대로 할 수 있는 소유물이 아니에요. 저는 시빌 파우엘과 결혼 약속을 했습니다.

아버지는 지금까지 어떤 저항에 부딪혀도 모두 짓밟아 버렸었다. 그는 침착한 체했다—잔소리 말아라. 그들은 이 땅에 와서, 우리의 빵을 먹고, 우리의 땅을 샀다. 그러면서 아들까지 훔치다니, 그건 도가 지나쳐. 이교도의 딸이 우리 집안 이름을 지니다니, 말도 안 돼! 더구나 내 이름을! 바보 같은 녀석. 절대로 안 된다. 위그노 그 자식들의 음모야. 한 사람의 영혼을 구하고, 세레뇨 집안의 명예를 위해서다. 그놈들은 내가 있는 것을 무시하고 있어. 이 아비는 똑똑히 감시할 거야—아버지—네 생각을 꺾고 말 테다. 먹고살 것도 끊어 버리고, 피에몽 연대에 입영시키겠다—아버지 —내가 너의 생각을 꺾어 놓겠다. 방으로 돌아가거라. 내일 여기를 떠나 도록 해라.

쥬세페는 주먹을 쥔다. 그는 바라고 있다…….

앙투안은 숨을 죽였다.

……그는 바라고 있다 ……아버지의 죽음을.

두말할 나위 없는 모욕을 주기 위해 그는 마음껏 웃어 보였다. 그리고 내뱉었다—아버지는 참 우스꽝스럽군요.

그는 아버지 앞을 지나간다. 머리를 들고 입에는 경련을 일으킨 채 비웃 으며 계단을 내려간다. —어디로 가는 거냐?

아들은 걸음을 멈춘다. 사라지기 전에 어떤 가시 돋힌 화살을 던져 줄 까? 본능이 가장 신랄한 방법을 귀에 속삭여 준다—죽으러 갈 겁니다.

훌쩍 뛰어 계단을 내려온다. 아버지가 손을 들었다—없어져 버려라, 이 불효막심한 놈. 쥬세페는 뒤를 돌아보지도 않는다. 아버지의 목소리가 마 지막으로 또 한 번 울린다—이 고약한 놈.

쥬세페는 뛰어서 테라스를 가로질러 어둠 속으로 사라진다.

앙투안은 읽는 것을 다시 멈추고 생각해 보려고 했다. 그러나 겨우 4페이 지밖에는 남지 않았다. 초조감이 앞섰다.

쥬세페는 정처 없이 뛰어간다. 그리고 숨을 헐떡거리며 놀란 나머지 넋 이 나가 서버린다. 멀리 호텔의 베란다 아래에서, 여러 개의 만돌린 소리 가 어우러져 달콤한 향수를 띤 노래를 엮어가고 있다. 못 견디게 울적한 마음. 따뜻한 목욕탕에서 정맥을 끊어 버리고 싶은 마음.

시빌은 나폴리풍의 만돌린 소리를 좋아하지 않았다. 시빌은 이 땅에서 태어나지 않았기 때문에. 책 속에서나 좋아했을지도 모를 여주인공처럼 환상적이며 멀리 있는 것처럼 느껴졌다.

아네타. 손바닥에 느꼈던, 맨살의 팔의 기억만이 남아 있다. 귀에서 소리가 난다. 갈증.

쥬세페는 한 가지 생각을 가지고 있다. 날이 밝기 전에 다시 별장으로 돌아가 아네타를 꾀어서 같이 도망을 간다는 것.

쥬세페는 천천히 지름길로 뛰어간다. 가슴의 피가 끓는다. 바위투성이의 가파른 언덕을 단숨에 기어오른다. 달빛 아래, 사람을 흥분시키는 상쾌한 전원. 제방 끝에서 하늘을 보고 누워 두 팔을 가슴에 얹는다. 벌어진 셔츠 사이로 천천히 두근거리는 가슴을 만지고 쓰다듬어 본다. 머리 위에는 별이 가득한 우윳빛 하늘. 평화, 순결.

순결. 시빌. 시빌, 그 영혼의 차고 깊은 곳의 샘물, 차고 맑은 북쪽의 밤.

시빌?

쥬세페는 일어서 있다. 그는 성큼성큼 언덕을 내려온다. 시빌. 마지막으로, 새벽이 오기 전에. 마지막으로.

루나도르. 흙벽과 둥근 문이 있다. 새로 칠한 벽 위의 입맞춤의 자리. 최초의 고백. 바로 거기다. 오늘밤과 비슷했던 그날 밤. 달 밝은 밤. 시빌은 배웅하러 왔었다. 거칠게 칠한 흰 벽 위로 그녀의 그림자가 뚜렷하게 두드러졌었다. 그는 용기를 내어 별안간 몸을 숙이고, 벽에 비친 옆얼굴에 키스했었다. 그녀는 달아났었다. 오늘과 비슷한 밤에.

아네타, 나는 왜 작은 문으로 되돌아왔을까? 창백한 시빌의 얼굴, 의연한 얼굴. 이렇게 멀지 않게, 이렇게 가까이 있는데도, 이렇게 생생히 느낄 수 있는데도, 전혀 알 수 없는 시빌. 시빌을 단념할까? 아, 아니야, 애정을 가지고 풀어 주어야 해. 이 매듭을 풀어 주어야 해. 닫힌 마음을 열어 주어야 해. 어떤 비밀을 가지고 있기에 이렇게까지 닫고 있는 것일까? 본능으로부터 해방된 순수한 꿈. 이것이야말로 진정한 사랑이다. 그것은 시빌을 사랑하는 것. 그녀를 사랑하는 것이다.

아네타, 왜 너의 눈길은 나를 쫓고, 왜 너는 나의 말에 그토록 잘 따르니? 그 몸을 바친 격렬한 정열. 욕망. 너무나 짧은 욕망. 그 욕정. 아무런 비밀도, 두께도, 폭도 없는 사랑. 기약 없는 사랑.

아네타, 아네타, 경솔한 그 애무를 잊고 지난날을 다시 찾아 어린시절로 돌아가자. 아네타, 귀여운 소녀, 사랑하는 동생. 동생, 동생. 귀여운 동생.

아, 불륜의 욕망, 견딜 수 없는 욕망, 누가 우리를 구해 줄 것인가?

아네타, 시빌. 둘 사이에 끼여 이러지도 저러지도 못하는 나. 그렇다면 누구를? 왜 꼭 선택해야만 하는가? 나는 구속받고 싶지 않다. 이중의 매혹, 본질적인 균형, 성스러움. 두 여인의 격정, 둘 다 정당하다. 그 격정이 내 마음속 깊은 곳에서 솟아나고 있으니까? 왜 어째서 실제로 양립할 수 없단 말인가? 내 마음속에는 모든 것이 조화를 이루고 있는데, 어째서 금지되어 있는 것인가?

유일한 해결책은 셋 중 어느 하나가 잉여의 존재가 되는 것이다. 그렇다면 누가? 시빌인가?

아, 상처받은 시빌. 차마 눈뜨고 볼 수 없는 광경, 시빌은 안 돼. 그렇다면, 아네타. 아네타. 귀여운 동생이여, 용서해 다오. 너의 두 눈에 키스를 보낸다. 제발 나를 용서해 다오.

한쪽을 세우면 다른 한쪽은 세울 수가 없구나. 그렇다면 어느 한쪽도 택하지 말자. 체념하자, 잊자, 죽어 버리자. 아니, 죽는 것이 아니라 죽은 체하는 것이다. 사라져 버리자. 이곳에는 저주와 넘을 수 없는 장애물만 있을 뿐. 이곳에서는 삶도 사랑도 불가능하다.

이젠 안녕.

미지의 유혹, 새로운 내일의 유혹, 도취. 잊어버리고 모든 것을 새롭게 시작하는 것이다. 되돌아가자. 정류장까지 뛰어간다. 로마행 첫 기차. 로마에서 제노바행 첫 기차. 제노바에서 떠나는 첫배. 미국행. 아니면 호주행.

그는 갑자기 웃기 시작한다.

사랑 때문에? 천만에, 내가 사랑하는 것은 인생이다.

앞으로.

자크 보티

앙투안은 잡지를 덮고는 그것을 주머니에 쑤셔 넣으며 안절부절못하며 일어섰다. 일어선 채 그는 잠시 불빛 속에서 눈을 깜박거렸다. 그리고 자신이 멍청히 서 있다는 것을 알고는 다시 의자에 앉았다.

잡지를 읽고 있는 동안에 2층에 있던 손님들은 모두 가 버렸다. 게임을 하던 패들도 모두 저녁식사를 하러 간 뒤였고, 오케스트라도 끝난 지 이미 오래되었다. 구석에서 젊은 유대인과 〈위마니테〉를 읽고 있던 남자만이 암고양이 같은 여인이 보는 앞에서 주사위놀이를 막 끝내려고 하는 참이었다. 남자는 불이 꺼진 파이프를 빨고 있었다. 그가 주사위를 던질 때마다 암고양이는 즐거운 미소를 지으며 유대인의 어깨 위로 몸을 숙이곤 했다.

앙투안은 다리를 뻗고 담뱃불을 붙이면서 될 수 있는 대로 생각을 정리하려고 했다. 그러나 그것도 잠시, 그의 산만한 생각은 그의 눈길처럼 어디에 고정시켜야 할지 모른 채 헤매고 있었다. 그는 이제 겨우 자크와 지젤의 모습을 떨쳐 버리고 다소 침착함을 되찾았다.

이제 문제는 사실과 소설적 공상, 두 가지를 분명히 구별하는 데 있었다. 부자간의 심한 논쟁, 그것은 틀림없는 사실인 것 같다. 고문관 세레뇨의 말에는 몇 가지 특징이 정확하게 지적되고 있었다. 위그노 그 자식들의 음모야! 네 생각을 꺾고 말테다! 먹고살 것도 끊어 버리고 입영시키겠다! …… 그리고 이교도의 딸이 내 이름을 지니다니? ……벌떡 일어서서 어둠 속에서 저주의 말을 퍼붓는 아버지의 화난 목소리가 들리는 것 같았다. '죽으러 갈 겁니다' 하는 쥬세페의 소리도 사실임에 틀림없었다. 그것으로 아들이 죽었다고 생각하는 티보 씨의 변함없는 생각도 설명이 된다. 수색을 시작할 때부터 티보 씨는 자크가 죽은 것으로 단정했다. 그는 하루에도 4번씩이나 시체공시소에 직접 전화를 걸었었다. 자기가 그렇게 소리지른 것이, 꼭 그렇다고는 할 수 없지만, 자크의 가출 원인이 되었다고 아버지는 뉘우치고 있었음에 틀림없었다. 그리고 아마 이런 말없는 회한이야말로 수술 전날에 노인을 그토록 쇠약하게 만든 알부민 발작과 전혀 무관하지 않았을 것이다. 그래서 이런 관점에서 보면, 지난 3년 동안에 일어났던 허다한 사건들은 다른 양상을 띠고 있었다.

앙투안은 다시 잡지를 들고 자크 자신이 쓴 헌사를 찾아보았다.

11월의 어느 날 저녁에 당신은 제게 말씀하시지 않으셨습니까? '모든 것은 양극의 힘과 연결된다. 진리도 항상 양면을 지니고 있고.'

사랑도 때로는 마찬가지입니다.

'물론' 하고 그는 생각했다. '이중적 사랑의 공존…… 물론…… 만약 지젤이 자크의 애인이었고, 또 자크가 제니한테 열렬한 사랑의 감정을 품고 있었다면 산다는 것이 무척 괴로웠겠지. 하지만……'

앙투안은 여전히 무엇인가 확실하지 않은 것에 맞닥뜨린 기분이었다. 아무래도 자크의 실종이 지금 막 알게 된 애정생활 때문만이라고는 단정할 수가 없었다. 미묘하고 갑작스럽게 누적된 다른 몇 가지 요인이 이 엉뚱한 결정을 내리게 했을지도 모른다. 그렇다면 어떤 요인일까?

문득 이렇게 속단할 필요가 없다는 생각이 들었다. 우선 급한 것은 그런 증거를 최대한으로 활용해서 한시라도 빨리 동생의 행방을 알아내는 일이었다.

잡지 편집국에 문의해 봐야겠다. 이것은 매우 무모한 일일지도 모른다. 자크가 소식을 알리지 않은 것도 끝까지 모습을 감추려고 하는 그의 고집 때문이었을 것이다. 숨어 있는 집이 드러났다는 것을 눈치채고 다른 먼 곳으로 달아난다면 영원히 그를 찾지 못하게 될 위험이 있었다. 최상의 방법은 불시에 덮치는 것이었다. 더구나 그것은 자신밖에는 할 사람이 없다(사실 앙투안은 자기 자신 말고는 아무도 믿지 않고 있었다). 그는 곧 자신이 제네바로 가는 장면을 떠올렸다. 그러나 그곳에서 무엇을 할 것인가? 더구나 자크가 런던에 살고 있다고 한다면? 그만두자. 먼저 스위스로 전문가를 보내서 주소를 알아내도록 하는 것이 좋겠다. '그런 뒤에, 그가 있다면 내가 가는 걸로 하자.' 그는 일어서면서 생각했다. '잡히기만 하면 다시 도망치지 못하게 할 테니까!'

바로 그날 밤에 그는 사설 탐정에게 그 일을 맡겼다.
그리고 사흘 뒤에 최초의 정보를 받았다.

(기밀 문서)
"자크 보티 씨는 틀림없이 스위스에 거주함. 주소는 제네바가 아니고 로잔임. 이 도시에서 벌써 몇 번 이사를 다녔음. 지난 4월부터 에스칼리에 뒤 마르쉐 거리, 10번지에 살고 있음. 캄메르진 하숙집.

지금으로서는 스위스에 언제부터 머물렀는지 알 길이 없으나, 병역 관계를 조사했음.

프랑스 영사관에 은밀히 알아본 바에 따르면, 그는 1912년 1월, 이름은 자크 폴 오스카르 티보, 국적은 프랑스, 1890년 파리 출생 따위가 적힌 신분증명서를 지니고 영사관 병사계에 출두했던 듯함. 인상착의에 관한 신상카드는 복사하지 못했으나 이에 따르면(이 인상착의에 관한 서류는 우리가 지니고 있는 것과 같음) 그는 심장판막 폐쇄 부전증의 사유로 1910년 파리 제7구 징병검사위원회의 결정에 따라 1차 징병 연기를 받았으며, 1911년 빈(오스트리아) 주재 프랑스 영사관에 제출한 진단서로 재차 징병 연기를 받은 것으로 되어 있음. 1912년 2월 로잔에서 재검사를 받은 다음, 행정적인 경로에 따라 센 징병소에 넘겨져 세 번째로, 곧 최후 징집 연기를 받았는데, 이로써 건강상의 이유로 병역 면제에 관해서는 본국 정부와 결정적인 해결을 본 것임.

보티 씨의 생활은 매우 만족스러운 상태에 있는 듯하며 주로 학생, 신문기자와 왕래가 있음. 그는 스위스신문연맹의 회원이며, 여러 종류의 신문과 잡지에 원고를 써서 정상적인 생활을 이어가는 데 충분한 수입을 올리고 있다고 함. 확인한 바로는 그는 본명 이외에 몇 개의 이름으로 집필하고 있으며, 이들 가명에 관해서는 차후 정보를 입수하는 대로 보고하겠음."

탐정 사무실 사무원이 이 보고서를 급히 전해 준 것은 일요일 오후 10시쯤이었다. 월요일 아침에 떠날 수는 없었다. 그러나 티보 씨의 병세 때문에 우물쭈물하고 있을 때가 아니었다.

앙투안은 비망록과 열차 시간을 살펴보고는 다음날 밤에 로잔행 특급을 탈 결심을 했다. 그날 밤 그는 잠을 한숨도 이루지 못했다.

6. 스위스에 있는 자크의 주소를 알아내고, 앙투안 스스로 찾아갈 결심을 하다

다음날은 이미 일정이 꽉 차 있었다. 앙투안은 출발 때문에 일정 이외의 왕진을 몇 군데 더 추가해야만 했다. 아침 일찍 병원에 나가 온종일 파리 시내를 뛰어다니다 보니 점심때 집에 들를 시간조차 없었다. 저녁 7시가 되어서야 겨우 집에 돌아왔다. 기차는 8시 반 출발이었다.

레옹이 여행가방을 챙기고 있는 동안 앙투안은 어제부터 뵙지 못한 아버지에게 급히 올라갔다.

전체적으로 상태가 악화되어 있었다. 음식을 제대로 먹지 못한 티보 씨는 몹시 쇠약해져 있었고, 끊이지 않는 고통을 호소했다.

환자에게 매일 한 모금의 강장제라고도 할 수 있는 '아버지, 안녕히 주무셨습니까!'라는 인사말을 평상시처럼 하기 위해서는 노력이 필요했다. 그는 늘 앉던 자리에 가서 앉았다. 그리고 주의 깊은 태도로, 잠깐의 침묵도 마치 함정이나 되는 것처럼 피하면서, 평소처럼 병의 증상을 물어보았다. 그는 미소를 지으면서 아버지를 바라보고 있었다. 그러면서 이번만큼은 '돌아가실 날이 얼마 남지 않았구나' 하는 집요한 생각을 떨쳐 버리기 힘들었다.

그는 여러 번 아버지가 자기에게 보내는 진지한 눈길을 받았다. 무엇인가를 묻고 싶어하는 눈길이었다.

'도대체 어느 정도까지 병에 대해 걱정하고 계실까?' 앙투안은 속으로 생각해 보곤 했다. 티보 씨는 자기 죽음에 대하여 체념한 듯 엄숙한 말을 자주 했다. 그러나 마음 저편에서는 과연 무엇을 생각하고 계실까?

잠깐 아버지와 아들은 저마다 비밀을 간직한 채—어쩌면 그것은 같은 것일지도 모른다—질병과 최신 의약품에 대해서 부담없는 말을 주고받았다. 그러다가 앙투안은 저녁식사 전에 급한 환자를 왕진해야 한다는 구실로 일어났다. 티보 씨는 괴로웠지만 억지로 붙들려고 하지는 않았다.

앙투안은 누구에게도 자기가 떠난다는 이야기를 하지 않았다. 그는 자기가 하루 반나절 집을 비우게 된다는 사실을 세린느 수녀에게만은 말해 두려고 생각했다. 그러나 그가 아버지 방에서 나올 때 그녀는 공교롭게도 환자 옆에 있었다.

시간이 촉박했다. 그는 몇 분 동안 복도에서 기다렸으나 세린느 수녀가 나오지 않자 베즈 유모 방으로 갔다. 그녀는 마침 자기 방에서 편지를 쓰고 있었다.

"아이구머니" 하며 그녀는 말했다. "마침 잘 왔어. 내 앞으로 배달된 야채 꾸러미가 없어져서……."

중환자 때문에 오늘밤 시골에 가야 한다는 것, 어쩌면 내일 못 돌아올지도 모른다는 것, 자기가 그런 일로 떠난다는 사실을 닥터 테리비에가 알고 있으니까 부르기만 하면 즉시 달려올 터이니 조금도 염려할 것이 없다는 것 따위를 알려주는 데 적지 않은 애를 먹었다.

벌써 8시가 넘었다. 기차 출발시간에 대기에도 촉박한 시간이었다. 택시는 전속력으로 역을 향해 달렸다. 벌써 인기척이 없는 강가, 어둠 속에서 빛나는 다리, 카루젤 광장 등이 모험 영화의 빠른 리듬처럼 급히 사라져 갔다. 별로 여행을 해 본 적이 없는 앙투안에게는 이처럼 밤에 달려 보는 흥분, 시간에 늦지 않을까 하는 걱정, 그의 머리에서 줄곧 떠나지 않는 여러 가지 생각과 또 지금부터 하려는 일의 위험 등, 모든 것이 그가 자신을 잊고 대담하고 용맹스러운 행동을 하는 기분이 들게 했다.

자리를 예약해 놓았던 칸은 거의 만원이었다. 잠을 자려고 했으나 헛수고였다. 그는 안절부절못하고 정거장 수만 꼽았다. 밤이 깊어가자 선잠이 들었지만, 기관차가 유별나게 기적 소리를 울리고는 발로르베 역으로 들어서면서 속도를 늦추었다. 세관에서 여러 가지 수속을 끝낸 다음 썰렁한 홀에서 서성거리다가 스위스식 밀크커피를 마셨다. 어떻게 다시 잠을 잘 수 있을까?

차창 밖의 세계는 12월의 여명 속에서 다시 모습을 드러내기 시작했다. 기차는 계곡 사이를 따라 달리고 있었는데, 그 계곡 양쪽에 있는 몇 개의 언덕을 구분할 수 있었다. 아무런 색깔도 없었다. 아물거리다가 불쑥 나타나는 여명 속에서, 그것은 흰 바탕에 검은 칠을 한 목탄화의 풍경에 지나지 않았다.

앙투안은 보이는 것을 수동적으로 받아들이고 있었다. 눈은 언덕 위를 덮고 있었으며, 언덕 아랫부분은 검은 대지의 구덩이 속으로 녹아내리고 있었다. 그런가 하면 전나무의 그림자가 어슴푸레한 배경 위로 갑자기 뚜렷하게 드러났다. 그러다가 모든 것이 한꺼번에 모습을 감추었다. 기차는 구름 속을 달리고 있었다. 다시 전원이 모습을 드러냈다. 안개 속에서 반짝이는 작고 노란 불빛은 사람들이 많이 살고 있는 이 지방의 아침 생활을 말해 주고 있었다. 따로 떨어져 있는 몇 채의 집들은 점점 모습이 뚜렷해져 어둠을 하나하나 벗어 버렸다. 날이 밝아오면서 건물 안의 끄다 남은 불빛이 점점 줄어들고 있었다. 어느새 검은 지면은 초록색으로 변해 가고 있었다. 그리고 평야는 드디어 한 폭의 풍요로운 목장으로 변했는데, 거기에는 눈 덮인 이랑이 땅의 기복이나 고랑 하나하나를 나타내고 있었다. 마치 알을 품고 있는 암탉같이 땅에 주저앉아 있는 듯한, 지붕이 낮은 농가는 모든 덧문을 열어 놓았다. 해가 떠오르고 있었다.

앙투안은 멍하니 창문에 이마를 대고는 이국 풍경의 쓸쓸함을 가슴 깊이 느끼면서 심한 허탈감에 사로잡혔다. 자신이 지금부터 하려는 일의 어려움이 그의 앞에 너무나 분명히 가로놓여 그를 짓눌렀다. 밤새 잠 한숨 이루지 못한 지금 그는 자신이 일을 잘 처리할 수 있을까 하는 불안한 마음이 들었다.

이럭저럭 기차는 로잔에 다다라 벌써 교외를 지나고 있었다. 그는 작은 마천루처럼 서로 떨어져 있는, 발코니가 달린 입체형 집들의 닫힌 정문을 바라보았다. 자크가 지금쯤 저 황색 전나무의 덧문 뒤에서 깨어나고 있을지도 모르는 일 아니겠는가?

기차가 멈추었다. 찬바람이 플랫폼을 휩쓸고 지나갔다. 앙투안은 오한을 느꼈다. 사람들은 지하도로 휩쓸려 빨려 들어갔다. 마치 열에 들뜬 듯 몽롱하고 몸 구석구석이 저려와서 정신과 의지의 통제력을 포기한 그는, 여행가방을 질질 끌면서 이제부터 어떻게 할 것인지 망설이며 사람들의 뒤를 따라갔다. '세수, 목욕, 샤워'. 뜨거운 물에 몸을 담궈 몸을 푼 다음 차가운 물로 샤워를 해서 기운을 내야겠다. 면도를 하고 셔츠도 갈아입을까? 다시 기운을 내려면 그 길밖에 없을 것 같았다.

기발한 생각이었다. 그는 기적을 낳는 샘에라도 들어갔던 것처럼 새로 태어난 기분으로 목욕탕에서 나왔다. 그리고 수화물 보관소에 달려가서 짐을 맡겼다. 그리고 과감하게 이런저런 우연에 몸을 내맡기기로 했다.

비바람이 휩몰아치고 있었다. 그는 시내에 가기 위해 전차를 탔다. 아직 8시가 채 되지 않았는데도 상점 문들은 벌써 열려 있었다. 우비를 입고 고무장화를 신은 말수 적은 사람들이 벌써 보도를 꽉 메우며 바쁘게 걸어가고 있었다. 그들은 차도에 자동차가 한 대도 없는데도 차도를 침범하지 않으려고 꽤 신경을 쓰고 있었다. 일반화시키기 좋아하는 앙투안은 '근면하지만 낭만이 없는 도시'라고 얼핏 생각했다. 지도를 보며 시청 앞 작은 광장까지 찾아갔다. 고개를 들어 종탑의 큰 시계를 보았을 때 마침 30분을 알리는 종소리가 울렸다. 자크가 사는 동네는 그 광장 끝 쪽에 있었다.

에스칼리에 뒤 마르쉐 거리는 로잔에서 가장 오래된 거리 중 하나인 것 같았다. 그것은 한 동네라기보다는 옆동네 변두리 같았다. 길은 계단식이었고 이웃집이라고 해 봤자 왼쪽에 한 채 뿐이었다. 앞으로 계단들이 뒤얽혀 오르막길을 이루고 있었다. 집들이 마주보고 있는 곳에는 높은 벽이 솟아 있었는데, 그 벽을 따라 포도주 빛깔의 중세풍 지붕으로 뒤덮인 오래된 나무 계단이 있었다. 이렇게 지붕이 딸린 계단은 뜻밖의 풍경을 자아냈다. 앙투안은 그 계단 쪽으로 갔다. 이 골목의 집들은 볼품없이 늘어선 좁고 초라한 집으로, 아래층은 16세기부터 구멍가게로 쓰인 것이 틀림없었다. 10번지에 가려면 쇠시리를 넣은 상인방(上引枋)에 눌려 있는 것 같은 낮은 문을 통과해야 했다. 열린 문짝에 써 있는 문패 글씨도 읽기 힘들었다. 앙투안은 겨우 'J.H. 캄메르진 하숙집'이라는 글씨를 해독했다. 바로 여기였다.

3년 동안이나 아무 소식이 없어 마음 졸여 왔고, 자기와 동생 사이에는 전 우주로 가로막힌 것 같이 생각하고 있었는데, 지금 이렇게 자크로부터 몇 미터 거리에 있고 몇 분 뒤면 곧 자크를 다시 볼 수 있다니……. 그러나 앙투안은 그 감동을 잘 억누르고 있었다. 직업상 그런 훈련이 되어 있었기 때문이다. 그는 힘을 집중할수록 더 냉정해지고 예민해졌다. '8시 반이었지' 하고 그는 생각했다. '틀림없이 집에 있을 거야. 아마 아직 침대에 누워 있겠지. 자크를 붙들기에는 적절한 시각이군. 만일 집에 누가 있다면 만날 약속이 되어 있다고 해야지. 내가 왔다는 것을 사람을 통해 알리지 않고 방까지 직접 들어가는 거야.' 그는 우산 밑에 몸을 숨기고 확신에 찬 걸음걸이로 차도를 건넜다. 그리고 현관 앞 돌층계 두 계단을 올라갔다.

싸구려 타일이 깔린 복도, 넓고 깨끗하게 청소가 되어 있으나 어두침침하고 난간이 있는 옛날풍의 계단. 어디를 보아도 문이 없다. 앙투안은 계단을 올라가기 시작했다. 그의 귀에 사람들의 목소리가 희미하게 들려 왔다. 층계참 너머로 고개를 내밀자, 유리로 둘러싸인 식당의 창문 저쪽에, 식탁을 중심으로 10명의 사람들이 둘러앉아 있는 것이 눈에 띄었다. 그 순간 그는 이렇게 생각했다. '복도가 어두운 것이 다행이군. 나를 보지 못할 테니까……. 그런데 모두 함께 아침을 먹는군. 자크는 보이지 않는데, 곧 내려오겠지' 그러자 곧…… 자크다……. 자크의 목소리! 자크가 무슨 말을 하고 있다! 자크가 있다. 자크가 살아 있다는 엄연한 이 사실!

앙투안은 휘청거렸다. 깜짝 놀란 그는 자기도 모르게 몇 계단을 급히 내려갔다. 숨 쉬기조차 힘들었다. 마음속 깊은 곳에서 애정이 솟아올라 갑자기 가슴을 부풀게 하여 질식시킬 것만 같았다. 그런데 낯선 이 사람들은…… 어떻게 하지? 되돌아갈까? 정신을 가다듬었다. 투쟁 정신이 그를 앞으로 몰았다. 여유를 두지 말고 바로 행동해야 한다. 그는 신중하게 얼굴을 들었다. 그의 눈에는 자크의 옆모습이 보였다. 그것도 옆 사람들 때문에 짤막짤막하게 보일 뿐이었다. 하얀 턱수염을 기른 키가 작고 나이 들어 보이는 남자가 상석에 앉아 있었다. 또 다양한 나이대의 남자 대여섯 명이 식탁 앞에 앉아 있었다. 노인 맞은편에는 아직 젊고 아름다운 금발의 여자 하나가 두 소녀 사이에 앉아 있었다. 자크가 몸을 굽혔다. 그의 말은 빠르고 발랄하며 거침이 없었다. 그리고 어떤 절박한 위협이라도 할 것처럼 동생을 굽어보고 있는 앙투안에게는, 인간 운명의 가장 중대한 시기에 저렇게 안심하고 있을 수 있으며 곧 뒤에 일어날 일에 대해서 저렇게 무관심하게 있을 수 있다는 사실이 가슴 아프게 느껴졌다. 자리의 여러 사람들은 논쟁에 정신이 팔려 있었다. 노인은 웃고 있었으며, 자크는 자기 앞에 있는 두 청년과 논쟁하고 있는 것 같았다. 그는 한 번도 앙투안 쪽으로 몸을 돌리지 않았다. 자기 주장을 강조하기 위해 두 번 계속해서 오른손으로 단호하게 탁자를 쳤다. 그것은 앙투안의 옛 버릇이었다. 그리고 자크는 지금보다 더 격렬한 몇 마디를 주고받더니 미소를 지었다. 자크의 미소!

앙투안은 더 이상 주저하지 않고 다시 계단을 올라가서, 유리창으로 된 문을 조용히 열며 모자를 벗었다.

열 사람의 얼굴이 한꺼번에 앙투안 쪽으로 향했으나 그런 것이 그의 눈에는 들어오지 않았다. 노인이 자리에서 일어나 그에게 무엇인가를 물어본 것도 알아채지 못했다. 결의와 기쁨에 찬 눈빛이 자크에게 쏟아졌다. 그러자 자크 쪽에서도 눈을 크게 뜨고 입을 반쯤 벌린 채 형을 바라보았다. 무엇인가를 말하려다가 갑자기 멈춘 굳어진 얼굴에는 밝은 표정이 엿보이다가 이내 얼굴을 찡그렸다. 겨우 10초 정도 사이에 일어난 일이었다. 자크는 재빨리 일어났다. 그는 무엇보다도 적당히 얼버무려서 꼴사나운 소동을 일으키지 말아야겠다는 생각밖에는 없었다.

자크는 마치 손님을 기다리고 있었다는 듯이 어색한 친절을 보이면서 재빨리 앙투안 쪽으로 달려왔다. 한편 앙투안은 이 연극에 발을 맞추어 층계참까지 물러나왔다. 자크는 문을 닫고 형 쪽으로 왔다. 두 사람 모두 기계적으로 악수는 했지만 악수를 했다는 사실조차 의식하지 못하고 서로 아무 말도 하지 않았다.

자크는 잠시 머뭇거리는 듯하더니 격렬한 제스처를 해 보이며 앙투안에게 따라오라는 것 같은 몸짓을 했다. 그리고 계단을 올라갔다.

7. 로잔느에서 남동생과 다시 만남

2층, 3층, 4층.

자크는 난간을 붙잡고 뒤도 돌아보지도 않으면서 무거운 걸음걸이로 올라가고 있었다. 다시 침착해진 앙투안은 자크 뒤를 잠자코 따라갔다. 너무 침착해서 이런 순간에 이토록 태연할 수 있는 자신이 무척 놀라웠다. 이미 여러 차례, 그는 불안한 마음으로 자신에게 자문해 보곤 했다. '이렇게 쉽사리 차분해질 수 있는 것은 도대체 어떻게 된 일일까? 침착해서일까? 아니면 감정이 없고 냉담해서일까?'

4층 층계참에는 문이 하나밖에 없었다. 자크가 그 문을 열었다. 둘이 방에 들어서자마자 자크는 문의 자물쇠를 잠갔다. 그제서야 비로소 형을 향해 눈을 들었다.

"무슨 일이지?" 그는 쉰 목소리로 뱉어내듯 말했다.

그러나 그의 도전적인 눈초리는 애정어린 앙투안의 미소와 부딪쳤다. 형은 부드러운 인상을 나타내면서도 조심스럽게 때를 기다리겠다는 각오를 보이면서, 또 여차하면 만반의 태세가 되어 있다는 듯이 동생을 주시하고 있었다.

자크는 고개를 숙였다.

"왜 왔어? 무슨 일이야?" 하고 그는 되풀이해서 물었다. 그 말투는 원한으로 가득 차 있고 번민으로 떨리는 애처로운 것이었다. 그러나 앙투안은 이상하리만큼 마음이 냉철해 있었으므로 겉으로나마 감격하고 있는 체해야만 했다.

"자크" 그는 좀더 동생 쪽으로 가까이 다가가면서 낮은 소리로 말했다.

그리고 자기 역할을 다하면서도 활기차고 민첩한 눈으로 동생을 줄곧 살피고 있었다. 그는 옛날과는 너무 다르고, 또 지금까지 상상해 오던 것과는 딴판인 자크의 어깨 폭, 얼굴, 눈을 보고 놀랐다.

자크는 눈썹을 찌푸렸다. 안간힘을 썼지만 소용이 없었다. 이를 악물고 울음이 복받치는 것을 겨우 참았다. 드디어 노여움이 섞인 한숨을 쉬더니, 돌연 자신의 연약함에 실망한 듯 몸을 던져 앙투안 어깨에 이마를 기대었다. 그리고 이를 악물고 같은 말을 되풀이했다.

"무슨 일이야? 왜 왔어?"

앙투안은 직감적으로 지금 곧 대답을 해야겠다는 생각이 들었다. 그래서 단도직입적으로 말했다.

"아버지가 위독하시다. 이제 임종이 얼마 남지 않았어." 그는 잠시 머뭇거리더니 말을 이었다. "그래서 너를 부르러 왔단다, 애야."

자크는 꼼짝도 하지 않았다. 아버지가? 아버지의 죽음이 이렇게 자신이 이룩해 놓은 새로운 생활 속까지 침범해 들어와 자신의 은신처에서 자신을 내몰고, 자신의 가출 동기가 무엇이었던 간에 뭐든지 변화시킬 수 있다고 생각해 본 적이 있었던가? 앙투안이 한 말 가운데 유일하게 그의 마음을 뒤흔들어 놓은 것은 자크가 몇 년 전부터 들어보지 못했던 '애야'라는 이 마지막 한 마디였다.

침묵을 견디지 못한 앙투안이 말을 이었다.

"내 곁에는 아무도 없단다……." 그에게 별안간 한 가지 생각이 떠올랐다. "유모도 소용이 없고" 그는 설명했다. "게다가 지젤도 지금 영국에 가 있으니."

자크는 얼굴을 치켜들었다.

"영국에?"

"그래, 지금 런던 근처의 수도원에서 학위를 따기 위해 공부하고 있어. 그래서 돌아올 수 없단다. 완전히 나 혼자야. 네가 곁에 있었으면 좋겠다."

완강한 태도를 보이던 자크는 자신도 모르는 사이에 무엇인가가 흔들리고 있었다. 그것이 무엇인지는 확실히 알 수 없었지만 아무튼 집으로 돌아간다는 것이 절대로 불가능한 것은 아니라는 생각이 들었다. 그는 몸을 돌려 머뭇거리며 두 걸음 앞으로 가더니, 마치 자기 고뇌의 깊은 곳까지 빠져들어가기를 바라기라도 하듯, 일하는 책상 앞 의자에 주저앉았다. 그는 앙투안의 손이 자신의 어깨 위에 놓인 것도 알지 못했다. 그는 두 팔로 머리를 감싸고는 흐느껴 울었다. 3년 동안 고독 속에서 자부심을 가지고 힘들여 가면서 자기 손으로 돌 하나하나를 쌓아올려서 이룩한 이 피난처가 하루아침에 무너지는 것을 보는 것 같았다. 이런 혼란 속에서도 그는 자기를 기다리고 있는 운명을 바로 헤아리고, 지금 와서 아무리 반항해 보아도 결국은 소용없다는 것, 빠르나 늦으나 어차피 끌려갈 것이라는 것, 진정한 자유라고까지는 할 수 없지만 이렇게 즐거운 고독 생활도 이제 끝장이라는 것, 이렇게 될 바에는 차라리 될 대로 되라는 마음과 타협하는 것이 상책이라고 생각했다. 그러나 그러한 자신의 무기력을 생각하자 그는 고통스럽고 분한 생각이 들어 숨이 막힐 지경이었다.

앙투안은 자신의 애정이 잠시 유보되기라도 한 것처럼 우뚝 서서 끊임없이 살피며 무엇인가 곰곰이 생각하고 있었다. 그는 흐느껴 울며 심하게 떨고 있는 자크의 목덜미를 물끄러미 바라보고 있었다. 그는 자크가 어릴 때 몸부림치던 일을 생각했다. 그러나 침착하게 때가 오기를 기다렸다. 흐느껴 우는 것이 길면 길수록 자크는 점점 더 체념할 수밖에 없으리라고 앙투안은 생각했다.

그는 자크의 어깨 위에 얹었던 손을 거두었다. 주위를 살피면서 순간 여러 가지를 생각했다. 이 방은 깨끗하다기보다는 아늑해 보였다. 천장은 낮았다. 건물 꼭대기 층에 있는 방인 듯했다. 그러나 넓고 밝았으며 편안한 갈색의 색조를 띠고 있었다. 왁스칠을 한 윤기 나는 마룻바닥이 저절로 삐걱 소리를 냈다. 그것은 장작이 타고 있는 하얀 사기로 된 작은 난로의 열기 때문이었다. 꽃다발 무늬의 무명으로 된 안락의자가 둘, 서류와 신문을 가득 올려놓은 테이블이 몇 개 있고 책은 별로 많지 않았다. 아직 정돈되지 않은 침대 위의 선반에 있는 50권쯤 되는 책이 전부였다. 사진은 한 장도 없었다. 옛날 추억은 아무것도 없는 것이다. 자유롭게, 홀로, 추억 같은 것은 아예 근처에도 오지 못하게 했군! 섭섭해 하는 앙투안의 마음속에는 일말의 부러움 같은 것이 섞여 있었다.

그는 자크가 진정했음을 알아차렸다. 방문 이유가 먹혀들었을까? 파리에 데리고 갈 수 있을까? 그는 마음속으로 한순간도 자신의 성공을 의심하지 않았다. 그러자 갑자기 둑이 무너지듯 애정의 파도, 사랑과 연민의 격렬한 충동이 그를 엄습했다. 그는 불행한 동생을 껴안아주고 싶었다. 고개를 숙이고 있는 목덜미 위에 몸을 구부렸다. 그리고 매우 낮은 목소리로 불러보았다.

"자크……."

그러나 자크는 허리에 힘껏 힘을 주더니 일어서서 성난 모습으로 눈물을 닦으며 형을 노려보았다.

"나를 원망하고 있구나." 앙투안이 말했다.

대답이 없었다.

"아버지가 임종에 가까웠어." 앙투안이 변명처럼 말했다.

자크는 순간 얼굴을 돌렸다.

"언제?" 자크가 물었다. 목소리는 거칠고 들떠 있었으며 얼굴이 번민에 차 있었다. 앙투안의 눈과 마주치자 자기가 지금 막 한 말이 생각났다. 그는 고개를 숙이고 이렇게 다시 말했다.

"언제…… 출발할 생각이야?"

"빠를수록 좋지. 매우 위독하시거든……."

"내일?"

앙투안은 머뭇거렸다. "사정이 허락한다면 오늘밤이라도."

둘은 서로 잠시 마주 보았다. 자크는 어깨를 으쓱해 보였다. 오늘밤이든 내일이든 그것이 지금 무슨 상관이 있겠는가?

"오늘밤 특급으로" 하고 그는 희미한 목소리로 말했다.

앙투안은 이것으로 둘이 같이 돌아갈 수 있게 된 것을 알았다. 그는 자기가 열심히 갈망하던 일에 대해서는 항상 확신을 가지고 있었다. 그래서 사실은 놀라지도, 기쁘게 여기지도 않았다.

그들은 방 가운데 우뚝 서 있었다. 거리에서는 아무 소리도 들려오지 않았다. 마치 시골에 있는 듯했다. 가파르게 기울어진 지붕 위로 빗물이 조용히 흐르고 있었다. 그리고 가끔 바람 소리가 다락방 지붕 밑에서 윙윙거리며 불어왔다. 시간이 갈수록 둘 사이에는 어색함이 더해 갔다.

앙투안은 자크가 혼자 있기를 원하는 것 같다고 생각했다.

"처리해야 할 일이 있겠지" 하고 그가 말했다. "나갔다 올게."

그러자 자크가 갑자기 얼굴을 붉혔다. "나 말이야? 천만에! 그런데 왜?"

그러면서 황급히 의자에 앉았다.

"그래, 정말이니?"

자크는 머리를 끄덕였다.

"그럼" 하고 앙투안은 어디서 빌려온 듯 어색한 친밀감으로 애써 꾸며대며 말했다. "나도 앉자……. 서로 이야기해야 할 것이 참 많구나!"

사실 그는 여러 가지를 묻고 싶었다. 그러나 그만한 용기가 나지 않았다. 시간을 벌기 위해 그는 아버지 병의 여러 가지 경과에 대해서 자상하게, 그리고 자신도 모르게 전문적인 이야기를 시작했다. 자세한 이야기는 단순히 절망적인 증상만을 상기시키는 것은 아니었다. 그것은 동시에 환자의 방과 침대, 부어오르고 파리하고 아픔을 호소하는 아버지의 얼굴, 긴장된 얼굴, 고함 소리, 진정시킬 수 없는 고통을 떠올려 주었다. 지금 목소리를 떨고 있는 것은 오히려 앙투안이었다. 반면 자크는 안락의자에 몸을 웅크리고 난로 쪽으로 성난 얼굴을 내밀며 이렇게 말하는 것 같았다. '아버지가 돌아가실 것 같으니까 형이 나를 데리러 왔구나. 좋아. 같이 가 주지. 하지만 그 이상은 천만의 말씀이야.' 그러나 꼭 한 번 앙투안에게는 이런 동생의 차가운 얼굴이 풀어지는 것 같이 보인 때가 있었다. 그것은 그가 아버지와 유모가 함께 옛날 노래를 띄엄띄엄 부르는 것을 문 밖에서 들은 이야기를 해 줄 때였다. 자크도 그 노래의 후렴을 기억하고 있었다. 그는 줄곧 난로를 바라보면서 살짝 미소를 지었다. 슬퍼하며 수심에 잠긴 듯한 그 미소…… 그것이야말로 어린 자크의 미소가 아니었던가!

뒤이어 앙투안이 말했다.

"그렇게 고통을 받는 것보다는 돌아가시는 것이 편하실 것 같아."

그러자 지금까지 말 한 마디 없던 자크가 갑자기 거칠게 소리 높여 말했다.

"형한테는 그렇지."

기분이 상한 앙투안은 입을 다물었다. 그는 이런 독설 속에 확실히 강한 사람처럼 보이려는 모습을 느꼈다. 동시에 절대로 용서하지 않으려는 원한에 찬 마음도 엿볼 수 있었다. 그리고 병든 아버지, 죽어가는 아버지에 대해 이런 원망을 품고 있는 것이 그는 참을 수 없었다. 그는 자크의 그 원한이 옳지 못한 것으로 여겨졌다. 적어도 그것은 사실을 모르는 말이라고 생각했다. 그는 아버지가 자신 때문에 자크가 자살했다고 자책하면서 눈물을 흘리던 그날 저녁을 상기시켰다. 또 자크가 실종됨으로써 아버지의 건강에 미친 영향도 잊을 수가 없었다. 아버지의 병을 초기에 그토록 빨리 촉진시켰던 신경쇠약은 비탄과 회한이 큰 영향을 끼쳤기 때문이 아닐까? 그리고 적어도 그런 일만 없었다면 현재의 병 증상이 이렇게까지 빨리 진행되지는 않았을 것이 아닌가?

자크는 형의 말이 끝나기를 더 이상 기다리기 힘들다는 듯이 자리에서 벌떡 일어나 이렇게 물었다.

"나 있는 데를 어떻게 알았어?"

이제는 감출 수가 없었다.

"……자리쿠르한테서."

"자리쿠르?" 다른 어떤 이름도 이렇게까지 그를 놀라게 하지는 않았을 것이다. 그는 그 이름을 음절로 나누어 명확히 물었다. "자─리─쿠─르?"

앙투안은 서류가방을 열었다. 그리고 자기가 겉봉을 뜯었던 자리쿠르의 편지를 동생에게 내밀었다. 그것이 가장 간단한 방법이었다. 그것만으로도 모든 설명이 끝난 것이다.

자크는 편지를 집어들고는 한 번 훑어보았다. 그러고 나서 창 쪽으로 가서는 눈을 아래로 깔고, 입을 다문 채 침착하게, 진지한 얼굴로 그것을 읽어보았다.

앙투안은 동생을 유심히 바라보았다. 3년전만 해도 아직 소년의 여린 모습이 남아 있었는데, 지금은 수염을 말끔히 깎은 것이, 그렇게 달라 보이지는 않았지만 꼬집어서 말할 수 없는 그 무엇이 그의 눈길을 끌었던 것이다. 더욱 생기가 넘쳤고, 조금전과 같은 오만이나 불안감 같은 것은 보이지 않았다. 고집은 꺾인 듯하나 더 의연한 모습이었다. 자크는 확실히 귀여운 맛은 없어졌지만 활력이 몸에 배어 있었다. 지금의 그는 땅딸막한 청년이었다. 전보다 커진 머리가 넓어진 두 어깨 사이에 파묻혀 있었다. 그리고 자크는 머리를 뒤로 젖히는 버릇이 있었는데, 그런 태도가 약간 거만해 보이는가 하면 호전적으로 보일 때도 있었다. 턱은 끔찍할 정도로 단단해 보였다. 입도 역시 단단해지고 살이 붙었으나 어딘지 모르게 쓸쓸한 기색을 띠었다. 입의 이런 표정은 많이 변해 있었다. 그의 흰 얼굴빛은 광대뼈에 약간의 주근깨가 있는 것까지 그대로였다. 그러나 꽤 숱이 많은 머리카락이 지금은 갈색이라기보다는 밤색으로 변해 있었다. 그것은 우람한 얼굴 위에 뻣뻣한 머리카락 더미를 만들어서 얼굴을 더욱 커 보이게 했다. 끊임없이 신경질적으로 들어 올리는, 황금빛 광채를 발하는 머리털이 계속 관자놀이 위에 늘어져 이마의 한 부분을 덮고 있었다.

앙투안은 그 이마가 움찔하더니 눈썹 사이에 두 줄의 주름이 패이는 것을 보았다. 그는 이 편지가 자크의 생각에 어떤 충격을 주었는지를 관찰했다. 그리고 동생이 편지를 들고 있던 손을 내리고 자기 쪽으로 돌리며 말했을 때, 그는 아무렇지 않은 척했다.

"그럼 형도…… 형도 내 작품을 읽었어?"

앙투안은 그저 눈을 끔뻑했을 뿐이다. 입술보다는 오히려 눈으로 웃음을 지으면서 그는 애정어린 눈길로 동생의 흥분을 가라앉혔다. 한편 동생은 조금전보다는 덜 호전적인 말투로 이렇게 덧붙일 뿐이었다.

"그리고…… 또 누가 읽었어?"

"아무도" 자크는 믿기지 않는다는 눈치였다.

"맹세한다" 하고 앙투안은 분명히 말했다.

자크는 두 손을 주머니에 넣었다. 그리고 잠자코 있었다. 실은 형이 그의 《라 소렐리나》를 읽은 것이 별거 아니라는 생각이 들기 시작했다. 그는 오히려 형의 의견이 듣고 싶었다. 열정을 가지고 쓴 것은 틀림없으나, 이미 1년 반 전의 작품이라는 점에서 스스로 이 작품에 대해 준엄한 평가를 내리고 있었다. 그는 자신이 그 뒤에 크게 진보했다고 믿었다. 그리고 그 속에 담겨 있는 기교, 시정, 청년시절의 과장들이 지금 생각해 보면 말할 수 없이 부끄러웠다. 무엇보다도 이상한 것은 그가 작품의 주제라든가, 그 주제와 자신의 실제 이야기와의 관계를 전혀 고려하지 않는다는 사실이다. 자신의 과거에 일단 예술적 존재를 부여한 이상 그런 모든 것이 자신에게서 완전히 떨어져 나간 것 같은 생각이 들었다. 어쩌다가 그런 쓸쓸한 경험을 떠올리게 되면 그는 곧 '나는 모든 것을 극복했다'라고 스스로 단정했다. 그래서 형이 "데리러 왔다"고 말했을 때 가장 반사적으로 떠오른 것이 '나는 극복했다'라는 생각이었다. 조금 뒤에 그는 또 이렇게 생각했다. '더구나 지젤도 영국에 가 있으니.'(그는 어쩔 수 없는 경우에는 지젤을 생각하며 그녀의 이름을 입에 담을 때도 있었다. 그러나 제니는 잠깐 언급하는 것조차 완강하게 거부했다.

그는 창 앞에 꼼짝도 않고 서서 먼 곳을 바라보며 잠자코 있다가 다시 몸을 돌렸다.

"형이 여기에 온 것을 누가 알고 있어?"

"아무도 몰라."

이번에는 그냥 물러서려고 하지 않았다. "아버지는?"

"물론 모르고 계셔!"

"지젤은?"

"모르지. 아무도 모르고 있어." 앙투안은 망설였다. 그리고 동생의 불안을 완전히 잠재우려고 이렇게 말했다. "그런 일이 있었던 뒤야. 더구나 지젤은 영국에 가 있으니까 모르는 게 더 나을 것 같아."

자크는 형의 얼굴을 살폈다. 무엇인가 물어보고 싶은 눈치였으나 그것도 그냥 사라져 버렸다.

다시 침묵이 흘렀다.

앙투안은 그런 침묵을 두려워했다. 그러나 침묵을 깨뜨리려고 하면 할수록 더욱 기회를 얻기가 어려웠다. 물론 물어보고 싶은 것이 산더미 같았다. 그렇다고 억지로 물어보고 싶지는 않았다. 그는 두 사람 모두의 마음을 더 가깝게 해 줄 수 있는 간단하고도 어렵지 않은 화제를 궁리하고 있었다. 그러나 그런 것은 도무지 머리에 떠오르지 않았다.

사태가 험악해지려고 하자 자크는 갑자기 유리창을 열고는 방 안쪽으로 물러섰다. 회색털이 빽빽하게 나 있고 콧등이 까만 샴고양이 한 마리가 살짝 마루 위로 내려왔다.

"손님이니?" 앙투안은 뜻하지 않은 화제가 생긴 것을 반가워하면서 말했다.

자크는 미소를 지었다. "친구야." 그리고 덧붙여 말했다. "더구나 귀한 종자지. 가끔 잊을 만하면 찾아오는 친구야."

"어디에서 왔는데?"

"아무도 몰라. 꽤 멀리서 왔나 봐. 이 동네에서는 아무도 모르니까."

고양이는 마치 소리나는 팽이같이 가르랑거리면서 당당하게 방 안을 돌아다녔다.

"젖어 있구나" 하고 침묵이 자기들의 주위를 맴도는 것을 느낀 앙투안이 말했다.

"대체로 비 오는 날이면 찾아와" 하고 자크가 말했다. "어떤 때는 더 늦게, 자정쯤에 찾아올 때도 있어. 유리창을 긁고 들어와서는 난로 앞에서 몸을 핥아. 그리고 몸이 마르면 밖에 내보내 달라고 해. 몸을 쓰다듬어 본 적이 한번도 없어. 물론 먹을 것을 줘도 안 먹고."

고양이는 한 번 방을 둘러보더니 반쯤 열린 창가로 되돌아갔다.

"저런." 자크는 유쾌한 듯 소리를 질렀다. "형이 있을 줄은 몰랐던 모양이야. 돌아가려고 해." 과연 고양이는 아연칠을 한 창가로 뛰어올라가더니 뒤도 돌아보지 않고 지붕 위로 나가 버렸다.

"내가 불청객이라는 것을 용케도 아는구나" 하고 앙투안은 진심어린 투로 말했다.

마침 창문을 닫고 있던 자크는 듣지 못한 체했다. 그러나 그가 몸을 돌렸을 때 그의 얼굴은 빨갛게 물들어 있었다. 그는 조용히 방 안을 이리저리 왔다 갔다 하기 시작했다.

다시 침묵이 흘렀다.

앙투안은 하는 수 없이—물론 자크의 기분을 풀어 주려는 마음이 드는 한편, 자신도 걱정스러웠으므로—아버지에 관한 이야기를 다시 시작했다. 그는 수술한 뒤에 아버지의 성격이 얼마나 변했는지에 역점을 두었다. 그리고 대뜸 이런 말까지 해 버렸다.

"너도 3년 동안 아버지가 늙어 가시는 모습을 나처럼 지켜보았다면 생각이 달라졌을 거야."

"글쎄." 자크는 얼버무렸다.

앙투안은 쉽사리 물러서지 않았다.

"그런데" 하며 그는 말을 계속했다. "나는 우리가 아버지를 과연 있는 그대로 알고 있었는지 가끔 생각해 보는데……."

이 문제를 붙들고 늘어지면서 그는 자크에게 아주 최근에 있었던 일을 들려주려고 했다.

"너도 알겠지만" 그가 말했다. "집 앞 이발소의 포봐 말이야. 가구 집 근처 프레 오 클레르 거리 못 미쳐 있던……."

고개를 숙인 채 왔다 갔다 하던 자크가 갑자기 멈추어 섰다. 포봐…… 프레 오 클레르 거리…… 그것은 은둔 생활을 통해 그가 다 잊었다고 믿었던 하나의 세계가 갑작스럽게 투사되는 것이나 다름없었다. 그는 그곳에 있는 작은 물건 하나하나까지 다시 보는 것 같았다. 보도 위에 깔린 돌 하나하나, 진열대, 호두 색깔의 손가락을 가지고 있는 늙은 가구 제조인, 또 얼굴이 창백한 골동품 상인과 그의 딸, 그리고 이미 자신에게는 과거가 되었지만 '우리집', 마차가 드나들 수 있게 반쯤 열린 정문, 수위실, 형과 살았던 아래층, 그리고 리스벳, 더 거슬러 올라가면 버려진 자신의 어린시절…… 리스벳, 자신의 첫 경험…… 빈에서 그는 또 다른 리스벳을 알았고, 그녀의 남편은 질투 끝에 자살했지……. 그는 자신의 출발을 캄메르진의 딸인 소피아에게 알려 주어야겠다는 생각이 문득 들었다…….

앙투안은 이야기를 계속했다.

그런데 몹시 바빴던 어느 날 그는 포봐 이발소에 갔었다. 그곳은 자크와 그가 절대로 가지 않겠다고 했던 곳이다. 왜냐하면 20년 동안 매주 토요일마다 아버지가 그곳에서 이발을 했기 때문이다. 앙투안을 알고 있던 주인은 곧 티보 씨에 관해 말하기 시작했다. 목에 흰 천을 두르고 멍하니 앉아 있던 그는, 이발사가 하는 이야기에서 자신이 지금까지 알지 못했던 아버지의 모습이 차츰 그려지는 것을 보고 놀랐다. "그러니까" 그는 설명을 시작했다. "아버지는 포봐 이발소에 가서 언제나 우리 이야기를 하셨대. 특히 네 이야기를 말이야……. 포봐는 확실히 기억하고 있었어. 어느 여름날에 '티보 씨 댁의 도련님이'—이것은 네 이야기야—바칼로레아 시험을 합격했을 때인데, 아버지가 가게문을 살짝 열고는 이러시더래. '포봐, 우리집 그 녀석이 시험에 합격했다네.' 그 말을 하시고 싶어서 들르셨던 거야. 그러면서 포봐는 이렇게 말했어. '아버님께서는 어깨를 으쓱하셨어요. 그 모습이 어찌나 재미있던지요!' 어때, 상상도 할 수 없는 일이지? ……그러나 내가 가장 놀란 것은…… 3년 동안 일어난 여러 가지 일 때문이야……."

자크는 살짝 얼굴을 찌푸렸다. 앙투안은 이 이야기를 계속해도 될지 자문해 보았다. 그러나 그는 내친 김에 말했다.

"그래. 네가 집을 나간 뒤였어. 아버지는 무엇 하나 있는 그대로 말한 적이 없었지. 그리고 동네 사람들을 속이기 위해 심지어는 이야깃거리를 만들기까지 하셨어. 예를 들어 포봐는 나에게 이런 말을 했어. '여행보다 더 좋은 것이 어디 있습니까! 여력이 있으실 때 작은도련님을 외국에 공부하러 보내길 잘하셨지요. 우선 우체국이 있어서 요새는 어디를 가나 편지를 할 수 있으니까요. 아버님도 말씀하셨지만, 작은도련님한테는 일주일 이상 편지가 오지 않을 때가 한 번도 없었다고……."

앙투안은 자크 쪽을 가급적 보지 않으려고 했다. 그리고 너무 앞서간 이 화제를 돌려보려 했다.

"아버지는 내 이야기도 하셨대, '큰아들 녀석은 머지않아 의과대학 교수가 될 거야.' 거기에다 유모, 하녀들 이야기까지. 포봐는 우리 집안 일을 모두 알고 있어. 거기에 지젤 일까지도. 그런데 참 이상해. 아버지가 지젤 이야기 까지 자주 하셨다니 말이야(포봐한테도 같은 또래의 딸이 있었대. 그런데 그 뒤에 죽은 것 같아). 포봐가 아버지한테 '우리집 딸은 이런저런 일을 하지요'라고 말할 때면 아버지 쪽에서도 '내 딸은 이것을 한다네'라고 말씀하셨 대. 상상이나 할 수 있겠니? 포봐는 아버지한테 들었다고 하면서 나도 잊어 버렸던 어린시절의 장난과 말투를 산더미같이 들려주었어. 그 당시에 그런 어린애의 여러가지 일들을 아버지가 지켜보고 있었다고 누가 상상이나 할 수 있었겠니? 또 포봐는 아버지 말을 그대로 옮겨서 이렇게 이야기해 주었 어. '아버님께서는 따님이 없으신 것을 무척 아쉬워하고 계셨거든요. 저에게 가끔 이런 말씀을 하셨어요. 여보게, 포봐, 저것(지젤)도 이제는 내 딸 같 아.' 아버지의 말을 그대로 하는 거야. 나는 정말이지 놀랐어. 퉁명스럽고 소심한 척하면서도 근심이 많은 분인데, 도대체 누가 상상할 수 있었겠어!"

자크는 말 한 마디 없이 얼굴도 들지 않고 여전히 왔다 갔다 하고 있었다. 그리고 거의 형 쪽을 보지 않았지만, 앙투안의 일거수일투족을 놓치지 않고 있었다. 그는 감동했다기보다는 격렬하고 서로 모순된 충동에 사로잡혀 있 었다. 그에게 훨씬 고통스러웠던 것은, 좋든 싫든 간에 과거가 자기 생활 속 으로 불쑥 침입해 들어오는 것이었다.

자크가 굳게 입을 다물고 있는 것을 본 앙투안은 실망했다. 이래서야 어떤 대화도 시작할 수 없었기 때문이다. 그는 동생에게서 눈을 떼지 않았다. 그 리고 무관심하고 침울한 그의 모습에서 무엇을 생각하고 있는지 알아내려고 애썼다. 그렇다고 동생을 원망하고 싶지는 않았다. 비록 황소고집인데다 자 기에게서 등을 돌리고는 있지만 되찾은 동생의 이 얼굴이 좋았다. 지금껏 이 얼굴을 이토록 그리워해 본 적이 없었다. 그는 그것을 말이나 행동으로 나타낼 생각은 없었지만, 그의 마음속에는 다시금 새로운 애정이 솟아올랐다.

이런 가운데 침묵이 감돌았다. 승리감에 젖어 있고, 공감을 나타내며, 짓누르는 듯이 묵직한 침묵. 귀에 들리는 것은 홈통 속을 흘러내리는 빗물 소리, 난로에서 나는 불꽃 튀기는 소리, 가끔 자크 발밑에서 삐걱거리는 마룻바닥 소리뿐이었다.

마침 자크는 난롯가로 가까이 가서 뚜껑을 열고 장작 두 개를 던져 넣었다. 그리고 반쯤 무릎을 꿇고는 자기를 줄곧 바라보고 있는 형 쪽으로 몸을 돌리더니 갑자기 거친 태도로 이렇게 중얼거렸다.

"형은 나를 신랄하게 비난하겠지. 아무래도 좋아. 나는 그럴 만한 일은 하지 않았으니까."

"천만에" 하고 앙투안은 서둘러 동생의 말을 고쳐 주었다.

"나는 내 나름대로 행복할 권리가 있거든" 하고 자크가 말했다. 그는 격렬한 기세로 다시 일어나더니 잠시 잠자코 있었다. 그러더니 이를 악물고 말했다. "여기에서 나는 정말 행복했어."

앙투안은 몸을 앞으로 구부렸다. "정말이니?"

"정말로!"

말을 주고받을 때마다 그들은 대단한 호기심과 신사적이고 사려깊은 자세로 잠시 서로를 바라보곤 했다.

"너를 믿어" 하고 앙투안이 말했다. "도대체 네가 집을 나갔다는 것은…… 그러나, 나는 아무래도…… 이해가 가지 않는 것이 많아……. 오" 하고 그가 조심스럽게 외쳤다. "너를 조금이라도 나무랄 목적으로 온 것은 아니란다. 애야……."

이때 자크는 처음으로 형의 얼굴에서 미소를 보았다. 그는 긴장되고 난폭할 만큼 정열적인 앙투안을 생각하고 있었던 것이다. 그에게는 이 미소야말로 가슴을 두근거리게 하는 발견이었다. 갑자기 감격해 하는 자신을 보이는 것이 두려워서였을까? 그는 주먹을 꽉 쥐고 팔을 내저었다.

"형, 그만둬. 그런 이야기는 이제 그만해……." 그는 한 말을 바로잡듯 이렇게 덧붙였다. "나중에 해." 그 얼굴에는 진심으로 괴로워하는 표정이 엿보였다. 그는 그늘 속으로 얼굴을 돌리며 눈을 감고 중얼거렸다. "형은 이해할 수 없어."

다시 침묵이 감돌았다. 그러나 굳어 있었던 분위기는 훨씬 누그러졌다.

앙투안은 일어났다. 그리고 자연스럽게 물었다. "담배 안 피우니? 나는 무척 피우고 싶은데, 괜찮겠지?"

그는 모든 것을 닦달하지 않고, 이 야생적인 인간을 온정과 여유를 가지고 차츰 길들여가는 것이 상책이라고 판단했다.

그는 몇 모금 들이마신 뒤에 창가로 갔다. 로잔의 낡은 지붕들은 거무스름한 안장들이 서로 풀 수 없을 정도로 엉켜 있는 모습을 하고 호수를 향해 달리고 있는 것 같았다. 그리고 지붕들의 윤곽은 빗속에 흐려져 잘 보이지 않았다. 이끼가 덮인 기와는 솜털처럼 물에 푹 젖어 있었다. 끝없는 지평선은 역광을 받은 한줄기의 산맥과 닿아 있었다. 산봉우리의 눈은 평범한 회색 하늘 위로 하얗게 솟아 있었다. 그리고 경사면을 따라 그 눈은 납빛의 지면 위로 맑은 물줄기를 내면서 얼어붙어 있었다. 마치 어두침침한 우유 화산이 크림을 뺄고 있는 것 같았다.

자크가 형 곁으로 다가왔다.

"당도슈 산맥이야." 팔을 내밀면서 그가 말했다.

마을은 층층으로 높게 이루어져 있어서 호수의 가까운 기슭은 보이지 않았다. 역광을 받고 있는 건너편 기슭은 비의 장막에 가려 그림자 같은 절벽에 지나지 않았다.

"맑은 날에 봤으면 근사했을 텐데, 오늘은 호수가 거친 바다처럼 파도치는구나."

앙투안이 말했다.

자크는 그렇다는 듯이 미소를 띠었다. 그는 호숫가에서 눈길을 떼지 않고 나무 숲들, 마을들, 부교 옆에 대놓은 배들, 산장으로 올라가는 구불구불한 샛길을 머릿속에 그리면서 꼼짝도 않고 오랫동안 지켜보고 있었다. 방황과 모험의 무대와 헤어져야 하다니…… 언제 이곳에 다시 돌아올 수 있을까?

앙투안은 그의 주의를 다른 데로 돌리고 싶었다.

"오늘 아침에 이것저것 해야 할 일은 없어?" 그가 말했다. "만약……" 그는 다음과 같이 말을 이으려고 했다. '만약 오늘 저녁에 출발하면' 그러나 그는 말을 끝맺지 못했다.

자크는 답답하다는 듯이 고개를 설레설레 저었다.

"아니, 괜찮아. 나는 내 몸 하나니까. 혼자 사니까 귀찮은 것은 별로 없어. 내 몸 하나만 제대로……'자유'를 지키고 있으면 되니까."

자유라는 말이 침묵 속에서 울렸다. 그러더니 이번에는 슬픈 기색으로 무엇인가를 뚫어지게 바라보면서 말투를 바꾸어 한숨지으며 말했다. "형은 이해 못해."

'도대체 여기에서 어떤 생활을 하고 있었을까?' 앙투안은 혼자 생각했다. '할 일은 있다 치자……. 그러나 생활비는 어떻게 벌고 있을까?' 앙투안은 얼마간 이런 생각을 하면서 여러 가지 추측을 해 보았다. 마침내 목소리를 낮추어 이렇게 말했다. "너도 이제 성년이니 어머니 유산에서 네 몫을 받을 수 있을 텐데……."

자크의 눈길에 장난기 어린 빛이 살짝 스쳐갔다. 그는 질문을 할 뻔했다. 아쉬움이 약간 그의 마음을 사로잡았다. 그랬으면 그런 고생은 안 해도 되었을 텐데 하고 그는 생각했다. 튀니지 항구도시 튀니스에서의 부두 일…… 이탈리아 트리에스테에서는 '아드리아티카'의 지하 노동…… 인스부르크의 '도이치 부프도르크라이'(독일
인쇄 공장)에서의 일…… 그런 생각도 잠시였다. 아버지의 죽음으로 인해서 확실히 편해질 것이라는 생각은 전혀 머리에 떠오르지조차 않았다. 그렇다! 그들의 돈 없이, 그들에게 기대지 않고! 나 혼자 해 가는 거다!

"어떻게 꾸려 나가고 있니?" 앙투안이 지나가는 말로 물었다. "생활비는 편하게 벌어?"

자크는 주위를 두루 살펴보았다. "보다시피."

앙투안은 다시 물어보지 않을 수 없었다. "아니 뭐라고? 무엇을 하고 있는데?"

자크의 얼굴에는 또다시 베일에 가린 듯한 고집스러운 표정이 떠올랐다. 이마 위에 한 줄 주름이 생겼다 없어지곤 했다.

"간섭하려고 물어보는 것은 아니야." 앙투안은 변명이라도 하듯 재빨리 말했다. "다만 한 가지 소원이 있다면, 얘야, 네가 나무랄 데 없는 생활을 해 나가고, 행복해졌으면 하는 것뿐이야!"

"그거야! ……" 하는 소리가 자크의 입에서 어렴풋이 새어 나왔다. 말투로 비추어 보아 확실히 '그거야—내가 행복해진다니—있을 수 없어!' 라는 뜻이었다. 자크는 어깨를 으쓱하면서 지친 목소리로 곧 말을 계속했다. "형, 이제 그만해 줘, 그만…… 형은 아무리 해도 나를 잘 이해하지 못할 거야." 그는 웃음을 보이려고 애썼다. 허둥지둥 몇 걸음 내딛더니 다시 창가로 돌아왔다. 그리고 눈을 멀거니 뜬 채 자기 말의 모순을 알아차리지 못하고는 다시 분명히 말했다. "나는 여기서 참 행복했는데…… 참으로." 그리고 시계를 보면서 형에게 말할 기회를 주지도 않고 형 쪽으로 돌아섰다. "캄메르진 할아버지를 소개해 줄게. 만일 딸이 집에 있으면 그 딸도. 그 다음에 점심식사를 하러 나가자. 여기는 말고 어디 딴 데로." 그는 다시 난로뚜껑을 열고 장작을 넣으면서 말을 계속했다. "……옛날에는 양복점을 했던 남자인데…… 지금은 시의회 의원이야…… 또 열렬한 노동조합주의자이기도 하고…… 주간지를 만드는데, 거의 혼자서 쓰고 있어…… 만나 보면 알겠지만 무척 훌륭한 사람이야."

캄메르진 영감은 지나치게 난방이 잘 된 서재에서 윗도리를 벗은 채 교정을 보고 있었다. 그는 직사각형의 기묘한 안경을 끼고 있었는데, 머리털 같이 가는 금테가 통통하게 살찐 작은 귓가에 걸려 있었다. 외양은 순박해 보이지만 날카로운 데가 있고, 말투는 점잔을 부리지만 행동거지에 우스꽝스러운 데가 있었으며, 끊임없이 웃음 지으며 안경 너머로 사람들의 눈을 뚫어지게 바라보았다. 그는 맥주를 가져오게 했다. 그리고 앙투안을 '선생님'이라고 불렀다. 그러더니 얼마 안 있어 '여보게'라고 했다.

자크는 아버지의 건강이 좋지 않아 '얼마간' 자리를 비우게 되었다는 것, 오늘밤에 떠나지만 이달치 방값은 지불할 테니까 방은 비워 두라는 것, '모든 짐'도 그대로 두고 간다는 것을 차분하게 알렸다. 앙투안은 눈썹 하나 까딱하지 않았다.

노인은 자기 앞에 있는 종이쪽지를 휘두르면서, '당(黨)' 신문을 위한 합동인쇄소의 계획에 대해 생각나는 대로 입담 좋게 이야기를 시작했다. 자크는 그것에 흥미를 느끼고 있는 듯 뭐라고 맞장구를 쳤다. 앙투안은 두 사람의 이야기에 귀를 기울였다. 자크는 단둘이 있게 되는 것을 서두르는 것 같지 않았다. 그렇다면 아직 나타나지 않은 누군가를 기다리고 있는 것일까?

마침내 자크가 떠나자고 손짓을 했다.

8. 점심식사—자크, 레이에와 대화

밖에 나오자 매서운 북풍이 불어오더니 진눈깨비가 휘날렸다.

"눈이 흩날리네." 자크가 말했다.

자크는 될 수 있는 대로 말을 하려고 노력했다. 어떤 공공건물을 따라 돌로 된 넓은 계단을 내려가면서 그는 물어보지도 않았는데 그것이 대학이라고 설명했다. 그런 말투에서 자기가 선택한 도시에 대해 약간의 자부심을 가지고 있는 것이 엿보였다. 앙투안은 감탄하며 바라보았다. 그러나 계속 세차게 휘몰아치는 진눈깨비 때문에 둘은 급히 어딘가 피할 곳을 찾아야만 했다.

자전거와 사람들이 지나간 자국이 나 있는 좁은 길모퉁이에 이르자 자크는 유리문이 달려 있는 어떤 가게 쪽으로 향했다. 간판 대신에 유리문 위에는 흰색 대문자로 아래와 같이 씌어 있었다.

GASTRONOMICA (식도락원〉
이라는 뜻)

오래된 떡갈나무로 미장널을 붙인 실내는 온통 왁스칠이 되어 있었다. 식당 주인은 뚱뚱하게 살이 쪘고 씩씩해 보이며, 혈색이 좋고 숨을 가빠하면서도 자신과 자신의 건강, 종업원과 메뉴에 이르기까지 만족해 했는데, 손님이 오면 마치 뜻밖이라는 것처럼 친절하게 맞이하곤 했다. 벽 위에는 고딕체로 여러 가지 말이 너저분하게 씌어 있었다. '가스트로노미카, 우리집 요리는 화학이 아님!' 또는 '가스트로노미카, 접시 가장자리에 티끌 하나 없음!'

자크는 캄메르진을 만나고 나서 빗속을 걷다보니 기분이 풀렸는지, 형이 재미있어하는 것을 보고는 흐뭇해 하는 미소를 지었다. 이런 딴 세상을 대할 때의 앙투안의 호기심, 의욕 넘치는 눈초리, 슬쩍 지나가면서도 독특한 것을 발견하면 그것을 유심히 바라보는 태도는 놀랄 만한 것이었다. 전에 둘이 라틴 지구의 싸구려 식당에서 점심을 할 때도 앙투안은 주위를 살펴보는 일이 없었다. 앞에 있는 물병에다가 의학 잡지를 세워놓는 일이 고작이었다.

앙투안은 자크가 자기를 계속 보고 있는 것을 느꼈다.

"내가 변한 것 같니?"

자크는 애매한 몸짓을 했다. 그렇다. 그가 보기에 앙투안은 변한 것 같았다. 아주 많이 변한 것 같았다. 그러나 어디가 그토록 변했을까? 그것은 아마 지난 3년 동안 자크가 형의 여러 가지 특징을 잊고 있었기 때문은 아닐까? 지금 그는 그것을 하나하나 생각해 내고 있었다. 이따금 보이는 앙투안의 이런저런 동작—약간 어깨를 으쓱해 보인다든가, 눈을 껌벅거린다든가, 무슨 설명을 할 때 손을 벌린다든가 하는 따위—이런 것들은 옛날에 자주 보던 모습인데도 기억에서 완전히 사라졌던 것에 그는 적이 놀라지 않을 수 없었다. 그러면서도 한편으로는 아무것도 생각나지 않는 몇 가지 독특한 면이 그를 당황하게 만들었다. 얼굴과 태도의 전체적인 표정, 아주 자연스러운 침착성, 온화한 태도, 난폭함이라곤 전혀 깃들지 않은 눈길, 이 모든 것이 아주 새롭게 느껴졌다. 그는 애매모호한 몇 마디로 그것을 말하려고 했다. 앙투안은 슬며시 웃었다. 자신은 그것이 라셸이 남겨 놓고 간 선물이라는 것을 알았다. 몇 달 동안 겪은 열렬한 사랑 덕분에 지금까지 어떤 행복도 받아들이려 하지 않았던 그의 얼굴에는 낙관적인 자신감과 사랑을 독차지하고 있는 연인의 만족감이 새겨져 있었던 것이다. 깊이 박힌 그 자국은 완전히 사라지지 않고 있었다.

점심은 맛있었다. 산뜻하고 가벼우며 차가운 맥주. 방 안 분위기도 아주 좋았다. 앙투안은 유쾌한 기분으로 이 지방의 진미에 놀라움을 금하지 못했다. 그는 이 지방 이야기라면 동생도 비교적 쉽게 말을 꺼내리라고 확신했다 (비록 자크가 입을 열 때마다 마지못해 대화에 뛰어드는 인상을 주었지만! 망설이다가 딱딱 끊기는 그의 말은 이따금 아무런 이유 없이 갈팡질팡하고 심하게 떨기도 했고, 그런가 하면 갑자기 멎기도 했다. 그리고 말을 하면서 그는 형의 눈을 물끄러미 바라다보곤 했다).

"아니야, 형!" 하고 자크가 형의 재치있는 말에 대꾸했다. "그렇게 말 할 수는 없지…… 스위스에서…… 아무튼 나는 많은 나라를 돌아다녔어. 그래서 분명히 말해 두지만……."

앙투안 얼굴에 반사적인 호기심이 떠오른 것을 눈치챈 자크는 입을 다물어 버렸다. 그리고 곧 형에게 보인 서먹한 기분을 뉘우쳤는지 자기 편에서 말을 꺼냈다. "저것 봐, 저 남자, 저런 사람은 확실히 전형적이라고 말할 수 있어. 저기 혼자 서 있는 신사, 우리 오른쪽에서 주인하고 이야기하고 있는 사람, 스위스 사람한테서 볼 수 있는 전형적인 타입이지. 생김새라든가, 옷 매무새라든가…… 그리고 억양도…….”

“감기 든 것 같은 목소리가?”

“아니” 자크는 정확하게 표현하지 않으면 참을 수 없다는 듯 눈썹을 찌푸리면서 정정했다. “힘차면서 약간 끌어당기는 듯한 말투, 뭔가 깊이 생각하는 것이 엿보여. 특히 저것 봐. 자신에 대해 반성하는 것 같으면서 주위에서 일어나는 일에는 무관심한 듯한 모습. 저것이야말로 정말 스위스적이야. 그러면서도 어디에서나 항상 안주하고 있는 저 모습…….”

“눈에 총기가 있어” 하고 앙투안은 인정한다는 투로 말했다. “그러나 믿기 어려울 정도로 생기가 없군.”

“그래, 로잔에 사는 대다수 사람들이 모두 저래. 아침부터 저녁까지 서두르지도 않고, 그렇다고 1분도 헛되게 쓰지 않으면서 자기가 해야 할 일을 하고 있어. 다른 사람들의 생활과 마주치면서도 그 속에는 끼어들지 않지. 자신이 그어 놓은 경계선을 넘는 일이 거의 없어. 그리고 현재 하고 있는 일, 또는 앞으로 해 나갈 일에 일생 동안 묶여 있어.”

앙투안은 잠자코 듣고만 있었다. 자크는 이렇게 귀담아들어 주는 것이 약간 어색해 하면서도 한편 그것에 힘을 얻어 마음속으로 으쓱했다. 그러면서 말수가 많아졌다.

“형은 ‘생기’라고 했는데……” 그는 말을 다시 이었다. “누구나 스위스 사람들은 둔하다고 생각해. 그것은 지나친 속단이야. 모두 거짓말이라고. 그들의 기질은 다르지……. 형하고는……. 아마 더 점잖을 거야. 때에 따라서는 유연하기도 하고……. 둔하다니, 천만의 말씀이야. 오히려 ‘건실’해. 그것과 이것은 완전히 달라.”

“내가 놀란 것은” 하고 앙투안은 주머니에서 담배를 꺼내며 말했다. “네가 용하게도 이렇게 어수선하고 법석거리는 곳에서 아무렇지도 않게 살고 있다는 것이란다.”

“바로 그거야!” 하고 자크가 부르짖었다. 그는 뒤엎을 뻔한 빈 잔을 옆으로 밀어놓았다. “나는 여러 곳에서 살아보았어. 이탈리아, 독일, 오스트리아…….”

앙투안은 가만히 성냥개비를 보면서 얼굴을 들지 않고 말했다. “영국은…….”

"영국? 안 갔어. 영국에는 왜 가?"

잠시 침묵이 흐르는 동안 둘은 서로 탐색했다. 앙투안은 아래를 내려다보고 있었다. 자크는 좀 당황했으나 그래도 말을 계속했다. "……그런데 나는 지금 말한 어느 나라에서도 결코 자리 잡을 수 없었어. 더구나 일은 할 수조차 없었지! 그곳에서는 피곤해서 못 살겠어! 이곳에 와서야 비로소 나는 마음의 안정을 찾았다고 할까."

사실 그렇게 말할 때 그는 아주 마음이 안정된 것 같았다. 그는 비스듬히 앉아 있는데, 그렇게 하는 것이 몸에 밴 것 같았다. 마치 머리털 무게 때문인 것처럼 뻣뻣한 머리카락 타래 쪽으로 머리를 숙이고, 오른쪽 어깨는 앞으로 내밀고 있었다. 쭉 펴고 있는 오른손은 넓적다리를 단단히 짚고, 그 팔 위에 상반신을 전부 맡기고 있었다. 왼쪽 팔꿈치는 반대로 가볍게 식탁 위에 놓고, 왼손가락으로 그 위에 흩어져 있는 빵부스러기를 만지작거리고 있었다. 자크의 그 손도 신경질적이고 표현력이 많은 어른의 손이 되어 있었다.

그는 지금까지 말한 것을 다시 생각하고 있었다.

"여기 사람들은 들떠 있지 않아." 그의 말에는 고마워하는 투가 섞여 있었다. "물론 정열이 없어 보이는 것은 겉으로만 그런 거야……. 정열, 다른 어느 곳에서나 마찬가지로 이곳에도 널리 퍼져 있어. 그러나 형도 알다시피 정열이란 매일 매일 묶여 있으면 그다지 위험하지 않지……. 감염성도 거의 사라지고 마니까……."

그는 다시 말을 멈추더니 갑자기 얼굴을 붉히면서 목소리를 낮추어 말을 계속했다. "실은 지난 3년 동안은!"

그는 앙투안을 보지 않고 손등으로 힘차게 머리털을 추켜올리더니 자세를 바꾸었다. 그러고는 아무 말이 없었다.

비밀을 털어놓는 첫걸음인가? 앙투안은 아무런 내색도 하지 않고 다정한 눈으로 동생을 지켜보며 기다렸다. 그러나 자크는 일부러 화제를 바꾸었다.

"여전히 비가 오는군." 그가 일어서면서 말했다. "되돌아가자. 그게 낫겠어, 그렇지?"

둘이서 식당을 나오는데 그들 앞을 지나가던 자전거를 탄 남자가 자전거에서 내리더니 자크 쪽으로 뛰어왔다. 그 남자는 인사도 하지 않고 숨을 헐떡거리며 물었다. "저쪽에 누가 있습니까?"

바람에 날리지 않게 팔짱을 끼어 누르고 있는 등산용 외투가 비에 흠뻑 젖어 있었다.

"아니."

자크는 별로 놀란 기색도 없이 대답했다. 그는 어떤 집의 대문이 열려 있는 것을 발견하고는 "저리로 가자" 하고 제의했다. 앙투안이 조심스럽게 좀 떨어져 있는 것을 보고 그는 돌아서서 형을 불렀다. 그러나 비를 피하기 위해 셋이서 같이 들어가면서도 아무런 소개도 해 주지 않았다.

그 남자는 고개를 한 번 흔들어 눈 위까지 가리고 있던 두건을 벗었다. 30 살은 넘은 남자였다. 겉으로는 좀 우락부락하게 보였으나 그의 눈길은 부드럽고 앳되어 보였다. 찬 공기로 붉어진 얼굴에는 오래전에 생긴 듯한 흉터가 있었다. 혈색이 사라진 그 흉터는 오른쪽 눈을 반쯤 감기게 하고 눈썹을 비스듬히 자르면서 모자 그늘 속에 가리워져 있었다.

"그놈들이 내게 비난을 퍼붓고 있어." 그 남자는 옆에 앙투안이 있다는 것도 잊은 듯이 열띤 목소리로 말했다. "이것 봐, 내가 그런 말을 들을 만한 일을 했을까?" 그는 자크의 판단에 세심한 주의를 기울이는 것 같았다. 자크는 그에게 동의하는 태도를 취했다. "그놈들, 도대체 어떻게 하겠다는 거야? 배신자라고 말하고 있으니 말이야. 그것이 내 잘못이야? 그놈들은 지금 멀리 떨어져 있어. 그래서 저희를 고발하지 못한다는 것을 알고 있어."

'그런 술책이 통할 리 없어.' 자크는 잠시 생각해 보더니 말했다.

":둘 중의 하나지……."

"그래, 바로 그거야!" 상대는 어떤 고마움을 나타내면서 뜻밖의 열의를 가지고 기다릴 수 없다는 듯이 소리를 질렀다.

"그렇지만 그때까지 정치 언론에 이쪽이 당하지 않도록 해야지."

"무슨 낌새를 알아차리기만 하면 사바킨 그 자식, 재빨리 없어질 거야." 자크가 작은 목소리로 속삭이듯 말했다. "그리고 비송도 두고 봐."

"비송도? 그럴지도 모르지."

"그런데 권총 건은 어떻게 됐어?"

"그건 별것 아니야. 증명은 문제없어. 그놈의 옛날 애인이 죽은 무기상이 바젤에서 판 것을 샀다고 해 두면 되거든."

"그런데 레이에" 하고 자크가 말했다. "한동안 내 도움을 기대하지마. 지금부터 얼마간 여기에서 편지를 쓸 수 없을 테니까. 그 대신 리차들레한테 가서 서류를 받아. 나 대신이라고 말하고, 서명할 필요가 있을 때는 마크 라에르한테 전화를 걸라고 해. 알겠지?"

레이에는 아무 말 없이 자크의 손을 잡고 악수했다.

"그런데 루트는?" 레이에의 손을 잡은 채 자크가 물었다.

상대는 고개를 숙였다. "어찌할 도리가 없어." 그는 겁을 먹은 듯 웃으며 대답했다. 그리고 눈을 들며 성난 목소리로 되풀이했다.

"어쩔 도리가 없어. 그녀가 좋단 말이야."

자크는 레이에의 손을 놓았다. 그리고 잠시 아무 말 없이 있다가 중얼거렸다.

"도대체 둘은 어떻게 되는 거야?"

레이에는 한숨지었다. "아기를 낳을 때 너무 힘들었어. 옛날 같은 몸으로는 되돌아오지 못해. 어쨌든 일은 못하게 되었지……."

자크는 말을 가로막았다. "그런데 나한테는 '저에게 용기만 있다면 깨끗이 끝을 내겠는데'라고 말했는데."

"알겠어? 그러니까 나는 어떻게 할 수도 없어."

"하지만 슈네바크는?"

남자는 위협적인 몸짓을 했다. 증오의 빛이 그의 눈에 타올랐다.

자크는 손을 내밀어 레이에의 팔에 얹었다. 동료로서의 손짓이었지만, 명령에 가까운 단호한 태도였다. "너는 이제 어떻게 할 거야, 레이에?" 자크는 엄숙한 목소리로 되풀이했다.

상대는 화난 것 같이 어깨를 흔들었다. 자크는 얹었던 손을 도로 당겼다. 잠깐 침묵이 흐르더니 레이에는 엄숙하게 손을 들었다.

"우리에게나 그들에게나 마지막에는 결국 죽음이 있을 뿐이야. 이것만은 확실해." 그는 낮은 목소리로 결론을 내렸다. 그리고 지금부터 말하려는 것이 명백한 사실인 것 같이 조용히 웃었다.

"그렇지 않으면 살아 있는 놈은 죽은 자와 같고, 그리고 죽은 놈들은 실제로 살아 있게 되는 거야……."

그는 자전거 안장을 움켜잡더니 한쪽 팔로 들어올렸다. 흉터가 보랏빛으로 솟아올랐다. 그리고 그는 카굴(수도사가 입는 두건 달린 소매 없는 외투)처럼 생긴 외투의 모자를 벗고 자크에게 손을 내밀었다.

"고맙네. 리차들레한테 가 봐야지. 자네는 진실하고 멋지고 그릇이 큰 사람이야."

그의 목소리는 어딘지 신뢰감에 넘치고 즐거운 톤으로 되돌아갔다.

"보티, 자네를 보기만 해도 나는 세상—인간이든, 문학이든…… 그래, 언론하고도 화해할 수 있을 것 같은 생각이 들어……. 그럼 먼저 갈게!"

앙투안은 두 사람의 이야기가 무슨 뜻인지 전혀 알아듣지 못했다. 그러나 그들이 하고 있던 말 한 마디도, 그 몸짓 하나도 놓치지 않았다. 그는 처음부터 그 남자가 자크보다 훨씬 더 나이를 먹었으면서도, 자신을 인정해 주는 윗사람에게만 베푸는 애정어린 존경심을 보여 주고 있다는 것을 직감적으로 느꼈다. 무엇보다 그를 놀라게 한 것은 그들이 이야기하고 있는 동안 자크의 상냥한 얼굴, 평온해 보이면서도 사색에 잠긴 이마, 중후한 눈길, 전신에서 발산되는 놀랄 만한 위엄 따위를 엿볼 수 있었다는 사실이다. 이것은 앙투안에게 새로운 발견이었다. 몇 분 동안에 자신이 전혀 알지 못했던 자크, 그럴 수 있으리라고는 짐작조차 할 수 없었던 자크, 그러면서도 모든 사람이 볼 때 의심할 여지가 없는 진정한 자크, 지금 이 순간의 자크를 눈 앞에서 똑똑히 보았던 것이다.

레이에는 다시 자전거에 올라탔다. 그리고 앙투안에게 인사하는 것도 잊고 양편에 진흙을 튀기며 멀어져 갔다.

9. 3년 이래, 자크의 생활을 슬쩍 살피다—반네드 방문

형제는 다시 길을 걸었다. 그러나 자크는 조금전의 만남에 대해서 이렇다 할 아무런 설명도 하지 않았다. 게다가 바람이 세차게 불어 그들의 옷이 휘날렸고, 특히 앙투안의 우산에 거세게 불어닥쳐 도저히 이야기를 나눌 수가 없었다. 그러나 바람이 가장 세찰 때, 그들이 리폰 광장—넓디넓어 산책하기 좋던 광장은 바람이란 바람이 다 몰려와서 소용돌이치고 있었다—에 다다랐을 때, 자크는 불어닥치는 비바람도 아랑곳없이 갑자기 발걸음을 늦추면서 물었다.

"조금전에 식사를 하면서 형은 왜…… 영국에 갔었냐고 물었지?"

앙투안은 순간 무엇인가 도전적인 저의를 느낄 수 있었다. 난처해진 그는 얼버무렸다. 그것도 바람소리에 흘러갔다.

"뭐라고?" 하고 알아듣지 못한 자크가 되물었다. 그는 곁으로 다가오면서 바람을 막으려는 듯이 어깨를 앞으로 내밀고 비스듬히 걸었다. 형을 바라보고 있는 그의 눈길에는 강한 집념이 엿보였다. 궁지에 몰린 앙투안은 거짓말을 할 수 없었다.

"음, 한데…… 붉은 장미가 도착했어!" 하고 그는 솔직히 말했다.

뜻하지 않게 말투가 험악하게 나왔다. 마음속에는 주세페와 아네타의 불륜의 정욕, 풀 속에 누워 있던 것 등, 끊임없이 그를 괴롭혔던 일련의 환상이 다시금 생생하게 떠올랐다. 이미 익숙해졌는데도 그는 불쾌해 안절부절못하면서, 한편으로는 이렇게 쏟아지는 비를 원망하면서 욕설 비슷한 말을 중얼거렸다. 그러고는 화가 난 듯 우산을 접어 버렸다.

자크는 잠시 그 자리에 멍청히 서 있었다. 물론 이런 대답이 나오리라고는 꿈에도 생각하지 못했던 것이다. 그는 입술을 깨물고는 말 한 마디 없이 몇 발자국 걸어갔다(그동안 얼마나 수없이 자기도 모르게 마음이 약해졌던 그 순간을 한탄했고, 멀리 있는 친구를 통해 장미꽃 바구니를 사 보낸 것을 후회했는지 모른다. 그것은 가족 모두가 자기를 죽은 것으로 여기고 있는 때 '나는 살아 있다. 그리고 너를 생각하고 있다'는 것을 알리는 위험한 신호가 아니었겠는가! 그러나 적어도 오늘까지 그는 그런 부주의한 행위를 아무도 모르리라고 생각하고 있었다. 그에게는 뜻밖이며, 도저히 이해할 수 없는 지젤의 경솔한 행동이 그를 화나게 만들었다). 그는 이제 그 쓰라림을 참을 수 없었다.

"천직을 잘못 골랐나봐." 그가 비웃으면서 말했다. "형은 형사로 태어날 걸 그랬어!"

앙투안은 그 말투에 불끈 화가 나서 곧 말을 되받았다.

"그렇게 사생활을 감추고 싶다면 잡지에다가 공공연하게 드러내 보이지 말아야지!"

아픈 데를 찔린 자크는 정면으로 대들며 큰 소리를 쳤다.

"그래? 그럼 내 작품을 읽고 나서 꽃을 보낸 것을 알았단 말이야?"

앙투안은 이제 더 이상 참을 수가 없었다. "그렇지는 않아." 그는 태연한 척하면서 비꼬는 투로 한 마디 한 마디를 또렷하게 끊으며 말했다. "어쨌든 그 작품 때문에 꽃을 보낸 뜻을 완전히 알 수 있었어!" 이렇게 신랄하게 쏘아붙인 뒤에 그는 바람을 안고 가면서 발걸음을 재촉했다. 그러나 문득 돌이킬 수 없는 실수를 저질렀다는 생각이 분명해지자 그는 숨이 막힐 지경이었다. 몇 마디 쓸데없는 말로 모든 것을 망쳐 버린 것이다. 자크는 결국 자신에게서 빠져나가겠지……. 왜 갑자기 갈피를 못 잡고 그렇게 화를 벌컥 냈을까? 지젤 이야기 때문이었을까? 이제 어떻게 해야 할까? 변명을 할까, 아니면 사과를 할까? 너무 늦은 게 아닐까? 아, 지금 어떤 보상이라도 감수하고 싶은 느낌이다!

그는 동생 쪽을 돌아보며 될 수 있는 대로 부드러운 태도로 자기가 잘못한 것을 사과하려고 했다. 그런데 갑자기 자크가 팔을 붙잡고 온 힘을 다해 자기에게 매달리는 것을 느꼈다. 전혀 예기치 않았던 열렬한 포옹. 흥분한 형제의 이 포옹. 그것은 신랄한 말을 주고받았던 감정을 한꺼번에 해소시켰을 뿐만 아니라, 3년 동안의 침묵을 깨뜨려 버리는 것이었다. 떨리는 입술로 말하는 상기된 목소리가 귓가에 들려왔다.

"형, 뭐라고? 형은 어떻게 그런 것을 생각할 수 있어? 지젤과…… 내가 말이야……그럴 수 있다고 생각하는 모양이지? ……형은 정신 나갔어!"

형제는 서로 바라보았다. 자크의 눈길은 고통스러운 듯했다. 그러나 그 눈길은 맑고 활기찼다. 모욕을 당해 창피해 하는 그의 얼굴 표정에는 분하게 여기고 괴로워하는 빛이 엇갈려 있었다. 그것은 앙투안의 입장에서 보면 고마운 빛줄기였다. 그는 얼굴에 기쁨이 가득해서 동생의 팔을 꼭 껴안았다. 자기는 정말 그들 두 젊은이 사이를 의심했나? 지금 와서는 뭐가 뭔지 알 수 없었다. 그는 격렬한 감격과 함께 지젤을 생각했다. 지금의 기분은 경쾌하고 훨훨 날 듯하며, 더할 나위 없이 행복했다. 그는 마침내 동생을 되찾은 것이었다.

자크는 침묵을 지켰다. 그의 눈앞에는 오직 괴로운 추억만이 계속 떠올랐다. 지젤의 사랑을 알게 된 동시에, 그녀가 불붙여 준 육체적이고 격렬한 매력을 발견한 메종 라피트에서의 밤. 어둠 속 보리수 그늘에서 주고받은 짧은 키스, 어설픈 사랑의 맹세를 주고받은 뒤에 지젤이 장미꽃 잎을 날리던 그때의 로맨틱한 몸짓…….

앙투안은 역시 침묵을 지키고 있었다. 그는 그 침묵을 깨고 싶었다. 그러나 그는 어색해 하며 아무 말 없이 있었다. 동생의 팔을 잡아당기며 이런 말이라도 해 주고 싶었다. '그래, 나는 네 말대로 정신 나갔어. 이제 너를 믿는다. 나는 참 행복하구나!' 동생도 형의 팔을 힘차게 안았다. 둘은 지금 말로 표현하는 것 이상으로 모든 것을 서로 이해하고 있었다.

형제는 서로 몸을 기댄 채 너무나 다정하게 오래 계속되는 접촉에 심장을 두근대며 빗속을 걸었다. 그러나 그 어느 누구도 먼저 몸을 떼려고 하지 않았다. 마침 바람막이가 되는 돌담을 따라 걷게 되자 앙투안이 우산을 폈다. 그들은 그저 비를 피하기 위해 서로 꼭 붙어가는 것 같이 보였다.

그들은 말 한 마디 나누지 않고 하숙집까지 왔다. 그러나 앙투안은 문앞에서 멈추더니 끼고 있던 팔을 풀고서는 자연스럽게 이렇게 말했다.

"그런데 오늘밤까지 해야 할 일이 여러 가지 있겠지? 나중에 다시 보는 것이 어때? 나는 거리 구경이나 하고 올 테니까……."

"이런 날씨에?" 하고 자크가 말했다. 그는 미소를 짓고 있었다. 그러나 앙투안은 잠깐 망설이는 기미를 눈치챘다(실은 오후 내내 머리를 맞대고 있을 것을 두 사람 모두가 두려워했던 것이다). "아니야" 그가 말을 이었다. "편지 두세 통 쓸 일이 있어. 20분 정도면 돼. 그리고 5시 전까지 볼일이 한 가지 있고."

이런 예정 때문에 그의 얼굴에는 뭔가 침울한 기색이 떠오르는 것 같았다. 그렇지만 그는 몸을 바로 세우면서 말했다. "그때까지는 시간이 있어. 올라가자."

둘이 나간 사이에 방은 깨끗이 치워져 있었다. 난로에는 새로 넣은 석탄이 활활 타고 있었다. 두 형제는 막 생겨난 새로운 동료 의식을 가지고 서로 도우며 난로 앞에서 비에 젖은 외투를 펼쳤다.

창 하나가 열려 있었다. 앙투안은 창가로 갔다. 호수를 향해 있는 오밀조밀한 지붕 사이로 작은 종루로 장식된 큰 탑이 우뚝 솟아 있었다. 녹청색의 그 첨탑은 빗속에서 반짝이고 있었다. 그는 그것을 손가락으로 가리켰다.

"생프랑수아 교회야" 하고 자크가 말했다. "큰 시계가 보여?"

종탑 한쪽 면에는 붉은 색의 금칠을 한 글자판이 보였다.

"2시 15분이구나."

"형은 좋겠어. 나는 시력이 많이 떨어졌어. 아무래도 안경이 눈에 맞지 않는 모양이야. 두통이 자주 일어나는 걸 보니까."

"두통?" 하고 앙투안은 문을 닫으며 물었다. 그리고 뒤돌아보았다. 따져 묻는 형의 얼굴을 보고 자크는 미소를 지었다.

"네, 의사 선생님. 심한 두통이야. 게다가 완전히 깨끗하게 낫질 않아."

"어떻게 아픈 두통이지?"

"여기가 아파."

"언제나 왼쪽이니?"

"그렇지는 않아……."

"현기증은? 시각장애는 없고?"

"괜찮아." 자크가 말했다. 그에게는 이런 대화가 귀찮아지기 시작했다. "지금은 많이 좋아지고 있어."

"가만히 있어 봐!" 앙투안은 정색을 하며 말했다. "이건 정말 진찰을 받아야 돼. 소화 기관을 좀 조사해 봐야겠는데……."

물론 곧 진찰하는 것이 아니었지만 그는 기계적으로 한 발 자크 쪽으로 걸어갔다. 그러자 자크는 저도 모르게 뒷걸음질쳤다. 그는 사람들이 자기에게 관심을 가져 주는 습관을 잊어 버린 지 오래였다. 최소한의 관심 표명도 그에게는 자신의 독립을 침해하는 것 같이 생각되었다. 그러나 그는 즉시 이성적으로 생각해 보았다. 뒤늦게나마 형의 그러한 염려가 그에게는 흐뭇한 느낌을 가져다주었다. 마치 마음속 깊은 곳에 미풍이 불어와 오랫동안 마비되어 있던 마음을 풀어 주는 듯했다.

"전에는 이런 일이 없었지" 하고 앙투안은 계속 물었다. "왜 그렇게 되었어?"

자크는 조금전에 뒤로 물러서려고 했던 것을 후회하면서 응답하고 해명하고 싶었다. 그러나 진실을 말할 수 있을까? "병을 좀 앓은 뒤부터야……. 무슨 급성…… 아니면 유행성 독감 같은 것…… 또는 말라리아였는지도 몰라……. 거의 한 달 동안이나 병원에 입원했었어."

"병원이라고? 어느 병원?"

"저…… 가베스라는 곳이야."

"가베스? 튀니지에서 말이야?"

"응, 열이 심했었나 봐. 그 뒤 여러 달 동안 굉장히 머리가 아팠어."

앙투안은 아무 말도 하지 않았다. 그러나 마음속으로 이렇게 생각하고 있는 것이 분명했다. '파리에는 편안한 가정이 있고 형은 의사인데, 아프리카에 있는 한 병원에서 죽을 뻔하다니……'

"내가 죽지 않은 것은……" 하고 화제를 돌리려고 자크가 말했다. "그것은 두려움 때문이었어. 찌는 듯이 더운 곳에서 죽는다는 게 무서웠어. 마치 난파된 인간이 뗏목 위에서 육지나 우물물을 생각하는 것처럼 나는 이탈리아를 생각했어……. 내 머릿속에는 오직 한 가지 생각밖에 없었어. 죽든 살든 배를 타고 나폴리에 간다는 그 생각뿐이었지."

나폴리……. 앙투안은 루나도르, 시빌, 바닷가에서의 주세페의 산책을 생각했다. 그는 용기를 내어 물어보았다.

"왜 나폴리였지?"

순간 자크는 얼굴을 붉혔다. 그는 무엇인가를 설명하려고 하면서 자기 자신과 싸우고 있는 것 같았다. 그러더니 그의 푸른 눈동자는 꼼짝도 하지 않았다.

앙투안은 빨리 침묵을 깨뜨리고 싶었다.

"네게 필요한 것은 휴식인 것 같다. 그것도 기후가 좋은 곳에서."

"우선은" 하고 자크가 말했다—그가 형의 말을 듣고 있지 않다는 것이 역력했다—"나폴리 영사관에 있는 사람한테 보내는 소개장이 있었어. 외국에 있으면 연기 신청도 훨씬 쉽거든. 같은 값이면 법률에 따르는 것이 좋을 것 같아서." 그는 어깨를 으쓱했다. "더구나 프랑스에 돌아가 군대에 들어가기보다는 탈영병으로 끌려가는 편을 택했을 거야!"

앙투안은 꼼짝도 하지 않았다. 그는 화제를 바꾸었다.

"그런데 그렇게 여행할 때 너…… 돈은 가지고 있었니?"

"무슨 소리야! 형이 하는 말은 언제나 이렇단 말이야!" 그는 두 손을 주머니에 넣은 채 왔다 갔다 하기 시작했다. "빈털터리가 되어 본 적은 별로 없었어. 꼭 필요한 돈은 있었으니까. 물론 처음에는 그곳에서 어떤 일이라도 하지 않으면 안 되었었지." 그는 다시 얼굴을 붉혔다. 그리고 눈빛이 약간 흔들렸다. "오, 며칠동안은…… 내 몸 하나는 그럭저럭 꾸려나갈 수 있어."

"아니 뭐라고? 어떻게?"

"그래, 말하자면, 어떤 견습공 양성소에서 프랑스어를 가르친다든가……

밤에는 〈튀니지 일보〉나 〈파리―튀니지〉에서 교정을 본다든가. 프랑스어처럼 이탈리아어도 잘 쓸 수 있다는 것이 가끔 쓸모가 있었어. 그러다가 기사도 쓰게 되었고, 어떤 주간지에서는 신문기사 한 면을 나에게 할당해 주었어. 그리고 소식란이라든가, 다른 일도…… 그리고 그것을 하고 나서는 곧 보도 기사까지 썼지!" 그의 눈이 빛났다. "아, 건강만 좋았더라면 아직도 하고 있었을 텐데! ……얼마나 멋진 생활이었는지! 지금도 기억하고 있어. 비테르보에서…… (형은 앉아. 나는 오히려 움직이는 게 더 좋으니까) …… 아무도 갈 사람이 없어서 비테르보에 내가 가기로 되었었어. 그 기이했던 라라 카모라 사건 재판 때문에 말이야. 1911년 3월이었어. 얼마나 큰 일거리였는지 몰라! 나는 나폴리 클럽에 묵었었어. 글자 그대로 굉장한 취재 경쟁이었지. 그러나 13일부터 14일 밤에 걸쳐 모두 돌아가 버렸어. 경찰이 왔을 때 나는 자고 있었지. 나 혼자만 있고 아무도 없었어. 할 수 없이……."

그는 앙투안이 주의 깊게 듣고 있는데도 불구하고 중간에서 이야기를 그쳤다. 아마 앙투안이 주의 깊게 듣고 있으므로 이야기를 멈추었는지도 모른다. 몇 달 동안이나 계속되었던 현기증 날 정도의 그 생활을 어떻게 몇 마디의 말로 알아 주기를 바랄 수 있단 말인가! 서두르는 듯한 형의 눈길에도 불구하고 그는 외면해 버렸다. "모두 옛날 일이야! 이제 그만 두지…… 더이상 그 이야기는 생각하지 않기로 했어."

그는 끊임없이 마음을 사로잡는 이 추억으로부터 벗어나기 위해 억지로라도 다시 침착하게 말을 계속해야만 했다. "형은 말했지……. 두통이냐고? 그래. 나는 이탈리아의 봄을 참고 견딜 수 없었어. 내가 할 수 있고 몸이 자유로워지자 곧"―그는 이렇게 말하면서 눈살을 찌푸렸다. 아마 또다시 불쾌한 추억이 떠오른 모양이다―"그런 모든 것에서 벗어날 수 있게 되자마자" 하고 그는 심하게 팔을 휘두르면서 말했다. "북쪽으로 떠난 거야." 그는 두 손을 주머니에 넣고 난로에서 눈길을 거두지 않은 채 일어섰다.

앙투안은 물었다.

"이탈리아 북쪽 말이니?"

"아니!" 자크는 뛰쳐나갈 듯이 이렇게 부르짖었다. "빈과 페스트(1873년 부다와 합병하여 부다페스트가 됨)…… 그리고 작센, 드레스덴, 그리고 또 뮌헨."

그의 얼굴이 별안간 다시 어두워졌다. 이번에는 형 쪽에 날카로운 눈길을 보내더니 정말 망설이고 있는 것 같았다. 그의 입술이 약간 떨렸다. 그러나 겨우 몇 초도 지나지 않아 입을 비틀면서 중얼거리듯 무엇인가 말했다. 그러나 입을 꼭 다물고 한 말이므로 마지막 말만 겨우 알아들을 수 있었다. "아, 뮌헨…… 뮌헨도 끔찍한 도시야."

앙투안은 그때 급히 말을 막았다.

"어쨌든 만사 제쳐놓고라도 네 원인을 찾아봐야 해. 두통은 병이 아니라 어떤 증상이거든……."

자크는 그의 말을 듣고 있지 않았다. 그래서 앙투안은 입을 다물었다. 이런 일은 지금까지 여러 번 있었다. 확실히 자크는 견딜 수 없을 만큼 고통스러운 비밀을 자신에게서 쫓아 버리고 싶어 하는 것 같았다. 입술을 움직이는 것이 조금 있으면 털어놓을 것 같기도 했다. 그러면서 마치 말이 나오다 목에 걸리는 것 같이 돌연 입을 다물었다. 그때마다 앙투안은 터무니없는 걱정에 정신이 팔려 그 장애물을 극복하도록 동생을 돕기는커녕, 자기편에서 오히려 불끈해서 앞뒤 생각 없이 이야기를 아무렇게나 끌고 가는 것이었다.

그는 어떻게 하면 자크를 원래 대화로 다시 돌려놓을 수 있을까 궁리하고 있었다. 그때 마침 가벼운 발소리가 층계에서 들려왔다. 누군가 문을 두드림과 동시에 문이 반쯤 열렸다. 앙투안은 머리가 헝클어진 아이의 얼굴을 보았다.

"아, 실례했습니다. 말씀중이십니까?"

"들어오게." 자크가 방을 가로질러 가며 말했다.

그는 아이가 아니었다. 턱에는 푸르스름한 면도자국이 있고 우윳빛 동안(童顔)의 부스스한 밤색 머리를 풀어헤친, 나이를 확실히 알 수 없는 작은 남자였다. 그는 문지방에서 망설이며 앙투안 쪽으로 불안한 눈길을 보냈다. 눈가에는 속눈썹이 많이 나서 눈동자가 움직이는 것이 보이지 않았다.

"난로 곁으로 오게." 자크는 빗물이 떨어지는 외투를 벗겨 주면서 말했다.

그는 이번에도 형에게 소개시켜 주지 않으려는 것 같았다. 그리고 거리낌 없이 미소를 짓고 있었으며, 앙투안이 있어도 조금도 거북해 하는 것 같지 않았다.

"미퇴르크가 도착한 것을 알리러 왔는데요. 그가 편지를 가지고 왔어요." 그 남자가 설명했다. 가늘고 빠른 목소리로, 매우 낮고 무엇인가를 두려워하는 말투였다.

"편지?"

"블라디미르 크냐브로스키한테서요!"

"크냐브로스키한테서?" 자크가 소리질렀다. 그의 안색이 밝아졌다. "앉아, 몹시 피곤해 보이는데. 맥주나 차, 무엇으로 할 텐가?"

"아니, 그만두세요. 아무것도 생각 없어요. 미퇴르크는 어젯밤에 도착했어요. 거기에서 왔습니다……. 그런데 저는 어떻게 하면 좋을까요? 해 볼까요?"

자크는 오랫동안 생각하다가 대답했다. "그러지. 지금으로서는 그 방법밖에는 없어."

상대 남자는 흥분했다.

"잘 되었어요! 그럴 줄 알았어요! 이냐스 그놈한테는 실망했어요. 그리고 슈봐농한테도. 그러나 당신만은, 당신만은! 좋아요!"

그는 줄곧 자크 쪽을 보고 있었다. 그의 작은 얼굴은 신뢰의 빛으로 빛나고 있었다.

"하지만……" 하고 자크는 손가락 하나를 들어보이면서 단호하게 말했다.

얼굴이 하얀 그 남자는 잘 알겠다는 듯이 끄덕이고는 신중하게 말했다.

"적당히, 부드럽게 하겠어요."

가냘픈 몸집이지만 강철같이 끈덕진 면이 엿보였다.

자크는 그 남자를 유심히 지켜보고 있었다.

"반네드, 자네 그동안 어디 아팠던 것 아니야?"

"아니요……. 좀 피곤했을 뿐입니다." 짓궂은 미소를 띠면서 말을 덧붙였다. "아시겠지만, 아무래도 그런 혹심한 병영 생활은 참을 수가 없어요!"

"프레젤은 아직 여기 있나?"

"네."

"그리고 키루프는? 내가 말하더라고 전하고 말이 좀 많다고 일러두게. 안그래? 그러면 알아들을 거야."

"아, 키루프라면 저도 그자에게 솔직하게 말해 두었습니다. '자네들, 부끄러운 줄도 모르는 것처럼 행동하는군!' 하고요. 그자는 로잔가르의 선언을 읽지도 않고 찢어 버렸습니다! 그놈들은 모두 썩었다니까요. 하나부터 열까지 다 썩었어요." 무겁고 성난 목소리로 그가 되풀이했다. 그러나 맑고 너그러움을 나타내는 미소가 소녀 같은 입술을 빛나게 했다.

그는 날카롭고 가냘픈 투로 다시 말했다.

"사프리오! 투르세이! 패터슨! 모두들! 수잔까지도 썩었어요!"

자크는 고개를 흔들었다.

"조제파는 그럴지 몰라도, 수잔은 그렇지 않아. 조제파는 확실히 형편없는 여자야. 그 여자는 동지들 사이를 모두 이간시켜 놓고 있단 말이야."

반네드는 아무 말 없이 그를 지켜보고 있었다. 그는 인형 같은 두 손을 작은 무릎 위에 올려놓고서 움직이고 있었다. 그래서 인형처럼 가냘프고 파리한 손목이 드러나 보였다.

"저도 잘 알고 있어요. 하지만 어떻게 하겠어요? 이제 와서 그녀를 떼어 버릴 수 있나요? 당신이라도 그렇게 할 수 있을까요? 그것이 이유가 될 수 있나요? 어쨌든 그녀도 인간인데. 그리고 마음씨가 나쁜 것도 아니라서……. 어쩌다가 우리한테 들켰을 뿐인데. 그래서? ……부드럽게 손 좀 봐 주지요. 부드럽게……." 그는 한숨지었다. "지금까지 그런 여자들을 얼마나 보아 왔는지! ……속이 구석구석 죄다 썩어 있답니다." 그는 다시 한숨지으며 눈치채지 못하게 앙투안 쪽을 보고는 일어났다. 그리고 자크에게로 가까이 가서 갑자기 흥분하여 이렇게 말했다. "블라디미르 크냐브로스키 편지는 참 멋있는 편지예요."

"그런데." 자크가 물었다. "그는 어떻게 하겠다는 거야?"

"쉬는 거지요, 뭐. 그는 아내, 어머니, 애들도 만났습니다. 다시 한 번 살아 보겠다는 것입니다."

반네드는 난로 앞을 걷기 시작했다. 가끔 신경질적으로 두 손을 마주 잡았다. 그리고 자기 자신에게 말하는 듯 깊은 생각에 잠겨 있는 표정으로 말했다.

"크냐브로스키는 참 마음씨가 고운 남자랍니다."

"그래, 참 마음이 깨끗한 남자지." 자크가 즉시 같은 말투로 되받았다. 잠시 침묵하던 그가 말을 이었다. "책은 언제쯤 낼 생각이래?"

"아무 말 없었습니다."

"루스키노프 말로는 기막힌 책이라고 하던데."

"그럴 수밖에 없지 않겠어요? 감옥에서 쓴 책이니까요!" 그는 몇 발자국 앞으로 나왔다. "오늘은 편지를 가지고 오지 않았습니다. 클럽에 가져가라고 올가에게 주었거든요. 오늘밤에 다시 받기로 했습니다." 그는 자크를 쳐다보지도 않고, 얼굴을 높이 든 채 마치 도깨비불이 흔들리듯 왔다 갔다 했다. 멍한 듯한 표정이었다. "블라디미르는 그러더군요. 감옥에 들어갔을 때만큼 참다운 자기 자신이 되어 본 적이 없다고요. 자기의 고독만이 유일한 반려자였으니까요." 목소리는 점점 음악적으로 되어 갔지만 점점 더 희미해졌다. "그의 감옥은 깨끗하고 퍽 밝으며 건물 제일 위에 있었다더군요. 그리고 침대 위에 올라가서 쇠창살이 달려 있는 유리창 아래쪽에 이마를 대 보곤 했대요. 그 자세 그대로 몇 시간이고 하늘에서 맴돌고 있는 구름을 쳐다보며 사색에 잠겨 있곤 했대요. 다른 것은 아무것도 보이지 않더래요. 지붕도, 나뭇가지도, 그 어느 것도. 그리고 봄부터 여름까지 늦은 오후 1시간 정도만 약간의 햇살이 얼굴에 닿곤 했답니다. 그때가 오기를 하루종일 애타게 기다렸다는군요. 편지를 읽어 보시면 알 겁니다. 한 번은 멀리서 갓난애 울음소리가 들렸다고 합니다……. 또 어떤 때는 대포 소리도 들렸고……." 반네드는 귀를 기울이며, 신기한 눈초리로 보고 있는 앙투안을 흘긋 바라보았다. "아무튼 내일 편지를 모두 가지고 올게요" 하고 그는 다시 와서 앉으며 말했다.

"내일은 안 돼." 자크가 말했다. "나는 내일 없어."

반네드는 조금도 놀란 기색이 없었다. 그러나 다시 앙투안 쪽으로 고개를 돌렸다가 잠시 뒤에 다시 의자에서 일어났다.

"실례했습니다. 방해가 되지나 않았는지요. 블라디미르의 소식을 빨리 들려 드리고 싶었거든요."

자크도 같이 서 있었다.

"자네는 요새 너무 일하는 것 같아, 반네드. 몸을 돌봐야지."

"별말씀을."

"여전히 숌베르그 앤 리트 상회에서 일하고 있나?"

"네, 그대로예요." 그는 쓸쓸하게 웃었다. "저는 타자를 치지요. 아침부터 저녁까지 네, 사장님 하고 말하며 타자를 칩니다. 일고의 가치도 없는 일 아닐까요? 저녁때가 되어서야 나 자신을 되찾는답니다. 밤새도록 그리고 다음날 아침까지, '아니요, 사장님' 하고 말했다고 해도 뭐라고 할 사람이 아무도 없어요."

반네드는 작은 머리를 높이 쳐들고 있었다. 헝클어진 대마 같은 앞머리는 그가 더욱 의기양양한 태도를 취하는 것처럼 보이게 했다. 이번에는 마치 앙투안에게 말하려는 것처럼 그가 몸을 움직였다.

"형님들, 10년 동안 저는 이런 이념 때문에 끼니를 굶는 것이 다반사였습니다. 제게는 이념이 중요하거든요." 그는 자크 곁에 와서 손을 내밀었다. 그런데 맑은 휘파람 같던 목소리가 갑자기 흐려졌다. "떠나시면 다시 안 오시나요?…… 할 수 없지요. 저는 여기에 오는 것을 정말 즐거워했는데, 알고 계세요?"

자크는 감격해서 아무런 대답도 하지 못했다. 그러나 그는 다정한 몸짓으로 그 사람 팔 위에 손을 얹었다. 앙투안은 흉터가 있던 남자를 생각했다. 그때도 자크는 지금과 똑같이 따뜻하게 격려하는 보호자적인 태도를 취했다. 그는 이 이상한 집단 속에서 확실히 어떤 특별한 위치를 차지하고 있는 것 같았다. 모든 사람이 그의 의견을 묻고, 그의 동의를 구하며, 그에게서 비난받는 것을 두려워했다. 게다가 더욱 분명한 것은 모든 사람들이 그에게 와서 자신들의 마음을 달래려 했던 것이다.

'티보의 혈통이구나!……' 하고 그는 만족스러워 했다. 그러나 곧 한 가닥의 슬픈 생각이 엄습해 왔다. '자크는 파리에 있으려고 하지 않을 거야.' 그는 생각했다. '분명히 다시 스위스에서 살려고 할 거야.' 소용없는 일이지만 앙투안은 애써 이렇게 생각해 보았다. '앞으로는 서로 편지로 연락하고 또 만나러도 와야지. 그렇게 하면 지난 3년 같지는 않을 거야…….' 그러나 그는 가슴을 에이는 듯한 아픔을 느꼈다. '이런 패거리들 속에서 그의 일이나 생활은 어떤 것일까? 제 힘을 어디에 쓰려고 하는 걸까? 그를 위해 내가 꿈꾸던 그 멋진 미래가 과연 이런 것일까?'

자크는 친구의 팔을 잡고는 종종걸음으로 문까지 바래다 주었다. 문에 이르자 반네드는 뒤로 돌아서서 머뭇거리며 앙투안에게 고개를 숙였다. 그리고 계단 아래로 모습을 감추었다. 자크도 뒤따라 나갔다. 앙투안의 귀에는 다시 휘파람 소리 같은 작은 목소리가 들려왔다.

"……구석구석 다 썩었어. ……우리 주변에는 맨 아첨꾼이나 자빠져 있는 개 같은 놈들뿐이니……."

10. 자크, 가출 전날 밤 자리쿠르를 방문했음을 형에게 말하다

자크는 다시 들어왔다. 그는 외투를 입고 자전거를 타고 온 남자를 만났을 때와 똑같이 이 남자의 방문에 관해 아무런 설명도 하지 않았다. 그는 컵에 물을 따라 몇 번에 나눠 마셨다.

앙투안은 어색함을 감추려 담배에 불을 붙인 다음, 일어나서 성냥개비를 난로에 버리고는 창가로 가서 슬쩍 밖을 보았다. 그리고 다시 의자에 앉았다.

벌써 몇 분 전부터 침묵이 계속되고 있었다. 자크는 다시 방 안을 걷기 시작했다.

"할 수 없었어." 그는 여전히 왔다 갔다 하면서 불쑥 말했다. "형, 형이 나를 이해해 주어야 해! 내가 어떻게 학교에다가 3년이라는 세월을, 인생 중 3년씩이나 바치겠어?"

앙투안은 놀라기는 했지만 주의 깊고 자발적으로 협조하는 태도를 보였다.

"고등사범학교도 결국 중학교가 탈만 바꿔 연장되는 것에 불과한 거야!" 자크는 말을 계속했다. "강의라든가 공부라든가 정신이 아득해질 것 같은 주석 따위! 이것도 중요하다, 저것도 중요하다! 그리고 그 혼잡! 숨 막히는 교실, 자습실, 세상의 이념들을 죄다 대충 추려 뭉개 놓아서, 모든 사람에게 짓밟히고 있어! '수험 준비생', 그것들의 말투를 좀 보라지! 못 견디겠어! 그놈들의 계책, 사감새끼들! 지긋지긋하고 정말 못 참겠어! 형, 나를 이해해 줘. 나는 물론 선생님들을 존경하고 있어. 교수라는 직업, 그것은 신념이 충만할 때만 옳게 행해질 수 있는 거야. 위엄이라든가 정신력을 보아서도, 또 보수가 나쁜데도 성실한 것을 보면 정말 감동될 때가 많아. 그렇고 말고. 하지만…… 형은 나를 이해할 수 없어." 그는 잠시 뒤에 또 중얼거렸다. "답답한 단체 생활이나 지긋지긋한 학교 조직에서 벗어나기 위해서만은 아니야. 그건 아니야……. 하지만 형, 나는 그 형편없는 생활이 싫었던 거야!" 그는 말을 멈추었다가 되풀이했다. '쓸데없어!' 하면서 집요한 눈으로 마룻바닥을 노려보았다.

"네가 자리쿠르를 만나러 갔을 때는" 앙투안이 물어보았다. "이미 단단히 결심을 한 뒤였겠구나."

"천만에!" 그는 꼼짝도 않고 서서 눈썹을 치켜세우고는 아래를 보며, 열심히 과거를 생각해 보려고 애썼다. "아, 그해 10월이었지! 내가 메종 라피트에서 돌아왔을 때야……. 그때는 정말 한심한 마음이 들었어!" 그는 무슨 큰 짐을 진 사람처럼 어깨를 둥글게 하며 중얼거렸다. "손 쓸 수 없는 일이 너무 많았어……."

'그래, 10월이었어.' 앙투안은 라셀 일을 떠올렸다.

입학 전날 밤에 학교에 간다는 위압감이 가중되는 속에서 나는 말할 수 없이 두려워졌었어……. 그런데 참 이상하단 말이야! 지금 와서는 확실히 알겠는데, 내가 자리쿠르를 찾아갈 때까지는 무섭다는 생각밖에 들지 않았어. 다른 생각은 들지 않았어. 물론 그런 일로 피곤해져서 학교를 그만두겠다든가 아니면 멀리 가 버리자는 생각은 가끔 했었지. 그랬어……. 그러나 그것은 실현될 수 없는 막연한 꿈에 지나지 않았어. 그런데 모든 것이 결정된 것은 그날 밤에 자리쿠르를 찾아간 뒤였어. 놀랬어?" 그는 비로소 눈을 들었다. 그리고 어처구니없어 하는 형의 얼굴을 한 번 보았다.

"참, 그날 밤에 내가 집에 돌아와서 쓴 것이 있어. 그것을 보여 줄게. 얼마전에 발견한 거야."

그는 침울한 얼굴로 또 서성거리기 시작했다. 오랜 세월이 흘렀음에도 불구하고, 그날 방문의 추억으로 인해 마음의 혼란을 느낀 것 같았다.

"그때 일을 생각하면……" 그는 머리를 흔들며 말했다. "그런데 형, 형은 그와 어떤 관계를 맺었어? 서로 편지 왕래가 있었어? 그를 만나러 갔었겠지? 받은 인상은?"

앙투안은 애매한 몸짓을 할 뿐이었다.

"알았어." 자크는 형이 탐탁하게 여기지 않는다는 것을 눈치채고 말을 계속했다. "형은 우리 세대가 그를 어떻게 보고 있었는지 모를 거야!" 그리고 태도를 바꾸어 앙투안 앞의 난로 곁에 있는 안락의자에 와서 앉았다. "자리쿠르!" 하고 그는 갑자기 미소를 띠며 말했다. 그의 목소리는 부드러웠다. 그는 난로 쪽으로 두 다리를 쭉 뻗었다.

"형, 우리들은 여러 해 전부터 '자리쿠르 선생한테서 배우는 날이 언제나 올까……'라고 말하곤 했어. 심지어 '그의 제자가 되면 어떨까'까지도 생각하곤 했어. 고등사범학교에 가기가 망설여질 때마다 나는 언제나 '그래도 자리쿠르 선생이 계시다'라고 마음속으로 생각하곤 했지. 그래도 인물이 있다면 그 선생밖에 없었거든, 알겠어? 우리는 그분의 시를 외우고 있었지. 또 그분의 모습을 입에서 입으로 전하고, 그분의 말을 인용도 했어. 그분의 동료들은 모두 그분을 질시한다는 소문도 있었어. 대범한 시각으로 가득 찬 서정적 즉흥 연설과 여담, 예기치 못한 심경의 토로, 노골적인 언사 따위로 가득 찬 강의뿐만 아니라 재담, 노신사다운 능변, 외안경, 사람의 마음을 사로잡는 펠트 모자까지 대학도 인정하고 있었어! 열정적이고 상상력이 뛰어나며, 기상천외한 인물, 그러면서도 풍부하고 도량이 넓은 인물, 위대한 현대의 양심, 우리들이 보기에는 모든 급소를 알아맞힐 줄 아는 인물! 나는 그한테 편지를 보냈어. 그리고 그한테서 5통의 답장도 받았어. 내 자랑거리인 동시에 나한테는 일종의 보물과도 같았어, 그 5통 가운데 3통, 아니 4통은 지금 생각해도 정말 감탄할 만한 것이었어. 그러던 어느 봄날 아침 11시쯤에 우리는 길에서 그를 만났어……어떤 친구와 내가. 어떻게 그 일을 잊을 수가 있겠어? 그는 힘찬 걸음걸이로 수플로 거리를 성큼성큼 올라오고 있었어. 지금도 기억하고 있지. 바람에 날리는 모닝코트, 밝은 색의 각반 _(발목에서 무릎 아래까지 감는 띠), 거기에 차양이 넓은 모자 밑으로 보이는 백발, 곧은 몸매, 약간 올려쓰고 있는 외안경, 뱃머리처럼 생긴 매부리코, 흰 콧수염…… 마치 뾰족한 주둥이로 덤벼들 것 같은 솔개의 모습이었어. 마치 학이나 백로의 피가 섞인 한 마리의 무서운 맹금류, 거기에 옛날 귀족 같은 느낌이 있었지. 잊을래야 잊을 수 없어!”

“알 만해.” 앙투안이 큰 소리로 말했다.

“우리는 문 앞까지 뒤를 밟았어. 마치 마술에 걸린 것처럼 말이야. 우리 사방의 가게를 뒤져서 그의 사진을 찾아냈어!”

자크는 갑자기 발을 오므렸다. “아, 생각만 해도 오싹해!”

몸을 숙이고 난로 쪽으로 손을 뻗으면서, 감회가 깊은 듯 이렇게 덧붙였다. “하지만 내가 집을 나오는 용기를 가지게 된 것은 실은 그의 덕이라고 할 수 있어!”

“그러나 당사자인 그분은 전혀 눈치채지 못하고 있는 것 같던데.”

자크는 형의 말을 듣고 있지 않았다. 난로 쪽을 향한 채 넋이 나간 듯한 미소를 지으며 멍한 목소리로 말했다.

“말해 줄까? ……일이 이렇게 되었어. 어느 날 밤에 저녁을 먹은 뒤에 나는 갑자기 그를 만나러 가야겠다고 결심했어. 그분한테 가서 설명하고 싶었어. 모든 것을 다! 그래서 나는 망설이지도, 깊이 생각해 보지도 않고 간 거야……. 밤 9시에 나는 팡테옹 광장에 있는 그 집의 초인종을 눌렀어. 형도 알고 있지? 어두운 현관, 눈치 없는 브르타뉴 출신의 식모, 식당, 옷자락을 날리며 누군가가 자리를 피했어. 식탁은 치워져 있었지만 거기에는 바느질 그릇, 기우다 만 속옷들이 흐트러져 있었지. 음식 냄새, 파이프 냄새, 후텁지근한 공기, 문이 열리더니 자리쿠르 씨가 나타났어. 수플로 거리에서의 그 늙은 솔개의 모습은 찾아볼래야 찾아볼 수가 없었어. 편지를 보낸 당사자이고, 시인이며, 그 위대한 양심가로 알고 있던 그분, 지금까지 알고 있던 자리쿠르 씨와는 전혀 딴판인 그분이 서 있었어. 정말 전혀 다른 모습이었어. 허리는 구부정하고, 외안경도 없이 비듬투성이의 헌 옷, 불 꺼진 파이프, 음흉한 입술을 가진 자리쿠르 씨가 말이야. 그는 방금 먹은 양배추를 소화시키기 위해, 큰 코를 난롯불에 쬐며 코를 골고 있었는지도 몰라! 만일 식모한테 정식으로 방문 신청을 했더라면 나는 분명히 쫓겨났을 거야……. 그러나 이렇게 예고 없이 갑자기 들이닥치니까 그는 나를 서재로 불렀어.

나는 대번에 무척 흥분했었어. '선생님께 드릴 말씀이 있어서.' 그는 벌떡 일어났는데, 정신이 좀 들었던 모양이야. 늙은 솔개가 모습을 나타내기 시작했어. 외안경을 쓰더니 나한테 의자를 권했어. 그제서야 늙은 귀족 같은 모습이 나타나더군. 그는 놀란 듯 이렇게 물었어. '상담이라고?' 이렇게 묻는 이면에는 '의논할 만한 사람이 아무도 없단 말인가?'라는 뜻이 담겨 있는 것 같더군. 사실 그랬지. 나는 한 번도 그런 것을 생각해 본 적이 없었어. 형, 그럴 수밖에 없지 않았어? 아무도 그런 상담을 할 상대가 없었지. 나는 언제나 형의 의견을 따르지 않았으니까……. 다른 사람의 의견도 물론 듣지 않았고……. 나는 혼자만의 생각으로 행동해 왔어. 그런 인간이야. 나는 자리쿠르 씨한테 그렇게 말했어. 그가 내 말을 열심히 들어 주는 것에 용기가 났지. 말이 술술 잘 나오더군. '저는 소설가가 되려고 합니다. 위대한 작가 말이에요…….' 나는 우선 그 말을 했어. 그는 눈썹 하나 까딱하지 않더군. 나는 계속 속마음을 털어놓았지. 나는 그분한테 설명했어……. 마침내 모든 것을! 내 자신 속에서 꿈틀거리고 있는 힘, 어떤 본질적이고 핵심적인 것, 나 자신의 것, 그 존재를 의심할 수 없는 그 어떤 것을! 또 지금까지 몇 년 동안 모든 교양을 쌓기 위한 노력도 언제나 이 깊은 가치를 해쳤을 뿐,

아무 소용도 없었다는 것을 말이야! 공부, 학교, 폭넓은 학문, 주석, 말을 지껄이는 것 따위가 못 견디게 싫어졌다는 것과 그렇게 싫은 것 속에는 자기 방어, 자기 보존과 같은 격렬한 것이 들어 있었다는 것도! 나는 입에서 나오는 대로 지껄였어! 그리고 그분한테 말했어. '선생님, 이 모든 것이 저를 짓눌러 숨이 막힐 것만 같습니다. 저의 진정한 열정이 빗나갈 것 같아 못 견디겠습니다!'"

자크는 끊임없이 변하는 눈초리로 앙투안을 뚫어지게 쳐다보았다. 그리고 그 순간, 엄격하고 열정적인 그의 눈길은 부드러우며 응석부리는 듯한 눈빛으로 변했다.

"형, 이건 정말이야!"

"그래, 알고 있어."

"아, 이것은 교만심하고는 거리가 먼 거야. 사람을 경멸하거나 흔히 말하는 야심 같은 것은 전혀 없어. 그 증거로는 이곳에서의 생활이 말해 주고 있어! 그렇지만 형, 확실히 말하겠는데, 나는 여기에서 참으로 행복해!"

얼마 있다가 앙투안이 입을 열었다.

"계속 이야기해 봐. 그때 그는 뭐라고 대답했지?"

"잠깐만 기다려. 내 기억이 옳다면 그는 아무 말도 하지 않았어. 그리고 맞아, 내가 말을 끝맺으려고 '샘'이라는 시를 한 수 읊었는데…… 산문시 같은 것이었어. 형편없었지." 자크의 얼굴이 붉어졌다. "샘가에 있는 것처럼 자신 위로 몸을 숙이며, 풀을 헤치고, 깊은 곳에서 맑은 물 한 모금을 떠낸다……. 그는 그 대목에서 내가 읊던 것을 멈추게 하더니 이렇게 말했어. '멋진 시상이군……' 그 작자가 발견한 것은 그것뿐이었어! 엉터리 같은 사람! 나는 그의 눈길을 눈여겨보았어. 그는 내 눈을 피하고는 자기 손에 낀 반지를 만지작거리고 있었어……."

"눈에 선하다."

"그는 길게 설교를 시작했어. '잘 다져진 길을 너무 경멸해서는 안 되네. 규율을 따랐을 때의 이익이라든가 유연성 운운하면서……' 아, 그도 다른 사람들과 조금도 다를 것이 없었어. 그는 아무것도 이해하지 못하고 있었던 거야! 그가 아는 것이라고는 낡아빠진 사상밖에 없었어! 나는 일부러 찾아가서 지껄인 것이 화가 날 지경이었어! 그는 얼마간 같은 말투로 계속해서 이야기했어. 오직 나를 정확히 파악하려는 생각만 있는 것 같더군. 그리고 이런 말을 했지. '자네가 속해 있는…… 그 나이 또래의 청년들은…… 이런 부류에 속해 있다고 할 수 있을지도 모르지…….' 그때 나는 화가 머리끝까지 치밀었어. '저는 분류라는 것도 싫고, 분류하는 사람도 싫습니다! 분류한다는 구실로 결국 제한하고 깎아내리는 것이지요. 그리고 인간은 이런 사람들 속에 있다가 빠져나왔을 때 깎이고 잘려 절름발이가 되는 거예요!' 그는 미소짓고 있었어. 모든 것을 참으려고 결심한 듯했어! 나는 소리를 질렀지. '선생님, 저는 교수들을 증오해요! 그래서 선생님을 만나러 온 것입니다. 선생님을!' 그는 여전히 미소만 짓고 있었어. 우쭐해진 태도였어. 그리고 인사치레로 여러 가지 질문을 하더군. 그것도 화가 치미는 질문을! 지금까지 무엇을 했느냐고요? —'저는 아무것도 안 했습니다!' 지금부터 무엇을 하려고 하느냐고요? —'모든 것을 하고 싶습니다!' 그 작자는 비웃을 용기조차 없더군. 젊은 사람한테서 평가받는 것이 너무 두려웠던 거야! 그는 젊은 사람들의 의견, 이것에만 집착하고 있었던 거야! 내가 찾아간 순간부터 그는 한 가지만 생각하고 있었어. 곧 당시에 그가 쓰기 시작한 《나의 경험》이라는 책 말이야(그 뒤에 그 책은 나왔겠지. 그러나 나는 그런 것은 절대로 읽지 않을 거야!). 그는 그 책이 실패하는 것을 두려워하고 있었어. 그리고 젊은 사람만 보면 그 책의 실패의 망상에 사로잡혀, '저놈은 내 책을 어떻게 생각하고 있을까?'라는 것에만 골몰했던 거야."

"가엾은 사람이구나!"

"그래. 나도 알고 있어. 그것은 비통한 거야! 그러나 내가 갔던 것은 그가 두려움에 떠는 것을 보려던 것은 아니었어! 나는 그래도 희망을 가지고 유명하신 자리쿠르 씨를 기대했었지. 시인, 철학자, 인간성 등 자리쿠르 씨의 어떤 것이든 상관없었어. 그러나 이런 것은 아니었지! 나는 일어섰어. 그야말로 웃기는 순간이었어. 그는 무엇인가를 중얼거리면서 나를 배웅했어. '젊은 사람들한테 조언을 한다는 것은 어려운 일이야……. 어디에나 적용되는 진리는 없어. 저마다 스스로 자신의 진리를 찾는 것이라네.' 나는 머릿속이 뒤죽박죽이 되어서 그를 뒤로하고 말없이 도망치듯 걸어나왔어! 응접실, 식당, 현관, 어둠 속에서 내가 직접 문을 열었어. 그래서 여러 가지 골동품에 부딪혔어, 그는 전등 스위치를 찾을 만한 여유도 없었지!"

앙투안은 미소를 지었다. 그 집의 방 배열, 가구, 의자, 골동품들이 생각났다. 그러자 자크는 이야기를 계속했다. 그의 얼굴은 질겁을 한 표정이었다.

"그때…… 잠깐 기다려. 어떻게 해서 그렇게 되었는지는 잘 모르겠어. 내가 그한테서 도망가는 이유를 그제야 알았을까? 내 뒤에서 쉰 목소리가 들려왔어. '이 이상 나한테서 무엇을 바라는 건가? 보다시피 나는 능력이 없어. 이제는 끝장난 인간이야!' 우리는 현관에 있었어. 나는 당황해서 뒤를 돌아보았지. 얼마나 딱한 얼굴이었는지! 그는 되풀이하고 있었어. '난 빈 껍데기야! 끝장났어! 더구나 나는 제대로 된 일 하나 못했어!' 그렇지 않다고 나는 말해 주었지. 그래, 정말 나는 진지했어. 더 이상 그에게 화가 난 것은 아니었거든. 그러나 그는 이렇게 말하면서 자기 자신에 대해서 몹시 화가 나 있었어. '아무것도 한 것이 없어! 아무것도! 그건 나 자신이 잘 알고 있어!' 내가 또 뭐라고 하자 그는 격분했어. '도대체 무엇이 여러분한테 그런 생각을 하게 하는 거지? 내가 쓴 책? 그런 것은 빈 껍데기야! 나는 내가 쓸 수 있는 것은 하나도 못 썼어! 그렇다면 나한테 또 뭐가 있어? 뭐가? 나의 직위? 강의? 한림원? 도대체 뭐지? 이것 말이야?' 그는 약식 훈장이 붙은 웃옷의 깃을 움켜잡고 흔들었어. '이것인가? 말해 보게? 이것.'"

자기 이야기에 도취되어 자크는 일어났다. 자크는 당시의 광경을 점점 격렬하게 표현했다. 그리고 앙투안은 같은 장소에서 그가 보았던 자리쿠르 씨의 모습, 천장의 불빛 아래에서 몸을 뒤로 젖힌 모습을 생각했다.

"갑자기 그는 침착해졌어. 아마 다른 사람이 듣는 것이 두려워졌나봐. 문을 열더니 오렌지 냄새와 왁스 냄새가 나는 부엌 같은 데로 나를 끌고 갔어. 마치 자신을 비웃듯이 입을 비죽거리고 있었지만 눈초리는 쌀쌀맞아 보였고, 외안경 너머로 눈은 충혈되어 있었어. 컵과 과일 접시가 놓여 있는 판자에 팔꿈치를 기대고 있었어. 어떻게 그가 그것들을 내던지지 않고 있을 수 있었는지 지금도 나는 알 수 없어. 3년 뒤인 지금까지 그때의 말투, 그가 한 말들이 생생하게 귀에 남아 있어. 그는 은은한 목소리로 장황하게 이야기를 시작했어. '나는 실은 이런 경로를 밟았네. 자네만한 나이 때, 아니 좀더 먹었을 때인지도 모르지. 마침 고등사범을 나온 뒤였네. 자네와 마찬가지로 나도 소설가를 지망했어. 또 자네와 같이 그 길로 나가려면 아무래도 자유로워져야 되겠다고 생각했지! 그리고 자네와 마찬가지로 지금까지 걸어온 길이 틀렸다는 것을 깨달았어. 누구하고라도 상담하고 싶었다네. 그래서 나는 어떤 소설가를 찾았지. 누군지 알겠나? 아니 알 수 없을 거야. 그 사람이 1880년대 청년들한테 어떤 영향을 준 인물인지 미처 상상도 못할 걸세! 나는 그 사람을 찾아갔었지. 그 사람은 내가 말하게 내버려 두고는 수염을 꼬면서 날카로운 눈으로 나를 보고만 있었어. 성미가 급한 그는 내 말을 끝까지 듣지도 않고 일어나 버렸지. 아, 머뭇거리지도 않고 말이야! 그는 's'음이 'f'음으로 들리는 소리로 이렇게 말했어. '작가의 길은 오직 하나, 곧 저널리즘이야!' 그 사람은 그렇게 말했어. 그때 내 나이 23살이었어. 나는 찾아갔을 때와 똑같이 바보가 되어 돌아온 거야! 나는 내 책들, 선생들, 친구들, 모든 경쟁, 전위파 잡지들, 토론회장─찬란한 미래를 다시 찾았어! 찬란한 미래였지!' 이렇게 말한 자리쿠르는 그 손으로 내 어깨를 툭툭 쳤어. 안경 너머로 빛나는 그 애꾸눈, 그 눈을 나는 언제까지나 기억할 거야. 그는 벌떡 일어나 내 얼굴에 침을 튀기면서 말했어. '자네, 나한테 볼일이 있어서 왔다고 했지? 어떤 조언을 해 달라고? 그래, 바로 이런 거야! 책을 버리는 것이 좋아. 본능대로 움직이게! 무엇인가를 배우는 거야. 적어도 어느 정도 천부적인 소질이 있다면 결국 모든 것은 제 힘으로 뻗어나가는 거야! …… 자네 같으면 지금도 늦지 않아. 서두르게! 생활을 시작하는 거야! 어떤 방식으로, 어디에서 하든지 그런 것은 문제가 되지 않네! 나이도 겨우 20살. 보는 눈도 있는 것 같고 다리도 야무져 보이는군. 이 자리쿠르의 말을 귀담아듣게. 어디든지 신문사에 들어가. 그리고 잡다한 기삿거리를 찾는 거야. 알겠나? 나는 결코 미친 놈이 아니야. 공동묘지를 향해 뛰어드는 거야! 자네 몸의 때를 벗겨내려면 그 길밖에 없네. 아침부터 밤까지 뛰는 거야. 사고, 자살, 소송 사건, 세상의 참극, 사창굴에서의 범죄, 어느 하나도 놓치면 안 돼! 눈을 크게 뜨고 문명이 이끄는 나쁜 것, 좋은 것, 생각하지도 않던 일, 두 번 다시 있을 수 없는 일 등 그 모든 것에 눈을 크게 떠야 돼! 그런 뒤에 인간이나 사회에 대해서, 또 자기 자신에 대해서 무엇인가 말할 수 있을 걸세!'

나는 그를 그냥 바라보는 게 아니라 마치 그를 집어먹을 듯이 바라보았지. 그리고 온몸에 전기가 통하는 것 같았어. 그러다가 모든 것이 단숨에 제자리로 돌아왔어. 그는 한 마디도 없이 문을 열고는 현관을 지나 계단 아래까지 거의 나를 내쫓다시피 했어. 그가 왜 그랬는지 지금까지도 이해가 가지 않아. 다시 정신을 차렸던 것일까? 그토록 감정이 폭발한 것이 후회스러워 그랬을까? 내가 그 사실을 누구한테 이야기할 것이 두려워서였을까? 지금도 그의 긴 턱이 떨리는 것을 보는 듯해. 그는 목소리를 낮추더니 알아듣기 힘든 빠른 어조로 이렇게 중얼거리더군. '자, 자네 서재로 돌아가는 거야!'

문이 꽝 닫혔어. 그때 될 대로 되라는 기분이 들었지. 나는 계단을 3개씩 뛰어내려와 거리로 나왔어. 들에 풀어놓은 어린 망아지같이 어둠 속에서 집까지 뛰어왔어!"

그는 흥분하여 어쩔 줄 모르며 물을 두 컵이나 따라서 단숨에 마셨다. 손이 떨리고 있었다. 물병에 부딪친 컵 소리가 쨍하고 울렸다. 조용한 가운데 그 투명한 컵 소리가 한참동안 사라지지 않았다.

앙투안은 계속 몸을 떨면서 자크의 가출 이전에 일어났던 몇 가지 사건의 연관성을 찾고 있었다. 앞뒤가 맞지 않는 점들이 많았다. 그는 주세페의 이중의 사랑에 대해서 몇 가지 숨겨진 이야기를 털어놓게 하고 싶은 생각이 들었다. 그러나 그 점에 대해서…… 자크는 '양립시킬 수 없는 일이 많아서'라고, 조금전에 한숨지으며 말했을 뿐이었다. 저렇게 끈질기게 입을 다물고 있는 것을 보면 감정적인 갈등이 가출을 결심하는 데 얼마나 중요했는지를 짐작할 수 있었다. '그렇다면' 앙투안은 생각했다. '지금은 마음속에서 감정적인 갈등이 어떤 위치를 차지하고 있을까?'

그는 간략하게 여러 가지 사실들을 모아 보려고 했다. 자크는 10월에 메종 라피트에서 돌아왔다. 그 무렵, 지젤과의 관계, 제니와의 만남은 어떠했을까? 헤어지려고 했었나? 그렇지 않으면 실현 불가능한 약속이라도 했을까? 앙투안은 파리에서 지내던 동생 모습을 그려보았다. 구체적인 공부 계획도 없이 혼자 너무 자유로웠던 그는 해결할 수 없는 문제에 휘말려 흥분과 고뇌에 파묻힌 생활을 한 것이 틀림없다. 그를 기다리고 있는 유일한 것은 생각만 해도 지긋지긋한 개학, 고등사범학교의 기숙사 생활이었는데, 그러던 중에 자리쿠르를 방문하게 된 것이다. 그래서 갑자기 넓은 지평선에 탈출구가 생긴 것이다. 곧 모든 불가능한 것들을 청산하고 뛰쳐나가 정처 없이 떠나 살아가는 것이다! '그래' 앙투안은 이제 알았다는 듯 생각을 이었다.

'그것이 바로 자크의 가출뿐만 아니라, 그가 3년 동안 죽은 듯이 침묵을 지켜온 이유인 것이다. 처음부터 새로 시작하자! 다시 시작하기 위해서 모든 것을 잊어 버리자. 모든 사람들한테서도 망각의 존재가 되자!'

'하필이면' 그에게 섭섭한 마음이 되살아났다. '내가 르아브르에 가서 집을 비웠을 때 그럴 게 뭐람. 하루만 기다려도 나를 다시 만나 이야기를 나눌 수 있었을 텐데!' 앙투안은 애써 모든 불만을 쫓아 버리고 다시 동생과 대화를 나누며 뒷이야기를 알아보려고 말을 이었다.

"그래서…… 그런 일이 있었던 다음날이었구나?"

자크는 다시 난롯가에 와 앉았다. 팔꿈치를 무릎 위에 올려놓고 고개를 숙여 몸을 웅크린 채 그는 나직이 휘파람을 불다가 눈을 치켜들었다.

"그래, 그 다음날이었어." 망설이는 듯한 어조로 덧붙여 말했다. "말다툼이 있은 직후……."

세레뇨 별장에서의 논쟁, 아버지와의 논쟁 말이구나! 앙투안은 지금까지 그것을 잊고 있었다.

"아버지는 그것에 대해서 아무 말씀도 안 하셨는데" 앙투안이 힘차게 말하자 자크는 놀라는 것 같았다. 그는 눈길을 돌렸다. 그 태도에는 이런 뜻이 엿보였다. '흥, 이미 다 끝난 일이야……. 그 문제를 다시 돌이켜 생각하고 싶지는 않아.'

'이래서 자크는 내가 르아브르에서 돌아오기를 기다리지 않았구나!' 앙투안은 이해했다는 표정을 지었다.

자크는 생각에 잠긴 듯한 태도를 취하더니 다시 나직이 휘파람을 불기 시작했다. 신경질적인 주름 하나가 눈썹 위에 그려졌다. 곧 자신도 모르게 그 비통한 순간이 떠오른 것이다. 아버지와 아들은 식당에서 대면했다. 점심식사가 끝난 직후였다. 티보 씨가 학교 개학에 관해 물었다. 격해 있던 자크는 학교를 그만두겠다고 선언했다. 말대꾸가 길어지면서 분위기는 점점 더 격렬해졌다. 아버지는 주먹으로 식탁을 쳤다. 궁지에 몰린 자크는 왈칵 흥분하여 아버지에게 대들듯이 제니의 이름을 내뱉었다. 그리고 여러 가지 위협에 맞서, 자신도 이성을 잃고 아버지를 협박하면서 입에 담을 수조차 없는 말을 퍼부어 댔다. 배수진을 단단히 치고 모든 것을 돌이킬 수 없게 해 놓은 다음에, 반항과 절망에 빠져 이렇게 외치면서 뛰쳐나갔던 것이다. '죽어 버리겠

어요!'

너무나 생생하게, 너무나 가슴 아프게 그때의 일이 생각나자 그는 무엇에라도 찔린 듯이 벌떡 일어났다. 앙투안은 그때 동생의 눈에서 얼빠진 듯한 빛을 엿보았다. 그러나 자크는 곧 다시 정신을 차렸다.

"4시가 넘었어." 자크가 일어서며 말했다. "그 일을 끝내려면……." 벌써 외투를 걸친 그는, 한시라도 빨리 이 자리를 뜨고자 하는 것 같았다. "형, 여기에서 기다려. 5시까지는 돌아올 테니까. 떠날 준비는 곧 할 수 있어. 저녁식사는 역 식당에서 하도록 하지. 그게 좋을 것 같아." 책상 위에 여러 개의 서류뭉치를 올려놓았다. "자" 하고 그가 덧붙여 말했다. "재미있어 보이면 읽어봐…… 여러 가지 기사도 있고 단편소설도 있으니까……. 2년 동안 쓴 것 중 그래도 괜찮은 것들이야……."

그는 문턱을 지나 나가려고 하다가 잠깐 머뭇거리면서 가벼운 투로 이렇게 물었다. "참, 형. 저…… 나한테 다니엘 이야기는 왜 하지 않지?"

앙투안에게는 그가 '……퐁타냉 집안 사람들은?'이라고 말하려는 것 같은 느낌이 들었다.

"다니엘 말이니? 나하고는 아주 친해졌어! 네가 집을 나온 뒤에 아주 친근하고 정답게 대해 주더구나."

자크는 마음의 혼란을 감추려고 몹시 놀란 체했다. 앙투안도 그것을 진정으로 받아들이는 것처럼 꾸몄다.

"놀랐니?" 그는 웃으면서 말했다. "물론 나하고 그 애는 많이 다르지. 그러나 나도 결국에는 그 애의 인생관을 긍정적으로 받아들이게 되었어. 상대가 예술가니까 그런 생각도 무리가 아니지. 다니엘은 상상했던 것보다 더 성공하고 있어! 1911년 뤼드비그손 개인 전시회에서 아주 유명해졌어. 그림을 팔려고 하면 얼마든지 팔 수 있어. 그러나 별로 많이 그리는 것 같지는 않아……. 그 애와 나는 딴판이지—특히 '이전'과는 다르지." 그는 고쳐 말했다. 그는 이렇게라도 자기 자신에 대해 조금 말할 기회를 얻은 것을 다행스럽게 여겼으며, 또한 자크에게 움베르토와는 다른 자신을 보이게 된 것을 즐겁게 생각했다.

"나는 이제 전과 같은 외골수가 아니야! 그럴 필요가 없을 것 같은 생각이 들어……."

"다니엘은 파리에 있어?" 퉁명스럽게 자크가 물었다. "그 애는 알고 있어?"

앙투안은 버럭 화가 치미는 것을 억눌러야만 했다.

"아니, 지금 군대에 있어. 뤼네빌에서 하사로 있어. 10개월 정도 남았지. 1914년 10월까지야. 만난 지 1년도 더 되는 것 같군."

그는 동생이 침울하고 허탈감에 사로잡힌 눈길로 자기를 쳐다보는 것에 마음이 섬뜩해져서 입을 다물었다. 혼란스러운 마음이 겉으로 드러나지 않을 것이라는 확신이 들자 자크는 입을 열었다.

"형, 난롯불은 끄지 말아."

이렇게 말하고 나서 그는 나갔다.

11. 소피아 등장하다

혼자 남게 된 앙투안은 책상 앞으로 다가가 호기심을 가지고 서류 뭉치를 펼쳐 보았다.

거기에는 여러 종류의 자료가 무질서하게 쌓여 있었다. 우선 신문에서 잘라낸 시사 문제에 관한 기사가 있었는데 '운명론자 자크'라고 서명되어 있었다. 다음은 J. 뮐렌베르크라는 가명으로 벨기에 잡지에 실린 것인데 산에 관해 노래한 것 같은 일련의 시였다. 마지막으로 일련의 단편소설로 '검은 수첩에서'라고 되어 있으며, 기자 생활을 하면서 뉴스에서 착안해 틈틈이 쓴 것 같은 스케치풍의 소설이었는데, 거기에는 자크 보티라는 서명이 있었다. 앙투안은 그 중 몇 가지를 읽어보았다. 〈80세의 사람들〉, 〈어린이의 자살〉, 〈맹인의 질투〉, 〈노여움〉 등. 일상생활에서 흔히 볼 수 있는 유형을 등장인물로 택했는데, 간략하게 묘사된 인물들은 모두 자기 나름대로 개성이 뚜렷이 드러나고 있었다. 〈라 소렐리나〉의 애매하고 어색하던 문체가 지금은 완전히 서정성에서 벗어나 소설에 많은 흥미를 느끼게 하는 진실성을 부여하고 있었다.

그러나 작품들이 재미있기는 했지만 앙투안은 쉽게 정신을 집중할 수 없었다. 오늘 아침부터 뜻밖의 일만 계속되고 더구나 혼자 있게 되자, 그는 어젯밤에 떠나왔던 병실 쪽으로 자기도 모르게 마음이 쏠렸다. 그곳에서는 어쩌면 끔찍한 일이 벌어지고 있는지도 모른다. 여기에 온 것이 잘못이었나?

아니야, 자크를 데리고 갈 테니까……

조심스러우면서도 분명하게 문을 두드리는 소리에 그의 주의는 흐트러졌다.

"들어오세요." 그가 말했다. 놀랍게도 거기에는 어두운 계단을 뒤로하고 여자의 모습이 서 있었다. 오늘 아침, 식사 때 잠깐 본 적이 있는 젊은 여자였다. 그녀는 장작이 들어 있는 바구니를 들고 있었다. 그는 엉겁결에 그것을 받으며 말했다. "동생은 나갔는데요."

그때 여인은 '알고 있습니다'라는 뜻으로 고개를 끄덕였다. '그러니까 왔지요'라는 뜻도 포함되어 있는 것 같았다. 그녀는 호기심을 감추려 하지도 않고 앙투안의 얼굴을 뚫어지게 바라보았다. 그러나 그녀의 태도에는 조금도 모호한 데가 없었다. 그만큼 중대한 이유가 있어서 진지하게 생각한 뒤에 이렇듯 대담한 태도를 보이는 것 같았다. 앙투안은 그녀의 눈매로 보아 지금까지 울다가 온 듯한 느낌을 받았다. 그녀는 별안간 눈을 깜박거리더니 단도직입적으로 비난하듯 떨리는 목소리로 물었다.

"그분을 데리고 가시나요?"

"네…… 아버님이 중태라서."

그녀의 귀에는 그것이 들리지 않는 것 같았다.

"무슨 이유 때문이죠?" 그녀는 화를 내며 말했다. 그리고 발로 땅을 찼다. "안 됩니다!"

앙투안은 되풀이했다. "아버님이 위독하십니다."

그러나 그녀는 그런 설명 같은 것은 아랑곳없었다. 두 눈에는 차츰 눈물이 글썽거렸다. 상반신을 창 쪽으로 향하고 두 손을 마주잡고는 그 손을 쥐어짜는 듯했다. 그러고 나서 힘없이 두 팔을 내려뜨렸다.

"그분은 돌아오시지 않을 것이 틀림없어요!" 침울한 목소리로 그녀가 말했다.

그녀는 키가 크고 어깨가 널찍했다. 약간 뚱뚱한 몸집에 움직일 때는 어딘가 조바심이 나 있는 듯했으나, 가만히 있을 때는 어쩐지 둔해 보였다. 두 갈래로 땋은 잿빛 윤기 나는 머리는 좁은 이마 위를 빙 둘러 목덜미 부근에서 묶여 있었다. 이렇게 왕관형의 머리 모양을 한 단정하고 엄숙한 얼굴에는 의젓한 데가 있었다. 그것은 물결 모양으로 구부러져서 강한 의지를 보여 주는 입의 윤곽 때문에 더욱 뚜렷해졌다. 그리고 입 주위에는 두 줄기의 육감적인 주름이 잡혀져 있었다.

그녀는 앙투안 쪽을 돌아보았다.

"맹세해 주세요. 그분이 돌아오는 것을 방해하지 않겠다고, 예수의 이름으로 맹세해 주세요!"

"천만의 말씀. 왜 못 오게 하겠어요?"

그는 온화한 미소를 지으며 말했다.

그 미소에 그녀는 응답하지 않았다. 눈에는 구슬 같은 눈물을 반짝이면서 앙투안을 물끄러미 바라보고 있었다. 몸에 꼭 맞는 옷을 입고 있어서 가슴이 심하게 뛰는 것이 보였다. 그녀는 앙투안이 유심히 바라보는 것을 부끄러워하지도 않았다. 가슴속에서 구겨진 손수건을 꺼내 눈을 찍고는 훌쩍거리면서 코를 풀었다. 눈꺼풀 사이의 어딘지 졸려 보이는 눈동자는 매끄럽고 육감적인 표정을 자아냈다. 잔잔한 물과 같은 그 눈동자에는 이따금 이해할 수 없는 생각의 소용돌이가 일고 있었다. 그러자 그녀는 고개를 숙였다가 다른 쪽을 보기도 했다.

"그분이 제 이야기를 하던가요? 제 이름이 소피아라고요?"

"아니요."

푸른빛이 그녀의 속눈썹 사이를 스쳤다.

"제가 이것저것 말했다고 그분한테 말하지 마세요……."

앙투안은 다시 미소를 띠었다.

"아니, 부인은 아무 말씀도 하지 않으셨는데요."

"어머나, 그렇군요." 그녀는 눈을 반쯤 감은 채 고개를 뒤로 돌리면서 말했다.

그녀는 두리번거리다가 접는 의자를 찾아냈다. 그러더니 앙투안 곁에 가져와서 별로 시간적 여유가 없는 듯 황급히 앉았다.

"이보세요." 그녀는 단호하게 말했다. "당신은 틀림없이 연극 관계 일을 보시는 분인 것 같은데."

앙투안은 아니라는 시늉을 했다.

"맞아요, 제가 가지고 있는 그림엽서의 그분과 똑같은데…… 파리의 유명한 비극 배우 말이에요."

그녀는 미소를 띠었다. 그러나 그 미소는 근심이 가득한 미소였다.

"연극을 좋아하십니까?" 앙투안은 그녀의 잘못된 생각을 깨우쳐 주는 데 시간을 소비하지 않으려고 물었다.

"영화! 연극! 참 좋아해요!"

무감각한 그 얼굴에 이따금 폭풍우가 인 것 같이 뜻밖의 혼란이 스쳐갔다. 하찮은 말을 할 때도 입을 크게 벌려 하얀 치아와 진홍빛 잇몸을 드러내기 때문에 입이 더욱 커보였다.

그는 수세에 몰렸다. "이곳에는 훌륭한 극단이 있겠지요?"

그녀는 몸을 앞으로 내밀었다. "전에 로잔에 와 본 적이 있으세요?"(이렇게 몸을 숙이고, 목소리를 낮춰 빨리 말할 때의 그녀는 상대방이 숨김없이 이야기하기를 바라고, 자신 또한 그렇게 하는 것 같았다)

"한 번도 없어요."

"그럼 또 오실 거예요?"

"그럴 겁니다!"

순간 그녀는 냉혹한 눈초리로 그의 눈을 쳐다보았다. 그녀는 여러 번 고개를 흔들었다. 그리고 마지막으로 이렇게 말했다. "거짓말." 그러고는 난로 쪽으로 걸어가서 석탄을 넣으려고 뚜껑을 열었다.

"오" 하고 앙투안은 푸념하듯 말했다. "너무 더운데……."

"그렇군요." 그녀는 손등을 볼에 대면서 말했다. 그러나 그녀는 장작 하나를 불 속에 집어 넣는 것을 세 번이나 반복했다.

"자크는 이렇게 하는 것을 좋아해요."

도전적인 어투였다.

그녀는 등을 돌린 채 얼굴을 빨갛게 물들이는 불길을 바라보면서 몸을 움츠렸다. 땅거미가 지고 있었다. 앙투안은 불꽃 후광에 쌓인 그녀의 발랄한 어깨, 목덜미, 머리털을 애정어린 눈길로 바라보았다. 무엇을 바라고 있는 것일까? 내가 자기를 바라보고 있다는 것을 분명히 알고 있을 텐데. 앙투안은 그녀의 멍한 옆모습에서 미소의 그림자를 본 것 같았다. 그러자 그녀는 몸통을 구부리더니 다시 일어났다. 난로 뚜껑을 발로 닫고는 방 안을 서성거렸다. 그러다가 테이블 위에 있는 사탕 그릇이 눈에 뜨이자 탐욕스럽게 입에 넣고 우두둑 깨물어 먹으며 사탕 몇 개를 더 움켜쥐고는 그 중 한 개를 멀리서 앙투안에게 내밀었다.

"아니, 생각 없어요." 그는 웃으면서 말했다. "이렇게라도 하지 않으면 나쁜 일이 닥쳐오거든요."

그녀는 이렇게 말하면서 사탕을 던졌다. 그는 그것을 공중에서 받았다. 그들의 눈길이 마주쳤다. 소피아의 눈은 이렇게 묻는 듯했다. '당신은 누구세요? 지금부터 당신과 나 사이에 무슨 일이 일어날지 아세요?' 투명한 금빛 속눈썹 속에 나른한 듯하면서도 욕망에 불타고 있는 그녀의 눈을 보니 여름에 비를 기다리는 모래가 떠올랐다. 그러나 거기에는 정욕보다도 권태로운 빛이 더 역력했다. '이 여인은 건드리자마자 때를 놓치지 않고 덤벼들 테지. 그리고 나중에는 이쪽을 증오하며 야비한 복수심으로 불타는 그런 종류의 여자일 거야……'

그의 마음을 짐작했는지 그녀는 방향을 바꾸어 창문 쪽으로 걸어갔다. 비 때문에 해도 빨리 저물었다.

오랜 침묵 끝에 앙투안은 서먹서먹해 하면서 물어보았다.

"무슨 생각을 하세요?"

"오, 저는 무엇을 생각하는 경우가 드물어요." 그녀는 꼼짝도 않고 솔직히 말했다.

앙투안은 되물었다.

"그래도 생각을 한다면 무엇을?"

"아무것도."

앙투안의 웃음소리를 들으며 그녀는 창가를 떠났다. 이번에는 그녀편에서 살짝 미소를 지었다. 이제는 바쁜 기색이 없었다. 팔을 흔들며 서성거리다가 문 쪽으로 가서 무심하게 문고리를 잡았다.

앙투안은 그녀가 문에 자물쇠를 잠그는 줄 알았다. 그래서 순간 얼굴이 화끈 달아올랐다.

"안녕히 계세요." 그녀는 눈을 내리뜬 채 중얼거렸다. 그녀가 문을 열었다.

놀라움과 함께 막연한 실망감을 느낀 앙투안은 몸을 앞으로 내밀어 그녀의 눈길이라도 잡아 보려고 했다. 좀 놀려 주고 싶은 생각도 들어서 호소하며 응석을 부리는 투로 메아리치듯 중얼거렸다.

"안녕……"

그러나 문은 닫혔다. 그녀는 뒤를 돌아보지도 않고 모습을 감추었다. 그의

라 소렐리나 769

귀에는 그녀가 계단 난간을 스치는 치맛자락 소리와 걸어 내려가면서 의식적으로 흥얼거리는 유행가의 한 구절이 들려왔다.

12. 로잔느 출발―자크, 슬며시 마음을 열다

점점 방 안에 어둠이 깃들었다.

앙투안은 불을 켜기 위해 자리에서 일어날 기력도 없이 꾸벅꾸벅 졸고 있었다. 자크가 나간 지 벌써 1시간도 더 되었다. 앙투안은 애써 떨쳐 버리려고 했지만 공연한 의구심이 뇌리를 떠나지 않았다. 순간순간 더해 가는 불안감 때문에 가슴은 죄어드는 듯했다. 그러나 계단을 올라오는 동생의 발걸음 소리를 들었을 때 그런 불안감은 씻은 듯이 사라졌다.

자크는 들어오면서 한 마디 말도 없었다. 방 안이 컴컴한 것도 알아채지 못한 듯 문 옆에 있는 의자에 가서 털썩 주저앉았다. 난로 불빛에 겨우 그의 얼굴이 보였다. 그는 모자를 깊이 눌러쓰고 팔에 외투를 걸치고 있었다.

그는 갑자기 신음하듯 말했다.

"형, 나를 이곳에 있도록 해 줘. 형만 돌아가. 나는 그냥 있을 테야! 형한테 되돌아오지도 못할 뻔했어……." 앙투안이 대답하기도 전에 자크는 다시 외쳤다. "아무 말 하지마. 아무 말도. 알고 있단 말이야. 아무 말도 하지마. 그래, 같이 갈게."

그는 일어나서 불을 켰다.

앙투안은 동생의 눈길을 피했다. 그리고 태연하게 뭔가를 계속 읽는 체했다.

자크는 지친 발걸음으로 방 안을 서성거리고 있었다. 그는 주변 여러 물건을 침대에 내던지더니, 가방을 열고 그 속에 속옷과 잡다한 것들을 쑤셔 넣었다. 이따금 휘파람을 불었는데, 그것은 언제나 같은 곡조였다. 앙투안은 그가 한 묶음의 편지를 불 속에 집어 던지고, 흐트러진 서류를 정리해 책장에 넣고 열쇠로 잠그는 것을 보았다. 자크는 몸을 구부려 방구석에 웅크리고 앉아 고개를 움츠린 채 흘러내리는 머리를 신경질적으로 올리면서, 무릎에 여러 통의 봉함엽서를 놓고 갈겨썼다.

앙투안의 가슴은 벅차 올랐다. 만일 자크가 '제발 부탁이야. 나를 여기 그냥 있게 해 줘'라고 말했다면, 그는 아무 말 없이 동생을 끌어안은 다음에 혼자 출발했을지도 모른다.

이번에는 자크 쪽에서 침묵을 깨뜨렸다. 구두를 갈아 신고 나서 가방을 잠그더니 형 쪽으로 다가왔다. "7시야. 나가야지."

앙투안은 아무 대답도 않고 떠날 채비를 했다. 준비가 끝나자 그는 이렇게 물었다. "도와줄까?"

"아니, 괜찮아."

형제는 낮에 나누었던 것보다 훨씬 나지막한 소리로 이야기했다.

"가방을 다오."

"무겁지 않아……. 형이 먼저 나가."

그들은 소리도 거의 내지 않고 방을 가로질러 나갔다. 앙투안이 먼저 방을 나갔다. 그는 뒤에서 자크가 불을 끄고 조용히 문을 닫는 소리를 들었다.

저녁식사는 역 식당에서 간단히 끝냈다. 자크는 아무 말도 하지 않았다. 식사도 거의 손을 대지 않았다. 앙투안도 동생 못지않게 근심에 차 있어서 동생의 침묵을 존중했다. 그렇다고 애써 자기 감정을 위장하지도 않았다.

열차는 플랫폼에 들어와 있었다. 그들은 출발시간을 기다리며 서성거렸다. 지하도에서는 많은 여행자들의 물결이 끊이지 않고 밀려 나왔다.

"기차가 만원이겠는데" 하고 앙투안이 말했다.

자크는 아무 말 않고 있다가 갑자기 입을 열었다.

"내가 여기 온 지 벌써 2년 반이나 되었어."

"로잔에 말이야?"

"아니……. 스위스에 머문 지가 말이야." 잠시 걷다가 자크는 또다시 중얼거렸다. "즐거웠어. 1911년 봄은……."

그들은 또다시 침묵 속에서 열차를 따라 걸어갔다. 자크는 지나간 일을 곰곰이 생각하고 있었음이 틀림없다. 왜냐하면 묻지도 않는데 불쑥 다음과 같이 설명을 했기 때문이다.

"내가 독일에 있었을 때 두통이 아주 심했어. 그래서 하루라도 빨리 공기 좋은 스위스로 오기 위해 푼푼이 돈을 모았지. 내가 이곳에 온 것은 봄이 한창이던 5월 말이었어. 산에도 갔어. 루체른 주에 있는 뮐렌베르크에 정착했지."

"아, 뮐렌베르크 말이구나……."

"그래, '뮐렌베르크'라고 서명한 시는 모두 그곳에서 쓴 거야. 그때는 참일도 많이 배웠어."

"오래 있었니?"

"반 년. 농부집에서. 자식이 없는 노부부였어. 참 멋진 반 년이었어. 봄이얼마나 화려했는지! 여름은 또 얼마나 멋지고! 도착하던 날에 창문을 통해경치를 보고는 얼마나 황홀했던지! 탁 트이고 물결치는 듯한 풍경이 소박한여러 개의 선으로 뻗어 있었어. 고결하다고 할까! 나는 아침부터 밤까지 밖에만 있었어. 꽃과 야생꿀벌들이 들끓고 있는 초원. 암소 떼들을 풀어 놓은경사진 큰 목장. 작은 강 위의 나무다리……. 나는 걷고 또 걸었어. 걸으면서 배웠지. 온종일 걸었어. 때로는 해가 지고 밤이 되어도…… 어둠 속에서도……."

자크는 팔을 천천히 들어올리더니 곡선을 그렸다. 그리고 다시 팔을 내렸다.

"그런데 두통은?"

"오, 그렇게 쉬니까 아주 좋아졌어! 뮐렌베르크가 내 병을 고쳐 준 셈이지. 지금까지 머리가 그렇게 시원하고 가벼웠던 적은 한 번도 없었어!" 그는그 당시를 떠올리며 미소를 지었다. "그래도 이런저런 생각과 계획과 망상으로 내 머리는 가득 차 있었지……. 내가 일생을 통해 무엇인가를 쓴다면,그것은 모두 그해 여름 그토록 맑은 공기 속에서 싹튼 것이라고 생각해. 그처럼 감격스럽게 보내던 하루하루를 지금 생각해 보면……. 아, 그때야말로행복감에 도취되는 것이 무엇인지를 실감했어! 이런 일도 있었어—말하기좀 부끄럽지만, 이유 없이 마구 뛰어다니다가 풀 속에 넙죽 엎드리곤 했어.그러고는 흐느껴 울었지. 말할 수 없는 도취감에 사로잡혀 울었던 거야. 내가 좀 떠벌리는 것 같아? 거짓말 하나도 안 보탠 사실이야. 어떤 때는 너무울어서 세수를 하려고 산속에 있는 작은 샘까지 빙빙 돌아서 갔던 적도 있었어." 그는 아래를 보며 잠시 말없이 걷다가 고개를 들지도 않고 거듭 말했다. "그렇군, 지금 생각해 보면 벌써 2년 반 전의 일이야."

그러고는 기차가 떠날 때까지 침묵을 지켰다.

기차는 한 치의 오차도 없이 시간표에 따라 정확하게, 기적 소리도 내지않고 출발했다. 자크는 냉담한 눈길로 텅 빈 플랫폼이 사라져가는 것과, 기차 속도에 맞춰 여기저기 불빛이 반짝이는 교외가 점점 빠르게 지나가는 것을 보았다. 다시 모든 것은 암흑으로 변했다. 그리고 그는 무방비 상태로 어둠 속으로 끌려가는 듯한 느낌이 들었다.

주위를 메우고 있는 낯선 사람들 속에서 그는 눈을 들어 형을 찾았다. 앙투안은 그곳에서 몇 미터 떨어진 통로에 서서 반쯤 등을 돌리고는 어두운 전원을 바라보고 있었다. 형의 곁에 가고 싶다는 욕망이 그를 사로잡았다. 그리고 전부 털어놓고 이야기하고 싶은 생각이 다시 들었다.

그는 여행자들 사이를 겨우 뚫고 형 있는 데까지 갔다. 그는 힘차게 형의 어깨를 흔들었다.

발 디딜 틈도 없이 통로를 메우고 있는 여행자와 짐 사이에 끼어 있던 앙투안은 자크가 대수롭지 않은 말을 하려는 것으로 여겼다. 그래서 몸을 돌릴 생각도 하지 않고 고개만 돌린 채 머리를 기울였다. 가축들이 우리 안에 처박혀 있듯이 좁은 통로에서 꼼짝도 못한 채, 게다가 기차의 소음과 흔들림에 시달리고 있던 자크는 형의 귀에다 입을 바짝 대고 속삭였다.

"형, 형은 알고 있어야만 해. 처음에 나는…… 그야말로……"

그는 이렇게 외치고 싶었다. '나는 도저히 입에 담을 수 없는 생활을 했어. 정말 천한 일을 해 왔어. 통역…… 안내원…… 별의별 것을 다했어. 아주 구렁텅이에 빠진 처참한 생활. 유대인 동네 생활이었어……. 친구라고는 모두 형편없는 것들, 크뤼제 영감, 셀라도니오…… 카롤리나…… 어느 날 밤에 그놈들이 부둣가에서 나를 몽둥이로 두들겼어. 그리고 병원. 머리가 아픈 것도 바로 그 때문이야……. 그리고 나폴리…… 독일에서는 뤼페르와 로사 부부…… 뮌헨에서는 월프리트 때문에 나는…… 구치소에 들어갔어…….' 그러나 형에게 털어놓고 싶은 생각이 치밀수록, 그리고 무수한 추억이 어지럽게 떠오를수록, 그에게는 말로 표현할 수 없는 이 과거가 정말로 '입 밖에 낼 수 없는' 것으로 여겨졌다. 그뿐만 아니라 도저히 말로는 다 하지 못할 것 같은 느낌이 들었다.

그는 의기소침해져서 이렇게 중얼거리기만 했다.

"형, 나는 입에 담을 수 없는 생활을 했어……. 입에 담을 수 없는…… 입에-담을 수-없는!"(그에게는 세상의 모든 치욕이 담긴 이 말, 절망적인 목소리로 되풀이 하는, 무게감이 느껴지면서도 힘 없는 이 말이 깊이 뉘우치는 것만큼이나 차츰 그의 마음을 가라앉혀 주었다.)

앙투안은 완전히 자크 쪽으로 돌아섰다. 주위에 사람들이 많아서 거북해진 데다가 자크가 목소리를 높이지나 않을까 걱정하면서, 그리고 자크가 무슨 말을 할까 조바심을 품고 있으면서도 그는 웃음 띤 얼굴을 보이려고 애썼다. 그러나 자크는 벽에 어깨를 기대고는 이제 더 이상 아무 말도 하고 싶지 않다는 태도를 보였다.

여행자들은 통로에서 차량 안으로 들어갔다. 이윽고 주위가 조용해져서 두 형제는 마음 놓고 이야기할 수 있게 되었다.

이제까지 아무 말 없던 자크가 다시 이야기를 하려는 듯 갑자기 형 쪽으로 몸을 숙였다.

"형, 무엇보다도 무서운 것은, 그것은…… 정상적인 것이…… 무엇인지를 모르는 거야. 아니, '정상적'이라는 말을 하는 게 아닌데. 바보같아……. 글쎄 뭐라고 말해야 좋을까? ……자기의 감정이라든가 오히려 본능 같은 것……. 형은 의사니까 알 수 있을 거야." 자크는 눈살을 찌푸리고 어둠 속을 바라다보면서 침울한 목소리로 말했다. 그러면서 말할 때마다 말문이 막혔다. "들어 봐." 그는 말을 이었다. "인간은 가끔 여러 가지를 느끼는 거야……. 어떤 때는 이쪽으로 ……또는 저쪽으로…… 여러 가지 종류의 비약을 하지. 마음 깊은 곳에서 솟아나는 비약 말이야. ……그러면서 다른 사람도 자기와 같은 것을 느끼고 있는지, 아니면 나 혼자만 이러는 것인지 모른단 말이야! ……형, 내가 말하는 것을 알아듣겠어? 형은 많은 사람들과 많은 병의 증상들을 봤잖아. 그러니까 형은…… 말하자면…… 일반적인 것과 그리고…… 예외적인 것을 알고 있을 거야. 그렇지만 우리같이 아무것도 모르는 사람들한테는 이 점이 참 불안해……. 예를 들어 13, 14세 때 순간적으로 치밀어오르는 낯선 그 욕망, 스스로를 보호할 겨를도 없이 우리를 엄습해 오는 불투명한 생각들, 그러면서 그것을 부끄럽게 생각하고 큰 잘못이나 저지른 것 같이 괴로워하며 숨기려고 하는 그것 말이야……. 그리고 언젠가는 이것보다 더 자연스럽고 즐거운 것이 없다는 것을 알게 되지, 비록……. 그리고 누구나 모두 우리와 똑같지……. 알겠어? ……그런데 마찬가지로 모호한 것들도 있어. 본능적인 것…… 엄연히 우리 앞에 있는……. 형, 그것에 대해서는 내 나이가 되어도…… 뭐가 뭔지…… 아직도 확실히 모른단 말이야……."

별안간 그의 얼굴은 긴장되었다. 갑자기 다른 생각이 그를 괴롭혔던 것이다. 그는 자신도 모르는 사이에 영원한 친구인 형과 자기가 얼마나 빨리 연결되는지를, 그리고 형을 통해 모든 과거와 연결되는지를 알게 된 것이다! 어제까지만 해도 넘을 수 없는 깊은 구렁이 있었는데…… 그런데 겨우 반나절도 안 되어 이렇게 사정이 바뀌었으니……. 그는 주먹을 불끈 쥐고는 고개를 숙였다. 그러고는 입을 다물었다.

몇 분 뒤 그는 이를 악 물고 고개를 숙인 채 차량 안의 좌석으로 되돌아갔다.

그가 갑자기 차량으로 돌아가는 것을 보고 놀란 앙투안도 그 뒤를 쫓아가려고 했다. 그때 앙투안은 희미한 어둠 속에서 동생이 꼼짝도 하지 않고 있는 것이 눈에 띄었다. 잠든 체하는 자크의 꼭 감은 두 눈에는 눈물이 고여 있었다.

La Mort du père
아버지의 죽음

1. 죽음 앞에 선 티보 씨

앙투안이 스위스행 기차를 타기 전에 24시간 동안 집을 비우게 될 것이라고 베즈 유모에게 말하러 왔던 그날 저녁, 처음에 늙은 유모는 그의 말을 별로 귀담아듣지 않았다. 자그마한 책상 앞에 앉아서 그녀는 메종 라피트와 파리 사이에서 없어진 야채 바구니에 대한 배상청구 편지를 쓰느라고 한 시간 전부터 큰 고생을 하고 있었다. 굉장히 화가 난 그녀는 다른 것을 생각할 겨를이 없었다. 그럭저럭 편지를 다 쓰고 난 다음 어지간히 늦어서야 잠을 잘 채비를 하고 기도를 시작했다. 그때 문득 앙투안이 한 말이 머릿속에 떠올랐다. '……테리비에 의사에게 잘 말해 놓았으니까 부르기만 하면 곧 올 준비가 되어 있다고 세린느 수녀한테 일러두세요.' 그러자 오늘 저녁 당장 이 책임에서 벗어나려는 초조한 생각에서, 시간이 늦은 것도 아랑곳없이, 기도도 끝내지 않은 채 그녀는 세린느 수녀에게 일러두기 위해 아파트를 가로질러 달려갔다.

10시가 가까워왔다.

티보 씨의 방에는 전깃불이 꺼져 있었다. 방 안은 냄새를 없애기 위해 벽난로에 피워 놓은 장작 불빛으로 겨우 밝혀져 있을 뿐이었다. 이러한 조치는 날이 갈수록 더욱 필요해졌는데, 그런데도 찜질약의 시큼한 냄새, 에테르, 아이오딘, 아니면 페놀, 그리고 진통제의 박하뇌 냄새, 특히 쇠약해진 몸에서 나는 악취를 없앨 수는 없었다.

당장에는 환자가 거의 고통스러워하지 않았다. 코를 골기도 하고 무엇인가 중얼거리면서 선잠을 자기도 했다. 몇 달 전부터 그는 숙면이라든가 편안한 휴식을 맛보지 못했다. 그에게 잠을 잔다는 것은 의식을 잃는 것이 아니라, 시간의 흐름을 그때그때 기억에 담는 것을 잠깐 멈추는 것에 지나지 않았다. 그것은 자신의 사지를 반쯤 마비상태로 내버려 두는 것이었다. 그러나 그의 두뇌는 여러 가지 영상을 만들어 내고, 자신의 지나간 삶의 단편들이 어지럽게 계속 이어지는 지리멸렬한 필름을 투사하는 것을 잠시도 멈추지 않았다. 그것은 마치 추억의 행렬처럼 매력 있으면서도 악몽처럼 피곤한 광경이었다.

오늘 저녁에도 그런 혼수상태가 환자를 불안에서 벗어나게 하지 못했다. 환자는 이런 감정에 짓눌려 자신의 환각 속으로 빠져들었다. 곧 시시각각으로 커지는 불안감, 이것은 그를 갑자기 기숙사 공동침실을 지나 중학교 건물 속으로, 지붕 덮인 운동장, 예배당, 운동장까지 쫓아 달아나게 했던 것이다……. 바로 거기, 체육관 입구에 있는 성 요셉 상 앞에서 그는 머리를 두 팔 사이에 넣고 주저앉았다. 며칠전부터 그에게 감돌던 무어라 말할 수 없는 무시무시한 것이 어둠의 한복판으로부터 갑자기 튀어나와 그를 짓누르려 할 때 그는 깜짝 놀라 잠에서 깼다.

보통 때는 컴컴한 방 한구석을 이상하고 희미한 불빛이 비추고 있었는데, 병풍 뒤에 그림자 두 개가 벽의 돌출부까지 늘어져 있었다. 그는 소곤거리는 소리를 들었다. 유모의 목소리였다. 언젠가도 한 번 이런 한밤중에 자신을 부르러 온 적이 있었는데……. 자크, 그 녀석의 발작…… 아이들 중에 누가 아픈가? 지금 몇 시나 됐을까?

세린느 수녀의 목소리가 티보 씨를 다시 정신 들게 했다. 말소리는 똑똑하게 들리지 않았다. 그는 숨을 죽이고 귀를 기울였다.

좀더 명확한 몇 마디가 그에게 들려왔다. "……의사한테는 일러 놓았다고 앙투안이 말했어요. 곧 와 주실 거라고……."

아니구나, 환자란 바로 자신이로구나! 왜 의사를 불렀을까?

여러 가지 무서운 생각이 거듭 떠오르기 시작했다. 몸이 더 나빠졌나? 무슨 일이 일어났나? 잠을 잤나? 용태가 나빠진 것을 자신은 모르고 있었구나. 의사를 오라고 했다니. 이 한밤중에. 끝장이구나! 이제 죽는구나!

그때 이제 곧 죽는다고 그가 엄숙하게 선언했던 모든 말들이—사실 그것을 믿지는 않았지만—머리에 떠올랐다. 그러자 그의 몸은 땀으로 흠뻑 젖어 버렸다.

그는 누군가를 부르고 싶었다.

"나 좀 봐라! 살려 줘! 앙투안!"

그러나 들릴까 말까 한 소리만이 흘러나왔다. 그 목소리가 하도 비통해서 세린느 수녀는 병풍을 밀어젖히면서 달려와 불을 켰다.

그녀는 그것이 발작임을 이내 알아차렸다. 보통 때는 밀랍색이었던 노인의 얼굴이 붉은색으로 변했다. 눈을 부릅뜬 채 말 한 마디도 하지 못했다.

그런데 티보 씨는 자신의 주위에서 일어나고 있는 일에 대해 전혀 주의를 기울이지 않고 있었다. 그의 머리는 한 가지 생각에만 매달려서 냉혹하리만치 명석하게 움직이고 있었다. 잠깐 그는 자기 병의 흐름을 더듬어 보았다. 수술, 몇 달 동안의 휴양, 재발, 점진적인 병세의 악화, 약의 효과가 점점 줄어드는 데서 오는 통증. 이런 여러 가지 사실이 이어지면서 비로소 의미를 가지게 되었다. 이번에는, 이번에는 정말 틀림없어! 조금전만 해도 삶을 지탱시켜 주었던 안도감이 사라지면서 그 자리에 갑자기 공허감이 움푹 자리 잡았다. 그 공허감이 너무 갑작스러운 것이어서 모든 균형은 금세 깨지고 말았다. 통찰력마저 사라졌다. 그래서 이제는 생각하는 일조차 불가능하게 되었다. 인간의 지능은 본질적으로 미래지향적이므로 미래의 모든 가능성이 사라지는 순간, 그리고 정신의 모든 움직임이 막연하게나마 죽음에 바로 닿아 있을 때 생각을 한다는 것이 불가능한 법이다.

환자의 두 손이 시트를 움켜잡았다. 그는 두려움에 사로잡혔다. 고함치려 했으나 그럴 수가 없었다. 자기 자신이 눈사태 속의 지푸라기처럼 휩쓸려가는 듯했다. 아무것에도 매달릴 수가 없었다. 모든 것이 뒤집히고 모든 것이 그와 함께 침몰했다……. 마침내 목구멍이 뚫리자 두려움이 그곳을 빠져나와 공포의 외마디 소리를 내뱉었다. 그러나 그것도 곧 막혀 버렸다.

유모는 굽은 등을 펼 수 없으므로 무슨 일이 일어났는지 볼 수가 없었다. 그녀는 소리치며 말했다.

"맙소사, 무슨 일이에요? 무슨 일이에요? 수녀님."

어떻게 해야 하나? 누구를 부르지? 앙투안은 집에 없으니. 옳지, 신부님! 베카르 신부님을 불러야지!

하녀들은 아직 부엌에 있었다. 그들은 아무 소리도 듣지 못했다. 유모의 몇 마디 말을 듣더니 아드리엔느는 성호를 그었다. 그러나 클로틸드는 숄을 핀으로 꽂고 돈지갑과 열쇠를 챙겨들고 뛰어나갔다.

2. 베카르 신부, 티보 씨를 달래며 천명임을 납득시키다

베카르 신부는 그가 현재 교구재산 관리업무를 담당하고 있는 대주교 교구의 종무실 근처 그르넬 거리에 살고 있었다. 그는 아직도 사무용 책상에 앉아 있었다.

클로틸드가 타고 온 택시는 몇 분 뒤 그녀와 신부를 위니베르시테 거리로 인도했다.

유모는 현관 의자에 걸터앉아 두 사람을 기다리고 있었다. 신부는 그녀가 이마에 머리띠도 하지 않고 머리카락을 뒤로 젖혀 잠옷 위로 많아 늘여 두었으므로 처음에는 그녀를 알아보지 못했다.

"아이고" 하며 그녀는 신음하듯 말했다. "빨리 가 보세요, 신부님…… 두려움이 없어지도록……."

신부는 그녀에게 인사를 하는 둥 마는 둥 하고는 방 안으로 들어갔다. 이불을 걷어 젖히고 있는 티보 씨는, 이 침대, 이 집으로부터 벗어나 어둠 속으로 달아나고 싶었으며, 이 지긋지긋한 위협을 피하고 싶었다. 그는 자신의 목소리를 되찾았다. 그리고 상스런 말로 욕설을 퍼부어 댔다.

"몹쓸 년! 빌어먹을 년! 더러운 년! ……에이, 망할 년! 잡년!"

갑자기 그의 눈길은 열려진 문 안쪽에서 빛을 받고 서 있는 신부에게로 옮겨 갔다. 환자는 조금도 놀란 기색을 나타내지 않았다. 그러나 잠깐 말을 멈추었다가 소리쳤다.

"당신이 아냐! ……앙투안! ……앙투안은 어디 있어?"

신부는 모자를 의자 위에 던지고는 힘차게 다가갔다. 언제나 그렇지만, 그의 얼굴은 굳어져 있어서 그가 얼마나 충격을 받았는지 알 수 없었다. 그러나 반쯤 올린 팔과 반쯤 벌린 손은 도와주려고 하는 그의 마음을 나타내고 있었다. 그는 침대까지 가서 뚫어지게 자기를 보고 있는 티보 씨에게 아무 말도 하지 않고 간단히 신의 가호를 빌었다.

그러고 나서 큰 소리로 엄숙하게 기도를 드렸다.

"하늘에 계신 우리 아버지, 이름을 거룩하게 하옵시며 나라에 임하옵시며 그 뜻이 하늘에서 이룬 것 같이……."

티보 씨는 흥분을 가라앉혔다. 그는 신부와 수녀를 번갈아가며 멍하니 바라보았다. 입술은 늘어지고 얼굴은 잔뜩 찌푸리고 있어서 금방 울음을 터뜨릴 어린아이의 모습과 같았다. 머리를 좌우로 흔들더니 마침내 베개 위로 떨구었다. 비웃음과 비슷하던 흐느낌이 차츰 뜸해지다가 마침내 입을 다물었다.

신부는 수녀 곁으로 다가갔다. "괴로워하시나요?" 하고 그는 목소리를 낮추어 물었다.

"그다지 심하지는 않으셨어요. 조금전에 주사를 놓아드렸습니다. 보통 때는 고통이 자정이 지나서야 다시 시작되었었는데."

"좋아요. 우리 둘만 있게 해 주세요……. 그리고" 하며 그는 덧붙여 말했다. "의사한테 전화를 걸어 주세요." 그의 거동은 마치 '내가 모든 것을 할 수는 없지'라고 말하는 것 같았다.

세린느 수녀와 아드리엔느는 소리 없이 물러갔다.

티보 씨는 선잠이 든 것 같았다. 베카르 신부가 오기 전에도 이렇게 몇 번이나 무의식 속에 빠져들어 갔다. 그러나 그러한 갑작스런 무의식 상태는 오래 가지 않았다. 그는 곧 의식 세계로 떠올라 와 공포를 느끼며 다시 새로운 힘으로 몸부림치기 시작하곤 했다.

신부는 이 소강 상태가 짧으리라는 것과, 이때를 놓치면 안 되겠다는 직감이 들었다. 얼굴이 확 달아올랐다. 직무상 해야 하는 모든 것 중에서도 죽음을 맞이하는 사람에게 격려와 위안을 주는 일은 언제나 그가 가장 두려워하는 일이었다.

그는 침대로 다가갔다.

"괴로우시지요, 형제여…… 가장 힘든 때를 겪고 계십니다. 혼자 담아 두지 말고 하느님께 고백하시지요……."

티보 씨가 돌아눕더니 심히 불안한 눈길로 신부를 바라보았으므로 신부는 눈을 깜빡거렸다. 그런데 환자의 눈에는 이미 분노, 증오, 경멸의 빛이 이글거렸다. 그것도 잠시, 갑자기 공포의 빛이 되살아났다. 그런데 이번에는 괴로워하는 표정이 무척 안쓰러워 신부는 눈을 아래로 깔고 얼굴을 반쯤 올려야만 했다.

환자는 이를 딱딱 마주쳤다. 그러고는 더듬거리며 중얼거렸다.

"아이고, 아이고…… 무서워……."

신부는 마음을 가다듬었다.

"저는 도움을 드리려고 왔습니다" 하며 그는 부드럽게 말했다. "먼저 기도합시다. 우리 안에 하느님이 계시도록 기원합시다. 자, 함께 기도합시다, 형제여."

티보 씨는 신부의 말을 가로막았다.

"그렇지만! 이것 보세요! 나…… 나는 지금, 나는 곧……."(그는 명확한 말로 죽음과 맞설 용기가 없었다)

그는 괴상한 눈초리로 어두침침한 방구석을 바라보았다. 어디에서 구원을 찾을까? 그의 주위에는 어둠이 짙어지고 있었다. 그는 소리를 질렀다. 침묵 속에서 터져나오는 것이었기에 신부에게는 오히려 한결 마음이 놓이는 것이었다. 그러고는 온 힘을 다해 불렀다.

"앙투안! 앙투안은 어디에 있지?" 신부가 손을 움직이자 이렇게 소리 질렀다. "당신은 가만히 있어요! ……앙투안!"

그러자 신부는 방법을 바꾸었다. 그는 몸을 바로 세우고 고해자를 고통스러운 듯이 바라보았다. 그리고 나서 마치 마귀를 쫓는 것처럼 팔을 크게 움직여 두 번째로 신의 가호를 빌었다.

이런 침착한 태도가 결국 티보 씨를 화나게 만들었다. 찌르는 듯한 허리의 통증에도 불구하고 팔꿈치로 몸을 일으키더니 주먹을 불쑥 내밀었다.

"몹쓸 놈! 추잡한 놈! 그리고 당신, 당신의 넋두리! 집어치워!" 그러고 나서 절망적으로 외쳤다. "말해 두지만 나는 곧…… 죽을 거야! 살려 줘!"

신부는 선 채로 대꾸도 하지 않고 물끄러미 환자를 바라보았다. 이번에야말로 티보 씨는 자신의 삶이 막바지에 이르렀다고 확신하고 있었을지 모르나, 어쨌든 신부의 이러한 침묵이 그에게는 결정적인 충격을 안겨 주었다. 오한으로 몸을 떨며 힘이 빠지는 것을 느꼈다. 그리고 턱에 흘러내리고 있는 침을 가누지도 못하면서 신부가 자기의 말을 잘 알아듣지 못하고 있기나 한 것처럼 애원하는 말투로 되풀이했다.

"나는 곧 죽—을 거야…… 나는 곧 죽—을 거야……."

신부는 한숨을 쉬었다. 그러나 부인하는 몸짓은 하지 않았다. 그는 언제나 참다운 자비란 죽어가는 사람들에게 헛된 환상을 갖게 하는 것이 아니라고 생각했다. 그리고 정말 죽음이 바로 앞에 찾아왔을 때, 인간을 공포로부터 벗어나게 하는 단 하나의 처방은 다가오는 죽음을 부정한다든가 또는 그 죽음을 은밀하게 느낀 육체가 그 죽음 앞에서 몸부림치는 것이 아니라, 오히려 그것을 바로 보고 기꺼이 받아들이는 것이라고 생각했다.

그는 잠시 시간 여유를 두었다가 다시 용기를 내어 분명하게 말했다.

"그러나 설사 그렇다 하더라도, 형제여, 그것 때문에 그렇게 두려워할 필요가 어디 있습니까?"

노인은 얼굴을 얻어맞기나 한 것처럼 베개 위로 쓰러지면서 신음소리를 냈다. "아이고…… 아이고……."

이제는 끝장이다. 그는 소용돌이에 휘말려서 정처 없이 떠내려가다가 결국 가라앉는 듯한 느낌이 들었다. 그래서 그의 의식 최후의 번득임은 허무함을 좀더 잘 헤아려보는 데만 쓰일 뿐이었다. 다른 사람들의 경우 죽음이란 흔히 있는 일이며 자신들과는 무관한 것이었다. 수많은 단어 중의 한 단어에 지나지 않았다. 그러나 그에게 죽음은 현재의 전부이며, 바로 현실인 것이다! 그리고 그 자신인 것이다! 심연을 향해 크게 떠 있고, 현기증 때문에 휘둥그레진 두 눈에는 살아 있는 얼굴, 그러면서도 낯선 신부의 얼굴이 낭떠러지를 사이에 두고 아주 멀리서 나타났다. 세상으로부터 내쫓긴 홀로인 존재. 무서운 공포를 안고 있는 고독한 사람. 절대 고독의 밑바닥에 이르다!

조용한 가운데 신부의 목소리가 울려 퍼졌다.

"자, 들어 보세요. 주님께서는 우리 위에 죽음이 갑자기, Sicut latro, 곧 '도둑처럼' 달려드는 것을 원하지 않으십니다. 우리는 그런 은총을 받아들일 준비를 해야 합니다. 왜냐하면 영원한 삶의 문턱에서 이러한 예고는—주님께서 죄인들인 우리한테 해 주실 수 있는 것 중의 하나인—가장 커다란 것이니까 말입니다……."

티보 씨는 바위에 부딪히는 파도처럼 공포로 굳어진 자신의 머리를 헛되이 때리는 신부의 말들을 아주 멀리서 들었다. 순간 그는 지금까지의 버릇대로 무엇인가 기댈 곳을 찾기 위해 하느님을 생각해 보려고 애썼다. 그러나 그런 충동은 처음부터 깨지고 말았다. 영생, 은총, 하느님…… 이런 것들은 이해할 수 없게 된 언어, 곧 무서운 현실에 대처할 수 없는 헛된 말들이었다!

"하느님께 감사를 드립시다" 하며 신부는 말을 계속했다. "하느님께서 그들을 하느님 당신의 소망과 이어지게 하기 위해 그들의 소망으로부터 떠나게 하는 사람들은 행복합니다. 기도합시다. 함께 기도합시다. 형제여…… 온 정성을 다해 기도합시다. 그러면 하느님께서 당신을 구해 주실 것입니다."

티보 씨는 머리를 돌렸다. 공포의 밑바닥에는 어떤 난폭함이 이글거리고 있었다. 할 수만 있었다면 그는 기꺼이 신부를 때려눕혔을 것이다.

그는 하느님을 모독하는 말을 서슴지 않고 입에 담았다.

"하느님이라고? 무슨 말이야? 무슨 도움? 결국은 바보 같은 소리야! 정말로 '그가' 아니라고? 이렇게 되길 '그가' 바라지 않았단 말이지?" 그는 씩씩거렸다. "그런데 도대체 나를 어떻게 구한다는 거야?" 하고 그는 화가 나서 외쳤다.

그는 조금전에 괴로운 나머지 하느님을 부인한 사실도 잊고 토론하기 좋아하는 성격으로 다시 돌아갔다. 그는 탄식하는 소리를 질렀다.

"아, 하느님은 어째서 나를 이 지경으로 만드는 걸까!"

신부는 고개를 저으며 이렇게 말했다. "너희가 나에게서 멀리 있다고 생각할 때, 나는 언제나 너희와 가장 가까운 곳에 있느니라……."

티보 씨는 듣고만 있었다. 잠시 아무 말이 없었다. 신부 쪽으로 돌아눕더니 이번에는 슬픈 시늉을 하며 말했다. "신부님, 신부님" 하며 그는 애원했다. "어떻게 해 줄 수 없습니까? 당신이 기도해 주세요! ……그것이 가능하지 않다고 말씀하시는 겁니까? 제발 나를 죽게 내버려두지 마세요!"

신부는 의자 쪽으로 다가가서 앉았다. 그리고 살짝 누르기만 해도 핏기가 가셔 흰 자국이 남는 부어 있는 그 손을 잡았다.

"아" 하고 노인은 소리를 질렀다. "신부님, 당신도 곧 알게 될 겁니다. 당신도 그때가 되면 알게 될 겁니다!"

신부는 한숨지었다.

"누구라도 '나한테는 그런 유혹이 없을 것이다'라고 말할 수는 없지요……. 그러나 나는 죽음이 다가온 순간에 나로 하여금 늦지 않게 정신을 가다듬을 수 있도록 도와줄 친구를 보내 주시기를 하느님께 부탁할 겁니다."

티보 씨는 눈을 감았다. 조금전의 움직임이 등골에 있는 딱지를 건드려 시뻘겋게 달아오른 쇳덩이처럼 그를 따갑게 했다. 노인은 몸을 쭉 뻗었다. 그리고 꼼짝도 않은 채 꽉 다문 입으로 같은 말을 띄엄띄엄 되풀이했다. "아이고…… 아이고……."

"자, 보세요. 당신은 신자이십니다." 신부는 조심스럽고도 슬퍼하는 듯한 목소리로 말을 이었다. "이 지상에서의 삶이 언젠가는 끝난다는 사실을 잘 알고 계시잖습니까. Pulvis es (너는 티끌의 몸이니라)…… 이런 생명이 우리들의 것이 아니라는 사실을 잊으셨습니까? 마치 당신이 얻은 것을 빼앗기는 것 같이 난리를 피우시는군요! 그러나 우리의 생명은 하느님한테서 다만 빌어온 것에 지나지 않는다는 것을 아셔야 합니다. 이제 그 빚을 갚으려 할 때 흥정을 하고 있다니 정말 배은망덕한 짓입니다……."

티보 씨는 눈을 슬며시 뜨고는 신부에게 원망이 가득한 눈길을 보냈다. 그리고 천천히 방 안을 둘러보았다. 매우 어두웠지만 그가 익히 알고 있는 방 안의 모든 물건들을 두루 살펴보았다. 오래전부터 매일 보아왔고, 단 하루도 그에게서 떨어져나간 적이 없는 그의 소유물들.

"이 모든 것들과 헤어지는 건가!" 하며 그는 중얼거렸다. "나는 그러고 싶지 않아!" 그는 갑자기 오한이 나서 몸을 떨었다. 그는 되풀이했다. "무서워!"

신부는 가엾고 불쌍한 생각이 들어 앞으로 더 몸을 굽혔다.

"예수님께서도 단말마의 고통과 피의 노고를 경험하셨습니다. 예수님께서도 어느 한순간, 아주 짧은 순간, 아버지이신 하느님의 뜻을 의심한 적이 있었습니다. Eli Eli, lamma sabacthani! '나의 하느님, 나의 하느님! 어찌하여 나를 버리시나이까?' 잘 생각해 보세요, 형제여, 당신의 고통과 주님의 고통 사이에는 감격스러운 일치점이 있지 않습니까? 그러나 그때 예수님께서는 곧 기도하셨습니다. 그리고 넘치는 사랑에 가슴 설레며 부르짖으셨습니다. '아버지여, 제가 여기 있나이다! 아버지여, 저는 당신을 믿습니다! 아버지여, 제 몸을 바치겠나이다! 제 뜻보다 먼저 아버지 뜻대로 하옵소서!'"

그때 신부는 자기 손 밑에서 커다란 손이 떨고 있는 것을 느꼈다. 그는 잠시 멈추었다가 목소리를 더 높이지 않고 그대로 말을 이었다.

"지나간 몇 십 세기, 몇 천 세기에 걸쳐 우리의 가엾은 인류는 우리의 운명을 이 땅에서 수행해 왔다는 사실을 생각해 본 적이 있으십니까?" 신부는 이런 너무나 막연한 이야기로는 도저히 그 목적을 달성하지 못하리라는 것

을 깨달았다. "그렇다면 다만 당신의 가족만을 생각해 보세요" 하며 그는
이야기를 구체적인 쪽으로 돌렸다. "당신의 아버지, 당신의 할아버지, 당신
의 조상들, 당신보다 앞서서 당신처럼 살고, 싸우고, 괴로워하고, 희망을
걸기도 했는가 하면, 또한 거역할 수 없이 모두 애초에 정해진 시간에 차례
로 자신들이 태어난 곳으로 되돌아간 당신과 비슷한 그 모든 사람들…….
Reverti unde veneris, quid grave est ? (그 온 데로 돌아가느니라, 무슨 고통이 있겠느냐) 모든 것은 전지전능하
신 아버지 품안으로 돌아간다는 생각, 그 생각이야말로 마음을 평화롭게 해
주는 것이 아닐까요?"

"그건 그래……. 그렇지만…… 아직은 아니야!" 하고 티보 씨는 한숨지
으며 말했다.

"당신은 불평하시는군요! 그러나 그 많은 사람 중에 몇 사람이나 당신과
같은 복된 경우를 만날 수 있었겠습니까! 당신은 많은 사람한테 허락되지
않은 나이까지 살아온 특권을 가졌습니다. 하느님께서는 당신을 구하기 위
해서 당신한테 기나긴 생을 인정함으로써 당신을 만족시킨 겁니다."

티보 씨는 소스라쳤다.

"신부님!" 하고 그는 더듬거리며 말했다. "나는 그것이 두려워 죽겠어요
……."

"두려우시다고요? 글쎄요. 그렇지만 당신은 다른 사람보다는 덜 두려워
할 만할 텐데요, 당신은……."

환자는 갑자기 손을 도로 당겼다.

"그렇지 않아요" 하고 그는 말했다.

"아니, 그렇습니다. 그렇고 말고요" 하며 신부는 다정하게 자기 주장을
힘주어 말했다.

"저는 당신이 여러 가지 많은 일을 하신 것을 알고 있습니다. 당신은 언제
나 이 지상의 행복 이상의 것에 목표를 두고자 애쓰셨습니다. 당신은 이웃을
사랑하는 마음에서 가난과 싸웠고, 정신적 타락과 싸웠습니다. 당신의 일생
이야말로 정말 훌륭한 분의 삶이라고 말할 수 있지요. 안심하고 이 세상을
떠나실 수 있는 것입니다."

"그렇지 않아요!" 하고 환자는 희미한 목소리로 말했다. 그리고 신부가
손을 다시 잡으려고 하자 세차게 뿌리쳤다.

그는 신부의 이 말을 듣고 마음의 상처를 입었다. 아니, 그렇지 않다. 지상의 행복을 뛰어넘으려 하지 않았다! 이 점에 관해서 모든 사람을 속였다. 신부도, 그리고 자기 자신까지도 언제나 그래 왔다. 사실 자신은 사람들의 존경을 받기 위해 모든 것을 바쳤다. 더러운, 아주 더러운 감정밖에 가지고 있지 않았다. 그리고 그것을 숨겨 왔다! 이기주의, 허영! 부자가 되고 싶었고, 모든 것을 지배하고 싶었던 것이다! 남에게서 존경받고, 무엇인가 그럴듯한 연기를 하기 위한 과시적인 자선! 불순, 겉치레, 허위—모두가 허위였다! ……어떻게 하면 이 모든 것을 다 지워버리고 완전히 새롭게 다시 시작할 수 있을까! 아, 덕망 있는 사람의 생활이란 것이 자신을 부끄럽게 하는구나! 결국 예전에 자신이 그러했던 모습 그대로를 알아보았던 것이다. 너무 늦었다! 심판의 날이 온 것이다!

"당신같이 믿음을 가진 분이……."

티보 씨는 고함을 질렀다.

"제발 그만 하세요! 믿는 자라고요? 아닙니다. 나는 결코 신자가 아닙니다. 일생 동안 나는…… 나는 원했어요……. 이웃에 대한 사랑이라고요? 집어치우세요! 나는 결코 사랑할 줄 모르고 있었어요! 그 어느 누구도, 그래, 결코!"

"이것 보세요, 이것 보세요" 하고 신부가 말했다.

그는 티보 씨가 자크를 자살하도록 한 데 대해서 한 번 더 깊이 뉘우치기를 기다리고 있었다. 그러나 그것은 틀린 생각이었다. 죽음이 임박한 요 며칠동안 티보 씨는 단 한 번도 실종된 아들을 생각해 본 적이 없었다. 지금 생각나는 것은 아주 먼 과거뿐이었다. 야심에 찼던 청년시절, 세상에 첫발을 내디뎠던 때의 일, 초기에 투쟁하던 일, 또 처음으로 세상에서 인정받았을 때의 일, 또 장년기에 이르러 때때로 있었던 영광스러운 일들. 그러나 지난 십여 년은 황혼의 어스름 속으로 이미 사라져 갔던 것이다.

티보 씨는 아픔을 참고 팔을 들었다.

"그건 당신의 잘못이오!" 하고 갑자기 그가 외쳤다. "왜 그때 나한테 아무것도 말해 주지 않았습니까?"

그러자 비통한 생각이 분노의 마음보다 앞섰다. 그는 곧 울음을 터뜨렸다. 마치 웃을 때처럼 몸을 흔들면서 흐느꼈다.

신부는 몸을 굽혔다.

"사람의 일생 중에 어느 날, 어느 때, 아주 짧은 한순간, 하느님이 전지(全知)의 모습으로 나타나시어 갑자기 그 손을 뻗치실 때가 있습니다. 그것은 때로는 신앙이 없는 일생을 보낸 다음에 나타날 때도 있고, 때로는 신자로서 지내온 긴 일생의 마지막 순간에 나타날 때도 있습니다……. 누가 알겠어요? 당신을 위해서 하느님께서 손을 뻗치신 것은 오늘 저녁이 처음이 아닐까요?"

티보 씨는 눈을 떴다. 그는 어찌나 피곤했던지 하느님의 손과 아주 가까이에 있는 신부의 생생한 손을 혼동할 정도였다. 그는 그 손을 잡으려고 팔을 들었다. 그리고 헐떡거리며 낮은 소리로 말했다.

"어떻게 하면 좋겠습니까? 어떻게 하면?"

말투가 달라졌다. 이번에는 죽음을 눈앞에 둔, 까닭 모를 갑작스러운 공포가 아니었다. 그것은 대답을 들을 수 있는 물음이었고, 이미 뉘우침의 빛이 보이는 두려움, 사죄를 받게 되면 없어져 버릴 그런 두려움이었다.

주님의 시간이 다가오고 있었다.

그러나 이런 시간이 신부에게는 그 어느 때보다도 어려운 순간이었다. 그는 강론을 시작할 때 설교단에서 하는 것처럼 잠시 마음을 가다듬었다. 사실 겉으로 나타내지는 않았지만 티보 씨의 비난은 그의 아픈 곳을 건드린 것이다. 아주 오래전부터 자신을 믿어 온 이 거만한 정신의 소유자에게 과연 자신은 얼마나 감화를 주었는가? 어떻게 자신의 임무를 수행했는가? 아직 고해자와 기도자로서의 의무를 수행할 시간은 충분하지 않은가? 오늘 이렇게 떨고 있는 영혼을 꼭 붙들어서 그를 하느님 앞에 무릎 꿇도록 해야겠다.

그러자 성직자로서의 평소 습관이 그에게 어떤 경건한 방법을 암시해 주었다.

"슬퍼해야 할 것은" 하며 그는 말했다. "지상에서의 당신의 삶이 끝났다는 사실이 아니라 그 삶이 하느님의 뜻과 어긋난 삶이었다는 사실인 것입니다……. 어쨌든 당신은 일생을 통해 항상 교화된 사람은 아니었습니다만, 자, 진실된 신자로서의 종말이 후세 사람들에게 훌륭한 모범이 되도록 합시다! 죽음에 임하는 당신의 태도가 당신을 알고 있는 모든 사람들에게 하나의 귀감이 되고 교훈이 되도록 합시다!"

환자는 마음의 동요를 느꼈다. 그리고 손을 뺐다. 이런 생각이 들었다. 그래 맞아! 사람들이 이렇게 말하도록 해야지. '오스카르 티보는 성자처럼 세상을 떠났다.' 겨우 손끝을 맞잡은 그는 눈을 감았다. 신부는 환자의 턱이 움직이는 것을 보았다. 신부는 환자가 지금 하느님의 은혜로 복된 죽음을 맞이할 수 있도록 기도하고 있다고 생각했다.

환자가 느끼고 있었던 것은 공포심보다는 어떤 낙담 같은 것이었다. 그는 사라져가는 모든 것 중에서도 자신이 가장 비참한 것 같이 느껴졌다. 이런 돌발적인 두려움 뒤에 오는 자기 연민에는 무엇인가 감미로움마저 깃들어 있었다.

신부는 머리를 들었다.

"사도 바울은 말하기를 '희망 없는 사람같이 탄식하지 말라' 하셨습니다. 당신은 꼭 그 중의 한 사람 같습니다. 이렇게 중대한 순간에 당신은 모든 희망을 버리고 계시는군요! 당신은 하느님이 당신의 심판관이시기 전에 먼저 당신의 아버지라는 것을 잊고 있습니다. 그리고 당신은 그분의 자비로움을 인정하지 않으려는 불손을 저지르고 있습니다!"

환자는 신부에게 모호한 눈길을 보냈다. 그리고 한숨지었다.

"자, 침착하셔야 합니다!" 하며 신부는 계속했다. "하느님의 관대함을 굳게 믿으세요. 성실하게 온 정성을 다한 참회 앞에서는 마지막 순간의 용서만으로도 일생의 죄가 씻긴다는 것을 잊지 마십시오. 당신은 하느님의 피조물인 것입니다. 우리를 어떻게 만드셨는지 하느님이 우리보다 더 잘 알고 계시지 않을까요? 하느님은 우리를 있는 그대로 사랑하고 계십니다. 그리고 이러한 확신이야말로 우리의 용기, 우리 믿음의 근원인 것입니다. 그렇습니다. 믿음, 복된 죽음의 모든 비결은 바로 이 낱말 속에 깃들여 있습니다. In te, Domine, speravi (주여, 주께 부탁드리나이다)…… 하느님에 대한 믿음, 하느님의 은혜에 대한 믿음, 무한한 하느님의 자비로움에 대한 믿음인 것입니다!"

신부는 이런 말을 할 때면 무게가 있으면서도 침착하게 힘을 주어 말하는 그 나름대로의 방식을 갖고 있었다. 그런 경우 그는 충분히 설득력이 있도록 손을 반쯤 올리곤 했다. 그러나 단조로운 말투, 긴 코를 가지고 있는 무감각한 얼굴에서는 별로 열의가 보이지 않았다. 그렇지만 이런 성스러운 말들은 그 자체만으로도 아주 효과적인 것임에 틀림없었다. 또한 그것은 몇 세기에 걸친 경험의 결과이므로, 임종의 순간에 많은 두려움과 그에 따른 반항을 빠르고 직접적으로 없애 주기에 아주 적합한 것임에 틀림없었다.

티보 씨는 고개를 축 늘어뜨리고 있었다. 턱수염이 가슴에 와 닿았다. 자신에 대한 연민이나 절망보다는 훨씬 값진 새로운 감정이 살며시 가슴속에 스며들었다. 눈물이 볼을 적시며 흘러내렸다. 어떤 충동이 벌써 그를 전지전능한 위안자에게 다가가게 했다. 그는 자신을 맡기고 굴복하기를 바랄 뿐이었다.

티보 씨는 별안간 이를 악물었다. 이미 몇 번이나 경험했던 통증이 허리부터 넓적다리까지 왔기 때문이다. 신부의 말을 듣다 말고 몸을 꼿꼿이 했다. 잠시 뒤에 통증은 다시 수그러들었다.

신부는 말을 계속했다.

"……그것은 마치 정상에 도달한 여행자가 지나온 길을 더듬어 보려고 뒤돌아보는 것과 같습니다. 인간의 일생은 얼마나 비참한 모습입니까! 가소로울만큼 좁은 행동영역 안에서 언제나 똑같은 일만 계속하는 것에 지나지 않습니다! 헛되기만 한 바쁜 삶, 하잘것없는 기쁨, 언제나 허망하게 되풀이되면서도 결코 채워지지 않는 행복에 대한 욕구! 제가 떠벌리고 있는 것일까요? 당신의 일생이 바로 그러했습니다. 아니, 이 세상 사람들의 모든 일생이 그렇습니다. 그런 생활이 과연 하느님의 피조물인 우리를 만족시킬 수 있을까요? 거기에 후회스러운 것이 없을까요? 그렇다면? 과연 무엇이 우리의 마음을 그토록 끌 수 있을까요? 말씀해 보세요! 계속해서 쇠약해지기만 하는 고통스러운 육체, 애쓰지만 부단히 시들어가며 시련과 노쇠에는 속수무책인 가련한 육체가 아니고 무엇입니까? 자, 우리는 이것을 알아야 합니다. 육체가 사라져 없어진다는 것이 바로 은총인 것입니다! 오랫동안 그것의 노예였으며 그것의 죄인으로 지내다가 드디어 그것을 거부하고, 그것을 벗어버리고, 그것에서 자유로워져서 마치 헌 옷처럼 길바닥에 버릴 수 있다는 것, 이것이야말로 은총이 아니고 무엇이겠습니까!"

자유로워진다는 신부의 이런 말이 빈사 상태에 있는 환자에게는 그 어느 것보다도 즉각적인 현실성을 가져다주었다. 환자는 마치 구원의 약속이라도 얻어낸 듯 돌연 회심의 미소를 띠었다……. 벌써 그의 마음속에 깃들어 있는 이 평화로운 마음, 이것은 또 다른 모습으로 나타난 삶에 대한 유일하고도 끊질긴 희망이 아니고 무엇이겠는가? 이런 생각이 신부의 마음을 스치고 지나갔다. 내세에 대한 희망, 하느님의 품안에서 영원히 살려는 희망, 이것이야말로 살아 있을 때 삶에 대한 희망이 필요한 것처럼 죽음을 맞이하는 이 순간에 또한 필요한 것이다……

잠깐 쉬었다가 신부는 말을 이었다.

"자, 하느님께 눈을 돌리시지요, 형제여! 당신이 떠나가게 될 그 보잘것 없는 것을 저울질해 본 다음에 무엇이 당신을 기다리고 있는지 생각해 보세요. 이제 비열함이나 불평등이나 불공평 같은 것은 끝났습니다! 고통도 책임 감도 사라졌고 매일매일의 잘못, 그로 인한 회한의 행렬도 없어졌습니다! 선과 악의 틈바구니에서, 이러지도 저러지도 못하는 죄인으로서의 삶도 끝났습니다! 이제 당신은 평정과 안정, 최상의 조화와 하느님의 나라를 얻게 되는 것입니다! 항구적이고 영원한 것에 다다르기 위해 덧없고 연약한 것은 버리십시오! 아시겠습니까? Dimitte transitoria, et quære æterna (순간적인 것은 버리고 영원한 것을 구하라)…… 당신은 죽는다는 것을 두려워하고 계십니다. 당신은 상상 속에서 무섭고 암흑 같은 것을 그리고 계십니다. 그러나 기독교 신자에게 죽음이란 오히려 빛나는 미래인 것입니다! 그것은 평화요, 평화로운 안식처이며 영원한 안식처인 것입니다. 글쎄, 뭐라고 말씀드릴까요? 그 이상의 것입니다! 그것은 이승의 삶을 꽃피우는 것이며, 커다란 전체의 완성인 것입니다! Ego sum resurrectio et vita (나는 부활이요 생명이니라)…… 그것은 단순한 해방이나 영원한 수면이나 망각이 아닙니다. 그것은 잠에서 깨어나는 일이고 꽃피우는 일인 것입니다! 죽음은 곧 다시 태어나는 것입니다! 죽음은 모든 것을 앎의 세계, 선택받은 자들의 더없는 행복의 세계로의 부활인 것입니다. 죽음은 하루의 노동 뒤에 오는 저녁때의 보상에 비할 수가 없습니다. 그것은 광명과 영원한 새벽을 향한 비약인 것입니다!"

눈을 감고 있는 티보 씨는 몇 번이나 알겠다는 시늉을 했다. 그의 얼굴에는 미소가 감돌았다. 특히 찬란했던 옛날 일들이 뚜렷하게 떠올랐다. 아주 어릴 때 어머니의 침대—지금 그가 죽음을 앞둔 환자로 누워 있는 이 침대—아래쪽에 무릎을 꿇고 앉아서, 어머니의 손 위에 자기 손을 얹고, 영복을 받던 어느 여름날 아침에 그에게 천국을 알게 한 최초의 기도말인 '하늘에 계신 우리 아버지……'를 암송하던 때의 자신이 생각났다. 또한 교회에서 난생처음 자기에게 다가오는 면병 앞에서 첫 영성체자가 되어 감격으로 몸을 떨던 자신의 모습이 떠올랐다. 어느 오순절 아침에 미사가 끝난 다음 약혼녀와 함께 모란이 만발한 다르느탈 정원의 오솔길을 걷던 일도 생각났다. 이런 싱그러운 추억을 더듬으면서 그는 미소를 지었다. 죽음을 앞둔 자신의 육신도 잊고 있었다.

이제 그는 죽음을 더 이상 두려워하지 않았다. 그러나 이 순간 그를 조바심 나게 하는 것은 얼마 남지 않았지만 아직도 더 살아야 한다는 생각뿐이었다. 이미 그는 이 세상의 공기를 더 이상 호흡할 수 없는 것 같았다. 조금만 더 참으면 그것도 깨끗이 끝장이 나겠지. 그는 자신의 진정한 중심을 찾은 듯했으며, 자신의 마음을 가다듬고 마침내 자신의 처지를 알아차린 것 같았다. 그러자 지금까지 느껴 보지 못했던 편안한 마음을 가지게 되었다. 그러면서도 힘이 빠지고 나른해지는 듯했다. 자기 주위에 널브러지는 것 같았다. 그런 것이 무슨 상관이 있겠는가? 이제 그는 더 이상 그런 것에 매여 있지 않았다. 그런 육체의 힘은 이미 그와 인연이 끊어졌으며, 지상에 있는 한 인간의 잔해에 지나지 않았다. 그리고 곧 닥쳐올 더 완벽한 분해, 곧 죽음을 내다보면서 아직은 그가 접근할 수 있는 법열의 상태를 느꼈다.

성령이 함께 하셨다. 신부는 이미 자리에서 일어나 있었다. 신부는 하느님께 감사를 드리고 싶었다. 그 감사의 마음에는 인간적인 자만심과 소송에서 이긴 변호사의 만족감 같은 것이 섞여 있었다. 그는 그것을 의식하면서 양심의 가책을 느꼈다. 그러나 지금은 자신을 뒤돌아보고 있을 때가 아니었다. 한 사람의 죄인이 곧 하느님 앞으로 불려 가려는 순간이었다.

신부는 고개를 숙이고 턱밑에 두 손을 모은 채 온 마음을 기울여 큰 소리로 기도를 시작했다.

"오, 하느님, 때가 왔습니다! 주여, 자비로우신 하느님, 당신 앞에 엎드려 비옵니다. 마지막으로 주님의 은총을 베풀어 주옵소서. 오, 주여! 때가 왔습니다. 당신의 사랑 가운데서 죽게 하옵소서. De profundis(심연이라는 뜻)…… 어둠의 밑바닥 깊은 늪에서 두려움에 떨며, Clamavi ad te, Domine!(주께 이 외침을 올립니다) 주여, 저는 불렀사옵니다. 그리고 외쳤사옵니다! 이때야말로! 당신의 영원한 나라에 가까이 왔으며, 마침내 당신을 마주 대하고 있습니다. 전지전능하신 주여! 저의 뉘우침을 보살펴 주시옵고, 저의 기도를 받아 주옵소서. 저를 또다시 비열함 속으로 내던지지 마옵소서! 용서해 주시는 표지로 저를 보살펴주옵소서! In te, Domine, commendo! (저를 주님께 맡기겠나이다) 저는 주님을 의지하겠나이다. 이때야말로! 하느님 아버지, 저를 버리지 마옵소서……."

죽음을 앞둔 환자도 메아리처럼 되풀이했다.

"저를 버리지 마옵소서!"

오랜 침묵이 흘렀다. 그런 다음 신부는 침대 쪽으로 몸을 굽혔다.

"내일 아침에 성유(聖油)를 가지고 오겠습니다…… 오늘 저녁에는 고해를 하도록 하십시오 제가 사죄를 드리겠습니다."

티보 씨는 그 두툼한 입술을 움직이면서 전례 없는 성의를 가지고 몇 마디 더듬거렸다. 그 말은 자기 죄를 고백한다기보다는 회개를 하기 위한 절망적인 표현이었다. 신부는 그에게 몸을 굽히고 손을 들어 속죄하는 말을 속삭였다!

"Ego te absolvo a peccatis tuis…… In nomine Patris, et Filii, et Spiritus Sancti ……." (성부, 성자, 성신의 이름 으로 너의 죄를 용서하노라)

환자는 잠자코 있었다. 그의 두 눈은—마치 언제까지나 그렇게 있어야 되는 것 같이—떠 있었으며, 이제는 의문을 띠었다기보다는 더욱더 놀라움의 빛을 발하고 있었다. 그리고 그 눈은 천진함으로 빛나고 있었는데, 그로 인해 어쩐지 죽어가는 이 노인과 램프 위, 벽에 걸려 있는 자크의 어릴 때의 모습을 그린 파스텔 그림이 비슷한 것 같았다.

그는 지금 자기의 영혼을 이 세상과 잇고 있는 마지막 끈이 풀어지고 있다는 것을 느꼈다. 그렇지만 쇠진해지고 부서져 간다는 사실을 즐겁게 음미하고 있었다. 바야흐로 꺼지기 전에 흔들리는 불꽃에 지나지 않았다. 수영객이 강에서 수영을 한 다음에 산기슭에 올라가 그 강을 쳐다볼 때 강물은 여전히 흘러가듯이, 삶이란 자신이 없어져도 흘러가는 법이다. 그래서 그는 삶의 밖에 있을 뿐만 아니라 또한 죽음의 밖에 처해 있었던 것이다. 그는 지금 어느 여름 하늘과도 같이 초자연적인 빛으로 충만한 하늘로 높이높이 올라가고 있었다.

문을 두드리는 소리가 들렸다.

기도를 드리고 있던 신부가 성호를 긋고는 문 쪽으로 걸어갔다.

세린느 수녀였다. 방금 도착한 의사도 그녀와 같이 있었다.

"계속하십시오, 신부님" 하고 테리비에가 신부를 알아보고 말했다.

신부는 세린느 수녀를 보자 몸을 비키면서 낮은 소리로 말했다.

"들어오세요, 의사 선생님. 이제 끝났습니다."

테리비에는 환자 쪽으로 다가갔다. 항상 그렇듯이 신뢰감을 주는 태도와 다정한 말투로 이야기하는 것이 좋겠다고 그는 생각했다.

"어떻습니까? 오늘 저녁에는 좋지 않으세요? ……열이 좀 나지요? 뭐, 새로운 혈청 때문이니까요!" 그는 손을 비비더니 수염을 만지작거리면서 수녀를 증인으로 삼고 이렇게 말했다. "앙투안도 곧 돌아올 겁니다. 아무 걱정 마세요. 곧 편안하게 해 드릴 테니까…… 이 혈청으로 말하면…….."

티보 씨는 거짓말하는 이 남자를 말없이 물끄러미 바라보고 있었다.

그가 지금까지 수없이 들어왔고, 그러면서도 속아 넘어갔던 어린애 같은 설명, 이런 버릇없는 말투, 거짓 시늉, 모든 것이 그에게는 속이 뻔히 들여다보이는 짓들이었다. 그는 이런저런 거짓말들을 분명히 알고 있었다. 몇 달 전부터 해 온 불길한 연극을 그는 마침내 꿰뚫어 보고 있었던 것이다. 앙투안이 온다는 것은 사실일까? 아무것도 믿을 수가 없어……. 하기야 무슨 상관이 있단 말인가? 이제 모든 것은 아무래도 좋다. 결국 다 마찬가지니까. 그는 지금 이토록 사람들의 마음속을 분명하게 읽으면서도 별로 놀라지 않았다. 세상은 이제 죽어가는 그에게 더 이상 몸 둘 곳이 없는 낯설고 밀폐된 하나의 총체를 이루고 있었다. 그는 혼자였다. 신비로움과 마주앉아 있는 혼자일 뿐이었다. 하느님께서 같이 계시는 혼자일 뿐이었다. 그리고 외로움이 어찌나 절실했던지 하느님께서 같이 계신다 해도 이 고독감을 달랠 길이 없었던 것이다!

그의 눈꺼풀은 자신도 모르게 내려앉았다. 이제 그에게는 꿈과 현실을 분별하려는 생각도 없었다. 그는 감미로운 평화 속으로 빠져들어가고 있었다. 조금도 초조한 기색 없이, 움직이지도 않고 조용히 멍한 상태에서 진찰하고 만지는 대로 몸을 내맡겼다—생각은 딴 곳에 있었다.

3. 형제 집으로 돌아오다

파리로 가는 기차 안에서 두 형제는 잠도 자지 않고 오랫동안 저마다 구석에 몸을 웅크리고 앉아 어두운 차의 분위기에 정신이 몽롱해진 채, 서로 자신의 고독을 지키면서 조금이라도 그 상태를 더 끌고 가려고 끝까지 자는 척하고 있었다.

앙투안은 눈을 붙일 수가 없었다. 일단 돌아가는 길이라는 생각이 들자 중태에 빠진 아버지를 그냥 두고 왔다는 걱정이 앞섰다. 그리고 밤새 몇 시간 동안이나 열차의 소음에 시달리며 잠을 이루지 못한 탓으로 불길한 생각만 떠올랐다. 그러나 아버지에게 가까워질수록 그 불안감은 점점 사라져 갔다. 도착하는 즉시 다시 사정을 알아본 다음에 치료를 해드릴 수 있을 것이다. 그런데 다른 어려운 문제들이 분명하게 윤곽을 드러냈다. 가출했던 동생의 귀가를 아버지에게 어떻게 알릴 것인가? 또 지젤에게는 어떻게 알려 줄까? 오늘이라도 당장 런던에 편지를 보내려고 생각했으나 그것도 쉬운 일은 아니었다. 지젤에게 자크가 살아 있었다는 것, 그를 찾아냈다는 것, 그가 파리에 돌아왔다는 것을 알려 주어야 하겠지만, 그렇다고 그녀가 당장 달려오는 것은 어떻게 해서든지 막아야겠다고 생각했다.

다른 승객들이 일어나 떠들며 재채기를 하고 또 전등갓을 벗기고 하는 통에 두 형제는 눈을 떴다. 그들의 눈길이 마주쳤다. 체념과 불안으로 위축되어 있는 자크의 얼굴을 보자 앙투안은 가엾고 불쌍한 생각이 들었다.

"그래, 제대로 못 잤지?" 하고 동생의 무릎을 가볍게 치면서 앙투안이 말했다.

자크는 애써 웃으려 하지도 않고 무심한 표정으로 어깨를 으쓱해 보였다. 그는 유리창 쪽으로 얼굴을 돌리더니 잠자는 듯한 침묵 속으로 빠져 들어갔다. 그 침묵에서 당장 나올 생각도 없고 또 나올 수도 없는 것 같아 보였다. 식당차에서 아침식사를 하는 동안 기차는 아직 어둠 속에 잠겨 있는 파리 교외를 지나고 있었다. 기차가 멈추자 새벽의 냉기가 감도는 플랫폼에 내렸다. 자크는 택시를 찾고 있는 앙투안에 이끌려 역 밖에서 서성거렸다. 밤안개에 싸여 있어서 별로 현실감을 주지 못하는 이 모든 행위는 아무런 동의도 필요로 하지 않는 필연적인 동작의 연속이었다.

앙투안은 서로 불편해지는 일이 없도록 하기 위해 별로 말을 하지 않았다. 말을 해도 자크가 대답하지 않아도 되는 이야기만 했다. 그는 모든 움직임을 되도록 쾌활하게 했다. 그러자 이렇게 되돌아오는 일이 너무나 당연한 것 같은 생각이 들었다. 마침내 자크는 위니베르시테 거리의 보도 위에 와 있는 자신, 그리고 아래층 현관에 와 있는 자신을 발견했다. 그러면서 전혀 아무 것도 의식하지 못했다. 심지어 자신이 무기력하다는 것조차도 의식하지 못 했다. 레옹이 소리를 듣고 뛰어나와 부엌문을 열었을 때 앙투안은 그의 눈길 을 피해 우편물이 쌓여 있는 책상 위로 몸을 굽히면서 무심한 투로 이렇게 말했다.

"잘 있었어, 레옹. 자크와 같이 왔어. 저……."

그때 레옹이 그의 말을 가로막았다.

"도련님, 모르고 계십니까? 아직 위층에 올라가 보시지 않으셨나요?"

앙투안은 벌떡 몸을 다시 일으켰다. 그의 얼굴은 파랗게 질려 있었다.

"어르신네의 상태가 매우 좋지 않으신데……. 테리비에 선생님이 밤새 계 셨고…… 식모들의 말로는……."

앙투안은 벌써 문 밖으로 뛰어나갔다. 자크는 현관 한복판에 서 있었다. 그에게는 비현실적이며 악몽 같은 느낌이 더해 갈 뿐이었다. 그는 잠시 머뭇 거리다가 급히 형의 뒤를 따라갔다.

계단은 컴컴했다.

"빨리" 하고 자크를 승강기 속으로 밀어넣으면서 앙투안이 말했다.

창살이 닫히는 소리, 유리문 제동기 소리, 승강기가 움직이면서 내는 소 리, 이 모든 것은 너무나 귀에 익은 소리들이었다. 이것은 오래전부터 같은 순서로 계속되어 왔으며, 망각 속에서 긴 세월이 흘렀지만 다시금 그 하나하 나의 소리가 자크의 마음을 뭉클하게 했다. 그러면서 자크를 과거의 추억 속 으로 몰아넣었다. 그런데 그 추억들 중에서 갑자기 생생하고 쓰라린 추억 하 나가 떠올랐다. 앙투안과 같이 나란히 그 유리 창살 속에 갇혔던 일, 다니엘 과 가출했다가 마르세유에서 붙잡혀 끌려왔을 때 아무 말 못하고 이 승강기 에 실렸던 일!

"층계참에서 기다리고 있어" 하고 앙투안이 속삭이듯 말했다.

어쩌다보니 앙투안의 신중한 처사도 헛된 일이 되고 말았다. 집 안에서 종 종걸음으로 왔다 갔다 하던 베즈 유모는 승강기가 멈추는 소리를 들었다. 이 제서야 앙투안이 돌아왔구나! 그녀는 활같이 굽은 허리를 흔들면서 급히 달 려왔다. 그녀는 네 다리가 서 있는 것을 보고는 어리둥절해서 멈추어 섰다.

자크가 그녀를 포옹하기 위해 몸을 구부렸을 때야 비로소 자크를 알아보았다.

"아이고머니나!" 하고 그녀는 어설픈 투로 말했다(그녀는 그저께부터 정신이 나가 있었으므로 아무리 뜻하지 않은 일이 일어나도 별로 놀라지 않았다). 방 안에는 불이 켜져 있었고 문이란 문은 모두 열려 있었다. 사무실 입구에는 샬르 씨의 겁먹은 얼굴이 나타났다. 그는 자크를 유심히 살펴보더니 눈을 깜박거리며 변함없는 투로 말했다.

"아, 도련님 아니세요?"

'이번에는 제대로 말하는군' 하고 앙투안은 생각했다. 그는 동생은 아랑곳없이 혼자 방으로 급히 달려갔다.

방 안은 어둡고 조용하기만 했다. 앙투안은 반쯤 열린 문을 밀고 들어갔다. 처음에는 작은 램프의 불빛 말고는 아무것도 눈에 띄지 않았다. 베개 위에 있는 아버지의 모습이 보이기 시작했다. 두 눈을 감고 꼼짝하지 않고 있지만 아버지는 살아 있는 것이 틀림없었다.

그는 방으로 들어갔다.

한 걸음 방으로 들어서자 무슨 일이 일어나기나 한 것처럼 침대 곁에 테리비에, 세린느 수녀, 아드리엔느, 그리고 또 한 사람, 그가 모르는 나이 먹은 수녀가 서 있는 것이 보였다.

테리비에는 어둠 속에서 걸어나와 앙투안에게로 왔다. 그러고는 앙투안을 화장실 쪽으로 데리고 갔다.

"자네가 제때에 오지 못할까 봐 걱정하고 있었어" 하며 그는 엉겁결에 말했다. "신장이 막혔어. 이제 분비가 안 돼. 전혀…… 불행하게도 요독증이 경련 증상을 가져왔어. 여자들만으로는 어려울 것 같아서 내가 줄곧 여기에 있었어. 자네가 오지 않으면 간호인을 부르려던 참이었지. 어젯밤에는 발작이 세 번 있었는데, 마지막 발작은 아주 심했어."

"언제부터 신장이……."

"24시간 전부터야. 세린느 수녀는 어제 아침 처음으로 알았대. 물론 주사는 중단했지."

"응, 그랬군……" 하고 앙투안은 고개를 끄덕이며 말했다.

그들은 서로를 바라보았다. 테리비에는 앙투안의 심정을 충분히 이해했다. '신장이 하나밖에 없는 환자한테 두 달 동안이나 계속해서 유해물을 주입했으니까 지금 와서 걱정해 봐야……' 테리비에는 얼굴을 똑바로 들고 두 팔을 벌렸다.

"그렇다고, 여보게, 살인자가 되어서는 안 되지……. 요독증이 심할 때는 절대로 모르핀을 써서는 안 되네!"

물론이다. 앙투안은 말없이 동의했다.

"그럼, 나는 가네" 하고 테리비에는 말했다. "12시쯤에 전화하겠네." 다시 갑자기 이렇게 물었다. "그런데 동생은 어떻게 됐나?"

앙투안의 황금빛 나는 두 눈에서 섬광이 빛났다. 그는 아래를 보다가 얼굴을 들었다. "찾아냈지." 그는 슬쩍 미소를 지으며 말했다. "데리고 왔어. 저기 있어."

테리비에는 두툼한 손을 수염 밑으로 가져갔다. 그는 날카롭고 쾌활한 눈으로 앙투안을 바라보았다. 그러나 지금은 때와 장소가 그런 만큼 이런저런 질문을 할 형편이 아니었다. 때마침 세린느 수녀가 앙투안이 입을 가운을 가지고 들어왔다. 테리비에는 수녀와 앙투안을 번갈아 보면서 망설임 없이 말했다.

"그럼, 나는 실례하겠네, 오늘밤은 자네도 괴로울 걸세."

앙투안은 눈살을 찌푸렸다. "모르핀을 놓아 드리지 않으면 환자가 몹시 괴로워하시겠지요?" 앙투안이 세린느 수녀에게 물었다.

"뜨거운 찜질을 해 드리고 있는데…… 겨자 연고를 가지고……." 앙투안이 못미더워 하는 것 같자 다시 덧붙여 말했다. "그래도 조금은 편해지시는 것 같아요."

"그럼 그 찜질 위에 로다눔이라도 발라드리는 것이 어떨까요? 안 그래요?" 그는 잘 알고 있었다. 모르핀 없이는……. 그러나 그는 그것을 포기한다는 생각을 해 본 적이 한 번도 없었다. "필요한 것은 모두 아래층에 있어요" 하고 그는 세린느 수녀에게 말했다. "잠깐 아래층에 갔다 올게요." 그리고 나서 테리비에를 문 쪽으로 밀면서 말했다. "나가지!"

'그런데 자크는 어떻게 됐을까?' 하고 그는 방을 가로질러 나가면서 생각했다. 그러나 동생을 걱정할 틈이 없었다.

두 사람은 한 마디 말도 없이 층계를 급히 내려갔다. 층계를 다 내려가자 테리비에는 돌아서서 손을 내밀었다. 앙투안이 그 손을 잡았다. 그리고 이렇게 물었다.

"이것 봐, 테리비에…… 솔직히 말해 줘……. 어떻게 생각하나? 이렇게 되면 빨라지겠지?"

"물론이지. 요독증이 이대로라면!"

앙투안은 잡은 손을 꼭 쥐는 것으로 대답을 대신했다. 그렇다. 스스로 인내심과 불굴의 의지가 용솟음치는 것을 느꼈다. 이제 시간이 문제다……. 그리고 자크도 다시 찾았다.

위층의 방에는 아드리엔느와 늙은 수녀만이 티보 씨의 머리맡에 서 있었다. 두 여인은 티보 씨의 발작이 곧 시작되리라는 징후도 눈치채지 못했다. 마침내 환자의 이상한 숨결을 알아차렸을 때는 이미 환자의 두 주먹이 경련을 일으키고 있었으며, 목은 굳어 있었고, 머리는 위로 젖혀져 있었다.

아드리엔느는 급히 복도로 뛰어나갔다. "세린느 수녀님!" 아무도 없었다. 그녀는 현관까지 뛰어갔다. "세린느 수녀님! 앙투안 도련님! 빨리요!"

자크는 샬르 씨와 단둘이 사무실 안에 있다가 이 소리를 듣고 엉겁결에 방 쪽으로 뛰어갔다.

문은 열려 있었다. 그는 의자에 걸려 넘어졌다. 아무것도 보이지 않았다. 사람의 그림자가 불빛 앞에서 움직였다. 육중한 덩어리가 침대 옆으로 넘어진 채 두 손을 휘젓는 것이 보였다. 환자는 이미 침대 매트 끝까지 밀려나 있었다. 아드리엔느와 간호수녀는 환자를 들어 일으키려고 했지만 소용이 없었다. 자크가 뛰어가 이불 위에 무릎을 올려놓았다. 그리고 아버지의 허리를 두 팔로 얼싸안았다. 겨우 윗몸을 일으켜 베개 위에 먼저대로 눕혔다. 아버지의 따뜻한 육체와 헐떡임을 느낄 수 있었다. 그리고 벌렁 나가자빠지듯 밑에 누워 있는 이 얼굴, 눈동자도 없이 흰자위만 보이는 얼굴을 아주 가까이 보고서야 그는 겨우 아버지의 얼굴을 알아볼 수 있었다. 그는 몸을 굽혀 경련을 일으키고 있는 아버지의 몸을 끌어안고 움직이지 않았다.

이미 신경발작은 뜸해졌다. 혈액순환도 정상을 되찾았다. 초점을 잃었던 눈동자도 다시 제 모습을 찾아 한쪽으로 모였다. 생기를 되찾은 환자의 눈길은 자기를 내려다보고 있는 청년의 얼굴을 차츰 알아보는 듯했다. 잃었던 아들의 모습을 알아보았을까? 잠깐 제정신이 들었다 해도 착란 속에서 허우적

거리는 그가 현실과 갈피를 잡을 수 없는 환상을 구별할 수 있었을까? 입술이 떨리고 눈동자가 갑자기 커졌다. 그런데 흐리멍덩한 그의 눈에서 자크는 갑자기 정확한 추억을 떠올렸다. 옛날에 아버지가 잊었던 날짜나 사람 이름을 생각해 내려고 할 때 그 눈에는 지금과 같은 주의 깊으면서도 모호한 표정, 중심을 잃은 듯한 눈길을 하고 있었던 것이다.

자크는 손목에 힘을 주어 아버지의 몸을 일으켰다. 그리고 목이 메어 무의식적으로 중얼거렸다.

"그런데 아버지? 이게 웬일입니까? ……어떠세요, 아버지?"

천천히 티보 씨의 눈꺼풀이 내려앉았다. 아랫입술과 턱수염이 보일 듯 말 듯 움직였다. 그리고 점점 심하게 떨면서 얼굴이며 어깨며 상반신이 흔들렸다. 그는 울고 있었다. 축 늘어진 입에서 빈 병이 물속에 가라앉을 때와 같은 소리가 흘러나왔다. 부루, 부루, 부루……. 늙은 간호 수녀는 손수건으로 턱을 닦으려고 손을 내밀었다. 한편 눈물이 앞을 가려 움직일 생각도 못하고 있는 자크는 아버지의 몸을 흔들면서 얼빠진 사람처럼 부르짖었다.

"아버지 어떠세요? ……네, 아버지? ……어떠시냔 말이에요?"

세린느 수녀를 데리고 들어온 앙투안은 동생을 보자 그냥 그 자리에 서버렸다. 도대체 무슨 일이 벌어졌는지 알 수 없었다. 그렇다고 알려고도 하지 않았다. 그는 손에 무엇인가 반쯤 들어 있는 눈금이 새겨진 병을 들고 있었다. 세린느 수녀는 변기와 수건을 들고 있었다.

자크는 다시 일어났다. 사람들은 그를 침대에서 물러서게 했다. 앙투안과 세린느 수녀는 환자를 돌보기 위해 이불을 들어올렸다.

자크는 방구석까지 물러갔다. 그에게 관심을 두는 사람은 아무도 없었다. 여기에 그대로 있으면서 아버지의 고통을 바라보며 고함 소리를 듣고 있어야 하나? 그럴 수는 없다……. 그는 문 앞까지 갔다. 문 밖으로 나오자 비로소 숨을 쉴 것 같은 느낌이 들었다.

복도는 어두컴컴했다. 어디로 갈까? 사무실로 갈까? 그곳은 이미 샬르 씨와 마주 앉아 본 적이 있는 곳이다. 샬르 씨는 의자 위에 웅크리고 앉아 어깨를 오므린 채, 두 손을 무릎 위에 올려놓고는 괜히 바보처럼 웃으면서 마치 결정적인 소식을 기다리는 듯했다. 유모는 한술 더 떴다. 둘로 접힌 허리, 땅에 닿을 듯한 코, 소리만 나면 남몰래 엿보는가 하면 자기 방 문 곁을 지나가는 모든 사람들의 뒤를 따라다니면서 마치 주인 잃은 강아지 모양 이 방 저 방을 쏘다녔다. 그녀는 그 작은 체구로 텅 비어 있는 온 집 안을 가득 채우고 있었다.

방 하나가 유일하게 닫혀 있어서 몸 둘 곳을 마련해 주었다. 지젤의 방이었다. 그러나 지젤의 방이라고 해서 문제될 것이 없지 않은가? 그녀는 영국에 가 있으니까!

자크는 발끝으로 살금살금 걸어서 그 방으로 들어가 숨었다. 그리고 빗장을 질렀다. 그러자 곧 마음이 가라앉았다. 만 하루 반 만에 숨 막힐 듯한 속박에서 벗어나 혼자가 된 것이다! 방 안은 추웠다. 전기도 들어오지 않았다. 섣달 아침의 늦은 햇살이 덧문 사이로 조금 비쳐들 뿐이었다. 그는 지젤과의 추억을 어두운 이 방에 즉시 결합시킬 수는 없었다. 의자에 부딪히자 거기에 주저앉았다. 그리고 추운 듯 팔짱을 끼고, 새우처럼 몸을 움츠린 채 아무 생각 없이 거기에 있었다.

문득 제정신이 들었을 때는 햇살이 커튼을 통해 스며들고 있었다. 그는 곧 커튼의 푸른색 꽃가지 무늬가 머리에 떠올랐다. 파리…… 지젤……. 잠결에 잊어버렸던 주변의 가구들이 떠올랐다. 그는 두리번거렸다. 그 옛날 자신의 손으로 만져 보았던 여기에 있는 물건 하나하나—전에 여기에서 살 때…… 그의 사진은 어떻게 되었을까? 벽 위에는 훨씬 밝은 정사각형의 앙투안 사진이 나란히 있었다. 그렇다면 지젤은 그의 사진을 치워 버린 것일까? 홧김에? 아니겠지! 그 사진을 가지고 가기 위해서였겠지! 물론 영국으로 가지고 가려고! 새로 시작해야 하는가? 그는 마치 그물에 걸린 동물이 빠져나오려고 하다가 더 꼼짝 못하게 되었을 때 하는 것처럼 어깨를 흔들었다. 지젤은 영국에 있다. 다행스럽게도! 그러자 갑자기 그녀가 미워졌다. 그녀를 생각하자마자 위축되는 것 같았다.

그는 그녀의 모든 추억을 지워 버리고 싶은 강한 충동을 느꼈다. 그래서 이 방에서 도망가려고 홀연히 일어섰다. 그런데 자신은 아버지와 아버지가 겪고 있는 그 임종의 고통을 잊고 있었던 것이 아닌가……. 적어도 이 방에서는 하나의 형체와 싸우면 그만이다. 거의 혼자나 다름없으니까. 그는 방 한가운데로 되돌아와 책상 옆에 앉았다. 지젤의 글씨체가 압지 위에 남아 있었다. 그녀의 보라색 잉크……. 마음이 어수선해진 그는 거꾸로 된 그 글씨를 잠시 읽어보려고 했다. 받침을 다시 밀었다. 그의 눈에 또다시 눈물이 가득 고였다. 아, 잊어 버리고 잠자는 거다! 그는 팔짱을 끼고 책상에 앉았다. 그리고 머리를 숙였다. 로잔, 친구들, 혼자만의 생활……. 되도록 빨리 되돌아가자! 돌아가는 거다, 돌아가는 거야…….

자크는 누군가가 문을 열려고 하는 소리에 잠에서 깨어났다.

앙투안이 그를 찾고 있었다. 정오가 지난 지는 이미 오래되었다. 환자의 병세가 잠시 누그러진 사이에 식사를 해 두자는 것이었다.

식당에는 두 사람의 식사가 준비되어 있었다. 유모는 샬르 씨를 자기 집에서 식사하도록 보냈다. 유모로 말하자면 다행히도! '걱정이 너무 많아서' 도저히 식탁에 앉을 수 없다는 것이었다.

자크는 별로 배고프지 않았다. 앙투안은 말없이 게걸스럽게 먹고 있었다. 그들은 서로 눈길이 마주치는 것을 피했다. 이렇게 서로 얼굴을 맞대고 식탁에 앉아본 지가 얼마만의 일인가? 여러 가지 사건이 계속 일어나 그들에게는 그런 감회에 젖을 틈도 없었다.

"너를 알아보시든?" 하고 앙투안이 물었다.

"모르겠어."

잠시 침묵이 흘렀다. 자크는 접시를 밀어 놓으면서 고개를 들었다.

"형, 알고 싶은데…… 어떻게 되는 거야? 지금부터 어떻게 되는 거지?"

"그런데 벌써 36시간이나 신장의 기능이 멈춰 있어! 알겠니?"

"알겠어. 그렇다면?"

"그러니까 중독 증세를 전혀 막을 수 없다면, 확실히 말하기 힘들지만 아마 내일…… 경우에 따라서는 오늘밤이라도…….'"

자크는 안도의 한숨이 나오려는 것을 참았다.

"그런데 고통은?"

"오, 그거야!" 하고 말하는 앙투안의 얼굴이 침울해졌다.

유모가 손수 커피를 가지고 오는 것을 보고 그는 입을 다물었다. 자크는 그녀가 커피를 따르려고 자기 곁에 왔을 때, 커피포트가 너무 심하게 흔들려서 그녀의 손에서 그것을 뺏으려고 했다. 그녀의 야위고 누렇게 된 손가락,

어린시절의 숱한 추억이 담겨 있는 그 손가락을 보는 순간 그의 가슴이 뭉클해졌다. 그는 억지로 미소를 지으려 했다. 몸을 구부려도 그녀의 눈은 보이지 않았다. 그녀는 한 마디 질문도 없이 '자코'의 귀가를 즐겁게 받아들였다. 그러나 3년 동안을 그녀는 자크가 죽은 줄 알고 그의 죽음을 슬퍼했던 것이다. 그가 지금 돌아와 있어도 그녀는 이 망령을 감히 똑바로 쳐다보려고 하지 않았다.

"고통이라는 건 말이야" 하고 단둘이 되자 앙투안이 말을 이었다. "점점 심해질 뿐이야. 일반적으로 요독증은 지각 마비의 촉진을 가져와 상당히 편안한 마지막이 될 수 있어. 그런데 그것이 이처럼 경련 형태로 나타난다면……."

"그렇다면 어째서 모르핀을 못 쓰게 하지?" 하고 자크가 물었다.

"왜냐하면 이제 아무것도 배설을 못하니까. 그 주사를 놓으면 틀림없이 죽이는 결과를 가져올 거야."

바람결에 문이 열렸다. 겁에 질린 식모의 얼굴이 나타났다가 사라졌다. 누군가를 부르려고 애썼지만 그녀의 입에서는 아무런 소리도 나오지 않았다.

앙투안은 즉시 그녀 뒤를 쫓아갔다. 그는 마음에 두고 있던 본의 아닌 하나의 희망 때문에 자리에서 벌떡 일어났던 것이다.

자크도 자리에서 일어났다. 똑같은 희망이 그의 뇌리를 스쳐갔다. 잠시 머뭇거리다가 형을 쫓아갔다.

그러나 아직 임종 때는 아니었다. 그것은 또 다른 발작에 지나지 않았다. 그러나 이번에는 갑작스럽고 매우 심한 것이었다.

티보 씨는 이를 어찌나 꽉 물고 있었던지 자크는 문에서부터 아버지가 이가는 소리를 들었다. 얼굴은 자줏빛이었고 눈은 뒤집혀 있었다. 호흡은 불규칙적이었다가 멈추곤 했는데, 이런 상태가 당분간 계속될 듯했다. 한편 자크는 조마조마해지고 숨이 막힐 것 같아 형 쪽으로 몸을 돌렸다. 환자의 사지가 완전히 오므라들었으므로 뻣뻣해진 몸은 발뒤꿈치와 뒤통수만이 간신히 매트에 닿아 있었다. 그렇지만 시시각각으로 몸은 점점 더 활 모양으로 구부러졌다. 근육의 긴장이 극도에 달했을 때 몸은 떨고 있지만, 어떻게 보면 균형을 이루며 꼼짝도 않고 있는 것 같았다. 이것이야말로 순간적이기는 하지만 노력의 극치를 보여 주는 것이었다.

"에테르를 조금" 하고 앙투안이 말했다. 자크가 볼 때 형의 목소리는 놀랄 만큼 침착한 것 같았다.

발작은 점점 더 심해졌다. 점점 강해지는 고함 소리는 비틀어진 입에서 발작적으로 나왔다. 머리는 좌우로 뒹굴기 시작했다. 팔다리가 제멋대로 요동했다.

"팔을 붙들어."

앙투안이 말했다. 그 자신도 한쪽 손목을 잡았다. 두 간호수녀는 발버둥치며 이불을 걷어차는 환자의 두 다리를 붙잡으려고 애썼다.

승강이가 얼마동안 계속되었다. 드디어 심한 경련이 가라앉았다. 간질병 같은 요동이 뜸해졌다. 머리도 흔들거리지 않았다. 오금을 펴는 듯하더니 몸을 쭉 뻗고 쓰러졌다.

그때 다시 신음소리가 시작됐다.

"아이고…… 아이고……"

자크는 잡고 있던 팔을 침대 위에 놓았다. 거기에 자신의 손가락 자국이 나 있는 것을 보았다. 셔츠의 손목 부분이 찢어져 있었다. 칼라의 단추 하나가 떨어져 나가고 없었다. 자크는 똑같은 신음소리가 끈덕지게 흘러 나오며, 통통 부은 채 젖어 있는 아버지의 입술에서 눈을 뗄 수가 없었다.

"아이고…… 아이고……" 그러자 별안간 마음의 충격, 먹다 만 점심, 에테르 냄새…… 토할 것만 같았다. 몸을 다시 가눈 다음 몸을 일으키려고 했다. 그는 자신이 창백해지는 것을 느꼈다. 휘청거리며 간신히 문까지 갈 수 있었다.

늙은 간호수녀와 함께 침대를 정돈하고 있던 세린느 수녀가 갑자기 앙투안 쪽을 돌아보았다. 그녀는 시트를 들고 있었다. 환자가 몸부림치던 장소 밑은 핏자국이 섞인 얼룩이 번져 있었다.

앙투안은 별다른 기색을 보이지 않았다. 그러나 잠시 뒤 그는 침대 곁을 떠나 난롯가에 가서 몸을 기댔다. 신장은 다시 기능을 회복해—얼마 동안이나? —중독 증상을 늦추고 있었다. 물론 그때가 오리라는 것은 틀림없는 사실이다. 다만 그것이 미루어졌을 뿐이다. 어쩌면 며칠이 걸릴지도……. 그는 몸을 일으켰다. 이처럼 실망스런 사실 확인에 구애받고 싶지 않았던 것이

다. 어차피 투쟁은 예상보다 더 길어질지 모른다. 어쩔 수 없는 일이 아닌
가? 더 길어질수록 완벽한 계획을 세우는 것이 중요하다. 무엇보다도 충분
한 인원을 확보해 두자. 환자 곁에는 두 팀을 짜서 교대로 번갈아 가며 쉬도
록 해야지. 보충 인원으로는 레옹을 올라오도록 해야겠다. 자신은 두 팀 모
두에 들어가야지. 그는 방을 떠나고 싶지 않았다. 다행히 스위스로 떠나기
전에 며칠동안의 휴가를 얻어 놓았다. 만약 다른 환자 집에 응급한 일이 생
기면 테리비에게 부탁해서 가 보도록 해야지. 또 할일이 무엇이지? 그렇
다. 필립 선생에게 알려야지. 병원에도 전화를 할 것. 또 다음에 할 일은 무
엇인가? 중요한 것을 잊고 있는 듯했다(피곤해 있다는 증거다. 차가운 홍차
를 준비시켜야겠다). 아, 지젤의 일을 잊었구나! 저녁때까지는 편지를 쓰
자. 늙은 유모가 자기 조카딸을 불러오자는 말을 하지 않은 것만도 다행스러
운 일이다!

그는 난로 앞에 서서 두 손을 대리석 가장자리에 올려놓았다. 그리고 발을
번갈아 기계적으로 불 가에 내밀었다. 계획을 짠다는 것은 이미 행동에 옮기
는 것이나 다름없었다. 그는 냉정을 되찾았다.

방에서는 티보 씨가 다시 고통에 못 이겨 점점 더 큰 소리로 신음소리를
내고 있었다. 두 수녀는 앉아 있었다. 이 틈에 잠깐 전화를 걸고 와야지…
…. 그는 나가려고 하다가 다시 되돌아와 환자 가까이에 가서 용태를 살폈
다. 헐떡이는 이 숨소리, 점점 붉어지는 이 얼굴…… 벌써 새로운 발작이
시작되는 것일까? 도대체 자크는 어디에 있을까?

바로 그때 복도에서 말소리가 들려왔다. 문이 열렸다. 베카르 신부가 자크
를 데리고 들어왔다. 앙투안의 눈길은 시무룩한 모습을 하고 있는 자크에게
로 향했다. 한편 무표정한 신부의 두 눈은 초롱초롱했다. 티보 씨의 신음소
리는 시시각각으로 심해졌다. 갑자기 두 팔을 뻗었다. 그의 손가락들은 호두
까는 듯한 소리를 내면서 오므라들었다.

"자크."

앙투안은 에테르 병을 향해 손을 내밀면서 말했다.

신부는 머뭇거리다가 아무 말 없이 성호를 그었다. 그리고 나서 소리도 없
이 나가 버렸다.

4. 입욕

저녁 내내, 밤새도록, 그 다음날 아침까지 앙투안에 의해 구성된 두 팀은 티보 씨 머리맡에서 세 시간 간격으로 교대했다. 첫 번째 팀은 자크와 식모와 늙은 수녀로 구성되었고, 두 번째 팀에는 세린느 수녀와 레옹과 클로틸드가 있었다. 앙투안은 지금까지 전혀 휴식을 취하지 못했다.

발작은 그 빈도수를 더해 갔다. 일단 발작이 시작되면 너무 격렬해서 환자는 말할 것도 없고, 환자를 돌보던 사람들도 기진맥진해져 환자가 괴로워하는 것을 멍하니 바라볼 수밖에 별 도리가 없었다. 경련이 거듭될수록 신경통은 더욱더 심해졌다. 신체의 어느 한곳 아프지 않은 데가 없었다. 그리고 발작이 일어날 때마다 긴 신음소리만이 들렸다. 환자의 뇌신경은 극도로 약해져 있었으므로 무슨 일이 일어났는지 의식하지 못했다. 이따금 아무렇게나 헛소리를 내뱉곤 했다. 그러나 감성만은 또렷해서 쉴새없이 손짓으로 괴로운 곳을 가리켰다. 앙투안은 아버지가 병상에 누운 지 몇 달이 되었는데도 아직 그가 보여 주고 있는 이 기력에 놀라지 않을 수 없었다. 환자의 온갖 추태를 다 겪어 온 간호수녀들도 어안이 벙벙해졌다. 수녀들은 이런 비정상적인 저항력은 요독증 때문에 곧 꺾일 것이라고 확신하면서, 침대가 여전히 건조한지, 또 24시간 이래 신장이 그 기능을 회복했는지 어떤지를 확인하기 위해 한 시간에 몇 번씩 와 보곤 했다.

첫날부터 벌써 수위는 모든 창문뿐만 아니라 덧문까지 닫으면 어떨까 하고 물어보러 왔다. 이렇게 함으로써 마당에까지 요란스럽게 새어 나가서 집 안을 온통 공포에 휩싸이게 하는 신음소리를 미리 막을 수 있다고 생각했기 때문이다. 환자의 방 바로 뒤의 4층에 세들어 있는 임산부는 이런 소리에 충격을 받아 한밤중에 친정으로 피난해야 했다. 그래서 문이란 문은 모두 닫아 버렸다. 방의 불빛이라고는 침대 머리맡에 있는 램프불뿐이었다. 방 안의 냄새를 없애기 위해 끊임없이 벽난로에 장작을 피우고 있지만 탁한 공기 때문에 숨쉬기조차 고통스러웠다. 한편 이런 탁한 공기와 어두침침한 불빛에 정신이 몽롱해진 자크, 사흘 동안이나 안절부절못하고 흥분 속에서 지내다 보니 지칠 대로 지친 자크는 우뚝 선 채 깜빡 잠들었다가 소스라쳐 놀라 잠에서 깨서 멈추었던 동작을 계속하곤 했다.

환자의 방에서 나와도 되는 시간이면 그는 형의 아파트로 내려갔다. 그는 벌써 그 방 열쇠를 가지고 있었다. 그리고 그곳에 가면 안심하고 혼자가 될 수 있었다. 그는 옛날의 자기 방으로 뛰어들어가 옷을 입은 채로 침대 겸용의 긴 의자에 몸을 던졌다. 그러나 그곳에서도 휴식을 취할 수가 없었다. 창문에 걸린 얇은 실크 커튼 너머로 눈송이가 휘몰아치는 것이 보였다. 이 때문에 앞집의 정면도 안 보였고 길가의 소음도 들리지 않았다. 순간 로잔에서의 일, 에스칼리에의 좁은 길, 캄메르진, 소피아 그리고 그곳의 친구들이 생각났다. 모든 것이 뒤죽박죽되었다. 현재와 여러 가지 추억, 파리의 눈과 그곳의 겨울, 이 방의 따스함과 작은 스위스식 난로의 온기가 뒤섞여 떠올랐다. 그리고 자기 옷에 배어 있는 에테르 냄새와 노란색의 전나무 마루의 진 냄새……. 그는 방을 옮기려고 일어섰다. 앙투안의 서재까지 발을 질질 끌다시피 해서 갔다. 완전히 지쳐 버린 그는 안락의자에 주저앉았다. 너무나 긴 세월을 허망하게 기다렸다는 느낌, 만족할 줄 모르는 무모한 욕망을 가졌다는 느낌, 무엇을 해도 또 어디를 가도 구제받을 수 없는 이방인이라는 느낌이 들어 화가 치밀었다.

오후부터 발작은 그칠 사이 없이 계속되었다. 그리고 병세는 눈에 띄게 악화되었다. 간호할 차례가 되어 자기 팀과 같이 왔을 때, 자크는 아침 이후에 갑자기 일어난 변화에 깜짝 놀랐다. 안면근육의 끊임없는 경련, 더구나 중독으로 인한 부기가 얼굴 모습을 완전히 일그러지게 해서 환자의 얼굴은 거의 알아볼 수 없을 정도였다.

자크는 형에게 물어보고 싶었다. 그러나 계속해서 환자를 돌보아야 하는 여러 가지 일이 두 사람을 필요로 했다. 게다가 피로 때문에 정신이 몽롱해져 있는 그가 생각한 것을 분명하게 말로 표현한다는 것은 정말 힘든 일이었다. 발작이 일 때마다 계속 고통스러워하는 아버지를 보고 너무나 측은한 생각이 들어 이따금 어쩌된 영문인가 하며 의아한 눈길을 형에게 보내곤 했다. 그때마다 앙투안은 입을 꼭 다물고는 눈을 돌리는 것이었다.

점점 더해가는 아버지의 경련을 밤새 지켜본 자크는 이마에 땀을 흠뻑 흘리면서 녹초가 된 채 화가 치밀어 형 옆에 다가섰다. 그리고 형의 팔을 붙잡은 다음 형을 방구석으로 데려갔다.

"형! 이 상태로 내버려 둘 수는 없잖아!"

그의 말투에는 비난의 뜻이 섞여 있었다. 앙투안은 힘없이 어깨를 으쓱해 보이고는 얼굴을 돌렸다.

"어떻게 해 봐야지 않겠어?" 하고 형의 팔을 흔들면서 자크가 말했다. "편하게 해 드려야지! 무슨 방도를 찾아 봐! 어떻게 해서라도!"

앙투안은 건방진 소리 하지 말라는 태도로 눈썹을 추켜세웠다. 그리고 긴 신음소리를 내고 있는 환자를 바라보았다. 무엇을 해 볼까? 목욕? 물론 이 생각은 이미 여러 번 했었다. 과연 실행 가능할까? 욕실은 집의 맨 끝 쪽의 부엌 옆 오른쪽으로 돌아 좁은 복도 끝에 있었다. 위험한 모험일지 모른다. 하지만……

잠시 그는 괜찮을지를 깊이 생각했다. 그리고 결심했다. 머릿속에는 이미 계획이 짜여 있었다. 발작 뒤로 대개 3, 4분 이어지는 소강상태를 이용해야 될 것 같았다. 그러기 위해서는 사전에 모든 준비를 해 둘 필요가 있었다.

그는 얼굴을 들고 늙은 간호수녀에게 말했다.

"수녀님, 여기는 이대로 놔 두세요. 레옹을 불러 주세요. 세린느 수녀에게 시트 두 장을 가지고 오라고 하세요. 두 장. 아드리엔느, 자네는 욕실에 가서 뜨거운 물을 받아 주게. 물의 온도는 38도 알겠나? 거기에 있으면서 우리가 갈 때까지 38도를 유지해 두고 있어. 그리고 클로틸드한테 수건을 오븐 속에 넣어 두라고 일러 놓게. 마루가 따뜻하도록 장작불을 피워. 자, 빨리."

쉬고 있던 세린느 수녀와 레옹이 마침 아드리엔느와 교대하기 위해 방으로 들어왔다. 다시 발작이 시작되었다. 매우 심한 것이었지만 짧게 끝났다. 발작이 끝나고 짧으면서도 진정된 호흡을 하다가 다시 헐떡거리면서 여러 가지 몸짓을 하는 시기가 오자 앙투안은 주위의 조수들을 흘끗 둘러보았다.

"자, 지금이다" 하며 그는 자크를 향해 덧붙였다. "급하게 하지 말자. 1초도 헛되게 할 수 없으니까."

두 수녀는 벌써 침대 곁을 떠났다. 시트에서는 먼지가 나고 썩은 피부에서 풍기는 냄새가 방 안을 가득 채웠다.

"빨리 옷을 벗겨 드리자." 앙투안이 말했다. "레옹, 목욕하고 돌아오시면 방 안이 따뜻하도록 장작 두 개를 넣어 둬."

"아이고……" 하며 환자는 신음했다. "아이고……."

하루하루 부스럼이 번져 나가 깊이 파고들었다. 어깨뼈, 궁둥이, 발뒤꿈치에는 텔컴파우더를 발라 붕대를 감았는데도 속옷에 달라붙어 거무스레한 상처를 드러냈다.

"잠깐만 기다려" 하고 앙투안이 말했다. 그는 칼로 셔츠를 길게 찢었다. 칼이 천을 가르는 소리에 자크는 소름이 끼쳤다.

몸 전체가 드러났다.

육중하고 무기력하며 회끄무레한 육체, 그것은 부어오른 것 같기도 하고 또 야윈 것 같기도 했다. 두 손은 피골이 상접한 팔 끝에 권투 장갑을 낀 것같이 달려 있었다. 엄청나게 긴 두 다리는 털이 난 뼈처럼 보였다. 가슴에는 회색 털이 수북이 나 있었다. 아랫도리도 그런 털로 감춰져 있었다. 자크는 눈을 딴 곳으로 돌렸다. 그 뒤에도 그는 여러 차례 이 순간의 일, 곧 자기를 낳아 준 사람의 벌거벗은 모습을 보았을 때 이상하게 생각했던 일을 되살리곤 했다. 그리고 기자로서 튀니지에 있을 때의 일이 주마등처럼 그의 머릿속을 스쳐갔다. 아버지의 모습과 마찬가지로 벌거벗고 몸이 부은 채 회색 털로 뒤덮여 있던 한 이탈리아인의 육체를 보았을 때의 일, 목매어 죽은 시체로 발견되어 대낮에 밖에 눕혀져 있던 끔찍한 그 시체. 근처 동네 장난꾸러기들이 떠들며 시체 주위를 뛰어다니던 장면이 떠올랐다. 그때 자크는 자살한 남자의 딸, 아직 어린애였던 그 딸이 울면서 광장을 지나 애들 무리를 발로 걷어차 쫓으면서 시체 위에 한아름의 마른 풀을 뿌리던 광경을 보았다. 그것은 아마 부끄러워서였든지 아니면 파리가 낄 것 같아서 그랬는지도 모른다.

"자크, 부탁해" 하고 앙투안이 속삭이듯 말했다.

앙투안과 세린느 수녀가 환자의 허리 밑으로 시트 끝을 집어넣는 사이에 그것을 잡기 위해 환자 밑으로 손을 넣는 것이 문제였다.

자크는 하라는 대로 했다. 그런데 그는 갑자기 그 끈끈한 감촉에 당황하고는 자신도 모르게 충격을 받았다. 그것은 동정심이나 애정을 훨씬 넘어선 육체적인 감동과 동물적인 감정이었다. 곧 인간이 인간을 대하는 이기주의적인 애정이었던 것이다.

"시트 가운데를" 하고 앙투안이 명령했다. "됐어. 좀더 편안하게. 레옹, 이쪽을 잡아당겨. 자, 베개를 빼는 거야. 수녀님, 당신은 두 다리를 들어올리세요. 조금만 더. 등창 상처를 주의해서, 자크, 시트 위쪽 끝을 꼭 잡아. 나는 다른 구석을 잡을 테니까. 세린느 수녀님과 레옹은 와서 발 양쪽을 잡아요. 다들 됐어요? 그럼, 자, 우선 해 보자. 하나, 둘!"

시트 네 구석을 힘껏 잡아당겨 환자 몸을 간신히 매트 위로 들어올렸다.

"그래 됐어." 앙투안은 즐거운 듯이 말했다. 다른 사람들도 모두 성취감 같은 즐거움을 느꼈다. 앙투안이 늙은 수녀를 향해 말했다. "수녀님, 환자한테 담요를 덮어 드리세요. 앞에 가서 문을 여시고……. 준비됐지? 그럼 가자."

천천히 일행은 움직이기 시작해서 좁은 복도에 들어섰다. 환자가 고함을 질렀다. 샬르 씨의 얼굴이 사무실 문 쪽에서 힐끗 보였다.

"다리 쪽을 좀더 아래로" 하고 앙투안은 숨가쁜 목소리로 말했다. "자…… 좀 쉴까? 괜찮다고? 그럼 그냥 계속 가……. 조심해, 찬장 열쇠에 부딪힐라……. 힘을 내. 거의 다 왔다. 모퉁이 돌 때 조심하고." 욕실을 꼭 메우고 있는 유모와 두 식모의 모습이 멀리서 보였다. "자, 비켜요" 하고 그는 외쳤다. "다섯 사람만 있으면 충분해. 아드리엔느와 클로틸드는 그동안에 침대를 다시 정리해 놔. 그리고 침대를 탕파로 따뜻하게 하고……. 자, 이번에는 이쪽이다. 문을 지나가게 비스듬히. 그래, 그래. 바닥에 놓으면 안 돼! 올려, 올려! 더! 욕조까지. 그러고 나서 천천히 탕 속으로, 시트째로 말이야! 꼭 쥐고 가만히. 조금 늦추어서. 좀더. 자…… 제기랄. 물이 많구나, 온통 물바다가 되겠다. 그냥 내려놓아……."

시트에 폭 싸여 있는 묵직한 체구가 욕조 물을 넘치게 하면서 천천히 가라앉았다. 탕물은 사방으로 넘쳐흘러 시트를 들고 있는 사람들을 흠뻑 적시면서 욕실 바닥과 복도까지 흘러갔다.

"이제 됐어" 하고 앙투안은 몸을 떨면서 말했다. "10분쯤 쉴 수 있어."

티보 씨는 따뜻한 목욕 때문인지 고함치던 것을 멈추는 듯싶더니 다시 더 심하게 악을 쓰기 시작했다. 그는 몸부림치려고 했다. 다행히 손발이 시트에 말려 마음대로 움직일 수가 없었다.

차츰 흥분도 가라앉았다. 이제 고함 대신 신음소리를 냈다. "아이고…… 아이고……." 얼마 안 가서 신음소리도 그쳤다. 확실히 편안해하는 것 같았다. 그가 내고 있는 '아이고' 소리는 만족스러운 데서 오는 짧은 한숨 같았다.

다섯 사람 모두 욕조 주위에서 발을 물에 담근 채 서 있었다. 그러면서 앞으로 할 일을 걱정스럽게 생각하고 있었다.

갑자기 티보 씨가 음성을 높이더니 눈을 떴다. "아, 너니?…… 오늘은 안 돼……." 그는 자기 주위를 한 번 둘러보았다. 그러나 물론 주변에 있는 것을 알아보지는 못했다. "나를 내버려 둬." 그가 덧붙였다(이틀 동안 그가 말한 것 중에서 최초로 알아들을 수 있는 것이었다). 환자는 입을 다물었다. 그러나 입술만은 마치 기도를 하듯이 계속 움직였다. 빨라서 알아들을 수 없는 말을 중얼거렸다. 귀를 기울이고 있던 앙투안은 겨우 몇 마디를 들을 수 있었다. "성 요셉…… 죽음에 임한 자들의 수호성인……" 조금 있다가 "……불쌍한 죄인들……."

다시 눈을 감았다. 얼굴은 평온해 보였고, 숨은 가빴지만 규칙적이었다. 고함소리를 더 이상 듣지 않게 된 것만 해도 모두에게는 더할 나위 없는 휴식이었다.

갑자기 노인은 작은 소리로 웃었다. 그것은 이상하리만큼 뚜렷하고 어린애 같은 웃음이었다. 앙투안과 자크는 서로 바라보았다. 아버지는 무엇을 생각하는 걸까? 그의 두 눈은 감겨 있었다. 그때 뚜렷하게, 그러나 너무 소리를 질러서 쉰 목소리로 유모에게서 배운 어린시절의 후렴을 또다시 부르기 시작했다.

이랴! 이랴! 말은 뛴다!
이랴! 빨리! 기다리고 계신다!

그는 반복했다. "이랴…… 이랴……." 그리고 나서 조용해졌다.

거북해진 앙투안은 눈을 들지 못했다. '기다리고 계신다……' 하고 그는 생각했다. '고약한 취미군……. 자크는 어떻게 생각할까?'

자크도 똑같은 느낌이었다. 그것은 그가 그런 것을 들었다는 사실 때문이 아니라 그것을 들은 것이 자기 혼자가 아니었다는 것 때문이다. 형제가 저마다 거북스럽게 느낀 것은 상대방 때문이었다.

거의 10분이 지났다.

앙투안은 욕조를 유심히 살펴보면서 아버지를 방까지 모시고 갈 일을 곰곰이 생각했다.

"이렇게 젖은 시트로는 모시고 갈 수 없는데" 하고 그는 나지막한 소리로 말했다. "레옹, 가서 접는 침대의 매트를 가지고 와. 그리고 클로틸드한테 말해서 오븐 속에 있는 수건을 가지고 오라고 해."

매트는 젖은 타일 바닥에 깔았다. 그러고 나서 앙투안이 하라는 대로 모두 시트의 네 모퉁이를 잡고 힘겹게 환자를 욕조에서 끌어올려 흠뻑 젖어 있는 몸을 매트 위에 올렸다.

"빨리 몸을 닦아……" 하고 앙투안이 말했다. "이번에는 담요로 싸고 몸 밑에 마른 시트를 덮어. 감기 들지 않게 서둘러."

'감기가 든다 해도 그것이 어떻단 말인가? ……' 하고 앙투안은 생각했다.

그는 주위를 한 번 둘러보았다. 모두가 물바다 같았다. 매트와 속옷 모두가 물에 젖어 있었다. 구석에는 의자 하나가 뒹굴고 있었으며, 욕실은 홍수가 지나간 뒤의 처참한 광경을 떠올리게 했다.

"자, 모두 제자릴 찾아가서 출발하는 거야" 하고 그는 명령하다시피 말했다.

마른 시트는 팽팽해졌지만 몸은 달아맨 그물침대 속에 실려 있는 것처럼 잠시 좌우로 흔들거렸다. 일행은 비틀거리면서, 그리고 물속을 철벅거리면서 일어났다. 일행은 복도를 돌아 사라졌다. 그들이 지나간 자리에는 물줄기가 남아 있었다.

잠시 뒤 티보 씨는 머리를 베개 가운데 두고, 두 팔은 이불 밖으로 축 늘어뜨린 채, 새로 깐 침대 속에 눕혀졌다. 그는 꼼짝도 하지 않았다. 그리고 그의 얼굴은 창백했다. 며칠 만에 처음으로 고통을 잊은 것 같았다. 그러나 그런 상태는 오래 지속되지 않았다.

4시가 되자 자크는 방을 나와 좀 쉬기 위해 아래층으로 내려가려고 했다. 그때 현관에서 앙투안이 그를 붙잡았다.

"빨리! 호흡곤란이야! ……고트로한테 전화해. 프뢰뤼스 국(局) 54…… 02번, 세브르 거리의 고트로야. 산소 서너 주머니를 빨리 보내라고 해. 프뢰뤼스 국 54……02번."

"내가 택시로 갔다 오면 어때?"

"아니야, 그쪽에는 삼륜차가 있어. 빨리. 너는 너대로 할 일이 있어."

전화는 티보 씨의 서재에 있었다. 자크는 그곳으로 달려갔다. 어찌나 급하게 뛰어 들어갔던지 샬르 씨는 의자에서 벌떡 일어섰다.

"아버지가 호흡곤란이에요" 하고 자크는 수화기를 들면서 내뱉듯 말했다.

"여보세요…… 고트로 회사입니까? ……아니라고요? ……그럼 프뢰뤼스 국 54……02번 아닙니까?"

"여보세요…… 아가씨, 부탁이 있는데요 급한 환자가 있어서요! 프뢰뤼스 국 54……0……2!"

"여보세요…… 고트로 회사입니까? 그런데…… 여기는 의사 티보인데요 …… 네…… 부탁드릴 수 있나요?"

자크는 허리를 굽힌 채 전화기가 놓여 있는 까치발이 달린 책상 위에 팔꿈치를 기대고 등을 방 쪽으로 향하고 있었다. 말하면서 그는 무심코 앞에 있는 거울 쪽으로 눈길을 보냈다. 그러자 열려 있는 문가에 멍하니 서서 이쪽을 보고 있는 지젤의 모습이 눈에 띄었다.

5. 지젤의 귀가

지젤은 전날에 런던에서 전보를 받았다. 그것은 앙투안이 로잔에 가 있는 동안에 클로틸드의 착안으로 유모의 동의를 얻어 친 것이었다. 지젤은 전보를 받자마자 즉시 출발했다. 아무에게도 알리지 않고 파리에 도착하자 위니베르시테 거리까지 택시를 타고 왔다. 수위에게는 물어볼 겨를도 없이 가슴 설레면서 곧장 집으로 올라온 것이다.

레옹이 와서 문을 열어 주었다. 그가 위층에 와 있는 것을 보고 놀란 지젤은 더듬거리며 물었다.

"아저씨는?"

"아직 그러십니다."

"그렇다면……."

그때 옆방에서 누군가가 고함치는 소리가 들렸다. "프뢰뤼스 국 54……02번 아닙니까?"

지젤은 소스라쳤다. 환청일까?

"여보세요…… 아가씨, 부탁이 있는데요. 급한 환자가 있어서요……."

그녀는 자신도 모르게 가방을 손에서 떨어뜨렸다. 두 다리가 휘청거렸다.

정신없이 대기실을 지나 조금 열려 있는 사무실 문을 두 손으로 밀었다.

자크는 등을 돌린 채 까치발이 달린 책상 위에 팔꿈치를 기대고 서 있었다. 벗겨진 이마에, 눈을 아래로 향하고 있는 그의 옆모습이 거짓말처럼 멀리 거울 뒤에 입힌 푸르스름한 박에 비쳤다. 그녀는 자크가 죽었다고 생각한 적은 한 번도 없었다. '그를 찾았구나. 그래서 아버지 병상에 되돌아온 것이구나……'

"여보세요…… 여기는 의사 티보인데요…… 네…… 부탁드릴 수 있나요?"

서서히 그들의 눈길이 가까워졌다. 손에는 여전히 사람의 목소리가 새어 나오는 수화기를 든 채 자크는 별안간 몸을 돌렸다.

"부탁드릴 수 있을까요?" 하고 그는 되풀이했다. 목이 뻣뻣해졌다.

침을 삼키려고 노력은 했지만 죄는 것 같은 소리밖에 나오지 않았다. "여보세요……." 그는 지금 자기가 어디에 있는지, 왜 전화를 걸고 있는지를 몰랐다. 정신을 가다듬기 위해 대단한 노력을 해야만 했다. 앙투안, 빈사상태의 아버지, 산소……. '아버지는 지금 호흡이 곤란하다' 하고 그는 생각했다. 귀를 찢는 듯한 진동이 그의 머릿속을 뒤흔들었다.

"용건을 말씀하세요!" 저쪽에서 초조해 하는 목소리가 들려왔다. 그의 마음속에는 무턱 대고 들어온 그녀에 대한 노여움이 치밀어 올랐다. 뭘 하러 왔단 말인가? 어떻게 해 달라는 것인가? 모두 끝난 일이 아닌가? 지젤은 꼼짝도 하지 않고 있었다. 좀 거무스름한 그녀 얼굴의 검고 큰 두 눈은 순한 개의 눈처럼 아름답고 기막히게 부드러운 광채로 번득이고 있었다. 그녀는 퍽 날씬해 보였다. 아주 예뻐졌다는 생각은 분명히 들지 않았다. 그러나 어딘지 모르게 그렇게 된 듯한 느낌이 들었다.

고요한 가운데 샬르 씨의 목소리가 시한폭탄처럼 터져나왔다.

"아, 당신이었군요?" 하고 그는 바보스러운 미소를 띠며 말했다.

자크는 신경질적으로 수화기를 뺨에 대었다. 그리고 마음속에 품고 있는 말 못할 분노는 조금도 겉으로 나타내지 않으면서 멍청한 눈으로 아름다운 그녀의 출현을 바라보며 더듬더듬 말했다.

"부탁드릴 수 있나요…… 즉시 …… 산소를…… 편으로…… 삼륜차 편으로…… 뭐라고요? …… 물론 주머니에 든 것…… 호흡이 곤란한 환자에게 쓸 것이니까요……."

지젤은 그 자리에 못 박힌 듯 멈춰 서서 눈 하나 깜짝하지 않고 물끄러미 그를 바라보았다. 그녀는 그동안 수없이 그가 자기 앞에 다시 모습을 나타내는 순간과, 여러 해를 기다리다가 드디어 그의 품에 안기는 순간을 상상하곤 했었다. 그런데 지금 바로 그 순간을 눈 앞에 두고 있는 것이다. 그런 그가 바로 자기 앞에 있다. 그러나 다른 사람에게 정신이 팔려 자기는 가까이 다가설 수 없다. 관계없는 사람이다. 그녀는 자크의 눈길과 마주쳤을 때 거절하는 듯한 어떤 차가움을 느꼈다. 하지만 이것을 느끼기 전에 이미 자신의 꿈과 거리가 먼 현실을 대하면서 계속 가슴을 태우리라는 것을 직감했던 것이다.

자크 역시 전화를 하면서도 끊임없이 그녀의 얼굴을 바라보았다. 그들은 한동안 서로가 이렇게 눈길을 주고받았다. 자크가 다시 몸을 일으켰다. 그의 목소리에는 자신감이 있어 보였다. 어쩌면 지나친 자신감이었는지도 모른다.

"네…… 산소를 서너 주머니…… 곧 부탁합니다."

그는 지금 일부러 꾸민 듯이 평소보다 더 높고 떨리며, 콧소리가 나는 투로 말했다. "아, 실례했습니다. 주소는…… 티보, 위니베르시테 거리 4번지 B호…… 아니요, 4번지 B호입니다. 곧장 3층까지 올라와 주세요……. 빨리 부탁드립니다. 아주 급하니까요!"

서두르지도 않고 침착한 움직임으로 그는 수화기를 내려놓았다.

자크도 지젤도 움직이려 하지 않았다.

"안녕?" 하고 마침내 자크가 말했다.

몸이 오싹해지는 것을 느꼈다. 그녀는 응답으로 미소를 짓기 위해 입을 반쯤 벌렸다. 그러나 자크는 갑자기 현실을 의식이나 한 것처럼 지금까지의 태도를 바꾸었다.

"형이 기다리고 있어" 하고 그는 황급히 방을 가로질러 나가면서 말했다. "샬르 씨한테 물어라……. 저, '아버지'가 호흡곤란이셔서…… 가장 어려운 때 왔군……."

"그렇군요" 하고 그녀는 몸을 꼿꼿하게 하고 대답했다. 그리고 자크가 자기 앞을 지나갈 때 말했다. "빨리 가 보세요!"

그녀의 두 눈에는 눈물이 글썽거렸다. 이렇다 할 뚜렷한 생각이나 이유 있는 아쉬움은 조금도 없었다. 멍해지고 맥이 풀리는 듯하면서 마음이 괴로웠을 뿐이다. 눈길은 대기실로 뛰어가는 자크의 뒷모습을 쫓고 있었다. 자크가 가는 모습을 보고 나서야 그녀에게는 그가 살아 있고 또 그를 되찾았다는 실감이 더욱 확실하게 들었다. 그의 모습이 보이지 않게 되자 그녀는 신경질적으로 두 손을 모으면서 중얼거렸다.

"자코……."

샬르 씨는 아무것도 눈치채지 못한 채 목석처럼 그 자리에 있었다. 지젤과 단둘이 있게 되자 그는 예의상 이야기를 시작해야겠다고 생각했다.

"지젤 양. 보다시피 나는 여전해요" 하고 그는 자기가 앉아 있는 의자를 치면서 말했다. 지젤은 눈물을 보이지 않으려고 얼굴을 돌렸다. 그는 조금 있다가 다시 말을 계속했다. "우리는 시작할 때를 기다리고 있어요."

은밀한 말투에 지젤은 깜짝 놀라 되물었다.

"시작할 때라니요?"

노인은 안경 너머로 눈짓을 했다. 그리고 조심성 있게 입술을 꼭 다물었다. "기도 말입니다, 지젤 양."

자크는 대피소에 뛰어들듯 아버지 방으로 뛰어갔다.

천장에는 불이 켜져 있었다. 침대 위에 똑바로 앉혀놓은 티보 씨의 모습은 보기에도 무서웠다. 머리는 뒤로 젖혀 있고 입은 벌린 채였다. 완전히 의식을 잃은 것 같았다. 불룩 튀어나와 휘둥그레진 두 눈은 떠 있었지만 생기를 찾아볼 수 없었다. 앙투안은 침대 위로 몸을 굽힌 채 두 팔로 아버지를 붙잡았다. 한편 세린느 수녀는 나이 든 수녀가 건네 주는 작은 이불로 상체를 덮어 주었다. 동생이 오는 것을 보자 앙투안이 외쳤다.

"창문을 열어."

창문을 열자 외풍이 방 안으로 들어와 의식을 잃은 환자의 얼굴을 스쳤다. 콧방울이 뛰기 시작했다. 약간의 공기가 폐장 속으로 들어갔다. 호흡이 약하고 가쁘며 짧았다. 매번 내쉬는 숨결은 길디길었다. 그럴 때마다 느린 한숨이 마지막인 듯싶었다.

자크는 앙투안 곁으로 다가갔다. 목소리를 낮추어 넌지시 말했다.

"지젤이 돌아왔어."

앙투안은 꼼짝도 않고 그저 눈썹만 약간 추켜올렸다. 그러나 죽음과 맞서서 싸우는 절박한 이 순간에 잠시라도 딴생각을 할 겨를이 없었다. 조금만 소홀히 해도 가물거리는 이 숨결은 꺼지고 말기 때문이다. 링에 오른 권투선수처럼 그는 지금 상대를 똑바로 겨냥하며 팽팽하게 맞서 모든 근육은 여차할 때의 태세를 갖추고는 환자에게서 눈을 떼지 않았다. 로잔에 다녀온 이틀 전부터, 아버지의 죽음을 어떤 구원처럼 여겼던 사실을 생각조차 할 겨를이 없었다. 그는 이 순간에 그 죽음을 물리치기 위해 안간힘을 쓰고 있는 것이다. 불안한 상태에 있는 이 목숨이 자기 아버지의 것이라는 사실조차 거의 잊어버리고 있을 정도였다.

'곧 산소가 도착하겠지' 하고 그는 생각했다. '아직 5분 내지 10분은 버틸 수 있어. 산소가 오자마자……. 하여튼 동작이 자유로워야 할 텐데. 수녀도 …….'

"자크, 누구든지 한 사람 더 불러……. 아드리엔느나 클로틸드 누구라도. 두 사람은 아버지를 붙잡아 주고."

식모 방에는 아무도 없었다. 자크는 헛간으로 뛰어갔다. 그곳에는 지젤과 유모만이 있었다. 그는 순간 망설였다. 시간이 없는데…….

"그래, 너도 와 주어야겠어" 하고 그는 결심한 듯 말했다. 그리고 노파를 대기실로 밀어내면서 덧붙였다. "유모는 현관에 계세요. 산소를 가지고 오면 즉시 우리한테 보내 주도록 하세요."

그들이 병상에 돌아왔을 때 티보 씨는 인사불성이었다. 얼굴은 보라색이 되고 입은 크게 벌어져 있었다. 갈색 침이 입가에서 흘러나왔다.

"빨리" 하고 앙투안이 속삭이듯 말했다. "이리로 와요…….."

자크는 형과 자리를 바꾸었다. 지젤은 세린느 수녀 자리로 갔다.

"혀를 잡아 빼요" 하고 앙투안은 세린느 수녀에게 부탁했다. "헝겊을…… 헝겊을…….."

지젤은 예나 다름없이 훌륭한 간호 솜씨를 보였다. 그녀는 런던에서 이와 관련된 강의를 들었던 것이다. 환자가 옆으로 쓰러지지 않게 그녀는 손목을 잡았다. 그리고 나서 눈짓으로 앙투안의 동의를 구한 다음에 세린느 수녀가 혀를 잡아 빼는 동작과 함께 팔 운동을 시켰다. 자크는 다른 쪽 팔목을 잡고 같은 동작을 취했다. 그러나 티보 씨의 얼굴은 마치 목이 졸린 사람처럼 충혈되었다.

"하나 둘…… 하나 둘……" 하고 앙투안은 리듬에 맞추어 세었다.

그때 문이 열렸다. 아드리엔느가 산소 주머니 하나를 들고 뛰어들어 왔다. 앙투안은 그것을 그녀에게서 빼앗다시피 했다. 그리고 즉시 마개를 연 다음 환자의 입에다 밀어넣었다.

1초가 길게 느껴졌다. 그 1분이 다 지나기도 전에 용태는 벌써 눈에 띄게 좋아졌다. 조금씩 호흡이 정상을 되찾았다. 얼마 안 가서 얼굴의 충혈도 분명히 가시기 시작했다. 혈액순환도 제 기능을 되찾았다.

환자에게서 눈을 떼지 않은 채, 안고 있는 산소 주머니를 팔꿈치로 살며시 누르고 있는 앙투안의 신호에 따라 자크와 지젤은 팔을 올리고 내리고 하던 운동을 멈추었다.

지젤에게는 퍽 어려운 순간이었다. 그녀는 기진맥진했다. 주위의 모든 것이 어지럽게 보였다. 침상으로부터 풍겨나오는 냄새가 참을 수 없었다. 구역질이 나는 것을 참으려고 그녀는 의자 뒤를 잡으면서 한 발 물러섰다.

형제는 침대 위로 몸을 숙이고 있었다.

쿠션 위로 몸을 반쯤 일으킨 채, 산소 꼭지를 물고 있으므로 입을 반쯤 벌리고 있는 티보 씨는 편안한 모습으로 자고 있었다. 이렇게 윗몸을 계속 곧바로 세워놓은 상태로 호흡을 유심히 살펴야만 했다. 어쨌든 급한 고비는 넘긴 셈이다.

맥을 짚어 보려고 앙투안은 산소 주머니를 세린느 수녀에게 건네주고 매트에 앉았다. 그때 갑자기 자신도 피로에 짓눌려 있음을 느꼈다. 맥박은 불규칙적이고 매우 느렸다. '이렇게 편안하게 돌아가셨으면…….' 그는 속으로 생각했다. 이런 희망과 호흡장애에 맞서서 벌인 처절한 투쟁 사이의 모순을 그는 아직 알지 못했다. 머리를 들자 지젤의 눈길과 마주쳤다. 그녀에게 미소를 지어 보였다. 그는 거기에 있는 여자가 지젤이었다는 것을 생각할 겨를도 없이 그녀를 단지 하나의 도구처럼 여기고 일을 시켰던 것이다. 그런데 지젤이 거기에 있다는 것을 알게 된 순간 그것은 약간의 기쁨을 그에게 가져다주었다. 그의 눈길은 다시 환자에게로 갔다. 그리고 이렇게 생각했다.

'산소가 5분만 늦게 왔더라도 모든 것은 끝장났을 것이다.'

6. 종언

목욕을 한 덕분에 당연히 휴식을 취할 것으로 믿었던 티보 씨는 호흡곤란의 발작 때문에 그 휴식마저 빼앗기고 말았다. 발작은 곧 다시 이어졌다. 잠깐 잠든 사이에 환자는 더 큰 고통을 겪기 위해 힘을 저장해 두었던 것 같았다.

처음 발작과 두 번째 발작 사이에는 반 시간의 차이가 있었다. 그러나 내장의 고통과 신경통은 다시 더 격심해져서 발작이 누그러진 동안에 환자는 사방으로 몸부림치며 계속 신음소리를 냈다. 세 번째 발작은 두 번째 것이 끝난 지 15분쯤 뒤에 찾아왔다. 그 뒤로 발작은 깊이의 차이는 있었지만 몇 분 간격으로 왔다.

아침에 왔었고, 그리고 오후에 여러 차례 전화를 주었던 의사 테리비에는 저녁 9시 조금전에 다시 왔다. 환자의 방으로 들어왔을 때 티보 씨가 어찌나 격렬하게 몸부림쳤던지 그를 붙들고 있던 사람들이 어찌할 바를 모르고 있는 것을 본 테리비에도 재빨리 거들었다. 다리를 잡으려고 했으나 도저히 잡을 수가 없었다. 그는 발길질에 채여 바닥에 나동그라졌다. 노인에게 이러한 기력이 남아 있으리라고는 아무도 생각하지 못했었다.

이런 소동이 끝나자 앙투안은 테리비에를 방구석으로 데리고 갔다. 그는 무엇인가를 말하고 싶었다. 몇 마디 주섬주섬 이야기하다가(이것도 방 안을 온통 소란스럽게 만드는 환자의 아우성 때문에 테리비에는 듣지 못했다) 입술을 떨면서 그만두고 말았다. 테리비에는 앙투안의 얼굴 모습이 변하는 것을 보고 놀랐다. 앙투안은 되도록 다시 침착하려고 했다. 그리고 테리비에 귀에다 대고 이렇게 속삭였다.

"여보게…… 저…… 보다시피…… 이제는 가망이 없는 것이 분명해……."

그는 테리비에를 애원하는 듯한 눈초리로 바라보았다. 테리비에로부터 구원을 기대하는 것 같기도 했다.

테리비에는 시선을 떨구었다.

"침착해야 하네" 하고 테리비에는 말했다. "침착해야 해." 그러고는 잠시 침묵이 흘렀다. "잘 생각해 보게……. 맥박은 약해. 서른 시간 전부터 배뇨가 안 돼. 요독증은 급진전되고, 발작은 계속해서 일어나고 있어. 자네가 지쳐 있는 것도 이해할 만해. 그러나 조금만 더 참게. 임종이 멀지 않았어.”

앙투안은 어깨를 둥글게 움츠리고 멍하니 침대 쪽을 바라보면서 아무런 대답도 하지 않았다. 얼굴 표정이 완전히 달라졌다. 그는 얼빠진 사람 같았다. ‘임종이 멀지 않아…….’ 사실일까?

자크가 아드리엔느와 나이 든 수녀를 데리고 들어왔다. 교대 시간이었다.

“오늘밤은 나도 여러분과 함께 여기에 있겠어요. 형님을 좀 쉬게 해야겠으니까.”

앙투안은 이 말이 무슨 뜻인지 알아차렸다. 이 방에서 나가면 조용히 있을 수 있다는 유혹—다리를 쭉 뻗고 잠자면서 모든 것을 잊게 되리라는 유혹—이런 유혹이 어쩌나 강했던지 한순간 그는 테리비에의 제의를 받아들일 생각도 했다. 그러나 즉시 생각을 바꾸었다.

“아니야” 하곤 그는 단호하게 말했다. “고맙지만 사양하겠어.”

그에게 그 이유를 설명할 수가 없었다. 그러나 받아들일 수 없다는 것은 가슴 깊이 느끼고 있었다. 자기 자신의 책임은 스스로 혼자 지는 것이다. 자신의 운명은 스스로가 떠맡는 것이다. 테리비에가 손을 치켜들며 말리자 “이제, 그만해” 하며 그는 말을 이었다. “결심한 게 있으니까. 오늘밤은 아직 손이 많아. 그리고 모두들 견딜 만한 것 같아. 자네는 뒷일을 맡아 주게.”

테리비에는 어깨를 으쓱했다. 그러나 이런 상태가 아직 며칠은 계속될 것 같고, 또 앙투안의 고집 앞에서는 번번이 양보해 왔으므로 그는 결국 이렇게 말하고 말았다.

“좋아. 그러나 내일 밤은 자네가 뭐라고 해도…….”

앙투안은 꼼짝도 하지 않았다. 내일 저녁이라고? 내일도 이런 발작과 이런 고함소리를 겪어야 할까? 물론 그럴지도 모르고, 어쩌면 그럴 가능성도 크다…….때에 따라서는 모레도. 그러지 말라는 법이 없지 않은가? 그의 눈길은 동생과 마주쳤다. 자크만이 이런 고충을 알아주고 같이 나눌 수 있었다.

또다시 시작되는 고함소리는 새로운 발작을 예고했다. 저마다 자기 자리에 가야만 했다. 앙투안은 테리비에에게 손을 내밀었다. 테리비에는 그 손을 한동안 붙잡고 있었다. 그는 ‘용기를 내…….’라고 말하려 했으나 감히 입 밖에 내지 못했다. 그는 아무 말 없이 자리를 떴다. 앙투안은 멀어져가는 그의 뒷

모습을 바라보았다. 자신도 중환자의 머리맡을 떠나면서—남편 되는 사람과 악수를 하고, 씁쓸한 미소를 띤 다음 어머니 되는 사람의 눈길을 피한 적이 한두 번이 아니며—또 등을 돌리자마자, 지금 물러가는 테리비에의 발걸음이 그토록 홀가분해 보이듯, 나 역시 그런 해방감을 얼마나 맛보았었는가?

끊임없이 계속되던 발작이 밤 10시에는 절정에 이른 것 같았다.

앙투안은 간호하는 사람들의 용기가 줄어들고 인내심도 시들어 가며 간호하는 태도도 어설프고 소홀해지는 것을 피부로 느꼈다. 전에는 다른 사람들이 약해지면 약해질수록 자신은 더욱 활기를 띠곤 했었다. 그러나 지금은 정신적인 저항력이 육체의 피로를 견디어 내지 못할 정도에 이른 것이다. 로잔으로 출발한 뒤로 오늘 저녁까지 나흘 동안이나 눈을 붙이지 못했다. 식사도 제대로 하지 못했다. 오늘에야 겨우, 그것도 억지로 약간의 우유를 마셨을 뿐이다. 틈틈이 차가운 홍차를 마셔서 몸을 지탱해 왔다고 해도 과언이 아니었다. 그는 점점 심각해지는 자신의 신경질을 감추기 위해 겉으로는 활기에 넘친 체했다. 실제로는 전체적으로 무기력한 감정에 짓눌려 있었지만 상황이 상황인 만큼 인내와 기대, 그리고 가장된 활동력을 발휘했다. 그러나 이런 것은 그의 근본적인 기질에 맞지 않는 것이어서 그에게는 엄청난 노력이 필요했다. 싸움은 그칠 사이 없이 되풀이되었으므로 어찌되었든 집요하게 달라붙어 죽을힘을 다할 수밖에 없었다!

밤 11시쯤에 한 번의 발작이 끝날 무렵 네 사람은 모두 몸을 숙이고 마지막 발작을 지켜보고 있었는데, 별안간 앙투안이 몸을 일으키면서 몹시 짜증스럽다는 제스처를 해 보였다. 조금전까지만 해도 없던 축축한 반점이 시트 위에 번져 있었기 때문이다. 또다시 신장이 왕성하게 활동을 시작한 것이다.

자크는 화가 치밀어 오르는 것을 참을 수가 없어서 잡고 있던 아버지의 손을 놓아 버렸다. 자크 역시 짜증스러웠다. 요독증이 심해져서 임종이 가까워 왔다고 생각했으므로 그나마 이렇게 서 있을 수가 있었던 것이다. 그런데 이게 뭐람? 어떻게 되는 것인지 알 수가 없었다. 그가 보기에는 이틀 전부터 죽음이 초조하게 올가미질을 하고 있는 듯했다. 그리고 나사를 겨우 감았다고 생각할 때마다 느닷없이 풀어지곤 했다. 그러면 모든 것을 다시 감아야만 했다!

이때부터 그는 낙담을 감추려고도 하지 않았다. 발작이 그칠 때마다 그는 가까운 의자에 가 주저앉곤 했다. 그리고 무릎 위에 팔꿈치를 기대고 두 주먹으로는 눈을 가린 채 잠시 졸곤 했다. 그래서 발작이 시작될 때마다 주위 사람들은 그를 부르며 그의 어깨를 흔들어 깨워야만 했다. 그러면 소스라쳐 눈을 뜨곤 했다.

자정이 되기 전부터 상황은 매우 심각해졌다. 투병은 이제 더 이상 불가능할 것 같았다. 매우 격렬한 세 번에 걸친 발작이 계속해서 일어나더니 드디어 네 번째로 접어들었다. 그것은 끔찍한 일이 닥쳐올 것을 예고하는 것이었다. 지금까지보다 그 심도가 10배는 더 되는 것 같았다. 호흡이 불안정하고 얼굴은 온통 충혈되었으며 눈은 반쯤 튀어나왔다. 팔은 수축되고 접혀 두 손이 보이지 않았다. 그리고 턱수염 밑에는 두 손목이 오그라들어 제대로 발육이 안 된 것 같이 보였다. 사지는 경련을 일으키면서 떨렸다. 근육은 뻣뻣해져 당장에라도 터질 것만 같았다. 뻣뻣해져 있는 상태가 이렇게 오래 지속되기는 처음이었다. 시간은 자꾸 가는데 격렬함은 가라앉지 않았다. 얼굴은 꺼멓게 되었다. 앙투안은 이번에야말로 죽음이 가까이 온 것을 알았다.

헐떡이는 소리가 거품을 물고 있는 입술 사이로 계속 흘러나왔다. 갑자기 두 팔이 축 늘어졌다. 이번에는 몸부림치기 시작했다. 몸부림이 어찌나 격렬했던지 그 광란을 누르기 위해서는 구속복(拘束服)이라도 입혀야 할 것 같았다. 앙투안과 자크는 늙은 수녀와 아드리엔느의 도움을 받아 미쳐 날뛰는 환자의 손발에 매달렸다. 이리 갔다 저리 갔다 휘둘리고 휘청거리면서 마치 축구할 때의 스크럼 모양으로 서로 부딪치고 야단법석이었다. 먼저 아드리엔느가 붙잡고 있던 다리를 놓쳤다. 그러나 다시 잡을 수가 없었다. 늙은 수녀도 몸부림에 나동그라져 중심을 잃었다. 그때 다른 장딴지가 손에서 빠져나갔다. 두 다리가 자유로워지자 발버둥치기 시작했다. 뒤꿈치가 벗겨지면서 침대 틀을 피로 물들게 했다. 앙투안과 자크는 온몸이 땀으로 흠뻑 젖은 채 헐떡이며, 갑자기 뛰어오르는가 하면 매트 밖으로 뛰쳐나가려는 이 거대한 육체를 움직이지 못하도록 하기 위해 단단히 붙들고 있었다.

이런 미치광이 같은 광란이 진정되자(언제 그랬던가 싶을 정도로 광기가 수그러졌다), 앙투안은 환자를 침대 가운데 눕혀 놓고 몇 걸음 뒤로 물러섰다. 신경이 극도로 날카로워졌으므로 그는 몸서리를 쳤다. 추워서 난롯가로 다가온 그는 불꽃으로 반사되는 거울 앞에서 얼굴을 들었다. 그러자 자신의 파리한 얼굴, 흐트러진 머리, 사나운 눈길을 엿볼 수 있었다. 그는 홱 돌아서서 안락의자에 몸을 던졌다. 그리고 두 손으로 얼굴을 감싸고 흐느껴 울었다. 이제는 정말 지긋지긋했다……. 그나마 체내에 남아 있던 얼만큼의 저항력도 이제는 '빨리 끝나주었으면!' 하는 미칠 것 같은 소망 하나로 집약되었다. 아직도 하룻밤, 한나절, 혹시 내일 밤까지 속수무책으로 이런 지옥 같은 꼴을 볼 바에는 차라리 모든 것이 깨끗이 끝나는 편이 낫겠다!

자크가 다가왔다. 다른 때 같으면 아마 형의 품으로 뛰어들었을 것이다. 그러나 그의 감각은 기력만큼이나 무뎌져 있었다. 그리고 형이 그토록 비탄에 빠져 있는 모습을 보았을 때 자기편에서 힘을 내기는커녕 오히려 위축되고 말았다. 꼼짝도 않고 서서 지친 나머지 찌푸리고 있는 형의 눈물 젖은 얼굴을 바라보며 그는 놀라지 않을 수 없었다. 그는 형의 그런 얼굴에서 지금까지 까맣게 잊고 있던 모습, 곧 눈물 흘리고 있는 장난꾸러기의 모습을 얼핏 엿볼 수 있었다.

드디어 묘안이 떠올랐다. 이것은 지금까지 여러 번 생각해 본 것이었다.

"어쨌든 형…… 다른 사람한테 진찰을 부탁해 보면 어때?"

앙투안은 어깨를 으쓱했다. 해결의 실마리가 조금도 보이지 않는다면 자진해서 동료 누군가를 부를 수 있지 않겠는가? 앙투안은 몇 마디 퉁명스럽게 대답했다. 그러나 자크는 알아듣지 못했다. 아버지의 고통스런 비명이 다시 시작되었기 때문이다. 이것은 다음 발작까지 잠시 쉰다는 표시였던 것이다.

자크가 화를 했다.

"그렇지만 형, 어떻게 해 봐! 대안이 없다니 이해할 수 없어!" 하고 그는 외쳤다.

앙투안은 이를 악물고 있었다. 그의 두 눈에 눈물이 가셨다. 그는 얼굴을 들고 거친 태도로 동생을 뚫어지게 바라보면서 중얼거렸다.

"있어. 할 수 있는 일이 꼭 하나 있어."

자크는 그 말의 뜻을 알아차렸다. 그는 두 눈을 똑바로 하고 꼼짝도 하지 않았다. 그는 동생에게 눈으로 물었다. 그러고 나서 더듬더듬 말했다.

"너는 그 일을 생각해 본 적이 전혀 없니?"

자크는 매우 짤막하게 있다는 시늉을 했다. 그는 형의 눈동자 속까지 들여다보았다. 이 순간이야말로 둘이 꼭 닮았다는 생각이 문득 들었다. 눈썹 사이의 주름, 실망할 때나 과단성을 보일 때의 표정, '무엇이든지 할 수 있다'는 것을 나타내는 용모에서.

그들은 난로 가까이 구석에 있었다. 앙투안은 앉아 있고 자크는 서 있었다. 고함 소리가 요란했는데도 불구하고 피로 때문에 녹초가 되어서 침대 옆에 무릎을 꿇고 있던 두 여자는 아무것도 듣지 못했다.

잠시 뒤 앙투안이 다시 말을 꺼냈다. "네가 해 보겠니?" 거칠고 직선적인 물음이었다. 그러나 그 목소리는 눈에 띄지 않게 떨리고 있었다.

이번에는 자크가 눈을 딴 곳으로 돌렸다. 마침내 그는 입속으로 어물어물 대답했다. "글쎄…… 나는 못할 거야."

"나는 할 수 있어!" 하고 앙투안이 단호하게 말했다. 그는 갑자기 일어섰다. 그러나 꼼짝도 않고 서 있었다. 그는 자크를 향해 손으로 망설이는 듯한 태도를 취하더니 몸을 숙였다.

"너는 반대하는 거니?"

자크는 주저하지 않고 조용히 대답했다.

"아니야, 형."

그들은 다시 서로를 바라보았다. 집에 돌아온 뒤로 처음으로 그들은 희열 비슷한 것을 겪었다.

앙투안은 난롯가로 다가갔다. 두 팔을 벌려 대리석판을 움켜잡았다. 그리고 등을 구부리며 타고 있는 불꽃을 물끄러미 바라보았다.

결심은 섰다. 남은 일은 실천하는 것뿐이다. 언제 할까? 그 방법은? 자크 말고는 아무도 없을 때 해야지. 곧 자정이다. 새벽 1시가 되면 세린느 수녀와 레옹 팀이 올 것이다. 1시 전에는 끝내야 한다. 더 이상 간단한 일도 없다. 우선 기력이 없어지도록 사혈(瀉血)한다. 그러면 잠이 들 테고, 그때 늙은 수녀와 아드리엔느를 교대시간 전에 쉬라고 보낸다. 자크와 단둘이 되었을 때……. 그는 가슴을 더듬어 언제부터인가 주머니 속에 넣어 두었던 모르핀 병을 손끝으로 만져 보았다. 그것은 언제부터인가? 그가 집에 돌아온 그날 아침에 넣어 둔 것이다. 지금 생각하니까 테리비에와 같이 로다눔을 찾으러 아래층에 갔을 때 정말 우연히 농축된 이 용액을 가운 속에 집어넣은 것이다. 우연이라고? ……왜 그랬을까? 모든 것이 처음부터 빈틈없이 짜여 있어서 오래전부터 구상해 온 듯한 세부 계획을 실행만 하면 될 것 같았다.

그러나 다시 발작이 일었다. 그 발작이 끝날 때까지 기다려야만 했다. 자크는 재빠르게 자기 자리로 갔다. 앙투안은 '마지막 발작이다'라고 생각하면서 침대 곁으로 갔다. 자기를 바라보고 있는 자크의 눈에서 그는 같은 생각을 엿볼 수 있었다.

다행히 경직기간은 먼젓번보다 길지 않았다. 그러나 경련은 마찬가지로 심했다. 환자가 거품을 내뿜으며 야단법석을 떠는 동안 앙투안은 간호수녀에게 이렇게 말했다.

"사혈을 하면 좀 진정되겠지요, 조금 가라앉으면 왕진 가방을 가져다주세요."

효과는 즉시 나타났다. 피를 뽑아낸 티보 씨는 기진맥진해서 잠든 것 같았다.

두 여자는 완전히 지쳐 교대시간까지 굳이 기다리겠다고 하지 않았다. 앙투안이 권하자마자 그녀들은 그 기회를 놓치지 않고 휴식을 취하기 위해 나갔다.

앙투안과 자크 단둘뿐이었다. 그들은 침대에서 멀리 떨어져 있었다. 앙투안은 아드리엔느가 나가면서 반쯤 열어 놓은 문을 닫으러 갔다. 자크는 자기도 모르게 벽난로까지 뒷걸음질쳤다.

앙투안은 동생의 눈을 피했다. 지금 이 순간 그에게는 주변의 어떤 애정도 느낄 필요가 없었다. 그리고 공모자도 필요 없었던 것이다.

그는 주머니 깊숙한 곳에서 니켈로 도금한 작은 케이스를 만지작거리고 있었다. 잠시 생각에 잠겼다. 그것은 다시 한 번 할까 말까를 깊이 생각하는 뜻에서가 아니었다. 그는 일단 마음먹은 것을 행동에 옮기려는 순간에 다시 따져 본다든가 하는 따위의 일은 절대로 하지 않는 것을 원칙으로 삼아 왔다. 그러나 병환 때문에 날로 더 친숙해진 하얀 시트 속의 이 얼굴을 멀리서 물끄러미 바라보면서 이것이 마지막이구나 하는 연민과 함께 감상적인 충동에 사로잡혔기 때문이다.

시간은 또다시 흘렀다. 재빨리 앞으로 나가면서 그는 생각했다.

'발작중이라면 이렇게까지 가슴이 아프지는 않았을 텐데.'

그는 주머니에서 병을 꺼내 그것을 잘 흔든 다음 바늘을 주사기에 꽂았다.

그리고 무엇인가를 찾는 듯하더니 잠깐 손을 멈추었다. 어깨를 약간 으쓱했다. 백금 바늘을 소독하기 위해 기계적으로 알코올 램프를 찾고 있었던 것이다…….

자크는 아무것도 보지 못했다. 등을 굽히고 있는 형이 침대를 가리고 있었기 때문이다. 다행이었다. 그는 결심하고 옆으로 한 발 비켜섰다. 아버지는 잠들어 있는 것 같았다. 앙투안은 셔츠의 소매 단추를 끄르고 소매를 걷어올렸다.

'왼쪽 팔에서 피를 뽑았으니까' 하고 앙투안은 생각했다. '주사는 오른쪽에 놓아야겠다.'

그는 살을 약간 잡아올린 다음에 주사기를 들었다.

자크는 자기 입을 손으로 꽉 막았다.

바늘은 단번에 쑥 살에 꽂혔다. 아버지의 입에서 신음소리가 나왔다. 어깨가 떨렸다. 조용한 가운데 앙투안의 목소리가 들렸다.

"움직이지 마세요…… 편안하게 해 드릴 테니까, 아버지……."

'아버지에게 말하는 것도 이것이 마지막이구나' 하고 자크는 생각했다.

유리 주사기 안의 약은 빨리 줄지 않았다. 만일 누가 들어온다면…… 끝났나? 아니다. 앙투안은 살에 바늘을 꽂아 둔 채 주사기만 살짝 뽑았다. 그리고 거기에다 약을 또 한 번 가득 채웠다. 주사약은 줄어드는 속도가 점점 더 느려졌다……. 만일 누가 들어온다면…… 아직 10그램 정도 남아 있는데 …… 천천히도 내려간다! ……아직도 몇 방울…….

앙투안은 재빨리 바늘을 뽑았다. 그리고 장밋빛 물방울이 스며 있는 부어오른 자국을 닦아낸 뒤 셔츠 단추를 잠그고 먼저대로 이불을 다시 덮었다. 만일 혼자였다면 말할 것도 없이 창백해진 아버지의 이마 위에 몸을 구부려 키스라도 했을 텐데. 스무 살이 지난 이후 처음으로 아버지를 껴안고 싶은 생각이 들었다……. 그는 다시 몸을 일으킨 다음 한 발 물러서서 기구들을 작업복 주머니에 넣었다. 그리고 모든 것이 제대로 정돈되어 있는지를 확인하려고 주위를 살펴보았다. 마침내 그는 동생 쪽으로 얼굴을 돌렸다. 태연하면서도 준엄한 빛을 띠고 있는 그의 눈길은 이렇게 말하는 것 같았다.

'이제 끝났어.'

자크는 형에게 가까이 가 그 손을 잡고 그를 확 껴안으며 자신의 심정을 토로하고 싶었다……. 그러나 앙투안은 이미 돌아서 있었다. 그는 세린느 수녀가 앉아 있던 낮은 의자를 끌어당겨 침대 머리맡에 놓았다. 그리고 거기에 앉았다.

환자의 팔은 이불 위에 길게 뻗어 있었다. 그 손은 시트 색깔처럼 하얀색이었다. 그리고 약간 떨고 있었다. 자침이 떠는 정도였다. 하지만 약은 그 효력을 나타내기 시작해서 긴 고통에도 불구하고 얼굴 모습은 벌써 축 늘어졌다. 치명적인 이 마비로 인하여 숙면을 동반한 평온함이 찾아드는 듯했다.

앙투안은 무엇 하나 분명하게 생각할 여유가 없었다. 그는 빨라졌다 약해졌다 하는 맥을 손으로 짚어 보았다. 그의 주의력은 기계적으로 맥박을 세는 것에 집중되었다. 46, 47, 48……

조금전에 자기가 한 행동에 대한 의식이 점점 몽롱해지고, 세상에 대한 관념도 뒤죽박죽이 되면서…… 59, 60, 61…… 손목을 쥐고 있던 손끝의 힘이 빠졌다. 무감각의 세계로 빠져들어 갈 때 느끼는 무기력함과 감미로움. 망각의 파도가 모든 것을 가라앉힌다.

자크는 형을 깨우지나 않을까 해서 감히 앉지도 못했다. 피로에 지쳐 꼼짝도 못하면서 그는 선 채로 환자의 입술에서 눈길을 떼지 않았다. 입술은 시시각각으로 생기를 잃어갔다. 지금 호흡은 입술 가장자리에서 쌕쌕거리고 있을 뿐이다.

자크는 무서워져서 몸을 좀 움직여 보려고 마음먹었다.

앙투안은 깜짝 놀라 침대와 아버지를 언뜻 보았다. 그러고는 아버지의 손목을 슬며시 다시 잡았다. 잠시 침묵을 지키다가 말했다.

"세린느 수녀를 불러다오."

자크가 세린느 수녀와 식모를 데리고 돌아왔을 때 호흡은 약간 규칙적인 상태로 되돌아와 있었다. 그러나 목에서는 이상야릇한 소리가 섞여 나왔다.

앙투안은 팔짱을 끼고 서 있었다. 그는 천장의 불을 켜 놓았다.

"맥박이 거의 뛰지 않고 있어요" 하고 그는 세린느 수녀가 가까이 오자 말했다. 그러나 세린느 수녀는 정작 일을 당하면 의사들은 속수무책이라고 말하면서 그래서 경험이 필요하다고 뇌까렸다. 앙투안의 말에 아무 대답도 않고 이번에는 자기가 의자에 앉아 맥을 짚어보면서 환자의 얼굴을 한참동안 지켜보았다. 그러더니 방구석을 향해 몸을 돌리고 그렇다는 눈짓을 했다. 클로틸드는 곧바로 방에서 나갔다.

헐떡거리는 소리는 심해져서 듣기에도 괴로웠다. 앙투안은 자크의 얼굴이 불안감 때문에 찌푸려지는 것을 엿볼 수 있었다. 동생에게 가서 '무서워하지 말아. 아무것도 느끼지 못하시니까'라고 말해 주려고 했는데, 바로 그 순간 문이 열렸다. 쑥덕거리는 소리가 들렸다. 유모가 캐미솔에 푹 파묻힌 채 클로틸드의 부축을 받으며 나타났다. 그들 뒤를 아드리엔느가 따라 들어왔다. 샬르 씨는 발끝으로 살금살금 걸어서 뒤따라왔다.

신경이 날카로워진 앙투안은 모두 밖으로 나가라는 몸짓을 했다. 그러나 네 사람은 모두가 문지방에 그대로 무릎을 꿇고 앉았다. 그런데 갑자기 유모의 날카로운 목소리가 조용한 방 안에 울려 퍼지면서 환자의 헐떡거리는 소리를 뒤덮어 버렸다.

"오, 주여…… 저는 슬픈 마음으로…… 당신 앞에 나옵니다……."

자크는 몸을 바르르 떨며 형에게 달려왔다.

"그만두게 해! 어서!"

그러다가 앙투안의 침울한 시선을 보자 그는 곧 침착해졌다.

"내버려둬" 하고 앙투안은 중얼거리듯 말했다. 그러고는 자크 쪽으로 몸을 굽히면서 덧붙였다. "이제 거의 마지막이야. 아무것도 못 들으셔." 전에 티보 씨가 유모에게 자기 임종 때는 머리맡에서 '임종의 기도'를 해 줄 것을 엄숙하게 부탁하던 일이 생각났다. 그는 가슴이 뭉클해지는 것을 느꼈다.

수녀 둘도 침대 양옆에 이미 무릎을 꿇고 있었다. 세린느 수녀는 자기 손을 환자의 손목 위에 얹었다.

"……차갑고 핏기 없이 떨리는 저의 입술로…… 이것을 마지막으로 당신의 거룩한 이름을 받들 때 은혜로우신 주님, 저를 불쌍히 여기옵소서!"

(20년 동안의 복종과 희생의 생활을 감수해 온 가련한 이 여인에게 그나마 남아 있는 의지력이 오늘밤 긴장 속에서 마지막 약속을 지킬 수 있도록 해 주는 것이었다)

"창백하고 푹 패인 저의 두 뺨이 여러 사람한테 동정과 공포를 자아낼 때 은혜로우신 주님, 저를 불쌍히 여기옵소서! …… 임종의 땀으로 젖은 저의 머리털이……."

앙투안과 자크는 아버지에게서 눈을 떼지 않았다. 입은 벌어진 채 눈꺼풀은 축 처져 반쯤 열려 있었고, 눈동자는 한곳을 응시했다. 임종인가? 여전히 손목을 잡고 있는 세린느 수녀는 숨을 거두는 환자의 얼굴을 바라보면서 조금도 움직이지 않았다. 구멍 난 손풍금을 켤 때 나는 소리처럼, 기계적으로 숨차하는 유모의 목소리가 방 안에 울려퍼졌다.

"망령에 쫓기는 저의 상상력이 극심한 번민 속으로 빠져들어갈 때 은혜로 우신 주님, 저를 불쌍히 여겨 주시옵소서! 저의 연약한 마음은……"

숨을 거두는 환자의 입은 여전히 열려 있었다. 치아에 박힌 금이 번쩍 빛났다. 30초 정도 지났다. 세린느 수녀는 꼼짝하지 않았다. 마침내 손목을 놓더니 앙투안을 바라보았다. 입은 여전히 멍하니 벌려 있었다. 앙투안은 즉시 허리를 굽혀 아버지의 가슴에 귀를 갖다 댔다. 이미 심장은 멎은 상태였다. 그는 움직이지 않는 이마 위에 손을 얹었다. 그리고 지금은 아무것도 느끼지 못하는 눈꺼풀을 하나씩 살며시 덮어 주었다. 그는 이렇게 부드럽게 눌러 주는 것이 망자를 안식의 문턱까지 인도해 주기라도 하는 것처럼 손을 떼지 않고 세린느 수녀를 향해 큰 소리로 말했다.

"수녀님, 손수건을……"

식모 둘이 울음을 터뜨렸다.

무릎을 꿇고 있는 샬르 씨 옆에는 유모가 하얀 윗옷 위로 쥐꼬리 같은 머리를 늘어뜨리고, 움츠리고 앉아 넋을 잃은 채 비탄에 잠겨 있었다.

"저의 영혼이 입술 가에서 영원히 이 세상을 하직할 때……"

그녀를 일으킨 다음, 부축해서 데리고 나가야만 했다. 그녀는 방에서 등을 돌릴 때 비로소 모든 것을 알아차렸는지 갑자기 어린애처럼 훌쩍거리기 시작했다.

샬르 씨도 울고 있었다. 그는 자크의 팔을 붙들고 늘어져서는 마치 사기로 만든 인형처럼 고개를 흔들면서 중얼거렸다.

"자크 도련님, 이런 일이 있을 수 있다니요……."

'도대체 지젤은 어디에 있을까?' 하고 앙투안은 그 자리에 있는 사람 모두를 밖으로 밀어내면서 생각했다.

그는 방을 나오면서 아버지를 마지막으로 보기 위해 뒤돌아섰다. 몇 주일 만에 비로소 침묵이 다시 이 방을 뒤덮었다.

베개를 받치고 앉아 있는 데다가 환히 불빛을 받아 갑자기 커 보이는 티보 씨의 모습은, 턱에 감은 붕대 양쪽 끝이 머리 위에 뿔 모양으로 우뚝 솟아 있어서 전설의 인물처럼 극적이고 신비로워 보였다.

7. 유해

미리 약속한 것도 아닌데 앙투안과 자크는 층계참에서 만났다. 지금 집안 사람들은 잠들어 있다. 둘이 걷는 발소리는 계단 양탄자 때문에 들리지 않았다. 둘은 아무 말 없이, 멍한 상태지만 홀가분한 마음으로 자신들을 사로잡는 동물적인 안락에 몸을 맡기면서 차례로 계단을 내려왔다.

아래층에는 그들보다 먼저 내려온 레옹이 앙투안의 서재에 불을 켜 놓은 다음 찬 야식을 나름대로 준비해 놓았다. 그러고 나서 슬쩍 나가 버렸다.

천장 불 밑에 있는 이 작은 식탁, 하얀 식탁보, 가지런히 놓인 2인분의 식사는 즉흥적인 축하연 같기도 했다. 그들은 그 식사를 못 본 척하고 싶었다. 몹시 배고파하는 것도 부끄러운 일이고 해서 슬픈 표정을 하고는 아무 말 없이 식탁에 앉았다. 백포도주는 신선했다. 빵, 냉동 고기, 버터는 눈에 띄게 줄어들었다. 어느 순간에 그들의 손이 동시에 치즈 접시로 갔다.

"먼저 들어라."

"아니야, 형이 먼저."

앙투안은 남은 그뤼에르^(치즈의 일종)를 둘로 나누어 자크에게 주었다. "아직 싱싱하고 맛있군" 하고 그는 변명이라도 하듯이 중얼거렸다.

이것이 그들이 주고받은 최초의 말이었다. 그들의 눈길이 순간 마주쳤다. "그럼. 이제는?" 하고 아버지의 방 쪽을 손가락으로 가리키며 자크가 물었다.

"아니야, 이제는 그만 자자. 오늘밤에는 위층에서 할 일은 아무것도 없어."

자크의 방 문턱에서 서로 헤어질 때 자크는 갑자기 생각에 잠기는 듯하더니 나지막한 목소리로 이렇게 말했다.

"형도 보았을 거야. 임종 때 아버지의 입이 점점 벌어지는 것을……."

그들은 말없이 서로 바라보았다. 두 눈에는 똑같이 눈물이 가득했다.

아침 6시에 앙투안은 대충 휴식도 취했으므로 면도를 끝낸 뒤 3층 거실로 올라갔다.

‘부고장의 겉봉 쓰는 일에는 샬르 씨가 최적임자야’ 하고 앙투안은 다리가 저려오는 것을 풀기 위해 층계를 걸어 올라가며 생각했다. ‘구청에 하는 신고는 9시 이전에는 안 될 테고……. 그렇다면 알릴 만한 사람들한테……. 다행히 친척은 많지 않다. 잔느로 댁더러 어머니 쪽을 맡아 달라고 해야지. 그리고 카지미르 백모한테 나머지를 부탁하고. 루앙의 사촌들한테 전보를 쳐야지. 친구분들한테는 내일 신문 부음란에 광고하고. 뒤프레 아버지와 장한테도 통지. 다니엘 드 퐁타냉은 뤼네빌에 있으니까 오늘밤에 내가 편지를 써야지. 그의 어머니와 여동생은 남프랑스에 가 있고. 이렇게 되면 일은 수월해지겠군……. 그런데 자크는 장례식에 참석할까? ……재무위원회에는 레옹더러 전화하라고 해야지. 리스트를 만들어 주어야겠다. 그리고 나는 병원에 잠깐 들르고…… 필립 선생…… 참, 학사원을 잊지 말아야겠군!’

“장의사에서 벌써 두 분이 오셨었어요” 하고 아드리엔느가 그에게 말했다. “7시에 다시 온다고 했습니다……. 그런데” 하고 그녀는 좀 당황해 하며 말을 이었다. “저, 지젤 양이 편찮은 것을 아십니까?”

그들은 지젤 방의 문을 노크했다.

지젤은 누워 있었다. 눈은 열이 있어 보였고 광대뼈는 붉었다. 그러나 대단하지는 않았다. 몸이 좀 불편할 때 클로틸드의 전보를 받았는데, 이것이 첫 번째 충격의 요인이었다. 다음에는 정신없이 여행을 한 데다가, 특히 자크를 만나게 된 일이 젊은 여자의 몸에 심한 정신적 타격을 가하며 그녀의 마음을 뒤흔들어 놓았던 것이다. 게다가 어젯밤 환자의 머리맡을 떠난 뒤에 심한 경련 때문에 괴로워하다가 결국 몸져눕게 된 것이다. 그녀는 주위의 소리에 귀를 기울여 무슨 일이 벌어지는지 알려고 하면서도 일어날 기력이 없어 애태우며 밤을 지새고 말았다.

물어보는 말에 그녀가 별로 대답을 하려 들지 않기에 앙투안은 굳이 강요하지 않았다.

“오늘 아침에 테리비에가 올 테니까 좀 봐 달라고 부탁할게.”

지젤은 티보 씨의 방을 고개로 가리켰다. 그다지 슬픈 마음이 들지 않았으므로 무슨 말을 해야 할지를 몰랐다.

“그럼 이제…… 끝이에요?” 하고 그녀는 계면쩍은 듯이 말했다.

그는 대답 대신 고개를 숙였다. 그리고 ‘내가 그렇게 했어’ 하고 분명하게 말하고 싶은 생각이 문득 들었다. "하여간 뜨거운 물로 찜질을 하게 해" 하고 그는 아드리엔느에게 일러 주었다. 지젤에게는 생긋 웃음을 지어 보인 다음 방을 나왔다.

'내가 그렇게 했어' 하고 그는 마음속으로 되풀이했다. 그는 지금 처음으로 자기가 한 행위에 대해 여유를 가지고 생각해 보았다. '잘한 일이야' 하고 생각했다. 그는 곧 명철하게 숙고해 보았다. '착각하지 말자. 비열함도 있었다. 육체적인 악몽에서 벗어나고 싶은 비열함 말이다. 그러나 그렇게 함으로써 개인적인 이익이 있다 해도 삼가야 했나? 천만에!' 그는 조금도 무거운 책임을 회피한 것이 아니었다. '물론 모든 의사들에게 허용된다면 위험한 일이다……. 어떤 규범이 비록 불합리하고 비인간적일지라도 그것을 맹목적으로나마 지키는 것이 원칙상 필요한 것이다…….' 규범에 대해 그것이 가지는 힘과 정당성을 인정할수록 그는 그것을 고의적으로 어겼다는 것을 더욱 시인하게 되었던 것이다. '양심과 판단의 문제다'라고 그는 생각했다. '일반적인 이야기가 아니다. 나는 다만 이렇게 말할 뿐이다. 지금의 처지에서 나는 해야 할 일을 했을 뿐이다.'

그는 아버지의 시신이 안치된 방 앞에 이르렀다. 환자를 깨우지 않기 위해 습관적으로 해 왔듯이 조심스레 문을 열었다. 그런데 시체를 보자 갑자기 가슴이 뭉클해졌다. 그는 시체를 매일같이 보다시피 했지만 막상 아버지의 시신을 대하고 보니 거기에는 좀 새롭고 당황하게 하는 뭔가가 있었다. 그는 숨을 죽이고 문지방에 서 있었다. 생명이 없는 이 물체가 나의 아버지라니……. 두 팔은 어설프게 뻗어 있고 두 손은 얌전히 모여 있었다. 의연한 모습. 말할 수 없이 평화로운 모습! 이 엄숙한 시신을 중심으로 주변에는 아무것도 없었다. 의자는 전부 벽을 따라 줄지어 놓여 있었다. 두 수녀는 꾸벅꾸벅 졸면서 마치 검은 옷을 걸친 우의조각(寓意彫刻)처럼 죽은 사람의 양편에 무릎을 꿇고 있었다. 그리고 안치된 시신으로 인해 느껴지는 방의 분위기는 그야말로 장중함 그대로였다. 오스카르 티보……. 그토록 위세가 당당하고 높은 긍지가 이렇게 말없이 무력해지다니! 앙투안은 자기가 조금만 움직여도 이 고요함을 어지럽힐 것 같아 머뭇거렸다. 그는 이 고요함도 자신이 만들어 낸 것이라고 마음속으로 되풀이했다. 그리고 침묵과 평화를 얻게 해 준 낯익은 이 얼굴을 다정스럽게 바라보면서 씽긋 웃었다.

방에 들어오면서 그는 아직 자고 있을 줄 알았던 자크가 샬르 씨 뒤에 앉아 있는 것을 보고 깜짝 놀랐다.

샬르 씨는 앙투안을 보자 의자에서 벌떡 일어나 그에게로 왔다. 눈물로 아롱진 그의 두 눈은 안경 너머로 깜박거렸다. 그는 앙투안의 두 손을 잡고는 고인에 대해 품고 있던 애정을 어떻게 표현해야 좋을지 몰라 코를 훌쩍거리면서 한숨만 쉬었다. "정말…… 정말…… 좋은 분이셨는데……." 그러면서 턱으로 침대 쪽을 가리키곤 했다. "하여튼 이런 분은 알아모셔야 했어요" 하며 그는 가상의 반대자들에게 화라도 난 듯이 확신을 가지고 나지막하게 말을 계속했다. "그거야 그랬죠. 가끔 방약무인한 점도 있었지만…… 그러나 정말 곧은 분이셨어요!" 그는 맹세라도 하듯 팔을 내밀며 말했다. "정말 옳고 그름을 가릴 줄 아는 분이셨습니다!" 하고 그는 자기 자리로 돌아가면서 말을 맺었다.

앙투안도 의자에 앉았다.

방 안의 탁한 냄새는 그에게 갖가지 추억을 불러일으켰다. 어제 저녁까지만 해도 고리타분하고 약국을 떠올리는 악취를 대하다가 오늘 새로 켜 놓은 촛불 냄새를 대하니까 그는 티보 집안의 먼 조상으로부터 전해 온 먼지투성이의 푸른 피륙으로 찬 벽걸이의 옛날 냄새를 이제야 느낄 수 있었다. 메마른 양털 냄새, 거기에 50년에 걸친 마호가니 가구의 밀랍 냄새와 은은한 송진 냄새가 섞여 있었다. 그는 거울이 달린 옷장을 열면 얼마나 상쾌하고 깨끗한 속내의 냄새가 풍겨 나오는지도 알고 있었다. 또 서랍 달린 옷장을 열면 강한 장뇌 향기와 더불어 니스를 칠한 나무 냄새, 헌 신문 냄새가 코를 찔렀던 일도 기억하고 있다. 더구나 이것은 그가 어린시절에 가까이서 그 냄새를 맡아보았으므로 알고 있는데—그 당시에 그것은 그가 겨우 앉을 수 있는 유일한 의자였다—두 세대에 걸쳐 사람들의 무릎에 닿아 속의 바탕천이 보일 정도로 낡아빠진 천으로 덮은 기도대(기도할 때 무릎을 올려놓는 기도대) 먼지 냄새인 것을 알고 있었다.

아무런 소리도 들리지 않았다. 촛대의 불꽃을 뒤흔들 만한 움직임조차도 없었다.

이 방에 와 있는 모든 사람들과 마찬가지로 앙투안도 멍한 마음으로 아버지의 시신을 똑바로 바라보고 있었다. 피로에 지친 머릿속에서는 희미했던 생각이 점점 자리를 굳히기 시작했다.

'엊저녁까지만 해도 아버지를 나처럼 살아 있는 인간으로 만들어 주던 생명이, 뭐라고? 어떻게 되었단 말인가? ……사라졌다는 것인가? 아니면 다른 곳에서 살아간다는 말인가? 살아 있다면 어떤 형태로?' 정신이 혼란해져서 그는 생각을 그만두었다. '공연히 바보 같은 생각을 하는군……. 더구나 죽은 사람을 보는 것이 처음 있는 일도 아닌데…… '허무'라는 말보다 더 부적당한 말이 없다는 것을 나는 잘 알고 있지. 차라리 '삶의 집적(集積)'이라고 해야겠다. '끊임없는 발아(發芽)'라고 할 수 있으니까!'

'그래…… 나는 자주 이 말을 해 왔지. 그런데 지금 아버지의 시신을 앞에 두고 있다 보니 뭐가 뭔지 모르겠어……. 허무라는 생각이 어쩔 수 없이 나를 사로잡으니. 그 생각이 어쩌면 거의 옳은지도 몰라……. 결국 죽음만이 엄연히 존재하고 있는 것이니까. 그것은 모든 것을 반박하고 모든 것을 초월한다…… 어처구니없이!'

'아니야' 하고 그는 어깨를 흔들면서 다시 생각했다. '그렇게 생각해서는 안 되지……. 그것은 이런 경우에 처해서 마지못해 하는 생각이야. 그건 문제도 되지 않아! 절대로 문제도 되지 않아!' 그는 생각을 가다듬으려고 애를 썼다. 그리고 허리에 힘을 주어 일어섰다. 그러자 은밀하면서도 절실하고 격렬한 충동이 그의 마음을 사로잡았다.

그는 동생에게 따라오라는 몸짓을 하면서 복도로 나왔다.

"일을 결정하기 전에 아버지의 뜻을 알아 둬야겠어. 나하고 같이 가자."

형제는 함께 아버지의 서재로 들어갔다. 앙투안은 천장의 불을 켠 다음에 벽등까지 켰다. 예전 같으면 초록색 갓이 달린 스탠드만이 켜져 있겠지만 지금 불필요한 전깃불까지 모두 켜 놓으니까 방 안이 온통 휘황찬란하게 빛났다. 앙투안은 책상 앞으로 다가갔다. 주머니에서 꺼낸 열쇠고리의 소리가 침묵 속에서 밝게 울려 퍼졌다.

자크는 거리를 두고 서 있었다. 어젯밤 자신이 바로 여기, 전화대 앞에 와 있었음을 그는 알아차렸다. ……어젯밤이었던가? 지젤의 모습이 이 문 앞에 나타났던 것이 겨우 15시간밖에 되지 않았군…….

오랫동안 절대로 들어와서는 안 되는 성역으로 여겨왔던 이 장소, 그런데 자기들의 갑작스런 침입을 막는 것이 아무것도 없는 이 방을 자크는 적의에 찬 눈으로 둘러보았다. 열려 있는 서랍 앞에 마치 강도처럼 웅크리고 앉아 있는 형의 모습을 보자 어색한 느낌이 들었다. 아버지의 뜻, 그리고 이 따위 서류 같은 것들이 자신과 도대체 무슨 상관이 있단 말인가?

그는 아무 말 없이 방을 나왔다.

다시 아버지의 시신이 있는 방으로 돌아왔다. 그는 이 방에 대해 어쩐지 향수 같은 매력을 느꼈다. 또 이곳은 삶과 몽상 사이에서 아주 평화롭게 어젯밤의 대부분을 지낸 곳이기도 했다. 그는 귀찮은 사람들의 왕래로 인해 곧 내쫓기리라는 것도 예측하고 있었다. 자기의 젊음과 감동 어린 대면을 하고 있는 이 순간을 단 1초도 헛되이 보내고 싶지 않다는 생각이 들었다. 그에게는 자기가 가는 길을 언제나 가로막다가 지금 홀연히 비현실적인 세계로 난파한 전제적이었던 아버지의 시신보다 더 가슴 아프게 과거를 생각나게 하는 것은 아무것도 없었다.

그는 살금살금 발끝으로 걸어와 문을 열고 안에 들어와서 앉았다. 순간 모든 것을 휘저어 놓는 것 같더니 다시 고요함이 찾아들었다. 자크는 즐거운 마음으로 다시 시신을 바라보는 데 골몰할 수 있었다.

부동의 이 두뇌.

사분의 삼 세기 동안 밤낮으로 끊임없이 사상과 관념을 결합시키기에 여념이 없던 이 두뇌. 이것이 영원히 멈춘 것이다. 심장도. 그러나 이 두뇌활동의 정지야말로 자크에게는 다른 각도에서 가슴을 아프게 하는 충격이었다. 자기 자신의 두뇌활동이 그로 인해 얼마나 고통받으며 그를 원망했던가! (밤에 수면 때문에 두뇌활동이 멈추었을 때도 두뇌가 마치 미친 발동기처럼 머릿속에서 끊임없이 돌고 돌아 만화경같이 조각조각 흩어진 환상을 모으고 있는 것을 느낄 때도 있었다. 그런 환상의 조각들이 가끔 기억에 남을 때 그는 그것을 '꿈'이라고 불렀다) 언젠가는 그런 고통스러운 열성도 다행히 멈춰 주는 날이 있겠지. 언젠가는 자신도 생각하는 고통으로부터 벗어나는 날이 있겠지. 마침내 침묵이 찾아올 테고 그러면 그 침묵 속에서 안식을 얻을 것이고! ⋯⋯그는 밤새도록 자살의 매혹적인 유혹에 사로잡힌 채 산책하곤 했던 뮌헨의 강독을 생각했다. 추억을 더듬다 보니 음악같은 어렴풋한 기억의 한 구절이 갑자기 흘러나왔다. '이제 곧 쉴 날이 올 거예요⋯

….' 이것은 제네바에서 본 러시아 연극의 마지막 장면의 구절이었다. 순박하고 열에 들뜬 눈길과 애띤 모습을 한 슬라브족 여배우가 귀엽게 고개를 흔들면서 '이제 곧 쉴 날이 올 거예요……'라고 되풀이하던 그 목소리가 귓가를 울렸다. 꿈꾸는 듯한 억양, 피곤한 눈길, 하모니카처럼 길게 뽑는 음색, 거기에는 확실히 희망의 빛보다는 체념의 그림자가 더 짙었다. '당신은 일생 동안 즐거움이라는 것을 모르셨군요……. 하지만 참으세요, 와니야 아저씨, 조금만 참으세요……. 이제 곧 쉴 날이 올 거예요……, 쉴 날이 올 거예요…….'(체홉의 〈와니야 숙부〉 마지 막에 나오는 소니아의 편지)

8. 아버지의 운명 다음날. 문상. 에케 박사, 로베르 소년, 샬르 씨, 안느 드 바탱쿠르

아침나절부터 조문객들의 방문이 시작되었다. 같은 집에 사는 사람들, 또 티보 씨가 여러 가지로 돌보아 준 같은 동네 사람들이었다. 자크는 가까운 친척들이 오기 전에 어디론지 자취를 감추어 버렸다. 앙투안은 급한 왕진 때문에 자리를 비웠다. 티보 씨가 관계했던 자선사업단체의 각 위원회에는 개인적인 친구들도 있었다. 조문객의 행렬은 저녁때까지 계속되었다.

샬르 씨는 자기의 '보조의자'라고 즐겨 부르던 의자를 빈소에 가져다 놓았다. 그는 몇 년 전부터 그 의자에 앉아서 일을 봐 왔던 것이다. 그는 하루종일 고인의 곁을 떠나려 하지 않았다. 그는 큰 촛대라든가 회양목 가지, 그리고 기도하고 있는 수녀들과 똑같이 엄숙한 장례 풍경의 한몫을 차지했다. 조문객이 들어올 때마다 그는 의자에서 내려와 손님을 향해 슬픈 표정으로 인사를 하고는 다시 의자에 앉곤 했다.

유모는 몇 번이나 그를 빈소에서 쫓아내려고 했다. 물론 질투심에서였다. 누구보다도 충실한 척하면서 생색내는 것이 꼴불견이었던 것이다. 그런가 하면 그녀는 안절부절못하고 있었다. 누구보다도 괴로워하고 있었기 때문이다(어쩌면 집 안에서 유일하게 괴로워하고 있는 사람일지 모른다). 일생을 남의 집에서 살아오면서 자기 것이라고는 아무것도 없었던 그녀는 아마 생전 처음 소유한다는 감정을 체험했을지 모른다. 티보 씨야말로 그녀의 고인이었던 것이다. 그녀는 줄곧 침대 곁으로 갔다. 그러나 허리가 굽어 그 전부를 볼 수 없었다. 시트를 잡아당겨 주름을 펴기도 하고, 잠시 기도 문구를 중얼거리기도 했다. 뼈만 앙상하게 남은 두 손을 모으고는 고개를 저으며 믿을 수 없다는 듯이 이런 말을 되풀이하곤 했다.

"나보다 먼저 돌아가셨어……."

자크가 돌아왔다는 것, 그리고 지젤이 곁에 있다는 사실도 감각이 무뎌질 대로 무뎌지고 쭈글쭈글해진 그녀의 의식의 민감한 감수성에 별로 감동을 주지 못하는 것 같았다. 두 아이들은 벌써 여러 달 동안 가정을 떠나 있었다. 그래서 그들을 생각하는 습관조차 잊어버리고 말았던 것이다. 그녀에게는 앙투안만이 안중에 있었다. 그 다음으로 식모들이 중요했다. 그런데 이런 앙투안에 대해 오늘 그녀는 의외의 노여움을 품었다. 입관 시기를 정하는 문제로 그녀와 앙투안 사이에 심한 다툼이 벌어졌던 것이다. 죽은 사람이 시체가 아니라 관에 지나지 않게 되는, 모든 사람을 안정시키는 순간을 서두르자는 앙투안의 의견에 그녀는 결사반대였다. 어쩌면 그녀에게 남아 있는 유일한 재산, 곧 주인의 마지막 모습을 바라보는 일, 또 그 육신을 보내는 마지막 시간마저도 그녀에게서 앗아가려 한다고 생각했을지 모른다. 그녀는 티보 씨의 죽음이 고인에게는 말할 것도 없고, 자신에게도 진정한 결말을 뜻하는 것으로 생각하는 것 같았다. 다른 사람들의 경우, 특히 앙투안의 입장에서 본다면, 이 결말은 다른 것의 시작인 동시에 새로운 시대의 문을 여는 것이었다. 그러나 그녀에게 더 이상 미래는 없었다. 곧 과거의 붕괴는 모든 것이 송두리째 무너져 버린 것이나 다름없었다.

오후 느지막하게 얼굴에 찬바람을 쐬며 기분전환을 한 다음에, 부리나케 걸어서 집으로 되돌아온 앙투안은 수위실 문 앞에서 정식 상복 차림의 에케와 마주쳤다.

"들어가지는 않겠네. 오늘은 그저 자네 손이나 잡아 볼까 해서 왔어" 하고 외과의사는 말했다.

투리에, 노랑, 뷔카르도 이미 와서 명함을 놓고 갔다. 르와지유는 전화를 해 주었다. 의사 친구들이 보여 준 이런 동정은 새삼스럽게 앙투안을 감격하게 했다. 아침에도 필립 선생이 몸소 위니베르시테 거리로 문상을 와 주었는데, 이것은 말하자면 티보 씨가 세상을 떠나서라기보다 의사 앙투안 티보가 아버지를 잃었다는 사실 때문에 지도교수로서 조의를 나타내기 위한 것이었다.

"안 됐네" 하고 에케는 신중한 목소리로 한숨을 지었다. "우리 인간은 자첫 잘못하면 죽음이란 옛친구라고 말하기가 일쑤야. 그런데 그것은 바로 가까이 우리집에도 찾아든단 말이야. 안 그래? 마치 우리가 그것을 전혀 만나본 적이 없다는 듯이 말이야." 그러면서 그는 덧붙였다. "나는 죽음이 무엇인지를 알고 있어." 그는 다시 일어서면서 검은 장갑을 낀 손을 내밀었다.

앙투안은 차 있는 데까지 배웅했다.

그는 그때 비로소 일의 유착관계가 머리에 떠올랐다……. 지금 다시 '그 모든 일'을 생각해 볼 만한 여유는 없었다. 그러나 그는 '그 모든 일'이 사정은 어떠했든 간에 처음 판단했던 것보다는 더 중대하다는 것을 깨달았다. 어젯밤 자기 손으로 가책도 느끼지 않고 수행한 행위(그는 그것에 대해서 전적으로 잘한 일이라고 여겨 왔다), 그는 그것을 한 인간의 발전에 굉장한 반향을 일으키는 본질적인 경험을 가져다준 것으로서, 그것을 합리화시켜 자기의 것으로 만들 필요성을 느꼈다. 그래서 그는 그 무게가 가중됨에 따라 자기 생각의 중심을 숙명적으로 바로잡지 않으면 안 되리라는 것을 잘 알고 있었다.

그는 생각에 잠긴 채 방으로 되돌아왔다.

응접실에는 모자도 안 쓰고 목도리를 목에 감은 귀가 빨개진 소년이 기다리고 있었다. 앙투안을 보자 소년은 자리에서 일어났다. 그리고 얼굴 전체가 붉어졌다. 앙투안은 그 애가 그때 사무소의 급사였음을 알아보았다. 그는 그 뒤로 한 번도 그 형제를 찾아가 보지 못한 것을 미안하게 생각했다.

"잘 있었니, 로베르. 이리 들어오렴. 그래, 어디가 아프니?"

로베르는 무슨 말을 하려고 입술을 우물거렸다. 그러나 너무 긴장한 탓에 이런 때 알맞은 '표현'을 찾아내지 못했다. 그러더니 외투 밑에서 제비꽃 다발을 꺼냈다. 앙투안은 곧 알아차렸다. 그는 가까이 가서 꽃다발을 받았다.

"애야, 고맙다. 이 꽃다발을 빈소에 올려놓겠다. 이렇게 생각해 주니 정말 고맙구나."

"오, 그것은 루루가 생각해 냈어요" 하고 로베르는 재빨리 수정했다.

앙투안은 미소를 지으며 이렇게 물었다. "루루는 어떻게 지내니? 그리고 너도 여전히 잘 지내니?"

"그거야 뭐 그럭저럭!" 하고 로베르는 경쾌한 목소리로 대답했다.

그는 앙투안이 이런 날에 미소를 지으리라고는 생각지도 못했다. 서먹서
먹했던 그의 마음은 곧 사라졌다. 수다를 좀 떨고 싶은 생각이 들었다. 그러
나 오늘 저녁에 앙투안은 그의 수다를 들어줄 만한 마음의 여유가 없었다.

"며칠 있다가 루루와 같이 오너라. 너희가 무엇을 하고 있는지 이야기도
들을 겸. 어느 일요일에 말이다. 어때?" 두 소년을 안 지가 얼마 안 되었지
만 앙투안은 그들에 대해 진정으로 애정을 품고 있었다. "약속하는 거지?"
하고 그는 덧붙여 말했다.

로베르의 얼굴은 별안간 진지해졌다.

"약속하겠어요, 선생님."

앙투안은 그 아이를 현관까지 배웅해 주다가 부엌에서 레옹과 이야기를
나누고 있는 샬르 씨의 목소리를 들었다.

'지껄이려는 자가 또 하나 있군' 하며 그는 언짢게 생각했다. '젠장, 빨리
끝내는 것이 좋겠군.' 앙투안은 샬르 씨를 서재로 불렀다.

샬르 씨는 춤추듯 뛰어서 방을 가로질러 훨씬 떨어진 의자 위에 가서 앉았
다. 그의 두 눈은 한없이 슬픈 빛을 띠고 있었으나 그 웃음은 간교해 보였다.

"용건이 무엇이었지요, 샬르 씨?" 하고 앙투안이 물었다. 그의 목소리는
부드러웠다. 그러나 그는 선 채 우편물의 겉봉을 뜯고 있었다.

"제가요?" 하고 그는 눈썹을 추켜세우며 말했다.

'옳지' 하고 앙투안은 읽던 편지를 접으며 생각했다. '내일 오전 중으로 병
원 일이 끝나면 가 봐야지.'

샬르 씨는 후들거리는 자신의 두 다리를 유심히 내려다보다가 이렇게 엄
숙하게 말했다. "이런 일 말입니다, 앙투안 씨. 이런 일은 있을 수 없어요."

"무슨 말이죠?" 하고 또 다른 봉투를 뜯고 있던 앙투안이 물었다.

"무슨 일이냐고요?" 하고 상대는 앵무새같이 되물었다.

"무엇이 있을 수 없단 말이요?" 하고 앙투안이 짜증스럽다는 듯이 대꾸했다.

"죽는다는 것 말입니다."

앙투안에게는 너무나 뜻밖의 대답이었다. 당황한 그는 얼굴을 번쩍 들었
다. 샬르 씨의 두 눈은 눈물로 가려졌다. 그는 안경을 벗은 다음 손수건을
펴서 눈을 닦았다. "저는 생로크의 신부님들을 만나 뵈었습니다" 하고 그는
잠시 쉬었다가 한숨을 내쉬면서 말을 계속했다. "미사를 부탁드리고 왔습니

다. 양심에 거리낌이 없도록 하기 위해서입니다. 앙투안 씨, 그것뿐이에요. 저로서는 저의 처지가 확실하게 보장될 때까지는……." 그는 계속 눈물을 흘렸는데, 그 눈물은 소나기와 같았다. 손수건으로 눈물을 닦고 나면 그것을 무릎 위에 펴서 먼저대로 얌전하게 접어 마치 지갑처럼 납작하게 해서 주머니에 넣곤 했다. "저는 얼마전까지만 프랑을 저금했었어요" 하고 그는 느닷없이 이런 말을 꺼냈다.

'아, 그랬었구나' 하고 앙투안은 속으로 생각했다. 그는 즉시 그의 말을 가로막았다. "샬르 씨, 아버지가 당신을 위해 무슨 조치를 취해 둘 만한 여유가 있었는지 어떤지 나로서는 아는 게 없지만 어쨌든 걱정할 것 없어요. 내 동생과 나는 당신이 살아 있는 동안 지금까지 우리집에서 받아온 월급을 보장해 줄 테니까."

이것은 티보 씨가 죽은 뒤 금전상의 문제를 처리하고, 상속인으로서의 거취를 분명히 해야 하는 첫 번째 일거리였다. 앙투안은 이렇게 샬르 씨를 일생 돌보아 주겠다고 약속한 것이 너무 관대하지 않았나 하는 생각이 들었다. 그리고 자신이 이렇게 일 처리를 의연히 할 수 있는 처지에 서게 된 것을 유쾌하게 생각했다. 마침내 그의 생각은 방향이 바뀌어 지금 아버지의 재산이 어느 정도 있는지, 그리고 자기가 분배받을 몫이 얼마나 되는지를 평가해 보려는 생각이 들었다. 그러나 이것에 관해서는 아무것도 정확하게 아는 것이 없었다.

샬르 씨는 부끄러워 얼굴이 새빨개졌다. 어쩌면 태연한 척하려고 그랬는지 모르지만 주머니에서 칼을 꺼내 손톱을 깎는 시늉을 했다.

"실은 연금을 부탁드리는 것은 아닙니다!" 하고 그는 고개를 숙인 채 힘주어 말했다. 그리고 같은 투로 말을 계속했다. "목돈 말씀입니다. 그렇지요. 연금이 아닙니다!" 그러고 나서 애처로운 목소리로 말을 이었다. "앙투안 씨, 데데트 때문입니다. 당신이 수술해 주신 계집아이 기억나시지요? ……사실 저에게는 대를 잇는 자손이랍니다. 그래서 연금만으로는 허약한 그 아이에게 무엇을 남겨 주겠습니까?"

데데트, 수술, 라셀, 햇빛이 드는 방, 작은 방구석의 육체, 용연향의 목걸이 냄새……. 앙투안은 입가에 엷은 웃음을 띠고 우편물을 내려놓으면서 건성으로 듣고 있었다. 그리고 무의식적으로 샬르 씨의 모든 움직임을 지켜보았다. 샬르 씨가 갑자기 휙 돌아섰다. 샬르 씨가 갑자기 칼날을 번득이며 엄지손톱을 깎기 시작했다. 침착하게, 겁도 없이 코르크 마개를 잘라내듯 삐걱거리는 각질 부스러기를 활 모양으로 떼어내고 있었다.

"오, 그만해 둬요, 샬르 씨!" 하고 앙투안은 불쾌하다는 투로 말했다. 샬르 씨는 의자에서 깡충 뛰어내렸다.

"네, 네. 제 말만 해서……" 하고 그는 더듬거리며 말했다. 그러나 샬르 씨에게 이 내기는 매우 중요했으므로 최후 공격을 시도했다.

"앙투안 씨, 약간의 목돈만 있으면 더할 나위 없겠습니다. 지금 저에게 필요한 것은 목돈이니까요. 오래전부터 제 나름대로 생각을 가지고 있었습니다. 말씀드리겠습니다마는……" 하고 그는 꿈꾸는 듯 중얼거렸다. "언젠가는……" 그러고 나서 말투를 바꾸더니 무표정한 눈길로 문 쪽을 바라보면서 이렇게 말했다. "미사를 올려드려야지요. 그것도 좋아요. 그러나 제 생각으로는 고인은 아무것도 필요하지 않으실 것입니다. 그런 분은 가셔도 아무렇게나 가시지 않습니다. 제가 볼 때 일은 이미 정해져 있습니다. 도련님. 지금쯤은……" 그는 회색 머리를 흔들면서 종종걸음으로 현관까지 가서는 자신 있는 태도로 이렇게 되뇌었다. "……지금쯤은 ……지금쯤은 벌써 천국에 계실 겁니다."

샬르 씨가 나가자마자 앙투안은 상복을 가봉하기 위해 재단사를 만나야만 했다. 그는 더욱 피로를 느꼈다. 거울 앞에 이렇게 멍청히 서 있는 일이 그의 피로를 더욱 가중시켰다.

그는 아버지 빈소로 다시 올라가기 전에 1시간쯤 자려고 생각했다. 그런데 재단사를 배웅하려고 나가다가 그는 현관에서 초인종을 막 누르려던 바탱쿠르 부인과 마주쳤다. 그녀는 조금전에 만날 약속을 하려고 전화를 했다가 "끔찍한 소식"을 알게 된 것이다. 그래서 그날 하루 일을 멈추고 부랴부랴 온 것이다.

앙투안은 정중하게, 그러나 문 앞에서 그녀를 맞이했다. 부인은 그의 손을 꼭 잡았다. 그리고 큰 소리로 눈에 띄게 수다를 떨면서 애도의 뜻을 표시했다.

부인이 금방 돌아갈 것 같지 않다면 이렇게 현관에 서 있게 하는 것도 어색한 일이었다. 아니나다를까 부인은 앙투안을 한 발 뒤로 물러서게 하더니 벌써 집 안으로 들어왔다. 자크는 오후 내내 자기 방에서 나오지 않았다. 자크의 방문은 바로 옆에 있었으므로 앙투안은 동생이 혹시 부인의 목소리를 듣고 그녀를 알아보지나 않았을까 하는 생각이 들었다. 이런 추측이 어쩐지 불쾌하게 여겨졌다. 의연한 태도를 보이면서 그는 자리를 떠나 자기 서재의 문을 열었다. 그리고 급히 윗도리를 걸쳤다(그때까지 그는 와이셔츠 바람이었다. 이것이 예고 없이 찾아온 부인에 대한 불쾌감을 더했다).

지난 몇 주일 전부터 여러 가지 사정이, 아름다운 이 환자와의 관계에 약간의 변화를 가져다주었다. 부인은 어린 딸의 건강상태를 보고한다는 구실로 전보다 훨씬 자주 그를 찾아왔었다. 딸은 지금 영국인 가정교사와 함께 파 드 카레에서 겨울을 지내고 있는데, 거기에 남편도 같이 가 있었다(시몽드 바탱쿠르는 서슴지 않고 자기 고장과 사냥마저 포기하고 아내가 데리고 들어온 아이하고 베르크에 거처를 정했기 때문이다. 반면 부인은 일주일에 며칠은 파리로 나올 구실을 만들어 오고 갔다).

부인은 앉으라고 권해도 마다하고 앙투안의 손을 잡을 기회만 엿보고 있었다. 그래서 눈을 가늘게 뜨고 가슴에는 한숨을 머금고 그를 향해 몸을 굽혔다. 남자들을 쳐다볼 때 부인의 눈길은 언제나 입술에 갔다. 그녀는 자기의 속눈썹 사이로 상대편의 눈길 역시 끊임없이 자기의 입 언저리로 쏠리고 있다는 것을 알았다. 그 때문에 그녀는 몹시 당황했다. 오늘 저녁에 그녀는 앙투안에게서 평소보다 더 남자다운 면모를 찾아볼 수 있었다. 마치 그가 눈에 띄도록 자기 모습에 정열의 빛을 더하려고 결심이라도 한 것 같았다.

부인은 동정 어린 눈길로 그를 바라보며 말했다.

"얼마나 괴로우세요?"

앙투안은 뭐라고 대답해야 좋을지 몰랐다. 부인이 찾아온 뒤로 그는 애써 엄숙한 태도를 보이기는 했으나 어색한 생각이 들었다. 그는 좀 음험하게 눈을 치떠 계속 부인을 살펴보았다. 부인의 가슴이 옷자락 속에서 무겁게 뛰고 있는 것이 보였다. 그의 얼굴은 갑자기 화끈 달아올랐다. 그는 고개를 들면서 아름다운 안느의 눈길에서 웃음을 머금고 있는 듯한 빛을 알아차렸다. 오늘 저녁에 그녀는, 비록 본인은 그것을 겉으로 드러내지 않으려고 애를 썼지만, 어떤 욕망 같은 것, 어떤 계획, 엉뚱한 생각을 품고 있는 것 같았다.

"가장 괴로운 것은" 하고 그녀는 심란해 하는 듯 말을 이었다. "일을 치르고 난 다음, 생활이 다시 시작되면서 어디를 가나 허전함을 느낄 때지요. 가끔 찾아 뵈어도 괜찮겠지요?"

앙투안은 그녀의 얼굴을 뚫어지게 바라보았다. 갑자기 기분이 언짢아진 그는 비꼬는 듯한 미소를 지으며 퉁명스럽게 말했다.

"안심하세요, 부인. 저는 아버지를 사랑하지 않았으니까요."

말을 끝내자마자 그는 후회했다. 그런 것을 말했다는 사실보다는 그렇게 생각했다는 것이 더욱 그의 마음을 아프게 했다. '어쩌면 이 몹쓸 여자 때문에 마음속에 품고 있던 말을 내뱉었는지도 모른다' 하고 그는 생각했다.

부인은 어안이 벙벙해 있었다. 그 말의 뜻보다는 말투에 몹시 화가 났던 것이다. 그녀는 한 걸음 물러서서 잠시 마음을 가다듬었다.

"그럼!" 하고 그녀는 말했다. 그러고는 마음에도 없는 말을 늘어놓은 뒤에 마침내 그녀는 활짝 웃었다.

장갑을 끼는 동안, 얼굴을 찌푸리는 것 같기도 하고 미소를 짓는 것 같기도 한 애매한 주름이 그녀의 입술을 오므라들게 했다. 앙투안은 공격적인 태도를 취하고 그녀 입가의 수수께끼 같은 전율을 흥미롭게 지켜 보았다. 입 언저리는 립스틱을 너무 많이 바른 나머지 이것이 번져 마치 할퀸 상처 같았다. 만약 이때 그녀가 계속 파렴치한 미소를 짓고 있었다면 아마 그는 하는 수 없이 그녀를 밖으로 밀어냈을지도 모른다.

그는 자신도 모르게 부인의 옷에 배어 있던 향기로운 냄새를 들이마시고 있었다. 다시 부인의 풍만한 젖가슴이 블라우스 밑에서 헐떡거리는 것을 눈여겨보았다. 그는 벌거벗은 그녀의 가슴을 생생하게 그려 보았다. 그리고 몸이 오싹해 오는 것을 느꼈다.

털외투 앞자락을 여미더니 그녀는 좀더 물러서서 얼굴을 들고 스스럼없는 태도로 그를 바라보았다. 그것은 '무섭지요?' 하고 물어보는 것 같았다.

그들은 서로 노려보았다. 똑같이 품고 있는 냉담한 격분과 원한, 게다가 똑같은 실망을 느꼈을지 모른다. 곧 기회를 놓쳤다는 막연한 느낌. 그가 아무 말도 하지 않자 부인은 그에게서 등을 돌리더니 스스로 문을 열었다. 그리고 그를 거들떠보지도 않고 나갔다. 그녀가 나가자 문 닫히는 소리가 요란했다.

그는 뒤로 돌아섰다. 그러나 서재로 돌아가는 대신 그 자리에 꼼짝도 하지 않고 가만히 서 있었다. 두 손은 땀에 젖어 있었고, 머리는 온통 뒤죽박죽되었으며, 관자놀이를 때리는 피의 고동 때문에 귀가 멍멍해져 있었다. 그러면서도 그 여자를 생각나게 하는 강한 향수 냄새를 가슴을 두근거리며 맡고 있었다. 그러다가 미친 사람처럼 다시 한 번 뒤를 슬쩍 돌아보았다. 그토록 과격한 성격의 소유자인 그녀에게 마음의 깊은 상처를 입히고 나서 그녀를 다시 정복한다는 것이 얼마나 위험한 일일까 하는 생각을 하면서 스스로 마음의 채찍질을 했다. 그의 눈길은 벽에 걸린 모자와 외투로 갔다. 손으로 슬쩍 그것들을 벗겼다. 그리고 자크의 방문 쪽으로 얼빠진 듯한 눈길을 보내면서 밖으로 나갔다.

9. 그 전날 지젤의 방에서

지젤은 침대를 떠나지 않았다. 비몽사몽 상태에 있으면서 기진맥진해진 그녀는 몸을 움직이기만 하면 고통스러워지므로 머리 뒤에 있는 벽을 따라 복도를 오가는 조문객의 발소리를 들으면서 그냥 멍청히 누워 있었다. 흐리멍덩한 의식 속에서도 한 가지 생각만은 또렷했다. '그를 다시 찾았다……. 집에 와 있으니까…… 언제고 모습을 나타내겠지……. 아니, 곧 오겠지…….' 그녀는 혹시나 하고 그의 발소리가 나기만을 기다리고 있었다. 그러나 금요일 하루가 지나갔는데도 나타나지 않았다. 토요일도 마찬가지였다.

실은 자크도 지젤 생각을 하지 않은 것은 아니다. 그녀 생각 때문에 마음이 들떠 있을 정도였다. 그러나 그녀와 단둘이 된다는 것이 너무 두려워 스스로 그 기회를 만들 결심을 하지 못하고 그냥 기회가 오기를 기다리고 있을 뿐이었다. 더구나 어제 저녁부터는 사람을 만나거나 또는 누가 자기를 알아보는 것이 싫어서 아래층을 거의 떠나지 않고 있었다. 밤이 되어서야 비로소 아버지 집으로 올라갔었다. 아무도 모르게 걸어가 빈소의 한구석에 자리잡고 앉았다가 새벽녘에 나왔다.

토요일 저녁에 앙투안이 지젤을 만나보았느냐고 지나가는 말로 물었을 때야 비로소 그는 식사를 끝내고 나서 그녀 방을 노크해 보아야겠다는 결심을 했다.

지젤은 훨씬 좋아졌다. 열도 거의 내렸다. 테리비에는 내일부터 일어나도 된다고 말했다. 그녀는 어두침침한 방에서 잠을 청하면서 누워 있었다.

"어때?" 하며 자크는 쾌활한 투로 말했다. "안색이 좋군!" 램프 갓의 황금빛 그림자 속에서 눈이 휘둥그레져 있는 지젤의 모습은 확실히 건강해 보였다.

그는 침대 가까이에 가지 않았다. 그녀는 순간 당황하는 듯하더니 자기 편에서 먼저 손을 내밀었다. 좀 헐렁한 소맷자락으로부터 팔꿈치까지 맨살이 보였다. 그는 그녀의 손을 잡았다. 의사가 하듯이 그녀의 손을 힘없이 잡고는 만져 보았다. 살갗이 몹시 뜨거웠다.

"아직 열이 좀 있는 것 같은데?"

"없어요!"

그녀는 문 쪽을 쳐다보았다. 자크는 자기가 잠시 들르기만 하겠다는 뜻을 나타내기 위해 문을 열어 둔 채 들어온 것이다.

"추워? 문을 닫을까?" 하고 그가 물어보았다.

"아니…… 아무래도 좋아요."

그는 단둘이만 있기 위해 재빨리 일어나 문을 닫았다.

그녀는 입가에 웃음을 머금고 고맙다는 뜻을 표했다. 그러고 나서 베개에 머리를 파묻었다. 그녀의 머리는 윤기 없는 검은 반점같이 보였다. 초승달 모양으로 살짝 파헤쳐진 속옷의 젖가슴 부분이 드러나자 옷깃을 여미기 위해 손으로 매만졌다. 자크는 그 손목의 우아한 곡선, 속옷 차림의 젖은 모래와 같은 느낌을 주는 거무스레한 피부색을 눈여겨보았다.

"하루종일 무엇하고 지냈어요?" 하고 지젤이 물었다.

"나 말이야? 아무것도 안 해. 조문 오는 사람들이 보기 싫어 처박혀 있어."

이 말을 들은 지젤은 티보 씨가 세상을 떠났다는 것과 그로 인한 자크의 슬픔을 생각했다. 그녀는 아무런 슬픔도 느끼지 못하는 자신을 나무랐다. 그런데 자크는 슬퍼하고 있을까? 자크에게 해야 할 따뜻한 위안의 말이 생각나지 않았다. 다만 아버지가 돌아가셔서 자크가 완전히 자유의 몸이 되었다는 생각만 했다. 그리고 또 이런 생각도 했다. '그렇다면 이제 다시는 떠날 필요가 없지 않을까?'

그녀는 말을 계속했다. "밖에 좀 나가는 것이 좋을 텐데……."

"그래. 오늘은 머리가 띵해서 혼났어. 그래서 바람을 쐴까 해서 좀 나가

보았지만……." 그는 머뭇거리며 말을 이었다. "신문도 살 겸해서……."

진상은 더 복잡했다. 4시쯤 되어 아무런 목적도 없는 일종의 대기 상태에 짜증이 난 자크는, 나중에 깨달은 거지만, 무엇인가 막연한 생각에 쫓겨 몇 가지 스위스 신문을 사려고 나갔었다. 어디로 가야 할지도 모르면서…….

"그곳에서는 자유로운 분위기에서 살았겠지요?" 하고 그녀는 얼마 동안 침묵을 지키다가 물었다.

"물론."

그는 '그곳'이라는 말에 허를 찔린 것이다. 그리고 자기도 모르게 어색해하면서 거의 퉁명스러운 투로 대답했다. 그러고 나서 바로 뉘우쳤다. '그런데' 하며 그는 생각했다. '내가 이 집에 발을 들여놓은 뒤부터는 내가 하는 것, 내가 말하는 것, 내가 생각하는 것 모두가 거짓이다!'

그의 눈길은 줄곧 자신도 모르게 램프의 불빛이 희미하게 비치고 있는 침대 쪽으로 향했으며, 털 담요 위로 쏠렸다. 담요가 어찌나 가벼웠던지 젊은 육체의 섬세한 기복, 엉덩이 둘레, 뻗은 다리, 가볍게 벌린 두 무릎의 돌출 부분, 이 모든 것의 윤곽이 뚜렷이 드러났다. 그는 되도록이면 자연스러운 태도, 거리낌 없는 투로 이야기하려고 했으나 그럴수록 점점 더 어색해짐을 스스로 느꼈다.

그녀는 "앉지 그래요"라고 말하려다 그 순간에 그의 눈길을 붙잡을 수 없게 되자 그만두고 말았다.

그는 태연한 척하려고 가구와 골동품과 금박이 번쩍이는 제단을 살펴보았다. 그리고 자신이 도착하던 날 아침에 몸을 피하려고 이곳에 왔던 일을 떠올렸다.

"방이 예쁘게 꾸며졌군" 하고 자크는 상냥하게 말했다. "전에는 이 안락의자가 없었지?"

"나의 18살 생일 축하로 당신 아버지께서 주셨어요. 생각 안 나요? 메종 라피트 위층의 층계참에 있었는데. 뻐꾸기 시계 밑에 말이에요!"

메종……. 착색 유리창을 통해 햇살이 모질게 쏟아지던 그 3층의 층계참, 여름 내내 해질 무렵이면 그곳에서 벌집을 쑤셔놓은 듯한 소리를 내며 파리 떼가 우글거리던 일이 문득 생각났다. 또한 쇠줄이 달린 뻐꾸기 시계도 생각났다. 조용한 계단에서 1시간에 4번. 나무로 만든 새의 이상한 울음소리를 듣곤 했다……. 그가 멀리 나가 있는 동안에도 이처럼 그들에게는 모든 것이 조금도 달라지지 않았다. 다시 돌아온 뒤 자크는 자신의 모든 행동에서 자신도 모르게 옛날 버릇을 그대로 간직하고 있는 것을 알고는 놀라지 않았던가? 예를 들어 아래층에서 신발 흙털이개에다 발을 문지르는 버릇, 입구 문을 세차게 닫는 버릇, 전깃불을 켜기 전에 옛날대로 못 2개에 외투를 거는 버릇 따위…… 그리고 자기 방을 왔다 갔다 하는 모든 동작은 무의식적인 추억이 다시 행동으로 나타나고 있는 것은 아닐까?

지젤은 어둠 속에서 불안에 찬 그의 얼굴, 그 턱, 그 목, 두 손을 몰래 살펴보았다.

"참 건강해진 것 같네요" 하고 그녀는 목소리를 낮추어서 말했다.

그는 돌아보며 미소를 지었다. 어릴 때는 오히려 약해서 걱정했던 그가 이렇게 건강해졌다는 사실을 은근히 자랑하지 않을 수 없었다. 별안간 자신도 모르게—이것 또한 반사적인 것이었다—그런 것을 어렴풋하게나마 생각해 낸 자신에게 놀라면서 이런 구절을 읊었다.

"방 드 쿠이프 소령은 남달리 강한 사람이었습니다."

지젤의 얼굴은 즐거운 빛으로 환해졌다. 이것은 그들이 좋아하던 책 속에서 함께 수없이 읽고 또 읽은 영웅전의 한 구절이었다. 이야기는 수마트라 숲에서 전개되는 것이었는데 네덜란드인 소령이 무서운 고릴라를 장난하듯 때려눕히는 이야기였다.

"방 드 쿠이프 소령은 바오바브나무 그늘 아래에서 겁없이 잠들어 버렸습니다" 하고 그녀는 유쾌하게 덧붙였다. 그러고는 머리를 뒤로 젖히고 눈을 감은 채 입을 벌려보였다. 왜냐하면 소령은 코를 골고 있었으니까.

그들은 웃었다. 모든 것을 잊고 그들만이 알고 있는 어린시절의 익살스런 추억을 마음껏 즐기면서 서로 얼굴을 마주보고 또 웃었다.

"그리고 그 호랑이 그림" 하며 그녀는 말을 이었다. "오빠가 화가 나서 찢어 버렸지요!"

"그래. 왜 그랬더라?"

"베카르 신부님 앞에서 내가 깔깔거리고 웃었다고!"

"기억력도 좋군, 지젤!"

"나도" 하며 그녀는 말했다. "언젠가는 '새끼 호랑이'를 키우고 싶다는 생각이 들었어요. 그리고 그날 저녁에 내 품안에서 새끼 호랑이를 재우고 있다고 생각하면서 잠들어 버렸어요……."

잠시 침묵이 흘렀다. 그들은 흥겨운 듯 줄곧 얼굴에 웃음을 띠고 있었다. 지젤이 먼저 심각하게 나왔다.

"하여간……" 하며 그녀가 말을 꺼냈다. "그때를 생각하면 밑도 끝도 없이 지루했던 일밖에는 떠오르지 않아요. 오빠는?"

열이 나서 죽을 고생을 하던 지난날의 일을 떠올리는 그녀의 모습은 처량해 보였다. 그리고 이런 애처로운 모습은 누워 있는 그녀의 자세, 다정한 눈길, 열띤 얼굴과 잘 어울렸다.

"정말이지" 하고 그녀는 자크가 아무 대답 없이 눈살을 찌푸리는 것을 보면서도 말을 계속했다. "어린 몸으로 그런 권태를 맛본다는 것은 끔찍한 일인 것 같아요! 그러나 열네다섯 살쯤 되니까 그런 권태로움도 어디론가 사라져 버렸어요. 왜 그랬는지 모르겠어요. 심적으로 이제는 권태 같은 것은 몰라요. 심지어……" ('심지어 당신 때문에 불행하다고 생각할 때도'라고 생각했지만 입 밖에 내지는 않았다) 그녀는 다만 이렇게 말했다. "심지어 일이 제대로 안 될 때도……."

자크는 두 손을 주머니에 넣고 아래를 보면서 잠자코 있었다. 과거에 대한 회상은 그의 마음속에 말할 수 없는 회한의 충동을 일으켰다. 지금까지의 생활을 돌이켜볼 때 거기에서 무엇 하나 이렇다 한 것을 찾아내지 못했던 것이다. 지금까지 자신의 삶의 어떤 시기, 어떤 부분을 들추어 보아도 자신의 위치, 자신의 진정한 기반을 구축해 본 적이 없었음을 알 수 있었다. 앙투안과 비교해 볼 때. 어디를 가나 나그네 같았다. 아프리카, 이탈리아, 독일에서. 로잔에서도 마찬가지였다. 자기 자신에 쫓기고, 사회에 쫓기고, 생활 조건에 쫓기는 신세였다. 무엇 때문인지 모르기는 해도 분명히 자기 자신 속에서 나오는 그 무엇에 항상 쫓기는 신세였다.

"방 드 쿠이프 소령……" 하고 지젤은 읊기 시작했다. 그녀는 계속 어린 시절의 추억에 매달리고 있었다. 왜냐하면 자기 마음을 사로잡고 있는 가까운 시기의 추억에 관해서는 아무 말도 할 수 없었기 때문이다. 읊기 시작하다가 그녀는 입을 다물어 버렸다. 그런 잿더미 속에서는 불길을 솟아오르게 할 수 없다는 것을 느꼈기 때문이다.

그녀는 말없이 자크를 바라보고 있었다. 그러나 아무리 해도 수수께끼는 풀리지 않았다. 자기들 사이에 그런 일이 일어났는데도 불구하고 왜 떠났을까? 앙투안이 몇 마디 귀띔해 주었지만, 그것으로는 집히는 것이 아무것도 없었다. 그래서 그녀는 몹시 당황했던 것이다. 3년이란 세월이 흘러가는 동안 자크는 어떻게 변한 것일까? 런던의 꽃가게에서 보내온 빨간 장미는 도대체 무엇을 뜻하는 것이었을까?

그녀는 별안간 이렇게 생각했다. '둘의 사이가 많이 변했구나!'

이번에야말로 감출 수 없는 이런 마음의 충격에 사로잡혀 혼자 중얼거렸다.

"자코, 많이 변했군요!"

웃음을 머금고 흘끗 쳐다보는 그의 눈길에서 그녀는 이런 감회에 젖어 있는 말이 그를 불쾌하게 했다는 것을 알아차렸다. 즉시 표정과 목소리를 바꾸어 그녀는 영국의 기숙사 생활에 대해 늘어놓기 시작했다.

"참 좋았어요, 그런 규율 있는 생활……. 아침에 맑은 공기를 마시며 체조를 하고 식사를 끝낸 다음, 공부에 임할 때의 그 상쾌함이 정말 좋았어요!"

(런던 생활에서 유일한 희망이 그를 다시 만난다는 것이었음을 그녀는 말하지 않았다. 또 아침에는 용기가 생겼다가도 시시각각으로 그것이 사그라져, 저녁때가 되어 침대에 누우면 말할 수 없는 비탄에 빠지곤 했다는 사실도 말하지 않았다)

"영국 사람들의 생활은 우리와는 달라요. 아주 매력적이지요!" 이야기의 실마리를 찾아내어 마음이 놓인 지젤은 다시 엄습해 오는 침묵의 위협을 물리치기 위해 영국 이야기에 매달렸다. "영국에서는 모두가 아무것도 아닌 일에 웃어요. 그들은 우울한 생활을 철저히 배격하니까요. 그래서 많이 생각하는 것은 삼가고 그저 즐겨요. 그들에게는 모든 것이 하나의 놀이에요. 무엇보다도 생활 자체가!"

자크는 이런 수다를 듣고만 있었다. 나도 언젠가는 영국에 가야지. 러시아에도 그리고 미국에도. 자신에게는 미래가 활짝 열려 있다. 어디라도 가서 무엇인가를 찾아야지……. 그는 유쾌한 듯 미소를 지으면서 고개를 끄덕이곤 했다. 그녀는 바보가 아니었다. 더구나 지난 3년이란 세월이 그녀를 퍽 성숙하게 만든 것 같았다. 그리고 더 아름답고 세련되게 했다……. 그의 눈길은 또다시 그녀의 우아한 육체로 쏠렸다. 이불 밑에서 자신의 체온으로 몸을 녹인 그 육체. 그러자 갑자기 과거의 추억이 그를 사로잡았다. 그는 모든 것을 기억해 냈다. 그때의 격정, 메종의 거목 밑에서의 포옹. 정말 순진한 포옹이었다. 그 뒤로 긴 세월이 지나고 신변의 많은 우여곡절을 겪은 지금에 와서도 자기 팔에 안겨 있던 그때의 풍만한 육체와 자기 입에 밀착되어 있던 그녀의 입술을 느끼는 듯했다! 순간 이성도 의지도 모두가 방향감각을 잃었다. 못할 게 뭐람? ……그는 못 견디게 그리워했던 그때와 같이 이런 생각도 해 보았다. '내 것으로 만들어 결혼해 버리자.' 그러나 즉시 그의 생각은 자기도 모르게 마음속의 불투명한 그 무엇에 부딪혔다. 그것은 마음 한가운데 자리잡고 있는 넘을 수 없는 장벽이었다.

그가 침대 속에 뻗고 있는 그녀의 발랄하고 유연한 팔다리를 다시 보고 있는 동안 많은 추억을 지니고 있는 그의 공상은 벌써 다른 침대 속, 이와 마찬가지로 팽팽하고 통통한 다른 육체, 그녀처럼 시트로 감싸여 있고, 마찬가지로 좁고 둥근 다른 육체의 윤곽을 그리고 있었다. 그리고 지금 막 그의 생각을 스쳤던 욕정은 연민의 정으로 변해 버렸다. 그에게는 철 침대에 누워 있던 라이켄하르의 귀여운 매춘부의 모습이 떠올랐다. 17살밖에 안 된 어린 계집아이. 왜 그런지 모르지만 죽고 싶다고만 말하던 그 계집아이는 찬장 쇠고리에 줄을 감아 목을 맨 채 축 늘어진 시체로 발견되었던 것이다. 자크는 맨 먼저 그 방에 들어간 사람 중의 하나였다. 방 안을 꽉 메우고 있던 기름 타는 역한 냄새가 생각났다. 특히 생생하게 떠오르는 것은, 방구석에서 지글지글 소리나는 프라이팬에다 계란을 깨어 넣던 젊은 여인의 넓적하고 이상야릇한 얼굴 모습이었다. 약간의 돈을 쥐어 주니까 그녀는 입을 열었다. 게다가 이상하리만큼 자세한 이야기를 늘어놓았다. 자크가 죽은 여자를 잘 아느냐고 묻자 그녀는 너무나 당연하다는 듯이 이렇게 거침없이 소리질렀다.

"Ach *nein*! Ich bin die mutter! (무슨 말씀이세요! 나는 그 애의 어미랍니다!)"

이 추억담을 그는 지젤에게 들려주고 싶었다. 그러나 이것은 '저쪽'에서 일어났던 일인 데다가, 잘못하다간 꼬치꼬치 캐물을 것 같아 그만두었다.

지젤은 침대 속에 몸을 파묻은 채 눈을 살며시 뜨고는 자크를 뚫어지게 바라보았다. 더 이상 참을 수가 없었다. 그녀는 줄곧 이렇게 부르짖고 싶은 것을 억제했다. '말해 봐요! 당신은 지금 어떻게 된 거예요? ……그리고 나는 뭐지요? 당신은 모두 잊었나요?'

자크는 두 발로 몸을 흔들면서 수심에 차 있으면서도 무심한 태도로 방 안을 왔다 갔다 했다. 자신의 눈길이 지젤의 열띤 두 눈과 마주칠 때마다 무언가 견딜 수 없는 불협화음을 느꼈으므로 겉으로는 몹시 냉담한 척 했다. 그리고 천진난만한 그 몸짓, 하얀 속옷 밖으로 목덜미와 함께 내보이는 그 순박함에 몹시 사로잡혀 있으면서도 이를 전혀 눈치채지 못하게 했다! 괴로워하는 이 소녀에 대해서 그는 오빠로서의 모든 애정을 느끼고 있었다. 그런데도 자기와 그녀 사이에는 얼마나 여러 가지 불순한 추억이 끊임없이 끼어드는가! 자기가 이렇게 나이 먹었다는 것을 느끼는 것은 얼마나 씁쓸한 일인지. 게다가 지쳐 있고 더럽혀졌으니!

"테니스는 이제 일급에 속하지?" 하고 그는 옷장 위에 놓여 있는 라켓이 눈에 띄자 말을 딴 데로 돌리기 위해 물었다.

그녀의 감정이 갑자기 바뀌었다. 그러면서 자랑스러운 듯 미소를 감추지 못했다.

"보여드릴게요!"

그렇게 말은 했지만 또다시 마음이 산란해졌다. "보여드릴게요……"라고 말하기는 했지만 어디에서? 언제? ……실없는 말을 했구나! ……

그러나 자크는 지젤의 속마음을 전혀 눈치채지 못한 것 같았다. 지젤과의 일은 안중에도 없었다. 테니스, 메종 라피트, 흰 드레스…… 클럽 입구에서 '그녀'가 살짝 자전거에서 뛰어내리던 모습……. 그런데 옵세르바투아르 거리에 있는 집의 덧문은 그때 어째서 모두 닫혀 있었을까? (그날 오후에 목적도 없이 집을 나온 그는 뤽상부르 공원까지 가서, 거기서 또 옵세르바투아르 거리까지 갔다. 땅거미가 지고 있었다. 외투 깃을 올리고 빨리 걸었다. 그는 유혹에서 빨리 벗어나기 위해 오히려 그 유혹에 서둘러 몸을 맡기는 습관을 가지고 있었다. 마침내 걸음을 멈추고 흘끗 쳐다보았다. 창문이란 창문은 모두 닫혀 있었다. 다니엘이 뤼네빌에서 군복무하고 있다는 것은 앙투안에게서 들어 알고 있었다. 그렇다면 '다른 사람들은?' 별로 늦은 시간도 아닌데 덧문이……. 여하간 그런 것은 상관없다. 상관없고말고! 그는 방향을

바꾸어 지름길을 따라 집으로 들어왔던 것이다)

지젤은 자크의 마음이 자기에게서 얼마나 멀어졌는지 알아차렸을까? 그를 붙들고 끌어당겨 유인하려는 듯 자기도 모르게 팔을 뻗었다.

"굉장한 바람이군!" 하고 그녀의 그런 동작을 모르는 체하면서 자크는 아주 쾌활하게 말했다. "벽난로의 통풍 조절판이 흔들리는데, 신경이 안 쓰여? 잠깐 기다려."

그는 무릎을 꿇고 두 장의 아연판 사이에 헌 신문지를 끼워 넣어 고정시켰다. 그녀는 여러 가지를 피부로 느끼고 있었지만 벙어리 냉가슴 앓듯 말을 못하고 그가 하는 일을 보고만 있었다.

"이제 됐다" 하고 다시 몸을 일으키면서 그가 말했다. 한숨을 내쉬더니 그저 막연히 말했다. "참, 대단한 바람이군……. 빨리 겨울이 가고 봄이 오면 좋겠어……."

그는 멀리서 보낸 봄을 생각하고 있는 것이 틀림없었다. 그녀도 그의 이런 생각을 짐작했다. '5월이 되면 이렇게 해야지. 나는 그곳으로 간다.'

'그렇다면 금년 봄에' 하고 그녀는 생각했다. '그이는 나한테 어떤 자리를 마련해 줄 것인가?'

벽시계가 울렸다.

"9시구나" 하고 마치 갈 때를 몹시 기다렸다는 듯이 자크가 말했다. 지젤도 9시를 치는 시계 소리를 들었다. '얼마나 여러 날 밤을' 하고 그녀는 생각했다. '얼마나 여러 날 밤을 이 방, 램프 불빛 아래에서 그가 오기를 기다리면서 지냈던가? 시계가 오늘처럼 울리고 있었다. 자크는 자취를 감춘 뒤였고 그런데 이제서야 나타나 이 방 안, 내 곁에 있다. 그는 여기에 있다. 나와 함께 시계가 울리는 소리를 들으면서…….'

자크는 다시 침대 곁으로 다가왔다.

"자," 하며 자크가 말했다. "그러면 나는 갈 테니 잠이나 자도록 해."

'자크는 여기에 있다' 하고 그녀는 자크를 더 확실하게 보려고 눈을 작게 뜨면서 마음속으로 되풀이했다. '자크는 여기에 있다! 그러나 생활도, 세상 일도, 우리를 둘러싸고 있는 모든 것은 여전히 아무 일도 없는 것 같다! 무엇 하나 변한 것이 없다…….' 그녀 또한—양심의 가책을 느낀 것처럼 괴로웠다—뭐니뭐니해도 '딴사람'이 되지 않았다는 것, 몰라보게 '딴사람'이 되지는 않았다는 느낌마저 들었다.

그는 서둘러 나가고자 한다는 인상을 주고 싶지 않았다. 그래서 얼마 동안 침대 곁에 서 있었다. 그는 매우 평온한 마음으로 시트 밖으로 나와 있는 작은 갈색 손을 만졌다. 대마 커튼 냄새에 오늘밤에는 새콤한 냄새까지 섞여 있는 것을 느꼈다. 게다가 그 냄새가 몸의 열기 때문에 풍기는 것이라고 생각했을 때는 기분이 좀 언짢았다. 그러나 그것이 보조 테이블 위에 놓여 있는 레몬 조각 냄새인 것을 알자 즐겁게 그 냄새를 들이마셨다.

지젤은 꼼짝도 하지 않고 있었다. 눈에는 맑은 눈물이 글썽거렸다. 그녀는 눈뜬 채로 그 눈물을 참고 있었다.

자크는 아무것도 못 본 체했다.

"그럼 잘 자! 내일은 완쾌될 거야……."

"어머나, 나는 별로 낫고 싶은 생각이 없어요" 하고 그녀는 억지로 미소를 지으면서 탄식하듯 말했다.

도대체 무엇을 말하려고 그랬던가? 그녀 자신도 몰랐다. 별로 병이 낫길 바라지 않는 그 마음, 거기에는 의욕을 상실한 그녀의 마음가짐이 나타나 있었다. 거기에는 또한 내일의 생활에 대한 용기의 결핍, 특히 그토록 기대했던 이 순간이 허망하고 애틋하게 지나가 버렸다는 슬픔의 빛이 어려 있었다. 그녀는 흥분 때문에 굳어 있는 입술을 떼기 위해 안간힘을 썼다. 그리고 쾌활한 목소리로 말했다. "자코, 와 주어서 고마워요!"

그녀는 다시 한 번 그에게 손을 내밀고 싶은 생각이 들었다. 그러나 그는 이미 문지방까지 가 있었다. 그는 돌아서더니 머리로 인사를 한 다음 나가 버렸다.

지젤은 불을 완전히 끈 다음에 이불 속으로 파고들었다. 심장이 무겁게 뛰었다. 두 팔을 가슴 위에 얹었다. 그 옛날에 《잘 길들여진 호랑이》 책을 가슴에 꼭 껴안고 있을 때처럼, 무엇인가 알 수 없는 아쉬움 같은 것이 가슴에 맺혀 있는 듯했다. "성모 마리아" 하고 그녀는 무의식적으로 중얼거렸다. "저에게는 길잡이가 되시고 주가 되시는 성모 마리아……, 저의 모든 희망과 위안…… 모든 고통과 근심을 당신께 맡기겠습니다……." 그녀는 나이답지 않은 열의를 가지고 성모 마리아에게 기도했다. 그리고 몸에 익은 찬송을 함으로써 마음의 고통을 잠재우려고 했다. 그녀는 이렇게 아무 생각도 하지 않고 오직 기도할 때가 가장 행복하다고 생각했다. 두 손을 가슴 위에 올려 놓고 꼭 잡고 있었다. 모든 것이 아른거리더니 꿈속으로 빠져들었다. 따뜻한 침대 속에서 꼭 껴안고 있는 것이 자기의 아기, 자기 자신만의 아기 같은 느낌이 들었다. 그 아기의 요람을 만들어 주기 위해 가슴을 움츠렸다. 그리고 이런 사랑의 공상에 의해서 만들어진 아기를 자기 팔로 꼭 감싸 주기 위해 몸을 구부린 채 눈물을 머금고 잠이 들었다.

10. 티보 씨의 유서

앙투안은 동생이 지젤 방에서 나와 자기 방으로 자러 가기를 기다리고 있었다. 그는 오늘밤 티보 씨가 틀림없이 남겨 놓았을 집안의 중요 서류를 한 번 살펴보고 싶은 마음이 생겼다. 그래서 그런 예비 조사를 위해서는 오히려 혼자 있는 편이 나을 것이라고 생각했다. 그렇다고 아버지가 가지고 있던 것으로부터 자크를 따돌리려는 의도에서 그런 것은 아니었다. 그 이유는 아버지가 눈을 감은 다음날 아버지의 마지막 의사를 알아보려고 이 방에 왔을 때 '자크'라는 이름이 붙은 종이쪽지가 눈에 띄었는데, 그는 대강 훑어볼 시간 밖에 없었지만―얼핏 본 내용만 하더라도 당사자인 자크가 읽기에는 안 좋겠다는 생각이 들었기 때문이다. 같은 종류의 서류가 따로 또 있을지 모르지만 그것을 자크에게 보일 필요는 없었다. 적어도 지금은.

서재에 가기 전에 앙투안은 샬르 씨가 하는 일이 어느 정도 진전되고 있는지를 확인하기 위해 식당으로 갔다.

커다란 보조 테이블 위에는 막 도착한 나머지 몇 천 장의 부고장과 봉투가 산더미처럼 쌓여 있었다. 수신자들의 주소를 열심히 쓰는 줄 알았는데, 그것이 아니고 종이뭉치를 하나하나 열어보고 그것들을 조사하는 것 같았다.

어안이 벙벙해진 앙투안은 곁으로 갔다.

"세상 사람들은 아무래도 정직하지 못해서요." 샬르 씨는 얼굴을 들며 말했다. "한 묶음이 오백 장이어야 할 텐데, 글쎄, 이 묶음은 오백세 장이고, 또 이것은 오백한 장이니." 이렇게 말하면서 그는 남은 부고장을 찢고 있었다. "이것은 별로 대수로운 일은 아니지만" 하고 그는 관대한 태도를 보이면서 말했다. "여하간 이것을 모두 받아 두면 나머지를 처치하기가 곤란할 테니까요."

"나머지가…… 어떻단 말인가요?" 하고 앙투안은 어이가 없다는 듯 말했다.

상대는 알아들었다는 듯이 웃으면서 손가락을 치켜들었다.

"바로 그렇지요!"

앙투안은 더 이상 물어보지 않고 발길을 돌렸다. '어처구니없는 것은' 하고 그는 미소를 지으며 생각했다. '저 인간하고 같이 있으면 잠깐 사이라도 이쪽이 바보가 되는 것 같단 말이야!'

서재에 들어오자 그는 방의 불을 모두 켠 다음 커튼을 치고 문을 닫았다. 티보 씨의 서류는 질서 있게 정돈되어 있었다. '사업'에 관한 것은 다른 서류함 속에 있었다. 금고 속에는 몇 장의 증권도 있었지만 옛날에 쓰던 회계 장부와 재산 관리에 관한 온갖 서류가 들어 있었다. 책상 서랍 왼쪽에는 공적인 증서류, 계약서, 현재 진행 중인 여러 안건에 관한 서류가 있고, 오른쪽, 곧 오늘밤에 앙투안의 흥미를 끄는 쪽은 오히려 개인적인 문제에 관한 것이 들어 있는 것 같았다. 유언장을 발견한 것도 그 서랍 속에서였다. 그리고 같은 서류 속에 자크에 관한 서류도 있었다.

그는 그것을 어디에 두었는지 알고 있었다. 그런데 그것은 성서의 인용구에 지나지 않았다.

　(신명기, 제21장 제18～21절)

만일 어떤 사람에게 고집 세고 막된 아들이 있는데 부모에게 순종하지 않고, 부모가 혼을 내도 듣지 않거든, 부모는 그 고장 성문께의 성읍 장로들이 있는 곳으로 그를 데리고 가서 그 성읍의 장로들에게 호소하여라.

'이 녀석은 우리 아들인데 성질이 고집스럽고 사나우며 도리를 지키지 않습니다. 방탕한 데다가 술만 마십니다.'

그러면 온 성읍 사람들이 그를 돌로 쳐죽일 것이다. 이런 나쁜 일은 너희 가운데서 송두리째 뿌리 뽑아야 한다. 온 이스라엘이 이 말을 듣고 두려워 하게 될 것이다.

그 쪽지에는 '자크'라고 씌어 있었다. 밑에는 '방종하고 거역하는 자'라고 씌어 있었다.

앙투안은 가슴을 설레면서 그것을 살펴보았다. 필적은 아버지 말년의 것이 틀림없었다. 성경 구절은 정성스럽게 씌어 있었다. 그리고 마지막 글씨는 모두 확실한 필체로 씌어 있었다. 거기에서 앙투안은 아버지의 침착성, 숙고, 확고한 의지가 담겨 있는 것 같은 인상을 받았다. 그러나 노인이 의도적으로 이런 것을 유언장 속에 끼워 넣었다는 것 자체가 어떤 양심의 갈등과, 그렇게 한 것에 대한 정당화의 필요성 같은 것을 전하려 한 것이 아니었을까?

앙투안은 아버지의 유언장을 다시 손에 들었다.

매우 많은 분량이다. 페이지가 적혀 있고 장(章)도 나뉘어 있는 데다가 또 보고서처럼 몇 절(節)로 세분되어 있었다. 끝에는 목차가 적혀 있었다. 모든 것이 판지 상자 속에 들어 있었다. 날짜는 '1912년 7월.' 그리고 보면 티보 씨가 처음 병들어 수술하기 두서너 달 전에 만든 것이었다. 자크에 대해서는 한 마디도 씌어 있지 않았다. 그냥 '나의 아들', '상속인'이라고만 적혀 있었다.

앙투안은 어제 잠깐 읽어본 한 구절인 〈장례에 대해서〉라고 제목이 붙은 1절을 쭉 읽어 내려갔다.

유해는 내 교구인 생토마 다켕 성당에서 평미사 뒤에 크루이에 운구할 것. 장례식은 소년원 안 강당에서 전원이 참석한 가운데 거행할 것. 크루이에서의 장례식은 생토마 다켕 성당에서 한 것과 달리 위원회의 뜻에 따라 나의 유해를 영광스럽게 할 수 있도록 아주 성대한 의식을 갖추어 할 것. 묘소로 갈 때는 오랜 세월에 걸쳐 내 사업의 직책을 맡아 온 사업 대표자, 그리고 또 내가 그 일원으로 뽑힌 것을 영광으로 생각하고 있는 프랑스 학사원 대표에 의해 운구되도록 할 것. 또한 규정에 어긋나지 않는다면, 레지옹 도뇌르 훈장을 받은 자의 자격으로서 지금까지 내 발언이나 글이나 표결을 통하여 옹호해 온 프랑스 군대 의장병의 경례를 받게 할 것. 마지막으로 내 묘를 향해 고별인사를 하려는 자가 있으면 누구나 제한 없이 허락해 줄 것을 희망한다.

이렇게 적는 이유는 죽은 뒤에 이런 덧없는 영광을 얻자는 것이 아니라, 나는 항상 최후의 심판의 자리에 앉을 날에 대해 두려움을 금치 못했기 때문이다. 그러나 명상과 기도로 확증을 체험한 지금에 와서, 나의 진정한 의무는 믿음이 없는 인간의 마음에 평온함을 부여함으로써, 만일 그것이 주님의 뜻에 따르는 것이라면 내가 죽음에 임했을 때, 내 생애를 최후의 모범으로 삼아 우리 프랑스 중산계급에게 가톨릭 신앙과 사랑의 정신을 위해 헌신해 줄 것을 부탁하는 뜻에서 생각한 것이다.

계속해서 '세부지시'라는 조항도 있어 앙투안이 따로 해야 할 일은 아무것도 없었다. 티보 씨는 이렇게 자신의 장례식 절차에 관해 스스로 만반의 준비를 다해 놓았었다. 한 가정의 가장으로서 마지막까지 모두 지휘해 놓은 것이다. 그리고 이토록 자신의 처지에 충실하려는 의지야말로 앙투안이 위대한 것으로 여기지 않을 수가 없었다.

티보 씨는 부고장 문안까지도 미리 작성해 놓았으므로 앙투안은 있는 그대로 장의사에 전해 주었다. 거기에는 면밀하게 검토한 것이 틀림없는 순서에 따라 티보 씨의 약력이 적혀 있었다. 약력 소개는 12줄이나 차지했다. '학사원 회원'은 대문자로 씌어 있었다. 약력은 다음과 같았다. '법학 박사. 위르도 출신 전 국회의원.' 계속해서 다음과 같은 것도 씌어 있었다. '파리교구 가톨릭사업 위원회 명예 총재, 사회정화 위원회 창립자 및 회장, 육아보호 위원회 회장, 가톨릭 중앙협의회 프랑스 담당 전 재무의원.' 또 경력 이외의 것도 적혀 있어서 앙투안을 망연자실하게 했다. '생 장 드라트랑 신자회 종신회원.' 또 '생토마 다켕 성당 구내 신자회 위원 겸 교구 위원장.' 그리고 이렇게 화려한 경력은 다음과 같은 훈장 목록으로 끝났다. 거기에는 '레지옹 도뇌르 훈장', 또 '생그레고와르 훈장', '성녀 이사벨 훈장'(이 세 종류는 종교 훈장)이 적혀 있었다. 이런 훈장은 모두 관 위에 핀으로 꽂아 놓으라고 적혀 있었다.

유언장의 대부분은 앙투안이 알지 못하는 사람들 또는 사업에 관한 유증을 적은 긴 목록이었다.

지젤의 이름이 그의 눈길을 끌었다. 티보 씨는 그가 '기른', 거의 '당신 자식' 같이 생각하는 '지젤 드 베즈 양에게' 시집 보내는 비용 대신에 '백모의 노후를 보살펴 준다는 조건으로 막대한 재산을 남긴다'라고 적혀 있었다. 이런 배려로 지젤은 유복한 장래를 보장받은 셈이다.

앙투안은 읽던 것을 잠시 멈추었다. 그의 얼굴은 기쁨으로 달아올랐다. 그렇게 이기적인 노인이 이토록 마음을 쓰면서 관용을 베푸리라고는 정말 생각하지도 못했던 것이다. 그는 아버지에 대한 감사와 존경의 마음이 갑자기 복받쳐 오르는 것을 느꼈다. 이것은 다음 몇 페이지에서 더욱 그러했다. 티보 씨는 정말 사람들을 행복하게 해 주려는 생각을 했던 것 같다. 식모들, 수위, 메종 라피트의 정원사 등 누구 하나도 빠뜨리지 않았던 것이다.

작은 책자 끝 부분에는 각종 기금 계획이 적혀 있었는데, 그 모든 것에는 오스카르 티보라는 이름을 붙이도록 되어 있었다. 앙투안은 호기심을 가지고 순서 없이 살펴보았다. 프랑스 한림원에 '오스카르 티보 유증기금'을 바치는데, 이것은 덕행상으로 주게 되어 있었다—과연 있을 법한 일이었다— 뒤이어 '오스카르 티보 상'. 이것은 5년마다 정신과학학사원에 의해서 '매춘 퇴치운동 및 이 문제에 대한'—이것은 대찬성이다—'……프랑스 정부의 용인을 멈추게 하는 데 기여한' 가장 훌륭한 저서에 주기로 되어 있었다. 앙투안은 미소를 지었다. 그는 지젤의 유증이 있는 것을 보고 자기도 모르게 마음이 너그러워졌다. 더구나 그는 유언자가 끊임없이 표명했듯이 정신적인 명분을 옹호하고자 하는 희망 뒤에는 여러 곳에서 무언가 조용한 집념—이 점에 관해서 앙투안도 젊은 나이지만 벗어날 수 없었다—곧 속세에서 오래 살려는 마음가짐을 보고 꽤 당황했다.

이런 기금 종류 중에서 가장 소박하면서 또 예상 밖의 발상이라고 할 수 있는 것은 '오스카르 티보 연감' 발행을 위해 꽤 많은 금액을 보배 신부 앞으로 보낸 일이었다. 연감은 '될 수 있는 대로 대량을 인쇄해서 교구의 모든 문방구점과 할인판매점에서 아주 싼값으로 판매할 것.' 또 겉장에 '실용 농사용 달력'이란 제목을 붙여 '일요일에 나들이할 때나 겨울철 저녁 때 흥미 있는 이 일화집 한 권을 각 가톨릭 가정에 배포할 것'이라고 되어 있었다.

앙투안은 유언장을 덮었다. 그는 재산목록을 빨리 보고 싶었다. 방대한 서류를 다시 상자 속에 넣은 그는 별로 불쾌하게 여기지 않으며 문득 이런 생각을 했다. '이렇게 너그러운 아버지니까 우리한테 꽤 많은 재산을 남겨둔 것이 틀림없겠지…….'

먼저 서랍에는 또 가죽끈으로 묶인 큰 가죽 가방이 들어 있었다. 그리고 '뤼시'라는 글자가 적혀 있었다. (그것은 티보 부인의 이름이었다)

앙투안은 마음에 좀 걸리기는 했지만 끈을 풀었다. 그렇다고 지금 와서 어찌 포기하겠는가!

먼저 눈에 뜨인 것은 별것도 아닌 잡다한 물건들. 수놓은 손수건, 작은 보석상자, 어린 소녀의 귀걸이 두 개. 흰 구슬로 된 풀무 모양의 상앗빛 지갑 속에는 네 겹으로 접힌 고해용 용지가 한 장 있었는데, 잉크로 쓴 글씨를 알아볼 수 없었다. 또 앙투안이 지금까지 보지 못했던 색이 바랜 몇 장의 사진. 어릴 때의 어머니. 18, 19세 때의 어머니. 감상적인 것과는 그토록 거리가 먼 아버지가 이렇게 여러 가지 아내의 유품을, 더구나 가장 손쉽게 열 수 있는 서랍 속에 넣어 둔 것에 그는 놀랐다. 앙투안은 옛날의 자기 어머니, 청순하고 쾌활한 소녀였던 어머니에 대해 타오르는 듯한 사모의 정을 느꼈다. 그리고 까맣게 잊고 있던 그 모습을 들여다보면서 그는 특히 자기 자신의 일을 생각했다. 티보 부인이 작고한 것은—그것은 자크가 태어나자마자였다—그의 나이 9살 때였다. 당시에 그는 고집쟁이인 데다가 공부를 잘하고 자기만 아는 어린 소년이었다. 그는 또 '꽤 차가운 성격'이었다는 것도 스스로 인정했다. 이런 달갑지 않은 추억을 더듬다가 접는 손가방의 다른 칸을 뒤져 보았다.

앙투안은 거기에서 같은 부피의 편지 묶음 두 개를 꺼냈다.

뤼시의 편지
오스카르의 편지

그 편지 뭉치는 비단 리본으로 매여 있었다. 그리고 겉봉 글씨는 기숙사생들의 특징인 이탤릭체로 씌어 있었다. 티보 씨는 죽은 아내의 책상 속에서 이 뭉치를 발견하고 이것을 소중히 보관해 온 것이 틀림없다.

앙투안은 열어 보려다가 좀 망설였다. 지금이 아니더라도 뒷날 읽을 때가 있겠지. 그러나 끈이 풀어진 그 편지 묶음을 치우려다가 그의 눈길은 그 중의 편지 몇 장으로 쏠렸다. 그것은 다른 것과는 달리 현실 생활이 짙게 담겨 있어서, 지금까지 짐작은 물론 예측조차 못했던 과거의 모습이 어둠 속에서 떠올랐다.

······회의 전에 오를레앙에서 편지를 쓰겠소. 그러나 여보, 나는 오늘밤에 당신한테 참아달라고, 또 헤어져 있는 일주일 동안의 첫날을 참아 주기

를 바라면서 내 마음의 온갖 설렘을 써 보낼까 하오. 곧 토요일이군. 여보, 잘 자요. 꼬마 녀석을 당신 방에 데려다 두도록 하오. 그렇게 하면 조금이나마 허전한 마음을 달랠 수 있을 테니까.

계속 읽어나가기 전에 앙투안은 문 쪽으로 가서 문을 잠갔다.

　……여보 나는 진심으로 당신을 사랑하고 있소. 당신이 내 곁에 없다는 것이 남의 나라의 눈보다도, 그리고 겨울보다도 더 내 마음을 얼어붙게 하는 것 같소. W. P.를 브뤼셀에서 기다리는 것은 그만두겠소. 나의 그리운 뤼시, 일요일 전에는 당신을 힘차게 껴안을 수 있겠지. 다른 사람들은 우리 둘의 비밀을 모를 거요. 지금까지 어느 누구도 우리처럼 사랑한 사람들은 없을 거요……

아버지가 자기 손으로 이런 글귀를 쓸 수 있었다는 것에 놀란 앙투안은 편지 뭉치를 다시 묶어 놓을 마음이 싹 가셨다.
하지만 모두가 똑같은 열정으로 씌어 있는 것은 아니었다.

　……솔직히 말해서 당신 편지 중의 한 마디가 나는 불만스러웠소. 뤼시, 부탁이오. 내가 없는 것을 이유로 피아노 공부에 시간을 낭비하지 말아요. 내 말을 믿어주오. 음악이 가져다주는 그러한 일종의 흥분은 젊은 사람의 감수성에 나쁜 영향을 준다오. 그것은 사람을 나태와 바른길을 벗어난 공상에 젖도록 하며, 아내로서 그 신분의 진정한 의무에서 벗어나게 할 위험이 있다오……

이따금 어조까지 신랄해졌다.

　……당신은 나를 이해하지 못하고 있소. 지금까지 한 번도 나를 이해하려고 한 적이 없었음을 나는 알고 있소. 당신은 나를 이기주의자라고 비난하고 있소. 하지만 나는 삶 전체를 다른 사람들을 위해 봉사하고 있는 거라오! 만일 당신이 할 수 있다면 노아옐 신부한테 이 점에 관해서 어떻게

생각하는 것이 옳은 일인지를 물어보아요! 당신이 그 일의 진정한 뜻과 도덕적인 위대함, 그 일의 정신적인 목적을 이해할 수 있다면 나의 헌신적인 생활을 주님께 감사하며 자랑으로 여기겠소! 그런데 당신은 오히려 이 문제에 대해 비열하게 질투를 느끼고 있소. 당신은 자신의 이익만을 생각한 나머지 관리가 몹시 필요한 이 사업을 뺏으려고만 들고 있으니! ……

그러나 대부분의 편지는 깊은 애정의 흔적을 보였다.

　……어제도 소식이 없고 오늘도 없으니까 당신이 필요한 내 마음은 아침마다의 편지에 너무나 큰 기대를 걸고 있소. 눈을 떴을 때 이런 위안이 없으면 하루 일에 완전히 힘이 빠져 버린다오. 할 수 없이 나는 당신이 목요일에 보내 준 편지, 솔직하고 순박하며 사랑에 넘친 그 편지를 다시 한번 읽어 보았다오. 오, 주께서는 내 곁에 얼마나 마음씨 고운 천사를 보내 주셨던지! 당신은 사랑을 받을 만한 자격이 있는데, 내가 그만큼 해 주지 못하는 것이 마음에 걸리오. 여보, 당신이 어떤 불평도 하지 않기로 결심했다는 것을 나는 알고 있소. 그러나 내 잘못을 잊어버린 척하고 당신한테 나의 후회하는 마음을 감춘다는 것이 얼마나 비열한 짓일까!
　대표 일행은 대환영을 받고 있소. 더구나 나한테는 아주 명예로운 자리가 마련됐다오. 어제는 삼십인 분의 만찬과 건배 등이 있었소. 나의 답사는 대성공이었다고 생각하오. 그러나 이러한 영광도 모든 것을 잊게 하지는 못하고 있다오. 여보, 회의 사이사이에 나는 당신 생각만 하고 있소, 그리고 우리의 어린 작은 놈도…….

앙투안은 매우 감명을 받았다. 편지 뭉치를 제자리에 다시 내려놓는 앙투안의 두 손이 떨렸다. "너희들의 고결한 어머니"라고 티보 씨는 식탁에 앉아서 무언가 아내와 관계되는 추억이 머리에 떠오를 때마다 특별한 한숨을 짓기도 하고, 비스듬히 걸려 있는 촛대를 바라보면서 이처럼 늘 똑같은 말을 되풀이하곤 했다. 20년 동안 아버지로부터 들어 희미하게 알고 있던 것보다 이 뜻하지 않은 잠깐의 조사를 통해서 앙투안은 자기 부모의 젊은시절에 대해서 더 자세한 것을 알게 되었다.

두 번째 서랍은 또 다른 묶음으로 가득했다.

아이들의 편지. 원아들과 수감자들.

'대식구로구나' 하고 앙투안은 생각했다.

그는 이런 아버지의 과거에 대해 흐뭇함을 느꼈으나 한편 놀라지 않을 수 없었다. 티보 씨는 앙투안으로부터 받은 편지는 물론 자크의 것, 몇 통 안 되는 지젤의 편지까지도 보관해 두고 그 편지들을 한데 묶어 '아이들의 편지'라고 표제를 붙여 정돈해 두었는데, 티보 씨가 이렇게 했으리라고 누가 상상이나 할 수 있었을까?

편지 다발 맨 위에는 어린애가 연필로 그리다시피 쓴 날짜도 없는 최초의 편지가 펼쳐져 있었다. 이것은 어머니가 손을 잡고 써준 것이 틀림없었다.

사랑하는 아빠, 저는 아빠한테 키스합니다. 그리고 본명 침례 축하해요.
                                                                    앙투안

그는 기억 이전의 이 유물을 보고 가슴이 뭉클해짐을 느꼈다. 계속 읽어 내려갔다.

원아들과 수감자 편지는 별로 흥미가 없어 보였다.

이사장님,
우리는 오늘밤 레섬 (대서양에 있는)을 향해 출발합니다. 형무소를 나오게 된 지금, 베풀어 주신 온갖 호의에 인사말도 드릴 기회가 없는 것을 유감으로 생각합니다……

은인이신 선생님께,
선생님께 이 글을 쓰고 서명하는 저는 덕분에 진실한 인간이 된 한 남자 입니다. 그래서 저는 여기에 아버지 편지를 동봉해서 선생님의 배려를 부 탁드리려고 합니다. 제 아버지 편지의 프랑스어나 문장에 대해서는 주의를 기울이지 말아 주십시오……. 저의 어린 두 딸은 선생님을 '아빠의 대부'라고 부르며 매일 저녁 선생님을 위해 기도드리고 있습니다…….

이사장님,
저는 26일 전에 수감되었습니다. 그런데 저는 정당한 청원서를 냈는데도 그간 한 번밖에 판사의 취조를 받지 못했습니다…….

주소가 '뉴칼레도니아, 몬트라벨 형무소'로 되어 있는 한 통의 더러워진 편지는 누런 잉크로 정성껏 씌어 있었으며 다음과 같은 말로 끝났다.

……행복의 날이 오기를 기다리며 감사와 존경의 뜻을 올립니다.
죄수 4843호.

이런 신뢰와 감사의 뜻이 담긴 모든 증언, 이렇게 아버지에게 뻗고 있는 불행한 손들을 보고 앙투안은 감격을 금할 수 없었다.
'자크한테도 읽어 주어야지' 하고 그는 생각했다.

서랍 구석에는 아무런 딱지도 붙어 있지 않은 작은 마분지 상자가 있었다. 그 속에는 아마추어가 찍은 것으로 보이는 사진 석 장이 끝이 말린 채 있었다. 그중 제일 큰 것은 산 풍경을 배경으로 30세쯤 되어 보이는 여인이 전나무 숲 기슭에 서 있는 것이었다. 앙투안은 램프 쪽으로 몸을 굽혀 열심히 그 사진을 들여다보았으나 전혀 모르는 얼굴이었다. 리본이 달린 여자용 모자, 장식 깃이 붙어 있는 드레스, 퍼프 슬립 따위가 눈에 띄는 것으로 보아 옛날 유행을 말해 주었다. 두 번째 사진은 먼저 것보다 작았는데, 역시 같은 사람을 찍은 것이었다. 이번에는 모자도 안 쓴 채 어느 작은 공원 아니면 호텔의 정원 같은 데 앉아 있는 모습이었다. 벤치 아래, 곧 부인의 발밑에는 흰 복슬개 한 마리가 스핑크스처럼 웅크리고 있었다. 세 번째 사진에는 개뿐이었다. 목에는 리본이 매어 있었으며, 콧등을 치켜 들고 정원용 테이블 위에 우뚝 서 있었다. 마분지 상자 안에 있는 봉투 속에는 산 풍경을 배경으로 해서 찍은 큰 원판이 들어 있었다. 이름도 없고 날짜도 없었다. 자세히 들여다보니까 옆모습은 늘씬해도 40살은 넘어 보였다.

입가에 미소를 띠고 있지만 정열적이고 진지한 눈길이었다. 어딘가 매력 있는 생김새였다. 앙투안은 호기심이 생겨 뚜껑을 닫을 생각도 않고 유심히 들여다보았다. 무슨 생각이 들어서였을까? 아주 모르는 여자는 아닌 것도 같은 느낌이 들었다.

세 번째 서랍 속에는 묵은 장부만 들어 있을 뿐 거의 비어 있었다. 앙투안은 그것을 열어보지도 않고 그냥 지나칠 뻔했다. 그것은 모로코 가죽으로 장정된 낡은 장부로서 티보 씨의 머리글자가 새겨져 있었다. 실제로는 한 번도 장부로 쓰인 적이 없었다.

겉장에는 다음과 같은 것이 씌어 있었다.

1880년 2월 12일 결혼 1주년을 맞이해서 뤼시로부터 받음.

다음 페이지 중간에도 티보 씨가 역시 붉은 글씨로 썼다.

비망록
옛부터 내려오는
아버지의 권위에 관한 이야기

그러나 그 제목에는 줄이 그어 지워져 있었다. 계획을 포기했던 것이 틀림 없었다. '별난 것을 다 생각해냈군' 하고 앙투안은 혼잣말을 했다. '1년 전에 결혼해서 아직 첫아이도 태어나지 않았을 텐데!'

몇 장 뒤적이자 단연 호기심이 불타올랐다. 아무것도 안 쓴 페이지는 별로 없었다. 필적이 바뀐 것으로 보아 여러 해 동안 사용하지 않았던 것 같다. 그러나 처음에 앙투안이 상상하고 또 그랬으면 하고 바랐던 그런 일기장은 아니었다. 그가 보기에는 독서하면서 그때그때 모아놓은 인용문구 같았다.

인용문구 선택에는 상당한 의미가 있어 보였다. 그래서 앙투안은 사설 탐정과 같은 눈초리로 처음 몇 페이지를 훑어보았다.

기존 질서를 조금이라도 개혁하는 것보다 더 무서운 일은 없다.

플라톤

스스로의 상태에 만족하고 지난날과 마찬가지로 언제나 변함없기를 바라며, 또 전에 살아온 것과 같이 살려고 한다. 스스로에게 만족하면서 남에게 별로 바라지 않는다.

뷔퐁

이런 인용문구 중의 어떤 것은 아주 뜻밖의 것들이 있었다.

천성이 까다롭고 냉혹하며 격렬한 사람들이 있다. 그런 사람들은 그들이 대하는 모든 것에 똑같이 격렬해진다.

생 프랑수아 드 샤를

세상에는 나보다 더 진심으로 애정을 쏟아 다정하게 사랑하는 사람이 없다. 나의 경우는 숭고한 사랑이 지나친지도 모르겠다.

생 프랑수아 드 샤를

사람이 매일 기도할 때는 얼굴을 붉히지 말고 사랑을 외칠 때처럼 할 수 있어야 한다.

이 마지막 말에는 주가 없고 흘림으로 씌어 있었다. 앙투안의 생각으로는 그것은 아버지 자신의 글인 것 같았다.

티보 씨는 이 무렵부터 인용한 원문에다가 자기 자신의 사색의 결과를 써넣는 습관이 생겼던 것이다. 그래서 앙투안은 페이지를 넘기면서 그것이 곧 당초의 목적을 잃고 오로지 개인 수상록같이 되었다는 것에 매우 흥미를 느꼈다.

처음에는 잠언의 대부분이 정치적 또는 사회적 의미를 띠고 있었다. 아마도 티보 씨는 연설 준비를 할 때마다 자기가 찾아낸 일반적인 개념 같은 것을 거기에다 적어 두었던 것 같다. 앙투안은 아버지의 생각과 말투에서—'그런 것이 아닌가?' 또는 '그래야만 되지 않을까?' 하는—아주 특징 있는 부정의문 형태의 문구를 줄곧 대할 수 있었다.

고용주의 권위는 힘이나 다름없으므로 능력만으로도 충분하다. 그러나 그것은 그 이상의 것이 아닐까? 더 나은 생산을 위해서는 생산에 종사하는 자들 사이에 긴밀한 정신적인 유대가 이루어져야 하지 않을까? 그래서 오늘날 고용주야말로 노동자들의 정신적인 유대를 위해서는 빼놓을 수 없는 존재라고 말할 수 있지 않을까?

무산 계급은 조건의 불평등에 대해서 반항한다. 그리고 신의 뜻에 의한 훌륭한 '차별'에 대해 부당하다고 말한다.
오늘날 '덕 있는 사람'은 거의 필연적으로 '재산가'란 사실을 사람들은 잊어버리는 경향이 있지나 않을까?

앙투안은 2, 3년 동안의 기록을 보지 않고 건너뛰었다. 사회 전반에 걸친 관심은 점점 내면적인 사색으로 바뀐 것 같았다.

자신이 기독교인이라고 자처함으로써 이렇게 안주할 수 있는 것은 '역시' 세속적인 권세 때문이 아닐까?

앙투안은 미소를 지었다. '이런 유형의 교양인들은 좀 열의가 있거나 원기가 왕성하면 흔히 하층 계급의 사람들보다 더 위험하거든!' 하고 앙투안은 생각했다. '그들은 모든 사람들에게 강요한다. 특히 가장 착한 사람들에게 강요한다. 그리고 진리를 주머니 속에 넣고 있다고 확신하므로 그 신념을 관철하기 위해서는 어떤 일을 당해도 물러서는 법이 없다……. 무슨 일을 당해도……. 나는 아버지가 당파의 이익을 위하거나 또는 사업의 성공을 위해서는 경우에 따라 하찮은 일도 서슴지 않았던 것을 알고 있다. 만일 그것이 자기를 위한 것이라든가, 명성을 얻기 위한 것이라든가, 돈을 벌기 위한 것이었다면 절대로 하지 않았을 것이라고 확신한다!'

그는 이 페이지에서 저 페이지로 아무렇게나 읽어 갔다.

이기주의를 유익하고도 정당하게 활용할 수 있는 형태는 없을까? 더 정확히 말해서 이기주의를 신앙의 목적으로 바르게 쓰는 방법이란 없을까? 예를 들어 그것으로 우리 기독교인들의 활동력과 우리들의 신앙심까지 길러주는 그런 것은?

다음에서 밝힌 그의 어떤 단정적인 생각은 티보 씨라는 인간과 그의 생애를 모르는 사람에게는 냉소적으로 여겨졌을지 모른다.

여러 가지 사업. 우리의 가톨릭 박애사업의 위대함과 특히 비할 데 없는 '사회적 효과'를 이루는 것은, 물질적으로 돕기 위해 분배하는 것이 오직 참는 사람들과 착한 사람들에게만 이르고 있다는 데 있다. 또한 불만을 품거나 반항심에 불타는 자들, 요컨대 자신들의 열등한 상태를 달갑게 받아들이지 않고 불공평과 요구사항만을 줄곧 내뱉는 자들은 결코 지원하지 않는다는 데 있다.

참된 자선이란 타인의 행복을 바라는 것이 아니다. 주여, 우리들이 구원해야 할 사람들에 대해서 냉혹할 수 있는 힘을 갖게 해 주소서.

이런 사상은 그 뒤로 몇 달 동안 계속 그의 마음을 괴롭혔던 것 같다.

모든 사람에게 냉혹할 수 있는 권리를 얻기 위해 우선 자신에 대해서 가혹해야 한다.

알려지지 않은 덕행 중에서 고생스러운 수련이 요구되는 것으로 미루어 보아 내가 오래전부터 기도할 때 강직이라고 부르는 것을 첫 번째로 꼽는 것이 타당하지 않을까?

이 구절은 흰 종이 위에 따로 씌어 있었으므로 다음 말에 무서운 울림을 불어넣어 주었다.

덕행으로 인해 무조건 존경하게 할 것.

'강직이라!' 앙투안은 생각했다. 그는 아버지가 강직하기도 했지만 고의로 꼿꼿한 척했다는 것도 간파했다. 하기는 그러한 구속이 몰인정한 면이 없지는 않았지만 그렇다고 거기에서 어두운 미(美)를 찾아볼 수 없었던 것은 아니었다. '고의로 아프게 한 감성?' 하고 앙투안은 마음속으로 물어보았다. 가끔 티보 씨는 자기 자신에 대해서, 또 그토록 고생스럽게 얻은 공덕에 대해서 괴로워한 것 같았다.

존경이 반드시 우정과 양립할 수 없는 것은 아니다. 그러나 그것이 우정을 낳게 하는 경우는 드문 것 같다. 찬탄과 사랑은 같은 것이 아니다. 덕행은 존경을 얻을 수 있지만 마음을 열게 할 수 없는 경우가 많다.

남모르는 고뇌 때문이었는지 몇 페이지 안 가서 다음과 같은 것이 씌어 있었다.

덕이 있는 사람에게는 친구가 없다. 하느님은 은혜를 입은 사람들을 그에게 보냄으로써 그를 위로해 주시는 것이다.

여기저기—물론 그것은 많은 예는 아니었지만—인간적인 외침이 울려 퍼져 앙투안을 어리둥절하게 만들었다.

사람은 천성적으로 선을 행하지 않는다. 그것이 절망 때문이라 할지라도, 적어도 악을 저지르지 않도록 해야 한다.

'이 모든 것에는 무엇인가 자크와 같은 점이 있구나' 하고 앙투안은 생각했다. 물론 어떤 점이 그러하다고 분명히 말할 수는 없었다. 하지만 똑같이 수축된 감수성, 똑같이 본능적으로 난폭함을 감추고자 하는 것, 여러 가지 거친 점……. 자크의 모험적인 성격에 대한 아버지의 증오심도 실은 두 사람이 성격적으로 어딘지 모르게 닮은 점이 있어서 더 심했던 것이 아니었을까 하는 생각도 해 보았다.

여러 가지 사유는 '악마의 함정'이란 표현으로부터 시작되었다.

악마의 함정. 진리를 추구하려는 것. 자신감이 넘친 나머지 기둥을 흔들다가 집 전체를 무너뜨리기보다는, 확신이 흔들리는 경우가 있더라도 자신에게 충실하려는 마음가짐으로 계속 밀고 나가는 편이 어려움이 뒤따르기는 해도 더 용기 있는 처사가 아닐까?

'일관성 있는 정신'. 이것은 진리를 구하는 정신보다 더 훌륭한 것이 아닐까?

악마의 함정. 자신의 교만을 숨기는 것은 겸허한 것과는 다르다. 자신의 결점을 숨기려고 거짓말을 하고 스스로를 약하게 만드는 것보다는 차라리 스스로 정복하지 못한 그 결점을 그대로 보여 주면서 그것을 하나의 힘으로 삼는 편이 훨씬 좋은 것이다.

(교만, 허영, 겸허, 이런 말들은 페이지마다 들어 있었다.)

악마의 함정. 스스로를 별 볼일 없는 인간이라고 자처하면서 자신을 낮추는 일, 이것도 교만을 가장하는 것이 아닐까? 중요한 것은 자신에 대해서 침묵을 지키는 것이다. 그러나 이것도 그나마 자기에 대해서 잘 말해줄 것이라는 확신이 없는 한 인간에게는 어려운 일이다.

앙투안은 다시 미소를 지었다. 그러나 그의 입 언저리는 곧 비웃음으로 굳어 버렸다.

다음과 같은 평범한 생각이 티보 씨의 손으로 쓰였다는 것을 알았을 때는 무척 우울한 생각이 들었다.

인간의 삶에는—설사 그것이 성인의 삶일지라도—매일 거짓말을 하지 않는 경우가 있을까?

그건 그렇고—점점 늙어가는 아버지에 대한 추억 속에서 앙투안이 머릿속에 그렸던 것과는 달리—확신으로 가득 차 있던 티보 씨의 마음이 해가 거듭될수록 더욱 평정을 잃어가고 있었던 것 같다.

한 인생의 효율, 한 인간의 계획의 한계, 그런 계획의 가치는 우리들이 생각하는 것 이상으로 정신적인 삶에 의해 지배되고 있다. 사람들 중에는 곁에 사랑하는 사람의 정열만 있으면 훌륭한 업적을 남겼을 것이라고 생각하는 사람이 많다.

이따금 은밀한 고통 같은 것도 짐작할 수 있었다.

실제로 범하지 않은 실수가 경우에 따라서는 한 사람의 성격에 실제의 범죄와 같은 정도의 변화를 일으켜서 그 내적 생활에 같은 정도의 피해를 주는 것은 아닐까? 거기에는 여러 가지가 있을 수 있다. 후회의 고통까지도.

악마의 함정. 이웃에 대한 사랑과 어떤 사람에게 다가가 그들과 접할 때 느끼는 감흥을 혼동하지 말 것……

이 조항은 마지막 행의 반쯤에서 끝났는데, 나머지 부분은 줄을 그어 지워 버렸다. 그러나 완전히 지워지지 않았으므로 앙투안은 지운 자국을 통해 다음과 같은 말을 읽을 수 있었다.

젊은 사람들이거나 어린아이들일지라도.

그리고 여백에 연필로 이렇게 써 놓았다.

7월 2일, 7월 25일, 8월 6일, 8월 8일, 8월 9일.

몇 페이지 뒤에서는 어조가 달랐다.

오 하느님, 당신은 저의 비참함과 저의 무능을 알고 계십니다. 저는 당신의 용서를 받을 만한 자격이 없습니다. 왜냐하면 저는 저 '자신'의 죄에서 벗어나지 못했고 또 벗어날 수 없기 때문입니다. 제발 악마의 함정을 피할 수 있도록 저의 의지를 굳건히 해 주옵소서.

앙투안은 아버지가 광기를 부리던 당시에, 그것도 두 번씩이나 뱉어 낸 파렴치한 말을 갑자기 생각했다.

신을 향해 빈번히 호소했으므로 자성(自省)의 글은 끊어지곤 했다.

　주여, 당신이 사랑하는 이 몸은 지금 병들어 있습니다!

　주여, 저를 지켜 주소서. 만일 주께서 저를 버리신다면 저는 당신을 배반할지도 모르니까요!

앙투안은 몇 장을 넘겼다.
여백에 연필로 쓴 날짜—'95년 8월'—가 주의를 끌었다.

　사랑하는 여인의 마음. 책상 위에 친구의 책이 아무렇게나 놓여 있다. 페이지 사이에 신문을 두르는 종이 띠가 끼여 있다. 그런데 오늘 아침 누가 이렇게 일찍 왔을까? 어제 저녁에 그 사람의 블라우스에 꽂혀 있던 것과 똑같은 수레국화가 서표 대신에 끼여 있다.

1895년 8월? 어리둥절해진 앙투안은 추억을 더듬어 보았다.
1895년이라면 그가 14살 때였다. 아버지가 식구 모두를 데리고 샤모니(^{알프스}^{몽블랑}기슭에 있는 도시로 여름에는 등산, 겨울에는 스키로 유명한 관광도시) 근처로 갔던 해다. 호텔에서라도 만났을까? 복슬개를 데리고 있는 부인의 사진이 곧 생각났다. 어쩌면 뒤에 어떤 해명이 나오지 않을까? 그러나 '사랑하는 사람'에 대해서는 그 이상 아무 말도 없었다.
그런데 거기에서 몇 페이지 안 가서 한 송이의 꽃이—혹시 수레국화가 아닐까? —납작하게 말라 버린 꽃이 다음과 같은 고전적 인용문구와 함께 발견되었다.

그녀에게는 완벽한 친구가 될 수 있는 점이 있다. 곧 우정 이상으로 생각하게 하는 것이 있다.

라 브뤼에르

그리고 같은 해 12월 31일 날짜로 예수교파 졸업생다운 다음과 같은 말이 결론으로 씌어 있었다.

"Sœpe venit magno fœnore tardus amor(늦게 핀 사랑이야말로 흔히 무서운 힘을 가지고 우리를 사로잡는다)."

앙투안은 1895년 여름방학 때의 일을 생각해 보았으나 퍼프슬립과 복슬개에 대해서는 전혀 기억이 나지 않았다.

오늘 저녁에 끝까지 읽는 것은 무리였다.

더구나 티보 씨는 사업계에서 저명인사가 된 뒤로 여러 가지 복잡한 일이 생기다 보니 최근 10년 내지 12년 동안에는 쓰는 습관을 점점 잃어간 것 같았다. 쓸 수 있는 여가라고는 고작 여름휴가 뿐인 것 같았다. 신앙에 관한 인용문구는 다시 매우 많아졌다. 마지막으로 기록한 날짜는 '1909년 9월'로 되어 있었다. 말하자면 자크가 집을 나간 뒤와 병환 중에는 한 줄도 쓰지 않았던 것이다.

마지막 몇 장 중의 한 페이지에는 지금까지보다 훨씬 힘없는 필치로 이런 깨달음 같은 감상이 적혀 있었다.

사람이 여러 가지 명예를 얻었을 때는 이미 그럴 만한 가치가 없어진 다음이다. 그러나 하느님은 인간이 모든 것을 없애고, 마침내 온갖 즐거움과 온갖 인자함의 원천을 시들게 하는 자기 경멸의 마음을 견뎌 내게 하기 위해 자비로우신 마음에서 그것을 과분하게 주시려고 하는 것이 아닐까?

노트의 마지막 몇 장에는 아무것도 씌어 있지 않았다.

끝의 표지 이면에다 제본가가 작은 주머니를 만들어 놓았는데, 그 속에 옛날 서류가 구겨져 끼여 있었다. 앙투안은 거기에서 어릴 때의 지젤의 재미있는 사진 두 장, 일요일 날짜마다 모두 표시를 한 1902년 달력, 연보라색 종이에 쓴 다음과 같은 편지를 꺼냈다.

1906년 4월 7일
친애하는 W. X. 99,

당신이 자신에 대해서 말씀하신 것, 그것은 저 자신에 대해서도 말씀 드릴 수 있는 것이라고 생각합니다. 그렇습니다. 저는 왜 그런 짓을 했는지, 제대로 교육을 받은 제가 왜 그런 광고를 낼 마음이 생겼는지 저 자신도 모르겠습니다. 그리고 당신 자신이 신문에서 구혼 광고를 보시고 정말 수수께끼로 가득 차 있는, 안면도 없는 사람의 머리글자만 보고 편지를 쓸 마음이 생긴 사실에 놀란 것과 마찬가지로 저도 오늘 놀랐습니다. 실은 저도 독실한 가톨릭 신자이며 신앙의 길을 굳게 지키면서 단 하루도 그것을 거역한 일이 없는 사람입니다. 그런데 이렇게 이상하게 된 것은 적어도 저에게는 이것이 하느님의 뜻인 것같이 생각되며, 제가 광고를 내고 당신이 그것을 보시고 나서 그것을 오려냈다는 그 순간의 마음가짐도 결국 주님의 뜻같이 여겨집니다. 솔직히 말씀드려 제가 혼자 몸이 된 7년 전부터 저는 그동안의 생활을 통해 애정결핍 때문에 무척 고통을 받아왔습니다. 더구나 자식이 없다 보니까 저한테는 이것을 보상할 방법이 없었습니다. 그러나 자식이 있다고 해서 보상된다고는 말할 수 없겠지요. 왜냐하면 당신은 성장한 아드님을 둘이나 두셨고 한 가정을 이끌어가고 계시지만, 짐작하건대 대단히 바쁜 실업가로서의 지위를 가지고 있다 보니 생활이 무미건조하고 고독하다고 푸념을 하시니 말입니다. 네, 저도 당신과 똑같이 하느님께서 우리한테 이렇게 사랑할 수 있는 필요성을 주신 거라고 생각합니다. 저는 아침저녁으로 주님이 축복해 주는 결혼을 해서 열렬하고 성실한 접촉의 열정을 쏟아 주시는 분을 만나게 해 주십사 간청하면서 기도드리고 있습니다. 주님이 보내 주시는 그런 분한테야말로 저도 뜨거운 마음과 진정한 행위의 증거가 되는 청순한 사랑을 바치고 싶습니다. 그러나 당신의 희망사항을 알고 있으면서도 당신의 요구를 들어드릴 수 없는 것을 퍽 가슴 아프게 생각합니다. 당신은 저라는 여자에 대해서도, 또 지금은 모두 돌아가셨지만 저의 기도 속에 항상 살아 계시는 저의 부모님에 대해서도, 그리고 제가 오늘날까지 살아온 환경에 대해서도 아무것도 모르고 계십니다. 다시 한 번 부탁드리지만, 사랑의 몸부림 속에서 그런 광고를 낸 그 당시의 저를 나무라지 말아주십시오. 그리고 또 저 같은 성격의 사람이 이렇게 사진을 보내 드리는 짓은 감히 엄두도 낼 수 없는 일이었다는 것을 알아 주십시오. 아무리 그 사진이 실물보다 잘된 것이라 해도 제가 기꺼이 할 수 있는 일이 있다면 그것은 크리스마스 때부터 파리 교구의 수석 보좌신부가 되신 저의 교도자분한테 당신이 두 번째 편지에서 말씀하신 V신부님을 찾아가 달라고 부탁하는 것입니다. 그러면 저에 관해서 무엇이든지 말씀해 주실 겁니다. 용모에 관해서라면 당신이 신뢰하시는 그 V신부님을 찾아가 뵙겠습니다. 그러면 신부님은 당신한테도……."

이것이 네 번째 페이지 끝에 적혀 있는 말이었다. 앙투안은 주머니 속을 뒤져 보았다. 그러나 다음 페이지는 보이지 않았다.

정말 아버지와 관계되는 이야기일까? 그것은 틀림없었다. 두 아들, V신부…… 베카르 신부에게 물어볼까? 하지만 그가 이 결혼 문제와 관계가 있다 해도 아마 아무 말도 해 주지 않을 것이다.

복슬개를 데리고 있던 그 부인일까? 아니야, 그렇지 않아. 편지의 날짜—1906년이라면 그다지 먼 이야기가 아니다. 그것은 앙투안이 필립 박사의 방에서 인턴으로 일하던 해이며, 자크가 크루이 소년원에서 지내던 해이다—비교적 최근에 속하는 이 날짜는 여자용 모자, 호리호리한 몸매, 퍼프 슬립과 일치하는 것이 없었다. 그래서 가정해 보는 것으로 만족할 수밖에 없었다.

앙투안은 노트를 제자리에 가져다 넣고 서랍을 닫았다. 그러고 나서 시계를 보았다. 밤 12시 반.

'가정해 보는 것으로 만족할 수밖에 없군' 하고 그는 자리에서 일어서면서 나지막한 소리로 되풀이했다.

'한 인간의 삶의 찌꺼기……' 하고 그는 생각했다. '하여튼 대단한 일생이었다! 인간의 삶이란 사람들이 알고 있는 것보다는 무한히 넓은 것이다!'

그는 무슨 비밀이라도 찾아내려는 듯 금방 거기에서 일어선, 가죽으로 덮인 마호가니 의자를 잠시 물끄러미 바라보았다. 그 자리는 오랜 세월에 걸쳐 티보 씨가 위엄 있게 앉아 상체를 굽히고 때로는 빈정대고, 때로는 단호한 태도를 보이면서 장중한 자세로 일을 보던 곳이다.

'도대체 나는 아버지에 대해 무엇을 알고 있나?' 하고 그는 생각했다. '맡은 바 임무, 아버지로서의 임무를 들 수 있다. 나를 위해 또 우리 가족을 위해 30년 동안 계속 행사해 온 신권적 지배. 여하간 성심성의껏 그 임무를 이행해 온 것은 사실이다. 퉁명스럽고 완고했지만 언제나 동기는 훌륭했다. 그리고 우리들을 자신의 의무처럼 사랑했……. 그 밖에 아버지에 관해서 무엇을 안단 말인가? 사람들이 존경하고 무서워하던 사회적 대주교와도 같던 아버지. 그러한 그가 자신과 마주 대했을 때는 어떤 사람이었을까? 내가 알고 있는 것은 아무것도 없다. 그는 아들 앞에서 뭔가 친근감을 느끼게 하는 사상이나 감정, 가면을 완전히 벗어 버린 진실되고 신뢰감을 주는 참된 아버지의 모습을 보여 준 적이 없었다!'

앙투안은 이런 서류에 접하면서 베일의 일면을 벗겨 여러 가지 일을 어렴풋이 짐작하게 되자, 겉으로는 그렇게 당당했던 한 인간이—그러면서도 어쩌면 불쌍한 한 인간이—지금 막 죽어갔다는 것, 더구나 그 사람이 자기 아버지라는 것, 그런 아버지를 자신은 전혀 모르고 있었다는 사실을 생각하면서 일말의 슬픔 같은 것을 느꼈다.

그는 곧 이런 것을 자문해 보았다.

'그런데 아버지는 아들인 나에 대해서 무엇을 알고 있었을까? 아마 아무것도 몰랐을 것이다! 정말 아무것도! 15년 동안 만나지 못한 학교 친구일지라도 아버지보다는 나를 더 잘 알고 있을 것이다! 그러나 그것이 아버지의 잘못일까? 오히려 나의 잘못이겠지? 많은 저명인사들로부터 신중하고 총명한 생각의 소유자로 인정받고 유식했던 그 노인. 그런데 아들인 나는 다른 사람들한테 가서 의견을 물은 다음, 아버지의 의견은 아랑곳없이 혼자 결정한 뒤에, 아버지한테는 형식적으로만 자문을 구했던 것이다. 두 사람이 서로 마주 앉았을 때 거기에는 같은 피를 나눈 같은 성격의 두 사람이 얼굴을 마주하고 있으면서도 그 아버지와 아들 사이에는 서로 통하는 말도 없었고 또 소통할 방법도 없었다. 곧 두 사람은 남남이나 마찬가지였다!'

'하지만 그런 것만은 아니었어!' 하고 그는 방 안을 서성거리다가 다시 생각했다. '그렇지는 않아. 우리는 서로 남남은 아니었어. 바로 이 점이 가장 무서운 사실이지. 두 사람 사이에는 혈연관계가 있다. 부정할 수 없는 혈연관계가 있다. 그렇다. 아버지와 아들, 아들과 아버지라는 이 관계……. 우리 관계가 어떠했나를 따져 보는 것조차 가소로운 일이지만 다른 어떤 것과도 비교할 수 없는 곳에 엄연히 존재하고 있었다! 그런 혈연관계 때문에 나는 지금 이렇게 번민하고 있는 것이다. 나는 난생처음 그런 절대적인 몰이해의 이면에는 무엇인가 숨겨져 묻혀 있다는 것, 곧 이해를 위한 가능성, 아니 이해를 위한 특별한 가능성까지도 존재하고 있다는 것을 확실히 느꼈다! 어떤 사정이 있다 해도—두 사람 사이에 하등의 의사소통의 기미도 보이지 않았지만—사정은 어떻든 간에 이 세상에서 속속들이 나를 알아줄 수 있는 인간, 동시에 대번에 속속들이 내가 알 수 있는 인간—자크도 포함해서—그것은 아버지 말고는 절대로 없고 또 앞으로도 절대로 없으리라는 것을 나는 지금 확신하고 있다……. 그 이유는 그가 내 아버지이며 나는 그의 아들이기 때문이다!'

그는 현관문 가까이에 있었다. '잠이나 자러 가자' 하고 그는 자물쇠에 열쇠를 넣어 잠그면서 생각했다. 전깃불을 끄기 전에 그는 뒤돌아보며 지금은 빈 벌집 같은 서재 안을 또 한 번 둘러보았다.

'그러나 지금에 와서는 너무 늦었어' 하고 그는 결론을 내렸다. '이제 틀렸어. 영원히 틀려 버렸어.'

한줄기 불빛이 식당문 밑에서 흘러나오고 있었다.

"샬르 씨, 빨리 돌아가는 것이 좋을 것 같은데요!" 하고 앙투안은 문을 밀면서 큰 소리로 말했다.

샬르 씨는 두 무더기의 부고장 사이에 몸을 굽힌 채 발송할 봉투들을 준비하고 있었다.

"아, 앙투안 씨인가요? 참…… 잠깐만 뵐 수 있을까요?" 하고 그는 몸을 굽힌 채 말했다. 앙투안은 부고장을 보내는데 모르는 주소가 있는 줄 알고 스스럼없이 곁으로 갔다.

"잠깐만 뵐 수 있을까요?" 하고 샬르 씨는 쓰는 일을 계속하면서 다시 말했다. "무슨 일이냐고요? …… 실은 저번에 말씀드린 것을 설명해 드렸으면

해서요. 그 목돈 건 말씀입니다."

그는 상대의 대답도 기다리지 않고 펜을 놓더니 틀니를 뺀 다음 아주 흥겨운 모습으로 상대를 바라보았다. 화를 내려야 낼 수 없는 인간이었다.

"샬르 씨, 당신은 졸리지도 않습니까?"

"천만에요! 이렇게 깨어 있는 것도 실은 생각이 많아서지요." 그는 우뚝 서 있는 앙투안 쪽으로 조그만 상반신을 내밀었다. "이렇게 편지 겉봉을 열심히 쓰고 있지만…… 일을 하고 있는 동안에도 앙투안 씨…… (그는 마치 마음씨 좋은 요술쟁이가 그 비밀을 보여줄 때처럼 장난기 어린 미소를 띠었다) "그러나 이러고 있는 동안에도 이런저런 생각이 떠올라서요. ad libitum! (^{때때로'라는} _{뜻의 라틴어})" 그러면서 앙투안에게 빠져나갈 기회도 주지 않고 말을 계속했다. "저번에 말씀드린 그 목돈 말씀인데요, 도련님. 실은 여러 가지 생각 중의 한 가지를 실행해 볼까 해서요. 네, 바로 제가 생각해 낸 것인데요. 바로 '진열관'이랍니다. 진열관, 말하자면 이것은 약칭이지요. 사무실이라고 해도 무방하지요. 결국 점포나 다름없지요. 그렇습니다. 이 고장의 번화한 거리에다 가게를 하나 내는 것입니다. 겉모양은 점포지만 중요한 것은 그 속에 있는 것이랍니다."

지금처럼 이야기에 열중할 때 그는 몸을 때로는 오른쪽으로 때로는 왼쪽으로 기울이면서 두 손을 쭉 뻗었다가 한데 모으고는 숨이 가쁜 듯 말을 짧게 끊으면서 이야기하곤 했다. 말과 말 사이에는 약간의 뜸을 두고 있었는데, 이 사이에 그는 다음에 할 말을 정리하곤 했다. 그때 그는 또 말을 못하고 윗몸을 흔들더니 준비한 말을 하려는 시늉만을 했다. 그러더니 한 번에 한 가지 생각밖에는 못해 내는 듯이 입을 다물었다.

샬르 씨의 머리가 평소보다 균형을 잃은 게 아닌가 하고 앙투안은 생각했다. 여러 가지 일이 겹친 데다가 여러 날 밤샘을 했으니까…….

"라토슈라면 저보다 훨씬 더 자세하게 말씀 드릴 수 있을 것입니다" 하며 그는 말을 계속했다. "꽤 오래전부터 아는 사이로서 그의 과거에 관해서는 좋은 소문만 듣고 있습니다. 뛰어난 인물이랍니다. 언제나 묘안을 가지고 있지요. 저와 똑같이 말입니다. 더구나 둘이서 똑같이 멋진 착상을 한 것입니다. 그 진열관을 생각해 낸 것 말입니다. 현대적 진귀품의 진열관……. 아시겠습니까?"

"글쎄, 잘 모르겠는데요."

"다시 말씀 드리면 여러 가지 작은 발명품이라 할 수 있겠지요. 실용적인 작은 발명품 말입니다! …… 풋내기 기사들이란 모두가 별것은 아니지만 자기 나름대로의 방법은 가지고 있으면서도 어떻게 해야 할지 모르고 있답니다. 그것을 라토슈와 제가 한번 모아 보자는 겁니다. 고장의 여러 신문에 광고도 내고요……."

"어떤 고장 말인가요?"

샬르 씨는 질문의 뜻을 이해하지 못한 듯 가만히 앙투안의 얼굴을 쳐다보았다.

"고인이 살아 계셨을 때라면" 하며 그는 얼마 있다가 말을 계속했다. "물론 이런 이야기를 했다가는 큰 창피를 각오해야 했겠지만, 하지만 이제는……. 저는 30년 전부터 이런저런 생각을 많이 해왔습니다. 박람회 때부터. 더구나 저 혼자서 여러 가지 소규모의 쓸 만한 것을 창안해 냈습니다. 그렇습니다. 발걸음 수를 측정하기 위해 뒤꿈치에 기록계를 붙인 구두라든가, 자동적이고 영구히 쓸 수 있는 우표딱지를 적시는 그릇이라든가." 그는 의자에서 팔딱 뛰어내려 앙투안 쪽으로 다가왔다. "그러나 무엇보다도 멋진 창안은 계란입니다. 사각형 계란의 발명이지요. 지금은 다만 거기에 필요한 액체약만 발견하면 되니까요. 여러 연구진들과 서신 왕래가 있었습니다. 시골의 신부들도 모두 유망한 상대지요. 겨울에 삼종기도가 끝나면 여러 가지 실험을 할 수 있으니까요. 안 그래요? 저는 그들한테 액체약 발견에 협력을 부탁드리고 있습니다. 그러니까 그 액체약만 구할 수 있다면……. 그러나 액체약 같은 것은 문제가 되지 않습니다. 어려웠던 것은 결국 착상이었답니다."

앙투안은 눈을 크게 떴다.

"액체약만 구할 수 있다면? ……"

"그 속에 계란을 담가 두는 겁니다……. 계란이 깨지지 않게 껍질만 부드럽게 할 정도로……. 아시겠습니까?"

"모르겠는데요."

"그리고 그것을 틀에 넣어 말립니다……."

"네모난 틀 속에 말인가요?"

"물론이지요!" 샬르 씨는 몸이 잘린 지렁이같이 몸을 비비 꼬며 좋아했다. 앙투안은 그런 상태의 샬르 씨를 지금까지 본 적이 없었다. "몇 백, 몇 천이란 수가 되는 겁니다! 공장을 하나 짓는 거지요! 네모난 계란! 계란을 담는 그릇 같은 것은 이제 필요 없게 되는 겁니다! 네모난 계란은 그냥 그대로 서 있으니까요! 껍질은 껍질대로 가정에서 쓸 수 있게 됩니다! 성냥갑으로도 쓸 수 있고, 또 겨자 담는 그릇으로도 쓰게 될 겁니다! 고체 비누와 마찬가지로 상자에 넣어 둘 수 있습니다! 그렇게 되면 배달할 때도, 짐작하시겠지요?"

그는 다시 '보조 의자'에 올라가려고 하다가 무엇에 찔린 사람처럼 재빨리 거기에서 뛰어내리며 얼굴이 빨개졌다.

"용서하십시오. 곧 다시 오겠습니다" 하고 그는 문 쪽으로 가면서 나지막하게 말했다. "방광이 좀 좋지 않아서요……. 신경성이지요……. 계란 이야기만 하면 그만……."

11. 지젤, 자크의 방을 찾아오다

일요일인 그 다음날, 지젤은 이제 피로도 느끼지 않았지만—열도 완전히 내린 것 같았다—오히려 안절부절못하며 무엇인가 결심한 듯한 모습으로 눈을 떴다. 교회에 가기에는 아직 몸이 완전하지 않았으므로 집에서 기도와 사색으로 오전을 보냈다. 그녀는 자크가 돌아옴으로써 생긴 상황을 확실하게 생각할 수 없는 것에 화가 나 있었다. 지금 그녀에게는 무엇 하나 확실한 것이 없었다. 그리고 오늘 아침, 날이 밝자 생각해 보니까 어젯밤 자크가 찾아온 뒤로 실망 비슷한, 아니 거의 절망 같은 뒷맛이 남아 있었는데, 무엇 때문에 그런지 확실히 이해할 수 없었다. 해명이 있어야 한다. 그리고 모든 오해를 말끔히 없애야 한다. 그렇게 한다면 모든 것은 분명해질 거야.

그러나 오전 내내 자크는 나타나지 않았다. 앙투안도 입관 뒤에는 거의 모습을 드러내지 않았다. 아주머니와 조카딸은 마주 앉아 점심식사를 끝냈다. 그리고 지젤은 자기 방으로 돌아왔다.

안개가 끼고 차갑고 음울한 가운데 오후는 지나갔다.

하는 것 없이 혼자 여러 가지 고정관념에 사로잡혀 괴로워하던 지젤은 견디다 못해 오후 4시쯤에 아주머니가 성체강복식에 간 사이 외투를 입고 단숨에 아래층까지 내려갔다. 그리고 레옹에게 말해 자크 방까지 안내하도록 했다.

자크는 창가에 있는 의자에 앉아 신문을 보고 있었다.

그의 옆모습은 역광을 받아 희끄무레한 유리창 위로 윤곽을 뚜렷이 드러냈다. 지젤은 그의 늠름한 모습에 놀랐다. 자기와 떨어져 있는 사이에 그가 어떤 남자가 됐는지 잊고 있었던 것이다. 3년 전에 메종 라피트의 나무 그늘에서 자기를 꼭 껴안았을 때의 그 어린애 같던 모습의 청년으로밖에는 떠오르지 않았기 때문이다.

첫눈에, 그 인상을 분석해 볼 겨를도 없이 그녀는 자크가 흔들의자에 비스듬히 앉아 있는 모습에 신경이 쓰였다. 그리고 어지러진 방 안의 모든 것(마루 위에 열린 채 있는 여행용 가방이며 멎어 있는 탁상시계 위의 모자며 용도가 변경된 책상이며 책상 앞에 놓인 구두 두 켤레 등)은 옛날 습관을 되찾을 것 같지 않은 우연히 들른 장소, 임시 야영지 같은 인상을 주었다.

자크는 지젤을 맞이하려고 일어섰다. 약간 놀란 기색을 보이던 푸른 눈동자의 애무를 몸 가까이에 느낀 그녀는 어찌나 당황했던지 자신의 방문 이유를 그럴싸하게 내세우려고 생각해 두었던 말을 그만 잊어버리고 말았다. 머릿속에는 오직 현실을 알아야겠다는 것, 분명하게 알아야겠다는 억누를 수 없는 욕구 말고는 아무 생각도 없었다. 모든 기교를 벗어던지고 창백한 얼굴로 용기를 내어 방 한가운데 우뚝 서서 이렇게 말했다.

"나 오빠하고 이야기 좀 해야겠어요."

아주 상냥하게 자기를 맞이하러 오던 자크의 눈 속에서 아주 짧고 강한 빛을 그녀는 순간적으로 포착했다. 그러나 눈을 껌벅이는 순간에 그 빛은 곧 사라졌다.

자크는 억지로 목소리를 좀 높이면서 웃었다.

"저런, 정색을 하고 달려드는군!"

이런 비꼬는 말에 그녀는 섬뜩했다. 하지만 그녀는 그래도 미소를 지었다. 떨리던 그 미소가 드디어 괴로운 경련으로 바뀌어 버렸다. 눈에는 눈물이 글썽거렸다. 얼굴을 돌린 채 몇 발자국 걸어가 침대의자에 앉았다. 그러나 뺨으로 흐르는 눈물을 애써 닦으면서 원망하는 투로 말했다. 그러나 거기에는 약간의 반가워하는 기색도 묻어 있었다.

"아니, 벌써 나를 울리는군요……. 그래서는 안 되는데……."

자크는 마음속으로 지젤에 대한 증오심이 끓어오르는 것을 느꼈다. 자크는 이런 성격의 소유자였다. 어릴 때부터 마음속 깊이 품고 있는 분노의 감정—그는 그것을 마치 지구 중심이 끓고 있는 것 같다고 생각했다—막연한 격분, 원한, 그것은 이따금 타오르는 용암같이 솟구치므로 그 어느 것도 막을 길이 없었다.

"그래, 좋아, 말해 봐!" 하고 그는 적의에 찬 울분을 터뜨리며 소리질렀다. "나도 빨리 이야기를 끝내고 싶으니까!"

지젤은 자크가 이렇게 난폭하게 나오리라고는 전혀 예상도 못했었다. 그리고 이런 심한 말투로 보아 그녀가 묻고자 했던 질문의 대답은 뻔한 것으로 직감했다. 그래서 창백한 입술을 반쯤 벌린 채, 정말 그에게서 얻어맞기나 한 것처럼 의자에 쓰러지려는 몸을 가누기 위해 손을 앞으로 내밀고 나지막하게 중얼거렸다. "자크……." 그 목소리가 어찌나 비통했던지 자크는 순간 그 말에 당황하고 말았다.

어안이 벙벙해진 데다가 모든 것을 잊었던 자크는 매우 공격적인 적의의 자세에서 매우 자연스럽고 또 매우 꿈 같은 사랑의 열정 속으로 즉시 빠져들었다. 그는 소파로 달려가 지젤에게 몸을 던졌다. 그리고 목놓아 우는 그녀를 가슴에 안았다. 그는 더듬거리며 말했다.

"가엾은 지젤…… 가엾은 지젤……."

그는 바로 눈 앞에 자기를 쳐다보고 있는 눈물 젖은 눈길에 더욱 슬픔과 온정의 빛을 띠고 있는 그녀의 윤기 없는 피부와 눈 언저리의 투명한 어두운 그림자를 볼 수 있었다. 그러나 그는 즉시 제정신을 되찾았다. 심지어 신중하기까지 했다. 그는 지젤의 머리에 코를 파묻고 그녀 위에 몸을 숙이고 있었는데, 이것은 마치 지젤이 아닌 다른 사람에게서 어렴풋한 육체적 매력을 느끼는 것과 다름없다는 것을 분명히 알 수 있었다. 그만해 둬! 전에도 한 번 동정심 때문에 위험한 길로 빠져들다가 둘을 위하여 제때에 제동을 걸었던 일이 있지 않았던가. 그리고 도망갔었지(게다가 그때 둘이 처해 있던 가증할 만한 위기를 그가 심사숙고하고 합리적으로 생각하고 분별할 줄 알았다는 것은 결국 그때의 유혹이 별거 아니었다는 증거가 아닐까? 이런 점으로 미루어 보아 두 사람이 하마터면 희생물이 될 뻔했던 견실치 못한 속임수의 정도를 짐작하게 하는 것이 아닐까?).

자크는 별로 힘들이지 않고, 입술을 갖다 대고 그녀의 관자놀이에 키스하려던 것을 스스로 삼갔다. 그는 다만 자신의 어깨 위에 다정스럽게 그녀를 기대게 했다. 그리고 아직 눈물로 젖어 있는 그녀의 따뜻하고 부드러운 뺨을 손가락 끝으로 천천히 어루만져 주었다.

지젤은 그에게 몸을 기댄 채 가슴을 설레며 뺨이며 목이며 목덜미를 그의 손이 닿는 대로 내맡겼다. 그녀는 움직이지 않았지만 당장이라도 자크의 발밑에 몸을 던져 그의 무릎을 안아 줄 마음의 준비가 되어 있었다.

자크는 반대로 자기의 맥박이 시간이 갈수록 느려지는 것을 느꼈다. 그는 거의 이상할 정도로 침착함을 되찾았다. 순간적이기는 하지만 지젤이 이따금 불러일으키는 속된 욕정이 원망스럽기까지 했다. 그 때문에 지젤을 약간 경멸하기까지 했다. 그러자 생기를 되찾은 그의 머릿속에 제니의 모습이 주마등처럼 스쳐 갔다. 그러고 나서 모든 것을 다시 생각하며 반성했다. 그는 부끄러운 마음이 들었다. 지젤이 자신보다 더 훌륭했던 것이다. 3년 동안이나 떨어져 있었는데도 전과 다름없이 충실하고 동물적인 강렬한 애정을 그녀에게서 다시 찾아볼 수 있었던 것이다. 또한 의연하게 모든 위험을 무릅쓰며 받아들인 비통한 운명, 사랑하는 여자로서 그 운명에 눈감고 몸을 내던지는 그 태도—이런 것이야말로 자신의 감정에 비해 훨씬 강하고 순수한 것임에 틀림없었다. 그는 그런 것을 냉철하게 생각해 보았다. 본래 냉철한 마음의 소유자이기에 이런 감정이 그로 하여금 위험을 조금도 두려워하지 않고 지젤에 대하여 지극히 부드러운 태도를 취하게 해 준 것이다……

이렇게 그는 이 생각 저 생각을 하고 있었다. 반면에 지젤은 오직 한 가지, 한 가지만 고집스레 생각하고 있었다……. 그리고 오로지 사랑의 집념으로만 애태우고 있었고, 자크에게서 발산되는 모든 것을 받아들일 태세를 갖추고 있었다. 그리고 그런 것에 하도 민감했으므로 자크가 한 마디 말도 하지 않고 태도도 바꾸지 않은 채, 대고 있던 뺨을 어루만지기는 하지만 입술에서 관자놀이를 따라 손만이 오가는, 다만 건성으로 사랑하는 체하는 태도를 보이자 그녀는 모든 것을 직감했다. 모든 관계가 영원히 끊겼다는 것, 그에게 자기는 이미 아무것도 아니라는 것을 확실히 깨달았다.

아무런 희망도 없이—정말 뚜렷한 사실을 확실히 보여 주는 것 같이—그리고 자기의 처지를 똑똑히 정하고 싶어서 그녀는 갑자기 자크에게서 몸을 뺐다. 그리고 가만히 그의 눈 속을 들여다보았다. 자크는 자기의 차가운 눈길을 숨길 만한 여유가 없었다. 그녀는 이번에야말로 모든 것이 수습할 수 없을 정도로 끝장났다는 뚜렷한 확신을 가졌다.

그러나 동시에 그녀는 그것이 자기 자신에게 하는 말이고 또 그런 엄청난 사실이 두 사람이 결코 잊을 수 없는 정확한 말로 응결될지도 모른다는 어린애 같은 공포심을 느꼈다. 자크에게 자신이 당황하는 모습을 눈치채지 않도록 하려다 보니 그녀의 허약해진 마음이 모두 굳어 버렸다. 용기를 내어 그에게서 물러선 다음 미소를 지으며 말을 했다.

그녀는 애매모호한 태도로 방 안을 한 번 휘둘러 보았다.

"내가 이 방에 와 본 지도 참 오래되었구나!" 하고 그녀는 중얼거리며 말했다.

그러나 그녀는 바로 이 소파 위에 앉았던 그 마지막 날을 똑똑히 기억하고 있었다―그것도 앙투안 곁에서. 그날의 자기는 무척 괴로워했던 것 같다. 자크와 헤어져 있었던 일들, 그리고 그녀가 겪은 치명적인 불안감은 끔찍스러운 시련이었다는 생각이 들었다. 그러나 오늘 겪고 있는 이 고통에 비한다면 별것도 아니었지? 그때는 그냥 눈을 감기만 하면 자크는 그녀가 부르는 대로 순순히 와 있었고, 이런 모습이었으면 하고 원하는 대로 눈앞에 떠올랐던 것이다. 그러나 지금! 이렇게 그를 다시 찾아낸 지금, 그가 없는 세상이 어떤지를 뼈저리게 느꼈던 것이다! '어떻게 그럴 수가 있었을까?' 하고 그녀는 생각했다. '그런 일이 어떻게 해서 일어났는가?' 가슴을 에는 듯한 고통 때문에 그녀는 잠시 눈을 감지 않을 수 없었다.

자크는 불을 켜려고 일어섰다. 창문 쪽으로 가서 커튼을 잡아당겼다. 그러나 앉았던 자리로 다시 오지 않았다.

"감기 들었어?" 하고 그는 지젤이 떨고 있는 것을 보고 물었다.

"이 방이 그다지 따뜻하지 않기 때문이에요" 하고 그녀는 핑계를 대며 말했다. "내 방으로 돌아가는 것이 좋을 것 같아요."

그런 말로 침묵을 깨니까 기분전환도 되고 마음도 든든해지는 것 같았다. 이렇게 아무렇지 않은 척 꾸밀 수 있는 힘도 아주 일시적인 것이었지만, 그녀로서는 거짓말을 할 필요가 있었으므로, 마치 오징어가 먹물을 토해 내듯이 말을 내뱉으면서 얼마동안 띄엄띄엄 말을 계속했다. 한편 자크도 선 채로 그 말에 응해 주면서 미소와 함께 찬성의 뜻을 보여 주곤 했다. 오늘밤에도 구구한 설명 없이 지나가는 것을 즐거워하는 것 같았다.

마침내 지젤은 하는 수 없이 일어섰다. 두 사람은 서로 바라보았다. 그들은 키가 거의 같았다. 그때 그녀는 마음속으로 이렇게 생각했다. '나는 무슨 일이 있어도 이 사람 없이는 살 수 없어!' 그리고 그것은 견디기 힘든 다른 생각과 정면으로 부딪치지 않기 위한 방법이기도 했다. '자크는 강한 사람이야. 자크는 나 같은 것은 없어도 아무렇지 않을 거야!' 그녀는 또 갑자기 자크는 남자다운 냉혹한 잔인성으로 자기의 운명을 선택한 것에 반해, 자기는 자신의 운명을 선택하기는커녕 그 운명의 방향을 정하지도 못하고 있다는 것을 깨달았다.

그때 그녀는 불쑥 물어보았다. "언제 다시 떠날 거예요?" 그녀는 아무렇게나 해도 좋다는 식으로 물었다.

자크는 자제하면서 두서너 걸음 내밀었다. 그리고 몸을 반쯤 돌리며 물었다. "그런데 너는?"

자신이 확실히 다시 떠나려고 생각하고 있다는 것과 지젤도 프랑스에 머물러 있을 이유가 없다는 것을 표시하는 데 더 이상 뚜렷하게 말할 방법이 또 있을까?

지젤은 어깨로 애매한 몸짓을 해 보였다. 그리고 마지막으로 억지 미소를 지으면서—그것을 꽤 멋지게 해냈다—문을 열고 나갔다.

자크는 지젤을 붙들려고 하지 않았다. 그 대신 갑자기 솟아오르는 순수한 애정의 눈길로 그녀가 나가는 모습을 지켜보았다. 그는 아무런 위험도 느끼지 않고 지젤을 안아 달래며 그녀를 보호해 주고 싶었을지 모른다……. 무엇으로부터 지젤을 보호한단 말인가? 결국은 그녀 자신으로부터, 그리고 자기 자신으로부터, 그가 그녀에게 주고 있는 고통으로부터(게다가 그가 그녀에게 고통을 주고 있다는 것을 전에는 막연히 느끼고만 있었다). 앞으로 그녀에게 줄 그 고통으로부터. 그녀에게 줄 수밖에 없는 그 고통으로부터…….

자크는 두 손을 주머니에 넣고 두 다리는 벌린 채 어수선한 방 가운데 서 있었다. 그의 발밑에는 여러 가지 색깔의 꼬리표가 너덜너덜 붙은 여행용 가방이 입을 벌리고 있었다. 그는 안코나에서—아니면 트리에스테에서—거의 불빛이 없는 갑판 위, 알아듣지 못하는 사투리로 싸우는 이민객들 사이에 끼여 있는 자신의 모습을 다시 떠올려 보았다. 요란스러운 고동 소리가 배 옆 구리를 흔들고 있었다. 쇠 긁히는 소리가 주위의 다투는 소리를 압도했다. 닻이 올려졌다. 배의 흔들림은 점점 커지고 주위는 조용해졌다. 배가 막 떠나기 시작한 것이다. 배는 어둠 속으로 나가기 시작했다. 자크는 가슴이 부풀어올랐다. 자신도 알지 못하는 어떤 투쟁, 창조, 그리고 풍요로운 자신의 존재를 향한 이 열망이 이 집, 아버지의 죽음, 지젤, 아직도 함정으로 가득 차 있고 쇠사슬로 온통 묶여 있던 모든 과거에 부딪혔던 것이다.

"도망치는 거다!" 하고 그는 이를 악물고 중얼거렸다. "도망치는 거다!"

지젤은 승강기 의자 위에 털썩 주저앉았다. 이대로 방에 돌아갈 만한 기력이 있을까?

그래. 결국 될 대로 된 거야. 그 이야기는—그래도 거기에 얼마쯤의 희망을 걸고 있었는데—이제 끝나 버렸고 시효가 지나버린 거야. 네 마디의 말대꾸로 충분했던 것이야. '자크, 나는 당신하고 이야기해야겠어요.' 여기에 자크는 이렇게 응수했었지. '나도 빨리 이야기를 끝내고 싶어!' 그러고 나서 서로 대답을 하지 못했던 두 가지의 질문이 있었지. '언제 떠나세요?' '너는?' 그녀는 아연실색하며 네 마디의 말을 되풀이하고 있었다.

그렇다면 이제부터는 어떻게 할 것인가?

구석에는 두 사람의 수녀가 관을 지키고 있는 방, 30분 전만 하더라도 그녀로서는 희망의 여지가 남아 있는 것으로 여겨졌던 방, 하지만 지금은 그 어느 것도 기대할 수 없는 이 방을 보고 지젤은 가슴이 죄어옴을 느꼈다. 그래서 마음이 약해졌다든가 쉬고 싶다는 욕망보다는 홀로 있다는 두려움이 더욱 강하게 마음을 사로잡았다. 그녀는 서둘러 자기 방으로 돌아가는 대신에 아주머니 방으로 들어갔다.

아주머니는 돌아와 있었다. 아주머니는 자주 그런 모습을 보여왔지만 계산서, 견본, 안내서, 약 따위가 아무렇게나 쌓여 있는 책상 앞에 앉아 있었다. 아주머니는 발소리를 듣고 지젤인 것을 알아보고 굳어진 몸을 그녀 쪽으로 돌렸다.

"아, 너였니? …… 마침 잘 왔다……."

지젤은 비틀거리면서 아주머니에게 달려가 흰 앞머리가 갈라져 있는 상아 같은 이마 위에 키스를 했다. 조그만 노파의 팔에 안기기에 이제 너무 커 버린 지젤은 어린애같이 무릎 위에 몸을 던졌다.

"마침 너에게 물어볼 것이 있단다. 지젤……. 저 사람들은 뒤처리를 위해 너한테 아무 말도 없었는가 해서……. 소독하는 일에 대해서 무슨 말이 없었니? …… 어쨌든 그 문제에는 법칙들이 있단 말이야! 클로틸드한테 물어 보아라. 그리고 앙투안한테도 네가 말 좀 해다오……. 우선 시(市)의 소독 소에 말하고 만일의 경우를 대비해서 약제사의 훈증소독도 부탁하고. 클로 틸드가 알고 있을 거야. 철저하게 해야지. 그날은 너도 도와 다오……."

"그렇지만 아주머니" 하고 지젤은 중얼거렸다. 다시 두 눈에는 눈물이 가 득해졌다. "저는 또 떠나야 해요……. 저를 기다리고 있거든요……. 그곳에 서……."

"그곳이라니? 이럴 때? 그럼 나를 혼자 두고 갈 작정이냐?" 그녀는 신경 질적으로 머리를 흔들며 띄엄띄엄 말했다. "일흔여덟이나 먹은 나를 혼자 남겨 두고 가다니……."

'떠나는 거야' 하고 지젤은 생각했다. '자크도 다시 떠나겠지. 만사는 얼마 전과 똑같아……. 하지만 이제는 희망이 없어졌다는 차이뿐이야……. 이제 는 아무런, 아무런 희망도 없이…….' 머리가 쑤시고 아파왔다. 머릿속에서 는 모든 것이 뒤죽박죽이었다. 지금 그녀에게는 자크라는 존재가 전혀 이해 할 수 없게 되었다. 그리고 이 사실이 무엇보다도 고통스러웠다. 멀리 떨어 져 있어도 그토록 잘 알고 있다고 믿었던 자크였는데 이해할 수 없게 되었다 니! 어떻게 이리 되었을까?

그녀는 스스로에게 물어보았다. '수녀원에나 들어갈까?' 영원한 안식처이 며 주님의 평화가 깃들여 있는 곳……. 그렇다면 모든 것을 포기해야 한다! 포기하다니……, 그럴 수 있을까?

지젤은 참다 못해 울음을 터뜨렸다. 그리고 반쯤 몸을 일으키고는 갑자기 아주머니를 껴안았다.

"아" 하고 지젤은 울먹이며 말했다. "잘못됐어요, 아주머니! 모든 것이 잘못됐어요!"

"아니 뭐라고? 무엇이 잘못됐다는 거냐? 너 도대체 무슨 말을 하는 거 냐?" 하고 아주머니는 근심과 불만이 뒤섞인 투로 중얼거렸다.

지젤은 힘없이 마루 위에 주저앉았다. 그녀는 이따금 의지할 곳, 누군가가 곁에 있기를 바라면서 노파의 무릎 위에 있는 양털로 짠 까칠까칠한 덮개 위에다 뺨을 비벼댔다. 아주머니는 고개를 흔들면서 뽀로통한 목소리로 계속 중얼거렸다.

"일흔여덟이나 되어서 혼자 남게 되다니. 더구나 이렇게 된 내가……."

12. 장례식

크루이 소년원의 작은 강당은 사람들로 꽉 차 있었다. 추위에도 불구하고 문이란 문은 모두 활짝 열려 있었다. 그리고 군중에게 밟힌 눈이 다시 진흙밭 같이 된 마당에는 벌써 한 시간 전부터 286명의 소년원 아동이 허리에 권총 케이스가 달린 제복 차림의 간수들에게 둘러싸여, 새 양복 위에 구리장식이 달린 허리띠를 두르고 머리에는 아무것도 쓰지 않은 채 꼼짝도 않고 줄지어 서 있었다.

미사는 베카르 신부에 의해 집전되었다. 그리고 보배 신부가 와서 낮은 목소리로 기도를 올렸다.

찬송가는 점점 높아져 잠시동안 본당의 침묵 속에 울려 퍼졌다.

"Pater nos-ter(하늘에 계신 우리 아버지)……"

"Requiem aeternam dona ei, Domine(주여, 그에게 영원한 안식처를 주시옵소서)……"

"Requiescat in pace(편안하게 쉬시도록)……"

"Amen(아멘)."

뒤이어 특별석에 있던 6중주단이 마지막 곡을 연주했다.

아침부터 이 광경에 줄곧 머리가 어지러웠던 앙투안은 지금 이런 생각을 했다. '사람들은 장례식이라면 언제나 정해 놓고 이 쇼팽의 장송곡을 연주하거든. 그런데 이 장송곡은 별로 슬프지가 않아! 잠깐동안의 슬픔뿐이고, 얼마 안 가서 환희를 되찾고 환상의 욕구가 생기지……. 결핵환자가 제 죽음을 생각하며 무감각한 것과 같아.' 그는 입원환자였던 음악가 데르니의 임종 전 며칠을 생각했다. '모두들 그것을 듣고 눈시울이 뜨거워지고, 거기에서 임종에 임한 사람들이 천국을 발견하고 황홀감을 맛보는 줄로 생각하지……. 그런데 우리가 볼 때 그것은 병이 갖는 특성 중의 하나, 일종의 증상의 하나에 지나지 않거든! 열처럼 말이야!'

그런데 이런 경우에 대단히 절망적인 비통함을 나타내는 것은 어울리지 않는다는 것이 그의 솔직한 심정이었다. 지금까지 이토록 공식적이고 장중한 장례식은 없었다. 그는—도착하자마자 곧 군중 속에 들어가버린 샬르 씨를 제외하고는—유일한 '근친자'였다. 사촌들과 먼 친척들은 파리에서 거행된 장례식에는 참석했지만, 이렇게 추운 날씨에 크루이까지 올 필요는 없다고 생각한 것 같다. 참석자들은 모두가 고인의 동료와 자선단체 대표들뿐이었다. '대표자들' 하고 앙투안은 즐거운 마음으로 생각했다. '나 자신도 가족 대표.' 그는 일말의 우울함을 느끼며 생각했다. '친구라고는 한 사람도 없구나.' 그는 이렇게 말하고 싶었다. '내 친구라고는 한 사람도 없구나. 그 이유는 말할 필요도 없지.'(아버지가 돌아가신 뒤부터 그는 새삼스럽게 자기에게는 개인적인 친구가 없다는 것을 인정하기에 이르렀다. 아마 다니엘을 빼고 그에게는 동료 이외에 친구라고는 한 사람도 없었다. 그것은 그의 잘못이었다. 오랫동안 다른 사람을 염두에 두지 않고 살아왔기 때문이다! 더구나 최근 몇 년까지만 해도 그런 고독을 오히려 자랑처럼 생각해 왔었다. 그러나 지금 그는 처음으로 그것 때문에 괴로워하고 있는 것이다)

그는 장례식을 담당하는 사람들이 왔다 갔다 하는 것을 신기한 듯 보고 있었다. '그래 이제는?' 하고 그는 신부가 성기실(聖器室)로 들어가는 것을 보고 생각했다.

사람들은 장의사의 일꾼들이 본당 입구에 설치해 놓은 영구대로 관을 운구해 오기를 기다리고 있었다. 이때 장례식 담당자가 서투른 무용교사 같은 어색한 몸짓을 하며 검은 나무 지팡이로 포석 위를 슬프게 두드리면서 앙투안 앞에 와서 머리를 숙였다. 뒤이어 긴 장례식 행렬은 추도연설을 듣기 위해 현관으로 가 무리를 이루었다. 앙투안은 몸가짐을 바르고 의연하게 했다. 많은 사람의 눈길이 자신에게 집중되고 있을 것이라는 생각을 하면서 순순히 의식에 따라 행동했다. 참석자들은 몇 겹으로 담을 이루어 장례 행렬이 지나가는 것을 보려고 밀리고 밀치고 야단법석이었다. 앙투안의 뒤를 군수, 콩피에뉴 시장, 현지 사령관, 종마 사육소장, 프록코트 차림의 크루이 시의 회 의원 전부, 파리 대주교의 대리인인 젊은 명의 주교(교구를 갖지 않은 주교)가 따랐다. 그리고 다른 유명인사들 중에는 친구 자격으로 동료의 유해에 경의를 표하러 온 몇 사람의 정신과학 학사원 회원 등이 있었는데, 구경꾼들은 이들의 이름을 대며 무엇인가 수군거리고 있었다.

"여러분!" 하고 똑똑한 목소리가 울려퍼졌다. "나는 여기에 프랑스 한림원의 이름으로 슬프게도……."

그는 유명한 법률가 루딩 코스타르였다. 머리는 벗겨지고 뚱뚱하며 깃에 털이 달린 외투를 입고 있었다. 그는 고인의 생애에 대해 길게 늘어놓았다.

"……그분은 청년시절을 그의 아버님 공장에서 멀지 않은 루앙 고등중학교에서 근면성실하게 보냈습니다……."

앙투안은 아버지가 상으로 받은 책 위에 손을 얹고 찍은 중학교 때의 사진이 생각났다. '아버지의 청년시절이라……' 하고 그는 생각했다. '그 당시에 누가 아버지의 장래를 예언할 수 있었을까? …… 사람은 죽어서야 알 수 있는 것이다' 하고 그는 결론을 내렸다. '인간은 살아 있는 동안에 다른 사람은 모르고 그 사람만이 할 수 있는 여러 가지 일이 있는데, 그런 것들이 미지수를 이루어 예상을 빗나가게 하는 수가 있지. 결국 죽음이 모든 윤곽을 정하는 거야. 그것은 마치 그 사람이 그의 가능성의 세계에서 떨어져나가 외톨이가 되는 것과 같아. 사람은 그 주위를 맴돌다가 결국은 그를 등 뒤에서 보고 총괄적인 판단을 내릴 수 있을 뿐이야……. 내가 항상 하는 말이지만 말이야' 하고 그는 홀로 미소지으며 생각했다. '시체 해부를 하기 전에는 결정적인 진단 같은 것은 있을 수 없어!'

그는 아버지의 일생이나 그 성격에 대한 고찰이 이것으로 끝난 것이 아니라고 생각했다. 그리고 앞으로 두고두고 깊이 생각하면서 지력과 매력이 넘치는 자기 자신을 되돌아볼 기회가 있으리라는 것을 충분히 느끼고 있었다.

"……그분에게 우리 영광된 단체를 위하여 협력을 부탁드렸을 때 우리가 그분에게 기대했던 것은 그분의 무사무욕한 정신, 그분의 정력, 인류에 대한 그분의 큰 사랑만이 아니었습니다. 또한 그분을 가장 대표적인 인물 중의 한 분이 되도록 한 그토록 고귀하고도 높은 인격만도 아니었습니다……."

'그럼 자신도 똑같이 '대표적 인물'이란 말인가?' 하고 앙투안은 생각했다.

앙투안은 이러한 칭찬에 넘친 조사에 귀를 기울이고 있었다. 그리고 그것에 무관심할 수는 없었다. 그는 자기가 지금까지 아버지를 과소평가했다고 생각할 정도에 이르렀다.

"……여러분, 돌아가실 때까지 단지 고결하고 올바른 대의만을 위해 살아

오신 고인에게 함께 머리 숙여 경의를 표합시다……."

불후의 명사의 조사는 끝났다. 그는 원고를 접은 다음 두 손을 급히 털 달린 외투 주머니에 넣었다. 그리고 겸손한 태도로 다시 동료들 사이에 있는 자기 자리로 돌아갔다.

"파리교구 가톨릭 사업위원회 위원장" 하고 무용 교사 같은 장례 담당자가 공손히 말했다.

나팔을 손에 든 연로한 노인이 그와 똑같이 늙고 몸이 불편한 하인의 부축을 받으며 관이 놓인 단 앞으로 다가갔다. 그는 사교구 위원장으로서 티보 씨의 후임자일 뿐만 아니라, 고인에게는 개인적인 친구이며, 함께 파리에 법률 공부를 하러 왔던 루앙 태생의 청년 중 지금 살아 있는 유일한 사람이었다. 그는 귀가 전혀 들리지 않았다. 그래서 오래전 일이지만 앙투안과 자크는 어릴 때부터 그에게 '귀머거리'라는 별명을 붙였다.

"……여러분, 오늘 여기에 모인…… 우리는 단순히 애석한 마음만을 가지고 있으면 안 될 줄로 압니다……" 하고 노인은 큰 소리로 부르짖었다. 날카롭고 떨리는 그 목소리는 앙투안에게 그저께 '귀머거리 노인'이 하인의 불안한 부축을 받으며 빈소에 들어갔던 일을 생각나게 했다. "오레스트(그리스 신화에 나오는 인물. 피라도와의 두터운 우정으로 유명)가" 하고 그는 문에 들어서자마자 날카롭게 소리 질렀었다. "피라도한테 우정의 마지막 증거를 보여 주고 싶습니다!" 그날 그는 유해 가까이까지 부축을 받으며 갔었다. 그리고 거친 살갗이 주위를 덮고 있는 눈으로 유해를 오랫동안 바라보았던 것이다. 그러고 나서 몸을 일으키더니 앙투안을 향해 마치 두 사람 사이가 30미터는 떨어진 것처럼 흐느끼며 소리 질렀다. "20대에는 얼마나 미남이었는지 몰라!" (그날의 추억은 오늘 앙투안을 즐겁게 했다. '그런데 오늘은 어떻게 저렇게도 변할 수 있을까?' 하고 생각했다. 이틀 전에 유해 머리맡에 있었을 때는 정말 감격했던 것을 회상했다)

"……이러한 힘의 비결이야말로 도대체 어떤 것일까요?" 하며 노인은 계속 외쳤다. "이와 같이 틀림없는 균형, 차분한 낙천주의, 모든 장애물도 아랑곳않고 그렇게도 어려운 사업을 훌륭히 해낸 깊은 그 자신감을 우리의 오스카르 티보 씨는 과연 어떠한 원천에서 끌어낼 수 있었을까요?

이런 인물, 또 이런 삶을 낳게 하는 것이야말로, 여러분, 우리 가톨릭의 영원한 영광이 아니겠습니까?"

'확실히 그렇다' 하고 앙투안은 인정했다. '아버지는 신앙 속에서 참으로 훌륭한 지주를 찾았지. 신앙 덕택에 그는 스스로를 얽어매는 모든 것, 양심의 가책이라든가 과도한 책임감이라든가 자신에 대한 의혹과 그 밖의 모든 것을 언제나 모르고 지냈어. 신앙을 가지고 있는 사람은 행동만 하면 되니까.' 그는 아버지를 비롯해서 이 '귀머거리' 같은 사람이야말로 결국은 태어나서 죽을 때까지 인생 행로에서 가장 편한 길을 걸어온 사람들이 아닐까 하고 생각해 보았다. '사회적으로 볼 때' 하고 앙투안은 생각했다. '그들은 개인생활과 공동생활을 가장 잘 조화시킬 수 있었던 사람들이지. 그들은 개미집이나 벌집 같은 것을 만드는 본능을 지닌 형태를 따르는 것이 틀림없어. 그것은 확실히 대단한 것이야……. 솔직히 말해서 내가 못마땅하게 여겼던 아버지의 끔찍한 그 결점들, 즉 그 오만, 그 명예욕, 그 횡포만 하더라도 따지고 보면, 만일 그가 온유하고 타협적이고 겸손한 기질을 타고났더라면 사회적으로 기여했을 정도와는 비교도 안 될 만큼 그는 자신의 결점 덕분에 개인적으로 얻은 것이 엄청났던 것이다…….'

"여러분, 이 위대한 투사에 대해 오늘 우리가 드리는 예찬의 말들은 아무런 뜻이 없는 것입니다" 하고 다시 노인은 쉰 목소리로 말을 계속했다. "지금 우리는 전례없이 중대한 시기에 처해 있습니다! 우리는 언제까지 돌아가신 분들만 생각하고 있을 때가 아닙니다. 똑같이 신성한 샘에서 우리의 힘을 끌어올립시다. 그리고 서두릅시다. 서두릅시다……." 그는 진심으로 감격해서 한 발을 앞으로 내딛었다. 그리고 휘청거리는 하인의 어깨를 잡아야만 했다. 그러나 그는 여전히 부르짖었다. "여러분. 서두릅시다……. 서둘러…… 정의로운 싸움으로 되돌아갑시다!"

"다음은 육아연맹 회장" 하고 무용 교사가 소개했다.

불안한 걸음걸이로 앞에 나온 흰 턱수염을 한 작은 남자는 문자 그대로 관절 마디마디가 얼어붙은 것 같았다. 그는 추워서 이를 덜덜 떨었다. 얼굴은 창백하고 혹심한 추위 때문에 보기에도 괴로울 만큼 떨며 위축되어 있었다.

"저는 지금 비통한 마음으로…… 그 어떤……" (그는 초인적인 노력으로 얼어붙은 턱을 떼어내기라도 하는 것처럼 보였다) "……괴로운 감회로 인해서……."

'저기 단 밑의 어린이들이 얼어 죽겠군!' 하고 앙투안은 안절부절못하며 중얼거렸다. 그 역시 너무 추워 다리가 저려오고 외투 안에 걸친 셔츠의 딱딱한 가슴받이가 얼어붙는 것 같았다.

"……그분은 수많은 선행을 쌓으며 우리 사이를 지나가셨습니다. 이것이야말로 정말 그분을 위한 빛나는 비명(碑銘)이 될 것입니다! Pertransiit benefaciendo! 여러분, 그분은 지금 우리 모두가 진심으로 존경의 뜻을 표시하는 가운데 우리를 떠나고 있습니다……."

'존경이라! …… 문제는 바로 그거야' 하고 앙투안은 생각했다. '도대체 누구의 존경이란 말인가?' 늙고 추위 때문에 꽁꽁 얼어붙어 눈물, 콧물까지 흘리며 귀를 잔뜩 기울이고 말을 할 때마다 동의의 표시로 고개를 끄덕거리는, 열을 지어 있는 노인들을 앙투안은 너그러운 눈길로 훑어보았다. 그들 중의 누구 하나도 자기 자신의 장례식을 생각하지 않는 사람은 없을 것이며, 고인이 된 그 탁월했던 동료에게 보내는 아낌없는 '존경의 뜻'을 부러워하지 않는 사람도 없을 것이다.

키가 작고 수염을 기른 남자는 숨가빠하면서 곧 다른 사람에게 자리를 내주었다.

그 자리를 이어받은 사람은 먼 곳을 바라보는 창백하고 날카로운 눈매를 한 곱게 늙은 노인이었다. 그는 박애사업에 여념이 없는 퇴역 해군 준장이었다. 그의 첫마디는 앙투안의 반발심을 자아냈다.

"우리의 오스카르 티보 씨는 명철한 지능의 소유자로서 혼탁한 이 시대의 여러 가지 불상사 속에서도 언제나 대의(大義)를 인정하고 미래를 구축하기 위해 노력한 분입니다……."

'그것은 사실이 아니야' 하고 앙투안은 마음속으로 발끈했다. '우리 아버지는 편견을 가지고 자기가 택한 좁은 길을 걸어가는 것 말고는 아무것도 보지 않고 이 세상을 산 분이지. 당파 정신의 본보기라고 말할 수 있을 정도니까. 학교를 나온 뒤로는 그는 자신의 참모습을 알려고 한다든가, 자유롭게 이해하고 발견하며 무엇인가를 알려고 하는 자세를 완전히 포기했었어. 앞사람이 걸어간 길을 쫓는 것밖에 그는 아무것도 할 수 없었지. 남이 입었던 제복을 걸친 인간이었으니까…….'

"……이것보다 더 부러운 운명이 또 있을까요?" 하며 장군은 말을 계속했다. "여러분, 이런 삶이야말로 그런 상징……."

'하나의 제복' 하고 앙투안은 열심히 듣고 있는 참석자들을 또 한번 바라보면서 생각했다. '그것은 틀림없군. 여기에 있는 모든 사람이 똑같으니까. 서로 바꾸어 놓을 수 있는 사람들. 그 중의 한 사람을 묘사하는 것은 다른 모든 사람을 받아들이는 것과 마찬가지지. 추위를 잘 타는 사람들, 눈을 깜박거리는 사람들, 그리고 근시인 사람들. 이들은 모든 것을, 사상도, 사회의 발전도, 그들의 요새에 와서 부딪치는 것은 무엇이든지 두려워하는 사람들! ……잠깐만, 지나치게 말을 많이 하는 것 같군……' 하고 그는 생각했다. '하지만 요새라는 말은 아주 적절한 말인데. 성벽 뒤에 자기들의 수가 많다는 것을 확인하려고 자기들끼리 계속 셈을 하고 있는 포위당한 사람들의 정신상태와 다를 바가 없군!'

그는 불쾌한 마음이 점점 더해져 더 이상 연설을 들으려 하지 않았다. 그러나 그의 눈길은 결론 부분을 말할 때의 과장된 몸짓에 끌렸다.

"고이 잠드소서, 위원장님, 고이 잠드소서! 귀하의 업적을 눈으로 지켜본 사람들이 있는 한……."

소년원 원장이 군중 속에서 모습을 나타냈다. 그는 마지막 고별사를 하기로 되어 있었다. 적어도 이 사람만은 지금 추도를 드리려고 하는 사람에 대해서 꽤 가까이서 관찰할 기회를 가졌던 것 같다.

"……우리의 친애하는 창립자 티보 씨는 자신의 생각을 재주부려서 위장하는 기술을 모르는 분이었습니다. 그리고 항상 일에 바빴던 그 분은 쓸데없는 예의나 자질구레한 것에 개의치 않는 용기를 가진 분이었습니다……."

그의 말에 흥미를 느낀 앙투안은 귀가 솔깃해졌다.

"……그분의 온정은 그의 남성적 무뚝뚝함 속에 감추어져 있었으므로 아마도 그의 온정을 더욱 돋보이게 했을 것입니다. 이사회 때 조금도 양보를 하지 않았던 그 태도야말로 그분의 정력, 권리에 대한 자존심, 지도자로서의 의무감이 만든 깊은 양심의 발로였던 것입니다……. 그분한테는 모든 것이 투쟁이었고 곧 승리였습니다! 그분의 말씀은 그것이 언제나 직접적인 목적을 향한 것이었습니다. 그것은 하나의 무기였고 곤봉이었습니다……."

'그래, 아버지는 무엇보다도 하나의 힘이었어' 하고 앙투안은 문득 생각했다. 그리고 그는 자신의 마음속에 이러한 확신이 이미 굳어 있는 것을 알고는 놀랐다. '아버지는 또 다르게 되었을지도 모른다…….'

원장은 간수들 사이에 서 있는 원아들의 대열 쪽으로 팔을 뻗었다. 사람들은 꼼짝도 하지 않고 추위로 파랗게 질린 어린 죄인들 쪽으로 눈길만 보냈다.

"······요람에서부터 악으로 치닫는 사악한 이 젊은이들한테 오스카르 티보 씨는 그의 부드러운 손길을 뻗었던 것입니다. 아, 매우 불완전한 사회 질서의 처참한 희생자인 이들은 영원한 감사의 뜻을 표시하고 그들이 빼앗긴 은인의 죽음을 우리와 함께 슬퍼하기 위해 이 자리에 있는 것입니다!"

'그래, 아버지는 천분을 가지고 있었어······. 그래, 하려고 생각만 했으면 할 수 있었을 거야······' 앙투안은 막연한 희망을 가지고 마음속으로 되풀이했다. 그리고 이런 생각이 그의 머릿속을 스쳐 지나갔다. 설사 자연이 이 티보 집안의 든든한 뿌리에서 한 사람의 창조자를 탄생시키지 못했다 하더라도 언젠가는······.

그는 감격해 마지않았다. 미래가 그의 앞에 넓게 펼쳐졌다.

한편 운구할 사람들은 벌써 관을 움켜쥐고 있었다. 모두들 빨리 끝내려고 서두르고 있었다. 장의 담당자는 앞마당에 깔린 돌 위에 지팡이를 울리면서 다시 머리를 숙였다. 앙투안은 모자도 쓰지 않고 태연한 모습으로 지금 오스카르 티보 씨의 유해를 땅에 묻으러 가려는 행렬 선두에 재빠르게 가서 섰다. Quia pulvis es, et in pulverem reverteris(그대는 먼지이니 먼지로 돌아갈지어다).

13. 자크, 크루이를 방문

그날 자크는 아래층에 자기 혼자뿐인데도 불구하고 열쇠를 단단히 잠그고 방 안에서 아침나절을 보냈다(레옹은 물론 장례식에 참석하기를 원했었다). 그러나 자크는 본의는 아니지만 신중을 기하기 위해, 또한 장례 행렬이 지날 때 참석자들 중에서 아는 얼굴의 눈에 뜨이지 않기 위해 덧문을 단단히 닫아 두었다. 그리고 침대에 누워 두 손을 주머니에 넣고 천장에 매달린 등불을 멍하니 쳐다보면서 작은 소리로 휘파람을 불고 있었다.

1시쯤에 마음이 초조해지고 배까지 고파 그는 자리에서 일어났다. 아마 지금쯤은 소년원 강당에서 장례식이 한창 거행 중이겠지. 위층에서는 오래전에 생토마 다켕 성당 미사에서 돌아온 유모와 지젤이 기다리지 않고 식사를 했을 것이다. 그건 그렇고, 오늘 하루는 아무도 만나지 않기로 굳게 결심했다. 먹을 것이라면 찬장에 좀 남아 있겠지.

부엌에 가려고 현관을 지날 때 입구 문 아래로 밀어넣은 편지와 신문이 눈에 띄었다. 몸을 굽히는 순간 그는 앞이 캄캄해지는 듯했다. 틀림없는 다니엘의 필적이 아닌가!

자크 티보 씨

손끝이 떨려 도저히 편지를 뜯을 수가 없었다.

사랑하는 자크, 그리운 친구여! 나는 어젯밤에 앙투안한테서 편지를 받았는데……

의기소침해 있던 그에게 이 부름은 마치 찌르는 듯 와 닿았으므로, 그는 그 편지를 떨고 있는 주먹으로 꼭 쥘 수 있을 정도로 4등분, 8등분 해서 접고 또 접었다. 그러고는 화가 난 듯 자기 방까지 뛰어들어와 문을 닫고 열쇠로 잠갔다. 그는 무엇 때문에 자기가 밖에 나갔는지조차 잊어버리고 있었다. 어찌할 바를 모르고 서성거렸다. 그리고 전등 밑에 우뚝 서서 구겨진 편지를 폈다. 그리고 무엇이 씌어 있는지 생각하지도 않고, 자기가 찾고 있는 이름이 눈에 뜨일 때까지 대충 읽어 내려갔다.

……최근 몇 년 동안 제니는 파리의 겨울을 잘 견디지 못했어. 그래서 한 달 전부터 두 사람은 프로방스에 가 있어…….

그는 조금전처럼 또다시 거칠게 그 편지를 구겼다. 그리고 이번에는 그것을 뭉쳐 주머니에 넣었다.

처음에는 어지럽고 얼떨떨한 느낌이었으나 곧 마음이 홀가분해졌다.

잠시 뒤에 그 넉 줄의 편지 때문에 결심을 바꾸기나 한 듯이 그는 앙투안의 책상으로 달려가서 시간표를 보았다. 잠에서 깬 뒤로 그의 생각은 크루이를 떠나지 않고 있었던 것이다. 지금 곧 달려가면 오후 2시 급행은 탈 수 있을 거다. 크루이에는 해지기 전에 도착하겠지만 식은 끝났을 테고 돌아오는 기차도 이미 떠나버린 뒤일 테니까 누구하고도 절대로 만나지 않게 될 것이다. 도착하면 곧 묘지로 가자. 그리고 곧 돌아오자. '두 사람은 프로방스에 가 있어…….'

그러나 그는 이 여행이 얼만큼 자신을 불안하게 만들지를 예측하지 못했었다. 그는 가만히 있을 수 없었다. 다행히 기차는 텅텅 비어 있었다. 그가 자리잡은 칸에도 혼자일 뿐만 아니라 객차도 상복을 입은 늙은 부인 한 사람을 빼고는 비어 있었다. 자크는 그 노부인이 있다는 것을 의식하지도 않고, 마치 우리 안의 야수같이 복도를 따라 끝에서 끝까지 성큼성큼 걷기 시작했다. 이렇게 아무렇게나 왔다 갔다 하는 것이 부인의 주의를 끌었다는 사실 —어쩌면 불안감까지 자아냈다는 사실을 즉시 알아 차리지 못했다. 부인을 흘끗 보았다. 그는 길을 가다가 우연히 몸가짐에서 조금이라도 예사롭지 않은 사람을 만나면 그가 어떤 부류의 사람 인지를 살피기 위해 잠시라도 발길을 멈추지 않고서는 못 견디는 그런 인간이었다. 그런데 이 부인은 확실히 사람의 마음을 사로잡는 데가 있었다. 야위고 창백하며, 여러 가지 과거가 아로새겨진 곱게 늙은 얼굴에다가 수심에 차 있는가 하면 많은 추억을 지니고 있는 듯한 눈길. 백발이 무척 잘 어울리는 그 얼굴 전체가 평온하며 또 밝게 보였다. 부인은 단정하게 상복을 입고 있었다. 보아하니 오래전부터 혼자 살면서 고독한 생활을 영위해 온 것 같았다. 콩피에뉴 아니면 생캉탱에 돌아가는 것 같았다. 지방의 중산층 부인. 짐이라고는 아무것도 없었다. 다만 부인 옆의 의자 위에 얇은 종이로 반쯤 싼 큰 다발의 제비꽃이 놓여 있을 뿐이었다.

크루이 역에서 기차가 멈추자 자크는 가슴을 설레이면서 객차에서 뛰어내렸다.

플랫폼에는 아무도 없었다. 공기는 차갑고 투명했다.

역을 빠져나와 주위의 경치를 보는 순간 그는 가슴이 뭉클해짐을 느꼈다. 지름길과 심지어는 대로를 피해서 왼쪽편 '십자가가 서 있는 언덕'길을 향해 걷기 시작했다. 3킬로미터 정도 돌아가는 길이었다.

사방에서 계속 몰아치는 사나운 바람이 아직 눈으로 뒤덮여 있는 적막한 풍경 위를 갑작스런 돌풍같이 휩쓸고 있었다. 태양은 솜 같은 풍경 뒤의 어디론가, 지평선을 향해 지고 있는 것이 틀림없었다. 자크는 빠른 걸음으로 걸었다. 그는 아침부터 아무것도 먹지 않았지만 이제는 조금도 배고픔을 느끼지 않았다. 오히려 추위에 도취되어 있었다. 경사진 모퉁이 길, 수풀, 그 하나하나가 모두 기억에 떠올랐다. 십자가는 세 거리가 교차하는 헐벗은 잡목 숲 사이로 멀리 눈에 띄었다. 바로 이 길이 보메닐로 가는 길이다. 감시인과 매일 산책을 하던 중에 얼마나 자주 비를 피해 이 도로 수리공의 오두막집에서 몸을 피했던가! 레옹 할아범하고는 두세 번, 아르튀르하고는 적어도 한 번. 성실한 로렌느 지방 출신답게 넓적한 얼굴의 아르튀르, 그의 푸른 두 눈, 그리고 별안간 짓는 알 수 없는 그 냉소……

이 모든 추억은 지금 그의 얼굴을 쿡쿡 쑤시고 손끝이 저려오는 듯한 아픔을 주는 이 매서운 바람보다도 더 그의 가슴을 쥐어뜯고 있었다. 그는 더 이상 아버지에 대해서 생각하지 않았다.

짧은 겨울 해는 벌써 저물고 있었다. 어두워졌지만 아직은 앞을 분간할 수 있었다.

크루이에 이르자 그는 마치 아직도 개구쟁이들에게서 손가락질 받는 것이 두렵기라도 한 듯, 옛날처럼 집 뒤의 골목길로 가기 위해 길을 돌아갈 생각도 해 보았다. 8년이 지난 오늘, 누가 자기를 알아볼 수 있을까? 게다가 길에는 인적이라고는 찾아볼 수 없고, 문이란 문은 모두 닫혀 있었다. 마을 생활 그 자체가 추위에 얼어붙어 있는 것 같았다. 다만 굴뚝만이 회색빛 하늘 위로 연기를 뿜고 있었다. 돌계단과 바람에 삐걱거리는 간판과 함께 여인숙이 보였다. 모든 것이 옛날 그대로다. 백묵 같은 땅 위에 녹아 있는 이 눈, 지금도 소년원에서 지급한 구두가 빠져들어가는 듯 한 뿌연 진흙탕. 여인숙, 그곳은 레옹 할아범이 산책을 빨리 끝낸 다음에 술집에 가서 한판하려고 자기를 텅 빈 세탁장 속에 몰아넣던 곳이 아닌가! 한 소녀가 골목에서 나와 돌계단 위에서 구두 소리를 내고 있었다. 새로 온 식모일까? 그렇지 않으면 그때 '소년 죄수'를 보고 언제나 도망가던 작은 소녀였던 여인숙 주인의 딸일지도 모른다. 집 안으로 모습을 감추기 전에 그 소녀는 낯선 청년이 지나가는 것을 수상쩍게 쳐다보았다. 자크는 걸음을 서둘렀다.

그는 지금 마을의 끝에 와 있었다. 마지막 집들을 지나자마자 들판 한가운데 일대가 높은 담으로 쌓여 격리되어 있고, 위에 눈이 덮인 큰 건물과 겹겹이 둘러쳐 있는 창살이 시야에 들어왔다. 그의 두 다리는 떨렸다. 모든 것이 옛날 그대로다. 변한 것이 아무것도 없다. 현관으로 이르는 나무 한 그루 없는 오솔길은 온통 진흙투성이었다. 이처럼 저물어가는 겨울날에 길을 잃은 나그네가 이층에 새겨 놓은 노란 글씨를 보면 제대로 해독하지 못했으리라. 그러나 자크는 그 자랑스러운 글씨를 분명히 읽을 수 있었다. 그는 그것을 물끄러미 쳐다보고 있었다.

오스카르 티보 재단

이때 비로소 그는 창립자인 아버지가 돌아가셨다는 것, 장례행렬의 마차가 진흙 속에 바큇자국을 패게 했다는 것, 자기가 지금 이곳에 온 것은 아버지 때문이란 것이 생각났다. 그래서 이렇게 음산한 건물에 등을 돌릴 수 있다는 것에 즉시 안도감을 느끼면서 온 길을 되돌아 왼쪽으로 접어들어 묘지 입구 양쪽에 서 있는 두 그루의 측백나무 쪽으로 걸어갔다.

언제나 닫혀 있는 철문이 오늘은 열려 있었다. 마차 바큇자국이 길을 가리켜 주었다. 자크는 기계적으로 화환이 산더미처럼 쌓여 있는 쪽으로 걸어갔다. 화환들은 추위에 시들어 버려 꽃이라기보다는 배추 껍질을 쌓아 올린 것 같았다.

묘지 앞쪽에는 줄기가 얇은 종이로 싸인, 나중에 그곳에 갖다 놓은 듯한 큰 제비꽃 한 다발이 외따로 눈 위에 놓여 있었다.

'설마' 하고 그는 생각했다. 그러나 이런 우연의 일치에는 별로 흥미를 느끼지 못했다.

새로 파헤쳐진 흙을 보고 그는 이 진흙 속에 묻힌 시체, 곧 장의사가 가족을 향해 정중하게 인사한 뒤에, 이미 변해 버린 얼굴 위에 영원히 수의를 덮던 비통하면서도 우스꽝스럽던 순간에 마지막으로 본 아버지의 모습을 곧 생각했다.

'이라! 가라! 기다리고 계신다!'를 그는 가슴을 죄는 듯한 번민과 함께 생각했다. 그러자 갑자기 치밀어오르는 오열에 숨이 막혔다.

로잔을 떠나온 뒤로 그는 반은 무의식적으로 사건의 흐름에 따라 시시각각으로 몸을 내맡겼다. 그러나 지금 그의 마음속에는 지난날 유치하면서도 아주 오래된 극단적인 애정, 또한 비논리적이면서도 명백한 애정이 극심한 회한의 감정과 더불어 갑자기 되살아났다. 왜 이곳에 왔는지 지금은 이해할 만했다. 자신의 젊은 날을 조금씩 좀먹어 가던 분노, 경멸, 증오의 감정, 복수심들이 머리에 떠올랐다. 마치 총알이 튀며 날아들 듯이, 잊고 있던 허다한 일들이 오늘 새삼 기억에 떠오르면서 그의 폐부를 찌르는 듯했다. 원한도 사라진 홀가분한 기분으로 자식으로서의 본능으로 돌아가 그는 잠시나마 아버지의 죽음을 슬퍼했다. 자발적으로 공식행사에는 참석하지 않았지만, 오늘 이렇게 서로 알아보지도 못하는 상태에서 돌아가신 분의 묘소에 와서 잠시나마 마음속 깊이 슬퍼해 마지않는 두 사람 중 하나가 바로 자크였던 것이다. 오늘 티보 씨의 죽음을 진심으로 슬퍼하는 이 세상에서 단 두 사람 중 하나였던 것이다.

그러나 모든 일을 지나치게 바로 보는 습관을 가지고 있는 그는 이런 슬픔, 이런 회한의 마음을 가지게 되는 부조리를 곧 알아차리지는 못했다. 만일 아버지가 아직 살아 있었더라면 자신은 또 그를 미워하고 다시 도망갔으리라는 것을 너무나 잘 알고 있었다. 그러나 지금은 막연한 감회에 사로잡혀 허탈한 상태에 빠져 있었다. 그는 무엇인지는 몰랐으나 후회하고 있었다……. 그럴 수도 있었을 텐데 하고 그는 한순간 온화하고 아량이 넓으며 이해심 깊은 아버지를 상상해 보며 흐뭇해했다. 그러면서 그런 애정이 넘치는 아버지의 나무랄 데 없는 아들이 되지 못했던 자기 자신이 안타깝게 여겨지기도 했다.

그는 어깨를 으쓱하면서 돌아섰다. 그리고 묘지를 나왔다.

동네는 올 때보다는 좀 활기를 띠었다. 마침 농부들은 그들의 하루 일을 끝내려는 참이었다. 창가에는 불빛이 밝혀져 있었다.

동네를 피하기 위해 역으로 직접 가는 길을 택하지 않고 무랭뇌프 도로로 접어들었다. 그리고 즉시 밭으로 나와 버렸다.

그는 이제 혼자는 아니었다. 그것은 마치 냄새같이 끈질기게 쫓아다니며 달라붙어 그의 모든 생각을 하나하나 파고들었다. 그것은 이 호젓한 들판에서, 눈 위에 반짝이는 석양 빛 아래에서, 그리고 한순간 바람이 멎은 뒤의 온화해진 공기 속에서 그와 함께 걷고 있었다. 그는 그것을 뿌리치려고 하지 않고 이러한 죽음의 압박에 몸을 맡기고 있었다. 그리고 삶의 무의미, 모든 노력의 허망함을 이 순간에 뼈저리게 느낀 나머지, 마음속에서는 관능적인 흥분 같은 것이 용솟음치는 듯했다. 인간은 어째서 그토록 바라는 것일까? 무엇을 희망하는 것일까? 인생 그 자체는 모두 하찮은 것인데. 모든 것이, 정녕 모든 것이 헛된 일이다—인간이 죽음이라는 것을 알자마자! 그는 지금 저 내면 깊은 곳에 이른 기분이었다. 벌써 어떤 야심도 없었다. 지배하고 싶은 욕망도 없고, 무엇이든지 꼭 해 보겠다는 의욕도 없었다. 그리고 이제 이런 고뇌에서 치유되어 평안함을 되찾을 수 있다는 것은 꿈도 꾸지 못했다. 설사 인생이 짧다 해도 인간에게는 이따금 자기 자신의 일부만이라도 멸망으로부터 구할 수 있다는 생각, 또 하늘이 무너져도 솟아날 구멍이 있듯이 자신을 휘몰고 가는 세파를 이겨내어 자신의 꿈을 다소나마 부상시킬 기회가 주어질 때도 있다는 생각은 염두에 두기조차 싫었다.

그는 다급한 걸음으로 계속 앞으로 걸어갔다. 마치 깨지기 쉬운 물건을 가슴에 안고 도망치는 사람같이 몸을 뻣뻣하게 하고 있었다. 모든 것에서 도망치는 것이다! 그것은 단순히 사회의 갈고리에서 벗어나려는 것만이 아니다. 또 가족, 우정, 사랑으로부터 도망치려는 것만도 아니다. 그렇다고 자기 자신, 격세유전이나 습관의 횡포로부터의 도피만도 아니다. 그것은 가장 심오한 자신의 본질, 가장 비참하게 영락한 사람을 삶에다 얽어매는 이토록 불합리하고 치명적인 생활본능으로부터 벗어나려는 것이다. 그에게는 또다시 자살한다든가 전적으로 자의에 의해 자신을 말살한다는 아주 논리적인 생각이 추상적인 형태로 떠올랐다. 마침내 무의식의 세계로 착륙했다. 갑자기 죽은 아버지의 그 훌륭하고 평화스러운 얼굴이 떠올랐다.

'와니야 아저씨, 쉴 때가 올 거예요……. 이제 곧 쉴 때가 올 거예요…….'

<small>(체홉의 〈와니야
숙부〉 안의 대사)</small>

몇 대의 수레 소리에 자신도 모르게 정신이 번쩍 들었다. 수레등이 보였다. 마부들의 고함소리와 웃음소리가 들려오는 가운데 바퀴를 흔들거리며 이쪽으로 오고 있었다. 누구를 만난다는 생각을 하니까 그는 견딜 수 없었다. 길 가장자리에 눈으로 가득한 도랑을 서슴지 않고 뛰어넘어 비틀거리면서 얼어붙은 밭을 가로질러갔다. 작은 숲 기슭에 이르자 그는 그 속으로 뛰어들어갔다.

아버지의 죽음 899

얼어붙은 나뭇잎이 구두창 밑에서 바스락 소리를 냈다. 심술궂은 나뭇가지가 매질하듯 그의 양볼을 때렸다. 두 손을 일부러 주머니에 넣고는 어디로 가든지 개의치 않고 길이고 사람이고 그런 모든 것에서 도망치고 싶어 마치 취한 듯이 덤불 숲 속으로 깊이 들어갔다!

그것은 다만 나무가 우거진 좁은 지대에 지나지 않았다. 그래서 곧 건너편까지 갔다. 나무 사이를 통해, 어두운 하늘 아래 한줄기 길이 가로질러 있는 하얀 들판과 정면으로 지평선이 굽어보이는 곳에 소년원의 등불이 켜져 있는 창틀이 다시 시야에 들어왔다. 작업실과 자습실이 있는 층이었다. 이때 어처구니없는 생각이 그의 머릿속을 스쳐갔다. 일련의 장면이 벌어졌다. 헛간의 낮은 지붕을 기어오른다. 지붕마루를 타고 창고문까지 간다. 유리창을 깨부수고 성냥을 그어 창살 사이로 불붙은 짚 뭉치를 던진다. 많은 예비 침대가 횃불처럼 타오르고 불은 벌써 본관 건물에까지 번져 자기가 옛날에 있던 그 독방, 그 책상, 의자, 흑판, 침대까지 모두 삼켜 버린다…… 화염이 모든 것을 태워 버린다!

그는 손으로 상처난 얼굴을 만져 보았다. 무력한 자신—그리고 바보스러운 생각을 하고 있는 자신이 한심하게 여겨졌다.

그는 소년원, 묘지, 과거에 완전히 등을 돌리고 역 쪽을 향해 성큼성큼 걸어갔다.

5시 40분 기차는 몇 분 차이로 놓쳐 버렸다. 하는 수 없이 7시 보통 기차를 기다리는 수밖에 없었다.

대합실은 몹시 추웠고 악취를 풍겼다.

얼굴은 상기된 채 주머니 속에 있는 다니엘의 편지를 움켜쥐고 인적 없는 플랫폼에서 한참동안 서성거렸다. 이미 편지를 두 번 다시 읽지 않기로 마음속으로 결심했었다. 그러나 결국은 시계를 비추고 있는 반사등 가까이 가서 벽에 몸을 기대고 주머니에서 편지를 꺼내 읽기 시작했다.

사랑하는 자크. 그리운 벗이여! 나는 어젯밤에 앙투안한테서 편지를 받고 한잠도 잘 수가 없었어. 만일 어젯밤과 오늘 아침 사이에 너한테 가서 단 5분만이라도 네가 살아 있는 모습을 볼 수만 있다면, 나는 너를, 내 눈

앞에서 살아 있는 자크를 보기 위해 서슴지 않고, 암, 그렇고말고, 위험을 무릅쓰고라도 담을 뛰어넘을 거야! 밤새도록 코를 고는 다른 두 동료와 함께 이 하사관용 누추한 방에서 나는 달빛이 비치는 하얀 천장을 바라보면서 옛날 우리들의 소년시절, 같이 지낸 우리의 모든 생활, 학창시절, 그 외의 모든 것, 모든 것을 상상해 보았어. 친구여, 죽마고우여, 내 형제여! 네가 없었다면 그 지난 시간을 어찌 내가 견딜 수 있었을까? 그래, 나는 단 한순간도 너의 우정을 의심해 본 적이 없었어. 앙투안에게서 소식을 듣고 오늘 아침에 훈련을 마치자마자 이렇게 곧 너한테 편지를 쓰고 있어. 그러나 그 무엇 하나 정확히 알지도 못하고 또 나의 이 편지를 네가 과연 어떤 눈으로 읽을지도 모르면서, 그리고 네가 어째서 3년 동안 나에게 그렇게도 매정하게 침묵을 지켰는지조차 모르면서 말이야. 얼마나 네가 그리웠는지, 또 오늘도 얼마나 그리워하고 있는지 몰라! 특히 군대에 들어오기 전 민간인 생활을 하고 있을 때 진심으로 네가 있었으면 했어! 나의 이런 믿음을 너는 알아주기나 할까? 네가 나에게 준 그 힘, 내 마음속에 잠재해 있던 여러 가지 아름다운 것들을 네가 나에게 일깨워 주었지. 이 모든 것들이 결코 네가 아니면, 너의 우정이 없었다면……

자크의 손은 구겨진 종이를 눈 위에까지 올리면서 떨고 있었다. 불이 어두운 데다가 눈물 때문에 읽는 것이 무척 힘들었다. 바로 머리 위에서는 나사못으로 구멍을 뚫는 것 같은 날카로운 소리가 끊임없이 떨며 흘러나왔다.

……그리고 너는 그것을 전혀 눈치채지 못했던 것 같아. 왜냐하면 그 당시에 나는 너무나 자존심이 강해서 그 일을, 특히 너한테는 말할 수가 없었어. 그래서 네가 자취를 감춘 뒤에 나는 그것을 믿을 수 없었어. 나는 전혀 알 수가 없었지. 나는 얼마나 괴로워했는지 몰라! 무엇보다도 불가사의한 일이었으니까! 언젠가는 알게 되겠지. 그러나 아무리 견딜 수 없이 불안하고 원망스러운 순간에도, 나에 대한 너의 감정이 (네가 살아 있는 한) 변하리라는 생각은 가져본 적이 없어. 그리고 이것 봐, 오늘도 여전히 너를 의심하지 않아.

귀찮은 근무 때문에 편지가 중단됐어.

이 시간에는 금지되어 있지만 나는 지금 주보(酒保) 구석에 몸을 숨기려고 왔어. 열세 달 전부터 나를 데려다가 붙들고 있는 이 병영 생활이 어떤 것인지 너는 모를 거야. 병영 이야기를 하기 위해서 너한테 쓰는 것은 아니야.

소름끼치는 일이지. 글쎄, 우리는 서로 무슨 이야기를 해야 할지, 또 어떻게 서로 말해야 할지조차 모르고 있으니 말이야. 너도 짐작하겠지만 나는 너한테 편지로 묻고 싶은 질문이 태산 같아. 무슨 소용이 있겠어? 내가 하고자 하는 질문 중의 하나만 대답해 주기 바래. 왜냐하면 그것이 줄곧 머리에서 떠나지 않기 때문이야. 어때. 나는 너를 다시 만날 수 있을까? 그 악몽은 이제 모두 끝난 거니? 너는 제정신을 되찾았니? 그렇지 않으면……. 또 달아나려고 하고 있는 거니? 이봐, 자크, 네가 적어도 이 편지만은 읽어 주리라고 확신해. 그리고 또 너한테 쓸 기회란 이 순간밖에 없는 것 같으니까 이렇게 외쳐도 무방하겠지. 나는 너의 모든 것을 다 이해할 수 있어. 또 모두 다 인정해. 그러나 제발 어떤 계획이 있더라도 내 생활로부터 그렇게 완전히 모습을 감추진 마! 나한테는 네가 필요해(내가 얼마나 너를 자랑스럽게 여기고 있고, 얼마나 큰일들을 너한테 기대하고 있으며, 그리고 또 얼마나 그렇게 자랑하고 싶어하는지!). 나는 너의 어떤 조건도 기꺼이 받아들일 마음의 준비가 되어 있어. 만일 네가 나한테 주소를 알리고 싶지 않고 편지도 하기 싫으며, 어느 누구한테도 너의 소식을 전해 주기를 바라지 않는다면, 또 너의 형 앙투안한테까지도 알리지 말라면, 약속할게, 하고말고, 나는 모든 것을 승낙하겠어. 무엇이라도 먼저 약속하지. 다만 나에게는 가끔 너의 소식이 필요해. 네가 살아 있고 네가 나를 생각하고 있다는 표시를 원하고 있어! 나는 지금 마지막 행을 쓰면서 후회하고 있어. 나는 그것을 지웠어. 왜냐하면 네가 나를 생각하고 있다는 것을 확실히 알고 있으니까(이 일에 대해서도 나는 절대로 의심하지 않았어. 네가 살아 있는 한, 나와 우리의 우정을 잊어버리는 일은 절대로 없으리라고 생각해 왔어).

생각할 틈이 없어. 펜 가는 대로 계속 쓰고 있어. 그래서 내 생각을 제대로 나타내지 못하는 것을 잘 알고 있어. 그러나 그런 것은 아무래도 좋아, 견딜 수 없던 침묵 뒤의 그것은 감미로운 일이니까.

내 이야기를 좀 해야겠어. 그것은 네가 나를 생각할 때 너와 헤어질 때의 내가 아니고 현재의 나를 생각해 주었으면 하는 마음에서야. 아마 앙투안한테서도 이야기가 있을 거야. 그는 나를 잘 알고 있어. 네가 집을 나간 뒤부터 우리 둘은 자주 만났지. 글쎄, 무엇부터 이야기해야 좋을지 모르겠군. 할 말이 산더미 같으니 말이야. 어찌할 바를 모르겠어! 그렇지만 너는 내 생활을 알겠지. 나는 완전히 현재에 살고, 현재에 일하고, 현재 속의 사람이 되어 과거로 되돌아갈 수는 없어. 내가 나 자신에 관해, 예술에 관해, 또 오래전부터 막연히 추구해 오던 모든 것에 관해 본질적인 것을 어렴풋이나마 알게 되는 순간에 병역이 내 일을 멈추게 했어. 그러나 오늘 이런 이야기를 한다는 것은 어리석은 일이지. 어쨌든 나한테는 아무런 미련이 없어. 이런 군대 생활이 나한테는 새로운 것, 무엇인가 매우 강한 것, 더구나 부하한테 명령을 하면서부터는 큰 시련과 함께 큰 경험을 가져다주었어. 그러나 오늘 이런 이야기를 한다는 것은 어리석은 일이지.

다만 한 가지 매우 유감스러운 것은 1년 전부터 엄마와 헤어져 있어야 한다는 사실이야. 엄마와 제니 두 사람은 이렇게 헤어져 있는 것을 가장 가슴 아프게 여기고 있으니까 더 그래. 실은 제니의 건강이 시원치 않아. 그래서 우리는 얼마나 걱정했는지 몰라. 우리라고 해도 결국은 내가 그러했다는 이야기지만. 왜냐하면 너도 알겠지만, 엄마는 일이 잘못될 수도 있다는 생각을 전혀 하지 않는 분이니까. 그러나 그런 엄마도 제니가 최근 몇 년 동안 파리의 겨울을 잘 견디어 내지 못했다는 것을 알게 됐어. 그래서 두 사람은 한 달 전부터 프로방스 지방에 있어. 일종의 요양원 같은 곳에 말이야. 될 수 있으면 봄까지 그곳에서 제니를 요양시키려고 생각하고 있어. 엄마도 제니도 걱정과 근심거리가 하도 많으니! 아버지는 여전해. 아버지 이야기는 그만두기로 하지. 지금 오스트리아에 가 있지만 구설수가 끊일 날이 없어.

이것 봐, 나는 지금 갑자기 너의 아버님이 돌아가신 것을 생각했어. 실은 그것 때문에 이 편지를 시작하려고 했었어. 미안해. 그리고 이 슬픔을 너한테 이야기한다는 것이 거북스럽게 느껴져. 하지만 그 당시에 네가 겪었을 슬픔을 생각하니까 가슴이 뭉클해져. 이 일은 너한테 예기치 않았던

가혹한 충격을 주었으리라고 나는 믿어.

그러면 여기서 펜을 놓아야겠어. 시간이 다 된 데다가 우편계 하사가 왔기 때문이야. 나는 이 편지가 되도록 빨리 네 손에 들어갔으면 좋겠어.

잠깐, 결과야 어찌 됐든 또 한 가지 쓸 것이 있어. 나는 파리에 갈 수 없어. 여기에 몸이 매여 있기 때문에 너한테 갈 방법이 없어. 그러나 파리에서 뤼네빌까지는 다섯 시간 거리니까. 나를 여기에서 볼 수는 있을 거야(연대장은 나한테 보고실의 실내 장식을 하도록 시켰어). 나는 꽤 자유로운 편이야. 아마 하루쯤 휴가는 거절하지 않을 거야. 만일에…… 네가…… 아니야. 그만두자. 그런 일은 꿈에도 생각하고 싶지 않아! 다시 한 번 되풀이해 두지만 나는 무엇이든지 수락하고, 무엇이든지 이해할 마음의 준비가 되어 있어. 물론 너를 영원한 나의 친구, 유일한 친구로 여기면서 말이야.

다니엘

자크는 이 여덟 페이지를 단숨에 다 읽었다. 그는 감동과 당혹감에 어찌할 바를 모르면서 몸을 떨었다. 이때 그가 느낀 것은 우정이 되살아나는 것만은 아니었다. 그의 감정이 어찌나 격렬했던지 그는 오늘 저녁 당장 뤼네빌 행 열차를 타고 싶을 정도였다. 그것은 또한 그의 마음 한구석을 몹시 괴롭히는 번민, 고통스럽고 암담하며 무어라 밝힐 수도 없고 밝히기도 싫은 번민이었다.

그는 몇 걸음 앞으로 걸어갔다. 추위보다도 흥분 때문에 떨고 있었다. 편지를 그대로 손에 쥐고 있었다. 그리고 요란스럽게 울리는 벨 소리를 들으며 벽에 다시 와서 몸을 기댔다. 그리고 마음을 가다듬고 침착하게 다시 한 번 읽기 시작했다.

가르 뒤 노르^(파리에 있는 북부로 가는 철도의 출발역)를 나왔을 때는 벌써 8시 반을 알리는 시계 소리가 울렸다. 별이 총총하고 아름다운 밤이었다. 길가의 도랑은 얼어붙고, 보도에는 먼지가 푸석푸석 일고 있었다.

배가 고파 죽을 지경이었다. 라파예트 거리에서 비어홀을 찾은 그는 그곳에 들어가 긴 의자에 털썩 주저앉았다. 그리고 모자도 벗지 않고 코트 깃도 올린 채로 삶은 계란 세 개, 슈크루트^(양배추 절임 요리) 1인분, 빵 반 파운드를 미친 듯이 먹었다.

배가 차자 맥주 두 잔을 연거푸 마셨다. 그리고 자기 앞쪽을 바라보았다. 가게는 거의 비어 있었다. 그의 앞쪽 다른 줄의 의자에는 한 여자가 혼자 빈 컵을 앞에 놓고 그를 지켜보고 있었다. 갈색 머리에 어깨가 넓고 아직 젊어 보였다. 그는 그 여자의 조용하고 동정적인 눈길을 훔쳐보았다. 자신도 모르게 가슴이 두근거렸다. 역 근처를 서성대는 직업 여성치고는 옷차림이 보잘 것없었다. 신출내기일까? …… 그들의 눈길이 서로 마주쳤다. 그는 그녀의 눈길을 외면해 버렸다. 조금만 눈짓해도 그녀는 그의 자리에 와서 앉았을지 모른다. 순진하면서도 슬픈 경험을 맛본 듯한 표정을 한 여자. 그렇다고 매력이나 멋이 전혀 없는 것은 아니었다. 유혹을 느낀 그는 잠시 망설였다. 자신에 대해 아무것도 모르는 단순하고 자연스러운 여인과 오늘밤을 지낸다는 것은 어쩌면 기분 좋은 일일지도 모른다……. 그녀는 악의 없이 그를 유심히 바라보고 있었다. 그가 주저하는 것을 그녀는 눈치챈 것 같았다. 그는 조심스럽게 그녀의 눈길을 피했다.

마침내 그는 정신을 가다듬었다. 종업원을 불러 계산을 하고는 그 여인을 보지도 않고 급히 밖으로 나왔다.

밖으로 나오자 추위가 갑자기 몰려왔다. 걸어서 돌아갈까? 그러기에는 너무 지쳐 있었다. 보도 끝까지 가서 택시를 잡으려고 잠시 서 있었다. 제일 먼저 온 빈 택시에 손짓을 했다.

택시가 앞에 와 섰을 때 누군가 살며시 그의 곁으로 왔다. 그녀가 뒤따라 온 것이다. 그녀는 그의 팔을 만지면서 어색하게 말했다.

"원한다면 저의 집으로 가시죠. 라마르틴 거리."

자크는 싫다는 뜻으로 상냥하게 고개를 저었다. 그리고 택시 문을 열었다.

"그럼 저를 라마르틴 97번지 근처에서 내려 주시면……" 하고 그녀는 그를 떠나지 않기로 결심이라도 한 것처럼 간청했다.

기사는 미소를 지으면서 자크를 바라보았다.

"그럼 손님. 라마르틴 거리 97번지 쪽으로 갈까요?"

그녀는 자크가 승낙한 것으로 믿었다. 아니, 그렇게 생각한 척하면서 문이 열린 차 속으로 뛰어올랐다.

"그럼 라마르틴 거리로 가주세요" 하고 자크는 마지못한 듯 수락했다.

택시는 움직이기 시작했다.

"왜 그렇게 점잖은 척해요?" 그녀는 물었다. 끈적거리는 그녀의 목소리로 보아 즉시 정체를 알 수 있었다. 계속 그녀는 달콤한 목소리로 몸을 기대면서 말했다. "당신이 그런다고 내가 모를 줄 알았군요!"

그녀는 두 팔로 부드럽게 자크를 껴안았다. 그러고는 애무와 포근한 살의 온기로 자크의 마음을 녹였다.

하소연이라도 했으면 하는 생각에 이끌려 자크는 아무런 대답도 하지 않고 나오려는 한숨을 억지로 참았다. 그러자 그녀는 자크의 이 한숨, 이 침묵이 모든 것을 맡긴 것으로 생각했는지 더 힘차게 끌어안으면서 모자를 벗기고는 그의 머리를 자기 가슴으로 끌어당겼다. 자크는 하는 대로 내버려 두었다. 갑자기 복받쳐오르는 슬픔을 이기지 못한 듯 자신도 모르게 눈물을 흘리고 있었다.

그녀는 목소리를 떨면서 그의 귀에 속삭였다.

"당신 나쁜 짓을 했군요, 안 그래요?"

자크는 너무 어이가 없어 아무 대답을 하지 못했다. 무릎까지 진흙투성이가 된 바지를 입고, 얼굴은 나뭇가지에 긁힌 자국을 그대로 간직한 채 얼어붙은 파리 거리를 이리저리 돌아다닌 그로서는 악당으로 취급받는 것도 무리는 아니라는 것을 즉시 알아차렸다. 눈을 감았다. 그녀에게 악한으로 보인 것이 오히려 즐거웠다.

그녀는 그의 침묵을 실토한 것으로 다시 해석했다. 그래서 열정적으로 그의 머리를 꽉 껴안았다. 그녀는 아까와는 달리 힘차고, 다 알았다는 목소리로 이렇게 권했다.

"내 집에 가서 숨지 않겠어?"

"싫어" 하고 자크는 꼼짝도 않고 대답했다.

그녀는 전혀 알지 못하는 일도 선뜻 받아들이는 여자처럼 보였다.

"그럼" 하며 그녀는 잠깐 망설이다가 말했다. "돈을 마련해 줄까?"

이 말을 듣고 눈이 휘둥그레진 자크는 펄쩍 뛰었다.

"뭐라고?"

"나 여기 350프랑 가지고 있는데 당신 필요 없어?" 하고 그녀는 작은 핸드백을 들어보이면서 말했다. 그런 말투 속에는 누나같이 무뚝뚝하고 좀 성난 것 같은 온유함이 깃들여 있었다.

자크는 어찌나 감동되었던지 바로 대답할 수 없었다.

"뜻은 고맙지만…… 사양하겠어" 하고 자크는 고개를 저으면서 중얼거렸다.

택시는 속력을 줄이더니 입구가 낮은 어떤 집 앞에 섰다. 보도는 어둡고 사람의 그림자도 보이지 않았다.

자크는 그녀가 자기 집으로 유인할 것이 틀림없다고 생각했다. 그럴 경우에는 어떻게 하나?

그러나 그는 머뭇거릴 필요가 없었다. 그녀는 이미 일어나 있었다. 그의 쪽을 돌아보더니 쿠션 위에 한쪽 무릎을 올려놓았다. 그리고 어둠 속에서 마지막으로 자크를 끌어안았다.

"가여워라" 하고 그녀는 한숨쉬듯 말했다.

그녀는 자크의 입술을 더듬었다. 그리고 거기에서 무슨 비밀이라도 찾아내어 범죄의 기미라도 발견하겠다는 듯이 맹렬한 키스를 퍼부었다. 그리고 곧 팔을 풀었다.

"나쁜 짓하고 잡히지 마, 바보야!"

그러자마자 택시에서 뛰어내려 문을 꽝 닫았다. 그리고 기사에게 5프랑짜리 동전을 내주면서 이렇게 외쳤다.

"생라자르 거리로 가세요. 그리고 이 양반 좋다는 데서 내려 주시고요."

택시는 다시 출발했다. 자크는 누군지도 모르는 그 여자가 뒤도 돌아보지 않고 어두운 골목길 안으로 자취를 감추는 것을 흘끗 보았다.

자크는 이마 위로 손을 갖다 댔다. 뭐가 뭔지 통 알 수가 없었다.

택시는 빠르게 달리고 있었다.

그는 택시의 유리창을 열고 얼굴에 찬바람을 받으며 깊이 숨을 들이마셨다. 그리고 미소를 띠면서 기사 쪽으로 몸을 굽혔다.

"위니베르시테 거리 4번지 B호" 하고 그는 명랑하게 외쳤다.

14. 매장 그리고 귀가, 앙투안과 베카르 신부와의 대화

묘지의 장례가 끝나자마자 앙투안은 자동차로 콩피에뉴까지 갔다. 구실은 비석공에게 가서 여러 가지 일러 둘 말이 있어서라고 했지만, 실은 돌아오는 기차 속이 너무 붐비지나 않을까 해서 그랬던 것이다. 5시 반 급행을 타면 저녁 전에 파리에 돌아갈 수 있을 것이다. 그는 혼자 여행하기를 은근히 바라고 있었다. 그것은 우연이라는 것을 고려에 넣지 않았기 때문이다.

발차하기 몇 분 전에 플랫폼을 나온 그는 뜻하지 않게 그곳에서 베카르 신부와 마주쳤다. 그래서 버럭 화가 치미는 것을 참을 수밖에 없었다.

"대주교님께서" 하며 신부는 변명했다. "이야기를 좀 하자고 하시면서 고맙게도 자동차를 태워 주셔서……." 그는 앙투안의 시무룩하고 피곤한 듯한 얼굴을 눈치챘다. "아 참, 피곤하시겠군요……. 그 많은 사람……. 연설도 그렇게 많아서야……. 하지만 오늘 일은 뒷날 큰 추억으로 길이 남을 것입니다……. 자크가 안 보인 것이 유감이던데……."

앙투안이 지금 사정으로 동생이 참석하지 못한 것이 너무나 당연하다는 것을 설명하려 하자 신부는 그의 말을 막았다.

"이해하겠어요…… 이해하겠어요……. 참석하지 않은 것이 잘된 일이지요. 장례식이 얼마나…… 성대했는지를 이야기해 주세요. 정말 성대했어요. 안 그래요?"

앙투안은 그 말을 거들지 않을 수 없었다.

"성대했다고요? 글쎄 다른 사람들에게는 그랬는지도 모르지만" 하며 그는 투덜거렸다. "그렇지만 저는 그렇게 생각하지 않습니다. 솔직히 말씀 드리면 그 웅장함이라든가, 판에 박은 듯한 연설 따위가……."

그의 눈길이 신부의 눈길과 마주치는 순간 그는 거기에서 짓궂은 빛이 번뜩이는 것을 얼핏 알아챘다. 신부도 오늘 오후의 연설에 대해서 앙투안과 똑같은 의견이었다.

기차가 들어왔다.

두 사람은 어둡지만 빈 자리가 있는 찻간을 찾아 거기에 가서 자리를 잡았다.

"담배 안 피우세요, 신부님?"

신부는 둘째손가락을 신중하게 들어 그의 입술에 갖다 댔다. "굉장한 유혹이군요!" 하며 그는 담배 한 개비를 들었다. 그는 실눈을 하고 불을 붙였다. 그러고는 물었던 담배를 입술에서 빼내더니 콧구멍에서 연기를 내뿜으며 만족스런 표정으로 담배를 유심히 바라보았다.

"그런 의식에는" 하며 신부는 흥겹게 이야기를 계속했다. "거기에는 어쩔 수 없이 어떤 일면이 있게 마련이지요. 말하자면 당신들이 좋아하는 그 니체의 인간적인……, 너무나 인간적인……. 어찌되었든 그러한 종교적인 감정, 도덕심의 집단적 발로란 아주 감동적인 것이어서 무감각할 수는 없지요. 그렇게 생각하지 않으세요?"

"글쎄요" 하고 앙투안은 잠시 뒤 말했다. 그는 신부 쪽을 향해 잠시 아무 말 않고 그를 바라보았다.

평화스러운 얼굴, 온화하고 상냥스런 눈길, 은근한 말투, 끊임없이 명상에 잠겨 있는 것 같이 고개를 모로 하고 있는 모습, 또 가슴 위에 지그시 올려져 있는 두 손, 이 모든 것을 앙투안은 20년 전부터 보아왔다. 그러나 그는 오늘 저녁에 그들 사이에 무엇인가 변해 있는 것을 느꼈다. 그는 오늘까지 베카르 신부를 오직 티보 씨와의 관계에 의해서만 생각해 왔다. 곧 신부는 아버지의 정신적인 지도자에 지나지 않았다. 아버지의 죽음으로 인해 그런 중개역이 필요 없게 된 셈이다. 얼마전까지만 해도 신부를 대할 때 아주 정중한 태도를 취해야 했던 이유도 이제는 없어져 버렸다. 신부 앞에서 이제는 한 인간을 앞에 대하고 있는 입장이라는 마음가짐 이외에는 아무것도 없었다. 고통스러운 하루를 보낸 그는 자신의 생각을 속으로만 삭이기가 더욱 힘겹게 여겨졌으므로 홀가분한 마음으로 이렇게 솔직하게 말했다.

"솔직히 말씀드려서 그런 감정은 저에게는 전혀 상관이 없는데요……."

신부는 빈정거리는 듯한 투로 이렇게 말했다.

"그러나 인간의 감정 중에서 종교적 감정이라는 것은, 내 생각이 잘못되지 않는 한 매우 넓게 사람들한테서 인정받고 있다고 생각하는데요. ……어떻게 생각하세요?"

앙투안은 농담할 생각은 없었다.

"중학교 교장이었던 르크레르 신부님의 말씀이 언제나 머릿속을 떠나지 않고 있습니다. 마침 제가 철학을 배우는 학년이었는데, 어느 날 신부님은 이런 말씀을 하셨습니다. '세상에는 총명하면서도 예술적 감각을 전혀 가지지 못한 사람들이 있어. 아마 자네들도 종교적 감각은 가지고 있지 못할 거야.' 교장으로서는 어쩌다가 잠깐 농담삼아 하신 말씀이겠지요. 그러나 저는 그날 교장 선생님이 매우 정확하게 보신 거라고 언제나 생각해 왔습니다."

"그렇다면" 하고 신부는 다정하면서도 비꼬는 듯한 어투를 버리지 않고 말했다. "당신은 정말 불쌍한 사람이군요. 세상을 반쯤밖에 모른다는 이야기가 되니까요! …… 그렇지요. 종교적 감정 없이 중대한 문제에 접근하는 사람은 그 문제의 하잘것없는 부분밖에는 이해하지 못한다고 말할 수 있는 경우가 자주 있지요. 우리 가톨릭의 숭고한 점이란…… 왜 웃고 있지요?"

앙투안 자신도 왜 그랬는지 몰랐다. 일주일을 줄곧 흥분 속에서 지낸 데다가 오늘 하루도 초조하게 보내서 일어난 단순한 신경성 반사작용이었는지도 모른다.

이번에는 신부가 빙그레 미소를 지었다.

"뭐라고요? 우리 종교의 훌륭한 점을 부인하시려는 건가요?"

"아닙니다. 아닙니다" 하며 그는 좀 심술궂은 투로 말을 계속했다. "저도 가톨릭이 '훌륭했으면' 하는데요……." 그는 짓궂은 투로 덧붙여 말했다. "신부님을 기쁘게 해드리기 위해서…… 하지만……."

"그런데요?"

"그러나 아무리 '훌륭해도' 합리적일 필요가 있겠지요!"

신부는 그가 보는 앞에서 두 손을 조용히 저었다.

"합리적이라!" 하고 신부는 마치 이 말이 지금 당장에는 논의할 수 없지만 해결의 실마리를 쥐고 있는 여러 가지 문제를 일으킬 수 있기나 한 것처럼 중얼거렸다. 그는 무엇인가 깊이 생각하는 듯하더니 조금전보다 더 도전적인 투로 말했다. "아마 당신은 종교가 현대인에게서 그 세력을 잃어가고 있다고 생각하는 사람들 중의 한 사람이겠지요?"

"그건 모르겠습니다" 하고 앙투안이 대답했다. 신부는 앙투안의 온건한 대답에 놀랐다. "아마 그렇지는 않겠지요. 오히려 현대인의 노력은—제가 말하는 현대인이란 문자 그대로 신앙과는 전혀 거리가 먼 사람들이지만—암암리에 어떤 종교적인 요소들을 한데 모아서 포괄적으로 생각하면 결국 현재의 많은 신자가 하느님이라고 부르는 개념과 별로 큰 차이가 없는 관념들을 접근시켜보자는 것이겠지요……."

신부는 여기에 뜻을 같이했다.

"다른 방법이 없지 않겠습니까? 우선 인간의 조건을 생각해 보아야 하겠지요. 종교는 인간의 본능 중에서 가장 더럽다고 생각되는 모든 것에 대해 유일한 보상입니다. 인간이 가지고 있는 유일한 존엄성이지요. 또 그것은 인간의 고통에 대한 위안인 동시에 하나밖에 없는 체념의 원천이기도 합니다."

"그것은 확실히 그렇군요" 하고 앙투안은 빈정거리며 외쳤다. "세상 사람들 중에는 자신의 안일보다 진리를 더 소중히 여기는 사람의 수가 적으니까요! 그런데 종교라는 것은 정신적 안락의 극치인 것입니다! …… 신부님, 실례합니다만, 어쨌든 세상에는 믿는 즐거움보다 이해하는 즐거움이 좀더 절실한 사람들이 있지요. 그런 사람들이란……!"

"그런 사람들이라고요?" 하며 신부는 반박했다. "그런 사람들은 언제나 지혜와 추리라는 좁고 허약한 처지에 서 있습니다. 그리고 거기에서 자신을 끌어올리려고도 하지 않습니다. 딱한 자들이지요. 반면 우리의 경우는 신앙이란 더 넓고 특별한 토대, 곧 의지와 감정의 토대 위에서 살고 있고, 또 그 위에서 발전해 나가고 있습니다……. 그렇지 않은가요?"

앙투안은 아리송한 미소를 띠었다. 차 안의 불이 어두워 신부는 그것을 알아차리지 못했다. 그는 말을 계속 했다. 그가 이렇게 역설하는 것으로 미루어 보아 금방 말한 '우리'라는 것에 전혀 속지 않고 있다는 것을 알 수 있었다.

"오늘날 사람들은 자신이 '이해'하고자 한다 해서 자신들이 매우 강한 것으로 착각하고 있습니다. 그러나 믿는다는 것은 이해하는 것입니다. 그리고 이해한다는 것은 믿는 것입니다. 아니, 오히려 '이해한다'는 것과 '믿는다'는 것은 그 척도가 다른 것이라고 말할 수 있겠지요. 오늘날 어떤 사람들은 한쪽으로 치우친 교양으로 인해 그들의 이성의 기초가 충분하지 못하거나 또는 삐뚤어져 있습니다. 그래서 이런 이성으로서는 설명하지 못한다는 것을 인정하려들지 않습니다. 이것은 그들이 충분히 모르기 때문이지요. 하느님을 분명히 안다는 것, 하느님의 존재를 이성으로 입증한다는 것은 완전히 가능한 일입니다. 분명히 말해 두지만 성 토마스의 스승이었던 아리스토텔레스 이래로 이성은 명확하게 증명하고 있는데……."

앙투안은 회의적인 눈으로 그를 바라보면서 신부의 이야기를 듣고만 있었다.

"……우리의 종교 철학은" 하고 신부는 앙투안의 침묵을 좀 거북하게 여기면서 말을 계속했다. "우리에게 이 문제에 대해서 가장 빈틈없는 추리를 제공하며 가장……."

"신부님" 하고 마침내 앙투안은 쾌활하게 신부의 말을 가로막았다. "신부님은 종교적 추리라든가…… 종교적 철학이라고 말씀하실 권리를 갖고 계십니까?"

"권리?" 하고 베카르 신부는 어리둥절한 듯 되물었다.

"그야! 엄밀한 뜻에서 종교적 사고라는 것은 거의 있을 수 없지요. 왜냐하면 생각한다는 것은 의심하는 것이니까요!"

"허허, 이거 도대체 어떻게 된 점이지요?" 하고 신부는 외쳤다.

"물론 교회가 그런 하찮은 문제로 골치 썩인다고는 생각하지 않습니다……. 그러나 교회가 백 년 이상이나 그 신앙과 근대 철학 내지는 근대 과학 사이에 확립해 보려고 애써 온 관계는 다소……속임수였지요—이런 말을 용서해 주십시오—신앙심을 키워 주고 신앙의 목적이 되며 종교적 성향을 강하게 끄는 것, 이것이야말로 철학과 과학이 부정하고 있는 초자연적인 것입니다!"

신부는 의자 위에서 안절부절못하고 있었다. 그는 지금 이것이 단순한 장난의 말이 아니라는 것을 느끼기 시작했다. 그의 목소리에는 그제야 못마땅해 하는 투가 나타났다.

"그렇다면 당신은 우리 젊은이들의 대부분이 철학적 추리를 통한 그들의 지식에 의해서 신앙에 도달한다는 사실을 전혀 모르시는 것 같군요."

"천만에요……" 하고 앙투안이 말했다.

"뭐라고요?"

"솔직히 말씀드려서 저는 신앙이란 직관적이고 맹목적인 것이라고밖에는 달리 생각할 수 없습니다. 신앙이 일단 이성에 근거를 두고 있다고 할 경우에……."

"그렇다면 당신은 아직도 과학이나 철학이 초자연을 부정한다고 생각하십니까? 그것은 잘못된 생각입니다. 정말 당치도 않습니다. 그것은 과학이 초자연적인 것에 미치지 못한다는 이야기입니다. 똑같을 수는 없지요. 한편 철학으로 말할 것 같으면 적어도 그 이름에 합당한 모든 철학은……."

"그 이름에 합당하다니요……. 말씀 잘 하셨습니다! 위험한 상대를 묘하게 굴복시키시는군요!"

"……그 이름에 상당한 모든 철학은 반드시 초자연에 이르는 것입니다" 하며 신부는 상대에게 말할 틈을 주지 않고 계속했다. "그러나 좀더 깊이 생각해 봅시다. 비록 당신과 같은 현대 의학도가 자신들이 발견한 것과 교회의 가르침 사이에 근본적인 이율배반이 있음을 입증할 수 있다 해도—이것은 우리 호교론(護敎論) 입장에서 본다면 그야말로 믿을 수 없고 황당무계한 가정이지만—그것이 무엇을 증명한단 말입니까?"

"아, 저런!" 하고 앙투안은 미소를 지으며 외쳤다.

"그것은 아무것도 증명할 수 없습니다!" 하고 신부는 열을 올리며 말했다. "그것은 인간의 지혜가 모든 지식을 통일하는 데까지는 못 갔다는 것, 비틀거리며 가고 있다는 것을 나타내는 것에 불과합니다. 그리고 이런 사실이……" 하고 신부는 상냥한 미소를 띠면서 말을 계속했다. "모든 사람에게 어떤 발견이 될 수는 없겠지요……. 자, 앙투안, 우리는 볼테르 시대의 인간은 아닙니다! 새삼 말씀 드릴 필요는 없겠지만, 무신론 철학자들이 말하는 이른바 '이성'은 지금까지 종교에 대해서 기만적이고 일시적인 승리만을 거두었던 것이 아닐까요? 신앙에 관한 한 가지 점을 들어 보아도 이로 인해 교회의 비논리성이 입증된 예가 단 한 가지라도 있습니까?"

"그거야 확실히 없지요!" 하고 앙투안은 웃으며 신부의 말을 가로막았다. "교회는 언제나 때가 되면 제정신을 차릴 수 있었지요. 신학자들은 오랫동안 논리학자들로부터 공격의 대상이 되는 일이 없도록 하기 위해 교묘히 논증과 허울 좋은 논리를 만들어내는 데 명수였으니까요. 제가 보기에는 특히 최근에 와서 이런 손재주는 정말 역겨울 정도로…… 훌륭한 솜씨를 보여 주고 있습니다! 그러나 이런 것은 환상을 품기로 작정한 사람들한테 환상을 심어 주는 것에 지나지 않습니다."

"그렇지 않습니다. 오히려 그 반대로 교회의 논리는 논쟁에서 언제나 승리해 왔다는 것을 아셔야 합니다. 왜냐하면 교회의 논리는 훨씬 더……."

"……더 섬세하고 더 끈질기며……"

"……당신네들 논리에 비한다면 훨씬 깊은 것을 가지고 있기 때문입니다. 이 점은 아마 당신도 인정하시겠지만, 본래 이성이란 자체의 힘에만 내맡겨져 있을 때는 고작 단어를 조립하는 정도에 이르는 것으로 끝나므로 우리의 마음은 이것에 만족하지 못합니다. 어째서일까요? 이것은 일반적인 논리에 벗어나는 일련의 진리가 있어서도 아니요, 그렇다고 하느님에 대한 관념이 보통 지성의 한계를 초월하기 때문도 아닙니다. 무엇보다도—제 말의 뜻을 잘 이해해 주세요—우리들의 오성(悟性)은 그 자체의 힘만으로는 이런 미묘한 문제에 부딪히게 되면 아무래도 역부족인 데다가 파악하는 힘이 모자라기 때문입니다. 바꾸어 말하면 진정한 신앙, 생동감 있는 신앙일수록 이성을 충분히 만족시킬 만한 설명을 요구할 권리를 가지고 있습니다. 다만 그런 우리들의 이성 자체는 은총에 대한 계시를 기다려야 합니다. 은총이야말로 오성을 밝게 해 줍니다. 진정한 신자는 신을 위해 자신의 모든 지혜만을 가지고 믿음에 뛰어들어서는 안 됩니다. 그는 또한 자신을 구해 주시는 신에게 겸허한 자세로 스스로를 바치지 않으면 안 됩니다. 그리고 합리적인 사고에 의해 스스로를 신에게까지 끌어올렸을 때 자신이 순수해져 마음을 열게 되며, 그 보상으로 신을 맞이하기 위해 몸을…… 굽히게 되는 것입니다!"

"그렇다면 진리에 도달하기 위해서는 사상만으로는 충분하지 않고 은총이라고 말씀하신 것이 필요하다는 이야기로 되돌아가는군요……. 매우 중대한 말씀입니다" 하고 앙투안은 무거운 침묵을 지키다가 말했다.

그런 말투에 신부는 곧 대꾸를 해왔다.

"아, 당신은 당신 시대의 희생자이군요…… 합리주의자라!"

"저는 글쎄요……. 자신이 무엇인지를 스스로 말하기란 언제나 어려운 것이지요. 솔직히 말씀드려서 저는 이성을 만족시키는 데 애착을 가지고 있습니다."

신부는 두 손을 흔들었다.

"의혹의 유혹에도 애착을 가지고 있겠지요……. 그것은 일말의 낭만주의입니다. 미망(迷妄)을 자랑으로 삼고, 좀더 큰 번민을 겪는 것을 우쭐해 하는……."

"천만의 말씀입니다, 신부님" 하고 앙투안은 외쳤다. "저는 그런 미망도, 그런 번민도, 신부님이 말씀하시는 몽롱한 정신상태도 모릅니다. 저만큼 낭만적이지 않은 사람도 드물 것입니다. 저는 불만 같은 것은 전혀 모르니까요."

(이렇게 말하면서 그는 자신의 단언이 옳지 않았다는 것을 깨달았다. 확실히 그는 베카르 신부가 말하는 뜻의 종교적 불안감은 전혀 가지고 있지 않았다. 그러나 최근 3, 4년 전부터 그 역시 불안감과 함께 우주 앞에서의 인간의 무력함을 느껴왔다)

"그런데" 하며 그는 말을 계속했다. "제가 신앙을 가지고 있지 않다고 해서 그것을 잃었다고 말씀하시는 것은 옳지 않습니다. 오히려 저는 그것을 가져본 적이 없으니까요."

"자, 그만하세요!" 하고 신부는 말을 가로막았다. "어릴 때 그렇게 신앙심이 깊었던 당신이 그 사실을 잊고 있단 말입니까?"

"신앙심이 깊었다고요? 아닙니다. 순종했을 따름입니다. 열심히 공부하고 순종했을 따름입니다. 저는 천성적으로 얌전했으니까요. 착한 학생으로 종교적인 의무를 수행했습니다. 그뿐이에요."

"당신은 스스로 어릴 때의 신앙심을 과소평가하시는군요."

"신앙심은 아닙니다. 종교적인 교육에 관해서입니다. 이 두 가지는 서로 전혀 다른 문제니까요!"

앙투안은 신부를 놀라게 하려고 했다기보다는 오히려 성실하려고 애썼던 것이다. 피곤함을 느꼈던 그에게 저항하도록 부추기는 가벼운 흥분이 뒤따랐다. 그에게는 매우 드문 일이었는데, 그는 자신의 과거를 통해서 자신이 걸어온 길을 큰 소리로 늘어놓기 시작했다.

"네, 그런 교육……" 하며 그는 말을 계속했다. "글쎄 신부님, 어떻게 맥락이 이어지는지 한 번 들어보세요. 4살 때부터 어린아이를 감싸고 있는 어머니, 식모 등 어른들 모두가 무슨 일이 있을 때마다 어린아이한테 이렇게 말했답니다. '하느님이 하늘에 계신다. 하느님은 너를 알고 계신다. 너를 만드신 분은 그 하느님이시다. 하느님은 너를 사랑하신다. 하느님은 너를 보고 계시고 너를 심판하신다. 또 너를 벌주시기도 하고 상도 주신다……' 잠깐만! …… 8살이 되면 대미사나 성체강복식에, 또는 무릎을 꿇고 있는 어른들 속으로 데리고 가지요. 꽃과 등불, 향과 음악 속에서 황금빛 나는 훌륭한 성체함이 저것이라고 어른들은 가르쳐 줍니다. 흰 면병 속에 계신 분은 같은 하느님입니다. 그렇다고 칩시다! …… 11살이 되면 설교단 위에서 위엄을 가지고 아주 명백한 투로 설명해 주는 것을 듣습니다. 성 삼위일체라든가 그리스도의 강생, 그리스도에 의한 인류의 구원, 부활, 성모의 무염시태(無染始胎) 등을…… 아이들은 귀 기울여 듣고는 모든 것을 받아들입니다. 어떻게 받아들이지 않을 수 있겠습니까? 그의 부모, 친구, 선생님들, 교회를 꽉 메우고 있는 모든 신도들이 보라는 듯이 내세우고 있는 신앙심에 대해서 어떻게 의심을 품을 수가 있겠습니까? 여러 가지 신비로운 것을 앞에 놓고 아직 어린 몸으로 어떻게 망설일 수 있겠습니까? 철부지인 데다가 태어나면서부터 온갖 신비로운 것으로 둘러싸여 있지 않습니까? 신부님, 이 점을 깊이 생각해 주세요. 저는 이것이야말로 근본적인 문제라고 생각합니다. 그렇지요. 문제의 핵심은 여기에 있습니다! …… 어린이한테는 모든 것이 불가해한 것뿐입니다. 이 지구는 그의 눈앞에서는 평평하게 보이지만 실은 둥글지요. 그리고 그것은 움직이지 않는 것 같지만 우주 공간에서 팽이처럼 돌고 있고요……. 태양은 싹을 트게 하고, 병아리는 산 채로 알에서 나옵니다……. 하느님의 아들은 하늘에서 내려와 우리 인간의 죄를 대속하시려고 십자가 위에 못 박히셨습니다…… 그렇고 말고요……. 하느님은 말씀이신데 그 말씀이 육체가 되었다……, 참 이해하기 어려운 문제지요. 그러나 상관없습니다. 이미 주사위는 던져졌으니까요!"

기차가 멈추었다. 어둠 속에서 역 이름을 외치는 소리가 들려왔다. 한 승객이 칸막이 안에 아무도 없는 줄 알고 세차게 문을 열었다가 뭐라고 중얼거리면서 다시 닫았다. 싸늘한 바람이 두 사람의 얼굴을 스쳐갔다.

앙투안은 신부 쪽으로 몸을 돌렸다. 신부의 얼굴 윤곽이 아른거렸다. 그만큼 천장의 불빛이 약해졌다.

신부는 잠자코 있었다. 앙투안은 더욱 침착한 투로 말을 계속했다.

"그렇다면 이런 순진한 어린아이의 믿음을 과연 '신앙'이라고 부를 수 있을까요? 물론 아닙니다. 신앙, 그것은 훨씬 뒤에 생기는 것입니다. 그것은 다른 뿌리를 가지고 있습니다. 그래서 저의 경우는 신앙이 없다고 말할 수 있겠지요."

"당신의 경우는 오히려 밑바탕이 갖추어져 있는데도 마음속에서 제대로 신앙의 꽃을 피우지 못했다고 하는 편이 낫겠지요" 하고 신부는 갑자기 화가 난 듯 목소리를 떨면서 말했다.

"신앙은 기억력과 마찬가지로 신의 선물입니다. 그리고 기억력이나 다른 모든 신의 선물과 마찬가지로 신앙의 선물은 키워 가야 합니다……. 그런데 당신은…… 당신은! …… 다른 많은 사람과 마찬가지로 오만, 반항심, 제멋대로 생각하고자 하는 자만심, 확고부동한 질서에 맞서고 싶은 유혹에 굴복하고 말았군요……."

신부는 말이 끝나자마자 자신이 화낸 것을 뉘우쳤다. 그는 종교적 논쟁에는 더 이상 말려들지 않기로 굳게 결심했다.

더구나 신부는 앙투안의 말투에서 무엇인가를 오해하고 있었다. 날카로운 그 목소리, 그 열변, 공격하면서 환희에 가까운 듯한 말투, 그런 것들이 젊은 사람의 기백에다 더 용감한 체하는 면을 불어넣어 주었지만, 신부는 그것들이 그의 마음속으로부터 우러나오는 진실이라고는 믿고 싶지 않았다. 앙투안에 대한 그의 존경심은 여전히 깊었다. 그리고 이런 존경심에는 희망이 있었다—아니, 희망 이상의 확신—티보 씨의 장남이 그렇게 비참하고 변호의 여지없는 입장을 고수하지는 못할 것이라는 확신이 있었다.

앙투안은 곰곰이 생각해 보았다.

"그렇지 않습니다. 신부님" 하며 그는 침착하게 응수했다. "그것은 자연스럽게 이루어진 것입니다. 무슨 거만한 마음에서나 어떤 반항심에서가 아닙니다. 더구나 그렇게 하려고 생각한 적도 없습니다. 지금 생각해 보면 저는 최초의 영성체를 받을 때부터 사람들이 종교에 관해 우리에게 가르쳐 주는 것 모두가 무엇인가—어떻게 말씀드려야 할지—거추장스럽고 불안하다는 것을 막연히 느끼기 시작했습니다. 무언가 확실하지 않은 것 말입니다. 우리 같은 사람이나 어린아이한테는 물론, 모든 사람에게도……. 네, 어른들에게도 말입니다. 그리고 신부님들에게도."

신부는 자기도 모르게 두 손을 내젓지 않을 수 없었다.

"오" 하며 앙투안은 말을 계속했다. "저는 제가 알고 있는 신부님의 성실함이나 그 열성—아니, 열성을 가지시려는 그 욕구 따위를 절대로 의심한 적이 없었으며, 지금도 의심하고 있지 않습니다……. 그러나 그런 사람들 자신도 어둠 속에서 답답하게 사는 듯하고, 손으로 더듬으며 다니는 듯하며, 자신도 의식 못하는 불안 속에서 난해한 교리 주위를 맴돌고 있는 듯합니다. 그들은 단언하고 있었습니다. 그러나 무엇을 단언했을까요? 다른 사람들이 그들한테 단언한 것이겠지요. 물론 그들은 자기들이 전하는 진리를 의심하지는 않았을 것입니다. 그러나 마음속의 확신이 입으로 하는 단언과 똑같이 강하고 확고한 것이었을까요? 저는 그 점이 도무지 납득되지 않았습니다…….기분이 언짢으실지 모르겠습니다만…… 거기에는 다른 비교할 수 있는 것이 있었습니다. 곧 종교와 관계없는 선생님들의 경우입니다. 솔직히 말해서 그런 선생님들 쪽이 그들 전문 분야에서 더욱 건실하고 더욱 '확고한' 것같이 여겨졌습니다. 그들은 우리에게 문법·역사와 기하를 말해 주었습니다. 그리고 그분들은 자신들이 이야기하는 것을 완전히 이해한 것 같았습니다!"

"그렇지만 비교할 만한 것을 비교해야겠지요" 하고 신부는 입술을 만지면서 말했다.

"그렇다고 사실 제가 그분들의 교육 내용을 생각하고 있는 것은 아닙니다. 저는 다만 그런 비종교적인 사람들이 우리에게 무엇을 가르치는지에 앞서 그들의 자세에 대해 생각한 것뿐입니다. 그들은 그들 자신이 알고 있는 것이 분명하지 않을 때도 전혀 당황하는 기색이 없었습니다. 그들의 망설임과 무지까지도 모두 백일하에 노출되었던 것입니다. 그런 점이 확실히 우리에게 신뢰를 가져다주었습니다. 여기에서는 속임수를 부린다든가…… 하는 따위의 저의는 추호도 찾아볼 수 없었습니다. 아니 '속임수'라고 하면 안 되겠지요. 그러나 신부님, 솔직히 말씀드려서 제가 상급반으로 올라갈수록, 중학교의 성직자들은 대학교수에게서 느낀 것과 같은 신뢰감을 저에게는 불러일으키지 못했습니다."

"당신을 교육시켰다는 성직자들이" 하며 신부는 반박했다. "진실로 훌륭한 신학자였다면 당신은 그들과의 교류에서 절대적인 신뢰감을 얻었을 것이라는 생각이 드는데요."(신부는 이렇게 말하면서도 신학교의 교수, 한창 공부에만 열중했던 자신의 청년시절을 생각했다)

그러나 앙투안은 말을 계속했다.

"한번 생각해 보십시오! 여기에 한 어린애가 있는데 이 아이한테 조금씩 수학, 물리학, 화학을 가르칩니다! 그는 갑자기 자기 눈앞에서 확장되어가는 전 우주를 발견합니다! 그렇게 되면 종교는 그 아이에게는 좁고 기만적이며 부조리한 것으로 보이기 시작합니다……. 그래서 그 아이는 그것을 믿지 않게 됩니다……."

신부는 이번에는 몸을 뒤로 젖히면서 한쪽 손을 앞으로 내밀었다.

"부조리? 당신은 정말로 부조리라고 말할 수 있습니까?"

"그럼요" 하며 앙투안은 힘차게 말했다. "더구나 저는 지금까지 생각지 못한 것까지도 알게 되었습니다. 곧 당신네들은 확고한 신앙에서 출발하고 그런 신앙을 지키기 위해 그 방책으로 추리에 의존하고 있습니다. 반면에 저와 같은 인간들은 회의와 무관심으로부터 출발하며, 이성이 우리를 어디로 인도하는지도 모르면서 이성에 의해서 이끌려 가는 것입니다."

"신부님" 하고 앙투안은 미소를 지으면서 말을 계속했다. 그리고 신부에게 반격의 틈도 주지 않았다. "만일 저와 논쟁을 해 보시면 신부님은 제가 이 모든 사실에 대해 아무것도 모르고 있다는 것을 증명해 보여 주실 수 있을 것입니다. 저는 먼저 그것을 인정합니다. 하여튼 저로서는 거의 생각하지도 않았던 문제입니다. 아마 지금까지 오늘밤처럼 이 문제에 대해서 깊이 생각해 본 적은 없을 것입니다. 보시다시피 저는 자유사상가인 체하지는 않습니다. 다만 제가 받은 가톨릭 교육이 저로 하여금 어떻게 해서 이 지경에까지 이르는 것을 막지 못했나 하는 점을 말씀 드리고 싶을 뿐입니다. 송두리째 회의를 하는 지경에까지 말입니다."

"당신의 견유주의(犬儒主義)에는 놀라지 않지만" 하고 신부는 약간 마음이 언짢아지는 것도 참으면서 말했다. "당신 자신이 당신을 평가하는 것보다 당신은 훨씬 좋은 분 같소! 자, 더 계속하시지요."

"그래서 실은 저는 오랫동안—정말 오랫동안—다른 사람들과 마찬가지로 종교상의 의례를 지켜왔습니다. 저도 모르게 무관심한 태도로 말입니다. 일종의 예의적인…… 무관심이라고 할까요. 어쨌든 훨씬 뒤에도 저는 알아보고 싶다든가 음미해 보려는 마음이 내킨 적은 한 번도 없었습니다. 요컨대 제 자신이 그런 것에 비중을 두지 않았던 것이겠지요……(그래서 저는 직업 미술학교의 수험 준비를 하던 동료 중의 한 친구와는 생각의 방향이 아주 딴판이었습니다. 깊은 회의에 빠져 있던 그 친구는 어느 날 이런 편지를 저한데 보내왔습니다. '나는 링크를 전부 조사해 보았어. 여보게, 믿지 말게. 그것이 지탱되기에는 볼트가 너무 모자란단 말이야……'). 저는 그 당시 의학을 시작했습니다. 그렇게 되자 저는 절연의—아니, 오히려 이탈이라는 것이 좋겠지요—경지가 이미 절정에 이르렀습니다. 저는 첫해에 예과 공부를 하면서 증거 없이는 믿지 못하겠다는 생각이 들었습니다……."

"증거 없이라니요!"

"……그리고 확고부동한 진리의 관념도 버려야 된다는 것을 알았습니다. 왜냐하면 우리는 유보했다가 반증이 정립될 때까지는 그 어느것도 진실로 인정해서는 안 되기 때문입니다. 계속 언짢게 해 드리는지 모르겠습니다만, 신부님—그런데 이것이야말로 말씀드리고 싶었던 것입니다—저의 경우가 그러한데—말하자면 기형적이라고나 할까요—자연발생적이고 본능적인 무신앙의 증세 말입니다. 그것은 사실입니다. 저는 몸도 건강하고 매우 훌륭하게 균형도 잡혀 있다고 생각하며 활동적인 기질을 지니고 있습니다. 그리고 이런저런 신비적 사상 없이도 잘 지내왔습니다. 제가 알고 있는 바, 그리고 제가 관찰해 온 바에 의하면 소년시절에 생각했던 하느님의 존재를 믿도록 하는 것은 아무것도 없었습니다. 그리고 솔직히 말씀드려서 저는 지금까지 하느님 없이도 훌륭하게 지내왔습니다. 저의 무신론은 저의 마음가짐과 동시에 이루어졌습니다. 저는 아무것도 저버릴 만한 것이 없었습니다. 특히 저를, 마음속으로 끊임없이 하느님을 부르면서도 믿음을 잃은 신자의 한 사람, 또는 무의미한 것을 알면서도 하늘을 향해 절망적으로 팔을 뻗으며 괴로워하는 사람이라고는 생각하지 말아 주시기를 부탁드립니다. 네, 그렇습니다. 저는 손을 내미는 인간은 절대로 아닙니다. 이 세상에 하느님이 없다고 해도 저한테는 불편한 것이 아무것도 없습니다. 보세요, 이렇게 편하게 지내고 있지 않습니까."

신부는 부인하는 표시로서 그의 앞에서 손을 흔들었다.

앙투안은 자신의 주장을 굽히지 않았다.

"정말 편안합니다. 그럭저럭 15년 동안 이 상태가 지속되니 말입니다……"

그는 신부의 노여움이 곧 폭발할 줄 알았다. 그러나 신부는 침묵을 지키고 있었다. 그러다가 조용히 고개를 저었다.

"그렇다면 순전히 유물론적 이론이란 뜻이군요" 하며 신부는 드디어 입을 열었다. "아직 그 정도인가요? 이야기를 들으니까 당신은 다만 육체만을 믿을 수 있다고 하는데, 그렇다면 결국 자신의 반쪽밖에는 믿지 않는다는 말이군요—반쪽! —당신 자신의……. 이 모든 것이 겉으로만, 곧 현상으로만 나타나니 다행입니다. 당신은 당신 자신의 진정한 정신적 힘이 무엇인지, 또 당신이 받은 그리스도교적 교육이 당신 속에 얼만큼의 숨은 힘을 남기고 있는지 모르고 있어요. 그런 힘, 그것을 당신은 부정하고 있어요. 그러나 그 힘이야말로 당신을 인도하고 있는 것입니다!"

"글쎄, 뭐라고 대답해야 좋을지? 분명히 말씀드립니다만, 저는 무엇 하나 교회에서 받은 것이 없습니다. 저의 지식, 저의 의지, 저의 성격 등이 모든 것은 종교라는 테두리 밖에서 발전되어 왔습니다. 아니, 종교와 대립된 입장에서라고 할 수 있겠지요. 저한테 가톨릭의 신화는 이교의 신화와 마찬가지로 전혀 무의미한 것이라 여겨집니다. 저한테 종교와 미신은 한 가지입니다.

네, 허심탄회하게 말씀드려서 그리스도교 교육이 저한테 남겨 준 것은 아무 것도 없습니다! ……”

“눈이 멀었군요!” 하고 신부는 갑자기 팔을 처들면서 외쳤다. “매일 당신이 하고 있는 일, 의무, 가까운 사람들에게 베푸는 봉사 등이 모든 것이야말로 당신의 유물주의를 명백히 부인하고 있다는 사실을 미처 생각하지 못했단 말이군요! 실은 당신만큼 하느님을 가지고 있는 사람도 많지 않아요! 당신만큼 맡은 바 임무를 충실히 하는 사람도 없지요! 이 세상에서 당신만큼 책임감에 불타는 사람도 없을 것입니다! 어떼요? 이것이야말로 암암리에 하느님의 위임을 받은 증거가 아니고 무엇이겠습니까? 하느님에 대한 것이 아니라면 도대체 누구에 대한 책임이란 말입니까?”

앙투안은 즉시 대답하지 않았다. 순간 신부는 정곡을 찔렀구나 하고 생각했다. 그러나 실은 앙투안 처지에서 본다면 신부의 반격은 아무런 근거가 없는 것 같았다. 일하는 데 빈틈없다는 것이 신의 존재, 그리스도교 신학의 가치, 형이상학적 확실성을 뜻하는 것이라고는 생각할 수 없었다. 자신이 그것을 증명하고 있지 않은가? 그러나 그는 처음으로 정신적 신앙이 부족하다는 것과 살아가는 데 있어서 최대한의 양식을 갖는다는 것 사이에서 뭐라고 설명할 수 없는 모순이 있음을 느끼고 있었다. 인간은 자기가 하는 일을 사랑하지 않으면 안 된다. 그러나 왜 그렇게 사랑하지 않으면 안 되는 것일까? 그 이유는 사회적 동물인 인간은 자신의 노력을 통하여 사회의 순조로운 발전에 기여하지 않으면 안 되기 때문이다……. 얼마나 근거 없는 단정이며 가소로운 가정인가! 어떠한 명목으로 말인가? 언제나 제기되는 질문이었지만 이것에 대해서 그는 지금까지 한 번도 진정한 해답을 찾아내지 못했다.

“흥……” 하고 앙투안은 마침내 코웃음을 치듯 말했다. “그런 성실함 말입니까? 그것은 그리스도교가 1900년에 걸쳐 우리 저마다의 마음속에 남긴 것입니다……. 그렇다면 제가 받은 교육—아니, 저의 유산이라 하는 편이 낫겠군요. 그 계수(係數)가 전혀 없다고 하는 것은 좀 성급한 결정이었는지 모르겠군요…….”

“아닙니다. 이렇게 당신 속에 남아 있는 것, 이것이야말로 내가 말한 하느님의 효모라는 것입니다. 언젠가는 이 효모가 활동을 시작할 것입니다. 그리고 모두를 발효시켜 줄 것입니다! 그러면 그날이야말로 지금까지 당신의 생각하고는 상관없이, 그럭저럭 끌려오던 당신의 정신생활이 그 중추, 그 진정한 의미를 발견하게 될 것입니다. 신은 인간이 부정하고 있는 한, 아니 신을 추구하고자 할 때도 이해할 수 없는 것입니다……. 그런데 어느 날 생각지도 않게 당신 자신이 항구에 들어온 것을 알게 될 것입니다. 그리고 바로 그 날에 하느님만 믿으면 모든 것이 밝아지고 모든 것이 조화를 이루게 된다는 것을 알게 될 것입니다!"

"그런 것이라면 지금도 인정하고 있습니다" 하고 앙투안은 미소지으면서 말했다. "흔히 우리의 욕구 자체가 그 구제책을 만들어 내고 있다는 사실을 저는 충분히 알고 있습니다. 그래서 대부분의 경우 믿고자 하는 욕구가 워낙 강하고 본능적인 것이어서 그들은 자신들이 믿고 있는 것이 과연 믿을 만한 가치가 있는지 어떤지조차 알려고 하지도 않습니다. 그들은 신앙의 욕구를 일으키는 것은 모두가 진리라고 생각합니다. 더구나……" 하고 그는 독백처럼 말했다. "지식 있는 대부분의 가톨릭 교도들, 특히 교양 있는 많은 신부님들은 자신들도 모르는 사이에 어느 정도는 실용주의자가 되어 있다는 것이 저의 생각입니다. 제가 받아들일 수 없는 교리라면 현대의 교양 있는 사람 모두가 마찬가지로 받아들일 수 없을 것입니다. 다만 신자들은 자신의 신앙에 애착을 가지고 있으므로 자신의 신앙이 흔들리지 않기 위해서 생각하기를 기피하고, 종교의 감정적인 측면과 도덕적인 측면에만 매달려 있는 것입니다. 더구나 교회는 오래전부터 모든 이론(異論)을 당당하게 반박함으로써 그들을 교묘하게 납득시켜왔으므로 그들은 스스로 그 이론에 부딪쳐 보려는 생각도 하지 않습니다……. 이거, 실례했습니다. 공연히 말이 딴 데로 흘렀군요. 곧 믿고자 하는 욕구가 아무리 일반적이라 해도 그것만으로는 애매모호하고 낡아빠진 신화로 가득 찬 그리스도교를 충분히 정당화시킬 수 없다는 것을 말씀드리고자 했던 것입니다."

"인간이 신을 느낄 때 신을 증명하는 것은 중요하지 않습니다" 하고 신부는 말했다. 그리고 처음으로 항변을 용서할 수 없다는 듯한 어조를 띠었다.

그는 곧 우정어린 태도로 몸을 굽혔다.

"아무리 생각해도 내가 이해할 수 없는 것은, 앙투안 티보, 당신이 그렇게 말할 수 있다는 그 사실입니다! 우리의 수많은 그리스도교 가정의 경우를 봅시다. 어린아이들한테 하느님이 계시다고 사람들은 가르치고 있지만, 유감스럽게도 그 부모들은 마치 하느님이 존재하지 않는 것처럼 생활하며 그 날그날 지내는 것을 이 아이들은 보고 있습니다. 그러나 아주 어려서부터 당신 가정에 언제나 하느님이 계신 것을 인정해 온 당신이! 더구나 아버님의 모든 행동이 하느님의 뜻에 따라 움직이던 것을 보고 자란 당신이……."

잠시 침묵이 흘렀다. 앙투안은 마치 대답을 자제하기로 마음먹은 듯이 신부를 바라보고 있었다.

"그렇습니다" 하고 앙투안은 입술을 꼭 다물면서 말했다. "저는 유감스럽게도 언제나 아버지를 통해서만 하느님을 보아왔습니다." 그의 태도나 말투 속에는 그의 생각을 마무리 짓는 뜻이 깃들어 있었다. "그러나 오늘은 더 이상 그 문제를 논의하지 않기로 하지요" 하고 그는 끝마무리를 지으려고 덧붙였다. 그러고는 이마를 유리창에 갖다 대었다. "벌써 크레이군요" 하고 앙투안이 말했다.

기차는 속력을 줄이더니 멈추었다. 천장의 불빛이 좀더 밝게 비쳤다. 앙투안은 누군가 딴 승객이 들어와 더 이상 이야기가 이어지지 않기를 기대했다. 그러나 역 구내에는 아무도 없었다.

기차는 다시 천천히 움직이기 시작했다.

꽤나 오랜 침묵이 이어졌다. 두 사람은 제각기 자신의 생각에 잠겨 있는 것 같았다. 드디어 앙투안이 다시 신부 쪽으로 몸을 굽히며 말을 꺼냈다.

"저어, 신부님, 저한테는 적어도 두 가지가 가톨릭으로 되돌아가려는 저를 언제나 방해하는 것 같은데요. 우선 그 하나는 죄에 관한 문제입니다. 저는 아무래도 죄에 대해 공포심 같은 것을 느낄 것 같지 않습니다. 다음은 신에 대한 문제인데, 인격을 지닌 신의 개념을 저는 결코 생각할 수 없을 것 같습니다."

신부는 침묵을 지키고 있었다.

"그렇습니다" 하며 앙투안은 말을 계속했다. "당신들 가톨릭 신자 분들이 죄라고 부르는 것을, 저의 경우는 그것을 오히려 반대로 여기고 있습니다. 생생하고 힘찬 것이요, 본능적이라고 할까요—도움이 되는 것이지요! 이 거야말로—글쎄, 뭐라고 하면 좋을까요? —물건을 만지는 것 같은 것이지요. 그리고 전진도 시켜 주고, 아마 어떤 진보라도……. 오, 저는 그 '진보' 란 말에 속지 않지만, 그래도 매우 편리한 말이지요! 만일 인간이 언제나 순순히 죄를 거부했다면 어떤 진보도 불가능했을지 모릅니다……. 그러나 이것은 우리한테 상당한 문제를 제기할 것 같습니다" 하며 그는 신부가 가볍게 어깨를 으쓱해 보이는 것에 대해 비꼬는 듯한 미소로 응수하면서 덧붙였다. "한편 신의 가정이란 것은 정말 있을 수 없는 것입니다! 제가 무조건 받아들이는 관념이 있다면 그것은 확실히 보편적인 무관심이라고 할 수 있는 관념이겠지요!"

신부는 소스라쳐 놀라면서 말했다.

"그러나 당신네들이 말하는 과학 그 자체가, 싫든 좋든 지고의 법칙을 인정하는 수밖에 딴 방법이 없지 않을까요? (나는 일부러 '하느님의 뜻'이라는 더 정확한 말을 피했지만……) 만일 인간이 이런 모든 현상에 군림하고 있고, 더구나 이 세상 모든 것에 그 발자취가 남아 있는 높은 지혜를 부정한다면, 또 만일 자연의 모든 것이 어떤 목적을 지니고 있고, 모든 것이 어떤 조화를 위해서 창조되었다는 것을 부정한다면 결국 아무것도 이해할 수 없게 될 것입니다!"

"아, 그러나…… 그렇다고 하지요! 우리한테 우주는 불가사의한 것입니다. 저는 그것을 하나의 사실로 인정하고 있습니다."

"불가사의한 것은 하느님이지요!"

"저한테는 그렇지 않습니다. 저는 아직까지 저 자신이 이해하지 못하는 것을 모두 '하느님'이라고 부르고 싶은 유혹에 빠져본 적이 없었습니다."

앙투안은 슬며시 웃었다. 그러고는 잠시 침묵을 지켰다.

신부는 방어태세를 취한 채 그를 바라보고 있었다.

"그런데" 하고 앙투안은 여전히 미소를 띠면서 다시 말했다. "대부분의 가톨릭 신자들에게서 신의 관념은 '고마우신 하느님, 또는 친근하고 개인적인 하느님 식으로 어린애 같은 개념에 귀착됩니다. 곧 우리 모두를 똑바로 내려다보시고 우리 마음 한구석에 미미한 흔들림이 있어도 따뜻한 손길로 보살펴 주시는 하느님, 그래서 우리 모두가 기도를 통해 끊임없이 의논을 드릴 수 있는 하느님 말입니다. '주여, 나를 이끌어 주소서……. 주여, 해 주소서…… 등…….'"

"신부님, 저의 말을 이해해 주세요. 저는 입에서 나오는 대로 아무렇게나 지껄여 신부님의 마음을 아프게 해 드릴 생각은 조금도 없습니다. 다만 우주의 생명체 중 아주 작은 소산(심지어 먼지 속의 먼지밖에 안 되는 이 지구라고 해도 되겠지요)인 저희 가운데 한 사람과 그리고 전 우주의 법칙인 전지전능하신 하느님과의 사이에 최소한의 심리적인 관계, 최소한의 문답의 교환이 성립될 수 있는지를 알려고 해도 저의 능력으로는 미치지 못하기 때문입니다! 이런 신이 어떻게 인간적인 감각이라든가 아버지 같은 상냥함이라든가 동정심 같은 것을 베푼다고 여길 수 있겠습니까? 성사(聖事)의 효용이라든가 기도 등등—제가 무엇을 알겠습니까? —돈을 내고 드리는 누구 아무개를 위한 미사, 또는 지금 연옥에 가 있는 어떤 영혼을 위한 미사 같은 것을 어떻게 진지하게 받아들일 수 있겠습니까? 글쎄! 가톨릭의 이런 의례나 신앙과 그 주변의 원시종교, 이교도의 제사, 미개인들이 우상 앞에 바치는 제물 같은 것과 비교해 볼 때 실제로 본질적인 차이는 조금도 없다고 봅니다!"

신부는 사실 자연 종교라는 것이 있어서 그것은 모든 사람에게 공통적인 것이며 이것 또한 하나의 신앙에 속한다고 대답하려 했다. 그러나 신부는 다시 입을 다물었다.

그는 자기 자리에 몸을 깊이 파묻고 팔짱을 낀 채 손끝을 소매 안에 넣고는 끈기와 체념과 또 약간 빈정대는 듯한 태도로 이런 즉흥 연설의 마무리를 기다리기라도 하는 것 같았다.

그들의 여행은 이럭저럭 끝나가고 있었다. 기차는 벌써 파리 교외의 몇 개의 전철기 위를 가면서 심하게 흔들렸다. 김이 서린 유리창 너머로 어둠 속에서 무수한 별빛이 반짝이고 있었다.

아직 몇 마디 덧붙여야 할 말이 남아 있었던 앙투안은 다음과 같이 서둘러 말했다.

"그런데 신부님, 제가 얘기한 몇 가지의 말에 대해서는 오해 말아 주세요. 물론 그런 철학 방면에 관한 이야기를 감히 한다는 것이 저의 분수에 넘치는 줄은 압니다만 저는 어디까지나 솔직하고 싶었을 따름입니다. 저는 '거대한 질서', '우주의 법칙'이란 말을 했는데…… 그것은 누구나 일상적으로 말하는 식으로 했을 뿐입니다……. 사실 이런 질서는 이것을 믿는 것과 마찬가지로 이것을 의심할 이유도 있다고 봅니다. 현재 제가 처해 있는 처지에서 본다면, 인간적 동물로서 미쳐 날뛰는 무수한 힘의 큰 혼란을 인정합니다. 그런데 그런 힘은 하나의 일반적인 법칙, 곧 그런 힘의 외부에 있고, 그런 힘과는 별개의 또 다른 힘의 법칙을 따르고 있는 것일까요? 그렇지 않으면 다른—글쎄요, 뭐라고 말해야 좋을까요? —내면적인 법칙, 곧 어떤 '개별적인' 운명을 수행하도록 함으로써 개개의 원자로서 존재하는 법칙을 따르는 것일까요? 그래서 외부에서 그런 힘을 지배하는 것이 아니고 그런 힘과 합쳐지는, 말하자면 그런 힘에 생기를 불어넣어 주는 법칙 같은 것을 따라가고 있는 것이 아닐까요? …… 그리고 여러 가지 현상의 장난은 과연 어느 정도까지 통일되어 있을까요? 저는 오히려 하나하나의 원인은 다른 결과들의 원인이며, 하나하나의 결과는 다른 원인의 결과이므로 모든 원인은 무한히 그들 원인으로부터 태어나는 것이라고 말하고 싶습니다. 어째서 무리하게 지고의 법칙을 생각하고자 한단 말입니까? 논리학적 정신의 유산이지요. 무한에 걸쳐 서로가 물수제비 뜨듯 하는 이런 움직임에서 공통적인 방향을 모색할 이유가 어디에 있습니까? 저는 가끔 이런 것을 생각해 보았습니다. 모든 것은 아무런 목적도 없는 것 같이, 또 아무런 의미도 없는 것 같이 지나가 버리는 것이라고……."

신부는 아무 말 않고 앙투안을 바라보다가 시선을 떨구었다. 그리고 나서 쓸쓸한 미소를 지으며 말했다.

"과연, 이제 그 이하의 생각은 없을 것 같군요……."

그리고 나서 그는 두이에트(신부가 입는 솜을
넣은 긴 외투)의 단추를 잠그려고 일어섰다.

"공연히 이런 말씀을 드려 죄송합니다, 신부님" 하며 앙투안은 진심으로 미안한 생각이 들어 말했다. "이런 대화는 결국 상대방을 불편하게 할 뿐 아무런 소용이 없는데, 왜 오늘 제가 이런 생각이 들었는지 모르겠습니다."

두 사람은 나란히 서 있었다. 신부는 측은해 하는 표정으로 앙투안을 바라보았다.

"당신은 친구를 대하듯 거리낌 없이 나에게 말해 주었습니다. 적어도 이 점 고맙게 생각합니다."

그는 또 다른 말을 하려고 망설이는 것 같았다. 그러나 기차는 이미 플랫폼에 와 있었다.

"댁까지 차로 모셔다 드릴까요?" 하고 앙투안은 지금까지와는 다른 투로 말했다.

"고맙습니다. 부탁드리지요……."

택시를 탄 앙투안은 벌써부터 기다리고 있는 복잡한 생활에 마음이 어수선해져 거의 말을 않고 있었다. 상대방도 아무 말 없이 무엇인가 생각에 잠겨 있는 것 같았다. 그러나 차가 센 강을 지날 때 신부는 앙투안 쪽으로 몸을 굽혔다.

"당신…… 몇 살이지요? 30살?"

"이제 곧 32살이 됩니다."

"아직 젊으시군……. 이제 곧 알게 될 겁니다. 다른 사람들도 역시 그랬으니까……. 이제 곧 당신 차례가 올 것입니다. 인생에는 하느님 없이는 살수 없는 때가 있습니다. 무엇보다도 무서운 순간이 있는데, 그것은 임종의 순간……."

'그렇다.' 앙투안은 생각했다. '죽음의 공포……, 이것이야말로 개화된 유럽인 전체를 그토록 무섭게 짓누르고 있는 것이다……. 그리고 그것 때문에 살려는 마음마저 얼마쯤 상실되고 있다…….'

신부는 티보 씨의 죽음을 빗대어 얘기하려다가 참았다.

"상상하실 수 있겠어요?" 신부는 말을 이었다. "하느님을 믿지 않고…… 피안에 서서 손을 뻗고 계시는 자비로우시고 전지전능하신 아버지의 모습을 보지 않고, 영원한 기슭에 다다를 수 있으리라고? 그리고 아무것도 안 보이는 칠흑 같은 어둠 속에서 조그마한 희망의 빛도 없이 죽어간다는 것을?"

"오, 그거라면 신부님, 저도 신부님과 똑같이 알고 있습니다." 앙투안은 힘차게 대답했다(그 역시 아버지의 죽음을 생각하고 있었다). "저의 직업도." 그는 좀 망설이다가 말을 계속했다. "신부님과 똑같이 죽어가는 사람을 보살펴 주는 일이니까요. 더구나 저는 신을 믿지 않는 사람들이 죽어가는 것을 아마 신부님이 보시는 것보다 훨씬 더 많이 보아 왔을 겁니다. 그리고 저는 너무 끔찍한 추억을 가지고 있어서 in extremis(임종에 처한) 환자들한테 신앙의 주사를 놓아 주었으면 할 때가 있습니다……! 저는 임종에 처한 사람에게 견인(堅忍)주의를 부르짖는 것에 대해 신비로운 존경심을 느끼는 사람에 속하지 않습니다. 저로서는 그런 순간에 처했을 때 아무런 부끄러움 없이 충분히 안심할 수 있는 확신을 가지기를 바라고 있습니다. 그리고 모르핀이 없는 임종은 희망이 없는 마지막과 같이 무서운 것이라고 생각합니다……."

그는 떨리는 신부의 손이 자기 손 위에 놓이는 것을 느꼈다. 어쩌면 신부는 뜻밖의 이 고백을 애써 길조의 표지로 여겼는지 모른다.

"그래요, 그래요." 신부는 뜻밖이라는 듯이 앙투안의 손을 꼭 잡으며 말했다. 거기에는 무언가 감사의 뜻이 깃들어 있었다. "그럼, 내 말을 믿으세요. 성령으로 이르는 온갖 구원의 길을 외면하지 마세요. 우리 모두와 마찬가지로 당신도 언젠가는 그것이 필요하게 될 날이 올 테니까요. 그리고 기도하는 것을 게을리하지 마세요."

"기도라고요?" 앙투안은 머리를 저으면서 되물었다. "도대체 그런 미치광이 같은 호소…… 무엇을 향해 하라는 것입니까? 수수께끼 같은 '질서'를 향해서! 맹목적이고 아무런 대답 없는 냉정한 '질서'에다 하라는 겁니까?"

"그거야 아무래도 좋겠지요……. 그래, 그 '미치광이 같은 호소'말입니다! 제발 내 말을 믿어 주세요! 때때로 당신 생각의 종점이 어디가 되든지 간에, 또 여러 가지 현상을 넘어 가끔 당신 눈에 반짝 비치는 그 '질서'나 '법칙' 같은 불투명한 관념이 어찌 되었든 간에 그런 것은 아무래도 좋아요. 당신은 그쪽으로 돌아서서 기도를 하시는 겁니다! 나의 간절한 부탁입니다. 그런 고독 속에 파묻히지 말고 모든 것을 바쳐 보세요! 비록 지금 이 순간에 어떤 감응이 없더라도, 그리고 그냥 건성으로 하는 독백에 지나지 않더라도 제발 무한으로 가는 길과 맞닿는 걸 게을리하지 말고, 그것과 이야기할 수 있는 말을 유지하도록 하십시오! …… 헤아릴 수 없는 이 암흑, 이 비인격성, 불가사의한 이 '수수께끼', 이것이 무엇이라도 상관없어요. 그냥 그것에 기도하는 것입니다. 알 수 없는 것에 대해 기도하는 것입니다. 그저 열심히 기도하는 것이지요. '미치광이 같은 호소'를 계속하는 것입니다. 언젠가는 알게 될 겁니다. 갑자기 마음속의 침묵이 그 부름에 대답을 하고, 기적적인 마음의 평정이 응답해 줄 테니까요……."

앙투안은 대답하지 않았다. '완전한 장벽…….' 앙투안은 생각했다. 그가 보기에 신부는 극도로 흥분한 것 같았다. 그래서 그를 가슴 아프게 하는 말은 더 이상 하지 않기로 결심했다.

그들은 그르넬 거리에 이르렀다.

차가 멈추었다.

베카르 신부가 앙투안의 손을 잡고 힘차게 악수했다. 그러고는 차에서 내리기 전에 어두운 차 속에서 몸을 굽히며 떨리는 목소리로 이렇게 속삭였다.

"가톨릭이라는 것은 완전히 다른 것입니다. 내 말을 믿으세요. 그것은 당신이 지금까지 어렴풋이 알고 있는 것보다 훨씬 더 훌륭한 것입니다……."

옮긴이 민희식(閔憙植)
경기고 졸업 서울대 졸업 프랑스 스트라스부르대문학박사 성균관대 부교수 이화여대 외
국어교육과 교수 계명대·외국어대학프랑스과 교수 한양대 불문과 교수 한양대도서관장
저서 《프랑스문학사》《법화경과 신약성서》《불교와 서구사상》《토마스복음서와 불교》
《어린왕자의 심층분석》 역서 《현대불문학사》 플로베르 《보바리부인》 지드 《좁은문》 뒤마
피스 《춘희》《한국시집(불역)》 박경리 《토지(불역)》 한말숙 《아름다운 연가(불역)》《김춘
수시집(불역)》 허근욱 《내가 설 땅은 어디냐(불역)》《불문학사예술론》《성서의 뿌리》《행
복에 이르는 길》 프랑스문화공로훈장, 펜번역문학상 수상

World Book 119
Roger Martin du Gard
LES THIBAULTS
티보네 사람들 I
마르탱 뒤 가르/민희식 옮김
1판 1쇄 발행/2010. 8. 15
1판 2쇄 발행/2019. 10. 1
발행인 고정일
발행처 동서문화사

창업 1956. 12. 12. 등록 16−3799
서울 중구 다산로 12길 6(신당동 4층)
☎ 546−0331∼6 Fax. 545−0331
www.dongsuhbook.com
잘못 만들어진 책은 바꾸어 드립니다.
✻
사업자등록번호 211−87−75330
ISBN 978−89−497−0657−3 04080
ISBN 978−89−497−0382−4 (세트)